책으로 만나는 사상가들

책으로 만나는 사상가들

우리 시대 지성인 218인의 생각 사전

최성일 지음

한국출판마케팅연구소

■ 머리말

한 사람과
218명의 사상가,
미래형의 사상가를
기다리며

『책으로 만나는 사상가들』은 20세기를 대표하는 '과거완료형' 사상가들에서 시작하여 21세기 사회의 현실과 맞닿은 사상을 펼치고 있는 '현재진행형' 사상가들의 저서와 번역서를, 인문주의자를 자처하는 출판평론가 최성일이 필생의 작업으로 리뷰한 결과이다. 리뷰 대상은 해외 사상가의 번역서를 중심으로 '필자의 개인적인 취향+저서 또는 번역서 2권 이상'이라는 기준에 따라 선별하였다.

『책으로 만나는 사상가들』은 발표일을 기준으로 13년 2개월(1997. 7. 21-2010. 9. 16) 동안 리뷰하여 다섯 번에 걸쳐 출간했던 것을 사전형 책으로 묶은 책이다. 1권(2004. 12. 15 발행)부터 5권(2010. 8. 5 발행)까지 다룬 205편에 새로운 리뷰 10편을 보태어 모두 215편이다. 파트너십이 있는 저자 두 사람을 함께 다룬 경우도 있어서 『책으로 만나는 사상가들』의 등장인물은 218명이고 이 가운데 외국 저자와 사상가는 208명이다.

인류에게 새로운 생각의 방향을 제시한 철학자는 물론 작가, 역사학자, 정치학자, 예술가 등 다양한 분야의 사상가들의 생각을 단순히 요약하고 정리하는 수준에 그치지 않고, 그와 관련된 책을 알려주며 지적 호기심을 자극하고 다양한 자료를 다각도로 조명하고, 필자의 경험담을 곁들여 꼼꼼하게 짚어보았다.

최성일은 번역과 해석을 중요하게 평가하며, 특히 외국 저자들의 한국어판 번역 출간에 관해 아쉬움을 표하는 동시에 우리나라 번역서 출판의 문제점인 오역과 뜻을 알 수 없는 번역어 문장도 지적하였다. 또 여러 가지 사정으로 절판된 책 가운데 새롭게 출간할 만한 의미가 있다고 판단되는 책들, 아직까지 출간되지 않은 책 가운데 하루빨리 번역 출간되었으면 하는 책들을 밝혀놓았다.

다섯 권을 한 권으로 묶으면서 빛바랜 내용이나 사적인 부분은 들어내고, 서지사항은 현 시점을 기준으로 다시 확인하여 보충·보완하였다. 저자는 머리말을 쓰기 어려울 만큼 고통스럽게 투병하고 있다. 그가 완쾌되어 이 작업을 계속 이어갈 수 있기를 두 손 모아 간절히 빈다.

편집자

차례

일러두기

- 리뷰를 발표한 매체는 〈도서신문〉, 〈반갑다 논장〉, 인터넷서점 예스24의 웹진 〈북키앙〉과 〈채널예스〉 등이다.
- 각 권 발행일은 다음과 같다.
  - 1권 2004. 12. 15.(논장 2002. 6. 30)
  - 2권 2004. 12. 15.
  - 3권 2006. 10. 30.
  - 4권 2008. 7. 5.
  - 5권 2010. 8. 5.
- 인명과 지명 표기는 한글맞춤법과 외래어표기법에 따랐다.
- 서지사항에서 옮긴이를 확인하지 못한 책은 도서목록에 포함했지만, 펴낸곳과 발행연도가 불확실한 책은 제외했다. 단, 간접확인한 발행연도의 경우는 초판연도가 아닐 수도 있다.
- 여러 사상가에 해당하는 책은 비중이 더 높다고 판단되는 사상가 목록에 넣었다.
- 도서목록에서 책의 배열은 일정한 규칙이 없다.
- 이름이 바뀐 출판사는 책이 나온 시기의 명칭을 따랐고 일부는 괄호 안에 예전 이름이나 바뀐 이름을 넣었다.
- 본문에 사용한 부호와 기호의 뜻은 다음과 같다.
  - 단행본『 』
  - 총서·전집·시리즈 ' '
  - 신문, 잡지, 영화, 방송 프로그램〈 〉
  - 개별 작품, 논문, 기사「 」
  - 강조와 인용 ' ', " "

ㄱ

가라타니 고진
柄谷行人
1941-

"비평에는 경계가 없다"

가라타니 고진은 문예비평가를 자임한다. 이를 두고, 2002년 연말 번역 출간된 『유머로서의 유물론』(문화과학사)의 말미에 덧붙인 해설에서, 아즈마 히로키라는 사람은 "그것은 아주 반시대적인 제스처"라고 지적한다. 그럼에도 "가라타니가 지금 '비평가'를 자칭하는 것은, 다름 아니라 그 비평적 전통의 죽음에 맞서고 저항하기 위한 것이다."

한국 문학계에는 일본 문학이라면 한 수 아래로 접고 보는 풍조가 없지 않은데, 이는 근거가 빈약한 편견에 불과하다. 우리에게는 가라타니 고진처럼 새로운 독자가 자신의 텍스트로부터 멀리 떨어질지도 모르는 위험을 감수하면서까지 비평적 전통을 옹호하고자 하는 비평가가 존재하지 않거니와, 그만큼 해박한 지식을 갖춘 비평가도 찾기 어렵다.

평론집이라고 해야 할 『유머로서의 유물론』에서 고진은 플라톤부터 데카르트, 칸트, 키에르케고르, 하이데거, 그리고 바르트, 푸코, 데리다, 레비나스에 이르는 서양철학 사상을 종횡무진한다. 고진은 자신이 호명한 서양 철학자들에게도 비평적 감식안을 발휘하는 것을 주저하지 않는다. "칸트적인 주관은 어떤 시대 어떤 인간에게도 공통된 공허한 형식이지만, 데카르트의 회의는 단독적이며 역사적이다."

그런데 고진의 생각은 같은 섬나라인 영국의 경험론보다는 대륙의 합리론 쪽에 기울어 있는 듯하다. '정신'의 '명석明晳' 및 '판명判明'에 호소한 데카르트와 '대상'이 인간 감성의 형식과 오성의 카테고리에 의해 구성된다고 말한 칸트를 거론한 다음, 언급한 "경험적인 데이터는 진리를 보증하지 않는다. 오히려 가설이 경험적 데이터를 불러 모은 것"이라는 인식은 이 책을 끌고 나가는 화두라고 할 수 있다.

또, 이 화두는 "너무 먼 '기원'으로 거슬러 올라가는 일을 경계해야 한다"는 책의 핵심 어구와 밀접한 관련이 있다. 고진이 너무 먼 과거로 기원을 거슬러 올라가는 것을 경계하는 이유는, 그것이 "자주 가까운 '기원'에서의 전도轉倒를 과거로 투사하는 것이 되기 때문이다." 새로 난 길이 하루 이틀 만에 오래 전부터 있었던 것인 양 여겨지는 것과 마찬가지인 셈이다.

고진은 '기원'을 먼 과거로 보거나 순서를 착각할 우려가 있는 몇 가지 예를 들고 있는데, 먼저 단테, 데카르트, 루터, 세르반테스 등이 쓴 언어가 각 국어를 형성했다는 점을 꼽는다. "그것들이 각국에서 현재에도 읽을 수 있는 고전으로 남아 있는 것은, 각국에서 언어가 그렇게 많이 변하지 않았기 때문이 아니다. 역으로 그러한 작품을 통해 각 국어가 형성되어 왔기 때문이다."

또한, 고진은 1635년에 아카데미 프랑세즈가 설립됨으로써 프랑스어가 개량되었다고 생각하는 것은 우스운 일이라고 지적한다. 왜냐면 "입말로서의 '프랑스어'는 존재하지 않으며, 글로 씌어진 '프랑스어'가 나중에 입말로 된 것일 뿐"이어서다. 이와 마찬가지로 고진은 "먼저 성서를 읽고 신앙으로 들어간 사람이 있다고는 생각하지 않는다. 사람들은 우선 유대교나 기독교를 믿고 나서, 성서를 읽은 것이다."

한편, 표제로 쓰인 '유머로서의 유물'이 무슨 뜻인지 이해하기 위해서는 '초월론적 비판'이 지닌 의미를 파악해야 하는 일이 선행돼야 한다. 「비非 데카르트적 코기토」에 따르면, '초월론적 비판'이란 "우리가 '대상'으로 삼고 있는 것이 우리에게 불명확한 어떤 '형식'으로 구성된 것일 뿐이라는 사실을 보여주는 것이다."

이를테면 '존재가 의식을 규정한다'는 마르크스의 진술이 바로 초월론적 비판에 해당한다. 마르크스가 지은 『자본(론)— 국민 경제학 비판』역시 경제학에 대한 초월적인 '비판'이다. 표제글인 「유머로서의 유물론」에서 고진은 '초월적인 것'을 유머로 대체한다. 고진은 마르크스나 프로이트의 사고방식이 스피노자나 칸트에게서 유래한다고 설명한다. 예컨대 "자기는 세계(역사) 안에 있으며, 그것을 초월할 수 없다"는 생각이 그렇다.

"초월한다는 믿음마저도 그것에 의해 규정되고 있다는 초월적 비판이야말로 '유물론'이며, 이는 그 무엇보다도 유머인 것이다." 유물론에서 혹시 주체의 계기가 나오지 않을까? 라고, 고지식하게 반문하거나 경제결정론 또는 심리학적 결정론을 도출하는 사람은 유머를 이해하지 못하거나 고루한 생각에 사로잡힌 사람들이라고 고진은 덧붙인다.

서양철학사와 일본 근현대문학에 대한 배경지식이 없는 독자는 『유머로서의 유물론』의 내용이 다소 어려울 수도 있다. 하지만 그리 걱정할 필요는 없다. 원주와 역주가 뒤섞인 주석이 독서의 충실한 길라잡이 구실을 한다. 더구나 가라타니 고진이 엮은 『근대 일본의 비평』과 『현대 일본의 비평』(소명출판, 2002)은 일본 근대현대문학의 참고서로 손색이 없다.

일본의 비평사를 검토한다는 취지로 고진이 기획한 이 책들은 발제글과 좌담으로 이뤄져 있지만 좌담이 내용의 대부분을 차지한다. 그래서 독자가 책장을 넘기기는 비교적 수월한 편이다. 다만 고진이 문고판 서문에서 환기하고 있는 비평의 개념과 관건을 유념해가며 읽는 것도 하나의 독서 요령이다.

고진은 어떤 문제에 대해 질문을 던지고 그것을 돌아본다는 본원적 의미의 비평을 추구한다. 아울러 "비평'은 무엇을 대상으로 하느냐에 있는 것이 아니라 그 태도에 달려 있다"고 본다. 이 책에서 문학뿐만 아니라 철학과 사회과학이 논의되는 것도 이런 비평관과 무관하지 않다. 그런 비평관은 고진이 비평을 업으로 삼게

된 원동력이 되기도 했다.

제가 1960년대에 비평이라는 영역을 선택한 하나의 이유는 무엇이든 할 수 있다는 것이었습니다. 저는 비평을 문예비평으로서만 생각하지는 않았습니다. 즉 비평에는 경계가 없다는 것이지요. 그것은 뭘 해도 좋다고 생각했다는 뜻입니다. 비평이라는 것은 지금까지 있었던 경계를 가지지 않고, 역으로 경계를 무화시켜 버리는 것이라는 것을, 나중에는 좀더 자각하게 되었는데 그 시점에서는 막연히 그렇게 생각했을 뿐입니다.

가라타니 고진 입문서로는 작지만 풍부한 책 『윤리21』(사회평론, 2001)이 적합하다. 21세기의 윤리를 논구한 이 책에서 고진은 칸트의 윤리학을 준거로 삼는다. '윤리란 무엇인가?'를 근본적으로 고찰할 때, "칸트의 '비판'이 지금도 가장 근본적"이기 때문이다. 그렇다고 고진이 『윤리21』에서 칸트가 말한 윤리의 준칙들을 마냥 되뇌고 있지는 않다. 고진의 칸트 해석은 독특하고 신선하다. 칸트가 보편적인 도덕법칙으로 삼은 "타자를 수단으로서만이 아니라 동시에 목적으로 대하라"는 것에 대한 설명이 특히 그렇다. 고진은 발상의 전환을 통해 '죽은 개' 취급을 당하는 칸트의 윤리학을 '복권'시킨다.

고진은 칸트의 도덕법칙이 잘못 읽히고 있다고 지적한다. 예나 지금이나 '타자를 수단으로서가 아니라 목적으로 대하라'는 식으로 읽히고 있다는 것이다. 하지만 "그것은 불가능하다"고 단언한다. 물론 예외적인 경우는 있다. 고진은 학생들끼리나 승려들 사이에는 가능할지도 모른다는 단서를 붙인다. 하지만 곧바로 학생들의 관계를 확장시켜 이를 반박한다. "학생들은 부모에게 의존하고 이를테면 부모를 수단으로 삼고 있는 것이고, 부모 또한 그렇게 하고 있다."

고진은 "마르크스의 공산주의가 필연적으로 칸트의

연장에서 나온다는 것을 알 수 있다"고 말한다. 칸트가 타자를 수단으로서뿐만이 아니라 목적으로 대하라고 했을 때, 칸트는 구체적으로 독립 소생산자들의 연합 사회를 머릿속에 그렸다는 것이다. 고진은 칸트의 도덕 법칙을 공산주의에 적용한다. "코뮤니즘은 타자를 수단으로 하면서 또한 목적으로 대하는 사회가 아니면 안 된다." 그리고 칸트의 유명한 명제를 패러디해 '가능한' 공산주의의 핵심을 다음과 같이 간파한다. "코뮤니즘은 경제적인 것만도 아니고 도덕적인 것만도 아니다. 칸트의 말을 비틀어 말하면 경제적 기반을 갖지 않은 코뮤니즘은 공소하고 도덕적 기반을 갖지 않은 코뮤니즘은 맹목이다."

『마르크스 그 가능성의 중심』(이산, 1999)은 고진의 이름을 만방에 알린 책이다. 또한 이 책은 가라타니가 사상가 이전에 뛰어난 비평가라는 사실을 일깨운다. 비평가는 전문적인 독자 또는 훈련된 독자를 일컫는다는 점에서 그렇다. "한 사람의 사상가에 대해 논하는 것은 그 사람의 작품에 대해 논하는 것이다. 이는 자명한 것처럼 보이지만, 반드시 그런 것만은 아니다. 가령 마르크스를 알고자 하면 『자본론』을 숙독하면 된다. 그러나 사람들은 사적 유물론이라든가 변증법적 유물론이라는 외재적인 이데올로기를 통해서, 단지 그것을 확인하기 위해 『자본론』을 읽는다. 그것은 읽는 행위라고 할 수 없다."

그러면, 어떻게 읽는 게 제대로 읽는 것인가? "'작품' 이외의 어떠한 철학이나 작자의 의도도 전제하지 않고 읽는 것, 바로 이것이 내가 말하는 작품을 읽는다는 것이다." 일견 내재비평의 기율을 연상케 하기도 하나, 고진의 독서술은 원전비평에 근거하고 있다. 그는 『자본(론)』의 초판에 주목한다. 초판에서 마르크스는 일반적인 형태의 가치의 도래를 놀라운 방식으로 기술했다는 것. 하지만 『자본(론)』의 많은 나중 판들에서는 단정한 편집과 배열로 인해 초판의 눈에 띄는 어떤 것이 가

려졌기 때문이다. 고진은 초판을 텍스트로 한 제대로 읽기를 통해 가려졌던 것들을 끄집어낸다. 하이데거 식으로 말하자면, '아직 사유되지 않은 것'을 읽는다. 그리고 그런 독서에서는 누가 '정통'이냐는 진위 논란을 무의미하다. 왜냐면,

읽는 일은 작자를 변형시킨다. 여기에서 '올바른 이해' 란 있을 수 없기 때문에 만약 그것이 있을 수 있다면 이른바 역사 자체가 완결되어 버린다. 헤겔 미학이 그의 역사철학과 마찬가지로 '올바른 이해'에 의해 완결되어 버린 것은 그런 연유에서이다. 그것은 작품이라는 텍스트가 극복할 수도 없고 환원할 수도 없는 불투명함을 지니고 자립한다는 사실을 작자와 독자 모두 의식하지 못했기 때문이다.

『은유로서의 건축』(한나래, 1998)의 내용은 좀 어렵다. "이상의 존재가 실현되어야 한다고 주장함으로써 건축에의 의지를 끊임없이 환기시킨다. 이 건축에의 의지가 바로 서양 사유의 토대"라는 것이 책의 골자로 보인다. 그러면 은유로서의 건축은 '이상idea'을 의미하는 것 같은데 분명하지 않다. 이 책이 '압축 파일'이라서 그런가? 『은유로서의 건축』은 표제작 외에 『내성과 회고』(미번역)와 『탐구·1』의 핵심 내용을 담고 있다. 부제로 쓰인 '언어·수·화폐'는 '소쉬르·괴델·마르크스'를 지칭한다.

"기존의 모든 철학과 사유 체계에 대한 전복적 사유를 통해 위기를 탐구해 나가면서 새로운 윤리를 탐색하는 지적 여행." 『탐구』(새물결, 1998)의 표지에 새겨진 문구다. 이 책에서 고진은 아리스토텔레스와 플라톤에서 데카르트와 스피노자를 거쳐 비트겐슈타인에 이르는 서양사상가들에 대한 '뒤집기'를 시도한다. 이 같은 전복을 통해 고진은 타자의 존재를 인정하는 '세속적 비평'이, 형식주의가 야기한 지적 난국을 헤쳐 나아갈

수 있는 방편임을 주장한다.

『일본근대문학의 기원』(민음사, 1997)은 고진 번역의 물꼬를 튼 책이다. 이 책은 일견 '문학사'의 외양을 띠고 있으나 실제는 그렇지 않다. "일본근대문학의 기원이라는 제목은 실은 일본, 근대, 문학이라는 단어, 그리고 그중에서도 특히 기원이라는 단어에는 꺾쇠 기호가 들어가야 한다." 여기에다 고진은 '문학사'를 비판하기 위해 문학사적 자료를 사용했을 뿐이라고 덧붙였다.

가라타니 고진의 책

문자와 국가(가라타니 컬렉션 8) 조영일 옮김, b, 2011.
정치를 말하다(가라타니 고진 컬렉션 6) 가라타니 고진 지음, 고아라시 구하치로 들음, 조영일 옮김, b, 2010.
일본근대문학의 기원(가라타니 고진 컬렉션 4) 박유하 옮김, b, 2010.
일본근대문학의 기원 박유하 옮김, 민음사, 2005(초판 1997).
네이션과 미학(가라타니 고진 컬렉션 3) 조영일 옮김, b, 2009.
역사와 반복(가라타니 고진 컬렉션 2) 조영일 옮김, b, 2008.
세계공화국으로(가라타니 고진 컬렉션 1) 조영일 옮김, b, 2007.
근대문학의 종언(가라타니 고진 컬렉션 5) 조영일 옮김, b, 2006.
트랜스크리틱(칸트와 마르크스 넘어서기) 송태욱 옮김, 한길사, 2005.
은유로서의 건축- 언어, 수, 화폐 김제희, 옮김, 한나래, 1998.
탐구(1·2) 권기돈 옮김, 새물결, 2010.
탐구(1·2) 권기돈·송태욱 옮김, 새물결, 1998.
마르크스 그 가능성의 중심 김경원 옮김, 이산, 1999.
윤리 21 송태욱 옮김, 사회평론, 2001.
유머로서의 유물론 이경훈 옮김, 문화과학사, 2002.
일본정신의 기원- 언어, 국가, 대의제, 그리고 통화 송태욱 옮김, 이매진, 2006.
일본정신의 기원 송태욱 옮김, 이매진, 2003.
언어와 비극 조영일 옮김, b, 2004.

가라타니 고진에 관한 책

가라타니 고진과 한국문학 조영일 지음, b, 2008.

간디

Mohandas Karamchand Gandhi
1869-1948

진리를 찾아가는 자는 티끌보다도 겸손해야 한다

독자 중에 간디의 이름을 모르는 분이 있으랴마는 간디의 진면목을 제대로 아는 사람은 많지 않다. 나도 이 글을 쓰기 전까지 간디에 관한 지식은 초등학교 시절 위인전을 읽은 것이 전부였다. 그런 점에서 함석헌 선생이 일찍이 『간디 자서전』 '옮긴이의 말'에서 한 지적은 아직도 유효하다.

아마 우리나라에서 외국 인물로서 일반 사람에게 가장 존경받는 것은 간디 아닐까? 그런데 3·1운동 이후 그렇게 좋아하는 간디인데 어째서 그 전기는 해방될 때까지 하나도 번역된 것이 없었는지 모른다.

하지만 함석헌 선생이 번역한 『간디 자서전』의 초판(『진리의 실현』, 삼중당, 1965)이 나오고 적잖은 세월이 흐른 지금, 상황이 많이 바뀐 것도 사실이다. 이제는 간디가 가장 존경받는 외국 인물로 꼽힐지 의심스럽다. 그렇지 않을 가능성이 높다. 모르긴 해도 빌 게이츠 같은 세계적 기업가에게 밀릴 것이다. 반면 간디 관련서적의 출간은 사정이 나아졌다. 물론 이것은 비교적 최근에 호전된 상황이다.

새로운 천년의 첫 2-3년 사이 간디 관련 도서목록은 한층 알차졌다. 간디의 대표 저서와 새로운 전기들이 번역돼 목록을 풍성히 하고, 그간 눈썰미 밝은 독자들에게만 읽혔던 책들이 재출간되어 목록의 내실을 더욱 다지더니만 급기야 간디 전기의 결정판이 번역되기에 이른다. '간디 평전의 완결판'이라 일컬어지는 요게시 차다의 『마하트마 간디』(한길사, 2002)는 '몸피'부터 그 이름에 값한다. 본문만 847쪽에 이른다. 그런데 이 책을 간디 전기의 결정판이라 부를 수 있는 것은 엄청난 분량 때문만은 아니다. 차분하면서도 객관적인 서술을 통해 간디를 재발견하게 해서다.

이 책은 모한다스 카람찬드 간디를 완전무결한 성자로 그리진 않는다. 간디도 인간적 약점을 지닌 사람이라는 사실을 일깨운다. 그렇다고 '위대한 영혼(마하트마)'에 흠집이 나는 것은 아니다. 오히려 간디도 사람이라는 사실을 확인하면서 인간적 한계를 극복하기 위해 무진 애를 쓴 그의 각고의 노력 앞에 절로 고개를 숙이게 된다. 무엇보다 내게는 어느 한쪽으로 치우치지 않는 간디의 중용적 태도가 인상 깊었다.

예컨대, 간디는 남아프리카 체류 시절, 자식들의 의복은 구두와 양말까지 서양식을 고집했으면서도 자녀를 동네 학교에 보내진 않았다. 아이들이 유럽화되는 것을 염려해서다. 또한 1899년에서 1902년 사이에 남아프리카에서 네덜란드 정착민과 영국인 사이에 보어전쟁이 벌어졌을 때, 간디는 개인적으로는 전적으로 보어인들에게 공감했지만 전쟁을 대영제국에 대한 자신의 충성심을 보여줄 기회로 삼았다. 아울러 간디는 유능한 변호사였지만 농부의 삶을 갈망했다.

『마하트마 간디』는 평범한 변호사가 '위대한 영혼'으로 거듭나는 과정을 담담하면서도 흥미진진하게 묘사한 책이다. 특히 간디가 직간접으로 교분을 나눈 동시대인의 면모가 흥미롭다. 간디에게 채식주의의 확신을 심어준 책 『채식주의를 호소함』을 지은 헨리 S. 솔트는 소로 전기 『헨리 데이빗 소로우』(양문)를 쓴 사람이다.

간디는 자신의 정신에 가장 깊은 인상을 남긴 인물로 세 사람을 꼽는다. 라지찬드라, 존 러스킨, 톨스토이가 그들로 라지찬드라와는 직접 대면을 했고, 다른 두 사람과는 책을 통해 만났다. 편지를 주고받은 톨스토이에게는 격려를 받기도 했다. 간디와 비슷한 연배의

로맹 롤랑은 간디의 평전을 써서 간디를 유럽에 알리는 데 크게 기여했다. 간디의 대서방 창구 역할을 톡톡히 한 로맹 롤랑의 『마하트마 간디』(범우사, 1983)는 프랑스에서 출간 석 달 만에 31쇄를 찍는 대단한 성공을 거두었다.

'시공디스커버리'로 출간된 『간디— 위대한 영혼의 소유자』(시공사, 1998) 역시 프랑스판 간디 전기다. '디스커버리' 시리즈답게 다채로운 화보와 다양한 자료가 돋보인다. 영화목록에서 '가장 널리 알려진 것'으로 리처드 어텐보로 감독의 작품을 꼽고 있다. 아카데미상을 휩쓴 전기 영화 〈간디〉(1982)가 만들어진 지 벌써 20년이 지났다니 잘 믿기지 않는다. 이 영화는 아직 못 봤어도 '고전적 작품' 가운데 하나로 언급된 데이비드 린 감독의 〈인도로 가는 길〉(1985)은 봤다. 하지만 너무 오래 돼 영화의 내용은 잘 기억나지 않는다. '한길로로로'를 통해 나온 『간디』(한길사, 2000)는 독일판 간디 전기로 '비폭력은 완벽한 자기정화다'를 테마로 한다. '성자시리즈'로 번역된 『간디』(대원사, 1988)는 사진이 많이 포함됐어도 출간 시기가 이른 데 힘입어 책값이 저렴한 것이 장점이다. 실천문학사의 '역사인물찾기' 시리즈의 한 권으로 나온 제프리 애쉬의 『간디 평전』(2004)은 영국판 간디 전기다. 그런데 이 책의 한국어판 장정은 요게시 차다의 『마하트마 간디』와 비슷하다. 책 등에 놓인 간디의 사진을 같은 걸로 사용했다.

미국의 언론인이자 전기 작가인 루이스 피셔는 간디 관련서를 여러 권 남겼다. 『간디와의 일주일A Week with Gandhi(1942)』 『간디와 스탈린Gandhi and Stalin(1947)』 『마하트마 간디의 생애The Life of Mahatma Gandhi(1951)』 『본질적인 간디The Essential Gandhi(1962)』 등이 그것으로 이 가운데 나중의 두 권은 우리말로 옮겨졌다. 『간디 평전』이라는 제목으로 번역된 『The Essential Gandhi』는 간디의 글과 연설, 그리고 인터뷰 내용을 뼈대로 피셔가 간략한 설명을 붙여 간디 사상의 정수를 우리에게 전

한다. 다음은 간디와 피셔가 칭찬에 대해 나눈 대화다.

간디 당신은 칭찬을 바라는가?
피셔 우리 모두가 바라는 것 아닙니까?
간디 맞아요. 그러나 때때로 우리는 칭찬에 대해 너무 많은 값을 치러야 해요.

『The Life of Mahatma Gandhi』를 옮긴 『인도의 성웅 간디』(일신서적출판사, 1983)는 비교적 두툼한 영문판 전기로 자신의 사상을 완결된 형태로 제시하지 않았던 간디에 주목한다. 또 피셔는 간디를 찬양한 정치가에게 "간디는 적어도 그들 자신의 결점을 각성시켜주는 인물이었다"고 말한다. 이 책의 한국어판에서 피셔는 피처로 표기되었다. 국내 필자의 간디 전기는 대부분 어린이를 위한 위인전이다. 차기벽 교수의 『간디의 생애와 사상』(한길사, 1989) 정도가 성인용이다. 한길사판은 이 책의 세 번째 출간이다. 머리말에서 차 교수는 그 사연을 적고 있는데 다음과 같다.

지문각에서 초판이 나온 1965년 당시에는 아시아 · 아프리카 신생 제국에서 군부나 일당에 의한 권위주의 정치가 판을 치고 있었지만, 인도에서는 용케도 민주정치가 견지되고 있었다. 태양문화사에서 재판이 나온 1977년 무렵에는 그 인도에서마저 비상사태가 선포되고 있어 인도 민주정치의 앞날을 가늠하기가 어려웠다. 한길사에서 3판이 나오게 된 1980년대 말인 요즘에는 제3세계에서 민주화 도미노 현상이 일고 있지만, 인도에서는 이보다 한 발 앞서 민주정치에로 복귀하고 있다.

그런데 재미있는 것은 내가 초등학교 시절 읽은 간디 전기의 필자가 차기벽 교수라는 사실이다. 이제는 조카 녀석의 차지가 된 세계위인전집을 확인한 결과다.

기 소르망의 『간디가 온다』(문학과의식, 2001)에서 한국어판 제목으로 채용된 맨 마지막 장은 간디에 대한 독특한 시각을 보여준다. 이를테면 "간디를 가난한 상태로 유지시키기 위해 우리는 정말 많은 돈을 썼다!"는 인도 기업가의 멘트가 그렇다.

이제 간디의 저서를 살펴보자. 앞서 보았듯이 『간디 자서전』은 간디의 저서 중에서 가장 먼저 번역된 책이다. 원제는 '나의 진리실험 이야기'로 간디는 머리말에서부터 이 점을 명백히 한다. "내가 뜻하는 것은 정말 자서전을 쓰려는 것은 아니다. 나는 다만 수많은 진리실험의 이야기를 해보자는 것뿐이다." 원서도 마찬가지로되 이 책의 한국어판 역시 스테디셀러 중의 스테디셀러라고 할 수 있다. 한국어 텍스트가 여럿 있지만 1983년부터 한길사로 둥지를 옮긴, 간디를 '현대사의 조명탄'으로 보는 함석헌 번역판이 꾸준히 읽히고 있다. 2002년 3월 한길사는 새 단장을 한 이 책의 3판을 펴냈다.

『힌두 스와라지』(강, 2002)는 간디의 첫 번째 저서로 간디 사상의 고갱이가 담긴 책이다. 독자와 편집자 사이에 오가는 문답형식을 취한 이유는 간디의 고향 말인 구자라트 어가 묻고 답하는 가운데 효과적으로 구현되기 때문이다. "어떻게 영국이 인도를 취할 수 있었는가?" 하는 독자의 질문에 편집자는 이렇게 답한다. "영국은 인도를 취한 적이 없습니다. 우리가 영국에게 인도를 넘겨준 것입니다. 영국인이 힘이 있기 때문에 인도에 있는 것이 아닙니다. 우리가 영국인을 붙잡고 있는 것입니다." 아마 우리나라에서 누군가 일제의 식민지 지배에 대해 이런 식으로 말했다간 대번에 매국노 소리를 들을 것이다. "영어 교육이 불필요한가?"라는 질문에 대한 편집자의 답변은 꼭 우리에게 하는 말 같다. 간디는 예의 영어 교육은 필요 없으면서도 필요하다는 중용의 태도를 견지하면서 이렇게 말한다.

궁극적인 목표는 영어가 필요없어지는 것입니다. 영어로 돈을 벌겠다는 생각은 피해야 합니다. 그렇게 제한된 목적을 위해 영어를 배울 때조차도 우리는 영어를 통해 배워야 할 것과 배우지 말아야 할 것이 무엇인지 생각해야 합니다. 우리는 어떤 학문을 배워야 할지 알아야 합니다. 영어 능력에 등급을 매기는 일은 즉각 중단되어야 한다고 말하고 싶습니다.

『힌두 스와라지』 한국어판의 말미에 옮긴이가 작성한 간디 관련 한국어 문헌목록은 간디 사상을 섭렵하려는 초심자에게 좋은 길잡이가 된다.

인도 정부 출판국에서 펴낸 '간디 전집'은 90권에 달한다. 그런데 이 책들은 간디가 생전에 집필한 저서라기보다는 대부분 간디 사후, 간디가 남긴 말과 글을 집대성한 것이다. 『위대한 영혼의 스승이 보낸 63통의 편지』(지식공작소, 1997) 역시 그런 책으로 간디의 추종자들이 엮은 간디의 '핵심 문건'이다. 비폭력(아힘사Ahimsa), 진리의 힘, 수동적 저항 등에 관한 설명을 직접 들을 수 있다.

나는 비폭력으로의 한 가지 길을 알 뿐이다. 폭력의 길은 나의 목적과는 반대되는 길이다. 나는 폭력을 전파하는 능력을 배양하고 싶지 않다. 나는 신이 힘 없는 사람을 돕고 신의 은혜 앞에 스스로를 바치면 우리는 구원받을 것이라는 믿음으로 살아간다. 그렇기 때문에 나는 신이 언젠가 나로 하여금 많은 사람들에게 굳은 믿음으로 바른 길을 가르쳐줄 수 있도록 하리라는 희망을 간직한다.

간디는 힌두교의 스승을 가리키는 구루Guru를 믿으며, 정신의 깨우침에서 구루의 중요성을 믿는다고 했다. "나는 참 지식은 구루가 없으면 불가능하다는 교리에는 많은 진리가 담겨 있다고 생각한다. 불완전한 스승은 세속의 일에서는 허용될 수 있지만, 정신의 문제에서는 허용되지 않는다. 완전한 선각자만이 구루의 자격이 있다."

그러면서 간디는 자신이 구루를 찾고 있다며 "만약에 나에게 구루가 있다면, 나는 그에게 몸과 마음을 바쳐야 한다"고 했다. 하지만 오늘 같은 불신의 시대에 진정한 구루를 찾는 것이 어렵고, 그 대리인은 유해하거나 무익하며, 이따금은 크게 해롭기도 하다고 지적했다. 불완전한 사람을 구루로 인정하는 것을 경계했던 간디는 인도의 정치가 고칼레(1866-1915)를 자신의 정치적 구루로 꼽기도 했다.

이 책은 한국어판 제목과는 상관없이 간디가 쓴 편지 모음은 아니다. 1967년 인도 나바지반 출판사에서 펴낸 『The Mind of Mahatma Gandhi』를 번역 저본으로 한다. 『간디, 맨발로 갠지스강을 걷다』(지식공작소, 2001)는 이 책의 축약판이다. 간디가 하루 한마디씩 화두를 들려달라는 제자의 요청을 받아들인 결과물인 『날마다 한 생각』(호미, 2001)에서 간디의 사상은 보석처럼 빛난다. 더욱이 다음과 같은 글귀들은 읽는 이의 폐부를 찌른다.

"나쁜 일을 하면 부끄러워한다. 그러나 좋은 일을 하면 알려졌으면 한다. 왜 그런가?"(1945. 5. 28)
"무지를 숨기는 것은 오히려 무지를 늘리는 일이다. 그러나 무지를 정직하게 고백하면 무지가 줄어들 수 있는 희망의 기반이 마련되는 법이다."(1945. 6. 11)
"사람이 어떤 일을 하고 나서 또다시 후회한다면 이는 깊이 생각하지 않고 강제로 시켜서 한 일임을 드러내는 것이다."(1945. 6. 14)

이런 대목이 한둘이 아니다. 이 책은 1981년 생각사에서 펴낸 책을 다시 찍은 것이다. 천만다행이다. 하지만 『비폭력 저항』(김영사, 1984)은 아직 '잠자고' 있다. 그런데

이 책은 간디의 육성을 토대로 샤티아그라하Satyagraha의 개념과 수련법, 그리고 그것의 다양한 응용 형태 등을 알기 쉽게 제시해 간디 사상에 대해 충실한 이해를 돕는다.

샤타그라하라는 말 그대로의 뜻은 진리를 붙잡는 것이다. 따라서 그것은 진리의 힘을 의미한다. 진리란 영혼, 혹은 정신이다. 따라서 그것은 영혼의 힘으로 알려져 있다. 샤타그라하가 폭력 행사를 배제하는 것은, 인간이 절대진리를 알 수 없는 존재이기에 남을 처벌할 수 없기 때문이다.

간디를 응용한 책도 있다. 『마음을 다스리는 간디의 건강 철학』(뜨란, 2000)은 간디의 저서이지만 응용서적으로 분류했다. 이 책은 일종의 건강지침서로 실용서적에 속한다고 할 수 있으나 다분히 철학적이고 진지하면서도 아주 재미있다. 얼핏 『헬렌 니어링의 소박한 밥상』(디자인하우스)이 연상되나 그 책보다는 한 수 위다.

간디는 "채식주의의 원칙이라고 주장할 만한 유일한 근거는 도덕적인 것"이라고 강조한다. 그 도덕의 핵심은 영적 진보의 어떤 단계에 이르러 "우리의 육체적 욕구를 만족시키기 위해 인간의 친구인 동물들을 죽이는 짓은 그만두어야 한다"는 것이다. 간디는 요리를 "풍부한 맛을 없애는 일"이라고 지적한다. 채소나 과일을 날로 먹는 게 좋다는 말이다.

이 책에서 간디는 자신의 건강관을 들려주기도 한다. 간디는 "실제로 완벽한 건강을 누리는 사람은 이 넓은 세상 어디에서도 찾아보기 어렵다"고 전제하고 나서 "진정으로 건강하다는 평가를 받을 수 있는 사람은 건강한 몸에 건강한 마음을 지닌 사람"이라고 말한다. 그러고는 육체에 대한 영혼의 우위를 강조한다.

우리 역시 본능적으로 단순히 몸만 튼튼한 사람보다

는 순수한 마음과 고상한 성품을 지닌 사람을 존경한다. 몸과 영혼은 둘 다 꼭 필요한 것임에 분명하지만, 몸보다는 영혼이 훨씬 중요하다. 불순한 품성의 소유자는 그 누구도 진정으로 건강하다고 평가받을 수 없다. 병든 마음을 담은 몸은 병든 것일 뿐이다. 따라서 순수한 성품이야말로 진정한 의미에서 건강의 기초라는 결론이 나온다.

아지뜨 다스굽따의 『무소유의 경제학』(솔출판사, 2000)에 따르면, 이른바 '간디 경제학'은 그의 '보관인 정신'에 바탕을 둔다. 간디가 1917년 러시아 혁명 이후, 인도에서 움튼 사회주의와 공산주의 이론의 대안으로 제시한 보관인 정신은 '내 것이란 내가 잠시 맡아둔 것일 뿐이다'를 골자로 한다. 유산자의 재산을 강제로 몰수하는 대신에 합법적으로 부를 얻은 모든 사람이 그 재산을 잠시 보관하는 것이라 생각하고 사사로운 이익보다 공익을 위해 써야 한다는 것이 간디의 생각이다. 간디는 '보관인'의 전제 조건으로 '정직성'을 제시하기도 했다.

케샤반 나이르의 『섬김과 나눔의 경영자 간디』(씨앗을뿌리는사람, 2001)는 '간디 경영학'이다. 같은 출판사에서 한 해 전에 펴낸 『간디 리더십』은 같은 책이다. 간디의 사상을 경영이론에 접목했는데 지은이는 그것을 다음 여섯 가지로 간추린다.

• 삶 전체에 적용할 절대가치를 발견한다.
• 이상을 추구하고 그 실현을 위해 노력한다.
• 자기 성찰을 통해 거듭난다.
• 집착을 줄이고 권력과 특권을 남용하지 않는다.
• 모든 것이 투명해야 서로를 신뢰할 수 있다.
• 도덕적 용기를 통해 참다운 리더가 된다.

일전에 사회생활을 하면서 만난 선배와 오랜만의 전

화 통화에서 '진보가 과연 뭐냐?'는 주제로 얘기를 나
눈 일이 있다. 나는 주로 듣는 쪽이었는데 선배는 지금
으로선 간디가 가장 진보적이라고 말했다. 왜냐하면 진
보는 자신을 낮추는 것이기 때문이다. 이런 진보관이
그렇게 새로울 것도 없다. 진보주의자는 겸손할 수밖에
없다는 말도 있으니까. 어쨌거나 간디의 저서를 비롯한
관련 서적들은 간디의 진보성을 여실히 보여 준다.

간디의 책

간디 자서전(함석헌저작집 29) 함석헌 옮김, 한길사, 2009.
간디 자서전– 나의 진리실험 이야기(3판) 함석헌 옮김, 한길사, 2002.(초판
1983)
간디 자서전 정성환 옮김, 금성출판사, 1987.
간디 자서전 김선근 옮김, 지만지, 2009.
간디자서전 박석일 옮김, 동서문화사, 2009.
간디 자서전 박선경·박현석 옮김, 동해출판사, 2007.
간디 자서전– 나의 진실 추구 이야기 박홍규 옮김, 문예출판사, 2007.
힌두 스와라지 안찬수 옮김, 강, 2002.
힌두 스와라지 김선근 옮김, 지만지, 2008.
간디 평전– 간디의 말과 글로 엮은 간디 정신의 정수 루이스 피셔 엮음, 곽영
두 옮김, 내일을여는책, 2002.
비폭력 저항 서행정 옮김, 김영사, 1984.
마음을 다스리는 간디의 건강 철학 김남주 옮김, 뜨란, 2000.
위대한 영혼의 스승이 보낸 63통의 편지 이재경·유영호 옮김, 지식공작소,
1997.
간디 맨발로 갠지스강을 걷다 이재경·유영호 옮김, 지식공작소, 2001.
날마다 한 생각(개정판) 함석헌·진영상 옮김, 호미, 2001.
날마다 한 생각(초판) 함석헌·진영상 옮김, 생각사, 1981.
부자가 있는 한 도둑은 굶주리지 않습니다 서울교육연구회 편역, 진리탐구,
1997.
간디와 타고르의 대화– 진리 안에 따로 선 성자와 지성 라빈드라나드 타고
르 공저, 김형기 옮김, 석탑, 1983.
평범한 사람들을 위해 간디가 해설한 바가바드 기타 이현주 옮김, 당대,
2004.
간디 명상록 이영권 옮김, 열린서원, 2003.
마을이 세계를 구한다 김태언 옮김, 녹색평론사, 2011.(초판 2006)
간디, 나의 교육 철학 고병헌 옮김, 문예출판사, 2006.

간디에 관한 책

간디평전 제프리 애쉬 지음, 안규남 옮김, 실천문학사, 2004.
마하트마 간디 요게시 차다 지음, 정영목 옮김, 한길사, 2001.
인도의 성웅 간디 I · II 루이스 피셔 지음, 민병산 옮김, 일신서적출판사,
1993.
간디 조영진 옮김, 두풍출판사, 1983.
간디 김영조 옮김, 영림사, 1973.
간디 수잔 라시에 지음, 조영신 옮김, 대원사, 1988.

마하트마 간디(3판) 로맹 롤랑 지음, 최현 옮김, 범우사, 2001.(초판 1983)
마하트마 간디 로랑스 루아 지음, 백선희 옮김, 동아일보사, 2003.
인도의 빛 마하트마 간디 브누와 마르송 지음, 김현주 옮김, 분도출판사,
2002.
간디– 위대한 영혼의 소유자 카트린 클레망 지음, 이현숙 옮김, 시공사,
1998.
간디 하이모 라우 지음, 윤태원 옮김, 한길사, 2000.
간디의 생애와 사상(3판) 차기벽 지음, 한길사, 2004.(초판 1989).
간디 차기벽 지음, 의명당, 1983.
간디– 생애와 사상 차기벽 지음, 태양문화사, 1977.
간디 차기벽 지음, 지문각, 1965.
간디와 마틴 루터 킹에게서 배우는 비폭력 마리 아네스 꽁브고·귀 들리외
지음, 이재형 옮김, 삼인, 2004.
마하뜨마 간디철학 연구 김선근 지음, 불광출판부, 1990.
간디를 찾아서 리처드 애튼버러 지음, 정성호 옮김, 햄링출판, 1983.
위대한 혼 간디 모리모토 다쓰오 지음, 김갑수 역편, 금박출판사, 1983.
자유 인도의 예언자 간디 T. 보스코 지음, 박동옥 옮김, 성바오로출판사,
1983.
비폭력 혁명 윌리엄 L. 샤이러 지음, 한정 옮김, 계림원, 1983.
마하트마 간디 레리 콜린스·도미니크 라피에르 지음, 이주훈 옮김, 문학신조
사, 1983.
간디의 철학과 사상 사카모토 도쿠마쓰 지음, 최명순 옮김, 문조사, 1985.
모한다스 간디 캐서린 부시 지음, 김기연 옮김, 대현출판사, 1993.
간디의 법철학 V.S. Hegde 지음, 박명규 옮김, 지산, 2001.
무소유의 경제학 아지뜨 다스굽따 지음, 강종원 옮김, 솔출판사, 2000.
섬김과 나눔의 경영자 간디 케샤반 나이르 지음, 김진욱 옮김, 씨앗을뿌리는
사람, 2001.
간디 리더십 케샤반 나이르 지음, 김진욱 옮김, 씨앗을뿌리는사람, 2000.
경영자 간디 요르크 치들라우 지음, 한경희 옮김, 21세기북스, 2004.
간디의 뒤를 따라서– 함께 사는 세상을 향한 비폭력 저항의 백 년 앤 시블리
오브라이언·페리 에드먼드 오브라이언 공저, 김남중 옮김, 여름산, 2009.
간디, 그리스도교를 말하다 로버트 엘스버그 편, 조세종 옮김, 생활성서사,
2005.
30분에 읽는 간디 제네비에브 블레이스 지음, 이한음 옮김, 랜덤하우스코리
아, 2005.
마하트마 간디 앙리 스테른 엮음, 백선희 옮김, 이레, 2005.
내 삶이 내 메시지다– 한 권으로 만나는 간디 사상의 에센스 존 디어 엮음,
이재길 옮김, 샨티, 2004.
비폭력 저항과 사회 변혁(상·하) 라가반 이예르 엮음, 허우성 옮김, 소명출
판, 2004.
문명·정치·종교(상·하) 라가반 이예르 엮음, 허우성 옮김, 소명출판, 2004.
진리와 비폭력(상·하) 라가반 이예르 엮음, 허우성 옮김, 소명출판, 2004.
(마하트마 간디의) 내 안의 행복을 찾아서 리차드 아텐보로 엮음, 장상영 옮
김, 세상을여는창, 2004.

어린이를 위한 간디

간디– 폭력을 감싸 안은 비폭력 카트린 하네만 글, 우베 마이어 그림, 김지선
옮김, 한겨레아이들, 2009.
만화 간디 자서전 서기남 글, 박수로 그림, 주니어김영사, 2009.
간디– 인도 독립의 정신적 지도자 이광열 글, 박정호 그림, 흙마당, 2008.

마하트마 간디 에마 피시엘 글, 리처드 모건 그림, 정영목 옮김, 비룡소, 2008.

간디─ 비폭력 무저항 정신의 평화주의자 정성란 글, 전필식 그림, 효리원, 2008.

간디 하면 박애 정신 박정모 만화, 감자의 싹 기획, 글수레, 2008.

간디─ 인도의 독립을 이룬 비폭력 저항 운동가 필립 윌킨스 지음, 강성희 옮김, 초록아이, 2008.

자유를 사랑한, 마하트마 간디 라라 토로 글, 마리오나 카바사 그림, 나송주 옮김, 주니어김영사, 2007.

간디의 진리 실험 이야기 라가반 이예르 지음, 허우성 편저, 풀빛, 2007.

간디─ 마하트마, 인도를 밝힌 위대한 영혼 한상남 지음, 웅진씽크하우스, 2007.

마하트마 간디 브리지트 라베·미셸 퓌에크 공저, 고선일 옮김, 다섯수레, 2007.

간디─ 눈과 말 이경혜 옮김, 크리스틴느 르쥐에르 그림, 계림북스쿨, 2007.

간디─ 위대한 평화의 심부름꾼 데미 글·그림, 동쪽나라, 2006.

모한다스 간디 크리스토퍼 마틴 지음, 정경옥 옮김, 성우주니어, 2006.

평화주의자 간디 강원희 글, 김세온 그림, 지경사, 2006.

간디─ 꺼지지 않는 등불 문명식 글, 이상권 그림, 주니어랜덤, 2006.

마하트마 간디─ 현대 인도의 아버지 사이먼 애덤스 글, 김석희 옮김, 어린이작가정신, 2005.

마하트마 간디 라라 토로 지음, 마리오나 카바사 그림, 두산동아, 2004.

간디 자서전 김선희 지음, 이정아 그림, 파란자전거, 2004.

마하트마 간디 박미라 지음, 이정규 그림, 세이북스, 2004.

꺼지지 않는 등불 간디 문명식 글, 이상권 그림, 중앙M&B, 2003.

간디 프라티마 미첼 지음, 문명식 옮김, 웅진닷컴, 2001.

위대한 영혼, 간디 이옥순 글, 김천일 그림, 창작과비평사, 2000.

개번 매코맥
Gavan McCormack

북한, 일본 그리고 미국

우리는 어디든 한번 들어가면 그만이다. 수단과 방법을 가리지 않고 어떻게 해서라도 들어가야 한다. 대학, 직장, 국회에다 심지어 미국까지 그렇다. 굳이 졸업장은 필요 없다. 세칭 명문대일수록 그 대학의 물을 먹었다는 게 중요하다. 하지만 무조건 들어가고 보자는 심리가 국내고교출신 미 명문대 입학자에겐 부적응에 따른 조기이탈이라는 부작용을 낳기도 한다.

취업난이 심각하다 보니 처음엔 그럴 법하다고 여겼지만, 어느 순간 '이건 아니야'라는 생각이 들었다. 대기업과 공기업 신입사원 입사식에 부모님이 들러리로 참석하는 것 말이다. '남을 제치고 톱니바퀴가 된 것이 저리 좋을까?' 국회의원이 되면 달라지는 것이 199가지라던가. 뭐, 숫자는 그리 중요하지 않다. 한마디로 국회의원은 우리의 상전이다. 선거유세 때(국회에 들어가기 전)와 당선 후(국회에 들어가서)의 말과 행동은 다를 수밖에 없다.

미국이 우리의 또 하나의 상전이라는 사실은 그곳을 자주 드나드는 언중言衆의 말투에 분명히 배어 있다. 그들은 미국에서 한국으로 '나온다.' 또, 한국에서 미국으로 '들어간다.' 그렇다고 어떻게 해서든 어디라도 들어가야만 하는 세태를 탓하긴 어렵다. 그래야 직성이 풀리고 마음이 놓이기 때문이다. 굴곡진 근현대사를 겪으며 형성된 생존본능인 까닭이다. 예전에 보수적인 유권자 성향을 일컫던 이른바 '안정희구심리'이기도 하다. 무엇이든 확보해 놓고 보자는 식의 한국인의 행동양상은 험난한 역사와 함께 주변국과의 관계가 크게 작용한 결과다. 북한과 일본 그리고 미국이 그런 나라다. 8년 간격으로 번역된 호주의 역사학자 개번 매코맥의 저서 두 권은 우리에게 큰 영향을 끼치는 세 나라에 대한 이해를 돕는다.

북한

『범죄국가, 북한 그리고 미국Target North Korea』의 원제목에서 'target'은 목표물보다는 먹잇감이라고 보는 게 적절하다. 북한은 미국의 '먹잇감'이다. "미국이 2세기가 넘는 역사 속에서 가장 오랫동안 불화를 겪은 나라는?" 이를 반영한 매코맥의 퀴즈다. 퀴즈의 답은 "바로 북한이다." 매코맥은 "이 책의 주요 관심사는 현대 북한의 실상을 이해하기 위한 틀을 짜는 데 있다"고 말한다. 그의 결론을 미리 말하자면, "북한이 동북아 지역 또는 세계 전체에 대해 공격적이고 광적인 위협이 되지 못한다는 것이며, 북한의 도전적 태도는 각국과의 관계 정상화와 고립으로부터의 탈피에 대한 열망을 감추고 있다는 것이다."

북한의 실상은 비참하다. 참담할 지경이다. 매코맥은 그런 상황을 직시한다. '악의 축'은 절대적이고 일방적인 몰아세우기여서 가당치 않지만, '범죄국가' '불량국가' '무법국가' 따위의 표현은 그럴듯한 꼬리표로 본다. "북한이 마약과 미사일의 제조 및 거래에서부터 위조, 밀수, 납치, 간첩 행위, 파괴활동 등 책에 나오는 거의 모든 범죄를 저지르면서, 국경 안에서는 자국의 국민에게 가장 기본적인 권리와 자유를 부인하는 한편, 광범위한 감시 체제를 운영하고, 공개 처형 등 가혹한 처벌을 행하고, 불평불만 분자들을 노동수용소에 감금시키고 있기 때문이다."

무엇보다 인민을 제대로 먹이지 못해 굶어 죽이는 것은 매우 심각한 문제다. 그래도 매코맥은 북한이 과거의 몇몇 범죄 사실을 시인하고 사과한 것을 높이 산다. 그리고 20세기 내내 바람 잘 날 없었던 한반도의 상황적 요인을 거론하면서, 북한의 실상과 처신을 이해하려 한다. 게다가 "북한은 미국과 달리, 공격적인 전쟁을 (적어도 과거 50년 동안) 벌이거나, 민주적으로 선출된 정부를 전복하거나, 핵무기로 이웃나라를 위협하거나, 또는 고문과 암살 관행을 정당화한 바 없다."

매스게임

내 얘기를 할 순서다. 나는 친북도 아니고 반북도 아니다. 대부분의 한국인처럼 북한에 대한 생각이 별로 없으며 고민하지도 않는다. 그러나 우리사회 일각에선 나를 친북으로 분류할 것이다. 기꺼이 받아들인다. 나는 대한민국 축구국가대표팀이 치르는 A매치는 무관심한 데다가 축구 중계를 거의 안 본다. 그러면서도 우연히 눈에 들어온 북한 남·여 축구대표팀 중계는 채널

을 고정시키고 마음으로나마 열심히 응원한다.

사실, 나는 반북에 가깝다. 나는 새터민(탈북자) 문제에 냉소적이다. 인정상 이쪽에 와서 살겠다는 사람들을 '거주이전의 자유'가 있는 사회에서 막을 순 없다. 그렇지만 정착비를 지원해선 안 된다. 그건 냉전시대의 유물이다. 지원하더라도 최소한에 그쳐야 한다. 북한의 식량난에 관심을 기울이고, 외국인 이주노동자들을 배려하는 게 옳다.

재벌의 경영권 세습을 백안시하는 나로선 권력의 부자 세습은, 두말할 나위 없이, 아니다. 누구도 떠받들지 않는 내게 개인숭배는, 정말 그러고 싶을까, 하는 생각마저 든다. 권력 세습과 우상화도 그렇지만, 엄청난 규모로 펼쳐지는 매스게임은 나를 질리게 한다. 텔레비전에서 살짝 비춰주는 장면만으로도 숨이 막힌다. 북한 청소년들의 자발적 참여는 다른 문제다.

나는 매스게임에 한 맺힌 사람이다. 1983년 인천에서 전국체전이 열렸다. 지금은 어떤지 몰라도 그땐 개회식 앞뒤로 펼쳐지는 공개행사가 중요했다. 대체 누구를 위한 눈요깃거리인지 몰라도 개회식에서 식전식후 공개행사의 비중이 높았다. 당시 고1이었다는 이유로 우리는 인천 ㄷ고와 연합 민속놀이를 하게 되었다.

여름방학 전부터 시작된 민속놀이 연습은 가을에 열리는 전국체전이 가까워올수록 강도가 세졌다. 꽤 멀리 떨어져 있는 두 학교를 오가며, 한나절 수업을 빼먹기는 예사였다. 인천시내 거의 모든 고등학교 1학년이 그랬다. 하여 가뜩이나 전국적으로 학력이 처졌던 인천은 1986학년도 대학입시에서 완전히 죽을 쑨다.

나는 어중간한 키 탓에 농악대로 뽑혀 여름방학을 반납해야 했다. 나는 정말이지 농악대가 싫었다. 그래서 어정쩡하게 소고를 두드리는 신세가 되었다. 존 테일러 개토 편에서 언급하듯 민속놀이 연습을 하면서 불미스런 일도 있었다. 그때 이미 나는, 우리의 재롱잔치가 군사독재자 대통령의 눈을 즐겁게 하기 위한 거

라는 것을 눈치채고 있었다.

우리는 중학교 때부터 그 대통령의 눈을 즐겁게 하는 작업에 동원되었다. 아마도 인천을 다녀가던 그가 부평을 지나는 도중 승용차 안에서 야산의 무질서한 조림 상태에 대해 지나가듯 한마디 했으리라. 각하의 한마디에 중학생이 주축인 학생과 공무원, 그리고 기타 등등이 팔을 걷어붙였다. 우리는 열심히 잡목을 거둬낸 다음, 줄을 맞춰 나무를 심었다. 경인 국도 부평 주변 야산의 조림이 꽤 잘 된 사연이다. 그러나 완벽하지는 않다. 마무리가 두루뭉술한 탓이다. 1984년 어느 날 이후 학생 동원이 중단된다. 나는 학생들이 여적 산에 가는 줄도 몰랐다. 아무튼 그날 우리 학교는 그야말로 난리가 났다.

나무를 가꾸러 나간 1학년 가운데 호기심 많은 한 녀석이 인근 군부대가 방치한 불발탄을 갖고 놀다가 터트려 손가락 한두 마디가 절단 나고 말았다. 크게 안 다친 게 천만다행이지만, 피해자에게 징계 운운한 학교 측의 태도는 5공 시절의 공립학교다웠다. 어쨌거나 다소 '억울하게도' 1983년 인천전국체전 개회식의 민속놀이는 식전 공개행사였다.

인천시는 2014년 아시아경기대회 유치에 열심이다. (유감스럽게도 대회 유치에 성공했다.) 하지만 국제스포츠 이벤트 개최를 통한 생색내기, 이젠 좀 잦아들 때가 되지 않았나 싶다. 시장 이하 인천시의 고위 공무원들이 국제경기대회를 유치하려는 노력의 반에 반이라도 행정서비스 개선에 힘쓰면, 내 고향 인천은 꽤 살기 좋은 도시가 될 것이다.

일본

"북한은 사실 반감을 불러일으킬 만한 원인을 제공하지 않았지만, 일본의 반응은 너무 냉정을 잃고 있으며, 그에 대한 책임감은 물론 왜 그런 문제가 존재하는지에 대한 성찰도 결여되어 있다." 매코맥이 북한 핵 위기를 둘러싼 일본의 신경질적인 반응을 두고 하는 말이다. 북한의 일본인 납치 문제에 대한 일본의 땡깡은 목불인견이다.

북한이 잘했다는 게 아니다. 매코맥의 표현을 빌면, "식민 통치 35년간 일본에 의해 자행된 '위해'는 좀 더 최근의 몇 십 년간 일본에 가해진 위해와는 결코 비교될 수 없는 성질의 것이었다." 일본은 1970년대와 80년대의 납치에 대해 북한이 보상을 해야 한다는 "기가 찰 정도의 넌센스"를 발휘하기도 한다. 일본에게 20세기 한반도를 비정상 상태로 몰아넣은 죄의식 같은 건 전혀 없어 보인다. 일본은 어찌 이리 당당한가? 2002년 나라 전체가 호들갑을 떨면서 "납치 피해자 5명을 일본에 영주시킨다는 결정으로, 일본은 귀환 합의를 저버렸음은 물론, 이들을 실질적으로 다시 한번 납치했던 것이다."

『일본, 허울뿐인 풍요』를 통해 매코맥은 토건국가, 레저국가, 농업국가, 지역국가, 평화국가의 다섯 측면으로 일본을 속속들이 파헤친다. 특히 토건국가 일본의 숨겨진 면을 낱낱이 드러낸다. 이른바 일본 경제의 '잃어버린 10년'은 토건국가의 부패구조 때문이었다. 엄정하다는 일본 검찰의 부패척결 의지는 개별 행위에만 손을 댈 뿐, 구조적인 맥락은 감히 어쩌지 못한다. 댐을 많이 건설한 나라에 속하는 일본은 댐 건설 당시엔 예상 못한 부작용으로 골머리를 앓고 있다. 이에 매코맥은 소위 '일본모델'의 파산을 선고한다. 일본모델은 "지속 가능하지도, 모방할 수도, 또한 정당화할 수도 없다."

미국

미국 역시 '범죄국가'이고 '불량국가'이며 '무법국가'다. "다만 증명된 범죄 행위 사례를 따지면, 북한이 상대적으로 사안이 경미하거나(밀수 또는 위조), 사안이 매우 중할 경우에도 오래 전 과거지사이며 사죄까지 한 데

(납치 문제) 비해, 미국 범죄는 중대하고 현재 진행형이며, 사죄를 하지 않고 있다는 차이는 있다."

미국은 '포괄적 핵실험 금지조약CTBT', 탄도탄 요격 미사일을 제한하는 'ABM 조약', 생물무기협약, 국제형사법원ICC, 지구 온난화 방지를 위한 교토의정서 등의 국제협약을 비준하지 않거나, 그 실체를 인정하지 않거나, 가입했다 탈퇴하는 방식으로 국제질서를 어지럽히고 있다. 미국이 안하무인하고 제멋대로 구는 것은 그들에게 엄청난 힘이 있어서다.

나는 어려서 미국이 지닌 굉장한 힘의 실체를 어렴풋하게 느낀 바가 있다. 직업군인인 아버지가 명절 선물로 받아온 미군의 C 레이션 세트는 가히 환상적이었다. 껌과 초콜릿에서 과자와 통조림 빵에 이르는 다양한 먹을거리가 맛도 좋은 데다 아주 풍부했다. 내가 군 복무하면서 맛본 전투식량은 미군 C 레이션과 비교조차 할 수 없었다. 돌아가신 작은형이 생전에 들려준 팀스피릿 훈련 경험담은 미국의 강함을 뒷받침한다. 훈련이 끝나자 미군은 샤워 시설을 갖춘 차량에서 뜨신 물로 몸을 씻었지만, 우리 군은 세수할 차가운 물도 변변치 않았다는 것이다.

『범죄국가, 북한 그리고 미국』의 2장은 한국전쟁을 다룬다. 여기서 매코맥이 언급하는 노근리 학살사건은 미군의 잔학상을 드러냄과 동시에 그들에 대한 공포감을 불러온다. 나는 박건웅의 『노근리 이야기 1부— 그 여름날의 기억』(정은용 원작, 새만화책, 2006)을 보기 전까지, 부끄럽게도 사건의 진상을 제대로 몰랐다. 어떻게 민간인 피난민을 터널에 몰아넣고 사흘 밤낮을 총질할 수 있을까?

역시 매코맥이 지적한 한국전쟁 초기의 대전 형무소 학살사건은 내가 어릴 적만 해도 6.25가 다가오면 텔레비전에 버젓이 증인까지 나와서 인민군이 저지른 잔학상으로 고발하곤 했다. 그런데 언제부턴가 그 얘기가 쑥 들어갔다. 국군이 자행한 학살이었기 때문이다. 미국 덕분에 살아남았다는 6.25를 겪은 세대의 의견을 존중한다. 그러나 미군으로 말미암아 목숨을 잃은 민간인은 또 얼마나 많을까?

이제 북한보다 미국이 세계평화를 위협하는 존재로 보는 한국인이 더 많고, 북한의 선제공격보다는 미국의 선제공격을 두려워하는 한국인이 훨씬 많다는 사실은 적잖은 위안이 된다.

『범죄국가, 북한 그리고 미국』은 와다 하루키의 『북조선』(서동만·남기정 옮김, 돌베개, 2002)과 브루스 커밍스의 『김정일 코드』(남성욱 옮김, 따뜻한손, 2005)를 합쳐 놓은 듯하다. 전반적인 분위기는 『김정일 코드』에 가깝다. 학술적인 측면보다는 현실에 개입하는 서술이 돋보인다. 특히 북한 핵 위기를 둘러싼 사실관계와 해석이 정확하고 풍부하다.

하지만 한국어판 편집의 부실함을 지적하지 않을 수 없다. 덜 다듬은 번역문장과 적잖은 오탈자는 문제가 아니다. 기본적인 명칭과 사건이 일어난 날짜의 그릇된 표기는 이해가 안 될 정도다. 북한의 공식국호가 '조선인민민주의공화국'과 '조선민주주의인민공화국'을 왔다 갔다 하는 연유를 모르겠다. '인민 민주주의'라는 표현은 108쪽에서나 적절하다. 한국전쟁 정전협정이 체결된 날은 "1953년 6월 27일"(60쪽)이 아니라 7월 27일이다. 백범 김구 선생이 암살당한 것은 '남북대표자 연석회의' 참석차 평양을 방문한 1948년과 "같은 해"(70쪽)가 아니라 그 이듬해다. 번역서의 부실한 편집으로 말미암아 개번 매코맥의 진지한 탐구와 고찰이 훼손된다면 유감스런 일이 아닐 수 없다.

개번 매코맥의 책

종속국가 일본 이기호 옮김, 창비, 2008.
범죄국가, 북한 그리고 미국 박성준 옮김, 이카루스미디어, 2006.
일본, 허울뿐인 풍요 한경구 외 옮김, 창작과비평사, 1998.

게리 윌스
Garry Wills
1934-

"당신에게 맞는 지도자를 선택하라"

문화사학자 게리 윌스는 매우 뛰어난 전기 작가다. 『성 아우구스티누스Saint Augustine: A Life』는 그 좋은 보기다. 옮긴이가 지적한 대로 "성 아우구스티누스는 우리가 아는 것 같으면서도 막상 따져보면 잘 모르는 유명한 사람의 하나"다. 나는 성 아우구스티누스(354-430)에 대해 뭘 아는가? 다음 두 가지 정도다. 교부教父철학자라는 것과 그의 『고백Confessiones』은 루소와 톨스토이의 그것과 함께 세계 3대 고백록이라는 거다. 또 가십gossip적으로는 그의 어머니 모니카는 성모마리아, 맹모孟母와 더불어 세계에서 손꼽히는 어진 어머니다.

『Confessiones』는 '증언'이다

게리 윌스는 나의 아우구스티누스에 관한 보잘것없는 사전지식에 교정을 가한다. 『Confessiones』는 '고백'이 아니라 '증언'이라는 거다. 『증언Confessiones』을 영어로 옮기면서 '고백Confessions'이라고 한 것은 번역이라기보다는 음역音譯이라는 얘기다. "이 영어 단어는 아우구스티누스가 이 한마디 말로 하나의 신학 체계를 직관한 그 원래 의미의 복합성을 드러내주지 못 한다"라고 덧붙인다.

"'콘피테리confiteri'란 동사는 어원으로 보면 '진술을 확인하다' '증언을 확실하게 하다' 등의 뜻이고 심지어는 생명이 없는 물건들도 이런 일을 할 수 있다. …증언된 것이 꼭 도덕적 진실일 필요는 없다. …'콘페시오confessio'라는 말의 의미 영역을 가장 잘 나타내는 용어는 '증언하다testimony'이다. 이 모든 것은 현대 영어의 '고백confessions'이란 말이 풍기는 분위기와는 거리가 멀다."

하여 아우구스티누스의 회고록 『Confessiones』를 '증언The Testimony'이라고 번역한다. "내용을 잘못 안내하는 낡은 개념에 빠져드는 것보다는 새로운 것의 충격을 견디는 편이 더 낫다." 게리 윌스는 이렇게 말의 결을 세심하게 보듬지만, 정작 아우구스티누스는 당시 지식인들의 국제공용어인 그리스어를 할 줄 몰랐다. "학교에 가지 않을 수 없을 때는, 부모와 당시의 보편적 관습이 지지하던 매질을 증오하였다. 채찍질에도 불구하고 그는 그리스어를 배우기를 거부하였다. 그것을 할 수 없었기 때문이 아니라 두들겨 맞으면서 공부하기가 싫었기 때문이다."

그래도 라틴어는 빨리 배웠다. 그의 "마음이 스스로를 표현하고자 노력하였기" 때문이다. 훗날 그리스어의 결핍은 그에게 심각한 제약이 되었다. 하지만 그는 이것조차도 "자신에게 유리한 점으로 변화시켰다. 그의 깊은 독창성은 부분적으로는 그가 다른 전통에 의존하지 않은 덕분에 나온 것이다." 여기엔 그가 변방의 철학자라는 점도 하나의 요소로 작용한다. "아우구스티누스는 자기가 태어난 나라인 누미디아(현재의 알제리)에 틀어박혀서 35년 동안 소박한 항구 도시인 히포 레기우스Hippo Regius의 주교 노릇을 하였다." 당시 주교는 번듯한 직책이 아니었다. 아프리카에만 700여 명의 주교가 있었고, 평균 일주일에 한 명씩 주교가 임명되었으니 말이다.

게리 윌스는 아우구스티누스가 바로Varro라는 지적인 속인을 일컬어 한 말은 그 자신에게 더 잘 어울린다고 지적한다. "그토록 책을 많이 읽는데도 그가 글을 쓸 시간을 가졌다는 사실이 놀랍다. 게다가 글을 하도 많이 써서 그것을 다 읽을 수 있는 사람이 별로 없어 보인다."

인문서적다운 리더십 책

나는 미국의 제32대 대통령 프랭클린 루스벨트에 대해

게리 윌스 **025**

서도 잘 모른다. 그에 관한 단순정보가 북아프리카 태생의 교부철학자보다 너더댓 개 더 있을 뿐이다. 루스벨트는 재임기간이 가장 길었고, 뉴딜 정책으로 경제 대공황을 극복했으며, 네 가지 고통과 억압에서 벗어나는 자유를 역설했다. 2차 대전이 끝나기 전, 연합국의 일원인 영국의 처칠 수상, 소련의 스탈린과 가진 회담에서 한반도의 운명을 좌우하기도 했다. 그런데 이 역시 게리 윌스의 교정을 받아야 할 처지다. "대공황은 뉴딜에 의해 실제로 극복된 것이 아니었다. 부담이 경감되고, 재건이 조금 이루어지는 정도였다. 하지만 뉴딜은 최소한 전쟁으로 세계가 완전히 변하기 전까지 국민들을 이끌고 가는 힘이 되었다."

『시대를 움직인 16인의 리더Certain Trumpets: The Call of Leaders』는 나폴레옹에서 마사 그레이엄까지 16가지 유형을 통해 리더십의 성공과 실패를 분석한 책이다. "리더십이란 (종종 목적을 위장한 채) 이끄는 사람과 (종종 저항하면서도) 따르는 사람간의 상호호혜적인 관계"다. 또한 "리더십은 항상 싸움과 분란을 포함"한다. 게리 윌스는 리더십을 떠받치는 세 기둥으로 지도자, 추종자, 목표를 꼽는다. 이 세 가지 요소가 똑같이 필수적인 역할을 한다. "지도자란 자신과 추종자가 공유하는 목표를 향해 추종자들을 움직이는 사람이다." 리더십은 전적으로 당대 추종자들의 태도에 의해 조건 지어진다.

따라서 "추종자들이 지도자를 이해하는 것보다, 지도자가 추종자를 이해하는 것이 더욱 중요한 법이다." 존경, 모방심, 애정 등은 리더십에서 필수적인 요소가 아니다. "목표에 대한 동의"가 필수적이다. "추종자들은 지도자의 인격 때문에 그를 따르는 것이 아니라, '자신의 목표'를 이루기 위해 따르는 것이다." 이 책은 독특한 인물론이기도 하다. 게리 윌스는 "각각의 인물들과 대조되는 반대유형을 제시함으로써 그 인물을 정의하고자 했다." 이를테면 프랭클린 루스벨트는, 그를 선망한

자유주의자들이 그의 후계자로 여겼지만, 그런 기대를 충족시키지 못한 아들라이 스티븐슨과 짝을 이룬다.

"각 인물들의 전기傳記보다는 경력을 소개하는 데 초점을 맞추었다"지만, 내용은 의외로 풍부하다. 게다가 인문학의 향취를 물씬 풍긴다. 프랭클린 루스벨트와 아들라이 스티븐슨을 조합한 '선거정치 지도자' 편의 분량은 고작해야 20쪽 남짓이나 꽤 알차다. 서른아홉에 척수성 소아마비를 앓고 나서 루스벨트는 거의 반신불수가 되었다. 제대로 걷지 못했다. 그런데 이 신체장애자는 고난과 전쟁에 맞서야 하는 국민들에게 자신의 장애를 위안거리로 제공했다. "사람들은 그의 도드라진 이마와 그가 물고 있는 담배파이프, 마치 희망의 신호와도 같은 트레이드마크인 사람 좋은 미소를 보고 힘을 얻었던 것이다." 반면 민주당 진영 가톨릭 세력의 지지를 잃을까봐 스페인 내전은 수수방관한다.

"그에겐 자신만의 길이 있었고, 그 길은 남들에게 강요하지 않는 것이었다. 그리고 그를 추종하는 많은 이들이 그의 길을 따랐다. 루스벨트는 다른 사람들을 이기게 함으로써 스스로 이기는 사람이었다. 위대한 리더십이란 결코 제로섬 게임이 아니며, 지도자가 얻는 것은 추종자들로부터 빼앗은 것이 아니다. 지도자와 추종자는 모두 줌으로써 받는다." 게리 윌스의 권고는 요즘 우리에게 더할 나위없는 주문이다. "당신에게 맞는 지도자를 선택하라."

"국민의, 국민에 의한, 국민을 위한"

『시대를 움직인 16인의 리더』가 역사를 이끈 리더들의 삶을 제대로 압축한다면, 『게티즈버그 연설, 272단어의 비밀Lincoln at Gettysburg』은 "국민의, 국민에 의한, 국민을 위한 정부"의 전거가 되는 미국의 제16대 대통령 링컨의 연설을 보란 듯이 풀어낸다. "링컨의 연설문은 그것이 이루어낸 성과를 두고 비교하자면, 깜짝 놀랄 만큼 간략했다."

사실 링컨의 연설은 1863년 11월 19일 펜실베이니아 주 게티즈버그에서 열린 '국립묘지 봉헌식'의 짧은 추도사였다. 메인이벤트라고 할 수 있는 추도연설은 당대의 웅변가 에드워드 에버렛이 맡았다. 그러나 에버렛은 링컨의 적수가 못되었다. "링컨의 게티즈버그 연설은 문체의 혁명을 필두로 하여 여러 가지 혁명을 이끌어냈다. 에버렛의 강연은 그와 같은 연설이 무조건적으로 호응을 받던 시대의 가장 마지막 시점에서 이루어진 것이었다. 그의 강연은 불과 30분도 되지 않아 진부한 것이 되어버렸다."

게리 윌스는 "링컨의 연설은 마크 트웨인이 20년 후에 완성하게 되는 모국어의 운율로 이동해가고 있음을 미리 보여주고 있다"고 격찬을 아끼지 않는다. 묘지를 설계한 연방정부 관리를 불러 지형을 숙지하여 가장 적절한 연설 장소를 고르거나 봉헌식에 늦지 않게 하루를 앞당겨 출발한 링컨의 주도면밀함을 지적하는 것을 잊지 않으면서 말이다.

"게티즈버그 연설의 단순명쾌한 어귀들은 1850년대에 있었던 헌법개정과 관련한 토론에서 링컨이 완성시켰던 것으로 미국인들의 공감을 얻었다. 토론을 통해 링컨은 가장 적확한 언어와 상상력과 신화를 찾아냈으며 게티즈버그에서 그것을 가장 간결한 형태로 구현해냈던 것이다. 그의 '재정립'이라는 수수께끼를 꿰뚫어보기 위해서는 그토록 매력적인 언어로 이룩한 대성공의 모든 요소들을 면밀히 검토해 보아야만 한다. 링컨 자신은 모르고 있었겠지만, 그 이전에 수행되었던 문학적·지적 그리고 정치적 노력들이 그의 숙명적인 272단어들 속에 지적 혁명의 숨결을 불어넣어 주었던 것이다."

『예수는 그렇게 말하지 않았다What Jesus Meant』와 『바울은 그렇게 가르치지 않았다What Paul Meant』에선 텍스트 해석을 통해 역사적 인물의 발언과 가르침의 진위를 가린다. "예수는 기독교인이 아니다." 그럼 '나쁜 소식 전달자'는 누구?

기만구조

내게 게리 윌스는 늦은 발견이다. 그는 매력적인 저자다. 내가 딱 좋아하는 스타일이다. 나는 감탄한다. 그의 풍부한 지성에, 번역문을 통해서도 느껴지는 녹진하고 차진 문체에, 무엇보다 진실과 정직함과 도덕성을 옹호하는 그에게. 그리고 그는 늘 내 무지를 일깨운다. 『교황의 죄Papal Sin: Structures of Deceit』도 예외는 아니다. "사람들은 대부분 액턴의 유명한 공리 '권력은 부패하고, 절대 권력은 절대 부패한다.'를 잘 알고 있다. 하지만 그가 교황 절대주의를 염두에 두고 이 말을 했다는 사실을 기억하는 사람은 거의 없다."

"이 책은 부분적으로는 그들의 장상들이 강요하는 기만의 무게에 짓눌려 침묵을 지킬 수밖에 없었던 수많은 사제들의 정직성에 보내는 존경의 표시이다. 그리고 또한 그 무거운 짐을 벗어 던지라는 호소이기도 하다. 나는 교황권이나 그 옹호자들 어느 쪽도 공격하고 있지 않다. 앞으로 확실하게 드러나겠지만, 내가 받드는 영웅들은 성 아우구스티누스와 존 헨리 뉴먼 추기경, 액턴 경, 교황 요한 23세를 비롯하여 가톨릭 대열에서 진실을 이야기한 수많은 사람들이다. 우리는 흔히 진리가 우리를 자유롭게 하리라고 말한다. 이제는 성직자와 마찬가지로 평신도까지 포함하여 가톨릭인들 모두를 이 기만의 억압에서, 우리 시대에 은밀히 자행되고 있는 교황의 죄에서 해방시켜야 할 때이다. 이것은 오르카냐나 단테가 혹독하게 비판한 죄들에 비하면 눈에 잘 띄거나 포착되지 않고 극적이지 못하지만, 지성의 배신에서 비롯된 훨씬 은밀한 타락이다."

2000년 6월 『교황의 죄』가 출간되자 게리 윌스에게는 교황에 대한 신랄한 비판에도 불구하고 계속 가톨릭신자로 남아 있는 이유를 묻는 독자들의 질문이 쇄도한다. 이에 대한 답변으로 게리 윌스는 2003년 8월

『Why I Am a Catholic 내가 가톨릭인인 이유』를 펴낸다. "이 책에서 그는 가톨릭인으로 살아온 자신의 인생을 돌아보고 교회와 교황제도에 대한 견해를 피력했다."

게리 윌스의 책

성 아우구스티누스 안인희 옮김, 푸른숲, 2005.
시대를 움직인 16인의 리더 곽동훈 옮김, 작가정신, 1999.
게티즈버그 연설, 272단어의 비밀 권혁 옮김, 돋을새김, 2004.
예수는 그렇게 말하지 않았다 권혁 옮김, 돋을새김, 2007.
바울은 그렇게 가르치지 않았다 김창락 옮김, 돋을새김, 2007.
교황의 죄 박준영 옮김, 중심, 2005.
예수의 네 가지 얼굴 권혁 옮김, 돋을새김, 2009.

고든 리빙스턴
Gordon Livingston

'당신을 위한 전망 좋은 창가'

분리불안 증세가 있던 우리아이가 올해는 강박증에 시달리고 있다. 정신과의사 고든 리빙스턴의 『너무 일찍 나이 들어버린 너무 늦게 깨달아버린Too soon old, too late smart』을 정독하며 심적 위안, 그 이상의 것을 얻는다. 이 책의 가치는 번역서가 나온 직후, 띄엄띄엄 읽을 적에도 웬만큼 알 수 있었다. 적어도 Q&A 식의 관습적인 심리에세이에서 벗어난 미덕을 지녔다. 어떤 증상에 대한 어렴풋한 진단과 설득력 없는 처방이라는 '양식'을 답습하지 않았다. 책을 통독하고서야 비로소 이 책의 진가를 깨닫는다.

리빙스턴의 언행불일치를 전제로 한 '행동주의'는 저번에 읽은 부분에서 간과한 내용이다. "우리가 무언가를 할 수 있으려면 먼저 그것을 상상할 수 있어야 합니다. 이것은 어렵지 않게 들리지만, 사실은 많은 사람들이 행동과 생각을 제대로 연결하지 못하고 있습니다.

생각만 하고 행동은 하지 않는 것이죠." 여기에는 현대 의학과 광고 산업, 그리고 돈만 있으면 뭐든 할 수 있다는 물질만능주의의 탓이 크다고 한다. 기분을 좋게 해주는 약, 성형수술, 소비를 통한 신분상승을 부추기는 광고 따위가 행복은 구매 가능하다는 환상을 심어준다는 거다. 또한 "사람들은 주로 생각, 바람, 의도가 생긴 것을 변화로 착각"한다고 지적한다.

"우리는 말을 지나치게 중시하고 있습니다. 나는 종종 사람들에게 그들이 말하고 원하는 것과 실제로 행동하는 게 맞지 않는다고 지적합니다. 그러면 그들은 깜짝 놀라면서 때로 화를 내기도 합니다. 그래서 나는 그들의 말을 곧이곧대로 받아들이지 않고, 차라리 그들이 보여주는 행동에 관심을 기울이는 편입니다."

리빙스턴은 생각이나 말만으로는 달라질 게 아무것도 없기에 실제 행동의 중요성을 거듭 강조한다. 우리를 행복하게 만드는 요인 세 가지로는 일과 사랑하는 사람, 그리고 기대감을 꼽는다. 그가 내담자에게 던지는, "그 사람을 위해서 대신 총을 맞을 수 있겠습니까?"라는 유도질문은 성경 말씀을 떠올린다. "사람이 친구를 위하여 자기 목숨을 버리면 이보다 더 큰 사랑이 없나니"(요한 15:13) 리빙스턴의 부연 설명이랄까. "대개의 경우 자신을 희생해서라도 구해내고 싶은 사람은 이 세상에서 단 몇 명밖에 되지 않습니다. 먼저 자녀들이 있을 것이고 배우자나 연인을 포함시킬 수도 있을 겁니다."

독자는 리빙스턴의 슬픈 개인사에 압도되는 것과 동시에 연민의 정을 느낀다. 그는 1년 남짓한 기간에 아들 둘을 잃었다. 더구나 큰아들은 스스로 목숨을 끊었다. 우울증이 있던 젊은 여자가 병원에 입원하기로 한 날 자살하자 그는 그의 오만함을 자각한다. "절망한 사람의 생명을 통제할 수 있다고 믿었던 환상이 그날로 날아가 버린 것입니다." 또 그는 내담자에게 다음과 같은 내용의 문서에 서명하길 요구한다. "나는 불평불만,

소송, 양육권 분쟁, 불구자 판결, 또는 근무 태만에 대한 변명과 업무 조건의 변화 등을 요구하는 법적이거나 행정적인 절차에 관여하지 않을 것입니다. 만일 위의 이유 중 어느 한 가지로 의료적인 변화를 요구하면, 다른 사람을 찾아보십시오. 나는 오로지 치료만 제공합니다."

심지어 진료과정의 민감한 사안을 발설하는 것에도 주저함이 없다. "누군가 나에게 처음 상담을 받으러 오면, 나는 그 사람이 마음에 드는지, 또는 마음에 들게 될 것인지 나 자신에게 묻습니다. 만일 어떤 사람의 이야기를 듣는 게 몹시 지루하거나 화가 난다면, 나는 정중하게 다른 의사를 찾아가보는 것이 좋겠다고 말합니다. 내담자를 마음속으로 받아들이지 못하는 상태에서는 상담을 제대로 진행하기가 어렵기 때문입니다. 그리고 상담을 진행하는 중에도 내담자를 위해 끌어올리고 있는 내 안의 에너지와 희망이 줄어들면서 그의 변화를 유도할 수 있으리라는 자신감이 사라지는 것을 느끼면 차라리 상담을 중단합니다. 그 밖에도 내 부모나 나를 괴롭혔던 어떤 사람, 혹은 사춘기에 실연의 상처를 주었던 한 소녀를 생생하게 떠오르게 만드는 내담자와의 상담도 피하고 있습니다."

그렇다면 고든 리빙스턴은 무능하고 괜스레 까다로우며 환자를 골라 받는 나쁜 의사일까? 아니다, 그렇지 않다. 그는 보기 드물게 양심적인, 믿을 만한 의사다. "아무리 노력을 해도 변화할 기미가 보이지 않는 사람과 계속 상담하는 것은 피차 시간 낭비일 뿐입니다." 감정이입을 중요시하는 것은 정신과 진료의 특성일 수 있다. 이런 점은 책읽기도 다르지 않다.

"나는 심리치료를 하면서 직접적인 조언은 많이 하지 않습니다. 그 이유는 내가 겸손해서도 아니고, 내담자가 스스로 해결책을 생각해내도록 '유도'하기 위해서도 아닙니다. 솔직히 말해, 나도 사람들이 무엇을 필요로 하는지 잘 모르기 때문입니다. 대신 나는 내담자들과 함께 앉아서 그들이 생각을 할 수 있도록 도와줍니다. 내가 하는 일은 그들 스스로 문제점을 깨닫게 해주는 것입니다."

이보다 용한 의사가 있을까? 또한 용기나 의지 같은 것은 심리치료에 없어서는 안 될 필수 조건이라고 한다. 그는 모든 인간관계에서 주도권은 무심한 사람이 쥐고 있다는 혜안을 보여준다. "세상에 실망할 수는 있지만 심각하게 살 필요는 없다"는 요즘 우리에게 딱 맞는 조언이다.

"지금 이 땅에는 부정한 목사, 사기꾼 정치가, 마약에 빠진 도덕군자, 어린이의 성을 착취하는 교육자 등이 버젓이 얼굴을 들고 훌륭한 사람인 양 행세하고 있습니다. 그들은 자신들의 잘못을 덮기 위해 남들은 물론이고 스스로에게도 가당찮은 변명을 하곤 합니다. 하지만 상황은 나아질 리가 없습니다. 점점 더 깊은 수렁 속으로 빠져드는 자신을 발견하게 되는 것이지요. 이때 가장 나쁜 것은 자기 자신을 속인다는 사실입니다."

그의 말대로, 인생엔 절대적 가치가 없듯이 절대적 장점이란 것도 없다. 또한 누구도 완벽할 순 없기에 그의 주장에 전적으로 동의하진 않는다. 이건 너무나 당연하다. 그렇다고 리빙스턴을 향해 각을 세울 이유도 없다. 나는 단지 그가 말한 것 가운데 두 가지에 대해 공감도가 덜할 따름이다. "우리는 실제로 우리의 안녕을 위협하는 것들에 대해서는 두려움을 느끼지 못하고 있"다는 지적은 옳다. 하지만 미국에서 해마다 총기 사고로 죽는 어린이 5000여 명과 자동차사고로 목숨을 잃는 어린이 3400여 명 못지않게 사라지는 어린이들도 소중하다. "낯선 사람에게 유괴를 당하는 아이들은 해마다 200명이 채 되지 않는 것이 현실"(강조─인용자)이라는 표현은 부적절하다. 하물며 극악무도한 범죄자에게 잔인하게 살해당하는 어린이가 단 한 명이라도 있어선 안 된다.

리빙스턴이 내담자에게 들려주는 '세상에서 가장 웃기는 이야기'는 하나도 안 우습다. 그의 경험담은 그래도 좀 낫다. "내 아내도 그런 적이 있습니다. 신용카드를 도둑맞았죠. 하지만 나는 신고를 하지 않았습니다. 도둑이 아내보다 돈을 덜 쓰거든요." 정작 리빙스턴의 아내는 남편의 농담에 안 웃는다. 나는 "행복 추구와 자존심을 위한 투쟁보다 더 강력한 욕망은 없다는 사실"에 공감한다. 리빙스턴이 전하는 노련한 중사의 발언은 인상적이다. "만일 지도가 지형과 다르다면 지도가 잘못된 겁니다." '추천의 글' 한 대목은 매우 적절하다. "이 책은 모든 독자들을 내가 그동안 운 좋게 차지하고 있던 전망 좋은 창가에 앉게 해줄 것입니다."

『너무 일찍 나이 들어버린 너무 늦게 깨달아버린 2And never stop dancing』에선 '값싼 슬픔'이 정곡을 찌른다. 값싼 슬픔은 알량한 동정심 같은 거다. "사별을 둘러싸고 내가 '값싼 슬픔'이라고 부르는 또 다른 신화가 만들어지기도 합니다." 자식을 잃은 슬픔을 겪은 사람들은 비행기 사고로 운명을 달리한 존 F. 케네디 주니어의 죽음에 대한 가족들의 슬픔을 "말로 표현할 수 없다"고 했던 그의 숙부 에드워드 케네디 상원의원의 심정을 충분히 이해한다.

"하지만 그 젊은이의 죽음에 대한 국민의 집단적인 감정에 대해서는 어떻게 생각해야 할까요?" 리빙스턴은 유명 인사들에게 감정이입을 하는 것 자체는 잘못이 아니라면서도 "다만 사람들은 그들의 이미지와 그들이 하는 일을 통해 그들을 알고 있을 뿐"이라고 지적한다. "가족을 잃은 사람들에게 그것은 '안전한 슬픔'처럼 보입니다. 그들은 눈물을 흘리면서 슬퍼하지만 며칠 후 또는 길어야 몇 주일 후에는 훌훌 털어버리고 일어날 것이기 때문입니다. 그래서 자신의 삶에서 진정으로 소중한 사람의 죽음으로 인해 가슴 찢어지는 고통을 겪어본 사람들에게 유명인사의 죽음을 슬퍼하는 대중들의 모습은 공허해 보이기만 합니다."

인터넷 유족 게시판에는 인생에서 최악의 순간을 마주하고 있는 사람들이 어설픈 위로를 받고 화가 나서 쓴 글들이 곧잘 올라온다고 한다. 다음은 리빙스턴이 옮겨 적은 그들을 화나게 하는 어설프고 상투적인 위로문 목록이다. 유족들이 상투적이고 어설픈 위로를 어떻게 받아들이는지 보라!

- 그는 더 좋은 세상으로 갔다. → 하지만 나는 그곳에서 그와 함께 있을 수 없다.
- 당신이 어떤 기분인지 알고 있다. → 당신이 아이를 잃어본 적이 있는가?
- 아픈 만큼 강해진다. → 전혀 강해진 느낌이 들지 않는다.
- 신은 우리가 견디지 못할 시련은 주지 않는다. → 말하기는 쉽다.
- 당신은 아주 강하다. 나라면 못 견딜 것이다. → 그럼 다른 선택이 있는가?
- 다시 임신을 할 수 있다. → 아이가 무슨 일회용인가?

리빙스턴의 말이다. "화해할 수 없는 운명에 맞서 싸우며 스스로 삶의 목적을 찾아내야만 했던 뼈아픈 경험을 해보지 않은 사람이 과연 사랑하는 사람을 잃은 절망감으로 무너져 내린 사람들에게 희망을 이야기할 수 있을까요? 희망을 이야기할 수는 있으되 그 안에 어떤 절실함이 없을 것이고, 그래서 아무런 위안도 되어주지 못할 것입니다."

그럼 어찌 해야 하나? "판에 박힌 말을 늘어놓는 위로는 상대에게 오히려 피곤한 일이 될 수도 있습니다. 우리가 상대의 아픔과 고통을 진정으로 헤아릴 수 없다면 그저 옆에서 함께 있어주면서 이야기를 들어주는 게 차라리 나은 방법입니다. 섣부르게 자신은 모든 고통을 이해한다는 식으로 상대에게 몇 마디 던지는 것은 상대를 위한 것이 아니라 내 체면치레일 수 있습니다."

고든 리빙스턴의 책

서두르다 잃어버린 머뭇거리다 놓쳐버린— 너무 늦기 전에 깨달아야 할 사랑의 진실 42 공경희 옮김, 리더스북, 2010.
너무 일찍 나이 들어버린 너무 늦게 깨달아버린 노혜숙 옮김, 리더스북, 2005.
너무 일찍 나이 들어버린 너무 늦게 깨달아버린 2 노혜숙 옮김, 리더스북, 2006.

고종석
高宗錫
1959-

아름답기보다 정확한
한국어 구사, 그래서 아름답다

고종석에게는 그의 열성독자들이 만든 인터넷 카페가 있다. 2004년 8월 문을 열어 2006년 말까지 270명이 회원으로 가입한 '고종석 팬 카페cafe.daum.net/kjsfreedom'는 인문서 저자로서 그의 위상을 짐작하게 한다. 인문서 저자의 팬 카페는 겨우 손으로 꼽을 수 있다. 2007년 1월 현재, 16권에 이르는 그의 책의 평균 판매부수는 5000부 안팎이다. 그가 펴낸 신간을 무조건 구입하는 고정 독자는 3000명 정도로 추산된다. 요즘 같아선 인문사회 분야 베스트셀러 목록 진입이 무난한 '엄청난' 숫자다.

인문서 저자

지금까진 『코드 훔치기』(마음산책, 2000)가 제일 많이 팔렸다. 고종석은 책을 곱게 만들어준 편집자와 이 책을 논술교재로 활용한 논술학원 강사에게 그 공을 돌린다. 하지만 그가 글을 쓰고 책을 엮는 것이 단지 '연줄'

덕분이라는 말과 마찬가지로 이를 액면 그대로 받아들이면 곤란하다. 겸손한 표현이기 때문이다. 그렇다고 그의 글과 책에 대한 독자의 호응을 '시장성'의 잣대로만 판단하고 싶진 않다. 그에겐 그 이상의 무엇이 있다.

고종석은 출판계에서 "아주 정확한 한국어 문장을 구사하는 작가"로 통한다. 아름다움보다 정확함을 특징으로 한다고 볼 수도 있으나, 고도의 정확성은 아름다움을 낳는다. 한 학생 독자는 "고종석의 책을 읽으면 똑똑해지는 느낌, 시야가 넓어진다는 느낌"을 전한다. 고종석의 절친한 벗인 강금실 전 법무장관은 그의 시집비평집 『모국어의 속살』(마음산책, 2006)에 대해 "고종석의 평론은 매우 균형잡힌 시각에서 정확한 분석이 이루어지고 있다"고 논평한다. 고종석의 글은 어느 대학 논술시험의 지문으로 나오기도 했다.

기자

고종석은 기자다. 〈코리아타임스〉 기자로 언론계에 들어와 초창기 〈한겨레신문〉 문화부 기자로 일했다. 〈한겨레〉 재직시절, 기사문답지 않은 기사가 논란을 빚기도 하였으나, 기자의 문체가 살아 있는 기사문의 이정표를 세운다. 1990년대 중반 프랑스 파리 주재기자로 있을 때는 철학자 질 들뢰즈의 죽음을 색다르게 해석해 전달한다. "고갈된 일흔 살 삶을 스스로 끝장냄으로써, 그 자신이 곧잘 '철학적 일화'로서 거론하던 엠페도클레스의 전설적 자살이 있은 뒤 2천5백년 뒤에, 서양철학사에 또 하나의 일화를 보탰다." 그 후 '친정'인 한국일보사에 복귀하였고, 〈한국일보〉 논설위원을 거쳐 지금은 객원 논설위원으로 있다.

"모르겠어요. 기자가 되겠다는 특별한 생각이 있어된 것도 아니고, 어쩌다가 우연히 모집공고 보고 시험 봐서 잡은 직장이거든요. 글쎄요." 기자는 어떠해야 하는가라는 물음에 대한 답변의 부족한 부분은 그의 장편소설 『기자들』(민음사, 1993)에 나오는 '기자숙명론'으로 채운다. "기자는 기록하는 자이지만 그 기록은 자신에 대한 기록이 아니라 남에 대한 기록이다. 남의 삶을 엿보고 싶어 하는 호기심, 자기가 엿본 것을 되도록 많은 사람들에게 알리고 싶어 하는 광고충동, 그런 것들이 기자의 운명이 아닐까."

소설가

장편 『기자들』 말고도 고종석은 단편소설집 『제망매』(문학동네, 1997)와 『엘리아의 제야』(문학과지성사, 2003)를 펴낸 바 있다. 소설은 왜 쓰게 됐나요? "기사가 사람 이야기를 그리긴 하지만 기사문의 언어는 그물코가 성긴 거죠. 빠져 나가는 부분이 굉장히 많아요. 사실일 수는 있어도 진실이 아닌 부분이 많이 있어요. 기사에서 새나가는 부분, 사회가 옳다 그르다 결정해주는 그런 선악·미추에 잡히지 않는 어떤 개인적인 선악과 미추, 개인적인 가치와 진실 들은 기사가 잡아낼 수 없어요. 소설의 언어는 좀 달라요. 어차피 언어의 재현능력은 근본적으로 한계가 있지만, 기사의 언어보다는 소설의 언어가 촘촘하지 않겠나, 덜 빠져나가지 않겠나 싶어 시작했어요." 내 소설의 근간은 현실이라는 고종석의 지론을 짐작하게 하는 대목이다.

기벽이라고 하긴 어려워도 고종석은 남의 소설을 잘 안 읽는다. 어느 출판사 사장의 목격담이다. 어떤 소설가의 출판기념 모임에서 소설가가 자신이 펴낸 책을 고종석에게 주자, 그는 이를 정중하게 사양하더란다. "고맙지만 나는 소설을 안 읽는다. 귀한 책 아끼기 위해서라도 다른 분께 주는 게 좋겠다"고 하면서 말이다. 장편소설보다는 단편소설집 두 권에 수록된 작품들이 더 낫다는 나의 독후감을 밝혔다. "소설이라는 장르에 계속 몸담을 생각이면 장편을 써야겠죠."

언어학자

이 글을 쓰기 위한 인터뷰를 하면서 해묵은 궁금증을

해소할 수 있었다. 고종석이 말한 "영어공용화의 반대가 지닌 계급적 함의"를 비로소 이해하게 되었다. 그것은 계층 간 영어능력의 격차를 줄이고, 언어가 의사소통의 도구라는 점에 주목한 것이었다. 한동안 나를 헷갈리게 한 「우리는 모두 그리스인이다」라는 글의 한 구절이다. 이 글은 『감염된 언어』(개마고원, 1999)에서 볼 수 있다.

"영어가 공용어가 되든 안 되든, 우리 사회의 지배계층은 자기 자식들에게 영어를 열심히 가르칠 것이다. 그리고 영어에 익숙해진 그들의 자식들은 영어에 익숙하지 못해 지식과 정보에서 소외된 일반 대중의 자식들 위에 다시 군림할 것이다. 내가 알고 있는 민주주의는 특정집단에 의한 그런 식의 지식의 독점을 당연시하지 않는다."

정확한 한국어 사용자

아무튼 영어공용화의 긍정적 측면을 헤아리는 사람이 누구보다 분명하고 정확한 한국어 사용자라는 사실은 참으로 역설적이다. 명료한 개념 정의와 개념의 결을 세심하게 구분한 사례는 『신성동맹과 함께 살기』(개마고원, 2006)에서도 쉽게 찾아볼 수 있다. 고종석은 반미 친북 좌파가 고스란히 겹치는 것인지, 그 하나하나가 비난받을 일인지, 무엇보다 이런 딱지가 붙여진 이들이 정말로 반미 친북 좌파인지 되묻는다. "좌파는 친북보다도 훨씬 더 여러 겹의 뜻을 지니고 있지만, 그 핵심은 흔히 '복지'라는 말로 표현되는 사회 연대를 조직하는 데 정부가 일정한 구실을 해야 한다고 믿는 세계관과 관련돼 있다."

몇 해 전, 그가 엿본 출판사 편집자의 우직한 원칙주의가 빚어낸 엽기적 풍경에 그저 웃을 수만은 없다. 그가 읽던 고려시대 사람 번역문집의 문장 한가운데서 '미얀마제비'라는 말이 튀어나왔다. 당랑螳螂을 옮긴 '버마재비'를, '버마제비'의 오자로 예단한 교열자는 버마의 바뀐 나라이름에 맞춰 '미얀마제비'로 고쳤던 것. 편집자가 '버마재비'의 어원이 '범(호랑이)의 아재비(아저씨)'라는 걸 알았더라도 수난을 겪지 않으리란 보장은 없다는 그의 판단에도 공감하지만, 관련 글의 결론은 더 공감한다. "무릇 글쟁이는, 제 글이 고스란히 활자화될 땐, 그 글이 별 볼일 없다고 생각하는 게 좋다."

번역가

고종석이 우리말로 옮긴 책은 마르그리트 뒤라스의 마지막 작품 『이게 다예요』(문학동네, 1996)가 전부다. "번역은 정말 어려운 작업이에요. 문장 하나를 우리말로 만족스럽게 옮기기가 굉장히 힘들어요. 번역이야말로 제대로 한다면 뼈를 깎는 작업일 것 같습니다. 영어나 스페인 말이나 프랑스 말이나 어설프게 읽을 줄은 아니까 주변에서 '너, 왜 번역 안 하느냐?' 하는데, 저는 책 한 권 번역하려면 평생 해야 할 것 같아요. 또 번역은 일종의 평론인데 그렇게 하긴 정말 어렵죠."

정치평론인

고종석은 정치현상을 보는 눈이 밝다. 시평집 『신성동맹과 함께 살기』 머리말의 한마디는 그런 눈이 흐려지지 않았나, 하는 걱정이 들게 한다. 그마저 "은근히 기대를 걸었"다니. 2003년 1월 중순 발행된 『인물과사상 25』(개마고원)에 실린 글을 통해 내가 서둘러 은근한 기대조차 접는데 일조한 그가 아니던가. "우선 그의 지지자들부터, 대통령이 된 것 이상의 업적을 그가 자신의 임기 중에 세우기는 어려울 것이라고 순순히 인정해야 한다. 위에서 언급했듯 그의 집권이 우리 사회의 멘털리티에 줄 긍정적 충격을 생각하면, 그 집권 자체만으로도 눈부신 업적, 그의 지지자들이 그와 더불어 자랑스러워할 만한 업적이다." 다시 돌아온 정치의 계절에 정치를 바라보는 그의 혜안과 안목을 접할 수 있을까? "정치에 대한 관심이 많이 줄긴 줄었죠."

대표작 네 권을 꼽는다면 "『기자들』은 첫 책이라서, 『제망매』는 내가 소설가가 됐구나, 『자유의 무늬』(개마고원, 2002)는 내가 저널리스트구나, 『감염된 언어』는 내가 약간은 언어학도구나 하는 느낌이 들게 했지요. 이 세 개가 제 정체성인데, 셋 다 얼치기이긴 하지만 이 책들에 기자로서, 소설가로서, 언어학도로서 정체성이 있는 같아요." 그럼, 이 셋을 합치면 뭐가 될까요? 문화전달자가 어떨까요? "모르겠어요, 제가 뭔지는." (「한국의 글쟁이들 17— 고종석 〈한국일보〉 객원논설위원」, 〈한겨레〉 2007. 1. 26)

보유補遺

서문 쓰기가 쉽지 않다. 동어반복을 매우 꺼리는 내가 '감개무량'을 연거푸 두 번이나 썼다. 사실, 차곡차곡 쌓이는 글을 모아 책을 엮으니 어찌 감개무량하지 않을 수 있겠는가. 스무 번 가까이 서문을 작성한 고종석 선생은 그때마다 기분이 어땠을까? 『감염된 언어』 개정판 서문에는 만만찮은 메시지가 담겨 있다. 초판은 「서툰 사랑의 고백」이라는 글로 서문을 대신했다. 개정판 서문의 만만찮은 메시지는 이것이다.

"「우리는 모두 그리스인이다」에 대한 비판이, 그와 전혀 다른 층위에서라면, 우아한 절중節中을 움켜쥐며 한결 미묘한 생각거리를 내게 던져줄 수도 있었을 것이다. 아직 존재하지 않는 미래 세대의 복지를 위해, 이 순간 숨쉬며 살아가는 현재 세대가 불편과 불이익을 겪는 것이 정당한가라는 물음의 층위 말이다. 행인지 불행인지, 그런 층위의 비판은 없었다." (「특집— 머리말과 만나다」, 〈기획회의〉 통권 208호, 2007. 9. 20)

고종석의 책

독고준 새움, 2010. 장편소설
고종석의 여자들 개마고원, 2009.
책읽기의 달인, 호모 부커스 2.0 이권우 외 공저, 그린비, 2009.
경계긋기의 어려움— 고종석 시평집 개마고원, 2009.

어루만지다— 사랑의 말, 말들의 사랑 마음산책, 2009.
도시의 기억 개마고원, 2008.
발자국— 역사의 발자국 헤아리기 마음산책, 2007.
감염된 언어— 국어의 변두리를 담은 몇 개의 풍경화(개정판) 개마고원, 2007.
감염된 언어 개마고원, 1999.
말들의 풍경— 고종석의 한국어 산책 개마고원, 2007.
기자로 산다는 것 고제규 외 공저, 호미, 2007.
바리에떼— 문화와 정치의 주변 풍경 개마고원, 2007.
신성동맹과 함께 살기— 고종석 時評集 개마고원, 2006.
모국어의 속살 마음산책, 2006. 詩集評
고종석의 영어이야기(개정판) 이우일 그림, 마음산책, 2006.
신화와 역사가 있는 7일간의 영어여행 한겨레신문사, 1998.
엘리아의 제야 문학과지성사, 2003. 단편소설집
히스토리아 마음산책, 2003.
자유의 무늬 개마고원, 2002.
서얼단상 개마고원, 2010.
서얼단상— 한 전라도 사람의 세상 읽기 개마고원, 2002.
코드 훔치기— 한 저널리스트의 21세기 산책 마음산책, 2002.
국어의 풍경들 문학과지성사, 1999.
언문세설 열림원, 1999.
제망매 문학동네, 1997. 단편소설집
책읽기 책일기 문학동네, 1997.
사랑의 말 말들의 사랑 문학과지성사, 1996.
고종석의 유럽통신 문학동네, 1995.
기자들 민음사, 1993. 장편소설
이게 다예요 마르그리트 뒤라스, 문학동네, 1996. 번역서

그레고리 베이트슨
Gegory Bateson
1904-1980

만물에는 정신이 깃들어 있다

'생명의 사색가' 그레고리 베이트슨의 생각을 이해하는 것은 결코 쉬운 일이 아니다. 그것은 우리가 베이트슨이 말하고자 하는 바의 전제에 대해 익숙하지 않기 때문이다. 방금 사용한 '우리'라는 대명사만 해도 그렇다. 인식하는 주체인 '우리'의 범주에 베이트슨은 사람뿐만 아니라 불가사리, 삼나무 숲, 분할란 등은 물론이고, 의회 같은 사람이 조직한 단체도 포함시킨다. 왜냐

하면 이러한 생물들도 여러 가지 형태로, 여러 가지 일을 알고 있어서다. 예컨대 '다섯 가지 방향의 대칭으로 성장해 가는 일' '산불 속에서 살아남는 일' '성장하지만 동일한 상태로 머무는 일' '학습하는 일' '헌법을 제정하는 일' '자동차를 발명하고 운전하는 일' 등을 알고 있다는 것이다.

이런 생각은 다음의 일화를 통해 더욱 뚜렷하게 드러난다. 어느 세미나에서 베이트슨은 청중에게 이런 질문을 던졌다. "여러분의 손에는 손가락이 몇 개 있습니까?" 청중은 잠시 어리둥절했고, 몇 사람이 "다섯"이라고 기어들어가는 목소리로 말했다. 그러자 그는 "아니요"라고 버럭 소리를 질렀다. 이어 누군가 넷을 들먹였으나 여전히 그는 아니라고 말했다. 이윽고 청중 모두가 꿀 먹은 벙어리가 되자 베이트슨이 입을 열었다.

그 따위 질문은 하지 말아야 한다는 게 정답입니다. 그건 어리석은 질문이니까. 어느 식물이 대답해야 할 질문이기도 하지요. 식물의 세계, 생물계 전반에는 손가락 따위는 없지요. 거기에는 관계가 있을 따름입니다.

베이트슨은 '관계'들을 생물계의 정수精髓로 보았다. 또한 생물계에 대한 가장 효과적인 서술은 이야기 형식에 의해서 이뤄진다고 강조했다. 하지만 베이트슨은 이야기에 나오는 사람이나 사물, 또는 이야기의 줄거리를 중요하게 생각하기보다는 그들 사이의 관계를 참다운 것으로 여겼다. 그는 이야기를 통해, 정확하게는 대화체의 형식을 빌려 자신의 사상을 전달하는 것을 즐겼다.

이런 측면은 베이트슨의 사상을 집대성한 『마음의 생태학』(민음사, 1989)에서도 쉽게 확인된다. 이 책의 1부는 '메타로그'들로 채워져 있다. 메타로그는 베이트슨이 만든 용어로 어떤 문젯거리가 되는 것에 대한 대화를 뜻한다. 메타로그에서 참가자는 문제점을 논할 뿐

아니라 전체적인 대화의 구조도 그 문제점과 관련이 있어야 한다. 여기에 나오는 메타로그는 아버지와 딸의 대화 형식을 취하고 있다.

"우리 모두가 항상 논리적으로만 얘기한다면, 우린 결코 어떤 결론에 도달하지 못할 거야. 우리는 많은 사람들이 이미 수백 년 동안 말해온 틀에 박힌 것들을 앵무새처럼 되풀이하고 있을 뿐일 거야"
"틀에 박힌 것cliche이 뭔데요, 아빠?"
"틀에 박힌 것? 프랑스 말에서 온 단어야. 인쇄업자들이 쓰던 말이지. 한 문장을 식자활판할 때 각 자모를 하나하나 홈이 파인 나무틀에다 끼워 맞춰 그 문장이 되게 했단다. 그러나 자주 쓰이는 단어나 문장들은 먼저 나무틀에다 맞춰놓아 나중에 일일이 식공을 할 필요가 없게 되었단다. 이처럼 먼저 식공해놓은 문장들을 틀에 박힌 것들cliches이라 불렀단다."

베이트슨은 종종 '당신의 전공은 무엇이냐?'는 질문을 받았을 정도로 다양한 분야를 파고들었다. 이 책은 그의 다양한 지적 편력을 잘 보여주는데, 크게 네 가지로 나뉜다. 인류학, 정신의학, 생물의 진화와 유전, 그리고 체계이론과 생태학에 기반한 새로운 인식론이 그것이다. 글의 배열은 베이트슨이 해당주제에 관심을 가졌던 순서에 따라 배열했다.

베이트슨은 인류학자로 학계에 발을 디뎠다. 그의 초기저작 『네이븐』(아카넷, 2002)은 뉴기니아를 현지 답사한 결과물이다. 그는 이때부터 개체에 앞서 관계가 있다는 사고방식을 가졌다고 한다. 베이트슨은 정신분열증에 관한 '이중구속 이론'으로 정신의학계에도 널리 알려졌다. 정신의학 연구는 퇴역군인병원에서의 연구를 바탕으로 이뤄졌다.

진화론 연구는 아버지의 유산이 뒤늦게 발현된 것이다. 베이트슨의 부친은 영국의 유명한 생물학자였다.

유전학자 멘델의 열렬한 신봉자로 그의 이름을 따서 아들의 이름을 지을 정도였다. 베이트슨은 아버지에게서 생물학 조기교육을 받았으나 부친의 권유를 뿌리치고 인류학을 전공으로 택했다.

어쨌든 베이트슨의 후기사상에 속하는 생태학 이론은 다양한 분야에 대한 지적 편력에 뿌리를 두고 있다. 때문에 인류의 앞날에 관한 그의 경고는 더욱 설득력이 있다. 그는 세계를 파멸로 몰고 가는 근본적인 원인을 세 가지로 꼽는다. 첫째 과학기술의 발달, 둘째 인구의 증가, 셋째 잘못된 가치관이다. 이 세 요소가 합해져 사람이 "환경을 일방적으로 지배할 수 있으며 그 지배를 위해 전력을 다해야 한다는 생각"을 낳는다는 것이다. 이런 그릇된 생각은 교육에 의해 확대재생산된다. 『정신과 자연』(까치, 1990)에서 베이트슨은 지면을 많이 할애해 제도교육을 비판한다. 그는 학교교육이 진실로 중요한 모든 중요한 문제를 비껴가고 있다고 생각한다. 그것은 두 가지 이유에서다. 하나는 우리가 무지하기 때문이고, 다른 하나는 인간의 한계를 직시할 만한 용기가 없는 탓이다. 그래서 베이트슨은 용기를 발휘해 세계를 바라보는 두 개의 관점인 유물론과 관념론을 싸잡아 비판한 것인지도 모른다.

유물론적 미신은 양(순수한 물질적 개념)이 패턴을 결정한다는 믿음이기도 하다. 그와는 달리 반유물론자는 물질을 지배하는 정신의 힘을 주장한다. 양이 패턴을 결정한다는 말은 물질을 지배하는 정신의 힘과는 정확히 상보 관계에 있고, 둘 다 헛소리다.(『마음과 물질의 대화』)

데카르트의 이원론적 장벽을 뛰어넘어 물질과 정신의 통합을 이뤘다는 베이트슨의 사상은 다음의 한마디로 요약된다. "물질 없는 정신은 존재할 수 없고, 정신없는 물질에는 접근할 수 없다."
『마음과 물질의 대화』(고려원미디어, 1993)는 아버지와 딸의 공동작업의 소산으로 베이트슨의 사후 딸 메리 캐서린이 완성했다. 메리는 이 책을 엮는 동안 칵테일 파티 같은 것은 일부러 피했다. 우리식으로 하면, 부정 타지 않도록 조신한 셈이다. 파티장에서 손질하고 있는 책이 "모든 것을 대상으로 하고 있다"고 말하기가 못내 거북했던 것이 진짜 이유였다. 이 책에도 메타로그가 나온다. 이 책의 메타로그들은 아버지 유지를 이어받아 딸이 완성시킨 것이다. 다음은 '중독'을 주제로 한 메타로그의 일부다.

아버지　너는 중독을 어디에 자리매김할 작정이냐?
딸　　　정확히 어디에다 두어야 할지 자신이 없네요.
아버지　이건 우리가 거의 모르고 있는 아주 멋진 문제 라구. 정식으로 알려진 것은 거의 없거든. 문명의 흥망 성쇠가 달린 중대한 문제 가운데 하나지. 나는 그 문제 를 곧잘 에살렌에 모여 연구하던 학자들에게 내놓곤 했다. 인간이 이와 같은 대상을 어떻게 생각하는가를 보여주는 방법을 아직 철저하게 캐내지 못했기 때문 이야.

우리에게 베이트슨은 여전히 낯설다. 1998년 3월 『정신과 자연』의 개정판과 2002년 『네이븐』이 출간되 어 만남의 장이 다시금 조성됐으나 본격적인 만남은 이뤄지지 않고 있다. 아무래도 놀라운 지혜와 심오한 통찰력을 거저 얻을 수는 없는가 보다. 이 점에 대해서 는 베이트슨도 이의가 없다. 그가 딸에게 준 조언은 독 자에게도 해당된다. "첫발은 내딛기가 어렵다."

그레고리 베이트슨의 책
네이븐 김주희 옮김, 아카넷, 2002.
마음의 생태학 박대식 옮김, 책세상, 2006.
마음의 생태학 서석봉 옮김, 민음사, 1989.
정신과 자연 박지동 옮김, 까치, 1990.
마음과 물질의 대화 메리 캐서린 베이트슨 공저, 홍동선 옮김, 고려원미디어, 1993.

김기협
金基協
1950-

김기협의 역사 에세이

무소속 역사평론가 김기협의 역사 에세이 『뉴라이트 비판』은 명쾌하고 엄정하며 신랄하다. 그가 보수주의 자를 자임한다는 점에서, 얼핏 보수주의의 사촌쯤으 로 보이는 뉴라이트에 대한 그의 냉엄한 비판은 궁금 증을 자아낸다. 이 궁금증은 책의 후반부에서 풀린다.

김기협은 뉴라이트의 역사관을 문제 삼는다. 사실관 계를 다투는 것은 그 분야 전문 연구자들의 몫이어서 다. "내가 할 수 있는 일은 뉴라이트 역사관이 한국 사 회에서 어떤 역할을 할 수 있는가를 비평하는 것이다. 작업을 통해 내가 얻은 결론은 뉴라이트 역사관이 엄 밀한 의미에서 역사관이라 할 수 없는, 하나의 정치적 구호에 불과하다는 것이다."

역사관은 "역사의 일부분을 보는 눈이 아니라 역사 전체를 보는 눈이다. 그런데 뉴라이트 역사관은 자본 주의 발생 이전을 보지 못한다. 개인주의를 전제로 하 는 자본주의를 문명의 유일한 형태로 간주하기 때문이 다." 이런 눈으로 '자본주의 이후'를 내다보는 것은 원 천적으로 불가능하며 자본주의 자체도 극히 경직된 의 미로밖에는 이해하지 못한다고 덧붙인다.

그들의 시각은 어찌 이리 좁고 비뚤어졌는가? "인간 을 보는 시각이 좁고 비뚤어졌기 때문이다. 역사관의 기초가 되는 것이 인간관이다. 인간이란 것이 어떤 것 인가 탐구하는 마음으로 역사를 바라볼 때 역사가 의 미를 갖고 파악되는 것이다. 인간을 이기적 존재로만 규정하고 인간에게 그 이상 관심 없는 사람의 시선 앞 에서 역사는 아무 의미도 보여주지 않는다."

또한 뉴라이트의 모든 가치가 재물에 걸려 있어서다.

"자본주의라는 안경을 통해서만 세상을 바라보는 편협한 관점 때문이다." 하여 그들의 역사관을 들여다볼수록, 합리적 보수주의자는 "몰상식한 역사관이 몰상식한 정책을 밀어주는 추세에 기가 턱턱 막힌다."

합리적 보수주의와 뉴라이트의 관점은 판이하다. 예컨대 이승만을 보는 시각이 그렇다. 뉴라이트들은 "이승만이 대한민국을 '문명'으로 이끌었다는 것을 높이 평가한다." 그들이 말하는 '문명'은 자본주의다. 반면, 합리적 보수주의자에게 이승만은 "해방 후 한국 땅에 세워질 국가를 자기 것으로 만들기 위해 못한 짓이 없는 사람이다."

김기협은 엄밀한 현실인식을 바탕으로 뉴라이트를 강하면서도 설득력 있게 비판한다. "『해방 전후사의 재인식』은 주류 학계와 다른 이념으로 주도권을 넘겨받으려는 뉴라이트 논객(학자라기보다는)들의 쿠데타 시도다. 이 시도가 상당 범위의 진보적 학자들을 동원할 수 있었던 것은 무엇보다 주류 학계의 과도한 보수성에 대한 반작용에서 반사이익을 얻은 덕분이다."

"뉴라이트가 남북 관계 긴장 상태의 유지 내지 격화를 바라는 것은 신자유주의 경제정책을 펴는 미국이 세계의 군사적 긴장을 키우는 군사정책을 취한 것과 똑같은 맥락에서 이해할 일이다. 신자유주의 경제정책은 빈부 격차를 늘려 제로섬게임의 한계를 최대한 확장하는 정책이기 때문에 경제적 자유를 위해 정치·사회적 자유를 제한하는 경향을 가진 것이다."

김기협은 뉴라이트의 승리지상주의에도 일침을 놓는다. "공산주의를 택했다는 이유만으로 북한을 실패할 운명의 나라로, 자본주의를 택했다는 이유만으로 남한을 성공할 운명의 나라로 규정한다는 것은 역사학의 문법에 맞지 않는, 쉽게 말해서 말이 되지 않는 소리다. 그래서 뉴라이트 역사관을 살펴보면 살펴볼수록 원리주의 성향의 유사종교가 떠오르는 것이다."

이제 궁금증을 풀 순서다. "뉴라이트의 목적은 진보 진영에 대한 도전이 아니라 합리적 보수의 봉쇄다. 그람시Antonio Gramsci가 말한 '문화 헤게모니cultural hegemony'를 보수 진영 내에서 장악한 것이라 할 수 있다." 그러면서 그는 한마디 덧붙인다. "이 땅의 합리적 보수는 죽었는가?" 참고로 보수주의자는 '질서 속의 발전'을 바란다.

또 한 권의 역사 에세이 『밖에서 본 한국사』는 새로운 패러다임일 수 있다. 안에서 보는 시각에 지나치게 얽매인 역사 서술을 뒤집는 것부터 그렇다. "이 책에서 취하고자 하는 '밖에서' 보는 위치란 이를테면 조선족 입장에 접근하는 것이다. 국가 기준으로는 한반도 밖에 있고 민족 기준으로는 한민족 안에 있는 위치다." 한편으론 국가 정체성과 민족 정체성을 구분해볼 줄 아는 것이 지금 우리 사회에 요긴한 과제라는 문제의식의 발로다.

이 책은 우리가 천하체제의 일원으로서, 혹은 그 주변적 존재로서 중원의 거대한 물결에 휩쓸리지 않고 독자적으로 생존한 비결을 살핀다. 중화제국의 지배자들은 온 세상을 '천하天下'라 칭하고, 그것을 두 개의 영역으로 나눴다. 제국으로 조직되어 있는 문명이 확립된 영역과 제국 바깥의 문명이 덜 미친 영역이 그것이다.

천하체제는 천자를 중심으로 문명의 동심원을 그렸으며, "하나의 이념에 그치지 않고 현실적으로도 중화제국의 안보에 요긴한 역할을 맡았다." 춘추시대에 형성되어 진한秦漢제국에서 실현된 천하체제 이념은 청나라 때까지 중화제국의 밑바탕을 이뤘다. 그러면서 "한민족에게는 그 형성 단계부터 중요한 외적 조건으로 꾸준히 작용했다."

김기협은 천하체제가 주변부를 다스리는 방식으로 '이이제이以夷制夷'나 '분할통치divide & rule'보다 기미羈縻정책에 주목한다. 기미정책은 "중국의 역대 왕조가 다른 민족에게 취한 간접 통치 정책(이다). 기미는 마소를

묶어 둔다는 뜻으로, 이민족에 대하여 자치를 인정하여 간접적으로 지배하는 것을 이른다."(국어사전)

명나라는 압록강 상류와 두만강의 북쪽, 만주 동부 일대의 여진족에 대해 기미정책으로 간접적인 통제력을 행사했지만 여진족은 완전히 복속되지 않았다. 오히려 여진족은 청나라를 세워 명나라로부터 천하를 빼앗는다. 고려 또한 여진족 추장들에게 명목상의 관직을 주는 기미정책을 폈다.

김기협은 한민족 생존의 길을 '화이부동和而不同'에서 찾는다. 중국문명을 거부하지도 않으면서 또한 거기에 매몰되지도 않은 것이 생존의 비결이다. "중국의 문명과 기술을 받아들이면서 중국과 다른 고유한 전통을 그에 조화시켜 복합적 문화전통을 창출한 것이 한민족 정체성의 바탕이었다."

우리 민족은 군사력보다는 문화적 역량에 더 많이 의존했다는 것이다. "중국에서 가장 가까운 위치에서 한국이 독립을 지켜온 것은 화이부동의 문화노선을 견지해온 덕분이며, 이 노선을 안정시킨 것이 세종의 업적이다." 그리고 "한민족의 정체성을 확보하는 정치적 조건은 신라의 통일을 통해 마련"되었다.

누구나 한번쯤 고구려가 삼국통일을 이뤘다면 어땠을까 하는 상상을 했을 것이다. 그러면 중원의 평정도 가능하지 않았을까, 하고 말이다. 이에 대해 김기협은 이렇게 반문한다. "그러나 중국을 정복했던 이민족이 한민족처럼 독립된 민족으로 고유한 문화를 지켜낸 예가 있었던가?"

여기에다 '사대事大'를 또 다른 생존 비결로 꼽는다. "명나라에 대한 사대관계를 통해 조선은 동아시아 천하체제 속에서 독립국의 위치를 보장받을 수 있었다." 그는 '사대'에 대한 긍정적 설명에 대해 혼란을 느낄지도 모를 독자에게 '권위'와 '권위주의', '인종'과 '인종주의' 사이의 관계를 생각해보길 바란다.

"무슨 말이든 뒤에 '주의'를 붙이면 그 한 가지에만 매달려 다른 모든 것을 무시하는 불건전한 태도라는 인상을 주는 말이 되기 쉽다." 더구나 '사대주의'는 19세기말 일본인들이 만든 말인 데다 조선에게 특허권까지 줬다. "조선의 독립성을 부정하고, 또한 조선 진출에 방해가 되는 청나라와의 관계까지 폄하하는 일석이조의 관념이었다."

『밖에서 본 한국사』는 참신한 측면이 적잖다. 예컨대 신라는 단지 생존을 위해 당나라에 매달렸다. 쌍성총관부는 '수복'한 게 아니라 '탈취'했다. 이성계는 급진 개혁파의 선택을 받았다. 측우기 발명의 뛰어남은 기술력보다 그런 관측기기를 필요하게 한 훌륭한 제도에 있다. "광해군(1608-1623)은 정치범이다."

실학의 세 봉우리로 꼽히는 반계 유형원, 성호 이익, 다산 정약용의 저술은 두 개의 측면이 엇갈려 있다고 지적한다. "그 하나는 현실의 정확한 이해를 목표로 하는 백과사전적 서술이고, 또 하나는 현실의 문제점을 지적하고 개혁 방안을 제시하는 정치 논설이다."

조선의 망국은 두 단계를 거쳤다는 지적 또한 주목된다. 일본의 지배 아래 들어간 것은 마무리 단계이고, 이에 앞서 중국 중심 천하체제에서 벗어난 것은 그 전 단계다. "이 무렵 조선에서 '독립'의 주장은 '친일'과 그리 멀지 않은 것이었다. 독립문 현판을 '매국노' 이완용이 쓴 것도 이상한 일이 아니었다."

"독립협회의 독립이란 이미 패퇴한 청나라로부터의 독립을 확인하는 것이지, 당시 늘어나고 있던 일본과 러시아의 힘으로부터의 독립을 뜻하는 것이 아니었다. 독립협회의 지도자 대부분은 두 나라 사이의 줄타기에 협회를 이용했을 뿐이었기 때문에 황제가 해산 명령을 내리자 바로 자취를 감추고 말았다."

나는, 다만, 우리가 폭력국가를 청산하던 시기에 나타난 "가장 뚜렷한 집단이기주의의 사례가 이른바 '지역감정'"이라고 한 것은 꽤 아쉽다. 이러한 견해는 칼럼집 『미국인의 집』에서 이미 개진된 바 있지만 좀 안이

한 생각이 아닌가 한다. '인종차별'과 '인종감정'이 구별되는 것처럼 '지역감정'과 '지역차별'은 다르다.

『미국인의 집』은 1997년부터 2002년까지 신문과 잡지에 쓴 칼럼을 모았다. 다양한 "분야로 관심을 넓히는 동안 얄고 얇게, 그러나 넓게 세상 보는 눈을 키우려 애"쓴 결과다. "몇 해 그러다 보니 관심이 저절로 모이는 방향이 떠올랐"는데, 그건 바로 "미국이었다."

"미국의 대외정책을 (매도에 가깝게) 비판하는 글을 꽤 많이 쓰는 사람이지만 필자는 반미주의자가 아니다. 미국의 구조적 문제가 온 세계에 나쁜 영향을 끼치는 것을 걱정하고, 과거의 한미관계가 떳떳하지 못했던 것을 아쉽게 생각할 뿐이다. 미국이라는 국가가 있음으로 해서 이 세상에 나쁜 일보다 좋은 일이 더 많았다고 생각하는 사람이다."

나는 이러한 미국관에 동의하지 않지만 그의 견해를 존중한다. "이런저런 불평을 하기는 해도 우리 사회가 근본적으로 괜찮은 사회라는 생각"(『뉴라이트 비판』)에도 섣불리 동의하기 어렵지만 이것 역시 그의 견해를 존중한다.

김기협의 책

해방일기 1 너머북스, 2011.
아흔 개의 봄– 역사학자 김기협의 시병일기 서해문집, 2011.
망국의 역사 조선을 읽다 돌베개, 2010.
김기협의 페리스코프 10년을 넘어 서해문집, 2010.
뉴라이트 비판 돌베개, 2008.
밖에서 본 한국사 돌베개, 2008.
미국인의 집 아이필드, 2003.

김민기
金敏基
1951-

〈past life of 김민기〉

내가 김민기의 노래를 듣기 시작한 것은 아무리 빨라도 1993년 이후다. 그해 출반된 〈김민기 전집〉(4LP, 서울음반)을 막내처남에게 선물했고, 결혼 전에는 귀동냥을 꽤 했다. 처남이 녹음을 해줬는지 아니면 내가 따로 구입을 했는지 김민기 노래의 선율은 퍽 친숙하다. 귀동냥한 것이라 하기에는. 〈김민기 4〉 카세트테이프는 지금껏 듣고 있다.

얼마 전, 〈past life of 김민기〉(6CD, 로엔엔터테인먼트, 2004)를 구입했다. 데뷔앨범 〈김민기〉(1971)를 필두로 1993년 출시한 〈김민기 전집〉에다 노래일기 〈연아의 일기〉로 구성된 〈past life of 김민기〉는 실질적인 전집이다. 그런데 가격이 만만치 않았다. 9만3000원. 하지만 여기에 네덜란드 저가 레이블인 브릴리언트의 〈바흐전집(155CD)〉까지 덥석 사버렸다. 〈바흐전집〉은 10만 9000원이다.

음반구입에 20만원 남짓 지출한 것은 역시 브릴리언트의 〈모차르트전집(170CD)〉 이후 처음 있는 일이다. 이번에, 어떻게 5만 원짜리 쿠폰이 굴러들어왔기에 망정이지 한방에 20만2000원을 결제하는 것은 나로선 몹시 버거운 일이다. 또 나는 주식투자를 하지 않지만, 미국의 어느 투자은행회사의 파산이 하루 이틀만 빨랐어도 그런 용단을 내리기 어려웠으리라.

배달된 〈past life of 김민기〉 일부 음반의 음질이 썩 좋지 않았다. 그냥 들을까 하다가 아무래도 안 되겠다 싶었다. CD 한두 장의 음질이 떨어져도 세트 전체를 교환해준다. 통과의례를 제법 그럴 듯하게 치르며 〈past life of 김민기〉가 수중에 들어온 셈이다. 〈김민기 전집〉과 〈past life of 김민기〉는 김민기가 '명가수'라는 사실을 새삼스레 확인시켜준다.

"「아침 이슬」을 처음 접하자마자 반했고 꼭 부르고 싶었다. 노래를 못 부른다고 그때부터 지금까지 타박도 많이 받았"다는 양희은의 푸념이 엄살만은 아닌 듯싶다. 물론 지난 6월 10일 서울시청 앞 광장과 그 주변 도로를 쩔렁쩔렁 울린 양희은의 「아침 이슬」 절창에 우리는 전율한 바 있다. 주최 측의 확성기 상태가 매우 나빴는데도 말이다.

누구 말마따나 유신의 군홧발에 걷어차이기 직전, 통기타 가수 중심의 이 나라 대중가요가 가히 세계 수준이었다면, 여기에 김민기는 지대한 기여를 했다. 성공회대 김창남 교수는 그가 엮은 『김민기』(한울, 2004)에 실린 「김민기, 그리고 새로운 청년문화의 구상」이라는 글에서 그를 이렇게 평가한다.

"70년대의 통기타 음악에서 김민기의 비중은, 그래서 그 대중적 명망이나 인기와 무관하게 절대적이다. 김민기의 음악이 있음으로 하여 70년대 통기타 음악은 비로소 청년문화의 이름에 값할 수 있었다. 그의 음악이 없었다면? 우리는 70년대의 청년문화를 단지 한때의 유행으로, 문화 정치의 맥락과 별 관계없는 그저 하나의 흘러간 사조쯤으로 기억하고 있을 것이다."

역시 김창남 교수가 엮은 또 하나의 『김민기』(한울, 1986)는 2004년판에 견줘 예고편의 성격이 짙다. 1986년판 『김민기』는 2004년판보다 작은 판형인데다 두께는 훨씬 얇다. 2004년판 『김민기』는 앞표지 날개를 통해 책의 구성요소를 다음과 같이 알려준다. "이 책은 이제까지 김민기가 세상에 내놓은 작품을 총망라하였다. 음악인으로 세상에 첫선을 보인 데뷔 앨범으로부터 소리굿 〈아구〉, 노래일기 〈연이의 일기〉, 노래굿 〈공장의 불빛〉, 록 뮤지컬 〈지하철 1호선〉에 이르기까지 그의 전 작품의 대본과 악보를 싣고 있다. 뿐만 아니라 그에 대한 국내외의 비평과 분석의 글들을 수록하였

고, 김민기의 육성을 느낄 수 있는 인터뷰를 담았다."

〈지하철 1호선〉과 금지곡 「아침 이슬」

2004년 현재 (지금도 그렇지만) 김민기는 작곡가 겸 가수에서 뮤지컬 작곡가·연출가·기획자로 변신翻身한 상태다. 그가 번안·편곡한 〈지하철 1호선〉(폴커 루드비히 원작, 비르거 하이만 작곡)은 1994년 5월 14일 첫무대에 올린 이래 공전의 히트를 기록한다. 2000년 2월 6일 1,000회 공연을, 2003년 11월 9일 2,000회 공연의 위업을 달성하기에 이른다.

사정이 이러하니 2004년판 『김민기』에서 〈지하철 1호선〉을 맨 먼저 다루는 게 무리는 아니다. 하지만 나는 아직은 그의 삶과 노래에 더 주목하고 싶다. 따라서 나는 「아침 이슬」부터 이야기할 수밖에 없다.

"도대체 왜 당시의 청년 지식인은 물론이고 그로부터 16년 뒤 1987년 유월의 거리를 메운 수십 수백만 명의 시민들이 애국가 다음으로 이 노래를 몇 번이고 부르며 미래에 대한 희망의 일체감을 단련시켰을까? 유월의 군중 속에 그저 한 명의 시민으로 서 있었던 김민기는 아직도 그 까닭을 모르겠다고 한다." (305쪽)

김민기 데뷔 앨범(1971)은 신중현과엽전들의 1집(1974), 조용필의 4집(1982)과 더불어 한국 대중음악의 기념비를 구성하는 역사적인 앨범이라고 한다. 데뷔 앨범에 수록된 김민기의 「친구」는 한때 나의 애창곡이었다. 「상록수(거치른 들판에 푸르른 솔잎처럼)」도 좋았다. 애창곡에서 「늙은 군인의 노래」를 어찌 빼놓을 수 있으랴. 「작은 연못」은 띄엄띄엄 따라 부른다. 「내 나라 내 겨레」(김민기 작사, 송창식 작곡)도 맘에 든다. 「가을 편지」는 물론. 요즘은 「그 사이」 「백구」 「봉우리」 「천리길」 「절망 앞에서」를 즐겨 듣는다.

1987년 6월 항쟁 무렵까지 김민기가 만들거나 부른 노래의 다수는 금지곡이었다. 아무 이유 없이 금지된 「아침 이슬」부터 말이다. 음반에 수록하려면 저들의 입

맛에 맞게 노랫말을 바꿔야 했다. 대표적인 예가 제목마저 온전할 수 없었던 「주여, 이제는 여기에」(김지하 작사)다. "오! 주여, 이제는 여기에 우리와 함께 하소서"가 "오! 주여, 이제는 그곳에 그들과 함께 하소서"로 둔갑했다.

> 1972년 여름, 그로서는 평생 잊을 수 없는 한 가지 체험을 하게 된다. 마산 수출공단의 노동자들과 해변으로 야유회를 갔을 때였다. 막 석양이 지는 바닷가로 하나씩 둘씩 돌아오는 고깃배들을 바라보다 그가 무심코 "야, 참 멋있는데" 하고 중얼거렸다. 그때 옆에 같이 있던 여공 한 사람이 쏘아붙였다.
> "그 사람들은 모두 먹고살자고 하는 일이에요. 뭐가 멋있다는 거지요?"
> 그때 그는 뒤통수를 철퇴로 얻어맞는 듯한 충격을 받았다. '난 아직 멀었구나' 싶었다. 이 조그만 체험이 그 자신의 감성적 기반에 대해 근본적인 반성을 겪는 결정적인 계기가 되었다. 그는 지금까지 그가 가져온 소위 '지식인적인' 사고방식과 감수성에 대해 뼈저린 회의를 느끼기 시작한다. (연보, 565쪽)

굳이 나하고 김민기의 공통점을 찾자면 세 가지 정도가 있다. 우선 막내아들이다. 길든 짧든 인천 부평 인근에서 산 적이 있다. 무엇보다 그와 나는 결혼기념일이 같다. 김민기는 다양한 경력의 소유자다. 특이한 그의 이력을 한둘 꼽자면, 김민기는 제5공화국 관제문화행사 '국풍 81' 출연 회유를 거절했는데, 농사일이 바쁘다는 핑계를 댔다.

1989년 창립된 한살림 모임의 초대 사무국장을 맡은 건 잘 알려지지 않은 이력이다. '한살림선언'이 수록된 『한살림1』(한살림, 1990)에 그 자취가 있다. 판권면에 편집인으로 그의 이름이 올라 있으며, 클라우디우스의 그림우화를 우리말로 옮겼다. 앞서 내가 〈지하철 1호선〉을 건너뛴 것은 이 뮤지컬을 아직 못 본 탓도 크다. 하여 연극평론가의 감상평 일부를 인용하는 차선책을 택한다.

"이 모든 것은 20대 나이에 세상을 단숨에 정리해버린, 세상 속살을 이미 알아버린 김민기라는 한 '청년'의 힘이다. 이제 그의 나이는 마흔을 훌쩍 넘었다. 그러나 1996년인 지금도 70년대 삶의 방식으로 살고 있고 그때처럼 일을 한다. 젊은이로서 겪은 삶으로 사고하고 그 삶의 방식으로 지금도 버티고 있다고 해야 더 옳을 것이다. 그에게는 90년대 후반인 지금이 70년대의 억압상황과 한치도 다르지 않다. 그리고 세상이 조금도 변하지 않았다는 것을 증명하는 것이 바로 그의 작품이다." (안치운, 『연극과 기억』, 을유문화사, 2007, 373쪽)

김민기는 한국의 밥 딜런이 아니다. 김민기는 김민기다. 나는 비틀스의 노래를 새겨들은 경험이 거의 없다. 그래서일까. 나는 김민기가 폴 매카트니나 존 레논에 꿀릴 게 없다고 본다. 아니, 그들보다 훨씬 낫다고 생각한다.

김민기의 음반

〈past life of 김민기(6CD)〉 로엔엔터테인먼트, 2004.
〈김민기 전집〉 서울음반, 1993.
〈김민기 1집〉 1971.

김민기에 관한 책

김민기 김창남 엮음, 한울, 2004.
김민기 김창남 엮음, 한울, 1986.
영혼을 어루만지는 음악이야기- 바흐에서 김민기까지 최경식 지음, 한울, 2009.

김산/ 님 웨일즈
金山/ Nym Wales
1905-1938/ 1907-1997

구술자와 기록자로 만나다

김산과 님 웨일즈는 특이한 커플이다. 두 사람은 1937년 여름, 중국 소비에트의 근거지 옌안延安에서 두 달 남짓한 기간에 22번 만났다. 그렇다고 이 만남이 '러브 어페어'나 스캔들을 의미하진 않는다. 당시 두 사람에게는 각기 배필이 있었다. 님 웨일즈의 남편은 『중국의 붉은 별』로 유명한 에드거 스노다.

김산과 님 웨일즈는 구술자와 기록자로 만났다. 그런데 두 사람의 만남은 그것 자체가 드라마틱하고 필연적인 것이었다. 김산의 옌안행은 중국공산당 당적을 회복하기 위해서였던 걸로 보인다. 님 웨일즈는 옌안에 한 달쯤 머물 예정이었다. 하지만 사정이 여의치 않아 옌안 체류 기간이 넉 달로 늘어난다.

옌안에서 시안西安을 거쳐 베이징北京으로 가는 차편에 자리가 없었고, 홍군의 시안행 트럭에 탑승하려는 계획도 무산되었다. 큰 비가 내려 도로가 유실된 탓이다. 님 웨일즈는 도로가 복구되는 가을까지 옌안에 머물러 있을 수밖에 없었다. 그리고 두 사람의 만남은 책을 매개로 한다. 다음은 한국어판 개정 3판 『아리랑』의 들머리다.

내가 그를 만난 것은 옌안延安에서였다. 그곳에 머물러 있던 1937년 초여름 어느 날, 나는 루쉰魯迅도서관에서 영문책자를 빌려간 사람들의 명단을 훑어보고 있었다. 불과 이러저러한 몇 권의 책만이 대출되고 있는 것 같았다. 그런데 한 사람의 이름이 유난히 눈에 띄었다. 그 사람은 여름 내내 모든 종류의 책과 잡지를 수십 권씩이나 빌려가고 있었다.

님 웨일즈는 부지런히 영문책자를 빌려간 사람을 수소문하여 면담을 하게 되는데, 『아리랑』 독서여록'을 엮은 백선기의 『미완의 해방노래— 비운의 혁명가 김산의 생애와 『아리랑』』(정우사, 1993)에 실린 「님 웨일즈의 '『아리랑』 회고」에 따르면, 이러한 과정에 우리가 잘 아는 인물이 등장한다. 님 웨일즈와 그리 사이가 좋지 않았던 아그네스 스메들리다.

나는 부탁한 도서관원 아그네스 스메들리Agnes Smedley와 함께 영문 서적을 빌려간 사람들의 명단을 훑어보았다. 많은 영문 책자를 빌려간 사람은 김산이었다. 그녀는 그에게 내가 그를 만나보고자 한다고 말했다. 그리하여 그는 노트와 책들을 옆구리에 끼고 나를 만나러 왔던 것이다.

님 웨일즈가 조선인 혁명가의 전기를 쓰고 싶다고 청하자, 김산은 고심 끝에 그녀에게 자신의 파란만장한 생애를 들려준다. 님 웨일즈가 김산의 삶을 채록한 것은 중국 혁명가 평전 작업의 일환이었지만, 김산의 생애가 담긴 『아리랑Song of Ariran』(송영인 옮김, 동녘, 2005)은 이내 독자적인 영역을 구축한다.

원제목의 아리랑 영문 표기에서 보듯, 김산을 만나기 전 조선을 유람했어도, 님 웨일즈는 우리 문화에 대해 잘 알지 못했다. 김산에게서도 〈동아일보〉의 창간연도를 1년 앞당기는 등의 사소한 착오가 발견된다. 그렇다고 이런 실수들이 책의 명성에 흠집이 되진 않는다. 『아리랑』은 한마디로 불후의 명작이다.

『아리랑』이 널리 읽히기 시작한 것은 1984년 도서출판 동녘에서 한국어판을 내면서부터다. 출간하자마자 금서의 굴레를 뒤집어썼으나, 이와 동시에 80년대 운동권의 필독서가 되면서 지금까지 20만 부를 찍었다. 그런데 비록 미완이기는 했어도 『아리랑』의 초역은 해방기로 거슬러 오른다. 잡지 〈신천지新天地〉에 「아리랑— 조선인 반항자의 일대기」라는 제목으로 1946년 10월호부터 1948년 1월호까지 연재된 바 있다.

해방기의 연재 중단, 뒤늦은 완역과 금서 지정은 이념의 족쇄 때문이다. 한데 『아리랑』의 보유補遺랄 수 있는 님 웨일즈의 『아리랑 2— 김산의 생애 및 한국에 관한 보충』(학민사, 1986)에 가해진 압박은 냉전의 유물이라고만 하기엔 부족하다. 그저 서글플 따름이다.

책을 구하지 못한 필자는 이 책을 국립중앙도서관에서 열람하였다. 국립도서관이 소장하고 있는 『아리랑 2』의 표지에는 '관리번호 2062'라는 견출지가 붙어 있고, 표지 안쪽 면에는 이런 문구의 스탬프가 찍혀 있다. "특수자료— 본 자료는 허가없이 공개, 복사, 반출 등을 할 수 없음." 해방 60주년 광복절을 맞아 동녘은 한국어판 『아리랑』 개정 3판을 발간했다. 이전 판과 눈에 띄는 차이점은 판형이 문고판 형태로 아담해지면서 쪽수는 늘어나 두꺼워졌다. 엄혹한 시대적 여건 탓에 초판 출간 시 '조우화'라는 가명을 썼던 번역자가 이름을 되찾기도 했다. 이회성과 미즈노 나오키가 엮은 『아리랑 그후— 김산과 님 웨일즈』(동녘, 1993)는 『아리랑』의 내용 이해를 돕고 풍부하게 하는 참고도서다.

님 웨일즈

님 웨일즈는 필명이다. 그녀의 본명은 헬렌 포스터 스노Helen Foster Snow인데 1932년 에드거 스노와 결혼하면서 이름에 덧붙여진 남편의 성씨를 1949년 이혼한 이후에도 떼지 않았다. 님 웨일즈의 자서전 『중국에 바친 나의 청춘My China Years』(지리산, 1994)에 묘사된 상하이上海의 초콜릿 가게에서의 운명적인 만남에서 에드거 스노에 대한 그녀의 첫인상은 "대수롭지 않"았다.

나는 여윈 몸매이긴 하지만 체격이 좋으며 흰옷을 입고 있는 사람을 쳐다보았다. 에드가 스노우의 안색은 너무나 창백해서 주근깨가 내비쳐 보일 정도였다. 나

는 그가 내 실망한 모습을 알아채지 못하기를 바랐다. 나는 온 세상을 돌아다니는 용감하고 강인하며 튼튼한 여행가를 상상하고 있었던 것이다.

그러면서 이것이 진정한 여행가가 치러야 하는 대가인지 자문한다. 이윽고 평정을 되찾은 님 웨일즈는 대수롭지 않은 첫인상을 떨쳐 버리려 애를 쓰면서 스노의 건강한 남성적 자아에 주목한다. "요컨대 그것은 재봉 솜씨라든가 좋은 첫인상을 주려는 것에 의지하지 않았던 것이다. 나는 그 점이 마음에 들었다. 그것은 언제나 좋은 첫인상을 주고 매력적으로 보이며 호감을 느끼게 하고 싶은 나 자신의 바람보다 훨씬 더 성숙한 것임을 깨달았다."

자서전에 따르면, 님 웨일즈의 중국 방문은 공적인 성격이 짙었다. "중국에 오게 된 것은 정부의 형편에 의한 것이어서, 나는 이 일을 중시하여 단 1분이라도 낭비하지 않을 작정이었다." 님 웨일즈는 몇 가지 일을 겸업했다. 먼저 그녀는 상하이 주재 미국 총영사관의 서기관이었다. "나는 국무성의 외지 근무 서기관 시험에 합격하고 나서, 나의 스페인어, 프랑스어, 이탈리어를 유용하게 쓸 수 있을 해외 외교관직을 구했다."

님 웨일즈가 상하이에서 수행할 또 하나의 업무는 '실버 로비'라는 단체에 은본위 화폐제도의 이점에 관한 보고서를 작성해 보내는 것이었다. 당시 중국은 은본위제를 채택하고 있었다. 님 웨일즈의 중국행은 '실버 로비'의 로비와 아버지의 후광에 힘입은 것이기도 했다. 그녀의 아버지는 당시 미국 대통령 허버트 후버와 대학 동창으로 친분이 있었던 모양이다.

시애틀에 본거지를 둔 스크립스 캔필드 신문연합의 통신원 역할은 님 웨일즈가 맡은 세 번째 임무였다. 그녀의 통신원 업무 범위가 "빈사 상태에 처한 '매혹적인 황금의 동양'으로의 여행업계를 소생시키는 일에 관련된 기사를 보내는 것으로 국한돼 있"기는 했지만 말이

다. 또한 그녀는 〈차이나 위클리 리뷰〉의 서평 담당자로 채용되었다. 그리고 에드거 스노와의 첫 만남에서 이런 포부를 펼치기도 했다. "난 베스트셀러를 쓸 거예요. 난 책을 좋아해요. 책을 믿고 있죠."

한편 김산과 『아리랑』에 대한 자서전의 언급은 간헐적인 데다 이마저 단편적이다. "이 한국인은 모든 것을 다 잃고 말았으면서도, 자기 자신의 '영혼'을 획득하고 있었다." "훗날 나는 어느 한국 공산주의자의 일생을 그린 『아리랑』을 집필했다." 님 웨일즈가 휴식을 취하기 위해 필리핀에 머무는 동안 집필한 두 권의 책 중 하나가 『아리랑』이다.

님 웨일즈는 20세기 미국의 '박제된 진보' 또는 '은둔의 이단'이라는 측면에서 스콧 니어링을 떠올리게 한다. 스콧 니어링에게 버몬트 주와 메인 주의 농장이 현실의 이상향이었다면, 그녀에겐 코네티컷 주의 매디슨이 그것이었다. 그녀가 스콧 니어링과 같은 마르크스주의자는 아니다.

"마르크스라고 하면 먼저 떠오르는 것은 칼이 아니라 그의 형이었다. 나는 칼 마르크스의 저서를 읽은 적은 없었다. 그러나 나는 그가 위험한 사상의 소유자라는 말을 들은 적은 있었다." 1933년 초, 베이징에서 직접 만난 '오메가 포인트' 이론의 프랑스 신부 테야르 드 샤르댕의 사상에 호감을 보이긴 했으나, 그녀는 독자 노선을 추구했다.

나는 인류의 진보, 우주 탐험, 발명, 독창성을 지지하는 사람이다. 나는 지식의 경계를 조금이라도 더 개척하는 쪽을 지지하는 사람이며, 나 자신도 그 일을 하려고 노력해왔다. 나는 건강하고 유기적인 삶과 사고, 인간의 이성을 포함한 자연의 균형을 지지한다. 나는 개인의 최대 발전을 지지한다.

님 웨일즈는 자신의 생각을 '공업합작사 운동'을 통해 구현하고자 했다. 1938년 그녀는 남편 에드거 스노, 뉴질랜드인 루이 알레이와 의기투합하여 공업합작사를 창안한다. "'궁호工合'라는 말은 바로 공업합작사의 준말이다. 우리는 '인민', 특히 자기 손을 사용해서 일하는 '생산자'라는 개념에서 그러한 착상을 하게 되었다."

하지만 이 운동에 대한 과도한 의미 부여는 눈살을 찌푸리게 한다. 사실 외모나 성장 배경을 감안할 때 그녀는 분명히 '공주'과다. 파이버라는 할리우드의 사진사는 님 웨일즈의 사진을 자기 사진점에 진열했는데 그 이유는 그녀가 "조앤 베네트와 닮았기 때문"이었다. 게다가 그녀는 여제女帝를 자칭하기도 했다.

님 웨일즈 역시 스콧 니어링처럼 미국이라는 거대한 틀 안에 갇혔던 걸로 보인다. 적어도 노년의 님 웨일즈의 사고와 태도는 수긍하기 어렵다. 재일한국인 작가 이회성은 그녀와의 인터뷰에서 이를 잘 지적했다. 이회성에게 미지의 그녀는 그저 '경외의 대상'이었지만, 차츰 '천착의 대상'으로 바뀌었다.

흑인과 멕시코 이주자의 '복지병'에 대한 그녀의 몰이해와 영국적 문화전통을 정통으로 보는 지향이 너무 지나치다는 생각이 드는 순간, "과장되게 말하자면 백년의 사랑이 한 순간에 식어 버리는 듯한 느낌이 나를 휩쓸었다. '공합' 정신과 전혀 다른 이러한 모순을 지닌 스노우 부인의 아픈 이율배반이 슬프게 느껴진 것이다."

김산

김산은 가명이다. 그의 본명은 장지락張志樂이다. 『아리랑』에는 고향이 평양 교외의 차산리로 돼 있으나, 실제 출생지는 평안북도 용천군 북중면 하장동이라는 설이 유력하다. 그리고 옌안에서 서른세 해의 불꽃같은 생을 마감했다. 김산의 삶은 실로 파란만장했다. 중국 대륙을 주요 활동 무대로 하여 광둥 코뮌과 하이루펑 소비에트의 현장에 있었다. 두 차례에 걸쳐 체포와 구속을 겪기도 했는데 두 번 모두 증거 불충분으로 방면되었다.

김산은 『아리랑』에서 그의 삶에 깊은 영향을 미친 인물로 세 사람을 꼽는다. 가장 큰 영향을 준 사람은 금강산 승려 출신의 김충창(본명 김성숙)이고, 두 번째가 도산 안창호 선생, 세 번째는 하이루펑 소비에트의 지도자 펑파이影湃다. "안창호는 나에게 실제 정치를 가르쳐 주었고, 김충창은 마르크스주의 이론을 가르쳐주었으며, 펑파이는 야전에서의 혁명전술을 가르쳐주었다."

『아리랑』에서 김산은 자신의 애독서 목록과 저자를 밝히고 있는데, 잭 런던의 이름이 눈에 띈다. 런던은 그가 늘 좋아한 작가다. 김산은 런던을 "내가 알고 있는 미국 작가 중 유일하게 보편적 경험이란 형태를 가지고 프롤레타리아적 해석을 제시한 인물"로 본다. 또 런던을 고리키보다 윗길에 놓는다. "나는 고리끼보다는 런던을 더 좋아한다. 고리끼는 훌륭한 이념을 갖고 있기는 하지만 런던처럼 강한 인물도 아니고 강한 작가도 아니다."

한편 우리의 처지를 '물속에 녹아 있는 소금'에 빗댄 걸 공명하는 대목에선 나라 잃은 백성의 설움과 무상함이 읽힌다.

우리는 더는 물속에 녹아 있는 소금처럼 우리 자신을 잃어버릴 처지가 못 된다. 우리는 쫓겨난 개인으로서가 아니라 다른 세력에 가담하는 하나의 세력으로서 중국에 가세해야만 한다. 일본제국주의가 매우 빠른 속도로 움직이고 있기 때문에, 장래의 행동을 위하여 조선인의 운동을 건설하고 준비하는 방향으로 재빨리 우리의 정력을 기울여야 한다.

김산의 삶과 최후를 둘러싼 논란이 분분하다. 먼저 그의 활동 경력에 대한 평가를 보면, 재일 한국인 논픽션 작가 김찬정이 김산의 유가족을 찾아 나섰을 때 만난 조선족 명망가 문정일의 평가는 꽤나 인색하다.

"왜 자네들은 김산에게 흥미를 갖는가? 중국 혁명, 나아가 중국에서의 조선혁명에 공헌한 조선인은 많이 있네. 그런 사람들에 비춰 보면 김산은 거의 혁명에 공헌하지 않았다고 말해도 좋을 정도야. 우연히 스노우 부인과 알게 되고, 그 이야기가 책으로 출간되어 유명해졌을 뿐인데, 그런 인물을 중국 내 조선인 혁명가들을 대표하는 것처럼 추켜세우는 것은 문제가 있다고 보네."(『아리랑 그 후』)

시샘 섞인 폄하로 보이지만 주류적 시각에서는 그럴 수도 있겠다는 생각이 든다. 설령 김산의 업적이 보잘것없다 한들 어떠랴! 만주국 일본군 장교를 받드는 이들이 그 장교는 친일파가 아니라 독립투사에 가까웠다고 서슴없이 주장하는 판국에. 어느 원로 문학평론가가 한 강연에서 이육사를 거론하며 육사의 독립운동보다 그가 남긴 몇 편의 시가 더 쓸모가 있다는 투로 얘기했다는 것도 억지스럽기는 마찬가지다.

김산이 무명용사이기에 필자는 그가 더욱 존경스럽다. 필자가 중국 혁명가 가운데 등중하鄧中夏를 제일 좋아하는 것도 같은 맥락에서다. 그 생애는 전소혜錢小惠의 등중하 평전 『내 영혼 대륙에 묻어』(백산서당, 1986)에 담겨 있다.

한국 정부가 한참 뒤늦으나마 김산에게 건국훈장 애국장을 추서한 것은 만시지탄이되 다행스러운 일이다. 얼마 전 라디오 교통정보 방송에 곧잘 나오는 왕산로의 작명 배경을 듣고 감동을 받은 바도 있다. "다만 해방 뒤 정부는 허위의 독립운동을 기려 해방 뒤 동대문에서 청량리에 이르는 길을 왕산로로 이름 붙이고 건국훈장 대한민국장 1호를 추서했다."(《한겨레》 2005. 8. 26) 또한 유라시아 대륙에 뿔뿔이 흩어져 살고 있는 왕산 허위 선생의 후손을 추적한 텔레비전 다큐멘터리는 얼마나 감명 깊었던가!

김산의 최후는, 두 번의 체포와 구속에서 쉽게 풀려

났다는 점이 중국공산당 핵심의 의심을 사 일제의 스파이라는 누명을 쓰고 옌안에서 살해되었다는 것이 정설이다. 1983년 누명을 벗고 명예를 회복했지만 김산이 복권되기까지 그의 유족은 적잖은 불이익을 당했다. 그런데 님 웨일즈는 김산의 최후에 관해 다른 견해를 펼쳤다. 숙청보다는 김산이 돌연사했다는 쪽에 무게를 둔다. 이에 대해 백선기는 님 웨일즈가 김산에 대해 1990년에 쓴 두 편의 글을 토대로 비판적인 입장을 취한다.

첫째, 웨일즈는 오랫동안의 중국 생활을 통해 동양인들을 비교적 잘 이해하는 입장에 있지만 그럼에도 불구하고 여전히 서구인의 시각, 특히 신교도의 입장에서 동양을 보고 있다는 사실이다. 둘째, 이 글 속에 피력된 웨일즈의 생각 속에는 자신에 대한 상당한 자부심과 거기에서 파생되는 독선이 들어 있다는 점이다.

여기에다 "그녀에겐 김산도 중요했지만(사실 김산을 만난 것은 뜻밖의 소득이었다) 장정長征의 영웅들이 보다 중요했으며, 특히 모택동과 주은래의 경우, 그녀는 김산에 대한 애정 이상으로 그들에 대한 애정을 가지고 있었기 때문에 그들의 도덕적 이미지를 도저히 훼손할 수 없었던 것이다."

김산/ 님 웨일즈

애초에는 님 웨일즈만 리뷰할 생각이었다. 그런데 '나름의 불문율'을 깨면서까지 김산을 함께 다룬 데에는 텔레비전 다큐멘터리의 영향이 절대적이었다. 광복절 전전 날엔가 재방송을 시청한 'KBS 스페셜' 〈나를 사로잡은 조선인— 혁명가 김산〉(본방송 2005년 7월 30일 오후 8시)이 결정적 요인이었다. 한국방송 웹사이트의 다시 보기를 통해 스쳐 지나간 김산 관련서의 면모를 확인하고, 다큐멘터리의 내용이 『아리랑』에 실려 있는 조지

토튼 교수의 '해설'에 크게 의존하고 있음도 알았다.

2005년 여름, 텔레비전 미니시리즈 〈내 이름은 김삼순〉의 열풍에 힘입어, 드라마에서 비중 있는 소도구로 사용된 미하엘 엔데의 『모모』가 4반세기 만에 베스트셀러 종합 순위 1위로 재림하였다. 하면 지난 20년 동안 20만 부를 찍었다 해서 다시 베스트셀러가 되지 말란 법은 없을 것이다. 『아리랑』의 독서열을 부추기기 위해 공중파방송에서 다큐멘터리를 줄곧 틀어야 하나, 말아야 하나.

님 웨일즈의 책

아리랑 조우화 옮김, 동녘, 1984.
아리랑(개정3판) 송영인 옮김, 동녘, 2005.
아리랑 2— 김산의 생애 및 한국에 관한 보충 편집실 옮김, 학민사, 1986.
중국에 바친 나의 청춘 한기찬 옮김, 지리산, 1994.

『아리랑』에 관한 책

아리랑 그후— 김산과 님 웨일즈 이회성·미즈노 나오끼 엮음, 윤해동 외 옮김, 동녘, 1993.
미완의 해방노래— 비운의 혁명가 김산의 생애와 아리랑 백선기 지음, 정우사, 1993.
한홍구의 역사이야기 대한민국사 2— 아리랑 김산에서 월남 김 상사까지 한홍구 지음, 한겨레출판사, 2003.
당신 누구요— 김산과 나운규의 백년 아리랑 김경원 지음, 한빛코리아, 2006

노마 필드

노먼 핀켈슈타인

노베르트 엘리아스

노암 촘스키

노마 필드
Norma Field
1947-

우리의 싸움은 아직 끝나지 않았다

리뷰 대상으로 국내저자는 어찌 그리 인색하느냐는 질문을 몇 번 받았다. 국내저자를 기피하는 까닭은 '외국 사상가의 번역서 리뷰'에서 출발한 점이 가장 크다. 여기에다 국내저자는 이름이 높을수록 신뢰하지 않아서다. '수전 손택 이후 미국 최고의 지성'이라는 노마 필드의 표현을 빌면, "제아무리 깊은 학식과 풍요로운 교양을 지니고 있다 하더라도 그것이 사상과 행동의 도덕성까지 보증해 주지는 않는다." 또한 "어제 오늘의 '사건'을 추적할 능력도 의지도 없는 매스컴의 책임 역시 그냥 지나칠 수 없다."

우리 언론의 인물관련 보도와 인물평은 믿을 게 못된다. 자사自社의 이해관계에 따라 뺑튀기하기 일쑤여서다. 언론사의 이익과 맞서는 인물은 아예 무시하는 전략을 취한다. 어느 언론사든 예외가 없다. 언론의 전반적인 보도 내용 또한 마찬가지다. 자사의 생존과 이익을 최우선으로 한다. 사정이 이러하니 이라크에 대한 미국의 두 번째 '도발'을 앞두고 불붙은 전 지구적인 반전 열기를 국내 언론을 통해 접하기란 참으로 막막한 일이다. 하물며 시장경제학파의 총본산 격인 경제학부가 있는 시카고대학의 반전을 주제로 한 '학내토론회' 열기가 외신으로라도 전해지길 바라는 건 무리다.

『교양, 모든 것의 시작』에 실려 있는 노마 필드의 강연글 「전쟁과 교양」은 분량이 짧지만 많은 것을 생각하게 한다. 노마 필드가 서경식 선생의 강연 제의를 수락하는 계기부터 그러한데, 애초에 그녀는 서경식 선생이 기획한 〈'교양'의 재생을 위하여〉라는 일본 도쿄케이자이대학 특별강연회에 응할 뜻이 없었다.

미국의 이라크 침공을 그저 바라볼 수밖에 없는 "무력감 속에서 인문교양의 중요성을 호소한다는 것 자체가 너무도 부질없고 위선적이라는 생각이 들었"기 때문이다. 하지만 서경식 선생이 불쑥 던진 '도발적인 발언'에 낚이고 만다. "미국의 이라크 침공은 미국 '교양교육liberal arts education'의 실패를 의미하는 게 아닐까요?" 노마 필드는 지금, 뭘 위해 인문교양을 활성화해야 하는지 묻고 답한다.

"당연히 우리들 한 사람, 한 사람이 의미 있는 삶을 보낼 수 있는 그런 사회건설이 목표이며, 그것이 바로 교양 본연의 의미가 될 것이다. 또 그런 이상적인 세상을 만들기 위해서는 가장 먼저 전쟁을 막아야 하고 그 다음으로 기아와 빈곤을 퇴치해야만 한다. 물론 그런 지상과제를 완수할 수 있다고는 어느 누구도 장담하지 못할 것이다. 하지만 그러한 이상에 대한 집념을 창출하는 것이 교양 본래의 역할이다."

노마 필드는 정의의 도래를 더 이상 믿을 수 없게 된 오늘의 현실에 회의를 품기도 한다. "정의의 편린조차도 경험한 적이 없는 우리로서는 그것을 바랄 최소한의 힘마저도 상실해가고 있는 건 아닐까." 회의는 짧을수록 좋다. 노마 필드는 '정의의 도래를 향한 상상력'에 기대를 건다. "정의라는 추상적인, 또 공허하게 변해가는 개념을 상상력은 몸과 마음으로 감지하게끔 만들어준다. 그런 감성적이며 열정적인 희원에서 세상에 작용과 반작용을 가하는 상상력과 행동이 비로소 탄생하는 것이다."

정의를 바라는 자에게 무력감은 경계대상 1호다. 무력감, 다시 말해 일본 작가 사타 이네코가 말한 '잿빛 현실'은 우리 몸과 마음을 갉아먹는다. 퇴폐의 온상이다. "이상의 추구를 일시적으로라도 단념하는 행위 자체가 퇴폐를 불러 온다"는 사타 이네코의 지적은 정말이지 핵심을 찌른다.

교양의 일환으로서 비판적 인식은 "우리가 살고 있

는 현상을 정확히 포착하는 능력이다." "불평등의 수많은 폐해들 가운데 하나는 타인의 고통에 대한 상상력의 결핍이다. 내 자신과 동떨어져 있으면 타인의 고통을 알지도 이해하지도 못한다." 타자의 새로운 쓰임새를 안다. "('타자'란 양심적인 사람이 비판을 전제로 사용하는 말이다)"

노마 필드는 일본의 경제적 풍요가 만들어낸 매력적인 현상 가운데 하나로 행락이 아닌, 젊은이들의 제3세계 여행을 든다. "예컨대 대학생이 캄보디아로 가서 난민의 실태를 체험한다." 노마 필드는 그런 젊은이들에게 성원을 보내면서도 자신과 좀더 가까이 있는 타자와의 만남은 과연 가능할는지 따져본다.

"가령 일본 도시의 노숙자들과 젊은이들의 '교류'가 가능한 일일까? 자신과 똑같은 사회의 성원으로서, 일단 똑같은 언어로 말하고, 용모나 자태도 별반 다르지 않은 인간의 비참함, 그 노숙자들의 초라한 모습을 볼 때마다 우리는 어떤 저항감 같은 걸 품지 않을까? 그 저항감의 배후에는 언젠가 나도 저렇게 될지도 모른다는 일종의 공포심이 도사리고 있지 않을까? 해외의 '타자'는 이 같은 공포심을 불러일으키지는 않을 것이다."

노마 필드는 공연히 목소리를 높이는 지식인이 아니다. 그녀는 진짜 '과격'하고, '불온'한 인물이다. 노마 필드의 비판적 인식은 매우 예리하다. 본질을 짚는다. 안온한 중산층의 안이한 의식을 질타한다. 또 비판대상에서 그녀 자신도 예외일 수 없다.

"하지만 '걱정이 없다'는 것 역시 일종의 허상이며 거짓말일 뿐 아니라 실질적으로 걱정이 무용하다 할지라도 늘 불안에 쫓기고 시달리면서 늘 좀 더 빨리, 더 근사하게, 조금 더 많이 무언가를 소유하지 못하면 이 사회에서 낙오되는 건 아닐까 불안해하며 초조한 날들을 보내는 것이 중산계급의 잿빛 현실은 아닐까? 그러한 옹색한 생활에 매달리는 것 자체가 얼마나 우리의 사고를 정지시켜 왔던가. 이제 곧 지천명知天命이 될 나

로서도, 지금의 생활을 잃고 싶지 않다고 생각하며 살아왔다. 내 생활이 위협받지 않으면서 어떻게든 근본적인 변혁에 참가할 수 있을까 고민하며, 공허한 바람을 간직해 왔다. 하지만 이런 마음가짐으로는 '정의의 기적적 도래'에 아무런 상상력도 작동하지 않는다 해도 무리는 아니다."

노마 필드의 강연글 「전쟁과 교양」은 내게 반성과 새 다짐의 계기가 되었다. 먼저 반성이다. 나는 한국군의 이라크 파병을 불가항력이라 생각하고, 한반도 긴장완화를 약간이라도 덜 수 있다는 점을 파병이 가져다주는 긍정적 효과로 여긴 것에 대해 깊이 반성한다. 나의 안전을 도모하고자 먼 나라 분쟁에 개입하는 행위가 몹시 나쁘다는 단순한 이치를 이제야 깨닫는다.

"지금의 현실에서 정말 무엇이 중요하고 무엇이 나쁜지 근본적인 성찰을 게을리해왔음을 절감하지 않을 수 없었다." 노마 필드는 일본을 예로 들고 있으나, 우리 역시 "국민 모두가 복지를 국가의 혜택이 아니라 개인의 권리로 인식하고 끝까지 철저하게 지켜내려는 용의, 교양이 필요할 것이다." 아니, 우리는 아직은 지켜낼 게 별로 없다.

따라서 "경제적 혼란과 불평등을 핑계로 삼아서는 결코 회복할 수 없을 것이다"라는 표현은 이렇게 바꿔야 한다. 성장논리와 무한경쟁구조에 짓눌려선 결코 쟁취할 수 없을 것이다. "누가 뭐라 하건 어떻게 해서든 정치 쪽으로 눈을 돌려야 한다." 지난 대선을 마지막으로 선거에 참여하지 않으려던 생각을 바꾼다. "민주주의란 한번 확보하고 나면 영원히 지속되는 존재가 아니라 영구혁명을 필요로 하는 제도요 사상이며, 삶의 방식이기도 하다. 이를 위해서라도 상상력을 해방시켜 인문교양의 재생을 도모해야만 한다."

현재로선 『죽어가는 천황의 나라에서』가 우리말로 번역된 하나뿐인 노마 필드의 저서다. 나는 〈동아대학보〉 1998년 3월 16일자에 실린 일본 관련서의 새로운

흐름을 짚은 「'인상기' 차원 넘는 냉정한 시각들」이라는 글에서 이 책을 거론하며 '숨은 보석'이라는 표현을 썼다. 이 책은 지금도 숨은 보석이다. 누가 일본사회를 이해하는 데 어떤 책이 좋겠느냐 물어온다면 서슴없이 이 책을 추천하겠다. 저자의 관점부터 책의 내용, 번역에 이르기까지 나무랄 데가 없다. 노마 필드는 일본인 어머니와 미국인 아버지 사이에서 태어난 일본계 미국인이다. 그녀의 중간적인 입장은 편견을 배제한다.

이 책에는 일본인 세 사람이 등장한다. 오키나와의 슈퍼마켓 주인과 야마구치에 사는 평범한 가정주부, 나가사키의 시장이 그들이다. 그들은 일본 사회의 주류적인 시각에 반기를 들었다는 공통점이 있다. 슈퍼마켓 주인은 일장기를 불태웠고, 주부는 자위대원으로 순직한 남편의 신사 봉헌을 거부했으며, 시장은 시의회에서 천황의 전쟁책임론을 주장했다. 그 결과 이들에게는 엄청난 '이지메'가 가해진다. 특히 모토시마 히토시 나가사키 시장은 우익단원의 총격을 받아 폐 관통상을 입는다.

물론 악랄한 비난만 있진 않았다. '창조적 소수'에게 응원군은 반드시 있기 마련이다. 시장에게 보낸 편지를 엮은 책이 그 증거다. 비논리적인 비판보다는 마음에서 우러나오는 위로와 지지가 압도적이다. 노마 필드는 다큐멘터리 형식으로 세 사람의 삶과 힘겨운 싸움을 실감나게 묘사했고, 유려한 번역은 읽는 맛과 재미를 배가한다.

노마 필드의 책

교양, 모든 것의 시작 서경식·가토 슈이치 공저, 이목 옮김, 노마드북스, 2007.
죽어가는 천황의 나라에서 박이엽 옮김, 창작과비평사, 1995.

노먼 핀켈슈타인
Norman Finkelstein
1953-

이스라엘과 홀로코스트 산업의 진실을 말하다

얼마 전, 어느 모임에서 '희망이 없다'고 거듭 되뇌었다가 한 참석자에게 "왜 그렇게 비관적이냐?"는 소리를 들었다. 순간 몹시 언짢고 짜증이 일어 당신이 내 삶에 대해 뭘 얼마나 아느냐며 맞받아쳤지만 마음 한 구석이 불편한 게 사실이다. 아마도 그와 나는 인생관이 다르리라. 나는 태어나 늙고 병들어 죽는(生老病死) 인생은, 고통의 연속이라고 생각한다. 당연히 행복보다는 불행이, 희망보다는 절망이 더 많다. 나라 안팎의 사정도 그렇지 않은가. 나라 안의 보수와 진보의 지루한 논란에 한마디 보탤 뜻은 터럭만큼도 없다. 나라 밖 형편을 보자.

이제 하나뿐인 초강대국 미국의 패권은 여전하다. 일본은 여태껏 제국주의 시대의 몹쓸 짓을 진정으로 반성할 줄 모른다. 이스라엘은 아직도 호전적인 침략 근성을 못 버리고 있다. 일본은 물론이고 미국 또한 세계 평화를 위협하는 존재라는 걸 웬만한 한국인은 다 안다. 그런데 이스라엘에 대해선, 무관심해 그런지 몰라도, 고정관념에 사로잡혀 있는 것 같다.

미국의 정치학자 노먼 핀켈슈타인의 책 두 권은 우리가 잘 모르는 이스라엘과 유대인의 실체를 알려준다. 『이스라엘-팔레스타인 분쟁의 이미지와 현실』은 미국과 세계의 주류언론이 은폐하는 이스라엘의 실상을 거침없이 드러낸다.

시오니즘 지식 권력은 어떻게 진실을 왜곡했나?
건국 무렵부터 오늘까지 이스라엘은 주변 나라들에 해

도 너무 한다. 국제 깡패가 따로 없다. 특히 팔레스타인 사람들에 대한 억압은 가공할 수준이다. 이스라엘의 잔인성은 미뤄 짐작하는 정도를 크게 뛰어넘는다. 100배로 되갚기는 예사다. 팔레스타인해방기구PLO의 '평화 공세'를 짓밟기 위해 이스라엘은 1981년 9월 레바논 침공계획을 세운다.

이스라엘은 PLO의 공격을 여러 차례 유도하지만 뜻을 이루지 못한다. 그러자 무리수를 띄운 남부 레바논 공습으로 민간인 200명을 죽인다. 여기에는 팔레스타인 어린이 병원의 환자 60명이 포함돼 있다. 보복에 나선 PLO가 이스라엘인 한 명을 죽이자 때를 기다렸다는 듯, 이스라엘은 무방비 상태의 사람들을 학살하기 시작한다.

"그리하여 1982년 6월에서 9월 사이에만 2만 명가량의 팔레스타인인과 레바논인이 죽었고 그 대부분이 민간인이었다. 이는 2002년 5월을 기준으로 이스라엘이 공식 집계한 '유대인 국가의 건설과 안전을 위해 목숨을 바친' 유대인들, 즉 120년 전 시오니즘 운동의 초창기에서 현재에 이르기까지 (대부분) 전투나 테러리스트의 공격으로 죽은 유대인의 전체 숫자인 2만 1,182명과 견줄 만한 수치이다."

이른바 테러 보복 작전에서 이스라엘 정규군의 잔혹성은 80년 5월 광주 진압군을 뺨친다. 다음은 2002년 4월 초의 제닌 난민수용소 포위 작전에서 이스라엘이 저지른 만행이다.

"가족들이 신체가 마비된 37세의 한 남자를 집 밖으로 데리고 나올 수 있도록 기다려달라고 부탁했지만 IDF(이스라엘방위군)는 아랑곳 않고 집을 불도저로 깔아뭉갰고, 그 바람에 남자는 죽었다."

"휠체어를 타고 있던 57세의 한 남자가 …수용소 바깥의 큰 도로에서 총에 맞고 탱크에 깔려 숨졌다. 그는 휠체어에 백기를 매달고 있었지만 소용없었다."

"헬리콥터 전투가 한창 벌어지던 중이었는데 IDF 군

인들은 자기들 교전 위치 바로 앞에 있는 집 지붕 위에 65세의 한 노파를 강제로 올라가게 했다."

이스라엘이 팔레스타인을 접수하는 방식은 미국의 서부개척을 빼닮았다. 1948년 유대인 정착자들은 아랍인들을 그들의 고향에서 내쫓는 구실로 아랍인들이 먼저 총을 쏜 점을 내세웠다. 시오니즘(유대민족주의) 노동당의 '양심'으로 알려진 베를 카츠넬슨은 이런 주장을 했다. "이스라엘의 땅에서 우리가 해낸 것만큼 타인에 대한 공정한 배려와 정직성을 특징으로 하는 식민지 건설의 사례는 이제껏 없었다."

이를 미국 대통령을 지낸 시어도어 루스벨트의 발언과 비교해보자. "다른 어떤 정복 국가도 토지 소유자이던 야만인들을 미국만큼 관대하게 다룬 적이 없었다." 그나마 이 책에는 위안거리가 두 가지 있다. 하나는 팔레스타인의 '두 개의 국가' 해결책을 지지하는 UN의 각종 표결에서 우리나라가 이스라엘을 편드는 "미국의 속국"에 포함되지 않았다는 것이다.

다른 하나는 책을 지은 핀켈슈타인이 유대계 미국인이라는 점이다. 더구나 핀켈슈타인의 부모는 나치 유대인수용소의 생존자다. "나의 부모님은 두 분 다 바르샤바 게토와 나치 강제수용소의 생존자였다. 내 부모님을 제외하고 양가의 모든 가족들은 나치에 의해 죽임을 당했다."(『홀로코스트 산업』)

『이스라엘-팔레스타인 분쟁의 이미지와 현실』에서 핀켈슈타인은 몇 사람의 견해를 빌려 이스라엘 사람들의 군사주의 성향을 드러낸다. 약간 길지만 그 대목을 전부 인용한다.

통찰력 있는 이스라엘의 저술가 보아스 에브론Boas Evron은 다음과 같은 사실을 알려준다. "이스라엘의 정책과 국민들의 기본 성향은 문제들을 무력으로 해결하고, 외교적·정치적 해결책보다는 무력을 만능의 열쇠로 여기"며, 인근 아랍 국가들과의 국경을 "힘의 상관

관계로밖에는" 보려 하지 않는다는 것이다. 이와 마찬가지로 지브 스터넬은 "더 우월한 힘으로 강제하지 않는 한 절대로 어떤 입장이나 영토를 포기하지 않는다"는 것이 시오니스트의 교리 가운데 하나라고 주장한다. 이러한 관점에서 우리는 반 크레벨드가 말한, 이스라엘 사회에서 군대와 전쟁의 가치가 차지하는 "독특한 위치"를 명심해야 할 것이다. "그것과 비견될 수 있는 것은 오직 1871년에서 1945년까지 독일에서 군대가 가졌던 지위뿐이다." ("어떤 사람이 들을 수 있는 최고의 칭찬은 그가 '전사'였다는 평가"이며, "어떤 대상에게 해줄 수 있는 최고의 칭찬은 그것이 '마치 군사 작전처럼' 이루어졌다고 말해주는 것이다".)

누가 홀로코스트를 초대형 돈벌이로 만들었나?

『홀로코스트 산업』은 "홀로코스트 산업의 해부이자 고발장이다." 그럼, '홀로코스트 산업'은 무얼 말하는가? 그것은 "홀로코스트를 이용하여 돈과 '윤리적 자본'을 획득하고 있는 유대인 엘리트 중심의 여러 단체와 기관들"(박노자, '추천의 글')을 말한다. 핀켈슈타인은 "'홀로코스트'가 나치 홀로코스트의 이데올로기적 재현임을 주장"한다. 나치 홀로코스트가 2차 대전 때 자행된 유대인 대량학살을 말한다면, 홀로코스트The Holocaust는 이데올로기적 표현이다. 미국은 홀로코스트 산업의 본사나 다름없고, 〈뉴욕타임스〉는 홀로코스트 산업의 주요한 선전 매체다.

하지만 나치 홀로코스트가 미국인들에게 알려진 것은 비교적 최근의 일이라는 것이 핀켈슈타인의 지적이다. 뿐만 아니라 "미국의 유대인들 또한 나치 홀로코스트에 거의 관심을 두지 않았다." 왜 그랬을까? "나치 인종말살에 관한 대중적 침묵의 실질적인 이유는 유대계 미국인 리더십의 순응 정책과 전후 미국의 정치적 분위기 때문이었다."

냉전 시기 서독이 미국의 든든한 우방이 되자 미국의 유대인 엘리트들은 나치 홀로코스트를 잊기 시작했다는 것이다. 그렇지만 1967년 6월 '6일 전쟁'이 발발하면서 상황이 돌변한다. 이스라엘의 압도적인 무력행사에 깊은 인상을 받은 미국은 이스라엘을 주요한 전략적 자산에 포함하는 쪽으로 방향을 튼다.

덩달아 미국의 유대인 엘리트들도 자신들의 전략적 자산을 보호하기 위해 홀로코스트를 '기억에서' 되살린다. 홀로코스트 산업은 이스라엘의 압도적인 군사적 우위가 나타난 후에 비로소 출현했으며, 극단적인 이스라엘 승리주의가 판을 치는 와중에 성공의 궤도에 오른다. 핀켈슈타인은 "상식적인 해석의 틀로는 이런 이례적인 상황을 설명할 수 없다"고 덧붙인다.

"대다수의 유대인들은, 이스라엘이 불리한 처지에 놓였을 때 이스라엘을 멀리하고 이스라엘이 정치적 자산이 되었을 때 새로운 시온주의자로 다시 태어났던 것처럼 이스라엘이 불리한 처지에 놓였을 때는 자신들의 민족적 아이덴티티를 멀리하다가 정치적 자산이 되었을 때 새로운 유대인으로 거듭 태어났다."

홀로코스트의 구조에는 두 가지 핵심교리가 자리한다. 홀로코스트가 절대적으로 유일무이한 역사적 사건이라는 것과 홀로코스트는 유대인에 대한 비이성적인 이교도의 끊임없는 증오의 절정을 나타낸다는 것이다. 그러나 "홀로코스트의 유일성 주장은 지적으로 무익하고, 윤리적으로 진실성이 없다."

그런데 홀로코스트의 유일성 주장은 유대인의 유일성 주장과 통한다. "홀로코스트가 특별한 것은 유대인이 특별하기 때문이다." 홀로코스트 산업은 스위스와 독일을 갈취하는 데 만족하지 않고, 홀로코스트 희생자를 등쳐먹기까지 한다. 이 산업을 대표하는 인물이 바로 엘리 위셀이다. 아우슈비츠에서 살아남은 위셀은 인권신장에 기여한 공로로 노벨평화상을 받기도 했다.

"위셀의 탁월함은 이데올로기를 능수능란하게 이용한다는 것이었다. 그는 유대인이 겪은 고통의 유일성과 유대인의 유일성, 언제나 죄를 범하는 비유대인과 언제나 순결한 유대인, 이스라엘의 무조건적인 방어와 유대인의 이해관계의 무조건적인 방어를 교묘하게 이용했다. 엘리 위셀이 곧 홀로코스트였다."

홀로코스트 산업에서 미국은 중요한 역할을 수행했다. 미국에는 홀로코스트 관련 단체들이 100개가 넘으며, 일곱 개의 대형 홀로코스트 박물관이 미 전역에 흩어져 있다. 그 중심은 워싱턴에 있는 미국 홀로코스트 기념박물관이다.

"첫 번째 의문은 왜 국회에서 홀로코스트 박물관 건립을 요구하고 재정적인 지원을 하느냐는 것이다. 특히 미국의 역사에서 진행되었던 범죄를 기념하는 박물관이 없다는 사실을 감안하면, 워싱턴 몰에 그런 박물관의 등장은 전혀 앞뒤가 맞지 않는다. 독일에서 나치 대량학살이 아니라 미국 흑인 노예나 아메리카 원주민의 멸망을 기념하는 국립 박물관을 베를린 한복판에 건설한다고 상상해 보라. 그야말로 위선이 아닌가."

퇴임하고 나서 오히려 세계 평화의 증진에 기여한 공로를 인정받아 노벨평화상을 받은 지미 카터 전 미국 대통령은 대통령 재임시절, 베트남의 전쟁 배상 요구를 거부하면서 "쌍방이 모두 피해를 입었다"는 변명을 했다. 한편, 부유한 스위스 은행을 동정하는 여론은 거의 없었지만, "그보다 더 중요한 점은 스위스 은행들이 미국의 경제적 압력에 매우 취약하다는 것이었다." 노먼 핀켈슈타인의 결론은 이렇다.

"나치 홀로코스트의 비정상적인 상태는 사건 그 자체가 아니라 그것을 둘러싸고 성장한 착취적인 산업에서 기인한 것이다. 이제 남은 것은 그것을 공개적으로 밝히는 일이다. 홀로코스트 산업은 일찌감치 활동을 접었어야 했다. 사망한 자들을 위한 가장 고결한 태도는 그들의 기억을 간직하고 그들의 고통으로부터 배움을 얻으며, 마지막으로 그들을 편히 잠들게 하는 것이기 때문이다."

'추천의 글'을 통해 박노자 교수는 범죄적인 인종주의적 국가 이스라엘이 '희생자 집단'의 탈을 쓰고, 미국이 불평등 무역과 친미 독재 권력들을 방조하며, 다국적 기업의 착취와 환경 파괴에 의해 제3세계 주민들이 고통을 겪고 있는 곳이 우리가 사는 자본주의 세계임을 상기시킨다. 그러면, 이를 어찌할 것인가?

"우리에게 유일한 희망이 있다면, 인류 문명이 환경 파괴의 홀로코스트나 미국에 의한 핵 공격의 홀로코스트로 멸망당하기 전에 자본주의적 세계 체제를 본격적으로 해체하는 것이다." 또한 "'홀로코스트 신화'와 같은 허구적인 담론을 통해 이념적으로 뒷받침되는 이 체제를 해체하기 위한 준비 작업은, 바로 중심부의 패권주의자들이 여태까지 만들어낸 온갖 신화들의 실체를 밝혀내는 것이다." 그런 점에서 "'홀로코스트 신화'의 허상을 들춰내고 홀로코스트를 초대형 돈벌이로 만든 자들의 추태를 만천하에 보여 준" 『홀로코스트 산업』을, 박노자 교수는 "착취와 기만이 없는 더 나은 세계를 만들기 위한 중요한 디딤돌"로 여긴다.

노먼 핀켈슈타인의 책

이스라엘-팔레스타인 분쟁의 이미지와 현실 김병화 옮김, 돌베개, 2004.
홀로코스트 산업 신현승 옮김, 한겨레신문사, 2004.

노베르트 엘리아스
Norbert Elias
1897-1990

천재는 태어나는 것이 아니라 만들어지는 것이다

『매너의 역사』(신서원, 1995)를 통해 노베르트 엘리아스와 처음 대면한 독자는 그를 에두아르트 푹스 같은 풍속사가로 여길 법도 하다. 『매너의 역사』는 엘리아스의 주저인 두 권짜리 『문명화과정』의 국내 초역판으로 첫째 권을 옮긴 것이다. 부제목을 통해 『매너의 역사』가 『문명화과정』의 번역임을 분명히 밝히고 있으나, 새롭게 붙여진 제목이 도드라진 탓에 그런 사실은 그냥 지나치기 쉽다. 더구나 책의 내용마저 『매너의 역사』가 더 걸맞다. 식사예절의 변천사, 생리적 욕구에 대한 태도의 변천사, 코풀기와 침 뱉기 같은 일상의례의 변화를 세세하게 언급하고 있기 때문이다.

하지만 엘리아스는 풍속사가가 아니라 사회학자다. 국내에 처음으로 그의 이름을 알린 책 역시 사회학개론서다. 그러나 『사회학이란 무엇인가』(비봉출판사, 1982)는 일반적인 사회학 입문서와는 차이가 있다. 엘리아스의 후기 저작인 이 책은 독창적인 발상과 서술구조를 갖고 있다. 사실 그는 주류 사회학과 거리를 두었던 학자였다. 물론 지금은 그의 학설이 하나의 주류를 형성하고 있지만. 『사회학이란 무엇인가』는 5년 후 출판사를 옮겨 개정판이 나왔다.(나남출판, 1987) 개정판에는 저자의 「한국어판 서문」과 번역자의 엘리아스에 대한 충실한 해설을 덧붙였다.

엘리아스의 이론은 독창적이다. 그의 독창성은 '결합태 사회학' '상호의존성' '문명화과정' 등의 개념을 통해 유감없이 표출되었다. 엘리아스는 사회학의 연구대상을 "상호 의존하는 인간들이 구성하는 인간결합태"로 보았다. 결합태는 사람들이 자신의 행위를 통해 형성하는 인간관계의 구체적 형태를 일컫는다. 그리고 이러한 결합태는 상호의존성과 정태적이 아닌, 동태적인 특성을 지닌다. 또한 모든 결합태에서는 과정적 성격이 강조된다. 하지만 목적론은 배격한다. 『사회학이란 무엇인가』는 엘리아스의 기본 개념들을 서술하고 있다. 그러나 난삽한 면이 없지 않다. 이에 비하면 『현대 독일 사회학의 흐름』(형성사, 1991)에 실린 엘리아스의 글(「현대로 후퇴하는 사회학자들」)은 간결하고 분명하다.

일상의 대화 속에서 사람들은 어떤 사회가 '고도로 발전했다'고 하고, 다른 사회는 '개발도상국가'라고 부른다. 이런 식으로 문제영역을 포착한다면 아무리 심사숙고한 끝에 나온 것이고, 또 일관된 논술체계를 가졌다 하더라도 법칙과도 같은 이론들은 제자리를 못 찾은 것이 아닐 수 없다.

'법칙과도 같은 이론'은 '체계이론'을 말한다. 엘리아스는 사회학의 주류에 속하는 '체계이론'을 린네 식의 '정태적 유형론'으로 간주한다. 왜냐하면 체계이론이 사회가 지닌 통시적이고 역동적인 성격을 몰각하고, 사회변동의 피안에 있는 불변적인 요소의 발견을 의도하고 있는 탓이다. 따라서 "인간사회를 파악하기 위해서는 법칙으로서의 이론들 대신 다른 종류의 이론들이 필요하다. 그 대체물로서 과정의 이론들이 필요하다. 이 이론들은 사회의 변동과 그 통시적인 성격을 추상화할 것이 아니라 이론적 종합화에 포함시켜야 할 것이다."

엘리아스는 역사사회학자로 불리기도 한다. 그는 사회학과 역사학의 경계를 허물며 두 학문의 결합을 시도한다. 아니, 그에게는 애초부터 두 학문의 구분이 무의미했다. 엘리아스는 사회학과 역사학의 분화를 '분업의 신화'로 간주했다. 엘리아스가 아날 학파와 비교 검토 대상이 되는 것도 이런 이유에서다. 역사학을 사회학에 근접시킨 아날 학파의 역사학자들은 곧잘 사회학자로 분류되기도 한다.

엘리아스의 대표 저서 『문명화과정』은 사회학과 역사학을 접목한 결과물이다. 이 책에서 엘리아스는 사회적 행동기준의 장기적 발전과정을 탐색한다. 오랜 세월에 걸친 인간행동의 변화를 탐구하려면 역사가 못지않은 사료 취급능력이 요구된다. 엘리아스는 그러한 역사가의 감식안을 갖고 있었다. 중세 예법의 실상을 알려주는 결정적 전거로 활용한 에라스무스의 『어린이의 예절에 관하여』를 비롯한 예법서들의 성격에 대한 통찰이 그 증거.

예법서는 당시의 사회생활을 관찰하여 얻어진 결과를 집대성한 것이다. 그의 저서도, 나중에 누군가 말하였듯이, "약간은 세상 전체의 작품이다." 그렇지 않다면 그 저서의 눈부신 성공, 급속한 확산, 소년들의 교육용 교재로서의 기능을 어떻게 설명할 수 있겠는가. 그 책이 사회적 욕구에 부합하였으며, 그 속에 사회 전체가, 더 정확하게 말하자면, 상류층이 요구하는 시의 적절한 행동모델이 그려져 있었기 때문이 아니겠는가.

『문명화과정』은 두 권으로 이뤄진 800쪽에 이르는 방대한 저작이다. 첫째 권은 프랑스와 독일에서 쓰는 '문명화'의 개념을 살펴보는 것으로 시작한다. 이어 중세 이래 서구인들의 행동과 감정을 다스리는 구조가 어떻게 변해왔는지 실증적으로 검토한다. 첫째 권에는 중세의 일상사에 관한 흥미로운 내용이 가득하다. 『문명화과정 I』(한길사, 1996)은 『매너의 역사』와 같은 책이다. 두 권의 책이 차이가 있다면 「1968년판 서문」의 순서 정도이다. 『매너의 역사』에서는 책의 뒤쪽에 배치된 것과는 달리, 『문명화과정 I』에서는 원서의 순서에 따라 앞쪽에 놓았다. 『문명화과정 II』(한길사, 1999)에서는 문명화과정의 사회발생적 기원을 추적한다.

『죽어가는 자의 고독』(문학동네, 1998)은 죽음을 문명화과정의 한 양상으로 보고, 현대인의 죽음을 분석했다. 엘리아스는 현대사회에서 죽음의 특수성을 다음 네 가지로 파악한다. 1.평균수명의 증가로 말미암아 그것을 잊고 지낼 수 있게 되었다. 2.자연적 과정의 마지막 단계로 그것을 체험한다. 3.현대사회는 역대 어느 사회보다 폭력이 진정된 사회다. 따라서 사람들은 특수한 형식으로 그것을 상상한다. 4.특수한 유형의 개인화된 사회는 죽어가는 자를 고독 속으로 내몬다.

이 책에는 사람들이 바라보기 어려운 두 가지 중 하

나에 대한 예리한 통찰이 풍부하다. 다음과 같은. "장례식과 무덤을 둘러싼 경건성, 무덤 주변에는 정적이 있어야 한다는 생각, 묘지에서는 목소리를 낮춰야 한다는 관념, 이 모든 것은 죽은 자와 산 자를 격리시키는 형식이자 죽은 자들의 인접성, 그리고 그 때문에 우리가 느끼는 위협을 가능한 멀리하려는 수단이다."

'한 천재에 대한 사회학적 고찰'을 표방한 『모차르트』(문학동네, 1999)는 엘리아스의 유작이다. 비록 그의 손으로 책을 마무리 짓지는 못했으나, 작품성은 슈베르트의 '미완' 교향곡에 버금간다. 이 책은 천재에 대한 통념을 여지없이 무너뜨린다. 엘리아스는 천재가 결코 하늘에서 뚝 떨어져 홀로 지내는 존재는 아니라고 누누이 강조한다. 천재도 사람이라는 것이다.

엘리아스는 "한 인간을 이해하려면 그가 간절히 성취하고자 하는 지배적 소망이 무엇인지 알아야 한다"고 말한다. 그런데 이런 소망은 선천적으로 주어지는 것이 아니라 경험을 통해 형성된다. 엘리아스는 모차르트의 지배적 소망은 다른 사람에게서 사랑받는 것이었다고 지적한다. "그가 지닌 풍부하게 흘러넘치는 음악적 상상력은 애정 결핍이나 애정 상실에 대한 슬픔을 잠시나마 몰아낸 것처럼 보인다."

천재도 보통사람과 마찬가지로 사회적 존재다. 엘리아스는 모차르트를 "궁정 사회의 시민음악가"로 규정한다. 모차르트의 삶은 "유럽 곳곳에서 궁정 귀족의 취향이 각 계층 출신의 예술가들에게 행사하는 그들의 명령권에 상응하여 가장 영향력이 컸던 시대의 말기에 궁정에서 일하던 한 시민 계급 출신자의 운명을 보여주고 있다"는 것이다.

18세기 후반 독일의 문학가와 철학자는 궁정 귀족들의 취향에서 어느 정도 자유로울 수 있었다. 이미 폭넓은 독자층이 형성되었기 때문이다. 하지만 음악계의 사정은 달랐다. 음악가는 그의 생계를 전적으로 궁정의 귀족들에게 의존해야만 했다. 그런데 당시 독일과 이탈리아에서 권력을 잘게 나누어 갖고 있었던 지방의 귀족들에게 고용 음악가로 구성된 소규모 관현악단은 "체면 유지의 수단"에 지나지 않았다.

그렇다고 '자유 예술가'를 향한 모차르트의 발걸음을 사회의식의 발현으로 보기는 어렵다. "모차르트는 보편적이고 다소 추상적인 인본주의나 정치적 이상에는 아무런 관심이 없었다." 엘리아스는 모차르트가 후대의 예술가 유형에 해당하는 태도와 정서를 선취하고 있었다고 지적한다. 이런 점에서 모차르트는 베토벤과는 여러모로 비교된다.

베토벤은 〈영웅〉 교향곡을 나폴레옹에게 헌정했다가 취소했을 정도로 정치적 이상에 민감했다. 또 베토벤과 모차르트의 세대 차이는 0.5세대에 불과하지만, 베토벤은 궁정 귀족의 영향력에서 크게 자유로웠다. 여기에다 베토벤은 인상부터 천재의 면모가 물씬 풍기는데 비해 모차르트의 얼굴은 범부의 그것이다.

보부아르는 "여자는 태어나는 것이 아니라 만들어지는 것"이라고 선언했지만, 엘리아스는 천재를 가리켜 이렇게 말한다. '천재는 태어나는 것이 아니다. 천재는 만들어지는 것이다.' "모차르트를 이야기하면 '타고난 천재'니 '천부적인 작곡 능력'이니 하는 말들이 쉽게 나온다. 그러나 이는 생각이 좀 모자라는 표현 방식이다. 우리가 한 인간의 구조적 특성을 선천적이라고 말하는 것은 눈빛이나 머리 색깔처럼 그것이 생물학적으로 유전되는 특징이라고 가정하는 것과 같다."

어려서 악기 연주와 작곡 능력은 힘들이지 않고 쉽게 익힌 것이지, 천부적으로 그런 능력을 타고나진 않았다는 것이다. "모차르트가 너무나 쉽게 그 시대 사회의 음악 규칙에 따라 음악을 연주하고 작곡할 수 있는 능력을 가졌다는 사실은 자연적 또는 천부적 에너지 자체의 표현이 아니라 승화된 에너지의 변형으로 설명될 수 있다."

이런 승화작용에서 가정환경은 촉매제 구실을 한다.

"어떤 사람이 두 번째 세대에 속한다는 사실이, 다른 말로 표현하면 그가 자신의 재능을 펼칠 수 있는 영역에 강력한 자극을 제공하는 가정환경에서 성장한다는 점"은 그에게 아주 중요하다. 볼프강 아마데우스 모차르트는 그의 아버지 레오폴드 모차르트의 '작품'이다. 어쨌거나 엘리아스의 천재에 대한 사회적 고찰은 우리나라 대중 가수들에게서 이따금 듣게 되는 다음과 같은 얘기가 말짱 거짓말임을 드러내 준다. "이번 음반은 대중의 취향에 맞추기보다는 제가 하고 싶은 음악에 치중했습니다."

노베르트 엘리아스의 책

사회학이란 무엇인가 최재현 옮김, 나남출판, 1987.
문명화과정Ⅰ(한길그레이트북스 009) 박미애 옮김, 한길사, 2002.
문명화과정Ⅰ 박미애 옮김, 한길사, 1996.
매너의 역사 유희수 옮김, 신서원, 1995.
문명화과정Ⅱ(한길그레이트북스 034) 박미애 옮김, 한길사, 2002.
문명화과정Ⅱ 박미애 옮김, 한길사, 1999.
죽어가는 자의 고독 김수정 옮김, 문학동네, 1998.
모차르트 박미애 옮김, 문학동네, 1999.
궁정사회 박여성 옮김, 한길사, 2003.
기득권자와 아웃사이더 노베르트 엘리아스·존 스콧슨 지음, 박미애 옮김, 한길사, 2005.

노암 촘스키
Noam Avram Chomsky
1928-

자료가 많은데도 우리는 왜 그렇게 조금밖에 이해하지 못하는가

요즘 들어 언어학자 노암 촘스키가 국내 언론(주로 신문)에 자주 등장한다. 물론 이것이 그리 놀랄 일은 아니다. 촘스키는 '살아 있는 전설'이기 때문이다. 변형생성문법을 창안해낸 그는 현대 언어학의 태두泰斗로 통한다. "사회학에서 마르크스가 또 인류학에서 레비스트로스가 차지하는 위치를 촘스키는 언어학에서 차지하고 있다 "(기 소르망). 여기에 촘스키는 생존 인물 가운데 가장 많이 인용되는 학자이고, 산 사람과 죽은 사람을 통틀어서도 여덟 번째로 많이 인용된다.

그런데 최근 촘스키가 외신면이나 출판 면에 얼굴을 내미는 사연은 언어학과는 직접 관련이 없다. 그의 정치적 발언이 비중 있게 다뤄지고, 잇달아 출간되고 있는 정치평론서는 더 후한 대접을 받고 있다. 촘스키의 표현을 빌면 '플라톤의 문제'가 아니라 '오웰의 문제'에 대한 해명이 조명을 받는 것이다. 『언어지식— 그 본질, 근원 및 사용』(이하 『언어지식』 아르케, 2000)에서 촘스키는 이 두 문제를 이렇게 설명한다.

"플라톤의 문제는 우리에게 주어진 자료가 아주 적은데도 어떻게 해서 우리가 그렇게 많이 알 수 있는가를 설명하는 것이며, 오웰의 문제는 주어진 자료가 많은데도 왜 우리가 그렇게 조금밖에 이해하지 못하는가를 설명하는 것이다." 곧 플라톤의 문제는 촘스키 언어연구와 맞닿아 있고, 오웰의 문제는 그의 활발한 정치활동의 배경을 이룬다.

『언어지식』에서는 주로 플라톤의 문제를 해명한다. 오웰의 문제는 마지막 장에서 짧게 언급되는데 서방세계 언론 자유의 허구성, 특히 미국 언론의 위선을 고발하는 제5장 '오웰의 문제에 대한 주해'는 우리에게 자못 충격적이다. 언론이 특권과 권력을 가진 사람들의 이익에 복무한다는 주제가 충격적인 것이 아니다. 이를 증명하기 위해 제시된 예가 그렇다.

1983년 9월 소련 공군에 의한 대한항공 여객기 격추 사건에 대해 미국 언론이 엄청난 보도를 한 것은 국가 선전체제에 동원된 증거라는 것이다. 이를 증명하기 위해 촘스키는 이와 유사한 사건을 축소 보도하거나 전혀 보도하지 않은 경우를 조목조목 나열한다. 이럴 경우 가해자는 이른바 미국의 동맹국이다. 『언어지식』은 '대우학술총서'로 출간된 『언어에 대한 지식』(민음사,

1990)을 다시 펴낸 것이다.

촘스키 정치평론서의 번역 출간은 새로운 천년에 들어오면서 활발해졌다. 언어학 이론서의 번역 소개 비중이 높았던 지난 세기 출간된 정치평론서로는 『미국의 제3세계 침략정책』(일월서각, 1985), 『미국이 진정으로 원하는 것』(한울, 1996), 『그들에게 국민은 없다』(모색, 1999) 등이 있다. 『미국의 제3세계 침략정책』은 에드워드 허먼과 함께 쓴 책이고, 미국 외교정책의 궁극적 목표와 신자유주의에 대한 비판을 담은 나머지 두 권은 요약집에 가깝다.

이에 비하면, 2000년대에 들어와 선보인 책들은 촘스키 정치비판서의 본령에 속한다. 『숙명의 트라이앵글』(이후, 2001)은 '세계의 화약고'로 불리는 중동 분쟁의 본질을 심층적으로 파헤친다. 미국, 이스라엘, 팔레스타인이 운명의 삼각형의 세 꼭지점을 이루지만, 책이 이들 세 나라 사이의 관계망을 포괄적으로 분석하거나 비평하진 않는다. 다만 미국과 이스라엘의 '특별한 관계'에 주목한다.

촘스키는 이 특별한 관계의 요인으로 크게 두 가지를 꼽는다. 이스라엘에 우호적인 미국의 여론과 미국의 전략적 이익의 보호가 그것이다. 전략적 이익의 핵심은 익히 아는 대로 중동 지역의 원유다. 미국은 중동에서의 원활한 원유 수급을 위협하는 존재로 과거에는 소련을 꼽았고, 요즘에는 유럽과 중동의 토착 민족주의 세력을 상정한다.

우리는 미국이 이스라엘을 감싸고도는 이유를 미국의 정치와 여론을 주도하는 유대인의 영향력에서 찾는다. 촘스키는 이런 시각에 이의를 제기한다. 어느 정도 사실일 수는 있지만 그것이 전부는 아니라는 것이다. 그것은 다분히 "이스라엘 지지'의 범위를 과소평가하고, 정책 결정과정에서 정치적 압력단체의 역할을 과대평가"한 착각의 선물이라는 것이다. 미국에서 이스라엘에 우호적인 여론은 유대인 사회에 국한하지 않는다.

그 폭이 매우 넓다. 노동조합의 지도층은 물론이고 미국의 좌익과 평화주의 단체들 또한 이스라엘을 적극적으로 지지했다.

또한 촘스키는 미국에서는 "어떤 압력단체도 여론에 대한 접근권을 지배하지 못하며, 진정한 권력을 쥔 엘리트 집단의 목적과 압력단체의 목적이 근접하기 전에는 정책결정에 있어 어떤 영향력도 계속 유지할 수 없다"고 강조한다.

그런데 『숙명의 트라이앵글』은 출간 직후 번역의 실효성에 논란이 없지 않았다. 지금 우리에게 이 책이 무슨 쓸모가 있느냐는 거였다. 하지만 이런 의구심은 9.11 테러 이후 자취를 감췄다. 다음은 이를 시사하는 한 대목. "이슬람 원리주의는 '통제가 불가능할' 때만 적이 된다."

촘스키는 2001년 11월 11일 인도의 마드라스에서 열린 한 세미나에서 미국의 아프가니스탄 공격이 9.11 테러보다 더 큰 범죄행위라며 "미국이야말로 테러국가"《한겨레》 11월 13일자)라고 말했다. 그런데 이것은 돌출발언이 결코 아니다. 그의 지론이다. 이런 생각은 『불량국가』(두레, 2001)와 『507년, 정복은 계속된다』(이후, 2000)에 잘 나타나 있다. 촘스키는 '불량국가rogue state'는 두 가지 의미로 쓰인다고 지적한다.

"하나는 선별된 적국들에 대해 적용하는 프로파간다로서의 용법이고, 다른 하나는 스스로를 국제질서에 구속되지 않는 것으로 간주하는 국가들에 적용되는 문자 그대로의 용법이다." 내부 규제가 없는 강대국인 미국은 두 번째 범주에 속한다. 콜럼버스의 아메리카 대륙 발견을 기점으로 제국주의 정복사 500년을 기술한 『507년, 정복은 계속된다』에는 미국이 진정으로 원하는 것의 세목이 언급된다. "개인적 투자를 촉진하는 정치 경제 환경에 대한 요구, 이윤의 적절한 회수, 우리의 자원 보호" 등이 그것이다. 미국의 정책이 추구하는 바는 한마디로 "이윤과 권력"이다. 이를 관철하기 위해

서라면 물불을 가리지 않는다. 국내와 국외 어디든 마찬가지다.

여기서 미국의 국내정치가 민주적이라는 환상은 여지없이 허물어진다. "미국 노동운동사는 다른 산업국가들과 비교했을 때 유난히 폭력으로 점철돼 있다." 강철왕 앤드류 카네기가 분쇄한 1892년 홈스테드 파업은 그 단적인 예다. 노동운동에 대한 탄압은 "'보다 능력 있는 사람'들이 세계를 잘 다스리고 있음에도 불구하고, 민중들이 관찰자로서의 종래 역할에만 머물지 않고 민주 정치라는 경기장 안으로 직접 들어가려 함으로써 '민주주의'를 훼손시키고 있다"는 생각이 미국 지배 엘리트들의 뇌리에 똬리를 틀고 있는 데서 연유한다.

촘스키는 우리가 오웰의 시대에 살고 있다고 말한다. 『1984년』에 묘사된 세계 말이다. 그것은 언어의 착종에서 그대로 드러난다. 예컨대 "안보위협"은 "미국 투자가들의 권리를 저해할지도 모르는 것"을 뜻한다. "실용주의"는 "우리(미국 등 서구)가 원하는 대로 한다"는 것을 의미한다. 이런 예는 교육에 관한 촘스키의 견해가 담긴 『실패한 교육과 거짓말』(아침이슬, 2001)에서도 찾을 수 있다. 노동의 "유연성은 더 나은 대우로 초과 시간을 일한다는 뜻이지, 내일이라도 일자리를 잃을지도 모른다는 불안감이 아니다. 계약도 없고 권리도 없는 것, 그것을 유연성이라 주장한다."

여러 사람이 필진으로 참여한 책에서도 촘스키의 이름이 곧잘 눈에 띈다. 〈당대비평〉과 평화네트워크가 함께 기획한 『전쟁과 평화』(삼인, 2001)에 실린 「테러와의 새로운 전쟁, 어떻게 볼 것인가」는 2001년 10월 18일 MIT에서 행한 강연을 발췌한 것이다. 촘스키는 우리로 치면 운동권 교수다. 『냉전과 대학』(당대, 2001)에서는 그런 그가 경험한 냉전 시기 미국 대학과 지식인 사회의 풍경을 묘사한 글을 접할 수 있다. 촘스키의 명성에 걸맞게 그의 이름이 대표 저자로 인쇄돼 있다.

이쯤에선 촘스키의 생애와 사상의 실체가 궁금해질 법하다. 로버트 바스키의 『촘스키, 끝없는 도전』(그린비, 1998)과 존 라이언스의 『촘스키』(시공사, 1999)는 상호보완적인 두 권의 전기다. 전자가 실천가로서의 촘스키에 초점을 맞춘다면, 후자는 언어학자 촘스키에 포커스를 겨눈다. 다시 말하면, 바스키는 '오웰의 문제'로 촘스키에 접근했고, 라이언스는 '플라톤의 문제'로 촘스키에 다가섰다.

노암 촘스키의 책

〈촘스키의 사회비평서〉

촘스키와 푸코, 인간의 본성을 말하다 미셸 푸코 공저, 이종인 옮김, 시대의창, 2010.

촘스키와 아슈카르 중동을 이야기하다 – 중동 분쟁과 미국 대외정책의 위험한 관계 질베르 아슈카르 공저, 강주헌 옮김, 사계절, 2009.

촘스키, 변화의 길목에서 미국을 말하다 – 누가 감히 '한다면 하는' 나라 미국을 막아서는가 데이비드 바사미언 인터뷰, 장영준 옮김, 시대의창, 2009.

촘스키, 우리가 모르는 미국 그리고 세계 강주헌 옮김, 시대의창, 2008.

촘스키, 사상의 향연 – 언어와 교육 그리고 미디어와 민주주의를 말하다 이종인 역 옮김, 시대의창, 2007.

촘스키의 아나키즘 이정아 옮김, 해토, 2007.

촘스키, 우리의 미래를 말하다 데이비드 바사미언 공저, 강주헌 옮김, 황금나침반, 2006.

촘스키, 실패한 국가, 미국을 말하다 강주헌 옮김, 황금나침반, 2006.

촘스키, 미래의 정부를 말하다 유강은 옮김, 모색, 2006.

여론조작 – 매스미디어의 정치경제학 에드워드 허먼 공저, 정경옥 옮김, 에코리브르, 2006.

시대의 양심20인 세상의 진실을 말하다 노암 촘스키 외 지음, 강주헌 옮김, 시대의창, 2006.

야만의 주식회사 G8을 말하다 노암 촘스키 외 지음, 이종인 옮김, 시대의창, 2006.

촘스키, 세상의 물음에 답하다(1·2·3) 이종인 옮김, 시대의창, 2005.

지식인의 책무 강주헌 옮김, 황소걸음, 2005.

중동의 평화에 중동은 없다 송은경 옮김, 북폴리오, 2005.

환상을 만드는 언론 황의방 옮김, 두레, 2004.

패권인가 생존인가 황의방·오성환 옮김, 까치, 2004.

해적과 제왕 – 국제 테러리즘의 역사와 실체 지소철 옮김, 황소걸음, 2004.

촘스키 세상의 권력을 말하다(1·2) 강주헌 옮김, 시대의 창, 2004.

노암 촘스키의 미디어 컨트롤 박수철 옮김, 모색, 2003.

세계를 해석하는 것에 대하여 세계를 변화시키는 것에 대하여 백수민 옮김, 미토, 2003.

권력과 테러 홍한별 옮김, 양철북, 2003.

미국의 이라크전쟁 이수현 옮김, 북박스, 2002.

테러리즘의 문화 홍건영 옮김, 이룸, 2002.

촘스키, 누가 무엇으로 세상을 지배하는가 드니 로베르 외 인터뷰, 레미 말랭그레 그림, 강주헌 옮김, 시대의창, 2002.

프로파간다와 여론 데이비드 바사미언 공저, 이성복 옮김, 아침이슬, 2002.

촘스키, 9.11 박행웅·이종삼 옮김, 김영사, 2001.

불량국가 장영준 옮김, 두레, 2001.

숙명의 트라이앵글(개정판) 최재훈 옮김, 이후, 2008.

숙명의 트라이앵글(1·2) 유달승 옮김, 이후, 2001.

실패한 교육과 거짓말 강주헌 옮김, 아침이슬, 2001.

정복은 계속된다(개정판) 오애리 옮김, 이후, 2007.

507년, 정복은 계속된다 오애리 옮김, 이후, 2000.

그들에게 국민은 없다 강주헌 옮김, 모색, 1999.

미국이 진정으로 원하는 것 김보경 옮김, 한울, 2007.

미국이 진정으로 원하는 것 김보경 옮김, 한울, 1996.

미국의 제3세계 침략정책 E.S. 허만 공저, 임채정 옮김, 일월서각, 1985.

냉전과 대학(촘스키가 대표저자로 돼 있는 사회비평서) 정연복 옮김, 당대, 2001.

전쟁과 평화(촘스키가 대표저자로 돼 있는 사회비평서) 당대비평·평화네트워크 공동기획, 삼인, 2001.

〈촘스키의 언어학〉

촘스키 – 자연과 언어에 관하여 이두원 옮김, 박이정, 2003.

언어지식 이선우 옮김, 아르케, 2000.

언어에 대한 지식 이선우 옮김, 민음사, 1990.

촘스키와의 대담 이선우 옮김, 한국문화사, 2006.

촘스키와의 대담 이선우 옮김, 경진문화사, 2001.

최소주의 언어이론 박명관 외 옮김, 한국문화사, 2001.

최소주의 문법이론 이종민 옮김, 한국문화사, 1995.

언어와 지식의 문제 이통진 옮김, 한신문화사, 1994.

영어의 음성체계 모리스 할 공저, 전상범 옮김, 한신문화사, 1993.

장벽 이후의 생성문법 집문당, 1993.

지배·결속이론: 피사강좌 이홍배 옮김, 한신문화사, 1987.

언어학과 철학(삼성판 세계사상전집) 신일철 옮김, 삼성출판사, 1982.

생성문법론 이은환·임구재 옮김, 범한서적, 1975.

노암 촘스키에 관한 책

촘스키 이펙트 – 위대한 석학에서 친숙한 대중 지식인까지 노엄 촘스키의 영향력 로버트 바스키 지음, 이종인 옮김, 시대의창, 2009.

촘스키, 끝없는 도전 로버트 바스키 지음, 장영준 옮김, 그린비, 1999.

촘스키 존 라이언스 지음, 서창렬 옮김, 1999.

촘스키 존 마허 지음, 한학성 옮김, 김영사, 2001.

촘스키의 정치사상과 한국언론 안영섭 지음, 법문사, 2001.

촘스키 언어학 사전 강명윤 지음, 한신문화사, 1998.

최소주의 이론의 이해 강명윤 외 지음, 아르케, 1999.

현대언어학: 촘스키를 중심으로 이덕호 지음, 일조각, 1989.

현대언어학: 촘스키 혁명의 결과 N. 스미스 외 지음, 한신문화사, 1988.

촘스키(하룻밤의지식여행1) 존 마허 지음, 주디 그로브스 그림, 한학성 옮김, 김영사, 2001.

Chomsky 생성문법의 변천 윤만근 지음, 경진문화사, 2001.

촘스키와 세계화(아이콘북스05) 제레미 폭스 지음, 이도형 옮김, 이제이북스, 2002.

Chomsky 언어학 이론 양우진 지음, 제주대출판부, 2003.

30분에 읽는 촘스키 마이클 딘 지음, 강주헌 옮김, 중앙M&B, 2004.

다이앤 애커먼

다치바나 다카시

다카기 진자부로

달라이 라마, 텐진 가초

대니얼 고틀립

대니얼 네틀

데릭 젠슨

데이비드 브룩스

데이비드 스즈키

데이비드 쾀멘

데즈먼드 모리스

들뢰즈/ 가타리

D.H. 로렌스

다이앤 애커먼
Diane Ackerman
1948-

성찰적 자연주의자

얼마 전 환경에 관한 책을 몰아서 훑어볼 기회가 있었다. 행정자치부가 지원하는 시민단체 활동 프로그램의 하나로, 사단법인 '환경과 생명'이 시행하는 환경 책 서평집 발간과 보급 사업에 실행위원 및 서평자로 참여한 것이 계기가 되었다. 필자가 리뷰를 맡은 환경 책 17권 가운데는 이미 읽은 것도 있었지만, 이번에 처음 접한 책이 약간 많았다.

환경 책 10여 권을 새로 읽으면서 생태·환경 위기의 심각성을 다시금 절감했다. 그런데 지구의 앞날도 불투명하긴 하지만, 인류의 미래는 암담하기 그지없다. '자연주의자' 다이앤 애커먼의 책들 또한 직간접으로 생태 위기에 대한 경각심을 일깨운다. 때론 은근히 겁을 주면서 말이다.

'애커먼'이 『내가 만난 희귀동물The Rarest of the Rare』 (세종서적, 1996)의 서문에서 인용한 폴 에를리히의 비유만 해도 그렇다. (다이앤 애커먼의 우리말 표기는 번역서마다 약간 차이가 난다. '다이앤 애커먼'으로 통일되는 추세이긴 하나, 여기서는 개별 단행본의 이름 표기 방식을 존중하기로 한다.) "어느 한 종을 잃는다는 것은 비행기 날개에 달린 나사못을 뽑는 것과 같다." '애커먼'의 부연 설명이 이어진다.

날개의 나사못을 몇 개 뽑는다고 해서 그 비행기가 반드시 추락한다고 할 수는 없다. 하지만 비행기가 추락하려면 얼마나 많은 나사못을 뽑아야 하는지를 알아내기 위해 기꺼이 그 비행기에 타려는 기술자는 한 명도 없을 것이다. 1백 개 정도까지는 커다란 부담 없이 뽑을 수도 있을 것이다. 그러나 그 다음부터는 없어서는 안 될 중요한 나사못과 그렇지 않은 나사못을 신중하게 고르게 될 것이다.

그러고는 의미심장한 질문을 던진다. "하나를 더 뽑을 경우, 비행기가 곤두박질 칠 시기는 과연 언제일까?" 아무튼 "우리는 회복이 불가능한 시점이 언제 닥칠지도 모르면서" 지구상의 생명체들을 "갉아먹고 있다." 이 책은 그녀가 희귀 동물과 생태계를 조사하기 위해 세계 여러 지역을 탐사한 결과물이다.

수많은 동식물이 씨가 마를 위기에 놓여 있다. '애커먼'이 멍크물범, 짧은꼬리알바트로스, 황금사자타마린 원숭이 등 개체 수가 급격히 준 동물 세 종, 아마존 지역과 플로리다 관목림의 위험에 처한 생태계 두 곳, 그리고 왕나비의 집단 이주 현상에 초점을 맞춘 것은 불가피한 선택이었다. 생태·환경 위기가 심각하게 드러난 현장이 너무 많아 다 둘러 볼 수는 없는 노릇이다.

그녀는 "생명의 다양성을 소중하게 생각하는 한 사람으로서, 가능한 한 많은 생명체들이 지구상에 존재하기를 바란다." 그럼, 왜 우리는 희귀한 것을 소중히 여기는가? 우선은 우리가 "서로에게 협조적인 생물체의 긴 대열에서 진화"한 때문이다. "그렇다면 우리를 하나로 이어주는 이들 모두를 가치 있게 여겨야 하지 않을까?"

또한 '애커먼'은 생물학적 다양성을 지닌 유전학적 팔레트가 "지구 생명체의 생존뿐만 아니라 우리의 건강을 위해 대단히 중요하다"는 실리의 측면을 덧붙인다. "수많은 식물과 곤충, 물고기들이 인간의 질병을 치료하는 완벽한 해독제를 제공하기 위해 지구상에 출현했다는" 시각을 '딱딱한 도덕극을 보는 관점'이라 경계하면서도, 열대 다우림의 약전藥典에 있는 풍부한 치유 기능을 직시한다. 이건 우리 모두가 얽혀 있기에 가능한 일이다.

"우리는 지구상의 생명체들을 각기 다른 독립체로 바라본다. 그러나 분자 수준에서 본다면, 그들 사이에는 차이점이 거의 없다. 그들은 동일한 재료를 포함하고 있을 뿐만 아니라 동일한 기능을 수행하는 세포와 조직, 유동체로 이루어져 있다. 지구의 화학적 요소는 우리가 여러 가지 색소를 한데 뒤섞을 때처럼 서로를 소멸시키기도 하고, 자극하기도 하고, 중화시키기도 하고, 안정되게 만들기도 하고, 왜곡시키기도 한다. 그들은 본질적으로 같은 원료로 구성되어 있기 때문이다."

멸종 또는 그럴 위기에 처한 생물 탐사기는 드물지 않았다. 거친 구분을 무릅쓴다면, '애커맨'의 『내가 만난 희귀동물』은 데이비드 쾀멘의 『도도의 노래』(푸른숲, 1998)와 더글러스 애덤스의 '멸종 위기 생물 탐사' 『마지막 기회』(해나무, 2002) 사이에 위치한다. 현장성이 『도도의 노래』에 가깝다면, 문학성은 『마지막 기회』에 근접한다. 『내가 만난 희귀동물』은 글발과 현장감이 균형을 이룬다.

한편 '동참'의 정도는 '애커맨'이 가장 적극적이다. "내게 있어 동참이란, 자신의 삶을 송두리째 바친 과학자들과 함께 일하면서 원래의 서식지에서 사는 동물들을 목격하는 것이다." '애커맨'의 적극성은, 태평양의 어느 섬에서 그해 태어난 멍크물범 새끼들에게 꼬리표를 달아 주고 어미들의 건강 상태를 체크하는 프로젝트에서 잘 드러난다. 그녀는 멍크물범 암컷 새끼의 지느러미에 맞아 얼굴이 피와 모래로 범벅이 되면서까지 멍크물범의 유전자 분석을 위한 피부 조직 채취에 몰두한다. 그러면서도 모험가의 열정보다는 자연주의자의 성찰이 더 빛난다.

"임신한 멍크물범이 하와이 섬의 인기 있는 해변에 가만히 서 있는 모습이 이따금씩 목격되곤 한다. 관광객들은 자기네는 몇 시간씩 일광욕을 즐기며 누워 있다가도 멍크물범이 그러고 있는 걸 보면 길을 잃었거나 곤란한 상황에 처한 거라고 단정을 짓고는 그들을 바다로 쫓아 버린다. 그러나 그 단순한 행동이 멍크물범과 뱃속에 든 새끼를 죽일 수도 있다."

"잘못은 생각이 짧은 사람들에게만 있는 것은 아니다. 우리는 생명은 움직임이라는 암묵적인 신념을 가지고 있다. 뭍으로 올라온 멍크물범은 이러한 신념에 따라 지나치게 호의를 베푸는 사람들에 의해 죽음의 길로 내몰리기도 한다."

"자연은 자비를 베풀지도 않거니와 아예 기대하지조차 않기 때문에 우리 같은 이른바 자연주의자들은 폭력에 단련되어 있다. 우리는 자연의 방식에 개입하지 않는다는 철칙을 가지고 있다."

그렇다면 정원 가꾸기는 자연의 방식에 껴드는 것인가? 아닌가? 또 원예는 환경 친화인가? 반환경인가? 적어도 『나는 작은 우주를 가꾼다— 어느 자연주의자의 정원 이야기』(황금가지, 2003)에 나타난 원예가 다이앤 애커먼은 자연의 섭리를 거스르지 않는 생태 친화형이다.

사실 자연에서 생장하는 꽃과 나무를 뜰에다 가꾼다고 해서 필수지방산이 트랜스지방산이 되거나, 불포화지방산이 포화지방산으로 바뀌는 식의 본질적인 변화가 일어나는 건 아니다. '자연을 거기 그대로 있게 하는 것이 바로 아름다움'이라는 원칙을 저버리며 원석과 야생 수목으로 자신의 정원을 꾸미는 게 문제일 따름이다.

애커먼이 미 뉴욕 주 이타카에 있는 자기 집 정원의 사계를 기록한 『나는 작은 우주를 가꾼다Culvating Delight』는 우아하고 감미로운 책이다. 움트는 새싹과 더불어 날이 풀리자 정원으로 날아드는 철새들을 봄의 전령사로 묘사한 건 좀 의외다. "제일 먼저 돌아오는 철새는 대륙검은지빠귀다." 이 지빠귀는 때로 검은찌르레기, 탁란찌르레기, 레드윙, 러스티 등과 무리 지어 오기도 한다. 파랑새, 울새, 명금, 딱따구리, 그리고 십여 종의 물새가 지빠귀에 이어 온다.

새들이 암컷을 유혹하고 비열하게 겁주고 별것도 없이 우쭐거린다고 표현하면 이상하게 들릴지도 모른다. 새들은 서로 조화롭게 어우러지는 아름다운 노랫가락을 낸다고들 하니까. 한데, 전혀 그렇지 않다. 차라리 딱따기·북·호루라기·장난감 피리·나팔 소리를 제멋대로 내는 유치원 합주단에 더 가깝다. 이 합주는 동트는 새벽이면 일제히 시작되곤 한다.

봄꽃 개나리와 진달래에 대한 언급은 친근감을 주고, "나는 잡초를 좋아한다"는 애커먼의 고백은, 당시만 해도 초보농사꾼이었던 윤구병이 『잡초는 없다』(보리, 1998)에서 펼친 '잡초론'을 떠올린다. 그녀가 대학 강단에서 학생들과 정리해본 창의력의 필수요소도 눈길을 끈다. 20여 개 중 하나만 들자면, "어른의 세련됨으로 닦아진 어린이의 순수함"이 그것이다.

이 책의 매력은 무엇보다 꽃과 나무와 동물, 원예가 성향의 인물에 관한 풍부하고 다채로운 읽을거리다. "정원을 가꾸는 이는 새로운 이야기를 심고 만들어" 내듯이, 꽃과 나무 관련 신화와 전설이 나오는가 하면, 유명 인사가 등장하기도 한다. "어떤 꽃이나 나무를 봐도 잃어버린 아름다움과 순수, 잃어버린 사랑과 삶에 대한 가슴 아픈 이야기가 녹아 있다." 미국의 제3대 대통령 "토머스 제퍼슨은 열정적이고 박식한 식물학자이자 뛰어난 문필가였다."

이 책에서도 원예가의 편집광적 열정보다는 담백한 철학적 성찰이 예의 빛난다.

"어디서 무엇이 나올지 모른다는 것은 즐거운 일이다."

"찰나의 아름다움과 수명을 예측할 수 없다는 점에서, 지는 꽃을 보는 사람은 더 애절함을 느낀다."

"삶은 진정 복수형이다. 삶은 자신이 여러 가지 모습으로 변하면서 순례를 떠나는 것이다."

"성장은 변화를 뜻하며, 변화는 다른 욕구와 다른 서식지를 뜻한다."

"생물학적이건 개인적이건 성장은 완만하다."

애커먼이 제시한 원예가가 갖춰야 할 세 가지 예절 덕목이 흥미롭다. 첫째, 남의 정원 일에 참견하지 말라. 둘째, "다른 사람의 정원에서 시든 꽃을 꺾지 마라." 셋째, "견본이라도 친구의 정원에서 훔치지 마라." 아울러 "온화한 비란 없다"는 단정적 표현이 맘에 쏙 든다. 인명 손상과 재산 피해 없이 가뭄 해소에 보탬이 된 태풍을 일컬어 '효자' 운운하는 것은 철딱서니 없는 작자들의 망발일 뿐이다.

열 손가락 깨물어 특별히 더 아프거나 덜 아픈 것이 있으랴마는 굳이 사람의 다섯 가지 감각의 경중을 가린다면? 애커먼의 『감각의 박물학The Natural History of the Senses』(작가정신, 2004)에 따르면, 사람의 오감은 중요도에 따라 촉각〉후각〉청각〉시각〉미각의 순서로 나열할 수 있다. 애커먼은 가시적으로 오감의 우열을 따지진 않는다. 다만 그녀의 진술과 인용문에 드러난 것을 바탕으로 필자가 '줄 세우기'를 해봤다. 오감의 경중은 종이 한 장 차이다.

"촉각은 최초로 점화되는 감각이며, 대개 맨 마지막에 소멸한다."(프레데릭 작스) 또한 "어떤 감각보다 신체 접촉이 가장 중요하다."(솔 샨버그) 이를 애커먼은 이렇게 풀어 쓴다. "태아에게 가장 먼저 발달하는 감각은 촉각으로, 신생아는 눈을 뜨거나 세상에 대해 알기도 전에 자동적으로 촉각을 통해 느끼고, "많이 안아준 아기일수록 더 기민하고, 인지 능력이 더 잘 발달된다는 것이 밝혀졌다." 따라서 "신체 접촉은 햇볕만큼이나 중요하다."

후각은 감각을 효과적으로 넓히는 데 기여한다. "우리는 인간이 가진 모든 감각뿐 아니라, 그것을 넘어선 새로운 감각을 필요로 한다. 그래서 전자 현미경이나 전파 망원경, 원자 저울 같은 것들을 만들어냈다. 그러나 냄새 없이는 효과적으로 감각을 확장할 수 없다." 청각과 시각의 경중을 가리는 데는 헬렌 켈러의 체험적 발견이 유효하다. "만약 다시 살 수 있다면 나는 귀가 들리지 않는 이들을 위해 내가 해온 일보다 더 많은 일을 할 것이다. 나는 귀가 들리지 않는 것이 눈이 안 보이는 것보다 훨씬 더 큰 장애임을 발견했다."

우리는 흔히 '보는 것'에 의미를 부여하기 쉽지만 다중 장애를 겪은 헬렌 켈러의 체험은 그렇지 않았나 보다. 이런 측면은 우리 속담에서 확인되기도 한다. '눈 뜬 장님'. 미각은 다른 감각과 달리 사회적 감각으로 묘사되나 후각 또는 촉각과의 연관성이 부각돼 상대적으로 낮게 평가한다.

책은 이들 다섯 가지 감각 외에 하나를 더 언급한다. 바로 공감각이다. 그런데 공감각을 다룬 길지 않은 마지막 장에서는 우리가 알고 있는 공감각의 본래적 의미에 대한 설명보다 창작욕을 고취시키는 예술가들의 기벽에 대해 더 많은 지면을 할애한다. 이런 점은 오감을 다룬 앞 장들도 마찬가지다. 후각 편에서 코와 향수를 다루고 청각 편에서 음악을 논의하는 것은 당연하지만, 미각 편에서 땅에 구멍을 파고 사슴 수프 끓이는 법을 알려준 것은 다소 엉뚱해 보이기도 한다.

아무튼 이 책은 다양한 각도에서 "감각의 기원과 진화과정"을 탐구하고 있다. 이를 위해 1980년대 후반(이 책의 원서는 1990년 출간됨)까지 다져진 사람의 다섯 가지 감각에 관한 연구 성과들을 집약했다. 재채기의 속도가 마하 0.85라는 것이 그 한 예다. 뿐만 아니라 애커먼의 다분히 감성적인 '에세이'가 적잖은 비중을 차지한다.

『감각의 박물학』은 『열린 감각』(인폴리오, 1995)이라는 제목으로 번역된 바 있다. 이 책과 함께 '자연사(自然史, natural history) 시리즈'로 보이는 『열린 사랑 1·2 A Natural History of Love』(인폴리오, 1997)도 번역됐는데, 다음은 『열린 감각』의 책날개에 붙은 『열린 사랑』에 대한 소개글이다.

"비극으로서의 사랑, 에로티시즘으로서의 사랑, 종교적인 사랑, 사랑의 화학 등 사랑의 모든 측면을 작가 특유의 박학한 지식과 감미로운 문체로 엮은 책." 인폴리오 번역판의 이름 표기는 '다이안 애커먼'이다. 원서의 부제가 A Natural History of My Garden이라는 점에서 『나는 작은 우주를 가꾼다』 또한 '자연사 시리즈'의 한 권으로 볼 수 있다. 다이앤 애커먼은 미국 코넬 대학에서 영문학과 인문사회학을 가르치는 시인이자 수필가이다.

다이앤 애커먼의 책

내가 만난 희귀동물 강미경 옮김, 세종서적, 1996.
열린 사랑 임혜련 옮김, 인폴리오, 1997.
나는 작은 우주를 가꾼다– 어느 자연주의자의 정원 이야기 손희승 옮김, 황금가지, 2003.
감각의 박물학 백영미 옮김, 작가정신, 2004.
열린 감각 임혜련 옮김, 인폴리오, 1995.
뇌의 문화지도 An Alchemy of Mind 김승욱 옮김, 작가정신, 2006.
미친 별 아래 집– 어느 동물원장 부부의 은밀한 전쟁 이야기 강혜정 옮김, 미래인, 2008.
천개의 사랑– 우리가 알아야 할 사랑에 관한 거의 모든 역사 송희경 옮김, 살림, 2009.

다치바나 다카시
立花隆
1940–

인간 일반의 존재방식에 관해 천착하다

우리 출판에서 번역물의 비중이 날로 높아지는 추세다. 1999년 출간된 책 중에서 번역서는 다섯 권 가운데 한 권을 차지했고, 2000년에는 네 권 가운데 한 권이 번역서였다. 2002년에는 번역서가 세 권 가운데 한 권에 이를 것으로 예상된다. 가히 '번역출판의 왕국'이라고 할 만한 숫자다. 일본에서 번역서가 차지하는 비중은 2001년 7퍼센트를 약간 넘었다.

그래도 '번역출판의 월계관'은 여전히 일본의 차지다. 전체 출판물에서 번역서가 차지하는 비율 면에서는 한국이 일본을 제쳤지만, '번역문화'라는 측면에서는 일본이 한국을 앞서 있다. 독일에서는 오로지 일본어로 번역될 목적으로 출간되는 책이 있을 정도다. 또한 "한국이 세계 문명국가 가운데 '마르크스-엥겔스 저작집'의 번역이 나오지 않은 유일한 나라라는 오명"(『마르크스의 초기저작: 비판과 언론』 열음사, 1996 역자 서문에서)을 씻을 기회는 좀처럼 오지 않을 것으로 보인다. 이념의 족쇄가 어느 정도 풀려 '마르크스-엥겔스 전집'의 번역 출간을 위한 여건은 얼추 마련되었지만, 수지타산을 맞추는 문제가 발목을 잡고 있어서다.

해외 사상가와 작가의 전집은 비록 드물지라도 우리나라 번역 출판물의 목록이 영 보잘 것 없지만은 않다. 웬만한 해외 저자의 책은 한 권 이상 번역돼 있다. 이런 점은 다치바나 다카시도 예외가 아니다. 우리 독서 대중의 뇌리에 다치바나의 이름이 깊이 새겨진 것은 『나는 이런 책을 읽어 왔다』(청어람미디어, 2001)를 통해서였다. 하지만 그 이전에도 다치바나의 책은 꽤 많이 번역되었다. 놀랄 정도로 많다. 『농협: 거대한 도전』(협동연구사, 1984)을 필두로 1980년대에만 세 권이 우리말로 옮겨졌다.

더 놀라운 것은 국내 저자가 쓴 '다치바나론'이 나왔다는 사실이다. 〈한국일보〉 도쿄 특파원을 지낸 황영식 기자의 『다치바나 다카시의 탐사저널리즘』(중앙M&B, 2000)은 시대를 반 발짝 앞서간 책이다. 이 책을 구하는 데 좀 애를 먹었다. 나온 지는 1년 6개월밖에 안 됐지만 사실상 절판 상태에 있기 때문이다. 연전에 구 정가 도서로 할인 판매하는 걸 봤을 때, 구입하지 않은 것이 불찰이라면 불찰이었다. 그때만 해도 다치바나의 이름값을 잘 몰랐던 터라 그냥 지나칠 수밖에 없었지만 말이다. 아무튼 책의 출간이 반년만 지체됐어도 허무하게 구 정가 도서로 전락하진 않았을 것이다.

『다치바나 다카시의 탐사저널리즘』은 다치바나의 팬들이 꼭 읽어야 할 책이다. 이 책은 "언론이 취재원이나 보도대상자에게 의존하지 않고 독립적인 시각과 관점에서 사실이나 사건에 파고들어 깊이 있고 정확하게 보도하는" '조사보도'의 선구자로서 다치바나에게 초점을 맞추고 있다. 그런 과정에서 묻어나는 다치바나의 가치관과 방법론은 그를 이해하는 데 도움을 준다.

"나의 기본적인 사회관은 생태학적 사회관이다. 다양한 인간존재, 다양한 가치관, 다양한 사상의 공생과 교류가 건전한 사회의 제조건이라고 생각하고 있다."
"특정의 이데올로기를 갖지 않은 내가 쓰는 비판의 방법은 오직 '로직스(이론)'와 '시맨틱스(의미론)'이다. 즉 상대의 말이 지리멸렬한 것은 아닌지, 상대의 말이 구체적인 현실로서 어떤 의미를 갖고 있는지, 말 자체로는 모순이 없더라도 현실로 바꿔보면 모순되는 것은 아닌지를 살피는 것이다."

내 경우, 『나는 이런 책을 읽어 왔다』를 통해 다치바나에게 호감은 가졌으나, 전폭적인 지지는 유보한 상태였다. 그러던 차에 이 책은 내게 다치바나에 대한 확신을 심어주었다. 지은이 역시 이런 체험을 토로하고 있는데 내 경우와는 상황이 약간 다른 듯하다.

"국내에 전혀 소개돼 있지 않은 다치바나를 소개한다는 데 대한 걱정이 그 동안의 검증기간을 거치면서 말끔히 사라졌기 때문이다." 다치바나의 저서가 전혀 번역돼 있지 않은 것처럼 읽히는 대목은 지은이의 실수다. 하지만 나는 지은이의 실수를 살짝 눈감아줄 생각이다. 책에는 단행본을 통해 소개되지 않았거나 앞으로도 소개될 가능성이 별로 없는 다치바나의 주옥 같은 글이 잔뜩 들어 있는 까닭이다.

우선, 다치바나의 이름을 만천하에 알린 '다나카 연

구'의 전편前篇이 되는 「의외! 다나카 총리가 미키·후쿠다에 완승한 7월 정변의 내막」(《슈칸겐다이週刊現代》 1974. 8. 22)을 접할 수 있다. 이어, 1974년 10월 10일 발매된 〈분게이순주文藝春秋〉 11월호에 실린 「다나카 가쿠에이 연구― 그 금맥과 인맥」의 일부를 읽을 수 있다. '다나카 연구'는 다나카 수상의 실각을 불러 왔고, 계속된 다치바나의 후속보도는 다나카의 구속 수감을 몰고 왔다.

이 밖에 『다치바나의 탐사저널리즘』에는 일본 국회의 록히드 스캔들 청문회 방청기인 「끝내 밝혀지지 않는 거짓말 따위는 있을 수 없다」, 『원숭이학의 현재』 머리말, 그리고 『사람과 원숭이』 『임의의 세계를 탐구한다』 『우주를 말한다』 등의 내용 일부가 실려 있다. 다치바나는 1980년대 들어 과학 분야로 활동 영역을 넓히는데, 그의 과학 교양서들은 최첨단의 내용을 일상적인 용어를 활용해 대화체의 형식을 빌려 이해하기 쉽게 전달하는 점이 특징이다.

『우주로부터의 귀환』(청어람미디어, 2002) 역시 마찬가지다(『우주를 말한다』와는 다른 책). 우주 체험을 통해 우주비행사들이 겪은 내적 변화를 다룬 이 책은 1980년대 초반 이뤄진 우주비행사와의 인터뷰를 바탕으로 한다. 그때까지 우주를 체험한 미국의 우주비행사 30여 명 가운데 다치바나의 인터뷰에 응한 10여 명이 이구동성으로 말하는 아주 별난 경험은 두 가지다.

우주에서 바라보는 지구의 모습이 그 하나고, 우주 공간에서의 유영이 다른 하나다. 칠흑 같은 우주를 배경으로 지구를 직접 보는 느낌은 사진으로 볼 때와 사뭇 다르다는 것이다. 거의 하늘과 땅 차이라고 한다. 다치바나는 이를 "과정을 생략한 시점의 변화"에 따른 것으로 해석하기도 한다. 또 우주인들은 "우주선 안에 갇혀 있는 것과 해치를 열고 밖으로 나가는 것은 완전히 질적으로 다른 체험"이라고 말한다.

아무튼 『우주로부터의 귀환』은 아주 흥미진진한 책이다. 20년 전에 나온 책이지만 시대에 뒤떨어졌다는 느낌은 전혀 안 들고, 오히려 시대를 앞서가는 책이라는 생각이 들게 한다. 게다가 개인적으로는 유년의 기억을 떠올리게도 한다. 이 책은 어릴 적 열심히 읽은 12권짜리 '소년소녀 발명발견 과학전집'(국민서관)에서 '우주여행'을 다룬 『로키트에서 달 정복까지』의 빈틈을 채워준다. 그런데 『우주로부터의 귀환』은 이번이 세 번째 번역이다. 『우주에서 돌아오다』(문명사, 1985)와 『우주비행사 그들의 이야기』(동암문화사, 1991)라는 제목으로 나온 바 있다.

'다나카 연구'가 일본 금권정치의 핵심인 다나카 수상의 몰락을 가져왔다면, 『일본공산당사』(고려원, 1985)는 1970년대 중반 세력을 확장하던 일본 공산당에 일대 타격을 가한 책이다. 이 책은 1900년대 초에서 1945년까지 일본 공산당의 운동 역사를 해부한 통사다. 원래 서장과 종장을 합쳐 20장으로 이뤄져 있으나 번역은 열두 장만 했다.

사실, 이 책은 번역 의도가 약간 불순하다. 반공 교재로 사용하려 한 혐의가 없지 않다. 1985년은 신군부의 철권통치가 한계에 다다른 시점이거니와 책을 펴낸 출판사는 나중에 테러리스트 김현희의 수기를 발간하기도 했다. 여기에다 머리말을 번역하지 않은 점은 그런 혐의를 더욱 짙게 한다. 『다치바나 다카시의 탐사저널리즘』에 이 책의 머리말이 번역돼 있는데, 그걸 보면 다치바나가 볼테르 식 톨레랑스를 실천하고자 하는 지식인임을 알 수 있다.

내가 이해하는 한 '반공'이란 단순히 공산주의나 공산당을 비판하는 것이 아니라 공산당과 공산주의자를 근절하려는 발상이다. 나는 전자이긴 하지만 전혀 후자는 아니다. 반공 전체주의, 즉 공산주의자 제노사이드(대량 학살)가 일어난다면 나는 단호하게 공산주의자 편에 설 것이다.

『일본공산당사』 번역판의 표지에는 저자 이름이 立花隆으로 돼 있다. '입화륭'은 다치바나의 필명으로 그의 본명은 橘隆志. 본명과 필명의 일본식 발음은 공히 다치바나 다카시이다. 『일본공산당사』의 번역판에서 한자로 된 고유명사는 현지음이 아니라 우리식 독음 읽기로 표기했다. 따라서 진정한 한국어 완역판이 요청되나 쉽지 않은 것이 현실이다. '마르크스-엥겔스 전집'의 번역도 요원한 판국에.

지금까지 40여 권의 저서를 펴낸 다치바나의 대표작 가운데 하나인 『뇌사』(신한, 1996)의 재번역 여부도 미지수다. 한 대형서점 검색대에서 이 책을 찾으면 "출판사 연락 두절"이라는 메시지가 뜬다. 실물을 확인하진 못했지만 여러 정황 —가격, 대형서점의 서가 위치— 을 감안할 때, 이 책은 의과대학 교재로 번역된 듯하다.(서울 신촌문고의 구 정가 판매코너에서 이 책을 구입했는데 역시 의과대학의 교재나 부교재를 염두에 둔 책이었다.) 독서계에 다치바나 읽기 붐을 몰고 온 『나는 이런 책을 읽어 왔다』는 다치바나 식 독서론과 독서술, 그리고 서재론을 담고 있다. 독서가와 장서가의 말석에 겨우 앉아 있는 내가 보기에도 구구절절이 옳은 내용이다. 한 인터뷰에서 독자에게 권하는 책을 추천해달라는 부탁을 다치바나는 정중히 거절한다. 그 까닭은 이렇다. "책과의 만남은 자기 스스로 만드는 수밖에 없"고, "진정으로 책을 좋아하는 사람은 스스로 찾을 수 있기 때문"이다.

「나의 독서를 되돌아본다」는 다치바나 독서편력의 중간 점검에 해당하는 글이다. 동서양의 고전이 망라된 독서편력기의 주인공이 중학교 3학년이라는 사실은 도무지 믿기지 않는다. 그렇다고 그의 어린 시절이 마냥 부러운 건 아니다. 〈소년중앙〉과 '클로버문고'와 '계림문고'를 벗 삼던 내 어린 시절이 나는 더 좋다. 우리 집에서 내가 읽을 수 있었던 전집물은 앞서 언급한 '발명발견 과학전집'과 '소년소녀 세계위인 전기전집'(계

몽사) 딱 두 종류였다. 이것만으로도 또래 아이들에 비해 상대적으로 풍부한 문화자본을 누렸다고 할 수 있지만, 내 어린 시절의 가장 행복한 추억은 맘껏 즐긴 '야구놀이'에 있다.

그의 '실전에 필요한 14가지 독서법' 또한 귀담아 들을 만하다. 그는 "책을 사는 데 돈을 아끼지 말"고, "책 선택에 대한 실패를 두려워하지 말"며, "책을 읽을 때는 끊임없이 의심하라"고 가르친다. 그리고 의심의 대상에서 그의 책 역시 예외일 수는 없다. "책에 쓰여 있다고 해서 무엇이건 다 믿지는 말아라. 자신이 직접 손에 들고 확인할 때까지 다른 사람들의 말을 믿지 말아라. 이 책도 포함하여." 「다치바나 씨의 작업실 '고양이 빌딩' 전말기」와 빌딩의 일러스트 투시도는 세노 갓파의 『펜끝으로 훔쳐본 세상』(서해문집, 1999)을 통해 눈에 익다.

다치바나 다카시는 자신조차 질릴 정도로 다양한 주제를 다뤘다. "범죄, 스캔들, 생물학, 유전학, 육아, 심리학, 학생 운동, 공산당, 방위문제, 석유 문제, 도시 문제 등, 모든 테마에 관해 수차례에 걸쳐 글을 썼다." 특히 인문학과 자연과학을 자유자재로 넘나드는 점이 돋보인다.

잡지 지면을 무대로 대중적인 글을 쓰는 다치바나 다카시지만 몇몇 분야에서 그의 역량은 전문가 못지 않다. 법률 지식은 웬만한 변호사 뺨칠 정도고, 우주와 뇌를 둘러싼 자연과학 지식은 최첨단을 달린다. 여기에는 왕성한 지적 욕구와 치열한 기자 정신이 큰 힘이 되었다. 무엇보다 책이 밑바탕이 되었다.

하지만 워낙 '박람강기博覽強記'하다 보니 역풍도 만만찮다. 〈한겨레〉 출판 면의 '해외통신'은 일본에서 다치바나를 비판하는 책들이 잇따라 출간됐다는 소식을 전한 바 있다(2002. 2. 2). 비판의 대상이 된 책과 비판한 책을 나란히 놓고 검토할 능력과 형편이 닿지 않는 탓에 꼭 집어 말할 처지는 아니지만, 다치바나를 둘러싼

논란 속에서도 움직일 수 없는 진실이 하나 있다. 그가 천재라는 점이다.

다치바나 다카시는 다나카 수상의 실각을 야기한 '다나카 연구'를 지푸라기 한 개에 비유한다. "등에 짐을 가득 지고 겨우 일어서려는 노새의 등에 짚 하나를 더 얹는 것으로 노새가 벌떡 뒤집어지는 일이 있다. 나는 단지 최후의 짚 하나를 실은 영광을 얻은 데 지나지 않는다." 무릇 천재는 겸손하다.

다카기 진자부로
高木人三郎
1938-2000

사람과 사람, 사람과 자연이 서로를 억압하지 않는 사회를 추구

일본의 반핵운동가 다카기 진자부로는 시민과학자다. 이 말은 미국 프린스턴 대학의 프랭크 폰 힛펠 교수가 지은 『시민과학자Citizen Scientist』에서 유래한다. 이 책에서 "시민으로서의 과학자"를 자처하는 힛펠 교수는 "군축이나 환경 등 시민이 관심을 갖는 분야"를 시민과학이라 일컬었다. 다카기는 이에 대해 "그러한 과학의 영역과 과학자의 존재양식이 있다는 선언"이었다고 의미를 부여한다.

또 이로 말미암아 다카기는 스스로를 시민과학자라고 부르는 것을 한동안 꺼렸다. 자신의 생각을 시민과학자라고 분명하게 잘라 말한 것은 힛펠이 처음이었고, 그러면 왠지 책제목을 표절한다는 느낌이 들었기 때문이다. "그러나 무엇보다도 프랭크의 책 『시민과학자』의 제목을 대할 때, 나도 그러한 삶의 과정에 있다는 것을 강하게 느끼고 있었다."

그러다 마침내 다카기는 이와나미쇼텐이 제안한 『시민과학자로서 살다市民科學者として生きる』라는 책제목을 수용한다. "그렇다면 '시민과학자'란 무엇인가. 내가 지금까지 60년의 인생을 통해서 어떻게 그러한 입장에 도달했는가." 이런 것이 『시민과학자로 살다』(녹색평론사, 2000)에 담긴 내용이다.

이 책은 말년의 다카기가 병상에서 집필한 네 권의 저서 가운데 하나인데 자서전 또는 회고록으로 볼 수 있다. 다카기는 이 책이 당시 일본에서 유행한 '자기사自己史'의 범주에 들어갈지 모른다면서도 "자신은 이 말의 뉘앙스를 그리 좋아하지 않는다"는 단서를 달았다.

그러면서도 "그러한 '자기사'를 통해서이지만 그다지 사소설풍私小說風으로 되지 않도록, 살아온 시대를 쓰고 싶다"는 속내를 비쳤다.

그러고는 자신의 생애를 이렇게 압축했다. "나는 마침" 오토 한과 슈트라스맨의 핵분열 현상이 발견된 "1938년에 태어나서 1945년 소학교 1학년으로 일본의 패전을 경험했다. 그후에 원자핵화학을 전공하고 약 40년간 '핵'과 함께 일해왔다. 처음 3분의 1은 원자핵 이용을 추진하는 체제내의 연구자로, 나머지 3분의 2는 거대한 연구·개발체제에서 뛰쳐나와 독립적 비판자에다가 시민활동가로 살아왔다. 이런 일은 일본에서 여하간에 특이한 것이라고 할 수 있다."

이혼을 언급하는 것을 끝으로 프라이버시에 관한 문제를 다루지 않겠다고 다짐할 만큼 다카기는 사생활 노출에 민감하다. 하지만 자서전적인 이 책의 속성상 그의 성격의 일단은 유감없이 표출된다. 다카기는 아주아주 겸손한 사람으로 보인다. 고등학교 3학년 때 시골학생으로 모의고사 성적이 전국 2, 3위권에 든 '수험 우등생'이었음에도 도쿄대 합격을 운수소관으로 돌린다.

회사와 연구소, 대학 교수 생활을 통해 다카기는 그가 "과학자이기 때문에 갖게 된 이해관계를 이미 무자각적으로 받아들이고 있었다는 것을" 서서히 깨닫는다. 이러한 자각과 각성은 그의 성향 자체에 내재해 있었다고 보는 편이 타당하다. 다카기는 어려서부터 반골 기질이 강한 독립적인 인물이었다.

전쟁체험에 뿌리를 두고 차츰 내 마음속에서 강해졌던 사고방식은 국가라든가 학교라든가 여하튼 위에서 내려오는 것은 아무것도 믿지 말자, 어른들이 하는 말도 언제 변할지 모르니까 쉽게 신용하지 말자, 그리고 될 수 있는 한 나 스스로 생각하고 내 행동에 책임을 지자 같은 것이었다. 그것은 신조기라보다 어떤 직관적

경계심이라고 해야 할 것 같다.

그가 인생의 신조로 삼은 것은 다음 네 가지다.

1. 사람과 사람, 사람과 자연이 서로 억압하지 않는 사회일 것
2. 평화적인 삶이 보장될 것
3. 공정한 사회일 것
4. 이러한 세계가 지속가능하게 보장될 것

『플루토늄의 미래— 2041년의 메시지』(따님, 1996)는 가상소설 형식으로 핵문제를 다룬다. 다카기는 자신의 가설에 유리한 방향으로 이야기를 끌고 가진 않지만, "일본의 플루토늄 계획의 미래에 대한" 그의 강한 우려가 반영돼 있다. 이 책은 『플루토늄의 공포』(1981)의 속편이라고 할 수 있다.

다카기가 독특한 방식으로 일본 핵문제의 전개양상을 짚어본 것은 당시 일본의 사회상황과 긴밀한 연관이 있다. 먼저, 1992년 11월부터 이듬해 2월까지 이어진 아카스키 호의 운항을 들 수 있다. 프랑스의 쉘부르 항에서 일본 이바라키 현 도카이 항까지 3만 킬로미터를 항해한 이 배는 플루토늄 산화물 분말 1.5톤을 싣고 있었다. 이 위험한 화물은 일본 원자력 발전소의 사용 후 핵연료를 프랑스에서 재처리하여 추출한 것이었다. 아카스키 호가 지나가는 뱃길을 둘러싸고 날마다 세계 여론이 들끓은 두 달 동안, 아카스키 호와 함께 플루토늄은 유명세를 탔다. 또한 이 시기 북한 핵문제가 불거졌다.

플루토늄이 주인공인 가상소설의 배경지식을 돕는 서론에서 다카기는 플루토늄 해상 운송이 문제가 된 원인으로 그 물질의 본질적 성격을 든다. "그것은 나가사키 원자폭탄의 재료가 되었던 대단히 유효한 핵무기 물질(핵분열성물질)인 동시에 독성이 매우 강한 물질이라는 점이다."

맛보기로 보여준 등장인물의 성격은 독자를 소스라치게 할 정도다. 플루토늄은 암을 유발하는 맹독성 물질이다. 호흡기 계통으로 흡입 섭취할 경우 특히 문제가 심각해진다. 수백 일에서 1000일에 이르는 폐에서의 긴 잔류기간 동안 폐가 피폭을 받아 폐암을 일으킨다. 더욱 심각한 것은 플루토늄을 극미량 흡입하여도 위험하다는 점이다.

원자로급 플루토늄(즉 극히 보통의 플루토늄)의 흡입 독성은 매우 높아서 1억분의 2.8그램이라는 눈에 보이지도 않을 정도의 양이 섭취한도이다. 더구나 이 섭취한도라는 것은 직업적 피폭자의 제한치 50밀리시벨트에 대응하는 것으로, 일반대중의 피폭선량은 그 50분의 1에 제한되고 있으므로 이에 기준하여 대중의 연간섭취한도를 생각하면 원자로급 플루토늄에서는 100억분의 5.6그램이므로 1그램은 무려 18억 명의 섭취한도가 된다.

본론에서는 세 가지 점이 흥미롭다. 먼저 액티브 테크놀로지와 패시브 테크놀로지의 서로 다른 지향성이다. 패시브 테크놀로지는 "되도록 자연 전체를 있는 그대로 말하자면 수동적으로 받아들여서 지구와 사이좋게 유순하게 살아간다는 공생적인 생각"이고, "환경문제도 기술의 힘으로 해결"한다는 것이 액티브 테크놀로지의 생각이다. 과학기술을 둘러싼 수동성과 능동성의 대비는 비단 핵문제에 국한된 것은 아니다. 생명공학 같은 영역에도 이런 시각이 적용 가능하다.

2041년 핵개발 인력이 노령화 추세에 있다는 설정도 눈길을 끈다. 50대와 60대가 핵개발의 주력군이다. "일전에 플루토피아를 안내받았을 적에 노인이나 장년의 사람들만 일하고 있고 젊은이가 적다고 느꼈었다. 아마도 그 연배의 사람들이 폐기물 처분이라는 세대책임을 지게 되어 원자력의 직무를 계속하지 않을 수 없게

되고, 젊은 세대의 사람들은 직업적으로도 원자력에서 멀어지기 시작했다는 의미일 것이다."

미래의 핵개발 관계자들은 핵폐기물을 처리하는 몇 가지 방안 가운데 태양을 향해 쏘아 올리는 방법을 채택하는데, 태평양의 무인도에 고준위핵폐기물 발사 기지를 만든다. 여기에는 나름의 사연이 있다. "사실은 어느 '무인도'란 1950년대의 핵실험 후에 오염이 심해져서 주민들이 강제로 퇴거당한 산호초입니다." 태평양상의 미국, 영국, 프랑스의 자국령 섬들은 이들 나라의 핵실험 장소로 애용되었다. 프랑스는 무루로아 환초와 팡가타우파 환초에서 1960년대부터 30년 동안 무려 193회의 핵실험을 강행했다.

『지금 자연을 어떻게 볼 것인가』(녹색평론사, 2006)는 "자연관의 문제를 근원으로 돌아가서 재검토하는 작업"이다. 이 책의 앞부분에서 다카기 진자부로는 서유럽 자연관의 형성과정을 훑어본다. 다카기는 제우스와 프로메테우스의 대립을 자연적 문화와 테크놀로지 문화의 대립으로 치환하여 둘에게 고정된 이미지를 뒤집는다. 아이스킬로스와 플라톤에 의해 프로메테우스가 부각된 이후 서양사회는 고난을 무릅쓰고 인간에게 불과 지혜를 건넨 프로메테우스는 영웅으로, 이를 징벌한 제우스는 악으로 여겨왔다.

그러나 신화 이야기꾼이자 신화시대와 결별한 최초의 사상가인 헤시오도스는 생각이 달랐다. 헤시오도스는 『노동과 나날』에서 황금의 나날로부터 인간을 노동하고 죽어야 하는 존재로 내몰았다는 이유로 프로메테우스를 성토하는 듯하다는 것이다. 아울러 다카기는 프로메테우스가 불과 기술을 훔쳤다는 점에 주목한다. "불과 기술로써 인간이 자연에 작용할 때에는, 비록 그것이 인간의 생존을 위한 것이라 할지라도 어딘가 사악하고 또 자연에 상처를 입히지 않을 수 없다는 체험적 인식이 이미 신화에 반영되었다고 밖에는 생각할 수 없다."

아인슈타인의 상대성이론은 상대주의와 무관하다는 설명에서 다카기는 빛나는 통찰력을 발휘한다. "상대성이라는 사고방식의 사상적 핵심은, 단순히 두 운동의 상대성 같은 것이 아니다. 외관상으로 보이는 다양성 뒤에는, 사실은 불변의 단일한 법칙에 의해서 표현되는 물체나 운동의 본질이 숨어있다는 사상이 상대성이다. 따라서, 운동을 '상대화한다'는 것은, 그러한 외관상의 다양성을 쓸어버리고 불변성(보편성)을 탐색하는 것을 의미하고 있다." 상대성이론은 관점의 상대성이나 시공의 상대성을 쉽게 연상시킨다. '진리의 상대성'을 뒷받침한다는 오해를 곧잘 사기도 한다. 하지만 "아인슈타인의 사상은 단호한 절대주의이며, 진리에 대한 유일성의 주장이다."

다카기가 바라본 생태주의의 현주소는 그리 바람직하지만은 않다. "생태주의는 오늘날 확실히 도시문명에 식상한 사람들의 취미로 존재하는 것은 아닐 것이다." 그렇다고 생태주의가 언제나 어깨에 힘을 주고 떡 버티고 선 듯한 '전투적 생태주의'여도 곤란하다. "그것은 오히려 본질적으로 더 자유롭고 더 자연스러운 정신과 신체의 존재양식의 지평일 것이다."

생태주의와 자연주의의 대비도 이채롭다. "에콜로지'가 반공해나 반원자력발전소 등의 운동에서 생겨나 그 나름대로 운동적이고 정치적인 메시지를 가지고 있는 데 대해서, 자연주의는 좀더 규범적인 의미에서의 삶의 방법, 사회의 존재양식의 원리를 제시하려는 것이라고 할 수 있다."

아무튼 "에콜로지적 관점의 도입이라든가 자연관의 전환이라든가 하는 말의 핵심은, 인간이성이 자연계에서 우위라는 근대적인 사고를 전환하는 일이다." 또한 생태적으로 지구를 파악한다는 것은, 인간의 위치에 관하여 부정적 인식을 포함하는 것이 새로운 의미를 지닌다는 것에 다름 아니다. 다카기는 배리 코모너를 인용하여 이를 다음과 같이 함축한다. "자연이 가장 잘 알고 있다."

이러한 관점으로 다카기는 로마클럽 보고서의 한계를 지적하고 신과학에 대해 비판적 시각을 보인다. 1970년 로마클럽이 내놓은 보고서 『인류의 위기』(『성장의 한계』로도 불리는)는 환경오염의 위기와 고도성장 경제의 한계를 지적하여 세계적인 화제가 되었다. 다카기는 『성장의 한계』가 개발만능주의에 대한 경고와 반성을 담았지만, 그 바탕에는 인간중심주의가 흐른다고 지적한다. "더 교묘하게 자연을 이용하기 위해서는 조화가 필요하다"는 사고에 근거하여 "산업생산성이 환경위기 때문에 하강한 데 대한 산업계의 위기의식을 강하게 반영하고 있다"는 것이다.

다카기는 『성장의 한계』가 '우주선 지구호'라는 발상과 맞물리는 것으로 본다. "이러한 발상에는 출구가 없다. 우리의 삶이나 행동을 주체적으로 자리매김해 주는 그러한 우주론도 없다." 이러한 발상으론 "자연에 순종함으로써 자기를 결박한다"는 자연적 규범에 대한 순종만 남을 뿐이다. "선의의 에콜로지운동 가운데 어떤 것이 계율주의라고 할 수 있을 만큼 도덕주의에 빠져있어서 아무래도 좀 불편한 감이 드는 것은 그 때문이다."

다카기에게 신과학은 20세기 물리학이 했던 자연 파악의 연장선상에 있다. 신과학의 결정적 한계는 관념성이다. "뉴사이언스는, 말할 것도 없이, 현재 하루하루를 살면서 생활하는 사람들의 손의 실천과는 멀리 떨어진 곳에서밖에는 자연을 보지 못한다." 대도시에서도 자연에 접하여 생활을 바꿀 수 있는 가능성을 다카기는 두 가지로 제시한다. "하나는, 우리 자신이 스스로 자연스러운 생물로서 자연성에 솔직하게 순종하는 것이다."

다른 하나는, 사회 전체가 "생태계의 살아있는 순환 속에 자리매김되는 것이다." 다카기는 '제2의 측면'을 중요시한다. "사회 전체가 유기성을 갖는 시스템으로 작용할 때, 한사람 한사람이 숲에서 생활하지 않더라도 우리는 충분히 자연의 리듬을 느끼면서, 자연의 흐름 속에서 숨쉬고, 자연과 서로 주고받으면서 살아가고 있다는 것을 느낄 수 있을 것이다."

원자력의 역사를 총괄한 『원자력 신화로부터의 해방』(녹색평론사, 2001)은 "원자력문명에서 전환할 것을 뚜렷이 주장하는 입장에서 씌어졌다." 다카기는 원자력 발전의 근본문제를 짚은 다음, 원자력은 무한한 에너지원이고, 석유위기를 극복하고, 평화적이고 안전하며, 값싸고 지역발전에 기여하며 깨끗한데다가 재생가능하다는 신화를 조목조목 반박한다.

원자력 추진의 핵심 신화였던 안전신화를 보자. 이제는 일본정부조차 원자력의 안전성에 의문을 표시할 정도도. 1999년 9월 30일 발생한 토카이무라의 JOC 우라늄 가공공장의 임계사고 조사위원회의 최종보고서에는 이런 구절이 있다. "이른바 원자력의 '안전신화'나 관념적인 '절대안전'이라는 말은 이제 폐기되지 않으면 안 된다."

다카기는 일련의 사고 때문에 "건물이나 기계설비가 안전하게 설계되었는가 하는 기본적인 설계심사만 가지고 안전확보의 기본틀"을 짰던 원자력의 안전신화가 여지없이 허물어졌다고 지적한다. 그는 "원자력 사고는 반드시 일어난다, 일어날 수 있다는 것을 전제로 하면서" 피해를 최소화하는 대책을 마련해야 한다고 강조한다.

다카기는 『시민과학자로 살다』에서 자신에게 영향을 미친 인물의 한 사람으로 마리 퀴리의 이름을 여러 번 거론한다. 『청소년을 위한 마리 퀴리 생각 따라잡기マリ-キュリ-が考えたこと』(파라북스, 2005)는 마리 퀴리의 간추린 생애와 가상대담으로 이뤄져 있다. 첫 대목은 우리에게도 친숙한 폴란드 소녀의 눈물에 얽힌 이야기다.

가상대담의 한 토막을 들어본다.

다카기 연구생활을 하는 동안 과학이 악보다 더 많은 선을 이끌어낼지에 대해 점점 자신을 잃게 되었습니다.

마리 퀴리 특히 요즘의 과학자나 기술자들은 자신의 전문분야를 발전시키는 데에만 열중할 뿐 사회적 책임은 전혀 고려하지 않는 것 같더군요. 게다가 어딘지 모르게 인간적인 매력도 부족해 보이구요.

다카기 진자부로의 책

플루토늄의 미래 – 2041년의 메시지 박은희 옮김, 따님, 1996.
시민과학자로 살다 김원식 옮김, 녹색평론사, 2000.
원자력 신화로부터의 해방 김원식 옮김, 녹색평론사, 2001.
청소년을 위한 마리 퀴리 생각 따라잡기 강현옥 옮김, 파라북스, 2005.
지금 자연을 어떻게 볼 것인가 김원식 옮김, 녹색평론사, 2006.

달라이 라마, 텐진 가초
Dalai-Lama, Tenzin Gyatso
1935–

지혜의 큰 바다로 우리를 이끄는 살아 있는 부처

20여 권에 이르는 제14대 달라이 라마, 텐진 가초의 관련도서는 다양한 형식에도 불구하고 하나의 뚜렷한 특징을 보여준다. 책들은 '지혜의 큰 스승'과 연관돼 있다는 사실을 표지에서부터 확연히 드러내고 있는데 텐진 가초 관련도서는 대부분 제목이 '달라이 라마'로 시작한다. '달라이'는 몽골어로 '큰 바다'를 뜻하고, '라마'는 티베트어로 '스승'을 가리킨다. 정교일치 사회인 티베트에서 달라이 라마는 종교 지도자일 뿐만 아니라 정치 지도자이기도 하다.

달라이 라마 관련서는 형식에 따라 크게 세 가지로

나눌 수 있다. 대담집과 강연록, 그리고 잠언집이 그것이다. 그런데 달라이 라마 관련서는 하위분류 내에서도 독특한 특징이 나타난다. 특히, 인터뷰가 바탕이 된 책들은 형식이 자유로운데다 인터뷰어의 개성이 발산된 까닭에 인터뷰어의 단독저서라는 성격이 짙다. 실제로도 이런 책들은 저자가 인터뷰어로 되어 있거나 달라이 라마와 인터뷰어의 공동저서를 표방한다.

엄밀히 말하면, 게일런 로웰의 『달라이 라마 나의 티베트』(시공사, 2000)는 대담집이 아니다. 그래도 이 책을 맨 먼저 언급하는 것은 두 가지 이유에서다. 하나는 책의 기획자이면서 사진작가인 로웰이 쓴 서문이 달라이 라마의 생애와 사상을 잘 함축했다는 점이다. 다른 하나는 로웰의 사진과 달라이 라마의 에세이를 아우른 구성이 마치 두 사람이 대화를 나누는 듯한 분위기를 자아내서다. 로웰이 찍은 티베트의 풍물과 경치는 참 볼만하다. 무엇보다 달라이 라마를 비롯한 티베트 사람들의 순수한 인간미를 생생하게 전달하고 있다.

로웰이 간추린 달라이 라마의 생애에 따르면, 그는 1935년 7월 6일 티베트 암도 지역에 있는 탁스터 마을의 농가에서 태어났다. 그는 "다른 애들에 비해 좀 덩치가 크고, 명민하고, 호기심이 많은 것을 빼놓으면 아주 평범한 아이였다." 그런 그에게 그의 부모는 라모 돈드루프라는 이름을 지어준다. 라모 돈드루프가 두 살 되던 해, 40명으로 이뤄진 탐색팀이 돈드루프의 집에서 마차로 하루거리에 있는 쿰붐 수도원에 도착한다. 이들은 달라이 라마의 화신을 찾기 위해 전국으로 파견된 3개의 탐색팀 가운데 하나였다. 4년 전, 그러니까 돈드루프가 태어나기 2년 전에 제13대 달라이 라마가 입적했는데 그가 암도에서 환생할 것임을 예고하는 여러 가지 조짐이 있었다. 이윽고 탁스터 마을에 아주 특별한 아이가 있다는 소식을 접한 탐색팀은 돈드루프에게서 첸레지의 화신이 갖고 있는 여덟 가지의 상호相好를 확인한다. 또 돈드루프는 탐색팀이 제시한 물건들에서 입적한 달라이 라마의 유품을 모두 찾아낸다.

"이렇게 하여 라모 돈드루프는 텐진 가초로 개명되었고 제14대 달라이 라마로 인정되었다." 네 살 때 티베트의 수도 라사로 거처를 옮긴 텐진 가초는 아주 침착하고 위엄 있는 태도로 사람들을 대한다. 하지만 나이를 속일 수는 없었다. 가초는 호기심 많은 어린 아이였다. 가초의 소년기에서 가장 흥미로운 대목은 그가 기계에 관심이 많았다는 점이다. 그는 러시아 황제의 선물인 값비싼 스위스 시계나 음악상자 같은 것을 분해했다가는 완벽하게 조립하곤 했다.

1950년 중국이 티베트를 침공하자 달라이 라마는 히말라야 산맥을 넘어 인도로 피신한다. 몇 달 뒤 티베트의 종교적 자유와 내치를 완전하게 보장하겠다는 중국의 제안을 받아들여 다시 티베트로 돌아온다. 그러나 1959년 3월 10일 발발한 티베트의 대봉기를 중국이 강경진압하자 달라이 라마는 기나긴 망명길에 오른다. 이후 반세기 가까이 달라이 라마는 히말라야 산맥 기슭의 인도 땅 다람살라에 거주하며 독립투쟁을 펼치고 있다.

그의 투쟁 방식은 철저히 비폭력적이다. 더구나 많은 티베트 사람들이 완전한 독립을 요구하는 데 비해 달라이 라마의 요구사항은 훨씬 온건하다. 외교는 중국 정부가 담당하되 내치는 전적으로 티베트인에게 맡겨 달라는 것이다. 하지만 중국 정부는 이것마저 거부하며, 협상조차 배격하고 있다. 1989년 달라이 라마는 노벨 평화상 수상자로 선정된다. 달라이 라마의 노벨상 수상과 왕성한 활동의 저변에는 중국을 견제하려는 미국의 측면 지원이 있다는 관측도 없지 않으나, 달라이 라마가 받은 노벨상에는 전 세계 피압박 민족의 독립과 자유를 향한 염원이 담겨 있다.

로웰이 인용한 달라이 라마의 자비관에는 달라이 라마 사상의 정수가 녹아 있다. "나의 적은 나의 좋은 친구이며 스승입니다. 왜냐하면 나에게 역경으로부터 배울 기회를 주기 때문이지요. 마음 편한 친구와 함께 있으면 배울 기회가 없습니다. 적들로부터 배울 기회가 훨씬 많아요!"

세 권으로 된 김용옥의 『달라이 라마와 도올의 만남』(통나무, 2002)은 셋째 권에 도올과 달라이 라마의 대담이 실려 있다. 달라이 라마의 입을 빌린 도올의 우회적 자화자찬이 간혹 눈살을 찌푸리게 하지만, 한국인이 직접 달라이 라마와 대거리했다는 현재적 의의는 높은 평가를 받아 마땅하다.

사실, 이 책을 제외한 달라이 라마 관련서는 오리엔탈리즘의 혐의가 없지 않다. 우리의 관점이 아니라 미국인과 영국인, 그리고 프랑스인의 눈으로 본 달라이 라마 해석을 수입한 것이기 때문이다. 그런데 우리가 달라이 라마에게 접근한 순서가 한국인의 히말라야 등정기와 유사한 것 같다. 서구 선진국들의 뒤를 밟았으니 말이다. 어쨌든 여러모로 달라이 라마는 히말라야 산맥의 높디높은 봉우리 같은 존재다.

『달라이 라마의 행복론』(김영사, 2001)은 달라이 라마 관련서 가운데 가장 대중적인 책이다. 미국의 정신과 의사 하워드 커틀러가 달라이 라마와의 인터뷰를 기초로 지은 이 책은 달라이 라마 행복론 해설서라고 할 수 있다. 커틀러의 감상과 분석이 책을 이끌고 나아가지만 책의 핵심은 역시 달라이 라마의 언명이다. 행복과 쾌락의 분별이 의미심장하다. 사람들이 이따금 "행복을 쾌락과 혼동"한다고 보는 달라이 라마는, 성적인 행동을 하는 순간에 가장 행복하므로 섹스를 통해 행복해질 수 있다는 인도의 어떤 영적인 스승의 가르침을 이렇게 빗댄다.

"진정한 행복은 마음과 가슴에 더 깊은 관계가 있습니다. 육체적인 쾌락에 의존하는 행복은 불안정합니다. 어느 날엔 그 곳에 있지만, 그 다음 날엔 없어질 수 있는 행복입니다." 그러고 보니, 달라이 라마 행복론이 국내 독자에게 호응을 얻는 것은 우리 사회의 물질적 풍요와 그로 인한 쇄말적 쾌락주의의 반작용이 아닐까 한다. 한두 세대 전, 인기를 끈 러셀과 알랭의 다분히 이성理性적인 행복론이 달라이 라마의 감성적인 행복론으로 대체된 것도 경제적 측면과 함수관계가 있지 않을까?

『달라이 라마와의 대화』(예류, 2000)는 1990년대 초반 있은 네 번째 '마음과 삶' 모임의 기록이다. '마음과 삶'은 달라이 라마가 세계적인 학자들과 종교, 철학, 과학, 환경을 주제로 2년에 한 번씩 의견을 주고받는 모임이다. '인간 의식'을 주제로 한 네 번째 모임에서는 뇌와 수면 사이의 관계, 꿈과 무의식, 임사체험과 죽음 등의 문제에 대해 토론하면서 티베트 불교와 현대과학의 접점을 모색했다. 프랑스의 생물학자 프란시스코 바렐라가 토론회의 전 과정을 기록했다.

역시 프랑스 사람인 장 끌로드 까리에르가 엮은 『달라이 라마 지구의 희망을 말하다』(롱셀러, 2000)는 대담집의 형식이 가장 두드러진 책이다. 정치, 경제, 사회, 문화에 걸친 다방면의 주제가 다뤄지는데, 다음은 티베트의 정교일치에 관한 질문의 답변이다. "권력의 개념 자체가 아주 다르지요. 달라이 라마라는 칭호나 제도 자체는 언제 사라질지 모른답니다. 지구상의 사람의 의사와는 별개로 어떤 힘에 의해 영원을 기약하며 세워진 게 아니에요. 불교와 민주주의 사이에 모순은 없답니다."

『달라이 라마의 마음공부』(해냄, 2002)는 강연글 모음으로 1999년 8월 미국 뉴욕을 방문해 행한 법어를 엮었다. 첫머리에 놓인 뉴욕 센트럴 파크 강연에는 20만 명의 청중이 모였다. 이 강연을 통해 달라이 라마는 우리 모두가 똑같다는 사실을 거듭 강조했다. "여러분 가운데, 달라이 라마는 어딘지 우리와 다르다고 생각하는 분이 계실지도 모르겠네요. 그건 아주 잘못 생각하시는 겁니다. 나는 여러분과 똑같은 사람입니다. 우리 모두 똑같은 잠재 능력을 지니고 있습니다."

그렇다고 달라이 라마가 무원칙한 합일이나 통합까지 긍정하는 것은 아니다. 외려 그는 일치를 위한 확연한 갈라섬을 선호하는 편이다. 이런 측면은 1994년 9월 영국 런던에서 열린 존 메인 세미나에서 행한 강연을 묶은 『달라이 라마 예수를 말하다』(나무심는사람, 1999)에 잘 나타나 있다.

달라이 라마는 불교와 기독교는 근본이 같지만 단지 서로 다른 언어로 표현돼 있을 뿐이라는 견해에 대해 부드럽지만 단호하게 반대한다. 자비와 형제애, 그리고 용서를 강조한다는 점에서 두 종교가 닮았다는 점은 인정하나 창조주와 구세주를 받들지 않는 불교는 기독교와 뚜렷한 차이가 있다는 것이다. 따라서 '불교도이자 그리스도교인'이라 자처하는 것은 '양의 몸에 야크의 머리를 올려놓으려는 것'이나 다름없다고 말한다. 이와 관련해 달라이 라마는 종교인들에게 이런 당부를 한다.

당신이 그리스도교인이라면 그리스도교를 통해서 영적인 성장을 이루는 것이 좋습니다. 훌륭하고 진정한 그리스도교인이 되는 것이 좋습니다. 만일 당신이 불교 신자라면 순수한 불교 신자가 되십시오. 제발 반씩 섞어서 믿지는 마십시오!(웃음) 그러면 단지 마음만 혼란스러울 뿐입니다.

영국 런던의 바비칸 센터와 맨체스터 자유무역센터에서의 강연을 담은 『달라이 라마 삶의 네 가지 진리』(숨, 2000)는 불교의 근본 가르침인 사성제에 대한 설명과 불교를 일상생활에 적용하는 문제를 주된 내용으로 한다. 베르나르 보두엥이 엮은 『달라이 라마』(이레, 2002)는 달라이 라마의 명구를 수록한 일종의 잠언집이다. 존재, 사랑과 행복, 마음, 인간애, 영적 생활, 명상, 비폭력, 깨달음, 죽음과 환생 등으로 주제를 나눠 달라이 라마의 말씀을 싣고 있는데, 앞서 인용한 적에 대한 성찰은 이 책에서 약간 변형된 형태로 제시된다.

누가 당신에게 관용을 가르치는가? 당신의 아이들은 당신에게 인내심을 가르칠 수 있으나, 관용은 오직 당신의 적만이 가르쳐준다. 적은 당신의 스승과 같다. 당신의 적에 대해 분노를 느끼는 대신 그를 존경한다면 당신의 자비심은 커진다. 이 같은 자비심이야말로 진정한 자비심이며, 그것의 토대는 건전한 믿음이다.

『마음을 비우면 세상이 보인다』(문이당, 2000)는 일일 묵상집의 형태를 취한다. 날마다 마음에 새겨야 할 가르침 365가지를 싣고 있다. 다음은 1월 29일의 말씀이다. "폭력을 쓰면 원하는 것을 얻게 될지 모르지만, 그것은 다른 사람의 안위를 해치고 얻는 만족이다. 한 가지 문제는 해결될지라도, 그로써 새로운 문제의 씨앗이 뿌려지는 것이다. 문제 해결의 최선책은 인간적인 이해와 상호 존중을 통한 방식이다."

『달라이 라마의 아주 특별한 선물』(청아출판사, 2002)에는 달라이 라마가 각기 처한 상황이 다른 이들에게 주는 조언이 담겨 있다. 달라이 라마가 조언을 하는 대상은 젊은이부터 노인, 가난한 사람, 장애인, 동성애자, 정치인, 농부, 종교인, 비종교인, 행복한 사람, 불행한 사람, 그리고 무관심한 사람에 이르기까지 제한이 없다. 세상의 모든 사람들에게 드리는 달라이 라마의 당부를 허투루 봐 넘길 일만은 아니다.

다른 사람을 진실로 걱정해주십시오. 우리 친구를 걱정해주듯이 우리 적을 걱정해주십시오. 이때서야 진정한 사랑이 시작될 수 있습니다.

달라이 라마, 텐진 가초의 책

우리에게는 사랑이 필요하다─ 행복한 사람 달라이 라마의 인생 수업 라지브 메흐로트라 엮음, 진현종 옮김, 랜덤하우스코리아, 2009.
리더스 웨이─ 세계는 지금 새로운 리더를 요구한다 라우렌스 판 덴 마위젠베르흐 공저, 김승욱 옮김, 문학동네, 2009.

손 안에 있는 해탈과 중관의 열쇠 띠장림포체 공저, 도향 옮김, 하늘북, 2008.

티베트의 자유를 위하여 이윤숙 옮김, 미지의코드, 2008.

자비의 힘– 달라이 라마 강연록 김석희 옮김, 열린책들, 2008.

과학과 불교– 한 원자 속의 우주 삼묵·이해심 옮김, 하늘북, 2007.

달라이 라마의 하루하루를 행복하게 하는 명상법 김현남 옮김, 하늘북, 2007.

마음이란 무엇인가– 현대 신경과학과 동양 불교사상의 만남 대니얼 골먼·존 카밧진 공저, 김선희 옮김, 씨앗을뿌리는사람, 2006.

달라이 라마 하버드대 강의 주민황 옮김, 작가정신, 2006.

나를 위해 용서하라 도솔 옮김, 미토스, 2005.

달라이 라마님 화날 때 어떻게 하세요? 김석희 옮김, 열린책들, 2005.

달라이 라마의 깨달음에 이르는 길– 입보리행론 법문 하얀연꽃, 2005.

마음– 세상을 품은 마음에서 사랑이 피어난다 제프리 홉킨스 엮음, 나혜목 옮김, 큰나무, 2004.

용서 빅터 챈 공저, 류시화 옮김, 오래된미래, 2004.

달라이 라마, 삶을 이야기하다 제프리 홉킨스 엮음, 진현종 옮김, 북로드, 2004.

달라이 라마, 죽음을 이야기하다 제프리 홉킨스 엮음, 이종복 옮김, 북로드, 2004.

행복 손민규 옮김, 문이당, 2004.

달라이 라마의 365일 명상 강주헌 옮김, 청아출판사, 2004.

달라이 라마의 수행의 단계 이종복 옮김, 들녘, 2003.

달라이 라마의 행복에 이르는 길 김은정 옮김, 경성라인, 2003.

평화롭게 살다 평화롭게 떠나는 기쁨 주민황 옮김, 넥서스, 2003.

달라이 라마 자서전– 유배된 자유를 넘어서 심재룡 옮김, 정신세계사, 2003.

달라이 라마의 관용(개정판) 이거룡 옮김, 아테네, 2010.

달라이 라마의 관용 이거룡 옮김, 아테네, 2003.

달라이 라마의 반야심경 주민황 옮김, 무수, 2003.

달라이 라마의 마음공부(개정판) 니콜라스 브릴랜드 엮음, 이현주 옮김, 해냄, 2007.

달라이 라마의 마음공부 니콜라스 브릴랜드 엮음, 이현주 옮김, 해냄, 2002.

달라이 라마 베르나르 보두엥 엮음, 백선희 옮김, 이레, 2002.

달라이 라마의 아주 특별한 선물 강주헌 옮김, 청아출판사, 2002.

마음을 바꾸면 인생이 변한다 공경희 옮김, 문이당, 2002.

마음을 비우면 세상이 보인다 (개정판) 공경희 옮김, 문이당, 2010.

마음을 비우면 세상이 보인다 공경희 옮김, 문이당, 2002.(초판 2000)

오른손이 하는 일을 왼손이 모르게 하라 도솔 옮김, 나무심는사람, 2002.

달라이 라마, 자유로의 길 강도은 옮김, 이론과실천, 2002.

그대 스스로 변화를 시작하라 이거룡 옮김, 아테네, 2001.

달라이 라마 삶의 네 가지 진리 주민황 옮김, 숨, 2000.

달라이 라마와의 대화

달라이 라마, 과학과 만나다– 뇌과학과 불교의 질문과 대답 자라 호우쉬만드 외 엮음, 남영호 옮김, 알음, 2007.

황필호, 달라이 라마를 만나다 황필호 지음, 운주사, 2006.

평화– 루이제 린저와 달라이 라마의 아름다운 만남 루이제 린저 지음, 김희상 옮김, 황금물고기, 2005.

더 오래된 과학 마음– 달라이 라마와 하버드 교수들의 대화 허버트 벤슨 외 지음, 조원희 옮김, 여시아문, 2003.

달라이라마와 도올의 만남(1–3) 김용옥 지음, 통나무, 2002.

달라이 라마의 행복론 하워드 커틀러 지음, 류시화 옮김, 김영사, 2001.

명상으로 얻은 깨달음– 위대한 영적 스승 달라이 라마와의 4일간의 대화 지창영 옮김, 가림출판사, 2001.

달라이 라마와의 대화 프란시스코 바렐라 기록, 이강혁 옮김, 예류, 2000.

달라이 라마 지구의 희망을 말하다 장 끌로드 까리에르 엮음, 오정숙 옮김, 롱셀러, 2000.

당신의 적이 당신의 스승입니다 김충현·김선정 옮김, 장승, 1994.

달라이 라마에 관한 책

달라이 라마 지혜를 말한다– 행복을 이끄는 지혜의 모든 것 신남선 엮음, 휘닉스Dream, 2011.

지혜의 모든 것– 행복이 들어올 수 있도록 마음의 문을 열어라 신남선 엮음, 스타북스, 2009.

달라이라마, 마음이 뇌에게 묻다 샤론 베글리 지음, 이성동·김종욱 옮김, 북섬, 2008.

달라이 라마 평전 클로드 B. 르방송 지음, 박웅희 옮김, 바움, 2008.

티베트 이야기– 달라이 라마가 들려주는 토머스 레어드 지음, 황정연 옮김, 웅진지식하우스, 2008.

부모를 위한 달라이 라마 자녀교육법 슈테판 리스·안네 베르벨 퀼레 공저, 박규호 옮김, 현문미디어, 2008.

달라이 라마– 티베트의 영원한 지도자 김병규 글, 김형준 그림, 주니어랜덤, 2007.

티베트– 달라이 라마의 나라 이시하마 유미코 편저, 김한웅 옮김, 이산, 2007.

달라이 라마 내 아이 노벨상 수상자로 키우기 드림아이 지음, 황송문 감수, 현문미디어, 2007.

달라이 라마– 21세기를 움직이는 사람들 이윤정 편저, 김&정, 2007.

달라이 라마– 54명이 들려주는 위대한 영혼과의 만남 데브라 하트 스트로버·제럴드 S.스트로버 공저, 황정연 옮김, 즐거운텍스트, 2006.

달라이 라마– 선생님도 놀란 인물뒤집기 휘트니 스튜어트 지음, 김인숙 옮김, 성우주니어, 2006.

달라이 라마와 함께 지낸 20년 청전 지음, 지영사, 2006.

달라이라마와 함께하는 수미산 기행– 달라이라마 방한 기원 귀산스님 기행집 귀산스님 지음, 효림, 2006.

달라이 라마– 비폭력 평화의 스승 라지브 메흐로트라 엮음, 손민규 옮김, 문이당, 2006.

달라이라마 평전– 그 정치적 미스터리와 영적 카리스마의 비밀 질 반 그라스도르프 저 지음, 백선희 옮김, 아침이슬, 2005.

달라이 라마의 공감 펠리치타스 폰 쇤보른 지음, 김희상 옮김, 작가정신, 2005.

티베트 체험과 달라이라마 친견 무일 우학스님 지음, 좋은인연, 2005.

달라이 라마의 자비명상법 라마 예세 툽텐 해설, 박윤정 옮김, 정신세계사, 2005.

30분에 읽는 달라이 라마 제네비에브 블레이스 지음, 강주헌 옮김, 랜덤하우스중앙, 2004.

달라이 라마 티베트에서 온 성자 김영만·조은숙 지음, 꿈동산, 2003.

달라이 라마 평화를 꿈꾸는 티베트의 지도자 제바 카방·클로드 카생 지음,

안정미 옮김, 대교출판, 2002.

달라이 라마의 밀교란 무엇인가 석설오 편역, 효림, 2002.

쿤둔 메리 크레이그 지음, 김충현 옮김, 2001.

달라이 라마 나의 티베트 게일런 로웰 지음, 이종인 옮김, 시공사, 2000.

달라이 라마 이야기 젯슨 퍼마 지음, 김은정 옮김, 자작, 2000.

나의 아들 달라이 라마 캐둡 된돕 편, 주민황 옮김, 한언, 2000.

티베트의 성자와 보낸 3일 제프리 홉킨스 편, 솔출판사, 2000.

아, 달라이 라마 지혜의 큰 바다 달라이 라마 외 지음, 강옥구 옮김, 동쪽나라, 1999.

하바드의 달라이 라마 제프리 홉킨스 지음, 김충현 옮김, 새터, 1994.

대니얼 고틀립
Daniel Gottlieb
1946-

외손자에게 보내는
어느 심리학자의 편지

이미 널리 알려진 책에 대한 리뷰는 부담이 따른다. 내 험한 붓질이 그 책 애독자의 심기를 거스를 수 있기에. 하지만 좋은 말만 늘어놓는 것은 오히려 예의가 아니라고 생각한다. 인간성뿐만 아니라 책에도 "다양한 (측) 면이 공존"하거니와 흠잡을 데 없는 책은 없어서다. 그렇다고 억지로 흠을 잡아선 곤란하다.

심리학자 대니얼 고틀립의 『샘에게 보내는 편지』는 할아버지가 외손자에게 보내는 편지글 형식이다. 서른 셋에 교통사고를 당한 할아버지는 전신마비 상태로 수십 년을 살아왔다. 그의 외손자 샘은 '전반적 발달장애 PDD' 진단을 받았다.

발신자와 수신자의 몸 상태만 보면, 편지글은 신파 조로 흐를 경향이 짙어 보인다. 그러나 손자에게 주는 가르침이 담긴 외할아버지가 미리 쓴 편지 32통에서 '찌질거림' 같은 건 찾아보기 어렵다. 나는 "자립적이고 강인해 보이는 사람들"에게선 거북함을 느낀다. 그들의 잘남을 시샘하는 건 아니다. 사람은 누구도 그리

자립적이지 못하며 강인하지 않아서다.

"샘, 내가 삶을 평화롭게 받아들이는 건 그래서이다. 내게 맡겨진 세상의 일부를 보살피고 있기 때문이지. 더 크게, 더 좋게 만들려 하지도 않고, 바꾸려 하지도 않고 말이다. 나는 돌보고 있을 따름이다. 이렇게 네게 이야기를 들려주는 것도 내게 맡겨진 삼 밀리미터를 돌보는 일 중의 하나이다."

내가 맨 처음 줄을 그은 대목은 공감보다는 의심의 눈초리가 앞선다. 인용문을 대하는 나의 회의적 시각은 일찍이 다음과 같은 명제에 경도된 탓이 크다. "철학자들은 여러 가지로 세계를 설명하였을 따름이다. 그러나 문제는 세계를 변혁하는데 있다." (마르크스, '포이어바흐에 관한 테제' 열한 번째)

연약함을 성찰하는 대목에 이르러 나는 비로소 안도한다. "우리의 연약함은 마음을 열어주는 열쇠가 될 수 있다. 자신의 마음뿐만 아니라 타인의 마음도 열어준다. 내가 누군가를 진심으로 걱정하고 슬퍼할 때, 또 누군가 나를 진심으로 걱정하고 슬퍼해줄 때, 가장 깊은 곳에서 우리의 마음이 열리고 변화하는 것이다."

이어지는 부끄러움에 대한 성찰은 신뢰감을 더욱 다진다. "부끄러움은 살아가는 내내 다른 방식으로 계속 찾아올 것이다. 부끄러움을 느낄 때면, 너를 사랑하고 너를 있는 그대로 받아들이는 사람을 찾아가기 바란다. 그렇게 무방비 상태로 자신이 드러났을 때 맺어지는 친밀감 속에는 놀라운 기회가 숨어 있다. 네가 있는 그대로의 너 자신으로 사랑받을 수 있는 기회가!"

그렇지만 대니얼 고틀립이 이스라엘에서 만난 나사렛 출신 아랍계 기독교인의 주장을 일반화하는 것은 꽤 문제 있어 보인다. 마르완은 "팔레스타인의 지도자 아라파트가 죽은 후로 '평화의 향기'를 맡을 수 있게 되었다고 말했다." 그러면 '호전적인' 이스라엘 권력자들은 '평화의 사도'란 얘긴지?

하여 중동 문제를 둘러싼 대니얼 고틀립의 어정쩡한

마무리는 불가피하다. "유대인과 아랍인들은 평화롭고, 서로 사랑하고 사랑받기를 바라는 수백 년에 걸친 염원을 함께 갖고 있는 것이다." 또 그는 반유대 감정을 지닌 대학 기숙사 룸메이트한테 느꼈던 두려움을 술회하는데 1960년대 미국 사회의 반유대주의에 대해선 약간 미심쩍다.

대니얼 고틀립의 옅은 유대인 정체성이 손자를 걱정하는 할아버지의 진심을 훼손하진 않는다. "앞으로 더 많이 잃고, 더 많이 아플 거다. 네가 상실감으로 아플 때, 그 아픔을 잊게 해줄 대체물을 찾지 않기 바란다. 그 아픔도 모든 감정들처럼 그저 지나가는 것일 뿐이다. 아픔을 겪으면서, 역경에 대처하는 법을 알게 될 것이다."

"샘, 살면서 상처를 입는 순간이 있다. 지금도 일이 뜻하는 대로 되지 않을 땐 마음의 상처를 받곤 할 것이다. 그렇지만 네가 그 상처를 너 자신이나 타인의 탓으로 돌리지 않기 바란다. 이상하게 들릴지 모르겠지만, 네게 고통을 잊게 해주겠다거나 고통을 없애는 방법을 가르쳐주겠다는 사람이 있다면 귀 기울이지 말기 바란다. 고통을 없애려고 애를 쓰면 쓸수록 아무는 데 더 오랜 시간이 걸리는 법이니까."

『샘에게 보내는 편지』의 속편 격인 『마음에게 말걸기』는 전편보다 명징하다. "무언가를 바꾸려고 하지 않았다"와 "모든 것이 변한다" 사이를 오가거나 '판단 정지'의 장점을 강조하는 것이 다소 아쉽긴 하다. 그래도 대니얼 고틀립의 인생철학은 쏙쏙 들어온다.

먼저 내 분수를 지키자. 주제파악을 잘 하자. "혹시 내가 있어야 할 자리는 원래 2분단 마지막 줄이 아니었을까?' 사실 나와 마음이 맞는 친구들은 모두 그곳에 있었다. 나도 거기 있었다. 그런데 그 자리가 대체 뭐가 부끄럽단 말인가?" 맞다. "못난 놈들은 서로 얼굴만 봐도 흥겹다"(신경림, 「罷場」에서)

우리는 넘어지면서 배운다. 하지만 아이들을 몰아붙이면 "아이들은 오직 실패와 실수를 통해서만 얻을 수 있는 인생의 참된 교훈을 끝끝내 배울 수 없게 된다." 넘어지면서 배우며 대니얼 고틀립은 그의 "인간성 안에 다양한 면이 공존한다는 것을 알게 되었다."

중동의 화합을 위한 행사에서 성가대 지휘자의 인종차별주의적인 발언에 화가 난 대니얼 고틀립은 지역신문 칼럼에다 그 사건을 다룬다. 칼럼이 지면에 반영되자 대니얼 고틀립은 독자들로부터 많은 편지를 받는다. 죄다 부정적인 내용이었는데 한 랍비는 이렇게 말했다고 한다.

"당신이 말한 내용은 전부 옳습니다. 하지만 그 말을 했다는 점은 잘못입니다. 당신 또한 당신이 비판한 사람과 다를 바 없습니다. 당신은 이 지역 사회에 그의 이름을 나쁘게 퍼뜨렸으니까요." 공감하기 어려운 발언이지만 대니얼 고틀립은 랍비의 지적을 수긍한다. '좋은 게 좋다'는 식의 이건 좀 아닌 것 같다.

"내가 이것을 다른 이야기에도 썼던가?"(에필로그) 고교 시절의 스페인어 과목 학점, 유친有親한 부자父子 심리상담 의뢰인, 150쪽의 유대 격언과 관련된 내용은 전편에도 나온다. 하지만 속편에서 그 내용을 구체화하기에 동어반복으로 보기는 어렵다.

대니얼 고틀립은 '장애'가 "다른 사람들이 원치 않는 것을 가진 사람"이라 정의한다. 그리고 '저 잘났다 까부는' 인간들이 유념할 대목. "아주 친밀한 관계에서도 '의존성'은 무슨 저주의 말처럼 쓰인다. 우리 모두가 어쩔 수 없이 서로에게 의존하고 있다는 사실을 받아들이고 싶지 않은 우리는 이러한 신조어를 만들어내기도 했다. '상호 의존'이라고."

대니얼 고틀립의 '희망론'은 의미심장하다. "희망은 언제나 미래를 이야기한다. 하지만 희망이 언제나 좋은 것은 아니다. 희망은 미래에 어떤 일이 일어나 내 인생을 바꾸어 주리라는 기대 속에 나를 가두어버리기도 한다. 마찬가지로 희망 없음이 꼭 절망을 의미하는 것은 아니다. 희망 없음은 우리에게 지금 이 순간을 있는 그대로 바라보게 하며 다음과 같은 삶의 가장 어려운 질문에 대한 답을 알려준다.”

삶의 어려운 질문이란 바로 이런 거다. “나는 누구인가? 지금 어디 있는가? 인생의 의미는 무엇일까? 그리고 지금 나는 무엇을 해야 하는가?” 그러면 스스로 말하는 대니얼 고틀립의 정체는? “내 명함의 타이틀은 ‘심리학자’나 ‘가족문제치료전문가’가 아니다. 내 이름 밑에는 이 한 단어가 쓰여 있다. ‘사람’.”

아래는 “사람으로 산다는 것에 대한 의미를 다룬 책”에서 곱씹어볼 만한 ‘단편’이다.

“별생각 없이 우리는 자신의 경험에 비추어 아이를 끌어가려고 한다.”

“사랑이 언제나 예쁘고 포근하고 사랑스럽지만은 않다.”

“상처를 치유하는 것은 기술이 아니라 인간이다.”

“아이들이 먼저 요청하지 않는 한 절대 충고하지 말아야 한다. (이 법칙은 10대 청소년기에도 적용된다.)”

“개인적으로 내가 진정 원하는 것은 나 자신이 아무것도 원치 않게 되는 것이다.”

“인생이란 결코 좋고 나쁨, 쉽고 어려움의 이분법으로 나눌 수 없다는 것을 깨닫는다.”

“우리는 모두 각자의 인생을 살고 있다. 그리고 인생이란 말하는 사람 혼자 재밌고 듣는 사람은 지루한 농담이라는 사실이 밝혀졌다.”

대니얼 고틀립의 책

샘에게 보내는 편지 이문재·김명희 옮김, 문학동네, 2007.
마음에게 말걸기 노지양 옮김, 문학동네, 2009.

대니얼 네틀
Daniel Nettle

‘언어’와 ‘행복’ 사이

아무리 박식한 학자라도 ‘언어’와 ‘행복’이라는 두 주제에 대해 일가견이 있기는 쉽지 않다. 인류학자라면 그게 가능할지도 모른다. 영국의 인류학자 대니얼 네틀처럼 말이다. 네틀이 지은 책의 한국어판 두 권은 각기 ‘언어’와 ‘행복’을 다룬다.

“당신이 사용하는 언어가 바로 당신이다”

네틀이 언어학자 수잔 로메인과 함께 쓴 『사라져 가는 목소리들』은 세계의 언어와 문화들이 맞닥뜨린 위협을 학계와 독자들에게 알리는 것이 목적이다. 또한 무슨 이유로, 어떻게 언어가 사라져 가는지 이야기한다. 이 책의 중심 논제는 ‘생물언어적 다양성’이다. “생물언어적 다양성이란, 인간의 문화와 언어를 비롯하여 지구상의 모든 동식물종을 망라하는 풍부한 생명체들의 범위를 가리킨다.” 생물언어적 다양성이 가장 높은 지역은 토착민 거주 지역이다. 세계 인구의 4퍼센트를 차지하는 그 지역에선 적어도 세계 언어의 60퍼센트를 사용한다.

생물언어적 다양성은 다양한 생물종이 분포하는 지역과 다양한 언어가 퍼져 있는 곳 사이에 밀접한 상관관계가 있음을 시사한다. 언어의 소멸은 생태계 붕괴의 일부다. 언어는 ‘광부의 카나리아’ 또는 ‘잠수함의 토끼’라고나 할까. 언어들이 사라질 조짐은 환경도 어려움을 겪고 있다는 신호가 된다.

“사멸 위기에 처한 언어들과 멸종 위기에 처한 생물종 사이에는 많은 유사점이 있는데, 그 중 가장 명백히 두드러지는 점은 이들이 대체 가능하지 않다는 점이다." 그런데 생물언어적 다양성을 유지하는 데 결정적 구실을 하는 토착 원주민들의 운명마저 경각에 달려 있는 것이 현실이다. 다시 말해, 희귀 언어 사용자는 멸종 위기에 처한 생물과 같다.

종의 개체가 하나만 남은 생물은 말을 못하지만, 소멸 직전의 언어를 마지막으로 쓰는 이의 심정은 어떨까? 알래스카 코르도바의 최후의 에야크 인디언 마리 스미스는 에야크어를 사용하는 유일한 사람이 된 기분을 이렇게 표현했다. "그게 왜 나인지, 그리고 왜 내가 그런 사람이 된 건지 나는 몰라요. 분명히 말하지만, 마음이 아파요. 정말 마음이 아파요. … 지금은 내가 추장입니다. 내가 코르도바로 가서 우리 땅에서 행해지는 벌목을 중지시켜야 합니다."

언어의 소멸 양상은 참으로 심각하다. 지난 500년간 우리에게 알려진 세계의 언어 가운데 거의 절반이 사라졌다. 그리고 언어의 사멸은 고대 제국이나 낙후된 오지에서만 벌어지는 현상이 아니다. 지금 우리 눈앞에서도 일어나는데 켄 로치 감독의 〈보리밭을 흔드는 바람〉에서 귀동냥한 아일랜드어가 좋은 예다.

기원후 1000년경까지 아일랜드어는 공격적으로 확산해 가는 언어였다. 유럽에서 라틴어와 그리스어 다음가는 오래된 문헌을 갖고 있기도 하다. 아일랜드의 거의 모든 아이들이 학교에서 아일랜드어를 배웠으나, 집에서는 거의 사용하지 않았다. 결국 아일랜드어는 시골 농부들의 언어로 쇠락을 거듭했고, 1990년 당시 아일랜드어에 애착을 가진 사용자는 9000명 미만이었다.

언어 소멸의 유형은 세 가지가 있다. 첫째, 그 말을 사용하던 사람이 사라지는 것이다. 이러한 인구 소멸에 따른 언어 소멸은, 지난 500년 동안 빈번하게 있었다. 둘째, 인구 소멸과 무관하게 말이 없어진다. 영국 서남부 콘월 지방 사람들은 여전히 건재할 뿐더러 인구가 더 늘었지만 언어는 잃어버렸다. 이제 그들은 콘월어 대신 영어로 말한다. 이것은 한 언어가 다른 언어로 교체되면서 언어가 소멸되는 경우다. 셋째, 한 사회에 속한 사람들이 자신들의 말보다 다른 말을 쓰는 편이 더 이롭다고 여길 때 발생하는 경우다. 인구 소멸, 강제적 교체, 자발적 교체 등 언어 소멸의 세 가지 유형은 서로를 구분하는 것이 명확하지 않고, 대체로 세 유형이 복합적으로 작용한다.

언어들이 사라져가는 현상에 대한 위기의식은 좀처럼 찾아보기 어렵다. "만약 타이압어가 희귀 조류이고 우비크어가 죽어가고 있는 산호초라면, 아마도 더 많은 사람들이 이들의 곤경에 대해 알게 되고 걱정하게 되었을 것이다." 언어가 곤경에 처한 상황이 무시된 데에는 몇 가지 이유가 있다. 우선, 언어들의 멸종은 전 세계적인 생태계 붕괴 현상의 일부로 볼 수 있지만, 인간이 지구 생태계와 밀접하게 연결돼 있다는 사실을 제대로 인식하지 못해서다.

다음으로는 "언어가 많이 있으면 의사소통, 경제 발전, 그리고 보다 일반적으로 현대화에 장애가 될지도 모른다는 잘못된 생각 때문이다." 이러한 잘못된 생각은 "살아남기 위해 자신들의 언어를 포기하는 것"과는 전혀 관계가 없다. 국문과 강의마저 영어로 하게 하겠다는 모 대학 총장의 천박한 사고가 그렇다는 것이다. "오랜 세월 동안, 그리고 오늘날까지도 여전히 다중 언어의 사용이 대세인 세계에서, 영어만을 사용하는 사람들은 대개 자신들의 상황이 표준이 아니라는 사실을 모르고 있다."

언어의 사멸이 무시된 또 다른 이유는 그것이 대체로 제3세계만의 문제로 여겨졌기 때문이다. "환경 파괴는 언어의 사멸과 마찬가지로 전 세계적인 영향을 미친다. 그러나 이로 인해 지금 당장 가장 큰 짐을 떠맡게 되는 것은 고도의 생물언어적 다양성을 보유하고 있는 개발도상국들이다." 네틀과 로메인은 "언어를 보존하는 것은 우리 자신과 우리가 지닌 다양한 유산을 보존하는" 거라 말한다. 그러면서도 "이것이 궁극적으로 이기적인 목표라는 점은 인정한다." 그런데 정작 "언어의 다양성은 문화적 다양성의 척도"라는 관점에 반발하는 이들의 포용력은 보잘 게 없다.

"다양성에 대한 근거 없는 우려와 얄팍하게 감추어진 인종 차별주의가 미국 내에서 이루어지는 이중 언어 교육에 대한 반발의 배경에 깔려 있는 것이다. 많은 유럽 국가들이 이주 노동자 자녀들의 모국어 교육을 거부하는 것도 이와 같은 맥락에서 볼 수 있다."

이중 언어 교육에 반발하는 것에 관한 또 하나의 역설은 미국과 영국에서 외국어 구사 능력의 안보 효과를 중요시하면서 이에 대한 능력 부족을 우려하는 와중에 반대가 불거졌다는 점이다. "주류 학교에서는 세계의 주요 언어들에 대한 교육이 경제적·문화적으로 중요한 요소로 인식되어온 반면, 소수 민족 학생들의 이중 언어 교육은 빈곤과 비주류 문화에 대한 충성심과 동일시되었다." 그런데 하필 이에 대한 사례가 한국어 교육이다.

"캘리포니아의 몬터레이에 있는 국방부 언어연구소는 6천 명의 학생들에게 40개 이상의 언어를 가르치고 있으며, 47주 과정의 한국어 강좌에 만 2천 달러 정도를 소비하고 있다. 그러나 이 과정을 이수한 사람에게서는 고작 다섯 살짜리 원어민보다 낮은 수준의 문법 구사 능력만 기대할 수 있다. 1986년 당시에 캘리포니아의 한 공립학교에는 만 명의 한국인 학생들이 있었는데, 이들에게는 자신들의 모국어 능력을 키워 나갈 수 있는 기회도, 그것을 권장하는 사람도 없었다. 이들은 대부분 성인이 되기도 전에 자신의 한국어 지식을 잃어버릴 것이다."

언어 차이에 대한 외면적 우려 속에는, 많은 중산층 백인들이 그들의 지위를 잃을지도 모른다는 두려움이 숨어 있다. 한편, 언어의 다양성을 보존하기 위한 전략에는 언어의 보존을 전반적인 환경보호 활동의 일부로 만드는 것과 전반적인 정부 계획과 자원 관리의 일환으로 지방, 지역, 그리고 국제적 차원의 언어 정책을 수립하는 것이 있다.

"우리는 사람들에게 이중 언어 사용을 억지로 강요할 수는 없다고 여러 차례에 걸쳐 강조했다. 명령에 의해서든 소극적 방임 정책에 따라서든, 단일 언어 사용도 마찬가지다. 지난 몇 년간 세계의 여러 지역에서 일어난 사건들이 보여주듯이, 우리 지구촌에는 진정한 다문화주의와 다중 언어 사용이 뿌리내려야 한다. 그렇지 않으면 모든 것이 사라질 것이다."

"행복은 푸짐한 식사를 한 후 느끼는 식욕과 같다"

『행복의 심리학』은 과학으로 행복에 접근한다. 『행복의 심리학』에서 네틀은 지난날 주관적이고 불명확하며 모호하다는 이유로 행복이란 개념이 심리학에서 무시되었지만, "행복과 행복추구에 대한 생각은 인류사의 자연스러운 한 부분이며, 따라서 과학적 관심을 받을 가치가 있다"고 주장한다. "행복의 가장 직접적인 의미는 기쁨이나 즐거움 같은 감정 혹은 느낌을 말한다." 이런 느낌들은 일시적이고 분명하며 특별한 현상을 갖는다. 비유적으로는 "대부분의 사람들에게 행복은 푸짐한 식사를 한 후 느끼는 식욕과 같다."

네틀은 행복을 세 단계로 나눈다. '1단계 행복'은 앞서 말한 행복의 가장 직접적인 의미에 가깝다. 그런데 누군가 '행복하다'고 할 때, 행복은 보통 그가 즐겁거나 기쁘다는 걸 뜻하진 않는다. 다시 말해, 1단계 행복만을 의미하는 건 아니다. 이때의 행복은, 살면서 느낀 즐거움과 고통을 비교해보고 장기적으로 삶이 더 즐거웠다는 의미다. "이런 의미의 행복은 기쁨이나 즐거움 같은 구체적인 느낌이 아니라, 느낌들의 전체적인 균형상태에 대해 종합적인 판단을 한 것이다." 이러한 '2단계 행복'은 '최대다수의 최대행복'이라는 공리주의의 기율과 상통한다. '3단계 행복'은 스스로 선택한 자기실현의 삶을 구현한 상태다. 예컨대, "불우한 삶을 산 한 예술가가 온갖 고난 속에서도 자신이 추구하던 예술적 목표를 성취했다면, 2단계 행복은 누리지 못했을지라도 3단계 행복을 얻었다고는 할 수 있다."

행복은 일반적으로 긍정적인 상황을 말한다. 이는 기쁨이나 즐거움 같은 1단계의 행복에서 특히 그렇다. "따라서 우리는 행복 또는 기쁨을 우리에게 좋은 변화를 추구하는 하나의 프로그램, 다른 관심과 목적을 제쳐두고 우리로 하여금 좋은 일에만 초점을 맞추게 하는 하나의 프로그램으로 볼 수 있다." 그리고 행복에 관한 가장 믿을 만한 연구 중 하나는 결혼한 사람이 결혼하지 않은 사람보다 행복하다는 것이다.

대니얼 네틀의 책

성격의 탄생- 뇌과학, 진화 심리학이 들려주는 성격의 모든 것 김상우 옮김. 와이즈북, 2009.
사라져 가는 목소리들 수잔 로메인 공저. 김정화 옮김. 이제이북스, 2003.
행복의 심리학 김상우 옮김. 와이즈북, 2006.

데릭 젠슨
Derrick Jensen
1960-

"나는 톱니바퀴가 아니다.
나는 살아있는 존재다"

교사가, 학생이, 학부모가 사고를 칠 때마다 이른바 '교권'을 둘러싼 소란이 일지만, 그건 논란거리가 되기에도 힘이 부쳐 보인다. 교권 논쟁은, 데릭 젠슨의 표현을 빌자면, "우리 문화의 전체적인 흐름을 읽지 못하도록 사람들의 주의를 분산시키"려는 "소소한 논쟁거리"에 지나지 않아서다. 다시 말해, "부차적이고 사소하며 우리의 화를 자극하는 문제"인 까닭이다.

지지난해 영화 평론과 SF 창작을 겸업하는 듀나의

〈한겨레〉 칼럼에 발끈한 교원단체 간부이자 현직 고등학교 교사의 반론은 그런 증거가 되기에 충분하다. 그 교사의 「스승 폄훼 기고 유감」(《한겨레》 2006. 4. 28)은, 듀나의 "주장을 뒷받침하고 있는 '스승 공포담'과 같은 무협적인 내용에 대해 전혀 동의할 수가 없다"는 주장부터 교사와 학생의 심연에 가까운 시각차를 느끼게 하지만 이 글의 압권은 다음과 같은 전근대적인 조언이다. "필자는 듀나라는 분에게 올 스승의 날에는 회초리라도 준비해서 생각나는 선생님을 찾아가라고 권하고 싶다."

그러면 도대체 듀나의 어떤 얘기가 적잖은 교사들의 분노를 샀을까? 「'스승의 노래'는 환상/존경심 없는 게 학생 탓이랴」(《한겨레》 2006. 4. 20)에서 스승의 날을 없애고 "공식행사에서 스승이라는 말을 쓰는 것과 '스승의 은혜'라는 노래를 부르는 걸" 금지하자는 듀나의 제안은 두말할 나위 없겠지만, '스승 공포담' 또한 교사들의 심기를 거슬렀으리라. "대한민국에서 학교를 다닌 사람들은 스승이라는 딱지를 달고 다니는 사람들에 대한 공포담을 서넛 이상 알고 있다. 물론 그 대부분은 자기 자신이 직접 체험한 것이다."

부끄러운 기억

이런 점은 나도 예외가 아니어서 나 역시 선생님들이 무서웠다. 그리고 그것이 겉으로 드러난 피상적인 두려움이 아니라 마음 깊숙이 각인된 근원적 공포였다는 것을 고등학교를 졸업하고 20년이 지난 최근에야 깨달았다. 그런데 이러한 뒤늦은 자각의 이면에는 꽤 오랜 세월 나를 짓누른 부끄러운 기억이 있다.

중학교 1학년 여름방학 때 일이다. 동네친구들과 놀던 나는 먼발치에서 다가오는 초등학교 6학년 담임선생님과 눈길이 마주치자 냅다 줄행랑을 놓았다. 이 일이 얼마나 부끄럽고 충격적이었는지 그 이후로 나는 다시는 동네친구들과 놀지도 않았다. 20년 가까운 세월이 흘러 충격에서 어느 정도 벗어나자 그때 내가 왜 그런 행동을 했을까, 의문이 들었다. 내 해답은 6학년 담임선생님이 두려워서였다. 그런데 또 하나의 물음이 꼬리를 물었다. 6학년 담임은 특별히 무서웠던 기억이 없는데 어찌된 영문인가? 이에 대한 해답은 교사 일반에 대한 공포감이었다.

5학년이 된 첫날의 일이 떠올랐다. 자세가 흐트러진(나는 떠들지는 않았다. 새 학년 첫날 떠들 만큼 숫기가 있지 않았다) 나는 교단 앞으로 불려나가 아주 세게 뺨을 한 대 맞았다. 내 자리로 돌아와 나는 책상에 엎드려 눈물을 하염없이 흘리며 속으로 엉엉 울었다. 내가 시범 케이스였다는 것을 아주 한참 후에 깨달았지만 선생에 대한 공포감은 내면에 깊이 새겨졌던 모양이다. 6학년이 되어 운동회를 앞두고 꾸미기 체조 연습을 하는 중에 꾸미기 체조의 지도를 맡은 5학년 담임이 친근감을 표시할 때에도 나는 경계심을 늦추지 않았다.

그러니까 나는 스승의 은혜를 저버리는 배은망덕한 학생이기 전에 무분별한 교사 폭력의 희생양이었던 셈이다. 검은색 겨울 교복만큼이나 어둡고 칙칙했던 중·고등학교 시절의 쓰라린 기억은 접어두자. 다만, 아침이면 꼬박꼬박 무덤 같은 학교로 향한, 가출이나 무단결석은 꿈도 못 꿔본 소심한 학생이었던 게 못내 아쉽다. 사실 그 당시 나는 학교가 무덤 같다는 걸 알지도 못했거니와 학교가 싫다고 말할 수조차 없었다.

나도 학교가 싫다

하지만 학교가 싫었던 건 분명하다. "우리가 모두 학교를 싫어하는 건 놀랄 일도 아니다"라는 말을 대놓고 '씨부렁거리는' 데릭 젠슨이 무지 반가운 것도 그래서일 것이다. 또 학교 다닐 적에 누가 다음과 같은 말을 해줬더라면 나는 참 기뻤을 것이다. "학교를 싫어하는 건 좋은 일이라고, 지겨워서 해골이 터지게 만들어놓고는 옴짝달싹 않고 앉아서 재미있는 척하고 있기를 기대하는 건 정말 미친 짓이라고, 게다가 그걸 좋아하길 기

대하는 건 훨씬 더 미친 거라는 겁니다."

데릭 젠슨의 『네 멋대로 써라』는 글쓰기 책이다. 나는 젠슨의 글쓰기 규칙과 그가 말하는 글쓰기의 본질에 공감한다. 젠슨의 글쓰기 규칙 여섯째는 이렇다. "보여줘라, 말하지 말고." 젠슨에게 "글쓰기는 과정을 겪는 일"이다. 또한 "글쓰기는 정말로 옮겨가는 순간들에 관련되어 있어. 삶에서 죽음으로 옮겨가는 것. 태어남으로 옮겨오는 것. 관계에 변화가 일어나는 것. 이해에 변화가 일어나는 것. 위대한 변모들은 위대한 글쓰기 감"이라고 말한다.

내가 더 공감하는 것은 젠슨의 세계관과 현실인식이다. "산업 문명은 결코 지속 가능할 수 없"고, "전통·철학·경제학·학교 제도 등등을 통해서 권리 부여의 자리를 유지할 수 있는 한, 권력을 쥔 자들은 그들이 착취하는 사람들에 대해 그저 멸시만을 느낄 뿐이다. 그러나 그런 자리가 위협받으면, 때려잡기가 시작되는 걸 보게 될" 거라는. 젠슨은 "우리의 체계는, 우리 가슴과 몸과 이웃들한테서, 인간됨과 동물성과 우리가 들어 사는 세상 속에 깃들어 있음에서" 우리를 갈라놓는다고 덧붙인다.

젠슨은 산업 문명, 임금 경제, 산업 학교교육 따위를 싫어하는데, 앞서 봤듯이 학교에 대한 그의 비판은 정곡을 찌른다. 그와 그가 아는 사람들은 대체로 배우는 건 좋아해도 학교는 싫었단다. 젠슨은 이제 그 까닭을 분명히 말할 수 있다. "내가 좋아하지 않은 건, 내가 배우고 있던 것, 바로 그거였다." 학교가 제 소임을 못하고 있다는 주장은 어림없는 소리라는 그의 반론에도 동의한다. "학교는 너무나 잘 성공해나가고, 제 목적을 정확히 이뤄내고 있다."

기계에 의존하는 삶에서 벗어나라

데릭 젠슨이 목수이자 산림운동가이며 프리랜서 작가인 조지 드래펀과 함께 지은 『웰컴 투 머신』의 제목은

반어적이다. "머신토피아, 또는 권력의 비밀에 관한 보고서"라는 표지 문구가 기계를 별로 반기지 않으리라는 언질을 준다면, 옮긴이 서문의 한 구절은 이를 기정사실화한다. "이 책은 현대의 기계문화에 대한 통렬한 비판서로, 기계를 사용하던 인간이 역으로 기계의 지배를 받으며 기계화되어가는 현실을 예리한 시각으로 관찰하고 있다."

본문에서 젠슨과 드래펀은 이 책을 통해 "불확실한 기술, 정치가와 경영자들의 비밀스런 음모, 정체불명의 관료주의자들이 정해놓은 기본적인 계층 분류에 관련한 사례들을 논의했다"라고 밝혔다. 그러면서 "이런 시스템에 의존할수록 우리는 더욱 불안해지며 보안에 대한 최신기술과 흑색선전, 부모의 예측에 더더욱 빠져든다"고 덧붙였다.

『웰컴 투 머신』은 팬옵티콘panopticon과 관료주의를 강하게 비판한다. 팬옵티콘은 공리주의 철학자 제레미 벤담이 고안한 원형감옥이다. 현대 모든 사회 조직의 원형으로 여겨지는 팬옵티콘은 "확인하고 분류한 후 재화와 용역의 제공 또는 거부에 대한 결정권을 가진 기계"다. 그런데 "팬옵티콘이 처벌을 위한 염탐 목적으로 설계된 것처럼" 미국이 개발한 첨단 관측 장치들은 "보나마나 단순한 관찰 이상의 용도로 쓰일" 거라고 이 책은 전망한다. 그것들이 "추상적이고, 비인간적이고, 감지할 수 없고, 비타협적이고, 신속하고, 조용하고, 치명적인 팬옵티콘식 개념"과 공격자의 욕구와 맞물려 있어서다.

또한 이 책은 "살충제가 식물을 만들 수 없는 것처럼 관료주의는 번화한 지역을 중심으로 약동하는 커뮤니티에 힘을 불어넣을 수 없다"고 강조한다. "우리는 기계가 아니며, 그보다 더 나은 존재로 내정되어 있다는 사실을 이내 망각한다"는 대목은, 40여 년 전 자신의 몸을 불사른 청년 노동자의 절박한 외침을 떠올린다.

이 책은 산업과 과학, 그리고 종교와 다른 여러 제도에서 제거해야 할 대상으로 간주되는 '다양성'을 옹호한다. '자원resource'과 '생태계ecosystem'라는 단어를 혐오하는 데릭 젠슨은 다음과 같이 선언한다. "나는 톱니바퀴가 아니다. 나는 절대로 톱니바퀴가 되지 않을 것이다. 나는 톱니바퀴가 되길 거부한다. 나는 살아 있는 존재다."

미국은 무섭다, 백인은 사납다

부제목이 '글쓰기·읽기·혁명'인 데릭 젠슨의 '글쓰기론' 『네 멋대로 써라』는 예고편이었다. 기대에 약간 못 미친, 그가 조지 드래펀과 공저한, 『웰컴 투 머신』과 『약탈자들』은 단아한 소품으로 보면 되겠다. 2008년 초, 데릭 젠슨은 묵직한 저서 세 권(두 종)을 통해 그의 듬직한 진면목을 보여준다. 와우! 정말 대단하다.

너무나 잔혹한 인종증오범죄 본론의 하나인 『거짓된 진실— 계급·인종·젠더를 관통하는 증오의 문화』는 굉장한 책이다. "이 책을 쓰면서 내가 탐구하고 싶었던 것은 인식에 관한 것이다. 또는 인식의 결핍에 관한 것이라고 할 수도 있다. 정직해져보자. 우리의 경제·사회 체제는 지구를 죽이고 있다. 다른 생물은 차치하고 인간만 보더라도 우리의 활동은 전례 없는 궁핍을 만들어내고 있다. 수억 명의 사람들이 —오늘은 어제보다 더 많은 사람들이, 내일은 아마 오늘보다 많은 사람들이— 한 번도 배불리 먹어보지 못하고 일생을 마친다. 그러나 신기하게도 이런 일이 아무리 많이 벌어져도 우리는 변화를 위한 행동으로 뛰어들지 않는다. 그리고 이런 명백한 부정의에 대해 누군가가 귀에 거슬릴 정도로 지적을 하면, 그에 대한 대중의 반응은 매리 터너에게 가해진 것과 똑같아진다. 갈가리 찢어발기는 것이다."

방금 인용한 문장의 맨 끝 문장은 비유가 아니다. 직접적인 묘사다. 『거짓된 진실』을 파헤치는 첫 번째 삽화의 잔혹성은, 미셸 푸코의 『감시와 처벌』 도입부의 잔인함에 못잖다. 매리 터너는 흑인 여성이다. 1918년, 미국 조지아 주 발도스타라는 곳에 살던 성명 불상의 매리 터너의 남편이 백인 남자들에게 살해당한다. 매리 터너의 부군은 잘못을 저지르지 않았다. 오로지 살빛이 검어서 죽어야 했다. 한 흑인 남자가 어느 백인을 죽인 것에 대한 응징 차원의 보복살인이었다. '미스터' 터너가 어떻게 죽었는지는 알려져 있지 않다. 다만, 그의 아내 매리 터너의 살해과정을 통해 추측해볼 따름이다.

남편이 억울하게, 무참하게 살해됐다는 소식을 접한 매리 터너는 복수를 다짐한다. 당시 그녀는 임신 8개월 만삭의 몸이었다. 나중에 어느 신문은 그녀가 "현명하지 못한 말"을 했다며, 이런 내용을 덧붙였다. "분노에 휩싸인 사람들이 그 말과 그녀의 태도에 화가 치밀었다." 그리고 백인 남녀 수백 명이 그녀에게 "교훈을 가르쳐주기로" 결정했다. (처음엔 인용할 생각이 없었지만 솔직해지기로 한다.)

"터너처럼 행동하고 싶어할 다른 사람들에게 교훈을 보여주기로 결정했다는 것이 더 정확할지도 모른다. 사람들은 그녀의 발목을 한데 묶어서 나무에 거꾸로 매달았다. 그리고 옷에 기름을 끼얹은 다음 불을 붙였다. 옷이 타서 그녀의 몸에서 떨어지자 이번에는 돼지 잡는 칼로 그녀의 배를 갈랐다. 태아가 땅으로 떨어져서 울음소리를 냈지만 누군가가 아이의 머리를 발로 짓이겨버렸다. 그 다음 매리 터너를 총으로 쏘았다. 한두 발이 아니라 수백 발이었다."

괜히 원주민 탓하기 "인디언들이 우리 못지않게 자연을 많이 파괴했다는 이야기를 나는 그에게 처음 들었다." 나는 북미원주민 인디언을 비롯해 폴리네시아인, 호주의 애버리진, 뉴질랜드 마오리 족 같은 이른바 '신대륙' 원주민에게, 심지어 석기시대 원시인에게까지 동식물

멸종의 책임을 들씌우는 백인 지식인의 글을 읽고 적잖이 당황한 기억이 있다. 그 백인 지식인의 주장은, 백인 중심의 근현대인이 저지른 만행을 면피하려는 속셈이 뻔히 보였으나, 대응논리가 마땅치 않았다. 그가 숫자를 들이밀었기 때문이다. 하긴 통계수치가 그리 중요한 건 아니다. 북미 중부 평원지대를 터전으로 삼은 "평원 인디언을 항복시키기 위해 의도적으로 들소를 대량 사냥한 것을" 거꾸로 인디언의 소행으로 돌리는, 그리 우기는 놈들이니 더 할 말은 없으나, "오로지 파괴만 할 수 있"는 힘이 자행한 죄과를 지적할 이유는 충분하다. "그 힘은 들소 7,000만 마리를 죽일 수 있"다.

나는 원주민/원시인과 근현대인의 죄질이 똑같이 나쁘다는 백인 지식인의 말도 안 되는 주장에 대응할 논리와 그런 덜 떨어진 주장을 반박할 논거를 드디어 찾았다. 200만 년 남짓한 현생인류의 역사를 살다간 인간 모두에게 동식물 멸종의 책임이 있다 하자. 그런데 아직도 여전히 지구를 망가뜨리는 놈들은 도대체 누구냔 말이냐? 백인 중심의 근현대인이다. "미국에서는 원시림 97퍼센트 이상이 잘려 나갔"다는데 그것도 죄다 인디언이 한 짓이냐? 후발주자라서 그런 거라고. 턱도 없는 소리 하질 마라. 백인은 동식물뿐만 아니라 인간 종족의 씨를 말렸다. 백인은 북미원주민을 거의 멸종시켰다.

"미국의 모든 카운티에서 한 번 이상의 학살이 일어났다고 —기록되었든 잊혀졌든— 내가 장담할 수 있다. 내가 사는 캘리포니아 제일 북쪽 지역 델노르트에서는 최소한 세 번의 학살이 있었는데 그것은 대규모 인디언 '전쟁'과는 거리가 멀었다. 쇼니 족 추장 테쿰세는 이렇게 썼다. '오늘날 피쿼트 족은 어디에 있는가? 내러갠싯 족, 모히칸 족, 포카노킷 족, 그 밖에도 수없이 많던 강대한 부족들은 모두 어디로 갔는가? 여름의 태양을 만난 눈처럼, 그들은 모두 백인의 억압과 탐욕 앞에서 사라져갔다.'(『나를 운디드니에 묻어주오』). 테쿰세는 그의

이웃 부족만 언급했지만 사라진 인디언 부족은 그가 말한 것보다 훨씬 더 많다. 왐파노아그, 체사피크, 치카호미니, 포토막(그들 중 포카혼타스만이 기억된다)이 모두 멸족했다. 몬타우크, 난티코크, 마차푼가, 카토바, 체로, 미아미, 후론, 에리, 세네카 족은 모두 흩어지거나 잔재만 조금 남아서 문화적으로는 명맥만 겨우 유지되고 있다."

백인은 어째서 유색인을 증오하고 못 잡아먹어 안달일까? "우리의 삶의 방식, 즉 우리가 단 하나의 진정한 길이라고 선언한 그것이 사실은 유일한 삶의 방식이 아니라는 것을 일깨워주기 때문에 우리는 그들을 증오하는 것이다." 데릭 젠슨은 백인이다.

무참히 깨지는 뉴질랜드의 환상 과연 그럴까, 의문시되던 것의 폭로된 실체가 주는 충격과 또한 만만찮다. 우린 물리학자 어니스트 러더퍼드와 등반가 에드먼드 힐러리의 조국을 '무공해 낭만국' 쯤으로 여기는 경향이 있다. 하지만 그런 나라는 지구상에 존재하지 않는다, 아직은. 데릭 젠슨이 받은 분노의 시선 덕분에 우리가 뉴질랜드에 품은 환상은 박살난다. "백인 남자들, 백인 여자들은 내 얼굴을 보고 내 티셔츠를 쳐다본 다음 다시 눈길을 들어 나와 눈을 마주쳤다. 그들의 입은 입꼬리가 처진 채 꾹 다물어져 있었고 턱은 바짝 당겨져 있었고 뺨은 뻣뻣하게 굳어 있었으며 눈은 성난 빛을 띠고 있었다. 그들 중 몇몇은 여차하면 나를 후려칠 기세였다." 어떤 셔츠를 입고 있었기에 데릭 젠슨은 뉴질랜드 백인 남녀의 부릅뜬 분노의 눈길을 한 몸에 받았을까? "마오리 족 사람들 중 어떤 부부는 내가 떠날 때 아름다운 티셔츠를 하나 주었는데, 앞에 마오리 깃발이 그려져 있고 '마오리 란고티리탕가—마오리 독립'이라고 씌어 있는 티셔츠였다." 뉴질랜드를 떠나는 길이었던 데릭 젠슨은 다행스럽게도 "공항으로 가서 뉴질랜드 국내선 비행기를 타는 겨우 몇 시간 동안만 그런

증오를 경험했다." 똥 뀐 놈이 성내는 것보다 더한 뉴질랜드 백인 남녀의 작태는, 눈꼴사납지만, 지정학적 이유가 있다. 그 나라, 실제거리는 꽤 멀어도 '백호주의' 나라와 이웃해 있지 않은가.

국제적 명성이 있는 역사인물과 현존인물의 치부를 까발린 것은 충격과 카타르시스를 동반한다. 날강도와 무뢰배가 따로 없어서다. 데릭 젠슨이 거론한 전직 미국 대통령들의 성정은 하나같이 비뚤어지거나 포악하다. 제40대 대통령 로널드 레이건은 이런 말을 했다. "아마도 우리가 인디언 문화를 지속시키려 한 것이 실수였던 것 같다. 아마도 우리는 그 원시적인 삶의 방식을 유지하고자 하는 그들의 비위를 맞추지 말았어야 했다. 우리는 이렇게 말했어야 한다. 아니, 그러지 말고 우리한테 끼어. 우리랑 같이 시민이 되라고." 저들이 북미원주민의 고유한 삶의 방식을 지키는데 얼마나 어떻게 도왔는지 생각하면 가소로울 뿐이다. 그리고 이런 자가 '위대한 소통자'란다. 제28대 대통령 우드로 윌슨 또한 여간 아니다. "자기방어 본능에 자극받은 남부의 백인들은 정당한 수단 외에 불법적인 수단까지 동원하여, 무식한 검둥이들이 투표할 경우에 정부가 너무 큰 부담을 지게 될 것이므로 그것을 저지하려 한 것이었다." 윌슨의 본색이 드러난다. 레이건과 윌슨은 다른 두 입을 갖고 있으니 두 말을 하는 것은 당연하다. 제29대 대통령 워런 하딩은 백악관 '녹색방'에서 백악관 성경을 들고 KKK단원 가입선서를 한다.

미국의 국부國父라는 자들은 더 가관이다. 육군성 장관에게 땅을 수탈하는데 맞서는 인디언들은 도끼 맛을 봐야 할 거라고 했다는 제3대 대통령 토머스 제퍼슨에게 '미국 독립선언 초안자'의 이미지는 온데간데없다. 제퍼슨의 말을 직접 들어보자. "어떤 부족에게든 우리가 불가피하게 도끼를 휘둘러야 한다면 그 부족이 절멸하거나 미시시피 너머로 쫓겨가기 전까지는 절대 도끼를 내려놓지 않을 것이다." 위선적이지 않은 제7대

대통령 앤드루 잭슨은 "나는 항상 내가 죽인 자들의 머리 가죽을 간직해왔다"며 뻐겼다.

J.P. 모건(금융자본가), 존 마셜(미연방대법관) 같은 과거 인물 외에도 콜린 파월(전 합참의장·전 국무장관), 루돌프 줄리아니(전 뉴욕시장) 같은 동시대 인물의 실체도 드러난다. 우리에게 일부 악행이 알려지긴 했으나, 우리 언론은 명망가로 대접하는 로렌스 스미스는 참말 나쁜 놈이다. 이 자는 세계은행의 경제학자, 미 재무장관, 하버드대 총장의 요직을 두루 거쳤다. 1991년에 쓴 스미스의 메모가 이듬해 2월, 공개되었다. 메모의 일부다. "최저임금 국가에 독극물 쓰레기를 내버리는 행위 뒤에 있는 경제 논리에는 아무 결함이 없으며 우리는 그것을 당당히 주장해야 하다. 나는 늘 아프리카의 인구 저밀도 나라들은 너무 덜 오염되었다고 생각해왔다." 이를 정부의 허락 없이 "완전히 정신나간 이야기"라고 비판한 브라질 환경부장관 호세 루첸버거는 바로 장관직에서 물러났다. 다시 말해 잘렸다.

도대체 누가 적이고 누가 우리 편인지 데릭 젠슨은 내가 정말 궁금했던 것에 대한 답을 제시한다. 그런 게 한두 가지가 아니다. 미국의 낮은 투표율은 선거인명부 등록 제도의 까탈스러움 때문만은 아니다. 낮은 투표율의 원천은 공포다. 생명의 위협이다. 19세기 후반 미국의 각주 정부는 법률을 통해 투표시험을 보거나, 투표세를 부과하거나, 유산자에게만 투표 자격을 부여하는 방식으로 흑인의 참정권 행사를 합법적으로 가로막는다. "1890년 미시시피의 헌법제정의회는 12만 3,000명에 달하는 흑인들을 1896년 선거인 명부에서 삭제했고, 루이지애나의 흑인 투표자 수는 1896년 13만 334명에서 1904년 1,342명으로 줄었다. 그리고 플로리다의 다섯 개 카운티에서 투표 자격이 있던 흑인 1만 6,533명 중에서 겨우 110명만 선거인 명부 등록을 했다." 플로리다의 기록원은 흑인 신청자에게 이런 말을 했다고

한다. "후환이 두렵지 않으면 어디 등록을 해보시지!"

미국이 나치의 유대인 학살을 방관한 진짜 이유는 다소 충격적이다. 1943년 써진 미 국무부의 메모는 독일 내 유대인을 모두 미국으로 추방하겠다는 나치의 제안은 어째서 받아들이지 않았는지 알려준다. "이 사람들을 우리에게 보내겠다는 독일 정부의 요구에 직접 접근하는 데 대한 반대가 심함. …우리가 그들을 받기는 불가능. 최종 결과는 독일에서 연합국 정부들로 혐오를 옮겨오는 것이 될 것이므로." 전쟁이 끝나자 미국은 유대인 "학살에 협조한 (독일) 건축가와 기술자들 중 많은 사람들을 CIA에서 일하도록 받아들였다."

뿐만 아니라 미국 굴지의 기업들은 나치 독일에 '부역'하기까지 했다. "제너럴 모터스는 히틀러의 전쟁 무기를 실어나를 트럭을 제공했고(포드도 같은 일을 했다), 스탠더드 오일(현재의 엑슨)은 독일군에 기름과 고무를 공급했는데, 미국에 대는 것보다 더 좋은 계약 조건일 때가 많았다." 인터내셔널 전화전보회사ITT는 미군과 영국군을 죽이는 데 쓰이는 포탄의 도화선을 매달 3만 개씩 공급했다고 한다. '전쟁이 끝나고 이런 반역 기업들은 된통 혼이 났겠지!' 천만의 말씀 만만의 콩떡이다. 만일, 이들 기업이 전쟁범죄자에 준하는 처벌을 받았다면, 어찌 여전히 떵떵거릴 수 있겠나. 진실은 이렇다. "ITT는 FW190 전투기를 만드는 포케불프Focke-Wulf 사의 지분 3분의 1 가량을 소유하고 있었다. 종전 후, ITT는 미국을 상대로 전쟁 중 포케불프 공장이 입은 손실에 대해 소송을 제기해서 보상금을 받았다. 제너럴 모터스와 포드도 비슷한 포상금을 받았다."(꽈당!) 미국, 영국, 소련 같은 제국주의 세력이 같은 부류의 나치 "독일 정부를 막은 것은 그들 자신이 통제하고 싶은 탐나는 자원을 독일이 갖는 것을 원치 않았기 때문이다.

약간 진부하긴 하나 정치인이 도덕적일 수 없는 까닭은 이렇다. "그들이 가장 우선시하는 것은 언제나 이익

을 지켜야 한다는 거야. 논리나 도덕성은 항상 틀림없이 이윤에 종속돼. 기본적인 논리와 이성이 이윤을 위협하는 상황에서 지도자는 언제나 비논리적이고 비이성적인 뻔뻔한 극단에 의지해서, 현실은 가능한 한 먼 곳에 숨겨두지. 사람 판단을 흐리게 만드는 정교한 술수로 조심스레 포장하는 경우도 많지. 도덕성도 마찬가지야. 관대함이 이윤을 위협할 때 지도자들은 자기 인간성을 내던지는 것 —그런 게 존재한 적도 없었다는 듯이— 외에 다른 선택을 할 수가 없어. 아니면 공식적인 무대에서 사라질 위험을 감수해야 하지."(데이비드 에드워드)

또 "진정한 변화가 불가능하도록 만드는 것은 그릇된 믿음을 만들어내는 우리 문화의 경제적 과정, 즉 우리가 듣는 이야기, 우리가 쓰는 말, 우리가 돈 주고 사는 것이다." 이 아수라판에서 궁극적인 이익을 얻는 자는 대체 누군가? 권력을 가진 사람들이다. 이 체제를 지배하는 사람들이다. 이 체제의 주식을 소유한 사람들이다.

목록은 얼마든지 길어질 수 있다 이 책에 실린 어떤 목록들은 우리를 두려움에 떨게 한다. '막걸리 보안법'을 떠올린다. 1990년대 미국에서 순순히 경찰 지시를 따르다가 죽음을 당한 유색인종(흑인이 대다수)의 목록은 치가 떨린다(37-40쪽). 1800년대 후반기 중국인 이민자가 죽음을 당한 사례(262-64쪽)는, 세월이 흘렀어도, 남의 일 같지 않다. 나는 황인종이다. 또 파업노동자를 무참히 학살한다(396-405쪽). 유색인종과 저항하는 노동자의 목숨을 파리보다 못하게 여기는 백인들이 상식을 뛰어넘는 방법으로 노동운동(가)과 환경운동(가)을 탄압하는 것은 무리가 아니다. 20세기 초반 방첩법을 적용하여 100명이 넘는 세계산업노동자연맹IWW의 지도자들은 최고 20년간 감옥에 가둬 IWW를 파괴했는가 하면, 최근에는 경찰이 나무와 숲을 지키려는 여성 환경운동가들의 눈에다 고농도 최루액을 들이붓는다.

"그들은 활동가 캐리 리즈 맥키에게 최루액을 적신 천을 덮어 씌웠다. 그녀가 눈을 뜨지 않으려 하자 그 천을 그녀의 눈에 들이대고 짰다. 그래도 거부하자 경찰은 또다시 농축액을 발랐다. 최루액을 세 번째 발랐을 때 그녀가 고통스러워서 구토를 하기 시작했다. 그래도 그녀는 굴복하기를 거부하여 경찰들이 그녀를 억지로 나무에서 떼어냈다." 그나마 다양성의 목록(332-34쪽)은 긍정적이다.

한편, 미국의 인종차별집단 큐클럭스클랜KKK의 '다짐'은 별다른 게 없어 보인다. KKK의 신입회원은 자신이 "토박이"라는 것과 다음과 같은 사항을 믿는다고 맹세해야 한다. "기독교 교의/백인의 우월성/순수한 미국 여성의 여자다움의 보호/외국 노동운동 선동가에 의한 부당한 파업 방지/미국 헌법 수호/우리 주의 자치권/순수한 아메리카주의 확대." 그런데 이러한 KKK의 '일곱 가지 숭고한 진리'가 미국 주류정치를 지배하고 있다는 점에서 문제의 심각성이 있다(425-28쪽).

평범한 인간들의 악마성 나는 KKK단이 시대를 초월한 풀뿌리 조직인 것에 아연하고, 그 구성원의 평범성에 실색한다. 아니, 둘 다에 질겁한다. "그 수와 영향력은 우리 체제의 부정의에 반대하는 사람들로서도 부러울 따름이다. KKK는 우리 문화의 혈관, 언제나 폭발하기를 기다리고 있던 분노의 혈관에서 그것을 끌어냈을 뿐이다." 그리고 "KKK가 정신박약자, 일자무식 고집통, 성난 청년들로 구성되어 있었다고 믿는 것은 오산이다." 그것도 크나큰. 조지아 주의 한 연구를 보면, 건전한 시민과 성직자가 다수를 이룬다(424쪽).

사정이 이러하다 보니 KKK가 폭력을 저질러도 번번이 기소되지 않은 것은 당연하다. 애틀랜타의 어느 검사는 나중에 이런 말을 했다고 한다. "법원의 모든 사람들이 KKK단원이었다. 사실상 모든 판사와 검사…모든 경찰관들, 시장, 의원들까지." 조지아 주 주지사의 말은 더 노골적이다. "KKK단원이나 KKK단 자체에 대해 누가 고발한다면…내가 즉시 사면장을 쓸 것이다." 놀라 자빠져야 할지 허탈한 마음으로 하늘만 처다봐야 할지 모르겠다. 그러나 이대로 물러날 순 없다.

데릭 젠슨은 "기업들을 제외하면, 미국에서 가장 왕성하고 효율적으로 활동하는 조직은 KKK다"라는 어느 언론인의 글을 언급하면서 이렇게 덧붙인다. "미국 기업 문화와 KKK는 우리가 생각하는 것보다 공통점이 많다." 그러고는 애틀랜타 검사의 발언에서 단어 하나를 바꿔보자고 한다. "법원에 있는 사람들이 모두 기업에 속해 있다. 사실상 모든 판사, 검사, 모든 경찰관, 시장, 의원들까지 기업에 속해 있다." 이번에는 주지사의 말을 바꿀 순서다. "기업 종사자나 기업 자체에 대해 기소하는 사람이 있으면, 내가 즉시 사면장을 쓸 것이다." 모든 게 너무나 비슷하다. 데릭 젠슨의 눈에 팍 띄는 차이점이라곤 "목조르기가 훨씬 더 세졌다는 것이다."

대만 작가 호우원용의 『위험한 마음』(한정은 옮김, 바우하우스, 2008)에 묘사된 대만의 교육현실이 우리의 그것과 너무나 닮아 이럴 수가 있나 싶었다. 그런데 『거짓된 진실』에선 미국 사회와 우리의 사회 상황은 또 얼마나 빼닮았는지 잘 보여준다. "우리 문화에서 정부의 일차적 기능은 사람들이 이른바 '자유시장' 임금 경제에서 자유롭게 사는 선택을 하지 못하게 하는 것이다." '자율'은 더 말할 것도 없다. "우리는 1억 달러 가치를 가진 사람은 범죄 혐의로 재판받는 일이 없도록 하는 법을 통과시켜야 한다." 20세기 초의 노리스라는 상원의원의 주장이다. 내가 어려서 열광했던 600만 불의 사나이는 싸구려였다. 하지만 우리 역시 19세기 말의 미국 사회처럼 "엄청나게 큰 재산을 한 사람, 또는 단 하나의 집안이 지배하는 것을 반대하는 정서가 국민들 사이에서 커지고 있습니다." 이건 또 어떤가요? "아이들은 세상이 어떻게 돌아가는지를 보고 더 화가 나서 더 용기

를 얻고 집으로 돌아온 것 같아요."

"오늘날에도 똑같은 일이 벌어지고 있다" 데릭 젠슨은 그가 지적한 미국 사회의 온갖 패악은 현재진행형이라고 거듭 강조한다. 그렇다면, 버락 오바마는? 그는 또 하나의 콜린 파월이요, 콘돌리자 라이스다. 오바마는 맬컴 엑스가 아니다. "우리 사회 제도의 위험 중 많은 부분은 우리 사회가 협력이 아니라 경쟁에 기초하고 있다는 것이다." 데릭 젠슨에게 생산은 나쁜 거다. "생산이란 결국 살아있는 것을 죽은 것으로 바꾸는 것일 뿐이다." 문명비평 따위는 그의 관심 밖에 있다. 데릭 젠슨은 반反문명을 외친다. "밖의 정복과 안의 억압에 뿌리를 둔 우리 문명이 처음 시작과는 다르게 가리라는 것은 이미 누더기가 된 순진한 희망이다." 우리 문명은 증오의 문화를 확대재생산하여 공고히 한다. "잔학 행위에 대한 원래의 충동이 일단 제도화되면, 즉 물화되면 그 자체가 영속성을 가지고 스스로 더 강해지면서 굴러가게 된다. 인식이 행동을 만든다. 인식이 행동을 부추긴다. 이 같은 단체(증오 단체, 예컨대 KKK)로 자리를 잡고 있으면 계속해서 인식과 행동의 패턴을 사회적으로 강화한다."

아쉬움이 하나 있다면, 데릭 젠슨에게 내가 별로 안좋아하는 헬레나 노르베리 호지 여사는 긍정적인 인물이다. 그는 노르베리 호지 여사의 정보를 신뢰한다. 하지만 그리 거슬리지 않았다. 이유는 역시 별로 안 좋아하는 마르틴 부버를 긍정하고, 부버의 『나와 너』를 다소 장황하다 싶을 정도로 인용하고 있어서다. 나는 『거짓된 진실』을 통독했다. 그러나 딱 한 쪽, 『나와 너』가 인용된 면은 건너뛰었다. 신생독립국 이스라엘을 새 터전으로 삼은 부버에게 내쫓긴 팔레스타인 지식인의 집이 배정되었는데, 그 집은 에드워드 사이드의 '생가'였다. 나는 부버가 어느 팔레스타인 지식인(에드워드 사이드의 아버지)의 집을 수용한 것에 대해 어떤 반응을 보였는지 모른다. 그렇지만 이런 사실을 알고부터는 부버

의 『나와 너』가 무에 대수롭겠느냐는 생각이 들었다.

　이건 옥에 티다. 데릭 젠슨은 아주 믿을 만한 필자다. "나는 보이지 않는 투명한 우리의 증오를 가능한 한 많이 보여주고 싶다. 내가 보지 못하는 맹점을 밝히는 것은 그렇게 하기 위한 가장 좋은 방법인 것 같다." 심지어 "인종을 차별한다는 것"과 "여성혐오가 있다"는 것을 인정한다. "나는 타인들에 대한 착취로 이득을 보고 있으며 이러한 특권을 희생하기를 그다지 원치 않는다. 결국 나는 문명화되어서, 노예 상태의 강요를 통해서만 얻을 수 있는 '안락한 생활과 고상한 취향'을 갖게 된 것이다." 아무리 그래도 그렇지 자신의 한계를 스스로 드러내 보이는 것은 아무나 못한다. 그것도 이렇게 진지하게. 가슴이 시리게. "이 백인 환경운동가들이 겪은 것이 아무리 끔찍하다고 해도, 우리 문화가 백인 아닌 사람들에게 일상적으로 저지른 것에 비하면 그것은 아무것도 아니라고 할 수 있다." 나는 이런 사람 처음 본다. 《환경과생명》 2008 여름, 55)

데릭 젠슨의 책

네 멋대로 써라 김정훈 옮김, 삼인, 2005.
거짓된 진실― 계급·인종·젠더를 관통하는 증오와 문화 이현정 옮김, 아고라, 2008.
문명의 엔드게임 1― 문명의 문제 황건 옮김, 당대, 2008.
문명의 엔드게임 2― 저항 황건 옮김, 당대, 2008.
작고 위대한 소리들― 작고 위대한 소리 이한중 옮김, 실천문학사, 2010.

데릭 젠슨이 조지 드래펀과 함께 지은 책

웰컴 투 머신 신현승 옮김, 한겨레출판, 2006.
약탈자들― 숲을 향한 전방위적 공격 김시현 옮김, 실천문학사, 2007.

데이비드 브룩스
David Brooks
1961-

미국 중산층과 번창하는 교외, 그리고 (지금은 약간 낡은) 신흥 엘리트

〈뉴욕타임스〉 칼럼니스트 데이비드 브룩스는 내 취향은 아닌 '(저)작자作者'다. 나는 웬만해선 『보보스』나 『보보스는 파라다이스에 산다』 같은 책을 못 읽는다. 그런 책에 난독증이 있어서다. 또 나는 "미국인들이 과연 천박한지 여부"와 "미국인을 멍청한 금발머리에 비유하는 사람들의 주장이 사실인지" 아닌지에 대해서도 관심 없다. 내가 『보보스는 파라다이스에 산다― 보보스는 어떻게 세계 경제·사회·문화 혁명을 이끌고 있는가On Paradise Drive: How we live now(and always have) in the Future Tense』를 읽을 생각을 하고, 그럭저럭 다 읽은 것은 이 책을 훑어보던 중 눈에 들어온 미국을 다룬 책을 일별한 대목 덕분이다. 사실 책을 다 읽기까지 책장을 닫을 고비가 없지 않았다.

　외국 신문의 칼럼니스트에게 뭘 기대하랴마는 브룩스는 통계를 갖고서 장난치는 재주가 있다. "예를 들면 대도시인 피츠버그의 시내 인구는 지난 20년 동안 약 8퍼센트 감소했다. 반면에 피츠버그 교외지역은 사람들이 몰리면서 새로 개발된 땅의 부지가 43퍼센트 증가했다." 시내 '인구'와 교외 개발 '면적'은 다른 층위다. "또한 교외에 사는 사람들은 대개 백인일 것으로 생각한다. 하지만 아시아인들의 60퍼센트, 남미 출신의 50퍼센트, 흑인들의 40퍼센트가 교외에 산다." 그래도 교외 거주자의 다수는 백인이다. "백인 비율이 85퍼센트 이상을 차지하는 카운티가 미 전체 카운티 중 절반에 이른다."

　브룩스는 어느 종교 연구기관이 1996년 발표한 연구

결과를 근거로 미국 종교의 다양성을 강조한다. "미국 내에 32개의 루터파 교단, 36개의 감리교단, 37개의 성공회교단, 241개의 유대교교단이 있다고 한다." 나는 이들 기독교 계통 교단이 내부적으로 얼마나 다채로운지 궁금하다. 의심스럽다. "미국인들의 40퍼센트가 자신을 신교 정통파 교인으로 여긴다"던데.

"고등학교와 대학 졸업률도 최고다." 여기서 주의할 것은 진학률이나 취학률이 아니라 졸업률이 세계 최고라는 거다. 과연 그럴까? 살짝 맛을 봤듯이 줄기차게 이어지는 브룩스의 퍼센트 타령과 숫자놀음은 짜증스러울 정도다. 하나만 더 보자.

"오늘날 미국 가정 15퍼센트의 연봉이 10만 달러를 넘어섰다. 순자산이 100만 달러가 넘은 가구 수만 해도 700만 정도이니, 미국 상류층의 인구는 엄청나다고 할 것이다." 부럽지 않느냐고? 하나도 안 부럽다. 나는 의료 "보험혜택을 받지 못하는 미국인이 4,000만 명에 달한다"는 게 안타깝다. 그런데도 브룩스는 2004년께의 미국인들은 인도 연방정부의 총수입을 웃도는 400억 달러를 한 해 정원관리 비용으로 지출하고, "미국의 군사방어 비용은 후순위 국가 15개국의 군사비 총합보다도 크다"며 자랑이다. 브룩스는 또한 완곡어법에도 능하다. 침략에 사용되는 군사비가 "군사방어 비용"이란다. 그가 인용하는 조지 오웰이 땅속에서 웃겠다.

불편한 긍정주의

브룩스는 놀라고 또 놀란다. "놀라운 수치다."(167쪽) "나는 'BMOC(big man on campus의 약어로 인기 있는 대학생을 지칭— 옮긴이)'가 의미하는 바가 무엇인지 아는 학생이 별로 없다는 사실에 놀랐다."(200쪽) "놀랍다. 우리는 지역 대형 매장들을 여행하면서도 똑같은 일을 할 수 있는데 말이다."(224쪽) "놀라운 통찰력이다!"(274쪽) "이 책을 쓰기 위한 여정 동안 나는 얼마나 많은 미국인들이 꿈을 이루기 위해 노력하는지를 보고 놀랐다."

(296쪽)

나는 그의 무지와 안이한 생각이 정말 놀랍다. "미국인이거나 미국에서 일하고 있다는 이유만으로 많은 사람들이 죽음을 당했다." 미국인이 아니거나 미국에 살지 않는다는 이유로 미군이나 미 정보기관의 사주를 받은 제3세계 독재정권에 의해 살해당한 사람은 적어도 9.11 희생자의 수백 배는 된다. 그는 조지 오웰이 꽤 "문명화된 독일인들이 자신의 인격과는 상관없이 영국인이라는 사실 하나만으로 죽이려고 한다는 점을 알고 있었다"고 주장한다.

정작 브룩스와 오웰은 이른바 '후기 빅토리아 시대의 홀로코스트'에서 영국 제국주의가 단지 피식민지 백성이라는 이유로 인도인 수천만 명을 굶어죽게 내버려둔 끔찍하고 엄연한 사실은 아나(알았나) 모르겠다. "미국 사회는 혁명, 내란, 갈등이 일어날 사회구조가 전혀 아니다. 즉 내전이나 사회적 갈등 폭발의 조짐은 나타나지 않고 있다." 그래서 참 좋겠다. 그래도 경찰, 연방수사국FBI, 중앙정보국CIA에다 9.11 직후 만들어진 국가안보부의 역량을 과소평가하는 건 아닌가 모르겠다.

브룩스는 긍정 일변도다. 그는 이런 건 아무것도 아니라는 투로 말한다. "미국은 전세계의 주의력결핍 치료제와 항불안제 치료약의 90퍼센트를 생산하는 동시에 그만큼 소비한다. 그리고 그런 약을 복용하는 중산층 학생들의 수가 점점 늘어나고 있다." 그런데도 기껏해야 "미국의 가정이 건강하다고 확신할 수는 없"단다. 월트 휘트먼을 빌려 대다수 미국인들은 "평화를 애호하는 데다 지구상에서 가장 천성이 좋은 사람들"이라 하는 건 좀 뻔뻔스럽다. 대다수 세계인은 미국을 세계평화를 위협하는 존재로 정확히 보고 있다. "미국이 다른 선진국들과 달리 사람들에게 안정성 대신 기회를 주는 쪽으로 복지 체계를 설계한 이유"로 '천국 정신'을 드는 것은 졸렬한 합리화에 불과하다.

자본주의를 '보이지 않는 손'이 움직여서일까. 그는

눈에 보이지 않는 건 대충 얼버무린다. "스스로도 설명할 수 없는 도덕적 열망"이라는 식으로. 또한 "뛰어난 통찰력을 지닌 작가들은 미국 중산층 삶의 특징은 바로 물질적 갈망 이면에 숨겨진 신성한 의도라고 지적했다"거나 "사실 미국 문화는 보이는 것 이상으로 매우 복잡하다"거나. '보이지 않는 손'은 뭘 모르거나 알면서도 숨기거나. 미국의 아동심리학자 데이빗 엘킨드는 브룩스가 아이들의 자발적 선택을 거듭 강조하는 "체계화된 스포츠 활동"의 다른 측면을 지적한다. "자녀를 스포츠 프로그램에 보내는 부모들도 그 운영 방식에 대해 불만을 토로한다. 이런 프로그램들은 대부분 재미있게 놀고 즐기는 것보다 이기는 것에 초점을 맞춘다."(『놀이의 힘』, 108쪽)

데이비드 브룩스에게 미국은 "박애의 땅"이고, "일상에서 이상향을 꿈꾸는 초월적인" "부르주아 국가"이며, "영원한 혁명의 나라다." 이런 생각은 그의 자유다. 하지만 "남들은 이해하지 못하는 도덕적 십자군"을 자처하며, "자기편은 선하고 상대방은 악하다는 생각으로 전쟁"을 벌이는 것은 비난받아 마땅하다. 그런 착각까지 용납할 필요는 없다.

"인류 역사상 현재 미국 아이들은 가장 훌륭한 지도를 받는 세대다." 여러분은 어떻게 생각하십니까? 미국이 광고의 천국인 점은 수긍한다. 미국은 "광고에 의해 움직이는 땅이다." 그리고 거주이전의 자유는 확실히 있는 것 같다. 일자리를 찾아서, 곤경에 처하거나 새로 이사 온 이웃이 "맘에 들지 않으면 언제든지 다른 곳으로 떠나면 그만이다."

브룩스는 미국에 적대적인 테러리스트들이 안쓰럽다. "그들에게는 미국을 따라잡을 어떤 실질적 전략도 없다." 하지만 그에게서 미국이 이뤄낸 것 가운데 하나라는 "관대함"을 찾아보긴 어렵다. 그는 다소 오만해 보인다. "세계화 반대 운동가들의 활동에도 불구하고 자본주의 대 사회주의에 대한 근본적인 논쟁은 사라졌

다. 자본주의의 승리가 분명해 대안을 찾을 필요가 없기 때문이다." 심지어는 인용문을 통해 이민생활에 적응하지 못하는 사람까지 조롱한다(316쪽).

"몇 년 안에 부모들이 자기 아이가 친구네 집에서 노는 동안 영양가 있는 간식을 충분히 제공받지 못했다는 이유로 상대 부모를 고소하는 시대가 올 것이라 생각한다." 세부적인 내용이 이어지긴 하지만, 이 책에서 접한 가장 괴상한 생각이다. 그 다음으로 수상쩍은 것은 "아메리카 은행에서 일을 하면서 그린피스 활동을 지원할 수도 있고", "해외 무역을 하면서 반세계화 데모에 관심을 보일 수도 있다"는 유연하면서도 자유로운 "개방된 세계관"이다.

내가 이 책이 주는 불편함을 감내할 수 있었던 것은 이 책이 '국내용'이어서다. 이 책은 미국 독자를 위한 책이다. 하여 이 책의 한국어판 기획자와 편집자가 제목부터 브룩스의 전작 『보보스』와 연계를 꾀한 것은 불가피한 '선택'으로 보인다. 하지만 그런 선택이 적절한가는 약간 회의적이다. 그래서 원서 출간 4년 만에 '뒤늦게' 번역된 것인지도. 『보보스』는 원서가 나온 이듬해 1월, 그러니까 8개월 만에 우리말로 옮겨졌다.

새로운 엘리트 집단 '보보스'

브룩스가 인도하는 미국 중산층 세계로의 유람이 신나진 않아도 지루할 겨를은 없다. 제8장 「일: 도전을 즐기는 기업가정신」이 평범한 경제경영서 수준이고, 제9장 「무엇이 파라다이스를 현실로 만드는가」가 간추린 미국 서부개척사라는 아쉬움은 있다. 이 책을 읽은 계기가 된 '미국을 말하는 책들'을 다룬 대목은 기대 이하였다.

오히려 책을 읽으며 새롭게 발견한 브룩스의 '잡지론'이 더 좋았다. "미국에서 가장 영향력 있는 사람들은 반들반들 윤기 나는 잡지를 만드는 편집자들이다." 미국 잡지들의 발간 목적은 "더 낫고 더 심오한 사람이

되게끔 도와주는" 데 있다. "사실 광택 나는 잡지들이 심각한 주제를 다루는 경우는 거의 없다." 잡지들은 열망을 이야기한다.

애국시민 데이비드 브룩스는 미국을 예찬한다. "이 책은 애국심에 의해 쓰이기는 했지만, 10대들의 맹목적인 사랑 같은 감정을 담은 것은 아니다. 그보다는 오래된 친구가 느끼는 우정에 더 가깝다." 그에게 미국 전역에서 확산되고 있는 교외 지대는 신천지다. 활력이 넘친다. 그가 묘사한 역동적인 미국 교외의 모습은 일본의 그것과는 사뭇 다른 양상이다.

일본의 교육학자 사토 마나부는 『교육 개혁을 디자인한다』(손우정 옮김, 공감, 2001)에서 이지메 현상이 증가하는 주된 배경으로 대도시 교외와 신흥 주택지 거주자들의 익명성과 고립을 꼽았다. 그런 지역은 경제 불황의 영향으로 신중간층의 몰락이 가장 심각하게 나타나는 곳이기도 하다.

이런 종류 책에 대한 난독증이 호전된 건 아니다. 그렇다고 『보보스는 파라다이스에 산다』에 유감이 있는 것도 아니다. 다만 나는 미국(인) 관련서를 호의적으로 평가하지 않았다는 이유로 화를 내는 미국인보다 더 미국적인 우리 독자들이 겁난다. 미국 사람들에게 나 같은 존재는 아무것도 아닐 것이므로. "그는 당신 같은 사람들은 신경도 안 쓴다."(112쪽)

『보보스— 디지털 시대의 엘리트Bobos in Paradise: The new upper Class and how they got there』는 2001년 베스트셀러다. 내가 헌책방에서 구입한 2002년 4월 20일 발행된 『보보스』는 1판 21쇄. '보보Bobo'는 1960년대의 반문화와 1980년대의 성취적인 가치를 놀랍도록 잘 결합한 1990년대의 새로운 엘리트 계층인 '부르주아 보헤미안Bourgeois Bohemian'을 말한다.

"이 계층은 역사상 어느 집단보다 더 큰 서가를 갖고 있는 그룹이다. 그렇지만 그들의 서가를 들여다보라. 꽂혀있는 가죽 장정의 그 모든 책들이 성공과 풍요는

헛된 것이라고 주장한다." 또한 "그들은 엘리트에 반대하면서 자란 엘리트이다. 그들은 풍요로우면서도 물질주의에 반대한다. 그들은 무언가를 팔면서 삶을 영위할 수도 있지만 자신들이 팔리는 것은 싫어한다. 그들은 본능적으로 반기득권적이지만, 이제는 자신들이 새로운 기득권 계층이 되었음을 감지하고 있다."

일련의 관찰에서 시작된 『보보스』의 대부분은 "새로운 도덕적 규범과 예절에 관한 설명이다." 브룩스는 〈뉴욕타임스〉 결혼 소식 지면으로 이야기를 풀어나간다. 지난 세기말 〈뉴욕타임스〉 웨딩 섹션은 다시금 지면이 느는 추세였다. 보보 자본주의 세상에서 근로자는 죽어라고 일만 하는 사람들이 아니다. 그들은 창조자다.

"그들은 이런 저런 것들을 실험하고 꿈꾼다. 그들은 자신들의 능력을 최대한으로 탐구하고 능가하려 한다. 그리고 회사가 만일 그들을 지겹게 하거나 억압하면, 그들은 나가 버리고 만다. 그것은 특권의 궁극적인 표시이다." 그들에겐 자기계발이 가장 중요한 덕목이다. 이것은 고상한 자기중심주의다. "자신의 능력을 최대한 발휘하는 것이다."

데이비드 브룩스의 책

보보스는 파라다이스에 산다— 보보스는 어떻게 세계 경제·사회·문화 혁명을 이끌고 있는가 김소희 옮김, 리더스북, 2008.
보보스— 디지털 시대의 엘리트 형선호 옮김, 동방미디어, 2001.

데이비드 스즈키
David Suzuki
1936-

'백지장도 맞들면 낫다'

생물학자 데이비드 스즈키는 일본계 캐나다인이다. 그의 아버지와 어머니도 캐나다에서 태어나, 그는 캐나

다 이주 3세다. 1941년 일본군이 미국영토인 진주만을 기습하자, 캐나다 당국은 덩달아 "악랄한" 전시특별법에 의거 일본계 캐나다인 2만여 명을 붙잡아 소개疏開한다. 그의 누나들을 포함한 스즈키네 식구도 예외가 아니었다. 검거된 그들은 각자 70파운드의 짐만 지닌 채 배에 태워져 고향 밴쿠버에서 쫓겨난다. 스즈키 가족은 한동안 이산의 아픔을 겪기도 한다. 아버지는 도로건설수용소로 "끌려가" 고속도로 건설 노동자가 되었고, 나머지 가족은 브리티시컬럼비아 내륙지방으로 보내졌다.

새로운 조국에 버림받은 것이 어린 데이비드 스즈키에게는 전화위복이 되었다. 소개된 곳에서 그는 자연과 친해지는 계기를 마련한다. 그는 3년간 수용소 주변 자연환경에 흠뻑 빠진다. 학교에 못 다닌 첫해엔 호숫가와 강과 인근 산의 숲을 젊은 탐험가인 양 싸돌아다닌다.

전쟁의 막바지에 스즈키 가족은 캐나다에서 계속 살기로 결정한다. 이후로도 그는 줄곧 자연을 벗하며 산다. "하지만 어린 소년시절부터 자연과 하나가 될 수 있었던 브리티시컬럼비아의 야생성과 달리 전후의 체험들은 사람들이 시골까지 점령하고 있어 얼마 남지 않은 자연을 내가 찾아다녀야만 하는 곳들에서 얻은 것이었다."

어린이 환경 책

데이비드 스즈키는 세계적 명성의 환경운동가이자 25년간 초파리를 연구한 유전학자다. 방송진행자로도 활약했는데 그가 진행한 과학프로그램은 캐나다 시청자의 주목을 받았다. 과학 대중화에 기여한 공로로 국제적인 상을 여러 개 받았다. 또 그는 캐나다 공영 텔레비전이 뽑은 '캐나다 건국 이래 위대한 캐나다인 10인' 중 한 사람이다. 그리고 책을 40여 권 썼다.

그의 책은 공저가 많다. 번역된 여섯 권 가운데 다섯

권이 2인 공저서다. 하여 스즈키는 대리집필 논란에 휘말릴 여지가 거의 없다. 책을 통해선 스즈키와 공저자의 역할이 뚜렷하게 구별되지 않는다. 다만, 편집자 캐시 밴더린든과 함께 펴낸 책 두 권은 각자 맡은 역할을 짐작하게 한다. 작가이기도 한 캐시는 어린이책에 관심이 많다. 굳이 둘의 역할을 나눈다면, 어린이책 두 권에서 스즈키는 소프트웨어를 책임지고, 캐시는 하드웨어에 집중한 것 같다.

『우리가 바로 지구입니다』는 지구의 자연을 이루는 네 가지 구성요소인 공기, 물, 흙, 불 등이 지구의 생명에 어떤 영향을 주는지 설명한다. 우리 자신이 바로 공기의 일부이며 물이고 흙이기도 하다는 점을 만화와 그림, 사진 같은 이미지 자료와 세계 각지의 설화를 곁들여 효과적으로 알려준다. 불은 생명력을 불어넣는 생태계의 에너지원이다.

스즈키는 어린이와 10대 청소년에게 우리가 바로 지구라는 사실을 일깨운다. 그러면서 그들에게 지구환경을 보호해야 한다고 강조한다. '어린 내가 뭘 할 수 있을까' 망설이는 친구들에겐 12살 때 '어린이 해방 운동'을 제창한 캐나다 소년 크레이그 킬버거를 예로 들어 부추긴다. 또한 우리의 생존은 우리가 누구인가를 기억하는 데에 달려 있다는 것이다.

"우리는 바로 지구의 일부, 즉 공기·물·흙·세상 에너지의 한 부분입니다. 가슴 속에 사랑이 있는 존재들, 영혼이 있는 생명체들이 모두 함께 사는 세상. 아주 가까운 곳에 우리의 이웃생물들과 더불어 사는 곳. 이곳이 바로 지구입니다. 그리고 이 모든 것들이 우리 다음 세대들이 살아갈 세상에도 여전히 머물러 살 수 있도록 하는 것은 바로 우리 손에 달려 있습니다."

권말의 '확인문제'는 책의 내용을 되짚게 하고, 몇 가지 실험을 통해서 스스로 발견하는 즐거움을 누리게 한다. 『즐거운 생태학 교실』은 『우리가 바로 지구입니다』 권말부록의 확대판이다. 실험들은 우리 몸속에 지구와 우주가 들어 있고, 어째서 자연과 우주와 인간이 하나가 될 수밖에 없는지 확인해 준다.

전 지구적 생태위기

『우리 아이들에게 어떤 세상을 물려줄 것인가』는 저자 란에 데이비드 스즈키의 이름이 들어간 번역서 여섯 권 중에서 하나뿐인 그의 단독저서다. 이 책은 산문선집의 성격이 있다. 스즈키가 펴낸 그간의 책에서 "가장 나은 것들"과 책에 실리지 않았던 글을 모았다.

이 책을 통해 그는 자신의 삶을 더러 언급한다. "결혼에 한 번 실패했고, 애인이나 학생이나 아이들에게 관심을 쏟지 못해 그들과의 관계가 곤란해졌으며, 생활은 편협해졌다.' '자기만의 열정에 몰입하기' '순간의 희열' '내일이 없는 것처럼 일하기' 같은 그에게 부족한 점들의 태반이 생태위기를 초래한 사회 전체의 특징이라는 사실을 깨닫기도 한다.

그는 아무도 피해갈 수 없는 생태위기가 "근·현대 도시인들의 마음속에, 우리의 파괴성을 조종하는 가치와 신념에 내재되어 있다고 믿는다." 아울러 "우리가 인간 행동의 위협에 대응하지 않는 이유의 하나가 스스로를 더 이상 자연 세계의 일부로 보지 않기 때문이라고 생각한다." 자연의 제약은 느끼지 못하면서 모든 것을 우리 맘대로 써도 된다는 끔찍한 믿음을 갖고 있다는 것이다. 오늘 지구의 생물권이 온통 탈이 났는데도 우리는 여전히 성장만 부르짖고 있다며 전 지구적인 경제의 무한 성장론에 일침을 놓는다. "경제는 생물학적 존재인 우리가 지구의 생산력으로 살아가기에 돌아갈 수가 있다. 그런데도 우리는 깨끗한 환경을 누리기 위해서는 경제가 계속 성장해야 한다는 소리를 듣는다." 그러고는 사태의 심각성을 크게 우려한다.

"빈곤에 처한 사람들은 개발업자의 감언이설에 쉽게 놀아나곤 한다. 일자리와 전기와 텔레비전을 약속하는 달콤한 유혹에 빠져 도로와 항구 건설을 환영한다. 그

들에게 숲은 돈으로 바꿀 수 있는 자원이다. 잘사는 나라의 우리 같은 사람들도 개발이라는 사이렌이 부르는 소리에 저항할 수 없었는데 훨씬 불리한 조건에서 출발한 사람들이 저항할 수 있을 것으로 기대할 수 있겠는가?"

논픽션 작가 웨인 그레이디와 함께 지은 『나무와 숲의 연대기』는 '더글러스-퍼' 나무의 일대기다. 번역서의 제목이 부풀려졌다고 볼 수도 있으나 실은 그렇지 않다. 정곡을 찌른다. '더글러스-퍼'를 얼마든지 다른 나무로 대체할 수 있거니와, 생명체가 더불어 사는 숲에서 어느 한 종에 대한 위협은 생태계 전체에 대한 위협이 되기 때문이다.

"하지만 나이키는 다르다"

누가 그러는데 내 얼굴에는 '운동 같은 거 안 함'이라 쓰여 있단다. 옳은 지적이다. 그런데 나는 몸을 단련하는 운동뿐만 아니라 작은 힘이나마 보태고 싶은 사회운동과도 궁합이 잘 안 맞는 것 같다. 한동안 환경운동 하는 분들을 자주 만났다. 2006년 한 해 동안은 어느 환경잡지의 편집위원을 하면서 그들과 토론을 벌이기도 했다.

그럴수록 나는 환경운동의 국외자라는 생각이 들었다. 한번은 환경잡지 편집회의에서 생각이 다른 편집위원과 감정이 실린 언쟁을 했다. 환경운동의 실상을 보는 눈이 판이했기 때문이다. 그는 희망을, 나는 절망을 보았다. 친환경운동 연구소의 연구원을 지낸 그 편집위원은 지역공동체와 협동조합운동에 적잖은 의미를 부여했지만, 나는 그 숫자가 얼마나 되느냐며 따졌다. 보잘것없지 않느냐고 말이다.

데이비드 스즈키는 동료 환경운동가 홀리 드레슬과 더불어 나쁜 뉴스에 절망한 나 같은 사람에게 『굿 뉴스』를 들려준다. 이 책은 세계 각지에서 다양한 환경운동을 펼치는 이들에 대한 탐방기다. 두 사람은 그들에

게서 희망의 싹을 본다. 하지만 나는 그들의 실천사례가 그저 좋지만은 않아 보인다. 광야를 불사르기엔 약한 불씨다.

나는 데이비드 스즈키의 뒤늦은 각성이 수상쩍다. 내 짧은 상상력으론 작금의 경제활동과 지구의 자연환경이 어떻게 조화를 이룰지 감이 안 잡힌다. 잔인한 방식으로 사육한 고기와 인간적인 방식으로 사육한 고기의 차이도 잘 모르겠다. 그리고 '지속가능성'은 만병통치약이 아니다. 도랑치고 가재 잡는 식의 돈 되는 환경운동이 가능하다면 얼마나 좋을까!

나이키를 친환경기업으로 부각한 것은 어리둥절하기 짝이 없다. 스즈키는 헌신적인 중간급 간부들이 나이키의 친환경 정책을 주도하고 있다면서, 회사의 진로를 결정하는 이사회와 책임소재의 불분명함을 이에 맞세운다. 게다가 그는 세계 여론의 지탄을 받은 나이키의 제3세계 노동력 착취에도 면죄부를 발부한다.

"나이키는 자금 대부분을 광고와 유통에 투자한다. 그리고 실제 신발제조는 다른 업체에 아웃소싱한다. 그래서 이름도 모르는 신발공장의 비인간적 노동행위가 적발되면서 나이키가 망신을 당한 것이다. 그리고 이러한 비참한 노동 착취 현장과 세번 같은 훌륭하고 정직한 사람들 간의 괴리가 생기는 것은 생산이나 급여에 관한 나이키의 결정방식 때문이다."

일본 사회 소수자와의 만남

"명확하진 않지만 위협이 된다고 판단되면 시민으로서의 모든 권리를 중지시킬 수 있도록 한" 2차 대전 때의 캐나다 전시특별법이 얼마나 '악랄한지' 나는 잘 모른다. 하지만 20세기 전반기 일본과 일본군이 식민지와 전쟁터에서 자행한 야만적 행위보다는 덜 악랄할 것이다. 더 큰 문제는 소위 경제대국으로 발돋움한 일본이 이른바 과거사에 대해 전혀 반성하지 않는다는 점이다. 일본인 중에는 일본이 2차 대전의 대가를 부당하게

치렀다고 착각하는 사람들이 있을 정도다.

『강이, 나무가, 꽃이 돼 보라』에서 스즈키는 일본의 인류학자 오이와 게이보와 함께 일본 사회의 소수자들을 찾아 나선다. 두 사람은 우리에게 일본 사회 소수자와의 만남을 주선한다. 두 사람이 일본의 소수민족 구성원과 평화운동·인권운동·환경운동 분야의 풀뿌리 운동가를 만나 대화를 나눈 이 책에서 오히려 나는 희망을 본다.

마루키 이리·마루키 도시 부부는 히로시마에 원자폭탄이 떨어진 며칠 후, 히로시마의 참상을 목격한다. 이를 계기로 이 화가 부부는 평화를 염원하는 전쟁 벽화 작업에 몰두하는데 미국에서 열린 전시회에서 전환점을 맞는다. "일본인들이 난징 대학살을 비롯해 자기네가 저지른 끔찍한 행위에 대한 책임을 모면하기 위해 원자탄을 이용한다"라는 비판에 충격을 받은 두 사람은 벽화의 주제를 일본 바깥으로 넓힌다.

"저는 반미주의자는 아닙니다. 문제는 그들이 우리 땅에 주둔하고 있다는 사실이지요. 일본 자위대도 저에게는 똑같은 존재입니다. 사실 50년 전에 일본군이 우리에게 저지른 짓을 생각하면 자위대보다 차라리 미군이 낫다는 생각도 듭니다. 저는 미국인들보다 일본인들이 더 무섭습니다. 이곳 사람들 중 상당수가 저처럼 생각할 겁니다."

이렇게 말하는 치바나 쇼이치는 식료품점 주인이자 보기 드문 저항 운동가다. 그는 1987년 10월 26일 고향인 오키나와 요미탄 마을에서 처음 열린 전국 규모의 소프트볼 대회 경기장에 나부끼는 일장기를 끌어내려 불태운다. 그래서 교도소 신세를 졌지만, 메가폰을 든 서글서글한 눈매의 치바나는 그런 '엄청난' 일을 벌일 사람으로 전혀 안 보인다.

언론인 혼다 가쓰이치는 20세기 전반기 일본이 다른 나라를 침략하면서 저지른 만행에 관한 전문가다. 일본군은 중국 난징에서 1937년 12월 10일부터 6주에

걸쳐 20만 명을 학살한다. "혼다의 말로, 그러한 만행은 갑작스런 살인의 광기에서 비롯된 것이 아니라 일본군이 입성하는 순간부터 시작되었다. 정부의 선전에 길들여진 사람들에게 그의 사건 묘사는 충격적이었다." 차마 여기에 옮겨 적을 수 없을 만큼.

오이와 게이보에게는 일본 사회 소수자의 피가 흐른다. 그런데 오이와는 그의 아버지가 '조선인'이라는 사실을 서른이 돼서야 알게 된다. 이 책의 7장 「일본인의 거울, 한국인」에는 '자이니치(재일 조선인)' 세 사람이 등장한다. 그중 한 분인 이인하 목사는 일본인에게 화해의 손길을 먼저 내민다. "한인들이 일본인들에게 받은 대우를 생각하면 화가 납니다만, 인종주의자인 일본인을 보면 안됐다는 생각도 듭니다. 그들은 제국주의의 체제의 희생자이자, 증오와 무지를 부추기는 교육제도의 희생자일 뿐이기 때문입니다."

그렇지만 우리가 일본을 용서하기는 아직 너무 이르다. "법을 지키지 않는 모든 한국인들을 어디 섬으로 끌고 가서 씨를 말려 버려야 한다"라는 일본 법무성 장관 야나가와 헤이스케의 섬뜩한 발언(1941)과 "한국이 일본에게 주권을 넘겨줄 때 아무런 군사적 압력이 없었다"라는 전직 외무성 장관 와타나베 미치오의 망발(1995)은 본질이 같다. 한편, 우리가 일본의 파렴치함을 닮아가는 것은 경계해야 한다. '자이니치' 김신종 시인의 지적이다.

"저는 차별에는 반대합니다. 하지만 차별을 받는다고 해서 저절로 정의로운 편에 서게 된다는 사람들의 생각에는 동의할 수 없습니다. 저는 그런 태도를 몹시 싫어합니다. 지나친 이기주의는 막돼먹은 편견을 가진 쪽에만 있는 것이 아니라 희생자 쪽에도 있는데, 그게 훨씬 더 위험할 수도 있습니다."

데이비드 스즈키의 책
우리 집은 자연박물관 유진 페르난데스 그림, 노경실 옮김, 고래이야기, 2010.

벌거벗은 원숭이에서 슈퍼맨으로 홀리 드레슬 공저, 한경희 옮김, 검둥소, 2009.
생명은 끝이 없는 길을 간다 피터 너슨 공저, 김병순 옮김, 모티브북, 2008.
우리 아이들에게 어떤 세상을 물려줄 것인가 이한중 옮김, 나무와숲, 2007.
굿 뉴스 홀리 드레슬 공저, 조응주 옮김, 산티, 2006.
나무와 숲의 연대기 웨인 그레이디 공저·로버트 베이트먼 그림, 이한중 옮김, 김영사, 2005.
강이, 나무가, 꽃이 돼 보라 오이와 게이보 공저, 이한중 옮김, 나무와숲, 2004.
즐거운 생태학 교실 캐시 밴더린든 공저·제인 크리수 그림, 김재석 옮김, 사계절, 2004.
우리가 바로 지구입니다 캐시 밴더린든 공저, 김난령 옮김, 소금창고, 2003.
유전자: 생명의 원천 조셉 레빈 공저, 한국유전학회 옮김, 전파과학사, 1996.

데이비드 콤멘
David Quammen
1948-

길들여지지 않은 삶을 동경하다

어느 출판 전문잡지에서 청탁받은 글을 쓰려고 이른바 '스토리텔링' 서적을 읽는 중이다. 스토리텔링 서적이란 『누가 내 치즈를 옮겼을까?』와 『마시멜로 이야기』로 대표되는 우화 형식의 실용 처세서를 말한다. 집에 없는 책 서너 권을 어느 인터넷서점에 주문해서 구입했는데, 이 책들의 쇄수가 만만치 않다. 어떤 책은 출간 1년 20일 만에 무려 93쇄를 찍었고, 또 어떤 책은 석 달 만에 20쇄를 찍으며 쇄수를 늘려가고 있다.

스토리텔링 서적의 판매 호조는 우화 형식의 '이야기'에 크게 힘입은 결과다. 이야기적 요소가 독자를 끌어들이는 밑거름인 셈이다.

야생의 삶을 말하다

생태 논픽션 작가 데이비드 콤멘의 『야생에 살다』는 길들여지지 않은 삶에 대해 이야기한다. 콤멘이 이 책을 통해 추구하는 바는 독자 "여러분에게 야생자연에 대해 다시 한 번 곰곰이 생각해보도록 하고, 다소 신축적이고 포괄적인 '야생자연'의 정의에 친근해지도록 하기 위한 것이다."

"넓은 의미의 야성wilderness은 현대인이 추구하는 절대 안전과 확실성에 오염되지 않은 지리적 또는 감정적 환경에서라면 어디든지 존재한다." 그것은 코요테 무리가 살고 있는 미 캘리포니아 주 버뱅크 산기슭에 깃들어 있지만, 뉴욕 맨해튼 중심부의 빌딩 숲에도 있을 수 있다.

쾀멘은 "우리가 사는 지구 모든 곳을 더 편평하고 길들여지고 단순하고 추한 모습으로 만드는 일을 계속해야 하는가?"라고 반문한다. "인간에게는 거대하고 두렵고 살인적인 야성이 절실하게 필요하다. 직관에 어긋나는 것처럼 보일지 모르지만, 담담하게 우리를 죽일 능력이 있는, 얼마 남지 않은 자연 속의 야수와 장소와 힘을 보전할 필요가 있다."

물살이 거센 골짜기가 있는 칠레의 푸탈레우푸 강이 우리에게 필요한 것처럼 호랑이, 소만악어, 갈색곰, 코모도왕도마뱀도 필요하다는 것이다. 인간이 모든 피조물의 정점에 서 있는 무적의 존재가 아니라는 사실을 일깨워주기 위해서라도 말이다. "이러한 무시무시한 존재들은 우리 자신의 위치를 되돌아볼 수 있는 기회를 제공"한다.

나는 '야생마'였다

이제 나의 출판언론계 생활이 (2007년 현재) 12년째로 접어든다. 한데 그동안 출퇴근을 한 기간은 불과 2년 남짓이다. 첫 직장인 서평전문지 기자 시절, '야생마'라는 소리 들었다. 프로야구의 이상훈 투수와 같은 별명이 붙은 게 좀 어이없기는 했다. 나는 갈기 머리를 휘날리거나 불같은 강속구를 던진 일이 없어서다.

그게 조직생활에 잘 맞지 않는 인간형을 뜻한다는 걸 한참 후에 깨달았다. 이런 성향을 스스로가 부지불식간 알고 있었는지 몰라도, 나는 대학을 졸업하면서 취업을 아예 포기했다. 백수 생활 3년 만에 운 좋게 들어간 잡지사가 일반직장보다는 운신의 폭이 상대적으로 자유로운 곳이어서 그나마 1년을 버틸 수 있었다.

그로부터 3년이 지나서 첫 직장에 복귀했으나, 이번에는 6개월을 다녔다. 내가 한 직장을 두 번째 그만둔 과정은 '야생마'란 소리 들을 법도 하다. 서평전문지의 발행처는 정부가 출연한 출판기금을 관리하는 기구였고, 그곳의 명목상 책임자는 퇴직한 공무원이었다. 정부 관련부처의 국장급 인사가 낙하산을 타고 내려오는 자리였는데, 정권이 바뀔 때 대통령과 같은 지역 출신으로 교체되었다.

사단은 비가 추적추적 내리는 늦여름 날의 점심 회식장소에서 벌어졌다. 나는 그 날의 회식이 못마땅했다. 외국 도서전에 다녀온 잡지의 영업책임자를 환영한다는 게 회식의 명분이었기 때문이다. 장기 근속자를 배려하는 차원이라고는 하나, 도서전은 마땅히 취재기자가 다녀왔어야 했다. 윗분들은 그런 자리에 늘 늦게 나타난다. 아랫것들은 미리 가서 그들을 기다린다. 그날도 그랬다. 나는 그날따라 안하던 짓을 했다. 그냥 시간을 보내기가 무료했는지, 동료 기자들의 잔에 소주를 따라주었다. 이윽고 등장한 윗분들이 상석에 자리를 잡았다.

우리 '조직'의 명목상 책임자께서 영업책임자가 사온 외국 술을 꺼내 들어 짧은 공치사를 한 다음, 좌중을 둘러본다. 이제 부하 직원들에게 술을 따를 차례다. 그런데 아랫것들의 잔에 술이 부어져 있지 않은가. 그는 무례하게 어떤 놈이 그랬느냐는 식으로 심하게 나무란다. 나는 기분이 몹시 언짢다. 어떻게 하지? 몹시 불쾌하다. 자리에서 일어나 터벅터벅 걸어서 식당을 빠져나와 사무실에 들렀다가 바로 귀가했다. 이튿날 잡지사를 그만두었다.

빼어난 '단편선'

앞서 번역된 콰멘의 책 두 권이 장편소설이라면,『야생에 살다』는 단편소설집이다. 그것도 보석 같은 작품을 추린 빼어난 단편선집이라 할 만하다. 책에 실린 23편의 글이 하나같이 밀도 있다. 내가 읽은 책 가운데 이책과 비교할 수 있는 것은 스티븐 제이 굴드의『다윈 이후』(홍동선·홍욱희 옮김, 범양사출판부, 1988) 정도다.

전문성도 굴드의 책에 뒤지지 않으면서 이야기의 폭은 한결 넓다. 주로 강과 도시와 산의 자연생태를 다룬다. 그런데 미국 최초의 대륙간핵미사일ICBM 발사기지라는 예외적인 소재를 다룬 「지옥의 열쇠」는 생생한 군사르포를 방불하게 한다. 핵미사일 기지에 근무하는 유사시 미사일 발사 임무를 맡는 장교들은 '개인적 책임 최종 확인서'에 서명해야 한다.

"나는 미사일 전투요원의 책임을 이해하고, 이 임무 수행에 따르는 결과를 알고 있습니다. 그러한 입장에서 임무를 수행하는 나의 능력과 신념에 조금의 망설임도 없음을 보증합니다." 이 진술서에 서명한 훈련생은 미사일 요원 훈련을 계속 받지만, 서명하지 않은 훈련생은 미 공군을 떠나야 한다.

굴드의 문장도 매끄럽지만 콰멘의 문장 또한 그에 못잖게 운치가 있다. "남극 대륙은 경사가 완만한 돔 모양의 대륙이 얼음 무게 때문에 셰브롤레 자동차의 천장이 움푹 꺼진 것처럼 납작하게 짓눌려 있다."(「얼음 밑의 딸기는 얼지 않는다」) "우리는 머리가 희끗희끗 새어가고 갚아야 할 대출금과 출근해야 하는 직장이 있는, 한창때를 지난 아마추어 물놀이꾼에 불과하다."(「소용돌이」)

진솔하고('야생자연에서 살아가는 맛은 바로 이거야!'), 장난기어리며("고것 참 쌤통이다!"), 역설적인 표현들에선 익살스러움을 뽐내기도 한다. "사실, 나는 숲에서 너무 많은 시간을 보낸 나머지, 농구를 하며 치료 교육을 받아야 했다." 또한 "마흔을 지나면 삶이 훨씬 복잡해지고 아주 바쁘게 쪼개진다"는 말에선 삶에 대한 성찰이 빛난다.

나는 무엇보다 콰멘의 단정적 진술들에 크게 공감한다. "장점이 많다 해도 책은 그저 책에 불과했다." "실용성은 마음을 기쁘게 해주는 비실용적인 것의 겉을 감싸고 있는 껍데기일 뿐이다." "운명 같은 것은 없다." 이와 함께 댐과 동물원을 보는 그의 생태 친화적인 시각을 지지한다.

"댐을 건설해 강을 가둔 물에 푹 잠기게 하는 것은 뭔가 다른 것을 얻기 위해 이전의 강을 죽이는 것이다. 단순히 전기를 생산해 팔아먹기 위해 합당한 이유 없이 댐을 건설하는 것은 지구 전체로 볼 때 또 하나의 야생 장소가 사라지고, 지구는 예전보다 다양성이 감소되고, 더 편평하고 길들여지고 단순하고 추한 모습으로 변하기 때문에 비극이다."

"동물원에 교육적인 가치가 있다는 주장은, 지난 150년 동안 동물원보다 훨씬 역사가 오래된 서커스단의 동물에 대한 평가를 좀더 지적으로 그리고 상업적으로 높이기 위해 지어낸 것에 지나지 않는다. 지금도 동물원은 그다지 교육적이지 못하다."

책다운 책

다윈이 따개비를 탐구한『만각아강蔓脚亞綱에 관한 연구A Monograph of the Sub-Class Cirripedia』에서 진화를 분명하게 언급하지 않은 것에 대해, 굴드는 초창기의 대중적 수필에서 '다윈의 지연Darwin's Delay'이라 표현했다고 콰멘은 지적한다. '다윈의 지연'은『다윈 이후』의 첫 장이다.

콰멘은 다윈이 따개비에 깊이 빠져 진화론 발표를 늦춘 까닭으로, 그가 따개비에서 마치 거울 속의 자기 모습을 들여다보는 것처럼 깊이 공감했다는 쪽에 무게를 싣는다. 그런데 다윈이 자서전에서 따개비 연구에 의미를 부여하면서도 많은 시간을 들일 가치가 있었겠느냐 회의를 품었다는 콰멘의 설명은 다윈의 자서전과 일치하지만, 다윈의 연구열정과 은둔기질에 관한 내용은 약간 다르다.

「다윈과 따개비」에서 콰멘은 다윈이 아버지 장례식에 참석하지 않은 이유가 다윈이 따개비 연구에 열중했던 때문으로 풀이한다. 반면, 다윈은 자서전에서 "건강이 너무 나빠서 아버지가 돌아가셨는데도 장례식에 참석할 수 없었을 뿐 아니라 유언 집행인 중 한 사람으로서의 역할도 하지 못했다"(『나의 삶은 서서히 진화해왔다』)라고 술회한다. 『야생에 살다』는 책다운 책이다. 책의 진가를 말해주는 대단한 책이다.

알파 포식자

인간을 먹고 산 식인 동물에 대한 문화 생태학적 고찰인 『신의 괴물』은 콰멘의 최신작이다. 이 책은 사람을 잡아먹는 포식동물을 다룬다. 콰멘은 그런 동물을 '알파 포식자'라 부른다. 그러한 동물을 한데 아우르는 과학적 명칭이나 공식적인 범주가 아직 없어서 콰멘이 임의로 붙인 이름이다.

"알파 포식자에는 선택받은 일부 동물만 속하지만, 동물학적 경계를 초월하여 포유류·어류·파충류 등 다양한 동물이 포함된다. 과학적으로 엄밀하게 이야기하면, 이러한 분류는 작위적인 것으로, 분류학적으로나 생태학적으로 아무런 근거가 없다. 그 실체는 인간의 마음속에 새겨져 있는 심리적인 것이다."

알파 포식자로는 호랑이, 갈색곰, 백상아리, 나일악어, 소만악어, 사자, 표범, 홍상어, 북극곰, 코모도왕도마뱀을 포함한 그 밖의 몇몇 종이 있다. 퓨마는 유력한 후보로 다시 떠오르고 있다. 아프리카비단구렁이, 그물비단구렁이, 아나콘다, 재규어와 몇몇 악어류와 상어류도 자격이 충분해 보인다.

"그러나 그 정도가 전부다. 큰 고양이과 동물, 몇몇 연골어류, 일부 파충류, 두세 종의 곰이 전부다. 이들이 다른 동물과 구별되는 점은 몸집이 아주 크고, 때로는 동물과 사람을 가리지 않고 공격해 잡아먹을 만큼 사납고 식욕이 왕성하다는 것이다. 우리가 이들 동물에게 느끼는 위협은 여타 동물에게서 느끼는 것과는 분명히 큰 차이가 있다."

이 책은 알파 포식자에 대한 탐색기다. 콰멘은 지구상에 얼마 남아 있지 않은 알파 포식자의 서식지를 찾아 나선다.

섬 생물지리학

『도도의 노래』는 섬 생물지리학에 근거한 멸종생물탐사기다. "생물지리학biogeography은 종의 분포와 분포 유형에 대해 연구하는 분야이다. 즉, 동물들이 어디에 살고 있는지, 식물들은 어디에 살고 있는지, 그리고 살고 있지 않은 곳은 어디인지를 연구하는 학문이다." 이런 관심을 특별히 섬에 집중하는 분야를 섬 생물지리학이라고 한다.

이 책에서 콰멘은 진화생물학자 알프레드 월리스의 복권을 꾀한다. 월리스는 찰스 다윈과 더불어 진화론의 양대 근원을 이루는 인물이지만, 다윈이 진화론의 창시자로 추앙받는 데 비해 월리스는 겨우 이름만 남아 있다. 콰멘은 다윈이 더 뛰어났다는 사실을 부정하지 않는다. 다만, 월리스의 업적이 누락돼 있는 것에 주목한다. "그의 가장 큰 과학적 업적은 격리가 지닌 중요성을 발견하고 명확하게 밝힌 것이다."

그런데 콰멘의 이름을 우리에게 처음 알려준 『도도의 노래』에 묘한 징크스가 있다. 어찌된 영문인지 이 책은 늘 품절 상태다. 지금도 그렇다. 하지만 나는 역시 품절일 때 이 책을 구입했다. 내가 갖고 있는 『도도의 노래』는 2001년 6월15일 펴낸 초판 4쇄(1권)와 1999년 12월10일 펴낸 초판 3쇄(2권)다.

덧붙임 2007년 정초 한나라당 원 아무개 의원의 세배 논란은 그의 한계라고 생각한다. 잡지사를 박차고 나와 한두 달쯤 있다 아는 분의 소개로 개점을 준비하던 인터넷업체에 들어갔다. 거기는 딱 6개월 만에 그만두었다. 과장이라는 직함이 남의 옷을 입은 것처럼 거북살스러운데다 업체의 실질적인 소유주가 전직 대통령의 아들인 점도 부담스러웠다. 아무 생각 없이 (잘 보이려고 그랬겠지) 대통령의 아들에게 때맞춰 나온 나의 첫 책을 증정하기도 했다. 그나, 그 밑의 상급자가 전직 대통령에게 세배를 제안했다면 나는 어떻게 했을까? 눈도장 한번 제대로 찍히려고 달려들었을까? 비수를 품고 대통령 사저로 들어섰을까? 석 달 만에 그만두었을 것 같다.

데이비드 쾀멘의 책

신중한 다윈씨- 찰스 다윈의 진면목과 진화론의 형성 과정 이한음 옮김, 승산, 2008.
야생에 살다 이충호 옮김, 푸른숲, 2006.
신의 괴물 이충호 옮김, 푸른숲, 2004.
도도의 노래 이충호 옮김, 푸른숲, 1998.

데즈먼드 모리스
Desmond (John) Morris
1928-

"나는 동물학자이고 털없는 원숭이는 동물이다"

고등학교 윤리교과서에서는 사람을 신과 동물 사이의 중간적 존재로 본다. 하지만 영국의 동물학자 데즈먼드 모리스는 이런 관점에 동의하지 않는다. 만물의 영장이라 일컫는 인간도 그에게는 명백한 동물이다. 이름하여 '털없는 원숭이The Naked Ape.' 모리스가 이름 붙인 이 말은 영어사전에도 올랐다. 1967년 모리스가 펴낸 책이 세계적인 성공을 거둔 덕택이다. 그 책은 20여 개 나라 말로 옮겨졌고, 천만 부가 넘게 팔렸다. 우리나라

에는 『털 빠진 원숭이』(재동문화사, 1979)라는 제목으로 처음 소개되었으나 별다른 주목을 받지 못했다. 1990년대 초반 『털없는 원숭이』(정신세계사, 1991)로 재번역되어 그해 베스트셀러 목록에 오른다.

나는 동물학자이고, 털없는 원숭이는 동물이다. 따라서 털없는 원숭이는 내 글감으로 나무랄 데가 없다. 그의 행동양식이 약간 복잡하고 인상적이라고 해서, 그를 연구 대상으로 다루는 것을 더 이상 회피하지는 않겠다. '호모 사피엔스'는 아주 박식해졌지만 그래도 여전히 털없는 원숭이이고, 숭고한 본능을 새로 얻었지만 옛날부터 갖고 있던 세속적인 본능도 여전히 간직하고 있기 때문이다.

모리스가 머리말을 통해 밝힌 '동물학적 인간론'의 저술 동기이다. 인간이 영생을 누릴 수 있는 유일한 희망은 유전자가 담겨 있는 인간의 생식기에 있다는 모리스의 주장은 곧장 교회의 반발에 부딪혔다. 그에게 비난이 쏟아졌다. 청교도들은 인간이 가장 성적인 영장류라는 모리스의 견해를 집중 공격했다. 심리학자나 인류학자, 그리고 사회학자들마저 모리스 공격에 가세했다. 그가 자신들의 연구영역을 침해했다는 것이 이유였다.

하지만 모리스는 이런 반응에 개의치 않았다. 인간이 영장류 가운데 두뇌가 가장 클 뿐만 아니라 성기도 가장 크다는 것은 움직일 수 없는 사실이기 때문이다. 게다가 인간 유전자의 98.4퍼센트가 침팬지의 그것과 같다. 이것은 인간과 침팬지의 사이가 고릴라와 오랑우탄의 유연관계보다 가깝다는 말이다.

『털없는 원숭이』의 성공은 제목에 '원숭이'를 넣는 유행을 낳았다. 여기에는 모리스의 저서도 있고, 아닌 것도 있다. 모리스의 책은 원래 제목은 그렇지 않지만 번역과정에서 '원숭이'로 둔갑했다. 『옷을 입은 원숭

이』(자유문고, 1987)는 자전적 요소가 짙은 『Animaldays, 동물들의 나날』의 번역이다. 이 책의 서두에서 모리스는 엉뚱하게 보나파르트 나폴레옹에게 감사의 말을 전한다. 정확하게는 나폴레옹 군대의 포탄에 대해. 그 포탄은 이베리아 반도 전쟁에 영국군으로 참전한 모리스의 고조부의 두 팔을 앗아간다.

모리스의 조상은 대대로 농부였다. 농사를 못 짓게 된 고조부는 서적상으로 변신한다. 책에 둘러싸여 자란 증조부는 인쇄 활자에 매혹되어 인쇄공 겸 기자로 활약한다. 이런 내력은 부친을 동화작가로 만들고, 증조부로부터 이어 내려온 한 권의 책은 모리스의 운명을 결정한다. 『위와 내장의 비교해부학 입문』이 바로 그 책이다.

『The Human Animal, 인간이라는 동물』의 번역인 『머리 기른 원숭이』(까치, 1994)는 모리스의 저작선집으로 볼 수 있다. 이 책은 영국 BBC 방송이 제작한 6부작 TV시리즈의 제작과 병행해 집필되었다.

인간의 행동을 여섯 시간에 담아내려는 야심찬 기획은 모리스의 힘을 빌려 가능하게 되었다. 그의 저서를 토대로 시리즈를 제작했기 때문이다. 『맨워칭』『털없는 원숭이』『인간동물원』『성적행동』 등의 내용이 각각 1부에서 4부까지의 틀을 잡았고, 5부는 『베이비워칭』과 『연령대에 관한 책』을 뼈대로 삼았다. 6부는 『예술의 생물학』을 기반으로 제작했다.

그러니까 『머리 기른 원숭이』는 이 시리즈의 대본인 셈이다. 이 책은 국내에 미번역된 모리스 책의 면모를 살피는 기회를 제공한다. 그렇다고 번역된 책에 바탕을 두고 있는 부분을 건너뛰어서는 곤란하다. 모리스가 최신 압축판으로 '버전업'을 해놓았기 때문이다.

프란스 드 발의 『정치하는 원숭이』(동풍, 1995)는 『털없는 원숭이』의 사촌쯤 된다. 드 발의 책에는 모리스의 서문이 들어 있다. 『윙크하는 원숭이』(인간능력개발원)를 펴낸 국내 필자는 모리스의 에피고넨인 셈이다. 『인간

동물원』(문음사, 1982: 한길사, 1994)은 『털없는 원숭이』의 속편임에도 '원숭이' 항렬을 따르지 않고, 제목The Human Zoo을 직역했다.

모리스는 실험이 아니라 관찰을 통해 인간의 행동을 탐구했다. 그는 사람의 몸짓에 주목한다. 수백만 년의 진화의 산물인 육체 언어는 인간의 보편성을 입증하는 명백한 증거라는 것. 무의식적인 제스처는 인종과 성별, 그리고 학력, 재력이 틈입할 여지없이 동일하게 나타난다. 하지만 문명의 기반이 되는 언어는 차이를 증폭시킨다. 심리학자들에 의한 행동실험 결과가 종종 부자연스럽고 열패감을 주는 것과는 달리 모리스의 설명이 자연스럽고 많은 사람의 공감을 사는 이유도 여기에 있다. 모리스의 독특한 관찰방법은 '워칭watching'으로 불린다.

'워칭'은 생물학적 접근에다 문화현상과 사회구조 분석을 병행한 종합적인 접근 방식이다. 이를 통해 모리스는 인간이라는 종이 오늘에 이르게 된 과정을 살폈다. 그의 일련의 저서들은 '워칭'을 돌림자로 쓰고 있다. 『바디워칭』『맨워칭』『베이비워칭』『크리스마스워칭』 등.

『바디워칭』(범양사출판부, 1986)은 사람의 몸을 머리털에서 발가락까지 샅샅이 탐색한다. 이 책은 신체의 진화과정과 거기에 얽힌 전설, 그리고 몸짓과 신체의 민족별 특성을 소상하게 서술했다. 우리나라에 대한 대목도 나온다. "어찌된 영문인지 동양인들은 겨드랑이 냄새 신호 체계odour signalling system가 전혀 없다시피하다. 이런 면에서 한국인들은 가장 극단적인 집단이어서 줄잡아 절반의 인구가 이 겨드랑이 냄새 샘이 전혀 없다."

적절히 배치한 풍부한 사진과 그림은 책의 흥미를 배가한다. 우리 눈에 익은 세계 유명인사가 다수 등장한다. 특히 코 수술 전·후의 사진이 나란히 배열된 마이클 잭슨이 눈길을 끈다. 신체를 노출한 사진이 많아 출간 당시에는 외설시비를 걱정하기도 했지만 다행히

구설에 휘말리지 않았다. 『아기의 비밀 60가지』(삶과꿈, 1997)는 『베이비워칭』의 한국어판이지만, '-가지' 꼴이에 편승한 제목을 달고 육아관련서로 번안되었다. 이해에 『마음을 열어주는 101가지 이야기』 따위의 책이 큰 인기를 끌었다.

이제 데즈먼드 모리스는 우리 독자들의 선호도가 꽤 높은 해외 저자가 되었다. 『털없는 원숭이』와 『인간 동물원』은 20여 년 전부터 10년 간격으로 새 판을 찍었고 신간의 동시 출간이 이루질 정도다. 2004년에도 모리스의 책 두 권이 출간되었는데 『피플워칭』(까치)은 『맨워칭』(까치)의 개정증보판이다. 개정판에서 제목이 바뀐 사연이 재미있는데, 원래 제목이 남성만을 지칭한다는 오해를 피하기 위해서다.

2004년 9월, 한국과 영국에서 동시에 출간된 '여자 몸에 대한 연구'를 부제로 하는 『벌거벗은 여자』(Human &Books)도 개정판을 만들려는 작업에서 비롯되었다. 하지만 결과적으로는 전혀 새로운 책이 탄생하기에 이른다. 『바디워칭』의 개정판을 내기로 마음먹었을 때, 모리스가 "남자와 여자를 똑같은 비중으로 다루었던 원래의 접근 방식을 버리고 오로지 여자에만 초점을 맞추기로 결심"한 것이 그런 결과를 낳았다. 사람의 몸을 머리에서부터 발가락까지 훑어 내려오며 인체의 각 부위를 독립된 장에 서술한 것은 『바디워칭』의 구성을 그대로 따른 것이다. 『벌거벗은 여자』의 한국어판 서문에서 데즈먼드 모리스는 "이 책은 한국에서 출간되는 나의 일곱 번째"라고 했으나, 이는 사실과 다르다. 『벌거벗은 여자』는 한국어로 번역된 그의 열 번째 책이다.

데즈먼드 모리스의 책

또 다른 인류 유인원 스티브 파커 공저, 정옥희 옮김, 시그마북스, 2011.
우리 아기- 아기 탄생 후 두 살까지의 놀라운 이야기 장경렬 옮김, 팩컴북스, 2009.
털없는 원숭이의 행복론 김동광 옮김, 까치, 2008.
나의 유쾌한 동물 이야기 김석희 옮김, 한얼미디어, 2006.
벌거벗은 여자- 여자의 몸에 대한 연구 이경식·서지원 옮김, Human& Books, 2004.
피플워칭- 보디 랭귀지 연구 김동광 옮김, 까치, 2004.
맨워칭- 인간행동을 관찰한다 과학세대 옮김, 까치, 1994.
육안으로 바라본 털없는 원숭이 이충호 옮김, 두레, 2003.
인간의 친밀 행동 박성규 옮김, 지성사, 2003.
접촉 박성규 옮김, 지성사, 1994.
털없는 원숭이- 동물학적 인간론 김석희 옮김, 문예춘추사, 2006.
털없는 원숭이- 동물학적 인간론 김석희 옮김, 영언문화사, 2001.
털없는 원숭이- 인간에 관한 개인적 시각 김석희 옮김, 정신세계사, 1991.
털 빠진 원숭이 조엽 옮김, 재동문화사, 1979.
아기의 비밀 60가지 신재원 옮김, 삶과꿈, 1997.
머리기른 원숭이- 인간에 관한 개인적 시각 황현숙 옮김, 까치, 1996.
인간동물원 김석희 옮김, 물병자리, 2003.
인간동물원- 철책 안에 갇힌 현대인의 고독한 자화상 김석희 옮김, 한길사, 1994.
인간동물원 송병순 옮김, 문음사, 1982.
옷을 입은 원숭이 김한경 옮김, 자유문고, 1987.
바디워칭- 신비로운 인체의 모든 것 이규범 옮김, 범양사출판부, 1986.

들뢰즈/가타리
Gilles Deleuze/ Fe'lix Guattari
1925-1995/ 1930-1992

전 세계의 이주민이여, 단결하라.

내 이럴 줄 진작에 알았다. 해외 사상가 리뷰를 쓰면서 프랑스의 철학자 질 들뢰즈를 뒷전으로 밀어 둔 까닭은 왠지 내 취향은 아닐 거라는 '예감' 때문이다. 아니나 다를까. 궁여지책으로 프랑스의 정신분석학자 펠릭스 가타리와 공저한 책 네 권을 리뷰의 대상으로 삼았어도 두 사람의 책은 '리뷰 불가능'까진 아니어도 흐물흐물한 '삶은 호박'은 결코 아니었다.

그간 내가 쓴 해외 사상가 리뷰 가운데 많은 숫자가 사상가의 핵심 사상을 간취하지 못하고 변죽만 울렸을 것이다. 그런데 들뢰즈-가타리의 경우는 변죽을 울리기는커녕 둘의 사상의 언저리를 맴도는 것도 벅찰 지경이다. 작가 장정일은 "서양의 철학사는 '읽든지, 못 읽든지' 양단간에 결판이 난다"고 했는데, 나는 들뢰즈-가타리를 못 읽는 것으로 판명 났다.

　나는 들뢰즈와 가타리의 얘기를 도통 알아들을 수 없었다. 또 한 사람의 난해한 철학자 자크 데리다도 이 정도는 아니었다. 『천 개의 고원』의 해설서라고 할 수 있는 『노마디즘』 첫째 권에서 이진경이 들려준 독서 체험에 입각한 조언도 내게는 별다른 도움이 되지 못했다. 이진경은 들뢰즈와 가타리의 책이 난해한 이유의 하나로 그들의 '잡학'을 꼽으면서 이렇게 말한다.

　그래서 확실히 이 책은 그런 예들을 알고 있으면 이해하기가 쉬워요. 그런 점에서 이 책이 어렵다는 비난에 대해, 그건 자신들 책임이 아니라고 발뺌할 여지가 충분히 있는 셈이라는 생각도 들지요. 실제로 저는 그 예들을 최대한 놓치지 않고 쫓아다니면서 이 책을 읽었는데, 그래서인지, 아니면 익숙해져서인지, 처음에 그 어이없고 황당하던 문장들이 나중엔 쉽게 느껴지게 되더군요. 그렇게 보면 이 책처럼 새롭고 풍요로운 책이 어디 있을까 싶은 생각도 하게 되었지요(믿거나 말거나!). (27쪽)

그 '잡학'의 세목은 다음과 같다. "이 책에는 정신분석학이나 철학, 문학, 언어학은 물론, 신화학, 민속학, 동물행동학, 경제학, 고고학, 음악, 미술사, 물리학, 분자생물학, 수학 등 온갖 '잡학'들이 다 동원됩니다."(『노마디즘 1』 24쪽) 그런데 『노마디즘』에는 들뢰즈가 자신의 책이 어렵다는 지적에 대한 해명(?)이 인용돼 있기도 하다.

　하지만 놀라운 것은 이 책[『안티 오이디푸스』]이 어렵다고 생각하는 사람들이 다름 아니라 가장 교양 있는 사람, 특히 정신분석학적 지식을 많이 가진 사람들이라는 사실일세… 나는 아무런 지식을 갖추지 않고서도 자신들의 '습관' 덕분에, 스스로를 그렇게 만드는 방식 덕분에, 기관 없는 신체라는 말을 금방 이해한 사람

들을 알고 있네.

어디서 많이 본 듯한 어투다. 맥락은 좀 다르지만 마르크스도 『자본론』 제2판의 서문에서 비슷한 얘기를 했다.

　『자본론』이 독일 노동계급의 광범위한 층에서 이처럼 빨리 평가받게 된 것은 나의 노력에 대한 최대의 보상이다. 경제문제에서는 부르주아적 입장에 서 있는 사람인 비엔나의 공장주 마이어Sigmund Mayer씨는 보불전쟁시에 발간된 어떤 소책자에서, 독일인의 세습재산이라고 인정되어온 이론적 사색의 탁월한 재능은 독일의 소위 식자층에서는 완전히 소멸하였으나 그 대신 독일의 노동계급 속에서 부활되고 있다고 아주 옳게 말한 바 있다. (마르크스, 『자본론 I · 상』, 김수행 옮김, 비봉출판사, 1989. 10쪽)

　나는 자신의 책에 관한 들뢰즈와 마르크스의 언급을 액면 그대로 받아들여선 곤란하다고 생각한다. 한때 우리나라에서도 노동자가 지식인보다 『자본론』을 더 잘 이해할 수 있다는 속설이 사람들 입에 오르내렸다. 하지만 그것은 얼토당토않은 얘기다. 『자본론』은 노동자와 지식인 모두에게 어려운 책이다. 그렇지만 가방끈이 짧은 노동자에게 더 어렵다. 개인차는 있겠지만 책을 읽고자 하는 열의가 같을 때, 지식인이 더 쉽게 읽을 수 있다.

　마찬가지로 "아무런 지식을 갖추지 않고서도" "기관 없는 신체라는 말을 금방 이해한 사람들을 알고 있다"는 들뢰즈의 주장도 사리에 맞지 않는다. 잡학의 세목들에 친숙한 독자가 들뢰즈-가타리의 책들에 좀더 용이하게 다가서는 것은 자명한 이치다. 들뢰즈가 말한, 자신들의 습관 덕분에 들뢰즈의 주요 개념을 금방 이해한 독자가 얼마나 될까? 우리나라에서 예비고사 · 학력고사 · 수능시험에서 높은 점수를 기록한 '똑똑이'들

이 들뢰즈에 '열광'(?)하지 않는가.

기왕 마르크스 얘기가 나왔으니까 들뢰즈를 마르크스에 견줘 몇 마디 더 해보겠다. 우선 들뢰즈-가타리 짝은 마르크스-엥겔스 커플 이후 가장 환상적인 지식인 동업자다. 두 쌍을 구성하는 인물의 성격과 역할 분담도 비슷하다. 내 개인적인 독서 체험은 마르크스-엥겔스가 편했다. 마르크스-엥겔스의 글은 진득하게 따라 읽으면 무슨 얘긴지 파악할 수 있지만, 들뢰즈-가타리의 글은 무슨 말을 하는지 감을 잡기 어렵다.

시야를 독서계와 지식 사회로 넓히면, 우리나라에서 이 지식인 동업자 두 쌍의 20여 년을 격한 유행은 개운치 않은 뒷맛을 남긴다. 1980년대 마르크스-엥겔스가 밀물처럼 읽히다가 썰물처럼 안 읽힌 데에는 저작물의 산출 시기와 그것의 수용 사이에 가로놓인 백 년의 세월이 적잖이 작용했다. 그런데 2000년을 전후로 우리 독자들이 열심히 읽고 있는 들뢰즈-가타리의 책들은 20-30년 전에 써진 한 세대 전의 책들이다. 나는 지금 우리 사회의 지적 유행을 탓하려는 것이 아니다. 실상이 그저 그렇다는 것이다. 지적 유행에 편승한다는 시각에 대한 이진경의 진술이 재미있다.

제 개인적인 얘길 하자면, 이는 사실 『사회구성체론과 사회과학방법론』(1987)이란 책의 저자와, 들뢰즈·가타리나 푸코를 앞세운 90년대 후반의 저 사이의 '비통일성'을 지적하고 우려해주시는 분들을 통해서 제가 직접 빈번하게 확인할 수 있었던 것이기도 합니다. 물론 이런 '노파심'의 밑바닥에는 공연히 유행을 좇는 천박한 세태에 대한 우려가 있다는 것은 잘 압니다만, 그것이 사회주의가 망해도 사회주의에 대한 신념을 유지하는 '지조'에서 위안을 찾는 것은 아니었으면 하는 바람입니다. 말이 난 김에 덧붙이자면, 그런 변화의 바탕에 깔려 있는 문제의식 내지 질문의 일관성을 보여주시길 부탁드리고 싶기도 합니다. (『노마디즘 1』 87-8쪽)

내가 들뢰즈의 이름을 뚜렷이 기억하게 된 계기는 그의 죽음을 전한 외신을 통해서였다. "프랑스의 저명한 철학자이자 작가·대학교수인 질 들뢰즈(70)가 지난 4일 자신의 아파트에서 뛰어내려 자살했다고 가족들이 5일 밝혔다"는 문장으로 시작하는 〈한겨레〉(1995. 11. 7)의 짤막한 기사에는 들뢰즈가 "줄곧 좌파적 이념을 옹호해왔다"는 내용도 들어 있다.

"정확한 자살동기는 밝혀지지 않았다"는 점을 앞세운 〈한국일보〉(1995. 11. 7) 기사에서는 김진석 교수의 코멘트가 이채롭다. "인하대 철학과 김진석 교수는 '푸코의 에이즈로 인한 죽음을 삶의 주변성에 대한 관심과 애정의 소산이라고 한다면 들뢰즈의 죽음은 삶의 설명할 수 없는 부분을 해석하려는 극단의 모험'이라고 말했다."

우리나라 신문들이 들뢰즈의 자살 소식을 전한 이튿날 해설 기사에서, 지금은 〈한국일보〉 논설위원으로 재직하고 있는 당시 〈한겨레〉 파리 주재 기자였던 고종석은 들뢰즈의 죽음을 약간 다르게 해석한다.

세 해 전에 쓴 글에서 사뮈엘 베케트의 만년을 '고갈된 삶'이라고 쓸쓸히 표현했던 프랑스 철학자 질 들뢰즈는 지난 4일 밤(현지 시각) 노쇠와 호흡기 질환으로 고갈된 일흔살 삶을 스스로 끝장냄으로써, 그 자신이 곧잘 '철학적 일화'로써 거론하던 엠페도클레스의 전설적 자살이 있은 뒤 2천5백년 뒤에, 서양철학사에 또 하나의 일화를 보탰다.

그런데 예전 신문을 인터넷으로 검색하면서 처음 보게 된 지금은 〈조선일보〉 논설위원으로 일하고 있는 이한우 기자의 기사에서는 결과적으로 넘겨짚은 해석이 될 가능성이 높은 무리한 추측이 보인다.

그의 돌연한 자살은 한가지 중대한 의문을 던져놓았

다. 사회주의권 몰락 이후에도 마르크스주의에 대한 신념을 고수했던 그가 왜 죽는 그날까지 다른 철학자들에 대해서는 책을 썼으면서도 마르크스에 대해서는 단 한 권의 저서도 쓰지 않았을까. 이 의문은 그의 자살동기를 밝히는 것과도 직결될 수 있기 때문이다. 《조선일보》, 1995. 11. 24, 25면)

들뢰즈의 자살과 마르크시즘은 별로 관계가 없어 보인다. 그리고 들뢰즈는 마르크스를 주제로 한 책을 썼다고 한다. 출간을 하지 않았을 뿐이다. 완성된 형태의 원고인지, 미완성 유고인지 알 수는 없지만 『맑스의 위대성Grandeur de Marx』이라는 제목의 원고를 남겼다.

들뢰즈-가타리의 책들을 훑어보고 나서 내가 말할 수 있는 것은 크게 두 가지다. 하나는 우리의 젊은 지식인들에게 들뢰즈-가타리의 영향이 매우 크다는 것이다. 욕망, 탈주(선), 영토화, 탈영토화, 재영토화 같은 우리네 소장 인문·사회과학자들의 글과 책에 자주 등장하는 개념은 모두 들뢰즈-가타리의 용어다.

들뢰즈-가타리의 철학이 최첨단은 아닐지언정 주류적인 철학임은 분명하다. 소수자의 문학을 강조한 그들을 철학의 주류로 표현하는 것은 역설적이지만 적어도 우리의 독서계와 지식 사회에서는 그렇다. 영화가 교양이 된 세대에게 영화에 관해 대단한 통찰력을 보여준 들뢰즈가 각광받는 것이 무리는 아니다. 여기에다 최근 잇달아 선을 보이고 있는 마법사와 연금술 관련 번역서들도 들뢰즈-가타리 현상과 무관하지 않은 듯싶다. 들뢰즈-가타리 책에는 마법과 야금 얘기가 자주 나온다. 물론 절반은 '해리 포터' 현상 때문이지만 말이다.

다른 하나는 들뢰즈-가타리의 책들을 읽는 순서에 대해서다. 나는 『철학이란 무엇인가』→『천 개의 고원』(에 더하여 『노마디즘』)→『카프카— 소수적인 문학을 위하여』→『앙띠 오이디푸스』의 순으로 읽기를 권하

고 싶다. 실제로는 책을 권하는 것과는 역순으로 이 책들을 접했지만 말이다.

『철학이란 무엇인가』(현대미학사, 1995)를 가장 앞세운 것은 이 책이 『카프카』와 함께 일반적인 책의 서술 형태에 근접해서다. 그러면서도 개론의 성격이 있기 때문이다. 그러나 이 책은 철학 개론류 서적이 결코 아니다. '역자 후기'에서는 서랍식 정리정돈에 익숙한 이들에게는 "개념의 교육학" 정도가 이 책의 성격으로 적절하다고 하는데 여기서 교육학의 원어는 페다고지pédagogie다.

들뢰즈-가타리는 "철학자는 개념의 친구이며, 개념의 가능태"라고 말한다. 엄밀히 말해 "철학은 개념들을 창출créer 해내는 학문이다." 또한 "언제나 새로운 개념들을 창조하는 것, 그것이 곧 철학의 목표다." 또 들뢰즈-가타리에게 철학은 관조가 아니고, 반성이 아니며, 소통도 아니다. "철학은 관조가 아니다. 왜냐하면 관조란 자기 고유의 개념들의 창조 속에서 보이는바 그대로 사물들 자체이기 때문이다. 철학은 반성이 아니다. 무엇에 대해서건 반성하기 위해서라면 아무도 굳이 철학을 필요로 하지는 않기 때문이다." 또한 철학은 소통에서 그 어떤 최후의 은신처를 찾아낼 수도 없다. 소통이란 개념이 아니라 '합의'를 창출하기 위한 의견들의 가능태로서만 작용할 따름이기 때문이다."

들뢰즈-가타리에 따르면, 개념에는 누군가의 이름이 각인돼 있다. "아리스토텔레스의 실체, 데카르트의 코기토, 라이프니츠의 단자, 칸트의 조건, 셸링의 힘, 베르그송의 지속"처럼 말이다. 또, 고어와 신조어를 조장하는 개념들은 "철학적 운동경기로서의 어원학"이다. "어느 경우에나, 마치 문체의 요소처럼, 반드시 그러한 단어 혹은 그러한 선택이 아니면 안 된다는 불가피론이 있게 마련이다. 개념의 명명은 철학 고유의 어떤 취향을 요구한다." 그런데 "개념은 주어지는 것이 아니다. 그것은 창조되는 것이며, 창조되어야만 한다. 개념은 형성되는 것이 아니라, 자신 안에 스스로를 세우는 자

립auto-position"이다. "따라서 가장 주관적인 것이 가장 객관적인 것이 될 것이다."

이런 식으로 개념과 철학에 관한 논의가 이어지는데 그것을 다 따라잡을 이유는 없다. 다만 내가 밑줄을 그은 구절 가운데 몇 대목을 살펴보기로 하자. "소통이란 우리에게 결여된 것이 아니라 오히려 남아도는 것이며, 우리에게 부족한 것은 창조이다." 우리 신세대 지식인들에게 화두가 되다시피 한 '욕망'과 '소통'이 모두 들뢰즈-가타리를 원천으로 하는 건 아닌 듯싶다.

'만국의 노동자여, 단결하라'는 마르크스-엥겔스의 구호를 패러디해 들뢰즈-가타리는 "전세계의 이주자들이여 단결하시오!" 한다. 그런데 들뢰즈-가타리도 마르크스-엥겔스처럼 아시아의 역사에 대해 부정적인 시각을 가진 듯하다. "동방은 철학에 앞서 있는 것이 아니라 철학의 옆에 있다. 왜냐하면 동방인은 사유하기는 하지만 존재를 사유하지는 않기 때문이다." 동방과 동방인이 어디와 누구를 말하는지 확실하지는 않다.

앨런 소칼과 장 브리크몽의, 포스트모던 사상가들이 과학을 어떻게 남용했는지 드러낸 『지적 사기』(민음사, 2000)에서 들뢰즈-가타리도 한 장을 차지한다. 소칼과 브리크몽은 자신들이 인용한 들뢰즈-가타리 텍스트의 주된 특징으로 '불명료성'을 든다. 또, 들뢰즈-가타리가 어려운 과학용어를 전문적 과학 담론의 영역 바깥에서 사용하면서도 "새로운 정의를 전혀 제시하지 않는다"고 비판한다.

"우리가 보기에 이 저자들은 상당히 많이 알긴 하지만 실은 피상적이며 자신들의 박학을 글 속에서 과시한다는 설명이 오히려 적절해 보인다." 그러면서 소칼과 브리크몽은 『지적 사기』에 인용한 것 이외에 들뢰즈-가타리가 자신들의 책에서 의사과학적 언어를 노출시킨 사례가 나오는 페이지를 친절하게 일러준다. 『철학이란 무엇인가』에서만 열 군데가 넘는다. 그런데 『철학이란 무엇인가』에는 과학 용어의 남용에 대한 비판의 변론으로 볼 수 있는 대목이 있다.

철학이 근본적으로 자기와 동시대의 과학을 필요로 하는 이유는 과학이 끊임없이 개념들의 가능성과 교차하기 때문이며, 또한 개념들이 필연적으로 과학에 대한 암시들을 함의하기 때문이지만, 그 암시들이란 결코 예증이나 응용 혹은 성찰 따위는 아니다.

『천 개의 고원』(새물결, 2001)은 부피로나, 담긴 내용으로나 무작정 읽어 나가기에는 참으로 아득한 책이다. 이 책을 읽는 방법에 관한 조언과 정보 세 가지를 들었으나 모두 신통치 않다. "제 2, 6, 8, 10, 12, 14편 정도가 쉽게 읽히고, 나머지는 좀 까다로울 것이라는" '역자 서문'의 사전 정보는 단지 참고만 하는 게 좋을 것 같다. 독자마다 느낌이 다를 것이기 때문이다.

"각각의 고원은 어느 지점부터든 읽을 수 있"다는 저자들의 조언은 어느 정도 위안이 된다. 이진경 또한 "우직하게 처음부터 읽다가 지쳐서 뒤쪽에 있는 풍요로운 고원을 보지 못하는 것이" 이 책을 읽는 가장 미련한 방법이라고 말한다. 하지만 풍요로운 고원으로 지목된 10, 12, 13장의 '표고' 역시 엄청 높아 보인다.

그래도 10장에 나오는 보르헤스의 실패작 두 권에 대한 언급은 수긍이 간다. 들뢰즈-가타리는 『오욕의 세계사』와 『환상 동물학 사전』(아마도 한국어판의 제목은 『상상동물 이야기』인 듯)을 보르헤스의 실패작으로 꼽는다. 『환상 동물학 사전』이 "신화를 잡다하고 싱거운 이미지로 만들고 있을 뿐만 아니라 무리의 문제들을 모두 제거하고 있으며, 인간에 관해서는 그에 상응하는 동물-되기 문제들을 모두 제거하고 있다"는 들뢰즈-가타리의 실패 원인 분석과는 별개로, 『상상동물 이야기』를 읽고 왠지 보르헤스답지 않다는 예전의 독후감이 떠올랐다.

들뢰즈-가타리의 책이 못 오를 나무는 결코 아니라

고 생각한다. 특히 『천 개의 고원』은 이진경의 『노마디즘』(휴머니스트, 2002)과 함께 읽으면 소화가 가능하리라고 본다. 나는 『노마디즘』을 통해 이진경에 관한 해묵은 오해 하나를 풀었다. 나는 이진경의 해설서가 해설 대상이 되는 『천 개의 고원』보다 더 어려울 거라고 지레짐작했었다.

그 오해의 씨앗은 10여 년 전으로 거슬러 오른다. 제대 후 복학생 신분으로 이진경의 강연을 들은 일이 있다. 아내와 연애 시절 데이트를 겸해서 단과대 학생회인가, 총학회생인가 주최로 열린 초청강연이었다. 지금은 강연 주제도 생각나지 않지만 그날 나는 이진경의 강연을 한 마디도 알아들을 수 없었다는 사실만은 분명히 기억한다. 하지만 『노마디즘』은 그 강연보다는 한결 수월하게 읽힌다(그런데 이 글을 쓰고 나서 『노마디즘』이 되려 『천 개의 고원』의 난해함을 가중시킨다는 견해를 접했다. 그러고 보니 이 책 또한 쉽지만은 않은 것 같다. 말랑말랑한 도입부가 착시를 가져와 만만히 봤던 모양이다).

『카프카― 소수적인 문학을 위하여』(동문선, 2001)는 이진경이 들뢰즈-가타리 입문서로 적극 추천하는 책이다. 역주에 붙은 개념 설명이 많은 보탬이 된다. 영토성, 탈영토화, 재영토화에 대한 설명을 보자.

'영토성'이란 원래 동물행동학에서 나오는 '텃세'라고 번역되는 개념이다. 가령 호랑이나 늑대·종달새 등은 분비물이나 다른 사물들·소리 등으로 자신의 영토를 만든다(영토화). 저자들은 이 개념을 변형시켜(일종의 '탈영토화'다) 다른 개념들을 만들어 낸다. 가령 '탈영토화'는 기왕의 어떤 영토를 떠나는 것이다. 이를 다른 것의 영토로 만들거나, 다른 곳에서 자신의 영토를 만드는 경우에 대해 '재영토화'라고 말한다.

들뢰즈-가타리가 말하는 "소수적인 문학이란 소수적인 언어로 된 문학이라기보다는 다수적인 언어 안에서 만들어진 소수자의 문학이다." 들뢰즈-가타리의 책이 어려운 것은 불가해한 번역 탓도 크다. 이진경은 한국어판 『앙띠 오이디푸스』(민음사, 1997)를 강하게 비판한다.

국역본의 번역이 워낙 '개판'(!)이라 ―개념의 번역은 접어두고라도, 문장을 걸핏하면 빼먹거나 잘라먹은 데다, 편집도 가령 3장의 5절은 다른 절과 뒤섞여 있어서 원래는 11절까지 있어야 하는데 국역본은 10절까지만 있으며, 거기다 '역자 후기'라고 붙인 건 정말 가관입니다― 읽기 위해선 많은 노력이 필요하지만, 끝까지 읽는다면 혁명적 열정에 넘치면서 새로운 개념과 독창적인 발상으로 가득찬 '감동적인' 책이란 걸 알 수 있을 겁니다.

이진경은 국역본과 번역본이라는 표현을 섞어 쓰는데, 사용빈도가 높은 국역본을 한국어판이라고 한다면 들뢰즈-가타리 책의 낯설음이 약간은 완화될 것도 같다.

들뢰즈/가타리의 책

천 개의 고원 김재인 옮김, 새물결, 2001.
카프카― 소수적인 문학을 위하여 이진경 옮김, 동문선, 2001.
소수집단의 문학을 위하여― 카프카론 조한경 옮김, 문학과지성사, 1992.
앙띠 오이디푸스 최명관 옮김, 민음사, 1997.
철학이란 무엇인가 이정임·윤정임 옮김, 현대미학사, 1995.

들뢰즈/가타리에 관한 책

노마디즘(1·2) 이진경 지음, 휴머니스트, 2002.

들뢰즈의 책

영화 주은우 옮김, 새길, 2011.
푸코 권영숙·조형근 옮김, 중원문화, 2010.
감각의 논리 하태환 옮김, 민음사, 2008.
들뢰즈가 만든 철학사― 생성과 창조의 철학사 박정태 옮김, 이학사, 2007.
들뢰즈의 니체 박찬국 옮김, 철학과현실사, 2007.
매저키즘 이강훈 옮김, 인간사랑, 2007.
칸트의 비판철학 서동욱 옮김, 민음사, 2006.
디알로그 클레르 파르네 공저, 허희정·전승화 공역, 동문선, 2005.
시네마 2, 시간―이미지 이정하 옮김, 시각과언어, 2005.

시네마 1, 운동−이미지 유진상 옮김, 시각과언어, 2002.
비물질노동과 다중 질 들뢰즈 외 공저, 서창현 옮김, 갈무리, 2005.
중첩 카르멜로 베네 공저, 허희정 옮김, 동문선, 2005.
프루스트와 기호들 서동욱·이충민 공역, 민음사, 2004.
차이와 반복 김상환 옮김, 민음사, 2004.
주름−라이프니츠와 바로크 이찬웅 옮김, 문학과지성사, 2004.
스피노자와 표현의 문제 이진경·권순모 옮김, 인간사랑, 2003.

들뢰즈에 관한 책

들뢰즈의 잠재론−소멸과 창조의 형이상학 조성훈 지음, 갈무리, 2010.
들뢰즈와 가타리 로널드 보그 지음, 이정우 옮김, 중원문화, 2010.
질 들뢰즈와 동아시아 영화 장일 지음, 에피스테메, 2009.
데리다 & 들뢰즈−의미와 무의미의 경계에서 박영욱 지음, 김영사, 2009.
들뢰즈와 예술 안 소바냐르그 지음, 이정하 옮김, 열화당, 2009.
소수의 시학−들뢰즈와 가타리의 리좀적 사유양식 김승숙 지음, 한국학술
정보, 2009.
들뢰즈, 유동의 철학 우노 구니이치 지음, 이정우·김동선 옮김, 그린비,
2008.
들뢰즈와 시간의 세가지 종합 키스 W. 포크너 지음, 한정헌 옮김, 그린비,
2008.
이미지와 생명, 들뢰즈의 예술철학 클레어 콜브룩 지음, 정유경 옮김, 그린
비, 2008.
질 들뢰즈 토드 메이 지음, 이윤성 옮김, 경성대학교출판부, 2008.
들뢰즈와 창조성의 정치학 사공일 지음, 동문선, 2008.
들뢰즈로 말할 수 있는 7가지 문제들−차이의 존재론에서 미학적 실천까지
신지영 지음, 그린비, 2008.
이론과 이론기계−들뢰즈에서 진중권까지 오길영 지음, 생각의나무, 2008.
들뢰즈와 탈근대 문화연구 장시기 지음, 당대, 2008.
들뢰즈 이해하기−차이생성과 생명의 철학 클레어 콜브룩 지음, 한정헌 옮
김, 그린비, 2007.
시각문화의 매트릭스−들뢰즈와 함께 보는 현대 영화 파트리샤 피스터르스
지음, 정민아 옮김, 철학과현실사, 2007.
들뢰즈 사상의 분화 이정우 외 공저, 소운서원 엮음, 그린비, 2007.
들뢰즈와 그 적들 정형철 외 공저, 우물이있는집, 2007.
들뢰즈와 시네마 로널드 보그 지음, 정형철 옮김, 동문선, 2006.
들뢰즈와 문학 로널드 보그 지음, 김승숙 옮김, 동문선, 2006.
신체 없는 기관−들뢰즈와 결과들 슬라보예 지젝 지음, 김지훈 외 공역, b,
2006.
들뢰즈, 카프카, 김훈 장석주 지음, 작가정신, 2006.
들뢰즈와 음악, 회화, 그리고 일반 예술 로널드 보그 지음, 사공일 옮김, 동문
선, 2006.
사하라−들뢰즈의 미학 미레유 뷔뎅 지음, 안구·조현진 옮김, 산해, 2006.
들뢰즈 맑스주의 니콜래스 쏘번 지음, 조정환 옮김, 갈무리, 2005.
들뢰즈 커넥션 존 라이크만 지음, 김재인 옮김, 현실문화연구, 2005.
싹트는 생명−들뢰즈의 차이와 반복 키스 안셀 피어슨 지음, 이정우 옮김, 산
해, 2005.
들뢰즈와 정치−앙티외디푸스와 천의 고원들의 정치철학 폴 패튼 지음, 백
민정 옮김, 태학사, 2005.
질 들뢰즈의 시간기계 데이비드 노먼 로도윅 지음, 김지훈 옮김, 그린비,
2005.

노자와 들뢰즈의 노마돌로지 장시기 지음, 당대, 2005.
철학과 굴뚝청소부−데카르트에서 들뢰즈까지 이진경 지음, 그린비, 2005.
들뢰즈−재현의 문제와 다른 철학자들 윤성우 지음, 철학과현실사, 2004.
들뢰즈−철학과 영화 쉬잔 엠 드 라코트 지음, 이지영 옮김, 열화당, 2004.
들뢰즈 사상의 진화 마이클 하트 지음, 김상운·양창렬 공역, 갈무리, 2004.
들뢰즈 알베르토 괄란디 지음, 임기대 옮김, 동문선, 2004.
질 들뢰즈 클레어 콜브룩 지음, 백민정 옮김, 태학사, 2004.
들뢰즈와 가타리 정형철 지음, 세종출판사, 2004.
들뢰즈 박성수 지음, 이룸, 2004.
들뢰즈 철학과 영미문학 읽기 정정호 엮음, 동인, 2003.
뇌는 스크린이다−들뢰즈와 영화철학 그레고리 플랙스먼 엮음, 박성수 옮
김, 이소출판사, 2003.
들뢰즈의 생명철학 고이즈미 요시유키 지음, 이정우 옮김, 동녘, 2003.
들뢰즈와 문학−기계 고미숙 외 공저, 소명출판, 2002.
들뢰즈의 철학 서동욱 지음, 민음사, 2002.
들뢰즈의 극장에서 그것을 보다 이택광 지음, 갈무리, 2002.

가타리의 책

미시정치−가타리와 함께 하는 브라질 정치기행 수에리 롤닉크 공저, 윤수
종 옮김, b, 2010.
정신분석과 횡단성 윤수종 옮김, 울력, 2004.
카오스모제 윤수종 옮김, 동문선, 2003.
기계적 무의식−분열분석 윤수종 옮김, 푸른숲, 2003.
세 가지 생태학 윤수종 옮김, 동문선, 2003.
프리바토피아를 넘어서 피에르 부르디외 공저, 최연구 옮김, 백의출판사,
2001.
미래로 돌아가다 안토니오 네그리 공저, 조정환 옮김, 갈무리, 2000.
분자혁명−자유의 공간을 향한 욕망의 미시정치학 윤수종 옮김, 푸른숲,
1998.

가타리에 관한 책

욕망과 혁명−펠릭스 가타리의 혁명사상과 실천활동 윤수종 지음, 서강대학
교출판부, 2009.
욕망과 혁명(가타리가 실천하는) 윤수종 편역, 문화과학사, 2004.

D.H. 로렌스

David Herbert Lawrence
1885-1930

'천재 예술가'의 '기타 등등'

데이비드 허버트 로렌스는 다작의 작가다. D.H. 로렌스
는 그리 길지 않은 생애에 작품을 많이 썼다. D.H. 로렌

스가 '손댄' 장르 또한 다양하다. 우리는 D.H. 로렌스를 『아들과 연인』, 『무지개』, 『연애하는 여인들』, 『채털리 부인의 연인』을 집필한 장편소설가로 알고 있지만, 그의 중단편 역시 뛰어나다. 그는 시인이기도 하다. 여기선 D.H. 로렌스의 본령인 장편소설을 제외한 '기타 등등'을 살핀다. 먼저 필자가 처음 쓴 글다운 글이다.

『목사의 딸들』에 나타난 부르주아적 결혼

D.H. 로렌스의 소설을 읽고 우선 깨달은 점은 '푸딩의 맛을 알려면 푸딩을 먹어봐야 한다'는 말을 실감한 것이다. 우리는 흔히 로렌스를 성性문학의 대가로만 치부해왔지 그의 진면목은 못 본 것 같다. 이러한 오해는 상업주의 저널리즘의 영향 때문인데, 특히 영화의 입김이 크게 작용한 탓일 것이다.

그래서 소설의 영화화는 신중해야 하고, 소설과 영화는 분명히 다른 영역이므로 영화를 갖고서 원작소설을 평가하는 것은 위험한 일이다. 로렌스에 대한 오해를 더욱 부추긴 영화 〈채털리 부인의 사랑〉만 하더라도 이미 소설가 로렌스와는 무관한 영화감독의 〈채털리 부인의 사랑〉으로 평가해야 마땅하다.

D.H. 로렌스는 셰익스피어 이래로 빛나는 영문학의 전통을 계승한 적자嫡子임이 분명하다. 그의 단편선집 『목사의 딸들』(백낙청 옮김, 창작과비평사, 1991)은 비록 번역본이기는 해도 그러한 증거로서 충분하다.

주옥같은 중단편들 속에서 그의 모든 작품을 관류하고 있는 특징을 엿보는 것 또한 어렵지 않은 일이다. 로렌스는 다른 계급 또는 같은 계급에 속한 남녀 사이의 연애를 통해서 자본주의 사회의 삶을 보여주고 있다. 이 글에서 살펴볼 「목사의 딸들」 역시 그렇다.

이 글의 제목에서도 드러나듯이 마르크스주의의 관점에서 「목사의 딸들」에 나타난 부르주아적 결혼의 양상에 대해서 살펴보고자 한다. 이 작품 초고의 제목인 「두 결혼」이 시사하듯, 소설 속 두 개의 결혼 가운데 특히 언니 메어리의 결혼을 통해서 부르주아의 결혼관이 어떻게 구현되고 있는지 살펴보기로 한다.

결혼은 배타적 소유의 한 형태다(제라르 베커만 엮음, 『맑스 엥겔스 용어사전』, 이병수 옮김, 논장, 1989). 결혼을 통해서 형성된 가족은 남편과 아내 사이의 불평등이라는 물질적 기초 위에 의존하고 있으며, 아내는 단지 침식 제공에 대한 대가로서 재산 양도의 법적 상속자를 출산한다(T. 보토모어 외, 『마르크스 사상사전』, 임석진 편, 청아출판사, 1988).

또한 부르주아시대의 결혼은 '계산결혼'이다. 유산계급은 결혼할 때 항상 신분이라든가 연고를 가장 중요시했다. 하지만 연애를 상품화하게 되는 현상이 근대 부르주아사회만큼 노골적인 때는 없었다. 곧 연애의 상품성은 부르주아적인 결혼의 가장 두드러진 특징인 것이다(에두아르트 푹스, 『풍속의 역사 4 – 부르주아의 시대』, 박종만 외 옮김, 까치, 1986). 이러한 부르주아적인 결혼의 특징은 메어리의 결혼과 결혼생활의 단면을 통해서 극명하게 드러나고 있다.

"린들리씨는 자신이 두말할 여지없이 상층계급 혹은 명령하는 계급에 속해 있다고 생각해왔었다."(41쪽) 적은 목사 봉급으로 우월한 사회적 지위를 유지해야 하는 형편이면서도, 린들리가家는 적어도 관념상으로는 우월한 상층계급의식을 지닌 부르주아다.

더구나 메어리가 스물세 살 때 린들리 씨가 심하게 앓게 되어 집안은 극도로 가난해지지만 그러한 의식은 변함이 없다. "들어갈 돈은 엄청났고 들어올 돈은 거의 없었다. 메어리에게도 루이자에게도 구혼자가 없었다. 그럴 가능성이 어디 있었겠는가? 올드크로스에서는 선택할 만한 젊은이들을 만날 수가 없었다."(55쪽)

이때 나타난 사람이 바로 매씨 씨다. 그의 육체적 성격적 결함에도 불구하고 메어리는 그와 결혼하게 된다. 두 사람의 결혼을 가능하게 한 요인은 무엇인가? 먼저 메어리에게 들어보자. "뭔가 빠진 게 있지. 하지만 뭔가 훌륭한 것도 있어. 그리고 진짜 선하거든—"(65쪽)

메어리가 생각하는 매씨의 훌륭하고 선한 덕목은 린들리 부인의 생각과 일치한다. "린들리 부인은 여전히 마음 한 구석에서 그가 정혼을 안 한 신사이며 얼마 안 가 일 년에 육칠백 파운드의 수입을 갖게 될 사람이라는 것을 기억하고 있었다. 금전적인 여유가 있다면 남자 자체가 뭐가 중요하단 말인가!"(57쪽)

메어리와 린들리 부인에게 매씨는 돈인 셈이다. 돈은 신실함을 비신실함으로, 사랑을 미움으로, 미움을 사랑으로, 덕을 패덕悖德으로, 패덕을 덕으로, 종을 주인으로, 주인을 종으로, 어리석음을 오성으로, 오성을 어리석음으로 바꾸어버린다(칼 마르크스, 『경제학-철학 수고』, 김태경 옮김, 이론과실천, 1987). 메어리와 린들리 부인은 이러한 돈의 속성을 명확히 파악하고 있는 것이다.

이 '계산된 결혼'에서 메어리는 자신을 팔아넘기고 새로운 자유를 얻고자 한다. 그녀는 물질적인 것으로부터의 자유를 위해 육체를 팔아버리는 것이다. 이러한 거래에 만족하는 것은 잠시뿐, 메어리는 "마치 노예가 느끼는 것과 같은 비겁자의 두려움을 그에 대해 마음속 깊이"(72쪽) 갖게 되고, 임신과 출산으로 인하여 또다시 육체적 존재로 추락하는 고통을 맛보게 된다.

한편 매씨는 인간적 감정에 대해서는 제대로 이해하지 못하면서 아이에 대한 생각에 몰두한다. "그에게는 세상에 오로지 아기뿐이었다."(74쪽)

이상으로 메어리와 매씨의 결혼에 나타난 부르주아적 결혼의 양상과 결혼관을 살펴보았다. 로렌스는 메어리의 결혼을 통해서 자본주의사회에서의 결혼은 이해타산적인 것이고, 여자가 자신의 육체를 영영 노예로 팔아버린다는 것(프리드리히 엥겔스, 『가족 사유재산 국가의 기원』, 김대웅 옮김, 아침, 1987)뿐이라는 사실을 입증하고 있는 것이다.

마르크스주의의 세례를 받지 않았음에도 부르주아적 연애와 결혼의 본질을 파악할 수 있었던 것은 로렌스가 노동계급 출신 작가라는 점과 무관하지 않은 것

같다. 그렇지만 로렌스에게도 한계는 보인다. F.R. 리비스의 지적처럼 로렌스는 작품에서 계급 관계를 다루면서도 '계급적대의식'은 보여주지 않는다(F.R. Leavis, 『D.H. Lawrence: Novelist』, Penguin Books).

이것은 로렌스가 공상적 사회주의자들의 협동공동체인 팔랑스떼르나 뉴래니악과 같은 것을 실제로 이루고자 노력했던 점과 연관이 있는 것 같다. 「목사의 딸들」에서 광산 노동자인 듀란트가 점진적 사회주의자 모임인 페이비언 그룹의 사상을 견지하는 것도 로렌스가 계급적대의식을 드러내지 않는 것과 관계가 있는 것으로 보인다.

하지만 프롤레타리아적 사랑에 근접한 루이자와 듀란트가 결혼 후에 외국으로 이민을 떠난다는 결말은 사회구조적인 변화가 없이는 순수한 사랑조차도 훼손될 수밖에 없다는 로렌스의 진보적 사상이 투영된 것으로 보인다. (1992)

로렌스 시선집 『제대로 된 혁명』(류점석 옮김, 아우라, 2008)은 역자가 D.H. 로렌스의 시 1,000여 편 가운데 152편을 추렸다. 옮긴이가 덧붙인 D.H. 로렌스의 시론 「현재의 시Poetry of the Present」는 그의 시관詩觀을 잘 보여준다. "시는 대체로 우미한 천상의 아득한 미래의 목소리다. 혹은 풍요롭고 숭고했던 과거의 목소리다."

하지만 D.H. 로렌스는 "무한한 과거와 무한한 미래의 시일 뿐만 아니라 이 순간의 시"인 '즉각적인 현재의 시'를 더 높이 친다. "구현된 지금을 노래하는 소용돌이치는 시야말로, 이전과 이후에 늘 존재하는, 보석을 능가하는 최고의 시다. 이러한 시는 그렇게 전율하는 순간 결정체로 되어 진주처럼 단단한 보석들, 영원을 노래하는 시들을 능가한다."

D.H. 로렌스에게 '즉각적인 현재의 시'는 자유시를 말한다. "자유시란 순간적으로 온전한 인간이 쏟아낸 직접적인 외침이어야 한다." 또한 "자유시는 원형질처

럼 찰나적이다. 자유시는 각각의 영원성에 목표를 두지 않는다. 자유시엔 종결이란 없다. 자유시에는 불변하는 것을 선호하는 사람들을 만족시켜주는, 만족할 만한 고정성이 없다."

번역된 시는 온전치 못하다. 원작의 참맛을 느끼기 어렵다. 더구나 (우리말과) 언어학적으로 거리가 가장 멀다는 영어로 쓴 시와 이를 한국어로 번역한 것의 간극은 넓을 수밖에 없다. 우리말로 옮겨진 D.H. 로렌스의 시는 다소 어둡고 약간 병적인 듯하며 더러는 육감적이다. 번역시의 한계를 고려해도 따분하고 싱겁다.

4부와 5부에 실린 것들은 그나마 낫다. 앞에 실린 작품들에 비해 밋밋함이 덜하다. 그래도 '만족할 만한 고정성'이 있는 작품은 꽤 드물다. 280쪽의 「당신이 인간이라면If You Are a Man」 정도가 그럴까. 3연으로 된 이 작품은 1연과 2연이 더 안정돼 있다.

"당신이 인간이어서 인류의 운명을 믿는다면/자신에게 말하라. 우리는 초연해야 한다/소유와 돈, 그리고 기구들로부터./대신에 지금 우리 단절되어 있는/심연의 신비한 삶에 관심을 쏟아야 한다.//기계는 다시 지상에서 추방될 것이다./인류가 그것을 고안함은 착오였다./돈은 더이상 존재하지 못할 것이고 소유도 힘을 잃을 것이다./그래서 인류는 삶과 직접 교통하는 방법을 터득해/타인과 가슴으로 만나게 되리라."(「당신이 인간이라면」, 부분)

『생명의 불꽃, 사랑의 불꽃』(허상문 옮김, 동인, 2006)은 D.H. 로렌스의 산문선집이다. 우리는 'D.H. 로렌스 수필 모음'에서 그의 한 단면을 접한다. "나는 어떠한 현혹적인 계시나 절대적인 말들이라도 믿지 않는다."

하지만 그의 사상적 배경은 다분히 기독교적이다. D.H. 로렌스가 서양문명의 '자식'이라는 의미다. 사실 기독교적이기보다는 종교적이라고 하는 게 더 걸맞다. 물론 그는 절대성을 부정한다. "절대적으로 훌륭하거나 옳은 것은 없다."

D.H. 로렌스는 유난스럽게 '살아있음'을 강조한다. "삶보다 더 중요한 것은 없다. 그리고 살아 있지 않다면 삶이란 어디에도 없다는 것을 난 분명히 안다." 비유하자면 "사자는 개보다 더 낫지만 죽은 사자보다는 살아 있는 개가 더 낫다"는 거다. 최근 나는 '산 거지가 죽은 정승보다 낫다는 속담은 비루하다'(《시사IN》 제129호, 2010. 3. 6, 72면)고 쓴 바 있다.

"사랑은 이 세상의 행복이다. 그러나 행복은 완전히 실현된 완성품은 아니다. 사랑은 둘이 하나가 되는 것이다. 그러나 이 둘이 서로 떨어져 있지 않으면 하나가 될 수 없다." 하지만 "보편적이고도 불변의 사랑은 있을 수 없다." 그리고 "사랑이 절대적인 힘을 발휘할 수 있는 그런 세계는 존재하지 않는다." D.H. 로렌스에게 "사랑은 여행과도 같은 것"이다.

D.H. 로렌스는 어느 한곳에 정주하지 않고 이리저리 떠돌아다녔다. 『D.H. 로렌스 서한집』(엄정옥 옮김, 원광대 출판국, 1987)에 실린 편지 99통의 발신지는 무려 40곳이다. 영국을 제외하고 이탈리아에 상대적으로 오랫동안 머물렀다. 그런데 편지에 나타난 그의 이탈리아 사람들에 대한 생각은 이율배반적이다.

"저는 이탈리아 사람들을 싫어하고 혐오합니다. 그들은 논의하지 않으며, 앵무새 같은 말투를 사용하며 어깨로 밀치며 머리를 한쪽으로 숙이고 손뼉을 칩니다." (1913년 11월의 어느 화요일 레리치Lerici에서 씬시어 애스퀴스 부인에게 보낸 편지에서) 이래놓곤 곧바로 말을 바꾼다. "나는 이탈리아 사람들을 매우 좋아합니다." (1913년 12월 18일 역시 레리치에서 W.E. 홉킨에게 쓴 편지에서)

콘월에서 캐서린 카스웰에게 보낸 1916년 7월 9일자 편지에선 병역면제 판정을 받은 사연을 전한다. 펜잔스에 있는 컬러스 부대에 소집된 D.H. 로렌스는 집결지에서 60마일 떨어진 보드민Bodmin으로 이송된다. 거기서 다른 '장정'들과 하룻밤을 묵는다. 이튿날 그는 1차 대전 징집 신체검사를 받았다.

"이것이 저의 군인생활의 전부인데 나에게 군인에 대한 충분한 체험이 되었습니다. 일주일만 이러한 상태가 지속되었다면 나는 죽었을 것입니다. 이 군국주의는 개인 존재의 핵심을 침식하고 개인의 모든 입장을 무시하고 있습니다."

서한집을 엮은 『멋진 신세계』의 작가 올더스 헉슬리 Aldous Huxley(1894-1963)에게 D.H. 로렌스는 "진정한 의미에서 창조의 천재를 타고난 사람"이었다. 그리고 "예술가"였다. 헉슬리가 "발작적으로" 썼다는 그의 1927년 12월 27일치 일기의 한 대목은 매우 인상적이다.

"로렌스 부부와 더불어 아주 놀라운 분위기에서, 멋진 이야기를 하면서 점심을 들고 오후를 보냄. 그는 진정한 존경심과 경탄을 불러일으키는 소수의 인물 가운데 하나이다. 내가 만난 어떤 저명한 사람 앞에서도 나는 결국 이들도 나와 별다른 종류가 아니라는 것을 느꼈다. 그러나 로렌스는 정도의 문제가 아니라 질적으로 다른, 질적으로 우월한 무엇을 지니고 있다."

올더스 헉슬리의 '증언'에 따르면, D.H. 로렌스는 무슨 일이든 한번 했다하면 끝내주게 잘 한다. 요리, 바느질, 양말 꿰매기, 자수 놓기, 암소 젖 짜기, 장작패기에 능했다. 또 "그가 불을 보면 불꽃이 항상 좋았고, 그가 마루를 닦고 나면 마루가 아주 반질반질했으며 그가 닦은 유리는 언제나 깨끗했다."

D.H. 로렌스의 여행기 『바다와 사르디니아』(박여선 옮김, 범우사, 2000)와 『무의식의 판타지』(박화영·박신영 옮김, 현대미학사, 1993)는 1921년에 쓴 글이다. 이탈리아 시실리의 타로미나에 머물던 D.H. 로렌스가 '이곳을 떠나라'는 에트나 화산의 명령을 받고 여행지로 사르디니아와 스페인을 저울질하다 사르디니아를 선택한 이유는 이렇다.

"그들은 로마어도, 페니키아어도 쓰지 않는다. 그리스인도, 아랍인도 결코 사르디니아를 정복하지 못했다. 그것은 바깥에, 문명의 바깥에 놓여 있다. 바스끄 Basque 대륙처럼, 물론 이곳 역시 철도와 동력 버스가

있으므로 충분히 이탈리아적이다. 그러나 여전히 포획되지 않은 사르디니아가 남아 있다. 그것은 분명 유럽 문명의 그물망 안에 존재하지만, 그러나 아직 낚아지진 않았다."

『무의식의 판타지』는 『정신분석과 무의식Psycho-analysis and the Unconscious』의 속편으로, 전편과 함께 프로이트의 정신분석을 비판한다. 성경의 '요한계시록'을 분석한 『로렌스의 묵시록』(김명복 옮김, 나남출판, 1998) 도입부에서 D.H. 로렌스는 거듭 읽기를 강조한다.

"독서의 진정한 즐거움은 우리가 책을 거듭 읽을 때마다 그 책이 전과는 또 다른 의미로 다가와 우리를 다른 의미의 영역으로 인도한다는 데 있다"며, "여섯 권의 다른 책들을 읽는 것보다 시간의 간격을 두고 한 권의 책을 여섯 번 읽는 편이 훨씬 낫다"고 주장한다. 거듭 읽기는 읽을 때마다 깊은 경험을 맛보게 하지만, "단지 한 번만 읽힌 여섯 권의 책들은 단지 피상적인 관심의 축적일 뿐"이다.

『역사, 위대한 떨림— D.H. 로렌스의 이야기 유럽사』(정종화 옮김, 민음사, 2002)에서도 로렌스는 그의 타고난 솜씨를 한껏 발휘한다. 고대 로마부터 유럽의 역사를 맛깔나게 들려준다. 로마제국의 수도를 로마에서 콘스탄티노플로 옮겨 동로마제국(비잔틴제국)을 세운 콘스탄티누스 대제의 '족보'와 그를 둘러싼 로마제국의 정치적 역학 관계를 일목요연하게 설명한다.

정작 우리가 제대로 잘 모르는 기독교인과 유대교인이 견원지간인 이유와 로마제국에서 기독교가 널리 퍼진 까닭은 신선하다. 기독교와 유대교의 갈등은 유대교 쪽에서 먼저 초래하였다. 초기 기독교도의 "적 중에서 가장 지독한 적은 유대인들이었다." 로마제국에서 기독교의 확산은 노예들이나 부자들이나 모두 일상에 지친 탓이 크다.

"지치고 배부른 로마의 군인과 시민에게, 이 투쟁의 축제와 흥분과 계속되는 목욕 문화의 따사로운 사치

가, 인간의 정신에는 해로운 방해물밖에 될 수 없다는 사실을 깨닫게 하는 것보다 더 귀한 진리가 또 있을 것인가?" 이 책의 초판에선 그의 이름을 살짝 숨겼는데 필명이 좀 그렇다. 그의 일시적인 필명은 로렌스 H. 데이비슨Lawrence H. Davison이었다.

나는 18년 만에 D.H. 로렌스의 새로운 중편소설을 읽으며 감탄 또 감탄한다. 올더스 헉슬리가 로렌스를 일컬어 '천재 예술가' 운운 한 것은 전혀 빈말이 아니다. D.H. 로렌스 소설선 『처녀와 집시』(김영무 옮김, 창작과비평사, 1997)의 표제작은 적어도 다섯 번 더 읽을 가치가 있다. 이 소설은 「목사의 딸들」의 새 버전이다.

「처녀와 집시」에도 목사의 두 딸이 등장한다. 언니 루씰은 "너무나 생각이 깊고 책임감이 강했다." 동생 "이베트는 노련하고 나이 많은 사람의 연륜과 지혜를 언제나 능가하는 젊은이의 연륜과 지혜를 지니고 있었다." 루씰과 이베트 자매는 젊은 놈팡이와 눈이 맞아 집을 나간 엄마를 끝까지 편든다. "엄마가 들었으면 뭐라고 했을까?"(루씰)

'처녀' 이베트가 손을 씻으러 '집시' 조우의 포장마차 안에 들어갔다면, 「처녀와 집시」는 쌔고 쌘 통속소설에 그쳤을 거다. 그런 작품이라면, D.H. 로렌스는 폐기처분하거나 그의 방식대로 처음부터 다시 썼으리라. '처녀'와 '집시'가 집시의 포장마차 안으로 들어서려는 순간 나타난 커플은 로렌스의 개인사와 깊은 관련이 있다.

이 불륜 커플의 남자 찰스 이스트우드 대령은 D.H. 로렌스 자신으로 봐도 무방하다. 로렌스는 영국 노팅엄서 이스트우드에서 태어났다. 이혼을 앞둔 불륜 커플의 포쎄트 부인은 로렌스의 아내 프리다 위클리다. 그래서일까. 포쎄트 부인에 대한 로렌스의 '해명'은 온정적이다. "그녀는 철저히 도덕적이고 또 도덕적이어서 결국 이혼녀가 된 것이다."

반면, 루씰과 이베트 자매의 아버지 아서 쎄이웰 목사는 이베트와 교류하는 불륜 커플을 거칠게 비난한다. "계집의 재산으로 먹고 살려고 연상의 계집과 줄행랑을 친 젊은 놈팡이! 또 가정과 자식들을 버린 여자를 놓고 뭐라구! 어디서 배웠기에 별걸 다 정직하다고 하는 구나." 세 번에 걸친 '불어난 강물'에 대한 묘사는 파국의 전조다. 소설의 클라이맥스에서 감동의 물결은 더욱 거세게 몰아친다.

D.H. 로렌스는 탄압받은 대표적인 작가 중 한 사람이다. 『무지개』는 펴내자마자 판매금지당하고, 그의 그림을 내건 전시회는 그날로 경찰에 의해 폐쇄되었다. 이는 시대적 한계이기에 앞서 "싱싱한 삶을 믿지 않는" 쎄이웰 가문 사람들 같은 그 시절 속물들의 진정 위대한 예술가에 대한 서툰 시샘은 아니었는지.

D.H. 로렌스의 책

D.H. 로렌스 서한집 엄정옥 옮김, 원광대학교출판국, 1987.
피아노 정종화 옮김, 민음사, 1995.
처녀와 집시 김영무 옮김, 창작과비평사, 1997.
처녀와 집시 임정희 옮김, 한밭, 1997.
채털리 부인의 연인(월드북 94) 유영 옮김, 동서문화사 2008.
채털리 부인의 연인(1·2, 펭귄클래식 33·34) 최희섭 옮김, 펭귄클래식코리아, 2009.
채털리 부인의 연인(현대문화센타 세계고전문학) 이은경 옮김, 현대문화센타, 2010.
채털리 부인의 연인(1·2, 세계문학전집 85·86) 이인규 옮김, 민음사, 2003.
채털리 부인의 사랑(세계명작100선 33) 권오석 옮김, 일신서적공사, 1989. (초판 1986)
채털리 부인의 사랑 오영진 옮김, 범우사, 2006.
채털리 부인의 사랑(영한대역문고 51) 편집부 옮김, 시사영어사, 2000.
채털리 부인의 사랑 김동선 옮김, 어문각, 1990.
채털리 부인의 사랑 김동선 옮김, 마당, 1993.
채털리 부인의 사랑(1·2) 김동선 옮김, 학원사, 1994.
채털리 부인의 사랑 백낙영 옮김, 혜원출판사, 1991.
채털리 부인의 사랑 김덕수 옮김, 홍신문화사, 1992.
채털리 부인의 사랑 정성호번역센터 옮김, 오늘, 1991.
채털리 부인의 사랑 이우석 옮김, 한국도서출판중앙회, 1992.
채털리 부인의 사랑(청목정선세계문학 8) 강만식 옮김, 청목사, 1989.
채털리 부인의 사랑 권오현 옮김, 양우당, 1986.
채털레이부인의 사랑(상·하) 양병탁 옮김, 삼중당, 1984.
채터리부인의 사랑 김정환 옮김, 삼성기획, 1994.
채터리 부인의 사랑(하이클래스북 24) 김정환 옮김, 육문사, 1995.
차타레 부인의 사랑 황진민 옮김, 일월서각, 1996.

차타레부인의 사랑 김영란 옮김, 효종출판사, 1982.

집시의 연인 이경식 옮김, 태창문화사, 1979.

죽음의 배 정종화 옮김, 민음사, 1997.

제대로 된 혁명: 로렌스 시선집 류점석 옮김, 아우라, 2008.

연인들(1·2) 정상진 옮김, 혜서원, 1992.

연애하는 여자들 나혜미 옮김, 유니콘, 1997.

역사, 위대한 떨림 정종화 옮김, 민음사, 2002.

여인의 향기(1·2) 박용수 옮김, 한솔미디어, 1996.

아론의 지팡이 김진욱 옮김, 생각하는백성, 1996.

아들과 연인(1·2) 이혜경 옮김, 고려원미디어, 1997.

아들과 연인 양병탁 옮김, 삼성출판사, 1995.(초판 1975)

아들과 연인 G. 살가도 해설, 이성호 옮김, 홍성사, 1982.

아들과 연인(세계문학전집 제1기 9권) 김재남 옮김, 동아출판사, 1958.

아들과 연인 김수연 옮김, 덕성문화사, 1994.(초판 1989)

아들과 연인(1·2) 이은경 옮김, 현대문화센타, 2010.

아들과 연인(1·2, 세계문학전집 59·600) 정상준 옮김, 민음사, 2002.

아들과 연인(상·하, 열린책들 세계문학 156·157) 최희섭 옮김, 2011.

아들과 연인(청소년 징검다리 클래식 12) 공경희 옮김, 푸른숲, 2007.

아들과 연인 김인만 옮김, 나나, 1993.

아들과 연인 김정환 옮김, 삼성기획, 1994.

아들과 연인 김정환 옮김, 육문사, 1995.

아들과 연인 오국근 옮김, 강환섭 그림, 금성출판사, 1985.

아들과 연인(상·하) 김재남 옮김, 혜진서관, 1990.

아들과 연인(정선세계문학 70) 강만식 옮김, 청목사, 1993.

생명의 불꽃, 사랑의 불꽃– D.H. 로렌스 수필 모음 허상문 옮김, 동인, 2006.

사랑의 시집 고원 옮김, 인문당, 1959.

사랑스러운 여인 이한직 옮김, 청수사, 1959.

바바리아의 용담꽃(혜원세계시인선 7) 김정매 옮김, 혜원출판사, 2000.

바다와 사르디니아 박여선 옮김, 범우사, 2000.

미스터 눈 남미경 옮김, 을유문화사, 1985.

미국 고전문학연구 엄정옥 옮김, 한신문화사, 1987.

미국고전문학연구 김병철 옮김, 을유문화사, 1976.

무지개(상·하) 황의방·진영종 옮김, 한길사, 1992.

무지개(상·하, 범우비평세계문학선 62-2·3) 최인자 옮김, 범우사, 2007.

무지개(1·2, 세계문학전집 135·136) 김정매 옮김, 민음사, 2006.

무지개(상·하) 김정매 옮김, 민족문화문고간행회, 1986.

무지개 김재남 옮김, 정음사, 1958.

레인보우 김재남 옮김, 신아사, 1957.

무의식의 판타지 박신영·박화영 옮김, 현대미학사, 1993.

목사의 딸들 백낙청 옮김, 창작과비평사, 2001.(초판 1991)

말을 타고 달아난 여인 이태주 옮김, 평민사, 1997.

로렌스의 성과 사랑 정성호 옮김, 범우사, 2002.

로렌스 단편선(영한대역문고 40) 편집부 옮김, 시사영어사, 2000.

로렌스의 묵시록(나남신서 645) 김명복 옮김, 나남출판, 1998.

로렌스 수상록 이성호 옮김, 범우사, 1978.

로렌스 문학론 김병철 옮김, 양문사, 1963.

두 쌍의 결혼 현광식 옮김, 한림대학교출판부, 1995.

날개 돋친 뱀 김재남 옮김, 을유문화사, 1979.

개 이야기 D.H. 로렌스 외 지음, 이정환 옮김, 동하미디어, 1994.

캥거루(1·2) 김진욱 옮김, 생각하는백성, 1999.

D.H. 로렌스에 관한 책

창조적 생명의 실현– D.H. 로렌스 문학 연구 조일제 지음, 한국학술정보, 2008.

D.H. Lawrence 연구– 인간완수의 문학 김명섭 지음, 한신문화사, 1991.

D.H. Lawrence의 생명의 근원 강정석 지음, 한신문화사, 1990.

D.H. Lawrence의 시 세계 강정석·정호영 지음, 한신문화사, 1998.

D.H. 로렌스 3 한국영어영문학회 편, 민음사, 1979.

D.H. 로렌스– 성을 통한 현대문명의 고발 이재우 지음, 건국대학교출판부, 1996.

D.H. 로렌스문학 연구의 고대적, 동양적 접근 조일제 지음, 우용출판사, 2000.

D.H. 로렌스의 문학사상 강정석 지음, 조선대학교출판부, 2002.

D.H. 로렌스의 소설과 타자성 윤영필 지음, 동인, 2002.

D.H. 로렌스의 이원론적 문학세계 엄정옥·임윤수 지음, 원광대학교출판국, 1996

D.H. 로렌스의 장편소설 연구 김명혁 지음, 세종출판사, 2002.

D.H. 로렌스의 중편소설 연구 김명혁 지음, 한신문화사, 1998.

D.H. 로오렌스의 작품과 생애 안소니 빌 지음, 정종화 옮김, 을유문화사, 1969.

라이트 밀스
레이몽 아롱
레이첼 카슨
로렌 슬레이터
로버트 단턴
로버트 라이시
로버트 카플란
로버트 프랭크
로자 룩셈부르크
로제 샤르티에
롤랑 바르트
루쉰
루이스 세풀베다
루트비히 비트겐슈타인
뤼시엥 골드만
르네 지라르
리영희
리오 휴버먼
리처드 도킨스
리처드 르원틴
리처드 윌킨슨
리처드 파인만

라이트 밀스
Charles Wright Mills
1916-1962

미국사회의 지배구조 파헤친
실천적 사회학자

박찬호 선수가 메이저리그에서 일궈낸 아메리칸 드림을 보면, 미국은 분명 기회의 땅이다. 하지만 아메리칸 드림은 1960년대 초 자국의 사회학자에 의해 가차 없이 부정되었다. "열심히 노력해 차곡차곡 저축하면 부자가 될 수 있다"는 성공신화는 이미 허황한 이야기라는 것이다. 라이트 밀스는 『파워엘리트』(한길사, 1979)를 통해 미국식 성공신화의 허상을 벗겼다.

『파워엘리트』는 현대 자본주의를 상징하는 미국사회 지배층의 구조와 실상을 해부 분석한 책이다. 출간 당시의 자료에 따르면, 3천만 달러 이상을 가진 미국의 대부호 275명 가운데, 93퍼센트가 상속에 의해 부자가 된 사람들이다. 그러니 박찬호나 빌 게이츠는 나머지 7퍼센트에 속하는 예외인 셈이다. 타고난 어깨나 두뇌를 갖지 않고서는 부자의 대열에 끼지 못하는 것이 어쩔 수 없는 현실이다.

밀스는 이 책에서 미국의 국가 정책 역시 중앙집권화·관료화된 소수의 정치, 경제, 군사 엘리트에 의해 결정된다고 보았다. 엘리트란 사회의 중요한 지배체계에서 최고의 지위를 점유한 정책담당자를 말한다. 다른 사회집단과 대중들은 소수 엘리트 집단의 의지에 적응하기 바쁘며 권력과 부, 그리고 정보의 집중은 더욱 가속화되어 극히 일부의 사람들이 중요한 지위를 독점하게 되는데, 이들이 바로 파워엘리트들이다.

미국 사회의 가장 중요한 파워엘리트는 기업체, 정부 행정관료 기구 및 군대의 수뇌부를 형성하고 있는 지도자들이다. 이러한 현실인식은 당시 미국 사회학의 주류이론이었던 '균형이론'에 대한 비판을 낳는다. 밀스는 여러 집단 사이의 힘겨루기를 통한 균형과 합의가 민주주의의 요체라는 균형이론을 "권력구조의 정상으로 올라갈수록 견제와 균형의 의미를 찾을 수 없는" 현실을 은폐하는 보수주의 이데올로기에 불과하다고 비판했다.

1979년 9월 출간된 『파워엘리트』는 4만 부가 팔릴 정도로 좋은 반응을 얻었지만 1980년대 들어서 마르크스주의가 본격적으로 도입되면서부터 발걸음이 주춤해졌다. 그래도 1980년대에는 밀스의 저서가 다수 출간되었는데, 『마르크스주의자들』(한길사, 1982)은 시대적 분위기 속에서 널리 읽혔다.

이 책은 마르크스주의 입문서다. 마르크스주의를 모르거나 또 알려고도 하지 않는 사람들을 위해 씌어졌다. 마르크스와 엥겔스를 비롯, 레닌, 트로츠키, 스탈린, 모택동, 카우츠키, 로자 룩셈부르크, 체 게바라, 베른슈타인, 흐루시초프 등 주요한 마르크스주의자들의 중심사상을 체계적으로 소개하면서 사상의 허구성도 날카롭게 비판했다.

책의 4분의 1 정도는 밀스의 방법론과 자신의 마르크스주의에 대한 이해에 할애했고, 나머지 부분은 사회주의 사상가들의 중요한 주장을 발췌 수록했다. 전체적으로 비판적인 기조를 유지하고 있지만 마르크스에 대한 시각은 매우 호의적이다. 밀스는 마르크스를 세속적인 도덕론자, 합리적 사상가, 그리고 일관성을 지닌 인간주의자로 보았다.

지금은 시효가 지난 조언이 되었지만 관료화된 사회주의에 활력을 넣기 위한 밀스의 세 가지 충고도 돋보인다. ▲물질적인 문제에 대한 관심을 아우른 이상주의에의 호소 ▲식민지국가와 저개발국가의 민족운동에 대한 절대적 지지 ▲세계 각국 노동운동의 사회주의 지원을 위한 재단결.

『들어라, 양키들아』는 사회주의에 활력을 넣기 위한

두 번째 방안과 관련이 깊다. 그렇다고 밀스의 쿠바여행기인 이 책이 쿠바혁명을 본격적으로 다룬 것은 아니다.『들어라, 양키들아』는 카스트로와의 대담, 각료·농민 등과의 대화, 밀스의 관찰기록 등을 통해 혁명 직후의 쿠바를 묘사했다.

맥그로힐 출판사의 서문은 이 책의 성격을 잘 드러내준다. "이 책의 내용은 미국의 일반신문, 통신이 카스트로와 쿠바혁명에 관해서 보도해온 바와 대체로 배치된다." 밀스는 쿠바혁명을 왜곡 보도하는 미국의 언론과 쿠바인들의 정당한 요구를 무시하는 미국 정부의 태도를 신랄하게 비판했던 것이다.

인간을 하나의 고립된 파편으로 이해하거나, 인간 그 자체로서 저절로 포착될 수 있는 한 분야나 체계인 것으로 이해하려 들지 말라. 모든 인간을 역사적 사회적 행위자로서 이해하려고 하라. 그리고 인간사회의 다양성에 따라 다양한 인간들이 어떻게 복잡하게 선택되며 어떻게 복합적으로 형성되는가를 이해하려고 하라.

『사회학적 상상력』(홍성사, 1978)에서 밀스가 20세기 후반을 사는 이들에게 주는 충고다. 이 책은 개인과 역사, 그리고 사회가 세 꼭짓점으로 이뤄진 삼각형을 기본 틀로 삼고 있다. 이러한 삼각형을 통해서 파악되는 사적인 문제와 공적인 문제의 의미, 이성과 합리성의 상호 이율배반, 역사가 오늘의 상황에서 지니는 의미, 사회학계의 보수적인 풍토 등을 예리하게 비판하면서 사회학자가 지녀야 할 태도와 사회과학이 나아가야 할 방향도 밝혀 놓았다.

지금 서점에서 밀스의 책을 구하기란 쉽지 않다. 대부분의 책이 절판 또는 품절 상태에 있기 때문이다. '홍성신서'로 나왔던 『사회학적 상상력』도 마찬가지다. 1988년 '기린총서'로 옷을 바꿔 입고 1990년대까지 목숨을 이어나갔지만 이제는 눈에 띄지 않는다.

20여 년 전 이 책을 번역했던 이해찬 씨가 의정활동이 돋보이는 다선의원인 점도 『사회학적 상상력』과 관련해 특기할 만한 사항이다. 2004년 초 이 책이 재출간되면서 다시금 이해찬 의원의 이력이 화제가 되기도 했다.

『정치·권력·민중』은 밀스의 선집으로 처음 번역됐을 때의 제목은 『현대사회와 정치구조』(돌베개, 1981)였다. 밀스 연구가인 호로비츠 교수(카라카스대학 사회학)의 탁월한 편집을 거친 이 책은 밀스의 주요 논문을 정치·권력·민중·지식의 네 범주로 나눠 소개했다. 특히 호로비츠 교수는 서론격의 「C. 라이트 밀스를 소개한다」를 통해 밀스의 학문적인 성격과 그의 중요성을 강조하기도 했다.

호로비츠 교수는 경험주의와 처방주의를 결합한 것에 대해 밀스에게 공로를 부여한다. "밀스는 인간관의 세계를 묘사하고 나아가 미국 사회구조의 최대 악성질환에 대한 해결책을 제시했다"고 강조했다.

라이트 밀스의 책

들어라 양키들아 신일철 옮김, 정향사, 1961.
들어라 양키들아 편집부 옮김, 녹두, 1985.
들어라 양키들아 김대웅 옮김, 아침, 1994.
사회학적 상상력 강희경·이해찬 옮김, 돌베개, 2004.
사회학적 상상력 강희경·이해찬 옮김, 홍성사, 1978.
파워엘리트 진덕규 옮김, 한길사, 1979.
화이트 칼라(개정판) 강희경 옮김, 돌베개, 1998.(초판 1980)
정치·권력·민중 박노영·이호열 옮김, 돌베개, 1984.
현대사회와 정치구조 박노영·이호열 옮김, 돌베개, 1981.
역사와 책임 노태구 옮김, 인간, 1982.
마르크스주의자들 김홍명 옮김, 한길사, 1982.

진실과 자유를 옹호한
'오른손 정통파' 논객

나는 뛰어난 사상가들과의 대화를 사랑할 뿐만 아니라 학생들에게도 이런 취미를 기르라고 권합니다. 학생들은 누군가를 찬양하고 그를 흠모할 필요가 있습니다. 그들은 늘 교수와 만나지만 교수란 대개 감독관의 입장에 있거나 혹은 찬양할 만하지 못하기 때문에 찬양과 흠모의 대상이 되기가 쉽지 않습니다. 교수는 학생들을 위해 위대한 철인과 사상가를 해석해 주는 역할을 맡아야 합니다.

자신의 말대로 레이몽 아롱은 뛰어난 사상가들과 대화를 나눴고, 학생들을 위해서 충실한 사상의 길라잡이가 되었다. 『사회사상의 흐름』(홍성사, 1980; 기린원, 1988)에는 그런 면모가 유감없이 드러난다. 이 책에는 일곱 명의 사상가가 등장한다. 몽테스키외, 콩트, 마르크스, 토크빌, 뒤르켐, 파레토, 베버 등의 등장인물은 일견 심한 편차를 보인다. 더구나 사회학의 테두리에 넣기에는 무리가 따르는 사람도 있다. 때문에 아롱의 사회학에 대한 정의가 정밀하지 못하고, 사회학의 목적과 방법 및 경계가 명확하지 않다는 비판이 제기되었다.

하지만 아롱에게는 나름의 분명한 인물선정 기준이 있었다. 그는 보편적인 역사 해석자보다는 근대사회를 해석하는 독특한 방법을 제시한 사람에게 관심을 기울였다. 또한 학자나 사상의 조류보다는 위대한 저작자에게 호감을 가졌다. 그렇다고 여기에 나오는 인물들이 엇갈리는 색깔을 갖는 것은 아니라고 아롱은 강조한다. 예컨대 20세기의 대표적인 사회학자의 한 사람인

탈코트 파슨즈는 마르크스와 베버의 맥을 잇는다는 것이다. 마찬가지로 아롱은 몽테스키외와 토크빌의 '때늦은 후예'로 자처한다. 몽테스키외는 정치사회학의 프랑스학풍의 창시자이고, 토크빌은 그것을 이어받았다.

이 전통에 속한 학자들은 독단적인 것이 별로 없고 정치에 관해 본질적 관심을 가지고 있으며 사회의 하부구조를 무시하지는 아니하나 정치 질서의 자율성을 강조하고 또한 자유주의자들이다. 아마 나 자신도 현대의 이 학풍의 후예라 해두는 것이 마땅하다.

이 책에서 아롱은 뛰어난 사상가들의 사상에 대한 종합적인 재구성을 시도했고, 그런 의도는 일정한 성공을 거두었다. 마르크스주의를 보는 아롱의 비판적인 시각에도 불구하고 이 책의 마르크스 항목은 매우 정교한 마르크스주의 분석의 하나로 꼽힌다. 칼 포퍼의 경우처럼 반마르크스주의자가 마르크스를 정확하게 읽어내는 역설이 아롱에게도 해당되는 셈이다.

스케치하는 것은 더 말할 것도 없고 초상화를 그린다는 것은 항상 그것을 그리는 자의 성품을 어느 정도 반영하기 마련이다. 아무리 공정성을 유지하려고 애를 쓴다 할지라도 그 작품에는 공감이나 반감이 나타나지 않을 수 없다. 사실 그런 일에 성공하는 것이 과연 바람직할 것이냐 하는 것도 나는 탐탁하게 여기지 않는 터이다. 교사나 저술가는 자기의 감정과 그것에 자신을 무분별하게 내맡기려하지 않는 결의를 보일 때 학생들이나 독자들의 주목을 끌 수 있는 가능성이 더 많지 않을까 생각되는 바이다.

수수께끼의 답이 그렇듯 역설의 수수께끼 풀이도 알고 보면 쉽고 간단하다. 팔이 안으로 굽는 인지상정은 인정하되 가급적 본능을 억제하는 고도의 전략전술을

발휘한다. 작가의 의도를 노출시킨 예술작품이 별다른 공감을 얻지 못하는 것도 이와 같은 이치.『사회사상의 흐름』이 지금까지 읽히는 것도 이런 이치와 무관하지 않은 것 같다.

아롱은 프랑스 현대지성사에서 매우 독특한 존재였다. 좌파가 득실거리는 지식계에서 우파를 대변했고, 강단에서 사회학을 가르치는 교수이자 신문지면에서 필봉을 날리는 저널리스트였다. 사르트르가 '변칙투구를 하는 왼손투수'라면, 아롱은 '우완 정통파'였다. 손자뻘에 해당하는 두 명의 대담자와 나눈 TV대담을 엮은『참여자와 방관자』(홍성사, 1982)는 아롱의 삶과 사상을 이해하는 데 많은 도움을 준다.

먼저 아롱은 친절하고 따뜻한 태도로 젊은 대담자 둘을 감동시켰다. 차가운 사람으로 소문난 아롱이었기에 대담자들이 느낀 감동은 남달랐다. 그렇다고 해서 토론할 때도 사근사근한 것은 아니었다. 토론 중에는 눈빛만으로도 신랄함이 전해질 정도였다. 또한 토론 내용이 미진하다고 생각한 아롱은 책을 펴낼 때 스스로 작성한 질문과 대답을 결론으로 덧붙였다.

아롱은 〈르피가로〉에서 꼭 30년을 논설위원으로 활동했다. 이 신문은 〈르몽드〉에 비해 보수적인 논조를 띤 신문이다. 애당초 그는 두 유력지로부터 동시에 스카우트 제의를 받았고, 어느 쪽을 택할까 망설였다. 아롱의 성격과 취향을 감안해 〈르피가로〉를 추천한 친구 앙드레 말로의 조언이 선택에 결정적 계기가 되었지만, 다른 이유도 있었다. 오전 시간에 자신의 공부, 곧 학문적인 작업을 하고 싶었던 아롱은 석간보다는 조간신문을 택하게 되었다.

그는 경제성장의 중요성은 받아들이지만, 경제성장률의 노예가 되는 것은 거부한다. 그리고 인류의 생존이 이성理性과 과학에 달려 있다고 믿는 분명한 진보주의자이다. 아롱은 진실과 자유를 가장 중요한 가치로 여긴다.

진실에 대한 사랑과 거짓에 대한 두려움은 나의 존재방식과 사고방식 속에 가장 깊숙이 자리잡고 있는 그 무엇입니다. 그리고 진실을 표현할 수 있으려면 무엇보다도 자유로워야 합니다. 외부의 힘이 우리를 억압하고 구속해서는 안됩니다.

그가 전체주의 사회를 비판하는 이유 역시 그곳에는 사상의 자유가 없기 때문이다. 좌파의 환상과 실패에 대한 아롱의 비판은 매우 신랄하다. 반면에 우파 정부의 부정부패와 인권침해에 관해서는 별다른 언급이 없었다고 대담자들은 지적한다. 이런 문제 제기에 대해 아롱은 대체로 수긍한다. 그는 공정한 관찰자가 되려고 애쓰는 사람도 친구의 실수보다는 적의 실수에 민감하기 마련이라고 덧붙인다.

하지만 아롱은 권력에 빌붙기 위해 곡필을 일삼는 부류와는 근본적으로 다르다. 그의 올곧은 기자정신을 보여주는 일화 하나. 퐁피두 대통령을 만난 며칠 후 아롱은 그를 심하게 비판하는 글을 썼다. 퐁피두의 보좌관은 "레이몽 아롱은 무례합니다. 각하께서 만나주셨는데도 이따위 글을 쓰다니요!"라고 분개했다. 그러자 퐁피두는 이렇게 말했다고 한다. "레이몽 아롱을 믿었다가는 큰일 나네."

아롱의 저서는 여러 권이 번역되었지만, 대부분 좀 오래된 도서관에서나 만날 수 있다. 그중『산업사회와 사회계층』(법조사, 1980)은 자본주의와 공산주의 사회에서 여러 집단과 엘리트 사회계급의 구조를 다뤘고,『마르크스주의와 실존주의자들』(한빛, 1982)은 자유주의의 잣대로 마르크스주의와 실존주의를 분석한 책이다. 소르본 대학의 사회학 강좌를 엮은 전자는 현대사회의 분석은 산업사회의 분석에서 출발해야 한다는 점을 전제로 삼았다. 후자는 대표적 실존주의자인 사르트르와 메를로 퐁티가 마르크스주의를 어떻게 받아들이고 있는지 분석했다.

『지식인, 삶의 고독한 존재』(문지사, 1988)는 레이몽 아롱의 저서 가운데 우리나라에서 가장 널리 알려진 책이다. 여기에는 두 가지 이유가 있는데, 우선 이 책은 아롱의 책 중에서 맨 먼저 한국어로 번역되었다. 또한 이른바 '국시國是'에 부합하는 정치적 색채로 말미암아 널리 권장된 것으로 보인다. 처음 번역될 때는 원제목의 '지식인'을 '현대인'으로 바꿨는데『현대인의 아편』(창문사, 1967)은 공산주의를 가리킨다.

레이몽 아롱의 책

사회사상의 흐름 이종수 옮김, 홍성사, 1980.
사회사상의 흐름 이종수 옮김, 기린원, 1989.
지식인의 아편 안병욱 옮김, 삼육출판사, 1986.
지식인, 삶의 고독한 존재 안병욱 옮김, 문지사, 1988.
현대인의 아편 안병욱 옮김, 창문사, 1967.
권력과 지성 이준오·이유경 옮김, 어문각, 1984.
참여한 방관자의 회고록 권오룡 옮김, 중앙일보사, 1984.
자유냐 평등이냐 김현수 옮김, 지문사, 1983.
참여자와 방관자 이종호 옮김, 홍성사, 1982.
20세기의 증언 박정자 옮김, 문예출판사, 1982.
마르크스주의와 실존주의자들 이택휘 옮김, 한벗, 1982.
산업사회와 사회계층 이동열 옮김, 범조사, 1980.
산업사회의 미래 정기수 옮김, 을유문화사, 1981.
민주주의와 전체주의 최운지 옮김, 민중서관, 1970.

레이첼 카슨
Rachel L. Carson
1907-1964

봄은 왔는데 침묵만이 감돌았다

레이첼 카슨은 세월이 흐를수록 그 가치가 더욱 빛날 선각자다. 이미 현대의 고전이 된『침묵의 봄』(에코리브르, 2002)을 통한 생태 위기의 경고 선언이 마치 예언처럼 적중하고 있어서다. 그런데 카슨은 선지자는 고향에서 박대를 받는다는 속설의 예외적 경우에 속한다. 1990년대 중반『봄의 침묵』(넥서스, 1995)이라는 제목으로 번역된 책의 띠지에는 "앨 고어 미국 부통령이 격찬한 환경운동의 불후의 명저!"라는 글귀가 새겨져 있지만, 『침묵의 봄』은 1962년 미국에서 출간된 직후에도 당시 케네디 대통령이 관심을 표명하는 등 화제를 모았다. 독자의 호응도 좋아 50여 만 부가 팔려 베스트셀러가 되었다.

그렇다고 선지자를 향한 핍박이 전혀 없었던 것은 아니었다.『침묵의 봄』의 출간에 앞서 책의 내용을 요약한 시리즈의 첫 회가 잡지〈뉴요커〉에 실리자 독자들은 카슨의 주장에 크게 공감했다. 이에 위기의식을 느낀 화학 물질 제조업체 관계자와 정부의 살충제 프로그램에 관여한 공무원이 카슨의 주장을 반박하려 했지만 목적을 이루지 못하자 그들은 그녀를 향해 인신공격을 가하기까지 했다.

또, 1962년 말에 미국 CBS방송이『침묵의 봄』에 대한 특별프로그램을 내보내겠다고 발표하자 정체불명의 협박편지가 방송사로 날아들고, 몇몇 기업이 방송 협찬을 철회하기도 했다. 그러나 이런 반발은 찻잔 속의 태풍으로 그쳤다. 이듬해 봄 레이첼 카슨의『침묵의 봄』을 다룬 특별프로그램은 CBS의 전파를 타고 미국 전역에 방송되었다. 또한 1963년 5월 15일 발표된 대통령 과학자문위원회의 살충제 사용에 관한 보고서는 카슨의 손을 들어주었다.

자연은 소름이 끼칠 정도로 이상하리만큼 조용했다. 그처럼 즐겁게 재잘거리며 날던 새들은 다 어디로 갔는가? 사람들은 모두 당황했으며 불길한 예감에 사로잡혔다. 어쩌다가 발견되는 몇 마리 새들도 몹시 몸을 떨면서 날지도 못하고 푸드득거리다가 죽고 마는 것이었다. 봄은 왔는데 침묵만이 감돌았다. 울새, 비둘기, 어치, 굴뚝새, 또 다른 수많은 새들의 울음 소리와 더불어 새벽이 밝아 오곤 했는데 이제는 죽음의 정적만이 저 들판과 숲과 늪 위에 깔려 있을 뿐이었다.

20세기판 춘래불사춘春來不似春을 묘사한 『침묵의 봄』의 한 구절이다. 봄이 왔으되 봄기운을 감지하기 어려운 것은 DDT로 대표되는 온갖 화학 살충제가 봄의 전령사들의 씨를 말린 탓이다. 1940년대 DDT를 개발한 미국은 해충 구제에 이 살충제를 남용한 결과 자연환경의 엄청난 파괴를 가져왔다. 『침묵의 봄』은 구체적인 실례를 통해 생태 위기에 대한 경각심을 촉구하고, 그것을 야기한 과학기술 만능주의에 경종을 올린 책이다.

현대의 고전으로 통하는 명저답게 이 책은 여러 종류의 한국어판이 있다. 『침묵의 봄』이라는 제목으로 나온 것만 해도 서너 권이고, 『봄의 침묵』에다 『이제 봄의 소리를 들을 수 없다』고 제목을 풀어 쓴 것도 있다. 『침묵의 봄』이 기념비적인 책인 것은 분명하지만, 정작 레이첼 카슨의 면모를 제대로 보여주는 책은 뒤늦게 번역된 『우리를 둘러싼 바다』(양철북, 2003)가 아닌가 싶다. 이 책에는 그녀의 해양생물학자로의 자질과 작가적 재능이 절묘하게 어우러져 있다. "카슨은 과학적 사실을 명료한 서정적인 언어로 표현하는 보기 드문 재능을 가지고 있다"는 〈타임〉의 평가는 적절하다. 또한 이 책은 그녀의 출세작이기도 하다.

『우리를 둘러싼 바다』는 1950년대에 써진 책이지만 요즘 독자를 위한 해양과학서적으로도 전혀 손색없다. 이 책은 바다의 생성부터 바다의 표면, 깊은 바다, 해저, 파도와 해류, 썰물과 밀물, 그리고 해양 자원에 이르기까지 바다의 모든 것을 담았다. 시대에 약간 뒤떨어진 측면은 10년 후 펴낸 개정판에 카슨이 붙인 주석과 최근 판(1989)에 덧붙은 해양생물학자 제프리 레빈턴 교수의 후기가 보완하고 있다.

하지만 하루가 다르게 새로운 지식이 업데이트 되는 자연과학분야에서 반세기 전에 나온 책이 여전히 독자에게 호소력을 갖는 것은 무엇보다 카슨이 기본에 충실했기 때문이다. 게다가 카슨은 난해한 해양 과학의 이치를 쉽게 설명하는 재주가 있다. 바닷물이 파랗게

보이는 까닭을 설명한 대목을 보자.

바다가 파란색으로 보이는 것은 햇빛 중 파란색이 물 분자나 바다에 떠 있는 미세한 입자들에 반사돼 비치기 때문이다. 물 속으로 들어가는 광선 중 빨간색 빛 전부와 대부분의 노란색 빛은 물에 흡수되고, 물에 반사되어 우리 눈에 비치는 빛은 주로 차가운 파란색 계통이다.

이 정도는 상식에 속하지 않느냐고 반문할 독자가 계실지도 모르겠다. 그런 분께는 조석潮汐과 달, 그리고 지구 자전 사이의 연관성에 관한 설명이 준비돼 있다.

조석 마찰은 달을 멀리 밀어 내는 2차적인 효과를 나타내는데, 이미 달은 지금까지 32만 km 이상 밀려났다 (역학 법칙에 따르면, 지구의 자전 속도가 느려질수록 달의 자전 속도는 가속되고, 원심력이 달을 더 멀어져가게 만든다고 한다). 달은 멀어짐에 따라 조석에 미치는 힘이 약해지고, 조석은 갈수록 약해지게 된다. 이것은 또한 달이 지구 주위를 도는 데 걸리는 시각을 더 길게 만든다.

또한, 1차적으로 조석 마찰은 지구의 자전을 늦추는 효과가 있다. 한편 바다를 지구 온도 조절 장치로 보는 것이나 바다의 순환성을 강조한 표현 ―"바다에서는 버려지는 것이 없다. 모든 물질 입자는 사용하는 주체가 바뀌면서 계속 반복해서 사용된다."― 에서는 훗날 드러날 생태 사상가의 면모를 예감케 한다.

이쯤 되면 바다를 주제로 한 레이첼 카슨의 또 다른 책들의 내용이 궁금해진다. 카슨은 바다에 관한 전기로 통칭할 만한 책을 세 권 썼다. 그중 바다에 관한 연구서인 1951년 작 『우리를 둘러싼 바다』만 최근에야 비로소 한국어판을 얻었고, 서정성이 돋보이는 『바닷바람을 맞으며Under the Sea Wind』(1941)와 우리 주변 바닷가

생물의 재미난 생태를 담은 『바다의 가장자리The Edge of the Sea』(1955)는 번역이 안 된 상태다. 그런데 미번역인 카슨의 바닷가 이야기에는 대체재가 없지 않다. 앤 모로우 린드버그의 『바다의 선물』을 통해 아쉬움을 달래볼 수도 있다. 앤 모로우 린드버그는 대서양 횡단비행에 최초로 성공한 찰스 린드버그의 아내이기도 하다.

『자연, 그 경이로움에 대하여』(에코리브르)는 1956년 7월 〈우먼스 홈 컴패니언〉이라는 잡지에 '당신의 자녀가 자연에서 놀라움을 느낄 수 있도록 도와라'는 제목으로 발표된 글을 단행본으로 만든 것이다. 짧은 글에 자연을 찍은 천연색 사진을 곁들인 단아한 소품으로 볼 수도 있으나 단행본이 되기에는 좀 부족한 면이 있다. '레이첼 카슨의 마지막 노래'라는 한국어판의 부제가 말해주듯 그녀의 명성에 기댄 기색이 역력하다.

레이첼 카슨은 환경운동의 대모라고 할 수 있다. 그런 그녀의 역사적 위상에 견줘 레이첼 카슨의 생애에 대한 정보는 그리 많지 않다.

현재로선 두어 권의 인물 선집을 통해 그녀의 간추린 삶을 접할 수 있다. 세상을 뒤바꾼 여성들의 얘기를 담은 두 권으로 된 『참 아름다운 도전』(명상)에서 레이첼 카슨을 만나지 못한다면 오히려 이상할 것이다. 이 책의 첫 권은 네 번째 인물로 레이첼을 다룬다. 사진을 통해 그녀의 생전 모습을 확인할 수 있고, 영문학에서 전공을 바꿔 해양생물학 석사 과정을 밟은 동기를 들을 수 있다.

나는 바다를 본 적이 없었다. 그저 볼 수 있기를 꿈꾸었을 뿐인데, 바다에 관한 책을 몽땅 찾아 읽는 것으로 그 꿈을 대신했다. 그래서 생긴 지 얼마 안 되는 학문이었지만 해양생물학을 공부하기로 했다.

여자 어린이들에게 과학자의 꿈을 키워주는 『나는 과학자의 길을 갈 테야』(창작과비평사)에서도 레이첼 카슨은 과학의 새 길을 개척한 여성 과학자의 한 사람으로 부각된다. 『참 아름다운 도전』이 환경운동 개척자로서 레이첼의 업적을 높이 샀다면, 이 책은 해양생물학자로서의 공로를 기리고 있는 셈이다. 그것도 과학과 문학을 절묘하게 아우른 측면을 높이 평가했다. 책은 레이첼 카슨이 진리의 추구라는 관점에서 과학과 문학을 별개의 것으로 간주하지 않았다는 사실을 그녀의 말을 통해 확증한다.

과학의 목적은 문학의 목적과 마찬가지로 진리를 발견하고 알리는 데 있습니다. 나의 책에 아름다운 부분이 있다면, 그것은 내가 일부러 집어넣은 것이 아니라 지금까지 아무도 자연 세계를 진실하게 표현하지 못했기 때문이지요.

레이첼의 전 생애를 폭넓게 살펴보고자 하는 독자에게 반가운 소식이 하나 있다. 조만간 폴 브룩스의 『레이첼 카슨 평전』(그물코)이 나올 예정이다.

레이첼 카슨의 책

잃어버린 숲 - 레이첼 카슨 유고집 린다 리어 엮음, 김선영 옮김, 그물코, 2004.
우리를 둘러싼 바다 이충호 옮김, 양철북, 2003.
자연, 그 경이로움에 대하여 표정훈 옮김, 에코리브르, 2002.
침묵의 봄 김은령 옮김, 에코리브르, 2002.
이제 봄의 소리를 들을 수 없다 정대수 옮김, 넥서스, 1999.
봄의 침묵 정대수 옮김, 넥서스, 1995.
침묵의 봄 이태희 옮김, 참나무, 1991.

레이첼 카슨에 관한 책

레이첼 카슨 - W 세상을 빛낸 위대한 여성 엘렌 레빈 지음, 권혁정 옮김, 나무처럼, 2010.
레이첼 카슨과 침묵의 봄(살림지식총서 375) 김재호 지음, 살림출판사, 2009.
월든/침묵의 봄/센스 오브 원더(월드북 102) 헨리 데이비드 소로·레이첼 카슨 공저, 오정환 옮김, 동서문화사, 2009.
레이첼 카슨 - 자연, 그 아름답고 놀라운 세계 속으로 조지프 브루책 글, 토마스 로커 그림, 이상희 옮김, 초록개구리, 2006.
시인의 언어로 자연을 지켜낸 과학자, 레이첼 카슨 조선녀 글, 김성남 그림, 뜨인돌어린이, 2006.

레이첼 카슨- 생명의 봄을 일깨워 준 홍당무 지음, 이현호 그림, 파란자전거, 2005.
레이첼 카슨- 지구의 목소리 진저 워즈워스 지음, 황의방 옮김, 두레, 2005.
자연을 사랑한 과학자 레이첼 카슨 에이미 에를리히 지음, 웬들 마이너 그림, 김재희 옮김, 아이세움, 2005.
레이첼 카슨 평전- 시인의 마음으로 자연의 경이를 증언한 과학자 린다 리어 지음, 김홍옥 옮김, 샨티, 2004.
지구의 딸 지구 시인 레이첼 카슨 김재희 지음, 이유북스, 2003.

로렌 슬레이터
Lauren Slater
1963-

이게 바로 인간이란 존재거든

나는 심리실험이 영 마땅치 않다. 또한 그 결과를 신뢰하지 않는다. 실험은 실험일 뿐인데 특정한 실험결과가 마치 인간의 행동양식을 간파한 것인 양 금과옥조로 받아들여지는 걸 보면 마음이 불편하다. 일회적으로 실험결과를 발표하는 무책임한 학자와 검증과정 없이 그걸 유포하는 데 여념이 없는 언론에는 거부감마저 생긴다.

번역자가 불분명한 『마시멜로 이야기』의 모티프인 '마시멜로 실험'을 봐도 그렇다. 15분을 참고 기다려 마시멜로를 하나 더 얻은 아이들과 15분을 못 참아 그걸 삼킨 아이들의 성장과정을 10년간 추적했더니, 15분을 참았던 아이들이 그렇지 못한 아이들보다 공부 잘하고, 대인관계가 원만하며, 스트레스를 효과적으로 관리한다?

이걸 믿으라니, 천만의 말씀 만만의 콩떡이다. 하나만 보고선 열을 알 수 없는 게 세상의 이치다. 설령 예외가 있다 해도, '마시멜로 안 먹고 15분 버티기'는 그런 잣대로 한참 모자란다. 아무튼 20세기의 대단한 심리실험 열 가지를 다룬 『스키너의 심리상자 열기』는 진입장벽이 그리 높지 않았다. 문턱을 넘자 순탄한 길이 눈앞에 펼쳐진다.

『스키너의 심리상자 열기』가 잘 팔린 까닭

이 책의 번역서가 베스트셀러가 된 이유를 확인할 수 있었다. 우선, 로렌 슬레이터의 글발이 만만치 않다. 2006년 연말 불거진 대필 스캔들 와중에 터져 나온 '그러면 문학하는 사람만 책을 내야 한다'거나 '문학수업을 받지 않으면 단행본 분량의 글을 쓸 수 없다' 같은 주장엔 결코 동의하지 않지만, 이 책에서 슬레이터는 필력과 문학적 감수성을 뽐낸다.

옮긴이의 지적대로 "줄거리와 욕구와 인간이 살아 있는 '이야기체' 서술 방식" 또한 한몫 단단히 했을 것이다. 로렌이 들려주는 이야기는 요즘 유행하는 '스토리텔링' 자기계발서와는 차원이 다르다. "그녀는 실험자라는 한 '인간'이 자신의 이론을 발견하기까지 겪었던 일련의 과정들을 생생한 필체와 맥락을 가지고 전개함으로써 각 이야기에 '역사성'과 '필연성' 그리고 '극적인 생명력'을 부여한 것이었다."

20세기의 대단한 심리실험은, 그것을 실행한 20세기의 위대한 심리학자 또는 정신의학자와 짝을 이룬다. 실험자의 주변인물이나 실험 참가자를 찾아나서는 로렌의 취재열의는 기자와 논픽션 작가의 본보기가 될 만하다. 심리학자인 그녀의 전문적 식견과 신중한 자세 또한 미덕이 아닐 수 없다.

"하지만 인간의 행동과 사고를 형성하는 과정과 메커니즘을 설명하면서도 우리가 왜 그런 생각을 하는지, 왜 이런저런 생각에 이끌리게 되는지, 왜 어떤 기억은 보관되고 어떤 기억은 폐기되는지, 이러한 기억들이 우리에게 의미하는 것은 무엇이고 그것이 우리의 인생을 어떻게 형성하는지에 대해서는 설명하지 못한다."

밀그램의 전기충격 실험

로렌 슬레이터는 "10가지 실험을 이야기로 풀어내면서

그것이 우리가 사는 이 새로운 세상에 어떤 현재적 의의를 지니는가를 질문함으로써, 그것을 동시대적 관점에서 재조명하고자" 한다. 나는 "세상을 놀라게 한 심리실험 10가지" 가운데 권위에 대한 복종에 관한 스탠리 밀그램의 전기 충격기계 실험이 인상적이었다.

사회심리학자 스탠리 밀그램은 사람들이 성격보다는 상황 탓에 파괴적인 복종에 굴복한다고 보았다. 아주 설득력 있는 상황이라면 이성적인 사람도 도덕률을 무시하고 명령에 따라 얼마든지 잔혹 행위를 저지를 수 있다는 것이다. 이러한 가설을 시험하기 위해 밀그램은 "심리학 역사상 가장 끔찍하고 위대한 실험"을 꾸민다.

가짜 충격기계를 만들어 놓고 학습에 관한 실험을 명분으로 내세워 지원자 수백 명을 모은 다음, 한 사람에게 강한 전기충격을 가하라는 명령을 내린다. 전기충격을 받는 사람은 고용된 배우로서 고통스러움을 실감나게 연기한다. 결과는 실험 대상자의 65퍼센트가 다른 사람에게 치명적인 상해를 입힐 정도로 명령에 복종했고, 35퍼센트는 어느 시점에서 명령을 거부했다.

한 실험 참가자가 실험 직후의 신상파악을 위한 면담에서 실험의 원래 성격을 눈치 채자, 밀그램은 그에게 이렇게 말한다. "이 실험에 참가한 사람들의 65퍼센트가 당신처럼 행동했습니다. 우리가 만든 이 상황에서 당신이 선택한 행동은 완전히 정상입니다. 그것 때문에 안 좋은 감정을 느끼실 필요는 전혀 없습니다." 그런데 단지 수적 우세가 정상과 비정상을 가르는 기준이 될 수 있을까?

밀그램에 앞서 "심리학자 다니엘 프랭크가 자신이 흰 가운을 입었다는 이유만으로 피실험자들에게 머리를 바닥에 대고 물구나무를 서라든가, 한쪽 눈을 감고 뒤로 걸으라든가, 창문에 혀를 대라는 요구를 했을 때 사람들이 아무리 터무니없는 요구라 하더라도 응한다는 사실을 알아냈다"고 한다.

때론 과학이 발달했다는 서구의 과학자들이 우리가 온몸으로 쉽게 체득하는 사실을 이처럼 어렵게 파악하곤 한다. 단지 계급이 높다는 이유만으로 아직 푸른 옷이 낯선 젊은이들은 신병훈련소 조교의 터무니없는 요구를 따라야 했다. 그런 요구에 순응하지 않으면 "어라, 이것들이 개긴단 말이지, 저기 축구골대까지 뛰어갔다 오는데 선착순 ○명"이라는 명령은 약과이고, 호된 얼차려를 감내해야 한다. 신병들은 사단 신병교육대로 오는 도중 빈 막사에 들러 한바탕 신고식을 치른 바 있다.

그런 점에서 밀그램이 "철저히 연출된 상황을 통해 우리의 본 모습이 드러나는 적나라한 우리의 삶을 엿보게 해주었던 것"이라는 로렌 슬레이터의 평가는 옳다. 밀그램 부인의 증언에 의하면, "남편은 명령에 복종하는 사람들이 그렇게 많을 것이라고 예측하지 못했어요. 결국 그는 사람들에 대해 냉소적인 생각을 갖게 되었"다고 한다.

군대는 인간성이 적나라하게 드러나는 곳이다. 사회심리학은 "우리가 어떤 사람인가보다는 우리가 언제, 어느 장소에 있었는가를 더 중요시했다"지만, 언제 어디서든 두드러지는 건 결국 '어떤' 사람일 수밖에 없지 않을까. 나는 군복무를 하면서 우리사회가 전면적이고 근본적으로 변화할 가능성에 대한 희망을 접었다. 힘겹게 작은 개선이 이뤄질지는 모르겠다.

"사회심리학자들은 복종이나 저항과 관련된 성격적 변수가 따로 존재한다고 하면 좋아하지 않겠지만, 그래도 나는 성격적 요인이 존재한다고 믿는다. 인간이란 단지 상황 속에서만 존재하지 않기 때문이다." 로렌의 이런 주장은 맞는 말이다. 하지만 군대라는 한계 상황은 인간성을 발가벗겨 절망을 낳는다. 몸을 씻는, 갓 자대에 배치된 신병의 엉덩이와 허벅지가 시커멓게 멍든 걸 본 선임하사는 구타한 상급자를 색출해 처벌하겠다는 거짓 액션을 취하고, 쇠몽둥이에 맞아 그렇게 된

신병은 내 잘못이라며 비굴해진다. 비참한 기억이다.

"실험에 복종한 그는 엑슨의 고위 간부로 일하고 그이후 군대에 입대한 반항아 조슈아보다 더 반항적인 생활을 하며 지금까지 살아왔다"는 밀그램의 실험에 대한 로렌 슬레이터의 해석은 독특하다. "사람들의 65 퍼센트는 복종을 했다. 35퍼센트는 복종을 하지 않았다. 좋은 것은 나쁜 것이고, 나쁜 것은 좋은 것이다. 모든 것이 뒤섞여 있다."

'책임감 분산' 현상

밀그램의 전기 충격기계 실험에 이어지는 존 달리와 빕 라타네의 연기煙氣 실험은 좀 생뚱맞다. 먼저, 연기 실험은 '제노비스 현상'으로 불리는 1964년 뉴욕 주 퀸스 지역의 어느 아파트 앞에서 한밤중에 35분간 일어난 끔찍한 살인사건을 38명이 인지하고도 수수방관한 상황을 해명하기에는 역부족이다. 연기 실험은 "사건을 목격한 사람이 많을수록 개인이 느끼는 책임감은 작아진다"는 '책임감 분산' 현상에 관한 실험이다. 그렇지만 "인간은 대열을 무너뜨리느니 차라리 자신의 목숨을 내놓는 존재라는 것, 생존보다 사회적 예절을 중시한다는 것"이 맞는다면, 북한식 전체주의는 탓할 게 못된다.

제노비스 살인사건의 증인들이 아무런 행동을 취하지 않은 것은 "너무나 흥분한 나머지 또는 두려움에 몸이 얼거나 어찌할 바를 몰라서 갈팡질팡했을 가능성이 더 높다"기보다는 "도시인 특유의 냉담함 때문에 모른 척했을" 것이다. 도시는 살벌하다. "그 사건에 연루된다고 해서 법적으로 손해를 입을 이유도 없었다"고 하지만, 피해자나 신고자로 경찰서를 드나드는 건 피곤한 일이다.

그런데 「엽기 살인사건과 침묵한 38명의 증인들」의 결론이자 '책임감 분산' 현상에 대한 해결책은 어이가 없다. 대략 난감할 지경이다. 허무하기까지 하다. "만일

우리가 어떤 집단에게 사회적 신호와 다수의 무시 그리고 방관자 효과에 관한 교육을 실시한다면 그런 행동이 앞으로 벌어지지 않도록 미리 예방할 수 있다는 것이다."

삶의 숨은 진리를 찾는 심리동화

『루비레드』는 심리치료를 위한 동화 15편을 싣고 있다. 넓은 의미의 동화 다시쓰기로 볼 수 있으나, 딱히 어느 범주에 포함되는지는 섣불리 속단하기 어렵다. 표제작과 「변신」은 각기 「백설공주」와 카프카 단편소설의 골격을 빌려왔다는 점에서 패러디 동화로 간주할 수 있지만, 그렇지 않은 작품도 있는 것 같다.

정치적으로 올바른 동화나 대안 동화로 보기도 어렵다. '삶의 숨은 진실을 찾는' 15편의 동화는 심리동화라는 상식적인 틀이 가장 걸맞아 보인다. 그런데 상황 설정이 괴이쩍은 이 심리동화들을 나는 그로테스크 동화라고 부르겠다. 백설공주를 시기·질투하는 것은 계모가 아니라 생모이고(「루비레드」), 애인의 신체 일부와 연애하며(「내 여자 친구의 팔」), "한때 내 남편은 초록색 유리병 속에서 지낸 적이 있다"(「변신」).

문외한인 나로선 이런 동화들을 어떻게 심리치료에 활용하는지 감이 안 잡힌다. 다만, 그것에 관한 로렌 슬레이터의 원론적인 설명은 약간 알아듣겠다. "나는 특히 동화가 이야기 치료에 특별한 힘을 발휘한다고 믿는다. 동화는 때때로 우리들의 자아를 가장 적나라하고 분명한 방식으로 드러내준다. 가장 원시적인 형태로 문제를 드러냄으로써 이전에 우리가 미처 깨닫지 못한 것들을 이해할 수 있게 해준다. 그리고 동화는 언제나 상징적이다."

솔직히 나는 로렌의 심리동화보다는 그녀의 '글쓰기론'에 귀가 솔깃하다. "글을 쓴다는 것은 내면세계와 외부세계를 오가는 것을 의미"하고, "사랑을 하는 작업"이다. "그 사랑은 감정을 풍부하게 만들어주고 도덕적

인 존재로도 만들어준다." 또 "글을 쓴다는 것은 문자의 기록을 의미하며, 그것은 때때로 어떤 지속적인 일관성을 갖게 해준다."

로렌 슬레이터의 책

나는 왜 거짓말을 하는가 이상원 옮김, 에코의서재, 2008.
스키너의 심리상자 열기 조증열 옮김, 에코의서재, 2005.
스키너의 심리상자 열기(보급판) 조증열 옮김, 에코의서재, 2008.
루비레드 조영희 옮김, 에코의서재, 2006.

로버트 단턴
Robert Darnton
1939-

남은 나와 다르고,
과거는 오늘과 다르다

『책과 혁명』(길, 2003)은 역사학자 로버트 단턴의 두 번째 한국어판이다. 우리 독서계에서, 특히 책을 다룬 책을 좋아하는 독자들 사이에서, 단턴이 확보하고 있는 지명도에 비하면 그의 책이 두 권밖에 번역되지 않았다는 건 좀 의외다. 아니, 그럴 수 있다. 단턴은 『고양이 대학살』(문학과지성사, 1996)만으로도 이미 우리 독서계를 평정했기 때문이다. 번역 출간 9년째에 접어든 이 책은 10쇄를 찍었다. 날로 위축되고 있는 인문서 시장의 사정을 감안할 때 소리 소문 없는 대단한 스테디셀러 행진이다.

군이 두 권에 대한 독서 만족도를 발설하자면 『책과 혁명』이 더 재미있었다. 그렇다고 『고양이 대학살』이 재미가 없었다는 말은 아니다. 이 책도 아주 재밌다. 다만 『책과 혁명』이 좀더 재미있었다는 뜻이다. 여기에는 몇 가지 이유가 있겠지만 아마도 『고양이 대학살』이 8년 앞서 번역되었음에도 불구하고 『책과 혁명』을 먼저 읽

었다는 점이 크게 작용한 듯싶다. 9년 전의 번역이라서 그런지 몰라도 『고양이 대학살』의 번역문은 왠지 딱딱하게 느껴졌다.

또한, 『고양이 대학살』이 연작 논문집의 성격을 지닌 데 비해 『책과 혁명』은 단일한 주제를 다룬 묵직한 연구서라는 점도 무시하지 못할 요소다. 이 책을 통해 비로소 '책의 역사가'로서 단턴의 확고한 위치와 명성을 확인할 수 있었다. 『책과 혁명』은 아직 완성되지 않은 3부작 중 한 권이다. 이에 대한 단턴의 설명을 직접 들어보자.

이 책은 [짝을 이루는 『비밀문학의 전집The Corpus of Clandestine Literature』과 함께] 3부작의 두 번째 작품이 된다. 첫 번째 작품은 디드로의 『백과사전Encycloédie』 출판에 관한 역사였으며, 세 번째는 출판과 서적 판매 전반에 관한 연구가 될 것이다.

『고양이 대학살』의 옮긴이 서문에서 조한욱 교수는 "이 책은 1984년 발간된 이래 극찬을 받았던 것은 물론 역사 서술에 있어서 방법론적인 논쟁까지 야기시켰다"고 했는데, 이러한 논란의 불씨는 단턴이 서론의 첫머리에서 표명한 책의 개요에서부터 지펴졌다고 할 수 있다.

이 책은 18세기 프랑스의 사고 방식을 연구한다. 이 책은 사람들이 무엇을 생각했는지 뿐만 아니라 어떻게 생각했는가를, 즉 어떻게 세계를 해석했고 세계에 의미를 부과하였으며 감정을 불어넣었는가를 보여주려 한다. 이 연구는 지성사라는 순탄대로를 따르지 않고 프랑스에서 '망탈리테의 역사'라고 알려져 있는 아직 지도에 오르지 않은 영역으로 들어간다. 이 분야는 아직 영어 이름을 받지 못하고 있지만 아마도 단순하게 문화적 역사라고 불릴 수 있을 것이다.

원서 출간 20주년을 맞은 지금 '망탈리테'가 영어권에서 어떤 번역어를 얻었는지 여부는 알 수 없으나, 우리나라에서는 의견이 분분하다. 주명철 교수는 『책과 혁명』의 해제와 옮긴이 주석을 통해 전문 용어를 굳이 우리말로 옮기지 않으려는 세태와 '망탈리테'를 '심성'으로 옮기는 관행에 이의를 제기하며, 적절한 번역어로 '정신자세'를 제안한다.

우리나라에서는 이 말을 '심성'으로 쓰는 학자들이 많다. 그들은 일본에서 '心性'으로 번역한 말을 단지 우리 음으로 읽으면서 번역어를 찾았다고 말한다. 일본에서 '浪漫'을 '낭만'이라고 읽지 않듯이, '心性'도 '심성'이라고 읽지 않는다. 말의 쓰임새가 다르기 때문이다. 우리가 스스로 번역어를 찾으려고 노력해야 할 이유가 이것만으로도 충분하지 않은가? 우리 서양사학계의 젊은 학자들 사이에도 어원을 따지기는커녕, 일본에서 번역하고 한자로 표기한 말을 단순히 우리 음으로 읽으면서(예를 들면 삼부회·공안위원회·청표지본) 서양사 저작을 번역하는 경향이 사라지지 않고 있다. 나는 '정신자세'라는 말이 왜 적절한지 여러 군데에서 이유를 밝혔다. 여기서 다시 한번 말하겠다. 프랑스의 일상생활에서는 이 말에 해당하는 낱말을 부정적인 뜻으로 썼지만, 사회사가들은 학술적으로 쓰기 시작했다. 우리나라에서도 '정신자세'는 대체로 부정적인 뜻으로 쓰이는 낱말이었다.

단턴의 역사 연구가 '심성사'로 번역되든, '정신자세'의 역사로 옮겨지든, 아니면 '관념의 사회사'로 불리든 단턴이 "대량 인쇄의 문화와 서적 유통의 역사가 대중의 여론을 형성함에 끼친 영향을 논증하고 있다"(조한욱)는 점은 명백하다. 그리고 『고양이 대학살』은 그런 점을 여실히 보여준다.

이 책에 실린 논문 여섯 편의 주제는 사뭇 파격적이고, 주제를 구현하는 방식은 기발하기조차 하다. 게다가 논문 여섯 편은 끝말잇기놀이처럼 이어진다. 논문 여섯 편은 각기 농민의 민담, 파리의 인쇄소에서 벌어진 고양이 죽이기, 몽펠리에의 중산 계급 시민이 기록한 그 도시의 설명서, 서적 거래 담당 경찰관의 저자 감시 보고서, '내용 설명서'와 '예비 논고' 같은 『백과전서』의 곁텍스트, 18세기 프랑스 독서가의 도서 주문 목록을 소재로 한다.

논문 여섯 편이 담긴 책에는 농민, 노동자, 부르주아 같은 다양한 계층이 등장하지만 단턴은 "전형적 사례 연구를 제시하는 것"은 아니라고 말한다. 왜냐하면 그는 "'전형적인 농민'이나 '대표적인 부르주아' 같은 것이 있다고 믿지 않기 때문이다." 다만 단턴은 라로셸의 상인이었던 장 랑송에 대해서는 예외적으로 대표성을 인정한다.

랑송은 한적한 시골구석의 일상적인 삶 속에서 독서에 대해 논의한 진귀한 독자다. "나는 궁극적으로 랑송이 표본적이었다는 것을 인정해야 한다. 그것은 그가 어떠한 통계적 유형에 부합되기 때문이 아니라 그가 정확하게 루소의 글 속에서 말하고 있는 '타인'이었기 때문이다."

「빨간 모자 소녀」를 중심으로 18세기 프랑스 농민의 민담을 분석한 글은 세상(또는 역사)은 살벌하고 냉혹하다는 인상을 심어주기에 충분하다. 「빨간 모자 소녀」를 역사적 문서로 인식하고 다시 읽어야 하는 까닭에서 그런 느낌은 최고조에 이른다.

근세초 프랑스의 농민들은 계모와 고아의 세계, 비정하고 끝없는 노동의 세계, 거칠자 동시에 제어된 잔인한 감정의 세계에 살고 있었다. 그 이후에 인간의 조건은 너무도 변화하였기 때문에 우리는 그 삶이 야비하고 잔인하고 단명하였던 사람들에게 그 세계가 어떻게 보였는지를 상상하기는 어렵다.

물론 당시의 프랑스 농민들은 「빨간 모자 소녀」의 도움 없이도 삶이 잔인하다는 것을 잘 알고 있었다고 한다. 프랑스 민담의 쓸모는 설교를 하거나 교훈을 이끌어내지 않고서도 세상의 모짊과 험함을 입증한 것에 있다. 민담은 다음과 같은 특수한 세계관을 전달하는 매개체였다.

그것은 세상은 고되며, 동료 이웃의 이타심에 대해 어떤 환상도 지니지 않는 것이 좋을 것이며, 주위에서 얻어낼 수 있는 작은 것이나마 지키기 위해서는 명석한 두뇌와 재빠른 기지가 요구된다는 것이며, 도덕적인 훌륭함은 어느 곳에도 쓸모가 없다는 것이다.

앞에서 『책과 혁명』이 단일한 주제를 다뤘다고 썼다. 하지만 이 책의 내용이 그리 단순하진 않다. 단턴의 표현을 따르면, "이 책의 주제는 너무 범위가 넓어서 한 권에서 다루기는 어렵다." 이 책은 '프랑스 혁명 이전의 금서 베스트셀러'를 다룬다. 언뜻 봐서도 포괄적이고 만만찮은 주제다. 단턴은 18세기 프랑스 금서 베스트셀러에 주목하는 이유로 두 가지를 든다. 첫째, 인문과학의 새 분야인 책의 역사에 대한 탐구가 문학과 문화사 전반에 대해 좀더 넓은 안목을 마련해줄 수 있어서다. 독자의 책 입수 경위와 제한적이나마 수용 양상을 파악함으로써 문학을 전반적인 문화체계의 일부로 연구할 수 있다는 것이다. 이를 위해 단턴은 "유명한 저자가 쓴 위대한 책에 대한 선입관을 버려야 한다"고 조언한다.

둘째, 서적의 역사가 어떻게 의사소통의 역사라는 영역으로 나아가는 길을 열어주는지 보여주고 싶어서다.

진부한 표현을 하자면, 이러한 단턴의 의중이 얼마나 제대로 구현되었는지 판단하는 것은 오롯이 독자의 몫이다. 나는 독자들이, 특히 책의 역사와 책에 관한 책에 관심이 있는 독자라면, 꼭 단턴의 번역서 두 권을 읽기를 바란다. 먼저 읽은 사람으로서 두 권을 읽는 순서에 대해 조언을 드린다면, 『고양이 대학살』부터 읽는 걸 권하고 싶다.

책·출판·독서에 관한 해박한 지식과 풍부한 해석 이외에 단턴의 책이 전하는 강한 메시지는 대충 이런 것 같다. 다른 사람의 생각은 내 생각과 다르다. 과거의 삶의 방식은 오늘의 삶의 방식과 다르다. 그러니까 내 생각으로 남의 생각을 넘겨짚지 말아야 하고, 오늘의 잣대로 과거를 재단해서는 안 된다.

로버트 단턴의 책

로버트 단턴의 문화사 읽기 김지혜 옮김, 길, 2008.
책과 혁명 주명철 옮김, 길, 2003.
고양이 대학살 조한욱 옮김, 문학과지성사, 1996.

로버트 라이시
Rovert B. Reich
1946-

미래를 향한 열린 사고

미국 클린턴 행정부 1기 내각에서 노동부 장관을 지낸 로버트 라이시는 미국의 국내정책 부서의 수장임에도 장관 재임시절 전 세계적인 유명세를 탔다. 세계 언론의 스포트라이트를 받는 미국의 국무장관과 국방장관의 이름이 우리에게 익숙한 것은 그렇다 해도, 노동부 장관이 우리나라에까지 널리 알려진 것은 이례적인 일이다. 일례로 라이시에 이어 클린턴 행정부 2기 노동부를 이끈 알렉시스 허만이라는 이름을 기억하는 한국인은 드물 것이다.

라이시가 우리에게 잘 알려진 까닭은 다음 몇 가지로 짐작된다. 우선, 클린턴 대통령과 로즈 장학생 동창생인 라이시가 클린턴의 신임이 두터운 이른바 '실세장관'이었다는 점이다. 또한 2기 내각에서도 중용이 유력시됐던 라이시가 장관을 그만둔 사유가 그의 이름값을 높여주었다. 국내의 한 신문은 클린턴 재선 후 각료의 절반이 사의를 표명한 상황을 이렇게 전한 바 있다.

미국 정가에 '가정 우선' 바람이 불고 있다. 클린턴 행정부에서 '장관 고사' 사례가 줄을 잇고 있는 것이다. 빌 클린턴 대통령의 재선 이후 지금까지 '사의표명'을 한 장관은 각료 14명의 절반인 7명. 사임 이유는 대부분 '가정문제'였다. 워런 크리스토퍼 국무장관은 노년에 손자와 편히 지내겠다고 사의를 표명했으며 라이시 노동장관도 곧 18살이 돼 집을 떠날 아들과 더 많은 대화의 시간을 갖기 위해 물러나겠다고 밝혔다.《경향신문》 1996. 12. 14)

여기에 하버드 대학 정치경제학 교수 출신인 라이시의 학자적 면모가 그의 명성을 더욱 드높였던 것이 사실이다. 라이시는 저서를 통해 그의 이름을 세계에 알렸다. 번역된 라이시의 저서는 모두 네 권. 이 중 절판된 『미국경제의 제3의 선택』(한국노동연구원, 1993)을 제외한 나머지 책들은 느슨하게나마 공통점이 있다. 그의 시야가 미래를 향해 열려 있다는 점이다.

'현대의 『국부론』'이라 일컬어지기도 하는 『국가의 일』(까치, 1994)은 1990년대 초반 새롭게 부상한 세계경제와 사회현상을 설명해주는 새로운 모델을 제시하는 것을 목적으로 한다. 그런데 라이시의 관심사는 경제보다는 사회에 더 쏠려 있다. 그것도 "문제의 핵심은 미국경제가 아니고 미국사회에 관한 것이다. 즉 전지구적 경쟁에서 밀려나고 있는 대다수 미국국민의 운명이 문제다." 라이시는 이런 운명이 미국민에게 국한된 것은 아니라고 덧붙인다. "이러한 문제는 경제에서의 국경이 사라지고 있는 다른 모든 나라들도 공통적으로 당면한 것이다."

글로벌 경제에서 미국인의 경쟁력을 제대로 이해하기 위해서는 새로운 직업 분류 방식이 필요하다고 라이시는 말한다. 라이시는 미국뿐 아니라 다른 나라에서도 나타난다는 직업의 세 가지 범주를 제안하는데 단순생산직, 대인 서비스직, 창조적 전문직이 그것이다. 이것은 라이시가 예측하는 미래의 세 가지 직업군이기도 하다.

단순생산직은 대량생산 기업에서 일선 노동자가 맡았던 형태의 단순 반복 작업을 가리킨다. "이 직종은 전통적인 블루칼라들의 일이라고 생각되나, 중하위 관리층의 일상적인 감독업무도 여기에 포함된다." 따라서 단순생산직 종사자가 문맹이어서는 곤란하고 간단한 셈 정도는 할 줄 알아야 한다. 하지만 그들에게 중요한 것은 신뢰성, 충성심, 작업지시를 받아들일 수 있는 능력 따위이기에 기초 교육만 받아도 문제가 없다.

대인 서비스직 또한 단순 반복적인 일을 포함한다. 단순생산직과 마찬가지로 작업시간 또는 작업량에 따라 보수를 받는다. 대인 서비스직 종사자는 상관의 엄격한 통제 아래 있으며 교육은 많이 받을 필요가 없다. 고등학교 정도의 교육과 약간의 직업교육을 받으면 충분하다. 대인 서비스직이 단순생산직과 구별되는 점은 개인 대 개인으로 서비스가 이뤄지고 전 세계적인 판매는 불가능하다는 것이다.

창조적 전문직에는 문제의 인식, 문제의 해결 및 전략적 중개가 포함된다. 창조적 전문 서비스업은 단순생산직처럼 전 세계적으로 거래될 수 있다. 그렇다고 표준화된 상품의 형태 세계시장에서 거래되는 것은 아니다. 자료, 단어, 언어적 표현, 시각적 표현 같은 상징조작을 통해 거래된다. 그래서 창조적 전문직 종사자를 통틀어 상징분석가라 일컫기도 한다. 라이시는 창조적 전문직 또는 상징분석가의 세목을 다음과 같이 열거했다.

이 범주에 속하는 것으로는 리서치 학자들, 설계 엔

지니어, 소프트웨어 엔지니어, 토목공학가, 생물공학가, 사운드 엔지니어, 홍보관계 이사, 투자은행가, 법률가, 부동산 개발업자, 일부 창조적인 회계사 등을 들 수 있다. 또한 경영 컨설턴트, 금융·재정 전문가, 조세 자문가, 에너지 자문가, 농업 자문가, 군비문제 전문가, 건축 자문가, 경영정보 전문가, 조직개발 전문가, 전략 수립가, 기업의 인력 스카우트 담당자, 시스템 분석가 등이 하는 일의 상당부분이 포함된다. 나아가 광고 이사와 마케팅 전략가, 건축가, 영화의 아트 디렉터, 영화 촬영기사, 영화 편집인, 제품 디자이너, 출판업자, 작가 및 편집인, 언론인, 음악가, TV 및 영화제작자, 그리고 대학교수들의 일도 포함된다.

이 창조적 전문직/상징분석가의 목록은 제레미 리프킨의 『노동의 종말』(민음사, 1996)에 인용되기도 했다.

『부유한 노예』(김영사, 2001)는 생계를 꾸려나가는 것과 삶을 영위하는 것에 대한 책이다. 아울러 이 두 가지를 병행하는 것의 어려움을 다루고 있다. 라이시는 생계와 삶을 동시에 제대로 꾸려가는 일이 왜 자꾸만 그렇게 어려워지는 까닭을 이렇게 분석한다.

구매자로서의 우리가 더 좋은 조건으로 쉽게 바꿀 수 있게 되면 될수록 판매자로서의 우리는 모든 고객을 유지하고, 기회를 포착하고, 계약을 성사시키기 위해 더 힘든 싸움을 할 수밖에 없다. 그 결과 우리의 삶은 더욱더 필사적인 모습을 띠게 된다.

이 책에서 라이시는 경제에서의 혁신의 중요성을 강조한다. 이런 메시지는 혁신의 두 가지 핵심적 성격인 기크와 슈링크의 대비를 통해 더욱 극명하게 드러난다. 기크geeks는 "특정 분야에서 새로운 가능성을 볼 수 있는 능력이 있고 그러한 가능성을 찾고 개발하는 데에서 희열을 느끼는 사람들이다." 예술가, 발명가, 디자이너, 엔지니어, 금융 전문가, 과학자, 음악가 등이 이런

성격을 갖는다.

정신과 의사를 뜻하는 슈링크shrinks는 "사람들이 시장에서 가지고 보고 경험하고 싶어하는 새로운 가능성이 무엇인지를 밝혀내고 그 기회를 어떻게 하면 잘 살릴지 아는 사람들이다." 여기에는 마케팅 전문가, 재능을 발굴해내는 사람, 비를 오게 하는 주술사, 유행에 민감한 사람, 제작자, 저돌적으로 밀어붙이는 사람, 컨설턴트 등이 포함된다. 그런데 혁신을 이뤄내자면 기크와 슈링크의 어느 한 쪽만 갖고서는 곤란하다. 둘을 겸비해야 한다. "모든 위대한 기업가는 기크이면서 동시에 슈링크다." 왜냐하면 위대한 기업가는 아래와 같은 기크와 슈링크의 성격을 고루 지녔기 때문이다.

기크는 기술, 과학, 시각 예술, 문학, 기호 체계와 같은 분야 나름의 규칙 및 상황에 끊임없는 매력을 느낀다. 반면에 슈링크는 사람들이 원하고 두려워하는 것, 갈망하고 필요로 하는 것, 아직 검증이 안 된 여러 가설 등에 끊임없는 매력을 느낀다. 슈링크가 다른 사람과의 교류 쪽이라면, 기크는 스스로 행하는 분석 쪽이라고 말할 수 있다. 기크가 한 분야에서의 새로운 가능성을 알고 있다면, 슈링크는 사람들이 원하고 필요로 하는 것이 무엇인지 알고 있다.

『미래를 위한 약속』(김영사, 2003)에서 라이시는 정부와 기업의 바람직한 사회적 역할을 환기한다. "취업을 하는 조건으로 복지 혜택을 주는 제도는 일자리가 많을 때에는 효과적인 제도이다. 그러나 일자리가 없는 상태에서 더 이상 사회복지 혜택을 받을 수 없는 사람들은 도움을 청할 곳이 없다." 이 대목은 역사적 소임을 다한 국민의 정부의 사회복지 정책인 생산적복지의 문제점을 날카롭게 비판하는 듯하다.

라이시는 미국에서 1970년대 초반까지 존속한 사회계약의 첫 번째 약속을 상기시키기도 하는데 그것은

기업과 관련된 사회계약이다. "기업은 이윤을 극대화하는 것 이상으로 사회적 책임이 있다는 점을 전제로 종업원과 지역 사회에 기여해야 한다."

'잃어버린 공동체 회복과 함께 잘 사는 내일을 위해' 국가가 해야 할 일은 거창한 마스터플랜을 작성하는 것만은 아니라고 생각한다. 그런 것도 필요하기는 하지만, 일상생활에서 안전을 확보하는 것부터 차근차근 범위를 넓혀야 할 것이다. 국민 일반의 '불안전 불감증'과 관료 사회의 '책임 불감증'부터 극복해 나아가는 것이 선결과제다.

로버트 라이시의 책

위기는 왜 반복되는가— 공황과 번영 불황 그리고 제4의 시대 안진환 옮김, 김영사, 2011.

슈퍼 자본주의 형선호 옮김, 김영사, 2008.

미래를 위한 약속 김병두 옮김, 김영사, 2003.

부유한 노예 오성호 옮김, 김영사, 2001.

국가의 일 남경우 외 옮김, 까치, 1994.

미국경제의 제3의 선택— 미국의 창조적 발전 전략 조순문 옮김, 한국노동연구원, 1993.

로버트 카플란
Robert D. Kaplan
1952-

미국의 외교정책에 적잖은 영향력을 행사하고 있는 언론인

경성대 정치외교학과 권용립 교수는 『미국의 정치문명』(삼인)에서 보수와 진보가 상대적이라는 전제 아래 "미국 정치문명의 궁극적 속성은 '보수'"라고 지적한다. 그러면서 자유주의, 공화주의, 칼뱅주의의 융합체인 미국의 정치문명을 뭉뚱그려 '보수적 아메리카니즘'이라 칭한다. 달리 말하면 미국 사회에서 진보 세력은 소수파라는 얘기다.

하지만 번역서를 통해 감지되는 미국 사회의 진보와 보수의 역학관계는 정반대로 나타났던 것이 사실이다. 그런 현상은 2001년 9.11 테러를 전후로 더욱 두드러졌는데, 번역 출판에서 미국의 정치지형이 제대로 드러나지 않은 것은 노암 촘스키나 하워드 진 같은 비판적 지식인을 선호하는 독자와, 이에 호응하는 출판사의 태도가 맞물린 것이 하나의 이유가 될 수 있다.

그렇지만 더 큰 이유는 그동안 굳이 미국 우파의 생리를 드러내놓고 '선전'할 필요가 없었던 우리나라 특유의 상황적 요인이 작용한 때문은 아닌가 한다. 예컨대 2003년 3.1절 열린 친미적 성향의 국민대회에 대해 종교학자 장석만은 이런 해석을 내놓았다.

그 날 (서울) 시청 앞 연단 밑에는 여태껏 반공과 친미를 금과옥조로 무한 특권을 누려온 우익 정치인들이 어깨를 나란히 하여 앉아 있었다. 그들은 맹목적 반공주의인 개신교 목사들과 함께 시위에 참가하였다. 지금까지 이들은 정치적 시위를 할 필요가 없었던 사람들이다. 자기들이 바라는 대로 반공·친미정권이 한국사회를 지배해왔기 때문이다. 이제 이들이 거리에 나와 정치적 시위를 하게 된 것을 보니, 요즘 상황이 자기들 뜻대로 되지 않는 듯하다.(《현대불교신문》 2003. 3. 12)

아무튼, 로버트 카플란은 미국의 우파 논객으로는 드물게 여러 권의 한국어판을 갖고 있는 인물이다. "미국 국방부 관리들이 그의 말 한마디라도 놓치지 않으려 쫓고 있는 언론인"(《문화일보》 2002. 2. 22)이라는 평가를 받는 카플란 책의 한국어판은 네 권이 나왔다.

이름의 한글 표기가 달라 잠시나마 그의 책이 아닐지도 모른다는 의구심이 일게 하는 『지구의 변경지대』(한국경제신문사, 1997)는 내가 몰입해 읽은 책 가운데 한 권이다. 그런 독서경험을 발설하는 내 심정은 영 개운치 않다. 이 책을 처음 접했을 때만 해도 나는 카플란의 세계관이 그렇게 오른쪽으로 치우쳐 있는 줄은 몰랐던 까닭이다.

왕당파인 발자크가 소설에서는 부르주아의 승리를 체현했다는 이른바 '리얼리즘의 역설'을 모르는 바 아니나, 미국 보수 우익 논객의 책을 무비판적으로 읽은 것은 부끄러운 기억이다. 이 책을 읽은 거의 같은 시기, 와타나베 쇼이치라는 일본 극우 인사의 『지적생활의 방법』이라는 책을 연신 칭찬하다가 일본에 유학 중인 독자에게 항의성 편지를 받았다. 자유주의자연하는 사람이 어떻게 일본 극우파의 책을 그렇게 띄워줄 수 있느냐고. 와타나베 쇼이치의 본색을 미처 파악하지 못한 것은 내 무지(쇼이치의 배경에 대한)를 탓하면 그만이지만, 카플란은 좀 달랐다.

사실, 카플란은 책에서부터 보수 우익의 냄새를 적잖이 풍겼다. 마르크스를 가리켜 "그가 『자본론』을 써서 유명해지지 않았다면 〈뉴욕 트리뷴〉에 실린 그의 글을 기억하는 사람도 없었을 것"이라고 했을 때, 카플란의 본색을 알아봤어야 했는데 그러지 못한 것은 다분히 내 둔한 감각 탓이다. 아니, 나는 당시 이 독특한 여행기에 푹 빠져 일종의 판단정지 상태에 있었던 것 같다. 미국 도심의 불안한 치안 상태에 대한 카플란의 비판적 묘사 또한 판단정지에 일조했을 것이다.

더욱 인상적인 것은 아크라(가나의 수도)에서는 다른 사하라 이남 아프리카 도시나 여러 미국 도시들과는 달리 일몰 후에도 안전하게 나다닐 수 있다는 점이었다. 미국 국무성은 내게 미국과 외교관계가 없는 이란으로 여행하지 말라고 충고했다. 그러나 나는 미국의 여러 도시에 있을 때보다 이란에서 더 안전하다고 느꼈다.

독자가 분별력을 갖고 대한다면 이 책은 좋은 책이다. 세계의 분쟁지역을 답사한 기록인 『지구의 변경지대』는 세기말을 암울하게 묘사한 묵시록으로 읽히지

만, 서아프리카, 나일 강 유역, 아나톨리아와 카프카스 지역, 이란, 중앙아시아, 인도와 인도차이나 등지의 우리가 잘 모르는 곳에 관해 충실한 정보를 제공하기 때문이다. 따라서 생생한 르포로서 『지구의 변경지대』는 발자크의 작품들이 이룩한 '리얼리즘의 승리'에 버금간다.

또한, 다시 펼쳐 본 『지구의 변경지대』의 한 대목은 다른 책들을 잇달아 호출한다.

나는 그렇게 반 시간 가량 기다렸다. 그 때 다른 탑승권 판매원이 살짝 걸어와서 창구를 지키는 그 판매원에게 무슨 말을 속삭였다. 비명소리가 커지면서 또 한 차례 비행기표 흔들기가 시작되었다. 그 두 번째 판매원이 파충류처럼 느린 동작으로 비행기표를 받고 탑승권을 내주기 시작했다. 줄이 없었기 때문에 다음 차례가 누가 될지도 알 수 없었다. 그는 비행기표가 'K'라는 표시로 예약 확인이 되어 있는지, 대기자 명단에 올라 있는지도 체크하지 않고 있었다. 그의 앞에는 컴퓨터도 심지어 승객 명단도 없었다.

기니의 코나크리에서 시에라리온의 프리타운으로 가려는 카플란이 코나크리 공항에서 겪은 복마전 같은 풍경이다. 가까스로 탑승권을 발급받은 카플란은 출국심사장에서 또 한 번 봉변을 겪는다. 세관원은 소지한 현금을 신고하지 않았다는 이유로 카플란이 갖고 있었던 기니프랑화를 몰수한다. 카플란은 프리타운에 살고 있는 친구의 표현을 빌려 프리타운 공항과 입국심사관을 "개들이 으르렁거리는 쓰레기장"이라 묘사한다.

아프리카 저개발국가의 무질서와 그 나라 공무원의 전횡에 대한 불만은, 역시 독특한 여행기인 더글러스 애덤스의 『마지막 기회』(해나무)에서도 표출되고 있다. 멸종 위기에 처한 생물을 찾아나선 아담스의 여정

이 카플란의 행로와 겹치지는 않지만 비슷한 구석이 많다. 애덤스는 마다가스카르, 인도네시아, 중앙아프리카, 중국, 뉴질랜드 등지를 둘러보았다. 자이르에서 현금 신고서를 작성하지 않았다는 이유로 벌금을 물 뻔했던 아담스는 다음과 같은 성찰을 하기에 이른다.

어떤 사람이 무슨 대가를 치르고라도 하고 싶어하는 일을 막는 게 직업인 사람이 한 나라에 턱없이 많다면 그 나라는 분명 예전에 식민지였을 것이다.

애덤스의 깨달음은 분명한 진실을 담고 있지만 그의 시각을 전폭적으로 수용하기는 어렵다. 영국인인 애덤스의 시각에는 과거 식민지배에 대한 반성적 성찰이 전혀 없을뿐더러 백인 우월주의마저 풍기고 있어서다. 그러기는 카플란도 마찬가지다. 하지만 못 사는 유색인종을 얕잡아보는 것이 백인종의 전유물은 아니다. 유색인이면서도 경제적 형편이 좀 낫다는 이유로 으스대는 듯한 한 한국인의 사례를 역추적해 보기로 하자. "이번에 읽으면서도 정말 그랬을까 싶은 구절이 「뮤즈의 복수」에 박혀 있다."『서얼단상』(개마고원)의 마지막 페이지에 있는 일절이다. 고종석은 이인화가 어느 인터뷰에서 했다는 말을 두고, 재인용까지 하면서도 그렇게 말했을 리가 없다며 못미더워한다. 그러면 진중권이 『아웃사이더를 위하여』(아웃사이더)에 수록한 「뮤즈의 복수」에다 인용한 이인화의 문제 발언을 원문을 통해 확인해 본다. 독자의 올바른 이해를 돕고자 문제의 대목 전체를 발췌한다.

늘 잊혀지지 않는 장면이 그겁니다. 남아프리카를 갈 때였어요. 사우스 아프리카 에어라인의 스튜어디스들이 나하고 일본 사람들은 아너러블honorable 화이트라고 쓰인 자리에 앉히고, 그 다음에 화이트, 블랙, 그리고 화장실 바로 옆자리에 중국 사람들을 앉혀요. 못 사

니까. 그리고 중국 사람들한테서 계속 냄새가 난다고 하면서, 냄새가 좀 나긴 납디다, 거기다 왜 삼천 원짜리 방향제 있잖습니까, 그 방향제를 뿌리더라구요. 자기네들은 화이트니까. 그걸 보고, 아 우리가 바로 33년 전에 저꼴이었겠구나, 하는 생각이 들었죠.(강영희, 『우리는 자유로에서 다시 만났다』, 풀빛미디어)

『지구의 변경지대』가 지은이의 의지와는 무관하게 '리얼리즘의 승리'를 구현했다고 해서 카플란이 발자크에게까지 필적하는 것은 아니다. 카플란과 그의 후속 한국어판을 펴낸 출판사 관계자에게는 미안한 말이지만, 한국어판 카플란 독서에는 '한계효용체감의 법칙'이 작용한다. 『무정부시대가 오는가』(코기토, 2001)와 『승자학』(생각의나무, 2002)은 엇비슷한 체제에 대동소이한 내용을 담았다. 정치 평론의 성격이 짙은 글 사이에 서평이 배치돼 있다.

카플란 책 읽기의 효용이 갈수록 저하되는 것은 두 권의 책에 포함된 서평의 질적 수준과 관계가 없지 않다. 『무정부시대가 오는가』에 실려 있는 에드워드 기번의 『로마제국쇠망사』와 조셉 콘래드의 『노스트로모』에 대한 카플란의 서평은 그가 뛰어난 독서가이자 서평가라는 사실을 실증한다. 그러나 『승자학』에 실린 윈스턴 처칠의 『강의 전쟁』과 리비우스의 『한니발 전쟁』을 다룬 서평 형식의 글은 성글다. 그저 힘의 논리를 숭배하고 있을 따름이다.

카플란 책 읽기의 만족도가 책을 읽어 나갈수록 떨어진다고 해서 그의 책을 전혀 읽을 필요가 없는 것은 아니다. 미국을 지배하고 있는 집단의 사고와 행동을 이해하는 데 카플란은 요긴한 정보를 제공한다. 카플란은 『무정부시대가 오는가』에서 "정치에 열정을 가진 유권자들, 특히 교육수준이 낮고 소외된 유권자가 증가하는 현상이야말로 미국이 가장 원치 않는" 바라고 지적한다.

또한 카플란의 글은 부시 미국 대통령의 '악의 축' 발언에 담긴 함의와 폭넓은 반전여론에도 아랑곳없이 이라크 침공을 감행한 저의를 파악하게 한다. "악에 맞설 수 있는 능력이란 대담하고 가차없이, 합의 없이도 행동할 수 있는 의지를 뜻"한다거나, "만약 미국의 병사들이 근접 사정권 내의 적들과 싸워 죽이지 못한다면, 초강대국으로서의 미국의 위치는 흔들리게 될 것"이라는 분석이 그렇다.

『승자학』에서 카플란은 "미국 외교정책의 도덕적 기초는 국가의 이익과 지도자의 성격에 따르는 것이지 국제법이라는 절대적 기준을 따르지는 않을 것"이라는 진실을 드러내는 한편, 미국이 국제질서를 힘으로 좌지우지할 수 있는 리바이어던이 돼야 한다는 다소 과격한 주장을 서슴지 않는다. 이는 미국이 조지 오웰이 『1984년』에서 묘사한 '빅 브라더'가 돼야 한다는 말로 들리는데, 고전적 경구에 밝은 카플란이 '칼로 흥한 자 칼로 망한다'는 격언을 잠시 잊었나 보다. 또 인류의 앞날에 대해 지극히 비관적인 카플란이 미국의 미래에 대한 전망을 장밋빛으로 그리는 것은 좀 의아하다.

미래의 역사가들은 미국이 로마 혹은 역사상 다른 모든 제국과 비교하여 그 모습이 아무리 다르다 해도, 21세기의 미국을 공화국이자 제국으로서 평가할 가능성이 매우 크다. 왜냐하면 앞으로 수십 년 그리고 수백 년이 흐르고 나면, 미국은 43명이 아닌 백수십 명 혹은 심지어 150명이 넘는 대통령을 갖게 되고, 그들은 역사적으로 사라진 제국들― 예컨대 로마 제국, 비잔틴 제국, 그리고 오스만 제국의 긴 통치자들처럼 긴 연대기에 기록될 텐데, 이것이야말로 과거와의 비교가 사라지기보다는 더 증대할지도 모른다는 전망을 가능케 한다.

글쎄 과연 그럴까? 미국이 적어도 수십 년은 현재의

국가 형태를 유지하겠지만, 수백 년 동안 지속할 수 있을지는 미지수다. 제국으로서의 미국이 과거의 제국들과 닮았다면, 그것의 지속기간보다는 어떤 제국도 예외 없이 망했다는 역사적 사실에 더욱 주목하는 것이 현명한 자세가 아닐까.

끝으로 구구각색인 카플란 이름의 한글 표기를 교통정리하기로 하자. 알파벳 표기는 Kaplan이로되 『지구의 변경지대』에서는 '케이플런'으로 표시했고, 〈문화일보〉 기사는 '케플란'이라 썼다. 『무정부시대가 오는가』와 『승자학』에 쓰인 '카플란'이 적절한 표기로 보인다. 단 『존재하는 무 0의 세계』(이끌리오)를 쓴 '로버트 카플란'은 같은 이름의 수학자다.

로버트 카플란의 책

지중해 오디세이 이상옥 옮김, 민음사, 2007.
제국의 최전선― 지상의 미군들 이순호 옮김, 갈라파고스, 2007.
지구의 변경지대 황건 옮김, 한국경제신문사, 1997.
무정부시대가 오는가 장병걸 옮김, 코기토, 2001.
승자학 이재규 옮김, 생각의나무, 2007.(초판 2002)
타타르로 가는 길― '21세기 실크로드' 발칸, 중동, 중앙아시아를 가다 이순호 옮김, 르네상스, 2003.

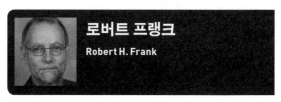

로버트 프랭크
Robert H. Frank

'경제학 박물학자'의 경제 박물지

로버트 프랭크는 '협업'을 중요시하는, '협업'에 능한 경제학자다. 번역된 그의 책 세 권 가운데 두 권은 2인 공동저서다. 『이코노믹 씽킹』은 그의 단독저서이나, 더 많은 공저자를 '거느리고' 있다. 이 책은 그가 진행하는 경제학 개론의 과제물을 바탕으로 한다. 로버트 프랭크가 그의 강의를 듣는 학생들에게 내준 '경제학 박물학자'라는 과제에 대한 학생들의 보고서 가운데 흥미로운 것들을 골라 해설을 붙였다. 그래도 로버트 프랭크는 거저먹지 않는다. 질문 옆에 학생의 이름을 적어놓았다. 몇몇 질문은 경제학자의 저서나 논문에서 가져왔다. 이름이 없는 것은 그의 '작품'이다. 문체를 통일하여 가독성을 높일 목적으로 학생들의 글을 전부 다시 다듬고 고치긴 했다.

'경제학 박물학자' 과제의 요구사항은 이렇다. "일상에서 개인적으로 목격한 특정 사건이나 행동양식 등과 관련해 흥미로운 질문을 던지고 답을 제시하되, 경제학 개론 수업에서 논의된 바 있는 경제 원리를 이용하라." 로버트 프랭크는 과제물 작성요령을 다음과 같이 덧붙였다. "단어 수는 500단어를 넘기지 말 것. 선배들의 탁월한 보고서는 그보다 더 짧은 경우가 많았음을 상기할 것. 복잡한 전문용어로 치장하려고 하지 말 것. 경제학 강의라고는 들어 본 적도 없는 가족이나 친척, 친구에게 들려준다고 상상하고 작성할 것. 최고의 보고서는 그런 사람들이 명확하게 이해할 수 있는 내용이어야 한다는 점. 그리고 그러한 보고서에는 대수학이나 그래프 따위는 등장하지 않는다는 점을 잊지 말 것."

또한 '경제학 박물학자' 과제는 "인간 두뇌의 특수성은 정보를 스토리 형태로 흡수하는 데 있다"는 스토리 학습 이론의 핵심적인 주장에 딱 들어맞는다. '경제학 박물학자' 과제의 보고서 제목은 질문 형태여야 한다. 학생들에게 가능한 한 가장 흥미로운 질문을 제시하게 하는 것은 세 가지 효과를 얻을 수 있어서다. "첫째, 흥미로운 질문을 던지려면 학생들은 많은 수의 예비 질문들을 고려해봐야 한다. 이 자체가 유용한 연습이다. 둘째, 학생들이 과제에 더 많은 재미를 느끼고 더 많은 에너지를 쏟아 붓게 된다. 셋째, 학생들이 자신의 과제에 대해 다른 사람들에게 이야기해줄 가능성이 높다. 강의실 밖에서 사용하지 않는 개념은 머릿속에서 곧 사라지는 법이다. 반면 한번 사용해본 개념은 영원

히 자기 것이 된다."

프롤로그에서 로버트 프랭크는 "모든 경제학 개념의 모체는 비용편익Cost-Benefit의 원리"라고 '전제'한다. "비용편익의 원리에 따르면 '어떤 행위든 그에 따르는 추가비용보다 그로부터 얻는 편익이 큰 경우에만 합리화된다.' 이 얼마나 간단한 원리인가? 그럼에도 그 원리를 적용하는 것이 늘 쉽지만은 않다."

이 책에는 핵심 경제원리에 근거를 둔 특정 사건이나 행동양식에 대한 흥미로운 해석이 가득하다. "은퇴하고 자녀들을 출가시킨 이후에 더 큰 집을 구입하는 까닭"은 이혼의 증가와 관련 있다. "과거보다 이혼이나 재혼이 훨씬 늘어난 요즘 의붓부모의 부모까지 포함하면 많은 아이들이 여섯 명 이상의 조부모를 갖게 된다. 즉 손자들을 기다리는 조부모는 늘었지만, 손자들의 방문 횟수는 늘지 않았다. 따라서 조부모들은 손자들이 방문하기 편리한 위치에 넓은 집을 삼으로써 손자들이 더욱 자주 방문하기를 바라는 것이다."

식당에서 팁을 주는 것은 웨이터의 더 나은 서비스를 장려하는 수단으로 여겨진다. 식당 주인은 세심하고 친절한 웨이터의 급료를 올려줄 것이고, 더 높은 보수를 바라는 웨이터는 친절하려고 할 것이다. 그런데 식당 주인은 서비스의 질을 직접 살피기 어려웠다. "따라서 음식값을 조금 내리고 손님들에게 서비스가 만족스럽다면 웨이터에게 팁을 주라고 하는 편이 효과적이었던 것이다."

"수많은 고등학교가 졸업생 대표를 뽑지 않는 이유는?" 시험점수로 학생들을 줄 세우느라 바쁜 우리 교육관계자들이 경청해야 할 대목이다. "결국 학교 측은 졸업생 대표가 되기 위한 경쟁이 과열되어 있으며, 내신성적을 높이기 위해 인생의 중요한 부분을 희생하는 학생 역시 지나치게 많다는 결론을 내렸다. 학교 측은 졸업생 대표를 선정하지 않음으로써 소모적인 성적 경쟁이 사라지길 희망하고 있다."

프로 데뷔 첫해 맹활약을 펼친 야구선수가 이듬해 성적이 떨어지는 '2년생 징크스'는 통계학자들이 말하는 '평균으로의 회귀' 현상의 한 예다. 로버트 프랭크는 2002년 아메리칸리그 신인왕을 거머쥔 토론토 블루제이스의 3루수 에릭 힌스키Eric Hinske를 2년차에 죽을 쑨 사례로 꼽는다.

타율만 보더라도 에릭 힌스키는 0.279(2002)에서 0.243(2003)과 0.248(2004)로 떨어진다. 힌스키는 『최훈의 MLB 카툰』(미토스북스, 2005)에도 등장한다. 2004년 시즌 타율은 그저 그랬지만 3루수 필딩률은 리그 1위를 기록한다. 『최훈의 MLB 카툰』에서 힌스키의 2004년 타율은 『이코노믹 씽킹』보다 2리가 낮은 0.246다. 어쨌거나 힌스키가 감독과 나눈 대화 한마디.

힌스키 "감독님! 저 수비에서 1등 먹었어요~!"

감독 "하, 하. 근데 수비 못하던 때의 네가 그리워지는 건 왜 일까?"

야구팀 감독들이 유니폼을 입는 까닭은 프로스포츠 감독들의 복장에 대한 선례가 없어서다. 야구 감독들은 굳이 선수와 다른 옷을 입어야 한다는 생각을 하지 못했다. 투수 교체와 심판 판정에 항의하기 위해 빈번하게 경기장 안을 드나드는 것은 또 다른 이유다.

"비판적인 시각으로" 읽어달라는 저자의 주문에 부응할 순서다. "왜 택시 기사들은 비 오는 날에는 일찍 일을 마치는 것일까?"에서 택시 기사들이 비가 오면 영업시간을 줄이는 이유는 "택시 기사들은 날마다 정해진 목표액을 채울 때까지만 일을 하기 때문이다." 비가 오는 날에는 택시 승객이 많아져 더 빨리 목표액을 채울 수 있다는 얘기다.

"그런데 비가 오는 날에는 오랫동안 일을 할 경제적 인센티브가 있음에도 불구하고 택시 기사들은 일찍 일을 끝내버린다"고 안타까워(?)한다. "특정기간 동안(예를 들면, 한 달) 최단 시간 내에(즉 택시 운행 시간을 최소로 줄이고) 목표액에 이르는 것이 택시 기사들의 목표

라면 비 오는 날에는 가능하면 운행 시간을 늘리고 맑은 날에 더 쉬워야 할" 거라면서 말이다.

하지만 여기엔 간과하는 측면이 하나 있다. 바로 안전이다. 비 오는 날에는 교통사고가 나기 쉽다. 그런 날, 운행시간을 늘리는 것은 자칫 잘못하면 자살행위가 될 수도 있다. 경미한 접촉사고도 부담스럽다. 비용이 편익보다 커지는 셈이다. 따라서 비 오는 날엔 목표액을 채우자마자 택시 운행을 하지 않는 게 상책이 아닌가 싶다.

한편 판매자가 "구매자들에게 할인을 받으려면 장애물을 뛰어넘으라고 강요하는 것은, 그 장애물을 뛰어넘기 위해 들이는 노력만큼의 낭비를 수반하다"는 로버트 프랭크의 지적은 유의미하다. 이 책에 실린 과제들은 이해타산을 따지거나 지나치게 이익만을 추구하려 한다는 혐의가 없지 않다. 이를 모를 리 없는 로버트 프랭크는 살짝 꼬리를 내리기도 한다.

"사실 부부관계를 계산적으로 바라보는 사람들은 그렇지 않은 사람들보다 결혼생활에 대한 만족도가 낮다. 또 상담가들이 부부관계를 비용편익의 측면에서 생각하도록 부추기면 그 관계는 실패로 돌아갈 가능성이 높다. 우리는 인간관계를 그런 식으로 생각하도록 진화해온 것은 아닐지도 모른다."

로버트 프랭크가 벤 버냉키와 공저한 『버냉키·프랭크 경제학, 3판』은 읽히는 '경제학 원론'이다. 한국어판이 앨런 그린스펀으로부터 미연방준비제도이사회FRB 의장직을 이어받은 버냉키를 앞세우는 것은 당연하다. 하지만 로버트 프랭크의 기여와 역할을 무시해선 곤란하다. 적어도 책이 읽히는 힘과 관련해선 그렇다.

"벤 버냉키Ben Bernanke와 내가 점자 자판이 부착된 현금인출기에 대한 빌 타이요아의 가설을 우리의 『경제학』에 소개하고 나서 얼마쯤 지났을 때의 일이다."(『이코노믹 씽킹』, 31쪽)라는 언급에서 알 수 있듯이, 『경제학』은 '경제학 박물학자'의 '감식안'을 도입한다. 『경제학』

에선『이코노믹 씽킹』의 원제목이기도 한 '경제학 박물학자Economic Naturalist'를 "경제적 사유인"으로 옮겼다.

"본질적으로 경제학은 세상에 대해서 사고하는 방법"이며, "경제에 대해서 확실하게 예측할 수 있는 것은 예측하기 힘든 대규모의 변화가 계속해서 있을 것이라는 것뿐이다." 프랭크와 버냉키가 이 책을 펴낸 것은 "가르치는 사람이 이것저것 많은 것을 잡다하게 가르치려고 하지 않는다면, 학생들은 훨씬 더 많이 배울 것이라는 생각에서"다.

프랭크와 버냉키『경제학』의 기본 전제는 "몇 가지의 핵심 원리들만 이해할 수 있으면 경제학의 대부분 이야기를 이해할 수 있으므로, 범위를 좁혀 그러한 핵심 원리들에 대하여 반복하여 초점을 맞춘다면 학생들이 실제로 한 학기 만에도 경제학을 마스터할 수 있다는 것이다." 두 사람의 "경제학 원론 교과서 집필 전략은 많은 아이디어를 피상적인 수준에서 다루기보다는, 소수의 핵심 아이디어에 집중하고 각기 다른 여러 상황에서 각 핵심 아이디어를 반복하는 것이다."

두 사람이 강조하는 경제학의 핵심 원리로는 희소성의 원리, 비용-편익의 원리, 유인의 원리, 비교우위의 원리, 기회비용 체증의 원리, 균형의 원리, 효율성의 원리 등이다. 이 가운데 세 가지 핵심 원리의 내용은 이렇다.

희소성의 원리(공짜 점심은 없다는 원리) 사람들의 필요와 욕구는 무한하지만, 주어진 자원은 유한하다. 따라서 하나를 많이 가지면, 다른 것을 적게 가져야 한다.

비용-편익의 원리 개인(기업 혹은 사회)은, 특정 행동을 선택했을 때 발생하는 추가적인 편익이 추가적인 비용보다 작지 않을 경우에 한해서, 그 행동을 선택하여야 한다.

유인의 원리 개인(기업 혹은 사회)은, 한 행동의 편익이 증가하면 그 행동을 선택할 가능성은 증가하고, 반면에 한 행동의 비용이 증가하면 그 행동을 선택할 가능성은 감소한다. 요약하면, 유인이 중요하다.

1955년 폰티액을 자신의 첫 번째 승용차로 구입한 "젊은 경제적 사유인"과 네팔에서 평화봉사단원으로 활동한 "젊은 경제적 사유인"은 동일인물이다. 바로 로버트 프랭크다(『이코노믹 씽킹』에 관련 내용이 나온다). 아래의 서술은 그의 경험치와 무관하지 않은 것 같다. 그리고 다양하게 해석될 수 있다. 여러분 각자 해보시길. "네팔 사람들은 가난하기 때문에 모든 일을 스스로 하는 것이 아니다; 반대로 모든 일을 스스로 하기 때문에 네팔 사람들은 가난한 것이다."

읽을 만한 절판도서의 재출간이 꾸준하다. 그런데 로버트 프랭크와 필립 쿡의『승자독식사회』는 제임스 A. 미치너의『작가는 왜 쓰는가』(이종인 옮김, 위즈덤하우스, 2008)와는 다르게 '옮긴이의 말'에서 재출간 사실을 언급하지 않는다. 책을 새로 펴낸 출판사에서 웬만한 독자는 그런 사실을 알고 있다고 판단했을까? 하긴『이긴 자가 전부 가지는 사회』는 '재야' 스테디셀러였다. 내 주위만 해도 두세 명이 도서관에서 이 책을 빌리거나 복사해서 읽었다. 얼마 전에는 어떤 독자에게서 내가 갖고 있는 책을 팔지 않겠느냐는 제의를 받기도 했다. 나는 어느 매체에 이 책을 언급한 일이 있는데, 그 독자는 인터넷 검색을 통해 그것을 알게 되었다.

같은 책이고, 번역자가 같아도『승자독식사회』와『이긴 자가 전부 가지는 사회』의 번역문장은 많이 다르다. 2008년 판의 번역과 본문 판면이 세련되게 정련됐다면, 1997년 판은 투박하다. 나는 세련된 문장보다 투박한 문장에 더 호감이 간다. 세련된 문장과 깔끔한 편집은 어딘지 모르게 이 책이 지닌 '야성野性'을 녹이는 듯해서다.

『승자독식사회』의 원제목The Winner Take-All Society은 스웨덴 출신 혼성 4인조 그룹 '아바'의 히트곡을 떠올린다. 미국의 어느 프로스포츠 결승전의 마지막 경기가 끝난 후 경기장에 울려 퍼진 '아바'의 〈The Winner Takes It All〉은 매우 인상적이었다. 약간 슬프게 느껴진, 다소 비감한 멜로디는 승자만을 위한 것은 아니었다. '아바'의 히트넘버가 울려 퍼진 곳은 1993년, 월드시리즈 2년 연속 우승을 달성한 토론토 블루제이스의 홈구장 스카이돔이었는지도 모르겠다.

로버트 프랭크의 책

사치 열병 – 과잉시대의 돈과 행복 이한 옮김, 미지북스, 2011.
이코노믹 씽킹 – 핵심을 꿰뚫는 힘 안진환 옮김, 웅진지식하우스, 2007.
버냉키·프랭크 경제학, 4판 벤 버냉키 공저, 곽노선·왕규호 옮김, 한국맥그로힐, 2010.
버냉키·프랭크 경제학, 3판 벤 버냉키 공저, 곽노선·왕규호 옮김, 한국맥그로힐, 2006.
버냉키·프랭크 경제학 연습문제해답(4판) 벤 버냉키 공저, 곽노선·왕규호 옮김, 경문사, 2007.
버냉키·프랭크 경제학 연습문제해답(3판) 벤 버냉키 공저, 곽노선·왕규호 옮김, 경문사, 2007.
승자독식사회 필립 쿡 공저, 권영경·김양미 옮김, 웅진지식하우스, 2008.
이긴 자가 전부 가지는 사회 권영경·김양미 옮김, CM비지니스, 1997.
부자 아빠의 몰락 황해선 옮김, 창비, 2009.

로자 룩셈부르크
Rosa Luxemburg
1870-1919

"생각이 다른 사람들의 자유도 인정하는 것이 진짜 자유다"

우리나라에서 출간된 불세출의 여성 혁명가 로자 룩셈부르크 관련도서는 두 가지 특징을 보여준다. 하나는 제목에 '로자 룩셈부르크'가 들어간 책이 많다는 것이고, 다른 하나는 재출간 현상이 두드러진다는 점이다.

필자가 확인한 로자 룩셈부르크 관련도서는 모두 10여 종인데, 이들은 로자 룩셈부르크의 저서, 평전과 편지글을 엮은 선집, 로자 룩셈부르크에 관한 연구서로 나눌 수 있다. 이 가운데 로자 룩셈부르크의 저서를 뺀, 나머지 책들은 제목을 통해 그녀와의 관련성을 분명히 밝히고 있다. '로자 룩셈부르크'를 타이틀로 삼은 책만 해도 여러 권이다.

사실, 로자 룩셈부르크는 이름에 관한 얘깃거리가 많다. 독일 사회민주당 활동가로서 그녀는 가명을 즐겨 썼는데 "실제로 있을 것 같지도 않은 말도 안 되는 이름을 사용하곤 했다." 크루신스카, 유니우스, 마치케, 부딜로비치 등이 그런 이름들이다. 엄밀히 말하면, 본명으로 통하는 룩셈부르크도 가명이다. 그녀의 본래 이름은 로잘리아 룩센부르크Ruxenburg다.

로자 룩셈부르크는 별명으로도 유명하다. 대표적인 것으로 '독수리'와 '피투성이 로자'를 들 수 있다. '독수리'는 레닌이 붙여준 별명이다. "독수리는 때때로 닭보다 낮게 날 수는 있지만 닭은 결코 독수리처럼 높이 비상할 수 없다." 이렇게 말하면서도 레닌은 룩셈부르크를 비판하는 것을 잊지 않는다. 그녀가 폴란드 독립문제에 대해서는 그릇된 판단을 내렸다는 것이다.

1870년 동갑내기인 로자와 레닌은 불세출의 혁명가라는 점을 제외하곤 다른 점이 훨씬 많다. 우선 두 사람은 성별이 다르다. 조국의 유무 또한 그렇다. 레닌은 그의 몸이 어디 있었건 조국의 내정에 촉각을 곤두세운 러시아 망명객이었다. 반면 로자는 어느 나라 사람인지 분간이 잘 안 된다. 그녀가 폴란드의 작은 마을인 자모스크의 유대인 가정에서 태어날 당시, 폴란드는 러시아의 세력 아래 있었다. 부모가 폴란드·러시아·독일의 문화에 깊은 이해를 갖고 있었던 까닭에 집안의 분위기는 유대인 문화나 관습에서 비교적 자유로웠다. 이런 가정환경에서 자란 로자는 자연스럽게 '국제주의자'의 의식을 지니게 되었고, 이런 의식이 훗날 스위스에서의 유학생활과 독일에서의 활동에 밑거름이 되었다.

하지만 로자와 레닌의 차이점은 무엇보다 사회적 리더십, 당조직, 노동계급의 주도권, 자생적 활동 같은 혁명의 이론과 실천의 측면에서 더욱 두드러지게 나타난다. 러시아 혁명에 관한 로자의 논문 두 편을 수록한

『러시아 혁명/레닌주의냐 마르크스주의냐』(두레, 1989)는 이런 점을 잘 보여준다.

「러시아 혁명」의 제1장은 이 사건의 근본적 중요성을 상찬하는데 할애된다. "러시아 혁명은 세계대전 중 가장 위대한 사건이다." 그녀는 지도부의 현명한 두뇌와 과감한 결단에 대해 경의를 표한다. 그러나 러시아 혁명이 '빛나는 모범'임에는 틀림없지만, 레닌과 볼셰비키 정책의 무오류성에 대해서는 이의를 제기한다. 무비판적인 찬사와 열광적인 모방으로 들떠서는 곤란하다는 것이다. 왜냐하면 레닌의 정책이 민주주의에 대한 심각한 도전을 내포하고 있기 때문이다.

친정부 인물만을 위한, 일당의 당원만을 위한 자유는 —그들의 수가 아무리 많다고 하더라도— 전혀 자유가 아니다. 생각이 다른 사람들의 자유도 인정하는 것이 진짜 자유이다. '정의'라는 개념에 매료되어서가 아니라, 정치적 자유는 정의에 입각할 때만이 비로소 온전하기 때문이다. '자유'가 어떤 특권이 된다면 자유의 효용성은 없어지고 만다.

자유가 제한된 국가의 공공생활은 빈곤에 허덕이고 가련하며 경직된 불모의 것으로 나타난다고 덧붙인다. 민주주의를 배제함으로써 모든 정신적 풍요와 진보의 살아 있는 원천이 차단되기 때문이다. 놀랍게도 룩셈부르크의 예언은 적중하고 말았다. 소비에트 러시아의 몰락과정은 그녀의 예측에서 크게 어긋나지 않는다(91-92쪽).

「러시아 사회민주당의 조직문제」라는 제목으로 발표된 「레닌주의냐 마르크스주의냐」에서도 '민주주의와 분리될 수 없는 사회주의'에 대한 그녀의 신념은 일관되게 나타난다. 다음은 자주 인용되는 이 팸플릿의 끝 구절. "진실로 혁명적 운동이 범한 오류는 현명한 중앙위원회가 절대적으로 오류를 저지르지 않는 것보다 훨

씬 더 큰 성과를 가져올 것이다."

로자 룩셈부르크가 '반反레닌주의적 마르크스주의'의 기수로 불리는 것이 큰 무리는 아니다. 러시아 혁명을 통해 레닌의 노선은 국제 사회주의 운동의 지도 이념으로 떠올랐지만, 레닌주의를 비판한 룩셈부르크는 '이단' 취급을 받는다. 그녀의 저작물 출판이 한동안 금지되는 비운을 겪는다. 독일 혁명의 좌절로 처참한 최후를 맞은 그녀는 '우군'에 두 번 죽임을 당한 셈이다. 레닌주의가 득세한 1980년대의 한국에서도 룩셈부르크는 비슷한 대접을 받았다.

로자의 저작이나 관련서가 본격 출간되기 시작한 것은 1989년 무렵으로 현실사회주의의 몰락이 가시화한 시점이다. 그 이전에 가장 널리 읽힌 『로자 룩셈부르크의 사상과 실천』(석탑, 1984)은 그녀의 동료인 파울 프뢸리히가 쓴 최초의 평전이다.

이 책은 정치적인 행보에 초점을 맞추고 있지만, 마르크스 이후 '가장 뛰어난 두뇌'인 로자의 인간적인 면모도 부각시키고 있다. 중년에 이르러서도 예술적 충동에 사로잡힌 문학소녀였거나, 아주 친밀하지 않으면 절교였던 우정 따위의. 이로써 부르주아가 붙인 '피투성이 로자'라는 별명은 근거가 빈약한 것임을 알 수 있다.

또한 이 책은 우리에게 여전히 '허깨비'로 떠돌고 있는 로자의 주저인 『자본축적론』에 대한 충실한 정보를 제공한다. 『자본축적론』은 자본축적과 제국주의의 관계를 분석한 노작이다. 이 책은 마르크스경제학에 관한 사전지식이 없으면 이해하기 어려운 책이다. 때문에 로자는 『자본축적론』이 "하나의 사치품이며 가장 좋은 질의 종이에 인쇄되어야 적합한 책이라는 것"을 인정했다.

새천년에 접어들면서 로자 룩셈부르크 관련도서가 잇달아 나오고 있어 주목된다. 주로 재출간의 형식이지만 말이다. 『로자 룩셈부르크의 생애와 사상』(책갈피, 2000)은 1980년대 국내 독자의 로자에 대한 갈증을 채

워준 파울 프릴리히의 바로 그 책이다. 출판사가 바뀌고 로자 이름 가운데 한 글자가 바로잡혔지만, 제목의 일부는 그대로 시대의 변화를 반영한다. '사상과 실천'이 '생애와 사상'으로 바뀐 것은 꽤나 시사적이다.

토니 클리프의 『로자 룩셈부르크』(북막스, 2001)는 벌써 세 번째 출간이다. 1980년대 『로자 사상의 이해』(신평론, 1989)라는 제목으로 처음 나온 이래, 연대가 바뀔 때마다 출판사를 옮겨 나왔다. 『로자 룩셈부르크』(책갈피, 1992)도 같은 책이다. 토니 클리프의 로자 개설서는 입문서로 맞춤하다.

특히 독일 사회민주당이 개량노선을 걷게 된 배경을 넌지시 일러준다. "19세기 후반에서 20세기 초반에 이르는 몇 십 년의 평화 시기에 독일 노동운동은 이런 상황이 영구적일 것이라는 환상에 빠져 있었다." 유럽 대륙에서 포성이 사라진 1890년 무렵에서 1914년까지 짧았던 아름다운 시절에 대한 좀더 상세한 정보는 『세기말과 세기초: 벨 에포크』(까치, 1994)에서 찾을 수 있다.

새로 출간된 로자 룩셈부르크의 책들도 그리 낯설지만은 않다. 연인인 레오 요기헤스를 향한 노골적인 애정표현을 담은 연애편지가 로자를 더욱 인간적이게 만드는 『자유로운 영혼 로자 룩셈부르크』(예담, 2001)는 익숙한 편집 형태를 취한다. 이 책은 1980년대 선보인 두 권의 『영원한 여성 로자 룩셈부르크』(여래, 1983; 지양사, 1986)와 여러모로 비슷하다. 제목이 우선 그렇고, 내용이 평전과 편지글로 대별되는 점도 유사하다.

『자유로운 영혼 로자 룩셈부르크』의 서론에 해당하는 「진정한 친구로 인정받는 것보다 더 가슴 따뜻한 일은 없다」는 루이제 카우츠키가 쓴 평전이다. 이 책은 로자와 주변 인물의 사진을 여러 장 싣고 있는데, 23쪽에 실린 로자의 전신사진은 그녀의 자그마한 체구를 한눈에 보여준다.

헬무트 히르슈의 『로자 룩셈부르크』(한길사, 1997)는 독일 로볼트 출판사의 전기 문고인 '로로로' 시리즈를 통해 나온 로자의 전기를 번역한 것이다. 기존의 로자 전기를 토대로 그녀의 생애를 재구성한 이 책은 객관적인 서술이 돋보인다. 나이 든 동지들에게 무례한 로자의 모습이 간혹 드러나는데, 나는 그것이 인간적 약점으로 보이지 않는다. 아마도 편지글에 나타난 로자의 책과 독서에 대한 통찰이 그것을 상쇄하기 때문이리라.

"내가 소유하고 있는 건 단순한 책이 아니라 재산이며 건물이며 토지와 같아요."

"독서는 바로 마음과 신경 조직을 살려주는 일이에요. 하지만 마르크스는 읽고 나면 화가 치밀어올라요. 그를 당해낼 재간이 없기 때문이에요. 그의 지성에 압도되어 숨을 쉴 수가 없어요."

"책 많이 읽어. 교양도 많이 쌓아야지. 넌 아직 젊고 사고가 유연하니까 잘 할 수 있어."(『자유로운 영혼 로자 룩셈부르크』에서)

"그러나 무엇보다도 집에 있는 게 제일 좋아요. 조용하고 따뜻한 제 방 책상에 앉아 붉은 갓등불 밑에서 책을 읽는 것 말이에요."(헬무트 히르슈의 『로자 룩셈부르크』에서)

『사회 개혁이냐 혁명이냐』(책세상, 2002)는 양자택일식의 제목이 「레닌주의냐 마르크스주의냐」를 떠올리게 한다. 베른슈타인의 수정주의를 비판한 논문에서 로자 룩셈부르크는 개혁과 혁명의 선을 분명하게 긋는다.

그래서 베른슈타인의 정치적 견해도 그의 경제 이론과 같은 결론에 이른다. 기본적으로 그의 정치적 견해는 사회주의 질서를 실현하는 것이 아니라 단지 자본주의 질서를 개혁하는 것, 또 임금체계가 아니라 크고 작은 여러 착취를 부정하는 것이 목적이다. 한마디로 자본주의의 종양을 제거하는 것이 목적이지 자본주의 자체를 제거하는 것이 아니다.

이 밖에 로자 관련서로는 이갑영의 『로자 룩셈부르크의 재인식을 위하여』(한울, 1993)와 『대중파업론』(풀무질, 1995)이 있다. 앞의 책은 아직까지 유일한 국내 학자의 단행본 연구서이고, 나중 책은 사회변혁에서 파업의 역할을 다뤘다. 『대중파업론』에서 로자는 날짜를 정해놓고 파업을 하려는 사람들과 선전의 금지를 통해 파업을 막으려는 사람들의 어리석음을 지적하고 있다.

마리아 자이데만의 『나는 지배받지 않는다』(푸른나무, 2002)는 원제 『Rosa Luxembrug & Leo Jogiches』가 말해 주듯이 로자의 생애를 그의 연인 요기헤스와의 관계를 중심으로 서술했다. 그런 점에서 번역서에 붙은 부제목은 적절하다. '어느 여성 혁명가의 사랑과 투쟁'. 『나폴레옹』(문학동네)으로 우리에게 친숙한 막스 갈로의 『로자 룩셈부르크 평전』(푸른숲, 2002)도 번역되었다.

『룩셈부르크주의』(풀무질, 2002)는 그간 문고판과 단행본을 통해 출간된 정치논문을 포함해 로자의 중요한 정치저작물을 집대성한 책이다. 정치논문 '합본호'의 성격마저 있는 이 책에는 「기능주의와 가능성에 의거한 술책」 「개량이냐 혁명이냐」 「러시아 사회민주당의 조직문제」 「대중파업론」 「다시 한번 대중과 지도자에 관하여」 「러시아 혁명」 「스파르타쿠스 동맹은 무엇을 원하는가」 등이 실려 있다.

로자 룩셈부르크의 책

러시아 혁명/레닌주의냐 마르크스주의냐 박영옥 옮김, 두레, 1989.
대중파업론 최규진 옮김, 풀무질, 1995.
자유로운 영혼 로자 룩셈부르크 오영희 옮김, 예담, 2001.
사회 개혁이냐 혁명이냐 김경미·송병헌 옮김, 책세상, 2002.
룩셈부르크주의 편집부 옮김, 풀무질, 2002.

로자 룩셈부르크에 관한 책

로자 룩셈부르크— 불꽃같은 삶을 산 여성 혁명가(여성 인물 이야기 7) 반나 체르체나 글, 에마누엘라 오르치아리 그림, 오희 옮김, 아이세움, 2006.
로자 룩셈부르크 평전 막스 갈로 지음, 임헌 옮김, 푸른숲, 2002.
나는 지배받지 않는다 마리아 자이데만 지음, 주정립 옮김, 푸른나무, 2002.
로자 룩셈부르크 토니 클리프 지음, 조효래 옮김, 북막스, 2001.
로자 룩셈부르크 토니 클리프 지음, 조효래 옮김, 책갈피, 1992.

로자 사상의 이해 토니 클리프 지음, 조효래 옮김, 신평론, 1989.
로자 룩셈부르크의 생애와 사상 파울 프뢸리히 지음, 최민영·정민 옮김, 책갈피, 2000.
로자 룩셈부르크의 사상과 실천 파울 프뢸리히 지음, 최민영 옮김, 석탑, 1984.
로자 룩셈부르크 헬무트 히르슈 지음, 박미애 옮김, 한길사, 1997.
로자 룩셈부르크의 재인식을 위하여 이갑영 지음, 한울, 1993.
영원한 여성 로자 룩셈부르크 편집부 편, 지양사, 1986.
영원한 여성 로자 룩셈부르크 孝矯正一 지음, 편집부 옮김, 여래, 1983.

로제 샤르티에
Roger Chartier
1945-

책과 계몽은
혁명의 원인이 아니라 결과다

독서의 역사에서 소리 내어 읽는 것은 잠자코 눈으로 읽는 것보다 앞선다. 어렵게 말하면, 음독音讀은 묵독默讀에 선행先行한다. 프랑스의 서적사회학자 로제 샤르티에는 『사생활의 역사 3— 르네상스부터 계몽주의까지』 1부 '근대성의 상징들'에 실린 「글의 관행들」에서 묵독에 주목한다. 16-18세기 서양에서는 점점 더 많은 사람들이 글을 읽을 수 있게 되면서 새로운 독서형태들이 나타나는데, 이 중 가장 독창적인 것은 공동체를 벗어나 은밀한 곳에서 이뤄지는 나만의 독서였다. 또 이러한 독서형태의 개인화는 근대문화가 이룩한 주요 변화 가운데 하나라는 것이다. 그런 변화를 가능하게 한 조건은 무엇이었는지 샤르티에의 설명을 듣자.

"무엇보다 먼저 새로운 능력을 갖추어야만 했다. 그 것은 텍스트를 크거나 작은 목소리로 낭독할 필요 없이 읽을 수 있게 되는 것을 의미한다. 실제로 도서관이나 다른 여러 사람들이 모여 있는 장소와 같은 집단적인 공간에서 글을 읽을 경우, 글을 읽는 이는 이런 독서방식에 의하지 않고는 공동체의 통제로부터 벗어날 수 없었다. 또한 오직 이런 독서 방식을 통해 읽는 이는 자신이 읽은 것을 즉각 내면화시킬 수 있었다."

묵독은 그런 방법을 터득한 독자에게 이전과는 전혀 다른 세계를 펼쳐 보인다. 묵독은 첫째, 지적인 작업을 급격히 변모시켰고, 지적인 작업을 개인의 내면적인 행위로 만들었다. 둘째, 개인적인 신앙심과 사적인 경건성을 더욱 진작했으며, 몇몇 사람에게는 성경이나 신앙서에 대한 깊이 있는 독서를 통해 믿음을 굳건히 하는 기회를 주었다. 셋째, 과거에는 금지되었던 대담함을 허용하기도 했다. 그 결과로 이교적인 텍스트가 유통되고, 비판적 사상이 표현되었으며, 외설서적이 유행한다.

샤르티에는 인쇄술의 발명을 일종의 '혁명'으로 볼 수 있다고 하면서도 이에 대해 유보적이다. "인쇄술의 발명이 지적이고 감정적인 변화까지도 초래했다고 단언할 수는 없다. 읽혀진 글이 필사본이건 혹은 인쇄물이건 이에 관계없이 인간 내면의 변화는 글을 읽는 새로운 방식에서 비롯되었기 때문이다." 한편, "묵독이 더 많은 사람들, 적어도 엘리트층에게 보급되고 나아가 개인의 경험과 사회성의 중심이 되면서 책은 새롭게 형성된 사생활의 동반자라는 특별한 존재가 되었다. 서가를 가질 만한 여유를 지닌 사람들에게 그곳은 매우 훌륭한 은둔처이자 서재 그리고 명상의 공간이었다."

이러한 사례의 하나로 샤르티에는 몽테뉴를 든다. "몽테뉴의 서재는 다른 사람의 눈에 띄지 않고 세상을 바라볼 수 있는 공간이자 은둔자에게는 여러 가지 능력을 부여하는 장소이기도 했다." 그 능력이란 식솔과 하인들에 대한 지배권이자, 시야에 펼쳐진 자연을 관찰하는 조망권이자, 책 속에 담긴 지식을 한눈에 파악하는 직감력이다. 다섯 권으로 된 『사생활의 역사』시리즈의 책임 편집자는 프랑스의 중세사학자 조르주 뒤비와 심성사를 근본적으로 혁신한 필립 아리에스다. 샤르티에는 르네상스에서 계몽주의까지의 시기를 다룬 3권의 편집을 맡았다.

로제 샤르티에와 이탈리아의 그리스 고문서학자 굴리엘모 카발로가 엮은 『읽는다는 것의 역사』는 책의 형식과 그것을 읽는 방식이 시대마다 다르다는 점을 바탕에 깔고 있다. "책 형태의 변화와 독서습관의 변화는 마땅히 서로 보조를 맞춰 진행되었다." 또한 "어떤 국가에서도, 어떤 언어나 문화 단위지역에서도 독서실행은 본질적으로 그 지역의 역사진행 범위를 벗어나지 못한다." 머리말에서 두 사람은 "텍스트는 독서를 원활하게 해주는 지지기반이 변화할 때마다 새로운 의미와 다양한 지위가 부여된다고 정의해야 할 것이다"라고 말한다.

"독서는 또한 특정한 행위와 공간 및 습관 속에서 구체화된 실천이라 할 수 있다. 독서를 인류학적 불변사항으로 간주하고 그 구체적인 양식을 부정하는 현상학적 접근과는 거리를 두어야 하며, 독자공동체, 독서전통, 독서법에 대한 특유의 여러 조건을 분명히 확인하여야 한다."

이에 따라 "독서와 독자의 장기간에 걸친 역사는 텍스트를 이용하고 이해하며 소유하는 방법의 역사임을 알아야 한다"는 것이다. 또한, "독서의 역사는 묵묵히 눈으로 읽는 현대적인 독서법의 계보에 한정돼서는 안 되며, 무엇보다도 독서에서 잊혀진 행위와 사라진 습관을 찾아내는 노력을 기울여야 한다"고 강조한다. 이것은 중요한 역사적 과업이기도 한데, 그 이유는 "한때는 일반적인 독서법이기도 했던 먼 옛날의 이색적인 독서 모습만을 밝히는 것이 아니라, 오늘날 독자들 사이에서 사용되지 않는 독서법을 위해 만들어진 텍스트의 원초적인 특유한 상태를 더 명확히 보여줘야 하기 때문이다."

샤르티에와 카발로는 이 책을 통해 "각 연대별로 서양세계의 독서실행을 변형시킨, 그리고 책과의 관계를 변형시키기 위해 그런 실행을 뛰어넘는 근본적인 변혁을 서술하려 하였다." 아울러 "이 책은 편년체와 주제별 편찬 방법을 동시에 채택하여, 고대 그리스의 묵독법 발명부터 전자혁명으로 가능해진(또는 강요된) 오늘날의 새로운 독서실행에 이르기까지 모두 13장으로 나누어 논한다."

이 책의 집필에 참여한 역사가들의 임무는 "고전고대 이래 서양사회의 특색을 이뤄 온 독서의 여러 가지 양태를 그 다양성과 특이성을 살려 재구축하는" 것이다. 이에 더하여 샤르티에와 카발로는 이 책의 목표로 다음 두 가지를 설정한다. 그것은 "책의 빈번한 유통과 의미 생산을 제한하는 속박을 인지하는 일과, 독자가 자유롭게 동원할 수 있는 수단을 개괄하는 일이다."

샤르티에가 집필한 이 책의 10장 「독서와 '민중'독자— 르네상스에서 고전주의 시대까지」는 「글의 관행들」과 역사적 시기가 겹친다. 그렇지만 판박이 글은 아니다. 주제와 소재는 비슷해도 사례는 좀 다르다. 또 내용을 압축하고 간추렸다. 『프랑스혁명의 문화적 기원』은 지금으로선 유일하게 번역된 샤르티에의 단독저서다. 그는 자신의 책에 대해 이렇게 말한다.

"이 얇은 책은 개요도 아니고 요약도 아니다. 이 책은 시론試論의 형태로 서술되었다. 이 책의 목적은 이 (책이 다루는) 주제에 관해 우리가 알고 있는 것을 요약하는 것이 아니라, 아마도 정반대로, 가장 광범위하게 수용되고 있는 몇몇 가설과 명료한 원칙들과 관련하여 질문과 의문점들을 제시하는 것이다."

그것은 프랑스혁명이 계몽사상의 자식이 아니라 혁명이 계몽사상을 낳았을 가능성이 있다는 것이고, 책이 혁명의 도화선이 된 게 아니라 혁명이 책을 만들었다는 것이다. "한마디로 말해서, 책을 '만든' 것은 혁명이었으며, 그 반대가 아니다. 왜냐하면 어떤 저작들이 혁명의 기원으로 미리 계획되고 예감되었다는 의미를 부여한 것은 혁명이었기 때문이다."

정말 그런 것 같다. 1980년대의 이른바 이념서적에 대한 당국의 탄압에서 알 수 있듯이 말이다. 군사정권의 핵심과 그 하수인들이 노린 것은 책 자체가 아니었다. 그들이 겨냥한 것은 당시의 젊은이들이 책을 읽는 방식이었다고 할 수 있다. 모여서 읽고 토론하는 그룹독서를 목표로 삼은 것이었다. 그러니까 이념서적은 의식화 교재이기에 앞서 군사정부를 반대하는 젊은이들이 서로를 규합하여 실천하기 위해 선택한 매개였다. 그래서 거기에는 바스콘셀로스의 『나의 라임오렌지나무』와 같은 동화가 포함되었고, 우리는 금서로 지정된 웬만한 이념도서는 어렵지 않게 구해볼 수 있었다.

샤르티에는 이 책의 결론 부분에서 이런 물음을 던진다. "프랑스혁명에 문화적 기원이 있으며, 과연 확신을 가지고 문화적 기원이라고 부를 수 있을까?" 그러면서 이러한 종류의 견해에는 혁명과 그 기원이 인과관계에 의해 연결된 일련의 사실들에 속한다는 것을 전제로 한다고 덧붙인다.

또한 다니엘 모르네의 『프랑스혁명의 지적 기원』(곽광수 외 옮김, 일월서각, 1995)은 이러한 관점에서 서술된 것이고, 『프랑스혁명의 문화적 기원』은 모르네의 관점을 작업가설을 활용했다는 것이 샤르티에의 설명이다. 그리고 샤르티에는 "혁명기의 사건들은 독자적인 역동성을 가지고 발발하였으며, 혁명을 가능하게 만든 조건들이 전혀 없었다고 주장하는" 모르네의 첫 번째 관점보다는 그의 두 번째 관점을 따른다. "이 관점은 혁명과 계몽주의 시대를 장기적 과정, 곧 두 시기를 포함하는 동시에 각 시기를 넘어서 확장된 장기적인 과정으로 설정하고, 동일한 목적과 기대를 서로 다른 방식으로 공유한 시기로 간주한다."

로제 샤르티에의 책
프랑스혁명의 문화적 기원 백인호 옮김, 일월서각, 1998.

로제 샤르티에가 엮은 책
사생활의 역사 3— 르네상스부터 계몽주의까지 이영림 옮김, 새물결, 2002.
읽는다는 것의 역사 굴리엘모 카발로 공편, 이종삼 옮김, 한국출판마케팅연구소, 2006.

롤랑 바르트
Roland Barthes
1915-1980

"문제는 세계를 변혁하는 것이 아니라 언어를 변형하는 것이다"

일반적으로 해외 사상가 관련 우리말 텍스트는 그 사상가의 저작보다는 해당 사상가의 사상에 대한 해설서 또는 개설서가 더 많거나, 비슷하게 나와 있다. 사상가의 지명도가 높을수록 더욱 그렇다. 하지만 롤랑 바르트는 저서의 번역이 압도적으로 많다. 바르트의 1차 문헌이 2차 문헌보다 훨씬 많이 번역된 것은 그가 워낙 다작의 작가이기도 하지만 뒤늦게 대학 교수가 된 정황과 무관해 보이지 않는다. 국내 학자가 쓴 바르트 연구 서적은 거의 없으니 말이다.

하여간, 한국어판이 있는 두 종의 바르트 개설서는 분량도 비슷하거니와 두 사람의 저자가 바르트를 보는 시각 또한 엇비슷하다. 『바르트』(시공사, 1999)에서 조너선 컬러는 바르트를 "다재다능한 사람"으로 규정한다. 컬러는 바르트가 과연 어느 분야의 대가인지 질문을 던진다. 문학평론의 영역이라는 답변이 무난해 보이지만 그것만으로는 바르트의 전모를 파악할 수 없다는 것이 컬러의 생각이다. 『롤랑 바르트』(민음사, 1995)에서 뱅상 주브는 "비평가이면서 기호학자, 이론가이면서, 수필가인" 바르트를 "팔방미인"이라 부른다.

한편, 조너선 컬러에 따르면, 바르트는 '변신의 천재'이기도 하다. 바르트의 연구 덕분에 우리는 문학, 패션, 레슬링, 광고, 자아·역사·자연의 개념에 대해 새로운 안목을 갖게 되었으나, 바르트는 그의 "책을 한 권 읽고 그것과 관련되는 후속 저작을 기다리는 독자들"의 기대를 여지없이 저버리고 끊임없는 변신을 추구했다.

20여 권에 이르는 바르트의 한국어 텍스트는 "문학

과학, 기호학, 현대 신화학, 서사학, 분류학, 텍스트의 쾌락의 유형학 등으로 계속 관심의 폭을 넓혀 나간 그의 사상의 궤적을 좇기에 충분하다. 물론 여기에도 아쉬움은 있다. 동문선이 기획한 '롤랑 바르트 전집'이 모두 28권으로 짜인 것을 감안하면 아직도 적지 않은 바르트의 책이 미번역 상태에 있다고 하겠다. 더구나 지금까지 번역된 바르트의 책들 가운데 중복 번역된 것도 있는 터여서 절반 정도만 한국어판을 얻었다고 할 수 있다. 그런데 그나마 절판된 책이 더러 있는데다 1997년부터 나오기 시작한 동문선의 '전집'은 네 권이 나오고 출간이 주춤한 상태다. 게다가 동문선은 '전집'을 따로 내지 않고, 바르트의 책들을 '문예신서'에 포함하기로 방침을 세웠다.

이런 방침에 따라 '전집'에 속해 있던 『현대의 신화』(동문선, 1997)는 2쇄부터 '문예신서'로 옷을 갈아입고 나왔다. 『신화론』(현대미학사, 1995)이라는 제목으로도 번역된 이 책은 흔히 생각하는 신화에 관한 저술과는 양상이 사뭇 다르다. 그리스 로마 신화나 조지프 캠벨 유의 신화 해설을 떠올리면 큰 오산이다.

물론, 책 후반부에 수록된 「오늘날의 신화」는 원론적 성격이 짙다. 허나, 이 대목은 바르트의 표현을 빌면 "앞서의 자료들을 체계화한 것에 불과하다." 또한, 바르트는 1970년 간행된 문고판 서문에서 이 책의 성격을 다음 두 가지로 규정한다. "한편으로는 이른바 대중문화의 언어활동에 대한 이데올로기적 비판서이고, 다른 한편으로는 그 언어활동에 대한 최초의 기호학적 분석서이다."

1954년부터 1956년까지 잡지 〈새로운 문학〉에 '이달의 신화학'이라는 제목으로 연재된 칼럼을 모은 『현대의 신화』는 1957년 첫 출간되었다. 신화를 하나의 파롤parole로 보는 바르트는 "신화가 하나의 의사소통 체계, 곧 하나의 메시지"라고 단언한다. 『현대의 신화』에서는 프랑스를 중심으로 부르주아 사회에 널리 퍼져 있는 신화적 요소에 대한 바르트 특유의 분석과 비판적 인식이 돋보인다.

"프로레슬링의 장점은 곧 과장된 구경거리"라는 진술로 시작하는 「프로레슬링을 하는 세계」에서는 우선, 프로레슬링을 천한 스포츠라 여기는 사람들의 시각 교정을 도모한다. "프로레슬링은 스포츠가 아니라 구경거리이다." 프로레슬러들이 재현하는 고통을 구경하는 것은 비극의 주인공들의 연기를 감상하는 것과 마찬가지이므로 천하지 않다는 것이다.

이어, 바르트는 프로레슬링을 천시하는 사람들이 갖고 있는 프로레슬링은 '짜고 치는 고스톱'과 같다는 불만에 대해 명쾌한 해명을 시도한다. "관중은 그 경기가 조작되는 것인지 아닌지는 전혀 알려고도 하지 않는다. 그리고 그것은 옳은 것이다. 관중은 모든 동기와 모든 결과를 제거해 버리는 첫 번째 효과에 빠져든다. 즉 관중들에게 중요한 것은 그들이 생각하는 것이 아니라 보는 것이다."

바르트의 프로레슬링 옹호론은 권투와 비교 분석에서 더욱 설득력 있다. "권투 경기의 결과는 점을 칠 수 있다. 그러나 프로레슬링에서는 그것이 아무 의미도 없을 것이다. 권투 경기는 관객의 눈앞에서 구축되는 한 편의 이야기이다. 그러나 프로레슬링에서는 정반대로 지속시간이 아니라 매순간이 지각된다."

바르트는 프로레슬러의 임무는 이기는 것이 아니라, 관중이 기대하는 동작을 정확히 수행하는 것이라고 말한다. 또, 프로레슬러의 외모와 동작은 하나의 기호로 설정된다고 지적한다. 상대방의 가슴을 주먹으로 내리치는 (시늉을 하는) 기술인 팔굽치기 역시 기호화한 상징일 따름이다. "팔굽치기에서 그 치명성은 너무나 명백하기 때문에, 그 공격은 결국 하나의 상징으로밖에 나타나지 않는다."

「휴가중의 작가」는 앙드레 지드가 콩고로 향하면서 책을 읽는 모습과 〈르피가로〉가 찍은 휴가 중인 작가들의 사진이 글의 모티프가 되었다. 바르트는 비교적 최근의 사회적 현상인 휴가가 처음에는 학생들만의 몫이었다가 노동자들의 몫이 되고, 급기야 작가들에게도 차례가 돌아왔다고 진단한다. 하지만 작가의 프롤레타리아화는 아주 조금만 인정되고, 쉽게 파괴된다고 하는데 이런 시각은 아래 문장에 함축돼 있다. "가짜 노동자는 또한 가짜 휴가 여행자이다." 「파업의 이용자」는 우리 사회에 팽배한 파업에 대한 알레르기적 반응의 원인과 실체를 이해하게 해준다.

『모드의 체계』(동문선, 1998)는 패션에 대한 기호학적 분석서다. 하지만 바르트가 분석하는 대상은 옷이 아니다. 바르트는 모드의 세 가지 층위를 상정하는데 실재의 옷, 사진으로 찍은 옷, 글로 씌어진 옷이 그것이다. 이 중에서 바르트는 언어구조를 연구대상으로 선택한다. "글로 씌어진 의복은 어떠한 불필요한 기능에 의해서도 방해받지 않고, 어떠한 불분명한 시간성도 내포하지 않"기 때문이다. 또한, 사진으로 찍힌 원피스들은 보면 볼수록 진부해지는 데 비해 이야기된 표기는 정보에 새로운 힘을 불어넣어서이다.

바르트는 『모드의 체계』의 연구재료로 1958년 6월에서 1959년 6월 사이에 발행된 패션잡지를 사용했다. 패션잡지들의 1년치를 검토한 것은 1년이 모드mode 자체를 확립하는 유행의 단위여서 그랬을 뿐이지 특정한 날짜는 의미가 없다. "이 날짜는 방법론상 어떠한 중요성도 지니지 않는다. 다른 어떤 해를 선택해도 상관없을 것이다. 우리가 묘사하고자 하는 것은 특정한 어떤 모드가 아니라 일반적인 모드이기 때문이다." 아무튼 패션잡지에서 추출한 옷과 옷입기를 묘사한 글을 바탕으로 이런 책을 썼다는 사실이 경이롭기까지 하다.

『텍스트의 즐거움』(동문선, 1997)은 표제작과 「저자의 죽음」 「작품에서 텍스트로」 같은 독자반응비평의 논거로 활용할 수 있는 일련의 글과 생전에 출판을 허락한 유일한 일기인 「심의」, 그리고 세 편의 대담으로 이뤄져 있다. 『문학은 어디로 가고 있는가?』(강, 1998)는 편집자 겸 문예비평가인 모리스 나도와의 대담집으로 분량은 짧지만 바르트의 생각을 잘 읽을 수 있는 책이다. 바르트의 사상을 드러내주는 구절을 몇 개 골랐다.

"문학의 사회성이란 진실로 우리가 문학은 내용이나 재현을 실어나르는 짐수레가 아니라 무엇보다 언어다라고 생각할 때라야만 포착됩니다."

"여하튼 작가는 언어를 어떻게 조합할 것인가를 선택합니다. 그는 인용 부호를 지운 숱한 인용문들을 조합하죠."

"작가가 이미 씌어진 것을 단순히 반복하거나 혹은 글쓰기를 아예 중단할 수밖에 없을 때, 말하자면 작가가 반복할 것이냐 은퇴할 것이냐라는 가혹한 양자택일에 놓일 때, 그때 (문학의) 위기가 있다고 말할 수 있습니다."

"혁신은 위압적입니다."

"나는 왜 지적인 것이 민중적인 것과 분리되어야 하는지 그 이유를 모르겠습니다."

바르트의 천재성과 기발함은 형식의 파괴 내지 전복을 통해서도 표출되었다. 섬세한 묘사가 돋보이는 『사진론』(현대미학사, 1994)에서는 다분히 개인적이고 감상적인 에세이 형식을 빌려 본격적인 사진론을 개진했다. 『롤랑 바르트가 쓴 롤랑 바르트』(강, 1997)는 제목으로 봐서는 자서전이나 회고록인 게 분명하나 책을 펼치면 영 딴판이다. 형식과 내용이 소설 같기도 하고 사전 같기도 한 것이 독자를 헷갈리게 한다.

롤랑 바르트의 책

밝은 방– 사진에 관한 노트(동문선 문예신서 326) 김웅권 옮김, 동문선, 2006.
S/Z 김웅권 옮김, 동문선, 2006.
목소리의 결정– 롤랑 바르트 대담집 1962~1980 김웅권 옮김, 동문선, 2006.

현대비평의 혁명 김현 편역, 홍성사, 1978.
현대비평의 혁명 김현 편역, 기린원, 1989.
카메라 루시다: 사진에 관한 노트 조광희·한정식 옮김, 열화당, 1986.
텍스트의 즐거움 김명복 옮김, 연세대출판부, 1990.
사랑의 단상 김희영 옮김, 문학과지성사, 1991.
이미지와 글쓰기: 롤랑 바르트 이미지론 김인식 편역, 1993.
사진론: 바르트와 손탁(수전 손택의 「사진론」이 함께 실려 있음) 송숙자 옮김, 현대미학사, 1994.
글쓰기의 영도(동문선 문예신서 342) 김웅권 옮김, 동문선, 2007.
글쓰기의 영도·기호학의 원리 조종권 옮김, 영한문화사, 1994.
글쓰기의 0도 세계일보사, 1994.
「기술記述의 영도零度」 이가림 옮김, 예술계 1970년, 여름–가을호.
신화론 정현 옮김, 현대미학사, 1995.
기호의 제국(산책자 에쎄 시리즈 1) 김주환·한은경 옮김, 산책자, 2008.
기호의 제국 김주환·한은경 옮김, 민음사, 1997.
롤랑 바르트가 쓴 롤랑 바르트 이상빈 옮김, 강, 1997.
문학은 어디로 가고 있는가 유기환 옮김, 강, 1998.
어떻게 더불어 살 것인가 김웅권 옮김, 동문선, 2004.
작은 사건들 김주경 옮김, 동문선, 2003.

동문선에서 출간된 롤랑 바르트 전집

사랑의 단상 김희영 옮김, 2004.
중립 김웅권 옮김, 2004.
텍스트의 즐거움 김희영 옮김, 1997.
라신에 관하여 남수인 옮김, 1998.
모드의 체계 이화여대기호학연구소 옮김, 1998.
현대의 신화 이화여대기호학연구소 옮김, 1998.

롤랑 바르트에 관한 책

롤랑 바르트(하룻밤의 지식여행 55) 필립 소디 저 지음, 피에로 그림, 권순만 옮김, 김영사, 2009.
문제적 텍스트 롤랑 바르트(LP Routledge Critical Thinkers 04) 그레이엄 앨런 지음, 송은영 옮김, 앨피, 2006.
바르트와 기호의 제국 피터 페리클레스 트리나포스 지음, 최정우 옮김, 이제이북스, 2003.
롤랑 바르트의 기호학 신항식 지음, 문학과경계, 2003.
바르트 조너선 컬러 지음, 이종인 옮김, 시공사, 1999.
롤랑 바르트 J. 컬러 지음, 최미숙 옮김, 지성의샘, 1995.

루쉰
魯迅
1881-1936

없던 곳을 밟고 지나감으로써
생기는 것이 바로 길이다

우리시대 '사상의 은사'인 리영희 교수는 그의 에세이집 『자유인, 자유인』(범우사, 1990)에서 루쉰을 이렇게 평했다. "노신魯迅은 사상을 문학의 형태로 실천했을 뿐만 아니라 사회적 실천으로 행동화한, 흔치 않은 지식인 중의 한 분이다." 정신적·사상적으로 고민하던 젊은 시절의 리 교수는 루쉰의 여러 책을 읽으며 '실천하는 지식인'의 삶에 감동한다. 루쉰의 저서를 통해 단순히 지식이라는 '상품'을 파는 기능적 지식인으로 안주하는 것이 아니라, 부정한 인위적·사회적 조건으로 인해 고통 받는 이웃의 고난을 덜어줘야 하는 지식인의 사회적 책무에 눈뜨게 된다. 루쉰은 사상의 은사의 '은사'인 셈이다.

『자유인, 자유인』에 수록된 「노신과 나」라는 글은 리영희 교수가 종종 받았던 질문을 언급하면서 시작한다. 그것은 '자신의 삶의 내용과 방향을 결정지어준 외부적 요인은 무엇인가?'라는 물음이다. 이에 대해 리 교수는 중국어로 된 루쉰의 저서를 사전을 찾아가며 힘겹게 읽어가던 중 만난 다음 구절을 꼽는다.

가령말일세, 강철로 된 방이 있다고 하자. 창문은 하나도 없고, 여간해서 부술 수도 없는 거야. 안에는 많은 사람이 깊이 잠들어 있어. 오래잖아 괴로워하며 죽을 것이다. 그런데도 그들은 혼수상태에서 죽음으로 이르는 과정에 놓여 있으면서도 죽음의 비애를 조금도 느끼지 못한다. 이 때 자네가 큰 소리를 질러서, 그들 중에서 다소 의식이 또렷한 몇 사람을 깨워 일으킨다고

하자. 그러면 불행한 이 몇 사람에게 살아날 가망도 없는 임종의 고통만을 주게 될 것인데, 그래도 자네는 그들에게 미안하다고 생각하지 않는가? 그래도 몇 사람이 정신을 차린다면 그 쇠로 된 방을 부술 수 있는 희망이 전혀 없다고 말할 수 없지 않은가?

대화체로 장개석 총통 치하의 중국 사회를 풍자한 이 대목을 읽는 순간 리 교수는 정신이 번쩍 들었다. 여러 모로 장개석 통치하의 중국을 방불케 한 박정희 치하에서 고민하던 그는 자신이 할 일이 무엇인지 깨달은 것이다. 그리고 결심한다. 맹목적이고 광신적이며 비이성적인 반공주의에 마취되어 있는 사람들을 잠에서 깨어나게 하여 의식을 바로잡아 주는 일에 진력하기로 말이다.

하지만 『자유인, 자유인』 독서를 계기로 읽어본 루쉰의 글은 내게 별다른 감응을 주지는 않았다. 여기에는 세월의 변화가 하나의 요인이겠지만, 텍스트를 잘못 선택한 내 탓이 크다. 나는 우선 소설부터 섭렵하기로 하고, 그의 대표작인 「아Q정전」과 「광인일기」를 읽어 보았다. 그런데 현대의 고전으로 평가받는 두 소설이 영 재미가 없었다. 오히려 「작은 사건」이라는 제목의 짧은 소설이 내 구미에 맞았다.

「작은 사건」은 소설의 화자인 내가 목격한 '교통사고'를 말한다. 추운 겨울날 생계 해결을 위한 일로 집을 나선 나는 인력거를 이용한다. 목적지를 얼마 안 남긴 지점에서, 인력거는 그만 어느 노파를 치고 만다. 그나마 인력거꾼의 침착한 대처로 노파는 많이 다치지도 않았다. 나는 인력거꾼에게 "별일 없으니 갈 길이나 가지"라고 말하지만, 그는 들은 척도 않는다. 인력거꾼은 노파를 일으켜 부축해서는 한 발 한 발 앞으로 나아간다. 앞쪽에는 파출소가 있었다.

이 때 나는 갑자기 어떤 야릇한 느낌을 받았다. 먼지투

성이가 된 그의 뒷모습이 갑자기 커다랗게 느껴졌던 것이다. 멀어지면 멀어질수록 점점 커져서 나중에는 우러러보지 않으면 보이지도 않을 것 같이 느껴졌다. 그리고 그는 나에게 차차 위압감을 주는 어떤 것으로 변해 갔다. 심지어 가죽으로 안을 댄 내 겉옷 속에 감추어진 옹졸함을 짜낼 것 같아졌다.

나는 「작은 사건」의 감동에 힘입어 루쉰을 한번 제대로 읽기로 마음먹었다. 마침 네 권짜리 '노신선집'(여강출판사, 1991)이 출간되었다. 1987년 6월 중국 북경의 민족출판사에서 한국어판으로 간행된 것의 영인본이었다. 하지만 나의 루쉰 읽기는 다시 한 번 좌절을 맛본다. 두 권밖에 사지 않은데다가 그것마저 읽기를 차일피일 미뤘다. 역시 출간되자마자 구입한 왕스징의 『노신전』(다섯수레, 1992) 역시 읽지 않고 묵혀뒀기는 마찬가지다.

이런 이유로 나는 1991년 루쉰의 책이 베스트셀러가 되는 것이 이해가 안 되었다. 그런데 이제 보니 그건 내가 무식한 탓이었다. 베스트셀러가 된 『아침꽃을 저녁에 줍다』와 『청년들아, 나를 딛고 오르거라』(둘 다 도서출판 창)는 선집이다. 앞의 책은 산문을 모은 것이고, 나중 책은 편지글을 엮은 것이다. 나는 이 책들을 훑어보고 1990년대 초반, 두 권의 책이 잘 팔린 이유를 확실히 깨달았다. 이 책들은 루쉰 사상의 정수를 담고 있다. 번역도 깔끔하다. 그렇기에 "꿋꿋하고 추호의 노예적 비굴함도 없는" 루쉰의 기질을 만끽하는 데 부족함이 없다. 아래는 『아침꽃을 저녁에 줍다』에서 뽑은 루쉰의 아포리즘이다.

"우리는 남에게 희생하라고 권유할 권리도 없거니와, 남이 스스로 희생하는 것을 막을 권리도 없다."
"괜시리 진보적 비평가의 환심이나 사기 위해 턱없는 호언장담이나 늘어놓는 게 능사는 아니다."

"길이란 무엇인가? 없던 곳을 밟고 지나감으로써 생기는 것이 바로 길이 아니던가."
"현재 성인군자들은 여자들의 사치를 욕하고 얼굴을 찡그리면서 체통을 지키려 하고 있다. 그러나 그들은 뒷구멍으로 여인의 육감적인 허벅지 문화를 감상하고 있다."
"폭군의 신민들은 폭정이 타인의 머리 위에 떨어지기만을 바라고, 그것을 보고 기뻐하며, 남의 참혹함을 자신의 오락으로 삼고, 남의 고통을 구경거리로 삼으면서 위안한다."
"사람들은 '출세도 하고 돈도 번다'고 말한다. 그러나 이 둘은 결코 병렬적인 것이 아니다. 출세는 오직 돈벌기 위해서일 뿐이며, 돈을 벌기 위한 실마리에 불과하기 때문이다."

루쉰의 생애를 다룬 책으로는 우선, 마루야마 노보루의 『노신평전』(일월서각, 1982)을 들 수 있다. 우리에게 처음으로 소개된 루쉰 전기인 이 책은 문학활동과 사상가로서의 면모를 비중 있게 그렸다. 왕스징의 『노신전』은 객관적 자료를 기초로 루쉰의 삶과 사상을 소설 형식으로 엮었다. 『민족혼으로 살다』(학고재, 1996)는 연세대 전인초 교수를 비롯한 8명의 국내 중문학자가 루쉰의 유적지를 둘러보고 그의 생애를 재구성한 책이다.

히야마 히사오의 『동양적 근대의 창출』(소명출판, 2000)은 "동양이라는 독자적인 공간에서의 근대의 창출"이라는 관점에서 루쉰과 나쓰메 소세키를 논한 책이다. 루쉰과 소세키를 함께 다룬 이유는 또 있는데, 지은이는 루쉰이 소세키의 애독자였다는 점과 일본 유학시절 루쉰이 소세키의 옛집을 거처로 삼은 인연을 꼽는다.

그렇다고 이 책이 비교문학론에 기반한 논저는 아니다. "나쓰메 소세키라는 일본의 근대가 낳은 가장 뛰어난 문학자를 통하여 일본 근대의 특수한 조건을 탐색해 보고, 그 특수한 조건하에서 소세키가 치러야 했던 악전고투惡戰苦鬪의 흔적을 되돌아보고자 합니다. 그때 루쉰의 악전고투가 하나의 거울 역할을 할 수 있을 것이고 역의 경우도 성립할 수 있을 터입니다." 원래 제목이 '양지서兩地書'인 『노신선생님』(청사, 1983)은 제자이자 두 번째 아내인 쉬광핑許廣平과 주고받은 편지를 모은 것으로 형식면으로는 청마 유치환과 이영도 사이에 오고간 편지를 묶은 『사랑했으므로 행복하였네라』를 연상케 하지만 내용은 판이하다. '양지서'는 애틋한 연정보다는 역사와 사회에 관한 고민이 압도적이다. 이 편지 모음은 『루쉰의 편지』(이룸, 2004)라는 제목으로 다시 나왔는데, 새로 번역된 책에는 루쉰 연구자 류푸친의 해설이 들어 있다.

『투창과 비수』(솔출판사)는 '입장총서'로 나온 루쉰 선집이다. 루쉰이 남긴 모든 장르의 글을 포괄한 것은 아니고, 산문에 속하는 글들을 엮었다. 다른 장르에 비해 산문이 작가의 입장을 직접적으로 드러내준다는 것이 편역자들이 산문을 택한 이유다. 이 선집에는 리영희 교수가 1987년 6월 항쟁의 국면에서 "물에 빠진 개는 때려야 한다"는 대목을 인용해 널리 알려진 루쉰의 글이 실려 있다.

「'페어플레이'는 아직 이르다」에서 루쉰은 물에 빠진 개의 경우를 세 가지로 분류한다. "(1)개가 스스로 실족하여 물에 빠진 경우, (2)다른 사람이 빠뜨린 경우, (3)내가 직접 빠뜨린 경우"다. 루쉰은 이들 경우 모두 개를 때려도 무방하다고 말한다. 다만 "앞의 두 경우를 만나서 부화뇌동하여 때린다면 너무 시시한 일이고 어쩌면 비겁한 일인지도 모른다."

그러나 개와 싸우다 내 손으로 빠뜨렸다면 얘기가 다르다. "물속에 있는 놈을 장대로 마구 때린다 해도 심한 것이 아"니다. 더구나 "사람을 무는 개라면, 그놈이 뭍에 있건 물속에 있건 전부 때려도 되는 부류에 속한다는 게" 루쉰의 생각이다.

루쉰의 책

(한국어판이 수십 종에 이르는 『아큐정전』『광인일기』는 목록에 넣지 않음.)

들풀 자오옌녠 그림, 이욱연 옮김, 문학동네. 2011.
루쉰 전집 제1권– 무덤, 열풍 홍석표·이보경 옮김, 그린비, 2010.
루쉰 전집 제2권– 외침, 방황 공상철·서광덕 옮김, 그린비, 2010.
루쉰 전집 제7권– 거짓자유서, 풍월이야기, 꽃테문학 이보경·유세종 옮김. 그린비, 2010.
들풀 구문규 편역, 지만지, 2010.
야초 김원중 옮김, 을유문화사, 2010.
루쉰, 시를 쓰다 김영문 옮김, 역락, 2010.
장맛비가 내리던 저녁– 창비 세계문학 중국 루쉰 외 지음, 이욱연 편역, 창비, 2010.
고향 루쉰 외 지음, 민병덕 편역, 정산미디어, 2009.
루쉰 소설 전집(을유세계문학전집 12) 김시준 옮김, 을유문화사, 2008.
악마파 시의 힘 홍석표 옮김, 지만지, 2008.
고사신편(밀레니엄 북스 067) 우인호 옮김, 신원문화사, 2006.
화개집– 화개집속편(루쉰선집 04) 혹석표 옮김, 선학사, 2005.
격동의 100년 중국– 지난 100년 동안 중국에는 어떤 일이 일어났을까 노신 외 지음, 임대근 옮김, 일빛, 2005.
희망은 길이다– 루쉰 아포리즘 이욱연 편역·이철수 판화, 예문, 2003.
아침꽃을 저녁에 줍다 이욱연 편역, 예문, 2003.
아침꽃을 저녁에 줍다 이욱연 편역, 창, 2003.
아침꽃을 저녁에 줍다 이욱연 편역, 창, 1991.
페어플레이는 아직 이르다 루쉰읽기모임 옮김, 케이시, 2003.
무덤(노신선집 1) 홍석표 옮김, 선학사, 2003.
한문학사 강요(노신선집 2) 홍석표 옮김, 선학사, 2003.
노신문집(1·6) 竹內好 역주, 한무희 옮김, 일월서각, 1985–7.
노신선집(1·4) 이철준·박정일·계용신·최덕은 옮김, 여강출판사, 1991.
루쉰 소설 전집 김시준 옮김, 서울대출판부, 1996.
들불 유세종 옮김, 솔출판사, 1996.
질풍이 나를 감돌아 북경민족출판사 옮김, 마루, 1993.
청년들아, 나를 딛고 오르거라 유세종 편역, 창, 1991.
루쉰의 편지 쉬광핑 공저, 류푸친 편해, 임지영 옮김, 이룸, 2004.
노신선생님 쉬광핑 공저, 박병태 옮김, 청사, 1983.
호루라기를 부는 장자 유세종 옮김, 우리교육, 1995.
투창과 비수 유세종·전형준 편역, 솔출판사, 1997.
중국소설사 조관희 옮김, 소명출판, 2004.
중국소설사략 조관희 옮김, 살림, 1998.
중국소설사략 정범진 옮김, 학연사, 1987.
중국소설사 정뢰동·정범진 옮김, 금문사, 1964.

루쉰에 관한 책

그림쟁이, 루쉰 왕시룽 엮음, 김태성 옮김, 일빛, 2010.
화엄의 세계와 혁명– 동아시아의 루쉰과 한용운 유세종 지음, 차이나하우스, 2010.
루쉰·라오서 작품의 언어예술(중국학술총서 19) 스시야오 지음, 고미숙 외 옮김, 차이나하우스, 2009.
노신의 소설– 빛나는 자주정신 장기근 지음, 명문당, 2009.
루쉰 소설 전집(을유세계문학전집 12) 김시준 옮김, 을유문화사, 2008.
쉬광핑– 루쉰의 사랑 중국의 자랑 윤혜영 지음, 서해문집, 2008.

루쉰식 혁명과 근대중국– 고독한 반항자, 영원한 혁명가 루쉰 유세종 지음, 한신대학교출판부, 2008.

나의 아버지 루쉰– 루쉰의 아들로 살아온 격변의 중국 저우하이잉 지음, 서광덕·박자영 옮김, 강, 2008.

중국을 움직인 거인들– 공자에서 루쉰까지, 최고의 인재 56인이 수놓는 열전 중국사 이나미 리쓰코 지음, 이동철·박은희 옮김, 민음인, 2008.

춘원과 루쉰에 관한 비교문학적 연구 권혁률 지음, 역락, 2007.

전통과 중국인– 공자와 루쉰의 대결 류짜이푸·진강 지음, 오윤숙 옮김, 플래닛, 2007.

인간 루쉰(1·2) 린시엔즈 지음, 김진공 옮김, 사회평론, 2007.

노신의 문화 사상과 외국문학 엄영욱 지음, 전남대학교출판부, 2006.

상하이런 베이징런– 중국인을 알 수 있는 눈 루쉰 외 지음, 지세화 옮김, 일빛, 2006.

노신 평전(역사인물찾기 19) 임현치 지음, 김태성 옮김, 실천문학사, 2006.

루쉰 평전– 나의 피를 혁명에 바치리라 주정 지음, 황더허우 사진, 홍윤기 옮김, 북폴리오, 2006.

노신 마루오 쯔네키 지음, 유병태 옮김, 제이앤씨, 2006.

루쉰과 저우쭈어런 쑨위 지음, 김영문·이시활 옮김, 소명출판, 2005.

천상에서 심연을 보다– 루쉰의 문학과 정신 홍석표 지음, 선학사, 2005.

노신의 마지막 10년 임현치 지음, 김태성 옮김, 한얼미디어, 2004.

루쉰, 욕을 하다 팡시앙둥 지음, 장성철 옮김, 시니북스, 2004.

루쉰 다케우치 요시미 지음, 서광덕 옮김, 문학과지성사, 2003.

정신계의 전사 노신 엄영욱 지음, 국학자료원, 2003.

루쉰 잡문 예술의 세계 우엔량친 지음, 구문규 옮김, 학고방, 2003.

자유인 루쉰 박홍규 지음, 우물이있는집, 2002.

루쉰전– 기꺼이 아이들의 소가 되리라(개정판) 왕스징 지음, 신영복·유세종 옮김, 다섯수레, 2007.

노신전– 루쉰의 삶과 사상 왕스징 지음, 신영복·유세종 옮김, 다섯수레, 1992.

루쉰 전형준 엮음, 문학과지성사, 1997.

민족혼으로 살다 전인초 외 지음, 학고재, 1999.

동양적 근대의 창출– 루쉰과 소세키 히야마 히사오 지음, 정선태 옮김, 소명출판, 2000.

루이스 세풀베다
Luis Sepúlveda
1949-

자연친화적이고 정치의식을 고양하는 민중문학가

출간 시기의 적절성timing은 제목title, 독자 대상target과 더불어 3T라 불리며, 한때 베스트셀러 산출 공식으로

각광받은 적이 있다. 그런데 적절한 출간 타이밍이 비단 베스트셀러만을 좌우하는 요소는 아닌 듯싶다. 소수의 독자를 대상으로 하는 학술서도 아무 때나 출간하진 않는다. 대중 본위 서적은 적절한 시기에 펴냈느냐 여부가 책의 생명력과 직결되기도 한다.

세풀베다 한국에 오다

출판사로선 요즘이 루이스 세풀베다의 책을 선보일 적기다. 이 칠레 출신 작가가 최근 한국을 다녀가서다. 제2회 서울국제문학포럼에 참석차 내한한 세풀베다는 국내 언론사 기자와 인터뷰를 하고, 강연을 통해 국내 독자와 만나기도 하였다. 그런데 세풀베다의 책은 이미 9종이 나왔다. 그래서 정정한다. 지금은 독자가 세풀베다를 읽을 아주 알맞은 때다.

세풀베다의 책이 본격적으로 번역되기 시작한 건 새천년에 들어서부터다. 하지만 우리 출판인의 민감한 촉수를 새삼 확인시키듯, 1990년대 중반 세풀베다의 한국어판이 나왔었다. 『연애 소설을 읽는 노인』(예하출판, 1993)과 『세상 끝으로의 항해』(시아, 1995)가 그것들로, 정식 계약을 맺은 합법 출판인지는 알 수 없으나, 외국문학의 흐름에 우리 출판이 발 빠르게 대응한 증거임은 분명하다. (졸속번역과 명저의 미번역을 개탄하는 소리가 있으나, 한국은 엄연한 번역출판 강국이다. 웬만한 외국저자와 사상가의 책은 한두 권 우리말로 옮겨져 있다.)

필자는 2005년 5월 23일 오후, 서울 세종문화회관 세종홀 소연회장에서 있은 세풀베다와의 언론사 공동 인터뷰에 참석해 질문을 하고, 5월 26일에는 서울 강남 교보타워 대강당에서 열린 독자와의 만남('아주 특별한 대화')에 참석하여 그의 강연을 들었다. 세풀베다를 대면한 결과, 그는 '감명 받은 저자를 직접 만나지 말라'는 속설에 예외적인 작가였다. 나는 그를 만나보고 그와 그의 글이 더 좋아졌다.

『소외』, 작가의 베스트 오브 베스트

내가 가장 먼저 집어든 세풀바다의 책은 그의 방한에 맞춰 번역된 『소외』(열린책들, 2005)다. 이 책은, '아주 특별한 대화'의 마당에서 조우한 열린책들 편집장의 귀띔에 따르면, 작가가 제일 맘에 들어 하는 작품집이기도 하다. 독자에게도 매력적인 단편 모음이다. 머리말 격인 「소외된 이야기들」부터 읽는 이를 긴장시킨다. 이 글의 화제는 독일 베르겐 벨젠 유대인 수용소 한쪽 구석의 돌멩이에 새겨져 있는 글귀다. 나는 여기에 있었고, 아무도 내 이야기를 하지 않을 것이다. 화자는 "그 어떤 글도 돌멩이에 적힌 그 글만큼 강렬하고 미스터리하고 아름다우면서도, 그와 동시에 그렇게 고통스럽지는 않았다"고 술회한다.

『소외』에 실린 글들은 허구와 실제의 경계가 모호하다. 때로는 작가의 산문집을 읽는다는 느낌이 짙다. 몇몇 대목은 세풀바다의 체취를 진하게 풍긴다. "한치 앞도 알 수 없는 바람에 늘 떠밀려 다니는 삶"(「미스터 심파」)이나, "나는 부자 동네에서 일어나는 일들은 예전이든 지금이든 전혀 관심이 없다"(가스퍼터)거나, "주말에 사냥을 허용하는 제도나, 날아다니는 것은 모조리 죽이는 말도 안 되는 관습은 뿌리째 뽑혀야 할 것이다"(「피츠카랄도의 흔적을 찾아서」) 등은 실제 그의 삶과 생각과 행동으로 봐도 무방하다.

세풀베다는 1980년대를 망명객으로 독일에서 보냈다. 그렇지만 그는 망명지 독일에 대한 인상이 별로 좋지 않은 것 같다. 중세 「엘베 강의 해적」의 영웅담을 들려주고 덧붙인 사건에서도 그런 점이 읽힌다.

그 일은 1400년 어느 봄날 아침에 일어난 일이었다. 거의 6백년이 지난 1999년 7월 첫 주, 함부르크 경찰은 백 번째로 거리의 이름을 바꾸려고 시도한 젊은이 몇 명을 구속했다. 그들은 '클라우스 슈토르테베커 거리'라는 하얀 글씨가 적힌 길쭉한 파란색 스티커를 전혀

유명하지 않은 시몬 폰 우트레히트 시장의 이름이 적힌 철판 위에 붙이다가 붙잡혔다.

우리와 그리 다를 바 없는 독일 사회의 경직성이 드러난 대목으로 볼 수 있는데, 1970년대 중반 에리히 케스트너의 정치시를 공중파로 날려 보낸 방송 진행자 또한 세기말의 대학생과 비슷한 대접을 받았다. 아래 인용문은 클라우스 코르돈의 케스트너 평전 『망가진 시대』(시와진실, 2004)의 '후기'에서 발췌했다.

"1975년 2월 28일 북부독일방송국의 오전매거진을 담당하고 있던 진행자가 케스트너의 「애국적인 침실대화」 가운데 몇 구절을 낭독하였다. 그 때문에 진행자는 휴직처분을 당했다. 이유인즉슨 이 방송이 편집국과 미리 협의하지 않은 상태에서 진행되었으며 더욱이 정치적 내용을 담고 있기 때문이라는 것이다."

누아르 소설과 환경 소설

책장을 펼치기는 『소외』가 앞서나, 세풀베다의 책 가운데 맨 먼저 다 읽은 것은 『핫 라인』(열린책들, 2005)이다. 상대적으로 적은 분량에다 흥미진진한 이야기의 전개에 몰입한 덕분인 것 같다. 소설은 머리말부터 예사롭지 않다. 무려 200킬로미터나 떨어진 곳에서 일어난 산불을 감지하는 후각은, 만만찮은 '뻥튀기'로되 이게 바로 소설가의 내공이 아닌지. '잊지도 말고 용서하지도 말자'는 알렉상드르 뒤마의 인용문은, 일전에 뒤마를 소설공장 공장장이라 비꼰 걸 반성케 한다.

세풀베다가 '대중 연재소설'이라 규정하는 『핫 라인』 유의 작품은 누아르 소설, 곧 흑색 소설이라 불린다. 우리네 분류 방식을 따르면, 흑색 소설은 장편보다는 중편에 가까운 분량이다. 『감상적 킬러의 고백』(열린책들, 2001)에 실린 표제작과 「악어」가 여기에 속하고, 분량이 앞의 세 작품의 곱절인 『귀향』(열린책들, 2001)도 흑색 소설 계열로 분류된다. 추리 기법을 사용한 누아르 소설

의 내용을 발설하는 것은 스포일러로 비난받기 십상이기에 일체의 언급을 삼가는 게 상책이다.

세풀베다의 작품 세계는 '자연 친화'와 '고양된 정치 의식'으로 대별할 수 있지만, 대개는 한 작품에서 이 두 요소가 섞여 나타난다. 어떤 측면을 강조하느냐의 차이는 있지만. 그의 작품 세계는 무엇보다 그가 탁월한 이야기꾼임을 실증한다. 여기에는 생태 소설과 정치 소설의 구분이 없다. "루이스 세풀베다는 어떤 사람이라도 열렬한 독자로 바꿀 수 있는 힘을 지녔다"는 칭찬은 빈말이 전혀 아니다. 예컨대 『지구 끝의 사람들』(열린책들, 2003)에서는 진작 '현대의 설화'가 된 장면이 우리를 사로잡는다.

한 마리 고래가 물결 위로 솟구친 것은, 이어 세상에서 처음 들어본 소리가 난 것은 페드로 치코가 타고 있던 보트가 고무호스를 들이댄 일본인들의 물세례를 견뎌 내지 못한 채 거의 가라앉기 직전이었다. 보트가 거대한 고래의 등에 떠받쳐져 안전한 곳으로 옮겨지자, 평생을 바다에서 살았던 사람도 들어보지 못했던 소름 끼치는 금속성 음향이 나는 것과 동시에 30마리, 50마리, 아니 수백 마리의 고래들과 돌고래들이 해안을 향해 몰려가는가 싶더니 그곳에서 갑자기 방향을 바꿔 '니신마루 호'를 향해 돌진하기 시작했다.

『연애 소설 읽는 노인』(열린책들, 2001)은 세풀베다의 대표작이자 생태 소설의 효시로 통하는 작품이다. 세풀베다는 이 작품을 두 사람에게 헌정했는데, 발전이라는 이름을 앞세우는 자들의 사주를 받은 무장 괴한들에게 살해된 브라질의 환경 운동가 치코 멘데스와 아마존 강의 수호자 미겔 트센케다.

국내 독자와의 만남

독자 강연의 막바지에서 세풀베다는 이 소설의 일부를 낭송하기도 했다. "안토니오 호세 볼리바르 프로아뇨는 글을 읽을 줄은 알아도 쓸 줄은 몰랐다."(45쪽)부터 "그들처럼 먼 곳에서 이주해 온 사람들이 임시로 거주하는 숙소로 사용되고 있었다."(51쪽)까지를 10분여에 걸쳐 들려줄 때, 그는 음유시인이었다. 그의 소설 문장은 산문이 아니라 한 편의 서사시를 방불케 했다. 책을 미리 읽은 덕분에 등장인물의 이름만 겨우 감 잡았어도 세풀베다의 자작 소설 낭송은 듣기가 참 좋았다. '문학과 보편적 인간가치'를 주제로 한 강연 뒤에는 독자와의 질의응답이 이어졌다. 그 일부를 옮긴다.

문학에서 진실과 상상력의 관계는? 문학은 도덕적 진실을 말할 수 있어야 한다. 얼마나 진실 되게 말할 수 있느냐가 관건이다.

문학이 사회적 변화를 이끌 수 있는가? 변화는 시민으로서 참여할 때 얻어진다. 소설가가 아니라 한 사람의 시민으로서 사회변혁운동에 참여해야 가능하다. 글로 세상을 바꿀 수 있으면 좋겠지만, 그럴 수 없다는 걸 안다. 의무 중에 가장 중요한 것이 바로 참여다. 참여해야만 급진적 변화를 이룰 수 있다.

왜 조국으로 돌아가지 않고 있는가? 작가와 모국(어)의 관계는? 스페인에 거주하는 것은 칠레에 가장 가까이 살 수 있는 방법이다. 귀환하지 않는 것은 지나치게 비판하고 개입하고 싶지 않아서다. 그래서 한 발 물러서 있다. 정부에 대해선 비판적이나 그 외에는 후원한다는 자세를 취한다. 물리적 거리는 존재하나 정신적 거리는 가깝다. 외교관이 되고 싶지도 않은 까닭에 거리를 두고 있다. 공동 출판인으로 칠레에서 좋은 책을 싼 가격으로 펴내는 활동에 동참하고 있다.

조국은 겁나는 단어다. 나는 칠레 태생이다. 그러나 선택의 여지없이 그곳에서 태어났을 따름이다. 크로아티아 이민자들이 감사의 뜻으로 이름 붙인 '칠레 호텔'에서 태어나 칠레 사람이라 느낄 뿐이다. '아르헨티나 호텔'에서 났으면 아르헨티나 사람으로 여길지도 모른다. 나의 유일한 조국은 스페인이다. 나는 스페인어를 통해서만 사랑의 감정을 표현할 수 있다. 고향을 그리는 마음 같은 것도 마찬가지다. 내가 할 줄 아는 여러 언어는 지식 전달을 위한 수단이지, 거기에는 감정이 실리지 않는다.

파타고니아

그렇다 하더라도, 세계시민인 세풀베다에게도 수구초심普邱初心은 발동한다. 칠레 북부 오바예 태생의 그가 정작 그리워하는 땅은 아메리카 대륙 남부의 파타고니아 지방이다. 백과사전에 따르면, "파타고니아는 남위 약 39도 이남 지역으로 아르헨티나와 칠레 두 나라의 남쪽이다. 한랭한 사막 기후가 탁월하여 겨울에는 몹시 추우며 연평균 기온이 섭씨 5도까지 내려간다. 전체적으로 빈약한 스텝(초원)으로 덮여 있으며, 가시가 있는 관목림 지역도 넓다."(임범, 「내 마음의 파타고니아」, 〈한겨레〉 2005. 5. 30에서 재인용) 그중에서도 대륙 최남단의 푼타아레나스, 또는 티에라 델 푸에고는 늘 그의 가슴속에 있다. '불의 땅(또는 나라)'으로 해석되는 이곳은 세풀베다에게 고향이고, 낙원이며, 이상향이기도 하다. 또한 그의 작품에는 그곳의 지명이 곧잘 등장하기도 한다. 『지구 끝의 사람들』의 전반부에서 화자는 티에라 델 푸에고의 고래잡이배에 승선한 유년기를 떠올린다.

『파타고니아 특급 열차』(열린책들, 2003)는 독특한 기행문이면서, 한편으론 자서전의 측면이 있다. 특히 청년기의 세풀베다를 목도하는 귀중한 통로다. 그때까지 세풀베다는 칠레의 피노체트 군사 독재 기간의 감옥 이야기를 의도적으로 피했었다. "그 이유는 우선 삶이란 마지막 숨이 끊어지는 순간까지 열정적으로 살아 볼만

한 가치가 있는 것으로 여겨졌기에, 그토록 추악한 사건을 다루다 보면 자칫 그것이 지니는 본래의 의미를 어떤 형태로든 퇴색시키거나 왜곡시키지 않을까 우려했던 탓이다." 여기에다 그 사건(1973년의 군사 쿠데타)에 관한 증언이 지나치게 많이 씌어졌기 때문이다.

세풀베다는 젊음의 2년 6개월을 칠레에서 가장 혹독하다는 테무코 교도소에서 보냈지만, 그곳에 갇혔던 게 반드시 나쁘지만은 않았다고 여긴다. "왜냐하면 그 속에서도 삶은 계속되었으며, 어떤 때는 바깥보다 훨씬 더 흥미롭게 전개되었기 때문이다." 징벌방에서 "죽는 한이 있더라도 문학 비평만큼은 절대 하지 않기로" 맹세하게 만든 에피소드가 흥미롭다. 또한 그는 감옥에서의 비참한 기억을 잊지도, 용서하지도 않는다. "나에게 어떤 긍지가 남아 있다면, 그것은 내가 그곳의 인간 백정들을 잊지 않을 것이며 결코 용서하지 않을 것임을 잊지 않고 산다는 사실이다."

1930년대 초에 일본에서 제작된 기관차가 이끄는 객실 두 칸, 화물 두 칸짜리 '파타고니아 특급 열차'는 "그 일대에 거주하는 목동들의 기차다. 수백 명의 칠로에 사내들은 겨울이 끝날 무렵이면 나탈레스에서 국경을 넘은 뒤에 '파타고니아 특급 열차'를 타고 각자의 목적지인 목장으로 향한다. 그들은 칠로에의 가난과 섬 여자들의 거친 성격에 넌더리를 치면서 혹시나 찾아올지 모르는 행운을 찾아 육지로 나가는 것이다."

책과 독서를 사랑하는 작가

세풀베다 소설의 눈에 띄는 특징 가운데 하나는 소도구에서 이야기를 끌어가는 소설적 장치에 이르기까지 책과 독서 행위의 비중이 높다는 점이다. 「악어」에는 점자로 된 단테의 『신곡』이 등장하고, 정부 당국에 속아 터를 잡은 아마존 정착지에서 아내를 읽고 홀로 늙어 가는 노인은 연애 소설을 벗 삼는다. 브루스 채트윈의 탁월한 여행기 『파타고니아』(김혜강 옮김, 달과소, 2004)도

여러 번 언급된다. 이 책에서 채트윈은 티에라 델 푸에고의 작명 배경을 설명한다.

"푸에고 섬 —티에라델푸에고— 은 '불의 나라'를 의미한다. 여기서 말하는 불은 이 섬에 사는 인디오들이 피운 장작불이었다. 일설에 의하면, 마젤란은 당시 피어오르고 있는 연기만 보고 '연기의 나라'라는 의미의 '티에라델우모'라는 이름을 붙였는데, 그 후 찰스 5세가 불 없이 연기가 피어오를 수는 없다고 이를 재해석해 불의 나라, 즉 '티에라델푸에고'가 되었다고 한다."

한편 『핫 라인』의 여자 택시 기사 "아니타는 그 세대의 수많은 사람들처럼, 시간이 많이 흐른 후 자기가 읽은 책들이 크나큰 패배감만 안겨 주리라는 사실을 모르는 채 책을 읽었다." 마푸체 빵 가게의 주인이 두 아들의 이름을 조지 워싱턴과 벤저민 프랭클린이라 지은 것은 〈리더스 다이제스트〉를 열독한 탓이다. 그런데 아니타가 읽은 책 중에는 1980년대 우리 대학가를 중심으로 널리 읽힌 책이 적지 않을 성싶다. 그 단적인 보기가 세풀베다의 할아버지가 열한 살 난 손자에게 건넨 오스트로프스키의 『강철은 어떻게 단련되었는가』이다.

닮음과 차이

아무튼 한국과 칠레 두 나라는 정도의 차이는 있으나 혹독하고 극악무도한 독재를 경험했다. 현재로선 과거사 청산 작업이 지지부진한 것도 비슷하다. 하지만 다른 점도 있다. 칠레가 독재하의 뼈저린 삶을 문학으로 승화한 세계적 작가를 여럿 배출한 데 비해(이런 작가로는 세풀베다 말고도 이사벨 아옌데와 아리엘 도르프만이 있다), 한국은 오히려 문학의 수준이 뒷걸음질치고 사회적 영향력 또한 크게 감소했다. 그 이유는 대체 무얼까? 한국이 칠레에 비해 상대적으로 독재 권력의 압제가 덜해서일까? 아니면 어느 편집자의 말마따나 스페인어에 담긴 문화적 자산을 갖지 못한 한국어의 빈곤함 때문일까?

『외면』(권미선 옮김, 열린책들, 2004)을 제목처럼 그냥 지나치진 마시길. "어딘지 엇박자로 뭔가 맞지 않는 듯한 불편한 느낌이 들지만 자기도 모르는 사이에 점차 그 매력에 푹 빠지게 만드는 작품이"('옮긴이의 말'에서)기에. 『갈매기에게 나는 법을 가르쳐준 고양이』(바다출판사, 2000)는 세풀베다가 그의 아들들에게 바친 동화다. 언론사 공동 인터뷰에서 필자의 질문에 대한 세풀베다의 답변이 귓전을 맴돈다. 독재 권력에 의해 한 사람이라도 희생됐다면 독재자의 공과를 논할 수 없다는.

루이스 세풀베다의 책

연애 소설을 읽는 노인 이재형 옮김, 예하출판, 1993.
연애 소설 읽는 노인 정창 옮김, 열린책들, 2009.(초판 2001)
세상 끝으로의 항해 우형강 옮김, 시아, 1995.
지구 끝의 사람들 정창 옮김, 열린책들, 2003.
갈매기에게 나는 법을 가르쳐준 고양이 유왕무 옮김·이억배 그림, 바다출판사, 2000.
감상적 킬러의 고백 정창 옮김, 열린책들, 2001.
귀향 정창 옮김, 열린책들, 2001.
파타고니아 특급 열차 정창 옮김, 열린책들, 2003.
외면 권미선 옮김, 열린책들, 2004.
핫 라인 권미선 옮김, 열린책들, 2005.
소외 권미선 옮김, 열린책들, 2005.
그림 형제 최악의 스토리 마리오 델가도 아파라인 공저, 권미선 옮김, 열린책들, 2007.
알라디노의 램프 권미선 옮김, 열린책들, 2010.

루트비히 비트겐슈타인
Ludwig Josef Johann Wittgenstein
1889-1951

철학이 끝난 곳에서 철학을 시작하다

루트비히 비트겐슈타인은 최후의 철학자다. 고대 그리스시대에는 삼라만상에 대한 탐구가 모두 철학의 영역이었다. 그러나 학문이 분화되면서 철학의 영역은 축소되었다. 20세기에는 '언어'가 철학의 유일한 대상으로 남게 되었다. 물론 여기에는 이론의 여지가 있다. 20세기에도 숱한 철학자가 다양한 주제를 다루면서 그들의 이론을 펼쳤기 때문이다. 하지만 20세기의 다른 철학자들은 정신분석학·심리학·문학 같은 인접학문을 넘나들었으므로 딱히 철학자라는 직함이 어울리지 않을 때도 있다. 비트겐슈타인은 그들과 다르다. 그는 불순물 하나 섞이지 않은 철학을 했다.

또한 비트겐슈타인이 보여준 기이한 행적은 최후의 철학자의 면모를 강화한다. 그는 본래 기계공학도였다. 그가 공학도의 길로 들어선 것은 집안을 이끌어 나아가야 한다는 의무감에서였다. 그에게는 형이 네 명 있었지만 세 명은 자살로 생을 마감했다. 맨체스터 대학에서 항공학을 연구하던 중 비트겐슈타인은 프로펠러를 설계하다가 근본적인 수학적 원리에 대한 의문에 휩싸인다.

의문을 풀기 위해 당시 이 방면의 권위자였던 버트런드 러셀을 찾아간 비트겐슈타인은 공학 공부를 집어치우고 철학자의 길에 들어선다. 1차 대전이 터지자 비트겐슈타인은 조국 오스트리아의 군대에 입대한다. 혁혁한 전공을 세워 훈장을 받기도 하는데, 이렇듯 참전한 철학자가 용감성을 발휘한 경우는 소크라테스 이후 그가 처음이었다. 또 『논리철학논고』를 출판하고는 모든 철학적 문제가 해결되었다며 철학과 결별한다. 훗날 다시 철학자로 복귀하지만 시종일관 은둔자의 생활을 견지했다.

비트겐슈타인의 저작이 1990년대에 들어와 본격적으로 소개되기 시작한 것은 어찌 보면 당연한 일이다. 1980년대만 해도 "지금까지 철학자들은 세계를 해석했을 뿐이다. 그러나 문제는 세계를 변화시키는 것이다"라는 마르크스의 테제에 뒤늦은 열광을 보였던 까닭이다. 그런 상황에서 비트겐슈타인의 파격적인 진술이 먹혀들 리 만무했다.

세계가 어떻게 있느냐가 신비스러운 것이 아니라, 세계가 있다는 것이 신비스러운 것이다.

선하거나 악한 의지가 세계를 바꾼다면, 그것은 단지 세계의 한계들을 바꿀 수 있을 뿐이지, 사실들을 바꿀 수는 없다. 즉 언어에 의해서 표현될 수 있는 것을 바꿀 수는 없다.

이런 진술들을 담고 있는 『논리철학논고』는 비트겐슈타인이 생전에 펴낸 유일한 저서다. 전쟁터에서 쓴 이 책은 명제의 논리적 구조와 논리적 추론의 본성에 관한 고찰들로부터 시작한다. 인식론·자연과학 및 심리학의 기초, 수학의 본성, 철학의 본성, 윤리학에 관한 논의를 거쳐 '신비스러운 것' 또는 '말할 수 없는 것'으로 결론을 내린다. "말할 수 없는 것에 관해서는 우리는 침묵하지 않으면 안 된다."

결론은 머리말에도 나온다. 비트겐슈타인은 책의 개략을 두 마디로 요약한다. 첫 마디가 "말해질 수 있는 것은 명료하게 말해질 수 있다"이고, 둘째 마디에는 결론이 이어진다. 비트겐슈타인은 이 책이 교과서가 아니라고 말했다. 그 이유는 책 속에 표현된 사고들을 이미 해본 사람만이 이해할 것이기 때문이다. 자주 인용되는 "나의 언어의 한계들은 나의 세계의 한계를 의미한다"는 비트겐슈타인의 어구도 이 책에서 찾을 수 있다.

이 책은 논리학을 주제로 하고 있지만 여느 논리학 책과는 구별된다. 논리학에 국한되지 않는 많은 문제가 응축된 간결한 문체로 표현되었다. 건조한 듯하면서도 아름다운 문장은 '철학시'로까지 일컬어진다. 그래서 100쪽도 안 되는 분량에도 불구하고 '현대의 고전'이라는 지위를 일찌감치 확보했다. 『논리철학논고』의 한국어판은 두 권이 있다. 정음사(1987) 판은 구하기 어렵고, 천지(1991)에서 나온 것이 서점에 있다. 천지판에는 러셀의 서문이 실려 있다. 하지만 비트겐슈타인은 러셀의 서문이 자신의 본뜻을 이해하지 못했다고 불평을 토로했다.

『철학적 탐구』(서광사, 1994)는 비트겐슈타인의 두 번째 저서다. 20여 권에 이르는 비트겐슈타인의 책 가운데 『논리철학논고』를 제외한 나머지는 모두 그의 사후에 출간되었다. 다른 책들이 제자들이 받아 적은 강의 노트를 책으로 엮었거나 그의 금고에 보관돼 있던 원고를 편집한 것인 데 비해 『철학적 탐구』는 애당초 출판을 목적으로 썼다. 따라서 이 책은 비트겐슈타인의 후기 사상을 대표하는 책으로 꼽힌다. 이 책에서 비트겐슈타인은 철학을 언어분석으로 만들었다.

비트겐슈타인 철학의 가장 큰 특징은 간결한 진술을 통해 견해를 나타낸다는 점이다. 그는 논증을 하지 않았다. 비트겐슈타인 식으로 논술시험을 치른다면 가장 낮은 점수를 받을 것이다. 진술에 대한 논증이 필요하다는 러셀의 충고에 대해 그는 이렇게 말했다.

"논증은 진술의 아름다움을 오염시키므로 만약 논증을 제시한다면 그것은 마치 진흙이 잔뜩 묻은 손으로 꽃을 더럽히는 기분이 들지요."

비트겐슈타인은 목숨이 다하는 순간까지 철학자로 남았다. 『확실성에 관하여』(서광사, 1990)는 생애의 마지막 1년 반의 사색의 결과를 담았다. 죽기 이틀 전에 쓴 내용도 있으며, 경험의 한계와 인식 가능성에 관계된 문제를 해명했다. 『수학의 기초에 관한 고찰』(서광사, 1997)은 비트겐슈타인이 남긴 노트를 후학들이 엮은 것이다. 수학과 논리학에 관련된 철학적 문제들을 다뤘다.

G.H. 폰 리히트가 엮은 『문화와 가치』(천지, 1990)는 비트겐슈타인의 유고 가운데 자전적 내용이나 철학적 본성에 관한 것, 그리고 예술 또는 종교에 관한 언설言說을 모은 것이다.

비트겐슈타인은 20세기 영미철학이 주류인 분석철학의 젖줄이다. 분석철학은 비트겐슈타인의 저서에서 철학적 발상과 방법을 이어받아 전개되었다. 논리실증주의자들은 『논리철학논고』를 떠받들었고, 옥스퍼드

의 일상언어 분석가들은 『철학적 탐구』에서 큰 영향을 받았다. 하지만 비트겐슈타인은 분석철학이 자신의 철학을 계승·발전시킨 것으로 인정하기를 거부했다.

비트겐슈타인을 다룬 2차 문헌은 넘쳐날 정도로 많다. 우선 『비트겐슈타인』이라는 제목의 책들이 눈에 띈다. 최후의 철학자의 이름을 딴 사상적 전기는 열 권 가까이나 된다. '천재의 의무'라는 부제가 붙은 『루드비히 비트겐슈타인』(문학과학사, 2000)은 한 번도 출판된 적이 없는 비트겐슈타인의 편지와 글을 토대로 수수께끼 같은 비트겐슈타인의 삶의 면모를 속 시원하게 풀어준다. 분량만도 1, 2권을 합쳐 800쪽에 이른다.

시사주간지 〈타임〉의 밀레니엄 기획에서 철학자로는 유일하게 '20세기 100대 인물'에 꼽힐 만큼 비트겐슈타인은 철학적 천재성과 함께 대중적 인지도도 높다. 하지만 우리에게 비트겐슈타인의 생애는 베일에 싸여 있던 것이 사실이다.

이 두꺼운 책은 가장 명민한 철학적 심성을 소유한 철학자의 독특한 초상을 예리하게 묘파한다. 비트겐슈타인이 러셀의 제자였다가 거꾸로 러셀의 스승이 되는 과정은 자못 극적이기까지 하다. 1차 대전에 참전한 비트겐슈타인이 전선에서 썼다는 『논리철학논고』 집필의 상황적 배경은 비트겐슈타인의 천재성을 말해주는 하나의 증거로 받아들여져 왔다. 하지만 이 책은 비트겐슈타인이 『논리철학논고』의 집필에 앞서 엄청난 철학적 모색을 했다는 점을 일깨운다.

칸트, 데리다 같은 철학자와 짝을 짓거나 불교, 분석철학 등의 분야와 쌍을 이뤄 비트겐슈타인의 철학 세계를 탐구한 책들도 있다. 『비트겐슈타인은 왜?』(웅진출판, 2001)는 칼 포퍼와의 사이에 있었던 이른바 '부지깽이 스캔들'을 다룬 논픽션이다.

『비트겐슈타인이 살아 있다면』(문학과지성사, 2002)은 미국 뉴욕 주립대 뉴턴 가버 교수와 『데리다와 비트겐슈타인』을 공저한 바 있는 이승종 교수(연세대 철학과)가 비

트겐슈타인이 논리적 모순의 문제를 어떻게 해결했는지 탐구한 연구서다. 아울러 주로 현대 논리학과 분석철학의 범주에서 전개되는 비트겐슈타인 철학 논의의 문제점을 부각시키기도 한다. 또한 지은이는 비트겐슈타인의 "독창적 견해를 올바로 헤아리지 못한 데서 비롯된 그릇된 비판들을 바로잡으려 했다." 책 제목은 김미진의 소설 『모짜르트가 살아 있다면』에서 시사 받은 것이다.

루트비히 비트겐슈타인의 책

비트겐슈타인의 수학의 기초에 관한 강의 박정일 옮김, 올, 2010.
논리철학논고/철학탐구/반철학적 단장(월드북 92) 김양순 옮김, 동서문화사, 2008.
청갈색책 진중권 옮김, 그린비, 2006.
문화와 가치(비트겐슈타인 선집 07) 이영철 옮김, 책세상, 2006.
확실성에 관하여(비트겐슈타인 선집 06) 이영철 편역, 책세상, 2006.
쪽지(비트겐슈타인 선집 05) 이영철 옮김, 책세상, 2006.
철학적 탐구(비트겐슈타인 선집 04) 이영철 옮김, 책세상, 2006.
청색 책·갈색 책(비트겐슈타인 선집 03) 이영철 편역, 책세상, 2006.
소품집(비트겐슈타인 선집 02) 이영철 편역, 책세상, 2006.
논리-철학 논고(비트겐슈타인 선집 01) 이영철 옮김, 책세상, 2006.
논리철학논고 이영철 옮김, 천지, 1991.
논리철학논고 정음사, 1987.
확실성에 관하여 이영철 옮김, 서광사, 1990.
철학적 탐구 이영철 옮김, 서광사, 1994.
수학의 기초에 관한 고찰 박정일 옮김, 1997.

루트비히 비트겐슈타인에 관한 책

데리다와 비트겐슈타인(수정증보판) 뉴턴 가버·이승종 지음, 이승종·조성우 옮김, 동연출판사, 2010.
플라톤에서 비트겐슈타인까지- 서양철학사 인식론적 해명 조중걸 지음, 베아르피, 2009.
비트겐슈타인(하룻밤의 지식여행 51) 존 하튼 지음, 주디 그로브스 그림, 류현 옮김, 김영사, 2008.
비트겐슈타인의 수학철학 박만엽 지음, 철학과현실사, 2008.
비트겐슈타인 규칙과 사적 언어 솔 A. 크립키 지음, 남기창 옮김, 철학과현실사, 2008.
현상학과 분석철학- 후설, 하이데거, 사르트르, 메를로-퐁티, 무어, 러셀, 카르납, 비트겐슈타인 박이문 지음, 지와사랑, 2007.
비트겐슈타인과 히틀러- 두 천재의 투쟁과 홀로코스트의 배후 킴벌리 코니시 지음, 남경태 옮김, 그린비, 2007.
비트겐슈타인(주어캄프 세계인물총서 05) 요하임 슐테 지음, 김현정 옮김, 인물과사상사, 2007.
비트겐슈타인의 딱정벌레- 철학과 과학의 26가지 사고실험 마르틴 코헨 지음, 김성호 옮김, 서광사, 2007.

HOW TO READ 비트겐슈타인 레이 몽크 지음, 김병화 옮김, 웅진지식하우스, 2007.
존재의 철학자 하이데거 VS 의미의 철학자 비트겐슈타인 윤용아 지음, 숨비소리, 2007.
언어사용과 삶- 초월적 자연주의로 해명한 비트겐슈타인의 언어비판철학 문종두 지음, 청문각, 2007.
비트겐슈타인이 들려주는 언어 이야기(개정판) 박해용 지음, 자음과모음, 2006.
비트겐슈타인과 현대 철학의 언어적 전회 남경희 지음, 이화여자대학교출판부, 2005.
빈, 비트겐슈타인, 그 세기말의 풍경- 합스부르크 빈의 마지막 날들과 비트겐슈타인의 탄생 앨런 재닉·스티븐 툴민 지음, 석기용 옮김, 이제이북스, 2005.
30분에 읽는 비트겐슈타인(30분에 읽는 위대한 사상가 15) 신 세한 지음, 김종승 옮김, 랜덤하우스코리아, 2004.
철학적 탐구- 비트겐슈타인 프로그램 필립 커 지음, 임종기 옮김, 책세상, 2003.
비트겐슈타인(누구나철학총서 002) 박병철 지음, 이룸, 2003.
비트겐슈타인의 사상 엄정식 지음, 서강대출판부, 2003.
비트겐슈타인과 정신분석학(아이콘북스 01) 존 M. 히튼 지음, 전대호 옮김, 이제이북스, 2002.
루드비히 비트겐슈타인- 천재의 의무(1·2) 레이 몽크 지음, 남기창 옮김, 문화과학사, 2000.
비트겐슈타인은 왜? 데이비드 에드먼즈·존 에이디노 지음, 김태환 옮김, 웅진닷컴, 2001.
비트겐슈타인이 살아 있다면 이승종 지음, 문학과지성사, 2002.
비트겐슈타인 P.M.S. 해커 지음, 전대호 옮김, 궁리, 2001.
비트겐슈타인 앤서니 케니 지음, 김보현 옮김, 철학과현실사, 2001.
비트겐슈타인 크리스 벳첼 지음, 안정오 옮김, 인간사랑, 2000.
비트겐슈타인 데이비드 피어스 지음, 정영목 옮김, 시공사, 2000.
비트겐슈타인 쿠르트 부흐테를·아돌프 휘프너 지음, 최경은 옮김, 한길사, 1999.
철학이 끝난 곳에서 시작한 철학- 비트겐슈타인 폴 스트래던 지음, 구영모 옮김, 편앤런북스, 1997.
문화와 가치 G.H. 폰 리히트 엮음, 이영철 옮김, 천지, 1990.
비트겐슈타인: 무엇이 세계를 움직이는가? 존 히튼 글, 주디 그로브스 그림, 이두글방 옮김, 이두, 1995.
비트겐슈타인 서광선·정대현 편역, 이화여대출판부, 1980.
비트겐슈타인과 불교 크리스 거드문센 지음, 윤홍철 옮김, 고려원, 1991.
비트겐슈타인과 분석철학의 전개 한국분석철학회 엮음, 철학과현실사, 1991.
비트겐슈타인의 종교철학 도날드 허드슨 지음, 신상형 옮김, 외계출판사, 1990.
비트겐슈타인의 철학이란 무엇인가? K.T. 판 지음, 황경식·이운형 옮김, 서광사, 1989.
비트겐슈타인의 철학 K.T. 판 지음, 황경식·이운형 옮김, 삼일당, 1983.
칸트 대 비트겐슈타인 수잔 프롬 지음, 김용정·배의용 옮김, 동국대출판부, 1988.
비트겐슈타인의 철학 죠지 핏처 지음, 박영식 옮김, 서광사, 1987.
비트겐슈타인의 이해 분석철학연구회 엮음, 서광사, 1984.
비트겐슈타인과 분석철학 엄정식 편역, 서광사, 1983.

뤼시엥 골드만
Lucien Goldmann
1913-1970

신이 죽은 시대,
비극의 실체를 밝힌 철학자

루마니아 태생의 철학자이며 문학이론가인 뤼시엥 골드만에 대한 국내 소개는 독특한 양상을 띤다. 문학사회학의 창시자로 평가받는 골드만의 이름은 1970년대 내내 연구자들을 중심으로 오르내렸지만, 정작 그의 저서에 대한 번역은 1980년대 초반 집중되었다.

지금까지 번역된 골드만의 책은 여남은 권이다. 그런데 출판사를 옮겨 재출간됐거나 중복 번역된 책을 제외하면 한국어판 골드만은 모두 일곱 권이다. 1980년대 초반에 나왔다가 1986년 똑같은 지형으로 세 권을 다시 찍은 후로 골드만 책의 번역은 이뤄지지 않고 있다. 게다가 골드만의 번역서는 대부분 쉽게 구할 수 없는 책이 되었다. 골드만은 숨어버린 셈이다.

『숨은신』(인동, 1980)은 소르본 대학에 제출한 박사학위논문으로 철학 작품과 문학작품의 연구에서 변증법적 분석방법이 지닌 인식론적 토대를 밝히는 것을 통해 인문과학의 방법론적 문제를 제시했다. 변증법적 문학사회학의 분석대상이 된 작품은 파스칼의 『팡세』와 라신의 비극 작품들. 이른바 '장세니즘'으로 불리는 극단적인 아우구스티니즘에 기반을 두고 있는 철학자와 작가의 비극적 세계관을 탐구했다.

골드만에 따르면 "인간 사실들은 항상 총괄적인 '의미있는 구조'를 형성하며, 실천적·이론적·감정적 특성들을 동시에 지니고 있는 이 구조는 어떤 가치 총체의 수락에 입각한 '실천적' 관점에서만 비로소 설명될 수 있고 이해될 수 있다." 골드만은 이러한 전제 아래 하나의 구조인 '비극적 세계관'의 존재를 밝혔고, 그것의 주요한 특성들이 파스칼, 라신, 칸트에게 모두 공통된 본질을 형성한다고 주장했다.

골드만이 말하는 '구조'는 구조주의자들이 말하는 그것과는 사뭇 다르다. 골드만에게 구조는 "전체 속의 한 부분의 변화가 다른 부분에서 어떤 보완적인 변화를 가져다줌으로써 전체적인 중요성을 깨닫게 하는 조화"를 의미한다. 선뜻 이해가 가지 않는 구조의 뜻을 그는 한 인터뷰에서 "상상적 세계의 구조"라고 답하면서 상상적 세계는 "작중인물들의 행동과 상황의 전환을 지배하는 관계의 총체"라고 설명했다.

'사회과학이란 무엇인가'라는 부제가 붙은 『인문과학과 철학』(문학과지성사, 1980)은 지금도 발품을 팔면 구할 수 있는 골드만의 저서다. 『숨은신』도 서점의 책꽂이에 있는 것이 이따금 눈에 띈다. 이 밖의 다른 책들은 출판사가 아예 없어졌거나 출판사는 건재해도 책은 절판 상태에 있다. 아무튼 『인문과학과 철학』의 해설을 통해 문학평론가 김현은 『소설사회학을 위하여』(청하, 1982)를 발생론적 구조주의 분석을 소설 장르에 적용시킨 기념비적인 저작으로 평가했다.

소설사회학은 루카치에게서 빌려온 '문제적 인물'의 분석에서 출발한다. 골드만은 '문제적 개인'이 진정한 가치관을 찾는 사람인 점은 인정하지만, 개인이 반드시 일관되고 비판적인 세계관을 가질 필요가 있다고 여기지는 않았다. 그 이유로 현대 산업자본주의에서는 그 이전의 획기적인 역사적 시대에 비해 비판적 의식을 갖기 어렵다는 점을 들었다. 20세기에는 '문제적 개인'을 만들어낼 조건이 점차 사라져 간다는 것이다.

골드만은 소설의 주인공이 세계와 맺는 관계에 따라 소설의 유형을 세 가지로 나누기도 했다. ▲추상적 관념주의 소설 ▲심리주의 소설 ▲교양소설이 그것이다. 추상적 관념주의 소설은 세계의 복잡성에 비해 주인공의 행위가 협소한 의식에 의해 지배되는 소설로 『돈 키호테』와 『적과 흑』이 여기에 속한다.

심리주의 소설은 통상적인 세계에 만족하기에는 주인공의 의식이 너무 넓은 소설로 플로베르의 『감정교육』을 예로 들 수 있다. 교양소설의 주인공은 문제적 추구를 포기하지만, 그렇다고 통상적으로 수락하거나 잠재적 가치추구를 포기하지는 않는다. 괴테의 『빌헬름 마이스터』가 대표적이다.

『문학사회학 방법론』(현상과인식, 1984)은 문학과 사회학의 접목을 꾀한 골드만의 기획을 살펴볼 수 있는 책이고, 『계몽주의 철학』(기린문화사, 1982)은 계몽주의 철학의 구조에 관한 체계적인 성찰을 시도한 논문인데 국내에는 단행본으로 소개되었다. 이 책의 핵심은 계몽주의 철학과 그것의 물질적 기초가 되는 시장경제의 발전 사이의 관계 규명이다. 계몽주의는 개인주의적 세계관의 다양한 변형으로 나타나는 합리주의와 경험주의를 아우르는 용어다.

골드만은 이질적으로 보이는 당대의 석학 두 사람에게서 많은 영향을 받았다. 죄르지 루카치와 스위스의 아동심리학자 장 피아제가 그들로 루카치의 초기 저작에서는 총체성, 동일성, 잠재의식 등의 개념을 이어받아 발전시켰고, 스스로 발생론적 구조주의라고 일컬은 방법론은 피아제와의 공동연구의 소산이다.

『루카치와 하이데거』(까치, 1983)에서는 실존주의 사상의 원천을 두 사람의 사상가에서 찾으면서 자신의 사회철학적 시각을 명확히 하기 위해 자신과 루카치의 사상적 차이점을 드러내기도 했다.

한편, 유대인에 대한 박해를 피해 스위스로 가서 피아제를 만나는 장면은 골드만의 성품을 잘 알려주는 대목이다. 우리는 피아제의 회고를 통해 그 장면을 볼 수 있다.

그는 어느 날 예고도 없이 우리 집으로 찾아와서, 적어도 서구에서는 내가 가장 참된 변증법론자라면서 자신은 마르크스주의자인데 그래서 나와 한 일이 년 동안 함께 연구하기를 희망한다고 말했다. 자기는 아직 아무런 저서도 발표한 바 없으나 나에 대한 연구 등을 포함해서 여러 가지 계획을 갖고 있다는 것이었다. 요컨대 처음부터 그의 이야기는 모두 나를 놀라게 하는 것이었다. 그 전에 나는 그렇게까지 굉장한 열성을 본 적이 전혀 없었던 터이라 그의 첫 인상이 몹시 강렬했다. (중략) 한 시간쯤 후에 나는 그를 한 사람의 공동연구자로 받아들였는데, 그것은 그의 나중 동료들의 경우에서처럼 내가 그에게 가르칠 수 있는 것보다 그가 나에게 가르칠 것이 오히려 더 많았음을 깨달았기 때문이었다.(『현대사회와 문화창작』 기린문화사, 1982)

1986년 골드만의 책 세 권이 속간되었다. 『현대사회와 문화창작』이 『문학과 변증법』으로 바뀌었을 뿐 『숨은신』(연구사)과 『계몽주의 철학』(지양사)은 제목까지 그대로였다. 더욱이 『숨은신』은 발췌 번역이 보완되지 않은 상태가 이어져 아쉬움을 주었다. 지금은 그것마저 귀한 물건인 형편이다.

골드만의 사상세계는 2차 문헌을 통해 만나는 일이 오히려 쉽다. 그것도 단편적인 논문이 아니라 본격적인 단행본으로 말이다. 『뤼시앙 골드만』(세계사, 1991)은 입문서이고, 『문학사회학, 골드만과 그 이후』(문학과지성사, 1995)는 골드만과 골드만 이후 문학사회학의 흐름을 다룬 책이다.

뤼시엥 골드만의 책

숨은신 송기형·정과리 옮김, 연구사, 1986.
숨은신 송기형·정과리 옮김, 인동, 1980.
인문과학과 철학: 사회과학이란 무엇인가 김현·조광희 옮김, 문학과지성사, 1980.
계몽주의 철학 이춘길 옮김, 기린문화사, 1982.
계몽주의 철학 이춘길 옮김, 지양사, 1986.
계몽주의 철학 문학과사회연구소 옮김, 청하, 1982.
현대사회와 문화창작 천희상 옮김, 기린문화사, 1982.
문학과 변증법 천희상 옮김, 지양사, 1986.
소설사회학을 위하여 조경숙 옮김, 청하, 1982.
루카치와 하이데거 황태연 옮김, 까치, 1983.
문학사회학방법론 박영신·오세철·임철규 옮김, 현상과인식, 1984.

뤼시엥 골드만에 관한 책

뤼시앙 골드만 김억환 편역, 세계사, 1991.
문학사회학, 골드만과 그 이후 홍성호 지음, 문학과지성사, 1995.

르네 지라르
René Girard
1923-

'태초에 희생제의가 있었느니라'

안토니 이스트호프의『문학에서 문화연구로』(현대미학사, 1994)는 문학과 대중문화에 대해 다른 방식으로 접근하기를 제안하며 문화연구의 새로운 원리를 논한 책이다. 피에르 고디베르의『문화적인 것에서 신성한 것으로』(솔출판사, 1993)는 문화의 탐구에서 한걸음 더 나아가 보편적인 신성을 추구한다. 이들 책은 인문비평의 무게 중심이 문학에서 문화로, 다시 인류학 또는 신화학으로 옮겨가고 있음을 시사한다. 이런 현상은 1990년대 한국 지식사회에서도 찾아 볼 수 있다. 어느 날 갑자기 일군의 문화평론가들이 나타나 1990년대를 '문화의 시'로 선포했다. 문화평론가를 자임한 비평가의 대부분은 문학에서 관심의 폭을 넓힌 사람들이다. 이들은 문학에 집중되었던 평론의 활동을 영화연극·방송·대중음악·출판·스포츠 등 그간 소외되었던 문화영역으로 확장시켰다. 하지만 평론의 대중화가 평론의 부실화를 낳았다는 시각도 없지 않다. 게다가 평론가들마저 문화비평의 거품을 걷어내자는 자성의 목소리를 내고 있다.

우리의 현실을 놓고 보면 르네 지라르는 분명 경탄의 대상이다. 문학연구자로 출발해 인류의 기원 같은 근원적인 문제에 대해서 독보적인 이론을 내놓은 경우는 세계 지성사에서도 희귀하다. 지라르는 예외적 존재다. 이것은 그가 지내온 독특한 상황에 크게 힘입은 것으

로 보인다. 그는 프랑스에서 태어나 파리 고문서 학교를 졸업했다. 하지만 박사학위는 미국에서 땄다. 인디애나 대학에서 역사학 박사학위를 취득하고 나서 줄곧 미국의 대학에 머물렀다.

지라르는 그가 혐오하는 파리의 천박성을 떠나 출판업자의 등쌀로부터 자유로운 곳에서 사색과 집필에 몰두할 수 있었다. 이런 독특한 이력으로 그는 문화 중개자의 중책을 떠맡기도 했다. 그는 "프랑스에 미국문화를 소개하고, 미국에 프랑스의 새로운 흐름들을 소개"하는 데 크게 기여했다.

지라르의 출발점은 문학 연구다. 우리에게 역시 그는 문학이론가로 먼저 알려졌다. 소설론 교과서들도 그의 이론을 비중 있게 다루고 있다. 조남현의『소설원론』(고려원, 1980)에서 지라르는 뤼시엥 골드만, 미셀 제라파 등과 함께 새로운 소설이론을 펼친 사람으로 거명된다. 그래서인지 국내에 처음으로 소개된 지라르의 저서는『소설의 이론』(삼영사, 1977)이라는 제목이 붙었다. 이 책의 원제는『낭만적 거짓과 소설적 진실』이다.

이 책에서 지라르는 유럽문학이 배출한 위대한 작가 다섯 명의 작품을 집중 검토한다. 세르반테스·도스토옙스키·스탕달·플로베르·프루스트가 그들로 지라르는 다섯 대가의 작품에 나오는 작중인물의 분석을 통해 인간사회의 본질을 구명했다. "인간은 자기 스스로를 통해 욕망을 가질 수 없다. 욕망의 대상은 제삼자에 의해 제시되어야 한다." 욕망의 주체, 중개자, 욕망의 대상으로 이뤄진 이른바 '욕망의 삼각형 모델'은 숱한 문학 논문의 전거가 되었다. 뿐만 아니라 현대 자본주의의 여러 현상을 설명하는 데도 요긴한 분석틀이다.

『소설의 이론』은 12장으로 구성된 원서 가운데 8장을 옮긴 것이다.『낭만적 거짓과 소설적 진실』이 우리말로 옮겨지면서 개명된 데에는 그럴 만한 이유가 있다. 뤼시엥 골드만은 지라르의 '소설론'을 루카치의 '소설론'과 함께 소설분석의 새 지평을 연 노작으로 평가

한다. 게다가 지라르는 루카치의 관점을 계승했다. 여기에다 40여 년 앞서 출간된 루카치 책의 국내 번역이 오히려 10년 가까이 늦어진 것도 지라르의 『소설의 이론』이 나오게 된 하나의 배경이다. 두 개의 『소설의 이론』은 한국어판으로나마 같은 제목으로 돈독한 유대감을 과시하고 있는 셈이다.

『낭만적 거짓과 소설적 진실』(한길사, 2001)은 완역판이다. 이 책의 머리글 「르네 지라르의 삼각형의 욕망」에서 김치수 교수(이화여대 불문학)는 "지라르의 『낭만적 거짓과 소설적 진실』은 오늘날 우리의 욕망의 체계를 소설 주인공의 욕망의 체계에서 발견하여 우리가 살고 있는 사회의 특성을 제시한 명저"라고 평가했다.

지라르에 의하면, 태초에는 희생제의가 있었다. 그는 『폭력과 성스러움』(민음사, 1993)에다 자신의 희생제의 가설을 아주 촘촘하게 짜놓았다. 얼마나 촘촘한지 "나는 조금도 체계적이지 않다"는 말이 무색할 정도다. 그러면 지라르의 가설을 더듬어 보기로 하자. 희생제의는 폭력의 예방수단이다. 본질상 폭력은 또 다른 폭력인 복수를 낳기 마련. 고대 그리스에서는 복수와 정의가 같은 어휘였다는 점을 상기하자. 그러므로 사회를 지탱하려면 폭력의 순환을 용납해서는 안 된다.

희생제의는 인류가 연쇄적 복수를 피하기 위해 고안한 첫 번째 장치로 예방조치에 속한다. 두 번째가 타협이나 결투재판 같은 복수의 규제와 정리이고, 세 번째는 현대의 재판제도다. 희생제의의 기능은 폭력을 순화시키는 것이다. 곧, 폭력을 속여서 복수 받을 위험이 없는 희생물에게 가하는 것이다. 이때 희생물은 성스러운 존재로 부각되기도 한다. 따라서 지라르는 "성스러움의 진짜 핵심과 감추어진 본체를 이루고 있는 것은 폭력"이라고 언명한다. 『희생양』(민음사, 1998)은 신화와 설화의 분석을 통해 희생제의 이론을 더욱 정교하게 개진한 책이다. 수많은 문화인류학자를 제치고, 일개 문학평론가에 지나지 않는 지라르가 폭력의 근원적 성격을 발견한 것은 의외다. 역설적이게도 그것은 지라르가 문학평론가여서 가능했다. 지라르의 힘의 원천은 다름 아닌 텍스트다. 특히 신약성서 때문에 그는 기독교의 헤겔이라 불리기도 한다. 지라르 문장의 행간에는 '나는 읽는데 너희는 왜 못 읽느냐'는 '뻐김'이 깔려 있다. 이런 이유로 파시스트적이라는 비난을 듣기도 한다. 그렇지만 텍스트의 꼼꼼한 분석을 토대로 형성된 지라르의 논리는 폭력에 대한 노출이 심한 우리 사회가 취할 점이 많다.

『폭력과 성스러움』의 「역자 해제」에는 "고마움이 흐르는 물이라면 둑을 막아 시선 끝간 데까지 호수를 보여주고 싶다"는 스승의 말을 곱씹는 대목이 나온다. 이 대목은 스승에 의해서 분명하게 표현된 바 있다. 『르네 지라르 혹은 폭력의 구조』(나남출판, 1987)의 「감사의 말」을 통해. "고마움이 흐르는 물이라면 막아 큰 저수지를 보여주고 싶다."

그 스승은 문학평론가 김현이다. 김현은 광주학살을 가져온 사회적 폭력의 근원을 해명하기 위해 지라르에게 관심을 기울였다. 김현의 '지라르론'은 분량은 비록 짧지만, 지라르의 모든 것을 보여주는 탁월한 개설서다. '지라르론'은 원래 제목의 앞쪽을 자른 「폭력의 구조」라는 이름으로 푸코 연구서인 「시칠리아의 암소」와 함께 '김현 전집·10'(문학과지성사, 1992)에도 포함되어 있다. 그렇지만 나남판의 효력은 여전하다. 전집판이 제목을 자른 만큼 김현의 글이 아닌 내용 일부는 게재하지 않았기 때문이다. 지라르의 문학연구자로서의 탁월한 역량을 보여주는 '도스토예프스키론'과 '카뮈론'은 지금껏 나남판을 통해서만 읽을 수 있다.

르네 지라르의 책

그를 통해 스캔들이 왔다– 모방적 욕망과 르네 지라르 철학(우리 시대의 고전 19) 김진식 옮김, 문학과지성사, 2007.
문화의 기원 김진식 옮김, 기파랑, 2006.
나는 사탄이 번개처럼 떨어지는 것을 본다 김진식 옮김, 문학과지성사, 2004.

낭만적 거짓과 소설적 진실 김치수·송의경 옮김, 한길사, 2001.
소설의 이론 김윤식 옮김, 삼영사, 1977.
희생양(현대사상의 모험 19) 김진식 옮김, 민음사, 2007.
희생양 김진식 옮김, 민음사, 1998.
폭력과 성스러움 김진식·박무호 옮김, 민음사, 1993.

르네 지라르에 관한 책

르네 지라르– 욕망, 폭력, 구원의 인류학(e시대의 절대사상 032) 김모세 지음, 살림출판사, 2008.
르네 지라르에 의지한 경제논리 비판 김진식 지음, 울산대학교출판부, 2005.
르네 지라르 혹은 폭력의 구조 김현 지음, 나남출판, 1987.
폭력의 구조/시칠리아의 암소〈김현 전집10〉 문학과지성사, 1992.

리영희
李泳禧
1929-2010

가시밭길의 역정歷程, 항심恒心, 그리고 대화

'메트르 드 팡세'

"1980년 5월, 광주 시민들을 전두환정권이 대량 학살했던 이른바 '광주사태'로 내가 투옥됐을 때, 〈르몽드〉동경 특파원 퐁스 기자가 한국 사태 긴급취재를 와서 〈르몽드〉의 파리발 첫 보도에 나를 '메트르 드 팡세'(사상의 큰 은사)라고 썼어요. 한국 지식인과 대학생의 사상의 은사인 리영희가 잡혀갔다고요."『대화』

리영희의 생애는 시련의 연속이었다. 그는 다니던 언론사에서 두 번 쫓겨나고, 재직 중인 대학에서도 두 번 해직되었다. 모두 당국의 강압에 따른 강제적인 조치였다. 뿐만 아니라 옥고를 다섯 번이나 치르며 3년여를 감옥에 갇혀 있었다. 눈 한번 질끈 감으면 등 따시고 배부르게 잘 지냈을 텐데 그는 왜 그런 고통을 감내할 수밖에 없었을까?

"난 박정희정권 말기와 특히 1980년의 전두환 집단의 광주 대학살이 있었던 그 시기에는 수사학적으로

하는 얘기가 아니라, 생리적으로 숨을 쉴 수가 없고 질식할 것만 같았어. 그리고 심리적으로나 정신적으로는 오늘보다 더 암담해질 내일을 견디어야 할 절망적 상태를 생각하면서, 스스로 삶을 마감해야 하는가 하는 그런 중압감에 시달렸어요."『대화』

고등학생이던 1980년대 중반 텔레비전 뉴스에서 그를 보았다. 그는 '뻘쭘하게' 앞으론 말을 가려서 해야겠다는 취지로 이야기하였다. 그것은 1984년 '기독교 사회문제연구소'가 주관한 '각급학교 교과서 반통일적 내용 시정연구회' 지도사건으로 반공법 위반 혐의를 받아 구속·기소되었다가 두 달 만에 풀려나면서 한 말이었다. 텔레비전 뉴스의 짧은 인터뷰를 통해 나는 리영희와 간접적인 첫 대면을 하였다. 이어 그의 책읽기가 시작되었다.

『전환시대의 논리』에서 『스핑크스의 코』까지

리영희는 다작의 저자다. 연구서 『리영희: 살아있는 신화』(나남출판, 2003)에서 김만수가 정리한 "리영희의 이름으로 출간된 책"의 목록은 모두 19권이다. 여기에는 편역서와 공·편저서가 일부 포함됐으나, 2005년 출간된 『대화』(한길사)는 빠져 있다. 19권 가운데 단독저서는 아홉 권이고, 개인선집에 해당하는 책이 세 권이다. 필자는 전작前作에 실렸던 베트남 관련 논문을 모은 『베트남전쟁』(두레, 1985)을 개인선집으로 분류한다.

김만수의 표현대로 "리영희는 대기만성형이다." 리영희는 45세에 첫 책을 펴낸다. 40대 중반은 지금도 그러하지만 한 세대 전 대개의 저자나 연구자에겐 집필과 연구 의욕이 정점에 이르렀거나 한풀 꺾일 무렵이다. 하지만 그때부터 리영희는 수천 쪽에 달하는 책을 쓴다. 김만수가 셈한 "19권의 전체 쪽수는 7015쪽이다."

전환시대의 논리 필자는 비교적 출간 순서대로 리영희 선생의 저서를 읽었다. 20년 전 집 안에 굴러다닌, 형들

이 보던 『전환시대의 논리』(창작과비평사, 1974)를 무심코 읽고 충격을 받았다. 책의 내용은 출간 당시만 해도 아무도 이야기하지 않은, 어느 책에서도 볼 수 없는 것이었다. 맨 앞에 놓인 「강요된 권위와 언론자유— 베트남전쟁을 중심으로」부터 그랬다.

이 글은 〈뉴욕타임스〉의 베트남 정책과 관련한 미국 정부의 비밀문서 폭로보도를 다룬다. 리영희는 〈뉴욕타임스〉의 용기를 교훈 삼아 당시 우리 언론의 암담한 현실을 일깨우려 했다. "운명을 같이 할 수밖에 없는 한 사회의 대중이 오도된 사고방식이나 정세판단을 하고 있을 때 그것을 깨우쳐야 하는 것은 언론과 지식인의 최고의 책임이자 의무이다."

또한 민주정치에서 진실과 비판의 중요성을 강조했다. "진실이 알려지는 것을 두려워하는 사회체제나 정부는 반드시 비판에 견딜 수 없는 체제와 정부이다. 그러기에 비판을 봉쇄한다. 비판이 허용되지 않는 사회는 개선과 향상이 없고 그 결과는 더한층의 타락이며, 타락한 제도를 유지하려는 지배세력은 탄압에 호소하는 악순환 속에 침체할 수밖에 없다."

반지성적인 매카시즘에 대한 통렬한 비판은 어엿눈뜰 무렵의 필자에게 진한 감동을 주었다. "민주주의 자체가 '적극적 개념'이며 창조적 상상력이다. 반공주의란 부정否定개념이며 그것 자체로서 소모적이며 파괴적 이데올로기라는 것이다." 1971년 발표한 이 글에서 리영희는 미국 사회의 "학문과 사상과 양심의 자유를 반공이라는 틀 속에 집어넣으려는 공포정치의 책임"을 당시 대통령 닉슨에게도 지운다.

리영희 선생이 인용한, 미국에서 '빨갱이 사냥'이 절정에 달했을 때, 라넷트 핸드라는 판사의 경고는 갓 스무 살이 된 필자에게 특히 인상적이었다. "시민이 그 이웃을 적이나 간첩이라는 생각으로 살피도록 명령될 때 그 사회는 벌써 분해의 과정을 걷고 있다." 우리 사회도 그렇게 여러 갈래로 갈기갈기 찢어지고 있었던 것이다.

〈여성동아〉(1973. 7)에 실렸던 「외화와 일본인」은 1970년대 일본인을 상대로 하는 매춘관광을 언급한다. 얼마 전 정부가 "외국인과 잠자리를 같이 하는 여성들에게 통행금지 시간을 면제했다는 기사를 읽은 기억"이 이야기의 실마리다. 평범한 여성지에 이런 글이 실렸다는 사실이 놀랍지만, 예의 독자의 둔한 현실감을 일깨운다.

"이런 생각을 하다 보니 정부나 국가가 그 여성국민에게 통행금지면책특권을 주면서까지 외국인 사나이들을 끌어들이는 정책은, 딸을 바치고 그 대가로 부자가 되는 아비와 얼마나 도덕적 차이가 있는지 잘 모르겠다. 그 돈으로 국민이 얼마나 부해지며, 국가가 얼마나 경제발전을 이룩할 수 있는지도 모를 일이다. 사회와 국민의 도덕적 타락, 비인간화를 돈벌이의 수단으로 삼지 않고서는 경제발전을 못한다는 말일까. 그렇게 해서까지 외국인을 끌어들이고 외화를 벌어야 하는 것일까."

우상과 이성 『전환시대의 논리』에 실린 베트남 전쟁을 다룬 논문 두 편은 왜곡된 그 전쟁의 실체를 분명하게 밝혀주었다. 『우상과 이성』(한길사, 1977)에도 베트남 전쟁 관련 논문이 세 편 실려 있다. '30년 베트남전쟁의 전개와 종결'을 부제로 하는 『베트남전쟁』(두레, 1985)은 이 다섯 편의 글을 담은 책이다. 『우상과 이성』은 리영희 대표저서 중 하나다. 초판 서문의 한 대목은 저자의 집필동기와 의도를 함축한다.

"나의 글을 쓰는 유일한 목적은 진실을 추구하는 오직 그것에서 시작되고 그것에서 그친다. 진실은 한 사람의 소유물일 수 없고 이웃과 나눠져야 할 생명인 까닭에 그것을 알리기 위해서는 글을 써야 했다. 그것은 우상에 도전하는 이성의 행위이다. 그것은 언제나, 어디서나 고통을 무릅써야 했다. 지금까지도 그렇고 영원히 그러리라고 생각한다. 그러나 그 괴로움 없이 인간의 해방과 발전, 사회의 진보는 있을 수 없다."

『우상과 이성』은 1970년대의 대표적인 금서다. 제5평론집 『역설의 변증— 통일과 전후세대와 나』(두레, 1987)에 수록된 「『우상과 이성』 일대기」에 따르면, 이 책의 초판은 수명이 아주 짧았다. "『우상과 이성』은 정사생丁巳生이다. 1977년의 해가 저물어가는 11월 1일을 생일로 하여 세상에 태어나, 11월 23일 사형선고를 받은 단명하고도 단명한 인생을 살았다. 그러나 그 짧은 인생에는 백년의 인생에 해당하는 많은 사연이 얽혀 있다."

저자에게 큰 고초를 안긴 것은 그 사연의 하나다. 리영희는 1977년 12월 이 책이 『전환시대의 논리』, 편역서 『8억인과의 대화』(창작과비평사, 1977) 등과 한데 엮어 반공법 위반으로 구속 기소되어 징역 2년형을 선고받고 1980년 1월 만기 출소한다.

새는 '좌·우'의 날개로 난다와 스핑크스의 코 "새는 '좌·우'의 날개로 난다"는 말은 1990년대 중후반 우리 사회의 화두 가운데 하나였다. 『전환시대의 논리』 그후'를 부제로 하는 『새는 '좌·우'의 날개로 난다』(두레, 1994)의 표제 글은, 적어도 우리나라에서는 이 말의 최초 발설자인 미국의 인권운동가 제시 잭슨 목사가 아니라 리영희 선생에게 '2차 저작권'을 갖게 하였다.

인류가 수천 년, 수만 년에 걸쳐 창조한 지식과 축적한 경험은 정치나 이념적으로 말해도 '극좌'에서 '극우'까지 다양하고 무쌍하다. 그리고 그 사이는 끝없이 풍부하다. '우'의 극단에 서면 우주의 모든 것이 '좌'로 보이게 마련이다. 조금 거리가 멀면 모든 것이 '극좌'로 보일 수밖에 없다. '좌'도 그 극에 서서 보면 모든 것이 '우'로 보일 수밖에 없지 않겠는가? '극'의 병리학이다.

『스핑크스의 코』(까치, 1998)에서는 지금 남아 있는 고대 이집트의 수많은 신들과 왕과 왕비의 석상, 그리고 스핑크스에 이르기까지 한결같이 코가 뭉개진 사연이 가슴을 친다. "중세에 이집트를 점령한 기독교인들이 자신들보다 우월한 문명을 창조했던 이교도 우상들의 생명의 원천인 '숨(호흡)'을 끊어버리기 위해서 석상들의 코를 모조리 깨버리고, 얼굴까지 뭉개버렸다는 것이다." 다른 문화와의 공존을 용납하지 않는 반달리즘의 원조가 서유럽 기독교인이라는 얘기다.

『반세기의 신화』, 진실 드러내기의 '항심恒心'

필자는 리영희 교수의 '팬'이다. 리영희 교수의 저서는 『80년대의 국제정세와 한반도』(동광출판사) 말고는 모두 갖고 있다. 그런데 1999년 출간된 리영희 교수의 가장 최근 저서인 『동굴 속의 독백』(나남출판)을 살까말까 망설이고 있는 중이다. 그 이유는 『동굴 속의 독백』이 '선집'이기 때문이다. 한편 이 책은 각별한 의미를 지니고 있는데, 1999년 고희를 맞이한 리영희 교수에게 후학들이 헌정한 기념문집이기도 하다.

『반세기의 신화』(삼인)는 『동굴 속의 독백』보다 한 계절 앞서 출간된 리영희 교수의 근작 평론집이다. 더러 예전의 글이 수록돼 있기도 하지만 리영희 교수의 최근 생각이 담겨 있는 책이다. 내용은 '휴전선 남·북에는 천사도 악마도 없다'라는 부제가 시사하듯이 남북 문제를 집중적으로 검토하고 있다.

내용면에서는 『분단을 넘어서』(한길사, 1984)의 연장선상에 있는 것으로 파악할 수도 있으나, 리영희 교수의 모든 저작을 관류하는 일관된 주제의식이 분명하게 드러나 있는 까닭에 이 책 역시 또 하나의 『전환시대의 논리』로 보는 것이 합당하다. 그것은 『반세기의 신화』가 "민족분단 이후 반세기가 넘도록 남북문제에 관해서 우리들이 '진실'일 것으로 믿어왔던 온갖 '거짓'들의 정체를" 밝히는 데 진력하고 있어서다.

리영희 교수의 진실 드러내기는 실증적인 자료와 그

것에 대한 엄밀한 해석을 통해 이뤄진다. 남북문제 또한 여기에서 예외가 될 수는 없다. 2005년 여름 서해 연평도 앞바다에서 발생한 남·북한 해군 사이의 무력 충돌과 관련한 글만 해도 그렇다. 이 「'북방한계선'은 합법적 군사분계선인가?」는 '정전협정문'과 '미국 정부의 극비문서' 등의 분석을 토대로 다시 한 번 우리를 미망의 세계로부터 구출하고 있다.

10여 년 전 발표된 「대한민국은 한반도의 '유일 합법 정부'가 아니다」라는 글도 이와 같은 맥락으로 읽힌다. 그런데도 예나 지금이나 남한의 극우 반공주의 세력과 개인은 '닭똥'을 '무릇'이라 우기고 있으니, 이를 어찌 할꼬.

(위 글은 국제민주연대가 펴낸 인권과 평화이야기 〈사람이 사람에게〉 2000년 1·2 창간호에 실린 『반세기의 신화』를 다룬 리뷰의 일부다.)

리영희 선집과 리영희론

『동굴 속의 독백』은 리영희의 "30년에 걸친 글 중에서 비교적 부드럽고 짧은, 그리고 가볍고 일상적인, 그런 유형과 주제와 내용의 글들을 대강 추려 모"은 선집이다. 또한 이 고희기념 선집은 글쓰기에서 선생의 엄밀함을 엿보게 한다. 다음은 『리영희: 살아있는 신화』에서 김만수의 지적이다.

"두 개의 새 글을 제외하면 『독백』의 글은 모두 이전 책에 실린 글을 재수록한 것이다. 그런데 글을 서로 비교해보면, 글자 하나 다르지 않고 똑같은 경우는 극히 드물다. 표현과 서술을 정확하고 분명하게 하기 위해 고친 흔적이 거의 대부분의 글에 보인다. 『독백』의 출판을 위해 리영희가 글을 읽고 일일이 다시 교정을 했다는 말이다."

'범우문고' 101번째인 『인간만사 새옹지마』(범우사, 1991)는 리영희의 산문선집이다. 이 책은 비록 분량은 적어도 문학성 짙은 문체를 만끽하게 한다. 물론 더욱 돋보이는 것은 꼿꼿한 주제의식이다. 「언제부터인지, 어째서인지」에서 그는 우리 사회에서 질서와 안정의 착종된 의미를 따진다.

'높은 사람'이나 '돈을 많이 가진 사람'들은 그런 것이 사회의 질서가 아니라 다만 시민이 현존 질서나 체제에 반대하지 않고 비판하지 않는 것을 '질서 있는 사회'라고 부른다. 학생이 길에 나와 데모를 하지 않는 사회, 노동자가 하루 몇 푼의 임금을 받고 상당액을 자본주에게 빼앗겨도 파업을 하지 않거나 꿈쩍 말고 12시간을 일한 뒤에 주는 대로 아무 말 없이 받아가지고 돌아가는 그런 사회를 '안정된' 사회로 보는 것 같다.

리영희가 말하는 '질서 있는 사회'는 "소박한 생각의 대다수 시민이 옳다고 생각하는 것이 옳은 것으로 통하고, 옳지 않다고 생각하는 것이 옳지 않은 것으로 여겨지는 사회"다. 또 "안정된 사회 또는 질서 있는 사회라는 것은, 그리고 어떤 내용이건 체제라고 말할 수 있는 이념과 생존의 유기적 원리를 갖춘 사회라는 것은 국가권력의 작용이 적을수록 건강한 것이다."

김만수의 『리영희: 살아있는 신화』는 선생에 대한 사상적 평전이다. 이 책에서 김만수는 리영희를 '실천하는 지식인'으로 본다. "리영희는 글로 진실을 밝혔고 평생 그 진실대로 실천하였다." 그런데 리영희에 대한 평가는 그가 '동시대적 인물'인데다 '시대의 양심'과 '의식화의 원흉'으로 엇갈리는 세간의 인식 탓에 조심스럽고 어려움이 따른다. "이 평전은 실천하는 지식인의 삶을 전면적으로 평가하여 그러한 어려움을 정면으로 돌파하려는 시도다."

강준만 편저 『한국 현대사의 길잡이, 리영희』(개마고원, 2004)는 "리영희라는 창을 통해 한국 현대사의 큰 줄거리들을 보게" 하는 책이다. 강준만은 말한다. "리영희만큼 해방 이후 한국 현대사의 큰 사건들을 그 누구보다 더 직접적으로 광범위하고 치열하게 겪은 사람이 또 있을까 하는 것이다. 그의 글은 곧 실천이었기에 그는 누구보다 더 넓은 행동반경에서 살아왔다. 리영희의 삶이 곧 한국 현대사라고 해도 과언이 아닐 정도였다."

고난의 『역정』과 『대화』

리영희의 『역정』(창작과비평사, 1988)은 아주 뛰어난 자서전이다. 이 책의 아쉬움은 선생의 반생을 담았다는 점뿐이다. 문학평론가 임헌영과 나눈 대담을 통해 그의 생애와 사상을 집대성한 『대화』(한길사, 2005)는 "대화 형식으로 서술한 인생의 회고록 또는 자서전이다."『역정』과 겹치는 내용이 없지 않지만 흠은 되지 않는다.

식민지 시대의 나쁜 유산을 고스란히 물려받은 신생 독립국 군과 경찰의 태생적 한계를 짚은 대목은 아직도 뼈에 사무친다. 육십갑자가 지났어도 그 유산이 우리의 현실을 옥죄고 있는 듯하여. 그래서일까. 아래와 같은 '증언'과 '성찰'이 더욱 설득력 있게 다가오는 것은.

"한마디로 정신을 차릴 수 없는 혼란의 극치와 폭력이 난무하는 약육강식의 사회였지. 인간의 행동과 생존양식에서 모든 부정적인 측면이 노출된 것이 해방 직후의 남한 사회였어. 그때의 남한 사회는 오직 폭력, 무질서, 범죄, 사기, 약탈, 부정, 타락이 아무런 절제도 없이 난무하고, 힘없는 자는 어디 가서 하소연할 곳도 없는, 그야말로 반인간적인 사회였지."

"해방 후 남북한 사정의 이런 대조는 한국의 반공주의적·우익적 개인 또는 세력이 무슨 말을 해도 부인할 수 없는 엄연한 사실이지. 남한 사람들은 싫건 좋건 이 사실에서 교훈을 얻으려고 해야지, 기분 나쁘다고 배격만 해서는 영영 발전할 수 없어요."

"한국사회에서 광적인 반공주의자나 극우적 사고방식을 지닌 이해관계의 집단들이 6·25전쟁이 끝난 지 50년이 지난 오늘까지도, 북한과의 전쟁 내지 군사적 대립을 국가와 국민의 상시적인 삶의 기본정신으로 고수하고 강조하는 것을 우리는 보고 있습니다. 이런 개인과 이런 사상의 집단들이야말로 우리 남한사회와 국민들의 염원을 배반하는 자들일 뿐만 아니라 전 인류의 평화와 복지를 파괴하는 세력인 것을 알 수 있지 않아요?"

군 제대 열흘째 되는 날 리영희 선생을 청중의 일원으로 직접 뵐 기회가 있었다. 필자는 그를 직접 대면한 소감을 독서수첩에 이렇게 적었다.

"사상의 은사, 국보적 자산이라는 평가가 하나도 아깝지 않다. 『전환시대의 논리』『우상과 이성』『역정』『역설의 변증』에 이어 다섯 번째로 이영희 선생님의 저서(『자유인, 자유인』)를 독파했다. 먼저 선생님의 이야기를 직접 들은 감흥을 적어 보자. 지난 토요일(10. 13) 90 서울도서전이 열리는 올림픽 공원 내의 제1체육관을 찾았다. 저자와의 대화라는 프로그램에 선생님이 나온다는 광고를 보고서였다.

책을 통해서 접한 선생님의 성품으로 (미뤄봤을 때) 이런 자리는 의외라고 생각했는데 그 궁금증은 이내 풀렸다. 인기작가가 스스로 추천한 자신의 책이라는 코너(임)에도 자신은 연예인적 지식인은 아니시라며 인기 앞에 反자를 크게 써놓으셨다. 아까 소설가 고원정 씨의 자리 때보다는 많은 사람이 모였다. 선생님과의 '뜨거운 만남'을 위해 멀리서 온 나 같은 사람이 많은가 보다.

선생님의 첫마디는 이런 자리라면 여러분께는 미안하지만 이 자리에 나타나지 않을 거라는 말씀이셨다. 모든 책임은 출판사 측에 있었지만, 나처럼 선생님을 존경하고도 직접 만나 뵐 수 없었던 이들에게는 좋은 기회다. 다음 프로그램이 마련되어 있지 않았으면 밤을 밝힐 만큼 진지하고 좋은 자리였다. 주최 측의 무례함도 잊으신 듯 소란스런 장내 분위기에(도) 불구하고 질문마다 성의 있게 대답해주셨다.

(대부분의 내용은) 책을 통해서 익히 알았던 것들인데 다음의 두 가지는 말을 통해 들어서 (그런지) 더욱 쉽게 이해가 가고 공감이 되었다. 뚜렷이 기억에 새기기로 (한다). 첫째가 'Simple Life, High Thinking'(이)라는 생활신조다. 단순한 생활에 고차원적인 생각쯤 될까. 선생님의 소지품을 다 내보이시면서 강직한 성품의 일면을 보여주셨다. 지하철의 정기승차권이 인상적이었다. 이렇다 할 물건이 집에는 없지만 책만은 예외라 하셨다.

둘째, 통일이라는 추상적인 목표에 매달릴 것이 아니라 그것에 이르는 구체적인 방법을 강구하라셨다. 즉 최대의 장애물인 군사적인 문제의 해결. '역시' 한 위대한 인간과의 만남이었다."

영국의 속담에 'A man's ability to stand noise is in the reverse proportion to one's intelligence'말이 있어요. '소음을 참을 수 있는 능력은 그 사람의 지적 (정신적) 수준과 반비례한다'는 뜻이지요. 소리와 몸짓의 광란, 이런 것은 교양·이성·지성 측면의 결핍을 뜻한다는 말이오. 물론 영국 상층 지식인들의 인간관에서 나온 말이라고 할 수 있겠지만, 하여튼 목적이 뚜렷한 사회적 의사표시이거나 사회정의를 위해 다른 방법이 없는 약자들의 생존의 외침이 아닌, 평상 상황이나 일반 문화적 표현으로서는, 그것이 연극이건 음악이건 길가의 장사이건 학교의 행사이건, 나는 시끄러운 것은 못 견딥니다. 그래서 소란스러운 곳을 피하지요.

(『대화』)

리영희의 책

전환시대의 논리 창작과비평사, 1974.
8억인과의 대화 창작과비평사, 1977. 편역서
우상과 이성 한길사, 1977.
중국백서 전예원, 1982. 편역서

10억인의 나라 두레, 1983. 편저서
분단을 넘어서 한길사, 1984.
80년대의 국제정세와 한반도 동광출판사, 1984.
베트남전쟁 두레, 1985. 논문선집
역설의 변증— 통일과 전후세대와 나 두레, 1987.
역정 창작과비평사, 1988. 자서전
반핵 창작과비평사, 1988. 편저서
자유인, 자유인 범우사, 1990.
인간만사 새옹지마 범우사, 1991. 산문선집
새는 '좌·우'의 날개로 난다 두레, 1994.
스핑크스의 코 까치, 1998.
반세기의 신화— 휴전선 남·북에는 천사도 악마도 없다 삼인, 1999.
동굴 속의 독백 나남출판, 1999. 고희기념선집
대화 임헌영 대담, 한길사, 2005. 대담집
21세기 첫 십년의 한국— 우리시대 희망을 찾는 7인의 발언 리영희 외 지음, 철수와영희, 2008.
서대문 형무소— 옮기던 날의 기록 그리고 그 역사(개정증보판) 나명순 공저, 김동현·민경원 사진, 열화당, 2008.
희망— 리영희 산문선 임헌영 엮음, 한길사, 2011.

리영희 저작 전집(한길사, 2006)

전환시대의 논리
우상과 이성
80년대 국제정세와 한반도
분단을 넘어서
역설의 변증
역정
自由人, 자유인
새는 '좌·우'의 날개로 난다
스핑크스의 코
반세기의 신화
대화
21세기 아침의 사색

리영희에 관한 책

리영희: 살아있는 신화 김만수 지음, 나남출판, 2003.
한국 현대사의 길잡이, 리영희 강준만 편저, 개마고원, 2004.
잠든 세상을 글로 깨우다— 실천하는 지성인 리영희 장주식 글, 원혜영 그림, 우리교육, 2006.
리영희 프리즘— 우리 시대의 교양 고병권 외 지음, 사계절, 2010.
리영희 평전— 시대를 밝힌 사상의 은사 김삼웅 지음, 책보세, 2010.

리오 휴버먼
Leo Huberman
1903-1968

미국 역사와 자본주의 발달사를 간파하다

어렸을 때 '삼중당 문고'로 읽은 헤르만 헤세의 「싯다르타」의 일부 내용을 확인하러 동네 도서관에 갔다가 민망한 상황에 직면한 적이 있다. 집 근처 공공도서관은 작은 규모임에도 「싯다르타」가 서너 종이나 있었다. 그런데 이 가운데 두 종의 번역 텍스트가 정확히 일치했다. 어느 한쪽이 다른 쪽을 베꼈다기보다는 두 쪽 모두 표절 혐의가 짙었다. 둘 다 '표준이 되는' 「싯다르타」의 한국어 번역을 통째로 가져온 듯싶었다.

이런 일을 겪어서 그런지 몰라도, 미국을 대표하는 진보 지식인이던 리오 휴버먼의 우리말 표기가 리오 휴버만, 레오 후버만, 레오 휴버맨, 레오 휴버만 등으로 제각각인 것이 차라리 마음 편할 지경이다. 휴버먼은 언론인이자 학자이며 노동운동가로도 활동했다.

한데 거의 한 세대 만에 재출간된 리오 휴버먼의 책들은 이전 번역판과 비슷함이 없지 않다. 먼저 둘 다 『We, the people』을 번역 저본으로 삼은 『가자, 아메리카로!』(비봉출판사, 2001)와 『역사와 민중』(비봉출판사, 1983)을 보자. (『역사와 민중』 번역 초판은 1982년 『미국의 역사와 민중』이라는 제목으로 나온 걸로 보인다. 필자는 1983년판을 갖고 있다.) 20년 사이, 번역서 제목과 번역자는 바뀌었지만 번역문은 그대로다.

달라진 것은 2001년판의 '역자 서문'에서 시대상의 변화를 반영한 것 정도다. "요즘 조기유학 등으로 많은 학생들이 미국으로 유학을 떠나고 있어 미국과 우리는 더욱 가까워지게 됐다. 유학생들과 부모님들, 그리고 많은 다른 이유로 미국인과 미국 사회를 알고 이해할

필요가 있는 분들이라면 필독서로 권하고 싶다." 1983년판의 '역자 후기'는 레흐 바웬사가 이끄는 당시 폴란드 자유노조의 투쟁을 언급한다. "자유와 번영을 위한 인간의 투쟁은 오늘도 내일도 계속된다. 지금 이 순간에도 공산치하에서 자유를 위해 싸우는 폴란드 국민들에 하나님의 도우심이 함께 하시기를 기도한다."

본문은 별 차이 없다. 그렇다면 『가자, 아메리카로!』의 번역은 『역사와 민중』의 번역을 베낀 것인가? 그렇진 않다. 같은 사람의 번역이기 때문이다. 2001년판과 1983년판의 번역자 소개란의 이력을 감안할 때, 박정원과 박숙희는 동일인임이 분명하다. 한 사람의 이름을 다르게 표기한 사연은 알 수 없으나, 1980년대 사회과학서는 당국의 탄압을 피하기 위해 저역자의 이름에 가명을 쓴 경우가 왕왕 있었다.

미국 형성의 역사를 민중적 시각으로 서술한 『가자, 아메리카로!』는 2부로 이뤄져 있다. 1932년 출간된 초판은 미국 이민 초기부터 1930년대 초반의 대공황까지 다뤘는데 제1부가 이에 해당한다. 번역 저본으로 사용된 1947년판은 2차 대전을 아우른 제2부를 추가하였다. 제1부는 미국으로의 이민 행렬과 미국의 영역 확장에 초점을 맞췄다. "미국은 그 시초부터 지상의 모든 사람들을 끌어당기는 자석이었다. 사람들은 지상의 모든 곳으로부터 미국 해안가로" 몰려들었다. 자신의 몸뚱이를 볼모로 이주를 감행한 초창기 이민자의 행태는 브로커의 농간에도 아랑곳없이 우리나라를 찾는 아시아 일부 지역 출신 '산업연수생'의 안타까운 처지를 떠올린다.

미국에 오기를 원했던 대부분의 사람들은 뱃삯을 지불할만한 돈이 없었다. 그래서 그들은 그들이 타고 온 배의 선장에게, 그들의 뱃삯을 대신 갚아 주는 사람이라면 누구에게든지 몇 년의 기간 동안 하인으로 팔리는 데 동의했던 것이다. 신문에는 이러한 사람들의 도

착을 알리는 광고가 자주 실렸다.

그러면 유럽 사람들은 왜 미국으로, 미국으로 몰려들었을까? 종교적 박해와 정치적 탄압을 피하기 위해 미국행을 선택한 이들도 있었지만, 무엇보다 빈곤이 가장 큰 이유였다. "이민온 사람들의 대부분은 굶주렸기 때문에, 보다 많은 빵, 보다 나은 빵에 굶주려 있었기 때문에 왔다." 이민자들은 대체로 유럽의 절대적 빈곤층인 까닭에 미국으로 향하는 긴 항해의 고통을 참아내고, '계약 노예노동자'의 신분을 기꺼이 받아들였다.

그런데 "백인들이 항해 중에 겪었던 고생들은 흑인들이 당해야 했던 참혹함에 비하면 아무것도 아니었다." 아무튼 초기 이민들의 생활은 참으로 힘겨웠다고 한다. 이주민들의 정착은 지리적 여건의 제한을 받았는데 이것은 남북전쟁의 도화선이 되기도 하였다. "지리적 환경이 서로 상반되는 사고방식을 형성하는 데 큰 역할을 했다는 것은 명백한 일이다."

한편 미국인들이 "그들에게 유익하지 않은 법들을 아직도 계속 무시"하는 것은 식민지 시대부터 이어져온 "미국의 전통적인 관습이다." 영국 의회가 제정한 "무역법들 중 어떤 것들은 식민지 주민들에게 유리하게 돼 있었다. 어떤 무역법들은 그들에게 손해를 가져왔다. 그들은 손해를 가져오는 법들은 부분적으로 지키거나 아니면 아예 무시해 버렸다."

리오 휴버먼은 다른 나라 사람에게 뒤죽박죽으로 보이고, 환상을 심어주는(특히 우리에게) 미국 헌법 제정에 얽힌 이야기를 통해 그것의 실체를 드러내고 올바른 이해를 돕는다. "새로운 헌법은 재산이 있는 사람들에게 모든 점에서 유리하게 되어 있었다." '헌법 회의'라 불리는 필라델피아 회의에 참가한 각주 대표들은 한 가지 점에서는 의견의 일치를 보았는데, 그것은 "재산이 별로 없거나 전혀 없는 사람들이, 너무 많은 힘을 갖게 해서는 절대로 안 된다는 것이었다." 따라서 3권 분

립의 틀 "안에서 민중이 세력을 완전하게 장악하게 될 수 있는 위험은 극히 적었다."

필자가 갖고 있는 『Man's Worldly Goods— The Story of the Wealth of Nations』의 한국어판은 모두 3종이다. 인터넷으로 검색한 『노동의 역사— 자본주의의 역사』(현장문학사, 1989)가 이 책의 축약 번역판일 가능성이 없지 않으나 제목만으로는 섣불리 단정하기 어렵다. 아무튼 필자가 갖고 있는 『Man's Worldly Goods』의 한국어판은 제목이 제각각이다. 『인간과 재화— 레오 휴버만의 국부론』(참한문화사, 1983)은 "인간의 세속의 부— 국부 이야기"로 직역되는 원서의 제목에 가까우나, 『경제사관의 발전구조』(청하, 1982)와 『자본주의 역사 바로 알기』(책벌레, 2000)는 원제와 떨어져 있다. 그런데 원제와 약간 거리를 둔 제목의 두 한국어판에서 번역문이 비슷한 대목이 더러 있다.

①"그러나 상업의 관점에서 보면 십자군의 결과는 엄청나게 중요했다. 십자군은 기도하는 사람들, 싸우는 사람들, 일하는 사람들, 그리고 성장하는 상인 계급을 유럽 대륙 전역에 퍼지게 함으로써 침체된 서유럽 봉건제에 활기를 불어넣었다. 십자군은 해외 상품에 대한 수요를 증가시켰다. 십자군은 지중해 항로를 이슬람교도들에게서 빼앗았고, 이것을 다시 고대에 그랬던 것처럼 동방과 서방 사이의 중요한 무역 항로로 만들었다."

②"그렇지만 상업적 관점에서는 십자군 전쟁의 결과가 굉장히 중요하였다. 십자군 전쟁은 기도하는 사람들, 전투하는 사람들, 노동하는 사람들 및 성장하는 상인의 계급을 온 대륙에 퍼뜨림으로써 서부 유럽이 봉건적 수면에서 깨어나는 것을 도왔다. 십자군은 외국 상품에 대한 수요를 증가시켰다. 십자군은 지중해 항로를 이슬람교도의 수중에서 빼앗고, 그것을 다시 한 번 고대 시대에서와 같이, 동방과 서방 사이의 대 통상

항로로 만들었다.

③"교역의 관점에서 볼 때는 십자군운동의 결과는 매우 중요한 의미를 갖는다. 십자군운동은 유럽대륙 전역에 걸쳐서 성직자, 기사들과 농노들 그리고 성장해 가던 상인계층을 확산시킴으로써 서유럽을 기나긴 봉건적인 잠으로부터 깨어나게 하는 데 중요한 역할을 하였던 것이다. 십자군운동으로 인하여 외국 상품에 대한 수요가 증대되었으며 또한 고대로부터 동서 교역의 중요한 통로가 되어왔던 지중해 연안의 해상로가 다시 활기를 띠게 되었다."

①은 책벌레 판이고 ②는 청하 판이며 ③은 참한문화사 판이다. 번역이 엇비슷한 대목을 한 군데 더 보기로 하자. 마찬가지로 ①은 책벌레 판이고 ②는 청하 판이다.

①"상업은 출발이 좋으면 내리막길을 구르는 눈덩이처럼 성장하기 때문에, 그런 무역 중심지를 발견하는 데는 오랜 시간이 걸리지 않았다. 북방의 상품을 운반하는 상인들은 알프스를 넘어온 남방의 상인들과 샹파뉴 평야에서 만났다. 이 곳의 많은 도시들에서 대규모 정기시가 열렸다. 가장 중요한 정기시가 열린 곳은 라니, 프로뱅, 바르쉬로브, 트루아였다."

②"상업은 출발이 좋으면 언덕을 굴러 내리는 눈덩이처럼 커지는 것이기 때문에, 그러한 상업 중심지가 발견되는 데는 그다지 오랜 시간이 걸리지 않았다. 북방의 물품을 가지고 온 상인들은 남방으로부터 알프스를 넘어온 상인들과 샹파뉴의 평원에서 만났다. 이 지방의 여러 도시에서 거대한 정기시定期市가 열렸는데 가장 중요한 정기시는 라니, 프로뱅, 바르쉬르오브, 그리고 트르와에서 열렸다."

그러면 어째서 18년의 간격이 있는 두 번역문에서 비슷한 문장이 나올까? 그 까닭을 조심스레 추측해본다. 첫째, 우연의 일치다. 둘째, 두 번역문의 모델이 되는 번역 텍스트가 따로 있다. 셋째, 나중 나온 것이 처음 나온 것을 일부 베꼈다. 하지만 이 세 가지 가능성보다는 번역자가 같은 사람이라는 쪽으로 무게가 쏠린다. 옮긴이를 동일인으로 보는 근거는 역자 소개란의 이력은 달라도 옮긴이의 성씨와 출생연도가 같다는 점이다.

『자본주의 역사 바로 알기』는 "두 가지 목적이 있다. 그것은 경제 이론으로 역사를 설명하는 것과 역사로 경제 이론을 설명하는 것이다." 또한 "역사는 변화의 기록"이라는 휴버먼의 역사관을 매개로 하여 봉건 사회에서 1930년대 중반의 파시즘 체제에 이르는 자본주의의 형성과 발달사를 훑는다.

이 책에는 흥미로운 내용이 가득하다. 그 몇을 보면, 교회에서 성직자의 결혼을 금지한 이유 가운데 하나가 "단지 교회의 고위 성직자들이 성직자의 자식들에 대한 상속으로 교회 토지를 잃고 싶어 하지" 않아서였다는 것이다. "사업상의 어떤 거래든지 처벌받지 않는 한 정당하다는 현대의 관념은 중세의 사고에는 없었다"고도 한다.

"요즘의 실업 보험과 노후 연금 비슷한 것을 거의 600년 전에 길드가 조합원에게 제공했다"는 점 또한 흥미롭다. 하지만 길드는 아주 배타적인 조직이었다. "심지어 바젤과 프랑크푸르트에서는 거지들조차도 길드를 결성해 1년에 이틀을 빼고는 외지에서 온 거지가 시내에서 구걸하는 것을 허용하지 않았다!" 경제 조건의 변화는 경제관념의 변화를 가져왔는데, '공정가격'에서 '시장가격'으로의 변화가 그렇거니와, 지리상의 발견은 상업의 흐름을 바꾼 또 하나의 유인이었다. 상업과 무역의 중심이 베네치아와 남부 독일의 도시들에서 대서양 연안으로 옮겨진 것은 '역세권'의 변모에 따른 변화 양상으로 풀이할 수 있다.

경제관련 용어의 말밑과 개념에 대한 쉬운 설명은 여러 모로 유익하다. 휴버먼은 상인과 도시 거주자가 동일인이라는 근거로 12세기 초까지 상인을 뜻하는 '메르카토르mercator'와 도시에 사는 사람을 뜻하는 '부르겐시스burgensis'가 같은 의미로 쓰였다는 점을 든다. "의미심장하게도" 독일어로 '교환하다tauschen'와 '속이다tauschen'는 "어원이 같다." "악화惡貨가 양화良貨를 구축한다"는 격언에서 '양화'는 "실제 가격과 법정 가격의 차가 적은 화폐"이고, '악화'는 "화폐의 재료가 되는 금속의 가격이 법정 가격보다 낮은 화폐"다. '자유방임'이라는 말을 만든 사람은 드 구르네이라는 프랑스 기업가였다. '자유방임'은 "우리를 내버려 둬라"는 뜻이다. "그러니 나를 좀 제발 그냥 놔두시오!"라고 한 「좀머 씨 이야기」의 주인공은 자유방임주의자인가?

휴버먼은 서슴없이 노동자를 적극 편든다. "노동조합은 노동자가 바라는 것, 즉 더 나은 생활수준을 이룩할 수 있는 노동자의 가장 강력한 수단이다." 그러면서 휴버먼은 바이런과 P.B. 셸리 같은 영국의 시인들이 단순히 낭만적이고 서정적이지만은 않았다는 사실을 일깨운다. 셸리는 「영국의 노동자들에게」 시를 바친 전투적 시인이었다.

『자본주의 역사 바로 알기』에서는 다른 책들과 영향을 주고받은 흔적이 묻어난다. 휴버먼 자체로는 첫 저서 『가자, 아메리카로!』의 영향이 읽힌다. '항해 조례'를 다룬 대목이 그렇다. 또 한 권의 'worldly한' 책과는 관계가 더 가까워 보인다. 로버트 하일브로너의 『세속의 철학자들Worldly Philosophers』(이마고)은 『자본주의 역사 바로 알기』의 속편 또는 심화로 봐도 무방하다.

두 권 다 맬서스와 리카도를 함께 언급할 뿐 아니라 마르크스를 비중 있게 다룬다. 아울러 독일의 전설적 금융 가문인 푸거Fugger가에 대해서도 공히 의미를 부여한다. 휴버먼이 야콥 푸거를 논하고, 하일브로너가 안톤 푸거를 거명한 차이는 있지만 말이다. 『세속의 철학자들』역시 장상환 교수가 우리말로 옮겼는데, 번역과 본문 편집이 한결 깔끔하다.

이 밖의 한국어판 리오 휴버먼으로는 마르크스주의 경제학자 폴 스위지와 공저한 『쿠바혁명사』(지양사, 1984), 『노동대중의 등불— 노동조합이란 무엇인가』(여명문화사, 1962), 『사회주의란 무엇인가』(동녘, 1987) 등이 있다. 셋 다 재출간 가능성이 낮지만, 그중에서도 『사회주의란 무엇인가』가 가장 낮을 것 같다.

사회주의는 자유의 시작이다. 사회주의는 인류를 괴롭히는 가장 심한 해악— 임금노예, 빈곤, 사회적 불평등, 불안, 인종차별, 전쟁으로부터 자유로워지는 것이다. 또한 사회주의는 국제적 운동이다. 그 강령 —야만적인 경쟁제도를 문명적인 공동사회로 바꾸고, 개인의 복지가 만인의 복지 속에서 실현되는 우애의 사회를 만드는 것— 은 세계 모든 나라에서 일치한다. 사회주의는 결코 불가능한 꿈이 아니라, 그것은 사회가 진화되는 과정에서 얻어지는 진보의 한 걸음인 것이다.

휴버먼이 말하는 사회주의의 진실이다. 리오 휴버먼은 1949년 폴 스위지와 함께 세계적인 진보 잡지 〈먼슬리 리뷰Monthly Review〉를 창간하여 20년 동안 편집인으로 일했다.

리오 휴버먼의 책

노동대중의 등불— 노동조합이란 무엇인가 여명문화사, 1962.
쿠바혁명사 폴 스위지 공저, 편집부 옮김, 지양사, 1984.
사회주의란 무엇인가 김창수 옮김, 동녘, 1987.
자본주의 역사 바로 알기 장상환 옮김, 책벌레, 2000.
노동의 역사— 자본주의의 역사 문선유 편역, 현장문학사, 1989.
인간과 재화— 레오 휴버먼의 국부론 김대웅 옮김, 참한문화사, 1983.
경제사관의 발전구조 장찬영 옮김, 청하, 1982.
가자, 아메리카로! 박정원 옮김, 비봉출판사, 2005.(초판 2001)
역사와 민중 이경은·박숙희 옮김, 비봉출판사, 1983.
미국의 역사와 민중 이경은·박숙희 옮김, 비봉출판사, 1982.

리처드 도킨스
Richard Dawkins
1941-

유전자 수준에 있어 이타주의는 열세하고 이기주의는 우세하다

전문가가 아닌 사람도 이해하기 쉽게 과학지식을 풀어 설명하는 데 뛰어난 재주가 있다고 평가받는 생물학자 리처드 도킨스의 저서가 번역된 것은 1990년대 전반부의 일이다. 1992년과 93년 『이기적 유전자』가 두 곳의 출판사를 통해 번역된 것을 필두로, 『눈먼 시계공』(민음사, 1994)과 『에덴 밖의 강』(동아출판사, 1995), 이렇게 세 권의 단독저서가 한국어판을 얻었다.

『에덴 밖의 강』의 서문에서 도킨스는 이 책을 쓴 목적 가운데 하나가 '생명을 영위하는 방식'은, 곧 'DNA에 수록된 내용을 미래로 전달하는 방식'과 동의어임을 독자들에게 확신시키는 것이라고 밝혔다. "내가 '강ṝ'이라고 말한 것은 지질시대를 관통해 흘러오면서 가지를 쳐 온 DNA의 강이다. (그러면) 강물이 넘쳐 서로 섞이는 것을 방지하는 가파른 강둑은 무엇일까. 그것은 유전자가 섞이는 것을 제한하는 종種이라는 장벽에 대한 비유이다." 에덴이 가리키는 바에 대해서는 서문에서 이렇다 할 언급이 없으나, 그것이 '창조론'을 지칭하는 것임은 능히 짐작할 수 있다.

『이기적 유전자』가 그때까지 일구어진 동물생물학, 사회생물학의 성과를 입문서 형식으로 소개하면서 도킨스 자신의 독창적인 생각을 가미해 은연중에 진화론을 옹호한 책이라면, 『눈먼 시계공』은 진화론을 노골적으로 옹호한 책이다. 진화론을 옹호한다는 말은 창조론의 공격을 방어한다는 말이다.

『눈먼 시계공』 번역자의 설명이다. 『눈먼 시계공』에서 도킨스는 창조론자들이 진화론을 공격할 때 전가의 보도로 삼는 생명의 기원에 관해서도 정면으로 대응하지만, 도킨스는 제목에서부터 창조론을 반박한다.

이 책의 제목으로 사용한 '시계공'이라는 말은 19세기의 신학자 윌리엄 페얼리의 유명한 논문에서 빌려 온 것이다. 1802년에 출판된 그의 논문 「자연신학 또는 자연현상에서 수립된 신의 존재와 속성에 대한 증거」는 그 동안 가장 잘 알려진 창조론 해설서이며, 신의 존재에 대한 가장 영향력 있는 주장으로 평가되어 왔다.

도킨스는 페얼리의 글을 읽고 자신이 감탄했다는 사실을 굳이 숨기지 않는다. 페얼리의 시대에는 창조론이 진화론을 압도했다는 점도 인정한다. 그러나 확신에 차서 설득력 있게 창조론을 해명하려 했어도, 생명의 수수께끼에 대해 전통적인 종교적 해답을 구했다는 점에서 페얼리의 특별한 설명은, 그것 자체로 한계를 보일 수밖에 없었다고 지적한다.

열성적이고 성실한 페얼리의 주장은 당대 최고 수준의 생물학 지식에 의거하였지만 잘못된 것이었다. 그것도 완전히 틀린 주장이었다. 망원경과 눈을 비교하는 것, 그리고 시계와 생명체를 비교하는 것은 오류이다. 비록 매우 특별한 방법으로 그 과정을 전개하였지만 모든 자연 현상을 창조한 유일한 '시계공'은 맹목적인 물리학적 힘이다.

그리고 도킨스는 실제의 시계공은 앞을 내다볼 수 있어도 생물의 진화를 추동하는 어떤 힘이 자연의 시계공 노릇을 한다면, 그것은 '눈먼' 시계공일 거라고 덧붙인다.

다윈이 발견했고, 현재 우리가 알고 있는 맹목적이고 무의식적이며 자동적인 과정인 자연선택은 확실히 어떤 용도를 위해 만들어진 모든 생명체의 형태와 그들의 존재에 대한 설명이며, 거기에는 미리 계획한 의도 따위는 들어 있지 않다. 그것은 마음도, 마음의 눈도 갖고 있지 않다. 그것은 미래를 내다보며 계획하지 않는다. 전망을 갖고 있지 않으며 통찰력도 없고 전혀 앞을 보지 못한다. 만약 그것이 자연의 시계공 노릇을 한다면, 그것은 '눈먼' 시계공이다.

『눈먼 시계공』의 머리말에서 도킨스는 "책을 쓰는 사람이라면 당연히 자신의 책이 일회적인 충격으로 끝나기보다는 꾸준히 읽혀지길 원한다"는 바람을 피력하고 있다. 하지만 유감스럽게도 한국어판 『눈먼 시계공』과 『에덴 밖의 강』은 일회적 충격조차 거의 주지 못하고 절판되었다. 재출간의 가치가 충분한 두 권이 다시 나오길 바라 마지않는다(『눈먼 시계공』은 2004년 재출간되었다.) 『이기적 유전자』(1993, 을유문화사)가 꾸준히 읽히고 있는 것은 그나마 다행스런 일이다. 게다가 이 책은 절판된 두 권의 공백을 어느 정도 채워주기도 한다. 도킨스의 첫 번째 저서인 『이기적 유전자』는 후속 저서들의 발원지 구실을 하기 때문이다.

이기주의와 이타주의 생물학을 탐구하는 『이기적 유전자』에서 도킨스는 사람을 포함한 모든 동물이 유전자에 의해 창조된 기계에 불과하다고 전제한다. 그런 다음, 성공한 유전자에 기대되는 가장 중요한 특질이 '비정한 이기주의'라는 주제를 논한다. 유전자의 이기성이 이기적인 개체 행동의 원인이 된다는 것이 이 책의 커다란 주제라고 할 수 있다.

또한, 도킨스는 생물 개체의 이타적 행동에 대한 해묵은 오해를 바로잡는다. 생물은 그것이 속한 종이나 집단의 이익을 위해 행위하도록 진화하는 것이 아니라 오로지 유전자의 이익을 위해 진화한다는 것이다. 언뜻 이타적 행동으로 비치는 것도 결국은 유전자와 개체의 이익을 위한 이기적 행동이다. 유전자 수준에서 이기주의가 이타주의에 비해 우세하다 해도 이기적 유전자가 수지타산에만 골몰하진 않는다. "DNA의 진정한 '목적'은 생존하는 것, 그 이상도 그 이하도 아니"기 때문이다.

유전자의 역할을 강조하는 도킨스는 '유전자 결정론자'라는 비판을 듣기도 한다. 또 그의 이기적 유전자론은 인간의 매몰찬 이기주의를 정당화하는 논거가 되기도 한다. 하지만 두 가지 다 도킨스의 본심과는 거리가 있다. 도킨스도 공원에 쓰러져 있는 노인을 보고 그냥 지나쳐선 안 된다고 했다는 것을 어디선가 읽은 기억이 있다. 도킨스가 제시한 '밈meme 이론'은 유전자 결정론의 항체 구실을 한다. 도킨스는 밈의 예로 곡조나 사상, 표어, 의복의 양식, 단지 만드는 법, 또는 아치 건조법 등을 든다. 이러한 밈이 전파되는 원리는 다음과 같다.

유전자가 유전자 풀 내에서 번식하는 데 정자나 난자를 운반체로 하여 몸에서 몸으로 뛰어넘는 것과 같이 밈이 밈 풀 내에서 번식할 때에는 넓은 의미로 모방이라고 할 수 있는 과정을 매개로 하여 뇌에서 뇌로 건너다니는 것이다. 만약 과학자가 좋은 생각을 듣거나 또는 읽거나 하면 그는 동료나 학생에게 그것을 전할 것이다. 그는 논문이나 강연에서도 그것을 언급할 것이다. 이처럼 그 생각을 잘 이해하면 뇌에서 뇌로 퍼져 자기 복제한다고 말할 수 있다.

그러니까 밈은 사회학자 부르디외가 고안한 '아비투스'와 비슷한 속성이 있는 것 같다. 『이기적 유전자』는 이미 현대의 고전이 된 책이다. 이 책을 높게 평가하는 국내외의 평자들은 하나같이 책의 '평이함'에 대해서도 찬사를 아끼지 않는다. 도킨스 또한 "과학 소설처럼 읽어야 한다"고 주문한다. 하지만 이런 말들은 액면 그대로 받아들여선 곤란하다.

이 책의 내용이 결코 쉽지 않기 때문이다. 도킨스가 아무리 생물학에 문외한일지언정 바보는 아닌 독자를 상정하고 그를 위해 배려를 아끼지 않았다 해도 『이기적 유전자』의 독자는 유전자와 진화론에 대한 기초지식을 갖추고 있어야 한다. 여기에다 확률과 게임이론에도 밝아야 한다. 아울러 문학적 감수성도 지니고 있어야 한다.

반복되는 유전자 용어가 다소 지루해질 것을 감안해 도킨스는 비유적 표현을 자주 사용하고 있지만, "간결하고 생생한 표현"을 위해서라는 비유적 표현의 사용 목적이 달성된다기보다는 오히려 이해의 혼란함을 가중시키고 있다. 분절 형태를 취한 본문 구성도 내용의 원활한 전달에 그다지 도움이 되는 것 같진 않다.

『이기적 유전자』는 푸코의 『지식의 고고학』(이 책의 내용 역시 만만치 않다)과 함께 어느 청소년 권장도서 목록에 들어 있기도 하다. 우리나라 고등학생들의 수준을 과소평가하는 것은 결코 아니지만, 컴퓨터 특수문자로 만든 아이콘이 잔뜩 들어 있는 『그놈은 멋있었다』 유의 소설에 열광하는 청소년들이 『이기적 유전자』와 『지식의 고고학』을 읽고 내용을 얼마나 소화할 수 있을지는 의심스럽다.

『이기적 유전자』를 다른 책과 겹쳐 읽는 것도 재미있겠다. 매트 리들리의 『이타적 유전자』(사이언스북스, 2001)는 제목만 봐서는 『이기적 유전자』와 대립항을 이루는 듯하나 사실은 그렇지 않다. '미덕의 기원The Origins of Virtue' 정도로 옮겨지는 원제목이 이를 잘 말해 주거니와 이 책은 외려 『이기적 유전자』를 보완하는 성격이 짙다. "'이기적 유전자' 혁명이 전하는 메시지는 다른 사람의 선의를 무시하고 배척하라는 냉혹한 홉스주의적 명령이 결코 아니다. 사실은 정반대이다. 그것은 결과적으로 이타주의의 입지를 확보해 준다."

독일의 동물행동학자 비투스 B. 드뢰셔의 『휴머니즘의 동물학』(이마고, 2003)은 야생 동물의 사회가 '만인의 만인에 대한 투쟁'의 마당이 결코 아니라고 힘주어 말한다. 적자생존과 약육강식의 원리가 동물들의 세계를 지배하는 것이 아니라 조화와 협력이 동물들의 일반적인 생존 전략이라는 것이다.

리처드 도킨스의 책

지상 최대의 쇼– 진화가 펼쳐낸 경이롭고 찬란한 생명의 역사 김명남 옮김, 김영사, 2009.
무지개를 풀며 최재천·김산하 옮김, 바다출판사, 2008.
만들어진 신– 신은 과연 인간을 창조했는가? 이한음 옮김, 김영사, 2007.
조상 이야기– 생명의 기원을 찾아서 이한음 옮김, 까치, 2005.
악마의 사도– 도킨스가 들려주는 종교, 철학 그리고 과학 이야기 이한음 옮김, 바다출판사, 2005.
확장된 표현형 홍영남 옮김, 을유문화사, 2004.
이기적 유전자(개정판) 홍영남·이상임 옮김, 을유문화사, 2010.
이기적 유전자(30주년 기념판) 홍영남 옮김, 을유문화사, 2006.
이기적 유전자(개정판) 홍영남 옮김, 을유문화사, 2002.(초판 1993)
이기적인 유전자 이용철 옮김, 동아출판사, 1992.
눈먼 시계공 이용철 옮김, 사이언스북스, 2004.
눈먼 시계공 과학세대 옮김, 민음사, 1994.
에덴의 강– 리처드 도킨스가 들려주는 유전자와 진화의 진실 이용철 옮김, 사이언스북스, 2005.
에덴 밖의 강 이용철 옮김, 동아출판사, 1995.

리처드 도킨스에 관한 책

스스로 있는 신– 만들어진 신의 저자 리처드 도킨스에게 보내는 공개비평 서한 데이비드 A. 로버트슨 지음, 전현주 옮김, 사랑플러스, 2008.
도킨스의 신– 리처드 도킨스 뒤집기 알리스터 맥그라스 지음, 김태완 옮김, SFC, 2007.
리처드 도킨스– 우리의 사고를 바꾼 과학자 앨런 그래펀·마크 리들리 엮음, 이한음 옮김, 을유문화사, 2007.
이성으로 가는 길– 붓다에서 리처드 도킨스까지 패트 더피 허치온 지음, 이은영 옮김, 전완영 편저, 은혜미디어, 2006.

리처드 르원틴
Richard Lewontin
1929-

유전자나 환경이 우리의 운명을 미리 결정하는 것은 아니다

우리나라에 소개된 미국의 집단유전학자 리처드 르원틴의 책들에는 '유전자'로 표상되고 '사회생물학'으로 수렴되는 '생물학결정론'을 향한 비판적 인식이 관통하고 있다. 르원틴이 진화유전학자 스티븐 로우즈, 심리학자 레온 J. 카민과 공저한『우리 유전자 안에 없다』(한울, 1993)는 생물학결정론에 대한 최초의 본격적인 비판서로 정평이 난 책이다. 이 책에는 공저의 방식이 따로 드러나 있지 않아 어느 대목을 누가 썼는지 알 수 없으나 다른 학자가 집필한 내용 역시 르원틴의 주장으로 봐도 큰 무리는 없다. 생물학결정론을 비판하는 세 공저자의 견해가 일치하기 때문이다.

저자들은『우리 유전자 안에 없다』에 이중의 과제를 부여한다. "생물학결정론의 기원과 사회적 기능을 설명하는 것"이 그 하나고, "평등, 계급, 인종, 성, '정신병'의 관점에서 인간 사회의 본성과 한계들에 관한 주장들이 갖는 공허함을 체계적으로 연구하고 폭로하는 것"이 다른 하나다. 이러한 두 겹의 과제는 다시 말해 "생물학결정론의 '인간의 본성이 갖는 본성'에 관한 주장들에 대한 연구를 의미한다." 또한 저자들은 맹목적 비판이나 반대를 위한 반대와는 일정한 거리를 두면서 자신들이 취하는 입장을 명백히 한다.

우선, 르원틴을 비롯한 저자들은 변증법의 관점에서 "생물학적인 것과 사회적인 것 사이의 관계에 대한 통합된 이해를 향하는 길을" 추구한다. 반면 생물학결정론자들은 환원론에 기댄다. "환원론은 어떤 전체를 구성하는 단위들이 그 단위를 포함하는 전체보다 존재론적으로 우선한다는 주장이다. 즉 단위들과 그들의 성질은 전체에 앞서 존재하고, 단위들로부터 전체에 다다르는 인과작용의 사슬이 존재한다는 것이다."

아울러 저자들은 생물학결정론을 반대하는 비판가들이 생물학결정론자들의 결론만을 싫어하는 것으로 간주되는 상황도 짚고 넘어간다. 저자들은 생물학결정론에 담긴 정치적 함의뿐만 아니라 생물학결정론은 과학(생물학)으로서도 근본적인 결함을 안고 있다고 강조한다. 사회는 구성원 개인의 성향에 따라 좌우되고, 개인의 운명은 유전자에 의해 결정된다고 주장하는 생물학결정론이 '나쁜 과학'은 아닐지 몰라도 '후퇴적 과학'이거나 '무비판적 과학' 또는 "물리학과 분자생물학과 같은 '하드 사이언스'에 반하는 것으로의 '소프트 사이언스'"라는 것이다.

르원틴을 포함한 저자들은 생물학결정론이 자연과학의 본령에 속하는 것이 아니라 사회과학과 행동과학에 더 가깝다고 본다. 생물학결정론의 과학적 엄밀성 문제는 논란의 여지가 있지만, 저자들이 비판의 대상으로 제시한 생물학결정론의 핵심 명제에는 그런 혐의가 없지 않아 보인다. 다음은 오해의 소지가 다분한 생물학결정론 명제의 일부다.

"사회적 현상은 개인들의 행동의 총합이다."
"이들의 행동을 대상으로서 다룰 수 있다. 즉, 특수한 개인들의 뇌 속에서 위치하는 성질들로서 구체화할 수 있다."
"구체화된 성질들은 어떤 종류의 척도로 측정될 수 있고, 따라서 개인들은 그들이 소유한 양에 따라서 서열이 매겨질 수 있다."
"성질들에 대한 개체군의 기준이 수립될 수 있다. 표준으로부터의 어떤 개인의 "편차들은 그 개인이 치료받아야 할 의학적 문제들을 반영할 수 있는 이상異常들이다."

생물학결정론의 기본 명제는 사회적 불평등의 논리적 근거로 활용되는 지능지수IQ검사에 관한 여섯 가지 명제로 둔갑하기도 한다.

1. 지위, 부, 권력에는 차이가 존재한다.
2. 이 차이는 상이한 본질적 능력, 특히 상이한 '지능'의 결과이다.
3. IQ검사는 이 본질적인 능력을 측정하는 수단이다.
4. 지능 차이는 주로 개인들 사이의 유전적 차이의 결과이다.
5. 지능 차이는 유전적 차이의 결과이기 때문에, 능력 차이는 고정된 것이고 변화불가능하다.
6. 개인들 사이의 대부분의 능력 차이는 유전적인 것이기 때문에, 인종과 계급 사이의 차이들은 또한 유전적이고 변화불가능하다.

르원틴을 비롯한 『우리 유전자 안에 없다』의 저자들은 한 장을 할애해 위의 명제를 비롯한 IQ검사의 전제들을 조목조목 반박한다. 우선 프랑스에서 고안된 IQ검사는 창안자의 순수한 의도와는 달리, 영국과 미국으로 건너가면서 그 의도가 심각하게 변질됐다는 것이다. 1905년 알프레드 비네가 지능검사에 대한 저술을 펴낸 것은 파리에서 정규 공공 교육의 혜택을 받지 못하는 아이들을 확인하기 위한 간단한 검사 절차를 마련하기 위해서였다. 그러나 미국과 영국의 수입자들은 IQ검사가 "유전적 계승에 의해 고정된 천성적인 그리고 변화불가능한 양을 측정한다고 단언했다."

하지만 르원틴과 그의 동료들은 "IQ검사는 지능에 대한 어떠한 일반 이론의 원리들로부터 고안된 것이 아니며 이어 사회적 성공에 대한 독자적인 예측자임이 보여진 것도 아니다"라고 말한다. 또 "IQ검사들은 학업성취와 상호관련시키기 위해 경험적으로 꿰어맞추고 표준화한 것이며, 그 검사들이 '지능'을 측정한다는 관념은 그 검사들을 타당케 하는 독립적 정당화와 관계가 없다"고 잘라 말한다.

이와 아울러 IQ검사의 유전가능성과 고정성에 관한 연구들은 다소 심각한 방법론상의 문제들을 지녔다고 덧붙인다. "이들을 사용하면 어떤 긍정적 결론에도 도달할 수 없다. 핵심은 그 연구들이 종족들 사이의 어떤 유전적 정체성을 증명하지는 않는다는 것이고, 그리고 그 연구들이 확실히 입증해 주지 않으며, IQ기록에서 어떤 유전적 차이에 대한 근거가 존재하지 않는다는 것이다."

한편 르원틴, 로우즈, 카민, 이 세 사람은 환경요인을 앞세우는 문화환원론에도 비판적 시각을 겨눈다. 그들에게 문화환원론과 생물학결정론은 양 극단에 있는 동전의 양면인 셈이다. 『우리 유전자 안에 없다』의 저자들은 극단적인 인식에서 벗어나야 한다고 제언한다. "우리는 인간의 상태에 대한 완전한 이해는 생물학적인 것과 사회적인 것의 통합을 요구한다고 주장해야 한다." 프란츠 부케티츠의 『사회생물학 논쟁』(사이언스북스, 1999)은 유전자와 문화 가운데 어떤 것이 인간의 삶을 좌지우지하는가에 대한 논란을 정리한 책이다. 이 책에 르원틴은 여러 차례 언급된다.

르원틴의 한국어판 단독저서 두 권은 강연을 기초로 한다. 이 두 권은 내용도 엇비슷하다. 『우리 유전자 안에 없다』와 마찬가지로 생물학결정론을 대표하는 에드워드 윌슨의 『사회생물학』(민음사, 1992)과 리처드 도킨스의 『이기적 유전자』를 염두에 두고 생물학결정론을 비판하는 내용이다. 강연 매체와 방식에 따라 난이도가 있다는 것이 두 권의 차이점이라면 차이점이다.

라디오 강연을 그대로 살린 『DNA독트린』(궁리, 2001)은 쉽게 읽힌다. 생물학적 결정론이 사회적 불평등의 정당성과 고정불변함을 뒷받침하는 근거로 어떻게 쓰이는지 고찰하고 있다. "불평등한 사회에 대한 반대를 잠재우기 위해 우리들 사이의 차이가 우리 유전자 안에 있으며, 우리 모두 사이에 타고난 유사성이 존재한다는 인간 본성에 대한 생물학적 이론이 개발되었다.”

20세기에 평균 수명이 늘어난 까닭, ‘작인’과 ‘원인’의 구별, 그리고 환경운동을 보는 르원틴의 독특한 관점이 눈길을 끈다. 르원틴은 유아 사망률의 급격한 감소가 평균 기대 수명의 급격한 변화를 가져왔다고 해석한다. 이에 대한 근거로 19세기 미국의 유아사망률과 묘비에 새겨진 죽은 이의 생존기간을 대비시킨다. 1860년대의 유아사망률은 13퍼센트에 이르렀지만, 19세기 중엽에 세상을 떠난 사람들의 묘비는 그들 중 많은 숫자가 괄목할 정도로 아주 오래 살았다는 사실을 보여준다는 것이다.

르원틴은 과학적 의학은 이미 성년에 도달한 사람들의 수명 연장에는 거의 기여하지 못한다고 지적하기도 하는데, ‘작인’과 ‘원인’을 혼동해 의학의 발달로 수명이 늘어난 것처럼 착각한다는 것이다. 환경 운동을 보는 르원틴의 시각은 묵시록적이기까지 하다.

모든 이성적인 환경운동은 환경이 보존되는 조화롭고 균형 있는 세계에 대한, 실제로 아무런 근거도 없는, 이데올로기적이고 낭만적인 집착을 포기하고, 조속히 다음과 같은 실질적인 문제로 주의를 돌려야 할 것이다. 그 물음이란 다음과 같은 것이다. 사람들은 어떻게 살기를 원하는가? 사람들은 그런 삶을 어떤 방식으로 이루는가? 인간은 다른 생물들과 공유할 수 없는 독특한 특성을 가지고 있다. 그것은 파괴적인 특성이 아니라 세계에 일어난 변화를 계획할 수 있는 특성이다. 환경운동은 세계의 변화를 정지시킬 수 없으며 적절한 사회적 조직과 제도를 통해 그러한 변화를 좀더 유익한 방향으로 돌릴 수 있을 뿐이다. 따라서 경우에 따라서는 인류의 멸종을 수백 년 정도 연기시킬 수도 있을 것이다.

밀란에서 행한 이탈리아 강좌의 강연문을 엮은 『3중 나선』(잉걸, 2001)의 내용은 다소 전문적이다. 예컨대 “진화는 [생명체 내부에 정보를 품은 채로 접혀있던 것의] 펼침이 아니라, 가능성의 여지를 통해 역사적으로 우연히 발생한 방랑길이다”라는 표현이 그렇다. 본문에 들어 있는 도표와 그림도 전문성을 부각시키지만 그렇다고 난해한 책은 아니다.

리처드 르원틴의 책

3중 나선 김병수 옮김, 잉걸, 2001.
DNA독트린 김동광 옮김, 궁리, 2001.
우리 유전자 안에 없다– 생물학 이념 인간의 본성 스티븐 로우즈, 레온 J. 카민 공저, 이상원 옮김, 한울아카데미, 2009.
우리 유전자 안에 없다 스티븐 로우즈·레온 J. 카민 공저, 이상원 옮김, 한울, 1993.

리처드 윌킨슨
Richard G. Wilkinson
1943-

본래 인간은 물질주의적이지도, 이기적이지도 않다

『평등해야 건강하다— 불평등은 어떻게 사회를 병들게 하는가』는 『건강불평등, 사회는 어떻게 죽이는가』에 이어 두 번째로 번역된 영국의 사회역학자社會疫學者 리처드 윌킨슨의 저서다. 윌킨슨의 두 번째 한국어판은 현대사회가 갈림길에 서 있다는 자각에서 출발한다.

“인류의 역사가 시작된 이래 지금까지 삶의 질을 높이고자 하는 노력이 계속되었고, 그 결과 인간 사회의 물질적 생활수준도 향상되었다. 하지만 이제 적어도 가장 부유한 나라들에서는 삶의 질과 물질적 생활수준의 관계는 그렇게 밀접하지 않다. 따라서 우리는 실질적인 삶의 질을 높이기 위한 새로운 방법들을 모색해야 한다."

경제성장이 가져오는 약발의 효과는 점점 떨어지고 있다. 더러는 혜택보다는 재앙을 안긴다. 반면 "물질적 여건만이 아니라 심리적·감정적 상황 등, 인간의 환경에 매우 민감하게 반응하는 지표"로서 건강의 중요성이 부각되고 있다. "건강이 매우 중요한 사회 지표인 이유는, 한 인간이 사회를 어떻게 생각하고 느끼고 경험하며 고통스러워하는지에 따라 그 사람이 질병에 걸릴 위험의 정도도 달라지기 때문이다." 그리고 건강은 불평등과 밀접한 관계가 있다.

또한 불평등이 사회에 미치는 영향은 그저 건강에만 국한하진 않는다. "심한 사회적 박탈감에 시달리는 불평등한 사회는 사회적 박탈감과 관련된 온갖 사회 문제로 고생하고 있다." 건강 수준이 낮은 사회는 강력범죄발생률과 10대의 임신비율이 높다. 아이들의 수리와 언어 능력이 떨어지며, 신뢰와 사회적 자본의 수준도 낮다.

윌킨슨이 인용한 많은 연구는 역학적疫學的 관점에 바탕을 둔다. 『평등해야 건강하다』는 건강과 불평등에 대한 연구 성과를 종합적으로 분석하고 검토한다. 이 책이 그렇다고 건강 안내서는 아니다. 건강을 지키기 위해 해야 할 일과 해선 안 되는 일을 다루진 않아서다. 그 대신, 사회·경제적 불평등이 개인과 사회에 미치는 영향을 밝히기 위해 건강불평등에 관한 연구들을 활용한다.

"이 책에서는 개별 인간의 건강 상태가 아니라 전체 사회나 전체 인구의 수준에서 각 집단의 건강 격차를 살펴볼 것이다. 개인의 상황에 따라 건강 수준이 우연히 달라지는 경우가 아니라, 더욱 광범위하게 적용될 수 있고 신뢰도가 높은 유형과 인과관계들을 발견하기 위해서다." 아울러 우리 모두의 주관적이고 사회적인 삶의 질을 증진하는 변화의 방향을 제시한다.

『평등해야 건강하다』의 핵심 요지는 이렇다. "더 많은 평등이 가져다주는 이득을 이해하려면 인간이 불평등과 위계 서열에 대해 어떻게 대응하는지 이해할 필요가 있다. 그리고 이는 사회 계급에 대한 마르크스와 같은 정치사상가들의 저술을 이해하는 것만큼이나 원숭이들의 사회생활에 대한 이해도 필요하다는 것을 의미한다."

평등과 불평등이 사회에 미치는 영향은 크게 대비된다. 불평등이 "더 자기중심적이고, 덜 친화적이며, 반사회적이고, 스트레스를 더 받게 하고, 폭력 수준을 높이며, 공동체적 결속을 약화시키고, 건강을 악화시키는 사회 전략들을 부추긴다"면, "평등한 사회는 친화적이며, 덜 폭력적이고, 상호 지지적이며, 포용적이고, 좀 더 나은 건강 상태를 가능하게 한다."

윌킨슨은 건강에 미치는 물질적 궁핍의 효과가 잦아들자 그 모습을 나타내기 시작한 심리적 요인들을 주목한다. 심리사회적psychosocial이라는 표현은, "건강에 영향을 미치는 개인의 감정상태는 사실 사회적으로 유형화되며, 개별적인 우연보다는 사회적 맥락에 따라 달라질 수 있다"는 점을 잘 드러낸다. 그는 심리사회적 위험 요소로 낮은 사회적 지위, 빈약한 사회적 관계, 초기 아동기의 경험 등 세 가지를 꼽는다.

그렇게 때문에 "모든 인간은 대우받고, 존중받으며, 친구를 사귀고, 초기 아동기의 혜택을 누려야 한다." 심리사회적 요인들은 어째서 인류가 물질적 성공을 이뤘으면서도 삶의 질은 그만큼 개선하지 못했는지 이해하는 실마리를 제공하는데, "그것은 우리가 사회적 경험을 하거나 사회적 관계를 맺는 데에서 물질적 차원만이 아니라 심리적 차원도 매우 중요하기 때문이다."

『평등해야 건강하다』는 일말의 회의가 없지 않은, 과연 그럴까 싶은 사회적 신념들이 전적으로 옳다는 확신을 심어준다. 경제성장보다는 분배의 정의正義가, 경제성장과 분배의 정의보다는 사회의 불평등을 줄이거나 상대적 박탈감을 해소하는 게 더 중요하다. 경제성장은 건강한 사회의 물질적 기반을 마련하는 데 필요하지만, 경제성장의 중요성은 거기까지다.

"무작정 경제성장만을 추구하는 것은 행복에 대한 근거 없는 허상을 붙잡는 것과 같으며, 엄청난 환경 비용까지 지불해야 할 것이다. 식수 고갈, 환경오염의 증가, 지구 온난화, 사막화, 미네랄과 여타 천연자원의 오염, 경제성장을 위해 배출된 쓰레기, 공해 등이 점점 우리를 위협할 것이다."

한편 "사회가 부유해질수록 행복과 복지의 수준은 절대 소득보다 상대 소득과 사회적 지위의 영향을 크게 받는다." 그러니까 나만 잘 살면 그만이라고. 천만의 말씀이다. "건강이 안 좋은 사람들의 행동은 그 사회의 나머지 구성원들을 포함해서 사회 전체의 특성을 단적으로 반영"할 뿐더러 제 것을 지키려는 강박과 불안은 수명 단축으로 이어진다.

또 "소득 불평등보다 사회적 자본이 중요한 것이 아니라, 바로 소득 불평등이 사회적 자본을 피폐하게 만든 것이다. 불평등한 사회는 불평등 때문에 생기는 불의들의 대가를 반드시 치르게 되어 있다. 불평등한 사회에서 나타나는 형편없는 사회적 자본도 불평등이 치러야 하는 사회적 비용이다. 심각한 불평등을 겪고 있는 사회는 적대적이고 폭력적인 사회로 전락하게 된다."

우리 사회는 그런 징후들이 매우 뚜렷하게 나타나고 있다. 한국사회는 "약자가 차례를 기다리는 동안 강자들이 배를 채우는 사회"다. 여기서 약자는 어느 고교의 공부 못하는 90%이고, 강자는 상위 10%다. "이런 사회에서는 하층 차별이나 편견처럼 자기의 우월감을 표출하려는 다양한 지배 행동이 판을 칠 것이다." 실제로 그런 행동은 '만발'한다.

투표참여에 강제성이나 반강제성이 없는 것을 전제로 "평등한 사회일수록 더 많은 사람이 투표에 참여한다." 우리는 불평등한 사회다. "불평등한 사회에서 생활하는 사람들은 이방인을 덜 도와주고, 하급 종업원을

덜 배려하며, 학교 운동장에서나 가정에서 더 자주 싸우고, 취약 계층들에게 더 많은 편견을 가지고 있을 것이다." 맞다.

우리는 어쩌다가 시장을 맹신하고 떠받들게 되었지만, "시장은 덜 사회적인 —때때로 반사회적인— 심리를 조장한다." 우리는 거꾸로 가려하고 있으나, 윌킨슨은 "의료보험, 교육, 공공 교통과 같은 부문을 시장메커니즘에서 분리시킬 수 있을 것"이라고 내다본다. 그렇다고 윌킨슨이 시장의 존재 자체를 부인하는 뭘 모르는 사람은 아니다.

"덜 위계적인, 그리고 좀 더 포용적이며, 평등하고 민주적인 가치를 갖는 사회적 환경에서, 사람들은 더 이상 시장에 압도되지 않을 것이다. 시장은 앞으로도 우리 생활의 많은 영역을 조절하는 역할을 하겠지만, 시장 논리를 부채질하고 시장을 지긋지긋한 감독관으로 만드는 불평등의 힘을 억제할 수 있다면, 우리는 시장의 마수로부터 어느 정도는 해방될 수 있다."

"불평등의 아주 작은 변화로도 건강 수준이 크게 달라질 수 있다." 그러면, 어떻게 불평등을 줄이나? 윌킨슨은 "가장 중요한 것은 정치적 의지"라고 잘라 말한다. 그러나 정책적 "시도들은 정치적 입장이 다른 정부가 집권하게 된다면 쉽게 무산되고 만다. 소득 분배를 개선하는 여타의 대책들은 한번 시행되면 바꾸기 어렵다고는 하지만, 퇴보하기는 여전히 쉽다."

『평등해야 건강하다』에 나오는 두 개의 에피소드는 내 유년의 기억을 떠올린다. 둘 다 축구와 관련 있다. 우선, 책에 인용된 사이먼 찰스워스Simon Charlesworth라는 사람의 말이다. "분명히 노동 속에는 우리 사회 노동자들에게 뿌리 깊은 영향을 미치고, 공포와 불안정과 환멸을 느끼게 하는 무언가가 있다."

노동자 밀집거주 지역에서 나서 자란 나는 약간의 반反노동자 정서가 있다. 초등학생 때 동네에서 축구공으로 공놀이를 하면, 지나가던 '공돌이'는 예외 없이

공을 뻥뻥 걷어찼다. 내 공은 더러운 물이 흐르는 도랑에 빠지거나, 남의 집 담 안으로 넘어갔다. 그리고 우리 집에서 셋방살이를 한, 많을 때는 세 가구나 되었다. 노동자들은 하나같이 노동자의식이나 계급의식 같은 건 전혀 없어 보였다.

또 하나는 씁쓸한 기억이다. "두 번째 기사는 MRI 촬영을 이용한 어느 실험에 대한 것이다. 이 실험에 따르면, 사회에서 배제되었을 때 받게 되는 정신적 고통은 두뇌의 특정한 부위를 자극하는데, 그 위치가 육체적 통증을 느낄 때 반응하는 부분과 정확히 일치했다." 그런데 이 실험에 사용된 배제의 정도는 그리 대단치 않았다.

"이 연구자들은 그저 컴퓨터 게임을 이용한 모의실험 도중 실험 대상자를 아주 조금 배제했을 뿐이었다. 컴퓨터 공놀이 게임에서 실험 대상자들은 가상의 경쟁자 두 명과 함께 게임을 시작한다. 하지만 얼마 지나지 않아 실험 대상자는 공놀이에서 배제된다. 이 실험은 이때 실험 대상자의 두뇌가 어떻게 반응하는지를 조사한 것이다."

유신체제의 막바지인 초등학교 고학년 무렵, 아침 '새마을' 대청소를 자주 했다. 5학년 어느 일요일 아침이다. 청소를 마치고 우리 반 아이들이 축구를 하기로 했다. 장소는 초등학교 인근의 부원중학교라는 비인가 중학교 운동장이었다. 그런데 내 라이벌 격인 서울에서 전학 온 도영이와 불량스런 학교 축구부원 승원이가 편을 갈랐다.

축구를 하기 위해 남은 남자 아이들의 숫자가 불길하게도 홀수였다. 설마? 도영이와 승원이는 번갈아가며 자기편을 골랐다. 결국 나만 남았다. 나는 '깍두기'로라도 어느 편에 껴들 생각 같은 건 안 한 모양이다. 부원중학교 엉성한 철조망 담의 개구멍으로 서둘러 운동장을 빠져나왔다. 아마도 나는 이때부터 다신 축구 따위 하지 않겠다 다짐했을 것이다. 아예 관심을 껐다.

공놀이 실험결과는 이랬다. "이를 통해 공놀이에서 소외당하는 일처럼 아주 사소한 따돌림을 당했을 때에도 인간은 심한 정신적 고통을 느끼며, 그 고통은 육체적 통증을 느낄 때와 비슷한 수준임을 알 수 있었다."

나는 광고가 사람의 본질을 오도한다는 윌킨슨의 주장에 동조한다. "광고들은 '쇼핑 치료'로 위로받을 수 있다고 사람들을 부추기면서, 인간의 취약한 심리를 발판으로 삼아 성공을 거두고 있다. 그런 과정에서 인간들은 자신의 행동이 사회적으로 연관을 맺고 있다는 사실을 깨닫기보다는, 인간이 본래 물질주의적이며 이기적이라는 잘못된 해석을 맹신하고 있을 뿐이다. 이는 인류가 오해의 거미줄에 얼마나 단단히 사로잡혀 있는지를 보여 주는 비극이다."

신뢰에 관한 그의 성찰에도 공감한다. "누군가를 신뢰한다는 것은 그 사람이 나를 속여서 권력과 기회를 얻을 수 있다고 해도 그렇게 하지 않을 것이라고 믿는 것이다. 사리사욕을 위해 힘을 행사하는데 반대하고 그것을 제한하는 원리를 기반으로 사회관계가 이루어질 때에만 우리는 누군가를 신뢰할 수 있다." 이제 오케스트라 지휘자가 오래 사는 까닭을 둘러싼 논란의 마침표를 찍자. 지휘자의 장수비결은 팔운동은 아니다. 그것은 지휘자에게 '자기통제력'이 있어서다. "인간이 자신의 일에 결정권을 갖지 못하는 상태도 건강을 위협하는 주요 요인이자 건강 불평등의 원인이다."

옮긴이는 '옮긴이 후기'에서 "윌킨슨은 건강 불평등을 해결하는 가장 빠르고 적극적인 방식은 전체 사회의 불평등을 완화시키는 일이라는 점을 명확히" 한다고 지적했다. 또한 "완전한 평등이라는 거대한 이상에 가려서 소소한 실천과 가능성을 간과하지 않으려는 신중한 태도"를 그에게서 배워야 한다고 덧붙인다.

그리고 "윌킨슨의 지난 저서인 『건강불평등, 사회는 어떻게 죽이는가』와 비교했을 때, 이 책은 두 가지 측면에서 주목할 만한 성과"가 있다고 말한다. "사회의 불평등이 개인의 건강을 해치는 중간 경로로 '스트레스'에 주목했다는 점"이 그 하나고, "최근에 중요한 사회 이슈로 떠오르고 있는 젠더나 인종 문제를 건강 불평등과 접목시켜서 해석하는 시도를 했다는 점"은 다른 하나다.

이런 비교가 '지난 저서'를 폄하하려는 뜻은 전혀 아닐 것이다. (필자의 『건강불평등, 사회는 어떻게 죽이는가』 독후감은 〈한겨레〉 2004. 6. 5에 실린 리뷰 참조하기 바랍니다.) 옮긴이는 『평등해야 건강하다』의 높은 가독성을 편집자에게 돌리는 미덕을 보여준다. "이 책의 8할은 (편집자)이 두 분의 공이라 해도 과장이 아닙니다."

* 역학epidemiology, 疫學은 어떤 지역이나 집단에서 발생한 질병의 원인이나 변화를 연구하는 의학의 분과 중 하나다. 초기 역학은 병을 예방하거나 치료하는 목적이 있었지만, 오늘날에는 심리적·사회적 요인들이 사회 전체의 건강에 미치는 영향을 연구하는 사회역학 social epidemiology으로까지 연구 범위가 확대되고 있다. (『평등해야 건강하다』 옮긴이 각주)

리처드 윌킨슨의 책
평등해야 건강하다―불평등은 어떻게 사회를 병들게 하는가 김홍수영 옮김. 후마니타스, 2008.
건강불평등, 사회는 어떻게 죽이는가 정연복 옮김. 당대, 2004.

리처드 파인만
Richard P. Feynman
1918-1988

과학자가 밤새워 연구하는 까닭은 발견하는 즐거움을 위해서다

훌륭한 업적을 남긴 위대한 과학자에게는 흥미로운 일화가 따라다닌다. 바늘에 실 가듯이 말이다. 그리고 보통 사람들은 그들이 발견한 이해하기 어려운 법칙보다는 그것과 관련된 이야깃거리에 귀를 기울인다. 때문에 과학자의 진면목은 가려지고, 가십gossip성의 일화가 부각되는 경향마저 있다. 그런 점에서 미국의 물리학자 리처드 파인만은 베일에 싸인 존재다. 그의 '튀는' 행동은 두 권의 책에 담겨 있을 정도로 유명하다. 하지만 그 책들만 꼼꼼히 읽어도 그의 본모습을 파악하기는 어렵지 않다.

『"파인만씨, 농담도 정말 잘 하시네요!"』(안국출판사[도솔], 1987)는 그의 자전적 회고담. '호기심 많은 인물의 모험담'이라는 부제가 붙은 이 책을 통해 파인만은 장난기 많고, 반체제적이며, 바람기까지 있는 괴팍한 천재로 대중에게 알려졌다. 도대체 어떤 내용을 담았길래?

그는 라스베이거스의 쇼걸들과 어울리고, 브라질 삼바 축제에 참가해 악기를 연주하기도 한다. 미국의 원자탄 개발계획인 맨해튼 프로젝트의 연구원으로 일할 때는 금고의 문을 척척 열어 사람들을 놀라게 했다. 그리고 전쟁이 끝난 후 치른 징병검사에서는 입영 불가 판정을 받는다. 정신과 군의관이 부적격 판정을 내렸기 때문이다.

사람들이 그에 대하여 이야기한다고 생각한다. 사람들이 그를 응시한다고 생각한다. 청각의 최면 환각. 죽은 아내에게 말을 한다. 정신병원에 이모가 있다.

미 육군 소속 군의관이 내린 파인만에 대한 정신과 소견이다. 파인만은 의사로부터 정신이상 판정을 받고 노벨물리학상을 탄 유일한 사람일 것이다. (1994년 노벨경제학상을 받은 『뷰티풀 마인드』(승산)의 주인공 존 내시는 정신분열증을 앓았다. 하지만 내시에게는 정신분열증을 앓기 전의 업적에 대해, 병이 완치된 다음에 상이 주어졌다.)

미군 의료 당국과 스웨덴 한림원, 둘 중 어느 한 쪽은 제정신이 아니라는 말인데, 전자로 봐야 할 것 같다. 「표지만 보고 책 평가하기」가 그 증거다.

이 이야기는 파인만이 캘리포니아 주의 공립학교 학생들이 사용할 수학교과서 채택위원으로 활동한 경험을 소재로 한다. 이야기는 파인만이 지극히 정상적인 사람임을 잘 보여준다. 그에게는 무게가 도합 150킬로그램에 이르는 책이 배달되었고, 파인만은 그 책들을 하나하나 읽어나갔다. 이내 그는 형편없이 만들어진 책의 내용에 경악한다.

회의에 참석한 파인만은 다시 한 번 놀란다. 자신의 평가와 다른 위원들의 평가가 많이 달랐던 것. 더구나 일부 위원들은 파인만이 받지 못한 책에 대해서도 평가서를 작성했다. 이유인즉슨, 그 사람들은 출판사가 미리 제공한 정보에 의존해 아직 완성되지 않은 책을 평가했던 것이다. 교과서 채택위원 가운데 파인만은 표지만 보고 책을 평가하지 않은 유일한 사람이었다.

파인만의 자전적 회고담은 『파인만씨, 농담도 잘 하시네!』(사이언스북스, 2000)라는 제목으로도 나왔다. 『미스터 파인만!』(사인언스북스, 1997)은 『파인만씨, … 』의 속편으로 원제는 '남이야 어떻게 생각하든 무슨 상관입니까?What Do You Care What Other People Think?'이다. 2부로 구성된 이 책의 전반부는 유년시절 및 첫 번째 부인과 나눈 애틋한 사랑을 담았다. 파인만은 자연과 브리태니커 백과사전을 벗 삼아 예비 과학자의 길로 들어섰다. 여기에는 아버지가 결정적인 영향을 미쳤다. 유니폼 판매회사의 영업 직원이었던 파인만의 아버지는 사물의

원리를 깨우치는 것이 무엇보다 중요하다고 아들을 가르쳤다. 책의 후반부는 1986년 1월 발사 직후 공중 폭발한 우주왕복선 챌린저 호 사고조사위원회에서의 활약상을 엮었다. 청문회에서 간단한 실험을 통해 사고원인을 밝혀 그는 단박에 젊은이들의 우상이 되었다. 그렇지만 유명인사가 되는 것은 결코 파인만이 원하는 바가 아니었다. 유명해지는 것이 마땅치 않아 노벨상을 거부할까도 생각했지만 그러면 더욱 유명해질까봐 상을 받아들인 그였다. 파인만에게는 과학적 성취가 가장 큰 관심거리였다.

내가 잘 아는 과학이라고 하는 분야에서 성공하는 유일한 방법은 무엇이 어떻게 되어야겠다고 느끼더라도 그러한 생각과는 관계없이 오직 증거를 매우 조심스럽게 제시하고 묘사하는 것이다. 어떤 이론을 만들었다면 그 이론의 좋은 점과 함께 나쁜 점을 동시에 설명하여야 한다. 과학을 함으로써 말하자면 순수와 정직이라는 규범을 저절로 배우게 되는 것이다.

파인만은 이론물리학 분야에서 탁월한 역량을 발휘해 물리학의 발전에 크게 기여한 사람이다. 물리학사에서 그의 위치는 '상대성 원리'를 발견한 아인슈타인에 비견된다. 양자전력이론 등에서 뛰어난 성과를 남긴 파인만의 업적은 '파인만 도표'와 '최소작용원리'로 요약할 수 있다. 복잡한 물리학 방정식을 도식화한 파인만 도표는 개인의 이해능력에 따라 알맞은 풀이가 가능한 것이 특징이다. 전통적인 이론에 속하는 최소작용원리 분야에서 이룬 파인만의 공적은 그것을 미시세계에 적용한 점이다.

21세기 과학기술혁명의 총아로 꼽히는 초전도기술과 나노테크놀로지 또한 파인만과 깊은 관련이 있다. 특히 나노테크놀로지 분야는 그 가능성을 예견한 것으로 유명하다. 파인만은 1959년 행한 「바닥에 많은 가

능성이 있다There's Plenty of Room at the Bottom」는 제목의 강연에서 화학자들의 설계대로 물리학자들이 원자를 재배열할 수 있다면 새로운 물질의 생성이 가능하다고 주장했다.

나노 세계에 비하면 엄청난 크기의 세계에서 이뤄진 일이지만, 일본과 스위스의 기술 맞대결은 나노테크놀로지의 단초를 제공한다. 일본이 신흥 시계공업국으로 부상할 무렵, 한 시계회사는 머리카락 한 올을 여러 가닥으로 잘라 스위스의 경쟁회사에 보낸다. 얼마 후 머리카락이 일본으로 되돌아 왔고, 겉으로 보기엔 아무 변화가 없었다. 현미경을 들이대자 가닥 난 머리카락에는 그 수만큼의 미세한 구멍이 뚫려 있었다.

파인만은 뛰어난 강의 실력으로도 이름이 높다. 어려운 내용을 쉽게 설명하는 데 탁월한 재능이 있었다. 그의 설명이 학생들에게 까다롭게 여겨질 경우, 자신이 내용을 완전히 숙지하지 못한 결과라며 스스로를 나무랐다. "어떤 것을 이해했다면 그것을 분명하고 쉽게 말할 수 있어야 한다"고 주장한 이탈리아의 철학자 크로체와 같은 생각을 했던 셈이다.

파인만의 강의록도 여러 권 번역돼 있는데 『일반인을 위한 파인만의 QED강의』(승산, 2001)가 그중 가장 유명하다. 드디어 세계 물리학도들의 필독서라는 세 권으로 된 『파인만의 물리학 강의』가 우리말로 옮겨졌고, 그중 '일반 물리학'을 파인만 특유의 설명으로 '재구성한' 첫 권이 먼저 나왔다. 도서출판 승산의 황승기 대표는 신문기자와의 인터뷰에서 이 책의 번역 출간 의의를 이렇게 말했다. "현재 전 세계 모든 이공계 대학생들이 이 책을 보고 있습니다. 제 동생이 '형님이 이 책 낸 것은 이공계 사람으로서 가문의 영광입니다'라고 그래요." 《한겨레》 2004. 9. 18)

파인만의 UCLA 강연을 바탕으로 한 이 책은 20세기 물리학의 결정체인 '양자전기역학(QED: quantum electrodynamics)'이론을 일반인이 이해하기 쉽게 기초부터 차근차근 설명하고 있다. 파인만은 QED의 난제였던 재규격화 문제를 해결한 공로를 인정받아 1965년 노벨물리학상을 수상했다. 이 책은 『숨은 질서를 찾아서』(히말라야, 1995)라는 제목으로도 번역되었다.

『물리법칙의 특성』(미래사; 전파과학사, 1992)은 1964년 코넬 대학에서 행한 강좌를 책으로 묶은 것이다. 이 대학의 유명한 연례강좌인 메신저강좌에 초빙된 파인만은 일곱 번의 강의를 통해 물리법칙을 설명했다. 첫 강의는 중력의 법칙을 예로 들며 물리법칙에 대한 이해를 도왔다. 두 번째 강의는 물리학과 수학 사이의 메커니즘을 다뤘고, 세 번째부터는 물리학의 보존원리들, 대칭성의 성질, 양자역학원리의 일반적 형식을 살폈다. 『행성운동에 관한 파인만 강의』(한승, 1996)는 그의 동료가 편집한 파인만 입문서에 해당하지만, 잃어버린 강의로 알려진 행성운동에 관한 강의가 실려 있다.

『발견하는 즐거움』(승산, 2001)은 파인만이 다양한 지면에 발표한 글을 모은 것이다. 글의 형식과 내용도 다채롭지만 '과학'을 주제로 삼은 데에는 예외가 없다. 파인만은 영국 BBC 방송과의 인터뷰 도중 '노벨상이 가치가 있느냐?'는 질문을 받고 이렇게 말한다.

나는 그 전에 이미 상을 받았어요. 무언가를 발견하는 즐거움보다 더 큰 상은 없습니다. 사물의 이치를 발견하는 그 짜릿함, 남들이 내 연구 결과를 활용하는 모습을 보는 것, 그런 것이 진짜 상이죠. 내게 명예라는 건 비현실적인 거예요. 나는 명예라는 걸 믿지도 않아요. 그건 나를 괴롭히기만 합니다.

장건수의 『파인만 적분론』(민음사, 1994)은 "파인만 적분의 수학적 구조를 이해할 수 있도록 파인만 적분 가능한 함수들의 바나흐 공간, 파인만 적분의 존재정리, 변환정리, 적분순서 교환정리, 위너 적분과 파인만 적분의 관계" 등을 다룬 책이다.

랄프 레이튼의 『투바』(해나무, 2002)는 파인만의 생애와 오지여행을 절묘하게 결합한 책이다. 파인만과 그보다 나이는 어리지만 절친한 사이였던 저자가 중앙아시아에 있는 투바공화국을 방문하기 위해 온갖 방안을 강구하는 과정을 그렸다. 여행이 성사될 무렵, 안타깝게도 파인만은 눈을 감았다. 파인만이 타계하고 몇 달 뒤, 레이튼은 투바 땅을 밟는다.

리처드 파인만의 책

파인만의 물리학 강의 3 로버트 레이턴·매슈 샌즈 지음, 정재승 외 옮김, 승산, 2009.

파인만의 과학이란 무엇인가? 정무광·정재승 옮김, 승산, 2008.

파인만! 랠프 테이턴 역음, 김희봉·홍승우 옮김, 사이언스북스, 2008.

파인만의 물리학 길라잡이– 강의록에 딸린 문제풀이 마이클 고틀리브·랠프 레이턴 공저, 박병철 옮김, 승산, 2006.

파인만의 물리학 강의 2 로버트 레이턴·매슈 샌즈 공저, 김인보 외 옮김, 승산, 2006.

파인만의 엉뚱 발랄한 컴퓨터 강의– 계산이론 서환수 옮김, 한빛미디어, 2006.

파인만의 물리학 강의 l 로버트 레이턴·매슈 샌즈 공저, 박병철 옮김, 승산, 2004.

파인만의 또 다른 물리이야기 박병철 옮김, 승산, 2003.

파인만의 여섯가지 물리이야기 박병철 옮김, 승산, 2003.

일반인을 위한 파인만 QED강의 박병철 옮김, 승산, 2001.

숨은 질서를 찾아서 박병철 옮김, 히말라야, 1995.

발견하는 즐거움 승영조·김희봉 옮김, 승산, 2001.

파인만씨, 농담도 잘 하시네!(1·2) 김희봉 옮김, 사이언스북스, 2000.

파인만씨, 농담도 정말 잘 하시네요! 김재삼 외 옮김, 안국출판사(도솔), 1987.

남이야 뭐라 하건! 홍승우 옮김, 사이언스북스, 2004.

미스터 파인만! 홍승우 옮김, 사이언스북스, 1997.

행성운동에 관한 파인만 강의 강주상 옮김, 한승, 1996.

물리법칙의 특성 안동완 옮김, 해나무, 2003.

물리법칙의 특성 나성호 옮김, 미래사, 1992.

물리법칙의 특성 이정호 옮김, 전파과학사, 1992.

리처드 파인만에 관한 책

천재– 리처드 파인만의 삶과 과학 제임스 글릭 지음, 황혁기 옮김, 승산, 2005.

파인만 적분론 장건수 지음, 민음사, 1994.

투바– 리처드 파인만의 마지막 여행 랄프 레이튼 지음, 안동완 옮김, 해나무, 2002.

파인만에게 길을 묻다 레너드 믈로디노프 지음, 정영목 옮김, 세종서적, 2004.

파인만 강의– 태양 주위의 행성 운동에 관하여 데이비드 L. 구드스타인·주디스 R. 구드스타인 지음, 강주상 옮김, 한승, 2004.

과학의 전도사 리처드 파인만 태기수 지음, 이룸, 2004.

마더 데레사

마루야마 마사오

마르코스와 사파티스타

마르크 블로크

마르틴 발저

마빈 해리스

마셜 버먼

마이크 데이비스

마이클 더다

마이클 W. 애플

말콤 글래드웰

머레이 북친

모리스 클라인

미르치아 엘리아데

미셸 투르니에

미셸 푸코

미하일 바흐친

미하일 일리인

마더 데레사
Mother Teresa
1910-1997

가난한 사람 중에서도
가장 가난한 이를 위하여

테레사가 아니라 데레사다. 새로운 정보를 재빨리 따라잡는 편은 아니어서 카톨릭 → 가톨릭, 유태인 → 유대인으로 표기를 통일하기로 했다는 사실을 몇 달 전에야 알았다. 필자가 정보의 변화에는 둔감해도, 일단 알고 나면, 새 정보에의 적응은 빠른 편이다. 첫 문장은 어느 출판사 편집자가 귀띔한 바뀐 외래어 표기 방침을 응용한 것이다.

아닌 게 아니라 요즘 나온 책들은 1979년 노벨평화상 수상자를 하나같이 콜카타의 마더 데레사Mother Teresa of Calcutta로 적는다. 예전에는 두 가지 우리말 표기가 함께 쓰였는데 스페인의 작가 겸 기자 호세 루이스 곤잘레스 발라도가 엮은 마더 데레사 선집은 그 단적인 보기라고 하겠다. 딱 1년 간격으로 나온 두 권은 지은이 이름 표기가 다르다. 『즐거운 마음』(오늘의책, 2003)은 '마더 테레사의 생활 명상집'을 부제로 삼았으되, 이 책의 속편 격인 『아름다운 영혼, 행복한 미소』(오늘의책, 2004)의 지은이는 마더 데레사다. 콜카타는 새로운 외래어 표기법에 따른 인도의 땅이름이다. 캘커타 → 콜카타.

제목에도 이런 경우가 있지만, 고유명사인 책제목은 예전의 표기법을 존중해야 한다. 신흥범이 엮은 『마더 테레사』(두레, 1997)는 영국의 성직자 로저 로일이 지은 『Mother Teresa, A Life in Pictures』와 인도 고위 관료 나빈 차울라가 지은 『Mother Teresa』를 뼈대로 한다. 여기에다 데레사 수녀의 신앙생활과 영성적 측면을 전달하기 위해 도로시 헌트가 엮은 마더 데레사의 일일

묵상집 『사랑은 철따라 열매를 맺나니』(민음사, 1995)에 빚을 지기도 했다.

가톨릭에는 데레사 성녀가 여럿 있는데 리지외의 성녀 데레사와 아빌라의 데레사가 대표적이다. '소화小花 데레사'라고도 하는 프랑스 태생인 리지외의 성녀 데레사(1873-97)는 특별한 활동이나 업적을 이뤄 존경받는다기보다는 평범한 일들을 비범한 사랑으로 수행해 성인으로 추앙 받는 분이고, '대大 데레사'라고도 하는 아빌라의 데레사는 16세기 스페인에서 수도생활의 쇄신과 개혁을 실행하고 교회에 뛰어난 업적을 남겨 성인이 되었다.

마더 데레사의 수도명은 리지외의 데레사에서 따온 것이다. 알바니아 출신의 아네스 곤히아 브약스히야 Agnes Gonxha Bojaxhiu는 2년 동안의 수련기간을 마치고 1931년 5월 25일 첫 서원을 하면서 '예수 아기의 성녀' 이름을 수도명으로 정했다. 1997년 9월 5일 87세를 일기로 세상을 떠난 마더 데레사는 그로부터 6년이 지난 2003년 10월 19일 시복諡福되었다. 시복이란 가톨릭에서 "뛰어난 신앙이나 순교로 이름 높은 이에게 교황이 '복자福者' 칭호를 내리고 모든 교회에서 그를 공경하도록 선언하는 일"을 말한다.

가난한 자를 위한 성녀의 주된 활동 무대가 되는 '사랑의 선교회Missionaries of Charity'는 데레사 수녀가 피정을 하러 히말라야 산맥 기슭의 휴양지 다르질링으로 가는 기차 안에서 들은 하느님의 부르심이 계기가 되었다. 부르심이 뜻하는 바는 단순했다. 소속된 수도원을 떠나 하느님을 따라 가난한 사람들 속으로 들어가야 한다는 것이다. "가난한 사람들 가운데서도 가장 가난한 사람들 속에 들어가 하느님을 섬겨야 한다."

새로운 수도회 '사랑의 선교회'는 1950년 10월 7일 로마 교황청의 인가를 받았다. '사랑의 선교회' 회헌은 '총장'을 '마더'로 부르기로 하여 이 날부터 데레사 수녀Sister Teresa는 마더 데레사가 되었다. 마더 데레사는

가난한 이를 받들어야 하는 까닭을 다음과 같이 강조했다. "우리는 가난한 사람들이 예수님 같다고 여기면서 섬겨서는 안 됩니다. 우리는 그들이 예수님이기 때문에 섬겨야 합니다." 또 가난한 사람의 굶주림이란 비단 밥의 굶주림만을 일컫진 않는다. 사랑과 말씀의 굶주림 또한 그에 못지않게 절실한 것이다.

『가난한 마음 마더 데레사Faith and Compassion』(생각의나무, 2003)는 나빈 차울라의 또 다른 전기로 권말부록에 노벨상 수락 연설문이 실려 있다. 『마더 데레사— 순결한 열정, 가난한 영혼』(생각의나무, 2005)은 이 책의 양장본이다. T.T. 문다켈의 『소박한 기적— 마더 데레사의 삶과 믿음Blessed Mother Teresa: Her Journey to Your Heart』(위즈덤하우스, 2005)은 1998년 인도 최고의 전기물로 뽑혀 '카카세리상'을 받았다고 한다.

『마더 데레사 자서전MI VIDA POR LOS POBRES』(황금가지, 2005)은 데레사 수녀가 직접 쓴 책은 아니다. 데레사 수녀의 편지·강연·인터뷰를 바탕으로 호세 루이스 곤잘레스 발라도가 정리했다. "이 책은 오직 그분이 말씀하신 것만을 토대로 그 살아온 흔적을 되살렸다는 점에서 자서전이라고 불릴 수 있습니다."

이 책을 번역한 송병선 교수(울산대 스페인중남미학과)는 옮긴이 후기에서 책을 번역하면서 느낀 남다른 감회를 표명하기도 한다. "이 책을 옮기는 내내 나는 '감동'을 느꼈다. 많은 책을 옮겼지만, 옮기는 도중에 감동을 받는 경우는 극히 드물다. 그것은 아무리 '감동적' 혹은 '심금을 울리는'과 같은 수식어가 붙어 있는 책이라도, 옮긴이에게는 감동의 대상이 아닌 '작업'의 대상이기 때문이다. (…) 그러나 이 책은 일의 대상임에도 감동에 사로잡힌 채 옮기게 하는 그런 책이다." 송 교수는 이어 마더 데레사의 기도문 「나를 해방시켜 주소서」를 소개한다. 그러고는 기도문이 "마더 데레사의 영혼과 이 책의 모든 것을 설명해 줄 것이라고" 덧붙였다.

존경받으려는 욕망으로부터
사랑받으려는 욕망으로부터
칭찬받으려는 욕망으로부터
명예로워지려는 욕망으로부터
찬양받으려는 욕망으로부터
선택받으려는 욕망으로부터
조언을 받으려는 욕망으로부터
인정받으려는 욕망으로부터
인기를 끌려는 욕망으로부터
모멸 받는 두려움으로부터
경멸받는 두려움으로부터
질책당하는 고통의 두려움으로부터
비방당하는 두려움으로부터
잊히는 두려움으로부터
오류를 범하는 두려움으로부터
우스꽝스러워지는 두려움으로부터
의심받는 두려움으로부터 나를 해방시켜 주소서.
(이하 생략)

『마더 데레사 자서전』은 "생명과 사랑과 희망을 주는 새해의 선물"이라는 문구와 함께 "올리비아 허시 주연 영화 〈마더 데레사〉 공식 협찬 도서"임을 알리는 띠지를 두르고 있다. 책과 영화의 공동 마케팅이 얼마나 효과가 있었는지는 모르나 적어도 '줄리엣'이 데레사 수녀로 분한 영화의 흥행은 별로였다. 마더 데레사의 집에서의 봉사 활동이 바탕이 된 조병준의 『제 친구들하고 인사하실래요』(그린비·박가서장, 1998) 역시 독자의 큰 호응을 얻지 못했다. 우리 출판에서 처음으로 책 한 권을 출판사 두 곳에서 나눠 펴낸 우정 어린 출간 방식도 독자들에게 별 영향을 미치진 못했다.

마더 데레사 관련서는 전기·평전류보다는 기도·묵상집에 대한 호응이 훨씬 높다. 특히 이해인 수녀가 옮긴 책의 반응은 상대적으로 뜨겁다. 이는 번역자의 지명도와 신뢰도, 관련 종교에서의 일정한 수요 창출, 부담 없는 분량 등이 복합 작용한 때문으로 풀이된다.

의학박사 앤터니 스턴이 엮은 영성생활기도집 『모든 것은 기도에서 시작됩니다Everything Starts from Prayer』(황금가지, 1999)는 다양한 내면의 길을 걷는 사람뿐만 아니라 아직 분명한 길을 찾지 못한 사람에게까지 폭넓게 다가서기 위해 마더 데레사의 초기 저술에서 말씀을 가려 뽑은 책이다. 그래서인지 이 영성생활기도집은 종파를 초월하는 관대함이 돋보인다. "우리가 속해 있는 종교가 그 무엇이든지 간에/ 우리는 다 함께 기도해야 합니다."

여러분이 힌두교인이든, 이슬람교인이든,
그리스도교인이든 상관없이
어떻게 사는가에 따라서 신앙의 증인이
될 수도 있고 안 될 수도 있습니다.

또 이 책을 엮은 앤터니 스턴은 책의 내용이 "전례적이고 공동체적인 기도라기보다는 개인적이고 개별적인 기도에 더 가깝다"고 말한다. "우리 스스로 기도하기를 배워야만 합니다./ 기도에 가장 중요한 것은 침묵입니다." 데레사 수녀의 명함에 새겨진 문구는 침묵과 기도의 참된 의미를 일깨운다.

침묵의 열매는 믿음입니다.
믿음의 열매는 기도입니다.
기도의 열매는 사랑입니다.
사랑의 열매는 봉사입니다.
그리고 봉사의 열매는 침묵입니다.

아울러 엮은이 말대로 책에는 "집에서도 천천히 음미할 수 있는 일련의 명상 자료"가 담겨 있다.

"물질이 우리의 주인이 되었을 때/ 우리는 참으로 빈

곤한 사람들입니다."

"성실함이란 바로 겸손을 뜻합니다./ 굴욕을 받아들임으로써만/ 우리는 겸손에 도달할 수 있습니다."

"거창한 일들을 할 수 있는 이들은 많지만/ 사소한 일들을 즐겨하는 이들은 별로 많지 않습니다."

『마더 데레사의 아름다운 선물Mother Teresa: In The Heart of The World』(베키 베니나트 엮음, 샘터, 2001)은 일화 위주로 데레사 수녀의 구체적인 삶의 모습을 담은 책이다. 「세상에서 제일 맛있는 빵」과 「바구니 속의 약」은 비슷한 맥락의 이야기다.

콜카타의 마더 데레사의 집에서는 하루에 9000명분의 식사를 준비해야 하는데 어느 날 먹을 것이 떨어졌다. 데레사 수녀도 할 말을 잃고 있던 차에 아침 9시가 되자 빵을 가득 실은 트럭 한 대가 사랑의 선교회 수녀원으로 들어 왔다. 인도 정부는 각급 학교의 결식 아동에게 매일 빵 한 조각과 우유를 공급했는데 이 날 모든 학교가 쉬는 걸 모르고 시 당국이 준비했던 빵을 수녀원으로 보낸 것이다.

아버지가 죽어가는 아이를 살릴 수 있는 약을 구하는 이야기는 더 극적이다. 어떤 남자가 수녀원으로 달려와 의사가 자신의 아이에게 처방한 약을 구해 달라고 외쳤다. 그러나 사랑의 선교회에는 그 약이 없었다. 그런데 때맞춰 어떤 사람이 약품 한 바구니를 들고 나타났고, 그 바구니의 오른쪽 꼭대기에 아이의 아버지가 찾았던 그 약이 놓여 있었다.

이 책은 『따뜻한 손길』(샘터, 1997)을 새로 펴낸 것인데 신판의 옮긴이 서문에는 '데레사 효과'가 언급된다. 데레사 효과란 "데레사 수녀의 헌신적인 봉사활동에서 유래한 것으로 봉사와 선한 일을 생각하거나 보기만 해도 마음이 착해지고, 우리 몸도 영향을 받아 신체 내에서 바이러스와 싸우는 면역물질 IgA가 생긴다는 미국 하버드 의대의 보고서에서 인용된 용어다."

앞서 언급한 호세 루이스 곤잘레스 발라도가 엮은

마더 데레사 선집 두 권도 기도·묵상집의 성격이 짙다. 『즐거운 마음Heart of Joy』은 가난에 대한 성찰이 돋보인다. "가난한 사람들은 우리의 동정심이나 연민을 필요로 하지 않습니다. 그들은 우리의 도움을 필요로 합니다. 우리가 그들에게 주는 것보다 그들이 우리에게 주는 것이 훨씬 많습니다."

『아름다운 영혼 행복한 미소Loving Jesus』에서는 책 말미의 인터뷰가 눈길을 끈다. 일을 하면서 종교적인 문제의 비중은 어느 정도냐, 는 호세 루이스 곤잘레스 발라도의 물음에 마더 데레사는 이렇게 답한다. "우리는 도움을 필요로 하는 사람들의 종교적 신념을 보고 돕지는 않습니다. 우리는 도움을 필요로 하는 사실만 보고 도울 뿐입니다. 우리는 우리가 돕는 사람들의 종교적 신념에는 관심이 없습니다. 우리는 절박한 필요에만 의미를 둡니다."

마더 데레사는 우리와 동시대의 인물이다. 1981년과 85년 두 번에 걸쳐 우리나라를 다녀가기도 했다. 신홍범의 표현을 빌면 "그런 인물과 같은 시대에 살면서 그 인격을 만나고 그 위대한 삶의 실제 모습을 볼 수 있다는 것은 행운이며 축복이라 할 수 있다." 그런데 이런 측면은 마더 데레사 관련서에서도 하나의 특징의 이룬다. 마더 데레사에 관한 책들은 비주얼하다.

신홍범 엮음의 『마더 테레사』에는 화보가 80쪽에 걸쳐 있고, 『가난한 마음 마더 데레사』에도 인도의 사진가 라구 라이가 찍은 사진이 빼곡하다. 『캘커타의 마더 데레사— 그 끝없는 사랑과 봉사의 현장을 찾아서』(눈빛, 2005)는 부제목이 말하듯 콜카타에 있는 마더 데레사 하우스의 삶을 포착한 김경상의 사진집이다.

마더 데레사 관련서는 수십 종이 나왔다. 여기서 언급하지 않은 책이 더 많은 셈이다. 그 밖에 서지사항이 드러난 일반 출판물은 『사랑의 등불 마더 테레사』(루신다 바디 엮음, 황애경 옮김, 고려원미디어), 『그들과 함께 하소서— 마더 테레사의 자전적 고백록』(공홍택 옮김, 눈빛), 『마더 테레사 말씀』(호세 루이스 곤살레스 발라도 엮음, 황애경 옮김, 디자인하우스) 등이 있다.

종교 계통 출판사가 펴낸 것은 적어도 10여 종이 넘고, 어린이·청소년 전기물도 그만큼은 된다. '공부가 되는 위인전' 시리즈로 나온 『사랑을 그리는 하느님의 몽당연필』(김남석 글·장선환 그림, 해와나무, 2004)의 제목은 마더 데레사가 남긴 명언에서 따온 것이다. "하느님께서는 어렵기 그지없는 모든 일을 하시고 계십니다. 그 일을 돕기 위해 그분의 손에 쥐어진 나는 작지만 조금은 쓸모가 있는 몽당연필입니다."

마더 데레사의 책

작은 몸짓으로 이 사랑을 지은정 옮김, 바오로딸, 2005.
작은 몸짓으로 이 사랑을 지은정 옮김, 바오로딸수고회, 1998
사랑은 철따라 열매를 맺나니— 마더 데레사 일일 묵상집 도로시 헌트 엮음, 문학숙 옮김, 황금가지, 2008.
사랑은 철따라 열매를 맺나니 도로시 헌트 엮음, 문학숙 옮김, 민음사, 1995.
모든 것은 기도에서 시작됩니다 앤터니 스턴 엮음, 이해인 옮김, 황금가지, 1999.
마더 데레사의 아름다운 선물(제3판) 이해인 옮김, 샘터, 2010.
마더 데레사의 아름다운 선물 베키 베니나트 엮음, 이해인 옮김, 샘터, 2001.
따뜻한 손길 베키 베니나트 엮음, 이해인 옮김, 샘터, 1997.
즐거운 마음 호세 루이스 곤잘레스 발라도 엮음, 김순현 옮김, 오늘의책, 2003.
아름다운 영혼, 행복한 미소 호세 루이스 곤잘레스 발라도 엮음, 김순현 옮김, 오늘의책, 2004.
마더 데레사 자서전 송병선 옮김, 민음인, 2010.
마더 데레사 자서전 송병선 옮김, 황금가지, 2005.
마더 데레사의 단순한 길 백영미 옮김, 사이, 2006.
사랑하라, 온 세상을 다 가진 것처럼 이창희 옮김, 마음터, 2008.
가난— 마더 테레사 생활명상집 김순현 옮김, 오늘의책, 2008.
마더 데레사, 나의 기도 강윤영 옮김, 청아출판사, 2010.
이보다 더 큰 사랑은 없다 지은정 옮김, 바오로딸, 2010.

마더 데레사의 생애

마더 테레사 신홍범 편역, 두레, 1997.
마더 테레사— 순결한 열정, 가난한 영혼 나빈 차울라 지음, 이순영 옮김, 생각의나무, 2005.
가난한 마음 마더 데레사 나빈 차울라 지음, 이순영 옮김, 생각의나무, 2003.
사랑을 그리는 하느님의 몽당연필 김남석 글·장선환 그림, 해와나무, 2004.
소박한 기적— 마더 데레사의 삶과 믿음 T.T. 문다켈 지음, 황애경 옮김, 위즈덤하우스, 2005.
캘커타의 마더 테레사— 그 끝없는 사랑과 봉사의 현장을 찾아서 김경상 지음, 눈빛, 2005.

마더 테레사- 가난하고 병든 사람들의 어머니 에마 존슨 글, 김석희 옮김, 어린이작가정신, 2005.

마더 테레사- 선생님도 놀란 인물뒤집기 에이미 루스 지음, 김은경 옮김, 성우주니어, 2006.

마더 테레사- 귀염둥이 처음 읽는 신앙 위인전 안숙경 글, 정지혜 그림, 모퉁이돌, 2006.

마더 테레사- 나는 한 자루 몽당연필 부수영 글, 이혜주 그림, 주니어랜덤, 2006.

마더 테레사와 함께한 날들 오키 모리히로 지음, 노희운 옮김, 도솔, 2006.

몽당연필이 된 마더 데레사 고정욱 글, 박승범 그림, 바오로딸, 2006.

마더 테레사가 들려준 이야기 에드워드 르 졸리·자야 찰리하 글, 앨런 드러먼드 그림, 황의방 옮김, 두레아이들, 2006.

마더 데레사와 함께 하는 15일 기도 프란치스코 폴로 몬시뇰 지음, 양비안네 옮김, 바오로딸, 2006.

마더 테레사- 사랑으로 기적을 일으킨 데미 글·그림, 동쪽나라, 2007.

따뜻한 영혼을 가진 마더 테레사 까르멘 힐 마르띠네스 글, 메레세 갈리 사나라우 그림, 김지홍 옮김, 주니어김영사, 2007.

마더 테레사- 나는 주님의 작은 몽당연필 오정희 지음, 웅진씽크하우스, 2007.

마더 테레사의 삶 그리고 신념 오키 모리히로 지음, 정창현 옮김, 위즈덤하우스, 2007.

마더 테레사- 세상을 바꾼 위대한 인물 앤 피츠패트릭 글, 오주영 옮김, 산하, 2007.

마더 데레사 나의 빛이 되어라 브라이언 콜로디척 신부 엮음, 허진 옮김, 오래된미래, 2008.

마더 데레사와 함께 기도하는 한 시간 앤서니 치폴로 지음, 장말희 옮김, 성바오로, 2008.

마더 테레사- 모든 사람을 사랑한 성녀 김영자 글, 황지영 그림, 흙마당, 2008.

마더 테레사(에버그린 문고 48) 김용철 엮음, 김&정, 2008.

자비를 팔다- 우상파괴자 히친스의 마더 테레사 비판 크리스토퍼 히친스 지음, 모멘토, 2008.

마더 데레사 평전 마리안네 잠머 지음, 나혜심 옮김, 이석규 감수, 자유로운상상, 2009.

우리의 어머니, 마더 데레사- 마더 데레사 탄생 100주년 기념 전기 레오 마스부르크 지음, 김태희 옮김, 민음인, 2010.

마더 테레사의 하느님께 아름다운 일 맬컴 머거리지 지음, 이정아 옮김, 시그마북스, 2010.

마더 데레사- 어둠 속 믿음 그레그 와츠 지음, 안소근 옮김, 바오로딸, 2010.

마더 테레사의 사랑하는 기쁨 자야 찰리하·에드워드 르 졸리 엮음, 유향란 옮김, 순, 2010.

마루야마 마사오
丸山眞男
1941-1996

일본 근대성의 뿌리 해명한 실천하는 지성

우리에게 일본은 여전히 '가깝고도 먼 이웃'이다. 일본에 대해 잘 아는 것 같지만 모르는 구석이 너무 많다. 일본이란 대상을 제대로 파악하지 못하고 피상적으로 인식하고 있기 때문일 것이다. 일면만 보고 전체를 단정하는 '성급한 일반화의 오류'는 고정관념을 낳기 쉽다. 이렇게 생성된 고정관념은 부정적인 생각이 주종을 이룬다.

마루야마 마사오와 그의 저서들은 일본에 대해 우리가 갖고 있는 또 하나의 편견을 불식하기를 요구한다. 마루야마 마사오는 일본을 대표하는 세계적인 정치학자이자 정치사상가이다. 그의 저서는 일본은 물론이고 세계적으로도 널리 읽히고 있다. 1961년 출간된 『일본의 사상』은 1997년 4월까지 61쇄를 찍었고, 1957년 처음 나온 『현대정치의 사상과 행동』은 1964년에서 1996년까지만 셈해도 무려 160쇄에 이른다. 영역본 『현대정치의 사상과 행동』은 일본을 연구하는 외국의 학자들에게 필독서로 꼽힌다.

그러면 우리의 사정은 어떤가? 좀 한심한 형편이다. 얼마 전까지만 해도 학계에서는 일본의 독자적인 철학이나 사상은, 그 존재 자체를 인정하지 않았다. 1980년대 초반 어느 대학의 철학과에서 있었던 일이다. 대학원생들이 '일본철학사' 강좌의 개설을 건의했는데 그 건의는 뜻하지 않은 난관에 봉착한다. 대학원의 책임 있는 자리에 있던 교수가 이의를 제기했기 때문이다. '일본철학사'나 '일본사상사'는 결코 있을 수 '없다'는, 헤게모니를 쥔 교수의 완강한 반대에 부딪혔던 것이다.

어렵사리 개설된 강좌는 본의 아니게 '일본문화사'라는 이름을 갖게 되었다.

일본에 대한 무지와 편견은 언론도 예외가 아니다. 유력 일간지 특파원이 쓴 마루야마 마사오의 추모열기를 보도한 기사는 단적인 예다. 마루야마는 1996년 8월 15일 세상을 떠났다. 특파원은 도쿄발 기사를 통해 타계 이후 마루야마가 쓴 책들의 판매량이 늘고 있다는 소식을 전했다. 그런데 우리말로 옮겨진 마루야마의 책들을 나열한 대목이 화근이었다. 엉뚱한 책들을 끼워 넣었던 것이다. 마루야마 마쓰유키, 마루야마 마사야 같은 비슷한 이름을 혼동한 결과로 이해할 수도 있으나 『섹스법정』『섹스원죄 어디까지인가』 등을 마루야마 마사오의 작품으로 내보낸 것은 너무했다.

지금까지 나온 마루야마의 한국어 텍스트는 모두 일곱 권이다. 겹친 것을 빼면 다섯 권이 번역된 셈이다. 마루야마의 타계를 앞뒤로 해서 1990년대에 나온 네 권의 번역서는 한 사람이 꾸준히 번역에 참여했다. 김석근 교수(연세대 정치외교학)가 단독 또는 공동 작업에 의해 우리말로 옮겼다. 때문에 일관된 호흡을 느낄 수 있다. 마루야마 책의 첫 번째 번역서는 『일본의 현대사상』(종로서적, 1981)이라는 이름으로 나왔다. 이 책은 절판되었지만 같은 책인 『일본의 사상』(한길사, 1998)은 구해 볼 수 있다.

마루야마의 학문세계는 세 부분으로 나뉜다. ▲에도와 메이지 시대 사상사 연구 ▲일본 파시즘에 대한 분석과 비판 ▲순수 정치학적인 주제에 대한 탐구 등이다. 『일본의 사상』은 마루야마의 기본 테마에서 '가지를 뻗은' 다양한 주제를 다루고 있다. 지식인과 대중, 전통과 근대, 조직과 인간 같은 기본 테마의 변주 말고도 문학과 문화를 보는 높은 안목도 보여준다. 여기에다 마루야마가 창안한 독특한 개념을 한꺼번에 만나는 기회를 제공한다. '무책임의 체계' '작위作爲와 자연' '부채살 유형과 문어항아리 유형' '이다라는 것과 하다라는 것' 등.

이 가운데 '무책임의 체계'는 이런 것이다. "자신이 의거하는 이론적 입장이 본래 현실을 총체적으로 파악하며, 또 파악할 수 있는 것이라는 사실로 인해 책임의 한계가 없어지고, 무한한 현실에 대한 무한한 책임이라는 원칙은 실제로는 거꾸로 자신의 학설에 대한 이론적 무책임으로 나타난다." 이것은 마르크스적인 사고방식이 빚게 되는 결론을 가리킨다. 이에 따라 마르크스주의는 이론의 물신화를 통해 강단 마르크시즘으로 전락한다는 것이다. 또한 사회과학과 역사학의 테두리에서 혁명아카데미즘의 경향이 농후해지고, '자본'에 대한 훈고주석학이 승한다.

『현대정치의 사상과 행동』(한길사, 1997)은 비록 불완전한 형태이기는 하지만 『일본현대정치론』(고려원, 1988)이란 이름으로 이미 선보였다. 번역자가 임의로 몇 개의 논문을 누락시킨 까닭에 본래 제목을 사용하지 않았다. 그래도 「초국가주의의 논리와 심리」「일본 파시즘의 사상과 운동」「군국지배자의 정신상태」 같은 글들은 싣고 있다. 『일본현대정치론』은 번역 시기가 흥미롭다. 1988년은 되찾은 대통령직선제에 의한 제6공화국의 원년이었다. 앞서 30여 년간 이 땅을 지배한 '군사정부'로서는 자신들의 논리와 심리를 꿰뚫어 보는 이 책을 도저히 용납할 수 없었을 것이다.

마루야마는 계몽주의의 아들을 자임한다. 또한 '역사는 자유의 의식을 향한 진보'라고 믿는 헤겔리안이다. 마르크스에게 받은 영향도 굳이 숨기지 않는다. 그렇다고 마르크스주의자는 아니지만 닮은 점이 없지 않다. 뛰어난 어학실력을 무기로 동서고금을 섭렵한 해박한 지식, 실증적인 서술에다 난해함까지. 이런 측면은 『일본정치사상사연구』(통나무, 1995)에 잘 나타나 있다. 이 책은 한마디로 천재적 조숙함의 결실이다. 마루야마는 일본사상사연구의 세계적 흐름을 주도한 '걸작'의 제1장을 불과 26세의 나이에 완성했다.

〈출판저널〉박천홍 기자는 마루야마 마사오, 후지타 쇼조, 가라타니 고진 같은 일본을 대표하는 비판적 지식인의 저서의 번역 소개를 '출판화제'로 다룬 글에서 마루야마 마사오의 『충성과 반역』을 다음과 같이 언급했다.

이번에 소개된 『충성과 반역— 전환기 일본의 정신사적 위상』(나남출판, 1998)은 마루야마 마사오의 후기저작을 대표한다. 바쿠한幕藩 체제의 해체기부터 파시즘의 형성과 붕괴에 이르기까지 일본의 국민국가 형성기에 나타난 근대적 사유의 성숙과 주체적 인격의 확립과정을 탁월하게 분석한다. (「일본지성의 세계를 열어본다」, 〈출판저널〉제252호, 1999. 2. 20)

『번역과 일본의 근대』(이산, 2000)는 독특한 주제의 대담집이다. 마루야마 마사오는 작가이자 전방위 비평가인 가토 슈이치와 일본의 번역문화를 화두로 이야기를 나눈다. 실제는 가토가 묻고, 마루야마가 답변하는 방식을 취한다. 번역의 배경을 전제로 한 가토의 질문은 다섯 가지로 요약된다. 첫째 무엇을 번역했고 무엇을 번역할 필요가 있었는가. 둘째 어떤 사람이 번역했고, 셋째 왜 번역주의를 취했는가. 넷째 어떻게 번역했는가. 다섯째 메이지 시기 일본의 번역주의의 공과는.

야스오카 쇼타로와의 '잡담'에서 마루야마가 시사받은 번역의 급진성에 대한 지적이 흥미롭다. "야스오카의 견해입니다만, 번역으로 읽는 쪽이 더 급진적이라는 거예요.(웃음) 인텔리의 급진주의는, 그의 표현으로는 자유민권이나 사회주의 관련 책자를 번역본으로 읽었던 것과 관계가 있다는 겁니다."

아울러 급진사상의 이른 도입에 대해서는 '후진국의 조숙성'이라는 표현을 쓴다. "번역의 문제에서 흥미로운 점은 공산주의나 사회주의에 대한 소개가 빠르다는 겁니다. 메이지 10년대에 벌써 번역되고 있으니까 말이

지요. 후진국의 조숙성이랄까요." 또한 번역물의 함량은 '짬뽕'이었다는 평가를 내린다. "제일급 서적과 통속적 서적이 동시에, 어떤 경우에는 같은 사람에 의해서 번역되고, 그것이 거의 동등한 영향을 끼쳤습니다."

아무튼 번역문화와 근대를 화두로 삼은 일본의 원로 두 사람의 대담은 부럽기 짝이 없다. 이런 지식·출판·독서 문화가 부재한 우리의 현실에 대한 안타까움은 이 책의 옮긴이가 붙인 꼼꼼한 각주로나마 위안을 삼아야 할까 보다.

마루야마는 행동하는 지식인으로도 유명하다. 그는 1960년대 '전공투' 학생들에게 "자네들은 나치즘보다 더 나쁘다"며 호되게 나무라기도 했다. 마루야마는 일본의 일본사회의 정신적 지주로 존경받았다. 우리로서도 파시즘비판과 반핵평화운동에 참여한 비판적 지식인의 면모는 높게 평가해야 한다. 하지만 마루야마가 일본의 한국 식민지배에 대한 비판의식을 좀처럼 드러내지 않았다는 사실은 그의 사상의 한계로 지적할 수밖에 없다.

■ 마루야마 마사오의 책
전중과 전후 사이 1936-1957: 마루야마 마사오, 정치학의 기원과 사유의 근원을 읽는다 김석근 옮김, 휴머니스트, 2011.
문명론의 개략을 읽는다 김석근 옮김, 문학동네, 2007.
번역과 일본의 근대 가토 슈이치 공저, 임성모 옮김, 이산, 2000.
충성과 반역 박충석·김석근 옮김, 나남출판, 1998.
일본의 사상 김석근 옮김, 한길사, 2003.
일본의 사상 김석근 옮김, 한길사, 1998.
일본의 현대사상 박준황 옮김, 종로서적, 1981.
현대정치의 사상과 행동 김석근 옮김, 한길사, 1997.
현대일본정치론 신경식 옮김, 고려원, 1988.
일본정치사상사연구 김석근 옮김, 통나무, 1995.

■ 마루야마 마사오에 관한 책
오쓰카 히사오와 마루야마 마사오— 일본의 총력전 체제와 전후 민주주의 사상 나카노 도시오 지음, 서민교 외 옮김, 삼인, 2005.

마르코스와 사파티스타
Marcos(Rafael Sevostián Guillén Vincente) Zapatistas

포스트모던 혁명가 또는
최초의 사이버 게릴라

다양하고 깊이 있는 정보가 제공된 것은 아니지만, 사파티스타 운동은 한국에서 상당한 호기심을 불러일으켰습니다. 특히 1997년 경제 위기 이후 많은 노동자들이 민영화로 인해 일자리를 잃었고, 농민들의 삶이 악화되었습니다. 이런 사회 계층들은 사파티스타 민족해방군을 신자유주의에 맞서는 중요한 운동으로 여깁니다. 한국인이 착각하고 있는 것입니까?

『21세기 게릴라의 전설, 마르코스』(휴머니스트, 2003)의 말미에 실려 있는 이 책의 옮긴이가 두 명의 공저자와 가진 인터뷰에서, 옮긴이가 저자들에게 던진 마지막 질문은 논란의 여지가 있다.

먼저, 우리에게 사파티스타 운동에 대한 깊이 있고 다양한 정보가 제공되지 않았다는 점부터 살펴보자. 다른 나라들과 달리, 우리나라의 신문과 방송은 사파티스타 민족해방군과 그 우두머리인 마르코스의 활동을 전하는 데 인색했다. 2001년에 있은 '평화를 위한 대행진'도 사파티스타 민족해방군 대표단의 3월 11일 멕시코시티 입성 광경을 일부 신문이 외신면을 통해 약간 자세하게 다뤘을 뿐, 텔레비전 뉴스는 해외토픽으로 간단하게 처리했다.

신문과 방송에 비하면 출판은 사파티스타 운동에 대해 깊이 있고 다양한 관심을 보여줬다고 할 수 있다. 지금까지 출간된 다섯 권의 사파티스타 관련 서적은 부사령관인 마르코스의 행적에 초점을 맞추고 있는 것이 사실이지만, 사파티스타 운동에 대한 긍정론에서

부정론에 이르는 다양한 시각을 보여준다.

한편, 사파티스타 운동에 대한 우리의 관심은 단순한 호기심 차원에 머물렀다고 보는 편이 타당하다. 관련서적들의 저조한 판매량이 이를 입증한다. 내 수중에 있는 책을 기준으로 한다면, 기껏해야 2쇄를 찍는데 그쳤다. IMF 관리체제를 계기로 우리나라의 농민과 노동자 계층에서 사파티스타 운동을 신자유주의에 맞서는 중요한 움직임으로 파악했다는 지적은 지나친 확대해석으로 보인다. 물론 농민운동과 노동운동의 지도부에서는 사파티스타 운동에 관심이 없지 않을 것이다. 하지만 대부분의 농민과 노동자는 이 운동에 무관심할 것이다. 태반은 사파티스타의 존재 자체도 모를 것이다.

우리나라에서 사파티스타 운동에 호기심을 보인 주된 계층은 사파티스타 민족해방군의 초기 문건을 모은 『분노의 그림자』(삼인, 1999)를 읽고 멕시코에 가기로 다짐한 『21세기의 전설, 마르코스』의 옮긴이처럼 식자층이다. 그중에서도 인터넷에 능숙한 네티즌이 주류를 이룰 것이다. 그러나 이들의 사파티스타 운동에 대한 호기심마저 2000년에 불어온 뒤늦은 체 게바라 열풍에는 훨씬 미치지 못했다.

마르코스는 체 게바라를 자신의 역할 모델로 삼았다고 한다. 38년 전에는 한국인 중 그 누구도 체 게바라의 은신처인 남미 볼리비아의 안데스 산맥 기슭의 숲에 가볼 엄두를 내지 못했던 데 비해, 이제는 마음만 먹으면(물론 여행 경비가 있어야 한다), 멕시코 치아파스 주에 위치한 마르코스의 은신처를 방문할 수 있다는 점이 우리로서는 달라진 점이다.

『21세기 게릴라의 전설, 마르코스』는 사파티스타 운동을 취재한 프랑스 일간지 〈르몽드〉의 기자와 스페인 일간지 〈엘파이스〉의 기자가 함께 쓴 르포다. 그런데 이 책은 사적인 감정이 집필의 원동력이 된 것으로 보인다. 〈르몽드〉의 베르트랑 데 라 그랑쥬 기자는 사파

티스타가 언론을 통제한다고 강하게 비판한다. 〈르몽드〉는 〈뉴욕타임스〉와 더불어 사파티스타가 우대하는 해외 언론이었지만, 베르트랑 기자의 연이은 비판적 논조의 기사로 인해 그는 사파티스타가 1996년 주최한 '대륙간 회의'의 취재를 거부당했다.

여기서 우리나라의 한 유력 일간지가 이 책의 한국어판을 출판 면에 대서특필한 까닭이 어느 정도 짐작된다. 이따금 취재 거부를 당하는 그 신문으로서는 저자들과 동병상련을 느낀 모양이다. 한데, 외부필자로서 그 신문의 리뷰를 맡은, 자신의 과오를 뼈저리게 반성하고 있는 예전의 민주 운동가는 마르코스와 사파티스타 운동에 대하여 왜 그렇게 냉소적인 서술로 일관했을까?

비록 편견이 강하게 개입돼 있기는 해도 이 책은 우리에게 유용한 정보를 제공한다. 게다가 사파티스타 운동의 연원과 전개과정을 운동 관계자 및 주변 인물과의 인터뷰를 바탕으로 엮은 르포는 흥미진진하게 읽힌다. 이 책에서 가장 유용한 정보는 무엇보다 마르코스의 정체에 관한 것이다.

멕시코 정보 당국은 스키 마스크를 써서 입을 가린 마르코스의 정체를 파악하는 데 무려 1년이 걸렸다. 그것도 사파티스타 민족해방군의 지도부를 구성했던 어느 전향자의 정보 제공이 있었기에 가능했다. 마르코스의 본명은 라파엘 세바스티안 기엔 비센테이고, 멕시코 국립자치대학에서 철학을 공부했으며, 디자인 예술과학대학에서 잠시 학생들을 가르치기도 했다. 마르코스라는 이름은 암살당한 멕시코의 게릴라 지도자 알프레도 사라테의 별칭에서 따온 것이다. 사파티스타는 20세기 초 멕시코 혁명가 에밀리아노 사파타를 따르는 무리쯤으로 이해하면 된다.

비판적 독서는 모든 책에 해당되는 것이지만 이 책은 더욱 주의해야 한다. 저자들이 자신들이 말하고 있는 대상에 냉정한 시선을 겨누고 있어서다. 물론 이러한 비판적 고찰이 무작정한 칭찬보다는 낫다. 하지만 사파티스타가 멕시코를 한 세기 가까이 지배해온 제도혁명당의 일파와 연계돼 있을 것이라는 추측은 음해성이 다분해 보인다. 근거 없는 비판과 정당한 비판을 잘 구별하는 독자의 눈썰미가 요청된다.

그래도 대외적으로 인권 국가를 자임하는 멕시코 정부가 다른 나라의 반정부 게릴라는 지원하면서도 자국의 게릴라는 무자비하게 탄압하는 이중적 태도를 비판한 것은 온당하다. 마찬가지로 멕시코 정부와의 유대를 고려해 멕시코 반정부 게릴라에 대한 정보를 멕시코 정부에 제공한 쿠바 카스트로 정권의 위선을 고발한 것도 따끔한 비판이다. 또한, 다음과 같은 지적은 사파티스타 현상을 이해하는 데 시사하는 바가 크다.

"(사파티스타를 취재하러 멕시코의) 수도 멕시코시티에서 온 기자들은, 이 멀고 먼 동남부에 자리잡은 곳에 대해 아는 것이 없었고, 마르코스의 마술에 넋을 잃었다." "유럽인에 의한 신세계 정복으로 이루 헤아릴 수 없는 아메리카 원주민들이 고통받고 죽어갔는데, 수세기 동안 유럽인들은 이를 제대로 다루지 않았다."

반면, 마르코스의 권위주의와 사파티스타 봉기 이후 더 열악해진 치아파스 원주민의 사는 형편을 부각시킨 것은 저자들의 숨은 의도를 의심케 한다. '그들은 혹시 수구적인 언론인이 아닐까!' 자유주의를 표방하는 저자들의 정서를 감안한다 해도 말이다. 저자들이 마르코스와 사파티스타 민족해방군의 치부를 드러내는 것은 그들에게 애증이 병존해선지도 모른다.

이 책은 사파티스타 운동의 연원을 추적하기 위해 1960년대까지 거슬러 오르지만 가장 최근의 상황은 출간 직전인 1997년 초반에서 멈춘다. 최근 상황의 공백은 '한국어판 서문' '저자 인터뷰' '연표' 등이 그럭저럭 메워준다.

미국의 경제학자 해리 클리버는 『사빠띠스따』(갈무리, 1998)에서 사파티스타 운동에 긍정적 입장을 취한다. 그렇다고 사파티스타를 무오류의 정치 결사체로 보진 않는다.

그것은 우리가 배울 필요가 있는 유일한 투쟁은 아니며 또 전혀 그렇지 않다. 그러한 투쟁들은 매일 늘어나고 있다. 그러나 사빠띠스따의 투쟁이, 세계의 많은 다른 부분들에서 광범위한 대오의 투쟁들 속에 참가하고 있는 대다수의 대중이 함께 모여 생각과 전망과 전략적 제안들을 교환할 수 있었던 초점을 제공한 것만은 분명하다.

이 책에는 사파티스타 운동을 다룬 책들에 대한 해리 클리버의 서평 세 편과 사이버 스페이스, 마르크스주의 등을 매개로 한 사파티스타 관련 논문들이 실려 있다. 권말에는 이 책의 옮긴이기도 한 조정환이 이원영이라는 이름으로 발표한 글이 덧붙여져 있다. 조정환의 「사빠띠스따의 '간대륙주의'와 '민족자율' 문제」는 한국인이 쓴 몇 안 되는 사파티스타 관련 논평 가운데 하나다.

이 글에서 조정환은 사파티스타가 민족주의라는 과거적 지향에 묶여 있다는 국제주의자들의 비판에 담긴 원칙적인 측면에는 공감하면서도 그러한 잣대를 사파티스타의 투쟁에 곧바로 적용해서는 곤란하다고 말한다. 사파티스타의 민족 전략을 민족주의 이념의 산물로 보거나 과거의 민족해방 투쟁의 산물로 보기가 어려운 까닭이다.

이와 아울러 조정환은 "사빠띠스따 투쟁에 대한 한국 좌파 운동의 방관과 침묵 혹은 냉소는 불식되어야 한다"고 주장한다. 그 이유는 멕시코 치아파스의 문제가 곧 이 땅에 사는 우리의 자신의 문제이기 때문이다. 박노자 교수가 신문 칼럼에서 "멕시코의 사파티스타 투쟁을 그냥 '하나의 흥미로운 사례'로 보는 오늘의 진보적 서구인"이라는 표현을 쓴 것도 이런 맥락에서일 것이다.

마르코스는 자신의 저서를 펴낸 적이 없다. 하지만 마르코스를 지은이로 내세운 번역서가 세 권이나 나와 있다. 『분노의 그림자』의 프롤로그에 나오는 한 구절은 저서가 없는 사람의 책이 나오게 된 사연을 말해준다. "여러분이 우리가 낸 문건을 출판한다든지 거기에 어떤 종류의 프롤로그나 머리말을 쓴다든지 하는 것을 다 허락합니다." 그러니까 마르코스의 이름을 저자로 내건 책들은 온라인과 오프라인을 통해 발표된 사파티스타의 공식 문건을 그러모은 것이다.

『분노의 그림자』는 1994년 1월 1일 0시 30분을 기해 봉기한 사파티스타 민족해방군이 그해 1월 초에 공표한 선언문부터 같은 해 6월에 있은 '전국민주주의 대표자회의'에 드리는 연설문까지를 모았다. 좀더 정확하게는 "라칸돈 정글의 첫 번째 선언부터 두 번째 선언까지, 즉 1993년 12월 31일부터 1994년 6월 10일까지 EZLN(사파티스타 민족해방군)에서 발표한 성명서들을 담"았다. 마르코스는 사파티스타 선언문의 작성자로 알려져 있다. 이 책에는 마르코스가 1992년에 쓴 글도 포함돼 있다.

이 책은 사파티스타 봉기 이후 초창기 문건을 집대성한 것으로 사파티스타가 지향하는 바와 마르코스의 수사학을 잘 보여준다. 사파티스타의 요구사항은 다음 11가지로 집약된다. 일자리, 토지, 주택, 식량, 의료, 교육, 독립, 자유, 민주주의, 정의, 평화가 바로 그것이다. 또 사파티스타는 민주주의, 자유, 정의를 11가지 요구사항을 실현하기 위한 세 가지의 기본 전제로 삼는다. 마르코스는 자신들이 원하는 것은 간단히 말해 "존엄과 정의가 함께하는 평화"라고 한다. 그리고 그는 자신들이 이 세상에서 설움 받는 모든 이들의 대변자임을 자임한다.

우리의 목소리에서는 나머지 사람들, 아무것도 가진 것이 없는 사람들, 침묵과 무지를 선고받았던 사람들, 권력자들의 통치권에 의해 그들의 땅과 그들의 역사에서 추방된 사람들, 고통과 분노로 가득 찬 이 세상을 살아온 모든 착한 남자와 여자들, 버림받고 외로워 죽어간 아이들과 노인들, 굴욕당한 여성들, 비천한 남성들의 목소리가 떠돌 것입니다.

이를 더욱 구체적으로 말하면, "마르코스는 샌프란시스코에서는 게이이고, 남아프리카에서서는 흑인이며, 유럽에서는 아시아인이고, 스페인에서는 무정부주의자이고, 이스라엘에서는 팔레스타인인이며, 독일에서는 유대인이며, 정당에서는 페미니스트이며, 탈냉전시대에는 공산주의자이고, 보스니아에서는 평화주의자이고, 화랑이나 화집이 없는 화가이고, 멕시코 어느 도시 어느 이웃에서나 어느 토요일이든 볼 수 있는 주부이며, 20세기 말의 멕시코에서는 게릴라이고, 여백을 메우고자 단편 기사를 쓰는 기자이고, 페미니스트 운동에서는 여성 차별론자이며, 이류 편집자이며, 실업자이고, 개업을 하지 않은 의사이며, 반항적인 학생이고, 신자유주의의 반대자이며, 책이나 독자가 없는 작가이고, 그리고 가장 분명한 것은 남동부 멕시코에서는 사파티스타"이다.

사파티스타 민족해방군의 정치적·기본적 입장에 대한 동조 여부와는 상관없이, 그들이 지향하는 바가 담긴 아래의 슬로건은 사뭇 감동적이다. 적어도 말이 주는 울림만큼은. "모든 사람을 위해서는 모든 것을 요구할 것이나, 우리 자신을 위해서는 아무것도 요구하지 않을 것입니다."

『우리의 말이 우리의 무기입니다』(해냄, 2002)는 1999년까지 발표된 사파티스타 선언문을 엮은 책이다. 따라서 『분노의 그림자』와 겹치는 내용이 많다. 번역도 같은 사람이 맡았다. 이 책의 제목은 사파티스타 민족해

방군의 특징과 장점을 함축한다. 그들의 무기는 말과 글이다. 그러니까 마르코스가 애용하는 인터넷은 그들의 무기를 실어 나르는 '대륙간 탄도 미사일'인 셈이다. 사파티스타의 무장 수준은 대량 살상과는 거리가 멀어도 한참 먼 수준이다. 1994년 봉기 때 키 작은 여성 원주민 게릴라가 메고 있는 나무로 된 모의총은 몽둥이로도 쓸모가 없어 보일 지경이다.

최초의 사이버 게릴라 또는 포스트모던 혁명가라는 소리를 듣는 마르코스지만, 그는 그의 글 곳곳에서 책에 큰 의미를 부여한다. 우루과이의 언론인이자 작가인 에두아르도 갈레아노에게 보내는 편지에서 그는 이렇게 말한다. "책은 인류가 자신에게 선물한 가장 위대한 선물입니다." 다른 글에서는 이런 말도 했다. "책은 여러분을 절대 배반하지 않을 친구입니다."

『마르코스와 안토니오 할아버지』(다빈치, 2001)는 안토니오 할아버지가 들려주는 이야기 형식의, 신화적 상상력이 돋보이는 우화 모음이다. 이 밖에 송기도 교수의 『콜럼버스에서 룰라까지』(개마고원, 2003)에 수록된, 멕시코 혁명과 사파티스타 운동을 간략하게 서술한 「중남미의 혁명1·2」를 통해서도 사파티스타 운동의 배경과 전개과정을 파악할 수 있다.

마르코스의 책

우리의 말이 우리의 무기입니다 후아나 폰세 데 레온 엮음, 윤길순 옮김, 해냄, 2002.
딱정벌레 기사 돈 두리토 조수정 옮김, 현실문화연구, 2008.
마르코스와 안토니오 할아버지 박정훈 옮김, 현실문화연구, 2008.
마르코스와 안토니오 할아버지 박정훈 옮김, 다빈치, 2001.
분노의 그림자 윤길순 옮김, 삼인, 1999.

마르코스와 사파티스타에 관한 책

21세기 게릴라의 전설, 마르코스 베르트랑 데 라 그랑쥬·마이테 리코 지음, 박정훈 옮김, 휴머니스트, 2003.
사빠띠스따 해리 클리버 지음, 이원영·서창현 옮김, 갈무리, 1998.

종합적 안목 가진 행동하는 역사가

이름난 역사가들은 대개 독자적인 사관을 갖고 있다. 그리고 그것은 역사를 규정하는 한두 마디의 말로써 간명하게 표현된다. 우리는 역사에 대한 한두 줄의 정의를 통해 역사가의 사관을 읽을 수 있다. 방대한 저작을 남긴 역사가의 경우에도 그렇다. 아놀드 토인비는 세계사를 '도전과 응전의 역사'로 보았고, E.H. 카는 역사를 '과거와 현재의 끊임없는 대화'로 규정했다. 단재 신채호는 그것을 '아我와 비아非我와의 끊임없는 싸움'으로 여겼다. 마르크 블로크의 역사관 역시 "역사의 대상은 본래 인간"이라는 말에 잘 나타나 있다. 블로크는 미슐레나 쿨랑지 같은 선배 역사가들의 견해를 받아들이면서 다음과 같이 살을 붙였다.

좀더 정확히 말하자면 인간들이라고 하는 것이 좋겠다. 추상화에 편리한 단수형보다는 상대성의 법적 형태가 있는 복수형이 다양한 것을 탐구하는 학문에는 더 적합한 것이다. 금방 눈에 띄는 풍경이나 연장·기계 따위의 너머에서, 겉으로 보기에는 차디차게 식은 듯한 문서나 그것을 확립해 놓은 자들과는 아무런 연관도 없어보이는 제도의 너머에서 역사학이 파악해내고자 하는 것은 바로 인간들이다.

따라서 역사학은 인간에 관한 지식이 된다. 또한 역사가는 전설에 나오는 식인귀와 비슷한 존재여야 한다. 역사가가 사람의 살 냄새에 민감하지 못하면 제대로 된 역사 서술은 불가능하기 때문이다. 생명력 없는 잡다한 지식에 파묻힌 역사가는 엉터리 학자로 머물고

만다. 블로크는 이러한 역사관을 『역사를 위한 변명』(한길사, 1979)에서 직접 표명했다.

이 책은 "도대체 역사란 무엇에 쓰는 것인가?"라는 어린이의 물음을 화두로 출발한다. 하지만 이 책이 역사에 관한 이론적인 개론서는 아니다. 스스로의 지적처럼 '장인匠人의 비망록'에 가깝다. 또 블로크는 이 책을, 오랫동안 자[尺]와 수준기를 다뤘으면서도 자신을 수학자라고 생각하지 않은 직공의 수첩에 비유하기도 했다.

블로크의 장인정신은 세심한 각주 처리와 표절에 대한 경계를 통해 쉽게 확인된다. 그에 의하면, 학자들이 책 아래쪽의 여백을 참고문헌으로 채우는 것은 유혹을 이기지 못한 처사다. 불필요한 수고를 하지 말고, 책의 서두에 참고문헌을 밝히는 선에서 그쳐야 한다. 더구나 책의 본문에 들어가야 할 부연 설명을 각주로 처리해서는 안 된다. 저자의 태만함으로 말미암아 책의 가장 유익한 부분을 찾기 위해 독자를 '지하실'로 내려보내서는 곤란하다는 것이다. 역사가는 그가 사용한 기록의 출처를 성실성이라는 보편적인 법칙에 따라 되도록 간단하게 밝혀야 한다.

표절자의 서투른 솜씨가 종종 그들의 정체를 폭로한다는 지적도 흥미롭다. 표절의 텍스트로 삼은 차용물을 숨기려고 애를 써도 서투른 책략은 표절자의 의도를 배반한다. 이러한 예로 한 중학생의 시험 답안지를 든다. "그는 시험을 볼 때, 옆 사람의 답안지를 훔쳐 본 다음 주의 깊게 문구의 배열만을 달리하여 옆 사람의 것을 거의 그대로 베껴 쓴다. 그는 비상한 인내력을 갖고 주어와 술어를 바꾸며 수동태와 능동태를 바꿔 쓴다."

『역사를 위한 변명』은 전장에서 씌어졌다. 1939년 독일이 프랑스를 침공하자 블로크는 전쟁에 참가한다. 그의 나이는 53세였고, 여섯 명의 자녀가 있었다. 1940년 프랑스가 항복하자 블로크는 고향인 리옹에서 레지스탕스에 가담한다. 그는 저항운동 지도자로서도 뛰어난

역량을 발휘했다. 하지만 1944년 게슈타포에 체포돼 처형당한다. 『역사를 위한 변명』은 항독 활동 틈틈이 쓴 블로크의 원고를 뤼시앵 페브르가 편집한 것이다.

오늘날까지 프랑스 농촌사연구의 지침이 되고 있는 『프랑스 농촌사의 기본 성격』(신서원, 1994)은 블로크의 독특한 방법론의 결과물이다. 그는 프랑스 농촌사의 기본 성격을 해명하는 데 역진적 연구 방법과 비교 연구 방법을 이용했다. 이 책은 현재에서 과거를 거슬러 올라가는 역진적 서술방식을 취한다. "역사를 거꾸로 읽어야 한다"는 그의 지론이 반영된 것이다. 블로크는 프랑스 농촌사 연구는 그 자체만으로 충분하지 않다고 생각했다. 프랑스에서 미처 파악할 수 없는 것은 다른 나라의 사례를 통해 알 수 있다는 말이다. 그는 프랑스의 여러 지역을 서로 비교하는 한편, 유럽이라는 틀 안에서 프랑스와 다른 나라를 비교하기도 했다.

하지만 무엇보다 유념할 점은 『프랑스 농촌사의 기본 성격』이 '발로 쓴' 책이라는 사실이다. 블로크는 농촌과 농업에 대한 기존의 법제사적 연구 경향을 비판하며 '토지에 가서' 하는 연구를 실천했다. 그는 서재에 앉아 고문서나 뒤적이는 연구자와는 거리가 멀었다. 블로크는 농촌을 직접 찾아다니며 현장을 답사했고, 농민과 인터뷰를 하였다. 그는 연구대상에 대한 철저한 인식을 강조했다. 농촌을 완전히 이해하려면 토지 대장이나 징세 대장뿐만 아니라 농민의 신념과 정신 상태는 물론, 인구 분포, 농작물의 작황, 농산물 시장에 관한 지식도 갖춰야 한다는 것이다.

블로크는 34년간 학계에 있으면서 업적을 많이 남겼다. 사후 출간된 것까지 합쳐 저서가 14권, 논문이 96편에 이른다. 1929년에는 뤼시앵 페브르와 함께 〈사회경제사 연보〉를 창간해 이른바 '아날학파'의 초석을 다졌다. 그런데 그의 지적 활동 가운데 특기할 만한 사항이 하나 있다. 엄청난 양의 서평을 쓴 점이 그것이다. 그는 무려 977편의 서평을 남겼다. 서평은 〈사회경제사 연보〉 창간부터 레지스탕스에 가담할 때까지 12년간 집중적으로 발표된 것도 특징이다. 이 시기에만 1122권을 대상으로 874편의 서평을 썼다.

더욱 놀라운 것은 서평의 내용이다. 서평의 대상이 된 도서는 전공인 역사학 외에도 사회학과 언어학 같은 인문·사회과학을 망라했다. 외국어 서적의 비율도 40퍼센트에 달했다. 독일어 책이 가장 많고, 영어·이탈리아어·스페인어 서적이 뒤를 이었다. 블로크의 서평은 우리가 흔히 보는 '주례사 서평'이 아니라 강한 논쟁적 어조를 띠었다고 한다. 하여간 블로크는 역사가이기 전에 서평가이자 대단한 독서가였던 셈이다.

이런 면모는 그의 대표 저서인 『봉건사회』(한길사, 1986)의 방대한 참고문헌 목록이 잘 말해준다. 둘째 권의 말미를 장식하는 참고서지는 53쪽에 이른다. 이 책은 봉건사회의 일반적 조건을 다룬 첫째 권과 계급들의 발전 및 통치조직을 살핀 둘째 권을 합한 본문이 700쪽이 훨씬 넘는 대작이다. 책을 옮긴 한정숙 교수(서울대 서양사학)는 '해설'을 통해 이렇게 평했다.

『봉건사회』는 ─블로크 특유의 문화적 서술방식을 굳이 염두에 두지 않는다 할지라도─ 마치 중세 유럽을 배경으로 한 하나의 빼어난 대하소설과도 같은 느낌을 주는 역사서다. 그 융융한 흐름을 따라가다 보면 때로는 길을 잃고 헤매는 듯한 느낌을 받을 때도 있다. 그러나 별다른 부연설명도 없이 그가 유럽 역사의 어느 구석에선가 불쑥 끄집어내온 예화例話 하나하나가 궁극적으로는 저자의 논지에 녹아들면서 그 시대 인물들의 삶의 갖가지 모습을 생생하게 드러내 보여주는 역할을 하고 있다. 봉건제의 개별적인 측면들, 곧 가신제, 장원제, 정치적 분권상태 등에 대해 보다 자세한 '지식'을 얻고자 하는 사람들은 그러한 주제만 집중적으로 다룬 다른 단행본들을 참조하는 편이 나을지도 모른다.(예를 들어 가신제, 봉토수수관계에 관해서는 앞에서 언급한 강쇼프의 『봉건제란 무엇인가』와 같은 책) 그러나 그 같은 개별적인 연구성과들을 토대로 봉건시대인들의 삶의 총체성을 드러내준다는 점에서는 그 어떤 저작도 아직 『봉건사회』를 따르지 못하고 있는 것으로 평가되며, 바로 이 점에 종합적 안목의 소유자로서의 블로크의 탁월성과 독창성이 있는 것이다.

'1940년의 증언'이라는 부제가 붙은 『이상한 패배』(까치, 2002)는 프랑스의 입장에서 진술한 2차 대전의 패전 보고서이자 허무한 패배를 되풀이하지 않으려는 블로크의 충정이 담긴 '부국강병론'으로 읽힌다.

프랑스가 패하게 된 지적 원인이 군사적 측면에만 있지 않다고 보는 블로크는 "승리자가 되기에는 우리 국민은 불완전하고 충분히 명석하지 않은 지식에 지나치게 만족하는 습관을 가지게 되지 않았는가?" 자문한다. 또 블로크는 두 번에 걸친 자신의 참전 경험에 비춰 프랑스 교양 계층의 남루한 독서 수준을 '폭로'하기도 한다. 양차 대전 중 블로크가 만난 숱한 현역과 예비역 장교들 가운데 "책을 읽는 사람은 드물었고, 과거를 통해서 현재를 이해하는 데에 도움을 주는 저서를 들고 있는 사람은 하나도" 없었다는 것이다.

마르크 블로크의 책

서양의 장원제 이기영 옮김, 까치, 2002.
역사를 위한 변명 정남기 옮김, 한길사, 1979.
역사를 위한 변명 고봉만 옮김, 한길사, 2002.
역사를 위한 변명 고봉만 옮김, 한길사, 2007.
봉건사회(1·2) 한정숙 옮김, 한길사, 2001.
봉건사회(Ⅰ·Ⅱ) 한정숙 옮김, 한길사, 1986.
프랑스 농촌사의 기본성격(개정판) 이기영 옮김, 나남, 2007.
프랑스 농촌사의 기본 성격 김주식 옮김, 신서원, 1994.
이상한 패배 김용자 옮김, 까치, 2002.

마르크 블로크에 관한 책

마르크 블로크역사가 된 역사가 올리비에 뒤물랭 지음, 류재화 옮김, 에코리브르, 2008.

마르틴 발저
Martin Walser
1927-

20세기의 독일적인, 그래서 불행하기도 한 '문인 박사'

'번역'과 '해석'은 『책으로 만나는 사상가들』을 끌고 나가는 두 축이다. 그런 점에서 독일의 작가 마르틴 발저를 초대한 것은 적절한 선택이라 여겨진다. 우리말로 옮겨진 발저의 책들이 번역의 문제점과 해석의 아쉬움을 안고 있어서다. 고등학교에서 제2외국어로 배운 독일어조차 다 까먹은 필자로서는 현대 독일 작가의 소설과 산문의 번역 품질을 판단할 능력이 없다. 다만 발저의 한국어판들이 우리나라 번역 출판의 한계를 그대로 드러내고 있다는 점은 말할 수 있다. 그러니까 번역 출판의 일반적인 문제점을 안고 있다는 말이다. 다시 말해 번역의 문제라기보다는 번역서의 문제이자 번역서 편집과 출간의 문제다.

마르틴 발저의 책은 문학전집에 다른 작가의 작품과 함께 실린 중편소설을 포함해 네 권이 번역되었다. 중편소설과 나머지 세 권은 출간 시기가 거의 한 세대나 떨어져 있으나 비슷한 문제점을 노출한다. 『오늘의 세계문학 13』(중앙일보사, 1982)에 귄터 그라스의 「텔그테에서의 만남」, 페터 바이스의 「부모와의 이별」과 함께 수록된 발저의 「도망치는 말」(안삼환 옮김)은 지금 읽기에도 수월하다. 하지만 오탈자가 수두룩하다. 이태 뒤 나온 보급판에서는 오탈자를 어느 정도 바로잡았지만 그래도 많이 남아 있다. 이 시리즈에 들씌워진 오역의 악평에 대한 절반의 책임은 책을 만든 편집자에게 있다 할 것이다.

마르틴 발저의 장편소설이 우리 앞에 나타난 것은 중편이 맛보기로 선보인 지 무려 19년 만의 일이다. 대작 두 편이 한꺼번에 나오느라 그렇게 뜸을 들였나 보다. 그런데 이 두 권에도 오탈자가 적잖다. 『샘솟는 분수』(종문화사, 2001)에는 오자가 좀 많다. 정오표가 끼워져 있는 61쪽과 나머지 다섯 군데의 실수 말고도 오자가 꽤 된다. 이 소설에는 두 번 넘게 반복되는 구절이 더러 있는데 여기서 그만 큰 오자가 났다. 아버지가 너덧 살 난 아들에게 또박또박 읽도록 가르친 읽기 힘든 긴 단어여서 그랬을까! 바가바드기타는 '바가바트기타'와 '바가와트기타로 표기되고, 타고르의 이름은 '라빈드라나트' '라빈드타나트' '라빈트라나트'로 변신을 거듭한다. 설마 알쏭달쏭한 단어여서 너덧 살 먹은 아이가 매번 잘못 읽은 것을 표현한 건 아니겠지! '제8회 한독 문학번역상'을 받은 『유년시절의 정체성』(종문화사, 2001)에는 오자가 제일 적다. 하지만 '금새'(금세), '줄곳'(줄곧), '장미빛'(장밋빛) 같은 평범한 낱말과 연도의 표기가 틀려 오자가 많다는 인상을 준다. 게다가 이런 사소한 실수가 번역상을 받은 문장에도 흠집을 낸다.

산문집 『어느 책 읽는 사람의 이력서』(미래의창, 2002)의 표기 또한 들쑥날쑥하다. '장 파울'이 '쟝 파울'이 되는가 하면, 카프카의 작중인물 K.의 이름은 세 가지 — '요세프' '요제프' '요셉' — 다. 오탈자 말고도 어색한 우리말 문장이 적잖은 이 책은 번역자가 24년 전 '제19회 한국번역문학상' 수상자라는 사실을 무색하게 한다. "인생의 감정을 느끼는 능력"이 뭔지도 모르지만, 이를 달리 표현한 "인생이 향상되는 걸 더욱 선명하게 느끼게 된다"는 건 무슨 말인지 더욱 모르겠다. "언어는 풍부하지만 우리가 명령을 내릴 수 없다"는 것도 마찬가지다. "그리고 언어를 대하면 우리의 가난을 가질 수 없다"니. 도대체. 아무리 산문이라 해도 마르틴 발저의 명료한 소설 문장을 감안할 때, 그가 이렇듯 뜻이 잘 통하지 않는 표현을 마구 했을 리 없다고 생각한다.

한편 이 산문집의 '역자 해설'에 나타난 번역자의 마르틴 발저에 대한 해석은 약간의 오버가 아닌가 한다.

번역자는 발저가 1979년에 쓴 반反나치 성향의 수필 내용 일부와 1998년 독일평화상재단의 세계평화상 수상 강연록에 담긴 반유대주의적인 구절을 대비한 다음, 이렇게 결론짓는다. "그러나 나이가 들게 되면 비인륜적이고 잔인한 장면을 텔레비전이 거듭 방영할 경우, 채널을 돌리는 게 보통이다. 지극히 인간적인 자세의 한 면이라고 생각된다." 반면 『샘솟는 분수』의 번역자는 신중한 접근을 조언한다. 그는 간략한 작품 설명이 담긴 '들어가는 글'에서 독자가 균형 잡힌 태도로 발저의 소설을 대하길 바란다. 역자는 이 작품이 "국가사회주의당에 대한 부정적이거나 긍정적인 평가를 담고 있다고 말할 수 없다"면서도 "작품의 분위기는 서정적이고 향수에 가득 차 있으며 보수적"이라는 점을 지적한다. 아울러 "히틀러가 지배하던 제3제국에 대한 향수"를 불러올 가능성을 전혀 배제하진 못한다는 점에 대해 주의를 촉구한다.

설득력 없는 변호에 귀가 얇아지기보다는 조심스럽게 다가서는 자세가 바람직하다. 그렇지만 필자의 독후감을 감안할 때, 『샘솟는 분수』를 옮긴이의 다음과 같은 조언을 유념하면 충분할 듯하다. "국가사회주의당이 지배하는 제3제국(히틀러 정권) 없이는 오늘날의 독일을 생각할 수 없는 것과 마찬가지로 현재와의 연관 없이는 이 작품을 완전히 이해할 수 없다. 이것을 저자는 한적한 시골에서 살고 있는 일반 서민의 시각에서 어떤 부담감이나 합리화 과정 없이 독자들에게 담담하게 제시하고 있다."

마르틴 발저의 소설 읽기는 흥미로운 독서 체험이었다. 독일 소설도 이렇듯 재미있고 술술 읽어 나갈 수 있다는 것이 처음에는 실감나지 않을 정도였다. 물론 파트리크 쥐스킨트의 소설이 독문학에 대한 오해를 일부 씻어준 바 있다. 하지만 쥐스킨트의 소설이 '소품'이라면, 발저의 중·장편은 독일 '정통 소설'의 계보에 속한다. 한편으로는 그간의 무지막지한 독문학 번역, 나아가 외국 문학 번역 풍토에 대해 푸념하지 않을 수 없다.

『샘솟는 분수』는 자전적 요소가 아주 짙다. 소설의 시간적 배경은 작가의 유소년·청년기와 거의 일치하고 공간적 배경은 작가가 성장한 고향 그대로다. 이 소설의 주인공 '요한'은 발저의 분신으로 봐도 무방하다. 이 소설보다는 자전적 요소가 덜하지만 『유년시절의 정체성』에도 그의 삶의 이력이 물씬하다. 이 소설은 제목과는 달리 주인공의 청년기부터 중년기를 다룬다. 두 소설을 합치면 한 사람의 생애를 포괄하는 셈이다. 그런데 『유년시절의 정체성』의 주인공 '알프레드 도른'에게는 '요한'보다는 다른 등장인물의 색채가 더 두드러진다. 그것은 바로 '요한'의 아버지다. 경제적으로 무능하면서 병약한 '요한'의 아버지는 히틀러의 집권을 파국이라 여기고 '하일, 히틀러!' 손짓에 동참하지 않은 유일한 인물이었다.

'알프레드 도른' 또한 시대의 추세와는 무관하게 산다. 옛 동독 드레스덴 출신의 '알프레드'는 "실력 때문이 아니라 태도 때문에" 사법시험에서 떨어져 쫓기듯 서베를린으로 건너온다. 그러나 서쪽의 상황도 만만치는 않다. "점점 더 현란하게 장식되는 상품세계에서 그의 빈궁함은 자신이 여기에 단지 손님으로 왔다는 감정을 불러일으켰다."

'알프레드'는 어디서나 국외자였다. "소속해 있으면 소속해 있지 않은 자들보다 더 유리했"건만 그는 어디에도 속할 수 없었다. 베를린 자유대학의 법학 강좌만 해도 그랬다. "맞지도 않는 경우에 아냐, 라고 말하는 것에서 알 수 있듯이 상당 부분 옛 나치들로 구성되어 있는 이 강좌에서는 특히 그렇단다. 알프레드가 그들 무리에 속하지 않는다는 것은 점점 더 분명해졌다." 담배와 술을 입에 대지 않는 그는 여자 친구도 없었다. 음악과 영화, 이혼당한 어머니와 그의 카운슬러 역할을 하는 70대의 괴츨 박사가 '알프레드'를 버티게 했다. 그렇다고 그는 시류를 거스를 체질도 아니었다. '알프레

드'는 사법시험에 합격해 관직에 종사한다.

『유년시절의 정체성』은 내게 감응을 준 소설이다. 그건 아마도 '알프레드'의 소심함과 비사교적인 면에 친연성親緣性을 느껴서일 것이다. 여기에다 베를린 장벽이 세워지기 전까지 상대적으로 동·서의 교류가 활발했던 베를린의 풍경과 독일 법학도들의 학업 생활을 잘 그렸기 때문일 것이다. 법학 강의를 묘사한 대목은 '하버드 대학의 머시기들'보다 훨씬 감동적이다. 발저의 장편소설 두 편을 엘리아스 카네티의 『귓속의 횃불』(이정길 옮김, 심설당, 1982), 『구제된 혀』(양혜숙 옮김, 심설당, 1982)와 겹쳐 보는 것도 흥미로울 듯하다. 발저와 카네티의 소설은 자전적이면서 소설의 시대적 배경이 비슷하다. 하지만 소설의 색채는 서로 다르고 상호 보완하는 측면이 있다. 1981년도 노벨 문학상 수상자인 카네티는 유대계다. 『샘솟는 분수』의 번역서 표지에는 '2000년 노벨상 후보작'이라는 문구가 있지만 발저의 노벨 문학상 수상 가능성은 낮아 보인다. 팔순을 바라보는 연배도 그러려니와 하인리히 뵐이나 귄터 그라스와 달리 그는 지나치게 독일적인 작가다. 그의 표현을 빌면 발저는 독일 역사의 다른 모든 세기 중에서 가장 나쁜 것이 명약관화한 20세기의 독일인 작가인 까닭이다.

마르틴 발저는 파시즘에 경도된 작가가 결코 아니다. 평범한 작가는 더욱 아니다. 『어느 책 읽는 사람의 이력서』의 원제 『Vormittag eines Schriftstellers어느 작가의 오전』에도 들어 있는 슈리프츠텔러Schriftsteller는 '문필가'로 번역하기에는 뭔가 부족한, 함의가 풍부한 단어라고 한다. 그런데 그에게는 이 '글을 쓰는 자'라는 호칭도 딱 들어맞지 않는다. 독일판 『현대문학의 근본개념 사전』(솔출판사, 1996)의 '작가Autor' 항목에서 마르틴 발저는 에드거 앨런 포, 말라르메, 토마스 만, 되블린, 블로흐, 폴 발레리, 고트프리트 벤, 파울 첼란, 브레히트, 엔첸스베르거 등과 함께 "'문인 박사poeta doctus' 또는 학식 있는 작가'라는 전통의 연장선에 있"는 다양한

작가군의 일원으로 소개된다. 발저는 카프카의 영향을 크게 입었다고도 하는데 「도망치는 말」에서 난데없이 커다란 메뚜기가 등장했다가 사라지는 설정이 이를 말해주는 걸까.

독자를 멈칫거리게 하는 번역에도 불구하고 『어느 책 읽는 사람의 이력서』에 수록된 에세이 열 편은 마르틴 발저의 '문인 박사'로서의 면모를 잘 보여준다. 그런데 남은 한 편 「그는 만인을 위해서 왔다」는 수준이 좀 떨어진다. 학식 있는 작가가 스포츠 비평을 시도한 것 자체는 고무적이나 프로 테니스를 보는 발저의 안목은 수준 이하다. 당시 세계 테니스계를 주름잡은 독일 남녀 보리스 베커와 슈테피 그라프에게 흠뻑 빠져서일까. 스테판 에드베리, 피트 샘프라스, 이반 렌들 같은 다른 나라 선수를 보는 눈은 말할 것도 없고, 발저는 자국 선수인 미하일 슈티히에게도 편견이 있는 것 같다. 그러나 더욱 심한 것은 다음 문장이다. "스테피 그라프와 비교하면 모니카 셀레스는 스포츠 산업계가 철저하게 계산한 품목처럼 보였다." 체코 태생의 셀레스가 독일에서 열린 투어 경기에서 관중의 피습을 받은 이후 급격한 내리막길로 접어들자 마르틴 발저는 분명 자신의 생각을 고쳐먹었을 것이다.

마르틴 발저의 책

괴테의 사랑 박종대 옮김, 이룸, 2009.
불안의 꽃 배수아 옮김, 문학과지성사, 2008.
어느 비평가의 죽음 안삼환 옮김, 이레, 2007.
검은 백조 오순희 옮김, 성균관대학교출판부, 2006.
어느 책 읽는 사람의 이력서 안인길 옮김, 미래의창, 2002.
샘솟는 분수 구승모 옮김, 종문화사, 2001.
유년시절의 정체성 권선형 옮김, 종문화사, 2001.
호수와 바다 이야기 요한나 발저 공저, 크빈트 부흐홀츠 그림, 조원규, 민음사, 2001.
「도망치는 말」 안삼환 옮김(오늘의 세계문학 13(중앙일보사, 1982)에 귄터 그라스의 「텔그테에서의 만남」, 페터 바이스의 「부모와의 이별」과 함께 수록)

마빈 해리스
Marvin Harris
1927-2001

'우리는 누구이고, 어디서 왔으며, 어디로 갈 것인가?'

우리나라 독서계에서 가장 인기 있는 문화인류학자는 누굴까? 『슬픈 열대』의 클로드 레비스트로스도 아니고, 『황금가지』의 제임스 프레이저 경도 아니다. 『미개사회의 성과 억압』을 쓴 말리노프스키나 『고대사회』의 저자인 모건은 더더욱 아니다. 20세기 후반 미국을 대표하는 문화인류학자인 마빈 해리스가 그 주인공이다. 1980년대 초반부터 소개되기 시작한 해리스의 저서는 당시 대세를 이뤘던 사회과학서의 틈바구니에서 스테디셀러로 자리 잡았고, 1990년대 중반 출간된 책들은 당시 불어온 '인문학 바람'을 타고 베스트셀러 목록에 오르기도 했다.

그의 책들은 크게 두 가지 부류로 나눌 수 있다. 개별 사례 연구에 바탕을 둔 에세이풍의 글을 주제별로 묶은 것이 그 하나고, 인류학에 관한 본격 이론서가 다른 하나다. 지금까지 국내 번역된 책들은 문화인류학 에세이가 대부분이고, 인류학 이론서로는 『문화유물론』이 유일하다.

『문화의 수수께끼』(한길사, 1982)는 국내에 처음으로 소개된 해리스의 저서로 독자의 꾸준한 사랑을 받고 있는 스테디셀러다. 이 책은 해리스의 독특한 이야기 전개 방식을 잘 보여준다. 그는 독자에게 수수께끼 같은 질문을 던진 다음, 풍부한 사례를 열거하며 의문점을 해소해준다. 해리스가 인류학이 쌓아올린 성과에 의존해 단순히 문화현상을 설명하는 데 그쳤다면 그의 에세이들이 이렇게까지 독자의 호응을 얻지는 못했을 것이다. 그러나 그는 수수께끼를 설득력 있게 풀어줄 뿐만 아니라 그 현재적 의미를 강조했다.

"왜 배고픔을 해결하기 위해 소들을 도살하지 않는 가?" 인도의 소 숭배와 관련된 수수께끼다. 해리스는 인도에서 소가 쟁기끌이, 연료공급, 우유공급, 고기공급, 가죽공급 등 여러 쓰임새를 갖는다는 설명에 만족하지 않는다. 인도에서 연료로 공급되는 소의 분뇨는 100퍼센트 재활용되지만, 미국에서는 그것이 전혀 쓸모없는 물건으로 버려져 환경오염원으로 작용하는 점도 강조한다.

이런 관찰은 문명비판적인 시각으로 이어진다. 산업화한 국가가 누리는 높은 생활수준은 높은 생산효율의 결과라기보다는 1인당 에너지 사용량이 늘어난 결과라는 지적이 그렇다. 또 호혜성 경제에 기반한 주당 10-15시간의 노동만으로 생활을 영위하는 부시맨을 내세워 가장 적게 일하고 가장 많은 휴식시간을 갖는다는 현대인의 신화도 단박에 깨뜨린다.

참다운 성해방의 내용을 제시한 대목에 이르러 해리스의 문명비판은 날카로움을 더한다. 돼지 혐오와 숭배가 동전의 양면이고, 그것이 전쟁의 원인이 된다는 점과 원시전쟁의 양상을 설명하면서 정작 하고 싶었던 말은 다음 한마디가 아니었을까.

순수한 성혁명의 결과가 핵미사일 부대장이나 핵 부대 사령관직을 남성 아닌 여성이 장악하는 것이 된다면, 우리는 원시 야노마모족의 상태에서 별로 벗어난 것이 없는 상태가 될 것이다.

『음식문화의 수수께끼』(한길사, 1992)는 『문화의 수수께끼』의 속편으로 문화생태학의 입장에서 세계의 기이한 음식문화를 쉽고 재미있게 설명한 책이다. 이 책에서 해리스는 동물성 단백질의 섭취가 인간의 영양에 매우 중요하고, 인간 집단은 이를 충족시키기 위해 각자의 생태학적 조건에 적응해왔다고 말한다.

1995년 출간된 『작은 인간』과 『식인과 제왕』(한길사)은 베스트셀러 순위에 진입하며 마빈 해리스 붐을 조성했다. 『작은 인간』(민음사)은 한때 종합순위 1위를 차지하기도 했다. 이 책의 주제는 '우리는 누구이고, 어디서 왔으며, 어디로 갈 것인가?'이다. 주제는 역시 수수께끼 문제 같은 102개의 세목을 통해 구현된다. '우리는 왜 잔치를 벌이는가?'는 그중 하나. 이 수수께끼는 잔치가 지방질을 저장하는 기회로 풀이된다. 지방질을 저장하는 것은 닥쳐올 추위와 가뭄 또는 궁핍기에 살아남기 위한 자구책이었다.

여기서도 수수께끼를 푸는 과정에서 제시된 사례가 아주 흥미롭다. 선사시대 인간의 뼈와 치아에 대한 연구 결과를 인용해 수렵 채취인과 농경민의 굶주림 양상을 대조한 것이 그렇다. 수렵 채취인에게는 뼈의 일시적 발육부진으로 나타나는 '해리스 선'이 많이 발견된다. 한편 정착 농경민에게는 오랜 영양결핍으로 인한 치과 질환인 '하이포플라시아스'가 많다는 사실이 알려졌다. 이를 통해 우리는 수렵 채취인은 자연재해가 닥치면 뛰어난 기동성을 이용해 식사상태를 개선했지만, 정착 농경민은 농사를 망쳤을 경우 다음 추수 때까지 꼼짝없이 굶었으리란 점을 유추할 수 있다.

『아무것도 되는 게 없어』(황금가지, 1996)는 오늘의 미국 사회를 문화인류학의 관점으로 접근한 책이다. 이 책에서 해리스는 미국문화의 양상을 몇 가지로 집약했다. 제조업의 퇴조와 서비스 정보산업의 부상, 제품 및 서비스의 품질 저하, 달러화의 위축, 여성의 사회 진출, 동성애의 공론화, 거리에서의 테러 급증 등의 현상은 일견 서로 무관한 것으로 보이지만 해리스는 같은 원인에 의해 나타난 결과로 보았다. 2차 대전 후 형성된 과점기업과 관료체제가 낳은 현상이라는 것이다.

해리스 저서에 나타난 그의 입장은 '문화유물론'이라 일컬어진다. '문화유물론'은 인간이 생태계 안에서 생존함에 따라 그에게 주어지는 절대적 강제에 의해

한 지역의 문화적 전통에 변화가 온다는 관점을 취한다. 인류 사회의 문화와 관습은 문화 자체의 논리가 갖는 관성으로 유지되는 것이 아니라 생존을 위한 물질적 조건의 적응 필요성 때문에 존속된다는 것이다.

『문화유물론』(민음사, 1996)은 이렇듯 자의적인 문화해석을 넘어서 경험적이고 실증적인 '문화과학'의 확립을 목적으로 한다. 여기에는 인류역사 또한 자연의 역사의 부속물이며 그 운동법칙이 생물학적 법칙에 따른다는 점을 전제로 한다. 어디서 많이 들어본 말이다. 해리스는 '문화유물론'의 한 축인 '유물론'이 마르크스 이론의 계승임을 숨기지 않는다.

물질생활의 생산양식은 사회적·정치적·정신적 생활과정의 일반적 성격을 규정한다. 인간의 의식이 그 존재를 규정하는 것이 아니라, 역으로 인간의 사회적 존재가 의식을 규정한다.

그러므로 '문화유물론'은 평범한 인간생활의 일상사를 이해하기 위해 말이나 생각, 고상한 도덕적 가치, 심리적·종교적 믿음으로부터 출발하는 숱한 연구전략을 따르지 않는다.

마빈 해리스의 책

문화유물론 유명기 옮김, 민음사, 1996.
아무것도 되는 게 없어 원재길 옮김, 황금가지, 1996.
작은 인간– 인류에 관한 102가지 수수께끼 김찬호 옮김, 민음사, 1995.
식인과 제왕(문화인류학 3부작) 정도영 옮김, 한길사, 2000.
식인과 제왕 정도영 옮김, 한길사, 1995.
음식문화의 수수께끼(오늘의사상신서 157) 서진영 옮김, 한길사, 1998.
음식문화의 수수께끼 서진영 옮김, 한길사, 1992.
아메리카 나우 최욱 옮김, 한국방송사업단, 1983.
문화의 수수께끼(오늘의사상신서 37) 박종열 옮김, 한길사, 2006.
문화의 수수께끼 박종열 옮김, 한길사, 1996.
문화의 수수께끼 박종열 옮김, 한길사, 1982.

마셜 버먼
Marshall Berman
1940-

마르크스주의 휴머니즘은
신자유주의의 대안이다

냄비 근성과 마르크스의 무능. 동떨어진 사안 두 가지가 이 글의 주제다. 전자는 우리나라 사람을 얕잡아 이르는 말이고, 후자는 한 집안의 가장 구실에 충실하지 못했던 마르크스의 무능력을 가리킨다. 우리 사회에는 스포츠 이벤트와 사회적 이슈에 열광하고 흥분하는 이웃을 같잖게 보는 이들이 더러 있다. 그런 그들이 순진한 이웃을 타박하는 근거가 바로 냄비 근성이다. 하지만 쉽게 달아오르고 쉽게 가라앉는 현상이 우리네 평범한 이웃을 눈꼴사나워하는 이유가 될 순 없다. 그럼, 늘 열에 들떠 지내라는 말인가?

가족을 제대로 건사하지 못한 마르크스에 대해 적대자들은 '수신제가'도 못하면서 '치국평천하'를 꿈꿨다는 투로 그를 비꼰다. 또 그들은 마르크스의 아내 예니가 하녀로 데려온 헬레나 데무트와의 '간통'에 대해선 노동자 계급을 적극 편든 사람이 그게 할 짓이냐고 빈정댄다. 이런 비난의 대열에는 진보인 척 행세하는 분들도 가세하는데, 적대자와 진보인사 모두 마르크스의 출신성분과 망명자의 처지를 잊고 있는 것 같다. 마르크스는 19세기 독일귀족 출신으로 반생을 영국에서 망명자로 보냈다.

마르크스를 향한 인신공격이 좀처럼 수그러들지 않는 것은 그의 사상이 여전히 위협적이기 때문이리라. 자식을 아예 고아원에 갖다 맡긴 장 자크 루소에게 관대한 까닭은 루소가 마르크스보다 예전 사람이거나 확신에 차서 자녀 부양을 회피해서라기보다는 이제는 루소가 덜 위협적이거나 전혀 위험하지 않아서일 것이다.

냄비 근성과 마르크스의 무능은 별개의 문제이나, 마르크스와 냄비 근성은 관련이 있다. 1980년대 초중반 우리 지식사회를 휩쓴 마르크스 열풍은 '냄비'의 혐의가 없지 않다. 마르크스 저작의 출판과 독서 열기는 뒤늦게 밀물처럼 밀려왔다가 썰물처럼 빠져나갔다. 그 많던 마르크스주의자들은 다 어디로 갔을까? 우리 주변에서는 마셜 버먼 같은 "비판적이고 독립적인 지식인"을 좀처럼 찾기 어렵다.

미국의 마르크스주의자 마셜 버먼의 한국어판 두 권은 공히 마르크스의 저작이 모티프가 되었다. 버먼이 읽은 책 이야기가 중심이 되는 『맑스주의의 향연 Adventures in Marxism』(이후, 2001)은 마르크스의 『경제학-철학 수고』(김태경 옮김, 이론과실천, 1987)에서 출발한다(『경제학-철학 수고』는 『1844년의 경제학 철학 초고』(최인호 옮김, 박종철출판사, 1991)라는 제목으로도 번역되었다).

젊은 혈기가 들끓는 청년 버먼은 아버지를 죽음으로 내몬 아버지의 친구들을 향한 복수심에 불탄다. 버먼의 토론 상대였던 제이콥 교수는 분을 삭이라는 뜻이었는지 버먼에게 "사람이 어떻게 살아야 하는가에 관한 대안적 전망"을 제시하는 책 한 권을 권한다. 그 책이 바로 마르크스가 젊은 시절 작성한 노트 세 권을 엮은 『경제학-철학 수고』였다.

버먼은 1959년 11월의 어느 멋진 토요일 소비에트 간행물을 취급하는 공식매판점인 뉴욕의 '사대륙서점'에서 문제의 책을 만난다. "나는 여기저기 아무데나 펼쳐 읽어보았다. 그리고는 갑자기 진땀을 흘리고 감동에 젖어, 옷을 벗어 던지고 눈물을 흘렸다. 온몸이 후끈 달아올랐다."

소련에서 펴낸 영문판 『경제학-철학 수고』의 저렴한 가격에 한 번 더 놀란 버먼은 책을 수십 권이나 사서 그의 "삶에 들어와 있던 모든 사람들에게 책을 거저 나누어주며 감격해"한다. 이런 멘트를 날리면서 말이다. "읽어보시면 깜짝 놀랄 겁니다. 물론 칼 맑스의 책이지만, 우리가 흔히 알고 있는 칼 맑스가 되기 이전에 쓴 겁니다. 이 책은 우리의 삶 전체가 어떻게 잘못되어 있는지 보여주지만, 또 당신을 행복하게도 해줄 겁니다."

버먼은 마르크스의 초창기 에세이들이 "'교양Bildung'과 소외된 노동의 갈등을 명료하게 표현하고 있다"고 본다. 또한 마르크스는 "위대한 문화 전통의 일부이며, 고통을 겪는 근대인을 동정했다는 점에서 키이츠, 디킨즈, 조지 엘리엇, 도스토예프스키, 제임스 조이스, 프란츠 카프카, D.H. 로렌스 같은 근대의 위대한 인물 가운데 한 사람이다." 하지만 마르크스는 "그 고통이 어떻게 만들어지는지를 알아냈다는 점에서 유일무이한 존재"이고, 마르크스의 모든 저작에 그것이 녹아 있다는 것이 버먼의 생각이다.

버먼은 『경제학-철학 수고』의 집필 시기에도 주목한다. 마르크스는 "이 글들을 대부분 자신의 위대한 모험들 가운데 하나인, 예니 폰 베스트팔렌과의 파리 신혼여행 동안에 썼다." 『경제학-철학 수고』에서 내가 제일 좋아하는 구절도 신혼의 단꿈의 소산인 셈이다. "만일 그대가 사랑을 하면서도 상대방의 사랑을 불러일으키지 못한다면, 그대의 사랑은 무력한 사랑이요 하나의 불행에 지나지 않을 것이다."

또 버먼은 마르크스가 만약 연인들이 자기 애인을 "배타적 사적 소유물"로 여기는 게 근대적 사랑이라면, 그것은 문제라는 주장에 공감했다고 지적한다. "사적소유란 관념은, 오직 우리가 어떤 사물을 가지고 있을 때만 그것이 우리 것이라는 어리석은 생각을 하게 만들었던 것이다."

한편 버먼의 말마따나 "조야하고 지각없는 공산주의자들"에 대한 마르크스의 비판은 "참으로 인상적이다." 세계에 대한 그 사람들의 관점은 "인간의 개성을 모든 영역에서 부정한다." 또 "문화와 문명의 세계 전체에 대한 추상적인 부정"을 수반한다. 행복에 관한 그들의 생각은 "예상할 수 있는 최소치의 상태를 더욱 끌어

내려 평준화하는 것"이다.

마르크스가 "조악한 공산주의자들을 일러 '지각이 없다'고 할 때 말하려는 것은, 그 사람들의 생각이 어리석을 뿐만 아니라 자신들의 진정한 동기가 무엇인지 모르고 있다는 것"으로 버먼은 이해한다. 그러면서 버먼은 "이 조악한 공산주의자들은 자신들이 고상한 행동을 하고 있다고 여기지만, 실제로는 악의적이고 신경증적인 행동 표출에 몰두하고 있을 뿐"이라고 덧붙인다.

버먼은 『경제학-철학 수고』에 실려 있는 세 번째 초고 가운데 하나인 「사적 소유와 공산주의」를 좀더 먼 앞날을 내다보는 낙관적인 글로 평가한다. 다음은 버먼이 그렇게 보는 이유다. "소유욕과 탐욕에 덜 젖어 있으면서도 관능과 생명력에 더 훌륭하게 조화하며, 내부적으로 인간 발전의 극히 중요한 요소를 사랑할 수 있는 더욱 뛰어난 능력을 갖추고 있는 사람들을 상상하게 했는지도 모른다."

결국 "1844년의 맑스는 두 개의 다른 공산주의를 상상했다"는 것이 버먼의 결론이다. 하나는 마르크스가 바라던 "인간과 자연, 그리고 인간과 인간 사이에 일어나는 모순의 진정한 해결책"이었고, 다른 하나는 그가 우려했던 "여전히 사적 소유에 얽매어 있고 감염되어 있는" 공산주의였다. "우리가 사는 20세기는 둘째 모델을 지나치게 많이 만들어낸 반면, 첫째 경우는 반대로 빈곤하다. 요컨대 문제는 맑스가 우려했던 둘째 모델은 탱크를 가지고 있었고, 맑스가 꿈꾸었던 첫째 모델은 그렇지 못했다는 것이다."

『맑스주의의 향연』의 원서가 출간된 1999년을 기준으로 버먼은 "30년 전에는 '신좌파'의 일원이었고, 지금은 '중고 좌파'의 일원이다." 그는 지난 30년간 줄곧 '마르크스주의 휴머니즘'이 살아 숨 쉴 수 있도록 연구에 매진했다. 그에게 '마르크스주의 휴머니즘'은 "1950년대의 문화와 1960년대 문화의 종합"이고, "획기적인 도약과 환희에 대한 갈망과 결합된 복잡성, 아이러니, 그

리고 역설을 위한 감수성"이며, '모호함의 일곱 가지 유형'과 '우리는 세상을 원한다. 지금 당장'이라는 구호의 제휴다.

버먼은 '마르크스주의 휴머니즘'이 스탈린주의의 대안으로서 의미를 지녔을 뿐이며, 소련의 붕괴와 더불어 소멸했다는 주장에 동의하지 않는다. 그는 '마르크스주의 휴머니즘'의 "진정한 활력은 오늘날 전세계를 장악하고 있는 허무주의적인 시장만능 자본주의에 대한 대안이라는 점에 있다고 본다."

'마르크스주의 휴머니즘'은 "역사 속에서, 심지어 고통을 주는 역사 속에서도 안락함을 느끼게 도와줄 수 있다." 또한 '마르크스주의 휴머니즘' 덕분에 "사람들은 자신들이야말로 '전인적 인간의 욕구'를 지닌 '전인적 인간'임을 깨닫고, 자신들에겐 생각한 것 이상의 무언가가 있다는 사실을 깨우칠 수 있다."

「또다른 기차를 기다리며」는 에드먼드 윌슨의 『핀란드 역까지』(김정민·정승진 옮김, 실천문학사, 1987)에 대한 서평이다(『핀란드 역까지』는 『인물로 본 혁명의 역사』로 제목을 바꿔 나오기도 했다). 버먼은 윌슨의 책을 "최후의 위대한 19세기 소설"이라 규정한다.

이 소설의 무대는 "한 세기 반에 걸쳐 유럽 전체와 미국을 포괄"한다. 소설의 등장인물은 하나같이 "재기에 넘치며 흥미로우며, 격앙되어 있고, 아름답고, 영웅적이며 초인적인 사람들"이다. 소설의 배경과 등장인물을 엮어주고, "책에 생기를 불어넣어 유기적 통일성을 부여하는 이상은 바로 혁명이라는 위대하고도 낭만적인 꿈이다."

버먼이 보기에 윌슨이 마련한 무대의 한복판을 차지하고 있는 비극적 영웅은 다름 아닌 카를 마르크스다. "윌슨이 보여주고 있듯이, 맑스는 자신의 모든 저작을 통해 그 전망의 깊은 모순들과 끈질기게 투쟁했으며, 일생 동안 그 가장 어둡고 모호한 면들을 폭로했다." 『핀란드 역까지』는 한마디로 "대단히 창조적인 역사적

상상력의 소산이다.”

서평이 중심이 된 『맑스주의의 향연』은 한나 아렌트의 『어두운 시대의 사람들』(권영빈 옮김, 문학과지성사, 1983)을 떠올리게 한다. 발터 베냐민을 다룬 버먼과 아렌트의 글을 비교해서 읽는 것도 흥미로우리라. 베냐민이 아렌트에게 ‘꼬마 곱사등이’라면, 버먼에게 베냐민은 ‘도시의 천사’다.

버먼 스스로가 “정말 가까스로” 썼다고 하는 『현대성의 경험— 견고한 모든 것은 대기 속에 녹아버린다 All That is Solid Melts into Air: The Experience of Modernity』(현대미학사, 1994)는 괴테를 필두로 2세기에 걸친 모더니즘의 역사를 탐구한다. 이 책은 괴테의 『파우스트』, 마르크스·엥겔스의 『공산당 선언』, 도스토옙스키의 『지하생활자의 수기』 같은 텍스트에 대한 다양한 읽기에서 비롯한다.

이 책은 괴테의 시대에서 마르크스와 보들레르의 시대를 거쳐 우리시대를 수놓은 위대한 예술작품과 실제로 존재했던 사람들의 삶을 함께 다룬다. 또한 “현대인에게 모더니스트 문화가 지니고 있는 정신적인 풍요를 제공하고자 하였으며 우리 모두에게 있어서 ‘모더니즘’이 어떻게 ‘리얼리즘’으로 될 수 있는가를 제시하고자 하였다.”

한때 우리 지식인들 입에 오르내린 한국어판의 부제목과 원서의 제목은 『공산당 선언』에서 ‘발견’한 것이다. “견고한 모든 것은 대기 속에 녹아버린다. 신성한 모든 것은 세속적인 것이 되고, 인간은 마침내 냉정한 감각으로 자신들의 생활의 실제 조건과 자신들의 동료와의 관계에 직면하게 되어 있다.”

마셜 버먼의 책

맑스주의의 향연 문명식 옮김, 이후, 2001.
현대성의 경험— 견고한 모든 것은 대기 속에 녹아버린다 윤호병·이만식 옮김, 현대미학사, 1994.

마이크 데이비스
Mike Davis
1946-

‘뒤틀린 도시 붐’과 ‘미국의 꿈’이라는 악몽

마이크 데이비스의 한국어판 두 권은 발행날짜가 13년 이틀 차이 난다(번역 저본의 출간은 딱 20년 차이 난다). 이럴 경우, 두 권은 대체로 전혀 다른 주제를 다룬다. 마이크 데이비스도 그렇다. 슬럼slum과 미국 노동계급의 역사는 거리가 있어 보인다. 하지만 이 두 주제를 관통하는 주제의식은 별다른 차이가 없다. 책날개의 저자 소개글 또한 마찬가지다.

앞서 나온 책의 그것이 더 간결하지만, ‘역자 후기’에서 이를 보충한다. “데이비스는 1946년 캘리포니아의 샌버너디노San Bernardino에서 태어나 1960년대에 사우스 캘리포니아에서 민권운동, 반전운동, 노조운동의 활동가로 활약하다가 정육노조Amalgamated Meatcutters Union의 장학금을 받아 대학에 다니게 된다. 그 후 트럭운송노조에서 노조개혁운동을 벌이다가 1980년대에는 〈신좌파평론New Left Review〉지 편집진에 합류한다.” 세월이 흐른 지금, 마이크 데이비스는 “스스로 ‘국제 사회주의자’이자 ‘마르크스주의-환경주의자’라고 밝힌 바 있으며 도시사회학·역사학·정치학·생태학 분야를 가로지르며 활발한 저술·강연 활동을 하고 있다.”

슬럼이란 무엇인가

『슬럼, 지구를 뒤덮다— 신자유주의 이후 세계 도시의 빈곤화』는 전 세계적 현상인 도시의 슬럼화를 파헤친다. 슬럼을 최초로 정의한 문헌에서 그것은 ‘사기’ 혹은 ‘불법적’ 거래와 비슷한 말로 쓰였다. 1830-40년대에 슬럼은 빈민층의 행위를 뜻하는 것에서 빈민층의 거주지를 뜻하는 것으로 의미가 변한다. 감식가와 산책가는 인간이 가장 심하게 타락한 곳이 어딘지를 놓고 논쟁을 벌이기도 했다.

"1895년에 〈스크리브너스매거진Scribner's Magazine〉은 대도시 빈민에 관한 탐방 기사를 실으면서 나폴리의 폰다치fondaci가 인간이 사는 곳 가운데 가장 끔찍한 곳이라고 했지만, 고리키는 모스크바의 악명 높은 키트로프Khitrov 지역이 '더욱 낮은 나락'이라고 확신했다. 한편, 키플링은 이들을 비웃으며 독자들을 '더욱 깊고 깊은' 콜루톨라Colootollah로 데려갔다. 이곳은 콜카타의 '무시무시한 밤의 도시'에 위치한 '가장 낮은 수렁'이었다."

슬럼은 쓰러져가는 집, 인구과밀, 질병, 빈곤, 비행이 뒤섞인 곳이다. "19세기 자유주의자들이 보기에 슬럼의 가장 큰 특징은 비도덕적이라는 점이었다. 그들이 생각한 슬럼은 구제 불능의 흉포한 '인간쓰레기 더미'가 부도덕하고 허랑방탕하게 썩어가는 장소였다." 실제로 많은 문학 작품이 도시의 어두운 곳에서 일어나는 끔찍한 이야기를 들려줌으로써 빅토리아 시대의 중산계급에게 짜릿함을 제공했다고 한다.

2003년 10월, UN-HABITAT에서 펴낸 보고서 『슬럼의 도전The Challenge of Slums』은 이러한 슬럼의 고전적 정의를 따른다. 인구 과밀, 열악한 비공식 주택, 안전한 식수와 위생설비의 부재, 주택 보유의 불안정 같은. 그러나 "슬럼에 대한 이러한 정의는 슬럼의 원형인 도심 빈민가와 도시외곽 판자촌을 포함하지만, 현실적으로 어디까지가 슬럼인가를 결정하는 기준으로는 매우 보수적이다." 다만, 도덕적 비난을 하지 않을 뿐이다.

저개발 나라를 중심으로 한 전 지구적 슬럼화의 양상은 매우 심각하다. 선진국은 슬럼 거주자가 도시인구의 6퍼센트인 데 비해 저개발국은 도시인구의 78.2퍼센트나 된다. 또 이는 전 세계 도시인구의 3분의 1에 이른다. 1970년대 이래 남반구 전역에서 슬럼의 성장

속도는 도시화 자체의 속도를 앞지르고 있다. 세계에서 슬럼 주민의 비율이 가장 높은 나라는 도시인구의 99.4퍼센트가 슬럼에 거주하는 에티오피아와 차드다. 아프가니스탄(98.5퍼센트)과 네팔(92퍼센트)이 그 뒤를 잇는다. 인도 "뭄바이는 스쿼터Squatter(무단점유자)와 슬럼 세입자 1,000만-1,200만 명을 자랑하는 전 세계 슬럼의 수도"다. 그럼, 어째서 다들 도시로, 도시로 모여드는 걸까?

"도시가 사람들을 '끌어당기는' 힘은 채무와 경기침체로 인해 현저히 약화되었지만, 시골에서 사람들을 '밀어내는' 전 지구적 동력들 —자바와 인도의 농업 기계화, 멕시코와 아이티와 케냐의 식량 수입, 아프리카 전역의 내전과 가뭄, 그리고 전 세계적으로 진행되는 기업 합병 및 거대 농기업 경쟁— 은 여전히 도시화를 지속하는 힘으로 작용하는 듯하다."

1980년대와 1990년대 초반의 불황기에 실질임금이 하락하고, 물가는 급등하며, 도시 실업자가 크게 늘어났는데도 제3세계의 도시화는 급증하는 추세를 그대로 이어갔다. 한편, 20세기 초에는 시골의 빈곤 계층이 대규모로 도시로 흘러드는 것을 막는 장치가 있었는데 가장 주된 장벽은 유럽 식민주의였다.

슬럼은 컨퍼런스, 국빈 방문, 스포츠 행사, 미녀 선발 대회, 페스티벌 따위의 국제적 이벤트의 희생양이 되곤 한다. 여기서 우리나라도 예외가 아니다. "가난한 주택 소유자, 스쿼터, 세입자에 대한 공권력의 폭력적 진압이 역사상 유례없는 규모로 이루어진 것은 단연 1988년 서울올림픽이었다. 남한의 수도권에서 무려 72만 명이 원래 살던 집에서 쫓겨났다. 한 가톨릭 NGO는 남한이야말로 '강제퇴거가 가장 잔인하고 무자비하게 이루어지는 나라, 남아공보다 나을 것이 없는 나라'라고 했을 정도다."

이 책은 슬럼의 유형을 짚어보고 슬럼의 현실을 살핀다. 6장 「슬럼의 생태학」은 마이크 데이비스의 성향

을 반영한다. "슬럼은 우선 토질이 나쁘다." 게다가 도시 빈곤으로 인하여 자연적인 위험요소가 배가되는가 하면, 전적으로 인공적인 위험요소가 새로 만들어져 엄청난 인재人災를 낳기도 한다. '감사의 말'의 한 구절은 마이크 데이비스는 경직된 좌파가 아님을 말한다. "최근의 '사이언스 어드벤처' 3부작을 아들 잭에게 헌정했으니, 이 책은 잭의 누나 로이진에게 헌정할 차례다. 로이진은 날마다 100가지 방법으로 나에게 기쁨을 안겨준다(걱정 마라, 카산드라 목테주마, 제임스 코놀리, 내 새끼들, 너희들 차례도 곧 온단다)."

미국 노동계급의 역사

"레이건 이후에 미국의 정치는 어떤 모습을 띨 것인가?" 『미국의 꿈에 갇힌 사람들― 미국 노동계급사의 정치경제학』의 '에필로그' 첫머리에서 마이크 데이비스가 던진 물음은 고색창연하지는 않지만 얼마간 낡았다. 미국의 정치는 아버지 조지 부시의 과도기를 거쳐 각기 연임에 성공한 빌 클린턴과 아들 조지 부시의 시대로 이어졌고, 조지 부시의 대통령 임기는 1년도 채 남지 않았으니 말이다.

하지만 그 물음이 부적절한 것은 아니다. 이 책은 미국 혁명기부터 1980년대 중반까지 미국 노동운동의 역사를 포괄한 데다 "미국좌파의 향방을 둘러싼 최근의 논쟁에 대한 이론적 개입"을 하고 있어서다. 마이크 데이비스는 1980년대 미국의 가장 두드러진 특징으로 계급투쟁이 갈수록 일방적인 것이 되어간다는 점을 든다.

노동절이 미국 노동자의 투쟁에서 유래한다는 것을 처음 알면, 약간 어리둥절해지는 게 사실이다. 메이데이는 1886년 5월 1일 8시간 노동을 쟁취하기 위해 일어선 노동자들이 5월 3일 시카고의 헤이마켓Haymarket 광장에서 경찰에 의해 희생당한 것을 기린다. 미국의 교과서는 미국 노동자의 투쟁에 의미를 부여하나, 그런 견해는 현실에선 더 이상 성립하지 않는다는 것이

마이크 데이비스의 생각이다. "다른 어떤 요인들보다도 (양차 세계대전) 전후의 노동운동이 흑인해방운동과 유기적인 블록을 형성하지 못한 점과 남부를 조직화하지 못하고 민주당 내부의 남부 반동세력을 무너뜨리지 못한 점이야말로 미국 노동조합운동의 궁극적인 몰락과 (19)70년대 정치경제의 우경적인 재편을 결정지은 요인이었다."

마이크 데이비스는 사회주의 정치운동은 제도권 정당의 '유효표' 확보의 요건에 부합하게 재단되어선 안된다고 주장한다. "좌파에게 가능한 ―그리고 필요한― 지평은 자본주의 정당 중 어느 하나의 '충성스런' 외곽이 되려는 가당찮은 기획이 아니라 실제적이고 효과적인 사회적 뿌리를 갖고 있는 독자적인 좌파정치를 건설하기 위한 투쟁이다."

"사회주의가 어느 날 북아메리카에 찾아온다면, 국경을 넘나들며 여러 운동을 얽어놓는 총체적인 대륙적 반란의 과정을 통해서 찾아올 가능성이 훨씬 더 큰 것이다. 미국좌파의 장기적 전망은 좌파가 자신의 '자생적인' 대중적 기반들 가운데서 대표성과 조직화의 수준을 더욱 높이는 동시에 새로운 국제주의에서 필수불가결한 일익이 될 수 있는가에 달려 있다. 이제 남북아메리카 모든 나라들의 대중적 좌파들 사이에 일치된 행동과 정치적 협력을 도모하는 좀더 과감한 기획들을 상정해볼 필요가 있다. 결국 우리는 너나없이 '미국의 꿈'이라는 똑같은 악몽에 갇힌 사람들인 것이다."

마이크 데이비스의 책

자본주의, 그들만의 파라다이스― 두바이에서 요하네스버그까지 신자유주의가 낳은 불평등의 디스토피아 대니얼 버트런드 먼크 공편, 유강은 옮김, 아카이브, 2011.
뉴레프트리뷰 2 프레드릭 제임슨 외 공저, 김철효 외 옮김, 길, 2010.
뉴레프트리뷰 페리 앤더슨 외 공저, 김정한 외 옮김, 길, 2009.
제국에 반대하고 야만인을 예찬하다 유나영 옮김, 이후, 2008.
엘니뇨와 제국주의로 본 빈곤의 역사 정병선 옮김, 이후, 2008.
조류독감― 전염병의 사회적 생산 정병선 옮김, 돌베개, 2008.
슬럼, 지구를 뒤덮다― 신자유주의 이후 세계 도시의 빈곤화 김정아 옮김, 돌

베개, 2007.
미국의 꿈에 갇힌 사람들— 미국 노동계급사의 정치경제학 김영희·한기욱 옮김, 창작과비평사, 1994.

마이클 더다
Michael Dirda
1948-

서평가·책 읽는 사람·탐서가

내 아버지는 팔순을 바라보신다. 고백할 게 있다. 내가 개성적인 출판평론가로 활동하는 것은 다 아버지 덕분이다. 나는 1970년대의 어린이잡지가 나를 만들었다고 두어 번 얘기한 바 있다. 아버지는 형들에게 1970년 전후의 〈소년중앙〉과 〈소년세계〉를, 내게는 1970년대 중반 창간된 〈소년생활〉을 꾸준히 사주셨다. 아버지와의 추억이랄까. 아버지는 취학 전의 막내아들을 이곳저곳 데리고 다니셨다. 부평역 옆에 있던 대한극장은 꽤 자주 갔다. 어떤 영화들을 봤는지 기억나진 않지만 흐뭇한 부자 동반관람이었다.

또 그 무렵, 나는 월미도 유원지에서 사이다를 시음한다. 이 '독한' 청량음료 한 모금은 내 코를 통해 곧바로 배출되었다. 한 달에 한 번 꼴로 아버지와 함께 송림동 고모네를 방문했다. 그때 만해도 인천의 구도심지는 부평과 거리감이 있었다. 경인 국도 부평삼거리-간석오거리 구간은 산길 2차선 도로였다. 전철이 다니기 전, 경인선 철도의 열차 배차 간격은 넓었고 부평역과 동인천역 사이에는 동암역, 주안역, 제물포역, 이렇게 역이 세 곳밖에 없었다.

"아버지는 철강 노동자로서 집안이 문화적인 분위기였다고는 볼 수 없었으나 소년 더다는 어린 시절부터 홀로 독서에 열중, 조숙함을 드러내며 주위 사람들의 주목을 받았다." 독서가 마이클 더다의 『오픈 북』한국

어판 앞표지 날개의 저자 소개글 일부는 오해의 소지가 있다. 물론 더다는 그가 대학에서 만난 친구들과 같은 유복한 환경에서 성장하지 못했다. 친구들이 누린 풍부한 문화자본은 그에게 그림의 떡이었다. 하지만 미 오하이오 주 로레인의 빈민촌에 위치한 비좁은 집에 지적인 분위기는 넘쳐흐르지 않았을지언정 지적인 것을 배척하지도 않았다.

"어머니는 내게 책읽기를 감각적 황홀로 만들어 주었다. 내가 책을 펼칠 때마다 글이 주는 즐거움을 깨닫게 해 준 것이다. 반면 나의 아버지는 말의 아름다움과 환기력換氣力에 눈뜨게 해 주었다." 또한 그의 아버지는 몇 년 뒤 아들의 책벌레 근성에 질색을 하게 되지만 어린 자식을 공립도서관으로 이끌었다. 더다가 '까칠한' 아버지를 이해하게 되는 부분은 가슴 찡하게 다가온다 (217-18쪽).

"무슨 이유에서인지는 모르지만 우리는 사우스 로레인의 펄 가에 있는 자그마한 도서관을 자주 방문했다." 그런데 그 도서관의 '상태'는 별로였다. "단 하나뿐인 열람실은 비좁은 데다 책상, 테이블, 선반 등이 들어차 있어서 갑갑했다. 밝은 형광등이 번쩍거리는 오늘날의 멀티미디어 도서관에 비하면 그곳은 도서관이라기보다 차라리 헌책방에 가까웠다."

아메리칸 드림에는 이처럼 도서관이 개입한다. 하면, 코리언 드림은? 내 어릴 적 도서관은 매우 희귀한 존재였다. 군에 다녀와 좀 있으니 집에서 5분 거리에 도서관이 들어섰다. 인천북구도서관이다. 이 도서관이 한 20년 전에 만들어졌다면 내 삶은 얼마나 달라졌을까? 백운역 인근의 인천부평도서관은 내가 중학생 때 생겼다. 나는 이제껏 부평도서관은 가본 일이 없다. 도서관은 역시 접근성이 중요하다.

『오픈 북』은 '젊은 독서가의 초상'이다. 마이클 더다는 독서가다. 어떤 수식어도 불필요한 알짜다. 이 책은 독서자서전이다. "나는 이 책에서 많은 책들을 언급했

으나 내용에 대해서는 서너 줄을 넘기지 않도록 애썼다." 책 얘기만 읊어서는 재미가 없다는 사실을 '우리의' 독서가는 너무나 잘 안다. 그래도 책과 관련된 사연이 압도적이다.

책 내용 언급을 자제하는 것은 장단점이 있다. 유년기의 일상 묘사는 나름대로 흥미롭다. 하지만 이성異性이 전면에 등장하는 고교시절과 대학생 때의 일부 대목은 흥미가 떨어진다. 좀 진부해보여서 말이다. 책 읽는 재미에 일찍 눈뜬 조숙함을 빼면, 마이클 더다의 성장과정은 동년배 미국인과 그리 다를 게 없다. 그는 아주 정상적으로 자랐다.

"넌 플라스틱 비행기도 변변히 조립하지 못하잖니." 마이클 더다는 아버지로부터 이런 핀잔을 들었지만 나는 프라모델 조립 그런대로 꽤 잘 했다. 책과 독서에 관한 것은 나하고 비슷한 점이 많다. 그가 살짝 내비친 그의 독서론은 크게 공감한다.

"뒤마의 소설들은 축약본으로 읽었는데 『몽테 크리스토 백작』의 경우, 축약본이 오히려 스토리의 객관적 교훈과 신비한 호소력을 더욱 높여주었다." 나도 그렇다. 나의 『몽테 크리스토 백작』은 제목마저 축약했다. 허름한 양장본이지만 빨간 겉표지를 두른 『암굴왕』은 흥미 만점이었다.

그는 속독능력을 겸비한 "천천히 읽는 지구적인 독자"다. "독서의 즐거움은 속도가 아니라 독자의 머릿속으로 들어오는 이야기꾼의 목소리이다. 저자의 문장을 꼼꼼하게 들어 주고 또 그 뉘앙스를 음미하면서 그 멋진 분위기를 칭송해야 하는 것이다." 나는 늘 천천히 읽는다. 이틀에 『오픈 북』을 읽었다. 야금야금 음미하며 읽어야 하는데 너무 빨리 읽은 건 아닌지.

읽은 것의 기억은 편차가 심하다. "어린 시절의 독서는 거의 성스러운 위력을 발휘한다. 나는 이런 소설들과 그 밖의 '쓸모없는' 소설들의 플롯도 대부분 기억하고 있다. 가령 「타잔과 황금의 도시」는 그레이스트로

크 경이 거의 확실한 죽음을 맞이하는 장면으로 끝난다." 반면 헨리 조지의 『진보와 빈곤』은 하나도 기억 못한다. "나의 목적은 뭔가 새로운 것을 기여하는 데 있다. 잘 알려지지 않은 작가를 소개하거나, 잘 알려진 작가일 경우 그의 작품이나 경력의 생소한 부분을 소개하는 것이다."(에드먼드 윌슨)

마이클 더다는 에드먼드 윌슨을 인용하면서 "상아탑의 학자들 사이에서는 이런 정직한 르포르타주를 찾아보기가 어렵다"고 덧붙인다. 그리고 에드먼드 윌슨의 "『핀란드 역까지』(1940)의 몇몇 장들, 특히 「칼 마르크스 책상에서 죽다」같은 것은 투르게네프나 헨리 제임스의 중편 소설처럼 리듬과 아름다움을 간직하고 있다." 별로 중요한 것은 아니지만 미국에선 입학연도가 아니라 졸업연도를 학번으로 친다.

위대한 탐서가의 굉장한 책읽기

"이 책은 미국 〈워싱턴 포스트 북 월드〉 편집 기자이자 문학 평론 부문에서 퓰리처상을 받은 마이클 더다가 자신이 평생 읽어 온 책 중에서 일반 독자에게 덜 알려져 있으나, 고전으로 전혀 손색이 없는 90여 작품을 골라 해설한 책이다."(옮긴이의 말) 마이클 더다는 고전이 재미있다는 주장을 펼친다. "고전은 순전히 교육적인 측면이 강하여 고전이 되는 것은 아니다. 수세대 아니 수세기에 걸쳐 사람들이 그 책들을 읽을 만하다고 생각해왔기 때문에 고전이 된 것이다."

실제로 고전이 재미가 있고 없는지 여부를 따지기에 앞서 『마이클 더다의 고전 읽기의 즐거움』은 지금껏 내가 접한 '책에 관한 책' 가운데 제일 뛰어나다. 이제까지는 앤 패디먼의 『서재 결혼 시키기』와 다치바나 다카시의 『나는 이런 책을 읽어 왔다』를 높이 쳤다. 하지만 두 권 모두 저자에게 경의를 표하기 위해 그리 길지 않은 분량의 개별 꼭지마다 빠짐없이 서너 개의 밑줄을 그을 정도는 아니었다. 또한 나는 '책 읽는 사람'이라고

나댄 적도 없는데다 '탐서가'는 더욱 아니어서 같은 해 (2001) 번역된 두 권은 내 취향에 맞지 않았다. 『서재 결혼 시키기』에 나타난 딜레탕티슴에 대해 거부감을 느낄 겨를이 없었던 것은 유려한 번역 덕분이었다. 작년 여름 번역된 앤 패디먼의 『세렌디피티 수집광』을 통해 나오는 꽤 다른 그녀의 성향을 확인했다. 다치바나 다카시의 독서론 역시 좋은 번역이 호감을 갖게 했다. 하지만 『나는 이런 책을 읽어 왔다』에서 언뜻 비치고 지난 달 한국어판이 나온 『지식의 단련법— 다치바나 식 지적 생산의 기술』에서 적극 개진된 '실용적인 책읽기 방식'은 그리 공감하지 않는다.

사실, 책을 다룬 글만큼 재미없는 부류도 드물다. 서평전문지 기자로 일할 때 동료기자와 함께 각 분야 전문가한테 청탁한 원고를 편집하면서 쉽고 재미있는 서평쓰기의 어려움을 절감했지만, 지난 10여 년 사이에 그런 사정은 별로 나아진 것 같지 않다. 요즘 철마다 배달되는 '공신력 있는 기관'에서 펴내는 서평만을 담은 책자를 통독하기는커녕 한두 편 읽을까말까 하는 것도 다 거기에 실린 서평이 재미없기 때문이다. 딱 한번 예외가 있기는 했다. 어느 미술평론가가 작심하고 쓴 글이 그랬다.

"위대한 스토리를 전하고 있"는 "이 책에 소개된 작품들은" 우리에게 좀 낯설다. 길거리의 현자와 관련된 일화를 빌리면 '햇빛을 가리니 춥소'보다는 "거지가 양 손바닥으로 물을 떠서 마시는 것을 보고서 이 철학자는 자신의 컵을 내던져 버렸다"에 가깝다. 19세기 러시아 장편 소설을 들자면 『죄와 벌』, 『전쟁과 평화』, 『아버지와 아들』이 아닌, "『벨킨 이야기』(푸시킨), 『므첸스크 군(郡)의 맥베스 부인』(레스코프), 『골로블로프 가문』(살티코프-셰드린)이라는 멋진 소설"이다. 여기서 다룬 책이 절반이라도 번역됐을까, 나는 의심한다. (최근 번역된 『내 인생의 탐나는 자기계발 50』은 자아실현을 위한 명저 50권을 다뤘는데 번역이 안 된 책은 단 한권이다.) 낯이 설기

는 작가들도 마찬가지다. "대략 1865년에서 1935년까지 70년 동안" "영문학에서 이야기가 활짝 개화"하는 데 기여한 영어권 작가가 이리 많을 줄이야! 마이클 더다가 즐겁게 읽은 고전이 2선, 3선에 있는 고전인 것도 우리의 생소함을 가중한다. 그는 열두세 살 소년이었을 적에 우연히 습득한 클리프턴 패디먼의 『평생 독서 계획』 수정 4판(1997)인 "패디먼-메이저 수정판에 들어 있는 133명의 작가들은 대부분 의도적으로 제외했다." 참고로 클리프턴 패디먼은 앤 패디먼의 아버지다.

"세상의 정평 있는 걸작들을 이처럼 건너뛰는데 어떤 이득이 있겠는가?" 그는 아주 많다고 본다. "『고전 읽기의 즐거움』은 패디먼과 (존 S.) 메이저가 다루지 않은 작가들만 다루고 있는데, 대중적 상상력에 호소하는 중요한 작가들이고 또 더러는 좀더 알려질 필요가 있는 군소 작가이기도 하다. 그래서 이 책은 오비디우스와 페트로니우스를 다루는가 하면, H. 라이더 해거드의 『그녀』, 진 투머의 『케인』, G.K. 체스터턴의 『목요일이었던 남자』, 야로슬라프 하셰크의 『병사 슈베이크의 모험』, 아서왕의 로망스, E.T.A. 호프만의 괴기 이야기들, 주제 마리아 에사 데케이로스의 소설, 애거사 크리스티, 필립 K. 딕 등을 다루고 있다." 한편, 마이클 더다는 독창적인 목소리에도 귀를 기울였다. 그런데 어째서 재치 넘치는 목소리를 구사한 일부 작가들이 보이지 않느냐는 의구심에 대해 그들은 "나의 책 『즐거움에 엮어』나 『독서』같은 데서 이미 다루었"다고 해명한다.

마이클 더다는 한마디로 '책 도사'다. 그는 엄청나게 읽었다. 한 줄 혹은 제목만 나오는 책까지 합쳐 『고전 읽기의 즐거움』에 등장하는 책은 몇 백 권이나 된다. 모름지기 그가 거론한 책을 전부 독파했으리라. 하지만 그는 그런 척을 하거나 젠체하지 않는다. "마이클 더다는 미국에서 책을 가장 잘 읽는 사람이다. 그러나 그는 독자에게 뽐내는 법이 없다."(마이클 킨슬리) 마치 그는 책을 꿰뚫어보는 듯하다. 책들의 연관성에 대해 매우

밝다. 예컨대 『도리언 그레이의 초상』에서 오스카 "와일드는 그 책의 제목을 언급하지 않았으나 그의 묘사 ─ 플롯이 없고, 등장인물이 한 명이 소설'─ 를 볼 때 도리언 그레이가 데카당스의 공인된 바이블인 J.K. 위스망스의 『거꾸로』를 발견한 것이 틀림없다."

책을 소개하는 글의 첫째 목적은 그 책을 읽게 하는 것이다. 이런 점에서 『고전 읽기의 즐거움』은 탁월한 역량을 발휘한다. "이 책은 아주 즐거운 책이지만, 독자는 한편으로 미칠 것만 같은 느낌도 들 것이다. 그도 그럴 것이 마이클 더다가 뽑아 놓은 이 책들을 다 찾아서 읽고 싶어질 것이기 때문이다."〈퍼블리셔스 위클리〉) 나도 그랬다. 나는 책을 읽는 도중, 디드로의 『라모의 조카』와 맥스 비어봄의 소품을 주문했다. 하지만 마이클 더다가 권하는 공포물 몇 편과 시집 몇 권, 그리고 러디어드 키플링을 읽을 생각은 아직 없다. 내게는 "더다, 자네는 『킴』을 꼭 읽어 봐야 해. 아주 좋아"라고 말하는 동료가 없거니와 내 뇌리에는 "키플링이 유행 지나간 2류 작가일 뿐만 아니라 제국주의자, 성차별 주의자, 인종 차별 주의자"로 각인된 탓이다.

『고전 읽기의 즐거움』은 "좋은 독서로" 우리를 이끄는 뛰어난 길라잡이다. 그러면서 그 자체로 풍부한 읽을거리를 제공하는 "훌륭한 책들에게 보낸 연애편지 모음집"이다. 참으로 대단한 책이라 아니할 수 없다. 마이클 더다, 그가 바로 '책 읽는 사람'이다, '탐서가'다. (『고전 읽기의 즐거움』 부분은 〈기획회의〉[통권 244호, 2009. 3. 20]에 실린 필자의 리뷰.)

마이클 더다의 책

오픈 북 이종인 옮김, 을유문화사, 2007.
마이클 더다의 고전 읽기의 즐거움 이종인 옮김, 을유문화사, 2009.
북 by 북 강주헌 옮김, 문학동네, 2009.

마이클 W. 애플
Michael W. Apple
1942-

교육은 본질적으로 윤리적이고 정치적이다

미국의 교육학자 마이클 W. 애플 책의 번역 추이는 여느 해외 학자·사상가와 다른 양상을 보여준다. 1985년 『교육과 이데올로기』(한길사)가 번역된 이후 20년간 애플의 책 다섯 권이 우리말로 옮겨졌다. 그런데 애플 책의 번역에는 짧지 않은 단절의 시기가 있었다. 1988년 『교육과 이데올로기』의 속편인 『교육과 권력』(한길사)이 번역되고 나서는 애플 책의 번역은 긴 휴식기에 들어갔다. 1990년대에는 애플의 책이 단 한 권도 번역되지 않았다.

이럴 경우 대개는 거의 잊히는 것이 보통이나 애플은 2000년대에 화려하게 '부활'한다. 한 권도 아니고 세 권이 우리말로 옮겨졌는데 2001년 2월부터 2004년 1월까지 번역된 미국 교육과정과 교육정책에서 보수주의운동을 비판적으로 분석한 3부작이 그것이다. 애플의 책이 긴 공백을 딛고 번역된 데에는 몇 가지 이유가 있다고 여겨진다.

우선, 이론과 분석의 현실 적합성을 들 수 있다. 1980년대 번역된 책은 그것대로, 2000년대 번역된 책 또한 그것대로 결코 남의 나라 얘기가 아니라는 점을 여실히 보여주었다. 물론 이것은 해방 이후 우리나라 교육제도가 미국 교육제도에 지대한 영향을 받아 왔기 때문이다. 그렇다고 애플의 책들이 우리의 교육 현실을 이해하는 데 유용한 시사점을 던져주는 것을 단지 두 나라의 긴밀한 유대에서 연유하는 것으로만 봐서는 곤란하다.

또한, 시류에 영합하지 않는 애플의 일관성을 꼽을

수 있다. 애플은 일관되게 진보를 지향하고 정치적 좌파를 자임한다. 진보적이라는 말이 "우리 삶과 제도를 민주화하기 위한 광범위한 헌신을 지칭한다"고 할 때 그는 영락없는 진보적 교육 사상가다. 애플은 마르크스를 더러 인용하기는 하지만 마르크스주의를 신봉하진 않는다.

이런 점은 그가 즐겨 인용하는 학자들의 면면을 통해서도 여실히 드러난다. 애플은 레이먼드 윌리엄스, 피에르 부르디외, 스튜어트 홀, 안토니오 그람시 등의 글에서 적잖은 시사를 받는다. 그는 동료 또는 연대 세력이라고 할 수 있는 비판적 교육학자들과도 거리를 둔다. 파울루 프레이리와의 거리는 짧지만 보울스나 긴티스와의 거리는 좀 먼 듯하다.

여기에다 우리 교육학계와의 밀접한 관련성도 애플 책들의 번역 추이를 가늠케 하는 요소로 볼 수 있다. '위스콘신학파'라는 표현이 가능할 정도로 우리나라 교육학계에서, 특히 교육과정과 교육정책 분야에서, 미국 위스콘신대학 유학파들은 한 세력을 형성하고 있다. 애플 책의 번역에도 그의 한국인 제자들은 주도적으로 참여해 왔다. 애플은 여러 차례 우리나라를 찾았는데, 군사독재 시절에는 한국의 민주화를 고무하는 발언으로 일시적인 연금 상태에 처하기도 했다.

책에서 이따금 비친 자전적인 내용이나 옮긴이 후기에 나타난 제자들의 직접 체험에 따르면, 애플은 입지전적이고 신화적인 인물이다. 가난한 노동자의 가정에서 태어난 애플은 트럭 운전수로 일하면서 야간 고등학교를 마쳤다. 컬럼비아 대학에서 박사학위를 받았고, 그 자신이 교사로 일하기도 했으며, 교원노조의 지도자로 활동하기도 했다.

애플은 미국 사회에서 빚어지는 성·계급·인종적 불평등에 민감하다. 성·계급·인종적 불평등의 문제에 직면했을 때, 그는 결연하게 소수자의 편에 선다. 애플은 여성(또는 동성애자)과 노동자 그리고 흑인을 비롯한 유색인들을 편든다. 이러한 태도는 애플의 가치관과 정의관에서도 찾아진다. 그는 존 롤스의 정의관을 그대로 수용하는데 "윤리적·사회적 정의의 관점에서 보면 한 사회의 정의로움의 정도는 최약자의 이익을 어느 정도까지 증가시키고 있느냐에 달려 있다"는 것이다. 하지만 미국 사회는 이러한 척도에 비통할 정도로 미치지 못하고 있다는 것이 애플의 시각이다.

한 번역자는 스승의 "타인에 대한 존중, 무서울 정도의 성실함, 자기 자신에게 엄격함, 엄청난 독서량과 책을 대하는 태도" 같은 것을 배워야겠다고 옮긴이 후기에 적었다. 또 한 번역자는 다른 각도에서 스승의 학문에 대한 열정과 진지함을 전한다. 애플은 조금만 오래 앉아 있어도 목과 어깨가 뻣뻣해지면서 통증을 느낀다고 한다. 목과 어깨의 근육통은 애플이 어릴 적에 부친이 운영하는 영세한 인쇄소에서 인쇄공 노릇을 하느라 생긴 것이었다. 그럼에도 애플은 일요일을 빼고는 꼬박 연구실에서 독서와 집필에 몰두한다는 것이다.

『미국 교육개혁, 옳은 길로 가고 있나』(우리교육, 2003)는 미국 교육과정과 교육정책에서 보수주의운동을 비판적으로 분석한 3부작의 완결편이다. 애플은 이 책에서 바우처 제도, 국가 교육과정, 국가 학력평가, 국가 성취기준, 고부담 평가 같은 미국 교육과정과 교육정책의 쟁점들을 분석함과 아울러 대안을 논의한다. 또한 그러한 작업을 통해 미국 교육의 재구조화의 결과로 이익을 얻는 계층에 주목한다. 특히 교육개혁을 통해 불평등이 발생하는 과정을 밝혔다.

미국의 교육과정과 교육정책에 나타난 비교적 최근(이 책의 원서는 2001년 출간)의 쟁점들에 다가서는 애플의 자세는 신중하면서도 아주 비판적이다. 바우처 제도voucher plan(이 책 번역자는 바우처 제도를 다음과 같이 설명한다. "'바우처'란 학부모에게 직접 주어지는 전표 형식의 공교육비이며, 학부모가 학교를 선택하면 해당 학교는 이것을 받아 현금으로 바꾼다. 그런데 사실상 바우처 제도는 시장원리에 의한 학교선택제를 촉진하기 위한 수단을 넘어서는 것이다.")만 해도 그렇다. 애플은 바우처 제도를 공교육을 향한 공격의 일환으로 본다. "바우처제도를 지지하는 자들은 학교를 시장의 경쟁논리에 맡기면 무엇인가 나아질 것이라고 생각한다." 그들은 교육이 빵, 자동차, 텔레비전 따위와 다를 바 없는 하나의 상품일 뿐이지 그 이상은 아니라고도 주장한다. 이에 대해 애플은 바우처 제도와 학교선택제의 도입은 인종·계급·성의 차이를 은폐하는 시장만능론에 빠져 있는 것이라고 비판한다.

이런 측면은 "사람들이 마냥 좋다고 보는 '소비자'와 '시장'이라는 개념의 일반적인 이해방식을 바꾸어 놓고자" 하는 애플의 의도가 반영된 것이다. 그렇지만 애플은 미국의 학교 현실을 무작정 옹호하지도 않는다. "이 책은, 최근의 교육개혁안에 대해 대체로 동의하지 않는다 할지라도 현재의 학교를 지각없이 지지하는 것 또한 어리석은 일임을 밝혀 둔다."

애플은 비판적 교육학의 방법론에 대해서도 비판을 늦추지 않는다. "우리는 추상성의 하늘 꼭대기에서 이론을 가지고 카드놀이 해 온 것에 대해 깊이 반성해야 한다." 비판적 교육학이 이론의 놀음에 몰두하는 사이, 텅 빈 경험의 공간을 보수주의운동이 채웠다는 것이다. 물론 힘겨운 논쟁을 통찰하기 위한 이론의 탐구는 반드시 필요하다는 말을 덧붙이면서 말이다.

그런데 이 책은 일견 교육과 무관해 보이지만 미국의 교육과정과 교육정책에 지대한 영향을 미치는 보수주의운동의 분석에 긴 지면을 할애한다. 특히 종교의 영향력에 크게 주목한다. 애플이 '보수적 근대화'라 이름 붙인 교육과 사회정책의 측면에서 위력을 떨치는 보수주의의 지도력은 미국식 보수 대연합의 산물이다.

애플은 미국의 보수 연합을 구성하는 집단으로 신자유주의자, 신보수주의자, 권위주의적 대중주의자, 신중간계층으로서의 전문경영자를 꼽는다. 이 네 집단이 결합한 보수 연합이 미국 교육의 우경화를 이끌어낸 까닭을 애플은 "그들이 사람들의 상식을 사로잡기 위한 투쟁에서 승리했기 때문"으로 풀이한다. 다시 말해 "보수 연합은 여러 사회 세력과 다양한 형태의 현실 참여 세력을 창의적으로 짜깁기해 하나의 종합적 지도력 아래 모두를 조직했다"는 것이다.

그러면, 보수 연합을 구성한 각 집단의 특성을 살펴보자. 신자유주의자는 보수적 근대화를 지지하는 연합에서 가장 강력한 세력이다. 이런 점은 애플이 이들을 가장 눈여겨보는 이유이기도 하다. 신자유주의자는 '약한 국가'라는 미래상을 그리고 있으며, "사적인 것은 반드시 유익하고 공적인 것은 반드시 해롭다"는 것을 신조로 삼는다. 또, "힘을 가진 집단에서 발생한 의사결정상의 과실을 주 정부와 가난한 사람들에게 떠넘기는 것이" 이들의 총체적인 기획이다. 신자유주의자들의 책략에 의해 "미국은 교실에 앉아 있는 어린 학생들을 마치 상품처럼 광고주인 기업체에 팔아넘긴 세계 최초의 국가가 되었다"는 것이 애플의 진단이다.

신보수주의자들은 보수 연합에서 두 번째로 중요한 세력이다. 이들은 전통적 교육과정, 역사, 문학, 가치의 타락을 애달파 한다. 신보수주의는 교사에 대한 불신, 문화적 통제력을 잃을 것에 대한 염려, 문화적 타락의 위험에 처했다는 상황 인식 등과 같은 문화적·사회적 두려움에 추동 받는다. 여기에는 자민족중심주의에다 인종주의적 편견마저 서려 있다.

애플은 베스트셀러가 된 리처드 헤른스타인과 찰스 머리의 책 『종형 분포The Bell Curve』에는 이러한 양상들이 유감없이 드러난다고 말한다. 철 지난 우생학에 기대어 백인 우월주의를 복권시키려는 『벨 커브』에 대한 본격적인 비판은 고생물학자 스티븐 제이 굴드의 『인간에 대한 오해』(사회평론)에서 읽을 수 있다.

권위주의적 대중주의자들은 하나님이 원하는 학교교육을 지향한다. 이들 기독교 우파는 교육과 사회정

책의 기초를 성서적 권위, 기독교 윤리, 남녀의 역할 차이, 가정 등에서 찾는다. 그들은 바우처와 차터 스쿨(애플은 차터스쿨charter school을 이렇게 설명한다. "차터 스쿨은 주 정부가 제시하는 대부분의 요구 조건에 얽매이지 않아도 되도록 허락 받은 학교로서, 이들은 고객이 원하는 교육과정을 개발할 수 있다.") 같은 제도적 장치를 적절히 활용하는 한편, 홈스쿨링을 통해 공교육의 궤멸을 꾀한다. 기독교 우파의 학교관은 그들이 왜 홈스쿨링 운동을 주도하고 있는지 단적으로 말해준다.

이 "사람들은 공립학교를 그 자체로 매우 위험한 곳으로 본다. 학교란 바로 영혼을 위협하는 기관이다. 학교는 유혹의 장소이고, 종교를 가르치지 않는 공간이다. 종교적 진리는 교육과정에서 삭제되었고, 하나님의 음성이 교육과정에서 더는 들리지 않는다. 공립학교에서 기도 시간은 이제 불법적인 것이 되었으며, 성서적인 삶의 모든 활동들은 마치 정상이 아닌 것처럼 비추어지고 있다."

신중간계층은 한마디로 교육의 시장화를 추구하는 신자유주의자들과 교육과정의 엄격한 중앙통제를 추구하는 신보수주의자들이 요구하는 전문적 기술을 보유한 집단이다. 우리나라와 미국의 교육 현실은 엄연히 다르다. 그래도 애플의 책이 우리에게 시사하는 바는 아주 크다.

평등주의 교육을 향한 공격은 "교육을 경제적 행보에 편입시키려는 시도"라는 지적에서는 한국의 보수 언론 매체와 일부 엘리트 계층이 고교 평준화를 사갈시하는 속내가 읽히거니와 교육에 막강한 영향력을 행사하는 종교 세력의 문제도 남의 일만은 아니다. 물론 우리사회에 정교일치를 꾀하는 종교 세력은 존재하지 않는다. 하지만 일부 기독교 계통 대학에서 빚어진 채플 의무 수강을 둘러싼 갈등은 우려를 자아낸다. "채플 듣기 싫으면 이 대학을 선택하지 말았어야 했다"는 관련대학 당국자의 반응은 처음에는 그럴 듯하게 들려도

곰곰이 생각하면 말이 안 되는 얘기다.

애플은 보수 연합의 '평이하게 말하기' 전략을 긍정적으로 평가하는데 애플의 책들은 좀 딱딱한 편이다. 특히 1980년대 번역된 책들이 그러한데 여기에는 딱딱함을 가중시키는 번역도 적잖게 작용한 듯싶다. 일례로 지난 100년간 교육학에 지대한 영향을 미친 책 100권에 선정된 애플의 대표 저서 『교육과 이데올로기』의 한국어판은 부르디외를 '보듀'로 표기했다.

'보수주의 시대의 민주적 교육'이라는 부제가 붙은 『학교지식의 정치학』(우리교육, 2001)은 2000년대 번역된 3부작의 한 권으로 교실에서 가르쳐지는 '공식적인 지식'의 문제를 다뤘다. 이 책은 "다양한 수준에서 교육과정, 교수, 그리고 정책을 놓고 벌이는 투쟁을 분석하여 현재 상황의 가능성과 한계를 탐색한다." 3부작을 이루는 또 다른 한 권인 『문화 정치학과 교육』(우리교육, 2004)도 번역되었다.

마이클 W.애플의 책

문화 정치학과 교육 김미숙 외 옮김, 우리교육, 2004.
미국 교육개혁, 옳은 길로 가고 있나 성열관 옮김, 우리교육, 2003.
학교지식의 정치학 박부권 외 옮김, 우리교육, 2001.
교육과 권력 최원형 옮김, 한길사, 1988.
교육과 이데올로기 박부권·이혜영 옮김, 한길사, 1985.

말콤 글래드웰
Malcolm Gladwell
1963-

'척' 보면 '안다'구요

나는 평론가 직함에 꿀린다. 문학, 음악, 미술 같은 분야를 주 종목으로 삼지 않아서 그런 건 아니다. 나의 비평방식은 좀 눌리는 것 같아서다. 사실 평론가라는 직함이 약간 버겁기도 하다. 다만 "비평가만이 작가의 면

전에서 판결을 내린다"라는 발터 베냐민의 권고에서 힘을 얻는다. 이선영 편 『문학비평의 이론과 실제』(삼지원)는 초판(1983)에서 대표적인 문학비평의 유형을 여섯으로 나눈다. 역사·전기비평, 사회·문화적 비평, 형식주의비평, 구조주의비평, 신화형성비평, 심리주의비평 등이 그것이다. 개정판(1987)은 독자중심비평을 추가하고, 제3판(1990)에선 탈구조주의비평과 페미니즘비평을 더한다.

나는 문학비평의 대표적인 아홉 가지 유형 가운데 어느 것도 원용하지 않는다. 나는 그것들보다 낮은 차원인 인상비평을 선호한다. 직감에 크게 의존한다. 그렇다고 책을 판별하는 능력을 타고난 것도 아니다. 나는 책을 꾸준히 구입하면서 그런 감각을 익힌 것 같다. 처음에는 시행착오도 많았다. 어느 순간 책에 대한 분별력이 생겼다. 물론 엄정한 잣대라고 하긴 어렵다. 그래도 출판매체에서 일할 때나 지금이나 쓸모가 있다. 앞뒤표지와 본문 판면을 대충 훑어봐도 어떤 책의 '상태'를 70퍼센트는 가늠할 수 있다. 그런 눈썰미가 있는 독자가 책을, 특히 신간을 이리저리 살펴보던 중 사소한 오류라도 발견하면 출판사로선 이보다 더한 낭패가 없다.

내겐 얼마 전 출간된 『핀란드 역으로』(이매진, 2007)가 그랬다. 에드먼드 윌슨(1895-1972)의 『핀란드 역까지』(실천문학사, 1987)를 좋게 읽은 나로선, 기존 한국어판은 한참 전에 절판된 상황에서 새로운 번역서의 출현이 반가우면서도, 한편으론 '질투'가 났는지 새 책의 첫인상은 그다지 좋지 않았다. 우선 책이 꽤 두꺼웠다. 예전 번역서의 1.5배는 돼보였다. 이리저리 책장을 넘겨보다 거의 같은 중간제목이 눈에 띄었다. 「트로츠키, 역사와 자신을 동일시하다」와 「레닌, 역사와 자신을 동일시하다」가 그것. 뭔가 잘못된 것 같아서 차례를 펼쳤다. 거긴 "트로츠키, 역사를 자신과 동일시하다"와 "레닌, 자신을 역사와 동일시하다"라고 돼 있다.

장고長考 끝에 악수惡手

말콤 글래드웰의 『블링크— 첫 2초의 힘』은 "일상생활의 아주 작은 요소들, 즉 새로운 사람을 만나거나 복잡한 사정에 직면하거나 긴급한 상황에서 결정을 내려야 할 때마다 자연스레 발동하는 순간적인 인상과 결론의 내막과 기원을 다룬 책이다." 블링크blink란 무엇인가? "무의식적으로 눈을 깜박이다. 깜박거림, 반짝임. 누군가를 처음 만날 때나 긴급한 상황에서 신속하게 결정을 내려야 할 때, 첫 2초 동안 우리의 무의식에서 섬광처럼 일어나는 순간적인 판단을 뜻한다."(앞표지날개 하단)

이 책의 첫째 임무는 신속한 결정이, 일면에서는 신중한 결정만큼 좋을 수 있다는 사실에 확신을 갖게 하는 것이다. 두 번째는 본능을 믿을 때와 경계할 때를 터득하게 하는 것이다. 세 번째이자 가장 중요한 임무는 순간적 판단과 첫인상을 교육하고 관리할 수 있다는 확신을 주는 거다.

야구에서 타자는 공을 정확히 보고 공을 친다기보다는 타격감에 더 의존한다. "선수를 향해 날아오는 테니스공은 최종 1.5미터를 비행하는 동안 너무 가깝고 너무 빠른 속도로 움직인다. 그 순간 선수는 사실상 장님이 된다. 야구도 마찬가지다. 아무도 방망이를 향해 날아오는 공을 볼 수 없다." 책 말미에 실려 있는 인터뷰에서 글래드웰은 "동양문화권 속에서 살아온 사람들이 서양문화권 사람들보다 이러한 생각을 훨씬 쉽게 받아들인다"라고 말한다. 맞다. 순간의 선택은 평생을 좌우하고, 바둑에선 장고 끝에 악수가 나오곤 하지 않는가.

티핑 포인트의 3가지 규칙

전혀 주목받지 못하던 제품의 판매고가 어느 순간 폭발적으로 상승하는 까닭을 풀어서 밝힌 『티핑 포인트』는 2000년에 나왔던 '번역초판'의 개정판이다. 이 '번역개정판'은 "마케터의 관점에서 전면 수정한 것으로,

작은 아이디어가 어떻게 시장을 움직이는 큰 트렌드로 바뀌는지를 생생하게 보여준다"고 한다. '번역개정판'은 '번역초판'에서 50쪽을 다이어트 하는 등 경제경영 실용서의 티가 뚜렷하다.

하지만 나는 글래드웰의 장기인 풍부한 예화를 담은 '사회학적' 해석이 돋보였던 '번역 초판' 『티핑 포인트』도 나쁘지 않다고 생각한다. 읽을거리로는 그게 더 낫지 않나 싶다. 『티핑 포인트』는 "대단히 단순한 하나의 아이디어가 어떻게 발생하고 극점에 도달해 소멸했는지를 보여준다." 티핑 포인트tipping point는 예상치 못한 일들이 순식간에 갑자기 폭발하는 국면을 일컫는다. 티핑 포인트의 세 가지 법칙은 어떤 것의 '번짐'(전염)을 이해하는 데 아주 중요한 요소다.

소수의 법칙 80 대 20의 원칙은 어떤 상황에서든지 대개 '작업'의 80퍼센트는 참여자의 20퍼센트에 의해 수행된다는 개념이다. 전염에서는 이러한 불균형이 더욱 극단적으로 나타난다. 극소수의 사람들이 대부분의 일을 저지르는 것이다.

고착성 요소 고착성 요소는 전염되는 메시지를 기억하도록 만드는 특수한 방식이다. 정보를 제시하거나 구조화할 때, 작지만 고착성이 강한 변화만 주어도 엄청나게 다른 결과를 얻을 수 있다.

상황의 힘 상황과 조건과 이런 것들이 작용하는 특수한 상황에 강한 영향을 받는 것이 전염이다. 상황에 따라 달라지는 인간의 행동은 겉으로 보이는 것보다 인간 행동이 훨씬 더 암시에 걸리기 쉽다는 점을 말해준다.

'케빈 베이컨의 6단계 게임'은 '여섯 단계만 건너면 모르는 사람이 없다'는 속설의 응용이다. "이 게임의 발상은 어떤 배우든 그들이 출연했던 영화를 따라가다 보면 6단계를 거치기 전에 케빈 베이컨을 만난다는 데에서 비롯되었다." 그런데 게임 이름에 케빈 베이컨의 이름을 붙인 게 이채롭다. 어째서 〈어퓨굿맨〉에선 군법무관을 깔끔하게 소화했지만, 〈할로우맨〉에선 까

칠한 배역을 더 종잡을 수 없게 만든 배우로 기억되는 그를.

사람이 실험용 쥐?

『블링크』와 『티핑 포인트』가 읽을 만한 책인 것은 분명하나, 심리실험과 그 결과에 대한 말콤 글래드웰의 약간 과한 의존은 꽤 아쉽다. 상황적 요인을 부추기는 것 또한 그렇다. '키티 제노비즈의 비극'을 '방관자 문제'로 돌리는 일부 사회심리학자들의 주장은 온당치 못하다. 나는 "아이러니컬하게도 그녀가 목격자가 단 한 명 있는 외진 거리에서 공격을 당했더라면 살았을지도 모른다."라는 글래드웰의 추측은 전혀 동의하지 않으나, "사람들은 직접 맞부딪히는 상황 속에서 가장 작은 일들을 함께 나눌 때 어려움에 처한 이웃을 돕는다."라는 그의 짐작은 그런대로 수긍한다.

그렇다면 우리네 생활에서 직접 겪는 '방관자 문제'의 정도는? 자못 심각하다. 평일 오후, 젊은 엄마가 두세 살쯤 돼 보이는 아이를 안고 시외버스에 오른다. 좌석은 이미 다 차 있고, 아이를 안은 엄마는 버스 중간에서 손잡이를 잡고 불안하게 서 있다. 이를 보다 못한 운전기사가 한마디 한다. "누구 한사람 일어나지." 하지만 아무도 꿈쩍하지 않는다. 정적만이 감돈다. 갈등이 시작된다. 일어설까, 말까. 결국 맨 앞에 앉은 내가 자리에서 일어나 아이 엄마에게 말한다. "여기 앉으세요." 젊은 것들 들으라고 목소리를 안 낮춘다. 오십 전후의 운전기사가 평어를 쓸 정도로 버스 승객은 대부분 젊었다. 나는 다섯 손가락 안에 드는 연장자였다.

20초 남짓 갈등하며 내 머리는 '계산'을 하느라 엄청 바빴다. '오늘 컨디션은 나쁘지 않잖아. 다행히 길도 안 막히는군. 그럼, 오래 서 있지 않아도 되겠네. 동승한 딸아이에게 본을 보여야지.' 내 행동이 굼떴을 뿐, 나는 아이와 아이엄마를 보자마자 그날의 상황은 내가 자리를 양보할 수밖에 없다는 것을 직감했다. 다음 정거

장에서 참으로 이해하기 어려운 일이 벌어졌다. 20대 초반의 청년이 버스에서 내렸다. 그럴 거면 약간 일찍 자리를 박차도 되지 않았을까? '생색내는 것 같아 계면 쩍었던 게지.'

말콤 글래드웰의 책

블링크— 첫 2초의 힘 이무열 옮김, 21세기북스, 2005.
티핑 포인트 임옥희 옮김, 21세기북스, 2004. 개정번역판
티핑 포인트 임옥희 옮김, 이끌리오, 2000. 번역초판
아웃라이어— 성공의 기회를 발견한 사람들 노정태 옮김, 김영사, 2009.
그 개는 무엇을 보았나 김태훈 옮김, 김영사, 2010.

머레이 북친
Murray Bookchin
1921-2006

'인간에 대한 인간의 지배'가 '자연에 대한 인간의 지배'를 낳았다

오늘 나의 불안은 자유 극대화론적인 사회주의 사회의 도래를 과학적으로 '보장'하는 이론이 결여되어 있음에서 기인하는 것이 아니라, 퇴폐적이고 절망적인 이 시대에 여전히 투쟁하려는 여력이 남아 있는지에 대한 확신 없음에서 기인한다.

위의 진술에서 드러나듯이, 머레이 북친은 '사회생태론의 창시자'로 통하기는 해도 이론가보다는 실천가에 가까운 사람이다. 그리고 그의 실천가로서의 면모는 생애 전반에 걸쳐 일관되게 나타난다. 뉴욕의 러시아계 이민 가정에서 태어난 그는 정규교육을 받지 못했다. 학교 대신 주물공장과 자동차공장 노동자로 일하며 노동운동과 사회주의 운동에 적극 가담했다. 하지만 사회주의 운동의 권위적 성격에 실망을 느껴 아나키즘으로 기울게 된다. 이 과정에서 스페인 내전에 간접적

으로 참가하기도 하고, '전국자동차노동조합' 일에 열의를 보이는 등 '실천'에 진력했다.

또한 그는 선각자다. 북친은 아무도 환경 문제에 관심을 기울이지 않았던 1950년대 초반, 생태문제를 놓고 고민했다. 1952년 발표한 논문은 그런 고민의 소산으로 생태의 위기에 주목한 뚜렷한 이정표다. 여기에다 북친이 자신의 생각을 '사회생태학'으로 명명한 1964년은 사회생태론의 원년으로 기록되고 있다. 사회생태론의 이론적 토대를 다지는 와중에도 북친은 핵발전소 건립 반대운동에 매진하는 등 이론과 실천을 병행했다.

새로운 사상의 창안자인 북친의 저서가 번역된 것은 근자의 일이다. 그의 존재가 알려진 것도 고작 10년 남짓이다. 이런 상황은 그의 논적에 해당하는 프리초프 카프라와 그레고리 베이트슨이 진작 소개된 것과 분명한 대조를 이룬다. 북친은 국내의 지식수입 오퍼상에게 매력 없는 존재였다. 그럴 법도 하다. 그는 정통 '책상물림'이 아니다. 더구나 북친은 독자노선을 추구한다. 우파는 물론이고 좌파의 주류와도 거리를 두고 있다. 여기에다 우리 사회에서 별로 인기 없는 아나키즘을 사상의 밑거름으로 삼고 있다.

하여튼 북친은 『생태위기와 녹색의 대안』(나라사랑, 1992)을 통해 우리 앞에 나타났다. "머레이 북친: 사회생태운동의 개척자이며 이론적 저술가이고 대중강연가" 문순홍이 자신의 박사논문(「'녹색적 사유'의 정치철학적 과제」)을 보완한 이 책에는 북친 말고도 다양한 입장의 녹색 사상가들이 등장한다. 빌 드볼, 조지 세션, 프리초프 카프라, 조나단 포리트, 칼 아메리, 루돌프 바로, 토마스 에버만, 앙드레 고르, 제임스 오코너 등. 이 책은 환경문제 관련 도서목록의 단골손님이다.

북친의 첫 번째 한국어판인 『사회생태론의 철학』(솔출판사, 1997)이 나온 것은 『생태위기와 녹색의 대안』에서 그의 이름과 사상의 개요가 소개된 이후 5년 만의 일이다. 『사회생태론의 철학』의 '산파' 역할 또한 문순홍

이 맡았다. 문 씨는 이 책이 속해 있는 '생명총서'의 기획자이기도 하다. 북친 책의 첫 번째 번역서는 '사회생태론' 개설서라 할 수 있다. 북친은 다른 녹색 사상 유파에 대한 비판을 통해 자신의 입장을 분명하게 드러내고 있다. 특히 상대주의적 관점에 대해서 신랄한 비판을 가한다.

사회생태주의는 '지배의 관념'을 놓고 기존 이론들과 큰 시각차를 보인다. '자연에 대한 인간의 지배'가 '인간에 대한 인간의 지배'를 낳았다는 것은 거의 상식이나 마찬가지. 여기에는 자유주의자와 마르크스주의자를 막론하고 토를 다는 사람은 없다.

하지만 북친은 이러한 상식을 뒤집는다. 그는 '인간에 대한 인간의 지배'가 '자연에 대한 인간의 지배'를 초래했다고 강조한다. 따라서 생태사회를 구현하기 위해서는 인간 사회에 존재하는 모든 형태의 지배를 제거하는 일이 선결 과제다.

사회생태론의 또 다른 특징은 '인본주의'를 내세우는 점이다. 북친은 근본생태주의자들을 거세게 비판하는데 이유는 그들이 지향하는 이른바 '생명중심주의'가 반인간주의와 인간혐오주의를 바탕에 깔고 있다는 판단에서다. 북친은 '인간중심주의'를 부르짖지도 않는다. 사회생태론 인간관의 핵심은 생태계에서 인간이 지닌 특수성을 자각하자는 것이다.

『사회생태론의 철학』이 생태론에 입각한 북친 사상 개설서라면, 『사회생태주의란 무엇인가』(민음사, 1998)는 아나키스트 북친에게 다가서는 기회를 제공한다. 이러한 차이는 북친과는 무관하다. 다분히 번역자의 취향에 의한 것으로 옮긴이 '해제'를 통해 분명하게 구별된다. 그러나 차이는 옮긴이 '해제'에서 부각되는 것이지, 내용은 비슷하다. 『사회생태주의란 무엇인가』 역시 북친 사상의 개설서에 속한다.

『사회생태주의란 무엇인가』에서는 모든 지배와 억압을 거부하는 아나키스트로서의 북친의 모습이 뚜렷하게 드러난다. 그는 자유주의적 환경주의자의 '타협'과 '거래'를 강한 어조로 비판한다.

자유주의적인 환경주의는, 환경 로비스트나 변호사, 그리고 관료와의 무미건조한 교섭에 종사하는 강력한 욕구의 자본가들이 갖는 악의를 희석하는 위안물이 되었다. 그러한 무리들에게 자연은 본질적으로 자연 자원의 집합체에 불과하다. 그들의 환경보호활동은 '더욱 큰 선과 미덕'이라는 윤리가 아니라, '더욱 작은 악'이라는 윤리에 따라 양심을 희석한다고 하는 목적을 갖는다. 전형적으로 말하자면 거대한 삼림이 소수의 수목과 '거래'되고, 광대한 습지가 작고도 '개량되었다'라고 말해지는 야생 생물의 보호구역과 '거래'된다.

개발의 면죄부로 쓰이는 '환경영향평가서'의 남발은 말할 것도 없고, 환경운동이 재벌의 재정지원문제를 놓고 왈가왈부하거나 환경운동을 국회 진출을 위한 교두보로 삼으려는 행위는 북친에게 웃음거리로 비칠 것이다. 북친의 사회생태론은 '생태주의적 관점에서 행하는 인간 사회의 탐구'로 요약된다. 그리고 그는 사회생태론의 방법론으로 '변증법적 자연주의'를 채택했다.

나는 한쪽의 극단에 있는 '생명 중심성' '반인간주의' '맬서스주의' '근본생태주의'에 의해 만들어진 천박한 개념과 다른쪽의 극단에 있는 성장, 경제, 인간의 '우월성', 사회적 권력에 대한 신념을 함께 뛰어넘어야 한다고 생각한다.

이 두 권의 책은 개설서인 까닭에 북친의 생각을 정확히 이해하기에는 미진한 면이 있다. '생명총서'의 출간 목록에 올라 있는 책들은 이런 아쉬움을 풀어줄 것으로 기대된다. 『자유의 생태학』은 의식적이고 윤리적인 자연이며 생태적 사회인 '자유로운 자연'을 주제로 삼았고, 『도시없는 도시화』는 국가 권력에 대항하는 자유 극대화론적인 자치주의자 연합의 중요성을 강조한 책이다.

그런데 솔출판사의 '생명총서'를 통해 1999년 나올 예정이던 두 권의 책은 지금까지 소식이 없다. '생명총서'의 근간목록에 있었던 것 가운데 어느 것은 다른 출판사를 통해 나오기도 했지만 북친의 책은 선보이지 않고 있다. 우리나라 생태학 담론의 얄팍한 수요층을 상징적으로 보여주는 사례가 아닌가 한다. 『휴머니즘의 옹호』(민음사, 2002)는 우리말로 옮겨진 북친의 세 번째 책이다.

머레이 북친의 책

사회생태론의 철학 문순홍 옮김, 솔출판사, 1997.
사회생태주의란 무엇인가 박홍규 옮김, 민음사, 1998.
휴머니즘의 옹호 구승회 옮김, 민음사, 2002.

모리스 클라인
Morris Kline
1908-1992

"수학은 인간 정신이 낳은 가장 소중한 보물이다"

2007년 4월 15일, 인천 부개3동에 있는 부평기적의도서관이 마련한, 어른을 대상으로 하는 연중 특별프로그램 '아이들 세상 속으로'의 4월 연사로 초대받아 강연을 했다. '책을 왜 읽는가?'를 주제로 잡았는데, 독서교육과 논술시험에 대한 평소의 생각도 이야기했다. 나는 교육당국이 주도하는 책읽기 교육이 독서의 본질 가운데 하나인 자유로움을 해치지 않을까 우려한다. 억지로 쓰게 하는 독후감은 학생들에게 무거운 짐이다. 초등학교에서 실시하는 독서퀴즈대회는 학부모에

게 적잖은 부담이 된다. 논술시험은 수험생이 대학에서 공부할 능력을 판단하는 잣대로 부적합하다.

대입논술은 '석사장교제도'다

강연 후, 질의응답시간에 한 어머니가 새 교육과정과 통합논술을 들먹이며 대입논술 당위론을 펼쳤다. 나는 논술시험 대비용 발췌·요약 판 읽기의 폐해를 다시금 지적했다. 책과 본격적으로 말문을 틀 무렵, 곶감 꼬치에서 곶감 빼 먹듯 하는 식의 독서는 책과 친숙해지는 기회를 차단하기 쉽다. 아울러 입시제도와 상관없이 인문·사회·자연 분야의 책을 골고루 읽으면 된다고 덧붙였다. 논술 옹호론을 주장한 그 분은 논술학원 강사라는 것이 도서관 관계자의 귀띔이었다.

사교육 시장을 활성화하는 부작용(?)과 너무 긴 답안을 요구하는 등의 출제방식의 문제점은 논외로 하더라도, 대학 갈 때 논술시험을 왜 치러야 하는지 모르겠다. 1986학년도 대입에서 논술시험을 치른 경험자가 보건대, 논술의 '화려한 부활' 뒤에는 '석사장교제도'의 성격이 있는 것 같다. 석사장교제도는 1980년대 초반, 석사학위 소지자에게 엄청난 복무단축 혜택을 부여했다. 군사독재자와 그 일당 자제들의 편의를 봐주려고 급조한 제도였다는 설이 유력하다.

그러니까 논술은 세칭 명문대에 합격하기에는 실력이 약간 부족한 자녀를 둔 대학입시 제도를 좌우할 수 있는 일부 인사들이, 그들 자녀에게 조금이나마 유리한 시험 방식을 끼워 넣은 건 아닌지 모르겠다. 대입 논술시험은 공정성에도 심각한 문제가 있다. 대학당국이 제시한 지침과 이를 충실히 따르는 논술학원의 대비책이 상호작용하면서 시험문제와 채점에 반영되기 때문이다.

수학이 정답이다

또한, 논술의 장점으로 내세워지는 것은 '속 빈 강정'이

거나 설득력을 결여하고 있다. 나는 수학修學능력시험과 내신 성적에서 수학數學 교과목의 비중을 높이는 것이 훨씬 더 적절하다고 본다. 수학은 탁월한 변별력에다 논리적 사고력을 키우는 데도 그만이지 않은가. 하지만 교육과정 개편을 통해 중·고등학교에서 수학의 비중은 낮아지는 추세다.

서울 어느 대학이 2008학년도 정시모집에서 인문계열 지원자에게 수학능력시험 수리 영역에 가중치를 두겠다는 입시안을 발표하자 수험생 다수가 반발하는 것은 그러한 영향으로 볼 수 있다. 어떤 학생은 "왜 인문계 학생에게 수학 실력이 중요한지, 또 그런 결정을 왜 갑자기 했는지 명확히 설명해야 하는 것 아니냐"라며 목소리를 높였다고 한다(《한겨레》 2007. 4. 9).

이따금 외신을 타고 전해지는 우리나라 고등학생들의 수학 실력은 세계 10위권을 넘나든다. 하지만 그런 조사결과는 허수에 가깝다. 올해 대학에 들어간 이공계 전공자들의 수학 실력이 형편없다는 '수학 기초 실력' 보고서가 현실감 있다. 한 걸음 양보하더라도 우리 고교생들의 수학 실력은 미지수다.

수학을 사용해 얻은 지식

미국의 응용수학자 모리스 클라인은 과학자로서 보기 드문 재능을 지녔다. "과학자들 중에서 그들의 전문 분야의 복잡함과 풍부함을 일반 독자가 올바르게 이해할 수 있도록 전달하는 능력을 가진 사람은 거의 없다"지만, 클라인은 예외다. 우리말로 옮겨진 그의 책 세 권은 과학교양서 저자로서 클라인의 뛰어난 역량을 잘 보여준다. 그의 한국어판 수학교양서 세 권은 주제를 통사적으로 다룬다는 공통점이 있다. 각권의 주제를 효과적으로 구현하고자 배경지식으로 제시한 수학 발달의 역사적 내용은 더러 겹치기도 하지만, 그리 문제될 것은 없다.

『지식의 추구와 수학』의 주제는 우리가 수학을 사용하여 얻은 지식이다. 그에게 수학은 고대 그리스에서 오늘에 이르기까지 물리적 세계를 연구하는 핵심 도구다. "이 책에서 클라인은 과학자들이 관찰과 실험의 경험적 방법에 전적으로 의존하는 것에 반해서 우리의 지식을 넓히기 위하여 어떻게 더욱더 수학으로 (관심을) 돌리게 되었나를 자세히 이야기한다. 그는 그리스인들, 갈릴레이와 뉴턴 같은 초기 현대 과학자들, 그리고 20세기의 상대성 이론과 양자론을 다룬다."(앞표지 글)

수학을 매개로 서양문명사를 명쾌하게 꿰뚫는 클라인은 "주로 외부 세계에 대한 우리의 지식에 심각하게 의문을 제기한 사람들"에게 주목한다. "로크는 수학적 지식이 다루는 관념들이 가장 명백하고 가장 믿을 만한 것이라고 느꼈기 때문에 수학적 지식을 선호하였다." 또한 "플라톤에게 수학은 단순히 관념적인 것과 감각적인 것의 사이의 매개자가 아니었다. 수학적 체계가 실체의 본질에 대한 참된 설명이었다."

그러면, 수학적 방법의 필수적 요소는 무엇인가? 기본 개념의 도입, 추상화, 이상화理想化, 연역적인 추론, 부호의 사용 등을 들 수 있다. "수학의 진수는 서구 문화에서조차 보통의 사람들이 전적으로 감각적 지각에 의해서 얻어진다고 믿는 우리의 물리적 세계에 대한 지식을 만들어 내기 위해서 인간의 마음과 추론에 의지한다는 것이다."

1장에 나오는 감각과 직관의 결함 사례는 퀴즈 문제를 통해 제법 눈에 익숙하다. 하지만 그 높이가 지구 표면에서 1피트인 도로로 지구를 둘러쌌을 때, 도로의 길이가 지구 둘레보다 얼마나 긴지 셈하는 것은 쉽지 않다. 이를 계산하고자 제시된 전제가 우리의 직감을 흐트러트리기 때문이다.

반지름이 10피트인 정원의 경계선에서 1피트 떨어진 울타리의 둘레는 정원 둘레보다 2π 피트 더 길다. 이를 기준으로 도로의 길이에서 지구 둘레를 뺀 것의 직관적인 근사치는, 지구의 반지름은 정원의 200만 배나 되기에, 2,000,000×2π 피트라고 생각하기 쉽다. 그러나 "중심이 같은 두 원에서 밖의 원이 안의 원으로부터 1피트 떨어져 있으면" 바깥 원의 둘레는 안의 원보다 언제나 2π 피트가 길다. 클라인은 귀납, 유추, 연역 이 세 논법의 차이를 확실하게 설명한다.

"논법의 여러 형태들 중에 연역적인 것만이 결론의 올바름을 보장한다. 1,000개의 사과가 붉기 때문에 모든 사과가 붉다고 결론을 내리는 것은 귀납적 논법이고, 따라서 믿을 만하지 못하다. 비슷하게, 똑같은 재능을 받은 존의 쌍둥이 형이 대학을 졸업하였기 때문에 존이 대학을 졸업할 수 있어야 한다는 논법은 유추에 의한 논법이고, (이것 역시) 분명히 믿을 만하지 못하다."

연역적 논법은 여러 형태를 취할 수 있어도 결론을 보증한다. "만일 우리가 모든 사람은 죽어야 할 운명이고 소크라테스가 사람이라는 것을 인정한다면, 우리는 소크라테스가 죽어야 할 운명이라는 것을 인정하여야 한다." 아리스토텔레스의 삼단논법은 이와 관련된 논리의 원칙이다. "연역적 논리는 사실 수학의 소산이다."

헬레니즘과 헤브라이즘은 유럽 근대 문화의 젖줄이다. 그 물줄기는 오늘도 서구 문화의 밑바탕에 면면이 흐른다. 번역서를 리뷰 하는 방식으로 외국 사상가와 저자의 자취를 살피는 작업을 하면서 그런 점을 실감한다. 유럽과 미주 출신 사상가는 기독교와 떼려야 뗄 수 없는 관계에 있다. 정립이든 반정립이든 그들의 생각은 예외 없이 기독교와 맞닿아 있어 놀라곤 한다. 다시금 놀란 가슴을 쓸어내리던 차에 모리스 클라인의 『수학, 문명을 지배하다』를 만났다. 어쩐 일인지 책등에 새겨진 원제목Mathematics in Western Culture이 한눈에 들어왔다.

수학으로 짚어본 서양문화사

수학을 헬레니즘으로 치환해 충격을 상쇄하려던 내 의도는 이내 지레짐작이자 얄팍한 생각임이 드러났다.

수학자들에게도 기독교의 영향력은 만만찮았던 것이다. 클라인이 수학적 성취가 종교와 사회에 대한 견해를 바꿔 놨다 하면서도 여전히 하느님을 최초의 원인으로 보는 20세기 전반의 미국 수학자 아서 S. 에딩턴과 제임스 H. 진스를 책의 말미에 언급한 것은 단적인 사례다.

그래도 이 책은 진정제 구실을 톡톡히 했다. 아니, 기대 이상의 효과가 있었다. 수학에 대한 오해를 말끔히 씻어 주는 한편, 새로운 시야까지 터 줬으니 말이다. 수학을 억지로 배우던 시절, 우리 대부분의 수학 실력은 보잘것없었다. 당연히 싫어하는 과목으로 수학을 첫손에 꼽았다. 수학의 부담감에서 멀리 벗어나자 상황이 달라졌다. 서평전문지 〈출판저널〉에 재취업한 2000년 봄, 특집기사('수학을 읽는다') 작성을 위해 당시 붐을 이룬 수학교양서를 훑어보다 수학책이 맘에 들기 시작했다. 이후 틈틈이 수학 관련서를 펼쳐보며 수학과 정을 쌓았다. 마침내 이 책을 통해 수학 자체가 좋아졌다.

『수학, 문명을 지배하다』는 수학을 통해 짚어본 서양철학사고, 과학사며, 문화사다. 또한 수학사다. 600쪽이 넘는 방대한 분량을 제한된 지면에 간추리는 것은 가능하지 않을뿐더러 불필요하다. 다만, 읽으면서 감탄사를 연발했다는 독후감을 밝히고 싶다. 책은 수학에 대한 나의 무지를 일깨우는 것만으로는 모자랐는지 종내 사물의 이치마저 깨우쳐 주었다.

나는 직각삼각형에서 이웃하는 변의 길이의 비율 중 하나인 사인sine의 정의와 원리, 그것의 응용을 이제야 분명히 이해한다. 그러니 더 말해 뭐하랴마는 무한집합에서 양의 정수와 짝수의 개수가 같다는 초한수 개념은 마냥 신기하기만 하다. 수학의 합리적 '마술'은 이에 그치지 않는다. 연역적 추론과 양적인 탐구가 수학의 발달을 낳았다는 분석은 그런대로 수긍이 간다. 고도의 추상성이 곧장 유용성으로 직결되는 식의 수학적 방법론의 역설 또한 비현실은 아니다. 하지만 4차원의 세계를 도출하는 차원에 이르면 벌어진 입을 다물 수 없게 된다. 리만 기하학을 다룬 대목에선 개안, 말 그대로 새로운 세계에 눈을 뜬다.

"2005년 학업성취도 평가가 부활된 뒤로 일제고사가 서울 모든 초등학교로 확산된 것으로 확인됐다."(《한겨레》 2007. 5. 30) 1학년에게까지 일제고사를 치르게 하는 학교도 많다고 한다. 그런데 늘 한날한시에 시험을 치렀던 우리는 어찌 그리 수학실력이 형편없었을까! 또 지혜로운 학부모는 자녀에게 '고교 수학의 바이블'보다는 수학의 참맛을 일깨우는 책을 우선 접하게 하지 않을까?

『수학의 확실성— 불확실성 시대의 수학』의 원제목은 '수학, 확실성의 상실Mathematics: The Loss of Certainty'이다. "이 책은 비전문가의 눈높이에 맞추어 수학의 흥망성쇠를 다룬다."(사이언스북스) 특히, 수학에 닥쳐온 대재앙에 초점을 맞춘다. 수학 기초론을 이야기한다.

불확실한 수학

19세기 초, 희한한 형태의 기하학과 대수학이 생겨나면서 수학자들은 수학이 진리의 집합체가 아니라는 사실을 깨닫기 시작한다. "수학적 설계가 자연 속에 심겨 있지는 않으며, 설사 심겨 있다고 해도 인간의 수학이 반드시 그 설계를 드러낸다는 보장은 없다는 것이 분명해졌다." 하여 수학을 면밀히 재검토하던 그들은, 수학의 엉성한 논리를 발견하고는 크게 당혹해한다.

"사실, 수학은 비논리적 방식으로 발전되어 왔다. 비논리적 발전 과정에는 잘못된 증명, 추론의 오류, 부주의로 인한 실수 등, 주의를 좀 더 기울이면 피할 수 있는 것만 포함되어 있지는 않았다. 비논리적 발전 과정에는 개념에 대한 부적절한 이해, 필요한 논리학 원칙이 무엇인지 인식하지 못한 잘못, 그리고 엄밀성이 불충불한 증명 등이 포함되어 있었다."

다시 말해, 논리적 증명의 자리를 차지하던 것은 직관, 물리적 논증, 기하학적 도형의 사용 같은 것이었다. 『수학의 확실성』 '옮긴이 후기'는 수학적 엄밀함이 크게 떨어진다. 수학자 Fraenkel의 이름 표기가 프랑켈, 프랭켈, 프렝켈 등으로 제각각이다. 7과 1/2쪽 분량에서 말이다. 찾아보기는 "프렝켈, 아브라함 A."이라 돼 있다.

하지만 수학은 여전히 자연을 기술하는 효과적인 도구였고, 19세기 후반 내내 수학의 엄밀화라는 이름의 운동이 활발하게 진행된다. "오늘날 수학이 처한 난국은 하나가 아닌 여러 개의 수학이 존재한다는 사실, 그리고 여러 이유로 자기 학파의 이론으로는 대립되는 학파의 추종자들을 만족시키지 못한다는 사실 때문이다." 클라인은 "가장 잘 다듬어진 물리 이론은 전적으로 수학 이론"이기에 어떤 수학이 믿을 만한 수학인지 따지는 문제에 관심을 기울여야 한다고 강조한다. 우리는 라디오 전파의 물리학적 의미는 전혀 모르지만 그에 관한 이론을 가지고 라디오를 만들어 냈기 때문이다.

"진리가 실종되고 수학과 과학이 끊임없이 복잡해져만 가고 또 어떤 접근 방식이 옳은지 불확실해지면서 대다수 수학자들은 자연과학을 포기하기에 이르렀다. 그들은 수학, 그중에서도 증명을 안전하게 전개할 수 있는 세분화된 자신의 분야로 후퇴해 들어갔다. 자연과학에서 생겨나는 문제보다 인위적으로 만든 문제에 더 매료되고 있는 실정이다."

하지만 '그래도 지구는 돈다.' "수학은 완벽한 보석도 아니고 또 아무리 계속해서 닦는다고 해도 모든 흠이 남김없이 사라지지는 않을 것이다. 그러함에도 수학은 감각 세계를 가장 효율적으로 연결해 주는 고리였으며, 그 기초가 공고하지 못하다는 사실을 인정해야만 한다는 점이 당황스럽기는 해도 수학은 여전히 인간 정신이 낳은 가장 소중한 보물이다. 따라서 이를 소중히 다루고 관리해야 한다. 수학은 지금까지 이성의 선봉에 섰고 새로운 결함이 발견된다고 해도 앞으로도 의심할 여지없이 그러할 것이다."

모리스 클라인의 책

수학의 확실성- 불확실성 시대의 수학 심재관 옮김, 사이언스북스, 2007.
수학의 확실성 박세희 옮김, 민음사, 1984.
수학, 문명을 지배하다 박영훈 옮김, 경문사, 2005.
지식의 추구와 수학 김경화·이혜숙 옮김, 이화여대출판부, 1994.

미르치아 엘리아데
Mircea Eliade
1907-1986

강렬한 영감과 통찰력으로
고전적 작품 양산한 창조적 지성

"모름지기 탁월한 저서는 강렬한 영감과 압도적인 통찰력이라는 특징을 갖는다. 그리고 이러한 영감과 통찰력은 이른바 고전적 작품을 만들어 낸다. 이때 그 저자는 '장인' 혹은 더 나아가 '창조적 지성'으로 여겨질 만하다."

이것은 종교학자 미르치아 엘리아데와 그가 남긴 방대한 저작에 관한 평가다. 이런 평가는 엘리아데를 종교학자의 테두리에 가두지 않고 예술가, 평론가, 그리고 시인으로 간주하기에 이른다. 그의 장례식장에서 낭송되었던 세 권의 대표작 ―『우주와 역사』『요가』『금지된 숲』― 역시 엘리아데의 다재다능함을 잘 보여준다.

대표작 가운데 앞의 두 권은 학술서적이지만 『금지된 숲』은 소설이다. 엘리아데의 주된 관심은 물론 종교현상이었지만 소설 창작에도 뛰어난 재능을 발휘했다. 그는 종교학적 상식을 동원하지 않고 쓴 소설의 상징이 이미 해석된 신화의 상징체계와 일치하는 기이한 경험을 하기도 했다.

『상징, 신성, 예술』(서광사, 1991)에 실린 「문학적 상상력과 종교의 구조」라는 글은 창작에 대한 엘리아데의 생각을 알려준다. 여기서 그는 "소설쓰기는 나의 정신 건강을 유지시켜 주고 노이로제에 빠지지 않게 해주는 유일한 수단"이라고 말했다. 이런 진단은 인간의 독특한 존재양식이 인간의 주변세계와 내면세계에서 무슨 일이 벌어지는지 알고 싶어 하는 욕구를 내포하고 있으며, 최악의 경우에조차 이야기에 끌리는 실존적 욕구가 있다는 통찰로 이어진다.

엘리아데는 이야기에 귀 기울이는 실존적 욕구의 예로 시베리아 강제수용소에서 살아남은 사람의 증언을 듣는다. 비멜이란 사람은 자신과 같은 공동막사에서 지낸 백여 명의 피수용자는 한 명도 빠짐없이 생존했다고 증언한다. 다른 막사의 경우 매주 여남은 명씩 죽어나갔는데도 말이다. 비멜이 있었던 막사의 생명력의 원천은 바로 이야기였다. 어떤 노파가 밤마다 그들에게 이야기를 들려주었기 때문이다. 그들은 이야기가 계속 듣고 싶은 나머지 돌아가면서 자신에게 배급된 식량의 일부를 그 노파에게 떼 주기까지 했다.

산스크리트어를 연마하면서도 『샤머니즘』을 집필하면서도 엘리아데는 끊임없이 소설 창작의 유혹에 시달렸다. 그러나 엘리아데는 창작을 단념하고 종교학 연구에 몰입하게 된다. 학문연구의 세계와 문학적 상상력의 세계에서 동시에 살 수 없다는 사실을 깨달았기 때문이다. 엘리아데 책의 한국어판은 10여 종에 이르지만 소설은 『만툴리사 거리』(전망사, 1982)와 『벵갈의 밤』(세계사, 1990) 정도다. 탁월한 이야기꾼으로서의 엘리아데의 면모를 살피기에는 좀 부족한 숫자다.

엘리아데는 루마니아의 국민이면서 또한 세계시민이었다. 학문의 기반은 루마니아의 수도 부쿠레슈티에서 다졌지만 학문의 젖줄이 된 것은 로마, 콜카타, 시카고 같은 도시였다. 대학생이 된 엘리아데는 이탈리아에 머물던 중 인도의 철학자 다스굽타를 알게 되어 그의 문하로 들어간다. 『요가』와 『파탄잘리』는 캘커타 대학에서의 유학생활에 힘입은 책들이다.

『요가』(고려원, 1989)는 박사학위 논문의 수정판이다. 1936년 출간된 초판은 '인도 신비주의의 기원'이라는 부제를 달고 있다. 한편 수정판은 '불멸성과 자유'를 부제로 했다. 뿐만 아니라 몇 개의 절을 제외하는 등 전면적인 개작이 이뤄졌다. 이 책은 요가의 기법과 그 내력 및 다양한 형태를 자세히 다뤘다. 요가의 사상과 상징, 방법에 대해 간과했거나 부당하게 연구한 것을 바로잡기도 했다. 특히 탄트리즘, 바라문교, 연금술 등과 요가의 연관성을 강조했다.

『요가』가 탁월한 종교학자가 쓴 요가 연구의 결정판이라면 『파탄잘리』(대원사, 1988)는 이 방면의 다이제스트다. 프랑스의 쇠이유 출판사가 펴낸 '성자전 총서'의 한 권인 이 작은 책은 『요가』의 내용과 체제를 그대로 따랐다. 파탄잘리는 요가의 이론과 수행방법을 담은 『요가수트라』의 저자로 알려졌을 뿐 다른 인적사항은 베일에 싸인 인물이다. 엘리아데는 2000년 전에 살았던 위대한 요기를 되살리며 독자들을 요가의 세계로 안내한다.

『샤마니즘』과 『종교형태론』은 엘리아데의 독특한 종교연구 방법을 알려주는 책이다. 현상학적 해석학으로 일컬어지는 그의 연구 태도는 현상학과 역사의 상호보충성을 강조한 점이 특징이다. 무엇보다 풍부한 사례를 통해 다양한 종교 현상을 설명했다.

『샤마니즘』(까치, 1992)은 샤머니즘의 모든 현상을 밝히는 동시에 그것이 종교사 전체에서 차지하는 위치를 밝힌 책이다. 이 책에서 엘리아데는 샤머니즘을 정신병으로 간주하는 견해를 단호히 배격한다. 샤먼들에게 나타나는 병적인 징후는 한 인간이 샤먼으로 선택됐다는 사실을 알려주는 우연한 현상일 뿐이라는 것이다. 오히려 능력 있는 샤먼이 되려면 신체적인 건강을 바탕으로 고도의 훈련을 감내해야 하는 점을 지적했다.

『종교형태론』(한길사)은 종교 형태의 역사에 관한 문제를 폭넓게 다룬 책이다. 이 책은 세 권의 번역본이 나와 있으나 실질적으로는 두 권으로 볼 수 있다. 『종교형태론』과 『종교사개론』(까치, 1993)은 같은 책이지만 제목부터 약간의 차이가 있다. 그것은 번역 텍스트를 영어판과 프랑스어판을 사용한 것의 차이다. 번역자도 종교학 전공자와 어학 전공자로 대조를 이룬다.

이런 차이는 '성스러운 것의 나타남'이란 뜻을 지닌 용어의 번역에서 단적으로 드러난다. 종교학자는 기본 용어에 해당하는 '히에로파니hierophany'를 그대로 살렸고, 불문학자는 그것을 '성현聖顯'으로 옮겼다. 1996년 나온 『종교형태론』은 1979년 출간된 책(형설출판사)의 개정번역판이다.

엘리아데 사상의 핵심을 담은 『성과 속』(학민사, 1983)의 첫 번째 한국어판 번역자는 문학평론가다. 작가나 문학평론가가 사회학자나 인류학자보다 종교학자의 연구 성과를 잘 이해한다는 엘리아데의 지적에 따르면, 이것은 자연스런 일이다.

엘리아데는 독자를 위해 책의 서두에서 그 책의 성격을 미리 귀띔하곤 했다. 『샤마니즘』에서 "불완전한 책, 근사치적인 책, 위험을 안은 책"이라는 어렴풋한 얘기를 하다가, 『종교의 의미』(서광사, 1990)에서는 "전문가보다는 정직한 인간과 지적인 독자를 위한 책"이라는 친절도 베풀지만, 『종교형태론』에서처럼 "이 책의 중요성은 전체를 읽지 않고는 포착되지 않는다"는 엄포(?)를 놓기도 한다.

미르치아 엘리아데의 책

우주와 역사 정진홍 옮김, 현대사상사, 1976.
영원회귀의 신화 심재중 옮김, 이학사, 2003.
종교형태론 이은봉 옮김, 형설출판사, 1979.
종교형태론 이재실 옮김, 까치, 1993.
종교형태론 이은봉 옮김, 한길사, 1996.
만툴리사 거리 이재룡 옮김, 전망사, 1982.
성과 속 - 종교의 본질(학민글밭 4) 이동하 옮김, 학민사, 2006.
성과 속 이동하 옮김, 학민사, 1983.
성과 속 이은봉 옮김, 한길사, 1998.

신화와 현실 이은봉 옮김, 한길사, 2011.

신화와 현실 이은봉 옮김, 성균관대출판부, 1994.

신화와 현실 이은봉 옮김, 성균관대출판부, 1985.

종교학 입문 이은봉 옮김, 성균관대출판부, 1982.

파탄잘리 박인철 옮김, 대원사, 1988.

요가 정위교 옮김, 고려원, 1989.

벵갈의 밤 이재룡 옮김, 세계사, 1990.

열아홉 송이 장미 김경수 옮김, 천지서관, 1993.

종교의 의미 – 물음과 답변 박규태 옮김, 서광사, 1990.

상징, 신성, 예술 박규태 옮김, 서광사, 1991.

샤마니즘 이윤기 옮김, 까치, 1993.

이미지와 상징 이재실 옮김, 까치, 1998.

대장장이와 연금술사 이재실 옮김, 문학동네, 1999.

백년의 시간 기영인 옮김, 뿔 2010.

신화 꿈 신비 강응섭 옮김, 숲, 2006.

메피스토펠레스와 양성인 최건원 옮김, 문학동네, 2006.

세계종교사상사 1(석기시대에서부터 엘레우시스의 비의까지) 이용주 옮김, 이학사, 2005.

세계종교사상사 2(고타마 붓다에서부터 기독교의 승리까지) 최종성·김재현 옮김, 이학사, 2005.

세계종교사상사 3(무함마드에서부터 종교개혁의 시대까지) 박규태 옮김, 이학사, 2005.

세계 신화 이야기 세르기우스 골로빈 외 지음, 이기숙·김이섭 옮김, 까치글방, 2001.

미르치아 엘리아데에 관한 책

M. 엘리아데 종교와 신화(살림지식총서 040) 정진홍 지음, 살림, 2003.

엘리아데의 신화와 종교(신화 종교 상징 총서 12) 더글라스 알렌 지음, 유요한 옮김, 이학사, 2008.

20세기 신화 이론(신화 종교 상징 총서 11) 이반 스트렌스키 지음, 이용주 옮김, 이학사, 2008.

엘리아데·신화·종교 안진태 지음, 고려대학교출판부, 2005.

미셸 투르니에
Michel Tournier
1924-

'예찬'보다 더 좋은 것은 없다

지금까지 번역된 미셸 투르니에의 책은 크게 넷으로 나눌 수 있다. 독서에세이와 철학적 성찰이 담긴 산문, 소설, 그리고 동화다. 여기서는 '비소설'을 중심으로 투르니에의 책들을 살펴보자. 투르니에의 산문을 독서에

세이와 철학에세이로 나눴지만, 어찌 보면 이런 구분은 무의미하다. 책과 독서 또한 투르니에 철학 산문의 비중 있는 글감인 까닭이다.

그럼에도 굳이 독서에세이를 따로 살펴보려는 이유는 『흡혈귀의 비상』(현대문학) 때문이다. 이 책은 젊은 시절 철학을 공부하다 마흔 줄에 들어서 소설가가 된 미셸 투르니에의 독서 노트다. 우리에게 진정으로 존재하지 않거나, 사실상 없는 거나 마찬가지인 50여 권의 서양 근현대문학 작품에 대한 독후감을 싣고 있다.

더러 번역이 안 된 작가의 이름이 눈에 띄기도 하지만 번역판이 다수 존재하는 괴테, 발자크, 스탕달, 플로베르, 지드, 헤세, 토마스 만, 사르트르, 귄터 그라스 등은 이제 우리에게도 "아무도 읽으려하지 않는 '위대한 작가'"인 기색이 역력하다.

투르니에는 작가를 두 개의 범주로 나눈다. 천재와 장인이 그것이다. 일류냐 이류냐 —천재에도 등급이 있는 모양이다— 에 상관없이 천재들은 "숨을 쉬는 것처럼, 꿀벌이 꿀을 만드는 것처럼 글을" 쓴다. "글을 씀으로써 그들은 자연스럽고, 자신의 안정을 위해서 꼭 필요한 기능을 수행할 뿐이다." 이들은 독자를 염두에 두지 않는다. 심지어 출판 자체를 부정하기도 한다. 반면 장인匠人들은 "출판을 위해 글을 쓰는 작가들"로서 "특정한 독자층을 염두에 두고, 판매를 목적으로, 장정에 공을 들여(그들은 제목과 책의 표지, 삽화, 겉장의 접이날개 안에 들어갈 말을 직접 고안한다) 적당한 날짜(성탄절 동화집을 7월에 출판하지는 않으니까)에, 하나의 수공업 제품(우선은 손으로 글을 쓰는 것이 일반적이다)을 만들어낸다." 투르니에는 이런 장인적 작가들을 우습게 여겨선 안 된다고 말한다. "그들에게는 장인으로서의 직업상의 정직성과 양심이 있기 때문이다." 투르니에는 자신을 기꺼이 장인의 범주에 포함시킨다. 그는 출판될 수 없다면 아무것도 쓰지 않을 거라고 말한다.

"씌어지기만 했을 뿐 읽혀지지 않은 책은 진정으로

존재하는 것이 아니다." 투르니에의 산문집 『짧은 글, 긴 침묵』에 나오는 말이다. 어디서 많이 본 듯한 얘기다. "내가 읽지 않은 책은 이 세상에 없는 책이다." 소설가 장정일의 표현이 다소 직설적이기는 하나, 두 개의 진술이 뜻하는 바는 같다. 그런데 『흡혈귀의 비상』에도 이와 비슷한 대목이 있다. "책이 가진 자연스럽고 억누를 수 없는 소명이 있다면 그것은 널리 퍼져 나가는 것이다. 책은 출판되고, 배포되고, 세상에 알려져서, 사람들이 사고, 읽으라고 만들어지는 것이다." 제목에 쓰인 '흡혈귀(뱀파이어)'는 책벌레의 다른 표현이다.

투르니에의 산문은 간결하면서도 진한 울림을 주는 것이 특징이다. 『떠나지 않는 방랑자』(영림카디널, 1998)에 실린 글들은 아포리즘이나 단상斷想에 가깝다. 여기서도 투르니에는 책에 대한 언급을 빼놓지 않는다.

"책. 잘못 쓰여진 책을 읽을 때 —대개 모든 번역이 이 경우에 해당하는데— 나는 더러운 물속을 헤엄치는 느낌이 든다."
"책. 작가에게 각각의 책은 변신의 계기가 된다. 편집자에게 새 원고를 넘기고 나면 뒤따라오는 엄청난 무력감, 느슨해진 탄력, 우울함은 근본적인 허물벗기로 이해될 수 있다. 지금 나는 그 책의 작가가 되고 있는 거라는."

『상상력을 자극하는 110가지 개념』(한빛, 1995)은 소문만 무성하던 투르니에 산문의 압축미를 생생하게 보여 준 책이다. 사물의 근본을 이루면서 서로 상대가 되는 개념 둘을 짝 지워 써나간 50여 개의 글은 우리의 두뇌에 신선한 자극을 가한다. 투르니에가 이원적인 사고를 하는 것으로 보이지만, 그의 생각은 극단적이지 않다. 「우측과 좌측」은 그 증거물.

"일반적으로 오른손이 왼손보다 능숙하다. 따라서 대다수의 사람들은 오른손잡이다. 전통적으로 선은 오른쪽에 있고, 악은 왼쪽에 있다." 좌우에 관한 일반론을 서술한 다음에는 좌파와 우파의 기원 및 속성을 설명한다. 이어, 좌와 우는 뒤섞여 있다고 넌지시 말한다.

"생물에 대한 유전의 영향에 관한 논쟁에서 우파는 유전을 중시하고, 좌파는 환경을 중시한다. 역시 여기에 우파의 비관론이 있다. 유전은 돌이킬 수 없는 운명이기 때문이다. 동시에 좌파의 낙관론이 있다. 환경은 쉽게 개선될 수 있기 때문이다." 그러나 "비급진적인 측면에서 보면, 생물학은 오히려 우파에 속하고, 사회학은 좌파에 속한다."

『소크라테스와 헤르만 헤세의 점심』(북인, 2000)은 『상상력을 자극하는 110가지 개념』과 같은 책이다. 먼저 나온 책을 펴낸 출판사가 문을 닫아 좋은 책이 사장되는가 했는데, 5년 만에, 그것도 새로운 한국어판이 나타났다. 번역서의 제목과 번역자는 서로 다르지만 이 두 권의 책은 표지에서부터 둘이 '하나'라는 점을 은근히 과시한다. 공히 표지에 새겨진 "프랑스 현대문단의 거장, 미셸 투르니에의 신화적 상상력이 번득이는 철학적 에세이"라는 문구는 한 글자도 어긋나지 않는다. 이 책의 원제는 『사고(생각)의 거울 Le Miroir Des Idees』인데 2003년 재출간된 번역서는 원제에 맞게 제목을 바꿨다. 『예찬』(현대문학, 2000)에 실린 글들은 우리 눈에 익다. 중학교와 고등학교 국어 교과서를 통해 접한 「신록예찬」「청춘예찬」 따위의 수필과 맥을 같이하는 산문들이다. 따라서 투르니에가 나무와 숲에 대한 예찬으로 운을 떼는 것이 아주 자연스럽게 보인다. 자연에 대한 예찬을 하기에 앞서 투르니에는 예찬을 예찬해 마지않는다.

예찬보다 더 좋은 것은 없다. 어떤 아름다운 음악가, 한 마리 우아한 말, 어떤 장엄한 풍경, 심지어 지옥처럼 웅장한 공포 앞에서 완전히 손들어버리는 것, 그것이 바로 삶에 의미를 부여하는 것이다. 예찬할 줄 모르는 사람은 비참한 사람이다. 그와는 결코 친구가 될 수 없다. 우정은 함께 예찬하는 가운데서만 생겨나는 것이기 때문이다. 우리들의 한계, 모자람, 왜소함은 눈앞으로 밀어닥치는 숭고함 속에서 치유될 수 있다.

「고인이 된 한 작가의 약력」은 『짧은 글, 긴 침묵』(현대문학, 1999)에서 가장 독특한 글이다. 스스로 지은 행장行狀이라고나 할까. 투르니에는 직접 작성한 약전의 앞머리에서 자신의 생몰연대를 분명히 표기하고 있다. "미셸 투르니에(1924-2000)" 사망시기가 미리 확정된 내력은 이렇다. 1980년대 중반 투르니에는 프랑스의 어떤 신문이 실시한 설문조사에 응한다. '2000년에 일어난 가장 중대한 사건'이 뭐냐는 질문에 대해 투르니에는 주저 없이 '나의 죽음'이라고 답한다. 2000년에 투르니에는 76세가 되고, 76세는 죽기에 아주 좋은 나이라는 것이 그 이유. 아무튼 2004년 9월 현재 그는 멀쩡히 살아 있다. 자찬自撰 행장에서 투르니에는 자신의 소설세계를 이렇게 평가하기도 한다.

그는 오랫동안 철학공부를 하고 나서 뒤늦게 소설에 입문했다. 그가 구상한 소설은 언제나 가능한 한 관습적인 외관을 갖춘, 지어낸 이야기들로 눈에 보이지는 않지만 적극적인 빛을 발하는 형이상학적인 하부구조를 감추고 있다. 바로 그런 의미에서 그의 작품을 두고 사람들은 '신화'라는 말을 자주 입에 올리는 것이다.

이제 투르니에의 소설들을 훑어보자. 『방드르디, 태평양의 끝』(민음사, 2003)은 패러디 소설의 걸작으로 손꼽히는 작품으로 다니엘 디포의 『로빈슨 크루소』를 패러디했다. 『야생의 고독』(문학출판사, 1990)이라는 제목으로도 번역되었다. 『방드르디, 원시의 삶』(좋은벗, 2000)은 투르니에가 『방드르디, 태평양의 끝』을 청소년 눈높이로 개작한 것인데, 철학동화로도 손색없다는 평가를 받

는다.

단편소설집 『황야의 수탉』(동심원, 1995) 역시 청소년이 읽기에 무난하다. 『빨간 난쟁이』(고려원, 1987)를 통해 그 일부가 소개된 바 있다. 『동방박사 세 사람의 이야기』(성바오로출판사, 1991)와 『동방박사』(고려원, 1987) 또한 같은 책으로 어른을 위한 철학동화라고 할 수 있다. 이 밖에 번역된 투르니에의 소설로는 장편 둘이 더 있다. 『메테오르』(서원, 2001)와 『마왕』(지학사, 1986; 벽호, 1993)이 그것이다. 『흡혈귀의 비상』에는 『메테오르』와 관련된 에피소드가 등장하기도 한다.

어느 날 투르니에에게 이 소설책이 갈가리 찢긴 채 들어 있는 소포가 배달된다. 광고를 믿고 책을 샀지만 처음 몇 장을 읽자마자 구역질이 올라왔고, 결국 오십 프랑을 날리고 말았다는 독자의 편지와 함께 말이다. 그런데 이에 대한 그의 반응이 무척이나 담담하다.

이런 종류의 편지가 거의 대부분 익명이라는 것은 안타까운 일이다. 만족하지 못한 이런 고객들은 대체 무엇을 두려워하는 것일까? 이 신사가 헛되이 쓴 오십 프랑을 내가 기꺼이 환불해주었을 텐데…

미셸 투르니에의 책

미셸 투르니에의 푸른독서노트 이상해 옮김, 현대문학, 2008.
피에로와 밤의 비밀 이주희 옮김, 다니엘 부르 그림, 문학동네, 2007.
황금 구슬 이세욱 옮김, 문학동네, 2007.
내 인생, 단 하나뿐인 이야기 가브리엘 가르시아 마르케스·귄터 그라스 외 공저, 이영숙·정혜연 옮김, 민음사 2007.
세상의 모든 크리스마스 폴 오스터·블라디미르 나보코프 외 공저, 김석희 옮김, 황금나침반, 2006.
지독한 사랑 이원복 옮김, 섬앤섬, 2006.
사랑의 야찬 이세욱 옮김, 문학동네, 2005.
외면일기 김화영 옮김, 현대문학, 2004.
상상력 먹고 이야기 똥 싸기 다니엘 페낙 공저, 김병호·유준재·한상언 그림, 박연주·박희원 옮김, 낮은산, 2004.
뒷모습 에두아르 부바 사진, 김화영 옮김, 현대문학, 2002.
흡혈귀의 비상 이은주 옮김, 현대문학, 2002.
메테오르(1·2) 이원복 옮김, 서원, 2001.
예찬 김화영 옮김, 현대문학, 2000.
로빈슨과 방드르디 이원복 옮김, 좋은벗, 2004.
방드르디, 원시의 삶 이원복 옮김, 좋은벗, 2000.

방드르디 이재형 옮김, 고려원, 1987.

생각의 거울 김정란 옮김, 북라인, 2003.

소크라테스와 헤르만 헤세의 점심 김정란 옮김, 북라인, 2000.

상상력을 자극하는 110가지 개념 이용주 옮김, 한뜻, 1995.

짧은 글, 긴 침묵 김화영 옮김, 현대문학, 2004.

짧은 글, 긴 침묵 김화영 옮김, 현대문학, 1999.

떠나지 않는 방랑자 신성림 옮김, 영림카디널, 1998.

방드르디, 태평양의 끝(세계문학전집 91) 김화영 옮김, 민음사, 2003.

방드르디 혹은 태평양의 끝(오늘의세계문학 6) 김화영 옮김, 중앙일보사,
1982.(로맹 가리의 「유럽의 교육」(김현태 옮김)과 함께 수록)

야생의 고독 조용희 옮김, 문학출판사, 1990.

꼬마 푸세의 가출 이규현 옮김, 현대문학, 2002.

황야의 수탉 이규현 옮김, 현대문학, 2005.

황야의 수탉 오만호 옮김, 동심원, 1995.

빨간 난쟁이 박혜영 옮김, 고려원, 1987.

마왕과 황금별 이원복 옮김, 종문화사, 2004.

마왕 신현숙 옮김, 벽호, 1993.

마왕 신현숙 옮김, 지학사, 1986.

동방박사 세 사람의 이야기 김혜숙 옮김, 성바오로출판사, 1991.

동방박사 황보석 옮김, 고려원, 1987.

환상여행 이원복 옮김, 소담출판사, 2004.

동방박사와 헤로데 대왕 이원복 옮김, 종문화사, 2002.

일곱가지 이야기 이원복 옮김, 종문화사, 2002.

사랑이 있는 곳에 김정옥 옮김, 가톨릭출판사, 1993.

미셸 푸코
Michel Foucault
1926-1984

"모래 위에 그려진 얼굴이 바닷가에 서 사라지듯 인간도 사라지리라"

푸코의 저서는 저작 연대에 따라 세 부분으로 나눌 수 있는데 『정신병과 심리학』『광기의 역사』『임상의학의 탄생』은 푸코 사상의 출발을 알리는 작품들이다. 『정신병과 심리학』(문학동네, 2002)은 푸코의 첫 번째 저서다. 역자 후기에 따르면, 1954년 『정신병과 인격체』라는 제목으로 출간된 이 책은 1961년 재판을 찍으면서 그중 일부가 『정신병과 심리학』이라는 제목으로 고쳐졌다고 한다.

아무튼 이 책은 푸코 사상의 맹아 ―자명한 것에 대한 의심― 를 잘 간직하고 있다. "생리학이 의학에 제공한 분석의 도구를 심리학은 정신의학에 결코 제공할 수 없었다." 푸코는 심리학은 영원히 광기를 제어하지 못한다고 말하는데 그 이유는 이미 광기가 진압되고, 광기가 비극에서 제외된 후에야 비로소 서구에서 심리학이 가능했기 때문이다. "섬광을 통해서, 그리고 외침을 통해서, 네르발 혹은 아르토에게서처럼, 니체 혹은 루셀에게서처럼 광기가 다시 나타날 때, 심리학은 함구"할 수밖에 없다는 것이다.

『광기의 역사』(인간사랑, 1991)는 푸코의 박사학위 논문으로 고전주의 시대에 광기를 둘러싸고 벌어진 일들을 분석한 책이다. 고전주의 시대 광기에 대한 규정, 광기와 관련한 감금의 관행들, 광기의 치료법 등을 통해서 푸코가 드러내려 한 것은 고전주의 시대 권력의 문제였다.

푸코는 광기에 관한 여러 현상의 분석을 근거로 '권력과 지식은 서로 직접 포함하고 있다는 점' '어떤 지식영역과의 상관관계가 조립되지 않으면 권력관계는 존재하지 않으며 동시에 권력적 관련을 상정하거나 조립하거나 하지 않는 지식은 존재하지 않는다는 점'을 지적했다. 이 책의 한국어판은 축약판을 번역한 것이다.

『임상의학의 탄생』(인간사랑, 1993)은 의사들이 권력자로 떠오른 과정을 다룬다. 정상인과 미치광이, 건강한 자와 병든 자를 연관관계 속에서 취급하면서 이들에 대한 구분이 시대에 따라 어떻게 변하는지 살폈다. 또 정상과 비정상을 바라보는 각 시대의 특징적 시각을 검토했다. 예를 들면 19세기가 광기에 대해 취한 태도와 광기가 새로운 죄책감으로 부상하는 과정을 추적한다. 이 책은 19세기의 병원제도의 탄생이 부르주아에게 비타협적인 인물을 격리시키기 위한 감금시설과 밀접한 관련이 있다고 결론짓는다.

『말과 사물』과 『지식의 고고학』은 푸코 사상의 중기

를 대변하는 작품으로 그의 사상을 이해하는 데 긴요한 책이다. 『말과 사물』(민음사, 1987)은 푸코 사상의 밑바탕을 이루는 구조주의적 인식론의 기본골격을 제시한다. 푸코는 '인문과학의 연대기'를 인식론적 흐름에 따라 네 시기로 나눈다.

▲중세 말-16세기 말 ▲17세기-18세기 ▲1785년-20세기 초 ▲최근으로 나누는 시대 구분은 드라마를 이루는 네 개의 단막이나 설화를 구성하는 네 장과는 구별된다. 푸코는 각 시기의 시작과 끝을 나타내는 전이는 지속되는 주제의 변형이 아니라 서양 사상에서의 비연속성의 반영이며 각 시기는 고립적으로 존재한다고 주장한다.

『지식의 고고학』(민음사, 1992)은 푸코 자신에 의한 푸코 철학의 해석으로, 그의 사상의 핵심을 말해주는 책이다. 앞선 세 권의 저서『광기의 역사』『임상의학의 탄생』『말과 사물』에서 전개한 고고학적 탐구에 방법론적인 기초를 부여해 고고학이 확고한 형태를 갖췄기 때문이다. 구체적인 예증을 배제한 데다 정교하고 추상적인 인식론적 논의로 시종일관한 탓에 매우 까다로운 책이다. 세 권의 전작에 대한 푸코의 설명 또한 난해하기 짝이 없다.

『광기의 역사』는 하나의 '경험'으로서 지시될 수 있는 것에 매우 심각한 그리고 수수께끼 같은 부분을 공유하고 있었다. 『임상의학의 탄생』에 있어서는, 여러 번 시도되었던 구조주의적 분석에로의 호소가 제기된 문제의 특이성과 고고학에 고유한 수준을 지워버리게 되는 위험을 드러냈다. 마지막으로『말과 사물』에 있어서는, 방법론적 지표설정의 부재가 분석을 문화적 총체성에 의거한 것으로 믿게 만들 가능성이 있었다.

하지만 번역자는 이 책을 바흐의 〈파르티타〉에 비유하며 "모든 파토스가 배제된 무색, 무미, 무취의 세계"라는 찬사를 아끼지 않는다. "내가 누구인지 묻지 말라. 나에게 거기에 그렇게 머물러 있으라고 요구하지도 말라"는 푸코의 유명한 진술도 『지식의 고고학』에 들어 있다.

우리나라에서는 권력에 대한 새로운 이론을 제시한 후기 저작이 가장 큰 호응을 얻고 있다. 감옥을 정점으로 가정, 학교, 군대, 병원, 공장 등의 감시·처벌기구를 분석한『감시와 처벌』(강원대출판부, 1989)은 첫 장에 나오는 절대왕정 시대의 잔인한 처형 장면이 인상적이다. 3부작인『성의 역사』(나남출판, 1990)는 '욕망의 계보학'을 다뤘다.

이 책들은 푸코 책으로는 드물게 중복 출판의 기록을 갖고 있다. 나남판『감시와 처벌』(1994)은 프랑스어 직역을 내세우고, 『성은 억압되었는가』(1979, 인간사)는 『성의 역사』 3부작이 완역되기 전에 제1부 '앎의 의지'를 우리말로 옮긴 것이다. 『성은 억압되었는가』는 최초로 번역된 푸코 책이기도 하다.

굳이 연대기적 구획 안에 가둘 까닭이 없는 책들도 다양하게 나와 있는데 문학평론, 대담집, 강연록이 그것이다. 『미셸 푸코의 문학비평』(문학과지성사, 1989)은 진작에 푸코의 문학평론에 주목한 비평가 김현이 엮은 책으로 푸코가 생전에 출판하길 꺼렸던 다수의 평론을 접하는 기회를 제공한다. 역시 김현이 번역한『이것은 파이프가 아니다』(민음사, 1995)는 벨기에 출신의 초현실주의 화가 르네 마그리트의 작품 18점을 분석한 것으로 놀라운 통찰과 도발적인 관점을 보여준다.

푸코와의 대담을 엮은『권력과 지식』(나남출판, 1991)에서는 1968년 혁명 때의 정치적 견해와 후기 저작에 대한 평가와 설명을 들을 수 있다. 콜레주 드 프랑스의 취임강연을 풀어 쓴『담론의 질서』(새길, 1993)를 필두로 한 강연록은 저서들과는 별개로 푸코 사상의 또 하나의 광맥을 이룬다. 푸코는 안식년인 1977년을 제외하고 1971년 1월부터 1984년 6월까지 콜레주 드 프랑스의 강단을 지켰다. 1997년부터 쇠이유와 갈리마르의 공동작업으로 콜레주 드 프랑스 강연록이 간행되고 있는데 이 중 두 권이 한국어판을 얻었다.

『비정상인들』(동문선, 2001)은 1974-75년의 강연을 묶은 것이고, 『사회를 보호해야 한다』(동문선, 1998)는 1976년의 강연을 엮은 것이다. 강연 시기는 어중간하지만 맨 먼저 출간된 강의록인 『사회를 보호해야 한다』에서는 예의 기존의 통념에 대한 전복이 시도된다. 푸코는 클라우제비츠의 "전쟁은 정치의 지속에 불과하다"는 말을 뒤집어 '정치가 전쟁의 지속'이라고 일갈한다.

『말과 사물』이 빵집의 아침 빵처럼 팔리고 휴가지에서도 널리 읽힐 정도로 인기를 끌었지만 푸코의 강연을 들으려는 수강 열기도 대단했던 모양이다. 강의시간을 오후 4시 30분에서 오전 9시 30분으로 앞당겨도 강의실에 발 디딜 틈이 없기는 마찬가지였다.

미셸 푸코의 삶과 죽음은 드라마틱하다. 현재로선 가장 충실한 평전으로 통하는 디디에 에리봉의 『미셸 푸코』(시각과언어, 1995)는 푸코의 예술작품 같은 생애를 만끽하게 한다. 제임스 밀러의 『미셸 푸꼬의 수난』(인간사랑, 1995)은 후천성면역결핍증의 희생자인 푸코의 최후에 주목한 전기이다.

푸코에 관한 2차 문헌은 숫자가 꽤 많지만 몇 권만 간단히 소개한다. 푸코의 저작에 대한 비판적 평론임을 표방하는 J.G. 메르키오르의 『푸코』(시공사, 1998)는 푸코의 주요 개념인 에피스테메epistème를 "역사적 아 프리오리a priori"라 풀이한다. 『미셸 푸코론』(한울, 1990)은 푸코에 대한 국내 학자의 비교적 이른 반응들을 보여주며, 『자유를 향한 참을 수 없는 열망』(새물결, 1991)은 희한한 논쟁인 푸코-하버마스 논쟁을 다시금 살피는 기회를 제공한다.

엄밀하게 말하면 두 사람 사이에 논쟁이 벌어진 적이 없기에 '희한한'이라는 수식어를 썼다. 이를테면 하버마스가 "푸코는 인식론적으로는 상대주의자이고 이념적 성향은 니힐니스트이자 정치적으로는 아나키스트로서 한마디로 반동反動"이라 공격했다면, 푸코는 이렇게 응답했을 것이다. "나는 프로이트 학파도 아니었고, 마르크스주의자도 아니었고, 구조주의자도 아니었다." 하지만 생전의 푸코는 하버마스의 공격에 대해 침묵했다. 아니, 반격할 기회가 없었다.

미셸 푸코의 책

말과 사물 이광래 옮김, 민음사, 1986.
미셸 푸코의 문학비평 김현 엮음, 문학과지성사, 1989.
감시와 처벌 고광식 옮김, 다락원, 2009.
감시와 처벌 박홍규 옮김, 강원대학교출판부, 1989.
감시와 처벌(나남신서 29) 오생근 옮김, 나남, 2003.
감시와 처벌 오생근 옮김, 나남출판, 1994.
성의 역사 고광식 옮김, 다락원, 2009.
성의 역사 1─ 앎의 의지(나남신서 138) 이규현 옮김, 나남, 2004.
성의 역사 1─ 앎의 의지 이규현 옮김, 나남출판, 1990.
성은 억압되었는가 박정자 옮김, 인간사, 1979.
성의 역사 2─ 쾌락의 활용(나남신서 137) 문경자·신은영 옮김, 나남, 2004.
성의 역사 2─ 쾌락의 활용 문경자·신은영 옮김, 나남출판, 1990.
성의 역사 3─자기에의 배려(나남신서 138) 이혜숙·이영목 옮김 옮김, 나남, 2004.
성의 역사 3─ 자기에의 배려 이혜숙·이영목 옮김, 나남출판, 1990.
권력과 지식─ 미셸 푸코와의 대담 콜린 고든 엮음, 홍성민 옮김, 나남출판, 1991.
광기의 역사 김부용 옮김, 인간사랑, 1991.
지식의 고고학 이정우 옮김, 민음사, 1992.
담론의 질서(개정판) 이정우 옮김, 새길, 2011.
담론의 질서 이정우 옮김, 새길, 1993.
담론의 질서 이정우 옮김, 서강대학교출판부, 1998.
이것은 파이프가 아니다 김현 옮김, 고려대학교출판부, 2010.
이것은 파이프가 아니다 김현 옮김, 민음사, 1995.
사회를 보호해야 한다 박정자 옮김, 동문선, 1998.
비정상인들 박정자 옮김, 동문선, 2001.
정신병과 심리학 박혜영 옮김, 문학동네, 2002.
자기의 테크놀로지 이희원 옮김, 동문선, 1997.
지식의 고고학 이정우 옮김, 민음사, 2000.
자유를 향한 참을 수 없는 열망: 푸코-하버마스 논쟁 재론 정일준 옮김, 새물결, 1999.
푸코와 문학─ 글쓰기의 계보학을 향하여 오경심·홍유미 옮김, 동문선, 2003.
푸코와 맑스 두치오 트롬바도리 대담, 이승철 옮김, 갈무리, 2004.
촘스키와 푸코 인간의 본성을 말하다 노엄 촘스키 공저, 이종인 옮김, 시대의창, 2010.
나, 피에르 리비에르 심세광 옮김, 앨피, 2008.
주체의 해석학: 1981-1982, 콜레주 드 프랑스에서의 강의 심세광 옮김, 동

문선, 2007.

임상의학의 탄생- 의학적 시선의 고고학(이매진 컨텍스트 11) 홍성민 옮김, 이매진, 2006.

■ 미셸 푸코에 관한 책

미셸 푸코 디디에 에리봉 지음, 박정자 옮김, 시각과언어, 1995.

미셸 푸꼬의 수난 제임스 밀러 지음, 김부용 옮김, 인간사랑, 1995.

미셸 푸꼬- 광기의 역사에서 성의 역사까지 이광래 지음, 민음사, 1989.

시칠리아의 암소- 미셸 푸코 연구 김현 지음, 문학과지성사, 1990.

미셸 푸코론- 인간과학의 새로운 지평을 위하여 한상진 외 지음, 한울, 1990.

지식과 권력- M. 푸코 저서의 전체적 조망 이지은 엮음, 한울, 1991.

푸코와 하버마스를 넘어서 윤평중 지음, 교보문고, 1997.

세계사상(창간호) 기획특집 '미셸 푸코와 그 효과' 동문선, 1997.

미셸 푸코- 구조주의와 해석학을 넘어서 드레피스·라비노우 지음, 서우석 옮김, 나남출판, 1989.

미셸 푸꼬 존 라이크먼 지음, 심세광 옮김, 인간사랑, 1990.

푸코 J.G. 메르키오르 지음, 이종인 옮김, 시공사, 1998.

미셸 푸코, 죽음의 빛 자네트 콜롱벨 지음, 김현수 옮김, 인간사랑, 1998.

푸코, 마르크시즘, 역사 마크 포스터 지음, 이정우 옮김, 인간사랑, 1991.

푸코, 마르크시즘, 역사 마크 포스터 지음, 조광제 옮김, 민맥, 1989.

마르크스주의와 미셸 푸코의 대화 베리 스카트 지음, 이유동·윤비 옮김, 문학풍경, 1999.

마르크스주의와 미셸 푸코의 대화 베리 스카트 지음, 이유동·윤비 옮김, 민글, 1993.

미셸 푸꼬의 과학적 이성의 고고학 개리 거팅 지음, 홍은영·박상우 옮김, 백의, 1999.

푸코 읽기 피에르 빌루에 지음, 나길래 옮김, 동문선, 2002.

푸코와 이반 이론(아이콘북스 14) 탬신 스파고 지음, 김부용 옮김, 이제이북스, 2003.

푸코 질 들뢰즈 지음, 허경 옮김, 동문선, 2003.

미셸 푸코(살림지식총서 026) 양운덕 지음, 살림, 2003.

푸코(하룻밤의지식여행 20) 크리스 호록스 지음·조란 저브틱 그림, 이지영 옮김, 김영사, 2003.

미셸 푸코의 휴머니즘- 진정한 휴머니즘을 향한 푸코의 사유와 실천의 여정 디디에 오타비아니 지음, 이자벨 브와노 그림, 심세광 옮김, 열린책들, 2010.

현재의 역사가 미셸 푸코 사라 밀스 지음, 임경규 옮김, 앨피, 2008.

미셸 푸코의 눈으로 본 TV 드라마 제작과정(내일을 여는 지식 커뮤니케이션 3) 김혁조 지음, 한국학술정보, 2009.

미셸 푸코의 비판적 존재론- 그 미완의 기획 (인문정신의 탐구 8) 문성훈 지음, 길, 2010.

문화분석- 피터 버거 메리 더글러스 미셸 푸코 위르겐 하버마스의 연구 로버트 워드나우 지음, 최샛별 옮김, 한울아카데미, 2009.

미셸 푸코 진실의 용기 프레데리크 그로 외 지음, 심세광 옮김, 길, 2006.

미하일 바흐친
Mikhail Mikhailovich Bakhtin
1895-1975

독단주의는 대화를 불가능하게, 상대주의는 대화를 불필요하게 한다

시간이 흐를수록 그 진가가 더욱 빛나고 있는 사상가 미하일 바흐친이 자신의 이름으로 출간한 책은 단 세 권에 불과하다. 『프랑수아 라블레의 작품과 중세 및 르네상스의 민중문화』와 『도스또예프스끼 시학』 그리고 1975년 세상을 떠나기 직전 펴낸 논문집 『문학과 미학의 제문제』 등이 그것이다. 이 세 권의 책은 바흐친의 순탄치 않은 인생행로와 희로애락을 함께하며 부침을 겪었지만 그의 위상을 높이는 데 기여했다.

만년에 이르러 소련의 젊은이들에게 '진정한 정신적 지도자'로 떠받들어지며 명성을 누리기까지 바흐친은 일개 도스토옙스키 연구자에 지나지 않았다. 그의 이름이 전 세계로 알려지게 된 것은 1968년 『프랑수아 라블레의 작품과 중세 및 르네상스의 민중문화』가 영어로 번역되면서부터다.

불경스럽고 야하며 천한 민속문화를 찬양하는 내용의 이 책은 당시 두 가지 의미로 해석되었다. 제약이 많은 소련의 문화체제에 대한 탄원서의 성격이 그 하나고, 프랑스 대학생의 학생봉기와 맞물려 축제적인 삶의 의미를 되새긴 점이 다른 하나다. 특히 후자의 디오니소스적 측면은 바흐친을 일상에 찌든 현대인의 감수성 혁명에 일대 변혁을 가져다줄 선지자로 여기게 했다.

이 책의 한국어판이 2001년 마침내 나왔다. 이로써 바흐친이 생전에 자신의 이름으로 펴낸 책은 모두 번역된 셈이다. 『프랑수아 라블레의 작품과 중세 및 르네상스의 민중문화』(아카넷, 2001)의 번역 출간은 언론의 조명을 받았다. 신문 출판 면은 이 책을 비중 있게 다뤘는데 두 명의 전공자가 쓴 서평은 결론 부분이 비슷하다.

한 평자는 이 책을 전문 연구자뿐만 아니라 "세계문화에 관심있는 모든 이에게 권"한다고 했고, 또 다른 평자 역시 "모든 독서인을 위한 책임을 늦게나마 증명해보일 것이"라고 했다. 그럼에도 무턱대고 달려들기에는 분량과 내용이 만만찮은 것이 사실이다(저작권 문제로 한동안 판매가 중단됐다가 2004년 여름 다시 나왔다).

『도스또예프스키 시학』(정음사, 1988)은 바흐친의 처녀작이다. 그의 나이 34세 때 쓴 이 책의 본래 제목은 『도스토예프스키 창작의 문제점들』이었으나, 1963년 출간된 2판은 『도스토예프스키 시학의 문제점들』로 제목을 바꿨다.

이 책은 바흐친의 목숨을 두 번이나 구해주었다. 1929년 1판이 나올 무렵, 바흐친은 강제노동수용소에 수감 중이었다. 루나찰스키의 호의적인 평가 덕택에 사형을 면하고 카자흐스탄으로 유형을 떠나게 되었다. 1판이 바흐친의 육체적 죽음을 건져냈다면, 2판은 학문적 죽음에서 그를 되살렸다. 잊혀져가는 이론가였던 바흐친은 2판을 통해 소련 지식인사회에 재등장했고, 이에 더하여 국제적 명성도 얻기 시작했다.

『도스또예프스키 시학』은 바흐친 사상의 핵심인 '대화주의'를 내장하고 있다. 이 책에서 바흐친은 도스토엡스키에 대한 기존의 비평이 마르크스주의비평이 비평 일반에 대해 보여줬던 오류를 답습한다고 지적한다. 곧 한두 명의 작중인물이 도스토엡스키의 사상을 반영한다고 보는 것은 한 작품의 특정 요소를 예술적 맥락에서 떼어내 그것을 사회현실의 직접적 반영으로 보는 것과 다를 바 없다는 말이다. 바흐친은 이런 해석을 '철학적 독백화의 길'이라 일컫고, 매우 불충분한 접근 방법으로 여겼다.

『장편소설과 민중언어』(창작과비평사, 1988)는 1975년에 나온 『문학과 미학의 제문제』의 번역서로 「소설적 담론의 전사前史」를 제외한 논문 세 편을 싣고 있다. 「서사시와 장편소설」 「소설 속의 담론」 「소설 속의 시간과 크로노토프의 형식」 등을 통해 바흐친은 소설 언어의 특성을 지적했다.

바흐친의 이름으로 나오지는 않았지만 바흐친의 저작임이 분명한 책은 세 권에 이른다. 이른바 '바흐친 서클'의 일원이었던 볼로쉬노프나 메드베제프가 서명한 책은 바흐친의 초기 저작으로 분류해야 한다는 말이다. 세 권 모두 번역서가 나와 있다. '바흐친 서클'은 고정된 조직체는 아니었고 일종의 철학연구 모임이었다. 광범한 철학적 주제를 다뤘는데 회원 한 명이 구성원을 상대로 강좌를 열기도 했다. 1925년 초 바흐친이 행한 칸트의 '판단력비판' 강연이 가장 유명하다.

'바흐친 서클' 구성원의 이름으로 나온 초기 저작에도 독단을 배격하는 바흐친 사상의 대화적 성격은 분명하게 드러난다. 독단주의는 대화를 불가능하게 하고 상대주의는 대화를 불필요하게 한다는 말로 유명하다.

볼로쉬노프의 이름으로 나온 『프로이트주의』(예문, 1989)는 파블로프로 대표되는 객관적 심리학과 프로이트로 대표되는 주관적 심리학의 접목을 꾀한다. 인간의 생물학적 측면과 정신적 측면을 강조하는 각각의 방법론을 지양, 극복하면서 '심리학의 사회학화'를 추구했다. 바흐친은 프로이트 심리학이 서구와 미국에서 세력을 얻은 이유를 해명하는 한편, 러시아에서 그릇되게 받아들여지고 있는 프로이트에 대한 오해를 풀기 위해 이 책을 썼다.

역시 볼로쉬노프의 이름으로 나온 『마르크스주의와 언어철학』(한겨레, 1988)에서는 언어이론에 대한 추상적 객관주의와 개인주의적 주관주의의 결합을 시도했다. 바흐친의 대화주의는 본질적으로 언어철학에 속하는데 이 책은 바흐친의 언어학을 잘 설명해준다. 여기서 바흐친은 인간의 사고에서 기호들이 하는 역할, 언어에서 발화의 역할 등을 규명했다. 이것들은 다른 책에서 전개한 이론의 중요한 전제가 되는 내용들이다.

『문예학의 형식적 방법』(문예출판사, 1992)에서는 형식주의에 대한 비판적인 접근을 통해 마르크스주의방법론의 바탕이 되는 '사회학적 시학'을 추구했다. 이 책이 단순한 형식주의 비판서의 성격을 넘는 의미를 지니는 것도 이 때문이다. 바흐친은 형식주의 비판을 통해 이데올로기-기호의 사회학을 정립하려 했다.

바흐친에 힘입어 편협한 사고의 틀을 깨려는 시도는 서점의 책 없는 책장 앞에서 좌절을 겪는다. 바흐친의 책들은 대부분이 절판된 상태이거나 방치된 상황이기 때문이다. 『도스또예프스키 시학』『마르크스주의와 언어철학』과 『바흐찐의 소설미학』(열린책들, 1989)은 서점에서 구할 수 없고, 나머지 책들도 열심히 찾아야 한다. 1990년대 후반 어느 대형서점에서 『도스또예프스키 시학』은 문학 파트의 '시학詩學' 칸에 꽂혀 있었다.

하지만 그렇게 실망할 필요는 없다. 집안의 기대를 한 몸에 받았고, 연구 여건도 훨씬 좋았던 바흐친의 쌍둥이 형 니콜라이가 비트겐슈타인에게 영향을 미친 학자 정도로 인식되는 것을 보면, 조건이 좋지 않음을 탓할 일만도 아니다. 혁명의 현장에서, 유형지에서 사선을 넘나들며 깨친 미하일 바흐친의 사상은, 열악한 조건이 오히려 긴 생명력을 보장한 것은 아닌지 모를 일이다.

두 권의 바흐친 관련서를 엮은 여홍상 교수(고려대 영문학)는 바흐친을 "수정주의의 가능성"을 웅변하는 이론가로 평가한다. 온갖 것이 뒤섞인 현대세계에서 너무 딱딱하지도 너무 어렵지도 않은 그가 대안이 될 수 있다는 것이다. 또한 여 교수는 "이 유사 마르크스주의자의 대화이론은 다른 어떤 이론보다 성·인종 같은 현대사회의 모순을 잘 설명해 준다"고 강조한다. 이 밖에 바흐친 관련서로는 김욱동 교수(서강대 영문학)의 『대화적 상상력』(문학과지성사, 1988)과 하버드 대학 출판부에서 펴낸 전기 『바흐친』(문학세계사, 1993)이 있다.

바흐친이 말하는 '대화주의'

처음 시작된 말도 마지막 말도 있을 수 없다. 아주 먼 과거의 대화틀 속에서 생겨난 의미들도 단 한번에 완전히 이해되는 것은 아니다. 왜냐하면 그 의미들은 이후의 대화들 속에서 다시 소생하기 때문이다. 대화의 현 시점 어느 때에도 한 무리의 잊혀져 있는 의미들이 존재한다. 그러나 이것들은 이후 미래의 대화 속에 어떤 주어진 시점에서 다시 등장하여 새로운 생명을 부여받게 된다. 따라서 어느 것도 완전히 사라져 버리지는 않는다. 모든 의미는 미래의 어느 날에는 환영파티를 갖게 될 것이다.

미하일 바흐친의 책

예술과 책임 최건영 옮김, 뿔, 2011.
말의 미학(코기토 총서 6) 김희숙·박종소 옮김, 길, 2006.
프랑수아 라블레의 작품과 중세 및 르네상스의 민중문화 이덕형·최건영 옮김, 아카넷, 2001.
바흐찐이 말하는 새로운 프로이트 송기한 옮김, 예문, 1998.
프로이트 주의 김윤하·최건영 옮김, 뿔, 2011.
프로이트 주의 송기한 옮김, 예문, 1989.
문예학의 형식적 비평 이득재 옮김, 문예출판사, 1992.
바흐찐의 소설미학 이득재 옮김, 열린책들, 1989.
마르크스주의와 언어철학 송기한 옮김, 한겨레, 1988.
장편소설과 민중언어 전승희 외 옮김, 창작과비평사, 1988.
도스또예프스키 시학 김근식 옮김, 정음사, 1988.

미하일 바흐친에 관한 책

바흐찐과 기독교– 믿음의 감정 수잔 펠치 외 지음, 러시아기독문학연구회 옮김, 부산대학교출판부, 2009.
바흐찐 읽기(이론신서 44) 이득재 지음, 문화과학사, 2003.
바흐찐과 문학 이론 여홍상 엮음, 문학과지성사, 1997.
바흐찐과 문학 이론 여홍상 엮음, 문학과지성사, 1995.
바흐친 K. 클라크·M. 홀퀴스트 지음, 이득재·강수영 옮김, 문학세계사, 1993.
대화적 상상력 김욱동 지음, 문학과지성사, 1988.

미하일 일리인
Mikhail Ilin
1895-1953

인간은 어떻게 거인이 되었나

1960년대 내용의 일부가 일어판 중역을 통해 선보인 이래, 미하일 일리인의 대표작 『인간의 역사』 한국어판 출간의 추이는 1970년대 이후 두드러진 한국 출판의 흐름 하나를 잘 보여준다. 그것은 한 권의 책에 대한 독자의 연령이 점점 낮아지는 추세를 말한다. 『인간의 역사』는 1963년 을유문화사의 '세계사상교양전집'에 롬브로조의 「천재론」과 한 둥지를 틀었다(조풍연 옮김). 1970년대 중반에는 '세계문학사상전집'(동아문화사, 1975)이나 '세계사상전집' 같은 '사상전집'을 통해 직역이 이뤄졌다. 번역자는 러시아 문학연구 1세대에 속하는 동완 교수였고, 3부작 가운데 1부와 2부가 우리말로 옮겨졌다. 이때만 해도 주 독자층은 청·장년층이었다.

1970년대 이후 『인간의 역사』가 재등장하게 된 것은 10년이 지난 1980년대 중반이다. 이 시기에는 두 가지 형태로 출간되는데, 그 하나가 축약본이다. 다이제스트 『인간의 역사』는 공교롭게도 모두 '문고' 소속이었다. '범우 사르비아문고'에는 101번(범우사, 1985)에 올랐고, '젊은 지성문고'(청년사, 1986)에서는 '톱타자'에 랭크되었다. 1980년대 나타난 또 다른 형태의 『인간의 역사』는 출판사적으로도 의미가 깊다.

3부에 해당하는 '중세 편'이 번역됨으로써 『인간의 역사』는 비로소 제 모습을 갖추게 된 것이다. 하지만 아직 완전한 '복원'이 이뤄진 것은 아니었다. 아무튼 '완역본'(연구사, 1987)과 다이제스트 『인간의 역사』는 대학 신입생을 위한 교양도서로 읽혔다. 학생 운동권의 의식화 부교재로 널리 권장되었다.

1990년대 들어와 『인간의 역사』는 다시금 주 독자층

을 한 단계 낮춘다. 대학입시에서 논술의 비중이 높아짐에 따라 『인간의 역사』는 의식화 부교재에서 논술 부교재로 변신을 꾀한 것이다. 1990년대 초반 『인간의 역사』는 여러 곳의 출판사에서 경쟁적으로 출간되었다. 이런 와중에 본래의 이름도 되찾게 된다. 『인간은 어떻게 거인이 되었나』(일빛, 1996). 『인간의 역사』는 일본어 번역판에서 따온 제목으로 보인다.

앞서 밝혔듯이 『인간의 역사』는 3부작이다. 1부는 선사시대 인류의 발자취를 훑었고, 2부는 고대문명을 다룬다. 3부는 고대 로마의 멸망에서부터 르네상스까지 이어진다. 책의 대미는 종교개혁가 브루노의 최후가 장식한다. 이것은 부르노의 죽음으로 거인의 발걸음이 끝난 것이 아니라 이를 통해 새로운 발걸음이 시작되었음을 시사한다.

그에게는 기관차를 거뜬히 들어올리는 팔이 있다. 하루에 수천 킬로미터나 달릴 수 있는 발이 있다. 어떤 새보다도 높이 구름 위를 날 수 있는 날개가 있다. 어떤 물고기보다도 자연스럽게 물속을 헤엄칠 수 있는 지느러미가 있다. 보이지 않는 것도 볼 수 있는 눈이 있으며, 다른 대륙에서 말하는 것을 들을 수 있는 귀가 있다. 그는 산을 뚫고, 엄청난 기세로 떨어지는 폭포를 막을 수 있을 정도의 힘이 있다. 그는 자기 마음먹은 대로 대지를 개조하고, 숲을 만들고, 바다와 바다를 연결하고, 사막에도 물을 끌어들인다.

책머리에 묘사된 '거인'의 풍모는 다분히 인간중심적이며, 기술중심주의적이다. 따라서 3부에서 '진정한 거인'으로 레오나르도 다 빈치가 거명되는 것이 무리는 아니다. 하지만 일리인이 천재성을 옹호하는 낭만주의자는 아니다. "인간은 인간의 집단 또는 인간의 사회가 어떤 것인지를 몰랐다. 그러나 자기들이 서로 결합되어 있다는 것, 그리고 하나의 집단으로서의 인간이란 마치 손을 많이 가진 한 사람의 거인과 같다는 것은 느끼

고 있었다."(「선사편」에서).

일리인에게 인간은 '유적類的 존재'다. 거인도 혼자서는 아무것도 하지 못한다. 아니, 낱낱의 인간은 결코 거인일 수 없는 것이다. 이런 측면은 일리인의 작업 과정에서도 여지없이 드러난다. 『인간의 역사』의 지은이는 두 사람이다. 공저자인 엘레나 알렉산드로브나 세갈은 일리인의 부인이다. 세갈은 일리인의 조수로 일하다 그와 결혼했다. 남편을 도와 '인류의 기원에 대한 사회학적 탐사'를 수행하는 데 일익을 담당했다.

『인간의 역사』는 기념비적인 저작이다. 그러나 아쉬움도 없지 않다. 무엇보다 '거인'의 발자취를 담은 기록이 르네상스 시대에서 접힌다는 점이 그렇다. 이런 아쉬움은 브로노우스키의 『인간 등정의 발자취』(범양사출판부, 1986; 바다출판사, 2004)로 채우는 것도 한 방법이다. 물론 브로노우스키의 책에도 아쉬움이 없는 것은 아니다. 이 책은 선사시대에서 근대까지를 단 한 권에 정리했다.

일리인은 '휴머니즘'을 심중에 두고, "복잡하고 난해한 기술세계의 전문적인 테마와 과학적인 여러 현상을 평이한 말로 이해하기 쉽게 표현"했다는 평가를 받는다. 『집안에 감춰진 수수께끼』와 『책·시계·등불의 역사』는 대중적인 과학저술가로서 일리인의 면모를 잘 보여주는 책들이다.

『집안에 감춰진 수수께끼』(연구사, 1990)는 집안 구석구석에서 과학적 원리를 깨우치게 하는 〈퀴즈탐험 신비의 세계〉이자 〈호기심 천국〉이다. 장작이 탈 때, 왜 소리가 날까? 난로 연기는 어째서 방안으로 나오지 않고 연통 속으로 빨려 들어갈까? 튀긴 감자는 껍질이 두꺼운데 삶은 감자는 왜 껍질이 두껍지 않을까? 등과 같은 일상에서 흔히 접하는 궁금증에 대해 수수께끼 같은 질문을 던진 다음, 그 원리를 재미있게 설명했다. 원리뿐 아니라 생활용품에 얽힌 문화사적인 내용도 들어

있다.

그중에서 포크 사용이 확산된 과정을 다룬 내용은 무척 흥미롭다. 17세기 초 콜리아트라는 영국 사람이 이탈리아를 여행했다. 콜리아트는 이탈리아의 문화 유적보다는 자그마한 포크를 보고 큰 충격을 받는다. 그는 포크를 하나 장만해 영국으로 돌아와 고향에서 그 신기한 물건을 사용했는데 주위의 반응은 신통치 않았다. 이후 포크가 영국에서 상용화되기까지는 반세기의 세월이 더 흘러야 했다. 이 내용은 헨리 페트로스키의 『포크는 왜 네 갈퀴를 달게 되었나』에도 나온다.

원래 따로 떨어져 있던 것을 하나로 묶은 『책·시계·등불의 역사』(연구사, 1989)는 일리인의 인간적인 관점과 앞날을 내다보는 혜안을 드러내 준다. 일리인은 「책의 역사」를 통해 "많은 도서관이 즐비한 오늘날에도 우리는 살아 있는 책 없이는 하루도 살아갈 수 없다"고 단언한다. '살아 있는 책'은 바로 사람이다. 역시 「책의 역사」에서 그는 "머지않아 학생들은 모두 주머니 안에 조그만 타이프라이터를 갖고 다니게 될 것"이라고 전망했다. 일리인은 전자수첩의 등장을 정확히 예측한 셈이다.

이것 말고도 책에 관한 다양한 내용을 담고 있는 「책의 역사」는 압축된 '문헌정보학사' 또는 '지식문명사'로 읽힌다. 그런 까닭에 박재동 화백은 '책의 역사'를 토대로 한 「한사발 선생의 책이야기」를 〈한겨레〉 출판면에 연재하기도 했다. 만화로 된 '책의 역사'는 박 화백의 작품집 『목 긴 사나이』(글논그림밭, 1996)에 실려 있다. 『일리인과 함께 떠나는 문명의 역사』(연구사, 1997)는 『책·시계·등불의 역사』의 개정판으로 본문 조판을 다시 했고, 제목을 새로 붙인 것이다. 『중·고생을 위한 생활 속 과학이야기』(연구사, 2001) 역시 개정판이다. 이 책은 『집안에 감춰진 수수께끼』를 새로 펴낸 것인데, 본문의 표현을 매끄럽게 가다듬은 점이 눈에 띈다. 예컨대 이렇다.

"오늘날에는 수도가 없는 도시는 없다."(『집안에 감춰진 수
수께끼』)

"오늘날에는 수돗물이 나오지 않는 도시는 없다."(『중·고
생을 위한 생활 속 과학이야기』)

미하일 일리인의 책

우리집 과학여행(1·2) 임 나탈리야 옮김, 황기홍 그림, 우물이있는집, 2008.
코페르니쿠스, 인류의 눈을 밝히다(책상 위 교양 17) 이종훈 옮김, 서해문집,
2008.
**제우스, 올림포스 산으로 밀려나다— 일리인이 들려주는 고대 이야기(책상위
교양 16)** 이종훈 옮김 서해문집, 2008.
**원숭이, 땅으로 내려오다— 일리인이 들려주는 선사시대 이야기(책상 위 교양
15)** 이종훈 옮김, 서해문집, 2008.
인간은 어떻게 거인이 되었나 E. 세갈 공저, 민영 옮김, 일빛, 1996.
인간의 역사 E. 세갈 공저, 동완 옮김, 동아문화사, 1975.
인간의 역사 동완 옮김, 동서문화사, 1977.
인간의 역사 동완 옮김, 학원출판공사, 1983.
인간의 역사 이순권 옮김, 범우사, 1985.
인간의 역사 황진우 옮김, 청년사, 1986.
인간의 역사 동완 옮김, 연구사, 1987.
인간의 역사 편집부 옮김, 동화출판공사, 1991.
인간의 역사 지경자 옮김, 홍신문화사, 1993.
인간의 역사 정성호번역센터 옮김, 오늘, 1993.
일리인과 함께 떠나는 문명의 역사 박미옥·심성보 옮김, 연구사, 1997.
책·시계·등불의 역사 심성보 옮김, 연구사, 1989.
중·고생을 위한 생활 속 과학이야기 박미옥 옮김, 연구사, 2001.
집안에 감춰진 수수께끼 박미옥 옮김, 연구사, 1990.
백지 위의 검은 것— 일리인이 들려주는 책의 역사 박수현 옮김, 아이세움,
2003.
시간을 담는 그릇— 일리인이 들려주는 시간의 역사 박수현 옮김, 아이세움,
2003.
책상 위의 태양— 일리인이 들려주는 등불의 역사 박수현 옮김, 아이세움,
2003.

박노자
朴露子
1973-

사회비평 에세이와
한국 근대사의 발견

박노자 교수의 책은 두 갈래다. 사회비평 에세이와 한국 근대사의 발견이다. 여기에 허동현 교수와의 역사논쟁이 더해진다. 사회비평 에세이로는 박노자라는 이름을 독자들에게 각인시킨 『당신들의 대한민국』(한겨레신문사, 2001)을 비롯해 『좌우는 있어도 위아래는 없다』(한겨레신문사, 2002), 『하얀 가면의 제국』(한겨레신문사, 2003), 『당신들의 대한민국 2』(한겨레출판, 2006)가 있다.

사회비평 에세이도 둘로 나뉘는데 『당신들의 대한민국 1, 2』가 우리 사회 내부에 초점을 맞춘다면, '북유럽 사회 탐험'과 '오리엔탈리즘, 서유럽 중심의 역사를 넘어'를 주제로 하는 『좌우는 있어도 위아래는 없다』와 『하얀 가면의 제국』은 나라 바깥의 사정에 비춰 우리 사회의 현실을 짚어본다.

한국 근대사의 발견은 박노자의 매우 뛰어난 우리말 구사력과 더불어 우리를 놀라게 하는 그의 특장과 관련이 있다. 『나를 배반한 역사』(인물과사상사, 2003)에서 박노자는 우리가 몰랐던 우리의 지난날에 대해 이야기한다. 박노자의 한국 근대사 발견은 '구한말' '개화기' '애국계몽기' 등으로 불리는 1900년 전후에서 혜안을 발휘한다. 『나를 배반한 역사』의 속편에 해당하는 『나는 폭력의 세기를 고발한다』(인물과사상사, 2005)는 전편과 함께 고품격 대중역사서로 볼 수 있다. 『우승열패의 신화』(한겨레신문사, 2005)는 학술서의 성격이 짙다.

박노자-허동현 논쟁은 우리 사회에서 보기 드문 생산적인 논쟁으로 학계와 독서계에 두루 화제를 모았다. 한국 근·현대 100년을 둘러싼 두 사람의 논쟁은

『우리 역사 최전선』(푸른역사, 2003)과 『열강의 소용돌이에서 살아남기』(푸른역사, 2005)에 담겨 있다. 역사논쟁의 속편은 박노자와 허동현을 "국제적 진보주의자"와 "민족주의적 시민주의자"로 맞댄다.

(아래 내용은 〈비평과전망〉(제7호, 2003 하반기)에 실린 박노자와 그의 책들을 다룬 글.)

〈비평과전망〉에 실린 박노자론

원고 마감일에 임박해 박노자 교수의 세 번째 저서 『나를 배반한 역사』가 나왔다. 이 책은 월간 〈인물과사상〉에 연재한 '박노자의 한국사 탐험'을 단행본으로 묶은 것이다. 잡지에 연재될 때 읽은 내용은 고작해야 한두 꼭지에 불과한 터여서 책을 구해 완독하기 위해 원고 마감일을 약간 늦추기까지 했는데 책을 읽으면서 그러기를 잘 했다는 생각이 들었다. 두 가지 측면에서 그렇다.

먼저 지금까지 출간된 박노자 교수의 책 가운데 이 책이 가장 뛰어나서다. 굳이 세 권의 책을 상대평가한다면, 『나를 배반한 역사』가 가장 낫고, 『당신들의 대한민국』이 그 뒤를 잇는다. 『좌우는 있어도 위아래는 없다』는 좀 처지는 편이다. 두 번째는 『나를 배반한 역사』를 반영함으로써 이 글을 청탁한 편집위원의 기획 의도에 더욱 부응할 수 있게 된 까닭이다.

이른바 '박노자 현상'이 우리 사회에 미치는 영향을 긍정적 시각으로 파악해 달라는 것이 편집자의 주문이었다. '박노자 현상'에 대한 긍정론을 써달라는 요청을 덥석 받아들이기는 했지만, 난감함도 없지 않았다. 필자가 박노자 책의 애독자이기는 하되 그의 관점을 액면 그대로 수용하는 박노자 마니아는 아니기 때문이다. 더구나 이미 부정적인 시각을 언뜻 내비쳤기에 손바닥 뒤집듯 긍정론을 개진할 수는 없는 노릇이었다.

원고 청탁을 한 편집위원의 말에 따르면, 또 다른 편

집위원이 박노자 교수를 긍정적으로 바라본 필자의 글을 접한 것이 필자에게 '박노자 현상'의 긍정론을 맡기게 된 계기가 되었다고 한다. 아마도 그 편집위원은 인터넷에 올린 글을 본 듯싶다. 그 편집위원이 대학교 신문에 실린 필자의 글을 봤다면 다른 판단을 내렸을지도 모를 일이다.

아무튼 이 글은 박노자 교수에 대한 필자의 견해를 다져볼 수 있는 좋은 기회라고 생각한다. 『나를 배반한 역사』를 비롯한 저서들과 비평자와 주고받은 논평에 나타난 박노자의 논리를 꼿꼿하게 버텨 읽어볼 작정이다. 아울러 박노자의 인간적 면모에 대한 스케치도 살펴보기로 하겠다. 이에 앞서 박노자의 저서가 지닌 출판사적 의의를 짚고 넘어가자.

박노자의 저서는 2000년을 전후로 출간된 홍세화·고종석·한홍구·강준만의 책들과 함께 출판의 새로운 흐름을 형성한다. 사회비평 에세이와 한국 근·현대사 발굴로 대별되는 이러한 흐름의 출판물은 계몽적 성격이 짙다는 점에서 2000년대식 인문사회과학서라고 할 수 있다. 이 2000년대판 인문사회과학서는 대학가를 중심으로 20대와 30대의 비판적 성향의 독자들 사이에서 널리 읽히고 있지만, 1980년대의 '의식화 교재'와는 그 성격이 다르다. 이 책들은 일반 교양서적에 가깝다. 또한 저자들의 이념적 스펙트럼도 다채로워 우파에서 좌파에 이르기까지 폭넓게 펼쳐져 있다.

하지만 이 책들과 저자들 사이에는 차이점보다는 공통점이 훨씬 더 많다. 국제적 기준에 따른 이념의 좌우 구분과는 별개로 2000년대식 인문사회과학서의 저자들은 한국 사회에서 진보로 통한다. 보수와 진보를 구별하는 데 우리에게는 이념보다 더 확실한 잣대가 있다. 그것은 혈연·지연·학연 같은 것에 얽매이느냐 얽매이지 않느냐의 여부다.

여기에다 한 가지 기준을 추가한다면 수구적인 독과점 언론을 대하는 자세를 들 수 있다. 앞서 거명한 저자들은 하나같이 '조선일보 제몫 찾아주기 운동'에 동의한다. 물론 운동의 실행 방식에서는 의견을 달리하는 저자가 있지만 말이다. 〈조선일보〉와 〈동아일보〉에서 이들의 기고문을 발견하기는 어렵다. 또한 두 신문에서는 새로운 흐름을 형성하는 출판물에 관한 기사를 찾아볼 수도 없다. 그뿐이 아니다. 두 신문은 한겨레신문사 출판부, 인물과사상사, 개마고원 등에서 펴내는 다른 책들도 잘 다루지 않는다. 아마도 이들 출판사가 자신들을 타깃으로 삼는 언론개혁 관련서적을 많이 출간한 것이 못마땅해 그런 모양이다.

사회비평 에세이로는 홍세화의 『쎄느강은 좌우를 나누고 한강은 남북을 가른다』 『악역을 맡은 자의 슬픔』(둘 다 한겨레신문사), 고종석의 『자유의 무늬』 『서얼단상』(둘 다 개마고원) 등이 있다. 강준만의 인물비평과 언론비평은 독자적 영역을 구축하고 있다고 판단돼 사회비평에 포함시키지 않았다.

한국 근·현대사 발굴서적으로는 한홍구의 『대한민국사』(한겨레신문사)와 강준만의 '한국 현대사 산책'(인물과사상사) 시리즈를 꼽을 수 있다. 1979년 10.26을 열흘 앞두고 출간된 『해방전후사의 인식』(한길사)부터 1987년 6월 항쟁 이후 봇물처럼 쏟아진 이른바 '북한 원전'에 이르기까지 1980년대의 한국사 관련서적은 우리 역사의 숨겨진 진실을 파헤치거나 새로운 역사관에 입각한 역사 서술을 통해 독자에게 충격을 안겨주었다.

이에 비하면 2000년대 벽두에 등장한 한국 근·현대사 발굴 서적들은 발굴이라는 표현이 무색할 정도로 폭로적 성격이나 충격의 강도는 덜하다. 과거의 신문이나 잡지 같은 일반 독자도 접근이 가능한 사료를 토대로 한국 근·현대사에 새롭게 접근한다는 점에서 발굴보다는 발견이라는 표현이 더 적절해 보인다. 하지만 결코 배타적이지 않은 발견을 통해 우리 역사의 진실이 더욱 극명하게 드러나는 놀라운 효과가 연출된다.

박노자는 사회비평 에세이와 한국 근·현대사 발굴

을 모두 펴냈다. 2001년 12월 출간된 사회비평적 에세이 『당신들의 대한민국』은 실속과 명예를 동시에 누렸는데 오피니언 리더급 독자의 호의적인 평가를 받았으며, 베스트셀러가 되기도 했다. 고종석은 이 책에 대한 서평에서 『당신들의 대한민국』의 가장 중요한 측면은 박노자의 유창한 한국어도, 그의 한국사에 대한 박람강기도 아니라고 말한다.

정녕 중요한 것은 이 책에 담긴 정신의 방향이다. 그 정신의 방향을 한 마디에 구겨담자면 '개인의 해방' 정도가 될 것이다. 그 해방은 무엇으로부터의 해방인가? 집단주의적-기회주의적 인연의 논리로부터의 해방이고, 가족주의적 '웃어른 숭배'로부터의 해방이고, 피부 빛깔로 결정되는 인종적 거푸집으로부터의 해방이고, 재력과 쓰임새로 모든 것이 결정되는 사물화로부터의 해방이다. 집단의 대척점에 있는 그 개인은 사회적 소수파, 사회적 약자라는 말로 바꿀 수도 있다. 이 책 속에서 그 개인-소수파는 고려인, 조선족, 시간강사, 동남아시아 노동자, 양심적 병역 거부자 같은 이름을 지니고 있다. (고종석, 『서얼단상』, 개마고원, 2002, 321쪽)

『당신들의 대한민국』과 또 다른 사회비평 에세이인 『좌우는 있어도 위아래는 없다』의 뒤표지에 인쇄된 그를 향한 칭찬도 눈길을 끈다. 홍세화는 "그는 이방인의 눈을 가졌으나 그의 가슴은 한국인의 것이다. 뛰어난 우리말 능력으로 한국 사회가 안고 있는 문제들을 짚어내는 그의 글에 날카로움과 함께 항상 안타까움이 배어 있는 까닭은 그 때문이다. 차가운 이성과 따뜻한 정서의 아우름, 그를 갖게 된 것은 우리에게 크나큰 복이다"(『당신들의 대한민국』)라고 말한다.

또 유시민은 "박노자는 기막히게 밝은 눈과 예민한 후각을 지닌 지식인"이라며, "명색이 비판적 지식인을 자처하는 내가 40년을 넘게 살면서 두루뭉실 인식하

고 있던 문제들을 '불과' 10년을 산 박노자가 너무나 분명하게 끄집어낸다는 사실"(『좌우는 있어도 위아래는 없다』)에 당혹감을 동반한 경의를 표한다.

박노자를 향한 비판적 견해 역시 상기한 긍정적 측면들은 모두 인정하고 있다. 거의 최초로 비판적 견해를 개진한 오승훈 기자 또한 그러한데, 처음 읽었을 때는 도입 부분이 맘에 들지 않아 '발끈'하기도 했지만, 거듭 읽으며 오 기자의 문제의식에 차츰 공감하게 되었다. 오 기자가 제기하는 아쉬움은 필자도 느끼는 바다.

오랫동안 공통의 경험이 누적된 역사공동체를 인종·민족 이데올로기에서 벗어나지 못한 '전근대인'으로 단정하는 것은 무리가 있어 보인다. 이 땅에 사는 사람들은 모순을 처리하는 대응법을 터득하며 살아왔다. 그 방법이 전쟁과 폭력이어선 안된다는 것도 값비싼 대가를 치러 체득했다. 그게 한국인의 문화다. 비록 더디기는 하지만 일그러질대로 일그러진 초상을 곧추세우려는 '반성의 문화'가 있는 것이다. 저자의 도움을 받아 '한국인의 초상'을 그려보면서도 저자에게 되묻고 싶은 지점이다. (《문화일보》 2001. 12. 28)

고종석은 『당신들의 대한민국』을 읽으며 자신이 한국사의 해석뿐만 아니라 역사적 사실에서까지 벽안의 학자보다 무지하다는 점을 깨달았다지만, 『나를 배반한 역사』는 그런 점을 더욱 일깨우는 책이다. 역사학자로서 박노자는 역사적 사실의 드러냄을 통해 자신의 역사관을 관철하고 있는 듯하다. 역사 해석의 능수능란함의 차원에서 『나를 배반한 역사』는 같은 역사 에세이면서 한국 근·현대사 발견에 속하는 한홍구의 『대한민국사』에 약간 못 미치는 것이 사실이다.

그렇다고 박노자가 수행한 작업의 의의가 감소하는 것은 결코 아니다. 그의 작업이 지닌 의의는 막중하다. 우리 역사의 치부를 드러내 역사의 숨결을 되살리고

있기 때문이다. 또한 이러한 역사의 복원을 위해 박노자는 전인미답의 길을 걷고 있다 해도 과언은 아니다. 하면 숱한 한국사학자들은 어째서 우리 역사의 진실에 애써 눈감았을까? 그것은 100여 년 전 일어난 일이 오늘 이 땅의 현실과 질긴 끈으로 이어져 있기 때문일 것이다. 박노자보다 앞서 구한말의 사료를 접한 역사학자들이 그것을 바탕으로 대중을 위한 역사 풀어쓰기 작업을 게을리 한 데에는, 그럴 경우 자신에게 닥칠지도 모를 불이익이 두려웠기 때문일 것이다. 논문에 원로 교수의 친일 행적을 언급했다는 이유로 국립 서울대학교에서 쫓겨났던 김민수 교수의 예를 보라.

아무튼 『나를 배반한 역사』는 이전의 책에서 맛보기로 보여준 우리 역사의 발견을 본격화한다. 특히 국정 국사교과서가 "제국주의 침략에 맞선 민족적 저항과 자주적 근대화의 모색"의 시기로 규정해 학생들에게 주입한 개화기의 진실을 파헤친다. 이 책을 통해 새롭게 알게 된 역사적 사실은 한두 가지가 아니다.

요즘 일각의 보수적인 사학자들은 고종을 계몽 군주로 평가하지만 백성들에게 고종의 집권기는 분노와 절망의 시대였다는 것, 독립협회 일파의 미국과 서유럽에 대한 치우침은 거의 숭배에 가까워 기초적인 예의범절도 서양식으로 뜯어고치는 것을 급선무로 생각했다는 것, 개화파 지식인들은 동족을 '야만인' 취급하며 조선의 고유한 문화 저력을 깡그리 무시했다는 것 등이다.

또한 박노자는 우리가 급진적 민족주의자로 알고 있는 단재 신채호의 세계관에서 사회진화론에 경도된 인종주의와 집단주의를 읽는다. 단재로 대표되는 1910년대의 독립·항일 투쟁을 이끈 대종교 계통의 망명 지식인들은 한국인의 조상으로 여겼던 '부여 인종'을 가장 우월하게 생각하는 경향이 강했고, "단체를 위해서 살고 죽어야 할 개인에게 무슨 '주의主義'까지 허락해 준다는 것은 신채호의 사상 체계에서 상상조차 할 수 없는 일이었다"는 것이다. 이러한 박노자의 우리 역사의

재발견은 개화기의 신문과 잡지, 개화기 지식인이 남긴 글 같은 실증적 자료의 뒷받침으로 강한 설득력을 얻고 있다.

앞서 필자는 마치 박노자가 역사 해석에 취약하다는 듯한 뉘앙스를 풍겼지만 그것은 상대적인 비교였지 실제는 전혀 그렇지 않다. 근·현대 한국 수난사의 의미를 꿰뚫어보는 박노자의 시각은 그의 탁월한 역사 해석력을 보여주는 증거로 충분하다.

"내 생각에는 외세의 침략 속에 세계체제에 편입된 나라의 상당수 사람들이 그 체제의 반反인류적인 논리를 자기화한 것이야말로 가장 큰 수난이 아닌가 싶다. 다시 말해 외적들에게 삼천리 강토를 빼앗기고 부일배附日輩나 부미배附美輩들로부터 착취와 통제를 당하는 것도 고난이겠지만 그들에게 정신적으로 압도당해 그들의 논리에 알게 모르게 길들여진 것이 가장 큰 치욕이라 생각한다."(17쪽)

한국 사회에 만연한 정치 냉소주의의 근본 원인에 대한 분석도 뛰어나다. 정치와 정치인을 향한 "험담은 나의 정치적 선택에 대한 의식, 무의식적인 자기비판을 무마시키는 역할을 한다는 것이다." 또한 일본 제국주의에 의한 수탈의 피해자로 민족 전체를 상정하는 관습적 표현에서 탈피하자고 제안하기도 한다.

"우리는 흔히 한민족 전체를 일제의 희생자라고 이야기하곤 한다. 하지만 민족이라는 거창한 말 뒤에는 희생의 정도가 약간씩 달랐던 여러 계층들의 입장이 인위적으로 한데 버무려져 있다는 사실을 간과하면 안 된다."(208쪽)

그런데 사안에 따라 결을 구분하는 일은 박노자의 작업에서도 요청된다. 자칫 사소해 보이는 세부사항의 오류나 무리한 일반화로 인해 박노자가 펼친 논지의 타당성이 훼손될 우려가 있기 때문이다. 실제로도 그러한 점들이 산발적으로나마 발견되는 점은 가장 아쉽게 생각되는 대목이다. 문헌 자료에 의존하는 경우보다는

박노자가 직접 보고 들은 내용을 일반화할 때 무리수를 두는 것이 특징이라면 특징이다.

92학번 대학 총학생회장이 아래 학번들에게 멸사봉공에 가까운 내용의 일장훈시를 늘어놓은 까닭을, 박노자는 그가 "국민윤리 과목과 같은 어용 교육을 거치면서 알게 모르게 그 내용을 답습한 결과로" 본다. 이어 "그가 암기해야 했을 국민교육헌장의 끔찍한 집단주의적·국가주의적 내용은 그의 사유방식의 형성 과정에 상당한 영향을 미쳤다"고 덧붙인다. 국민윤리 과목이 92학번 총학생회장의 고리타분한 훈계에 얼마나 영향을 줬는지도 미심쩍지만, 92학번은 초중고교에서 국민교육헌장을 외운 세대가 아니다. 국민교육헌장을 암기한 세대는 그보다 10년 안쪽으로 내려간다. 물론 국민교육헌장이 90년대까지 초중고의 주요 과목 교과서의 앞머리를 장식하기는 했어도 필자가 중학교와 고등학교를 다닌 1980년대의 상반기에 이미 국민교육헌장은 사문화한 상태였다.

『당신들의 대한민국』에서 운동권 대학생들이 병역거부를 신념화하지 못한 것을 아쉽게 여기는 대목도 결을 세심하게 파악해야 할 부분이다. 필자의 간접 경험으로는 1980년대 학생 운동권에서 남학생이 자의로 휴학하고 군대에 가는 것은 운동에서 손을 떼는 것으로 간주되었다. 복학생 신분으로 학생운동에 다시 (또는 새로) 뛰어든 사례가 있기는 하지만 그것은 어디까지나 예외의 경우였다. 군대 거부가 평화애호 정신에 입각한 것은 아닐지라도 1980년대 학생운동권은 남학생의 입대를 터부시했다. 한편 『당신들의 대한민국』에서 박노자 교수가 군 복무의 폐해를 지적한 대목은 무리한 일반화의 사례로 볼 수 있다.

"한국의 대학교 교수로서 내가 느낀 것은, 군복무가 학생들의 학습능력과 학습효과를 가차 없이 떨어뜨린다는 것이다. 내가 아는 한 학생은 특전사 복무 이후에 신경박약증, 악몽, 손떨림, 대인관계 기피 등 구타 후유증에 시달리다가 외국어 공부를 아예 중단하고 말았다. 그렇게까지 가지 않더라도, 군대에 갔다온 남학생들은 대부분 교수를 공포의 대상인 '장교'들과 무의식적으로 동일시하여 교수와 접촉하는 것을 부담스럽게 느끼고 최소화하려 한다."(110쪽)

한 학생의 경우는 특전사라는 특수한 부대의 여건이 한 영혼을 피폐하게 했다고 볼 수도 있다. 하지만 복학생들이 교수와 장교를 무의식에서라도 동일시한다는 주장은 수긍하기 어렵다. 2학년을 마치고 군대에 다녀온 필자나 필자 주변 사람들을 보더라도 교수와의 접촉 빈도 면에서 이른바 '현역' 시절과 '예비역' 시절 사이에 큰 차이가 없었다. 적어도 필자의 군복무 시절, 장교는 공포의 대상이 아니었다. 오히려 직접 대면이 잦은 선임병이나 하사관이 더 무서웠다.

(박노자는 대학생 다수가 군에 가기 전, 초중고교에서 이미 '스승'과의 관계가 틀어진다는 점을 간과하고 있다. 적어도 필자에게는 초중고교에서 만난 선생님의 대부분이 극히 부담스러운 존재였다. 그가 대학에서 가르친 학생들의 초중고교에서의 학교생활이 다들 윤택했는지는 잘 모르겠다.)

박노자 교수의 군대 문제와 관련한 편견(?)의 문제점은 김진석 교수가 이미 지적한 바 있다. 이에 대해 박노자는 〈진보정치〉(제104호, 2002. 9/9-15)에 발표한 반론을 통해 군대는 극우 헤게모니의 재생산 거점이라고 잘라 말한다. "자본주의 사회의 일상 전체가 다 폭력인데 왜 군대만을 집중 공격하느냐는 김진석의 비판에 대한 답변은 간단하다. 한국 군대만큼 개인의 인격을 파괴할 뿐만 아니라 민중투쟁에 방해가 되는 극우적 헤게모니 기구가 없기 때문이다."

박노자의 견해를 따르면 우리 사회를 살기 좋은 사회로 바꾸는 방법은 참 간단하다. 군대를 해체하면 되니까 말이다. 하지만 필자의 생각은 다르다. 설령 군대가 사라진다 해도 다른 억압 기제들이 온존한다면, 한국 사회는 여전히 만인에 대한 만인의 투쟁의 장으로 남아 있을 것이다. 필자가 군대를 보는 시각은 반영론을 취한다. 인터넷의 부작용이 사회 병리 현상의 반영인 것처럼 군대에서 나타나는 폭력은 사회에 그 뿌리를 두고 있다고 생각한다.

덧붙여 필자는 한국인의 기본권이 제약되는 이유로 남북 대치 상황의 특수성을 들먹이는 것을 혐오한다는 사실을 밝히고 싶다. 분단과 체제 경쟁 따위는 구실일 따름이다. 이와 같은 맥락에서 비폭력 원칙이 사회적 약자에게 유리하다는 박노자 교수의 주장에도 선뜻 동의하기 어렵다. 지배자들은 민중이 폭력성을 띠지 않더라도 갖은 구실을 붙여 못살게 굴 것이기 때문이다.

필자 나름대로 박노자에 대한 버텨 읽기를 하기는 했지만 필자가 그의 평화주의에 담긴 진정성을 의심하는 것은 아니다. 이런 생각은 송영 소설집 『발로자를 위하여』(창작과비평사)에 실린 표제 소설을 읽고 더욱 굳어졌다. 1998년 〈문예중앙〉을 통해 발표된 박노자를 모델로 한 이 소설은 몇 년 뒤 그가 우리 지식·독서계에서 펼칠 활약상을 귀띔한 일종의 예고편이다. 홍세화도 이와 비슷하게 고종석의 장편소설 『기자들』(민음사)을 통해 사전 예고된 바 있다.

소설가와 작중인물을 동일시하는 독자의 촌스러움을 넘어 작중인물과 실존모델을 하나로 여기는 더욱 촌스러운 독자가 되는 부끄러움을 무릅쓰고 「발로자를 위하여」에서 블라디미르 티호노프의 인간적 면모를 추출해보기로 하자.

"그는 그가 나고 자란 그 도시에 대해 다소 지나칠 정도로 자부심을 갖고 있었다."

"발로자는 기회 있을 때마다 폭력에 대한 자기의 혐오감을 드러냈다."

두서없이 길어진 글을 끝내야 할 시점이다. 박노자는 제 발로 찾아와 우리 지식계와 독서계에 활력을 불어넣은 귀중한 자산이다. 『나를 배반한 역사』는 그런 점을 다시금 확인시켜준 역저力著다. 월간 〈인물과사상〉 2003년 5월호부터 '박노자의 한국사 탐험'의 새 원고가 연재되고 있는데 『나를 배반한 역사』의 속편이 자못 기대된다. 아울러 이 지면을 빌어 박노자 교수와 관련해 한 가지 바람을 피력하고자 한다. 필자는 그가 한국에서 연구에 전념했으면 싶다. 무릇 한국사 연구자는 한국에서 연구를 수행하는 게 가장 바람직하다. 그러기 위해서는 우리 사회와 학계에 그를 품을 수 있는 아량과 포용력이 전제돼야 하는 것은 두말하면 잔소리다.

『당신들의 대한민국 2』

박노자의 근간 『당신들의 대한민국 2』는 그의 명성에 값한다. 성리학적 금욕주의와 개신교적 순결주의가 뒤섞인 도덕주의의 허상을 드러낸 것부터 그렇다. 대한민국 지배층이 "들먹이는 '도덕'의 실제 모습은 위선과 강압 그 이상 아무것도 아니"지만, 그들이 그런 가치관을 사회에 강요하려 하는 진짜 이유가 궁금하다.

그것은 "예전 사회의 선례를 이용하여 도덕군자의 탈을 쓰는 것이다." 그래야 "'아랫사람'의 인격을 짓밟음으로써 그 신분적 위치를 과시할 수 있"기 때문이다. "여학생을 성추행한 교수가 기껏해야 몇 개월 정직 처분을 받아도 '야한 글'을 쓴 교수는 징역살이를 해야 하는 역설이 생겨난 것" 또한 억압적 신분제의 잔영이라는 것이다.

나는 박노자 덕분에 '호국불교'가 형용 모순임을 깨달았다. 이번에는 '진보적 교수'가 형용 모순적 표현이라고 지적한다. "교수란 '하고 싶은 공부'만 하는 것을 뜻하지 않"아서다. 우리가 박노자의 우리말 능력에 감탄하는 것은 단지 그의 어휘력과 표현력이 풍부해서만은 아니다.

우리는 그의 적확한 한국어 구사력에 놀란다. 이른바 이라크 재건과 민주화를 "이라크 자원의 약탈과 재식민화"로 교정하는 것도 그렇지만, '산업화 세력'과

'민주화 세력'이라는 표현의 어이없다는 지적은 통렬하기 짝이 없다. 신종 용어 '좌파 신자유주의'보다는 덜 부적절하나, '산업화 세력'과 '민주화 세력' 역시 실체가 불분명한 표현이다.

"곰을 '밀림의 주인'으로 부르면 참 멋지게 들리듯이 3공과 5공 출신의 극우 관료군과 재벌가들을 '산업화 세력'으로, 자신의 운동 경력을 팔아 우파 진영에 편승한 중산계급, 귀족 대학 출신의 정객들을 '민주화 세력'으로 부르면 참 멋져 보이는 모양이다."

글 쓰는 자에게 필화는 숙명이다. 그런 점에서 『당신들의 대한민국 2』를 읽으며 박노자에게 동병상련을 느꼈다. 법무부 산하 출입국관리사무소를 반한단체인 양 묘사한 그의 〈한겨레〉 칼럼이 출입국관리소무소의 명예를 훼손했다는 이유로 고소를 당한 모양이다. 이 칼럼은 신문 지면에서 읽은 바 있는데, 박노자의 칼럼을 접하기 전에도 외국인 노동자가 출입국관리사무소에서 겪는 고초는 알음알음으로 알게 된 중앙아시아 출신 귀화인의 전언을 통해 나도 익히 알고 있는 터였다. 아무튼 고소 취하의 명목이 된 박노자 사과문의 내용이 짠하다.

필자는 외국인 노동자 문제와 관련한 박노자의 의견을 전폭 지지한다. 반면 민족주의와 폭력을 적대적으로 대하는 그의 자세를 모두 수용하진 않는다. 그의 비폭력 노선은 근본주의 성향이 있다는 비판을 받았다. 그런데 어떤 형태의 민족주의도 해롭다는 명제가 성립한다면, 모든 근본주의는 악하다는 명제 또한 존중해야 하지 않을까?

『당신들의 대한민국 2』 '서문'에서 국가보안법과 혁명을 언급한 대목은, 사태 파악이 분명하고 논지가 적절하다는 것과는 별개로 박노자의 비폭력 평화주의와 맞서는 것처럼 보인다. 먼저 국가보안법이 폐지되지 못하는 이유를 들어보자.

"한마디로 한국 지배계급에게 '이념적 타자를 때려잡는 법'이 여전히 필요함을 보여주는 것이다. 지금 당장은 아니더라도 모든 것을 빼앗긴 자들의 인내가 한계점에 도달할 때쯤, 결코 무뎌지지 않는 한국 지배자들의 '전가의 보도' 국보법은 그 효력을 만천하에 보일지도 모른다."

다음은 혁명을 언급한 구절이다. "혁명이란 모든 객관적인 조건들이 두루 성숙되고 특별한 대내외적 계기가 주어질 때만 일어난다. 그런데 그러한 일이 가능하려면 수많은 준비 작업들이 필요하고, 그중의 하나가 바로 '의식의 준비'다." 혁명이 '의식화'에서 출발하지만, 혁명은 끝내 피를 요구하지 않던가?

박노자는 인터뷰에 잘 응하는 저자다. 『21세기를 바꾸는 상상력』(한겨레신문사, 2005)에 실린 인터뷰는 그 가운데 하나다. 강연에 이어진 질의응답에서 어떤 질문자가 철저한 이상주의자와 철저한 현실주의자 친구 사이에 낀 자기 신세의 고달픔을 호소한 데 대한 박노자의 답변이 흥미롭다.

"제 동창 한 명이 모스크바에 있는 삼성 지사支社에 취직한 적이 있습니다. 저와 같이 1991년에 고려대학교에서 유학도 한 친구인데, 이건희 회장을 위해서 봉사하고 있었을 때는 저를 만나줄 시간이 거의 없었습니다. 그 회사에서 얼마 안 있다가 보스하고 트러블이 있어서 퇴사를 할 수밖에 없었다고 그래요. 제한적이나마 제 개인적 경험으로는 그런 곳에 계신 분은 아마 만나고 싶어도 만날 시간이 없을 텐데 차라리 수배당한 친구가 더 만나기 편하지 않겠습니까?"

또한 이 인터뷰는 박노자가 필명이라는 사실을 알려준다. 아시다시피 박노자는 귀화 한국인이다. 하지만 이름은 블라디미르 티호노프라는 본명을 그대로 쓰고 있다. 본관을 창본하기가 쉽지 않아서다. 송영의 단편 소설 제목에 들어있는 '발로자'는 러시아어로 블라디미르의 애칭이다.

박노자의 책

당신들의 대한민국 한겨레신문사, 2001.

좌우는 있어도 위아래는 없다 한겨레신문사, 2002.

하얀 가면의 제국 한겨레신문사, 2003.

당신들의 대한민국 2 한겨레출판, 2006.

나를 배반한 역사 인물과사상사, 2003.

나는 폭력의 세기를 고발한다 인물과사상사, 2005.

우승열패의 신화 한겨레신문사, 2005.

우리 역사 최전선 허동현 공저, 푸른역사, 2003.

열강의 소용돌이에서 살아남기 허동현 공저, 푸른역사, 2005.

21세기에는 바꿔야 할 거짓말 정혜신 외 공저, 한겨레출판, 2006.

인문학 이야기 전남대학교 인문학연구소 편, 박노자 외 공저, 전남대학교출판부, 2006.

21세기에는 지켜야 할 자존심 진중권 외 공저, 한겨레출판, 2007.

하나의 대한민국, 두 개의 현실─ 미국의 식민지 대한민국, 10 vs 90의 소통할 수 없는 현실 김규항 외 공저, 시대의창, 2007.

우리가 몰랐던 동아시아 한겨레출판, 2007.

총을 들지 않는 사람들─ 병역거부자 30인의 평화를 위한 선택 전쟁없는세상 외 공저, 철수와영희, 2008.

박노자의 만감일기─ 나, 너, 우리, 그리고 경계를 넘어 인물과사상사, 2008.

씩씩한 남자 만들기 푸른역사, 2009.

후퇴하는 민주주의─ 서른살, 사회과학을 만나다 손석춘 외 공저, 철수와영희, 2009.

왼쪽으로, 더 왼쪽으로─ 당신들의 대한민국 세 번째 이야기 한겨레출판, 2009.

이팔청춘 꽃띠는 어떻게 청소년이 되었나?─ 청소년 만들기와 길들이기 김현철 외 공저, 인물과사상사, 2009.

길들이기와 편가르기를 넘어─ 한국 근대 100년을 말한다 허동현 공저, 푸른역사, 2009.

리얼 진보─ 19개 진보 프레임으로 보는 진짜 세상 강수돌 외 공저, 레디앙, 2010.

거꾸로 보는 고대사 한겨레출판, 2010.

전통, 근대가 만들어낸 또 하나의 권력 임형택 외 공저, 인물과사상사, 2010.

러시아는 우리에게 무엇인가─ 유토피아에서 야만국까지 조선의 눈에 비친 러시아 400년의 역사 박노자 외 공저, 신인문사, 2011.

반다나 시바
Vandana Shiva
1952-

"여성 해방 운동과 생태 운동은 하나다"

인도의 여성환경운동가인 반다나 시바는 본래 저명한 물리학자다. 그런데 물리학자에서 환경운동가로의 변신變身은 그녀에게 피할 수 없는 운명처럼 보인다. 운명은 그녀의 이름에 내재해 있다. '시바Shiva'는 우주와 존재일반의 신진대사를 관장하는 힌두의 신을 가리킨다. 박이문 교수의 『환경철학』(미다스북스)에 따르면, 생태학적 세계관과 동격인 일원론적 세계관에서 삼라만상은 독립된 개별적 실체가 아니라 시바의 무한히 다양한 부분을 이룬다.

아무튼 반다나 시바는 생태론과 여성주의의 결합태인 에코페미니즘의 대모로 통한다. 대개 이것과 저것을 뒤섞은 결합태 이론은 이것도 아니고 저것도 아니기가 다반사지만, 반다나 시바의 에코페미니즘은 그렇지 않다. 선명한 색깔이 근본주의적인 색채마저 띠고 있다. 그도 그럴 것이 에코페미니즘은 실천이 수반되는 까닭이다.

지금까지 번역된 공저서를 포함한 다섯 권의 책에서 반다나 시바는 논리적 일관성을 보여준다. 환원주의, 가부장제, 개발과 발전, 생명공학 등은 가차 없이 비판하고, 생명의 다양성과 생명의 담지자로서의 여성은 일관되게 옹호한다. 반다나 시바의 대표저서이자 그녀 책의 첫 번째 한국어판인 『살아남기』(솔출판사, 1998)에도 그런 점은 여실하다.

우선, 반다나 시바는 객관적 중립성을 내세우는 근대 과학이 실제로는 서구 가부장제의 특별한 기획의 소산이라고 지적한다. 그렇다고 개발과 성장을 앞세우는 논리가 제국주의와 식민주의자의 전유물은 아니다. 서구 가부장의 근대적 기획은 식민지의 계몽된 엘리트에게도 그대로 전수됐다는 것이다. "경제 성장은 새로운 식민주의였고, '국익'과 GNP 성장이라는 미명하에 착취를 교묘히 주도했던 것은 식민 세력이 아니라 민족 엘리트들이며 이들에 의한 착취는 더 강력해진 전유와 파괴의 기술에 의해 자행되었다." 그러면서 반다나 시바는 '국민총생산GNP' 개념의 허구성을 조목조목 지적한다.

반다나 시바는 오염 통제에 들어가는 비용을 이윤으로 계산하지만 그 밖의 지출은 아예 고려조차 않는 것이 GNP의 문제점이라고 말한다. 이 숨겨진 지출에는 환경 파괴로 인한 막대한 손실과 여성들의 가혹한 희생이 포함된다. "따라서 GNP가 높아진다는 것이 반드시 그에 비례해서 재화나 복지가 증가한다는 것을 의미하지는 않는다는 사실이 새삼스러울 것은 없다." 그러니 반다나 시바가 자연과 여성에 대한 남성의 지배에 근거한 경제 성장을 악개발로 간주하는 것도 무리는 아니다.

그런데 악개발을 야기한 서구의 과학 혁명은 환원주의에 그 뿌리를 두고 있다는 것이 반다나 시바의 진단이다. 또 그런 만큼 환원주의를 향한 그녀의 비판은 아주 철저하다. 반다나 시바는 환원주의를 비판하기에 앞서 그것의 속성을 친절하게 설명하고 있기도 하다. "환원주의는 모든 체계들이 동일한 기본 구성 요소들로 구성되어 있고 그 요소들은 불연속적이고 서로 무관한 원자라고 간주하며 모든 기본적 과정들은 기계적이라고 가정한다."

또한 지식과 권력의 유착은 환원주의적 체계에 있어 본질적인 것인데 "왜냐하면 개념적 틀로서 기계주의적 질서는 상업자본주의의 요구와 양립 가능했던 권력에 토대를 둔 일련의 가치들과 연결되었기 때문이다." 여기에다 덧붙이면 환원주의는 한마디로 병 주고 약 주

는 체계다. 항생물질이 중복감염을 낳고, 홍수조절장치가 홍수를 부르며, 비료가 비옥한 토양을 좀 먹는 것이 단지 과학의 오·남용 차원의 문제는 아니라는 것이 반다나 시바의 통찰이다. "문제는 근대 과학에서의 지식 창출 과정 그 자체에 뿌리박혀 있다."

이러한 개발의 역설과 그것이 가져온 위기는 환원주의적 지식의 축소판인 남성 과학자와 전문가에게 맡겨선 결코 극복할 수 없다. 그들은 문화적으로 인식된 가난과 진짜 가난을 구별하지 못하고, 상품 생산의 성장과 기본적 욕구에 대한 더 나은 충족을 분간하지 못하기 때문이다. 반다나 시바는 심각한 생태위기를 극복할 대안으로 "살아 있고 창조적인 과정이며 모든 생명이 시작하는 여성적 원리"를 제시한다.

『자연과 지식의 약탈자들』(당대, 2000)은 생물 해적질에 대한 통렬한 비판을 담은 책이다. 책의 원제목이기도 한 '생물 해적질biopiracy'을, 그녀는 유럽인의 식민지배 야욕이 생명체의 내부영역으로까지 뻗친 것으로 본다. 원소유자와 혁신자들이 지닌 생물 다양성을 빼앗기 위한 약탈자들의 논리는 콜럼버스와 그 후예들이 내세운 논리와 크게 다를 바 없다는 것이다. "생물 해적질은 콜럼버스 500년 후의 콜럼버스적인 '발견'인 것이다."

그리고 특허는 서구 권력이 갖는 권리로서 여전히 비서구인들의 부富에 대한 서구인들의 해적질을 보호하기 위한 수단이다." 또 반다나 시바는 많은 지면을 할애해 WTO(세계무역기구)의 무역관련 지적 재산권 협약을 비판한다. 지적 재산권에 대한 그녀의 결론은 이렇다. "지적 재산권은 사회적 창조성의 산물을 효율적으로 수확하는 메커니즘은 될지언정 지혜의 나무를 가꾸고 기르는 데는 비효율적인 메커니즘이다."

『에코페미니즘』(창작과비평사, 2000)은 독일의 에코페미니스트 마리아 미스와 함께 지은 책이다. 굳이 공저자의 역할을 가른다면 마리아 미스가 페미니즘을, 반다

나 시바가 에콜로지를 맡았다고 할 수 있다. 모두 20장으로 이뤄진 책에서 반다나 시바는 5장, 7장, 8장, 11장, 12장, 15장, 16장, 18장을 썼고, 1장과 19장은 공동 집필했다.

반다나 시바가 쓴 부분 가운데 12장 「새로운 생식기술: 성차별적·인종주의적 함축」은 생명공학에 대한 냉정한 평가라는 점에서 특히 주목된다. 새로운 생식기술이 함의하는 바에 대해 초점을 맞춘 이 글은 생명공학에 관한 냉정한 평가라기보다는 엄밀한 비판이라고 보는 것이 더 맞다. 그런 점은 앞머리에 정리된 기본 논제에서도 잘 나타난다.

"(생명공학 또는 생식기술은) 인간의 행복을 증진하기 위해서가 아니라 현재의 세계체제가 지속적인 성장 및 물질적 상품과 자본축적에 기초한 생활양식의 모델을 유지하느라 부닥친 어려움을 극복하기 위해 대규모로 개발되고 생산되었다"는 것이다. 또한 생식기술과 유전공학은 다른 자연과학과 동일한 원칙(환원주의)에 근거하고 있는데, 살아 있는 유기체를 분자, 세포, 핵, 유전자, DNA로 쪼갠 남성 공학자의 의도에 따라 재결합한다.

"근대 과학과 기술의 일부로서의 생명공학은 본질적으로 비도덕적이"라는 견해를 펼치며 생명공학의 반윤리성을 질타하는 대목은 과학 일반에 대한 설득력 있는 비판으로도 읽힌다. 특히 눈 가리고 아웅 하는, 고양이에게 생선 맡기는 격인 과학자의 실험과 연구를 견제하고 제한하는 시스템에 관한.

과학자들이 엄청난 돈과 시간을 들여 실험을 하고 그 결과를 발표한 이후에야 윤리위원회가 구성된다. 그러나 그같은 발명품들의 가장 위험한 남용 정도만 막아보자는 이러한 반동적인 윤리는 무능한 정도가 아니라 아예 윤리라고도 할 수 없다. 이 윤리위원회의 주된 임무란 이들 기술이 더 잘 받아들여지게 해주는 것이기 때문이다.

게다가 이 윤리 전문가라는 사람들이 대체로 주류 과학패러다임과 가치의 자유라는 이 패러다임의 주장을 수용하거나 신봉하는 까닭에, 그들에게 어떤 것이 진정으로 인류를 위한 것인지 판단하는 걸 기대하기 어렵다는 것이 반다나 시바의 생각이다. 이 밖에 반다나 시바의 글을 접할 수 있는 책으로는 생태 활동가의 글을 모아놓은 『위대한 전환』(동아일보사, 2001)이 있다. 이 책에는 '님neem나무 사건'을 통해 생물 해적질을 다룬 그녀의 글이 실려 있다.

반다나 시바의 책

테라 마드레— 공존을 위한 먹을거리 혁명 반다나 시바 외 지음, 송민경 옮김, 다른, 2009.
진보의 미래 헬레나 노르베리 호지 외 공저, 홍수원 옮김, 두레, 2006.
누가 세계를 약탈하는가 류지한 옮김, 울력, 2003.
물전쟁 이상훈 옮김, 생각의나무, 2003.
자연과 지식의 약탈자들 한재각 외 옮김, 당대, 2000.
살아남기 강수영 옮김, 솔출판사, 1998.
에코페미니즘 마리아 미스 공저, 손덕수·이난아 옮김, 창작과비평사, 2000.

발터 베냐민
Walter Benjamin
1892-1940

기술복제시대의 예술을 탁월하게 분석하다

불우한 사상가 발터 베냐민이 스스로 목숨을 끊자 그의 벗이었던 브레히트는 "히틀러가 독일문학에 가한 최초의 진정한 손실"이라 말한 것으로 전해진다. 브레히트의 애도는 베냐민에 대한 몇 안 되는 즉각적인 반응에 속한다. 이 밖에 베냐민의 진가를 진작에 알았던 사람은 절친한 벗이었던 게르숌 숄렘, 아도르노, 그리고 한나 아렌트 정도다.

베냐민은 죽은 후에야 비로소 각광을 받고 있는 사

상가다. 하지만 그 자신은 이런 상황을 예상치 못했다. 그는 "후대에 받을 보수도 매우 불확실하다"고 여겼다. 베냐민 사상의 뒤늦은 만개는, 물론 그의 사상의 탁월함 때문이지만, 일찍이 그의 진가를 파악했던 지인들이 있었기에 가능했다. 그들은 하나같이 베냐민보다 오래 살았고, 자신이 속한 분야에서 대가가 되었다. 따라서 그들의 베냐민에 대한 회고와 평가는 '베냐민 보증서'의 구실을 했다.

'발터 벤야민을 추억하며'라는 부제가 붙은 『한 우정의 역사』(한길사, 2002)는 게르숌 숄렘의 회상이다. 두 사람이 주고받은 편지가 바탕이 된 이 책은, 소문으로만 아련했던 우정의 실체를 우리에게 보여주면서, 베냐민-숄렘이 관포지교管鮑之交의 관중-포숙아, 마르크스-엥겔스에 필적하는 대단한 우정을 나눈 친구임을 확인하게 한다. 이 책에서 숄렘은 베냐민의 첫인상을 다음과 같이 전한다.

그는 대화할 때 결코 조용히 앉아 있지 못하고 문장을 말하는 동안 방을 이리저리 왔다갔다하기 시작하는 것이었다. 그러다가 그는 어떤 한 문장을 표현하기 전에 멈춰 서고는 강한 어조로 자신의 입장을 표명하거나 가능한 입장을 마치 실험하듯이 표현하였다.

숄렘은 베냐민의 외모도 되새기고 있는데 미남은 아니지만 넓고 훤한 이마로 인해 인상적인 모습이었다고 말한다. 또 "듣기 좋고 인상적인 그의 목소리는 아름다웠다. 낭독하는 목소리는 탁월했고 저음부에서는 아주 강한 인상을 주었다. 몸집은 중간 정도였고 당시에나 여러 해 동안 아주 날씬했다. 유달리 남의 눈에 띄지 않는 옷차림으로 다녔고 대개 약간 앞으로 구부정한 자세였다"고 회상한다.

한때 베냐민과 교류했던 한나 아렌트는 반어법을 써서 그의 다양한 면모를 묘사했다. "그의 학식은 위대했

지만 그는 학자는 아니었다. 그의 주제 속에는 원전과 그것의 해석에 관한 것이 포함되어 있었지만 언어학자는 아니었다." 아렌트는 베냐민의 작업을 열거하면서도 어느 한 분야의 종사자로 규정하기를 꺼린다.

베냐민은 신학적 유형에 매력을 느꼈으나 신학자는 아니었고, 타고난 작가였지만 완전히 인용만으로 이뤄진 작품을 쓰려는 야심을 갖고 있었다. 보들레르를 번역했지만 번역가는 아니었고, 작가에 관한 논문을 많이 썼지만 문학연구자는 아니었다. 역사연구에도 조예가 있었지만 역사가는 더욱 아니었다. 베냐민은 스스로를 문학비평가로 여겼다.

우리는 다양한 면모를 지닌 이 비평가의 면모를 아쉽게도 파편으로만 접하고 있다. 독일의 주어캄프 출판사가 베냐민 탄생 80주년을 기념해 만든 여섯 권짜리 전집이 있지만, 이 전집이나 베냐민을 이해하는 데 필수적인 편지들을 엮은 서간문 전집의 번역을 기대하기는 어려운 형편이다. 국내에 소개된 베냐민의 책은 모두 선집의 형태를 취하고 있다.

베냐민 번역서는 모두 네 권이다. 이 가운데 1980년대 출간된 세 권에는 서로 겹치는 내용이 많다. 맨 먼저 나온 『현대사회와 예술』(문학과지성사, 1980)은 책의 크기도 작고(B6판), 난해한 글이 많아 읽기가 수월치 않다. 더구나 절판되어 구하기도 어렵다. 난해하기는 마찬가지로되(베냐민의 글이 본래 어려운 편이다), 『발터 벤야민의 문예이론』(민음사, 1983)은 가장 널리 읽히는 베냐민의 한국어 텍스트다. 베냐민의 '고갱이'를 모아놓은 데다 베냐민의 비의적秘儀的인 문체와 촘촘히 이어진 이미지의 연결을 잘 드러내고 있기 때문이다.

앞의 두 권이 편역서라면 『문예비평과 이론』(문예출판사, 1987)은 선집을 그대로 옮긴 것이다. 1960년대 중반 독일에서 두 권으로 된 베냐민 선집이 나왔는데, 『계몽 Illuminationen』과 『새로운 천사Angelus Novus』가 그것이다. 이 책들은 영어로도 옮겨졌고, 『문예비평과 이론』은 영

문판『계몽Illumination』의 우리말 번역이다. 이 책에는 한나 아렌트의 서문이 실려 있다. 아렌트의 '베냐민론'은 『어두운 시대의 사람들』(문학과지성사)에서도 볼 수 있다.

베냐민의 대표작이랄 수 있는 「기술복제시대의 예술」은 1980년대 번역·출간된 세 권에 모두 수록돼 있다. 이 논문은 산업사회와 예술과의 관련성에 대해서 아직 이를 능가할 만한 것이 없다는 평가를 받는 글이다. 이 글에서 베냐민은 예술작품의 복제가 가능한 시대가 되었다고 선언한다. 하지만 아무리 완벽한 복제라도 한 가지 요소는 빠지기 마련인데, 그것은 시간과 공간에서 예술작품이 갖는 유일무이한 현존성이다.

기술복제시대에는 진품이란 것이 의미가 옅어진다. 그 결과 사물의 권위도 위험에 처하게 되는데 베냐민의 "아무리 보잘것없는 파우스트의 지방공연도, 바이마르에서 행해진 최초의 공연과 경쟁을 벌이고 있다는 점에서 그 어떤 파우스트 영화보다는 낫다"는 발언은 시사하는 바가 크다. 괴테의 메피스토 속에는 그의 젊은 시절의 친구인 하인리히가 숨겨져 있다는 등의 무대 앞에서 떠오를 수 있는 상념은 스크린 앞에서는 아무 쓸모가 없다는 것이다.

이 논문에는 베냐민의 중요한 용어인 '아우라aura(분위기)'에 관한 내용도 나온다. 그리고 좀더 자세한 설명은 「사진의 작은 역사」를 통해 이뤄진다. 베냐민은 아우라를 "아무리 가깝게 있는 것처럼 느껴지더라도 먼 것이 일회적으로 나타나는 현상"으로 정의한다.

베냐민은 브레히트에게 "어떤 사람이 자신에게 시선이 주어지고 있다고 (이를테면 자신의 등 뒤에서) 느끼면 그는 그 시선을 되받게 된다. 관찰되고 있는 사물이 관찰자에게 응답을 하게 되리라는 기대가 분위기를 만들어낸다"고 아우라에 대해 설명하기도 했다.

문예출판사판과 민음사판에서 제목이 약간 다르게 붙어 있는 글도 실은 같은 글이다. 「번역가의 작업」과 「번역가의 과제」가 그렇고, 「스토리텔러」와 「얘기꾼과 소설가」가 그렇다. 「카프카에 관한 몇가지 회상」과 「좌절한 자의 순수성과 아름다움」 역시 같은 글이다. 베냐민 글의 중복 게재는 이것으로 그치지 않는다. 「수집가와 역사가로서의 푹스」는 『풍속의 역사 I』(까치, 1988)에 수록돼 책 전체의 해설 기능을 하고 있다.

베냐민은 유복한 유대인 가정에서 태어나 남부럽지 않은 유년생활을 보냈지만 청년기 이후에는 불우한 삶을 살았다. 『베를린의 유년시절』(솔출판사, 1992)은 유년기에 대한 내적이고 심리적인 체험기일 뿐 아니라, '기억'의 형상화라는 문제를 실제로 응용했다는 점에서 높은 평가를 받는다. 이 책에서 우리는 사회적 불평등에 민감한 소년 베냐민을 만날 수 있다.

가난한 사람들은 내 또래의 부잣집 아이들에게는 거지일 뿐이었다. 가난이란 제대로 지불받지 못한 노동에 대한 모욕이라는 것을 내가 처음으로 어렴풋이 짐작하게 되었을 때, 그것은 인식의 위대한 진보였다.

내게 베냐민은 아주 매력적인 사상가다. 실패로 점철된 생애와 사후의 드높은 명성 사이의 극적인 대비도 그렇지만 베냐민의 가장 큰 매력은 책과 글에 대한 그의 열정이다. 베냐민은 대단한 장서가이자 엄청난 독서가였으며, 프리랜서 문필가를 자임한 번역가이면서 뛰어난 에세이스트이기도 했다. 베냐민의 글 중에서 책에 관한 것을 몇 개 골라 봤다.

"'책벌레'라는 이름의 가명을 쓰고 미심쩍은 삶을 살아가는 사람만큼 별볼일 없는 사람도 없지만, 그 사람만큼 쾌적한 삶을 누리는 사람도 드물다."

"작가들이란 책을 사지 못할 만큼 가난하기 때문에 책을 쓰는 사람들이 아니라, 살 수는 있어도 그들의 마음에 들지 않는 책에 대한 불만 때문에 책을 쓰는 사람들이다."

"도서목록을 보고 주문하는 한 부 한 부의 책은 언제나 하나의 놀라움이고, 또 주문하는 일에는 도박과 같은 우연이 뒤따른다."

번역과 번역가에 대한 통찰도 새겨들을 만하다.

"번역이란 모두 여러 언어들이 지니고 있는 이질성과 논쟁을 벌이고 있는 하나의 잠정적 방식에 불과하다."
"시인의 의도가 무의식적이고 단순하며, 원초적이고 구체적이라면 번역가의 의도는 파생적이고 궁극적이며 또 이념적인 것이다."

베냐민은 나치의 탄압을 피해 미국으로 망명길에 오른다. 프랑스와 스페인의 국경에서 스페인 입국이 좌절되자 스스로 목숨을 끊었는데 이에 놀란 스페인의 국경관리는 다른 망명자들을 모두 받아들였다는 일화가 전한다. 베냐민의 생애에 대한 더욱 자세한 정보는 두 권의 전기를 통해 얻을 수 있다. 제목은 공히 『발터 벤야민』이다. 문학과지성사(1985)에서 펴낸 베르너 풀트의 두둠한 전기는, 『한 우정의 역사』의 옮긴이 해설에 따르면, 평판이 그다지 좋지 못하다. '한길로로로'를 통해 출간된 베른트 비테의 전기(2001)는 이미 한 번 나온 바 있다. 지금은 절판된 역사비평사(1994)의 책과 같은 책이다.

베냐민의 생애보다는 그의 사상에 주목한 『발터 벤야민: 예술, 종교, 역사철학』(서광사, 2000)에도 닮은꼴이 있다. 이 베냐민 사상 개설서는 마르크스주의 문학이론과 문학사회학을 다룬 『변증법적 문예학』(지성의샘, 1997)과 표지가 비슷하다. 떡하니 베냐민의 같은 사진이 박혀 있다.

발터 베냐민의 책

언어 일반과 인간의 언어에 대하여/번역자의 과제 외(발터 벤야민 선집 6) 최성만 옮김, 길, 2008.
역사의 개념에 대하여/폭력비판을 위하여/초현실주의 외(발터 벤야민 선집 5) 최성만 옮김, 길, 2008.

보들레르의 작품에 나타난 제2제정기의 파 /보들레르의 몇 가지 모티프에 관하여 외(발터 벤야민 선집 4) 김영옥·황현산 옮김, 길, 2010.
1900년경 베를린의 유년시절/베를린 연대기(발터 벤야민 선집 3) 윤미애 옮김, 길, 2007.
기술복제시대의 예술작품/사진의 작은 역사 외(발터 벤야민 선집 2) 최성만 옮김, 길, 2007.
일방통행로/사유이미지(발터 벤야민 선집 1) 김영옥·윤미애·최성만 옮김, 길, 2007.
독일 비애극의 원천(한길그레이트북스 101) 김유동·최성만 옮김, 한길사, 2009.
독일 비애극의 원천 조만영 옮김, 새물결, 2008.
발터 벤야민의 모스크바 일기 김남시 옮김, 그린비, 2005.
아케이드 프로젝트의 탄생(아케이드 프로젝트 6) 조형준 옮김, 새물결, 2008.
부르주아의 꿈(아케이드 프로젝트 5) 조형준 옮김, 새물결, 2008.
방법으로서의 유토피아(아케이드 프로젝트 4) 조형준 옮김, 새물결, 2008
도시의 산책자(아케이드 프로젝트 3) 조형준 옮김, 새물결, 2008.
보들레르의 파리(아케이드 프로젝트 2) 조형준 옮김, 새물결, 2008.
파리의 원풍경(아케이드 프로젝트 1) 조형준 옮김, 새물결, 2008.
베를린의 어린 시절 조형준 옮김, 새물결, 2007.
베를린의 유년시절 박설호 편역, 솔출판사, 1992.
문예비평과 이론 이태동 옮김, 문예출판사, 1987.
발터 벤야민의 문예이론 반성완 편역, 민음사, 1983.
현대사회와 예술 차봉희 편역, 문학과지성사, 1980.

발터 베냐민에 관한 책

발터 벤야민(주어캄프 세계인물총서 01) 몸메 브로더젠 지음, 이순예 옮김, 인물과사상사, 2007.
발터 벤야민과 메트로폴리스 그램 질로크 지음, 노명우 옮김, 효형출판, 2005.
발터 벤야민과 아케이드 프로젝트 수잔 벅 모스 지음, 김정아 옮김, 문학동네, 2004.
한 우정의 역사 게르숌 숄렘 지음, 최성만 옮김, 한길사, 2002.
발터 벤야민 베른트 비테 지음, 윤미애 옮김, 한길사, 2001.
발터 벤야민 베른트 비테 지음, 안소현·이영희 옮김, 역사비평사, 1994.
발터 벤야민: 예술, 종교, 역사철학 N.볼츠 외 지음, 김득룡 옮김, 서광사, 2000.
발터 벤야민 베르너 풀트 지음, 이기식·김영옥 옮김, 문학과지성사, 1985.

백무산
白無産
1955-

노동해방의 시인

청탁원고를 더하고 덜거나 그 원고를 해당 매체에 실을지 말지 여부를 결정하는 것은 편집자의 고유 권한이다. 다만, 원고 수정은 필자의 허락을 얻어야 한다. 대개는 그리 하지 않지만. 단언컨대, 모든 문필가는 자기 글에 대해 감 내라 콩 내라 하는 걸 달가워 않는다. 어느 회사의 사보에다 독서칼럼을 연재하면서 겪은 편집권과 관련한 해프닝은 어이가 없었다.

나의 사보 연재칼럼은 주제에 따라 책을 서너 권 묶어 소개하는 테마리뷰였다. 노동자 시인의 시집을 다룬 게 내 불찰이라면 불찰이었다. 내 나름으론 노동자의 전투성보다 노동자의 애환 쪽에 무게를 실었는데도 윗선에서 게재를 꺼렸다는 게 담당자의 뒷얘기였다. 담당자의 배려로 내 글은 사보 지면을 탔지만 뒷맛은 씁쓸했다.

거의 모든 기업의 경영진과 노무관리자는 노동조합의 'ㄴ'뿐 아니라 노동자의 'ㄴ'만 봐도 기겁을 하는 모양이다. 그런 기업들은 사보에 백무산 시인의 첫 번째 시집 『만국의 노동자여』(청사, 1988)의 제목이 오르내리는 것조차 용납하지 않으리라.

그런데 백무산 시인의 첫 시집에 문학제도권은 의외로 우호적이었다. 이산怡山 김광섭金珖燮, 1905-77 시인을 기리는 이산문학상의 제1회 수상자로 백무산 시인이 선정된 것이다. 하지만 문학제도권의 우호적인 태도는 여기까지다. 제1회 이산문학상 시상식장은 진풍경을 연출한다. 시상식 참석자의 전언을 듣는다.

"(19)89년도였던가, 문학과지성사가 주관한 제1회 이산문학상 수상식장에서 상을 수상한 시인은 수상 연설에 앞서 멀리 지방에서 상경한 동료 노동자들과 쇳소리 같은 목소리로 노동해방의 구호를 외친 후 노동해방가요를 우렁차게 합창했고, 자유주의적 문인 교수들로 가득한 식장은 일순 찬물을 끼얹은 듯 서늘한 침묵으로 휩싸였던 기억이 지금도 생생하다.

시인은 노동해방의 시대적 당위성과 다급함을 역설하는 연설을 마친 후, 자신과는 어울리지 않는 식장 분위기를 의식한 듯 지체 없이 남루한 단색 점퍼 차림의, 메마른 그러나 강철 같은 동료들과 식장을 빠져나갔다. 시인의 예기치 못했던 행동은 자유주의 논객이나 글쟁이들에겐 소름 돋는 충격을 주었을지도 모른다."(임우기, 「혁명의 그늘 속에서 자라는 생명 나무」, 『인간의 시간』)

책상물림 백면서생들의 백지장보다 더 하얗게 질린 낯빛은 '안 봐도 비디오'다. 백무산 시인의 시 세계가 단지 '노동자의 애환'을 담았다고 하는 것은 '한참' 모자라는 안이한 인식이다. 그의 작품은 삶과 죽음이 오가는 노동현장의 냉엄한 현실에 근거한다. 자본(가)의 '현장 제일주의 경영'과는 차원이 다르다. 『만국의 노동자여』는 이를 단적으로 보여준다.

하지만 백면서생 무리의 말석을 차지하고 있는 나로선 시집 말미에 수록된 해설의 평자가 지적한 '노동계급의식의 확실한 당파성'보다 그것의 근거가 되는 현실 인식, 특히 지식인 비판에 눈길이 쏠린다. 우선 "성경을 낀 뽀얀 무리"와 "까만 양들"(「그 해 크리스마스」) 사이엔 심연이 가로놓여 있다.

"피땀 어린 고귀한 생산자의 밥의 나라냐/착취와 폭력의 수탈자의 밥의 나라냐"(「만국의 노동자여」) 그리고 "너희는 조금씩 알지만/우리는 한꺼번에 안다/너희는 우리를 조금씩 갉아먹지만/우리는 한꺼번에 되찾을 것이다"(「전진하는 노동전사- 울산, 7월 노동투쟁에 붙여」)

이제나저제나 '내부의 적'은 경계해야 할 대상이다. "해방이니 새날이니/가벼운 입으로 소리치지 말아라/적은 밖에만 있는 것이 아니라/안에도 우글거린다"(「해

「방공단 가는 길·1」 "완장을 낀 팔에 채찍을 들" 지식인은 못 믿을 존재다.

"당신은 여태 부족함 없이/이 나라 최고 대학 그 윗동네까지 나왔지만/모든 것을 버리고 또다른 싸움터에 나섰다지만/떳떳치 못한 일로 숨어 사는 당신을 만나러 와서 보니/완장이라는 것이 당신 얼굴에 새겨져 보입니다"(「지식인이라는 완장」) 「기차를 기다리며」는 내 둘도 없는 친구가 인정한 절창絶唱이다.

"새마을호는 아주 빨리 온다/무궁화호도 빨리 온다/통일호는 늦게 온다/비둘기호는 더 늦게 온다//새마을호 무궁화호는 호화 도시역만 선다/통일호 비둘기호는 없는 사람만 탄다//새마을호는 작은 도시역을 비웃으며/통일호를 앞질러 달린다/무궁화호는 시골역을 비웃으며/비둘기호를 앞질러 달린다//통일 쯤이야 연착을 하든지 말든지/평화 쯤이야 오든지 말든지"(「기차를 기다리며」 전문)

나는 백무산 시인의 두 번째 시집 『동트는 미포만의 새벽을 딛고』(노동문학사, 1990)를 읽다가 질겁한다. 96쪽 다음이 113쪽이다. 오, 마이 갓! 시집을 이리저리 떠들어 보니 파본은 파본이되 낙장 파본은 아니다. 97-112쪽이 144쪽과 145쪽 사이에 있다. 제본 실수라서 천만다행이다.

백무산 시인의 초창기 시집은 내 군복무 기간에 나왔다. 첫 시집은 입대 한 달 후 출간되었다. 전역을 반년 앞둔 시점에 출판된 그의 두 번째 시집을 나는 휴가 기간에 구입했다. 간지에 책 산 날을 적어 놨다. "1990. 5. 16" 아무튼 두 번째 시집에서 백무산 시인은 충분히 예고된 '엄청난 일탈'을 감행한다.

그는 파업을 찬미한다. "아무리 힘든 싸움일지라도/숨죽여 눈치보며 살던 날에 비하면 잔치다"(「파업은 축제」) "우리도 사람대접 받자고/이 고생으로 싸우는 거 아이가"(「돈독 올라 이 짓 하나」) "어머니 이것은 피할 수 없는 생존의 전쟁입니다"(「이것은 불효가 아닙니다」) "죽일 수는 있어도 양보하지 말라!"는 자본 진영의 방침과 "죽을 수는 있어도 물러설 수 없다는/(노동자의- 인용자)바리케이드"(「대접전의 바리케이드」) 사이에 타협점은 없다.

시인은 '얼굴 없는 시인'을 호명한다. "잊지 않으리라 박노해 시인이여!"(「사슴과 돼지」) '박노해 신화'가 온전하던 시절이다. 1985년 7월 28일, 고3의 본분을 망각한 나는 박노해 시집 『노동의 새벽』(풀빛, 1984)을 사 갖고 와 독파한다. 1988년 말부터 1989년 초까지 4개월에 걸친 울산 현대중공업 파업투쟁을 형상화한 『동트는 미포만의 새벽을 딛고』는 장쾌한 대서사大敍事다.

백무산 시인의 세 번째와 네 번째 시집은 창작과비평사(현 창비)의 '창비시선'으로 나왔다. 제3시집 『인간의 시간』(1996)은 "운동도 조금씩 꼬여버린 세상"(「강령」)에서 "'경계'의 세계를 보여주는 시집"(임우기, 「혁명의 그늘 속에서 자라는 생명 나무」)이다. 시인은 직접 '경계'를 노래하는 데다 시어 '경계'는 다른 작품에서도 곧잘 보인다.

"사람들은 저마다 적당한 안팎의 경계를 긋고"(「집」), "사는 일과 죽는 일의 경계가 얼마쯤 될까"(「한 소작인의 죽음」) 헤아린다. 「두 사람」 「부당한 인간」 「그해 봄날」 「운이 나빴다」 「인간의 벼랑」 「자연과의 협약」 「슬픔보다 깊은 곳에」가 다 좋다. 그중에서 알싸한 「두 사람」을 아내에게 읊어주는데 목이 맺힌다.

"공장 프레스에 발가락 다섯이나 잘리고/아물기도 전에 절룩거리며 출근해/손가락 여섯 개나 잘리고도/송아지 다섯 마리 값 겨우 받아 무허가/움막 하나 짓고 소작논 열 마지기/네 손가락으로 경운기 몰아 다 거둬내던 친구/그 움막 가로질러 길이 나고 아파트 들어서니/똥통 묻고 하수구 파는 일 날품 팔며 사는데/그 툭툭한 성격 세상 곧 무너진대도/허허 웃어버리는 셈법이 서툴러 곧잘 당해도/남에게 신세지고는 죽어도 못 사는 친구나보다 두엇 많은 비계공 또 한 사람/아홉 살에 껌팔이 열여섯에 머슴살이 이년에/품삯 쌀 두 가마 지고 서울 가서 공장살이/공수부대 말년 군대 징역살이/해고와 복직 산재사고 병원살이

유인물 글발 좋고 그른 일에 날선 칼날 같아도/눈물 많은 사람/마흔 중반에 작은 집 한 채 마련해 놓고는/그것이 미안해서 자기만 편해졌다고 면목없다고/더 묵고 가라고 더 마시고 가라고 이건 가지고 가라고/화를 내며 붙잡는 사람

마흔이 넘도록 스승 하나 선배 하나 못 둔 나는/답답하면 그들에게 물으러 간다/그들이 모르면 그것이 해답이다/내가 세상을 재는 눈금이다"(「두 사람」 전문)

제4집 『길은 광야의 것이다』(1999)는 『인간의 시간』의 연장선에 있다. "그가 삶의 치열한 과정을 통해 담보하는 언어와 자신을 포함한 시대 전체를 비판적으로 통찰해내는 직관, 그리고 세계의 갱신을 위해 지향성을 포기하지 않는 '변혁적 정신의 일관성'은 한층 달라진 세계를 보여준 연전의 시집 『인간의 시간』에서도 그대로 유지되고 있으며, 이번 시집 『길은 광야의 것이다』에서도 여전히 어쩔 수 없는 배음을 이루고 있다."(이영진, 「시장에서 산정으로」)

『길은 광야의 것이다』의 해설을 쓴 이영진 시인은 「물빛」을 눈여겨본다. 백무산 시인의 시력詩歷과 노동자 정체성을 전제하지 않는다면 거의 종교적 게송으로 읽기 쉽지만, "이항 대립적인 분별과 차이를 인위적으로 통합하려 했던 과거의 어리석음을 훌쩍 뛰어넘는 선적 인식이 빛을 발하고 있다"는 것이다.

"사람 사는 소리가 웅얼거려 알 수가 없다/밖으로 가니 안이 그립고/안으로 가니 밖이 그립고/안팎을 하나로 하겠다고/얼마나 덤볐던가/저 물빛은 안인지 밖인지//오늘 아침 얼음물에 빨래를 하는데/그 물빛이 어

찌나 눈부시던지"(「물빛」 전문)

당신의 서재를 보여주면 당신이 누군지 말해주겠다는 독서격언은 당신이 먹는 것을 알려주면 당신의 몸 상태를 가늠할 수 있다는 건강속설에 비해 설득력이 약하다. 섭취하는 음식과 건강의 연관성은 매우 높지만 읽은 책과 자아 정체성의 관계는 뚜렷하지 않다. 더구나 서재의 책들이 단지 장식용일 경우는 아무 상관없다. 그런데 어떤 집의 상태와 집주인의 두뇌 구조는 연관성이 분명하다.

"남의 집을 방문하거든/가만히 그냥 가만히 구조를 둘러볼 일이다/그 집의 상태는 주인의 두뇌 구조와/꼭 일치하는데//여기저기 먼지가 쌓여 있거든/주인의 머리에도 곰팡이가 슨 줄 알고/화분의 흙이 메말랐거든/그 머리도 이제 식어가리라/벽은 그 사람 음악적 감각을 표현하고/바닥에서 그 사람 계산 능력을 보리라/책상 위에는 그 사람의 미처 오지 않은 미래가 있고/부엌엔 그 사람 성적인 취향도 있으리라"(「그 집」 부분)

『길은 광야의 것이다』에선 「출렁거리는 사람」 「살아 있는 길」 「선량한 권력」 등이 내 마음을 끈다. 다섯 번째 시집과 여섯 번째 시집은 '연년생'이다. 『초심初心』(실천문학사, 2003)에 대한 시인의 자체평가는 박하다. "작년에 낸 『초심』도 내가 쓰레기통에 처박은 원고를 그(동료시인– 인용자)가 끄집어낸 것이었다."(『길 밖의 길』 후기)

시집 해설을 맡긴 문학평론가한테는 "시가 좀 단조로울 것이라고 말했다." 이를 『초심』을 해설한 문학평론가는 부정적인 평가가 아니라 겸양으로 받아들인다. "시집을 다 읽고 난 지금 내 느낌은 이렇다. 만일 단조로움이 시적 사유의 움직임이 미미하거나 둔한 것을 의미한다면, 그의 시들은 결코 단조롭지 않다. 다시 말해서, 그의 시들은 무언가 계속 사유하고 있다."(정남영, 「건너는 일과 다시 살아나는 일」)

먼저 『초심』에서 내 마음을 움직인 시구 한두 줄이다. "먹이 순환이 둥글다 어쩐다 하지만/그건 포식자

들이 둘러댄 수작이다"(「바다 전부」) 이런 포식자, 사람 말고 누가 더 있으랴! "동물은 사람뿐이다"(「야생」) "야생의 들짐승"과 "야생의 날짐승", 곧 "야생에는 식물성 냄새가 난다"(「야생」) "아는 만큼 본다는 것/아는 만큼만 보는 것"(「첨성대」) 나는 누군가가 유행시킨 '아는 만큼 본다'는 감상의 기율이 싫었다.

다섯 번째 시집의 5부에 놓인 작품들은 더 좋았다. "그러나 나는 걱정스럽게 말한다. 생존을 분배받기 위해 화염병으로 저항하고, 생활을 분배받는 일로 쇠파이프로 무장하는 일이 어쨌단 말인가. 그러나 욕망을 분배받는 일은 벼랑으로 가는 일, 노예 되기를 동의하는 일, 저 강물을 배반하는 일, 나무를 능멸하는 일, 저들과 공범이 되는 길. 이제 다시 물어야 한다, 왜 파업을 하느냐고, 다시 물어야 한다, 그리고 그 대답은 이제는 달라야 한다고."(「욕망의 분배」 부분)

여섯 번째 시집 『길 밖의 길』(갈무리, 2004)은 그가 천생 시인임을 잘 보여준다. 그에게 시작詩作이 "우연한 발길"('후기')은 당치 않다. 시업은 그의 천직이다. 『길 밖의 길』은 첫 시집의 감동에 필적한다. '혁명적 낙관'을 읽는다면, 나의 오버일까?

"이 싸움이 네 욕망이냐 내 욕망이냐가 될 수 없다/네 권력이냐 내 권력이냐가 될 수 없다/네 것 내 것 차별이 될 수 없다 그 자체다/강도라면 강도 자체를/총칼이라면 총칼 자체를 무너뜨리는 일/이것이 얼마나 먼 길이냐/얼마나 가까운 내 안의 길이냐/그래서 삶은 언제나 길 위에 있다/살아서 언제까지나 가슴을 치며 울기를/두려워 말자"(「이럴 줄 알았으면」 부분)

그리고 정겨운 안타까움이라고나 할까. 아니, "질펀한 글썽임"이다. 속으로 우는. "베트남에서 온 여공 하나가 작업복 잠바에 손을 찌르고/고향 가는 버스를 기다리며 어둑한 하늘을 올려다봅니다/그 하늘에 주먹별 하나 글썽입니다"(「그대 없이 저녁은 오고」) "누가 저 아이 짐 좀 들어주오/기차는 떠나는데/봄볕이 저 아이 이마

에 송글송글 맺히는데/누가 제발 저 아이 짐 좀 들어주오"(「동해남부선」)

또한 어김없는 절창 한 가락. "무엇이 세상을 지배하는가/무엇이 권력을 탄생시키고/무력을 조직하며 이데올로기를 조작하는가/무엇이 전쟁을 유도하고/무엇이 학살을 지시하는가//그것은,//혐오다//그대, 거리에 나가 목청껏 평화를 외쳐 보아라/그대가 만약 가진 것이 없거나/가진 것이 없는 자들의 편이거나/가난한 나라의 가난한 백성이거나/지구상의 지배적인 종족이 아니라면/그대에게 돌아오는 것은/박수도 아니고 찬사도 아니다/혐오의 화살이다"(「혐오」 부분)

『거대한 일상』(창비, 2008)은 백무산 시인의 일곱 번째 시집이다. 원시반본原始返本. 시인은 처음으로 돌아왔다. 적어도 앞표지 날개의 사진 속 시인의 얼굴은 첫 시집 앞표지 날개의 자화상과 다름없다.

그간 시인은 더러 옛 절터와 사찰을 찾았다. 「감은사지」 「미륵사지」 「창림사지」, 그리고 「운주사」다. 이 중 두 곳을 다시 찾는다. 제목은 같아도 시의 내용은 다르다. 다만, 세 번째 시집의 10쪽과 11쪽에 「감은사지」가, 네 번째 시집 역시 10쪽과 11쪽에 「운주사」가 터를 잡은 것은 그저 우연이다. 내가 『거대한 일상』에 대해 '놀라운 성취' 운운하는 것은 상투적일뿐더러 꽤나 건방지다. 나는 그저 진경眞境이라 할밖에.

"그래, 저리 생긴 사람들 있었지/볕이 드는 곳 번듯한 곳은 그를 외면해도/그늘진 뒷일 도맡아 말이 없고/있는 둥 없는 둥 궂은 일 묵묵 눈 맑은 사람들 있지/기죽지 마시게, 그대들이 내일의 사람이네/미래는 늘 오늘의 발바닥에 있다네/길과 맞닿아 길과 한몸인 사람이라야/희망을 말할 수 있다네/만약 그러지 못했거든 발바닥을 보시게/그대들이/다시 누군가를 밟고 있었거나"(「누군가를 밟고 있었다면」 부분)

"두 여인의 고향은 먼 오스트리아/이십대 곱던 시절

소록도에 와서/칠순 할머니 되어 고향에 돌아갔다네/올 때 들고 온 건 가방 하나/갈 때 들고 간 건 그 가방 하나/자신이 한 일 새들에게도 나무에게도 왼손에게도 말하지 않고

더 늙으면 짐이 될까봐/환송하는 일로 성가시게 할까봐/우유 사러 가듯 떠나 고향에 돌아간 사람들

엄살과 과시 제하면 쥐뿔도 이문 없는 세상에/하루에도 몇번 짐을 싸도 오리무중인 길에/한번 짐을 싸서 일생의 일을 마친 사람들/가서 한 삼년/머슴이나 살아주고 싶은 사람들"(「가방 하나」 전문)

시인이 개명한 이름 무산은 無産이다. 프롤레타리아다.

백무산의 책

완전에 가까운 결단─ 전태일열사 탄생 60주년 기념시집 백무산 외 엮음, 갈무리, 2009.
거대한 일상(창비시선 294) 창비, 2008.
길 밖의 길 갈무리, 2004.
초심(실천문학의 시집 143) 실천문학사, 2003.
길은 광야의 것이다(창비시선 182) 창작과비평사, 1999.
인간의 시간(창비시선 152) 창작과비평사, 1996.
동트는 미포만의 새벽을 딛고 노동문학사, 1990.
만국의 노동자여(청사민중시선 33) 청사, 1988.
80년대 젊은 시인들 백무산 외 엮음, 시민문학사, 1990.
(현장비평가가 뽑은 2010) 올해의 좋은 시 백무산 외, 현대문학, 2010.

버지니아 울프
Virginia Woolf
1882-1941

시대를 뛰어넘는 페미니즘의 고전

버지니아 울프의 일기를 읽은 독자에게 "그녀는 지극히 가까운 동시대 사람이지만 시간을 초월한 것처럼 보이리라." 방대한 분량의 비평적 전기 『버지니아 울프』(책세상)를 지은 허마이오니 리의 지적이다. 하나, 울프가 그녀의 일기 독자에게만 그렇게 보이는 것은 아니다. 일반 독자에게 또한 그런 존재로 비친다. 특히 우리에게 버지니아 울프는 도무지 종잡기 어려운, 시대를 뛰어 넘는 작가다. 다시 말해, 한마디로 버지니아 울프는 익숙하면서도 낯설다.

영국 빅토리아 시대의 끝물에 태어난 버지니아 울프는 이미 고전적 작가의 지위를 확보했다. 버지니아 울프가 D.H. 로렌스, E.M. 포스터와 어깨를 나란히 하는 빅토리아 시대 후기를 대표하는 작가임은 분명하지만, 우리나라에서 진작 그녀의 명성이 드높아진 데에는 한 편의 시가 결정적인 역할을 했다.

한잔의 술을 마시고
우리는 버지니아 울프의 생애와
목마를 타고 떠난 숙녀의 옷자락을 이야기한다
(중략)
술병이 바람에 쓰러지는 소리를 들으며
늙은 여류작가의 눈을 바라다보아야 한다
… 등대에 …
불이 보이지 않아도
거저 간직한 페시미즘의 미래를 위하여
우리는 처량한 목마 소리를 기억하여야 한다
모든 것이 떠나든 죽든
거저 가슴에 남은 희미한 의식을 붙잡고
우리는 버지니아 울프의 서러운 이야기를 들어야 한다
(하략)

1955년 『박인환선시집』을 통해 발표된 박인환의 「목마와 숙녀」는 우리에게 버지니아 울프의 이름을 각인시켰다. 물론 버지니아 울프의 이름이 우리의 뇌리에 새겨진 것은 이 시가 박인희를 비롯한 1970년대 디스

크자키들의 목소리에 실려 방송을 탔고, 1980년대 서점에서 나눠주던 비닐 코팅된 책갈피에 「목마와 숙녀」가 단골로 등장한 덕분이지만 말이다.

아무튼 「목마와 숙녀」에 의해 형성된 버지니아 울프의 이미지는 우리 독자들에게 적잖은 영향을 끼쳤다. 1991년 버지니아 울프의 장편소설 『세월』(대흥)이 베스트셀러가 되었는데 당시 〈출판저널〉 편집장이었던 강철주는 이에 대해 흥미로운 분석을 내놓았다. 『세월』이 결코 대중적인 책이 아님에도 베스트셀러가 된 것은 "박인환의 「목마와 숙녀」로 말미암아 그 작가와 작품이 낯익다고 착각한" 결과라는 것이다(강준만의 『고독한 대중』(개마고원)에서 재인용).

그런데 이런 착각은 버지니아 울프의 작품에 대한 오해로까지 이어져 그녀의 소설과 산문이 20대 여성의 감성을 촉촉이 적시리라는 턱없는 기대심리를 낳기도 한다. 산문선집의 경우, 제목에서부터 독자의 착시현상에 기대려는 얄팍한 의도가 드러난다. 『젊은 시인에게 보내는 편지』(문학세계사)는 그렇지 않지만 『자동차 안에서의 명상』(안암문화사)이나 『잊혀지기 싫은 까닭은 사랑이 남아 있기 때문입니다』(오늘의책)에서는 처음부터 버지니아 울프를 모더니즘의 틀 안에 가두거나, 아니면 평범한 사랑의 작가로 치부하려는 불순한 의도마저 엿보인다.

국내 출판사가 우리 독자의 입맛에 맞게끔 해외 작가를 그럴듯하게 포장한 사례는 버지니아 울프에 국한하지 않는다. 시몬 베유와 시몬 드 보부아르도 필요에 따라 각색되었다. 그나마 『자동차 안에서의 명상』과 『잊혀지기 싫은 까닭은 사랑이 남아 있기 때문입니다』는 본문에서 독자가 현명한 판단을 내릴 기회를 제공하고 있어 다행이다. 이 두 권의 산문집에는 버지니아 울프의 독서론인 「책(을), 어떻게 읽을 것인가?」가 공히 실려 있다. 울프는 제목에 물음표를 붙인 이유를 설명하는 것으로 말문을 연다.

이러한 물음에 대한 대답은 물론 나 스스로 내릴 수가 있지만 그것은 어디까지나 나에게 적용되는 대답이지 당신들에게도 적용되는 대답이 아닌 까닭입니다. 사실 누군가가 독서에 관해 다른 누군가에게 해 줄 수 있는 충고는 아무런 충고도 해 주지 않는 것, 다시 말해 자기 자신의 기호에 따라 스스로 생각해서 자신의 결론에 이르도록 해 주는 것뿐입니다.

버지니아 울프의 독서관에 따르면, 그녀의 작품이 재인식되고 재평가된 것은 페미니스트 비평가들의 새롭게 읽기 덕분이다. 1970년대와 80년대를 거치며 울프의 작품들은 페미니즘 문학의 고전으로 거듭난다. 『자기만의 방』과 『3기니』는 그 대표적 케이스다. 에세이 또는 평론으로 분류되는 『자기만의 방』은 두 차례의 강연을 기초로 한다.

『자기만의 방』은 "여성이 픽션을 쓰기 위해서는 돈과 자기만의 방이 있어야 한다는 의견을 제시하는 것"을 골자로 한다. 당연한 얘기를 한 걸 갖고서 페미니즘 문학의 고전 운운하는 것은 지나치지 않느냐는 반응이 있을 수도 있지만, 여성 작가의 물질적 토대에 대한 강조가 지금으로부터 한 세기 전에 이뤄졌다는 점을 상기할 필요가 있다. 여성이 처한 불평등한 상황을 확인하는 데 남의 나라의 사례를 군이 살피지 않아도 된다. 우리나라에서 여성 장관 네 명을 동시에 배출하기까지 반세기가 넘는 세월이 필요했으니까 말이다.

『자기만의 방』에서 버지니아 울프의 시각은 다분히 유물론적이다. "저녁식사를 잘 하지 못하면 사색을 잘 할 수 없고 사랑도 잘 할 수 없으며 잠도 잘 오지 않습니다." 훌륭한 저녁식사가 훌륭한 대화를 위한 전제조건이라는 견해가 그렇거니와 부르주아 문화를 보는 비판적 관점 역시 그렇다. 울프는 "어떤 천재가 노동계층에서 틀림없이 존재했었던 것처럼 여성에게서도 분명히 존재했었을 것"이라고 말한다. 여성이나 노동자가 셰익스피어가 될 수 없었던 것은 단지 그럴 기회가 없었기 때문이라는 것이다.

어느 지식인 여성이 한 신사에게 보내는 긴 편지 형식의 『3기니』(여성사)는 미국의 이라크 침공으로 촉발된 반전 여론과 관련해 미묘한 울림을 준다. 신사로부터 전쟁 반대 성명서에 이름을 올리고 반전 기부금을 내달라는 부탁을 받은 여성은 3년여의 고민 끝에 전쟁 반대보다 더 시급한 일이 있다는 요지의 답장을 쓴다.

여성 지식인은 자신에게 3기니가 있다면, 1기니는 아무 조건 없이 여자대학 증축 기금으로 기부하고, 1기니는 여성의 취업을 돕는 단체에 기부하며, 나머지 1기니는 반전 단체에 기부하겠다고 다짐한다. 지식인 여성이 남성 중심의 반전 단체 가입은 정중히 거절하면서도 반전 기금을 내기로 한 것은 평화를 추구하는 목표가 같다는 사실을 증명하기 위해서다. 여자대학과 여성의 취업을 돕는 단체에 기부한 것은 그것이 전쟁 방지에 더 보탬이 된다는 판단에 따른 것이다. 『3기니』는 스페인 내전을 둘러싼 논란을 배경으로 하는데 버지니아 울프는 당시 영국 지식인 사회에서 끝까지 참전 반대 입장을 고수해 비판을 받기도 했다.

『집안의 천사 죽이기』(두레)는 페미니즘 계열의 에세이를 모은 책이다. 원래 제목이 '여성의 전문직'인 표제작은 『자기만의 방』과 『3기니』의 가교 구실을 한다는 평가를 받는다. 사회생활을 하는 "여자들은 매력적이어야 하며 환심을 사야 하며 성공을 하려면 —노골적으로 말해— 거짓말을 해야" 하는 현실을 비판한다.

새로운 여성운동가들이 울프의 방대한 작품 중 일부일 뿐인 소설 『3기니』와 『자신만의 방』 두 편을 자신들의 지침서로 선언하고 여기에서 페미니즘 이론을 이끌어내겠다는 것은 버지니아 울프의 놀랄만한 현대성을 말해 주고 있다.

전기 『버지니아 울프』(한길사)를 지은 베르너 발트만의 지적대로 울프는 소설, 에세이, 서평, 일기, 편지, 전기 등 다양한 장르에 걸쳐 많은 글을 남겼다. 이 가운데 소설과 에세이를 중심으로 적잖은 분량이 우리말로 옮겨졌다. 1996년부터 솔출판사가 펴내고 있는 '버지니어 울프 전집'은 정확히 말하면 작품 선집이다. 『등대로』『델러웨이 부인』 같은 대표 장편과 『자기만의 방』, 그리고 에세이(『끔찍하게 민감한 마음』)와 일기(『그래도 나는 쐐기풀 같은 고통을 뽑지 않을 것이다』)의 일부를 다섯 권으로 엮었다. 2003년 『불가사의한 V양 사건』이, 2004년 『유산』과 『파도』가 전집 목록에 추가되었다.

『버지니아 울프, 그리운 사람』(하늘연못)은 울프의 중·단편을 망라해 한 권에 담은 책이다. 단편소설 「필리스와 로저먼드」는 박완서의 장편 『휘청거리는 오후』를 떠올리게 한다. 런던의 딸 부잣집의 다섯 자매는 성격에 따라 세 패로 나뉜다. 강건하고 도전적인 둘은 대학 가서 열심히 공부하다가 교수와 결혼하는 것이 꿈이다. 또 둘은 경박하고 가정적이며 예민한 전형적인 계집아이다. 나머지 한 명은 두 패거리를 왔다 갔다 한다. 「필리스와 로저먼드」는 전형적인 두 계집아이의 이야기다. 『속상하고 창피한 마음』(하늘연못)은 '버지니아 울프 미발표 유고작품집'을 표방하지만, 이 책에 수록된 작품은 표제작을 제외하고 중·단편전집에 모두 들어 있다.

울프의 장편소설도 여러 권 번역되었다. 첫 장편소설 『항해』(창해)를 필두로 『올랜도』, 그리고 마지막 장편소설인 『막간』(문학과현실사)도 한국어판이 나왔다. '제이콥의 방'은 『야콥의 방』(눈)이라는 제목으로 나온 바 있다. 2003년 『댈러웨이 부인』의 새로운 한국어판이 출간되기도 했다. 아마도 영화 <디 아워즈>가 이 소설을 토대로 만들어졌기 때문일 것이다.

영화 잡지 <필름2.0>(제117호 2003.0311-2003.0318)에 실린 이우일의 만화에서 버지니아 울프로 분한 니콜 키드먼이 자살하는 장면이 묘사된다. 만화는 '객관적인 행복의 조건을 두루 갖췄는데 어째서 불행하고, 왜 자살을 꿈꾸는가'라는 사람들의 비난과 울프의 자살을 행복에 겨운 투정으로 보는 시각을 소개한다. 그런데 이런 견해는 울프가 작품 활동을 하던 시절에도 있었다. D.H. 로렌스는 버지니아 울프를 유한마담쯤으로 여겼다. 울프의 일대기를 만화로 엮은 『버지니아 울프의 사랑과 문학』(오월)에는 울프가 속한 '블룸즈버리 그룹'을 일컬어 D.H. 로렌스가 "그들은 모두 호모에다 레즈비언이야"라고 일갈하는 대목이 있다.

이 밖에 버지니아 울프에 관한 책으로는 태혜숙 교수의 짧지만 알찬 해설서인 『버지니아 울프』(건국대출판부)와 김용인의 『꿈꾸는 버지니아』가 있다. 『꿈꾸는 버지니아』(외길사)는 버지니아 울프와 레오나드 울프의 사랑을 그린 소설이다.

버지니아 울프의 책

〈중·단편 소설〉
여자- 북클럽 세 번째 달이 찾아낸 아홉 나라의 가장 재미있는 소설 버지니아 울프 외 지음, 정명환 옮김, 인디북, 2010.
줄곧 오름길- 버지니아 울프 단편소설 전집 유진 옮김, 하늘연못, 2009.
버지니아 울프 단편소설 전집 유진 옮김, 하늘연못, 2006.
버지니아 울프, 그리운 사람- 중·단편 전집 유진 옮김, 하늘연못, 1999.
속상하고 창피한 마음- 미발표 유고 작품집 김용주 옮김, 하늘연못, 1997.

〈페미니즘 계열〉
자기만의 방 김안나 옮김, 북스토리, 2008.
자기만의 방(고려대학교 청소년문학시리즈 02) 손영도 옮김, 고려대학교출판부, 2008.
자기만의 방(대교북스캔 클래식 시리즈 023) 김정란 옮김, 북스캔, 2007.
자기만의 방(세계문학전집 130) 이미애 옮김, 민음사, 2006.
자기만의 방(개정판) 이미애 옮김, 예문, 2002.(초판 1990)
나만의 방 김익배 옮김, 삼문, 1995.
나만의 방 김익배 옮김, 범조사, 1979.
혼자만의 방 박화영 옮김, 현대미학사, 1994.
자기만의 방 류숙렬 각본·안해룡 사진, 공간, 1993.
집안의 천사 죽이기 태혜숙 옮김, 두레, 1996.
3기니 태혜숙 옮김, 이후, 2007.
3기니- 내 인생을 새롭게 바꾸어준 태혜숙 옮김, 중명출판사, 2004.
3기니 태혜숙 옮김, 여성사, 1994.

〈장편 소설〉
버지니아 울프의 세월 서진한 옮김, 참빛나무, 2003.

세월 김수정 옮김, 대흥, 1991.
댈러웨이 부인/등대로(월드북 125) 박지은 옮김, 동서문화사, 2010.
댈러웨이 부인(열린책들 세계문학 008) 최애리 옮김, 열린책들, 2009.
댈러웨이 부인(베스트셀러 미니북 015) 유혜경 옮김, 소담출판사, 2007.
댈러웨이 부인(베스트셀러 월드북 78) 유혜경 옮김, 소담출판사, 2005.
댈러웨이 부인(문예 세계문학선 38) 나영균 옮김, 문예출판사, 2006.
댈러웨이 부인 신현규 옮김, 신원문화사, 2003.
댈러웨이 부인 박선옥 옮김, 집사재, 2003.
댈러웨이 부인·등대(청목정선세계문학 76) 김진현 옮김, 청목, 1994.
댈러웨이 부인(한권의책 166) 이종호 옮김, 학원사, 1990.
댈러웨이 부인·막간(주우세계문학 71) 이종호 옮김, 학원사, 1983.
댈러웨이 부인·막간(주우세계문학 71) 이종호 옮김, 주우, 1982.
댈러웨이 부인 김재남 옮김, 삼중당, 1977.
댈러웨이 부인 나영균 옮김, 문예출판사, 1972.
댈러웨이 부인·올란도(을유세계문학전집 3) 김재남·이종구 옮김, 을유문화사, 1965.
올란도 최홍규 옮김, 평단문화사, 2008.(초판 2004)
올란도 최진영 옮김, 평단문화사, 1994.
올란도 박세훈 옮김, 창해, 1997.
올란도 박세훈 옮김, 산호, 1994.
올란도 안미숙 옮김, 행림, 1994.
올랜도(혜원세계문학 87) 김유정 옮김, 혜원출판사, 1995.
등대로(문예 세계문학선 63) 이숙자 옮김, 문예출판사, 2008.
등대로 최호 옮김, 홍신문화사, 1985.
등대 강혜경 옮김, 서원, 1991.
등대 이경식 옮김, 한그루, 1983.
등대 정희경 옮김, 유니콘, 1977.
항해(월드프리즘 1) 박영숙·박세훈 옮김, 창해, 1997.
항해 박영숙·박세훈 옮김, 산호, 1992.
파도 김경숙 옮김, 혜서원, 1990.
막간 정상진 옮김, 문학과현실사, 2001.
막간 정상진 옮김, 지성의샘, 1993.
밤과 낮(상·하) 장지연 옮김, 모아, 1994.
야곱의 방(눈세계문학선 002) 박혜영 옮김, 눈, 1993.

〈산문〉
자기만의 방(펭귄 클래식 시리즈 99) 이소연 옮김, 펭귄클래식코리아, 2010.
어느 작가의 일기- 버지니아 울프의 삶과 문학 박희진 옮김, 이후, 2009.
누구나 한번은 잊지 못할 이별을 하지 버지니아 울프 외 지음, 성예경 옮김, 씽크뱅크, 2007.
잊혀지기 싫은 까닭은 사랑이 남아 있기 때문입니다 윤영 옮김, 오늘의책, 1998.
지상에서 단 하나의 느낌표로 내 가슴에 남아 있는 너 김혜련 옮김, 문춘, 1994.
그대 슬픔에게 노래하라 한기찬 옮김, 청조사, 1993.
우리는 버지니아 울프의 서러운 이야기를 들어야 한다 조민경 편역, 동해, 1992.
젊은 시인에게 보내는 편지 이탄 옮김, 문학세계사, 1991.
자동차 안에서의 명상 김대구 편역, 안암문화사, 1989.
꿈과 현실 사이에서 오정아 옮김, 창우사, 1988.
존재의 순간들 이상화 옮김, 까치, 1983.

버트런드 러셀
Bertrand Arthur William Russell
1872 - 1970

합리적 비판정신 견지한 20세기의 '다 빈치'

버트런드 러셀은 20세기의 레오나르도 다 빈치로 불린다. 수학과 논리학을 전공한 철학자가, 본업은 물론이고 정치·경제·사회·종교·윤리·예술 같은 인간사의 여러 영역을 두루 통달했기 때문이다. 그것도 수박 겉핥기로 제반 영역을 섭렵한 것이 아니라 과학적 정신을 견지하면서 전통적인 사상을 비판한 까닭에 현대의 볼테르라는 별명도 얻었다.

러셀은 1세기 동안 생존하면서 40여 권에 이르는 저서를 남겼다(소책자까지 합쳐 70여 권에 이른다). 여기에다 논문과 다른 잡글까지 합치면 수백 권을 헤아릴 정도여서 그에 대한 연구는 여간해선 엄두를 못낼 지경이다. 국내에는 이 가운데 10여 종이 소개되었다. 러셀의 이름으로 나온 책은 이보다 훨씬 많지만 중복 출판된 경우가 많아 러셀 사상은 그 빙산의 일각만이 수입된 셈이다. 그것들마저 '행복론'과 '철학 개론' 쪽에 치우쳤던 것이 사실이다.

1990년대 이후 러셀의 독특한 생각이 담긴 산문집이 다시금 번역되면서 가려졌던 러셀의 다양한 면모가 드러난 것은 그나마 다행스런 일이다. 하지만 국내 지식계는 여전히 러셀의 사상을 간과하고 있는 듯하다. 민음사가 창립 30주년을 기념해 펴낸 『103인의 현대사상』(1996)에도 러셀은 빠져 있다. 20세기를 움직인 사상의 모험가를 유럽과 미국을 중심으로 정리한 책임에도 말이다.

『행복론』(박영사 외)은 러셀에 대한 첫인상을 본질과 다르게 각인시킨 결정적인 책이다. 힐티 또는 알랭의 그것과 함께 1970년대 문고 목록을 화려하게 장식했던 이 책을, 이제는 『행복스러운 인간』이나 『인생의 의미』 아니면, 원래 제목에 가까운 『행복의 정복』이라는 제목으로 만날 수 있다. 이 책의 원제는 『행복의 획득The Conquest of Happiness』이다. 러셀은 행복의 비결을 이렇게 제시한다. "가능한 한 광범위한 관심을 갖는 것, 가능한 한 당신이 흥미를 갖고 있는 사물이나 인간에 대해 적대적이기보다 오히려 호의적인 반응을 보이는 것이다."

『철학이란 무엇인가』(문예출판사 외) 역시 다수의 이본異本을 거느리고 있다. 원제가 『철학의 문제들The Problems of Philosophy』인 이 책은 인식론에 관한 입문서이다. 철학자들이 오랫동안 논의한 인식론의 문제점을 간략하게 요약하는 동시에 명쾌한 해답을 제시한다. 또 이 책은 대중적인 철학서로 고전의 반열에 올라 있기도 하다.

『철학의 문제들』(서광사, 1989; 이학사, 2000)처럼 제대로 된 제목을 붙인 번역서가 없지 않지만, 좀 엉뚱한 것도 있다. '철학의 문제들'을 저본으로 어느 출판사가 펴낸 『철학이란 무엇인가』의 경우, 표지에 보란듯이 'What is the Philosophy'라는 영문구가 인쇄돼 있다. 러셀이 마치 '철학이란 무엇인가'란 책을 쓴 것인 양 오해를 불러 일으키게 한다.

『서양철학사』(집문당, 1989)는 현재로선 유일하게 번역된 러셀의 대작이다. 고대에서 현대까지 서양철학의 흐름을 1000쪽에 이르는 방대한 지면에 담았다. 철학의 흐름을 사회적 배경과의 연관성 아래 포괄적으로 파악한 점이 특징이려니와 러셀의 철학적 견해가 담겨 있어 다른 철학사와 차별성을 갖는다.

러셀은 내로라하는 선배 철학자들을 비판하는 데 주저함이 없다. "칸트는 독단적인 졸음에서 깨어났다고 하지만, 이는 일시적인 일일 뿐 곧 관념론 속에 잠들어 버렸다"고 하고, "헤겔은 정신이라는 신비적 실체가 인간의 역사를 움직여서 변증법이라는 단계에 따라 발전

한다고 생각했으나, 왜 정신이 이 단계를 통과하지 않으면 안 되는지 전혀 알지 못한다"고 일갈한다. 또 의지를 존중하고 권력을 찬미한 흄이나 니체는, 파시즘의 온상을 만들었다고 비판한다. 반면에 그리스 시대의 철학이 지닌 신비주의적 요소를 강조했고, 소피스트를 높이 평가했다. 러셀은 연구가 잘 이뤄지지 않았던 중세의 가톨릭 철학자들을 재조명하기도 했다.

여기까지가 우리가 익히 알고 있는 러셀 사상의 면모로, 물 위에 떠 있는 빙산에서 수면 위로 드러난 부분에 해당한다. 러셀 사상의 진보성은 가려져 왔고, 그는 일반적인 철학자의 위치에 머물러 있었다. 이것은 독일의 시인 하인리히 하이네가 한동안 서정시인으로만 알려졌던 정황과 비슷하다.

하지만 잘 찾아보면 물속에 잠긴 러셀의 면모를 알려주는 책도 적잖이 나와 있다. 종교와 과학 사이의 대립의 역사와 문제점을 다룬 『종교와 철학』(신천지, 1991), 러셀의 마지막 저서로 세계 각국의 다양한 계층의 사람에게 보낸 편지를 모은 『러셀의 철학노트』(범우사, 1974), 세계 평화와 인류의 앞날에 대한 전망을 담은 『인류에게 내일은 있는가』(고려원, 1991) 등은 실천하는 철학자, 사회사상가로서의 러셀의 면모를 보여준다.

러셀 사상의 형성 배경을 알려주는 책도 있다. 『사실과 허구의 교차로』(천지서관, 1993)에는 그가 영향받은 책들의 목록이 나온다. 러셀은 셸리의 작품에 나타난 상상적인 아름다움을 좋아했고, 투르게네프가 창조해낸 열렬한 혁명가에게서 기쁨을 느꼈으며, 입센의 희곡 주제인 모험적인 인생행로에 흥분하기도 했다.

특히 투르게네프의 『아버지와 아들』이 자신에게 끼친 영향을 고백하고 있다. 러셀은 이 소설의 주인공의 성격에 주목했는데 바자로프는 전형적인 혁명가이자 풍자적 인물이라는 것이다. 그러나 바자로프는 정치에 관심이 없는 반항적인 인물로 스스로를 허무주의자라 일컫는다. '니힐리즘'이라는 용어의 출전이 바로 이 소

설이다.

'시공 로고스 총서'로 출간된 A.C. 그레일링의 『러셀』은 콤팩트한 분량이 러셀 사상 입문서로 맞춤하다. 제1장은 「러셀의 생애와 작품」을 잘 정리하고 있는데, 『자유론』을 지은 J.S. 밀과의 연관성을 언급한 대목이 흥미롭다. "그(러셀)의 아버지 앰벌리 자작은 종교적이지 않은 의미에서 존 스튜어트 밀을 정신적 아버지로 선택했다. 밀은 러셀의 첫 번째 생일 바로 전에 사망하여 러셀에 대한 영향력이 상당했지만, 간접적인 영향에 그쳤다."

밀이 러셀에 끼친 영향의 정도가 어땠는지를 떠나서 러셀이 밀과 짧게나마 동시대를 살았다는 사실이 잘 믿기지 않는다. 러셀은 20세기에 왕성한 활동을 펼친 인물인데 말이다. 러셀은 마르크스와도 11년이나 한 하늘 밑에서 살았다.

1997년 재번역된 『결혼과 도덕에 관한 10가지 성찰』(자작나무), 『게으름에 대한 찬양』(사회평론), 『상대성이론의 참뜻』(사이언스북스) 등은 러셀 사상의 감춰진 측면을 찬찬히 살펴보는 기회를 제공한다. 『나는 왜 기독교인이 아닌가』(사회평론, 1999)도 마찬가지다. 사회평론에서 펴낸 러셀 산문집 두 권은 저작권 계약을 하고 출간한 것이다. 그 이전의 러셀 책 번역은 무단복제가 많았다.

『결혼과 도덕Marriage and Morals』을 완역한 『결혼과 도덕에 관한 10가지 성찰』은 인습에 얽매인 성도덕을 과감히 깨뜨리라고 주문한다. 네 번의 결혼을 통해 자신의 생각을 몸소 실천하기도 한 러셀은 가장 음탕한 사회에서 금욕주의가 싹튼다고 주장했다. 이 책의 원서는 '행복의 획득'에 1년 앞서 1929년 출간됐지만, 우리 앞에는 『행복론』보다 훨씬 늦게 나타났다.

『게으름에 대한 찬양』에는 정치적 대립 상황에서 간과되기 쉬운 사회 현안들을 여러 측면에서 바라본 글들이 수록되어 있다. 표제 에세이는 '나폴리에서 가장 게으른 걸인'과 '수입을 몽땅 저축하는 것의 악덕'에 대

해 이야기하는 것으로 말문을 열지만, 정작 러셀의 속내는 이런 것이다. "내가 진심으로 말하고 싶은 것은 '근로'가 미덕이라는 믿음이 현대 사회에 막대한 해를 끼치고 있다는 것이다. 따라서 행복과 번영에 이르는 길은 조직적으로 일을 줄여가는 일이다."

「게으름에 대한 찬양」은 1980년대에도 소개된 바 있다. 에리히 프롬이 엮은 『사회주의 인간론』(사계절, 1982)에 실려 있는데, 당시의 제목은 「게으름의 찬미」였다. 러셀의 '게으름에 대한 찬양'과 마르크스의 사위인 폴 라파르그가 쓴 『게으를 수 있는 권리』(새물결, 1997)를 겹쳐 읽는 것도 재미있겠다.

『상대성이론의 참뜻』과 『상대성이론과 철학적 오해』(이웃, 1992)는 같은 책이다. 먼저 번역된 책은 일역본을 다시 우리말로 옮긴 무단 번역 출판물인데 비해, 1997년 출간된 『상대성이론의 참뜻』은 저작권 계약을 맺어 출판한 것이다. 깊이 있는 철학과 풍부한 어휘력을 바탕으로 상대성이론을 효과적으로 설명했다. 아울러 20세기 물리학의 또 다른 축인 양자론과 우주론에 대해서도 주의를 환기하고 있다.

『나는 왜 기독교인이 아닌가』에서는 『성서』에 대한 거침없는 해석이 돋보인다. 예컨대 '심판받지 않으려거든 심판하지 말라'는 예수의 가르침은 한때 기독교 국가들의 법정에서 유행했지만, 러셀이 환갑 무렵까지 만난 독실한 기독교인 판사 가운데 자신이 하는 일이 기독교 신조에 위배된다고 느낀 사람은 단 한 명도 없었다는 것이다.

'철학적으로 수학에 관심을 갖고 새로운 이정표를 제시한 사상가'로 평가받는 러셀이 화이트헤드와 함께 저술한 『프린키피아 매스매티카Principia Mathematica(수학원리)』가 번역되어 그의 사상의 진면목이 온전히 파악되기를 기대한다.

버트런드 러셀의 책

나는 무엇을 보았는가– 버트런드 러셀의 실천적 삶 시대의 기록 이순희 옮김, 비아북, 2011.

종교와 과학– 러셀이 풀어쓴 종교와 과학의 400년 논쟁사 김이선 옮김, 동녘, 2011.

왜 사람들은 싸우는가– 행복한 사회 재건의 원칙 이순희 옮김, 비아북, 2010.

철학의 문제(스파크 노트 27) 최기철 옮김, 다락원, 2010

철학의 원리(스파크 노트 26) 강태원 옮김, 다락원, 2010.

결혼과 성 김영철 옮김, 간디서원, 2004.

러셀 자서전(상·하) 송은경 옮김, 사회평론, 2003.

자서전 양병탁 옮김, 범조사, 1982.

권력(신판) 안정효 옮김, 열린책들, 2003.(초판 1988)

러셀의 행복론 황문수 옮김, 문예출판사, 2001.

러셀 서양철학사 서상복 옮김, 을유문화사, 2009.

러셀, 북경에 가다 이순희 옮김, 천지인, 2009.

나는 이렇게 철학을 하였다 곽강제 옮김, 서광사, 2008.

철학이란 무엇인가 황문수 옮김, 문예출판사, 2008.

철학이란 무엇인가– '분석철학'의 기초를 쌓은 러셀의 철학 입문서(고전으로 미래를 읽는다 024) 권오석 옮김, 홍신문화사 2008.

서양의 지혜– 철학이란 무엇인가(월드북 43) 정광성 옮김, 동서문화사 2007.

우리는 합리적 사고를 포기했는가– 합리적 회의주의자의 에세이 김경숙 옮김, 푸른숲, 2008.

인간과 그밖의 것들 송은경 옮김, 오늘의 책, 2005.

행복의 정복 이순희 옮김, 사회평론, 2005.

결혼과 성 김영철 옮김, 간디서원, 2004.

행복의 정복(개정판) 황문수 옮김, 문예출판사, 2009.

행복의 정복 황문수 옮김, 문예출판사, 1993.

수리철학의 기초 임정대 옮김, 경문사, 2002.

수리철학의 기초 임정대 옮김, 연세대출판부, 1986.

철학이란 무엇인가 황문수 옮김, 문예출판사, 2001.

지성의 등불을 밝히며 최혁순 옮김, 을지출판사, 1988.

희망의 철학 이극찬 옮김, 나남출판, 1980.

철학의 문제들 박영태 옮김, 이학사, 2000.

철학의 문제들 박영태 옮김, 서광사, 1989.

나는 왜 기독교인이 아닌가 송은경 옮김, 사회평론, 2005.

나는 왜 기독교인이 아닌가 송은경 옮김, 사회평론, 1999.

나는 왜 기독교인이 아닌가(범우문고153) 이재황 옮김, 범우사, 1996.

종교는 필요한가 이재황 옮김, 범우사, 1987.

게으름에 대한 찬양 송은경 옮김, 사회평론, 2005.

게으름에 대한 찬양 송은경 옮김, 사회평론, 1997.

결혼과 도덕에 관한 10가지 철학적 성찰 김영철 옮김, 자작나무, 1997.

상대성이론의 참뜻 김영대 옮김, 사이언스북스, 1997.

상대성이론과 철학적 오해 오채환 옮김, 이웃, 1992.

권위와 개인 이종익 옮김, 전주대 출판부, 1997.

사실과 허구의 교차로 고정식 옮김, 천지서관, 1993.

일반인을 위한 철학 최광렬 옮김, 집문당, 1993.

러셀의 자녀교육론 김영숙 옮김, 서광사, 1989.

서양철학사(하) 최민홍 옮김, 집문당, 2006.

서양철학사(상) 최민홍 옮김, 집문당, 1988.

버트런드 러셀에 관한 책

로지코믹스– 버트런드 러셀의 삶을 통해 보는 수학의 원리 아포스톨로스 독시아디스 외 지음, 전대호 옮김, 랜덤하우스, 2011.

버트런드 러셀의 삶과 철학 박병철 지음, 서광사, 2006.

러셀 A.C. 그레일링 지음, 우정규 옮김, 시공사, 2000.

러셀 역설과 과학 혁명 구조: 과학 혁명은 있는가 김상일 지음, 솔출판사, 1997.

러셀의 비콘 힐 이향재 지음, 양서원, 1992.

러셀의 철학과 사상 숲子光男 지음, 이종한 옮김, 문조사, 1986.

버트란드 러셀 R. 클라크·K. 테이트 지음, 최혁순 옮김, 동아, 1984.

러셀 알프레드 J. 에어 지음, 신일철 옮김, 이화여대 출판부, 1982.

베네딕트 앤더슨
Benedict Anderson
1936–

중남미에서 필리핀까지
상상하는 상상력

"창비 진영이 탈민족주의 담론의 원류 격인 베네딕트 앤더슨의 '상상의 공동체론'을 정조준 했다. 지난주 출간된 〈창작과비평〉 가을 호를 통해서다. 〈창작과비평〉은 1990년대 말부터 확산되기 시작한 탈민족주의 담론에 대해 특집·논단 등의 꼭지를 통해 그 '현실적 공허함'을 이따금 지적하긴 했지만, 앤더슨의 저작을 겨냥해 직접 비판을 가하기는 처음이다.

창비의 달라진 행보 뒤에는 남북관계가 위기에 봉착하고 시장근본주의에 따른 사회적 부작용이 심화되는 상황에서, 탈민족 담론의 확산을 방치할 경우 자칫 분단체제 극복을 위한 노력이나 국가를 매개로 한 공공적 실천의 중요성을 망각하게 만들 수 있다는 우려가 자리 잡고 있는 듯하다."《한겨레》 2009. 8. 28, 23면)

베네딕트 앤더슨 저자 리뷰의 계기가 된 신문기사의 일부다. 기자가 추측하는 "창비의 달라진 행보"이면은 내게 별 설득력이 없다. 하지만 이 기사 덕분에 '읽어야지' 하는 마음만 굴뚝같던『상상의 공동체— 민족주의의 기원과 전파에 대한 성찰』을 읽게 된 것은 고마운 일이다.

앞표지 책날개의 저자 소개글만으론 베네딕트 앤더슨은 어느 나라 사람인지 좀 헷갈린다. "이 책의 저자인 베네딕트 앤더슨은 1936년 중국의 유난Younan에서 태어났다. 그는 케임브리지 대학에서 그리스라틴 고전을 공부하고 코넬 대학에서 인도네시아를 전공했다. 현재는 코넬 대학에서 정부학과 아시아학을 가르치고 있다." 아무튼「감사의 말씀」은 그의 '장사' 밑천을 드러낸다. "독자들도 알아보겠지만, 민족주의에 대한 나의 사고는 에릭 아우얼바흐Eric Auerbach, 발터 벤야민Water Benjamin 그리고 빅터 터너Victer Turner에게서 깊은 영향을 받았다."

「역자 서문」에 따르면『상상의 공동체』는 1991년 출간된 개정증보판을 우리말로 옮겼다. 초판은『민족주의의 기원과 전파』라는 제목으로 번역된 바 있다.「개정증보판 저자 서문」은 베네딕트 앤더슨이 갖춘 학자로서의 양심과 지적 정직성을 엿보게 한다. "이번 개정판에서는 초판을 준비하면서 피했어야 할 사실, 개념, 그리고 해석에서의 오류를 바로잡으려 한다. 이런 맥락에서 1983년(초판 발간연도)의 기본정신을 살리기 위해 별도 부록의 성격을 갖는 두 장을 추가하고 초판을 조금 바꾸었다." 이 정도야 개정판에서 흔히 볼 수 있는 '고백'이다. 그런데 이를 잇는 문장은 많이 다르다. "본문에서 나는 번역에 있어서 심각한 오류 두 개, 최소한 하나의 지키지 못한 약속, 잘못된 강조 하나를 발견하였다."

나는 우선 마르크스주의(다른 말로 현실사회주의)에 대한 베네딕트 앤더슨의 통찰이 인상적이다. 그는 에릭 홉스봄을 인용하여 마르크스주의 운동과 마르크스주의를 표방한 국가들은 형태뿐만 아니라 내용에서도 명실상부하게 민족주의적인 경향이 있음을 지적한다. 마르크스주의 이론에서 "민족주의는 불편한 변칙적 현상이었고 바로 그 이유 때문에 민족주의를 직면하기보다는 회피해 왔다고 말하는 것이 정확한 표현일 것이다."

이 책의 목적은 그러한 "민족주의의 '변칙성'에 대해 더 만족할 만한 해석을 할 수 있기 위하여 몇 가지 잠정적인 제안을 하려는 것이다." 베네딕트 앤더슨의 출발점은 민족성nationality, 민족됨nationness과 민족주의nationalism는 특수한 종류의 문화적 조형물이라는 데 있다. 그런데 민족주의는 대다수의 다른 주의들isms과는 다르게 자신을 대변하는 대사상가를 배출하지 못했다. "이러한 사상적 '공허함'이 세계주의적이고 다양한 언어에 능통한 지성인들 사이에 쉽게 일종의 겸양을" 불러왔다. 베네딕트 앤더슨은 "우리가 민족주의를 '자유주의'나 '전체주의'보다는 '친족'이나 '종교'와 연관되는 것으로 취급했다면 문제는 더 쉬워졌을 것이라고" 여긴다.

그가 제안하는 "민족은 본래 제한되고 주권을 가진 것으로 상상되는 정치공동체이다. 민족은 가장 작은 민족의 성원들도 대부분의 자기 동료들을 알지 못하고 만나지 못하며 심지어 그들에 관한 이야기를 듣지도 못하지만, 구성원 각자의 마음에 서로 친교communion의 이미지가 살아있기 때문에 상상된 것이다."

민족주의는 18세기 서유럽에서 싹텄다. "서유럽에서 18세기는 민족주의의 여명기일 뿐 아니라 종교적 사고 양태思考樣態의 황혼기"였다. 그런데 "종교적 믿음이 쇠퇴했다고 해서 믿음이 일부 진정시켰던 고통이 사라진 것은 아니었다." 하여 새로운 진정제가 필요했다. "우연을 운명으로 바꾸는" 마술을 부리는 민족주의는 신종 '아편'으로 제격이었다.

그렇다고 베네딕트 앤더슨이 18세기 후반 민족주의가 나타난 배경으로 종교적 확실성의 쇠퇴를 주장하거나 민족주의가 역사적으로 종교를 '대체했다'고 강변하진 않는다. "민족주의는 의식적으로 주장된 정치적

이데올로기와의 결합에 의해서가 아니라, 민족주의 이전에 있었던 더 큰 문화체계와의 결합에 의해서 이해되어야 한다는 것이다. 민족주의는 그 문화체계로부터 나왔고 또한 그 문화체계에 대항하여 나온 것이다."

이러한 "취지에 적절한 두 문화체계는 종교 공동체와 왕조국가이다. 이 둘은 전성기에 오늘날의 국적처럼 당연시되는 준거였기 때문이다." 앞서 인용한 신문기사에 따르면 〈창작과비평〉에 실린 어느 외국 교수의 글은 민족주의를 '문화적 구성물'로 보는 시각과 그 안에 담긴 '유럽중심주의'를 비판한다고 한다.

나는 '문화주의'에 공감하지 않지만 베네딕트 앤더슨의 '민족주의론'이 '문화주의'로 기울어 있는 것 같진 않다. '유럽 중심적인' 색채는 어느 정도 있다. 「감사의 말씀」을 통해 "나는 학문적 훈련이나 직업에서 동남아시아 전문가임을 밝혀둔다" 한 것이 무색하게 베네딕트 앤더슨의 논의는 유럽에 치중한다.

18세기 서유럽은 민족주의의 조짐을 보였을 뿐이다. 민족주의는 18세기말 중남미에서 발원한다. "왜 바로 이 크리올 공동체가 대부분의 유럽 국가들보다 훨씬 전에 그들의 민족됨이라는 개념을 발전시켰는가? (중략) 왜 거의 3세기 동안이나 고요히 존재해 왔던 스페인령의 아메리카 대륙이 갑자기 18개국의 독립국으로 나누어졌는가?"

베네딕트 앤더슨은 이를 설명하는 정설인 마드리드 정부의 통제 강화와 진보적 계몽주의 사상 전파의 비중을 낮춰 본다. 그는 "새로운 남아메리카 공화국들이 16세기부터 18세기까지 독자적 행정단위였다"는 사실에서 대답의 단서를 찾는다. 아메리카 대륙의 행정단위는 자의적이고 우연적인 측면이 있었지만, "시간이 경과함에 따라 그것들은 지리적, 정치적, 경제적 요소들의 영향을 받아 더 확고한 실재reality로 발전했다"는 것이다.

순수 유럽 계통이지만 아메리카 대륙에서 태어난 사람을 일컫는 '크리올'에 대한 마드리드 정부의 차별 또한 중남미에서의 민족주의 발흥에 결정적으로 작용했다. 크리올은 스페인에선 요직을 얻을 수 없었다. "'멕시코인' 혹은 '칠레인' 크리올은 전형적으로 스페인의 식민지인 멕시코나 칠레의 영토에서만 관리가 될 수 있었다." 크리올은 길동이처럼 양반이면서도 '호부호형'을 할 수 없었던 서자인 셈이다.

"비록 그가 자기 아버지가 이주해 온 후 1주일 안에 출생했다 해도, 아메리카 대륙에서의 출생이라는 우연은 그를 종속적 위치로 떨어뜨린다." 이런 차별이 미국으로 하여금 '속지주의'를 택하게 영향을 미쳤는지도 모른다. "아메리카 대륙에서 출생한 그는 진정한 스페인인이 될 수 없다. 따라서 스페인에서 난 '반도인'은 진정한 아메리카 대륙인이 될 수 없다."

단편적이나마 한국/한국인/한반도가 여러 번 나온다. 한국/한국인/한반도에 관한 짧은 언급은 대체로 "스리랑카에서 한반도에 이르는 불교세계의 광대한 영역"(33쪽)처럼 그런대로 무난하다. 그러나 1574년부터 1606년 사이에 아시아 예수회 선교단의 재건자인 알렉산더 발리그나노가 한국인에게 "사제직 기능을 허용하는 것을 적극 격려했다"(92쪽)는 것은 미심쩍다.

『상상의 공동체』에서 『인쇄 출판문화의 원류』(전영표 옮김, 법경출판사, 1991)를 쓴 E.L. 아이젠슈타인의 이름을 접하는 것은 의외다. 민족주의와 신문, 활자어, 인쇄자본주의 등을 관련지은 베네딕트 앤더슨의 서술은 흥미를 돋우나, 이에 대한 언급은 다음 기회로 미룬다. 다만 줄곧 같은 언어를 써야만 한 민족인 것은 아니다. 하나의 민족을 만들려고(같은 민족이 되고자) 어떤 언어를 강요했기(자기 언어를 포기했기) 때문이다. 단일 민족 혹은 민족의 단일성은 "종족문화적ethnocultural 동질성"이라는 보다 엄밀한 표현이 더 낫지 않을까? 어쨌거나 민족주의는 18세 후반 중남미 크리올 엘리트의 '발명품'이다.

『세 깃발 아래에서─ 아나키즘과 반식민주의적 상

상력』의 표지커버 저자 소개글은 새로운 내용이 덧붙였다. 베네딕트 앤더슨은 "중국 윈난雲南 성의 쿤밍昆明에서 영국계 아일랜드인 아버지와 잉글랜드인 어머니 사이에 태어났다. 어린 시절 대부분을 베트남인 보모의 손에 자랐으며, 1941년 앤더슨 가족은 미국 캘리포니아로 이주했다. (중략) 2002년 은퇴하여 현재는 코넬대학 명예교수로 있다. 그와 더불어 세계적인 학자로 잘 알려진 페리 앤더슨Perry Anderson은 그의 친동생이기도 하다."

학자로서 베네딕트-페리 앤더슨 형제의 '포스'는 칼-마이클 폴라니 형제한테 결코 뒤지지 않는다. 베네딕트와 페리 앤더슨은 각자의 분야에서 학문적 성취가 뚜렷한 보기 드문 형제 학자다. 『세 깃발 아래에서』「옮긴이 해제」 전반부는 베네딕트 앤더슨의 삶을 간략하지만 충실하게 전한다. 아일랜드 국적의 그는 연구에 직접 사용할 수 있는 언어가 10개를 넘는다.

"이 책은 필리핀 민족주의 운동이 아나키즘을 비롯한 유럽의 급진적 운동 및 쿠바를 비롯한 변두리에서 진행되던 저항적 민족주의의 흐름과 발맞추어 진행되었다는 것을 보여주는 작품이다." '세 깃발' 중 첫 번째 것은 필리핀 민족주의 단체 카티푸난의 깃발이다. 붉은 색 바탕에 필리핀 국기의 삼각형 안에도 들어있는 필리핀 식 태양 그림과 그 아래 알파벳 대문자 K가 세 개 나란히 있다. 두 번째 깃발은 아나키즘을 상징하는 검은 깃발이며, 세 번째 것은 독립전쟁시절부터 쓰여온 쿠바의 국기다.

저자 못잖은 「옮긴이의 말」의 '양심고백'은 옮긴이가 우리말 번역의 적임자임을 뒷받침한다. "한국어판의 초교에 '바이링구얼bilingual'의 번역으로 영한사전에 나오는 '2개 국어'를 그대로 썼을 정도로 옮긴이는 민족과 국가, 종족 경계의 불일치에 대해 민감하지 못했는데, 이와 관련된 오역을 바로잡느라고 했지만 '일로카노 애국심Ilocano patriotism' 등 마땅히 대안을 찾지 못한

것은 그대로 남아 있다."

베네딕트 앤더슨은 「서론」에서 "얽혀 있는 뿌리의 광대한 네트워크에 관한 연구"가 필리핀에서 출발하는 이유를 두 가지 든다. 첫 번째는 자신이 필리핀에 깊은 애착이 있고, 20년간 간간이 연구해왔다는 점이다. 두 번째는 "1890년대에는 세계체제의 주변부 가장자리에서나마 필리핀이 잠시" 세계적인 역할을 했다는 점이다.

"가장 적합한 단어인지는 모르겠으나 이 연구를 '묶어두는anchor' 것은 천재적인 소설가 호세 리살José Rizal과 선구적인 인류학자이자 언론인 논객이었던 이사벨로 데 로스 레예스Isabelo de los Reyes, 조율을 맡은 조직가 마리아노 폰세Mariano Ponce, 1860년대 초반에 태어난 걸출한 이 세 명의 필리핀인 애국자 청년의 삶이다."

이 세 사람은 요즘으로 치면 세계권투계를 주름잡는 필리핀의 천재복서 매니 파퀴아오(Manny Pacquiao, 1978-)가 아닐는지.

베네딕트 앤더슨의 책

상상의 공동체- 민족주의의 기원과 전파에 대한 성찰 윤형숙 옮김, 나남출판, 2002.
민족주의의 기원과 전파 윤형숙 옮김, 나남출판, 1991.
세 깃발 아래에서- 아나키즘과 반식민주의적 상상력 서지원 옮김, 길, 2009.

베르너 하이젠베르크
Werner K. Heisenberg
1901-1976

"인간은 자연이 무엇이라고 한마디로 말할 수 없게 되었다"

20세기 초에 나타난 일군의 물리학자들은 고대 자연철학자들의 재등장을 보여주는 듯하다. 고대 그리스의 자연철학자들에게 자연현상에 대한 탐구와 철학은 별

개가 아니었다. 그러나 철학과 과학을 병행하는 전통은 근대 과학혁명기에 들어와 역할분담이 뚜렷해짐에 따라 사라지게 되었다. 하지만 20세기의 새로운 과학을 생성한 과학자들 —막스 플랑크, 닐스 보어, 아르놀트 좀머펠트, 볼프강 파울리, 베르너 하이젠베르크, 막스 보른, 에르빈 슈뢰딩거 등— 은 철학자의 면모를 다분히 지니고 있다. 이들은 세상을 움직이는 기본원리를 새롭게 파악하는 데 몰두했고, 마침내 뉴턴으로 대표되는 고전물리학을 '명예퇴직'시켰다.

20세기 물리학은 양자물리학으로 불린다. 이 양자론은 '불확정성원리'를 전제로 한다. 아주 작은 부분까지도 원자의 운동을 정확하게 측정할 수 있다는 고전물리학의 믿음은 '불확정성원리'에 의해 깨졌다. 위치와 운동량을 정확히 측정하면 미래의 운동량을 예측할 수 있다는 결정론적인 자연관 역시 깨지게 되었다.

'불확정성원리'에 따르면 위치와 운동량 가운데 어느 한 쪽을 명확하게 하면 할수록 다른 쪽은 이에 반비례해 불확정이 된다. 그러므로 어떤 한 시각에서 입자의 위치와 운동량을 정확하게 아는 것은 불가능하다. 이는 실험기구의 불확정성에 기인한 것이 아니라 자연의 근본원리가 그렇다는 말이다. '불확정성원리'는 인간의 자연관을 송두리째 바꾸었다.

"인간은 자연이 무엇이라고 한 마디로 말할 수 없게 되었다. 인간 역시 자연의 일부이고, 자연이 연출하는 연극의 수준 높은 관객이면서 동시에 그 연극의 배우이기 때문이다." 하이젠베르크의 말이다. '불확정성원리'는 닐스 보어의 '상보성원리'와 함께 양자물리학의 성립에 크게 기여했고, 두 원리를 합쳐 '코펜하겐 해석'이라 이른다.

고전물리학의 한계성이 수학적 원리로 표현된 '불확정성원리'를 발견한 베르너 하이젠베르크는 물리학 전공자를 위한 이론서뿐만 아니라 일반 교양인을 위한 책도 여러 권 썼다. 국내에 소개된 책들은 모두 일반 교양서로 분류할 수 있다. 이 책들은 사물의 존재를 궁구하는 과학사상가의 모습을 잘 보여준다.

『부분과 전체』(지식산업사, 1982)는 하이젠베르크의 자서전이다. 이 책은 대화체로 되어 있다. 과학은 대화로부터 생겨난다는 그의 지론이 반영된 것이다. 대화 상대는 바뀌었지만, 하이젠베르크는 한평생 대화를 통한 진리 탐구에 힘썼다. 특히 뮌헨 대학에서 만난 볼프강 파울리와는 중요한 이론을 도출할 때마다 편지로 의견을 나누었다.

파시즘이 기승을 부리자 많은 물리학자들이 미국 망명을 택했지만 하이젠베르크는 조국에 남았다. 그의 자서전은 하이젠베르크가 조국을 떠나지 않은 이유를 알려준다. 1939년 미국을 방문한 그에게 이탈리아 출신의 물리학자 엔리코 페르미는 "나는 이탈리아에서는 위대한 존재였지만 여기서는 한낱 젊은 물리학자에 불과하다. 이것이 얼마나 시원스러운 일인지 모르겠다"며 망명을 권유했다. 이에 대해 하이젠베르크는 이렇게 대답했다.

우리는 어느 누구 할 것 없이 어떤 일정한 주위환경과 일정한 언어와 사고영역에서 태어난다. 매우 어릴 때 그곳을 떠나지 않는 이상 그는 그 영역에서 가장 적절하게 성장할 수 있으며 또 그곳에서 가장 능률적으로 일할 수 있다.

그런데 최근, 2차 대전 당시 하이젠베르크의 행적을 둘러싼 논란이 일고 있어 주목된다. 지금까지 하이젠베르크는 나치의 핵무기 개발에 협조하지 않은 것으로 알려져 왔다. 하지만 2002년 2월 6일 덴마크에 있는 닐스 보어 문헌보관소가 공개한 자료에 따르면, 1941년 닐스 보어를 찾아온 하이젠베르크가 핵무기 개발에 자신감을 내비쳤다는 것이다.

신과학을 대표하는 물리학자 프리초프 카프라는 저

서 『탁월한 지혜』(범양사출판부, 1989)에서 그가 하이젠베르크에게서 받은 영향을 술회했다. 카프라의 책 역시 대화 형식을 띠고 있어 『부분과 전체』를 쉽게 연상시킨다. 그런데 카프라가 열아홉 살 때 읽고 한껏 고무된 책은 『물리학과 철학』이었다. 카프라는 이 책이 학술적 문헌이고 곳에 따라 대단히 전문적이지만 개인적이고 심지어 고도로 정서적인 구절들이 적지 않았다고 말한다.

『물리학과 철학Physik und Philosophie』의 번역서는 세 종이나 된다. 첫 번째 번역서는 『철학과 물리학의 만남』(한겨레, 1985)으로 원래 의미를 훼손하지 않는 범위에서 의역한 제목을 붙였다. 이 책은 물리학의 개념과 사상의 변화에 대해 하이젠베르크가 몸소 체험한 바를 서술한 책이다.

11장에 걸쳐 양자론의 역사, 물질의 구조와 해석, 현대물리학의 철학적·윤리적 문제 등을 다루고 있는데, 양자론의 기원을 추적하기 위해 고대 자연철학을 일별한 대목이 흥미롭다.

탈레스를 시작으로 아낙시만드로스, 아낙시메네스, 헤라클레이토스, 파르메니데스, 엠페도클레스, 아낙사고라스, 데모크리토스, 레우키푸스, 피타고라스, 플라톤으로 이어지는 고대 그리스철학자들의 자연관이 깔끔하게 정리돼 있다.

'불확정성원리'에 의해 인과율의 법칙이 무너지고, 원자의 위치와 운동량의 예측은 확률에 의존하게 되었다. 이런 파격성 때문에 양자론은 학자들 사이에서 논란이 많았다. 하이젠베르크는 그런 정황을 다음과 같이 표현했다.

아인슈타인 같은 천재적인 과학자들도 양자론의 코펜하겐 해석을 받아들이고 이해하는 데 어려움이 많았다. 그 이유는 데카르트의 이원론적 구분방식이 그 이후 3세기 동안 과학을 포함한 인간정신에 깊이 침투되었기 때문이다. 이원론적 구분방식에서 탈피해 진정한

존재의 세계를 인식하기까지는 앞으로도 오랜 시간이 걸릴 것이다.

두 번째 번역서는 직역한 제목을 달고 나왔는데 『물리학과 철학』(온누리, 1993)이 그것이다. 『양자역학이 사고전환을 가져온다』(윤당, 1998)는 『물리학과 철학』의 세 번째 번역서다.

이 밖에 번역된 하이젠베르크의 저서는 다음과 같다. 『현대물리학의 자연상』(이론과실천, 1991)은 현대 기술사회가 직면한 위험성을 타개하는 방안으로 인문교육의 중요성을 강조한 책이다. 『현실의 질서』(따님, 1994)는 1942년에 쓴 비망록으로 나치 독재에 대한 비판적 시각을 읽을 수 있다. 『입자, 인간, 자연에 대한 단상』(민음사, 1995)은 하이젠베르크가 행한 강연과 연설을 엮은 것으로 현대물리학의 발전에 관한 그의 의견과 느낌이 진솔하게 표현돼 있다. 『핵물리를 아십니까』(청음사, 1994)는 핵물리학 개론서라고 할 수 있다. 1953년 출간된 이 책은 당시로서는 첨단의 내용을 담았지만 오늘날 이 방면의 전문가에게는 지극히 초보적인 수준이다. 그래도 일반 독자에게는 핵물리학의 길잡이로 쓸모가 있다.

하이젠베르크의 삶을 그린 전기도 나와 있다. 『하이젠베르크』는 두 종류가 있지만 같은 책이다. 독일 로볼트 출판사의 전기 시리즈 '로로로'를 번역한 두 권의 책은 번역자도 같고 제목도 같다.

베르너 하이젠베르크의 책

부분과 전체(개정신판) 김용준 옮김, 지식산업사, 2005.
부분과 전체 김용준 옮김, 지식산업사, 1982.
철학과 물리학의 만남 최종덕 옮김, 한겨레, 1985.
하이젠베르크의 물리학과 철학 구승회 옮김, 온누리, 2011.
물리학과 철학 구승회 옮김, 온누리, 1993.
양자역학이 사고전환을 가져온다 다임전환국민교육원(주) 편역, 윤당, 1998.
현대물리학의 자연상 이필렬 옮김, 이론과실천, 1991.
현실의 질서 이필렬 옮김, 따님, 1994.
핵물리를 아십니까 오채환 옮김, 청음사, 1994.
입자, 인간, 자연에 대한 단상 전형락 옮김, 민음사, 1995.

하이젠베르크 전기

하이젠베르크 아르민 헤르만 지음, 이필렬 옮김, 한길사, 1997.
하이젠베르크 A. 헤르만 지음, 이필렬 옮김, 미래사, 1991.

베르메르
Johannes Vermeer
1632-1675

투명하고 밝은 생활을 화폭에 담다

'델프트Delft의 거장' 베르메르의 현전하는 이름은 다섯 개나 된다. 얀 베르메르, 반 데어 메르, 요하네스 베르메르, 베르메르 데 델프트, 페르메이르 판 델프트는 다 네덜란드 헤이그 인근의 인구가 10만 명이 채 안 되는 소도시 델프트 출신 화가를 가리킨다. 17세기 초 인구 2만3천 명의 델프트는 네덜란드에서 네 번째 가는 도시였다.

현존하는 베르메르의 작품은 서른 점 남짓이다. 이마저 원본 확정이 덜 된 상태다. '델프트의 거장'은 자신의 작품에 제목을 붙이지 않았다. 하여 '발견자'들에 의해 적어도 두 개의 제목을 갖게 된 작품이 다수다. 예컨대 〈미소 짓는 처녀와 병사〉와 〈장교와 웃는 소녀〉는 같은 그림이다.

또 그는 우리가 잘 모르는 사람이다. 베르메르에 대해 우리가 아는 거라곤 "출생일과 태어난 장소, 결혼하던 날과 화가조합에 가입하던 날, 그리고 그가 죽은 날뿐이다." 베르메르는 고향에서 일생을 보낸 것으로 알려져 있다.

베르메르의 부활

베르메르의 생애와 작품 활동을 놓고 추측이 무성하지만, 그가 미지의 인물이라는 것에는 반론 또한 만만치 않다. 베르메르는 한동안 잊힌 존재였다. 『베르메르,

방구석에서 그려낸 역사』(정진국 옮김, 글항아리, 2009)는 벨기에 출신 미술평론가 겸 작가 귀스타브 반지프Gustave Vanzype, 1869-1955의 '탁월한 저서'의 1925년 개정신판을 완역한 것이다.

"베르메르를 이야기할 때 누구든 피하고 싶어도 피할 수 없는 최초의 전기이자, 간략하지만 그의 삶과 예술을 놀랍도록 설득력 있게 함축한 글이다. 그 뒤로 출간된 전기들은 사실 그의 삶이 온통 수수께끼이므로 그다지 참신하고 현저하게 이 첫 번째 전기를 능가하지 못했다."(「역자후기」)

작가론으로 볼 수 있는 반지프의 베르메르 평전은 100쪽을 약간 웃도는 분량이다. 이 책의 한국어판은 부록으로 루브르 박물관 학예관을 지낸 앙드레 블륑의 『베르메르와 토레 뷔르거』(1946)를 덧붙였다.

토레 뷔르거Thoré-Bürger, 1807-69는 서양미술사에서 사라졌던 베르메르를 되찾은 장본인이다. 블륑의 글이 「베르메르의 부활」이라는 제목으로 합류하면서 반지프의 베르메르 작가론 한국어판은 베르메르 발굴사가 된다.

귀스타브 반지프는 두 작품을 통해 베르메르를 극찬한다. 〈마르다와 마리아 집의 예수〉에 그려진 마르다는 반지프에게 너무나 인간적이다. 그는 "그 시대의 예술에서, 마르다라는 인물상보다 더 인간적이면서도 인간성을 뛰어넘는 상을 결코" 못 보았노라 고백한다. 마르다의 인간성은 빛으로 발현된다.

"수수한 옷차림에 고전적 옷 주름의 장려하게 부풀린 형태, 무한한 것에 눈길을 던지는 그 얼굴의 차분한 표정, 몸통의 폭넓은 움직임, 큰 율동에 담긴 겸손함, 감흥이 살아나는 부드러운 빛으로 끌어올려진 초인적 위엄, 이 고상한 피조물과 그녀가 주는 빵과 소박한 양식과 지상에서 지금 사람이 사는 데 필요한 물질과, 거역할 수 없는 그 아름다움을 간직하고 그 정신을 살아 있게 하는 부드러운 빛이다."

어떤 미술관이든 베르메르의 작품을 단 한 점만 갖고 있더라도, 이 수수한 작품이 가장 소중한 보물이 된다고 반지프는 강조한다. 예컨대 베를린 국립회화관에 있는 〈진주 목걸이를 한 여인〉이 그렇다.

"이 보통 크기의 단편, 인물 하나뿐인 작은 그림 앞에서, 우리는 방금 전에 서구인의 모든 꿈을 짚어보았던 것 같은 이 예술의 전당에서 마치 그것만이 다시 찬란하게 피어나고 있기라도 하듯이 얼어붙는다. 다른 것을 보고 싶은 마음은 싹 가신다. 더 이상 아무것도 꿈꾸지 않는다.

그 방대하고 화려한 미술관에는 오로지 빛에 젖은 이 여자, 조신한 몸짓의 하찮고 평범한 이 여인, 움직이지도 않고 영웅적인 것도 아니며, 그저 편안히 어린애처럼 순진하게 목걸이를 거는 수수한 차림의 대수롭지 않은 이 여인뿐이다."

반지프는 베르메르가 레오나르트 브라메르(1596-1674)의 제자라는 가설을 합리적으로 본다. 반면, 토레 뷔르거는 카렐 파브리티위스(1621-54)를 베르메르의 스승으로 미뤄 헤아린다. 반지프나 뷔르거나 부질없는 짐작이고 추정이다. 반지프는 자신의 추측을 부정한다.

"그의 스승은 누구였을까? 베르메르 데 델프트는 누구도 닮지 않았다. 그는 당대의 홀란드 미술과 뿌리부터 다르다. 단지 작품의 표현과 스타일과 시각만이 아니라, 솜씨에서도 그렇다. 그는 정말 자신이 열광적으로 그린 개성적 인물 가운데 한 명이다. 그들을 끌어냈던 것을 아무것도 찾을 수 없기 때문이다. 그 자신만의 시선과 사고 외에는."

반지프의 상찬은 계속된다. 베르메르는 자기 주변만을 주시하면서 생각한 첫 번째 화가다. 17세기에는 베르메르만이 유일하게 인간과 사물의 균형을 찾았다. 베르메르는 선구자다. 또한 "그는 승화된 사실주의자이고, 인간에게 더 큰 확신과 희망을, 분명한 낙관주의를 심어주려고 숭고하게 거짓말을 하는, 현실을 응시하고 변형하는 몽상가였다."

여기에 "베르메르의 작품은 놀라움의 연속이다. 화폭마다 그에 대한 존경을 절로 불러일으킨다." 다만, 윌렘 드로스트(1630-80)의 작품으로 밝혀진 헝가리 부다페스트 국립미술관의 〈여인상〉을 베르메르의 것으로 헛짚은 것은 반지프 개인의 역량이 부족해서라기보다는 시대적 한계가 아닌가 싶다.

앙드레 블룅은 「베르메르의 부활」에서 베르메르를 '캔버스의 시인'으로 간주한다. "그는 인물들을 산문가로서가 아니라 시인으로서 다룬다. 인간 현실에서 유리되지 않고서, 그는 그들을 위대하고 편안하게 한다. 그의 비밀의 힘이 바로 여기에 있다." '델프트의 거장'이 부활한 것은 토레 뷔르거의 베르메르 연구Van der Meer de Delft가 발표된 1866년의 일이다.

블룅은 뷔르거가 렘브란트와 베르메르의 빛을 비교한 논평을 인용한다. "렘브란트의 조명 수법은 작위적이며 그의 재능이 부리는 공상이다. (중략) 베르메르에게 빛은 전혀 작위적이지 않다. 그것은 정확하고 정상적이어서 자연에서 비추는 듯하다. (중략) 이젤에 〈미소짓는 처녀와 병사〉를 걸어둔 두블 씨 댁에 찾아가본 어떤 사람은, 그림 속의 열린 창으로 들어오고 있는 이 경이로운 광선이 어디에서 오는지 알아보려고 그림 뒤쪽으로 가서 들여다보기도 했다."

베르메르를 스피노자와 짝짓는 건 블룅의 몫이다. "베르메르와 한 시대를 살았던 동포 철학자 스피노자는 그때 자신이 연마하던 렌즈만큼이나 투명한 세계를 모색하고 있었다. 이 두 사람의 관계를 설정하려는 시도도 있었다. 이 『윤리학』의 저자는 사상의 집을 짓고 있었지만, 델프트의 화가는 경이롭도록 순수한 빛의 방사, 즉 빛 그 자체를 빚어내고 있었다."

그리고 블룅이 파악한 베르메르의 현대적 의미는 이렇다. "베르메르가 오늘날 그토록 중시되는 것도 바로 이와 같이 과학적 여건을 힘차게 해석하기 때문이다.

그는 자연을 썰렁하게, 기계적으로 해석하지 않는다. 그는 살아 움직이는 색조를 찾아낼 줄 안다. 그렇게 해서 두 세기 뒤에 다시 발전하게 될 감수성을 예고한다."

『베르메르, 매혹의 비밀을 풀다』(최재혁 옮김, 돌베개, 2005)에서 일본의 베르메르 연구자 고바야시 요리코(小林賴子, 1948-)는 '델프트의 거장'을 둘러싼 신화 세 가지를 배격한다. 먼저 베르메르는 관련 자료가 거의 남아 있지 않은 '수수께끼의 화가'는 아니다.

"베르메르에 관한 당시의 기록이 17세기 화가로서 결코 적은 편이 아니라는 점이다. 죽은 지 약 300년이 지난 옛 화가의 기록이 많이 남아 있으리라고 기대하는 것은 바람직하지 않다. 오히려 지금 남아 있는 고문서를 자세히 검토해보면 베르메르 생애의 상당 부분을 복원하는 것이 가능하다."

또 '수수께끼의 화가' 신화는 20세기 전반기에 그려진 네덜란드 화가 한 반 메헤렌(Han van Meegeren, 1889-1947)의 위작들을 진품으로 감정하는 잘못을 범하게 한다.

"냉정히 마주보고 분석했다면 베르메르의 그림과는 거리가 있는 그런 작품에 모두가 허무하게 속아 넘어갔을 리가 없다. 확실히 전문가의 눈을 흐리게 하는 요인은 몇 가지 있었지만, 당시 미술계에서 베르메르를 과장되게 신비화했던 잘못된 풍조가 가장 큰 이유였다. 이 화가를 '수수께끼의 화가'라는 솔깃한 수사법으로 예찬하고 실증적인 분석이나 진지한 논의를 거부했던 태도야말로 이 혐오스러운 위작 사건의 진짜 원인이었다."

'동시대인에게 무시당한 고독한 천재'라는 것도 근거가 없는 이야기다. 고바야시 요리코는 1662년 이립而立의 베르메르가 "성 루가 길드의 이사를 맡은 것은 델프트에서 사상 최연소로 기록될 정도로 빠른 성공을 의미했다"며, "적어도 그 당시 화가 베르메르에 대한 평가가 매우 높았"음을 지적한다. 귀스타브 반지프 역시

"베르메르는 살아 있을 때 명성이 높았"다고 보았다.

'괴팍하고도 비현실적인 천재'라는 신화 역시 실제와는 거리가 있다. 세 번째 신화의 반례로 고바야시 요리코는 이자 소득으로 생활하는 베르메르의 장모가 그에게 금전 관련 업무를 맡긴 것과 그림에 원근법을 적용하기 위해 필요한 수학적 재능을 든다.

"베르메르는 아마도 꼼꼼하고 계산적인 성격의 소유자였을 것이다. 그럼에도 불구하고 이제껏 우리들은 베르메르를 '괴팍하고도 비현실적인 천재'로만 상상해왔던 것이 아닐까?" 이에 앞서 실증주의를 추구하는 연구자인 고바야시 요리코는 베르메르의 가정사와 관련하여 조심스런 추측을 한다. "베르메르의 부인 카타리나는 바람기가 있는 여자였을지도 모른다."

실증과 엄밀함을 추구하는 고바야시 요리코는 베르메르의 현존 작품을 다소 '짜게' 32점으로 한정한다. 고바야시 요리코는 〈디아나와 님프들〉(마우리츠호이스 미술관), 〈붉은 모자를 쓴 여인〉과 〈플루트를 든 여인〉(워싱턴 내셔널 갤러리), 〈성녀 프락세데스〉(개인 소장) 등 진위 논란이 끊이지 않는 작품 네 점을 베르메르의 것으로 여기지 않는다.

고바야시 요리코에게 베르메르는 시대의 유행에 민감했던 화가다. 수준이 좀 떨어지는 작품도 없지 않다. 그러나 1660년대의 작품 중에서도 진정한 독창성이 담긴 작품들에 대해선 경의를 표한다. "이들 작품에 대해서는 '주옥같다'는 말 이외에 적당한 표현이 떠오르지 않는다. 화가로서 출발한 지 겨우 10년 정도밖에 지나지 않아 다다른 경이로운 경지였다."

이 책의 9장 「왜 범죄의 표적이 되는 것일까」는 구치키 유리코朽木ゆり子가 자신의 『盗まれたフエルメール』(新潮社, 2000)를 간추린 요약본이자 이듬해 우리말로 번역된 『도둑맞은 베르메르— 누가 명화를 훔치는가』(장민주 옮김, 눌와, 2006)의 예고편이기도 하다. 구치키 유리코는 미술품 도둑이 주인공인 할리우드 영화 몇 편을 예로 들

면서 미술품 절도범의 실상은 지적인 게이머 같은 영화 속 이미지와는 전혀 다르다고 비판한다.

"그들은 미술에 대한 지식은 없지만 미술품에 대한 사회의 바람은 잘 이해하고 있다. 그들의 관심은 오로지 미술품을 금전으로 바꾸는 것이기 때문에 미술품 보관에는 노력을 기울이지도 않을뿐더러, 훔친 작품이 팔릴 가능성이 없거나 덜미가 잡힐 듯하면, 주저 없이 파괴한다. 이것이 현대 미술 절도의 실태다. 결코 귀족적이지도, 멋있지도 않다."

책의 절반을 『도둑맞은 베르메르』에 할애한 이 책은 '베르메르 작품 수난사'라 해도 무방하다. 그러면 미술품 절도범들이 베르메르의 작품을 선호하는 까닭은? 우선 화가의 개인 정보가 거의 없어서다. 또한 현존하는 작품이 매우 적은 데다 작품의 진위를 놓고 논란이 끊이지 않아서다.

17세기 네덜란드 화가들은 "바다 건너 식민지를 정복하고 착취해온 이국적인 물건은 말할 나위도 없고 육상과 해상 전투, 참혹한 화재, 학살을 그렸다고 할 수 있다."(『베르메르의 부활』) 역사학자 티머시 브룩(Timothy Brook, 1951-)의 『베르메르의 모자— 베르메르의 그림을 통해 본 17세기 동서문명교류사』(박인균 옮김, 추수밭, 2008)는 베르메르 작품의 소도구와 '무대장치'에 주목한다.

티머시 브룩은 그림을 앞세워 논의를 전개하는데 『베르메르의 모자』는 〈장교와 웃는 소녀〉에서 장교가 쓴 화려한 모자를 가리킨다. 당시 사회적 지위가 높은 사람은 비버 펠트 모자를 갖고 있었다. "유럽 탐사자들과 캐나다 원주민 사이의 펠트 교역은 성황을 이루었고, 이는 결과적으로 유럽 탐사자들의 예상치 못한 수입원이 되어 식민지화에 필요한 비용을 충당해주었다."

〈델프트의 풍경〉은 17세기로 들어가는 문이 두 개나 된다. 하나는 "남쪽에서 바라본 델프트의 모습이다." 17세기로의 또 다른 진입문은 캔버스 왼쪽으로 길게 이어진 지붕이다. 그것은 동인도회사(일명 VOC)의 대형 창고 지붕이었다. 델프트에는 동인도회사 지부가 있었다.

이 책의 주된 이야깃거리가 되는, 이야기의 실마리를 제공하는 작품 일곱 점 가운데 두 점은 베르메르의 것이 아니다. '중국인 흡연자를 최초로 그린 델프트 접시'와 7장 「여정」의 출발점인 베르메르보다 5년 앞서 태어난 헨드리크 반 데르 부르흐의 〈카드놀이〉가 그렇다.

〈카드놀이〉에 등장하는 여주인의 지시를 따르는 흑인 소년에서 시작된 티머시 브룩의 '발길'은 귀화인 박연(朴淵, 1595-?)까지 이어진다. 박연의 네덜란드 이름은 얀 얀손 벨테브레Jan Janszoon Weltevree다. 조선에 정착한 벨테브레의 사연은 제주도 연안에 좌초한 네덜란드 배의 선원들에 의해 알려진다. 그중에는 하멜(Hendric Hamel, ? -1692)도 있었다.

자화상 없는 화가

지금까지 살펴본 베르메르 관련서는 베르메르의 현존 작품을 대부분 싣고 있다. 그런데도 값비싼 '위대한 미술가의 얼굴' 시리즈의 한 권인 『요하네스 베르메르』(파스칼 보나푸 지음, 최민 옮김, 열화당, 1994)를 인터넷서점에 주문한 것은 베르메르의 작품을 좀더 큰 화면으로 감상하고 싶어서다. 이제 보니 그림 크기 치수는 가로×세로가 아니라 세로×가로다.

『요하네스 베르메르』는 내 수중에 들어온 두 번째 '위대한 미술가의 얼굴'이다. 결혼하기 전, 아내가 내 스물아홉 번째 생일선물로『빈센트 반 고흐』(파스칼 보나푸 지음, 정진국 옮김, 열화당, 1990)를 사줬다. '위대한 미술가의 얼굴'의 책값은 지금도 부담스럽다. 15년 전엔 오죽했으랴!

아무튼 우리는 이 '위대한 미술가의 얼굴'을 모른다. 베르메르는 자화상을 그리지 않은 것 같다. 〈뚜쟁이〉에서 "자화상을 그리는 화가의 자세를 하고 있"(르네 갱펠)는 인물을 베르메르로 보는 견해도 있으나, 이는 어디까지나 막연한 추측에 불과하다. 하지만 우리는 베르메르의 뒤태는 확실히 안다. 〈회화〉에서 우리에게 등을 돌리고 있는 화가가 바로 그다.

김연아 선수가 정말 대단한 것은 피겨 불모지대나 다름없는 나라에서 태어나 올림픽 금메달을 거머쥐었다는 점이다. 하지만 베르메르는 김연아 선수와 다르다. 17세기 네덜란드 화단畵壇은 저변이 꽤 두터웠다. 렘브란트와 뤼벤스(루벤스)를 제쳐 놓더라도 뛰어난 '선수'가 많았다.(프랑스 화가 밀레의 표기법을 '미예'로 바꾼 건 좀 그렇다.)

다음은 토레 뷔르거와 앙드레 블룅, 그리고 귀스타브 반지프가 호명한 17세기 홀란드 화단의 국가대표급 선수들이다.

레오나르트 브라메르, 카렐 파브리티위스, 니콜라스 마스(1634-93), 피터 데 호흐(1629-84), 가브리엘 메취(1629-67), 헤라르트 테르뷔르흐(1617-81), 가스파르 네처(1639-84), 얀 스테인(1626-79), 헤라르트 도우(1613-75), 프란스 반 미리스(1635-81), 피터 코르넬리스 슬링겔란트(1640-91), 미헬 스웨르츠(1624-64), 코르넬리스 데 만(1621-1706), 야콥 오흐터벨트(1635-1708).

"그가 살아온 자취를 더듬어봤을 때, 베르메르는 결코 시대와 떨어져 혼자 아틀리에 안에서 걸작을 탄생시킨 고고한 천재 화가가 아니었다. 베르메르 역시 17세기 네덜란드에서 태어난 시대의 아들 중 한 명이었으며, 결코 걸작이라고 부를 수 없는 작품을 제작하면서까지 끊임없이 실험을 멈추지 않았던 화가였다는 점을 잊어서는 안 될 것이다."(고바야시 요리코)

베르메르에 관한 책

베르메르, 방구석에서 그려낸 역사 귀스타브 반지프 지음, 정진국 옮김, 글항아리, 2009.

베르메르– 온화한 빛의 화가(아트북스 20) 스테파노 추피 지음, 박나래 옮김, 마로니에북스, 2009.

베르메르의 모자– 베르메르의 그림을 통해 본 17세기 동서문명교류사 티머시 브룩 지음, 박인균 옮김, 추수밭, 2008.

(베르메르의)야망과 비밀 다니엘 아라스 지음, 강성인 옮김, 마로니에북스, 2008.

베르메르 vs 베르메르– 우광훈 장편소설 우광훈 지음, 민음사, 2008.

베르메르 로베르타 다다 외 지음, 이경아 옮김, 예경, 2007.

도둑맞은 베르메르– 누가 명화를 훔치는가 구치키 유리코 지음, 장민주 옮김, 눌와, 2006.

베르메르, 매혹의 비밀을 풀다 고바야시 요리코 외 지음, 최재혁 옮김, 돌베개, 2005.

얀 베르메르– 모든 회화 작품(베이직 아트 시리즈) 노르베르트 슈나이더 지음, 정재곤 옮김, 마로니에북스, 2005.

요하네스 베르메르(재원 아트북 25) 오광훈 지음, 재원, 2004.

베르메르(창해 ABC북 38) 기욤 카스그랭 외 지음, 이승신 옮김, 창해, 2001.

요하네스 베르메르(위대한 미술가의 얼굴) 파스칼 보나푸 지음, 최민 옮김, 열화당, 1994.

베르톨트 브레히트
Bertolt Brecht
1898-1956

'한마당'으로 들어온 '20세기의 셰익스피어'

'고려원'이 '카잔차키스 전집'의 출간으로 출판사의 소임을 다했다면, '한마당'은 '브레히트 선집'(이하 '선')을 통해 본연의 임무에 충실하고 있다. 지금까지 나온 '한마당'의 '선집'은 모두 12권. 『살아남은 자의 슬픔』(1985)에서 『도살장의 성 요한나』(1998)에 이르기까지는 무려 14년의 세월이 흘렀으니, 한 해 겨우 한 권 꼴로 '선집'의 숫자를 불린 셈이다. 그도 그럴 것이 '선'은 의도된 기획이 아니었다.

"신촌의 어느 문학서클에서 베르톨트 브레히트의 시집을 출간하자는 '모의'가 계기였다. 그때만 해도 시집만 달랑 한 권 내고 말 생각이었다고 한다." '한마당'에 처음 들어와 『서사극이론』(1989)을 만들었고, 현재 살림을 맡고 있는 최필승 대표의 간접 증언이다. '모의'가 구체화되어 김광규 교수(한양대 독문학)가 번역한 『살아남은 자의 슬픔』이 선을 보였다. 이 시선집은 브레히트의 시 작품을 처음으로 국내에 소개한 특별한 의미를 지닌다.

물론 나는 알고 있다. 오직 운이 좋았던 덕택에/ 나는 그 많은 친구들보다 오래 살아 남았다. 그러나 지난 밤 꿈 속에서/ 이 친구들이 나에 대하여 이야기하는 소리가 들려왔다. "강한 자는 살아 남는다."/ 그러자 나는 자신이 미워졌다.(『살아남은 자의 슬픔』 전문)

1980년대 중반만 해도 브레히트는 금기의 인물. 그런 탓에 이 책은 적지 않은 수난을 겪기도 했다. 금서목록에 오르고 판매금지 조치가 내려진 것. 하지만 지금은 '한마당'의 대표작인 '선집'의 '간판'이다. 한 해 3000부 정도 꾸준하게 나가고 있다. 1992년 박일문 씨의 동명 소설이 베스트셀러 목록에 오르고, 소설을 각색한 미니시리즈가 방영될 때는 덩달아 판매부수가 오르기도 했다. 통틀어 5만 권가량 팔린 것으로 추산된다. 초판을 소화하기가 버거운 '선집'의 다른 책들에 비해서는 기록적인 수치다.

12권의 '선집' 가운데 10권이 브레히트의 글을 모은 말 그대로 '선집'이고, 나머지는 '평전' 같은 일종의 브레히트 '관련서'가 차지하고 있다. '선집'에서 저자란에 브레히트의 이름이 들어 있는 것은 시집과 희곡집이 세 권씩에다, 산문집 및 연극·영화·시에 관한 이론서가 한 권씩이다. 시집은 『살아남은 자의 슬픔』에 이어 『흔들리는 사람에게』(1993)와 『전쟁교본』(1995)이 나왔다. 이어진 두 권의 시집은 주제가 비슷하다. 『흔들리는 사람에게』는 브레히트가 망명생활을 하는 동안 쓴 반 파시즘적인 주제의 시편을 모은 것이고, 『전쟁교본』은 나치의 만행과 전쟁의 참상에 대한 고발이 주조를 이룬다.

특히, 69장의 사진과 같은 수의 4행시로 이뤄진 『전쟁교본』에는 브레히트의 철학적 입장이 잘 나타나 있다. 지식의 가르침이 아닌, 지혜의 가르침이라는 '개입하는 사고'를 반영하고 있기 때문이다. 또한 "있는 그대로 현실을 보여준다"는 사진이 거짓을 말할 수도 있음

을 예시하며, 이를 통해 '의심'에서 '논쟁' 그리고 '학습'으로의 태도 변화를 유도한다. 『시의 꽃잎을 뜯어내다』(1997)에서는 브레히트의 시론을 읽을 수 있다. 비판적인 태도 없이 참된 예술을 즐기기는 불가능한 일이라고 그는 강조한다.

비판을 죽은 것으로, 비생산적인 것으로, 시대에 뒤떨어진 것으로 간주하는 것은 완전히 잘못된 태도다. 히틀러는 비판에 대한 이러한 잘못된 견해를 널리 퍼뜨리기 원했다. 그러나 사실은 비판적인 태도가 유일하게 생산적이며 인간의 품위에 합당한 태도다. 이것은 협동, 지속적인 발전, 살아 있음을 뜻한다.

'20세기의 셰익스피어'라고 불리는 브레히트는 20세기 최고의 극작가로 통한다. 브레히트는 극작뿐만 아니라 극이론 분야에서도 탁월한 역량을 발휘한 '현대 연극의 아버지'다. 『서사극이론』은 그의 연극이론의 정수를 담았는데 숨겨진 현실을 드러내는 '서사극'과 서사극의 효과를 극대화하는 기법인 '낯설게 하기'(소격효과)에 대한 브레히트의 설명이 있다.

브레히트의 연극이론을 접한 다음에는 독특한 이론을 토대로 집필한 그의 희곡을 만나는 것이 순서. 『사천의 선인』(1985)은 서사극의 형식을 두루 갖춘 망명 전의 유일한 성공작 「서푼짜리 오페라」외 세 편을 실었다. 『코카서스의 백묵원』(1993)은 가장 서사적인 작품으로 꼽히는 표제작과 민중극의 대명사인 「주인 푼틸라와 하인 마틴」, 이렇게 두 편의 대작으로 이뤄져 있다. 『도살장의 성 요한나』는 가장 최근에 출간된 희곡선으로 세 편의 작품을 싣고 있다. 이 중 「한밤의 북소리」는 스파르타쿠스단의 반란이 소재다. 이 작품은 1991년 국내에서 초연되기도 했다.

'선집'에는 브레히트의 영화론도 있다. 『영화판의 적들』(1994)이 그것. 「서푼짜리 오페라」의 영화화를 계기

로 촉발된 영화제작사와의 송사恋事와 오리지널 시나리오로 만든 영화 〈쿨레 밤페〉에 얽힌 이야기가 주요 내용이다. 『상어가 사람이라면』(1986)은 브레히트의 소설을 모은 책. 짧지만 진정한 현실을 드러내는 여러 편의 단편을 수록했다.

'한마당' 외에도 여러 군데 출판사가 브레히트의 시선집과 희곡선 및 문학·예술론을 펴냈다. 『억척어멈과 그 자식들』(연우+여울, 1983)은 최초의 브레히트 번역이다. 〈한국연극〉(1982년 12월호)에 실렸던 것을 책자로 만들었다. 이 번역텍스트는 이원양의 『브레히트 연구』(두레, 1984)에도 수록돼 있다. '한마당' 바깥의 문학·예술론 계보는 『브레히트의 리얼리즘론』(남녘, 1989), 『즐거운 비판』(솔출판사, 1996), 『새로운 예술을 찾아서』(새길, 1998) 등이 잇고 있다. '새길'의 책은 브레히트 탄생 100주년 기념출판물이다.

한마당출판사 브레히트 선집

살아남은 자의 슬픔 김광규 옮김, 1985.
사천의 선인 임한순 옮김, 1987.
서사극이론 김기선 옮김, 1989.
상어가 사람이라면 정지창 옮김, 1986.
코카서스의 백묵원 이재진 옮김, 1993.
브레히트와 만나다 마리안네 케스팅 지음, 홍승용 옮김, 1992.
전쟁교본- 사진도 거짓말을 할 수 있다 이승진 옮김, 1995.
영화판의 적들 김창우 편역, 1994.
브레히트의 교육극 오제명 지음, 1993.
시의 꽃잎을 뜯어내다- 브레히트 시론 이승진 편역, 1997.
흔들리는 사람에게- 브레히트의 망명시 박영구 옮김, 1993
도살장의 성 요한나 이재진 옮김, 1998.

한마당출판사 밖의 브레히트 책들

브레히트 선집(1-4) 한국브레히트학회 편, 연극과인간, 2011.
브레이트 희곡선집(1·2) 임한순 편역, 서울대학교출판부, 2006.
전쟁교본 배수아 옮김, 워크룸프레스, 2011.
전쟁교본 이승진 옮김, 눈빛, 2011.
억척어멈과 그 자식들(범우희곡선) 이연희 옮김, 범우, 2010.
억척어멈과 그 자식들(개정판) 이연희 옮김, 종합출판범우, 2006.
억척어멈과 그의 자식들 이원양 옮김, 지만지, 2009.
억척어멈과 그 자식들 양혜숙·이원양 옮김, 연우+여울, 1983.
투란도트(공연예술신서 54) 이상면 옮김, 평민사, 2009.
서 푼짜리 오페라 (범우희곡선 34) 김화임 옮김, 범우사, 2008.

아르투로 우이의 출세 이원양 옮김, 지만지, 2008.
갈릴레이의 생애(카툰 클래식 10) 기획집단 MOIM 글, 정성호 그림, 서해문집, 2008.
갈릴레이의 생애 차경아 역, 두레, 2001.
브레히트의 서푼짜리 오페라(카툰 클래식 04) 기획집단 MOIM 글, 정성호 그림, 서해문집, 2007.
팟저- 이기주의자 요한 팟저의 몰락 라삐율 편저 옮김, 북인, 2006.
악한 자의 가면 김길웅 옮김, 청담사, 1991.
죽은 병사의 전설 신현철 옮김, 시민, 1991.
세추앙의 착한 여자 박준용 옮김, 포도원, 1992.
청춘일기 박소연 옮김, 공동체, 1993.
주인 푼틸라와 그의 종 마티 이성욱 옮김, 동아대출판부, 1993.
서정시를 쓰기 어려운 시대 신현철 옮김, 삼문, 1994.
즐거운 비판 서경하 편역, 솔출판사, 1996.
새로운 예술을 찾아서- 브레히트 탄생 100주년을 기리며 김창주 옮김, 새길, 2010.
새로운 예술을 찾아서 김창주 편역, 새길, 1998.
도시의 정글 속에서 정초왕 옮김, 성균관대출판부, 1999.
제3제국의 공포와 참상 이승진 옮김, 성균관대출판부, 1999.
좋지 않은 시대의 사랑의 노래 서교출판사, 1998.
마하고니 시의 흥망성쇠 윤시향 옮김, 연극과인간, 2001.
마하고니 시의 번영과 몰락(독일희곡 시리즈 3) 김기선 옮김, 성신여자대학교출판부, 2003.
마하고니 시의 번영과 몰락 김기선 옮김, 성신여대출판부, 2001.
세계 제2차 대전중의 슈베이크 김기선 옮김, 성신여대출판부, 2003.
아르투로 우이의 집권 김기선 옮김, 성신여대출판부, 2004.
코카시아의 백묵원 이정길 옮김, 범우사, 2004.

베르톨트 브레히트에 관한 책

베르톨트 브레히트(주어캄프 세계인물총서 03) 얀 크노프 지음, 이원양 옮김, 인물과사상사, 2007.
브레히트의 연극이론 송윤엽 외 옮김, 연극과인간, 2005.
브레히트의 정부 자크 피에르 아메트 지음, 정장진 옮김, 문학사상사, 2004.
브레히트 시의 이해 박찬일 지음, 연세대학교출판부, 2004.
브레히트 연구 이원양 지음, 두레, 1984.
브레히트 평전 로널드 그레이 지음, 임양묵 옮김, 한빛, 1984.
브레히트 평전 로널드 그레이 지음, 김태식 옮김, 종로서적, 1988.
둥근 머리 뾰족 머리- 만화 브레히트 마이클 토스 지음, 김길웅 옮김, 오월, 1991.
브레히트와 영화 조지 랠리스 지음, 이경운·민경철 옮김, 말길, 1993.
브레히트의 연인- 룻트 베를라우 회고록 한스 붕에 엮음, 박영구 옮김, 자작나무, 1994.
브레히트: 브레히트와 서사극 이상일 지음, 건국대출판부, 1996.
브레히트 마리안네 케스팅 지음, 이상면 옮김, 한길사, 1999.
포스트모던 브레히트 엘리자베스 라이트 지음, 김태원 옮김, 현대미학사, 2000.
브레히트와 동양연극 이상면 지음, 평민사, 2001.
브레히트의 연극 세계 한국브레히트학회 엮음, 열음사, 2001.
가까이서 본 브레히트의 걸작들 윌리엄 캐니 지음, 허은 옮김, 예니, 1996.

벤 마이켈슨
Ben Mikaelsen
1952-

인간적인 너무나 인간적인

볼리비아에서 태어난 미국 작가 벤 마이켈슨의 붓끝은 거침이 없다. 『스피릿베어Touching Sprit Bear』(정미영 옮김, 2005)는 처음부터 살벌하다. 소설의 주인공 콜 매슈스는 심각한 문제 청소년이다. "콜은 미니애폴리스 경찰서를 들락거리며 인생의 절반을 흘려보낸 순진하고 앳된 얼굴의 열다섯 살 소년이었다."

콜은 겉만 멀쩡하다. 속은 완전히 뒤틀렸다. 콜은 자기를 밀고했다는 이유로, 평소에도 심심풀이 삼아 못살게 굴던 피터 드리스칼을 아주 묵사발 만든다. "피터가 달아나려다 발을 헛디뎌 땅바닥에 나뒹굴었다. 콜은 다시 풀쩍 뛰어 피터를 와락 덮치더니 머리를 바닥에 짓찧기 시작했다."

이번엔 빼도 박도 못 하게 생겼다. 그동안 '문제' 아들을 뒤치다꺼리한 부모가 이혼하면서 모든 게 달라졌다. 하긴 콜의 부모님 역시 '문제'가 심각했다. 아버지는 술에 취하면 아들을 무자비하게 때렸다. 콜의 할아버지 역시 콜의 아버지에게 그랬다. 콜의 어머니는 남편의 폭력을 방관했다. 그녀는 자신의 무기력을 술로 달랜다. 콜의 어머니는 알코올중독자다.

감방 신세를 질 게 뻔했지만, '원형 평결 심사'가 콜을 살렸다. 원형 평결 심사란 수백 년 동안 북미 원주민들이 시행해 온, 미국현대사법제도에 도입된 치유가 목적인 재판 방식이다. 일종의 유배다. 콜은 미니애폴리스의 보호관찰관인 틀링깃 인디언 가비와 또 다른 틀링깃 인디언 에드윈 노인의 도움과 배려로 원형 평결 심사를 통과하여 유배 길에 오른다.

유배지는 알래스카 남동부의 외딴 섬이다. 그 섬에서 1년간 홀로 지내야 한다. 유배지에 도착한 첫날, 콜은 에드윈 노인이 애써 지은 오두막을 불태운다. 그리고 스피릿베어를 만나 대들다 피터처럼 묵사발이 된다. 콜의 묵사발은 그가 자처한 것이다.

몸 여기저기가 부러져 꼼짝없이 누워 있는 콜은 자연의 조화로움 속에서 소외감을 느끼지만 아직 반성 같은 건 할 줄 모른다. "잘못이라고는 눈곱만큼도 없는데 되레 골탕을 먹고 있다. 다시금 화가 울컥 치밀었다."

사람은 안 변한다. 천성을 바꾸기 어렵다. 굳어진 습관 또한 그렇다. 괜히 '습관은 제2의 천성'이라 하겠는가. 그래서 콜 매슈스의 '회심'은 더욱 중요하다. "오늘부터 진실만 말할 것이다. 진실이 아니면 입에 담지도 않을 것이다." 콜의 유배지에 피터 드리스칼이 합류한다. 피터의 마음 상처를 치유하기 위해서다.

과테말라 내전을 배경으로 하는 『나무소녀Tree Girl』(홍한별 옮김, 2006)의 도입부는 짧은 폭풍전야이긴 하지만, 평화롭다. 가브리엘라 플로레스는 과테말라의 중서부 고지대에 사는 키체 족 마야 인이다. 가브리엘라가 바로 '나무소녀'다. 키체 어로는 '라 알리 레 하옵'이다. "언제나 나무는 자기 가지 위로 올라오라고" 가브리엘라를 부추겼다.

가브리엘라가 '라 알리 레 하옵'이 된 것은 멋모르고 나무에 오른 행실 나쁜 두 남자아이를 혼내줬기 때문이다. 가브리엘라는 나무를 타는 데 일가견이 있다. 가브리엘라의 부모님은 학교 문턱에도 못 가봤다. 그래도 가브리엘라가 "존중해 마지않는 품위와 지혜를 지"녔다.

마을을 향해 걸으며 아빠가 딸에게 말한다. "외우기만 해선 안 돼. 마음으로 이해를 해야지. 그래야 배운 것을 다른 식구들한테 설명해 줄 수 있잖니. 배운 걸 단순히 따라 읊기만 할 거라면 차라리 앵무새를 학교에 보내겠다." 가브리엘라는 일곱 형제자매 중에서 유일하게 학교에 다닌다. 학교에 가고 싶어 하는 호르헤 오빠는 학생이 아니다.

엄마는 큰딸에게 사랑을 베푼다. "이제 여자가 되어 입게 될 화려한 빛깔의 위필을 짜는 법을 가르칠 때도 엄마는 사랑으로 가르쳐 주었다. 매일 하루가 시작되고 끝날 때까지 엄마가 나에게 가르쳐 준 교훈은 사랑이었다. 엄마는 다정함도 가르쳐 주었다. '다정함은 사랑보다 더 소중하단다. 다정하다는 건 사랑을 나눈다는 뜻이야.'"

가브리엘라는 어른이 되는 열다섯 번째 생일 날, 그녀의 성년을 축하하는 '킨세아녜라'에서 "강을 건너려는 사람을 엄청난 힘으로 끌고 가버리는 세찬 물살"에 직면한다. 늦은 밤 나타난 정부군 병사들은 호르헤 오빠를 붙잡아간다. 하지만 이것은 가브리엘라 집에 들이닥칠 비극의 서막일 뿐이다.

오빠는 돌아오지 않았고 시름시름 앓던 어머니는 세상을 뜬다. 과테말라 정부는 마야 인을 희생양 삼는다. 하루는 장에서 과일을 팔던 할아버지로부터 이런 얘기를 듣는다. "이제는 아예 암살단을 보낸다고 한다. 우리가 인디오라서. 인디오들을 모두 죽이려고 한대." 어느 토요일 오후, 가브리엘라의 식구가 살고 있는 키체 족마을이 정부군의 습격을 받는다.

장을 보러갔던 가브리엘라는 화를 면한다. 가브리엘라의 가족 중에선 막내 동생 알리시아만 용케 목숨을 구한다. 비극은 개인과 가족 그리고 마을 차원을 넘어선다. 가브리엘라는 읍내에서 자행된 군인들의 참혹한 살육 장면을 "광장에 단 한 그루 홀로 서 있는, 잎과 가지가 무성한 커다란 마치치나무" 위에서 똑똑히 지켜본다.

가브리엘라가 이런 다짐을 하는 것도 무리는 아니다. "나는 하늘과 땅과 세상에 남아 있는 모든 신성한 것에 대고 엄숙하게 맹세했다. 다시는 나무에 올라가지 않으리라."

『피티 이야기Petey』(홍한별 옮김, 2008)의 피티 로이 코빈은 심각한 장애를 안고 태어났다. 사지가 뒤틀려 몸을 제대로 가누지 못했으며 혀가 안쪽으로 말려들어가 말을 할 수 없었다. "코빈 씨, 부인. 아주 심한 정신박약입니다. 백치이므로 재활치료가 의미가 없습니다." 피티에게 내려진 최초 진단은 오진이다.

피티의 정신과 지력은 멀쩡했다. 그는 아주 심한 뇌성마비 지체장애였다. 피티는 보호시설에서 평생을 보낸다. 보호시설의 실무자들은 피티의 남다르게 정상적인 측면을 누구보다 잘 안다.

"피티, 내 말 잘 들어. 너는 내가 지금까지 만나 본 사람 가운데 가장 멋진 사람이야. 이기심에 제멋대로 굴거나 심술을 부린 적이 단 한 번도 없지. 단 한 번도. 늘 내 문제를 염려해 주고, 늘 캘빈이나 리사가 어떻게 지내는지 알고 싶어 하고."(캐시)

"피티는 오언이 만나 본 그 누구보다도 삶을 사랑했다. 피티는 순간순간을 깊이 음미하고 느꼈다. 소박한 기쁨이나 작은 재밋거리도 더할 나위 없이 멋진 일인 것처럼 생각했다. 다른 사람을 생각하는 마음과 사려 깊음이 한이 없었다."

"(뇌성마비는) 신경계에 이상이 있는 거야. 피티는 지력은 정상이지만, 정신이 자유롭지 못한 몸에 갇혀 있는 상태야. 아주 특별한 사람이란다.… 삶이 피티한테는 무척 가혹했는데도 피티는 믿기지 않을 정도로 삶을 사랑한단다."(시시 마이클)

『피티 이야기』는 우정이 큰 축을 이룬다. 피티가 몬태나 주 웝스프링스 정신병원에서 만난 그보다 두 살 어린 환자 캘빈과 나눈 우정은 그 하나다. "'어, 피티…, 나 쓰러졌을 때 네가 어떻게 했는지 들었어. 고마워.' 캘빈은 눈을 내리깔았다. '피티, 넌 나랑 가장 친한 친구야.' 피티는 또 웃으며 고개를 끄덕였다. '네가 소리 지를 줄 아는지 몰랐어.' 캘빈이 불쑥 덧붙였다."

트레버 래드와 나이를 초월한 우정은 2부의 이야기를 이끈다. "트레버는 꿰뚫어 보는 듯한 두 눈이 자기한테 꽂혀 먹이를 쥐듯 붙드는 것을 느꼈다. 피티의 몸은 아무 힘이 없을지 몰라도 눈은 전혀 그렇지 않았다. 트레버는 옴짝달싹도 하지 못하고 서서는 이 할아버지 앞에서는 절대로 거짓말을 할 수 없을 거라고 생각했다."

『달려라, 모터사이클』(박정화 옮김, 2008)은 앞서 번역된 벤 마이켈슨 작품의 한국어판 책날개 저자 소개글에서 『조쉬 맥과이어 구하기Rescue Josh McGuire』로 알려진 그의 대표작이다. 이 작품은 미국아동도서협회와 국제독서연합의 '1994년 최고의 책'으로 선정되는 등 상을 여러 개 받았다. '조쉬 맥과이어 구하기'는 '새끼 곰 포키 구하기'나 다름없다.

믿음직한 큰아들을 잃은 조쉬의 아버지는 술에 빠져 지내며 폭력을 행사하곤 한다. "샘이 야구 방망이를 휘두르듯 손바닥으로 조쉬의 얼굴을 갈겼다. 조쉬의 고개가 옆으로 홱 꺾였다. 귀에서 천둥이 치고 이상야릇한 색깔들이 하늘로 스멀스멀 기어 올라갔다." 남의 일 같지 않다. 나는 초등학교(옛 국민학교) 담임선생님한테 뺨을 세게 맞은 일이 있다(존 테일러 개토 편 참조).

조쉬 또한 "대학에서 학생들을 가르치고 환경 운동을 하면서 기력이 다 빠"진 오티스 싱클레어와 나이를 초월한 우정을 나눈다. 여기엔 조쉬 가출사건을 맡은 보안관 대리 브루스터 빙엄의 에피소드를 옮겨 적는다.

"보안관 대리로서 브루스터는 갤러틴 카운티 탐색구조대를 이끌고 일하면서 인간의 본성에 대해 많은 사실을 알게 되었다. 누군가 도망을 친다면 그들이 무엇을 피해서 도망가는지 알아야만 어디로 향하는지도 알 수 있었다. 자기 자신한테서 도망을 치는 사람은 법의 구속을 피해 도망치는 사람과 다르게 행동했다. 책임을 지기 싫어 탈출하는 사람은 분노로 가득 찼거나 복수심에 불타는 사람과는 다른 짓을 했다."

"외딴 오두막으로 차를 몰아가면서 브루스터는 그 주위를 둘러싼 출입 금지 푯말을 보았다. 사람들이 남의 간섭을 피하려는 데는 여러 가지 이유가 있었다. 어떤 사람은 숨길 것이 있었고, 어떤 사람은 보호할 것이 있었다. 어떤 사람은 다른 이와 불화를 겪었다."

『붉은 밤을 날아서Red Midnight』(문세원 옮김, 2010)도 『나무소녀』처럼 과테말라 내전이 배경을 이룬다.

"1980년대 중앙아메리카에서 일어난 끔찍한 군사학살에 대한 많은 기록이 남아 있다. 과테말라만 해도 450개가 넘는 마을이 불에 타서 사라졌으며 수만 명의 사람들이 고문을 당하고 죽었다. 남자들이 가장 먼저 살해되었고 그다음엔 여자들이 그리고 마지막으로 아이들이 죽어갔다. 많은 아이들이 이 잔혹 행위를 목격했으며 그중 살아남은 몇몇 덕분에 세상에 그 일을 알릴 수 있게 되었다."(「작가의 말」에서)

열두 살 먹은 산티아고 크루스는 "인디헤노스"(원주민)다. 1981년 5월 18일 과테말라 낮은 산악 지대의 작은 마을 도스 비아스가 불탄다. 그날 산티아고는 네 살 난 여동생 안젤리나를 빼고 식구들을 모두 잃는다.

'나무소녀' 가브리엘라 플로레스의 안중에 미국은 없었다. 반면 산티아고 크루스는 라모스 삼촌의 뜻을 받들어 안젤리나와 미국으로 향한다. "북쪽도 이미 군인들로 가득해. 이사발 호수가 있는 남쪽으로 가서 카유코를 타고 미국으로 건너가거라." 산티아고와 안젤리나 크루스는 라모스 삼촌이 만든 카유코(카약)를 타고 23일간의 항해 끝에 플로리다에 도착한다.

■ 벤 마이켈슨의 책

붉은 밤을 날아서(카르페디엠 23) 문세원 옮김, 양철북, 2010.
스피릿베어(카르페디엠 7) 정미영 옮김, 양철북, 2008.(초판 2005)
피티 이야기(카르페디엠 9) 홍한별 옮김, 양철북, 2008.
달려라, 모터사이클(카르페디엠 10) 박정화 옮김, 양철북, 2008.
나무소녀(카르페디엠 8) 홍한별 옮김, 양철북, 2006.

브루스 커밍스
Bruce Cummings
1943-

우리는 그를 잘 모른다.
적어도 그가 우리를 아는 만큼은

냉전은 열전만큼이나 무섭다. 필자는 지금, 인천의 명산인 계양산 정상을 기준으로 내가 태어나 자란 곳의 대척점에서 살고 있는데, 이건 예전 같으면 엄두도 못 낼 일이다. 초등학교 5학년 때니까 1978년 무렵이겠다. 무장간첩이 계양산을 거쳐 북으로 되돌아가려 한다는 소식에 우리는 한동안 두려움에 벌벌 떨며 지냈다. 이런 푸념을 하면서 말이다. '간첩이 어디서 출몰했는가 몰라도, 하필 계양산이 그들의 귀환 루트에 포함될 게 뭐람.'

그 뒤 무장간첩의 생사 여부에 대해 알려진 바는 없지만, 이 소동은 대단한 충격파를 몰고 왔다. 유년의 필자에게 계양산은 적의 위협으로부터 나를 지켜주는 마지노선으로 여겨질 정도였다. 등화관제 훈련을 상시적으로 하던 시절이었으니, 그렇게 생각하는 것이 무리는 아니었다.

한편 어머니가 검은색 천으로 만든 전등 씌우개를 보고는 이런 의문이 꼬리에 꼬리를 물기도 했다. '아예, 전등을 끄는 게 상책이 아닐까?' '불빛을 감춘다고 적성국의 전투기가 과연 목표물을 혼동할까?' '아무리 전쟁 상황이어도 민간인 거주지에 설마 무차별 폭격을 가할까?' 그로부터 10년 뒤 신병훈련소와 자대의 내무반에서 목격한 등화관제 시설은 내 어머니의 '작품'에 비해 엉성했다.

아무튼 지난 시절의 잣대를 들이대면 브루스 커밍스는 영락없는 좌경용공의 운동권 교수 학자다. 그러나 국내의 정통성을 결여한 집권세력과 그 하수인이 붙인 붉은색 꼬리표는 실제의 커밍스와 거리가 한참 멀다.

단지 "권력은 진실을 무시한다." 커밍스의 저술 활동이 꼬리표 붙이기의 빌미가 됐으나, 이젠 오히려 그의 책들이 그런 책략의 어이없음을 입증한다. 커밍스의 작업을 못 마땅히 여긴 국내 집권 세력은 그를 많이 오해한 듯싶다.

『김정일 코드』(따뜻한손, 2005)만 해도 그렇다. 이 책은 커밍스가 유머러스하고 따뜻한 사람임을 느끼게 한다. 나는 커밍스가 메이저리그 클리블랜드 인디언스의 우직한 팬임을 알고, 그가 좋아졌다. 인디언스는 어떤 팀인가? 1990년대 중반, 케니 로프턴, 짐 토미, 매니 라미레즈, 샌디와 로비(로베르토) 알로마 형제 등이 막강 타선을 이뤄 월드시리즈에 진출했으나, 투수력 열세로 준우승에 그친 뒤엔 이렇다 할 성적을 못 내고 있다. 커밍스는 젊었을 적에 3년 동안 클리블랜드에 있는 제철소에서 일하기도 했다.

이 책의 원제는 『북한— 또 다른 나라North Korea: Another Country』다. 그런 점에서 이 책은 일본 역사학자 와다 하루키의 『북조선』(돌베개, 2002)과 동류라고 하겠다. 하지만 책의 분위기는 사뭇 다르다. 하루키의 북한 탐구가 정공법으로 일관해 다소 딱딱하다면, 커밍스의 북한 연구서는 학문적 방법론을 견지하면서도 상대적으로 가볍고 부드러운 필치다. 이따금 마주치는 위트 넘치는 익살맞은 문장들 덕분에 킥킥 웃곤 했다. "그러나 그의 뜻대로 되기 위해서는 비아그라 한 알이 필요했다."

브루스 커밍스는 북한을 "혐오를 주는 만큼 매력적이며, 독특하고 기이한 만큼 만만치 않은 나라"로, "좋은 나라는 아니지만 이해 가능한 나라"로 표현한다. 나는 북한에 대한 혐오감은 없지만(무심한 편이다), 그렇다고 매력적이거나 좋은 나라로 생각하지도 않는다. 그렇지만 이 책을 통해 북한의 만만찮은 측면 일부를 알게 되고, 북한을 좀더 이해할 수 있었다.

한국 현대사의 진실 드러내기는 커밍스의 특기 중

하나다. 그는 최근작에서도 우리를 계몽한다. '가짜 김일성론'의 허구성에 대해 색다른 각도로 접근한다. 2002년 커밍스는 일본을 연구하는 동년배 학자에게 메모 한 장을 건네받았다. 메모지에는 그가 개최한 세미나에 참석한 한 대학원생이, 김일성은 만주국에서 일본에 대항해 싸웠던 유명한 게릴라의 이름을 도용했다고 주장하더라는 내용이 씌어 있었다.

"그 학자는 이 주장이 사실이 아니라고 믿으면서 나의 견해를 물었다. 나는 아마도 그 학생이 한국 출신일 것이라고 대답했다. 이런 신화는 1945년 이래 주로—만주국에서— 일본군에 복무하다 남한 군대를 지휘하던 국군 장교들에 의해 널리 퍼졌다."

얼마 전, 김일성의 항일 빨치산 운동에 관해 질문을 받은 친일진상규명위원회 강만길 위원장이 "(김 전 주석이) 항일운동을 한 것은 역사적 사실이며, 독립운동으로 봐야 하고, 사회주의 등을 따지는 것은 그 이후의 문제"라고 답했다가, '김일성을 독립투사로 미화한다'는 반발을 사는 곤욕을 치렀다(《한겨레》 2005. 6. 4).

이 땅의 보수 진영이 아직도 이 문제에 민감하게 반응하는 것은 '도둑의 발 저림'이 풀리지 않아서일 것이다. 당시 일본인들은 "신문을 통해 김일성을 추격해 살해하기 위해 일본이 고용한 한국인 배반자Quisling. 나치스에 매국행위를 했다는 노르웨이 정치가의 이름들과 김일성 사이의 갈등을 대대적으로 보도했다. 그 가운데 하나가—1949년 소장으로 진급하여 38선에서 한국군을 지휘한— 김석원金錫源 대좌다."

아무리 생각해도 김일성이 지휘하는 동북항일연합군과 김석원 대좌를 앞세운 항일빨치산 토벌대가 서로 쫓고 쫓기는 장면은 서글프기 짝이 없다. 난센스다. 그래서일까. 김석원처럼 만주군 장교였던 박정희 전 대통령이 동북항일연합군 토벌작전에는 가담하지 않았다고 한사코 부인한 것은. 또 이럴 걸 두고 정권에 정통성이 없다 하나 보다. 정통성 있는 정권이라도 집권 뒤의

악행과 과오, 그리고 실책이 면죄되는 건 아니지만.

『김정일 코드』에 드러난 한국전쟁의 숨겨진 몇 가지 사실은 충격 그 자체다. 먼저 미군과 연합군을 형성한 국군의 전투 의지가 강하지 않았다는 것이다. "매튜 리지웨이 장군(주한 미 8군단장)은, 1951년 5월까지 남한 사람들은 10개 사단에 해당하는 장비를 전쟁터에 버렸다고 증언했다." 미국의 트루먼 대통령이 맥아더 장군을 경질한 것은 핵전쟁을 우려해서가 아니라 핵무기를 좀더 효과적으로 사용하기 위해서였다는 분석은 우리의 허를 찌른다. 그런데 가장 놀라운 것은 맥아더의 실로 과격한 전략 계획이다.

"나는 30에서 50개 정도의 원자폭탄을 투하하여… 만주의 목을 끊었을 것이다." 그 다음에는 압록강에 50만 국민당 군(중국의 장제스가 이끌던 군대)을 투입시킨 뒤 "우리 뒤쪽에 —동해에서 서해에 걸쳐— 방사능을 내뿜는 코발트 폭탄을 살포한다…코발트의 효력이 60년에서 120년이니까, 최소 60년 동안은 북한으로부터 어떠한 침략도 없을 것이다."

그런데도 우리는 인천 만국 공원(일명 자유 공원)에 맥아더의 동상을 우뚝 세워 놓은 것도 모자라 때때로 대한민국 경찰이 장군의 동상을 호위한다. 인천 어느 도서관 열람실 입구에는 맥아더의 '자녀를 위한 기도문' 액자가 걸려 있다. 이만 하면 인천상륙작전의 은혜를 다 갚지 않았을까. 6.25를 겪은 어르신들은 미국이 배급한 식량 덕택에 살아남았다며 고마움을 표하지만, 미군의 폭격과 학살에 의해 민간인의 숱한 희생이 있었던 것 또한 사실이다. 필자도 어렸을 적에 피부가 보라색으로 그을린 사람을 본 적 있는데, 그게 바로 한국전 당시 미군의 네이팜탄으로 인한 화상의 흔적이었다니.

이 책은 북한 핵문제에 한 장을 할애하는데 이와 관련해 우리가 쉽게 간과하는 내용, 예컨대 핵무기의 확산 방지와 핵확산금지조약NPT 같은 것에 정확한 이해를 도모한다. "핵 확산 방지 체제의 가장 기본적인 원

리는 핵을 보유하지 않은 국가는 핵보유국으로부터 위협을 당하지 않는다는 것이다." 또 "현행 NPT 조약은 1995년에 전반적인 재협의가 예정되어 있었는데, 일본이나 인도 같은 주요 국가들은 이 조약을 달갑게 여기지 않았다. 만약 북한이 단순히 핵무기만을 원했다면 이스라엘·인도·파키스탄처럼 애당초 NPT에 가입하지 않았을 것이다."

앞서 언급했듯이, 커밍스의 북한관은 복합적이다. 부연하면 "북한은 그야말로 이상하고, 쉽게 흥분하고, 시대착오적이며, 소심하지만 신랄한 국가다." 그런데도 커밍스는 북한이 안팎의 위협과 고장 난 사회 시스템에 굴하지 않고 그럭저럭 체제를 존속하리라 전망한다. 또 "정부는 손길이 반드시 미쳐야 하는 곳은 외면하고, 능력이 미치는 곳부터 우선 돕고 있다"고 하면서도, 북한 지도부에 후한 점수를 준다.

"그들은 눈보라치는 허허벌판에서 도조(일본의 전쟁범죄자, 도조 히데키- 인용자)의 총칼에 맞서서도 격렬한 투쟁을 멈추지 않았던 사람들이다. 그리고 진정으로 무슨 짓이라도 하려고 덤빈, 그리하여 악마의 얼굴을 그대로 닮은, 도조와 동일한 파시스트 앞에서도 무릎을 꿇지 않았던 사람들이다."

『한국전쟁의 기원The Origins of the Korean War』은 우리에게 커밍스의 이름을 각인시킨 그의 주저다. 『책이야기』(한겨레신문사)는 "이 책자가 담고 있는 수정주의적 시각이 하나의 충격적 가능성으로 확산됐다"고 전한다. 남한과 북한, 일부 미국 학자들의 관점에서 벗어나 "커밍스는 한국민의 불완전한 해방, 예속된 해방은 이미 한국전쟁의 기본적인 문제를 잉태하고 있었다고 주장, 문제를 복잡하게 했다"고 덧붙인다.

"한국인에게 해방은 좌절됐다"고 지적한 커밍스는 "한국전쟁은 그에 앞서 5년 동안 계속된 내부 투쟁의 공개판"이라는 입장을 분명히 했다는 것이다. 『책이야기』는 그러한 근거로 커밍스가 미군정의 부일협력자

등용, 한국민의 사회적 개혁 욕구 완전 묵살, 미국의 필요에 따른 남한만의 정부 수립 추진, 신탁통치는 소련의 억지가 아니라 미국의 일관된 주장이었다는 점 등을 구체적인 자료와 논증을 통해 제시했다고 설명한다.

필자는 이 책에서 비단 한국전쟁의 연원뿐만 아니라 현대 한국 사회의 기원을 읽는다. 이를테면 우리 사회에 팽배한 중앙집권적 관료주의는 식민지 국가 기구의 유산이다. 프랑스는 1937년 1700만 베트남 인구를 통치하는 데 행정 인원 2920명과 정규군 10,776명을 배치했다. 여기에다 행정과 민방위 조직에 베트남 사람 38,000명을 채용했다.

반면 같은 해에 일본은 2100만 한국인을 다스리는 데 일본인 246,000명이 공공 및 전문직에 종사하였고, 이와 비슷하지만 종속적인 지위에 있는 한국인을 63,000명이나 채용했다. 또 1937년 한국에 거주한 일본인의 42퍼센트가 총독부 업무에 종사했다고 한다. 따라서 "한국 관료세력의 지나친 중앙집권화 추세의 책임은 일본에 있는 것이다."

1980년대를 풍미한 사회과학 서적으로는 드물게 이 책이 지금까지 읽히는 까닭은 이런 측면과 무관하지 않을 터이다. 그런데 한국어판에 좀 문제가 있다. 커밍스가 다른 저서의 한국어판 서문에서 밝혔듯 이 책은 "해적판으로 또는 적당치 않게 번역"되었다. 『한국전쟁의 기원』은 1986년 두 종의 번역서가 한 달 보름 간격으로 거의 동시에 나왔다. 상·하 두 권으로 나눈 청사판(김주환 옮김)은 출판사가 없어져 이젠 헌책방에서나 구할 수 있다.

현재 정상적으로 유통되는 일월서각판(김자동 옮김)은 초판을 번각의 형태로 계속 찍는 탓에 인쇄 상태가 썩 좋지 않다. 오탈자와 오역도 바로잡지 못하고 있다. 그만큼 새로운 번역서의 출간이 절실하다 하겠다. 한국어판이 있는 『한국전쟁의 기원』은 두 권으로 완간된 이 책의 첫째 권『Liberation and the Emergence of Separate

Regimes 1945-1947』이다. 차제에 둘째 권『The Roaring of the Cataract 1947-1950』도 번역되었으면 한다.

『브루스 커밍스의 한국현대사Korea's Place in the Sun』(창작과비평사, 2001)는 외국인을 위한 한국현대사다. 이 책의 출간 직후, 커밍스가 자신의 견해를 바꿨다는 논평이 잇따랐다. 커밍스는 이를 예상이라도 한 듯 「서문과 감사의 글」에서 이런 얘길 한다. "나는 사고방식을 바꾸는 것은 성장의 신호라는 원칙 아래, 여전히 나한테 옳게 보이는 해석을 유지할 권리와 내 예전 연구에 나왔을지도 모르는 견해를 수정할 권리를 행사했다."

그런데 「한국어판을 내면서」에선 한국 "전쟁에 대한 나의 기본적인 판단은 결코 바뀐 적이 없다"고 잘라 말한다. "무엇보다도 1950년 6월에 전쟁이 시작된 것은 어느 누구의 잘못이라고 말할 수 없다. 왜냐하면 한국전쟁에 대한 내 책의 전체적 강조점은 내전은 시작하는 것이 아니라 복잡한 역사 속에서 자라난다는 것이기 때문이다."

외국 학자가 안내하는 한국현대사의 굽이굽이도 흥미로우나, 내 주의를 더욱 끄는 대목은 「미국의 한인들」을 다룬 제9장이다. 나는 재미교포(또는 재미동포)라는 표현이 영 마땅치 않은데 커밍스는 그것의 대체어를 제시한다. "한국계 미국인." 다시 말해 "그들은 단지 미국인일 뿐이다." 그래도 그간 써온 표현을 일거에 내치는 건 도리가 아니다. 미국에 사는 한국인을 두 개 범주로 나눌 때 요긴하게 써먹을 수 있다. 한국인처럼 보이지만 한국어를 못하면 한국계 미국인이고, "영어를 배우지 않고 작은 '코리아타운'에 틀어박혀 산다"면 재미교포다.

제9장에서 가장 인상적인 대목은 "한국계 미국인 전문가 계층"이 미국사회를 구성하는 소수민족의 비율보다 훨씬 높게 부상하리라는 전망이다. "이 계층이 설령 아직 미국사회의 중심무대에 알려지지 않았다 해도 머잖아 그럴 날이 올 것이다." 로드니 킹 사건의 장본인

이 몰던 차가 현대자동차이고, LA 폭동에서 부각된 한국계 미국인과 흑인 사이의 갈등이 실제로는 한국계와 라틴계의 갈등이라는 지적은 처음 듣는 얘기다.

이 밖에도 브루스 커밍스가 공동 필자로 참여한 몇 권의 책에서 그의 글을 접할 수 있다. 『대학과 제국—학문과 돈, 권력의 은밀한 거래』(한영옥 옮김, 당대, 2004)에는 커밍스가 미국의 국가안보정책이 대학의 학과·교재·학제 차원에서 영향력을 행사하는 방식을 톺아본 글이 실려 있다. 이 글 「경계의 해체: 냉전과 탈냉전 시대의 지역학과 국제학」을 마무리하는 인용문의 메시지는 결코 남의 일이 아니다. 다음은 미국 역사학자 버나드 A. 드보토의 말이다.

"대학은… 이렇게 말할 수 있어야 한다. 이 캠퍼스에서는 그 어떤 책도, 그 어떤 표현도, 그 어떤 연구도, 그 어떤 견해도 자유롭다고. 대학은 정부와 그 밖의 모든 것에 비판적인 위치를 견지해 나가야 한다. 대학이 이러하지 못할 때, 머지않아 대학은 대학이 지녀야 할 가치가 있는 모든 것을 잃게 될 것이다."

『그들만의 세상— 아시아의 미군과 매매춘』(김윤아 옮김, 잉걸, 2003)에서는 브루스 커밍스가 한국 편의 해설을 맡았다. 이 글은 우리를 부끄럽고 가슴 아프게, 슬프고 우울하게 한다. 절판된 『분단전후의 현대사』(편집부 엮음, 일월서각, 1983)에도 커밍스의 글이 실려 있다. 『김정일 코드』와 『대학과 제국』은 미국의 독립 출판사인 뉴 프레스를 통해 나왔다. 2004년 가을, 뉴 프레스를 설립해 운영하고 있는 앙드레 쉬프랭이 우리나라를 찾았다. 쉬프랭의 방한에 즈음해 그의 출판론 『열정의 편집』(한국출판마케팅연구소)이 선을 보인 바 있다.

브루스 커밍스는 미국에 한국 관련 정보와 자료는 풍부하지만, 정작 한국과 한국인을 잘 아는 미국인은 아주 드물다고 개탄한다. 그러면 우리는 미국과 미국인에 대해 얼마나 알고 있나? 우리 국민의 다수가 한반도의 평화를 위협하는 세력으로 미국을 지목하는 것은

그나마 다행스럽다. 여기서 한 걸음 나아가 커밍스가 『김정일 코드』에서 묘사한 미군의 한국에 대한 인식도 숙지하자.

미국 육군은 한국의 군사 기지들과 다양한 작전을 좋아한다. 요새화된 경계선 바로 건너에 있는 실제적이고 생생한 적을 향해 힘을 과시할 수 있는, 이 세계의 마지막 장소이기 때문이다. 군대를 동원하고 훈련하며, 가상전쟁을 실시하고, 장교들을 위해 현장경험을 습득시키고, 끊임없이 다음 전쟁을 수행할 시나리오를 짤 수 있는 곳이 한국이다.

브루스 커밍스의 책

한국전쟁의 기원 김자동 옮김, 일월서각, 1986.
한국전쟁의 기원 김주환 옮김, 청사, 1986.
브루스 커밍스의 한국현대사 김동노 외 옮김, 창작과비평사, 2001.
대학과 제국− 학문과 돈, 권력의 은밀한 거래 브루스 커밍스 외 공저, 한영옥 옮김, 당대, 2004.
김정일 코드 남성욱 옮김, 따뜻한손, 2005.
악의축의 발명− 미국의 북한, 이란, 시리아 때리기 차문석 옮김, 지식의풍경, 2005.

비노바 바베
Vinoba Bhave
1895-1982

땅을 나눠 갖자는 '부단 운동'을 전개한 사회개혁가

현대 인도의 정신적 지도자면서 사회개혁가인 비노바 바베의 이름은 우리에게 일찍이 알려졌다. 하지만 그의 저서와 그의 전기가 번역된 것은 근자의 일이다. 그런 점에서 비노바 바베는 틱낫한과 비슷한 유형의 해외 저자라고 할 수 있다. 물론 우리 출판·독서계의 수용 양상에서 비노바 바베와 틱낫한은 세부적인 면에서

는 차이점을 보인다.

우리 출판·독서계에서 2002년부터 일기 시작한 틱낫한 붐은 2003년 초 그의 방한으로 정점에 달했다. 그런데 틱낫한의 책들은 10여 년 전에도 소개되었고, 그는 이미 두세 차례 우리나라를 다녀간 바 있다. 반면 비노바 바베의 책들은 2000년 이후에야 비로소 우리말로 옮겨지기 시작했다. 그리고 그의 책들은 틱낫한 붐에는 훨씬 못 미치는 독자를 거느리고 있다.

한데 비노바 바베의 전기는, 비록 짧은 분량이지만, 꽤 오래 전에 한글로 활자화되었다. 1970년을 전후로 출판사 세 곳을 옮겨가며 출간된 위인 선집『세계의 위인상』에 비노바 바베 편도 실려 있다.『세계의 위인상』 가운데 가장 나중 것인 대일출판사(1973) 판을 보면, 비노바 바베는 '역사를 창조한 100인전'의 맨 마지막에 위치한다.

또한 이 책의 출간 당시를 기준으로 비노바 바베는 수록 인물 가운데 몇 안 되는 생존 인물 중 한 명이었다. 이 책에 실린 비노바 바베의 전기는 세로짜기 2단 조판으로 세 쪽밖에 안 되는 분량이지만 그의 생애를 잘 압축하고 있다.『세계의 위인상』에 수록된 비노바 바베 약전의 내용은 근자에 번역된 그의 책들에 겹쳐서 살펴보겠다.

지금까지 번역된 비노바 바베 관련서는 모두 네 권이고, 앞서 말한 대로 모두 2000년 이후에 나왔다(국립중앙도서관 데이터베이스 검색에서 2000년 이전의 비노바 바베 관련서를 찾지 못했다). 이 네 권의 번역은 김문호 씨가 도맡았다.

『비노바 바베』(실천문학사, 2000)는 그의 면모를 본격적으로 우리에게 소개한 최초의 책이다. 이 책은 전기로 분류되지만 막상 읽으면 자서전을 읽는 듯한 착각이 든다. 1인칭 서술 방식을 취하고 있어서다. 이 책을 지은 칼린디는 바로다 대학에서 사회복지학 석사 학위를 받은 직후인 1960년 비노바 바베를 만났고, 그녀는 언

론·출판과 관련해서 비노바 바베의 대변인 역할을 했다. 이 책은 칼린디가 꼼꼼하게 기록한 비노바 바베의 강연과 대화가 바탕이 되었다. 비노바 바베는 인도 카스트의 최고 계급인 브라만으로 태어났으면서도 육체노동자를 자임한다.

나는 육체노동자라고 생각하고 있다. 왜냐하면 나의 생애 가운데 가장 좋은 전성기인 32년 동안을 노동을 하며 지냈기 때문이다. 나는 인간사회가 행하지 않고는 살 수 없는 그런 형태의 노동에 관심을 집중하였다. 특히 노동 가운데서도 인도 사회가 천시하고 경멸하는 형태의 노동, 즉 똥 치우는 일, 옷감 짜는 일, 목수일, 농사 등에 관심을 가졌다.

또한 비노바 바베는 평생 책을 가까이 한 학자이기도 하다. 하지만 그는 제도 교육과는 거리를 두었다. 비노바 바베가 대학입학자격 증명서를 불태운 사건은 그의 성격을 단적으로 말해주는 일화로서 전기들에서 비중 있게 다뤄진다. 먼저 30여 년 전의 약전에 나타난 관련 대목을 보자.

"그가 19세 되던 1916년, 자신의 학교증명서를 불에 태워버렸다. 옆에서 저녁 준비를 하고 있던 어머니가 깜짝 놀라서 바베를 꾸짖으며 물으니까, '아마 그건 내게 이제 필요 없을 겁니다'하고 대답했다고 한다." 칼린디의 『비노바 바베』에는 이 장면이 좀더 자세하게 묘사돼 있다.

집을 떠나기 전에 나는 가지고 있던 모든 자격증들을 불살랐다. 대학입학자격증도 마찬가지였다. 나를 얽어매고 있던 모든 사슬들을 단번에 잘라버리고자 했던 것이다. 그러나 어머니는 몹시 걱정을 하시며 왜 그런 것들을 불사르느냐고 물으셨다.

"이제 이런 것들은 아무런 쓸모가 없어요."

그러자 어머니는 대답하셨다.

"지금은 그럴지도 모르지. 하지만 그냥 보관한다고 해로울 건 없지 않겠니?"

나는 단호하게 말했다.

"아녜요 어머니, 나는 월급 받는 일은 절대로 안 할 겁니다.

영국 식민지 치하 인도 감옥에서의 비노바 바베의 일화는 그의 비범함을 보여준다. 그는 정치범에 대한 특별대우와 옥중 투쟁에 대해 비판적인 태도를 취했다. 그가 위험인물로 분류돼 보내진 벨로레 감옥에는 정부의 비용으로 갖가지 사치스런 물품이 차입되었던 모양이다. 비노바 바베는 이런 관행이 "우리를 지극히 무기력하게 만드는 것이었으며, 우리의 운동에 활력을 없애버리고자 의도된 것이었다"고 여겼다. 그래서 그는 그러한 것들을 싫어했다.

벵갈 지역에서는 기근이 발생했는데도 교도소 측에 간이침대와 의자 같은 것들을 요구하고, 그것들을 주지 않으면 소란을 피우면서 '투쟁' 운운하는 동료 양심수들을 못마땅해 했다. "결국 정부가 우리의 요구를 들어주면, 우리는 그것을 개선이요, 승리라고 말했다. 그게 무슨 승리요, 개선인가! 그것은 어리석음이요 패배일 뿐이었다."

당시 식민지 인도의 감옥에서 정치범들에게는 책을 읽을 수 있는 특전이 주어졌다. 물론 반입 금지 도서들은 수감자들에게 독서가 허락되지 않았다. 그런데 다른 양심수들은 열 권 넘게 신청해도 한두 권밖에 반입 허가가 나지 않는 데 비해, 비노바 바베는 책을 신청하는 대로 반입이 허가되었다. 이에 대해 그는 이렇게 말했다.

정부에 죄다 얼간이들만 앉아 있어서 그렇지요. 무엇이 진짜 위험한 것인지를 모르니까요. 만일 정부가 그걸 알았더라면 『(바가바드)기타』나 『우파니샤드』는 들여보내지 않았을 겁니다. 『기타』를 가지고 기초를 튼튼히 쌓지 않았더라면 간디 선생은 아마도 그렇게 '위험한' 간디는 되지 않았겠지요.(중략) 삶의 기본적인 원칙들을 다루는 책들만이 독재권력을 파괴할 수 있는 폭발력을 가지고 있는 겁니다.

비노바 바베는 감옥에서 강연자로서 큰 인기를 모았다. 둘리아 감옥에서 함께 수감된 성자들을 상대로 시작한 『바가바드 기타』에 대한 강연이 일반 남자 죄수와, 남자 죄수와의 접촉이 금지된 여자 죄수에게까지 확대되었다. 심지어 어떤 간수는 자신의 아내까지 데려와 비노바 바베의 강의를 들었다.

『천상의 노래』(실천문학사, 2002)는 비노바 바베가 감옥에서 행한 『바가바드 기타』 강연록이다. 그는 『기타』를 끊임없이 되새기게 되는 주된 이유가 "도움을 필요로 할 때 언제라도 『기타』로부터 도움을 얻을 수 있기 때문"이라고 말한다. 그리고 실제로도 항상 도움이 된다고 덧붙인다. "『기타』는 삶에 응용할 수 있는 학문이기 때문에 자신의 의무(스바다르마)를 강조합니다. 만일 인간의 삶을 지탱해 주는 하나의 강력한 받침대가 있다면 그것은 자신의 의무를 수행하는 일입니다."

'시간'은 2004년 출판·독서계의 흐름을 주도하는 주제어 가운데 하나가 될 전망이다. 지난해 가을부터 불기 시작한 '아침형 인간'의 위력이 여전하고, '저녁형 인간'에다 '잠자는 기술'을 조언하는 책까지 등장했다. 여기에다 예전의 베스트셀러였던 『시간을 지배한 사나이』(정신세계사, 1990)가 『시간을 정복한 남자, 류비셰프』(황소자리, 2004)라는 제목으로 다시 번역되었다.

그런데 『비노바 바베』에는 비노바 바베의 시간관이 언급돼 있어 눈길을 끈다. 그는 하루 스물네 시간을 안배하는 계획을 생각해냈는데 우선 하루에 여덟 시간은 잠을 자거나 휴식을 취한다. "나머지 열 여섯 시간 가운데서 다섯 시간은 목욕하고, 밥 먹고, 다른 육체적

인 요구들을 충족시키는 데 사용한다. 두 시간은 영성활동, 즉 기도와 신앙서적 읽기, 예배적인 의미를 지닌 실 잣기, 또는 다른 예배적인 활동을 해야 한다. 한 시간은 미처 끝내지 못한 일을 완결 짓기 위해서 완전히 자유시간으로 남겨두어야 한다." 그럼 이제 남아 있는 여덟 시간에는 무얼 할까? 비노바 바베는 그 시간을 공적인 활동, 다시 말해 생활비를 버는 일에 써야 한다고 말한다.

무엇보다 비노바 바베는 탁월한 사회개혁가였다. 그는 토지헌납 운동인 '부단 운동'을 주도했다. 비노바 바베는 지주들에게 땅이 없는 이들을 위해 6분의 1의 토지를 공유하자고 요구했는데 그 근거는 이렇다. "인도의 가정들은 평균적으로 아들을 다섯 명 정도 두고 있기 때문에 땅이 없는 가난한 사람들을 여섯 번째 아들로 받아들이라는 것이다."

비노바 바베는 삼중의 변화를 사회개혁의 목표로 삼았다. "먼저 마음의 변화가 있어야 하고, 다음으로는 개인의 생활습관에 변화가 있어야 하며, 그것이 사회구조의 변화로 이어져야 한다." 그가 시크교를 보는 관점은 우리에게 인도 사회 불안의 한 요소로만 알려져 있는 시크교도에 대한 시각 교정을 유도한다. "시크교의 기본적인 원리는 이런 것입니다. 온 세계가 하나의 인종이요, 하나의 공동체다. 그 안에서는 구별도 없고 카스트의 차별도 없다는 것입니다. 참으로 위대한 정신이지요."

그런데 비노바 바베는 '부단 운동'을 이끌며 인도 전역을 돌아다닐 적이나 정부의 요청으로 분쟁을 중재하러 갈 때에도 주로 걸어 다녔다. 『세계의 위인상』에 실린 그의 약전에는 이런 대목이 있다. "네루 수상은 이 지역(아삼 州)을 바베가 방문해 주기를 바랐고 그래서 비행기를 제공했지만 바베는 비행기를 거절했다. 그리고는 4천 마일이나 도보여행을 했었다. 하루 평균 10마일을 걸어서 5개월이나 걸렸다."

그는 부단 여행을 하는 동안 왜 그렇게 걸어 다니느냐는 질문을 받곤 했는데 그가 걷기를 고집한 데에는 분명한 이유가 있었다. "다른 방법으로 다니는 것보다는 도보로 다녀야 그 지방과 그 곳의 사람들을 더 가깝게 만날 수 있을 것이다. 내가 걸어서 여행한 이유는 바로 그것이었다. 내가 상상하지도 않았던 의외의 것을 본 것은 아니었지만 어쨌든 내가 도보로 여행을 하지 않았더라면, 그 모든 것을 직접 보지는 못했을 것이다."

비노바 바베는 마하트마 간디와 밀접한 관련이 있다. 『세계의 위인상』의 짧은 전기는 도입부에서 그런 점을 확실히 밝혔다. "현재 또 하나의 인도인이 수백만의 자유민으로부터 간디가 받던 숭배를 받고 있다. 비노바 바베라는 인도 사람이다. 그는 여러 지역에서 제2의 간디로 존경받고 있는데 그것은 조금도 놀라운 일이 아니다. 왜냐하면 그는 간디의 제자로서 22세 때 간디의 아쉬람(공동체)에 참석하여 오늘날 70이 가깝도록 열심히 일하였기 때문이다."

『비노바 바베, 간디를 만나다』(오늘의책, 2003)는 어째서 그가 간디 사상의 계승자로 평가받고 있는지 잘 말해주는 책이다. 이 책에서 비노바 바베는 곡진한 해석을 통해 간디의 사상을 더욱 풍성하게 한다. 아래의 구절은 그 단적인 보기다.

그는 진리와 비폭력을 사회활동, 정치, 건설 프로그램, 공공 기구, 교육과 연결지었고, 진리와 비폭력은 사회의 향상을 위해서 그리고 공공활동을 위해서 근본적으로 중요한 것이며, 또한 그런 것들이 사회적 섬김의 시금석이 된다고 선언했다.

비노바 바베는 위대한 인물들로부터는 그들의 이념만 취해야지, 그들의 삶에서 나타난 우연적인 것에 지나치게 집착해선 안 된다고 경계한다. 그런데 이런 점은 간디뿐만 아니라 비노바 바베에게도 적용돼야 할

듯싶다. 인도 출신의 생태주의자인 사티시 쿠마르가 엮은 비노바 바베 사상선집이라 할 수 있는 『버리고, 행복하라』(산해, 2003)에 담긴 비노바 바베의 삶의 철학은 그것의 진정성에도 불구하고 우리가 섣불리 받아들이기에는 곤란한 측면이 있다. 비노바 바베의 철학이 인도 사회에 기초해 있는 데다 벌써 한 세대가 흘러서 그런지 몰라도 세상사를 단순하게 바라본 대목이 적지 않다.

아무튼 사티시 쿠마르는 간디에게 있어 비노바 바베가 한 역할을, 비노바 바베에게 하고 있는 듯싶다(『비노바 바베』에도 사티시 쿠마르의 글이 첫머리에 놓여 있다). 그러니까 비노바 바베는 간디와 사티시 쿠마르를 이어주는 가교인 셈이다.

■ 비노바 바베의 책
삶으로 배우고 사랑으로 가르치라 김성오 옮김, 씨알평화, 2007.
홀로 걸으라, 그대 가장 행복한 이여 구탐 바자이 사진, 김진 편역, 예담, 2006.
버리고, 행복하라 김문호 옮김, 산해, 2003.
비노바 바베, 간디를 만나다 김문호 옮김, 오늘의책, 2003.
천상의 노래 김문호 옮김, 실천문학사, 2002.

■ 비노바 바베에 관한 책
비노바 바베─ 명상과 혁명 칼린디 지음, 김문호 옮김, 실천문학사, 2005.
비노바 바베 칼린디 지음, 김문호 옮김, 실천문학사, 2000.

빌헬름 라이히
Wilhelm Reich
1897-1957

성의 억압이 파시즘을 낳는다

자연스런 욕망의 분출이 건강한 삶을 영위하게 한다고 주장해 성혁명가로도 불리는 빌헬름 라이히의 생각은 새삼스럽게 우리의 주의를 끈다. 성이 개방된 유럽의

여러 나라나 성에 대해 관대한 미국과 일본에서는 라이히의 주장을 낡은 생각으로 치부하겠지만, 성에 대한 이중 잣대가 엄존하는 우리 사회에서 라이히는 여전히 설득력을 갖는다.

좀 지난 일이지만 1997년 일어난 두 개의 사건은 우리 사회에 만연한 성의 이중성을 단적으로 보여주었다. 외설소설을 쓴 혐의를 받은 소설가의 법정구속과 일개 누드모델의 금의환향이라는 양립할 수 없는 현상을 이해하는 데 라이히는 긴요한 시사점을 제공한다. 한편 파시즘의 발생 원인에 대한 라이히의 정치한 분석은 어두운 역사를 쉽게 망각하는 이들에게 경종을 울리기도 한다. 강준만 교수는 박정희 개발독재를 극구 찬양하는 소설가의 정신상태를 라이히의 의견을 빌려 비판한다.

파시스트의 정신성은, 노예 상태에 있으며 권위를 갈망하는 동시에 반역적인 '소심한 인간'의 정신성이다. 모든 파시스트 독재자들이 소심한 인간의 반동적 분위기로부터 생겨났다는 것은 우연한 일이 아니다.(『인물 과사상』 제2호, 개마고원)

1982년부터 번역되기 시작한 라이히의 책은 이제 6권(종수로는 5종)에 이른다. 천변만화를 거듭한 라이히 사상의 변천을 가늠하기에는 턱없이 모자란 숫자이나 아쉬운 대로 그의 사상적 궤적을 추적할 수 있다. 한 가지 짚고 넘어가야 할 점은 라이히 사상의 국내 수용이, 해당 분야라 할 수 있는 정신의학계에서는 거의 이뤄지지 않고 있다는 점이다. 라이히를 주목한 국내 학자들은 대부분 인문·사회과학 전공자다. 일찍이 라이히에게 관심을 갖게 된 한 학자는 "정신과 전문의조차 프로이트를 제대로 읽은 이가 드물다"고 지적한다.

라이히가 프로이트의 동료이자 제자인 사실을 반영이라도 하듯이 첫 번째 번역서는 프로이트와 관련된 내용을 담고 있다. 『프로이트와의 대화』(종로서적, 1982)는 프로이트에 대한 라이히의 증언록이다. 라이히가 프로이트 기록보관소 대표 쿠르트 R. 아이슬러와 나눈 대화와 그의 편지로 이뤄져 있다. 원제는 『라이히, 프로이트에 관해 말하다Reich Speaks of Freud』로 번역서의 제목은 당시 우리에게 거의 알려져 있지 않았던 라이히의 미약한 위상을 말해주는 듯하다. 여담이지만 번역은 황재우가 맡았는데 이는 황지우 시인의 본명이다. 활자의 오식으로 황지우라는 필명을 갖게 되었던바, 번역가로 활동하던 시절의 시인의 본명을 이 책을 통해 확인할 수 있다.

라이히 사상의 소개는 『파시즘의 대중심리』(현상과인식, 1986)가 출간되면서 본격화한다. 파시스트의 성격구조를 파헤친 이 책은 그의 주저에 속하는데 성의 억압구조와 사회구조 사이의 관계 해명을 파시즘 분석으로 연결하고 있다. 성의 억압이 대중을 피동적·반정치적으로 이끌며 종국에는 정치적 반동세력으로 만들어 파시즘을 지지하게 된다고 지적한다.

파시즘을 극복하는 방안으로 라이히는 일-민주주의 체계를 제시한다. '일-민주주의Work-democracy'는 "자연스럽고 유기적으로 태어나서 자라고 발전해온 합리적 대인관계에 의해 지배되는 모든 생활기능의 총합"을 말한다. 라이히 사상의 핵심개념 중 하나인 일-민주주의는 욕망의 자연스런 분출이 인간적이라는 그의 기본 사상과 맞닿아 있는 셈이다. 라이히는 일-민주주의 체계를 구현하려면 왜곡된 성격구조, 가족제도, 사회체계, 국가 등이 어떤 메커니즘을 통해 관계를 맺고 있는지 낱낱이 해부해야 한다고 강조했다. 라이히의 저서 가운데 두 번째로 소개된 이 책은 요즘도 찾는 사람들이 더러 있지만 절판되어 구하기 어렵다.

『작은 사람들아 들어라』(일월서각, 1991)는 『파시즘의 대중심리』에서 다룬 주제를 에세이 형식으로 재론하고 있다. 이 책은 하찮은 인간이 어떤 고통을 받고 이에 대해 어떻게 반항하는지, 국민의 대표로 권력을 얻을 때마다 어떻게 권력을 악용하고 잔인한 것으로 만드는지 밝히고 있다. 이 책은 『파시즘의 대중심리』보다 12년 뒤인 1945년에 씌어졌다. 미국으로 망명한 후 정립한 새로운 이론인 오르곤 이론을 갈고닦을 때였지만 파시즘에 대한 침묵의 대가는 폭정과 전쟁, 그리고 왜곡된 성생활이라는 생각은 변함이 없다. 이 책에서 라이히는 필부필녀에게 자신과 자식들에 대한 개인적 책임을 저버리지 말라고 설파하기도 한다.

1993년 『성문화와 성교육, 그리고 성혁명』을 펴낸 제민각의 고충석 대표는 "우리 사회에 만연한 성적인 방종과 무지, 특히 청소년의 성에 대한 무지를 일깨우기 위함"이라고 이 책의 출간의도를 밝힌 바 있다. 그래선지 이 책은 라이히의 다른 책과는 달리 대형서점의 유아 성교육 서가에 꽂혀 있기도 했다. 이 책의 원제는 『문화적 투쟁으로서의 성Die Sexualität im Kulturkampf』이고 영역본은 『성의 혁명The Sexual Revolution』이라는 제목으로 간행되었다. 그러니까 성문화가 성혁명을 거쳐 우리나라에서는 성교육으로 책의 비중이 옮겨진 셈이다.

『성혁명』(새길, 2000)은 『성문화와 성교육, 그리고 성혁명』과 같은 책이다. 영문판의 제목을 따랐다고 하겠는데, 여기에는 이전 번역판보다 서문이 두 개나 더 붙어 있다. 제2판과 제4판의 서문이 그것이다. 제2판의 서문에서 라이히는 자신의 책을 다음과 같이 설명한다. "이 책은 성 과학적 교재도 아니고 현재의 성 위기에 관한 역사도 아니다. 그것은 전형적인 실례들을 통해서 현재의 성 생활에 있는 모순들의 일반적인 근본 특징을 보여주는데 일부러 한정하고 있다."

『문화적 투쟁으로서의 성』(솔출판사, 1996)은 한국어판 라이히 선집이지, 앞서 언급한 독어판의 번역서는 아니다. 2부로 구성된 이 책의 1부는 성 경제학 이론을 발췌했고, 2부는 정신분열증 환자를 위한 오르곤요법 임상치료기를 담았다. 라이히의 중요한 논점들을 보여주기는 하지만 그에 대한 본격적인 연구가 진행돼야 한다는 필요성을 제기하는 책이다.

이 책을 편역한 박설호 교수(한신대 독문학)가 정리한 라이히의 저술 목록은 라이히 연구의 훌륭한 나침반이다. 외국에도 그의 전집이 나와 있지 않은 탓에 박 교수는 일일이 라이히의 책을 찾는 수고를 아끼지 않았다. 우리는 이 다섯 번째 번역서에서 처음으로 라이히의 얼굴을 접하기도 한다.

라이히는 아래의 문구로 책을 시작하는 경우가 종종 있는데 그의 핵심 어구로 봐도 무방할 듯하다. "사랑, 일, 그리고 지식은 우리의 생활의 원천이며, 또한 이것들이 우리의 생활을 지배해야 한다." 빌헬름 라이히는 사회규범과 타협점을 찾지 못하고 더욱 급진적인 이론을 전개하다 감옥에서 쓸쓸하게 일생을 마쳤다. 라이히의 책들은 그의 조국뿐 아니라 망명지에서도 판매 금지 당하는 불운을 겪기도 했다.

빌헬름 라이히의 책

성정치(개정 증보판) 윤수종 옮김, 중원문화사, 2011.
성정치 윤수종 옮김, 중원문화사, 2011.
성혁명 윤수종 옮김, 중원문화사, 2011.
성혁명 윤수종 옮김, 새길, 2000.
그리스도의 살해 윤수종 옮김, 전남대학교출판부, 2009.
파시즘의 대중심리(그린비 크리티컬 컬렉션 3) 황선길 옮김, 그린비, 2006.
오르가즘의 기능(그린비 크리티컬 컬렉션 4) 윤수종 옮김, 그린비, 2005.
성문화와 성교육, 그리고 성혁명 이창근 옮김, 제민각, 1993.
문화적 투쟁으로서의 성 박설호 옮김, 솔출판사, 1996.
작은 사람들아 들어라 곽진희 옮김, 일월서각, 1991.
파시즘의 대중심리 오세철·문형구 옮김, 현상과인식, 1986.
프로이트와의 대화 황재우 옮김, 종로서적, 1982.

빌헬름 라이히에 관한 책

(세상에 대한 분노)빌헬름 라이히 마이런 섀라프 지음, 이미선 옮김, 양문, 2005.

사티시 쿠마르
Satish Kumar
1936-

녹색운동의 성자_{Guru}

인도 라자스탄 태생의 사티시 쿠마르는 직함이 여럿이다. 평화순례자이고, 녹색운동가이며, 녹색사상의 연구·교육 기관인 슈마허 대학을 설립하여 운영하는 교육자다. 1973년부터 영국의 생태잡지 〈리서전스 Resurgence〉를 만들고 있는 편집자이기도 하다. '녹색운동의 성자'로 통하는 사티시 쿠마르는 그의 저서 말고도 다른 두 개의 매체를 통해 우리에게 친숙하다.

먼저 역시 인도의 정신적 지도자이자 사회개혁가인 비노바 바베의 한국어판 관련서에 사티시 쿠마르의 이름이 보인다. 사티시 쿠마르는 비노바 바베의 사상선집이랄 수 있는 『버리고, 행복하라』(산해, 2003)를 엮었고, 칼린디의 비노바 평전 『비노바 바베』(실천문학사, 2000)에도 그의 글이 실려 있다.

사티시 쿠마르는 〈녹색평론〉 지면을 곧잘 타곤 한다. 〈녹색평론〉 2000년 7-8월 통권 제53호는 녹색사상가 시리즈의 일곱 번째 인물로 사티시 쿠마르를 소개한다. 데릭 젠슨과의 인터뷰가 실려 있는데 인터뷰 말미에서 사티시 쿠마르는 비폭력의 덕목으로 참을성과 자비심을 강조한다.

비폭력의 문화를 건설하는 데 비방秘方이나 지름길은 없습니다. 매우 힘들고, 고통스럽게 느린 작업입니다. 참을성이 아주 많아야 합니다. 자비심도 필요합니다. 참을성과 자비심은 비폭력의 두 가지 덕목입니다. 문화는 한사람, 한사람씩 변화시킬 것입니다. 우리는 모두 거대한 하나의 운동, 하나의 큰 대화의 일부이기 때문입니다.

2004년 봄, 사티시 쿠마르는 녹색평론사가 주최한 '21세기를 위한 사상강좌'의 네 번째 연사로 우리나라를 찾았다. 〈녹색평론〉 2004년 7-8월 통권 제77호에는 이틀에 걸친 강연과 토론 내용이 실려 있는데, 질의응답에서 사티시 쿠마르는 개발과 진보를 '자발적인 소박함'으로 대체하기를 제안한다.

오늘날의 생태주의 시대에 개발과 진보는 적당하지 않은 단어입니다. 저는 우리가 새로운 단어를 사용하기를 원합니다. 그것은 자연세계와 인간세계의 조화로운 관계를 의미하는 단어여야 합니다. 저는 그 단어가 '자발적 소박성'이라고 생각합니다. 소박한 삶이 아름다운 삶입니다. 개발이나 진보가 아니라 '소박함'의 가치가 옹호되어야 합니다. 개발이나 진보가 아니라 삶의 질에 대해서 관심을 가져야 합니다.

사티시 쿠마르의 『부처와 테러리스트』(달팽이출판, 2005)는 감동을 주는 단아한 소품이다. 사티시 쿠마르가 불교의 전통적인 이야기를 재구성한 까닭을 번역자는 "대상과 정도를 가리지 않는 폭력이 난무하는 이 시대에 그 폭력의 뿌리가 무엇인지 살펴보고, 그 근원에 자리 잡고 있는 두려움을 극복하는 용기를 발현하여 사랑과 자비로 폭력의 악순환을 끊어 보자는" 메시지로 받아들인다. 옳은 해석이다.

그런데 필자는 앙굴리말라 이야기를 성경에 나오는 사울의 회심과 겹쳐 보고 싶다. 앙굴리말라는 석가모니 시대에 사람을 죽여 손가락(앙굴리)으로 만든 목걸이(말라)를 하고 다닌 천하의 악한이다. "사울은 교회를 쓸어버리려고 집집마다 돌아다니며 남녀를 가리지 않고 끌어 내어 모두 감옥에 처넣었다."(사도행전 8:3)

부처를 만난 앙굴리말라는 "자기 방법의 부질없음을, 죽임과 폭력의 부질없음을, 권력의 부질없음을" 깨닫는다. 이윽고 앙굴리말라는 스스로 깨닫고 깨어난다. "부처는 앙굴리말라의 눈을 들여다보았다. 마치 이렇게 재촉하는 것 같았다. '선택을 해, 앙굴리말라, 선택을 해! 나를 죽이든지, 나에게 내맡기든지.' 갑자기 돌파구가 보였다. 앙굴리말라는 칼을 땅에 꽂아버리더니 손가락 목걸이를 잡아 뜯고는 땅에 박힌 칼을 뽑아들고서 널따란 칼날로 땅에 재빨리 구덩이를 팠다. 그리곤 목걸이를 구덩이에 던져 넣고 흙으로 덮어버렸다." 부처가 처음 본 급격한 교화였다.

사울이 길을 떠나 다마스커스 가까이에 이르렀을 때에 갑자기 하늘에서 빛이 번쩍이며 그의 둘레를 환히 비추었다. 그가 땅에 엎드러지자 "사울아, 사울아, 네가 왜 나를 박해하느냐?" 하는 음성이 들려 왔다. 사울이 "당신은 누구십니까?" 하고 물으니 "나는 네가 박해하는 예수다. 일어서서 시내로 들어가거라. 그러면 네가 해야 할 일을 일러 줄 사람이 있을 것이다" 하는 대답이 들려 왔다. (사도행전 9 : 3-6)

사울이 사도 바울로 거듭났다면, 앙굴리말라는 아힘사카, 곧 해롭지 않은 사람으로 번신翻身을 이루었다.

사성제四聖諦, 팔정도八正道와 함께 불교의 핵심을 간추린 것은 이 책의 미덕이다. "무엇이든 그대 자신과 남들의 고통을 덜어주는 것이 있으면 그것이 올바른 것이다. 고통을 더해주는 것은 무엇이든 그릇된 것이다." 헌신적인 제자인 난다니 부인의 올바름에 관한 물음에 대한 부처의 가르침이다. 또 부처는 파세나디 왕에게 고정불변한 것은 존재하지 않는다고 설파한다.

"전하, 모든 것은 변하기 마련입니다. 우리는 모두 변화할 수 있습니다. 단순히 변화할 수 있는 것만이 아닙니다. 변화는 불가피한 것입니다. 변화하지 않는 것은 단 하나뿐입니다. 그것은 '변화 그 자체' 입니다."

2004년 6월 5일 서울 교보문고 광화문 매장에서 열린 '제3회 2004 환경책 큰 잔치' 개막 행사장에서 사티시 쿠마르의 『그대가 있어 내가 있다』(달팽이출판, 2004)를 펴낸 출판사의 대표를 만났다. (이하 『그대가 있어 내가 있다』에 관한 내용은 〈녹색평론〉 2004년 7-8월 통권 제77호에 기고한 서평의 일부) 출판사 대표와 이런저런 얘기를 나누다가 사티시 쿠마르의 책이 언론에 제대로 소개되지 않아서인지 판매가 부진하다는 그의 말에, 시간이 지날수록 천천히 꾸준하게 팔릴 거라고 화답한 것이 화근이라면 화근이다. 책을 다 읽고 보니 제1부 첫 장만 읽고 내린 판매 전망은 섣부른 예측이면서 필자의 불찰이 될 가능성이 높아져서다.

사티시 쿠마르의 『그대가 있어 내가 있다』는 우리말로 옮겨진 그의 두 번째 책이다. 먼저 번역된 『사티쉬 쿠마르』처럼 이 책 역시 자전적이다. 하지만 본래 의미의 자전적 기록과는 거리가 있다. 이 책은 유년기 자아 형성에 결정적 영향을 준 어머니에서부터 아홉 살 때 입문해 열여덟까지 머문 자이나교의 스승들과 간디, 러셀, 슈마허 같은 사상의 은사들을 등장시켜 그의 세계관 형성 과정을 드러낸 일종의 사상적 자서전이다.

흥미로운 것은 사티시 쿠마르가 자신에게 적잖은 영향을 미친 사상의 은사들의 내레이터를 자임한다는 점이다. 사티시 쿠마르가 은사들 뒤로 자신의 모습을 감추는 의도는 제목에서 어렴풋하게 짐작할 수 있으나, 그런 숨은 의도는 책을 한참 읽어야 전모가 드러난다. 남의 얘기를 전달하는 데 치중하다 보니, 책의 전반부에서 사티시 쿠마르의 육성을 들을 수 있는 대목은 제2부의 한 장을 이루는 「끊임없이 흐르는 강」 정도가 고작이다. 여기서도 역시 또 하나의 은사인 비노바 바베의 영향에서 크게 자유로운 것 같지는 않다. 아무튼 상대적으로 또렷하게 들리는 사티시 쿠마르의 육성에 기대어 그의 생각의 갈피를 잡아보자.

그는 모든 활동이 신성하게 이루어질 때 사회는 더욱 성숙해진다고 말한다. "인정과 보상을 바라는 욕구를 지니지 않고 행동하며, 자의식을 갖지 않고, 탐내지 않으며, 우리의 노동이 어린아이와 같은 순수한 마음을 가지고 나타날 때, 우리의 활동은 선물(다나)이 된다"는 것이다. 하지만 불순한 동기와 이기적인 이유로 활동하면 아무리 작품이 훌륭해도 사회를 성숙시키지 못한다고 덧붙인다.

또 그는 자신을 충만하게 하는 방법으로 겸손과 봉사, 공부와 잠의 네 가지를 든다. "겸손(비나야)은 자존심이라는 무게에서 우리를 자유롭게 해"주고, "봉사(세와)는 우리가 가지고 있거나 몰두하고 있는 문제에 대한 강박관념을 깨끗이 씻어 준다." 따라서 봉사는 "자선이나 이타주의가 아니라 자신을 새롭게 하기 위한 것이다." 공부(스와댜야)는 책을 읽고 명상하며 사려 깊은 활동을 통해 자신을 새롭게 만드는 것이다. 잠자기(니드라)는 손상된 영혼을 치유하는 가장 좋은 방법이다.

책의 중반부에서도 어렵사리 사티시 쿠마르의 육성을 들을 수 있는데 제2부에 들어 있는 「합리주의와 비폭력」에 관한 성찰이 그것이다. "폭탄을 반대하면서도 과학합리주의와 이원론과 개인주의와 소비자 중심주의 같은 것들에 대해 근본적인 의문을 가지지 않는 사람들은 절대 핵폭탄에서 자유로운 미래를 얻을 수 없다."

사티시 쿠마르가 자신의 생각보다 은사들의 가르침을 앞세운 데에는, 표제로 사용된 마지막 장에서 밝힌 대로, 근대 서양 문명의 기반이 된 데카르트의 이원론을 비판하고 불가에서 말하는 '상호의존의 깨달음'을 옹호하려는 의도가 다분해 보인다. 다시 말해 책의 전개 방식부터 분리 철학을 지양하고 관계 철학을 복원하는 형태를 취한 것이다. 그러니까 '그대가 있어 내가 있다'는 '생각한다. 그러므로 존재한다'와 대립항을 이루는 셈이다.

책의 대부분을 차지하는 은사들의 일화와 가르침은 취할 바가 많다. 예컨대 자이나교의 스승 구루데브 툴시는 "진리를 안다는 것은 겸손하며, 새로운 발견에 열려 있으면서도 궁극적인 발견이나 마지막 발견이라

는 건 없다는 걸 받아들이는 것이다. 진리는 그 자체다. (중략) '모든 진리'를 안다고 주장하는 개인이나 그룹은 잘못을 저지르는 것"이라고 했다.

하지만 똑같은 형식이 반복되는 이야기 구조는 독자의 몰입을 방해하는 단점이 있다. 필자는 이 책을 꽤 더디게 읽었는데 필자의 집중력이 떨어져 그런 것이 아니라면 그것은 아마도 반복되는 이야기 패턴이 독자의 흥미를 떨어뜨리기 때문이리라. 여기에다 직간접 화법으로 전달되는 간디, 비노바 바베, 러셀, 슈마허, 마틴 루터 킹, 반다나 시바의 언설들은 그것을 이미 접한 독자에게는 더욱 흥미를 떨어뜨리는 요소로 작용한다. 게다가 사티시 쿠마르의 생각을 읽고자 하는 독자에게는 궁금증을 자아내게 한다.

물론 방금 나열한 사상가들을 잘 알지 못하는 독자에게 이 책은 이들에 대한 훌륭한 입문서가 될 수도 있고, 한때 책의 옮긴이처럼 존재론적 고민에 빠진 독자에게는 귀중한 지침서가 될 수 있다. 그리고 이 책의 출간이 사티시 쿠마르의 방한 시점과 맞물렸음에도 우리의 언론이 이 책을 외면한 까닭은 필자가 지적한 아쉬움과는 관계가 없어 보인다. 사티시 쿠마르가 우리 사회에 덜 알려져 있는 데다 언론 종사자들마저 그를 잘 모르기 때문일 것이다.

『사티쉬 쿠마르』(한민사, 1997)는 자전적 수행기로 그의 어머니가 꾼 태몽부터 영국 다링톤 재단의 도움을 받아 슈마허 대학을 설립하는 과정까지 담았다. 사티시 쿠마르는 1936년 8월 9일 새벽 4시, 스리둥가르가르라는 도시에서 태어났다. 그가 태어난 시각은 창조의 신 브라흐마의 시간이며, 완전한 정적과 고요 그리고 평화의 시간으로, 새벽 햇살이 대지를 비추듯 지혜의 빛이 영혼을 비추는 때라고 한다. 사티시 쿠마르의 조상은 카스트의 군인 계급인 크샤트리아에 속하는 라지푸트였다.

사티시 쿠마르가 초대 학장을 맡은 슈마허 학교는

1991년 1월 13일 가이아 이론으로 유명한 제임스 러브록의 강연으로 문을 연다. 걸프 전쟁이 발발하여 학교가 있는 영국 이외의 다른 나라 학생들의 참여가 늦었음에도, 첫 강좌에 학생 25명이 참석하였다. 곧 해외 학생의 참여가 늘어나 개교 첫해만도 30여 개 나라에서 학생들이 슈마허 학교를 찾았다. 사티시 쿠마르는 그때까지 자신이 쌓은 삶의 경험들을 슈마허 학교에 쏟아부었다.

이 책의 번역자는 '옮긴이의 말'에서 다음과 같은 속내를 드러낸다. "이 책의 번역 과정 동안 제가 행복한 번역가일 수 있었듯이, 이 책을 읽는 동안 여러분도 행복한 독자일 수 있기를 바라는 마음 간절합니다."

사티시 쿠마르의 책

사티시 쿠마르 서계인 옮김, 한민사, 1997.
그대가 있어 내가 있다 정도윤 옮김, 달팽이출판, 2004.
부처와 테러리스트 이한중 옮김, 달팽이출판, 2005.
녹색성자 사티시 쿠마르의 끝없는 여정 서계인 옮김, 해토, 2008.
희망의 근거— 21세기를 준비한 100인의 이야기 프레디 화이트필드 공편, 채인택 옮김, 최재천 감수, 메디치미디어, 2009.

서경식
徐京植
1951-

이산을 강요당한 디아스포라

재일조선인 2세 작가

서경식은 일본에 거주하는 조선인 작가다. 십수 년 전만 해도 '재일조선인'은 함부로 쓰기 어려운 표현이었다. 적어도 서경식의 두 형이 모국의 감옥에 갇혀 있던 1971년부터 1990년까지는(1970년대 이전은 말할 것도 없이) 고통을 감수하고 써야 하는 금기어였다. 서경식은 『디아스포라 기행— 추방당한 자의 시선』(돌베개, 2006)의 '프롤로그'를 통해 "'재일조선인'이라는 개념에 대한 인식이 공유되지 않은 상태"라며 이에 대한 주석을 덧붙인다.

"'조선'과 '한국'은, 전자는 '민족'을 후자는 '국가'를 나타내는 용어이며 관념의 수위가 다르다. 혼란은 이와 같은 개념상의 구별이 애매한 상황에서 발생하는 것인데, 그 배경에는 '민족'과 '국민'을 동일시하는 것에 의구심을 갖지 않는 단일민족국가 환상이 뿌리 깊게 가로놓여 있다."

한반도의 남북을 근거지로 하면서 세계 전역으로 퍼져 나가 살고 있는 사람들을 한데 아울러 일컬을 때, 서경식은 현재로선 '조선인'이 가장 적합하다고 여긴다. "나는 '한국인'이라는 말을 민족의 총칭으로 삼는 것은 부적절하다고 생각한다. '한국'이란 민족 전체의 광대한 생활권의 관점에서 보면, 그 일부를 차지할 뿐인 국가의 호칭에 불과하기 때문이다. 따라서 '한국인'이라는 호칭은 국민적 귀속을 나타내는 한정된 의미로 사용되어야 한다."

서경식은 "재일조선인 2세지만, 국적은 '한국'이다." 이것은 그가 "민족적으로는 '조선인'이며 국민으로서는 '한국인'"이라는 의미다. 또한 그의 "모어母語는 일본어지만 모국어母國語는 조선어다." '조선어'라는 명칭은 우리 민족을 '조선인'으로 호명하는 것과 같은 맥락이다. "'한국어'라고 하면 한국이라는 한 국가의 '국어'를 가리키게 되기 때문에 민족어의 총칭으로서는 '조선어'라는 말이 적합하다"는 것이다.

재일동포에게 '조선'은 재일조선인이 형성된 역사와 깊은 관련이 있기도 하다. 1947년 선포된 일본의 외국인등록령에 따라 '외국인'으로 간주된 재일조선인들은 외국인등록 수속을 할 때, 국적을 신고해야 했다. 하지만 그때는 남과 북에 공히 독립국가의 정부가 수립되기 전이었다.

"할 수 없이 많은 재일조선인은 국적란에 '조선'이라

고 기입했다. 그것은 '조선'이라는 국가의 국민이라는 의미가 아니라, 조선반도 출신, 조선 민족의 일원이라는 의미, 즉 국적이 아니라 민족적 귀속을 나타내는 기호였다."

서경식은 〈한겨레〉 책·지성 섹션에 '심야통신'이라는 칼럼을 쓰고 있고, 성공회대 객원 연구원으로 "지금까지는 상상도 할 수 없었던", 두 형의 투옥으로 지체된 모국에서의 '유학생활'을 하는 중이다. 얼마 전 '심야통신'을 담당하는 〈한겨레〉 기자를 만날 기회가 있어 서경식 선생이 주로 하는 일이 뭔지 물어봤지만 뾰족한 답을 듣지 못했다. 정작 서경식 본인은 어떻게 생각할까? 『디아스포라 기행』에 답이 나와 있다. "나는 '작가=글쟁이'이다."

디아스포라 혹은 이산離散의 백성

서경식은 자신이 디아스포라는 사실을 자각한다. 『디아스포라 기행』은 "'나'라는 한 사람의 디아스포라가 런던, 잘츠부르크, 카셀Kassel, 광주 등을 여행하면서, 각각의 장소에서 접한 사회적 양상과 예술작품을 테마로 현대의 디아스포라적 삶의 유래와 의의를 탐색하려한 시도다." 또한 "이 시도는 디아스포라의 시선으로 '근대'를 다시 보는 것, 그리고 '근대 이후' 인간의 가능성을 탐구하는 것이기도 하다."

이 책에서 '디아스포라'는 "근대의 노예무역, 식민지배, 지역 분쟁 및 세계 전쟁, 시장경제 글로벌리즘 등 몇 가지 외적인 이유에 의해, 대부분 폭력적으로 자기가 속해 있던 공동체로부터 이산을 강요당한 사람들 및 그들의 후손을 가리키는 용어"다.

또한 서경식은 홀로코스트에 희생되었거나 나치 수용소에서 살아 돌아온 유대인 예술가 세 사람 —펠릭스 누스바움, 프리모 레비, 장 아메리— 에게 애착을 갖고 진한 동류의식을 느낀다. 특히 1995년 베를린에서 열린 어느 전시회에서 이름을 알게 된 화가 펠릭스

누스바움에 대한 감정은 남달라 보인다. 누스바움은 1944년 7월 20일 누군가의 밀고로 벨기에 브뤼셀의 은신처에서 아내와 함께 나치 친위대에 붙잡혀 7월 말 아우슈비츠로 끌려가 살해되었다.

그러니까 누스바움의 「유대인 증명서를 들고 있는 자화상」(1943)은 화가 자신의 운명을 암시한 작품인 셈이다. 일본 텔레비전 프로그램을 위한 현지촬영을 하면서 서경식은 일본 시청자의 이해를 돕기 위한 동작을 취한다. "나는 내 외국인등록증을 왼손에 쥐고, 누스바움의 자화상 같은 포즈로 그것을 들어 보였다. 그리고 그런 내 모습을 찍어달라고 재촉했다. 그 장면은 촬영은 됐지만, 편집 단계에서 결국 잘려나갔다."

서경식은 '국민'과 '내셔널리즘'에 대해 알레르기에 가까운 반응을 보인다. "그 어떤 것도 대신할 수 없는 소중한 고향과 그곳의 자연, 자기를 사랑해주는 가족, 조상이 남겨준 유형무형의 재산, 부모에게서 자식에게로 전해지는 혈통, 과거에서 미래로 계속되는 '국민'의 전통, 고유의 역사와 문화. 하나하나 자세히 검토해보면 근거가 희박한 이 관념들이 단단히 모여 있는 것, 그것이 '국민'이다."

"사람은 우연히 태어나 우연히 죽는 것이다, 혼자서 살고 혼자서 죽는다, 죽은 뒤는 무無다. 이런 생각을 받아들이는 것이 가능한지 아닌지에, 내셔널리즘에서 오는 현기증을 극복할 수 있을지 없을지가 달려 있다. 그러나 지금으로서는 이는 인간이라는 존재에게 너무도 힘겨운 일이다."

내셔널리즘을 극복하는 것이 쉽지 않음을 잘 아는 그가 김지하 시인을 강하게 비판하는 까닭은 그만큼 국가주의의 폐해가 심각하기 때문이리라. "그러나 탑과도 같이 우뚝 서 있던 시인은 '성배의 민족' 운운하는 국수주의자가 되고 만 것이다." 그래도 서경식은 시대의 변화와 상황의 진전에 따른 '김지하'로 표상된 집합적 인격의 "분열 과정을 거쳐 한국의 저항적 내셔널

리즘이 더 보편적인 인간해방의 사상을 향해 스스로를 열어가리라는 가능성을" 단념하진 않는다.

문화예술 에세이와 사회역사 평론집

일본어 평론집 가운데서 우리 독자들이 읽었으면 싶은 글을 골라 엮은 한국어판 평론선집『난민과 국민 사이― 재일조선인 서경식의 사유와 성찰』(돌베개, 2006)에서 서경식은 그가 펴낸 책을 크게 두 계열로 나눈다. 문화예술 에세이와 사회역사 평론집이 그것인데 지금까지 문화예술 에세이가 많이 번역되었다.

'창비교양문고'를 통해 나온『나의 서양미술 순례』(창작과비평사, 1992)는 서경식의 이름을 국내 독자에게 처음으로 알린 책으로, 가슴 아픈 가족사와 쓰라린 우리 현대사가 바탕에 깔려 감동을 안겨주었다. 두 형을 면회하러 바다를 건너온 어머니와 누이가 기차표를 날치기당한 사연은 지금 읽어도 씁쓸하기 짝이 없다. 이 책은 출판사가 '창비교양문고'의 출간을 중단하면서 초판이 나온 지 10년 만에 새로운 장정의 개정판이 나왔다.

『청춘의 사신― 20세기의 악몽과 온몸으로 싸운 화가들』(창작과비평사, 2002)은『나의 서양미술 순례』의 속편 격으로 "20세기 전반의 회화예술에 관한 에세이 서른한 꼭지를 한권에 모은 것"이고,『소년의 눈물― 서경식의 독서 편력과 영혼의 성장기』(이목 옮김, 돌베개, 2004)는 담백함이 돋보이는 독서산문집이다. 토마스 만의『마의 산』은 필자 또한 "끝내 (다) 읽지 못한 책"이다.

'전쟁의 기억을 둘러싼 대화'를 부제목으로 하는『단절의 세기 증언의 시대』(삼인, 2002)는『난민과 국민 사이』가 나오기 전까지 하나뿐인 서경식의 한국어판 사회역사 평론이다. 일본의 학자 다카하시 데쓰야高橋哲哉와의 대담을 엮었는데 '과거사 청산'은 표현 자체가 부적절하다는 서경식의 지적이 가슴이 와 닿는다.

"역사는 책의 페이지를 넘기듯이 갱신해 가는 것이 불가능합니다. 제아무리 국가 권력이라고 해도 있었던 것을 없었던 일로 할 수는 없는 법입니다. 그렇게 때문에 '역사의 청산'이란 가능한 일이 아닙니다. 역사는 지층처럼 겹겹이 쌓여 있습니다."

『난민과 국민 사이』는『분단을 살다分斷を生きる』『반난민의 위치에서半難民の位置から』『저울질하지마라秤にかけてはならない』에서 고른 글들을 싣고 있다.

필자가 그에게 공감하는 이유

서경식은 1928년, 여섯 살의 어린 나이에 할아버지를 따라 한반도의 충청남도에서 일본으로 이주한 서승춘의 4남1녀 중 넷째 아들이다. 모국에 유학 왔다가 간첩으로 몰려 20년 가까이 복역한 서승, 서준식은 그의 둘째, 셋째 형이다.『서승의 옥중 19년』(김경자 옮김, 역사비평사, 1999)과『서준식 옥중서한 1971-1988』(야간비행, 2002/『옥중서간집』, 형성사, 1989)도 감동적인 책이지만, 나는 서경식의 책들에 더 공감한다.

그건 아마도 필자가 3형제 가운데 셋째라서 그럴 것이다. 막내의 정서가 통할뿐만 아니라 세상을 보는 눈이 비슷해서일 것이다. 나도 "'선진국', 이 세 글자를 쓸 때마다 설명하기 어려운 거부감이 들곤 한다." 또한 "책을 읽고 생각하고 글을 쓰는 행위에 종사하면서 이 세계를 바꾸는 길을 개척하는 데 조금의 도움도 되지 못한다는 무력함(을 느끼기) 때문"이기도 하다.

여행가라고 불러도 좋을 서경식은 "왜 그런 여행을 했는지 물어도 대답하기 어렵다"고 말한다. "구태여 말한다면 일본 바깥의 공기를 마시기 위해서다. 일본이라는 공간은 내게 있어서, 조금씩 공기가 희박해지는 지하실과 같다. 아니면 염천炎天에 달구어져 지글지글 수분이 증발해가는 작은 웅덩이와 같다."

서경식의 책

나의 서양미술 순례 박이엽 옮김, 창작과비평사, 1992.(개정판, 2002)
청춘의 사신― 20세기의 악몽과 온몸으로 싸운 화가들 김석희 옮김, 창작과비평사, 2002.

단절의 세기 증언의 시대 타카하시 테츠야 대담, 김경윤 옮김, 삼인, 2002.

소년의 눈물- 서경식의 독서 편력과 영혼의 성장기 이목 옮김, 돌베개, 2004.

디아스포라 기행- 추방당한 자의 시선 김혜신 옮김, 돌베개, 2006.

난민과 국민 사이- 재일조선인 서경식의 사유와 성찰 임성모·이규수 옮김, 돌베개, 2006.

시대의 증언자 쁘리모 레비를 찾아서 박광현 옮김, 창비, 2006.

분단의 경계를 허무는 두 자이니치의 망향가- 재일한인 100년의 사진기록 김남일 외 공저, 현실문화연구, 2007.

교양, 모든 것의 시작- 우리 시대에 인문교양은 왜 필요한가? 노마 필드·카토 슈이치 공저, 이목 옮김, 노마드북스, 2007.

사라지지 않는 사람들- 20세기를 온몸으로 살아간 49인의 초상 이목 옮김, 돌베개, 2007.

시대를 건너는 법- 서경식의 심야통신 한겨레출판, 2007.

만남- 서경식 김상봉 대담 김상봉 공저, 돌베개, 2007.

고통과 기억의 연대는 가능한가?- 국민, 국가, 고향, 죽음, 희망, 예술에 대한 서경식의 이야기 철수와영희, 2009.

고뇌의 원근법- 서경식의 서양근대미술 기행 박소현 옮김, 돌베개, 2009.

후퇴하는 민주주의- 서른살, 사회과학을 만나다 손석춘 외 공저, 철수와영희, 2009.

경계에서 춤추다: 서울-베를린, 언어의 집을 부수고 떠난 유랑자들 타와다 요오꼬 공저, 서은혜 옮김, 창비, 2010.

언어의 감옥에서- 어느 재일조선인의 초상 권혁태 옮김, 돌베개, 2011.

셰익스피어
William Shakespeare
1564-1616

셰익스피어에 대하여 On Shakespeare

셰익스피어를 인도와 바꾸지 않겠다("인도를 잃어버리더라도 셰익스피어를 잃고 싶지 않다."— 토머스 칼라일)는 말은 터무니없는 망발이다. 아무리 칼라일이 영웅주의 사관에 물이 들었다 한들, 우리의 건전한 상식을 거스르는 몰염치한 언사다. 셰익스피어가 뭐 그리 대단하다고 한 나라에 비기냐 말이다. 견주는 것 자체부터 불손하다. 식민주의자의 뻔뻔스러움과 허세에 다름 아니다. 한동안 이런 망발에 기가 죽었던 우리네 처지가 딱하고 부끄러울 따름이다.

그렇다고 셰익스피어의 존재와 가치를 완전히 부정

하긴 어렵다. 그는 분명 뛰어난 업적을 남겼다. 근대 서유럽 문명, 나아가 현대 세계 문화의 초석을 다진 인물 가운데 하나다. 셰익스피어의 명성은 그의 이름과 작품의 잦은 노출을 통해 쉽게 확인된다. 셰익스피어를 다룬 책들을 살펴보면서 함께 읽은 다른 두 권의 책에서 그의 이름과 그가 남긴 글월을 마주칠 정도다.

피터 F. 오스왈드의 『글렌 굴드, 피아니즘의 황홀경』(한경심 옮김, 을유문화사, 2005)에는 셰익스피어의 이름이 서너 번 언급된다. 김세중 외 지음의 『말이 올라야 나라가 오른다』(한겨레신문사, 2004)에선 "간결은 지혜의 정신"이라는 셰익스피어의 경구를 인용한다. 또한 셰익스피어를 다룬 책들의 적잖은 숫자는 여전히 높은 그의 위상을 잘 보여준다. 여기서는 2000년대 나온 한국어판을 중심으로 윌리엄 셰익스피어의 이모저모를 살펴보겠다.

다시 읽기

『셰익스피어는 제국주의자다— 박홍규의 셰익스피어 다시 읽기』(청어람미디어, 2005)는 이 글의 '키잡이'다. 필자는 셰익스피어를 싫어하지 않지만 썩 좋아하지도 않았다. 다른 나라의 탁월한 문학가의 한 사람으로 그를 존중해왔다. 그런 필자에게 이 책은 그의 실체를 제대로 보게 하는 계기가 되었다.

필자는 셰익스피어를 제국주의자로 보는 박홍규 교수의 관점에 동의할 뿐더러 박 교수의 몇 가지 견해에는 전적으로 공감한다. 먼저 셰익스피어의 희곡은 읽기 쉽지 않다는 지적이 그렇다. "어린 시절에 읽은 셰익스피어에 큰 감동을 받았다는 기억은 없고, 한마디로 무서웠다는 느낌밖에 남아 있지 않다."

필자가 셰익스피어를 읽은 느낌은 딱딱함이었다. 여윳돈이 생긴데다 대학 입학을 자축하는 뜻으로 월부 책장사에게 구입한 10권짜리 『셰익스피어전집』(성창출판사)은 그의 대표작들만 가까스로 읽어낼 수 있을 정도로 무료했다. 여기에는 전집의 세로짜기 2단 조판과 딱딱한 번역 문투 탓도 있을 것이다.

셰익스피어의 작품들은 세르반테스의 「돈키호테」, 괴테의 「파우스트」, 고리키의 「어머니」, 도스토옙스키 「죄와 벌」, 서머싯 몸의 「인간의 굴레」, 스탕달의 「적과 흑」, 샬럿 브론테의 「제인 에어」 같은 세계 명작에 비하면 정말이지 재미가 없었다. 하다못해 발자크의 지루한 장편소설 「사촌 베트」가 주는 최후의 반전도 느끼기 어려웠다.

"대학에 들어 와서 마르크스가 셰익스피어를 애독했다는 이야기를 듣고서 다시 그 전집을 들춰보았던 유치한 추억"은 필자에게도 있다. '고백'이라는 이름으로 전하는 딸들의 앙케트 응답에서 마르크스는 에스킬로스, 괴테와 더불어 셰익스피어를 좋아하는 시인으로 꼽는다.

셰익스피어를 애독한 마르크스는 곧잘 셰익스피어의 문구를 인용하였다. 『경제학-철학 수고』(김태경 옮김, 이론과실천, 1987)의 세 번째 초고 가운데 '화폐'를 다룬 부분에서 「아테네의 티몬」 제4막 제3장의 내용을 길게 인용한다.

(금덩이를 유심히 바라보면서) 그런데 이게 이 정도 있으면 검은 색도 희게, 추한 것도 아름답게, 그릇된 것도 올바르게, 천한 것도 귀하게, 늙은 것도 젊게, 비겁한 자도 용감하게 바꿀 수가 있다. (⋯) 이 누런 놈은 신앙에 있어서도 사람을 이합離合케 하고, 저주받은 자에게도 축복을 해 주며, 문둥병까지도 숭앙케 해요. 도둑에게도 고관 벼슬을 주어, 작위나 권위나 영예를 원로원 의원들 못지않게 만들 수도 있을 것입니다. 과부를 개가시키는 것도 이놈이지요. 문둥병자나 위궤양 환자가 보아도 구역질이 날 것 같은 여자라도 이 향유를 바르면, 사월의 꽃처럼 피어납니다. (『셰익스피어전집 2』 성창출판사)

이어 마르크스는 셰익스피어가 화폐의 속성 두 가지를 부각시켰다고 지적한다. "1. 화폐는 가시적인 신이며, 모든 인간적이고 자연적인 속성들을 정반대의 것으로 변환시키고 사물들을 전반적으로 뒤집고 전도시킨다. 화폐는 불가능한 것들을 서로 밀접하게 결합시킨다. 2. 화폐는 일반적인 창녀이며, 인간과 서민들의 일반적인 뚜쟁이다." 따라서 "화폐는 인류의 외화된 능력"이라고 간추린다.

『셰익스피어는 제국주의자다』에서 박홍규 교수는 "셰익스피어를 소위 '대영 제국주의'의 원조로 보고 그를 비판"한다. 박 교수의 셰익스피어 주요 작품 해석은 국제 관계와 세계사적 관점의 제국주의, 봉건사회에서 절대주의 국가로의 이행, 공동사회에서 이익사회로의 전환, 이 세 가지 측면에 입각한다.

『셰익스피어 다시 읽기』(민음사, 1996)는 영국의 좌파 영문학자 테리 이글턴의 셰익스피어 작품론이다. 셰익스피어의 대표작을 주로 다뤘으나, 희극·비극·역사극 따위의 통상적인 장르 구분과 작품 창작의 시간적 연관성은 무시했다. 언어·욕망·법·화폐·육체 같은 것을 매개로 셰익스피어의 작품 세계를 탐구한다.

테리 이글턴은 이 책이 방금 나열한 주제들을 탐구하는 순수한 역사적 연구는 아니라고 말한다. "오히려 텍스트의 글자 속에서 관련된 역사를 찾아내고자 하는 정치 기호학적political semiotics 시도"라는 것이다. 또 그는 셰익스피어의 작품에는 심한 시대착오성이 내재한다고 덧붙인다. "확증을 잡을 수는 없지만, 셰익스피어의 작품을 읽을 때마다 셰익스피어가 헤겔, 마르크스, 니체, 프로이트, 비트겐슈타인, 데리다 들의 저작에 친숙했다는 느낌을 받는다." 이 책의 옮긴이 후기는 셰익스피어 전래의 역사를 전하기도 한다. "우리나라에 처음으로 소개될 때, 셰익스피어는 '영국 사상계에 가장 위대한 인물'(1906)로서 대사상가이면서, '이상계의 선도자'(1908)로 알려졌다." 셰익스피어 국내 수용의 역사가 어언 1세기에 이른 셈이다. 셰익스피어 작품의 번역은 1923년 「햄릿」이 완역되면서 본격적으로 이뤄진다.

'옮긴이 후기'가 전하는 초창기 사회주의 국가들에서의 셰익스피어 부흥 열기도 이채롭다. 다음은 '후기'에 인용된 「싸벳트 동맹의 사옹연구에 대하야」라는 제목의 〈조선일보〉(1933. 10. 13) 기사다.

"혁명 직후 국가 인쇄국에서는 쉐익스피어 극의 보급판을 간행하야 일반 노동자 농민에게까지 보급하엿다. 세계의 위대한 시인 사옹의 이름은 이 해에 비로서 러시아 노동자 농민에게 알리엇다 하니 사옹부흥沙翁復興이라고 할려면 혁명직후를 부흥이라고 볼 수 있다. (중략) 연출방면으로 보면 모스크바에서만 하여도 여러 가지 연출"되었다.

롤프 브라이텐슈타인의 『강한 여성을 위한 셰익스피어 다시 읽기』(좋은책, 2004)는 셰익스피어 작품의 여자 등장인물에 주목한다. 지은이는 "그림자에 가려진 셰익스피어의 여성들을 밝은 곳으로 끌어"내겠다고 선언한다. 이에 우리말 옮긴이는 "이 책은 셰익스피어에 정통한 한 남성의 시각에서 바라본 강한 여자들의 이야기"라고 화답한다.

아울러 "이 책을 읽는 재미는 식상한 해설을 뛰어넘어 우리의 머릿속에 이미 각인된 그림을 새로운 각도에서 보여주는 데 있다"고 덧붙인다. 브라이텐슈타인은 셰익스피어는 문학증시의 블루칩이라는 폴란드 태생의 유대계 독일 비평가 마르셀 라이히-라니츠키의 견해를 인용하기도 한다. 숱한 셰익스피어 해석과 논의에서 "이 책만큼 여자 주인공들을 현대적인 시각에서 재조명하고 전면에 등장시켜 집중적으로 소개한 책은 드물다"는 것이 옮긴이의 평가다.

브라이텐슈타인은 저널리스트이자 외교관으로 알려져 있다. 독일어권에 사는 사람으로 보이지만 어느 나라 사람인지는 분명하지 않다. 아무튼 유럽의 셰익스피어 다시 읽기는 그의 모국에 국한하진 않는 듯싶다. 셰익스피어 관련 번역서를 보면, 영어권 외에 독일어권의 관심이 눈에 띈다. 이런 점은 '한 권으로 읽기'에서도 확인된다.

한 권으로 읽기

『한 권으로 읽는 셰익스피어』(김희상 옮김, 작가정신, 2005)에다 셰익스피어의 작품을 현대 감각에 맞게 풀어쓴 미하엘 쾰마이어는 오스트리아 출신의 신화 작가다. 이 책에는 「리어왕」을 포함한 11작품이 실려 있는데 쾰마이어는 셰익스피어 희곡의 주요 등장인물의 면면에 주목한다.

"햄릿이 있는가 하면, 티몬이 있고, 줄리엣을 만나는가 하면, 「끝이 좋으면 다 좋아」의 헬레나와 마주치기도 한다. 어디 그뿐인가? 맥베스, 이아고, 레온테스, 보텀, 브루투스 등등 우리 안에는 참으로 다양한 성격들이 숨어 있다." 쾰마이어는 "셰익스피어는 우리를 새롭게 창조했다"는 미국의 비평가 해럴드 블룸의 견해를 인용한 다음, 이런 결론을 내린다. "셰익스피어는 인간을 새롭게 창조함으로써 그 결과 문학을 새롭게 썼다."

셰익스피어 작품을 읽을 때의 딱딱한 느낌은 희곡 특유의 운문체와도 관련이 있다. 때문에 이를 산문으로 풀어쓰는 작업이 꾸준히 있어왔다. 찰스와 메리 램 남매는 이 분야의 원조다. 1806년 12월 출간된 램 남매의 『셰익스피어 이야기』는 영어로 된 최초의 셰익스피어 희곡 요약판이기도 하다. 램 남매의 『셰익스피어 이야기』의 한국어판은 여러 종이 있다.

영문학자 실밴 바넷의 '해설'이 담긴 『한 권으로 읽는 셰익스피어 이야기』(김기찬 옮김, 현대지성사, 1998)는 '머리말'에서 "젊은 독자를 위한 셰익스피어 연구 입문서"를 표방한다. 아울러 이 요약판의 간추린 방식과 활용 방법을 설명한다.

램 남매는 셰익스피어의 "말들을 하나의 연결된 이

야기로 엮으려고 별다른 내용을 첨가할 때면, 세심한 주의를 기울여 셰익스피어가 썼던 아름다운 영어의 어취를 가능한 한 방해하지 않는 낱말을 택했다"고 한다. 비극이 바탕이 된 이야기에는 셰익스피어의 원문이 대화뿐만 아니라 서술문에도 자주 나온다.

반면 희극을 토대로 하는 이야기에선 셰익스피어의 희곡 대사를 서술문 형태로 바꾸지 못하였다는 것이다. 그러고는 이런 소망이 이어진다. "다행히도 이 요약된 이야기들이 젊은 독자들에게 즐거움을 주게 된다면, 어서 나이 먹어 이 희곡의 원문을 읽을 수 있으면 좋겠다는 소원이 그들에게 일어나게 되길 바란다." 간추리긴 했어도 「폭풍」에서 「페리클레스」에 이르는 셰익스피어의 작품 20편을 한 권에 담기에는 지면이 빡빡하다. 『한 권으로 읽는 셰익스피어 이야기』에는 '셰익스피어의 전 작품 요약' 부록으로 실려 있어 그런 느낌이 짙다.

'창비아동문고'로 1981년에 초판이 나온 셰익스피어 이야기는 두 권으로 나누었다. 『베니스 상인』(현기영 옮김)을 표제로 하는 첫 권은 「폭풍」「한여름밤의 꿈」「겨울 이야기」「헛소동」「뜻대로 하세요」「베로나의 두 신사」「베니스의 상인」「심벌린」「리어 왕」「멕베스」순으로, 『로미오와 줄리엣』(김태언 옮김)이 표제인 둘째 권은 「끝이 좋으면 모두 좋다」「말괄량이 길들이기」「실수의 희극」「되받아치기」「열두 번째 밤」「아테네의 티몬」「로미오와 줄리엣」「햄릿」「오셀로」「페리클레스」순으로 돼 있다.

그런데 이런 순서가 『한 권으로 읽는 셰익스피어 이야기』의 작품 배열과 일치하는 걸 감안할 때, 번역 저본의 차례 또한 이와 같을 것으로 보인다. 한편 창비판 셰익스피어 이야기의 '역자 후기'에는 귀담아 들을 내용이 있다. 소설가 현기영은 셰익스피어가 한결같이 황후장상이나 귀족을 작품의 주인공으로 내세운 점을 아쉬워한다.

"수백 년 전 봉건 계급사회 속에 살다 간 그에게 무리하게 근대 개념인 시민사상을 요구하는 것이 아닙니다. 다만 그가 진정한 의미의 천재라면 인구의 대부분을 차지하는 밑바닥 인생들에게도 잠깐일망정 눈을 돌렸어야 옳지 않을까요?"

현기영은 램 남매의 애틋한 사연을 들려주기도 한다. 찰스 램은 『엘리아 수필집』(김기철 옮김, 아이필드, 2003)으로도 문명을 떨친 영국의 산문가다. 찰스보다 열한 살 많은 메리 램 또한 문학적 재능이 뛰어난 매력 있는 여자였다고 한다. 그런데 정신병을 앓던 메리는 어느 날 발작 끝에 어머니를 칼로 찔렀다. 이를 계기로 찰스는 결혼을 포기하고 누이를 돌보게 된다. 동생의 간호로 누이는 건강을 회복하고, 남매는 문학적 동반자로 지낸다.

"『셰익스피어 이야기』를 집필할 때 '비극'은 찰스 램 자신이 직접 하고 '희극'은 누이에게 맡긴 것도 아마 이 비극적인 누이의 건강을 염려하는 찰스 램의 자상한 마음에서 나온 것이 아닐까요?"

김태언 교수는 "이른바 '아동물'의 기준에 맞추어 이 원전의 내용과 표현을 더 단순하게 고친다면 번역의 목적과도 어긋나는 일일뿐더러, 다소 길고 복잡한 글이라 하더라도 찬찬히 읽어 나간다면 우리 어린이들도 반드시 이해하고 즐길 수 있으리라고 믿는 마음에서 되도록 원전에 충실하려고 노력했"다고 밝혔다. '창비아동문고'의 셰익스피어 이야기는 스테디셀러다. 1990년 개정판을 찍었고, 요즘은 2004년 12월 펴낸 개정 2판이 팔리고 있다.

박성환 교수가 엮은 『셰익스피어의 위대한 문장들』(문학동네, 2002)에서는 셰익스피어의 아포리즘과 만난다. 박 교수는 셰익스피어의 희곡 39편과 시 3편, 소네트 154편에서 명구를 추렸다. 각 구의 주제에 따라 가나다순으로 나열했고, 우리말 해석에다 원문을 병기했다. 명문장 대사와 시구가 나오는 장면과 상황 설명도 덧붙였다.

'사랑'을 주제로 한 것이 28개로 가장 많다. '진정한 사랑'으로 분류한 "사랑이 그 본질적인 요소를 떠난 딴 생각과 섞이게 되면 그 사랑은 진정한 사랑이 아닙니다."까지 합하면 29개에 이른다. 인용한 문장의 길이는 석 줄 안팎이 대부분이나 제법 긴 것들도 있다. "사느냐 죽느냐 그것이 문제로다."가 포함된 햄릿의 제3독백은 그중 하나다.

역시 햄릿의 대사인 "의지가 약한 자여. 그대의 이름은 여자이다."나 "비겁한 자는 죽기 전에 여러 번 죽지만, 용기 있는 자는 죽음을 한 번 밖에 경험하지 않소."라는 카이사르의 대사는 널리 알려진 셰익스피어의 문구다. 그런데 이 밖에도 관용구로 쓰이는 문장들 가운데 셰익스피어 희곡을 전거로 하는 것이 있었다.

"돈을 빌리지도 말고 빌려주지도 마라. 돈을 빌리고 빌려주는 것은 돈 그 자체와 친구 둘 다를 잃는 수가 많다."

"인간들의 나쁜 행위는 동판에 새겨진 글자같이 오래 살아 있지만, 선행은 물에다 쓴 글자와 같습니다."

"식사할 때나 놀 때 또는 활기를 불어넣는 휴식을 취할 때 방해를 받으면 사람이나 짐승이나 다 미치는 것입니다."

필자에게 인상적인 구절은 이런 것들이다.

"어리석은 사람은 자기가 현명하다고 생각하지만, 현명한 사람은 자기가 어리석다는 것을 안다."

"자기 행실에 대한 비난을 듣고 그것을 고칠 수 있다면 행복한 사람이다."

"아무리 고통스러운 슬픔이라도, 그것을 비웃고 가볍게 생각하는 사람에게는 그리 슬픈 것이 못 된다."

"자기만을 위하여 자라는 것은 성장을 남용하는 것입니다."

"높은 사람에게서 그 높은 지위가 떨어져나갈 때는 영혼이 육신을 떠날 때보다 더 요란스럽다."

이 글의 도입부에 인용한 "간결은 지혜의 정신"은 『셰익스피어의 위대한 문장들』에도 들어 있다. 「햄릿」에 나오는 말이다. "간결은 지혜의 생명, 장황함은 그것의 수족이며 화려한 수식에 지나지 않으니, 간략하게 말씀드리겠습니다.(Since brevity is the soul of wit, And tediousness the limbs and outward flourishes, I will be brief.)"

그의 시대와 삶

셰익스피어는 엘리자베스 1세 여왕이 영국을 다스린 시대를 살았다. 영국의 문학평론가 프랭크 커모드는 『셰익스피어의 시대』(을유문화사, 2005)에서 엘리자베스 시대(제임스 1세 초까지 망라하여 튜더-제임스 왕조 시대라고도 한다)에 "얼마나 많은 연극 작품이 집필되었는지는 정확하게 알 수 없다"면서도 그 시기에 관해 많이 아는 연구자의 견해를 빌려 3000이라는 숫자에 주목한다.

"당대 최고의 권위자인 헌터G.K. Hunter는 1558년부터 1642년까지 약 3000개의 작품이 있었고 그 중 650개가 전해진다고 말한다." 3000이라는 숫자가 신빙성이 있다면, 당시 한 해 약 36개 정도의 연극 작품이 만들어진 걸로 추정된다는 것이다.

또한 "이 시기에 책은 사람들에게 친근한 대상이 되기 시작했고, 그 결과는 가히 예상할 수 없을 정도였다." 꽤 정확한 기록에 의하면 1558년부터 1579년까지 영국 런던에서 2760종의 책이 출판되었다는 것이다. 존 가이라는 연구자는 당시의 평균 인쇄 부수(1250부)를 감안해 이것은 "45년간 425만의 인국 일인당 평균 두 권의 책이었다"고 셈한다.

이뿐만 아니다. "셰익스피어의 시대에 시가 다양하게 발전했다. 영어권 시의 역사에서 전대미문의 시기였다." 다소 의외의 지면에서 셰익스피어 시대의 문학적 저변과 문화적 활력을 접한 바도 있다. 게오르크 브란데스가 「셰익스피어 연구」에서 서술한 셰익스피어 시대의 생산력 팽창이 그것인데, 나는 이것을 에두아르트 푹스의 『풍속의 역사』에서 읽었다.

영어가 수억의 인간에게 읽히고 있는 오늘날 영국에는 손으로 꼽을 수 있을 정도의 시인밖에 없다. 그런데 옛날 영국에는 300명에 가까운 서정시인과 희곡시인이 있었던 것이다. 그 시인들은 왕성한 창작욕으로 현대의 덴마크의 독서계보다도 크지 않은 독서계를 위해 펜을 휘둘렀다. 왜냐하면 인구 5백만 가운데 문맹은 겨우 4명뿐이었기 때문이다. 시를 읽는 것은 현대독일의 숙녀가 피아노를 치는 것과 마찬가지로 당시 영국남자들 사이에서 흔히 볼 수 있는 현상이었다. (『풍속의 역사 I— 풍속과 사회』(까치, 1988)에서 재인용)

프랑수아 라로크의 『셰익스피어— 비극의 연금술사』(시공사, 1996)는 셰익스피어 입문서로 제격이다. '시공 디스커버리 총서'의 일원답게 다채로운 그림이 실려 있어 왕초보에겐 더욱 그럴 듯싶다. 라로크 또한 셰익스피어를 개천에서 태어난 용으로 보진 않는다. "셰익스피어는 문학의 불모지에서 느닷없이 나타난 인물은 아니다. 16세기에 이르러 연극은 하나의 제도가 되었고, 교양 있는 젊은이들이 연극을 필생의 업으로 여기고 진지하게 도전하고 나섰다."

라로크는 셰익스피어의 독보적인 연금술의 결정적 요인으로 독서와 각색을 꼽는다. 그는 셰익스피어가 사극을 쓰기 위해 "동시대의 역사가 라파엘 홀린셰드의 역사책 『잉글랜드, 스코틀랜드, 아일랜드의 연대기』를 탐독했고, 이 책에서 많은 영감을 얻었다"고 지적한다. 아울러 셰익스피어는 '각색의 천재'였다.

몇 가지 예외가 있지만, 셰익스피어는 극중 인물이나 플롯을 스스로 창조한 경우가 없다. 그는 민간전승뿐만 아니라 다른 작가들의 작품에서도 주제를 취해 왔

다. 그러나 무대에 어울리지 않는다고 생각하면, 빌려온 줄거리를 크게 손질하기도 했고 극적 효과를 높이기 위해 내용을 바꾸기도 했다. 이러한 창작태도 덕분에 당시의 관심 있는 문제들과 화젯거리가 되는 주제들, 말하자면 영국 역사, 낭만적인 음모, 복수, 광기, 마술 등을 용이하게 다룰 수가 있었던 것이다. 그의 작품이 대부분 커다란 성공을 거둔 데에는 이러한 각색재능이 큰 몫을 했다.

이런 측면은 『겨울 이야기』(달궁, 2005)의 역자 해설에서도 확인된다. 소설가이자 번역가인 이윤기는 「겨울 이야기」가 셰익스피어의 순수 창작물이 아니라 당시 인기 작가였던 로버트 그린의 「판도스토」로부터 줄거리를 빌린 것으로 알려져 있다고 운을 뗀다.

"하지만 셰익스피어가 「판도스토」의 내용을 그대로 빌려 연극의 대본으로 만든 것은 아닐 것이다. 신화에 깊은 관심을 보이고 있던 셰익스피어가 자신의 의도에 따라 상당 부분 손질했을 수도 있고, 원작과는 다른 결말을 선택했을 수도 있을 것이다. 실제로 「겨울 이야기」는 「판도스토」의 줄거리를 따르면서도 사건 발생 무대는 180도로 바꾸어 놓고 있다. 말하자면 시칠리아와 보헤미아가 뒤바뀌어 있는 것이다."

필자는 셰익스피어의 성공 비결에 하나 더, 운을 꼽고 싶다. 셰익스피어는 잘 나가던 극작가 크리스토퍼 말로가 술집에서 싸움을 벌이다 28세의 나이로 세상을 뜨자 자신의 재능을 유감없이 펼치는 기회를 잡는다. 이를 두고 셰익스피어는 이렇게 말할 것 같다. "지혜와 운이 서로 맞서 싸울 때 지혜가 있는 힘을 다한다면, 어떤 운도 그것을 꺾을 수 없습니다."(「안토니와 클레오파트라」)

깊이 읽기와 응용하기

마크 호넌의 『셰익스피어 평전』(북폴리오, 2003)은 한국어

판이 600여 쪽에 이르는 묵직한 대작이다. 전기 작가이자 리즈 대학교 영문학부 명예교수인 호넌은 "현재 셰익스피어에 대해 알 수 있는 모든 것을 꼼꼼한 이야기 틀로 보여주고, 또 그의 글을 그의 생애와 좀 연관시켜 설명하는 것"을 이 책의 목표로 설정한다.

"셰익스피어의 정치적 역할, 성적 관계 혹은 다채로운 음모 등을 상상해 보는 그런 전기류와"는 선을 긋는다. 호넌은 "사회적 맥락"에 주목한다. "이 책에 담긴 '새로운' 내용 중 가장 중심적인 것은 셰익스피어의 생각과 존재의 복합적인 진화 과정이다." 이를 파악하기 위해 호넌은 셰익스피어 전기를 쓰는 10년 동안 셰익스피어의 생애를 알려주는 많은 자료들을 섭렵했다.

호넌이 "튜더 왕조 시대 스트랫퍼드가 다소 조용하고 안정된 도시 생활을 400년 동안이나 누리다가 갑작스런 변화에 휩싸이는 대목에서 출발"하는 것은 셰익스피어를 다룬 문헌 연구와 셰익스피어의 생애 사이의 연관성 때문이다. 셰익스피어가 몸담았던 곳의 흥망성쇠 속에서 발전해 나간 모습을 셰익스피어 자신이 기록한 사실들과 연계하려고 노력한 점도 이와 비슷한 맥락에서다.

또 호넌은 셰익스피어의 후원자였던 "사우샘프턴의 동료간 동성애 세계, 소네트 유행 속에 표현된 어떤 태도를 개괄하려 했고, 셰익스피어 소네트들이 사우샘프턴에 대해 시사하는 바를 밝히고자 했다." 호넌은 "오늘날 알려진 셰익스피어 작품 집필 과정을 시사하는 데 희곡들을 '사용'"하기도 했다. 별도의 '문학비평' 섹션을 마련하진 않았지만, "해석은 감행했다."

권말의 「셰익스피어 평전 전통과 생애 자료들에 대하여」에서 호넌은 셰익스피어 전기 출판의 역사 300년을 일별한다. 셰익스피어 평전 작업은 여전히 수지맞는 장사라는 게 호넌의 결론이다. "책들이 경쟁 중이지만, 셰익스피어 전기는 결함 있는, 협동 프로젝트로서, 1709년(니콜라스) 로의 40쪽으로 출발한 전통 속에 유용한 책들이 겸손한 자리를 차지하는 것으로, 장래가 밝은 프로젝트로 볼 수 있다."

번역자 김정환 시인의 평가는 이 책을 이해하는 데 도움을 준다. "마크 호넌이 쓴 『셰익스피어 평전』은 과거의 '올바른'(헛소리나 소문 혹은 전설을 엄격하게 배제한) 평전 전통을 총괄하는 동시에 최근 자료들을 두루 관통하는데다 아날 역사학파의 '총체 맥락' 방식을 구사, 셰익스피어에게 '생애라는 총체 맥락'을 부여하고 그렇게 셰익스피어를 우리에게 매우 역사적인 동시에 매우 낯익은 인물로 그려"낸다.

책값이 만만치 않긴 해도 기자 출신 전기 작가 앤터니 홀든의 『윌리엄 셰익스피어— 그림과 자료로 복원한 셰익스피어의 삶과 예술』(푸른숲, 2005)을 여러분께 권하고 싶다. 이 책의 첫인상은 부유한 가정집 응접실을 고상하게 꾸며주는 '티 테이블 북tea table book'이려니 했다. 그러나 그게 아니었다.

이 책은 백 쪽을 단숨에 읽을 수 있을 정도로 흡인력이 뛰어나다. 이 책을 우리말로 옮긴 장경렬 교수는 홀든의 "간결하고 설득력 있는 어조"를 높이 사고 있지만, 번역 저본의 오류까지 바로잡은 장 교수의 깔끔한 번역이 가독성을 높이는 데 큰 몫을 한다. 본문에 배치한 셰익스피어 작품을 소재로 그린 명화 100여 점은 그것 자체가 대단한 눈요깃거리다.

셰익스피어 전기 연구가 최근 쓸데없는 논쟁의 수렁에 깊이 빠져 있다고 보는 홀든은 이 책의 집필 동기 가운데 하나로 "자신이 독자가 되어 이 책을 읽어보고자 하는 것"을 든다. 홀든은 셰익스피어의 시와 희곡의 행간에서 그에 대한 전기적 암시를 찾는 일에 중도적 입장을 취한다.

이러한 태도는 홀든의 주된 관심사인 셰익스피어의 생애에서 공백으로 남아 있는 청소년기 10년을 유추하는 데 효과를 발휘한다. 홀든은 「겨울 이야기」 3막 3장에 나오는 지혜로운 양치기의 말에서 그 단서를 찾는다. "열 살에서 스물세 살까지의 세월이 없었다면 얼마나 좋았을까. 아니면 그 세월이 흐르는 동안 계속 잠이나 들어 있었다면 좋았을 걸. 그 나이에 한 일이라고는 여자를 유혹해 아이나 배게 하는 일, 윗사람들을 골탕먹이는 일, 도둑질, 싸움질밖에 없으니."

머리말에서 홀든은 프랭크 커모드 경과 동시에 셰익스피어에 대한 책을 쓴 에피소드를 소개한다. "커모드 경과 필자가 공동으로 사랑하는 셰익스피어에 관해 같은 시기에 글을 쓰는 과정에서 함께 나눴던 즐거움은 대단한 것이었다." 머리말에는 셰익스피어 연구자들의 다양한 견해가 인용되기도 한다. 해럴드 블룸의 의견은 그 첫머리에 놓인다.

그런데 블룸의 『셰익스피어— 인간의 발명Shakespeare: The Invention of the Human』은 한국어판이 안 나왔다. 현재로선 『교양인의 책읽기』(최용훈 옮김, 해바라기, 2004)에 실려 있는 조각글을 통해 셰익스피어를 보는 블룸의 시각을 엿볼 수 있다. 마르셀 라이히-라니츠키는 자서전 『사로잡힌 영혼』(서유정 옮김, 빗살무늬, 2002)의 한 대목에서 셰익스피어와의 만남을 전한다.

21세기의 독자, 특히 젊은 독자들은 영화라는 우회로를 통해 셰익스피어와 먼저 만난다. "셰익스피어라는 목적지로 가기 위한 지도로서 기획"된 『필름 셰익스피어』(장원재 외 지음, 씨네21, 2005)의 필자들은 "쟁쟁한 감독들의 셰익스피어 원작 영화에서 셰익스피어를 현대적으로 수용하는 수많은 예를 들어 보인다."

조지 와인버그와 다이앤 로우의 『셰익스피어에게 묻다— 세상을 살아가는데 꼭 알아야 할 6가지』(한국언론자료간행회, 2005)에서 셰익스피어는 임상 심리치료사 역을 맡는다. 저자들이 말하는 이 책의 목적은 "셰익스피어가 아직도 가정생활이나 일과 관련된 문제들에서 우리 자신과 다른 사람들을 이해하는 데 매우 도움이 된다는 것을 보여주기 위한 것"이다.

저자들은 "셰익스피어가 매우 위대한 심리학자였다"고 진단한다. 이 책의 분석 대상은 자신들이 맞닥뜨린 삶의 도전의 여부에 따라 성공과 실패가 갈린 셰익스피어가 생명을 불어넣은 인물들이다. 책은 인생의 도전을 여섯 단계로 나눈다. 심리발달의 "여섯 단계는 바로 셰익스피어의 '의지력'의 지혜를 통해 인간에게 필요한 자질을 완숙히 갖추어 가는 과정이다." 이 책은 1999년 같은 곳에서 『셰익스피어가 가르쳐주는 세상사는 지혜』라는 제목으로 나와 꾸준히 쇄를 거듭한 바 있다.

셰익스피어에 관한 책

셰익스피어 읽어주는 남자— 21세기적 감성으로 접근한 셰익스피어 전문가의 재해석 메시지 안병대 지음, 명진출판, 2011.
셰익스피어, 신을 흔들다 오순정 지음, 매직하우스, 2011.
셰익스피어 사랑학— 셰익스피어, 사랑을 그리다 오다시마 유시 지음, 유가영 옮김, 말글빛냄, 2011.
셰익스피어 인간학— 셰익스피어, 인간의 본성을 그리다 오다시마 유시 저, 장보은 옮김, 말글빛냄, 2011.
셰익스피어— 영어의 역사를 다시 쓴 위대한 극작가 셀레스트 데이비슨 매니스 글, 존 오브라이언 그림, 지소철 옮김, 올파소, 2010.
브라이슨의 셰익스피어 순례 빌 브라이슨 지음, 황의방 옮김, 까치, 2009.
셰익스피어 비극 존 드라카키스 지음, 최영 옮김, 동인, 2009.
유럽 근대문학의 태동— 셰익스피어에서 스위프트까지 미야시타 시로 외 공저, 송태욱 옮김, 웅진지식하우스, 2009.
셰익스피어 인 에세이 박성환 지음, 에세이, 2009.
셰익스피어와 현대비평 김종환 지음, 계명대학교출판부, 2009.
최고의 극작가 셰익스피어 강철 글, 이태영 그림, 시공사, 2009.
실버 스트리트의 하숙인 셰익스피어 찰스 니콜 지음, 안기순 옮김, 고즈윈, 2009.
셰익스피어는 셰익스피어가 아니다 잭 린치 지음, 송정은 옮김, 추수밭, 2009.
창조자들— 셰익스피어에서 월트 디즈니까지 폴 존슨 지음, 이창신 옮김, 황금가지, 2009.
셰익스피어 읽기 강석주·이용관 공저, 신아사, 2009.
셰익스피어 경영 노먼 오거스틴·케네스 아델만 공저, 홍윤주 옮김, 푸른샘, 2008.
셰익스피어 갤러리 존 보이델 편저, 유현숙 옮김, 종합출판범우, 2008.
셰익스피어 비극 리어왕의 이해 최경란 지음, 단국대학교출판부, 2008.
셰익스피어 4대 비극의 이해 서문교 지음, 신아사, 2008.
셰익스피어의 명구와 명대사 김종환 편역, 계명대학교출판부, 2008.
셰익스피어 인 러브 탐 스토파드 외 공저, 김성희 옮김, 예니출판사, 2008.
셰익스피어, 그림으로 읽기 권오숙 지음, 예경, 2008.
셰익스피어 사기극 퍼트리샤 피어스 지음, 진영종·최명희 옮김, 한울, 2008.
셰익스피어는 없다 버지니아 펠로스 지음, 정탄 옮김, 눈과마음, 2007.
셰익스피어 소네트 읽기 정내원 지음, 동인, 2007.
셰익스피어와 후기 구조주의 권오숙 지음, 동인, 2007.

셰익스피어 문학의 현대적 의미(개정판) 강석주 지음, 동인, 2007.

셰익스피어 구문론(1·2) 조성식 지음 해누리, 2007.

걸어가는 그림자- 영상으로 본 셰익스피어 극장 안정효 지음, 다할미디어, 2007.

굿모닝 셰익스피어 한광석 지음, 해토, 2007.

절대군주제의 위기와 폭군살해 논쟁 그리고 셰익스피어 김영아 지음, 한국학술정보, 2007.

셰익스피어의 여인들(1·2)- 사랑과 덕의 주인공들 안나 제임슨 지음, 이노경 옮김, 아모르문디, 2007.

HOW TO READ 셰익스피어 니콜러스 로일 지음, 이다희 옮김, 웅진지식하우스, 2007.

풀어 쓴 셰익스피어 이야기 M. 츄트 지음, 최준기 옮김, 푸른사상, 2007.

이웃사람 셰익스피어 이태주 지음, 종합출판범우, 2007.

셰익스피어- 그리고 그가 남긴 모든 것 스텐리 웰스 지음, 이종인 옮김, 이끌리오, 2007.

셰익스피어의 시대 캐서린 M.S. 알렉산더 지음, 정신아 옮김, 청아출판사, 2006.

셰익스피어와 타자 김종환 지음, 동인, 2006.

셰익스피어와 인간의 확장 박우수 지음, 동인, 2006.

성 역할의 경계를 넘어서- 셰익스피어 극에 등장하는 남성적 여성들 이윤주 지음, 한국학술정보, 2006.

라캉의 욕망이론과 셰익스피어 텍스트 읽기 이미선 지음, 한국학술정보, 2006.

셰익스피어 희곡론 홍기창 지음, 서울대학교출판부, 2006.

셰익스피어와 정신분석 조재희 지음, 한국학술정보, 2006.

마음에 영원히 남을 셰익스피어의 명언 조현석 편저, 북인, 2006.

셰익스피어- 인생을 무대 위에 올린 작가 파밀라 힐 네틀턴 지음, 김민석 옮김, 아이세움, 2006.

윌리엄 셰익스피어- 선생님도 놀란 인물뒤집기 캐롤 도머스- 코스타 지음, 강성희 옮김, 성우주니어, 2006.

제3의 장르를 찾아서- 셰익스피어 다시 읽기 이노경 지음, 한국학술정보, 2006.

융과 셰익스피어 바바라 로저스-가드너 지음, 이영순 옮김, 동인, 2006.

영화로 읽는 셰익스피어 셰익스피어로 읽는 현대 문화 김희진 지음, 동인, 2006.

셰익스피어라는 극장, 그리고 문화 최영주 지음, 글누림, 2006.

셰익스피어와 탈근대적 관점 이용은 지음, 동인, 2005.

셰익스피어 연구 이경식 지음, 서울대학교출판부, 2005.

셰익스피어 극의 공연 세계 앨런 데슨 지음, 최경란 옮김, 화산문화기획, 2005.

셰익스피어 넓게 읽기 홍기영 지음, 동인, 2005.

셰익스피어 4대 비극 이명종 엮음, 홍진미디어, 2005.

셰익스피어 연기하기 존 바튼 지음, 김동욱 옮김, 성균관대학교출판부, 2005.

셰익스피어는 제국주의자다- 박홍규의 셰익스피어 다시 읽기 청어람미디어, 2005.

셰익스피어 다시 읽기 테리 이글턴 지음, 김창호 옮김, 민음사, 1996.

강한 여성을 위한 셰익스피어 다시 읽기 롤프 브라이텐슈타인 지음, 김소연 옮김, 좋은책, 2004.

한 권으로 읽는 셰익스피어 미하엘 쾰마이어 지음, 김희상 옮김, 작가정신, 2005.

셰익스피어의 재미있는 이야기(문고판) 찰스 램·메리 램 공저, 김영수 옮김, 함께, 2008.

한 권으로 읽는 셰익스피어 이야기 찰스&메리 램 지음, 아서 래컴 그림, 나선숙 옮김, 자유로운상상, 2006.

한 권으로 읽는 셰익스피어 이야기 찰스·메리 램 지음, 김기찬 옮김, 현대지성사, 1998.

베니스 상인- 셰익스피어 이야기 1 찰스·메리 램 지음, 현기영 옮김, 창작과비평사, 1981.

로미오와 줄리엣- 셰익스피어 이야기 2 찰스·메리 램 지음, 김태언 옮김, 창작과비평사, 1981.

셰익스피어의 위대한 문장들 박성환 엮음, 문학동네, 2002.

셰익스피어의 시대 프랭크 커모드 지음, 한은경 옮김, 을유문화사, 2005.

셰익스피어- 비극의 연금술사 프랑수아 라로크 지음, 이종인 옮김, 시공사, 1996.

겨울 이야기 이윤기·이다희 옮김, 달궁, 2005.

셰익스피어 평전 마크 호넌 지음, 김정환 옮김, 북폴리오, 2003.

윌리엄 셰익스피어- 그림과 자료로 복원한 셰익스피어의 삶과 예술 앤터니 홀든 지음, 장경렬 옮김, 푸른숲, 2005.

필름 셰익스피어 장원재 외 지음, 씨네21, 2005.

셰익스피어에게 묻다- 세상을 살아가는데 꼭 알아야 할 6가지 조지 와인버그·다이앤 로우 지음, 김재필 옮김, 한국언론자료간행회, 2005.

셰익스피어가 가르쳐주는 세상사는 지혜 조지 와인버그·다이앤 로우 지음, 김재필 옮김, 한국언론자료간행회, 1999.

보르헤스 전집 5- 셰익스피어의 기억 호르헤 루이스 보르헤르 지음, 황병하 옮김, 민음사, 1997.

수전 손택
Susan Sontag
1933-2004

있는 그대로의 예술을 느끼고 즐겨라

수전 손택이 수집한 인용문만으로 이뤄진 『사진에 대하여On photography』의 마지막 장은 경탄과 궁금증을 자아내게 한다. 하나의 주제 아래 수십 개의 인용문을 발췌할 정도인 손택의 독서량은 놀랍기 짝이 없다. 또 손택은 이 인용문들을 누군가에게 바쳤는데 ―"W.B.에 헌정한다"― 그 주인공이 누군지 궁금하다.

이름의 머리글자만으로 단언하기는 곤란하나 손택

의 헌정을 받은 주인공은 발터 베냐민Walter Benjamin이 아닌가 한다. 그렇게 보는 데에는 몇 가지 근거가 있다. 손택은 이 책의 앞 장에서 초현실주의자의 사진관을 다루면서 "인용설명은 (그리고 서로 일치하지 않는 설명을 동등하게 배열시키는 것도) 초현실주의자들의 취향"이라고 언급한다. 이어 초현실주의자다운 감성이 가장 짙게 배인 인물로 발터 베냐민을 꼽고는 그가 열정적으로 인용 설명을 위한 자료를 수집했다고 덧붙인다. 베냐민이 완전히 인용만으로 이뤄진 작품을 쓰려는 야심을 품은 것은 비교적 널리 알려진 일화다.

사실, 손택의 사진에 관한 명언모음은 인용 설명의 방식을 취하고 있기도 하다. 게다가 불일치 효과를 노리는 초현실주의자들의 취향이 반영된 흔적마저 보인다. 예컨대 나란히 배열된 쇼펜하우어와 니체의 경구가 그렇다. "겉으로 드러난 인간의 모습은 내면의 모습을 담고 있다. 특히 얼굴은 그 사람의 내면에 들어 있는 감성이나 특성을 더욱더 충분하게 드러낸다"(쇼펜하우어). "사물을 아름다움이라는 의미로만 체험하는 것은 어느 면에서, 보는 사람의 필요에 따라 사물을 체험하는 방식으로 잘못된 방법일 수도 있다."

또한 손택은 다른 글에서 발터 베냐민에 대한 호감을 굳이 감추지 않는다. 『해석에 반대한다』에 수록된 「게오르그 루카치의 문학 비평」에서 손택은 '우리 시대의 유일한 주류급 독일 문학평론가'라는 칭호를 받아야 할 사람은 루카치가 아니라 베냐민이라고 일갈한다. 아울러 베냐민이 '초기' 루카치의 영향을 받은 점을 상기시키며 "벤야민은 우리에게 루카치가 어떤 문학 평론가가 될 뻔했는지 보여준다"고 말하기도 한다.

그런데 만약 손이 발췌한 인용문들을 'W.B.'가 아니라 'R.B.'에게 헌정했다면, 'R.B.'는 롤랑 바르트Roland Barthes로 단정할 수 있다. 손택은 바르트의 훌륭한 독자로서 바르트를 미국에 알리는 데 큰 기여를 했기 때문이다. 1968년 미국에서 출간된 바르트의 『0도의 글쓰기』 영역본Writing Degree Zero에는 손택이 쓴 서문이 실리기도 했다.

그래서일까. 손택의 사진론 우리말 텍스트 가운데 바르트의 사진론과 하나로 묶인 책이 있는 것이 전혀 이상하지 않다(『사진론』 송숙자 옮김, 현대미학사, 1994). 손택의 사진론만 번역한 단행본도 있다(『사진 이야기』 유경선 옮김, 해뜸, 1999). 아무튼 손택의 『사진에 대하여』는 그녀의 대표 에세이자 사진에 대한 뛰어난 통찰로 이름이 높다. 손택은 이 비평적 에세이로 1977년 '전미도서비평가협회상' 비평부문을 수상했는데 그럴 자격이 충분하다. 이 책에는 사진에 관한 인용 설명으로 쓰일 대목이 수두룩하다.

"사진은 모든 모방예술 중에서 가장 현실적이고, 그렇기 때문에 가장 쉽다는 그리 바람직하지 않은 명예를 가지고 있는 예술형태이다. 그러나 사실은 순수 예술이 대부분 경쟁에서 낙오되고 있는 100여년 동안이나 초현실주의라는 현대적인 감성을 당당하게 지켜오면서 소멸되지 않은 유일한 예술이라고 할 수 있다."
"사진의 진실은 곧 사진으로 보여주는 세계의 진실이다."
"사진은 윤리적인 견해를 만들어 낼 수는 없으나 윤리를 고취시킬 수 있다. 그리고 새롭게 태어나는 윤리가 자리잡을 수 있도록 도움을 줄 수가 있다."

『해석에 반대한다Against Interpretation』(이후, 2002)는 손택의 독특한 비평관과 예술관을 잘 보여주는 자타가 공인하는 그녀의 대표저서다. 손택은 1962년에서 1965년까지 쓴 비평문 가운데 스스로가 "제법 만족할 만한 것들"을 모았다고 자체 평가한다. 남들의 평가는 눈이 부실 정도다. 〈뉴욕타임스〉는 이 책이 "그 가치를 헤아릴 수 없는 문화적 기록이 될 것이 분명하다"고 했고, 〈보그〉는 "이 책에 실린 에세이들은 눈이 부신 지적 퍼포먼스이며, 1960년대 아방가르드 미학의 가장 강력하고 계몽적인 진술"이라고 했다. 멕시코의 소설가 카를로스 푸엔테스는 손택의 에세이를 "위대한 작품"이라 추켜세웠다.

표제 에세이는 일종의 반해석 선언으로 읽힌다. 손택은 예술의 내용을 예술의 알맹이로 간주하는 시각에 딴죽을 걸면서 자신의 반해석론을 펼친다. "내용을 과도하게 강조한다는 것은 끝나지 않을, 혹은 결코 완성되지 못할 해석 작업을 해야 한다는 의미다. 거꾸로 보면, 예술작품의 내용이라고 하는 것이 따로 있다는 환상을 떠받쳐주는 것도, 예술작품을 해석하기 위해 예술작품에 접근하는 습관이다."

손택은 해석이 텍스트에 담긴 명백한 의미와 독자의 요구가 어긋날 것을 전제로 한다고 말한다. 곧 해석은 미구에 있을 이런 어긋남을 봉합하려는 장치인 셈이다. 또한 예술작품을 해석하려면 그것을 이해해야 한다. "이해한다는 것 자체가 바로 해석하는 것이다." 또한 손택은 여러 문화적 맥락에서 해석을 해석하기도 한다.

"어떤 문화적 맥락으로 보면 해석은 해방 행위다. 거기서 해석은 수정하고 재평가하는, 죽은 과거를 탈출하는 수단이다. 다른 문화적 맥락에서 보면, 이는 반동적이고 뻔뻔스럽고 비열하고 숨통을 조이는 훼방이다." 한편, 비대할 대로 비대해진 지식인의 존재 자체가 이미 해묵은 딜레마가 된 문화권에서, 해석은 지식인이 예술에 가하는 앙갚음이 된다. 그리고 그런 복수는 토마스 만 같은 협조적인 작가보다 카프카 같은 비협조적인 작가에게 집중된다. "카프카의 작품을 대대적으로 공습한 해석자 무리는 그 규모로 따지자면 3개 대대는 족히 넘을 것이다."

손택에 따르면, 예술작품이 일련의 내용으로 구성된다는 심히 미심쩍은 이론을 바탕으로 한 이러한 해석은 예술을 어지럽힐 수밖에 없다. 그것은 결국 예술을

지적 도식의 범주에 포함시켜 실용품화하는 것이다. 손택에게 최상의 비평은 "내용에 관한 언급 안에 형식에 대한 언급을 녹여낸 비평이다." 그런 비평은 "예술의 감각적인 표면을 꾸물거리지 않고 드러내"준다.

또 손택은 투명성을 현대 예술의 가장 고상하고 의미 있는 가치로 본다. 그녀가 말하는 투명성이란 "사물의 반짝임을 그 자체 안에서 경험하는 것, 있는 그대로의 사물을 경험하는 것"을 뜻한다. 결론적으로 "비평의 기능은 예술작품이 무엇을 의미하는지 보여주는 것이 아니라, 예술작품이 어떻게 예술작품이 됐는지, 더 나아가서는 예술작품은 예술작품일 뿐이라는 사실을 보여주는 것이다."

표제 에세이 다음에 오는 「스타일에 대해」에서는 손택의 예술관을 엿볼 수 있다. "예술은 무언가에 관한 것만이 아니다. 예술은 그 자체로 무언가이기도 하다. 예술은 세상 속에 있는 어떤 것이지, 그저 세상에 관해 말해주는 텍스트나 논평은 아니다." 이 밖에 서평 형식을 빌린 '카뮈론'과 '루카치론'은 비평적 에세이의 진수를 만끽하게 한다.

손택은 에세이스트와 문학평론가로 그 명성이 자자하지만, 장편소설도 여러 편 썼다. 그녀의 소설가적 면모를 알 수 있는 우리말 텍스트는 지금으로선 『화산의 연인The Volcano Lover』(김기애 옮김, 한나래, 1993)이 유일하다. 영국 역사에서 가장 유명한 스캔들인 윌리엄 해밀턴과 그의 부인 에마, 그리고 넬슨 제독 사이의 삼각관계를 소재로 삼은 이 소설은 스타일이 참 독특하다. 등장인물이 대화하는 대목에 인용부호를 일체 사용하지 않았고, 의도적인 오류를 범하기도 한다.

손택 책의 본격적인 번역은 이제부터가 시작이다. 『해석에 반대한다』의 한국어판이 36년 만에 나온 것은 늦어도 너무 늦었다. 이 책보다 2년 뒤에 출간된 한나 아렌트의 『어두운 시대의 사람들』(문학과지성사, 1983)은 진작 우리말 텍스트를 얻었으니 말이다. 서평 위주

라는 글의 형식면에서나 1960년대 아방가르드 미학의 자장 안에 있다는 점에서 손택의 책과 아렌트의 책은 닮은꼴이다. 하지만 여러모로 손택의 책이 훨씬 나은 것 같다. 글이 입에 쩍쩍 달라붙는 것도 놀랍지만 더 놀라운 것은 손택의 글이 지극히 현재적이라는 사실이다. 36년 전에 쓴 글이라는 게 도통 믿어지지 않는다.

그런데도 손택 책의 번역이 지체된 것은 '괘씸죄'에 걸려든 때문은 아닌지? 1988년 미국 펜클럽 회장 자격으로 우리나라를 찾은 손택은 당시 구속된 한국 문인들의 조속한 석방을 촉구한 바 있다. 이에 대해 우리의 일부 문인들이 반박성명을 낸 웃지못할 풍경이 얼핏 떠오른다.

『은유로서의 질병Illness as Metaphor』(이후, 2002)과 『타인의 고통Regarding the Pain of Others』(이후, 2004)도 번역되었다. 다음은 영화 잡지 〈필름2.0〉(제114호, 2003.0218-0225)에 실렸던 앞의 책에 대한 필자의 리뷰다.

명색이 국문과 출신이지만, 은유隱喩의 개념이 내 가슴에 와 닿은 것은 문학작품이 아니라 영화를 통해서였다. 세계적 시인 파블로 네루다와 우편배달부 사이의 우정을 그린 〈일 포스티노〉에는 문학용어가 곧잘 등장하는데 그중에서도 은유의 출몰 빈도는 유난스러울 정도다.

#1. "내 앞에서 은유와 직유를 사용하지 말게" "뭐라 하셨죠" "은유 말이야!" "그게 뭔데요?" "은유? 은유란… 뭐라 설명할까 …말하고자 하는 것을 다른 것과 비교하는 거야."

#2. "해변을 따라 천천히 걸으면서 주위를 감상해 보게" "그럼 은유를 쓰게 되나요?"

#3. (네루다가 자작시 한 편을 들려준 다음, 우편배달부에게 소감을 묻는다) "마치 배船가 단어들로 이리저리 튕겨지는 느낌이었어요" "배가 단어들로 튕겨진다고?" "그래요." "방금 자네가 한 말이 뭔지 아나? 마리오" "아뇨, 뭐라고 했는데요." "그게 은유야."

은유의 용례를 영화나 문학작품에서만 찾으란 법은 없다. 일상에도 질병의 은유적 표현은 넘쳐난다. 질병의 은유는 우리의 언어생활 깊숙이 침윤돼 있다. '암적 존재' '열병을 앓다(무언가에 푹 빠지다)' '컴퓨터 바이러스' '사회병리현상' 등이다. '마마 호환보다 더 무서운 불법비디오'까지.

『은유로서의 질병』은 문학 텍스트에 나타난 질병의 은유를 탁월하게 분석한 책이다. 책은 두 부분으로 이뤄져 있는데, 1부 「은유로서의 질병」에서 저자는 암과 결핵의 특성을 절묘하게 병치시킨다. 예컨대 "결핵은 시간의 질병"이지만, "암은 (궁극적으로) '종말'"을 가리킨다. 이 두 질환을 나란히 불러 세운 까닭은 결핵과 암이 인류 역사에서 "온갖 진풍경을 연출하며 앞서거니 뒤서거니 은유의 속박을 받은" 대표적인 질병이기 때문이다.

하지만 암과 결핵은 분명히 다르다. "결핵을 대하듯이 암을 대하는 사람은 전혀 없다." 더구나 암이 시적 주제로 다뤄진 일은 거의 없는 데다 암을 미화하는 것은 상상조차 하기 어렵다. 그런데 암이 지닌 질병으로서의 위세를 대체한 질환이 있으니, 후천성면역결핍증이 바로 그것이다. 2부 「에이즈와 그 은유」는 20세기의 역병으로 불리는 AIDS를 다루고 있다.

『은유로서의 질병』은 샴쌍둥이 같은 책이다. 부록으로 실린 대담의 표현을 빌면, "이 책은 서로 다른 두 개의 생명체 같다." 1부(1977)와 2부(1988)는 11년의 편차가 나는 이란성 쌍둥이다. 2부 앞머리의 문구 ―"은유로서의 질병』을 다시 읽을 것, 지금 바로"― 가 시사하듯, 2부는 1부의 속편이다. 1부는 따로 단행본이 존재하지만, 2부는 홀로 설 수 없다. 전편을 능가하는 속편을 보기 어렵다는 속설은 이 책에도 적용된다.

그렇다고 이 책의 2부를 두 시간짜리 영화에서 긴장이 풀어지는 후반부로 봐선 곤란하다. 에이즈에 대한 저자의 번뜩이는 통찰을 접할 수 있거니와 책 전체의 결론을 읽을 수 있어서다. "내가 없어지는 꼴을 가장 보고 싶어하는 은유는 군사적 은유이다." 역시 1부와 2부의 합본 형태로 된 이 책의 원서는 부피가 얇다.

그런데 한국어판의 두께는 원서의 곱절은 된다. 상세한 옮긴이 각주가 붙어 그렇게 됐는데 책의 편집자이기도 한 번역자의 공력이 돋보이는 대목이다. 결핵의 낭만화로 핼쑥하고 창백한 얼굴이 구별 짓기의 표지가 됐다는 식의 예리한 분석과 아우라가 진하게 풍기는 고급한 문체가 『은유로서의 질병』의 미덕이지만, 이 책의 용도는 따로 있다. 암에 걸렸다가 완치된 저자는 난치병 환자들의 용기를 북돋운다.

저자가 환우들에게 간접적으로 던지는 메시지는 대충 이런 것이다. 이른바 불치병에 걸릴까 지레 겁먹지 말고, 병에 걸렸거든 병을 그저 병으로 보라. 그리고 올바르고 정확한 치료법에 기대어 병을 고치려 노력하라. 그러면 나으리라. 아무튼 이 매력적인 책의 독서를 강력 추천한다.

수전 손택의 책

인 아메리카 임옥희 옮김, 이후, 2008.
문학은 자유다– 수전 손택의 작가적 양심을 담은 유고 평론집 홍한별 옮김, 이후, 2007.
앨리스, 깨어나지 않는 영혼– 수전 손택이 쓴 최초의 희곡 배정희 옮김, 이후, 2007.
나, 그리고 그 밖의 것들 김전유경 옮김, 이후, 2007.
강조해야 할 것 김유경 옮김, 이후, 2006.
우울한 열정 홍한별 옮김, 이후, 2005.
사진에 관하여 이재원 옮김, 이후, 2005.
급진적 의지의 스타일 이병용·안재연 옮김, 현대미학사, 2004.
타인의 고통 이재원 옮김, 이후, 2007.(초판 2004)
해석에 반대한다 이민아 옮김, 이후, 2002.
은유로서의 질병 이재원 옮김, 이후, 2002.
화산의 연인 김기애 옮김, 한나래, 1993.
사진론 송숙자 옮김, 현대미학사, 1994.
사진 이야기 유경선 옮김, 해뜸, 1999.

수전 손택에 관한 책

어머니의 죽음– 수전 손택의 마지막 순간들 데이비드 리프 지음, 이민아 옮김, 이후, 2008.

수전 조지
Susan George
1934-

다소 앰비밸런스한, 균형감을 약간 잃은 듯한

『수전 조지의 Another world (is possible if…)』는 '폭압적 신자유주의 세계화에 대한 실천적 제안서'다. 모든 것을 변화시킬 수 있는 힘을 지닌 '만약'이라는 단어의 의미를 살피는 게 목적이다. 또한 "책의 일정 부분은 '세계화와 지구촌 정의실천 운동에 대한 입문서'의 성격을 띠고 있다." 이제 보니 세계인을 놀라게 한 WTO(세계무역기구) 시애틀 각료회의(1999)와 이탈리아 제노바 G8(선진 8개국 정상)회담(2001)을 반대하는 대규모 집회, 그리고 2003년 2월 15일의 전 세계적인 반전 시위의 배후에는 '지구촌 정의실천 운동'이 있었다. 지구촌 정의실천 운동은 1997년과 1998년 무렵 시작되었다.

"지구촌 정의실천 운동은 누구를 상대로, 또 어떠한 문제를 위해 싸워야 할 것인가에 대한 공통된 합의를 바탕으로 결성된 조직이라고 할 수 있다." 이 조직의 노老활동가인 수전 조지는 지구촌 정의실천 운동이 저항하는 대상을 '적수'라고 칭한다. '상대편'이나 '적敵'이 아니라 '적수'라고 하는 까닭은? "'상대편'은 마치 윔블던 테니스 대회 등의 스포츠 경기에서 쓰이는 표현 같은 느낌을 준다. 우리가 펼치는 운동이 스포츠 경기와 같은 것은 아니며, 우리는 게임이 진행되는 중에라도 게임의 규칙이나 전략을 자유롭게 만들어나갈 수 있어야 한다. 그리고 우리가 펼치는 게임의 규칙이나 전략이 언제나 신사적인 것도 아니다." 단, 폭력은 금물이다.

지구촌 정의실천 운동가

'적敵'은 완전하고도 절대적인 승리만이 유일한 해결책일 것 같다는 인상을 주지만, 정치의 세계에서 완전한 승리나 패배는 거의 존재하지 않는다. "반면 '적수'란 그 모습을 달리해가며 오랜 기간 우리의 주변을 맴돌 존재이고, 이들과의 전쟁은 부분적으로는 소모전의 성격을 갖게 될 공산이 크다." '적수'를 물리치려면 지식이 필요하다.

그런 맥락에서 이른바 '워싱턴 컨센서스Washington Consensus'의 기본원칙을 다시 살피는 것은 의미 있는 일이다. 수전 조지에게 워싱턴 컨센서스는 세계 체제 속에서 가장 큰 영향력을 가진 행위자들이 선호하는 일련의 정책적 결정을 일컫는다. "워싱턴 컨센서스는 하나의 총체적 집합체라고 할 수 있는데 우리의 적수들은 워싱턴 컨센서스에 담긴 강령의 각 부분을 하나씩 실천하는 집단이다."

IMF, 세계은행World Bank, WTO에 의해 채무국에 적용되는 워싱턴 컨센서스의 여러 정책이 바로 '구조조정 프로그램'이다. 우리도 경험한 '충격요법'이다. 신자유주의적 세계화의 경제적·정치적 교과서라 할 수 있는 워싱턴 컨센서스의 기본원칙은 다음과 같다.

1. 모든 분야, 모든 단계에 경쟁을 장려한다.
2. 인플레이션을 저지한다. 곧, 화폐의 구매력 감소로 이어지는 임금과 물가의 동반상승을 견제한다.
3. 수출에 역량을 집중시키고 교역량을 증대시켜라. 교역은 그 자체로 좋은 것이다.
4. 단기투기성자본을 포함한 모든 자본이 국경을 넘어 자유롭게 이동하도록 한다.
5. 기업과 부자에 대한 세금을 감소시켜라.
6. 많은 기업과 부자들이 자신의 자금에 조세기관의 감시가 닿지 않도록 하기 위해 이용하고 있는 조세 피난처를 폐쇄해서는 안 된다.
7. 민영화, 민영화, 민영화하라. "민영화란 사실 양도, 또는 '헐값에 넘기기'를 점잖게 표현한 말에 불과하다."
8. 노동시장을 '유연화'하고 노동자들 사이에 경쟁을 장려하라.
9. 원가에 기반을 둔 정책을 시행하라. 예를 들어 교육이나 의료처럼 예전에는 무상으로 제공되던 서비스에 대해 요금을 부과하는 것이다.

우리가 익히 들어온 풍월이라 하겠다. 수전 조지는 WTO 체제하의 국제 협약으로 비교적 낯선 '서비스교역에 관한 일반협정GATS'을 크게 우려한다. 또한 사교계 모임 같은 인상을 풍기는 다보스 '세계경제포럼'이 쇠퇴일로를 걸으며 적실성을 상실해가는 반면, 베일에 가려진 '빌더베르그회담'은 다보스포럼과는 다른 면모를 보이는 것에 주목한다.

내가 보기에 수전 조지는 약간 앰비밸런스ambivalence하다. 그런 예를 몇 가지 들자면 우선, 자본주의에 대해 비판적이면서도 그것의 강인함을 인정한다. "자본주의 체제가 경기침체기와 위기상황에서조차 매번 벗어날 수 있는 능력을 갖고 있다면 경제가 번창하는 시기에는 얼마나 더 강한 생명력을 가지겠는가?" 또한 그녀는 미국인들이 '종교적' 단체라고 부르는 집단이나 평화운동 단체들과는 일정한 선을 긋는다. 마르크스주의와 사회주의에 대해서도 그다지 호의적이지 않다. 그러면서도 "사회주의와 민주주의의 결합형(사회민주주의와 같은 것은 아니다)만이 우리에게 해답을 제공해줄 수 있을" 거란다. 나로선 알 수 없는 노릇이다.

"이른바 '성장'이라고 하는 것의 대부분은 우리를 더욱 가난하게 만들거나, 혹은 과거의 경제적, 사회적 실패를 벌충하려는 헛된 노력에 지나지 않는다." 이러고는 얼마 안 있어 "윤택한 삶을 포기하지 않으면서도 자연환경을 우선시하는 경제로 변환하는 작업은 충분히 가능하다"고 말한다.

나는 "유럽은 '지금과는 다른 세상이 가능하다'는 우리의 희망을 현실로 만들 수 있는 진정한 세력으로 변모해야 한다"는 그녀의 유럽 대안론에도 적잖이 회의적이다. "유럽이 스스로의 결정적 역할을 인식하지 못한다면" 그녀는 "지금과는 다른 새로운 세계의 건설이 불가능할 것으로 본다." 여기에 우리는 그녀가 예상한 대로 '유럽중심주의'라는 비판을 제기할 수밖에 없다. "'다 같은 놈인걸!' 운운하며 투표를 거부하는 사람은 내가 보기에 신자유주의자를 위해 신이 내려준 구세주 같은 존재"라거나 "아무리 불충분해 보일지언정 대의민주제는 우리가 포기할 수 없는 것"이라는 그녀의 주장은 쉽사리 동조하기 어렵다.

"우리는 각 사회 계층(남자들에게만 국한된다고 하더라도)을 공화국이라는 공통된 이념 하에 통합시켜주던 징집제도도 폐기해버렸다"고 아쉬워하는 그녀가 오로지 비폭력 노선만을 강조하는 것은 또 어떻게 받아들여야 할지 모르겠다. 하지만 두 인간을 국제형사재판소의 법정에 세워야 한다는 제안은 적극 지지한다. "내가 국제형사재판소에서 심판을 받아야만 할 사람으로 우선 꼽고 싶은 인물은 첫 번째로는 헨리 키신저 ―여러 가지 명백한 이유가 있다― 이고, 두 번째로는 사람들을 죽음으로 몰아넣는 IMF 정책을 아무런 죄책감 없이 13년간 총괄한 미셸 캉드쉬이다(현재는 교황청의 '정의 및 평화 위원회' 소속이다. 우리에게 '저승사자'나 다름없던 미셸 캉드쉬의 이름을 접하자 이 책에 인용된 헤겔의 경구가 떠오른다. "역사가 우리에게 가르쳐주는 유일한 진실은 역사의 교훈을 제대로 받아들이는 사람이 아무도 없다는 점이다.")

한편 "세계적으로 서비스교역은 전체 교역의 1/5을 차지하고, 금액으로는 15억 달러에 이른다."(91쪽)에서 '15억 달러'는 잘못된 액수 같다. 원서가 출간된 2004

년 여름의 세계 전체 교역량이 얼마인지는 모르겠다. 하지만 이를 거꾸로 셈하여(15억 달러×5) 산출한 전체 교역량(75억 달러)은 터무니없이 적다.

미국의 7대 기업이었던 엔론은 4년간에 걸쳐 15억 달러나 되는 회계부정을 저질렀고(110쪽 옮긴이 주), "유전자변형식품의 수출 불가로 인한 연간 손실액이 적어도 3억 달러에 이른다는 것이 미국 측 주장이었다."(117쪽) 더구나 "미국과 유럽 간의 연간 교역량이 4조 달러에 달한다는 사실을 상기한다면"(119-20쪽), 유럽과 미국 사이의 연간 서비스교역량만 해도 8천억 달러 안팎일 것이다. 아무튼 수전 조지는 적수들과의 싸움을 길게 내다본다. "우리가 목표로 삼은 일, 역사상 그 누구도 해낸 적이 없는 이 일을 성취하기 위해서는 폭넓은, 그리고 전 세계적이며 장기적인 운동을 펼치는 것만이 유일한 방법이다." 나로선 글쎄다!

『루가노 리포트The Lugano Report― 21세기 자본주의의 유지 방안』은 '유출된' 보고서 형식의 '사실적 허구'다. 이 책은 전문가들로 구성된 특별연구팀이 어느 위원회의 간부들에게 제출한 기밀보고서 양식을 취한다. "특별연구팀의 임무는 특정 직업을 수호하는 것이 아니라, 현 세계를 있는 그대로 규명하는 것이다." 특별연구팀에 부여된 연구 주제는, 다시 말하면, '자본주의 체제가 어떻게 하면 21세기에도 잘 보존될 수 있을 것인가?'다. 보고서의 결론은 암울하다. 수전 조지는 이 책의 내용이 허구임을 밝혔으나, 일부 독자는 내용을 있는 그대로 받아들였다고 한다.

"'루가노 리포트'의 작성을 맡은 일단의 전문가는 우리로서는 매우 불쾌하게 받아들이지 않을 수 없는 결론에 이르게 됩니다. 이 전문가들은 세계인구가 대략 80억에 이르게 될 2020년이 되면 경제적, 생태계적, 사회적, 그리고 정치적인 그 모든 이유로 자본주의의 유지가 완전히 불가능해진다고 결론내립니다. 이런 이유로 상당수 사람들, 특히 최빈곤층에 속한 사람과 자본주의 체제에 통합되어있지 않으며 통합될 수도 없는 사람은 가능한 모든 수단을 동원하여 최단시간 내에 제거해야만 한다는 결론을 내립니다."(『수전 조지의 Another world』의 결론이자 2003년 포르토 알레그레 연설에서)

"『외채 부메랑The Debt Boomerang— 제3세계 외채는 어떻게 우리 모두를 해치는가?』는 운이 나쁜 나라들을 외채의 노예로 묶어두는 것이 선진국들에게도 경제적으로나 정치적으로나 전혀 득이 되지 않는다는 사실을 선진국 시민들에게 설명하기 위하여 씌어졌"다(한국어판 서문에서).

우리나라는 한동안 심한 외채부담을 겪었다. 외채위기가 남의 일만은 아니었다. 물론 시기적으로 다를 순 있지만 말이다. "1982년 외채위기가 시작되고부터 1990년까지(이 글을 쓰는 시점에서 입수할 수 있는 완전한 통계는 1990년 것까지였다) 108개월 동안 남반구의 채무국들은 북반구의 채권자들에게 이자만 월평균 65억 달러를 지불했다. 원금 상환까지 포함한다면, 1982년 1월부터 1990년 12월까지의 108개월 동안 채무국은 매월 평균 124억 5천만 달러를 채권국에 상환했음을 확인할 수 있다."

이 책은 제3세계의 외채라는 '부메랑'이 남반구에서 그것을 날려 보낸 북반구로 되돌아와 북반구에 미치는 영향을 여섯 가지 측면에서 다뤘다. 그 여섯 측면은 환경파괴, 마약, 조세부담, 일자리와 시장 축소, 이민 폭증, 갈등과 전쟁 고조 등이다. 수전 조지는 미국에서 태어나 프랑스에 귀화한 미국계 프랑스인이다.

수전 조지의 책

하이재킹 아메리카— 미국 우파는 미국인의 사고를 어떻게 바꾸어놓았나 김용규·이효석 옮김, 산지니, 2010.
수전 조지의 Another World— 폭압적 신자유주의 세계화에 대한 실천적 제안서 정성훈 옮김, 산지니, 2008.
루가노 리포트(The Lugano Report)— 21세기 자본주의의 유지 방안 이대훈 옮김, 당대, 2006.
야만의 주식회사 G8을 말하다 노암 촘스키 외 공저, 이종인 옮김, 시대의창, 2006.
50년이면 충분하다 케빈 대나허·윌든 벨로 등 공저, 최봉실 옮김, 아침이슬, 2000.
외채 부메랑(The Debt Boomerang)— 제3세계 외채는 어떻게 우리 모두를 해치는가? 이대훈 옮김, 당대, 1999.

슈테판 츠바이크
Stefan Zweig
1881-1942

"전쟁을 피할 수만 있다면 악의 지배를 허용할 수 있다"

슈테판 츠바이크는 토마스 만과 함께 활동했던 고전적인 작가에 속하지만, 만보다는 파트리크 쥐스킨트에 더 가깝게 느껴진다. 츠바이크의 작품 번역이 비교적 최근에야 활발히 이뤄지고 있기 때문이다. 츠바이크의 작품 대부분은 1990년대 들어서야 번역되었다. 특히 1996년부터 출판사들이 경쟁적으로 번역에 뛰어들었고, 그 기세는 2000년대 첫 10년의 중반까지 지속되고 있다.

국내 출판계는 츠바이크의 사후 반세기 만에 그를 재발견하는 셈인데 여기에는 몇 가지 이유가 있다. 오스트리아 빈 태생의 츠바이크는 20세기 초반 독일어권을 대표하는 작가 가운데 한 사람으로 세계적으로 널리 사랑을 받았다. 우선, 그런 추세에 우리가 뒤늦게 합류한 것으로 볼 수 있다.

여기에다 츠바이크가 뒤늦은 각광을 받는 원인을 그의 세계관과 작품세계에서 찾는 시각도 있다. 츠바이크는 타고난 자유주의자면서 평화주의자였다. 그는 "전쟁을 피할 수만 있다면 악의 지배를 허용할 수 있다"고 말할 정도였다. 1970년대 후반 츠바이크의 저서 두 권이 번역되었지만, 1980년대에는 뜸했던 것은 우리의

80년대가 얼마나 강퍅른 시대였는지 시사하는 대목이기도 하다. 정작 츠바이크 같은 반파시스트에게 관심을 기울일 여유가 없었으니 말이다.

이제 토마스 만처럼 심각하게 내면을 추구하는 소설은 세계 어느 곳에서도 잘 읽히지 않는다. 이에 반해 프로이트의 심리학을 기초로 등장인물의 심리묘사에 탁월한 츠바이크의 소설은 갈수록 빛나고 있다. 저작권법 적용대상이 아닌 점도 출판인들이 츠바이크를 선호하는 빼놓을 수 없는 요인이다. 츠바이크는 코난 도일, 모리스 르블랑 등과 함께 '퍼블릭 도메인'의 대표작가군을 이룬다.

츠바이크의 작품세계는 시·소설·희곡·평론 등 다양한 분야에 걸쳐 있지만 국내 소개는 전기문학과 소설로 크게 나뉜다. 전기문학은 인물의 전기와 인물의 생애를 소재로 한 전기소설로 구분된다.

1960년대 후반 츠바이크의 단편소설집이 번역되었어도, 본격적으로 그의 책들이 우리에게 다가온 것은 1970년대 후반 번역된 전기문학부터라고 할 수 있다. 『어떤 정치적 인간의 초상』(분도출판사, 1977)은 프랑스 혁명에서 나폴레옹 시대에 이르기까지 권력의 핵심에 있었던 정치적 인간 요셉 푸우쉐의 전기이고, 『마리 앙투아네트』(까치, 1979)는 합스부르크가의 공주로 태어나 부르봉가로 시집와 혁명을 맞고, 단두대에서 처형된 비운의 왕비의 일대기를 그렸다.

요셉 푸우쉐의 전기를 펴낸 분도출판사는 군 소재지(경북 칠곡군 왜관)에서 활발한 출판을 하고 있는 거의 유일한 존재다(경기도 파주출판문화 정보산업단지의 조성으로 파주시 교하읍 문발리에 출판사가 대거 들어섰으나, 분도출판사는 여전히 군 소재지에서 출판을 활발하게 하는 거의 유일한 존재다. 『어떤 정치적 인간의 초상』의 출간은 요셉 푸우쉐를 통해 유신 독재를 우회적으로 비판하려는 목적도 갖고 있었다.

츠바이크가 쓴 전기문학의 특징은 인물에 대한 재해석에 있다. 『마리 앙투아네트』는 그 본보기. 푀이예 드 콩슈 남작이 날조한 편지나 왕비의 주변인들이 구술한 회상록의 신빙성 없는 일화들은 과감히 배제하고 미공개로 남아 있었던 마리 앙투아네트와 그녀의 어머니 마리아 테레지아가 주고받은 편지를 중요한 자료로 채택했다. 그 결과 이 소설은 왕비를 주인공으로 한 역사소설이라기보다는 마리 앙투아네트라는 평범한 인물에 초점을 맞춘 심리소설의 성격을 짙게 풍긴다.

『마리 앙투아네트』는 츠바이크의 작품 가운데 비교적 일찍 알려진 작품이다. 비록 청소년용 축약판이 『베르사이유의 장미』라는 제목으로 나왔지만 말이다. 『베르사이유의 장미』는 1970년 초반 〈소년중앙〉의 연재만화로도 큰 인기를 얻었다. 완역본 『베르사이유의 장미』인 『마리 앙투아네트』는, 500쪽에 이르는 초판을 두 권으로 나눈 신판이 독자의 선택을 기다리고 있다.

1994년 출간된 『천재와 광기』와 『체스— 아내의 불안』은 츠바이크의 '재림'을 알린 신호탄이다. 1980년대의 공백을 상쇄하며 츠바이크 '특수'의 기폭제가 되었다. 『천재와 광기』(예하, 1994)는 1935년 출간된 『세계를 만드는 거장』의 번역으로 예술가 아홉 명의 삶을 집약했다. 원래는 따로따로 나온 3부작을 한 권으로 묶은 것이다.

1부 '세 거장'은 발자크, 디킨스, 도스토옙스키를 다뤘고, 2부 '마신과의 투쟁'은 횔덜린, 클라이스트, 니체에게 할애했다. 3부 '생명의 세 시인'은 카사노바, 스탕달, 톨스토이를 묘사했다. 여기에 등장하는 예술가들은 창조적 삶을 통해 역사에 뚜렷한 발자취를 남긴 사람들이다. 츠바이크가 이들에게서 본 공통점은 그들이 광기에 시달리면서도 광기로부터 천재성을 얻었다는 것이다.

『체스— 아내의 불안』(범우사, 1994; 이하 『체스』)은 손바닥만한 문고판이지만 츠바이크문학의 진목면을 보여주었고, 다른 작품의 번역을 촉발시켰다. 『체스』는 체스

게임밖에 할 줄 모르는 체스 챔피언과 체스의 경험은 없지만 뛰어난 두뇌를 지닌 법학 박사의 시합이 소재. 츠바이크는 경험을 앞세운 인간과 사고력이 뛰어난 인간의 대비를 통해 인간정신의 양면성과 잠재의식을 탁월하게 표현했다.

1990년대 중·후반의 츠바이크 르네상스를 주도한 출판사는 자작나무다. 이 출판사는 다섯 권의 전기문학과 한 권의 소설을 펴내며 츠바이크 붐을 조성했다. 『광기와 우연의 역사』(1996)는 역사의 획기적인 전환점이 된 순간들의 변혁을 이끈 주인공을 중심으로 살핀 역사 에세이고, 『마젤란』(1996)과 『스코틀랜드의 여왕』(1997)은 비극적인 최후를 맞이한 탐험가와 여왕의 이야기다. 『에라스무스』(1997)는 위대한 인문주의자의 삶을 그린 책이고, 『폭력에 대항한 양심』(1998)은 칼뱅에 맞선 카스텔리오의 생애를 묘사했다. 『촛대의 전설』(1998)은 희망의 메시지가 담긴 소설이다.

츠바이크의 소설도 속속 번역되고 있다. 『감정의 혼란』(깊은샘, 1996)은 소설 선집으로 네 편의 노벨레가 실려 있고, 『태초에 사랑이 있었다』(하문, 1996)는 애증이 교차하는 그로테스크한 사랑을 그렸다.

츠바이크의 이름이 독자의 귀에 익숙해지면서 과열 양상도 나타나고 있다. 중복출판이 그 단적인 증거다. 『감정의 혼란』에 수록된 「모르는 여인의 편지」는 1997년 두 곳의 출판사를 통해 또 나왔다. 사민서각의 『나를 알지 못하는 여인에게』와 맑은소리의 『편지』가 그것이다. 『체스』 역시 중복출판이 횡행하기는 마찬가지다. 푸른숲에서 또 나왔고, 범우사는 이에 맞서 책 크기를 키운 양장본을 서점에 내놓기도 했다.

츠바이크는 망명지 브라질에서 자살로 생을 마감했다. 더욱 기승을 떨치는 파시즘 세력에 대한 불안감, 고향을 그리는 마음, 창작력의 고갈이 이유였다. 『어제의 세계』(지식공작소, 1995)는 그의 유작으로 남의 이야기가 아니라 자신의 이야기다. 츠바이크의 자서전은 한 개인이 아니라 한 시대가 후손에게 남긴 평화와 휴머니즘의 기록으로 읽힌다.

모든 나의 친구들에게 인사를 보냅니다. 바라건대 친구 여러분은 이 길고 어두운 밤 뒤에 아침노을이 마침내 떠오르는 것을 보기를 빕니다. 나는, 이 너무나 성급한 사나이는 먼저 떠나가겠습니다.

츠바이크가 마지막으로 남긴 말이다.

슈테판 츠바이크의 책

미지의 여인의 편지 박찬기 옮김, 동민문화사, 1967.
미지의 여인의 편지 박찬기 옮김, 주영사, 1974.
감정의 혼란 박찬기 옮김, 서문당, 1981.
감정의 혼란 박찬기 옮김, 깊은샘, 1996.
어떤 정치적 인간의 초상 강희영 옮김, 분도출판사, 1977.
어느 정치적 인간의 초상 강희영 옮김, 리브로, 1998.
마리 앙투아네트 박광자·전영애 옮김, 까치, 1979.
비련의 왕비 문공사, 1993.
베르사유의 장미 명서원, 1994.
천재 광기 열정 1·2 원당희 옮김, 세창미디어, 2009.
천재와 광기 원당희·이기식·장영은 옮김, 예하, 1994.
톨스토이와 도스토예프스키 장영은·원당희 옮김, 자연사랑, 2001.
체스 ─ 아내의 불안(개정판) 오영옥 옮김, 범우사, 2004.(초판 1994)
체스 박영구 옮김, 푸른숲, 1997.
어제의 세계 곽복록 옮김, 지식공작소, 1995.
태초에 사랑이 있었다 김용희 옮김, 하문사, 1996.
광기와 우연의 역사 안인희 옮김, 휴머니스트, 2004.
광기와 우연의 역사 안인희 옮김, 자작나무, 1996.
마젤란 이내금 옮김, 자작나무, 1996.
마젤란의 최초 세계일주 청솔역사교육연구회 옮김, 청솔출판사, 1996.
스코틀랜드의 여왕(1·2) 안인희 옮김, 자작나무, 1996.
모르는 여인으로부터의 편지 * 원당희 옮김, 고려원, 1991.
모르는 여인의 편지 원당희 옮김, 자연사랑, 2003.
나를 알지 못하는 당신에게 원당희 옮김, 사민서각, 1997. ·
편지 안의정 옮김, 맑은소리, 1997.
슈테판 츠바이크의 에라스무스 평전 ─ 종교의 광기에 맞서 싸운 인문주의자 (아롬옛글발 시리즈 101) 정민영 옮김, 아롬미디어, 2006.
에라스무스 정민영 옮김, 자작나무, 1997.
폭력에 대한 양심: 위대한 인문주의자의 승리와 비극 안인희 옮김, 자작나무, 1998.
촛대의 전설 이동준 옮김, 자작나무, 1998.
인간 발자크 이온화 옮김, 리브로, 1998.
츠바이크의 발자크 평전 안인희 옮김, 푸른숲, 1998.

환상의 밤 원당희 옮김, 자연사랑, 1999.
정신의 탐험가들 안인희 옮김, 푸른숲, 2000.
일급비밀 김선형 옮김, 자연사랑, 2003.
아메리고 김재혁 옮김, 삼우반, 2004.
체스 이야기·낯선 여인의 편지(세계문학전집 021) 김연수 옮김, 문학동네, 2010.
다른 의견을 가질 권리 안인희 옮김, 바오, 2009.
슈테판 츠바이크의 메리 스튜어트 안인희 옮김, 이마고, 2008.
연민– 사랑할 때 버려야 할 지독한 감정 이온화 옮김, 지식의숲, 2007.
츠바이크가 본 카사노바, 스탕달, 톨스토이 나누리 옮김, 필맥, 2005.
마리 앙투아네트 베르사유의 장미 박광자·전영애 옮김, 청미래, 2005.
아프리카, 나의 노래 차경아 옮김, 까치, 2005.
아메리고 김재혁 옮김, 삼우반, 2004.
인류사를 이끈 운명의 순간들 이관우 옮김, 공주대학교출판부, 2004.
나를 사랑한 고양이 시시 안영란 옮김, 북스캔, 2003.
*미지의 여인에게(감정의 혼란)에 수록된
「미지의 여인에게」(「모르는 여인의 편지」)와 같은 소설.

슈테판 클라인
Stefan Klein
1965-

시간과 우연, 그리고 행복

스페인의 추상화가 살바도르 달리의 〈시간의 지속〉에는 시계가 나뭇가지에 빨래처럼 걸려 있거나 각진 면을 타고 흘러내린다. 그런 곳에선 시간의 흐름 또한 흐물흐물할 것만 같다. 『시간의 놀라운 발견Zeit. Der Stoff, aus dem das Leben ist. Eine Gebrauchsanleitung』에서 학술칼럼니스트 슈테판 클라인은 시간의 이모저모를 차분하게 이야기한다. "이 책은 시간의 숨겨진 비밀을 다루려고 한다. 분이나 시로는 잴 수 없는, 시간과 관련한 모든 현상이 이 책의 주제다. 중요한 것은 '시간을 어떻게 경험할 수 있는가' 하는 것이다. 그리고 또 하나 '어떻게 하면 시간을 더 신중하게 활용할 수 있는가' 하는 것이다."

시간 감각은 고도의 정신 능력이라고 한다. "신체지각, 의미지각, 기억, 미래계획능력, 감정, 자의식 등 두뇌의 거의 모든 기능이 협력하여 시간을 감지해낸다. 이 메커니즘 중 (어느) 하나라도 제대로 기능하지 않으면 시간 감각은 일그러져버린다." 그런 메커니즘이 제대로 작동해도 우리의 시간 감각은 속아 넘어가기 쉽다. 우리는 속도가 일정해도 소리가 점점 커지면 속도가 빨라진다고 느낀다. 모리스 라벨의 〈볼레로〉는 같은 멜로디와 같은 리듬을 되풀이한다. 소리의 크기와 울림이 변할 뿐이다. 연주가 진행될수록 음량은 계속 커진다. 청중은 곡의 템포가 점점 빨라진다고 여긴다.

1초는 원자량 133인 세슘원자가 91억 9263만 1770번 진동하는 데 걸리는 시간을 말한다. "그러나 내면의 시간을 측정하는 기준은 고정되어 있지 않다." 우리의 시간 경험은 끊임없이 사건과 연결된다. 시간 감각과 관련하여 순수한 시간은 존재하지 않는다. 시간은 어떤 사건이 벌어져야 경험할 수 있다. "시간은 외부의 현상일 뿐 아니라 우리의 의식에서 생겨나는 현상이기도 하다. 시간 경험은 이 두 가지 —환경과 두뇌— 가 결합함으로써 이루어진다."

슈테판 클라인은 시간의 속성, 정확히는 시각 감각의 특성을 해명하기도 한다. "즐거운 순간들은 너무 빨리 지나가고, 불쾌한 순간들은 끝날 줄을 모른다." 어째서 그럴까? "우리가 시간을 얼마나 긴 것으로 경험하는가는 두뇌가 시간을 어떻게 평가하는가에 달려 있다. 중요한 것은 우리가 얼마만큼 주의를 집중하고 있는가이다."

의식이 어떤 일에 몰두하고 있으면 흘러가는 시간을 과소평가하게 된다. 반면, 시간을 계속 의식할 때는 불과 몇 초도 길게 느껴진다. 나이를 먹을수록 시간이 더 빨리 흐르는 현상은 기억의 기능과 연관 짓는 설명이 설득력을 얻는다. "기억 속에서 불러올 수 있는 장면이 적으면 적을수록 그 시기를 더 짧게 느낀다." 따라서 두뇌를 자극하여 시간 감각의 노화를 늦출 수 있다. 머리를 쓰지 않으면 기억력은 40대부터 감퇴하기 시작한다. "일생동안 두뇌를 사용한 사람은 나이 들어도 다른 사람들에 비해 시간이 질주한다는 느낌이 덜할 것이다. 그들에게는 중년의 세월이 더 느리게 간다."

'시간의 미스터리에 빠진 사람들을 위한 시간사용설명서'라는 앞표지 문구가 말하듯 이 책의 겉모습은 실용서다. 그런데 속내는 꽤 인문적이다. 우리를 시간의 노예에서 시간의 주인으로 탈바꿈하게 하는 '6단계 시간활용법' 같은 건 이 책의 외양적 장르 정체성을 대변한다. 하나 시간의 정의는 그렇지 않다. "시간은 우리를 둘러싼 모든 것들이 어떤 상태에 있는지, 그리고 그것들이 어떻게 변화하는지를 표현하는 아주 짧은 단어다." 이 책은 흔해빠진 '시간관리서'와 구별된다는 저자와 은근한 주장과 번역자의 호의적인 시각에 공감한다. 그래도 엄밀함이 다소 떨어진다는 점에서 넓은 의미의 '시간관리서'에 집어넣기는 부족함이 없다.

소아시아의 철학자는 헤라클리트가 아니라 헤라클레이토스Herakleitos다. 그가 기원전 500년경에 말한 "사람들은 두 번 다시 같은 흐름을 탈 수 없다"는 '같은 강물에 발을 두 번 담글 수 없다'는 좀더 친숙한 표현이 있다. 1657년 전례 없이 정확한 추시계로 특허를 받은 천문학자 크리스티안 호이겐스Christiaan Huygens는 덴마크 사람이 아니라 네덜란드 사람이다. 한편 아인슈타인Albert Einstein의 거울사고思考실험은 검증이 불가능하다. "2개의 거울을 정확히 평행이 되게" 맞세울 수 없어서다.

학술칼럼니스트
슈테판 클라인은 이 책의 '프롤로그'에서 앞서 펴낸 자신의 책 두 권에 대해 짧은 코멘트를 한다. "『우연의 법칙』은 예측할 수 없는 것을 받아들이자는 내용을 담고 있다. 우연은 기회다. 그러나 우연을 기회로 바라보기 위해서는 먼저 열린 눈으로 현실을 인식해야 한다. (…) 독재자인 우연은 이제 아주 다른 빛으로 조명 받고 있

다. 우연이 없었다면 우리의 이성은 발달할 수 없었을 것이다."

『우연의 법칙Alles Zufall: die Kraft, die unser Leben bestimmt』은 "독자들을 '우연'과 친해지게 하고자 한다." 그러면 우연이란 무엇인가? "우리가 다르게 설명할 수 없거나, 다르게 설명하고 싶지 않은 것은 우연한 것이다." 또한 이성이나 의도를 벗어나는 예측할 수 없는 일들이다. 우연은 복잡성과 자기연관성에서 비롯한다.

수학의 정보이론에선 더이상 단순화할 수 없는 상태를 '우연'하다고 한다. 양자이론에서의 우연은 일상의 그것과 다르다. 일상에서는 무지로 인하여 우연을 경험하지만, 더 많은 지식을 가지면 우연을 잘 제어할 수도 있다. "그러나 원자의 세계에서 그런 전략은 통하지 않는다." 우연이 우리의 무지에 근거하는 게 아니라 자연법칙에 바탕을 두는 까닭이다.

원자의 세계에서는 측정이 입자의 상태를 변화시킨다. 하이젠베르크가 발견한 '불확정성 원리'의 골자다. "장소와 임펄스(=속도), 에너지와 시간이라는 측량 단위는 서로 연관되어 있다는 것, 그리하여 우리가 한 가지를 결정하면 다른 한 가지는 불확실하고 우연한 결과가 된다는 것, 장소와 임펄스를 함께 확정하는 것은 불가능하다는 것이다."

우연은 역사의 동인動因이다. "독일을 통일에 이르게 한 결정적 계기 역시 아주 우연한 사건이었다. 1989년 11월 9일 동베를린 정치국의 귄터 샤보브스키는 카메라 앞에서 너무 긴장한 나머지 동독 정부의 의도와는 상관없는, 누군가가 그에게 찔러준 쪽지를 읽었다. 동독 주민들의 비자 없는 서독 여행을 허가한다고 말이다." 이 소식을 접한 열광하는 동독 군중 앞에서 국경수비대가 정신을 못 차렸다고 한다. 글쎄? 믿거나말거나!

"우연은 우리에게 머릿속의 사상누각을 떠나 현실에 발을 딛도록 인도한다. 그러므로 예기치 않은 일에 더 많은 여지를 허용하는 것은 자신을 변화시키는 모험일

뿐 아니라, 우리의 인식을 더 날카롭게 하고 시간에 대해 전혀 다른 감정을 느끼게 한다. 우연은 우리에게 신중함을 가르쳐준다. 이것이 바로 우연이 우리에게 주는 가장 큰 선물이다."

『행복의 공식』에서는 행복이 우리의 생각과는 달리 외부의 상황에 그다지 좌우되지 않는다는 사실을 보여주고자 했다. 중요한 것은 두뇌가 사건을 해석하는 방식이며, 이런 해석 습관은 얼마든지 변화시킬 수 있다는 뜻이다. 최근 신경생물학계는 인간의 두뇌가 매우 유연해서, 습관을 바꾸면 두뇌 속 회색세포의 망도 변화된다는 사실을 밝혀냈다. 따라서 우리는 적절한 연습을 통해 행복 능력을 높일 수 있다. 즉, 행복을 배울 수 있는 것이다."

역시 『시간의 놀라운 발견』에서 언급한 『행복의 공식Die Gluecksformel』에 대한 슈테판 클라인의 자평이다. 이 '행복의 과학'을 통해 슈테판 클라인은 "자신의 삶에서 우정을 지워버리는 사람은 세상에서 태양을 없애버리는 것이다"라는 키케로의 말을 인용하면서 '사귐'의 중요성을 강조한다.

"친구는 또한 오래 살도록 도와준다." 수명에 관한 한 사회적 관계는 평균적으로 흡연이나 고혈압, 비만이나 규칙적인 운동과 똑같은 정도의 영향력을 행사한다는 얘기다. 나이·성별·건강 상태와 상관없이 외로운 사람은 사람들 사이에서 제대로 배려를 받는다고 느끼는 사람보다 높은 사망률을 보인다. 외로움은 흡연보다도 더 나쁜 영향을 준다.

"강한 사람은 혼자 있을 때 가장 강력하다"는 프리드리히 폰 실러가 남긴 발언을 놓고, 슈테판 클라인은 "독일의 일반적 사상은 고독이야말로 우리가 추구해야 할 고상한 정신적 상태라는 치명적인 오류에 갇혀 있다"고 비튼다. 그렇지만 "나쁜 관계 속에 있는 것보다는 혼자 있는 것이 낫다."(조지 워싱턴) "타인과 가까이 있는 것이 인간의 행복에 그처럼 중요하기 때문에

나쁜 관계는 혼자 사는 삶보다 더 많은 스트레스를 의미하는 것이다."

슈테판 클라인의 책

시간의 놀라운 발견 유영미 옮김, 웅진지식하우스, 2007.
우연의 법칙 유영미 옮김, 웅진지식하우스, 2006.
행복의 공식– 인생을 변화시키는 긍정의 심리학 김영옥 옮김, 웅진지식하우스, 2006.
다 빈치의 인문공부– 세상을 뒤바꾼 통합지성의 발견 유영미 옮김, 웅진지식하우스, 2009.

스벤 린드크비스트
Sven Lindqvist
1932-

영국은 아무것도 바꾸지 않아도 행복한 나라라고요?

완역판 『로빈슨 크루소』(다니엘 디포 지음, 김영선 옮김, 시공사, 2007)를 읽다가 로빈슨 크루소가 난파선을 타게 된 계기를 묘사한 대목에서 좀 놀랐다. 로빈슨 크루소와 프라이데이의 주종관계는 어릴 적 읽은 어린이문고판에서도 썩 유쾌하진 않았다. 그런데 로빈슨 크루소의 난파선 승선 목적은 그의 한계를 더 심각하게 노출한다.

"하루는 알고 지내는 농장주와 상인들과 흑인 노예에 대해 진지하게 얘기를 나눈 적이 있었다. 이튿날 아침 그중 세 사람이 나를 찾아와 전날 밤 내 이야기를 재미있게 들었다면서 한 가지 비밀스러운 제안을 했다. 그들은 비밀을 꼭 지키라고 당부하고는 기니로 갈 배를 준비하기로 결심했다고 털어놓았다. 그러면서 자신들이나 나나 다 같은 농장주인데 하인만큼 꼭 필요한 게 뭐가 있겠느냐고 했다.

그렇다고 흑인들을 데려와 드러내 놓고 사고팔 수는 없으니 흑인 매매를 하자는 것이 아니라, 흑인들을 이

곳으로 몰래 데려온 다음 자신들의 농장에서 나누어 갖자는 얘기였다. 한마디로 나한테 화물 관리인으로 배에 올라서 기니에서 무역을 맡아 줄 생각이 있느냐는 질문이었다. 그리고 그 대가로 나는 자본을 전혀 대지 않아도 노예를 나눌 때 자기들과 똑같은 몫을 주겠다고 제안했다."

내가 접한 책제목 수천수만 개 가운데 제일 듣기 싫고 되뇌고 싶지 않은 제목을 하나 꼽으라면 주저 없이 『영국: 바꾸지 않아도 행복한 나라』를 들겠다. 영국이라는 나라의 사회가 얼마나 안정되고 합리적인지 몰라도 이 세상에 그런 나라는 없다. 영국은 전통적으로 계층 간 이동이 쉽지 않은 계급사회다. 영국이 누리는 풍요로움의 원천은 식민지 수탈이다.

이념에 대해 회의적인 편이나, 굳이 내가 공감하는 정치적 입장을 말하라면, 나는 반제국주의자다. 나는 아직도 우리가 제국주의 시대에 살고 있다고 생각한다. 한미 FTA만 해도 '최초의 세계제국' 미국이 만만한 우리나라를 드러내놓고 집어삼키려는 의도가 깔렸지 않던가. 거대제국이 억지를 부려도 그 세력권 안에서 안전을 도모하고자 하는 '소국'은, 식민지 모국이나 다름없는 나라의 의중을 따를 수밖에 없다.

누가 더 야만적인가?

포르투갈에서 시작된 유럽에 있는 나라들의 식민지 침탈은 스페인, 프랑스, 영국, 이탈리아, 벨기에, 네덜란드, 독일, 덴마크 등으로 이어진다. 스칸디나비아 3국과 스위스는 이런 나라들과 보조를 맞춘다.

이른바 서구 열강은 그들의 제국을 건설하면서 잔인무도한 범죄를 저지른다. 각 나라가 자행한 야만적 범죄의 잔인함은 도토리 키 재기다. 그렇지만 제국의 면적이 가장 넓고 제국을 오래도록 유지했다는 점, 추악함을 숨기고 번듯한 신사 이미지를 분칠했다는 점에서 영국 제국주의의 죄질이 가장 나쁘다.

스웨덴 언론인 스벤 린드크비스트는 『야만의 역사』에서 유럽인에 의한 인종대학살의 뿌리를 파헤친다. 『야만의 역사』는 여행기 형식이다. "이것은 이야기이지, 역사 연구에 기여하려고 쓴 글이 아니다. 이것은 사하라 사막을 버스로 여행하면서, 동시에 절멸이라는 개념의 역사를 컴퓨터로 여행한 한 인간의 이야기다."

린드크비스트는 사하라에서 가장 메마른 지역인 타데마이트Tademait를 종단한다. 이 '사막 중의 사막'에는 어떤 식물의 흔적조차 없다. "땅은 열기 때문에 돌멩이에서 뿜어 나오는, 검게 빛나는 사막의 광택으로 덮여 있다." 그의 여정은 알제리의 엘골레아에서 시작돼 인살라와 타만라세트를 거쳐 니제르의 아를리트, 아가데즈, 진데르까지 이어진다.

린드크비스트에게는 또 하나의 출발점이 있다. "모든 야수들을 절멸하라"가 그것이다. 조셉 콘래드의 소설 『암흑의 핵심』의 원제목은 이 책의 화두다. 콘래드의 『암흑의 핵심』은 린드크비스트의 여정을 이끄는 별자리 구실을 하기도 한다. 사막 여행을 통해 린드크비스트는 "유럽이 4개 대륙의 '열등 인종들'을 절멸시킴으로써 히틀러가 유럽에서 600만 유대인들을 절멸시키는 기반이 마련되었음을 발견한다."

나치의 유대인 대학살은 일반적이면서도 특별하다. 지금은 히틀러가 러시아 혁명 이후 1930년대 소련에서 있었던 '쿨락(부농)'의 절멸과 스탈린의 숙청을 본뜬 것으로 보진 않는다. 이보다는 "'열등 인종'은 천성적으로 소멸할 수밖에 없으며, 우량 인종의 진정한 동정심은 그 길을 가는 그들을 도와주는 데 있다는 신념이 히틀러의 어린시절 동안 인간에 대한 유럽인의 관점을 구성하는 주요 요소였다"는 데 무게가 실린다. 나치 유대인 학살의 특이점은 낮은 수준의 과학을 이용해 한꺼번에 몰살한 것이다.

그런 낌새가 전혀 없진 않았어도 이제 보니 미국 출신 탐험가 헨리 스탠리는 몹시 나쁜 놈이다. 아프리카에서 실종된 리빙스턴을 찾아내 일약 스타가 된 스탠리의 그 이후 행보는 목불인견이다. 그런데 영국 사람들은 스탠리를 떠받든다. 우리는 영국을 잘 모른다. 대영제국의 어두운 역사에 대해선 더구나.

"누구도 옴두르만(수단 중부의 도시)에서의 승리를 의문시하지 않았다. 누구도 그 승리로 영국인들이 48명밖에 희생되지 않았던 반면 수단인들은 1만 1,000명이나 살해된 사정을 궁금해하지 않았다. 누구도 왜 부상당한 수단인 1만 6,000명 가운데 거의, 혹은 아무도 살아남지 못했는지 묻지 않았다."

권력은 총구에서 나와

린드크비스트는 유럽이 세계의 패권을 손아귀에 넣은 것은, 그들이 똑똑하고 잘 나서가 아니라 싸움을 잘 하기 때문이라고 일갈한다. "멀리서 적을 죽이는 기술은 오래 전부터 유럽인들의 장기였"고, "유럽의 가장 중요한 수출품은 무력이었다." 또 "궁극적으로 그들의 왕국은 그들의 배에 장착된 대포의 위력에 달려 있었다."

『야만의 역사』보다 두 달 앞서 한국어판이 출간된 『폭격의 역사』는 백인 우월주의가 낳은 또 다른 학살과 야만의 기록이다. 다음은 이 책에 대한 노르웨이 오슬로 대학 한국학 교수 박노자의 설명이다.

"스벤 린드크비스트는 이 책에서 인종주의, '유색 인종'을 무가치한 인간 이하의 존재로 보는 사고방식이야말로 가축 도살을 방불케 하는 서구인의 융단 폭격의 정신적인 기반이었다고 주장한다. 미국의 야수적인 폭격으로 수만 명의 생명을 잃은 북한 주민의 동포로서, 아프가니스탄을 초토화시킨 뒤에도 이라크의 황폐화를 꿈꾸는 미국의 발악적 만행의 동시대인으로서, 우리는 『폭격의 역사』에 대해서 특별한 관심을 가질 충분한 이유가 있다."

『폭격의 역사』는 '뱀 주사위 놀이'의 말판을 닮은 미로迷路 형태의 구성이 이채롭다. 한눈을 팔다간 글의 진

행방향을 잃고 헤매기 십상이다. 입구는 22개나 되지만 출구는 따로 없는 '이 책을 읽는 법'을 살펴보자.

"각 입구는 이야기나 주장으로 시작하는데, 당신은 화살표(⇒)를 따라 텍스트에서 텍스트로 움직임으로써 이야기가 계속되는 섹션의 숫자를 쫓아가게 된다. 입구 1로부터 섹션 166으로 나아가 173에 이를 때까지 섹션을 하나하나 계속 읽어나가면, 섹션 173에서 또 하나의 화살표를 따라 입구 2로 되돌아간다."

책을 읽다가 길을 잃을 경우, 책 내용의 이정표 구실을 하는 차례의 도움을 받으면 된다. 린드크비스트는 이 책에서도 문학 작품을 언급한다. 여기선 더 많은 작품(주로 SF와 미래소설)을 거론하는데, 그것들은 무거운 주제의 긴장감을 완화하며 가독성을 높이는 윤활유로 작용하는 것 같다. 예컨대, 이런 것이다.

"미래를 배경으로 한 양차 대전 사이의 소설들은 종종 어떻게 문명인들이 서로를 폭격하여 야만 상태로 되돌아가는지를 말하곤 하였다. 그러나 초강력 무기에 관한 소설들은 보통 정반대의 경향을 보였다. 초강력 무기는 평화와 문명을 창조하는 것이다."

"여느 때처럼 미래주의 소설은 몇 발짝 앞서 있었다. 윌 젠킨스의 『미합중국의 살해』(1946)에서 대륙간 미사일은 이미 현실이다. 미국은 그 독점을 상실하였고, 7,000만 명의 준비 안 된 미국인들이 핵 기습에서 살해되었다. 전쟁 억지가 실패했을 때, 남겨진 것은 보복이다."

2차 대전 중 연합군은 독일 드레스덴을 여러 차례 무차별 폭격하여 민간인 10만 명(일설로는 20만 명)의 목숨을 앗는다. "영국의 함부르크 공습은 독일이 영국의 도시들에 가했던 공습을 다 합친 것보다 더 많은 사람들을 죽였다. 약 5만 명이 단 하룻밤 사이에, 즉 1943년 7월 27일 밤에 죽었다. 그들 중 대다수는 부녀자와 아이들과 노인들이었다."

린드크비스트는, 히틀러가 독일 도시들에 대한 영국

의 폭격과 나치의 유대인 학살을 맞바꾸자는 제안을 고려조차 하지 않은 것 같다고 지적한다. 또 이러기는 미국과 영국도 마찬가지였다고 한다. 왜 그랬을까? 그들은 유대인이 몰살당하는 것보다 유대인이 다른 곳으로 옮겨가는 것이 더 두려웠던 까닭이다.

"유럽은 두 가지 이유 때문에 나락으로 계속 떨어진 것 같다. 즉 한쪽은 인종 학살보다 이주를 막는 데 더 관심이 있었고, 다른 한쪽은 자국의 민간인들이 죽임을 당하는 것을 중단시키기보다 유대인들을 살해할 수 있는 것에 더 관심이 있었던 것이다."

영국의 뒤를 이은 미국

백인우월주의와 인종주의에 입각한 폭격은 2차 대전 후 더욱 노골화한다. 이제부턴 영국이 아니라 미국이 유색 인종을 쓸어 없애려 적극적으로 나선다. 한국전에서 미국은 100만 회가 넘는 공습으로 한반도의 북부 지역을 석기시대로 되돌려 놓았다. 베트남에는 미국이 2차 대전에서 투하한 폭탄의 네 배를 웃도는 800만 톤을 쏟아 붓는다. 이 위력은 히로시마에 떨어뜨린 원자 폭탄 640개와 맞먹는다.

스벤 린드크비스트는 1961년 여름 그가 중국 베이징 대학에서 중국어를 배우며 처음 익힌 말을 실마리로 미국, 자유 언론, 민주주의, 선거, 여론, 의회 같은 것에 대해 품었던 자신의 나이브한 인식을 털어놓는다. 그가 맨 먼저 배워야 했던 중국어 문구는 꽤 까다로웠다. 그 이유 가운데 하나는 그 말이 틀렸다고 생각했기 때문이다. 그가 처음 익힌 중국어 어구는 이렇다.(美帝國主義是全世界人民的最兇劫的敵人)

"미 제국주의는 전 세계 인민의 가장 사악한 적이다." 나(린드크비스트)는 미국 정책에 대한 중국 정부의 왜곡된 이미지에 끊임없이 항의하였다.

"미국은 그 역사 전체를 통틀어 민족 자결권을 옹호

해왔습니다"라고 나는 말했다. "베트남에서도 그럴 겁니다."

"당신은 미국의 자유 언론을 과소평가하고 있어요"라고 나는 말했다. "사실은 언제나 조만간 밝혀지게 마련입니다. 민주주의 국가에서 당신은 여론을 억누를 수가 없지요. 그런 식으로 했다가는 다시 선거에서 뽑힐 수가 없을 겁니다."

"의회만이 전쟁을 선포할 수가 있습니다." 나는 중국 친구들에게 설명하였다. 당신은 한국전쟁이 끝난 지 겨우 10년이 지났는데, 의회가 그 선거권자와 자식들을 아시아의 새로운 전쟁터로 보내 그곳에서 죽게 하리라고 생각하는가? 그럴 리가 없다. 그런 일은 결코 일어나지 않을 것이다. 베트남에서 전쟁은 결코 없을 것이다.

스벤 린드크비스트의 책

야만의 역사 김남섭 옮김, 한겨레신문사, 2003.
폭격의 역사 김남섭 옮김, 한겨레신문사, 2003.

스티븐 로
Stephen Law

철학이 밥 먹여주랴!

어느 나라, 어느 사회에서든 '한번' 기능직이 '두 번' 사무직이 되는 것은 결코 쉬운 일이 아니다. 그러는 건 여기나 저기나 다 마찬가지다. 물론 예외는 있다. 얼마 전, 국내 첫 '박사 집배원'이 탄생했다. "집배원에 대한 부정적인 인식을 불식시키고 개인적으로 전문성을 키우기 위해 시작한 공부가 결실을 맺게 돼 감회가 새롭습니다."(《한겨레》 2009. 1. 21, 22면)

스티븐 로는 집배원 출신 철학자다. "여러 일자리를

전전하다 케임브리지에서 우체국 직원으로 4년을 일했다. 이 시절에 독서를 많이 했다. 의문이 꼬리에 꼬리를 물어 다른 책을 계속 읽다가, 결국 철학책만 읽었다. 철학책이 정말이지 커다란 문제, 다시 말해 나를 늘 속썩여온 문제들에 답하고 있음을 깨달았던 거다. 다른 학문들은 대부분 그런 문제를 비켜가거나 무시했다.

그러던 차에 런던의 시티 유니버시티에서 어렵사리 철학 공부를 시작했는데, 1등을 해서 받은 장학금으로 옥스퍼드 대학교에 가게 됐다. 박사학위를 취득한 뒤 옥스퍼드의 여러 단과대학에서 강의를 맡았고, 지금은 런던 대학교 히스럽 칼리지 철학교수로 있다."(『돼지가 과학에 빠진 날』 앞표지 날개의 '스티븐 로가 말하는 스티븐 로'에서) 스티븐 로의 이력은 그리 중요하지 않다.

『돼지가 철학에 빠진 날The Philosophy Files』은 두 가지 점이 의외다. 우선 이 책은 스티븐 로가 펴낸 책 중에서 가장 먼저 우리말로 옮겨졌지만, 나는 그의 책이 세 권(번역서 기준)이나 더 번역된 연후에야 그런 사실을 안다. 그리고 꾸준히 간행되는 스테디셀러라는 사실이다. 나는 2008년 4월27일 발행한 1판 19쇄를 구입했다. 이 책의 꾸준한 판매는 다소 의아하다. 내 독후감이 썩 시원치 않아서다. 적어도 이 책에서만큼은 스티븐 로가 케케묵은 낡은 틀과 어렴풋한 첨단과학 사이에서 갈피를 못 잡고 있다는 느낌이다. 시작과 끝이 영 마땅치 않은데 개인의 동질성과 '실재'를 논의한 1장과 2장을 보자.

"결국 개인의 동일성에서 중요한 것은 그 나름의 기억과 성격에 있는 일종의 '영속성'인 것 같다"는 주장은 그런대로 수긍한다. 하지만 가상의 화성인을 등장시켜 두뇌이식과 브레인 스캐너를 이야기의 소재로 삼은 것은 약간 유치하다. 머리를 열어 보인 바 있는, 그러니까 뇌수술을 경험한 필자는 짜증이 날 정도다.

또한 이게 과연 서양 현대철학의 실체인가라는 의구심이 인다. 물론 이 책은 청소년과 일반 독자용 철학입문서다. 삽화를 곁들여 "여러분이 스스로 질문하고 알아내도록 이끌어주는" 측면은 돋보인다. 그러나 고등학교 국민윤리 교과서를 통해 처음 접한, 플라톤의 실재론이라 할 수 있는 '동굴의 비유'는 다시 봐도 어정쩡하다.

스티븐 로가 여러 번 강조하는 '중립성'은 한쪽으로 기울어져 있다. 종種 평등을 다룬 대목에서 육식을 즐기는 이를 노예소유주에 비유한 것은 지나치다. 이런 식이면 제국주의 열강의 식민지 침탈도 얼마든지 합리화할 수 있다. 나는 모든 동물은 평등하다는 종 평등이론을 처음 접하고 그것에 호감을 나타낸 바 있다. 그건 다분히 낯설음이 주는 충격과 종 평등이론의 주창자인 피터 싱어의 『이렇게 살아가도 괜찮은가』(정연교 옮김, 세종서적, 1996)에서 받은 깊은 인상이 섞인 결과였다. 하지만 종 평등이론은 다소 한가한 구석이 있는 게 사실이다.

스티븐 로의 방식으로 계속 물음을 던진다. 갈 데까지 가보자는 말이다. '식물과 농작물을 꼭 먹어야 할까?' '종 평등이론이 생물에 대한 반차별을 동물로 제한하는 까닭은 종의 꼬리표가 붙어서일까?' 나는 종 평등이론이 생태계 전체로 확산되길 바란다. 생태계 평등이론을 따르면, 우리가 마음껏 섭취할 수 있는 것은 공기와 물뿐이리라. 단, 물은 물에 함유된 플랑크톤을 걸러 먹어야 할 것이다.

가상현실을 다룬 6장은 만화 같다. 7장「정신이란 무엇일까?」에서 "아무리 뇌전공 의사라 해도 내 정신의 영역에 들어오지 못 한다"고 한 것은 내 경험에 비춰보면 무의미한 서술이다. "박쥐의 정신도 마찬가지다. 우리가 박쥐의 정신 속에 들어가서 박쥐가 된다는 게 어떤 건지 알아내기란 불가능하다." 이건 맞다.

"오늘날 전 세계 대학의 철학자와 과학자들도 우리의 정신과 물리적 신체가 어떤 관련이 있는지를 놓고 끊임없이 싸우고 있으니까." 이건 낙후한 상황 설정이 아닌가 싶다. 결정적으로, 유물론을 신봉信奉하는 나로선, 신의 존재에 대한 믿음이 가져오는 긍정적 효과가 꽤나 불편하다. 선한 신의 존재에 대한 믿음이 나쁜 일에 대처하는 데 힘이 된다거나 "일부 사람들의 생활을 더 낫게 변화시킨"다는 사실을 부정하진 않는다. 하지만 이건 정말 아니다. "이기적이고 잔인했던 사람들이 인정 많고 고결한 사람으로 바뀐." 말도 안된다.

철학의 한계

하지만, 이럼에도 이 책은 대단한 장점을 하나 지녔다. 먼저 나는 그 점에 대해 스티븐 로에게 고마움을 전한다. 그는 그가 의도한 바는 아니지만 서양철학의 한계(아니, 철학 일반의 한계)와 비트겐슈타인 철학의 본질을 꿰뚫게 한다. "루트비히 비트겐슈타인Ludwig Wittgenstein이라는 아주 유명한 철학자는 모든 철학 문제는 우리가 언어의 장난에 속은 결과라고 주장했다. 비트겐슈타인에 따르면 우리가 항상 철학적 어려움에 빠지게 되는 건 언어가 쓰이는 방식의 차이점을 못 보고 지나치기 때문이다."

왜 비트겐슈타인을 최후의 철학자라 하는지 이제야 안다. 비트겐슈타인에 이르러 서양철학의 '말장난'은 종말을 고한다. 2천년 넘게 이어온 '말놀이'의 종지부를 찍은 셈이다. 하여 비트겐슈타인 이후의 철학은 엉뚱한 곳으로 이탈할 수밖에 없지 않았을까.

"철학의 모든 수수께끼가 단어를 비롯한 여러 기호의 서로 다른 쓰임새를 간과한 결과라는 비트겐슈타인의 말이 과연 옳을까? 철학의 모든 수수께끼를 제거하는 길은 언어의 여러 쓰임새를 면밀히 살펴보는 것이라는 말이 정말 맞는 걸까? 이것은 철학자들이 거세게 반발하는 문제이기도 하다. 여러분 생각은?"

나는 이제야 비로소 비트겐슈타인의 널리 알려진 명제가 무얼 뜻하는지 안다. "5.6 나의 언어의 한계들은 나의 세계의 한계들을 의미한다."(『논리-철학 논고 Tractatus Logico-Philosophicus』(이영철 옮김, 책세상, 2006)에서)

『돼지가 철학에 빠진 날』의 속편인 『돼지가 과학에 빠진 날The Philosophy Files II』는 "철학적인 난제들을" 고민하는 "사람들이 다음 단계로 나아가는 것을 돕기 위해 쓰여졌다." 전편과 같은 형식으로 이야기가 펼쳐진다. 내가 읽은 바로는 전편보다 나은 속편이다. 꽤 나아졌어도 내 불만은 쉽게 가라앉지 않는다. 설득력이 떨어지는 건 여전해서다. "우리는 기꺼이 식물을 죽인다. 특히 먹어야 할 때면." 하지만 사고의 극단까지 밀어붙이면 육식과 채식은 둘 다 나쁘다. 내가 살아남고자 생물계의 일원을 포식하는 것이기에.

스티븐 로는 사형제도의 정당성을 주장하는 이유 가운데 '눈에는 눈, 이에는 이'의 측면을 유치하게 여기는 듯하다. 하지만 내 생각은 다르다. 살인의 억지 효과와 살인자들의 재범 방지 차원에 앞서 '응징론'은 충분히 옳다. 적어도 살인마 급 살인자는 극형에 처하는 게 마땅하다고 본다.

"『돼지가 철학에 빠진 날』을 읽어본 독자들은 이 장의 첫 번째 논의가 익숙할 것이다. 그러나 이 장에는 중요한 새로운 주장들이 많이 담겨 있다. 이를테면 우주의 지렛대 논증, 단순성 이론, 제비뽑기의 오류, 신앙에 관한 새로운 두 주장 등이 있다. 그러니 계속해서 읽어보도록!"

하지만 그 이후로도 익숙한 논의가 없지 않다. "실제로 종교적 신앙은 일부 사람들의 일생을 더 나은 모습으로 완전히 탈바꿈시켜놓기도 했다." 도대체 어떤 사람들이 어떻게 달라졌을까? 시간여행과 사람처럼 생각하는 가상의 '로보 브레인'에 대한 논의는 약간 짜증스럽다. 가능한 것과 불가능한 것의 경계를 좀더 엄밀하게 설정하는 게 좋지 않았을까.

스티븐 로는 인간중심주의와 과학만능주의에 조금은 사로잡혀 있는 것 같다. "인류는 달을 정복하기도 했다." 달 현지 탐사를 달 정복이라 하는 것은 과장되고 맹랑한 표현이다. 그렇다고 스티븐 로가 창조론자처럼 기만적이거나 제 멋대로는 아니다. "그들은 창세기의 내용이 은유이거나 신화일 뿐이라고 얘기할지도 모른다. 혹은 과학이 발견한 사실과 부합시키는 방식으로 창세기의 이야기를 해석할지도 모를 일이다. 예를 들어 일부 기독교인들은 창조의 여섯 '날'들을 보통 알고 있는 24시간이 아니라 수백만 년으로 파악해야 한다고 주장한다."

나는 한 달 간격으로 출간된 스티븐 로의 『철학학교 1, 2 The Philosophy Gym: 25 Short Adventures in Thinking』가운데 첫째 권을 리뷰 한 바 있다. 출판전문지 〈기획회의〉 (2004. 7. 20)에 실린 필자의 리뷰는 꽤나 호의적이었다.

쉽고 재밌고 알찬 철학 입문서

고등학교를 졸업하고 한참 지나서 떼어 본 학적부를 보고 의아했던 기억이 있다. 1, 2학년 때의 장래희망이 철학자로 기재돼 있어서다. 이내 두 가지 궁금증이 일었다. 내가 정말 그랬었나. 어째서 그런 사실을 까맣게 잊고 지냈을까. 어릴 적 꿈이 쉽사리 잊힌 까닭은 아마도 현실의 논리에 일찍 눈떠서라기보다는 대학에서 맞닥뜨린 철학의 실체가 다소 황당했기 때문이리라. 고교 국민윤리 교과서에서 이미 접한 서양 철학사를 약간 상회하는 수준의 신입생 교양 철학 강좌에서 지금 생각나는 거라곤 머리가 벗겨진 나이 든 강사가 칠판에 활시위를 떠난 화살을 그려가며 '제논의 역설'을 설명하는 장면뿐이다. 교재라도 흥미로웠으면 나름대로 철학에 재미를 붙였겠지만 철학 교재 또한 장난이 아니었다.

영국 철학자 스티븐 로의 『철학학교 1』은 쉽고 재미있다는 수식어만으로는 부족하다. 이 책은 무엇보다 알차다. 철학적 주제 25가지를 빼곡하게 담았다. 한국어판 첫째 권은 우선 열두 편을 실었다. 첫째 권에 수록

된 열두 가지 주제는 더러 겹치는 지점이 없지 않으나 각기 독립된 철학 주제로 봐도 무방하다. 두 권으로 완역될 이 책에는 철학의 기본 테마를 모두 아우르고 있다 해도 지나친 말은 아닌 듯싶다.

그런데 이 책은 주제와 주제를 구현하는 방식이 기존의 철학입문서와 확연히 구분된다. 옮긴이의 표현을 빌리면 "추상적이고 심오한 주제에 대해 이름 높은 철학자들의 이해하기 힘든 고견들에 대한 해설이 나열되어 있는" 것과는 거리가 멀다. 지은이의 말대로 "시간 여행과 우주의 기원처럼 내가 관심을 가지고 있는 문제들을 직접, 그리고 내가 이해할 수 있는 언어로 다루는 책"이다. 나도 바로 이런 철학책을 원했다.

"철학은 곧 활동"이라는 전제 아래 비판적 읽기와 독자 스스로 생각하기를 고무하는 점도 돋보인다. 각 장은 서로 다른 입장과 나름의 논증을 통해 철학적 주제를 소개한 다음, 핵심 사항을 간추리고 주제와 관련된 참고 항목을 밝히는 것으로 마무리된다. 철학 주제를 설명하면서 대화, 이야기, 사고실험 같은 다양한 형식을 사용한 점이 이채로운데 한국어판에서는 이를 우리 실정에 맞도록 적절하게 번안했다.

첫째 권에서는 원인논증, 흥미로운 상대주의와 따분한 상대주의, 설계논증, 유비논증, 오컴의 면도날 따위의 철학의 기초 개념을 알기 쉽게 설명하고 있다. 전체적으로는 철학과 종교 사이의 '긴장' 관계가 흥미를 북돋운다. 지은이는 일관되게 철학을 옹호하되 종교에 대한 몰상식한 비판은 삼간다. 그럼으로써 그의 견해는 더욱 설득력을 얻는다. 예컨대 "우리는 일반적으로 종교의 도덕적 규범이 기존의 도덕적 관점과 어긋나지 않는 정도에서만 종교를 받아들이려고" 한다는 지적이 그렇다. 다만 제3장의 대화문에서 나중에 하느님이 안면을 싹 바꾸는 꿈속의 설정은, 믿는 종교가 없는 필자에게도 약간 불손하게 보였다.

『철학 학교』에 좀더 일찍 발을 들여놨더라면 내 인생

행로가 소싯적 꿈을 이루는 쪽으로 바뀌었을까. 그럴지도 모를 일이다. 하지만 이것은 부질없는 생각이다. 이 책의 원서는 지난해 영국에서 출간되었다. 게다가 스티븐 로는 "젊은" 철학자다. 바람 하나를 덧붙이자면 어른들이 이 책을 많이 읽었으면 한다. 이 책은 청소년도 능히 볼 수 있으나 이런 종류의 외국 도서가 늘 그렇듯 우리에게는 다분히 '성인용'이다. 제발 우리 어른들이 이성적이고 합리적인 사고와 판단과 행동을 하시게.

내가 같은 저자의 비슷한 주제를 다룬 책을 상반되게 평가한 연유는 뭘까? 실제로 생각을 이끌어내는 책을 원한 까닭일까? 하지만 이 책을 통해 사고 훈련을 쌓은 2008학년도 대학입시 응시자가 그 해의 ㅅ대 인문계 정시 논술을 치렀다면, 이 책의 '가르침'은 별무소용이었을 것이다. 모두 여덟 '문항'의 2008학년도 ㅅ대 인문계 정시 논술 문제는 까다롭기 짝이 없는데다가 어떤 방향의 정답을 요구하는 것으로 보였다. 아니면 『철학학교』의 번안이 잘되어 그럴까? 『철학학교』 한국어판은 원서의 분량을 고려해 둘로 나누었다. "번역서의 제목을 '철학학교'로 붙이긴 했지만, 원제목에 있는 'Gym'은 학교라기보다는 철학적으로 생각하는 법을 '갈고 닦는 곳'에 가깝"다는 게 옮긴이의 말이다.

스티븐 로의 책

돼지가 철학에 빠진 날 오숙은 옮김, 김영사, 2001.
돼지가 과학에 빠진 날 정병선 옮김, 김영사, 2008.
철학학교 1, 2 하상용 옮김·김태권 삽화, 창비, 2004.
철학의 세계(Eyewitness Companions: Philosophy) 임소연 옮김, 21세기북스, 2009.

스티븐 룩스
Steven Lukes
1941-

도덕과 자유주의에 대한 탐구

굳이 나의 이념적 지향을 말하자면, 에리히 케스트너 편에서 밝혔듯이, 모럴리스트에 가깝다. 그런데 모럴리스트는 섣불리 내세우기 곤란한 세계관이다. 내가 추구하는 가치관이 이념적으로 불투명하다거나 도덕군자연道德君子然한다는 비난을 듣기 싫어 그런 건 아니다. 그보다는 오히려 마르크스주의에서 도덕에 관한 논의를 하지 않게 된 이유와 비슷하다.

영국의 정치학자 스티븐 룩스는 『마르크스주의와 도덕Marxism and Morality』에서 "마르크스 이래로 마르크스주의는 도덕에 대하여 공식적인 비판적 입장을 취하지 않았고, 마르크스주의와 도덕 사이를 도덕적으로 연관 지으려는 실질적인 시도도 없었다"고 지적한다. 그러면서 룩스는 역사학자 E.P. 톰슨의 견해를 빌려 그렇게 된 사정을 말한다.

"도덕적 가치의 문제에 대한 '마르크스와 대부분의 마르크스주의자들의 침묵은 너무나도 요란스러워 귀가 먹을 지경이다'라고 톰슨은 말했다. 우리도 지금껏 보아왔듯이 '마르크스의 그 분노와 연민을 본다면 마르크스는 모든 펜 놀림마다 도덕주의자였다.' 톰슨은 이러한 사실에 주목하면서, 마르크스와 엥겔스는 빅토리아 왕조의 자본주의 시대에 구가됐던 도덕주의에 대항하여 싸워야 했기 때문에 그런 식의 침묵과 부정에 이르게 되었다고 설명한다."

룩스는 이어 역사학자 페리 앤더슨이 제시한, 역사적 유물론을 정초한 이들이 사회주의에 대한 윤리적 논의에 관해 조심스러웠던 까닭을 인용한다. "도덕주의는 인과적 이해가 들어갈 자리에 허황되게도 도덕적 판단이 침입했다는 것을 가리킨다. 그것은 전형적으로 일상생활이나 정치적인 가치 평가 모두의 경우에 윤리적 용어 자체의 '인플레이션'을 유도하여 잘못된 수사학으로 이끌어간다."

『마르크스주의와 도덕』을 쓴 룩스의 "목적은 마르크스와 엥겔스가 정초하고, 그 후계자들이 발전시킨 이론이 마르크스주의가 실천에서 저지른 도덕적 재난들을 어떤 관점에서 또 어느 정도까지 해명할 수 있는가 하는 문제를 제기하는 것이다.(분명히 말하지만 나는 대답까지 내놓을 수는 없다.)"

룩스는 이 책이 단지 마르크스주의에 반대하는 소책자가 아니라고 강변한다. 『마르크스주의와 도덕』은 "현대의 '실제로 존재하는 사회주의'"가 몰락하기 직전인 1985년 출간되었다. "오히려 이 책은 사회주의 정신은 마르크스주의 윤리와 사회주의 정신 사이의 제반 연결 고리 중 일부가 끊어졌을 때만 융성할 수 있다는 믿음에서 출발하며, 연결 고리의 개념적이고 역사적인 가정을 발전시켜보고자 한다."

다시 말해, 이 책은 우리가 어떻게 살아야 하며 또 어떻게 살 수 있는가 하는 핵심적인 문제들에 대한 마르크스주의적인 접근 방식의 과오가 실천상의 잘못들과 어떤 관련이 있으리란 확신을 갖고서, 그러한 잘못들이 뭔지를 밝혀보고자 하는 것이다.

이 책에서 룩스는 '도덕'을 "최소한 옳음과 좋음의 영역, 그리고 책무, 의무, 공정함, 덕, 인격, 좋은 삶과 좋은 사회의 본성 따위의 문제, 또 그 배후에 있는 것으로서 인간의 본성에 대한 제반 가정, 그리고 사회생활을 위한 전제 조건과 그 가능한 변화의 한계 및 실천적 판단의 근거 등에 대한 가정과 관계있는 것"으로 전제한다.

룩스가 보기에 도덕에 대한 마르크스주의의 태도는 역설적이다. "마르크스주의는 어떠한 도덕적 교화도 반대하며, 모든 도덕적인 어휘를 낡은 것으로서 배척한다. 반면에 마르크스와 마르크스주의자들의 저작들이

명시적으로든 암묵적으로든 도덕적인 판단으로 가득 차 있다는 점을 주목하지 않을 수 없다."

사회주의자들이 자유롭게 사고하는 데 기여하고자 하는 이 책의 논점은 이렇다. "마르크스주의는 처음부터 도덕적 문제들에 대해, 마르크스주의의 이름으로 채택된 수단들에는 스스로가 도덕적 저항을 할 수 없도록 만드는 그러한 접근법을 보여 왔다는 것이다." 그로 인해 "자유에 대한 풍부한 견해와 인간 해방에 대한 뚜렷한 전망에도 불구하고, 마르크스주의는 특히 정의, 권리, 수단-목적의 문제에 적절한 설명을 제시할 수 없었고, 따라서 우리가 그 안에서 살아야만 하는 세계에서의 부정의, 권리 침해, 허용할 수 없는 수단에의 호소 등에 적절히 반응할 수 없었다"는 것이다.

자유주의 또한 함부로 내세우기 어려운 이념적 지향성이다. 1980년대 자유주의자라는 호칭은 욕설이나 다름없었다. 요즘은 '자유보수주의'부터 '좌파 신자유주의'에 이르기까지 온갖 자유주의가 만연하는 탓에 자유주의자를 자처하기가 겸연쩍다. 얼마 전에 읽은 『이사야 벌린의 자유론』(박동천 옮김, 아카넷, 2006)이 적이 불편하고 거북했던 것도 그래서일까?

어딘가 모르게 그건 아닌 것 같다며 계속 찜찜하던 차에 스티븐 룩스의 『자유주의자와 식인종Liberals and Cannibals』에 실려 있는 룩스의 '이사야 벌린 론'을 통해 찜찜함을 풀 실마리를 찾았다. 『이사야 벌린의 자유론』을 읽으면서 불편하고 거북했던 까닭은, 내가 자유주의자인가 아닌가 여부에 있었다기보다는 내가 벌린의 주장에 동조하는가 여부에 있었던 것 같다. 사실 나는 『이사야 벌린의 자유론』을 읽으며 대체로 그의 견해를 수긍했다. 하지만 내가 이래도 되나 싶기도 했다. 그런데 이제는 그래도 될 것 같다.

룩스에게 "이사야 벌린은 도전적 사상가다." 룩스는 벌린의 "사유 '방식'의 도전이 그 영향력이나 적절성에 있어 지난 반세기 동안 감소하기는커녕 오히려 그 반대

로 성장해왔다고 믿는다." 또 그는 벌린의 산문이 "결코 난해하지도 않고 심지어 추상적이지도 않다"고 본다. "하지만 벌린의 글이 접근하기에 용이하다는 것은 통속화 또는 단순화라는 대가를 치루고 얻어진 것"은 아니라고 덧붙인다.

"그는 사상들이나 논증들 또는 세계관, 즉 자신은 숙고하고 숙달해 있었지만 글에서는 거의 드러내지 않던 학문적 논쟁들을 독자들이 고찰할 수 있도록 이끈다. 그는 인용을 거의 하지 않으며, 텍스트를 상세하게 분석하지도 않는다." 그러기보다는 성실하고 호의적인 보고자로서, 사상가들과 같은 시대를 살아가는 대담가로서, 그 사상가들의 세계관에 대한 고찰로부터 연역되는 그 자신의 입장을 독자들에게 옹호하는 변호자로서, 사상가들의 해석을 전체적으로 드러내는 쪽을 선호한다는 것이다.

이렇듯 "해석적 방법에 충실해 여러 관점들을 뒤섞다보면 어느 때 가서는 독자들이 누구 목소리를 듣고 있는지 헛갈리는 경우가 발생"하기도 한다. "독자가 전해 듣고 있는 것은 벌린 자신의 인격 안에서 그대로 재생된 하만인가, 헤르더인가, 아니면 비코인가? 또는 그들은 벌린이 해석한 것인가 아니면 벌린이 전하는 그 인물들의 동시대인들의 평인가?"

벌린은 주인공들의 입을 통해 마르크스주의를 공격했지만, "미국의 반공적 자유주의자들의 방식과는 달리 그의 목소리는 결코 거슬릴 만큼 공격적인 논쟁을 펼치지도 않았으며, '이데올로기의 종언'에 대해 자기만족적인 찬사를 보내지도 않았다." 또한 "우리는 자연과 역사의 깊고 추상적인 지혜에 대해 충분히 경탄해왔다. 이제는 자연과 역사가 우연적이고 무의미하며 또한 뒤죽박죽이고 실수투성이로 가득 차 있다는 것을 깨달을 때"라는 게르첸의 주장에 동의한다. 나도 그렇게 생각한다.

『자유주의자와 식인종』은 우리 대학의 충실한 교육의 산물이다. 꼼꼼하고 엄밀한 옮긴이 각주는 교육의 효과가 커 보인다. "경계심을 기울여 조심스럽게 살펴보면 (벌린은) 오해의 여지없이 좌파 사람이었으며"에 붙인 각주 설명은 그중 하나다.

"좌파 사람a man of the left: 여기에서 '좌파左派'란 과거 공산당이 집권했던 현존사회주의 국가들의 노선을 추종하는 이데올로기 신봉자를 뜻하는 것은 아니며, 우리나라에서처럼 북한 정권이나 그 지배이데올로기를 지지하는 사람이나 세력을 지칭하는 것은 결코 아니라는 점을, 쓸데없이 그러나 빼놓고 지나가지 않을 심산으로, 강조해 둔다. 세계 공론장에서 '좌파'는 현상태를 비판적으로 보는 가운데 그 개선이나 개혁을 추구하는 사고태를 견지하고 그것을 정치적으로 실천하려는 사회성향을 가진 인물이나 세력으로서 우리나라 어법으로 얘기하면 진보파 정도가 어느 정도 그 의미에 해당된다."

스티븐 룩스의 책 가운데 가장 먼저 번역된 『3차원적 권력론Power: A Radical View』은 절판되었다. 이 책을 펴낸 나남출판의 1996년판 도서목록의 해제를 통해 책 내용의 감을 잡아본다.

"이론사적으로 볼 때 이 책은 몇 가지 뚜렷한 특성과 의의를 지니는데 첫째는 권력이론사에서 이미 고전의 하나로 평가받는 무게 있는 저술이라는 점. 둘째, 1960년대 초반부터 〈미국정치학회보〉를 중심으로 '보이는 권력'과 '보이지 않는 권력'의 문제를 쟁점으로 전개되었던 이른바 거대한 '비결정non-decision' 논쟁에 참여한 결과 중 가장 주목할 만한 성과 가운데 하나라는 점. 셋째, '보이지 않는 권력'의 중요성을 사회과학적 수준으로 한 단계 끌어올려 놓는 데 기여하고 있다는 점이다."

스티븐 룩스의 책

마르크스주의와 도덕 황경식·강대진 옮김, 서광사, 1995.
자유주의자와 식인종 홍윤기 외 옮김, 개마고원, 2006.
3차원적 권력론 서규환 옮김, 나남출판, 1992.

스티븐 제이 굴드
Stephen Jay Gould
1942-2002

진화는 변화하는 환경에 대한 국지적 적응을 말한다

지금까지 번역된 스티븐 제이 굴드의 책은 주제에 따라 두 종류로 나눌 수 있다(그렇다고 굴드 번역서의 숫자가 많은 건 아니다. 단독저서가 다섯 권, 공저서와 굴드가 대표 저자로 등재된 책이 각 한 권씩 두 권이다). '진화'와 '시간'이 그 것이다. 그런데 '진화'와 '시간'은 굴드에게 따로 떨어진 주제가 아니다. "고생물학자이자 진화생물학자인" 굴드는 "역사를 복원시키는 일을 업으로 삼고 있어서다" 달리 표현하면, 고생물학자들은 '깊은 시간'을 발견하는 사람들이기 때문이다. 또한 그들에게 7000년은 "겨우 눈짓에 불과"한 시간이기도 하다.

아무튼, 편의상 나눈 분류에 따라, 진화론에 대한 책들부터 살펴보자. 『판다의 엄지』(세종서적, 1998)에서 굴드는 사람들이 진화론에 매력을 느끼는 까닭을 그것이 지닌 세 가지 속성에서 찾는다. 미발달 분야가 갖는 풍부한 개척 가능성, 수량적인 일반법칙을 다루는 과학 분야와 역사의 특수성을 다루는 과학 분야를 아우르는 독특한 위상, 그리고 우리 모두의 생존과의 직결성이다.

사정이 이렇다 보니, 너도나도 '진화'를 입에 올린다. 굴드가 『풀하우스』(사이언스북스, 2002)에서 제시한 예를 봐도 그렇다. 한 미식축구 선수는 자신의 수비 위치가 바뀌자 다음과 같은 표현을 썼다. "나는 지금 진화의 사다리를 올라가고 있다." 굴드는 이런 식의 오류를 들자면 끝이 없다고 말한다.

굴드의 〈자연사학 잡지Natural History Magazine〉 고정칼럼을 모은 『다윈 이후』(범양사출판부, 1988)와 『판다의 엄

지』는 진화론에 대한 계몽적 성격을 띤 책들이다. 『다윈 이후Ever Since Darwin』는 1974년에서 1977년까지 연재한 칼럼을 엮은 것이다. 내용은 지질학을 비롯한 사회사 및 정치사에 이르는 광범위한 분야를 다뤘지만, '진화론'이 공통분모를 이룬다. 여기서의 진화론은 더도 덜도 아닌 찰스 다윈이 구상했던 대로의 그것이다.

머리말에서 굴드는 참다운 다윈 정신만이 황폐한 세상을 회생시킬 수 있다고 단언한다. 왜냐하면 다윈 정신이 "우리들(인간)은 예정된 과정의 가장 위대한 산물이므로 지구와 그 생물들을 지배할 운명을 지닌 존재"라는 서양인의 오만한 생각을 물리치는 유일한 항체이기 때문이다.

굴드는 자신의 다윈 옹호론이 놀랍지도, 신기하지도, 심오하지도 않다고 말하지만, 그것을 액면 그대로 받아들여선 곤란하다. 다윈 진화론의 핵심을 간명하게 정리하는 것에서부터 굴드는 우리를 놀라게 한다. "다윈론의 본질은 자연도태가 적자를 창조한다는 주장에 담겨 있다. 변이變異란 어디서나 일어나고, 그 방향은 임의적이다. 그것은 소재素材를 공급해 줄 뿐이다. 자연도태는 진화라는 변화의 방향을 지시한다. 그것은 유리한 변이종들을 보전하고 점진적으로 적성fitness을 쌓아올린다."

이어, 다윈의 진화론이 빅토리아 시대에 인기를 얻지 못한 이유를 설명하는 대목 역시 놀랍기 짝이 없다. "그 이유는 먼저 진화의 작용 과정에 내재하고 있는 전반적인 진보의 개념을 부정한 데 있었다. 자연도태는 변화하는 환경에 대한 국지적 적응local adaption 이론이다. 거기에는 완성의 원리가 없으며, 전반적인 개선의 보장도 없다." 따라서 자연에 내재한 진보에 호감을 가졌던 시대 상황에서 다윈의 이론이 반가울 까닭이 없었다는 것이다.

책의 후반부에서는 지능지수IQ의 허구성을 단계적으로 반박한다. 굴드는 먼저 IQ와 지능의 등식화를 문

제 삼는다. "IQ가 무엇을 의미하는지 누가 알고 있을까?" IQ는 학교에서 '성공'의 예측수단이 되지만, 그와 같은 성공이 지능과 치맛바람, 그리고 사회의 기득권층이 선호하는 가치의 습득 가운데 어느 쪽의 결과인지 되묻는다.

한발 물러나 IQ가 지능의 어느 측면을 계측할 수 있다고 가정한다면, 이번에는 그것의 유전성이 문제가 된다. 굴드는 '유전적'이라는 말이 갖는 일상적인 의미와 전문용어 사이의 혼란을 우선 검토한다. 일반인에게 유전적인 것은 '고정된 것' '어찌할 수 없는 것'을 뜻하지만, 유전학자에게 이 말은 공통되는 유전자를 가진 친족관계에 있는 개체들에게 나타나는 유사성을 의미한다. 이어서 IQ가 80퍼센트의 유전성을 갖는다는 주장을 곱씹는다(277쪽). 이러한 주장의 근거들은 결함이 많다는 것이 굴드의 분석이다.

다시 한발을 물러나 굴드는 IQ의 유전성이 최고 80퍼센트라는 가설을 수용한다. 그러고는 인간 지능의 연구를 둘러싼 생물학적 결정론에 카운터펀치를 날린다. 결정론자들은 집단 내부의 변이와 집단 간 변이를 혼동하고 있다는 것이다. 결정론자들은 백인과 흑인의 IQ편차가 IQ의 유전적 속성에서 온다고 주장한다. 굴드에게 이런 주장은 터무니없는 것이다.

굴드의 반론은 이렇다. 키의 유전성이 IQ의 유전성보다 훨씬 크다는 사실은 명백하다. 그런데 키에 있어 높은 유전성은 작은 부모가 작은 자손을, 큰 부모가 큰 자손을 낳을 경향 이상의 의미는 없다. 여기서 적절한 영양분의 공급 여부는 애당초 고려의 대상이 안 된다.

"나는 지능을 어떻게 정의하든 유전적인 기반이 전혀 없다고 주장하려는 것은 아니다.— 나는 단지 설사 그런 근거가 있다고 하더라도, 그 의미는 보잘 것 없고, 관심을 끌 수 있는 자료가 아니며 중요하지도 않다고 생각한다. 어떤 형질의 표현은 유전과 환경의 복잡한 상호작용의 결과이다." 그런 까닭에 "우리들의 임무는

오로지 모든 개인들이 그들의 잠재력을 충분히 실현할 수 있도록 유리한 환경을 조성하는" 것으로 귀결된다. 굴드는 "어느 개인을 그 사람이 속한 집단의 평균에 의해 판단해서는 안 된다"고 경고한다.

절판 상태에 있는 『다윈 이후』의 내용을 장황하다 싶을 정도로 자세하게 소개한 데에는 나름의 이유가 있다. 우선, 굴드의 저서 가운데 최초로 번역된 이 책이 그의 사상을 집약하고 있기 때문이다. 굴드는 머리말에서 "똑같은 인용구를 두 번 쓴 일은 결코 없다"고 했지만, 이 책에 사용했던 인용구가 다른 책에 다시 등장하기도 한다. 여기에다 『다윈 이후』는 참 아름다운 책이다. 개인적으로 나는 여태까지 접한 번역서 가운데 이 책을 첫손으로 꼽는다. 그러는 이유는 원문도 뛰어나거니와 유려한 번역이 굴드의 생각을 거의 완벽하게 전달하기 때문이다.

〈자연사학 잡지〉에 '이 생명관This View of Life'이라는 제목으로 연재한 칼럼을 모은 『판다의 엄지The Panda's Thumb』는 "생명의 기원에서 조르주 퀴비에의 뇌, 그리고 태어나기 전에 죽는 진드기에 대한 이야기에 이르기까지 광범위한 현상들을 다루고 있다." 다양한 주제를 다루고 있으나, 이 책에 실린 글들은 공히 다윈의 사상과 그 영향에 주목하면서 진화론으로 수렴되고 있다.

그러면서도 과학을 빙자한 편견에는 경계를 늦추지 않는다. 조르주 퀴비에는 머리가 유난히 컸던 프랑스의 귀족이다. 그의 모자를 둘러싼 논란을 소개하며 굴드는 뇌의 크기와 그것의 기능은 서로 상관이 없다고 말한다. "뇌 전체의 크기와 외형은 뇌 자체의 가치에 관해 어떠한 이야기도 해주지 않는다. 나는 똑같이 재능 있는 사람들이 면화밭이나 근무 조건이 매우 열악한 공장에서 살다 죽어간 것이 확실한 것 이상으로 아인슈타인의 뇌 무게나 대뇌 표면의 주름에 흥미를 갖지 않는다." 아울러 굴드는 다운증후군의 다른 이름에 숨겨진 인종차별주의에도 주의를 환기한다.

한편 『다윈 이후』의 서문에 이어 『판단의 엄지』 머리말에서도 반복되는 진술은 굴드의 천재적 소양을 잘 말해 준다. "나는 전문가이기는 하지만 대학자는 아니다. 내가 행성이나 정치에 관해 알고 있는 것은 그것들이 생물의 진화와 교차하는 지점에 국한될 뿐이다." 모름지기 천재는 겸손할지어다.

『인간에 대한 오해』(사회평론, 2003)는 "지능 테스트의 특정 방식을 특수하게 해석해서 지지받는 특정 지능 이론에 대한 비판을 담고 있다." 다시 말해 "단일하고, 유전에 기초하며, 변하지 않는 지능이라는 이론에 대한 반박인 것이다." 또한 이 책의 밑바탕에는 그릇된 이론인 생물학적 결정론에 대한 비판의식이 깔려 있다.

굴드는 생물학적 결정론에 대한 비판은 언제라도 의미가 있다고 말한다. 그 이유는 "생물학적 결정론의 오류가 매우 뿌리 깊고 음험하며, 우리들이 공유하는 본성의 최악의 현시顯示에 호소하기 때문이다." 여기서 뿌리가 깊다는 것은 생물학적 결정론이 철학적 전통의 가장 오래된 일부 쟁점이나 잘못과 관련이 있다는 뜻이다. 이를테면 환원 불가능한 현상을 최소의 구성부분의 결정론적인 움직임으로 설명하려는 갈망인 환원주의, 지능과 같은 추상적인 개념을 확고한 실체로 변화시키려는 경향인 물화物化, 복잡하고 연속적인 실체를 둘로 분할하려는 갈망인 이분법, 그리고 모든 사물을 선형으로 증가하는 가치로 서열화하려는 경향인 계층화 등이 그것이다.

굴드는 지능 테스트에서 생물학적 결정론의 일반적인 오류를 낳는 환원주의, 물화, 이분법, 계층화의 요소가 극명하게 표출된다고 지적한다. 수능 점수의 파급력에는 미치지 못하지만 우리 사회에서도 IQ점수는 머리 좋음의 척도로 통용되고 있다. 더구나 최근에는 사회생물학으로 표상되는 생물학적 결정론에 대한 관심도 느는 추세다. 하지만 굴드는 생물학적 결정론이 인기를 누리는 까닭은 "잘못된 논리와 결함있는 정보 때문"이

라고 잘라 말한다.

또, 굴드는 생물학적 결정론이 되풀이해서 부상하는 이유를 사회정치적인 것에서 찾기도 한다. "사회적 프로그램에 대한 지출을 줄이려는 캠페인을 비롯해서, 사회적 비용을 절감하려는 정치적인 에피소드, 축복받지 못한 그룹의 사람들이 심각한 사회적 불안을 야기하거나 권력을 위협하는 시기에 엘리트 지배층의 불안감이 고조되는 것과 관련이 있다."

책은 1800년대 후반부와 1900년대 전반부에 뇌의 크기 및 IQ점수와 지능 사이의 상관성을 밝히기 위해 맹활약한 생물학적 결정론자들의 주장에 나타나는 과학적인 약점을 파헤치면서 그것의 정치적 맥락을 드러내고 있다. 그런데 굴드가 중점적으로 살펴본 편견에 사로잡힌 골상학자와 심리학자의 면면은 우리에게 낯선 편이다.

하지만 살짝 언급되는 인물 가운데는 우리 귀에 익숙한 이름도 더러 있는데 마리아 몬테소리와 올리버 웬델 홈스가 그들이다. 교육학자로 유명한 몬테소리가 롬브로소의 선천적 범죄이론을 지지했다는 사실도 놀랍지만 '위대한 반대자'로까지 지칭되는 미국 연방대법관이었던 홈스가 단종법을 지지했다는 사실은 더욱 놀랍다. 개인에게 시대의 한계를 뛰어넘기를 요구하는 것이 무리일 수도 있겠으나 적어도 홈스와 몬테소리는 "사회적인 기준에 해당하는 판단에 소극적으로 동의한 개인"은 아닌 걸로 보인다.

이 책의 원제The Mismeasure of Man는 '인간이라는 잘못된 척도'쯤으로 옮겨지는데 여기에는 두 겹의 의미망이 있다. '인간이 만물의 척도'라는 프로타고라스의 격언에 대한 패러디이면서, 남성을 인간의 기준으로 간주해 여성을 무시하고 인간을 잘못된 척도로 삼았던 데에 대한 반성이 담겨 있다. "인간 집단의 서열화에 관한 특정 형태의 정량화된 주장을 다룬" 이 책은 600쪽이 넘는 방대한 분량이지만 책의 주제는 다윈의 『비글호 항

해기』에서 인용한 구절에 함축돼 있다 해도 과언은 아니다. "빈곤의 비참함이 자연법칙이 아니라 우리들의 사회제도에 의해 비롯되었다면, 우리의 죄는 중대하다.

『풀하우스Full House』(사이언스북스, 2002)는 어떤 경향을 파악할 때 "평균이나 중심 경향성과 같은 추상적인 값이 아니라 '풀하우스' 또는 '전체 시스템의 변이'에 초점을 맞"춰야 한다는 것을 주제로 한다. 이 주제를 구현하기 위해 굴드는 두 개의 중심과제를 내세운다. '야구에서 왜 4할 타자가 사라졌는가'와 '생명의 역사에서 진보란 무엇인가.'

중심과제에 대한 굴드의 결론은 상식을 거스른다. 흔히 생각하듯 타자들의 실력이 떨어져 메이저리그에서 4할 타자가 자취를 감춘 게 아니라는 것이다. 외려 전반적인 야구의 수준이 향상된 때문으로 파악하고, 이를 과학적으로 논증한다. 또한 "생명의 역사가 진보하고 있다는 주장이 전형적인 기만이라는 것을 밝히는 것이 이 책의 핵심 내용"을 이룬다.

굴드의 진화이론은 '단속평형설'로 불린다. "종은 오랜 기간 안정된 형태를 유지하는 평형 기간이 갑자기 단속되면서 다른 종으로 변한다"('옮긴이의 말'에서)는 것이 '단속평형설'의 골자다.

『클론AND클론』(그린비, 1999)에 실린 「돌리의 유행, 루이의 비애」는 짧지만, 굴드의 특성이 잘 나타나 있는 글이다. 그는 결코 호들갑을 떨지 않는다. 침착하게 사리를 분별할 줄 안다. 무엇보다 어느 한쪽으로의 치우침이 없다. "천성과 양육 양쪽 다 우리에게 많은 것을 가르쳐줄 수 있으며, 우리의 행동과 심리가 풍부하다는 것 자체는 이런저런 요인들이 복잡하고 깨뜨릴 수 없는 조합을 이루고 있다는 사실을 말해준다." 이 책은 복제를 둘러싼 논쟁적인 글을 엮은 것이다. 엮은이들이 따로 있지만, 번역서에는 이들과 함께 굴드의 이름을 전면에 내세우고 있다. 굴드를 대표저자로 내세운 것은 현명한 선택으로 보인다.

이제 '시간'을 주제로 한 책을 살펴보자. 『새로운 천년에 대한 질문』(생각의나무, 1998)과 『시간의 종말』(이끌리오, 1999)은 세기말을 목전에 두고 번역된 책들이다. 『새로운 천년에 대한 질문Questioning the Millennium』은 밀레니엄에 관한 세 가지 이야기를 다루고 있는데, 밀레니엄의 정의, 새 밀레니엄의 기점, 밀레니엄의 중요성을 논한다. 이 책에서 굴드는 고생물학이라는 전공은 잠시 접어두고 성경 해석, 종말론, 역법曆法 등에 관한 뛰어난 식견을 보여준다.

프랑스에서 출간된 『시간의 종말』은 인터뷰집이다. 프랑스 언론인들이 세계적인 석학 네 사람과 밀레니엄을 주제로 한 대담을 싣고 있다. 낙관론자로 보인다는 질문에 굴드는 이렇게 대답한다.

나는 신중한 낙관론자입니다. 세상이 개선될 거라고 예측하지 않지만, 적어도 세상을 개선하기 위한 투쟁 수단을 가지고 있다고 확신합니다. 그래서 우리가 더 나은 세상을 기대할 수 있는 거 아닐까요.

스티븐 제이 굴드의 책

레오나르도가 조개화석을 주운 날– 고생물학자 굴드 박사의 자연사 에세이 김동광·손향구 옮김, 세종서적, 2008.

생명, 그 경이로움에 대하여(과학 오디세이 3) 김동광 옮김, 경문사, 2004.

인간에 대한 오해 김동광 옮김, 사회평론, 2003.

인간복제 무엇이 문제인가– 인간 복제의 윤리학 굴드 외 지음, 그레고리 E. 펜스 엮음, 류지한 외 옮김, 울력, 2002.

풀하우스 이명희 옮김, 사이언스북스, 2002.

새로운 천년에 대한 질문 김종갑 옮김, 생각의나무, 1998.

판다의 엄지 김동광 옮김, 세종서적, 1998.

다윈 이후– 다윈주의에 대한 오해와 이해를 말하다 홍욱희·홍동선 옮김, 사이언스북스, 2009.

다윈 이후 홍동선·홍욱희 옮김, 범양사출판부, 1988.

시간의 종말 움베르토 에코·장 들뤼모·장 클로드 카리에르 공저, 문지영·박재환 옮김, (이)끌리오, 1999.

클론 AND 클론 스티븐 제이 굴드 외 지음, 이한음 옮김, 그린비, 1999.

스티븐 제이 굴드에 관한 책

스티븐 제이 굴드– evolution science 워렌 D. 올먼 등 지음, 강주헌 옮김, 휘슬러, 2007.

C.W. 세람
C.W. Ceram
1915-1972

전문가를 넘어서는
비전문가의 탁월한 성취

고고학考古學은 그 명칭이 풍기는 이미지와는 달리 근대에 성립된 학문으로 18세기 중반 A.D. 79년 8월 24일 베수비오 화산 폭발로 폐허가 된 폼페이와 헤르쿨라네움의 유적을 발굴한 J.J. 빙켈만에 의해 기틀이 다져졌다. 다만 풍설로 전하는 샹폴리옹이나 슐리만 같은 고고학자들의 일화는 그들이 근대적 지식인임에도 옛날이야기의 주인공인 양 착각하게 한다.

그리고 먹고사는 데 바쁜 평범한 사람들에게 고고학은 이름부터 고리타분한 자신들의 삶과는 무관한 학문으로 여겨지고 있는 것이 현실이다. 하지만 C.W. 세람은 『낭만적인 고고학 산책』(평단문화사, 1984: 대원사, 2000)에서 고고학에 들씌워진 일반인의 고정관념에 시각교정을 유도한다.

고고학은 모든 사람의 관심사이지 그저 학문 중의 난해하고 독특한 전문 분야에 그치는 것이 아니다. 우리가 고고학에 몰두해 있을 때 전체로서의 인생사는 우리의 주제가 된다. 왜냐하면 인생이란 일시적인 사건이 아니라 과거와 미래가 만나는 교차점에서 부단히 균형을 이루는 것이기 때문이다.

세람은 책의 앞머리에서 "이 책의 목적은 고고학의 발전을 기술하는 것"이라며 『낭만적인 고고학 산책』이 지향하는 바를 분명히 한다. 다시 말해 그것은 지레짐작을 배제하고 고고학의 발전 과정을 기술하고 우리의 일상적인 지적활동에서 일어나는 질문들에 답하는 일

이다. 세람은 이러한 작업을 빙켈만에서 미국의 고고학자인 에드워드 허버트 톰프슨에 이르는 18세기 중반부터 20세기 초반까지 고고학사에서 뚜렷한 업적을 남긴 인물들에 초점을 맞춰 수행했다. 투탕카멘 묘의 발굴을 고고학적 탐사 성공의 최고봉이자 고고학이라는 드라마 속에서 급격한 전환점을 이룬다고 표현한 대목에서, 세람은 역사를 발굴한 "탐험가"들의 면면을 다음과 같이 서술했다.

이 드라마 속에서 주된 자료가 빙켈만과 수많은 체계 수립자들, 방법론자 및 전문가에 의해 마련되었다면, 서막에서의 커다란 사건들의 전개는 샹폴리옹과 그로테펜트, 롤린슨에 의해 얼기설기 짜 맞추어져 나갔다. 중장 부분에 들어가서 사건을 발전시키고 박수갈채를 받아낸 사람들은 이집트에서 라리에트, 레프시우스, 피트리, 메소포타미아에서의 보타, 레어드, 유카탄에서의 스티븐스, 톰프슨 등이었다. 사건의 절정은 슐리만과 에번스가 각각 트로이와 크노소스에서, 콜데바이와 울리가 아브라함의 고향 우르에서 발굴을 해냄으로써 이루어진다.

세람은 『낭만적인 고고학 산책』이 "고고학에서 이루어진 업적만을 언급한 개요일 뿐"이라고 말하지만 이것은 스스로를 낮춘 겸손의 표현이다. 고고학자의 생애를 압축하는 세람의 솜씨가 남다를 뿐더러 발굴 현장의 생생한 묘사도 빼어나다. 독자가 실황중계를 통해 발굴 광경을 직접 보는 듯하고 흥미진진한 내용의 전개는 읽는 재미를 배가한다. 여기에다 개별 인물에 대한 세람 나름의 평가가 더해져 『낭만적인 고고학 산책』은 사마천의 『사기 열전』을 방불케 한다.

세람은 고고학의 시조인 빙켈만의 공과를 엄정하게 바라본다. 빙켈만이 "아주 조그만 실마리로부터 추리해 내는 데 보기 드문 재능을 보여주었"지만 그의 생각

에는 오류도 많았고 성급한 결론도 많았다고 지적한다. 특히 고대에 대한 빙켈만의 견해는 아주 이상화된 것이었다고 지적한다. 그렇지만 세람은 고고학의 토대를 마련한 빙켈만의 공적을 잊지 않는다.

빙켈만의 공로는 그때까지 철저하게 혼돈 상태에 있었던 것을 그의 능력의 한도 내에서 실제 지식을 근거로 한 추측으로 대치시킴으로써 임시변통의 질서를 갖도록 한 일이었다. 이러한 그의 체계적인 접근은 아주 오래된 문화를 시간의 심연으로부터 구해 낸다는 것이 어떤 의미가 있다는 것을 밝히고자 하는 것이었다.

트로이의 유적을 발견한 슐리만의 생애에 대한 이야기를 동화로 간주하는 세람은 슐리만이 고고학뿐만 아니라 다른 학문 분야에서 뛰어난 업적을 남긴 사람들 중에서도 경탄을 받을 만한 걸출한 인물이라고 평가한다. 또 어학적 재능이 탁월한 데다 사업적 수완도 뛰어난 슐리만이 고고학에서도 성공을 거둔 까닭을 "누구에게나 조만간 찾아오는 운을 재빨리 잡는 방법을 터득한 소수의 사람에 속했"기 때문으로 풀이한다.

슐리만은 과학적인 사고보다는 고대의 기록을 더 중요시했는데, 결과적으로 심사숙고하지 않은 것이 슐리만의 발굴 작업에 득이 되었다는 것이 세람의 시각이다. 세람에 따르면 "슐리만은 자부심이 강한 사람이기는 했지만 거만하거나 남의 일을 생각할 줄 모르는 사람은 아니었다." 또한 "그는 자기가 좋아하고 신뢰하고 있는 사람에게 부당한 일이 가해졌을 때는 몹시 화를 내기도 하는 사람이었다."

이와 아울러 성공한 사업가였던 슐리만은 고고학 탐사에 전 재산을 쏟아 부었지만 결코 손해 보는 장사는 하지 않았다. 크레타 유적 발굴 때 유적지 땅 주인이 과도한 보상을 요구하자 슐리만은 발굴을 깨끗이 포기했다. 이에 대한 세람의 진술이 재미있다. "슐리만의 사업

적 감각이 고고학적 열정을 처음으로 꺾었다."

이집트 상형문자를 해독한 샹폴리옹에 대해서는 "이집트 기록의 비밀을 찾아내기 위해서는 사실상 코페르니쿠스와 같은 관점의 변화가, 즉 관습의 굴레를 깨뜨릴 영감이 필요했"는데 그런 코페르니쿠스적 사고의 전환을 유감없이 이끌어낸 천재로 본다. 그러나 세람이 탁월한 고고학적 발견에서 그것을 이룩한 인물에게 의미를 부여하는 것은 영웅주의적 시각과는 거리가 있다. 오히려 세람은 부단한 노력과 이를 통한 발상의 전환을 이룬 이에게 경의를 표한다.

위대한 지적 발견들이 알맞게 적당한 때에 이루어지는 경우는 흔치 않다. 그것들은 한 가지 문제를 다루느라고 정신을 단련하는 긴 과정에서 수없이 많은 발견들을 통해 얻어진 결과이다. 그것들은 의식적인 것과 무의식적인 것의 교차 그리고 계획적인 관철과 모험적인 꿈의 교차를 나타낸다. 단번에 해결을 보게 되는 일은 극히 드물다.

그런데 이렇듯 지난한 시행착오의 과정을 거쳐 이뤄진 위대한 발견의 주인공 가운데 비전문가가 적지 않다는 것에 세람은 주목한다.

학문의 역사를 통틀어 살펴보면 위대한 발견의 꽤 많은 수는 강박 관념에 쫓긴(문맥상 "강박관념에 쫓기지 않은"이 더 적절해 보이나, 번역문은 이렇게 돼 있다.) 독학자들, 즉 직업적인 훈련이라는 제동 장치도, 전문가들이 지닌 신호등도 없어서 전통적인 학문에 의해 생긴 장애물들을 쉽사리 뛰어넘을 수 있는 예술 애호가들, 아마추어들, 문외한들에 의해 이루어져 왔던 것을 알 수 있다.

세람은 아마추어리즘이 학문의 발전에 기여한 예

로 오토 폰 게리케, 드니 파팽, 벤저민 프랭클린, 루이지 갈바니, 빌헬름 오스트발트, 요제프 폰 프라운호퍼, 마이클 패러데이 등을 들고 있지만 세람 자신도 성공한 문외한에 속한다. 세람이 1949년 『낭만적인 고고학 산책』을 출간할 때만 해도 그는 전문 고고학자가 아니었다. 세람이라는 이름도 가명이다. 본명이 Kurt W. Marek인 그는 이미 독일에서 신문기자, 출판인, 연극 비평가로 명성을 쌓은 사람이었다.

『낭만적인 고고학 산책』은 저자에게 부와 명예를 동시에 안겨준 보기 드문 책이다. 이 책은 출간 20년 만에 26개 언어로 번역되었고, 독일에서만 1957년까지 70만 부가 팔렸다. 세계적인 석학 아놀드 토인비는 이 책과 세람의 업적을 격찬했다고 한다. 또 이 책은 세람 개인에게는 고고학 연구자가 되는 길을 터주기도 했다.

이 책의 성공은 세람의 저널리스트로서의 경험과 도서관에서 천여 권의 책을 섭렵한 각고의 노력이 맞물린 결과로 보인다. 그런 점에서 세람은 세계적인 '중간 필자'라고 하겠다. 세람의 역량은 한국어판 『낭만적인 고고학 산책』에서 유감없이 드러난다. 감히 이 책을 20세기에 출간된 몇 안 되는 위대한 책 가운데 한 권으로 손꼽고 싶을 정도다. 충실한 본문 번역에도 높은 점수를 주고 싶고 한국어판의 제목이 원래 제목보다 책의 내용을 더 잘 표현한다고 생각한다. 한국어판의 제목이 혹시 일본어판의 제목에서 시사 받은 것은 아닌지 의구심을 갖기도 했지만 그건 아닌 듯싶다. 일본어판의 제목은 원제목을 직역한 『神, 墓, 學者』(1981)이다.

그런데 『낭만적인 고고학 산책』 이외의 번역된 세람의 책들은 함량이 약간 떨어지는 점이 아쉽다. 1955년 출간된 『발굴과 해독』(푸른역사, 1999)은 전작과 같은 형식에 기원전의 두 번째 천년에 오늘의 터키에 존재했던 고대의 최강대국 히타이트 유적 발굴 100년의 이야기를 담은 책으로 『낭만적인 고고학 산책』의 속편에 해당한다고 할 수 있다. 관찰자의 시선을 견지하는 책의 앞부분은 여전히 공감을 얻을 만하고 설득력이 있다.

황금보물과 왕들의 미라를 발굴한 자만이, 과거를 자신의 손으로 만지고 있다는 전광석화와 같은 감동을 경험하는 건 아니다. 그만한 전율은 구부린 채 서재에서 책을 보고 있는 사람도 느낄 수 있다. 그는 한 문장을 꼼꼼히 뜯어보다가 마침내 먼 옛날의 무덤에서 터져나오는 외침을 갑자기 듣게 된다.

하지만 책의 후반부로 갈수록 밀도가 떨어지고 밋밋해지는 느낌이다. 그것은 아마도 세람이 『낭만적인 고고학 산책』의 대성공에 힘입어 관찰자에서 고고학 발굴 참가자로, 문외한에서 전문 고고학자로 위상이 높아진 데서 오는 부작용으로 풀이된다. 세람은 1951년과 1953년 두 차례에 걸쳐 히타이트 유적 발굴단의 초청으로 발굴 현장을 답사한 바 있다.

『사진으로 보는 영화의 역사』(새물결, 1996)는 고고학 산책을 영화에 적용한 책이다. "이 책의 의도는 최근 수십 년 동안 수집한 엄청난 자료를 검토하여 영화의 전사前史 및 초기 역사를 구성하는 것이다." 이 책에 피력된 세람의 주된 관심사는 영화가 하나의 기술로서 탄생했다는 것인데 이런 문제의식에 따라 이 책의 내용은 영화의 산업적 체계가 움튼 1897년에서 마무리된다.

초창기 영화와 관련된 진귀한 사진자료가 가득한 이 책이 아쉽게 다가오는 것은 한국어판 제작의 미숙함 탓이 크다. 사진의 인쇄 상태가 그리 좋지 않고 편집도 엉성한 편이다. 전문용어 풀이를 위주로 한 200개의 각주는 독자를 위한 배려의 기능을 제대로 하지 못한다. 사람이름과 용어의 설명은 책의 말미에 따로 하는 게 더 나았을 성싶다.

그렇지만 가장 진한 아쉬움을 주는 세람의 후속작은 바로 『예스터모로우』(평단문화사, 1988; 대원사, 1997)이다. 세람의 단상을 엮은 이 책을 잔뜩 기대하고 읽었으나 독후감은 아주 실망스럽다. 크게 미래관과 예술론으로 대별되는 책의 내용에서 기대 밖의 실망을 느끼게 하는 부분은 기술만능주의의 혐의가 짙은 앞날을 보는 세람의 시각이다.

1940년대 중반과 1950년대 후반에 세람이 쓴 글에서 컴퓨터공학과 생명공학으로 대변되는 21세기 정보기술 사회에 대한 긍정적 전망을 읽다보면 그의 혜안에 감탄사가 나올 수도 있다. 하지만 세람의 낙관론에는 정보기술 사회의 초입에 들어선 우리가 체감하고 있는 부작용에 대한 비판적 성찰이나 반성적 통찰은 보이지 않는다. 『낭만적인 고고학 산책』에서 '파라오의 저주'는 "약간 소름이 끼치는 가벼운 이야깃거리에 지나지 않는다"며 일축한 세람의 모습은 오간 데 없다. 번역도 과연 『낭만적인 고고학 산책』을 번역한 동일인이 한 것인지 고개를 갸웃하게 한다.

C.W. 세람의 책

낭만적인 고고학 산책 김해생 옮김, 21세기북스, 2009.
몽상과 매혹의 고고학─ C. W. 쎄람의 사진으로 보는 고고학 역사 이야기 강미경 옮김, 랜덤하우스코리아, 2008.
낭만적인 고고학 산책 안경숙 옮김, 대원사, 2000.
낭만적인 고고학 산책 안경숙 옮김, 평단문화사, 1984.
역사와 신화의 재발굴 안경숙 옮김, 대원사, 1988.
발굴과 해독 오흥식 옮김, 푸른역사, 1999.
예스터모로우 안경숙 옮김, 대원사, 1997.
예스터모로우 안경숙 옮김, 평단문화사, 1988.
발굴하는 발굴의 역사 김대웅 옮김, 차림, 1996.
사진으로 보는 영화의 역사 권기돈 옮김, 새물결, 1996.

시몬 드 보부아르
Simone de Beauvoir
1908-1986

"여자는 태어나는 것이 아니라 만들어지는 것이다"

텔레비전을 통해 피서지에서 '원조元祖 히딩크 민박집'이라는 현수막을 내건 모습을 보고 피식 웃음이 나왔는데, 페미니즘의 원조는 누가 뭐래도 시몬 드 보부아르다. 『새내기를 위한 여성관련 도서목록』(여성사, 1994)에는 보부아르의 책이 여섯 권이나 소개돼 있다. 외국 저자로는 가장 많은 숫자다.

하지만 비교적 최근에 출간된 보부아르의 책들은 그녀의 페미니스트적 면모와는 약간 거리가 있다. 근자의 실버출판 붐에 힘입어 8년 만에 재출간된 『노년』(책세상, 2002)은 '늙음'에 대한 방대한 보고서다. 보부아르는 노년에 관한 침묵의 카르텔을 깨뜨리기 위해 이 책을 썼다. "우리 사회는 노년을 마치 일종의 수치스런 비밀처럼 여긴다. 그리고 그것을 입에 담는 것 자체가 예의에 어긋나는 일이다."

또 보부아르는 독자들이 노인의 목소리에 귀를 기울이도록 하는 것을 이 책의 목적으로 삼는다. 이를 위해 "그들에게 주어지는 상황은 어떤 것이며, 그들이 어떻게 그 상황을 살아가는가를 묘사하고자 한다." 이 책의 궁극적 목표는 "오늘날 우리 사회 속에서 연로한 사람들의 운명이 어떠한가를 밝히는 것이다." 그런데 『노년』과 보부아르의 대표작이면서 페미니즘의 경전으로도 통하는 『제2의 성』(을유문화사, 1993) 사이에는 닮은 점이 많은 게 사실이다.

겉모습, 구성, 주제의식 등이 비슷하다. 우선, 둘 다 부피가 만만찮다. 상·하 두 권으로 이뤄진 『제2의 성』은 1000쪽이 넘는다. 『노년』의 번역 저본으로 사용된

1985년 갈리마르 판 역시 841쪽에 이른다. 1994년에 나온 한국어판의 초판은 원서처럼 두 권으로 나눴으나, 개정판은 둘을 하나로 합쳤다. 두 책의 구성과 편제도 엇비슷한데 『제2의 성』이 '이론'과 '체험'으로 대별해 여성의 신화를 파헤쳤다면, 『노년』에서는 '안'과 '바깥'에서 노인의 삶에 접근하고 있다. 첫 장을 공히 여성과 노인의 '생물학적 조건'에 할애한 점도 일치한다.

무엇보다 가장 뚜렷한 공통점은 두 개의 사회학적 고찰의 저변에 깔린 주제의식이다. 그것을 『노년』의 한 구절을 빌려 표현하면 이렇다. "한 사회를 뒤흔들어 동요시키려면 그 사회에서 가장 불행한 자들의 운명을 개선하는 데에 노력을 집중시켜야만 성공한다." 이런 주제의식은 여성과 노년에 관한 보부아르의 성찰에도 그대로 나타난다. "여자는 태어나는 것이 아니라 만들어지는 것이다"와 "노인의 지위는 결코 자신이 정복해 쟁취하는 것이 아니라 그에게 주어지는 것이다"는 결국 같은 메시지를 담은 말인 셈이다. 불행한 자가 처한 상황에 따라 다르게 표현된다.

『노년』의 결론에서 보부아르는 삶의 대립물은 죽음이 아니라 노년이라고 말한다. "노년은 죽음의 풍자적 모방"이고, "죽음은 삶을 운명으로 변화"시키기 때문이다. 또한 "어느 면에서 죽음은 삶에 절대의 차원을 부여함으로써 삶을 구원한다."

『편안한 죽음』(아침나라, 2001)은 보부아르의 죽음에 관한 성찰이 담긴 '기록'이다. 기록이라고 표현한 것은 이 책이 우리식 장르 개념에 부합하지 않기 때문이다. 보부아르가 어머니의 마지막 6주일을 되살린 이 책에서 픽션과 논픽션의 경계는 모호하다.

사르트르가 아닌 다른 연인에게 보낸 편지를 모은 『연애편지』(열림원, 1999)는 전투적 페미니스트로서의 보부아르의 이미지를 희석하는 책이다. 1947년 미국 여행 중에 만난 미국 작가 넬슨 앨그렌과 보부아르는 첫눈에 서로 반하는데 두 사람은 17년 동안 사랑의 편지를 주고받는다. 보부아르의 사후 출간된 이 책에는 그녀가 앨그렌에게 보낸 304통의 편지가 실려 있다. 원래는 두 사람의 편지를 함께 싣기로 했으나 막판에 앨그렌의 대리인들이 마음을 바꿔 보부아르의 편지만 수록했다.

『연애편지』는 청마 유치환이 이영도 시인에게 보낸 편지를 묶은 『사랑했으므로 행복하였네라』(중앙출판사)를 떠올리게 한다. 이 왕년의 베스트셀러에도 청마의 편지만 실려 있거니와 두 커플이 편지를 교환한 시기도 비슷하다. 『사랑했으므로 행복하였네라』에는 6.25 때 불태운 1946년에서 1950년까지 편지를 제외하고, 1952년에서 1966년까지 청마가 이영도에게 보낸 편지가 실려 있다.

한편, 『연애편지』에서는 집필 중인 『제2의 성』에 대한 언급을 볼 수 있다. "저는 열심히 일하기로 결심했답니다. 6개월 전에 여성에 관해 쓴 글을 모두 다시 읽어보았는데 별로 나빠 보이지 않는군요. 그러나 저로서는 다시 쓰기 시작한다는 게 어려운 일이고, 왜, 누구든지 무언가를 써야만 하는지 그 이유를 확실하게 알 수 없어요."

『미국여행기』(열림원, 2000)는 앨그렌과의 운명적인 만남이 있게 한 1947년 넉 달 간의 미국여행을 일기 형식으로 풀어쓴 책이다. 보부아르 특유의 관찰력과 묘사력이 돋보인다. "미국인은 자신과 같은 인종의 사람들 사이에서는 활달한 기질, 온정, 우정의 꿈을 품고 그러한 덕목들을 실천에 옮기기까지 한다. 하지만 그것들은 할렘 가장자리에서 죽고 만다. 세상과 화합하려고 안간힘을 다해 고심하는 보통의 미국인은, 그 경계만 넘어서면 가증스런 압제자의 얼굴, 적의 얼굴이 된다는 걸 스스로도 잘 알고 있다."

당시에도 악명이 자자했던 할렘 거리를 무사히 활보한 소회를 이처럼 피력한 보부아르는 『토박이』를 쓴 리처드 라이트의 안내를 받아 들른 흑인전용 댄스클럽

'사보이'에서 진한 감명을 받는다. "뉴욕에 와서 나는 이따금 하나의 순수한 관념에 대한 명상이 해방된 영혼에 제공하는 그와 같은 충만감을 느낀 적이 있다. 바로 그것이 이번 여행의 큰 기적인데, 그것이 오늘보다 더 눈부셨던 적은 없었다."

이 밖에 국내에 출간된 보부아르의 저서로는 자전적 '소설'과 소설 형식의 '자서전'이 있다. 형식이 교차하는 이들 소설과 자서전은 시기가 이어진다는 특징이 있다. 자서전은 마땅히 그래야겠지만 소설이 일련의 시기를 형성하는 것은 흥미롭다. 보부아르의 첫 번째 저서인 장편소설 『초대받은 여자』(하서출판사, 1992)는 1938년 뮌헨회담에서 2차 대전 발발까지를 시대배경으로 하고, 『타인의 피』(범우사, 1973)는 전쟁 직전과 2차 대전을 배경으로 한다. 1954년 콩쿠르상 수상작인 『레 망다렝』(삼성출판사, 1982)은 2차 대전 직후 프랑스 지식인 사회를 무대로 한다.

이 가운데 '부조리不條理'라는 어휘의 빈도수가 높은 『타인의 피』는 실존주의 소설의 분위기를 보여주는 한편, 1980년대의 한국 사회를 되돌아보게 하는 내용이다. 역사적 배경에서 비교적 자유로운 『위기의 여자』(정우사, 1975)는 우리나라의 불륜 소재 드라마의 원형이라 할 만하다. 문화방송의 미니시리즈 〈위기의 남자〉는 말할 것도 없고, 〈고백〉에도 『위기의 여자』 모티프가 녹아 있다.

6권의 자전적 이야기는 번역에 약간의 문제가 있다. 보부아르의 명성에 기댄 장삿속이 없지 않아서다. 출생부터 스무 살 무렵까지 다룬 책은 문고판으로 나오면서 번역자가 임의로 내용의 일부를 누락시켰고, 이어지는 시기를 다룬 책의 한국어판 중에는 제목을 다소 엉뚱하게 붙인 것(『계약결혼』)도 있다. 이 두 권의 책은 각기 완역판과 제목을 제대로 붙인 책(『나이의 힘』)이 나왔지만 둘 다 장삿속을 앞세운 책들보다 먼저 절판되었다.

『사물의 힘』과 『결국』의 한국어판의 존재 여부는 확인하지 못했고, 『작별의 예식』(두레, 1982)은 절판되었다. 『편안한 죽음』도 자전적 이야기로 분류된다. 보부아르의 저서는 꽤 많이 번역된 편이지만 에세이 중에는 한국어판이 없는 게 있다. 보부아르 산문의 정수라는 철학·정치 에세이가 번역되었으면 한다.

제3자적 시각으로 보부아르의 삶과 사상에 접근한 책들도 있다. 데어드르 베어의 『시몬 드 보부아르』(웅진문화, 1991)는 보부아르와의 인터뷰에 기초한 방대한 분량의 전기다. 이 책은 때를 잘못 만난 책이라고 할 수 있는데 전기·평전류 붐에 힘입어 10여 년 만에 재출간될지는 미지수다. 악셀 매드슨의 『아직도 우리의 사랑은 끝나지 않았다』(문지사, 1992)는 보부아르와 사르트르의 생애를 함께 다룬 책이다.

가라타니 고진의 『윤리 21』(사회평론)에는 "일본의 지식인들이 사르트르를 '죽은 개'라고 하며 바보 취급하는 것은 근본적으로 잘못된 것이다"라는 대목이 있다. 혹시라도 이런 일본의 그릇된 풍조를 그대로 받아들여 우리나라에서도 사르트르와 보부아르를 싸잡아 구시대적 인물로 대접하는 일이 있어선 곤란하겠다.

뒤늦게 보부아르의 책들을 읽으며 느낀 것은 그녀의 생각이 아주 보편적이며 지극히 현재적이라는 점이다. 보부아르의 책들은 낡았다는 느낌이 전혀 안 들었고, 남의 얘기 같지도 않았다.

시몬 드 보부아르의 책

제2의 성 이희영 옮김, 동서문화사, 2009.
제2의 성 변광배 옮김, 살림출판사, 2007.
제2의 성(상·하) 조홍식 옮김, 을유문화사, 1993.
제2의 성(을유세계문학전집 80) 조홍식, 옮김, 을유문화사, 1956.
제2의 성(1-4) 이용호 옮김, 백조출판사, 1964.
제2의 성(하서세계문학 56·57) 강명희 옮김, 하서출판사, 1996.
위기의 여자(개정판) 손장순 옮김, 문예출판사, 1998.(초판 1985)
위기의 여자(을지세계문학선 20) 정희수 옮김, 을지출판사, 1989.
위기의 여자(풍림명작신서 21) 이영조 옮김, 풍림출판사, 1987.
위기의 여자 오증자 옮김, 정우사, 1975.
노년(개정판) 홍상희·박혜영 옮김, 책세상, 2002.(초판 1994)
미국여행기 백선희 옮김, 열림원, 2000.

연애편지1·2 이정순 옮김, 열림원, 1999.

초대받은 여자(하서세계문학 44) 방곤 옮김, 하서출판사, 1992.

초대받은 여자 전성자 옮김, 홍성사, 1978.

초대받은 여자 민희식 옮김, 근역서재, 1978.

나이의 힘 오증자 옮김, 문학세계사, 1991.

계약결혼(3판) 이석봉 옮김, 선영사, 2001.(초판 1978)

계약결혼 이석봉 옮김, 한성미디어, 1995.

계약결혼 이석봉 옮김, 민예사, 1990.

나의 계약결혼 이현성 옮김, 정음사, 1967.

소녀의 고백 이주훈 옮김, 청목사, 1994.

자유로운 여자 이영선 옮김, 산호, 1993.

처녀시절/여자 한창때 이혜윤 옮김, 동서문화사, 2010.

처녀시절 권영진 옮김, 범조사, 1987.

제1악장 이석봉 옮김, 민예사, 1981.

젊은 날의 고뇌 박민경 옮김, 한성미디어, 1995.

젊은 날의 고뇌 박민경 옮김, 민예사, 1991.

젊은 날의 고뇌 정성호 옮김, 문지사, 2002.

모든 인간은 죽는다(한권의책 189·190) 한문희 옮김, 학원사, 1990.

인간은 모두가 죽는다 이영조 옮김, 풍림출판사, 1986.

인간은 모두 죽는다 정병희 옮김, 수문서관, 1979.

죽음의 춤(개정판) 성유보 옮김, 한빛문화사, 2010.

편안한 죽음 함유선 옮김, 아침나라, 2001.

아름다운 죽음 권영자 옮김, 행림출판, 1986.

부드러운 죽음 권영자 옮김, 평민사, 1977.

레 망다렝(삼성판세계현대문학전집 26·27) 송면 옮김, 삼성출판사, 1982.
(삼성판세계문학전집 65·66, 1974)

레 망다렝(오늘의세계문학 7·8) 민중서관, 1969.

타인의 피(3판) 전채린 옮김, 범우사, 1999.(초판 1973)

아름다운 영상 윤태빈 옮김, 문조사, 1991.

고독과 함께 오는 것 이상영 옮김, 문지사, 1984.

아름다운 영상 오증자 옮김, 정우사, 1976.

아름다운 영상 김인환 옮김, 을유문화사, 1973.

여성과 지적 창조 김희정 옮김, 소담출판사, 1991.

사랑과 여행의 긴 초대 정소성 옮김, 명지사, 1987.

세잔- 근대 회화의 아버지 박재삼 옮김, 신구문화사, 1974.

작별의 예식 전성자 옮김, 두레, 1982.

이별의 예식 이상주 옮김, 중앙일보사, 1982.

보봐르에게 남긴 사르트르 최후의 말(작별의 예식 2부) 전성자 옮김, 두레, 1982.

시몬 드 보부아르에 관한 책

시몬 드 보부아르- 보부아르 전기 데어드르 베어 지음, 김석희 옮김, 웅진문화, 1991.

아직도 우리의 사랑은 끝나지 않았다 악셀 매드슨 지음, 박영민 옮김, 문지사, 1992.

실험적 사랑- 사르트르와 보부아르 발터 반 로숨 지음, 양인모·정승화 옮김, 생각의나무, 2003.

30분에 읽는 시몬느 드 보봐르 앨리슨 홀랜드 지음, 양혜경 옮김, 중앙M&B, 2003.

보부아르 보부아르 클로디 몽테유 지음, 서정미 옮김, 실천문학사, 2005.

보부아르와 사르트르 천국에서 지옥까지 헤이젤 로울리 지음, 김선형 옮김, 해냄, 2006.

시몬 드 보부아르, 익숙한 타자 우르술라 티드 지음, 우수진 옮김, 앨피, 2007.

사르트르와 보부아르의 계약결혼 변광배 지음, 살림출판사, 2007.

시몬 베유
Simone Weil
1909-1943

'좌우' 눈치 안 보고 억눌린 자를 옹호하다

'예술은 순수하다'는 믿음은 우리에게 꽤나 끈덕진 편견이어서 하이네, 푸시킨, 밀레 같은 예술가의 진면목이 알려진 지는 얼마 안 된다. 하이네는 마르크스가 애송한 혁명시인이었고, 푸시킨은 사회개혁에 깊은 관심을 보인 문학적 급진주의자였으며, 밀레는 육체노동을 찬양한 '전투적 민중화가'였다. 하지만 이들은 여전히 순수 예술가로 통한다. 책갈피에 새겨진 달콤한 시구와 이발소에 걸렸던 풍경화가 주는 기억이 앞서는 탓이다. 그래선지 1980년대에도 이들은 시대정신에 거의 영향을 미치지 않았다. 김남주 시인의 하이네에 대한 재해석을 제외하고는.

오히려 뜻밖의 인물이 '징발'되어 운동에 복무했다. 시몬 베유가 그 주인공. 『노동일기』(이삭, 1983)를 앞세운 베유의 등장은 의외였다. 1970년대 널리 읽힌 그녀의 이미지는 성녀聖女에 가까웠기 때문이다. 『운명의 시련 속에서』 『사랑과 죽음의 팡세』(문예출판사), 『문명과 자유』(중앙일보사)에는 씩씩한 '운동권 언니'의 모습은 보이지 않는다.

그렇다고 1980년대 들어서 1970년대와 다른 전혀 새로운 베유의 글이 소개된 것은 아니다. 물론 미묘한 변화는 있었다. 하지만 그나마 〈문예중앙〉 1974년 8월호의 별책부록이었던 『문명과 자유』가 『억압과 자유』(일월서각, 1980)로 원래 제목을 찾은 정도다. 시대 상황이 베유의 생각을 다르게 해석할 여지를 만들었을 뿐이라고 보는 게 합당하다. 그리고 그녀의 성격과 외모 또한 1980년대 이곳의 시대정신에 부응했다.

이 볼품없이 생긴 여선생은 수업이 시작되던 첫날 테가 달린 모자를 쓰고 왔는데, 이 모자는 다음 날에는 베레모로 바뀌더니, 곧 아주 자취를 감추게 되었다. 첫날 우리는 이 모자를 쓴 우스꽝스러운 그녀의 모습을 보고 웃지 않을 수 없었다. 그러나 그녀의 강의를 몇 번 듣고 난 뒤에는 아무도 함부로 웃을 수가 없었다.

고등사범학교를 갓 졸업한 신출내기 여선생에 대한 르뿌이 중학교 제자들의 첫인상이다. 외모에는 신경 쓰지 않았던 베유였다. 형편없는 옷을 걸쳤고, 화장도 전혀 하지 않았다. 생활도 단출했다. 어머니가 얻어준 아파트의 화려한 벽지는 컴컴한 단색으로 바꿨고, 가구라곤 책상과 의자와 옷장이 달랑 하나씩에다 책꽂이 몇 개가 전부였다.

베유는 생전에 책을 펴내지 않았다. 구스타브 티봉을 비롯한 주변 사람들이 그녀가 남긴 기고문과 노트를 토대로 사후에 출간한 것이다. 더구나 국내 번역서는 그렇게 편집된 책들을 재편집한 경우가 많다. 『노동일기』도 그렇다. 이 책은 『노동 조건La condition ouvrière』 『뿌리 내리는 일L'Enracinement』 『억압과 자유Oppression et Libertbé』 등에서 노동에 관한 내용을 발췌한 것이다.

자기가 만들고 있는 물건이 어디에 쓰이는지도 전혀 모르는 채 일을 하게 되면 전혀 기운이 나지 않는다. 어떤 제품이 자기가 기울인 노력의 결과라는 생각이 들지 않는 것이다. 또 제품의 숫자도 전혀 알지 못하며, 노동과 임금 간의 관계도 생각할 수 없다. 일거리 임금도 제멋대로이다.

몸소 느낀 '노동소외'를 기록한 대목이다. 베유는 우리식으로 말하면 이른바 '위장취업자'였다. 하지만 『노동일기』에는 이런 감회보다는 그날그날의 작업 실적을 시시콜콜히 기록한 것이 더 많다. 이 점은 비슷한 시기에 출간된 노동자의 수기와 비교된다. 송효순의 『서울로 가는 길』(형성사, 1982)과 다까이 토시의 『나의 여공애사』(백산서당, 1984)는 다분히 '의식의 각성'에 초점을 맞추고 있다. 베유의 강의록인 『철학교실』(중원문화, 1990)은 그녀의 제자가 펴낸 것이다.

1980년대 초 새로운 얼굴로 우리 앞에 나타났던 베유는 80년대 후반 본래의 모습을 되찾는다. 이런 현상은 소시민 계층의 대학생들이 '존재 이전'을 감행해 노동현장에 뛰어들었다가 하나 둘 원래 위치로 되돌아오는 시점과 맥을 같이한다. 다시 베유의 글은 젊은 직장여성을 위한 에세이류에 편입된다. 톨스토이, 헤세, 루이제 린저 등과 어깨를 나란히 하며.

하지만 『하늘과 땅의 침묵』(자유문학사, 1987), 『고독과 상실의 뜰을 지나』(안암문화사, 1988), 『그대 괴로움이 다시 나를 울릴 때까지』(오상출판사, 1989), 『생각하는 젊은 여성에게 보내는 편지』(배재서관, 1989) 등이 이전의 인기를 되찾지는 못했다. 여기에는 크게 두 가지 원인이 있어 보인다.

우선 책들이 졸속 제작된 점을 들 수 있다. 다른 작가의 글과 함께 산문선집의 형태를 취한 것은 '짜깁기'의 혐의가 짙다. 일부는 '일본판' 베유선집을 그대로 옮겼다. 두 번째는 그녀의 불편부당한 자세를 들 수 있다. 베유는 좌파와 우파 모두에 엄격한 비판자의 자세를 견지했다. 베유는 사악과 탐욕 또는 현대사회의 폭력에 의해 억압받는 사람들을 옹호했다. 때문에 양측으로부터 호감을 얻지 못했다. 이를 두고 T.S. 엘리엇은 다음과 같이 표현했다.

그녀는 보수주의자라고 자칭하는 대부분의 사람들보다 훨씬 더 성실하게 계급제를 사랑하고, 동시에 사회주의라고 자칭하는 대부분의 사람들보다 훨씬 더 진지하게 민중을 사랑했다.

베유의 스승인 철학자 알랭(『행복론』 등의 저자)은 그녀의 행동이 "유용하기보다는 차라리 아름답다"고 말했다. 누구의 입에서 나온 말인지는 모르나, 베유의 글보다는 그의 생애가 더욱 시적이라는 주장도 있다. 무명씨의 주장은 서점에서 진실임이 쉽게 판가름난다. 『시몬느 베이유 불꽃의 여자』(까치, 1978)는 서점의 서가에 버젓이 꽂힌 거의 유일한 베이유 관련서다. (1999년 또 하나의 불꽃이 선보이기는 했다. '불꽃의 여자 시몬느 베이유의 사색'의 시리즈로 재출간된 『중력과 은총』이 그것이다.) 4반세기 가까이 스테디셀러의 지위를 누리는 이 책은 베유의 전기다.

이 책은 34년의 길지 않은 생애 동안 지식인에서 공장노동자로, 다시 스페인 내전의 전사로 변신을 거듭한 그녀의 인생역정을 곡진하게 그렸다. 그녀의 친구인 시몬느 뻬르트망이 쓴 이 책은 시몬 베이유를 부활시켰다는 평을 듣는 역작이다. 실증적인 자료를 대거 인용한 것이 부활의 견인차. 하지만 번역서는 원래의 방대한 분량을 부득이하게 간추렸다. 기회가 닿는 대로 완역을 시도하겠다는 옮긴이의 약조는 아직 지켜지지 않고 있다.

베유의 전기 이외에도 그녀의 목소리를 들을 기회는 있다. 이따금 인용되는 그녀의 아포리즘을 통해서. 1.인류 전반의 보편적 정황이 현재와 같은 이상 배부르게 먹는다는 것은 언제든지 사기다. 2.지배는 더럽히는 것이다, 소유는 더럽히는 것이다. 3.악의 원인에 대해서는 너무 작게, 그와 상관없는 상황에 대해서는 너무 크

게 변화시키고자 한다.

［시몬 베유의 책］

불꽃의 여자 시몬느 베이유의 사색 1- 중력과 은총 윤진 옮김, 사회평론, 1999.
중력과 은총 윤진 옮김, 한불문화출판, 1988.
내 영혼 다 태워서 정소림 옮김, 청조사, 1999.
누군가를 사랑한다는 것은 오늘의책, 1997.
행복한 사람에게 사랑이란 실의에 빠져있는 이의 괴로움을 나누어 갖는 것입니다 이성훈 옮김, 오늘의 책, 1992.
신을 기다리며 설영환 옮김, 지문사, 1984.
신을 기다리며 안재웅 옮김, 대한기독교서회, 1978.
사랑하고 싶거든 손중동 옮김, 오늘의책, 1990.
철학교실 앙느 레노 엮음, 임해림 옮김, 중원문화, 1990.
고독과 상실의 뜰을 지나 백영현 편역, 안암문화사, 1988.
여기 존재의 이유가 정성환 옮김, 지문사, 1988.
하늘과 땅의 침묵 김진욱 옮김, 자유문학사, 1987.
노동일기 이재형 옮김, 이삭, 1983.
억압과 자유 곽선숙 옮김, 일월서각, 1980.
문명과 자유 중앙일보사, 1974.
사랑과 죽음의 팡세 민희식 옮김, 문예출판사, 1972.
운명의 시련 속에서 민희식 옮김, 문예출판사, 1972.

［시몬 베유에 관한 책］

아이리스 머독 소설에 나타난 타자읽기에 관한 연구- 시몬느 베이유의 철학 사상을 중심으로 이혜리 지음, 한국학술정보, 2009.
시몬느 베이유 에릭 스프링스티드 지음, 권은정 옮김, 분도출판사, 2008.
시몬느 베이유 철학교실 앙느 레노 엮음, 황세연 옮김, 중원문화, 2006.
시몬느 베이유, 이 겨울에 당신 가슴에서 불타는 여자 조르쥬 우르뎅 지음, 김정숙 옮김, 삼신각, 1991.
시몬느 베이유 불꽃의 여자 시몬느 뻬트르망 지음, 강경화 옮김, 까치, 1978.
불타는 지성- 시몬느 베이유傳 임중빈 편저, 인물연구소, 1978.

신숙옥
辛淑玉
1959-

"내게 애국심은 없다. 국가를 사랑하기보다 사람을 사랑하고 싶다"

결혼을 고비로 극장 출입이 뜸한 편이다. 개봉영화를 1년에 한 편 볼까말까 하던 것이 그나마 최근에는 두

편으로 늘었다. 주로 명절 연휴에 형님, 조카 녀석과 함께 극장을 찾는다. 2004년 추석 때 장이모우 감독의 〈연인〉과 우리영화 〈슈퍼스타 감사용〉을 보았고, 2005년 섣달그믐엔 임상수 감독의 〈그때 그 사람들〉을 보았다.

지난해와 올해는 섣달그믐의 가족 '단체관람'에다 혼자서 부러 예술영화 전용관을 찾아가 관람한 작품이 한 편씩 있다. 켄 로치의 〈보리밭을 흔드는 바람〉과 김명준 감독이 만든 다큐멘터리 영화 〈우리학교〉가 그것이다. 작년 설에 '단체관람'한 〈왕의 남자〉는 내가 본 영화 가운데 최대 흥행작이다. 형님 댁 인근의 복합 영화상영관에 가서야 올해의 '단체관람' 영화로 결정된 〈록키 발보아〉는 기대 이상이었다.

〈우리학교〉

다큐 영화 〈우리학교〉는 내 기대치와 상상을 훨씬 웃돌았다. 일본 '혹가이도 조선초중고급학교'의 1년 5개월을 필름에 담은 〈우리학교〉는 인간미 넘치는 건강한 영화다. 나는 학교 자체에 심한 거부감이 있지만, 이런 학교라면 한번 다녀볼 만도 하다는 생각이 든다. 또 그런 선생님들께 배워보고도 싶다. 무엇보다 나는 〈우리학교〉를 통해 내 정서가 '조선인'의 그것임을 깨닫고, '재일조선인'을 다른 눈으로 보게 되었다.

스무 명 남짓한 사람이 들어와 70여 명을 수용하는 객석의 점유율도 생각보다 약간 높았다. 내 좌석은 아주머니들 사이에 긴 자리다. 왼편에 앉은 나보다 약간 나이가 들어 보이는 분은 연신 손을 눈자위로 가져간다. 그보다 더 나이 들어 보이는 오른편의 두 분 중 한 분은 신호음을 꺼놓지 않은 휴대전화를 받기에 바쁘다. 나는 왼편에 앉은 분보다는 덜해도 역시 눈시울이 뜨거워진다.

군복무시절 첫 휴가 때에 특이한 경험을 했다. 부대가 있는 강원도 철원에서 버스 타고 오는 동안은 별다른 느낌이 없었다. 좀더 집에 빨리 가고 싶어 의정부에서 내려 수도권 1호선 전철을 갈아탔는데, 전동차 안은 반년 전과는 완전히 다른 별세계다. 사람들이 다 잘나 보이고, 아주 낯설다. 목적지인 부평역까지 말이다.

이번에도 그런 느낌이 들었다. 영화관 밖으로 나오자 거리를 다니는 사람들이 잠시나마 이상하게 다가왔다. 〈우리학교〉의 감동을 주체하지 못하여 인터넷 사이트를 뒤적이다 이 영화에 대한 부정적인 감상평을 읽고 기분이 상하기도 했다. 그 감상평은 '무섭다'를 되뇌는데, 나는 뭐가 무서운지 이해할 수 없었다.

〈우리학교〉에서 내가 아쉬웠던 장면은 남북통일에 관한 두 개의 에피소드 정도다. 이 깃발 아래 통일이 되면 좋겠다며 운동회 준비를 하는 고3 남학생의 목소리 뒤로, 나는 한반도기가 나올 것으로 예상했다. 하지만 그 다음 장면은 '인공기'가 만국기 줄에 달려 나부꼈다. 태극기든, '인공기'든, 한반도기든 어떤 특정한 깃발 아래 뭉치는 것은 옳지 않다.

어느 선생님이 학생들에게 힘주어 말하는 통일이 필요한 까닭 또한 마찬가지다. 하나로 합치면 강해질 것이기에 통일해야 한다는 주장은 부적절하다. 위험하기까지 하다. 〈우리학교〉에서 무섭다기보다는 몹시 불쾌한 장면이 딱 하나 있다. '혹가이도 조선초중고급학교'에 걸려온 덜 떨어진 일본인의 협박전화다. 그들은 병적인 목소리로 지랄염병을 떨었다.

'진짜' 경계인

이제 내가 〈우리학교〉에서 받은 감동에 치우침은 없는지 살필 순서다. 신숙옥은 '자이니치在日'다. 재일동포 3세 인권운동가인 그는 '진짜' 경계인이며 마이너리티다. 몇 년 전 한국방송의 〈한민족 리포트〉라는 프로그램에 비친 그는 강한 모습이었다. 특히, 거침없는 언행이 인상적이었다.

신숙옥은 일본의 보수진영에 당당히 맞서는 논객이

다. 2007년 4월 치러진 일본 지방선거에서 도쿄도지사 3선 연임에 성공한 '보수 꼴통' 정치인 이시하라 신타로와 '맞장'을 뜰 수 있는 몇 안 되는 인물 가운데 한 사람이라고 한다. 신숙옥은 학창시절부터 한반도와 일본열도의 경계에 있었다. 조선인 민족학교에서는 '왕따'였고, 일본학교는 그를 받아들이려 하지 않았다.

신숙옥은 '자이니치' 지식인 서경식과 여러모로 대조를 이룬다. 우선, 성별이 다르다. '가방끈'이 짧고 길다. 두 사람의 가족은 남과 북에서 커다란 희생을 치른다. 서경식은 서울대에 유학 온 두 형이 간첩으로 몰려 20년 가까이 감옥을 살았다. 신숙옥은 북송을 '자원한' 혈육 ―외할아버지, 외삼촌 둘, 외사촌― 이 모두 북녘에서 숨을 거뒀다.

지금까지 번역된 신숙옥의 책은 네 권이고, 두 장르로 나눌 수 있다. 일본 사회와 재일동포사회를 비판하는 책과 실용성이 짙은 책이다. 네 권 가운데 두 권은 절판되거나 품절돼 책을 구하기 어렵지만, 리뷰 하는 데 크게 문제될 것은 없다. 사회비판서와 실용서가 각기 하나씩 살아 있어서다.(2008년 4월, 한국어판이 출간된 『악인惡人 예찬』은 사회비판서로 볼 수 있다.)

『재일조선인의 가슴속』은 재일조선인 1세 소설가 김석범의 표현을 빌리면, "재일조선인 문제에 대한 논論집일뿐만 아니라 문학적 향기가 풍기는 잠언箴言집"이다. 신숙옥이 누군가에게 들은 말에 대해 코멘트 하는 형식이다. 이 책은 절판되어 손에 넣기 어렵다. 중간 제목 두 개에다 책 내용 일부를 인용한다.

나를 황당하게 하는 말들, 화나게 하는 말들

"일본어 아주 잘 하시네요."(여기저기서)

나보다 어린 사람한테 이런 소리를 들으면 종종 '당신보다 오래 일본에 살았으니까'라고 생각하곤 한다.

"어차피 결혼한다면 미인이 좋은 게 당연하지"(한국

주재 일본기업에 근무하는 한국인)

한국에서는 성형수술에 대한 심리적 저항감이 일본보다 작다. 대학에 들어가면 쌍꺼풀 수술을 한다고 한다. 이에 대한 남성들의 의견을 물어봤을 때 나온 말. '왜 그런 질문을 하지?'하는 투였다.

"돌아가라!"(여기저기서)

어디로? 태어난 곳으로요? 그렇다면 도쿄 시부야인데. 조선인은 조상의 땅, 조선으로 돌아가라는 말씀이신가요? 그렇다면 당신도 조상의 땅으로 돌아가 주시죠.

"한국말 어디서 배웠어요?"(여기저기서)

한번은 '조선학교'에서 배웠다고 했더니, 바로 눈앞에서 상대방 안색이 싹 변하더니 이후 연락이 두절된 적도 있었다. 그런 사람들이 한두 명이 아니다. 셀 수 없을 정도로 많았다. 이런 사람일수록 또 한국어를 못하는 재일조선인을 바보 취급한다.

"당신은 제대로 공부한 사람이 아니지요?" "당신은 체계적으로 공부한 적이 없지요?"(동포 지식인들)

예, 그렇습니다. 인생 대부분을 끼니를 위해 일했습니다. 체험 이외에는 아무것도 없습니다. 부디 선생님들과 같이 체계적으로 제대로 공부하신 분들이 적극적으로 발언해주시길 간절히 부탁드립니다. 이렇게 나약하고 배운 것 없는 사람이 목소리 드높이지 않아도 되는 그런 사회를 만들어 주시길 진심으로 바라마지 않습니다.

조선학교와 일본학교

그동안 한국은 재일동포 자제들의 교육에 관심을 두기는커녕, 오히려 재일동포를 간첩 취급하고 탄압의 대상으로 보았다. 반대로, 북은 재일동포 아이들의 교육에 열의를 다했다. 그 결과 일본 사회의 차별과 억압 속에 놓여 있던 조선학교의 교육은 자연스럽게 북조선 쪽에 치우쳐갔다. 이런 이유로 예전의 조선학교는, 지금의 조선학교에서는 상상할 수 없을 정도의 '김일성 원수' 일색의 교육이 이루어졌다.

"백전백승의 강철의 영도자이며, 국제공산주의운동과 노동운동의 탁월한 지도자이며, 4천만 조선인민의 위대한 수령…"(조선초급학교에 입학한 후 가장 먼저 암기해야 했던 문장)

맨 뒤에 김일성 원수님이 붙는다. 모든 문장에 이 이상의 형용사가 없으면 탈락되었다.

내가 조선학교로 전입했을 즈음에는 불행히도 총련 내부에서 파벌싸움이 일어났다. 그 풍파는 학교까지 덮쳐 배움의 터까지 폭력이 동반되기도 하였다. 이 사건은 지금도 조선인들에게 있어 기억하기 싫을 만큼의 상처를 남겼다. 그리고 나는 당시의 폭력적인 체벌에 견디지 못해 전입한 지 5년 만에 도망치듯 학교를 나오고 말았다.

"6시간 걸려 그릴 것을 2시간 만에 그리고 게다가 3배는 훌륭하다"(중학교 미술 선생님)

조선학교에서는 빵점이었던 미술 성적이 눈 깜짝할 사이에 1등으로 올랐다. 천국과 지옥은 종이 한 장 차이. 절망은 희망으로 바뀌는 것이라고 실감했다.

"선생님도 노동자라구"(고등학교 수학 선생님)

잘 모르는 것이 있을 때면 가끔 쉬는 시간에 질문하러 갔다. 그때 교사가 한 말. 쉬는 시간에 학생이 질문하러 오는 것은 노동자의 권리를 빼앗는다는 말이었다. 그 과목은 항상 1등을 했었는데 1년이 지나면서 5단계 중 3급으로 떨어졌다. 학교는 인간관계가 중요하다.

동포의 피땀과 눈물이 서린 민족학교

『자이니치, 당신은 어느 쪽이냐는 물음에 대하여』는 그의 가족사를 다룬 자전적 에세이다. 하여 학교생활을 돌아본 대목은 『재일조선인의 가슴속』과 일부 내용이 겹친다. 조선 총련이 주도한 재일조선인 북송사업의 실태와 탈북 난민을 취재한 중국 현지르포도 실려 있다.

신숙옥은 민족학교의 역사가 동포의 피와 땀과 눈물로 점철돼 왔다고 말한다. "1957년 이후부터 북한에서 교육원조비와 장학금을 보내왔다고 하지만, 실제 비용은 재일동포 한 사람 한 사람이 학교건설을 위해 사재를 털어서, 각자 가져올 수 있는 것은 모두 가져오고, 돈이 있는 사람은 돈을, 지식이 있는 사람은 지식을, 체력이 있는 사람은 몸으로라도 때우는 식으로 교육을 뒷받침하고 있었다. 결과적으로 그들 이름 없는 동포의 희생 위에 조직이 군림한 셈이다."

신숙옥이 겪은 조선학교의 실상은 충격적이다. 굳이 학생을 그리 심하게 다룰 필요가 있었나 모르겠다고 하면서도, 지역에 따라 조선학교의 상황과 양상은 많이 달랐다고 말한다. "세대에 따라서도 다르고, 정치도시 도쿄 안에서 일어난 폭풍과 지방에서 일어난 폭풍이라는 면에서도 달랐으며, 현재와 당시의 교육 내용 또한 전혀 다르다는 점도 덧붙여두고 싶다. 지금은 초상화는 걸지 않는다고 들었다."

『자이니치, 당신은 어느 쪽이냐는 물음에 대하여』의 한국어판에 부치는 신숙옥 글의 맺음이 낯설다. "끝으로 나는 이 책의 출판에 따르는 한국에서의 모든 비난을 나 개인으로서 받아들이고자 한다." 이건 기우다, 군걱정이다. 책을 비판적으로 읽어야 마땅하나, 적어도 우리는 그를 함부로 비난할 수 없다. 그가 일본인 의사에게 몹쓸 짓을 당한 여자 아이였다는 사실만으로도. 그리고 비난거리도 잘 안 보인다.

하룻밤 동안 화를 삭여라

『화내는 법』은 여느 화풀이 실용서와 다르다. 아주 솔직하다. 프롤로그 격의 1장에선 예의 그의 강함이 느껴진다. 남북이 다 마땅치 않다. "가스실 없는 대학살. 그것이 북조선의 실상이었다." 남한을 보는 눈길도 싸늘하다. 돈을 많이 기부한 순서대로 여권을 발급받을 수 있었기에 "가난한 사람들은 항상 뒤로 밀릴 수밖에 없었다."

서론의 분위기는 강하지만, 본론으로 들어가는 2장부터는 유연성을 보인다. 신숙옥은 몹시 화가 나더라도 그것을 바로 표출하지 말라고 조언한다. 분노를 하룻밤 삭인 다음, 행동으로 옮기라고 충고한다. 화를 내는 효과적인 방법으로는 간단명료하고 직설적인 표현, 반복, 상대방 직시하기와 목표 정하기 등을 제시한다.

이러한 테크닉은 화를 내는 목적과 관련이 깊다. 그것은 인연을 끊기 위해서가 아니라 인간관계의 회복을 위함이다. 따라서 "자신의 분노를 제대로 표현할 줄 아는 사람은, 남이 나에게 화를 내도 이해하고 받아들일 수 있다." 그런데 "다른 사람이 화내지 못하게 막으려는 사람에는 세 부류가 있다." 이를 신숙옥은 교훈과 함께 제시한다.

1. 화를 내게 만든 원인제공자다. 정치인 같은 힘센 사람들이 여기에 속한다. "교훈 1_차별하고 때리는 사람일수록 도리를 앞세운다."
2. 일반대중이다. 배출구를 찾는 대중의 분노는 권력에 의해 방치되거나 소수자의 정당한 권리 요구를 묵살하는 입마개로 이용당한다. "교훈 2_목소리를 내면 무지한 대중이 적으로 변한다."
3. 휘말려 들고 싶지 않은 사람들이 있다. 이들 중엔 응원단이나 지원자인 척하는 사람들이 많다. "교훈 3_'힘내세요'는 불똥 튀는 것을 피하려는 보험 아닐까?"

'화를 피하는 방법' 세 가지도 흥미롭다. 첫째, 삼십육계 줄행랑이다. 상대가 이유 없이 화를 낼 적에는 그 자리를 피하는 게 상책. 둘째, 큰 소리로 맞대응하기다. 용기가 있어야 하고, 위험부담이 따르는 방법이다. 셋째, 같은 말을 반복하기다. 그런 다음, 상대가 잠시 정신 차린 틈을 타 자신의 감정을 전달하고는 잽싸게 자리를 뜬다.

사회적 분노의 표출을 다룬 6장에 이르면 신숙옥은 한결 유연해진다. "'우'냐 '좌'냐 하는 과거의 틀로 사람을 판단하지 않는다." 하지만 쌈박한 이벤트와 언론 플레이에 치우친 운동방식이나 언론보도를 잣대로 대중운동의 성패를 가늠하려는 태도는 좀 아쉽다. "'화내는 것'은 인간성의 발로"다. 사람이 불완전하다는 증거다. 완벽한 사회는 존재하지 않는다.

자이니치가 뭘 어쨌기에

예스24 콘텐츠가 보여주는 『유쾌하지 못한 남자들』의 차례는 책 내용을 어느 정도 짐작하게 한다. 남자의 논리는 언제나 독선적이며, 그의 무신경함은 여자에게 민폐를 끼친다. 몸은 어른이나 정신연령은 어린 아이 수준이고, 차별을 차별이라고 생각하지도 못한다. 게다가 자신은 잘못한 게 없다는 엄청난 착각 속에 빠져 있다.

신숙옥은 일본인의 어리석은 사고와 행동도 예리하게 간파한다. 『자이니치, 당신은 어느 쪽이냐는 물음에 대하여』의 후미에서 그는 이런 질문을 던진다. "왜 일본인은 북한과 관련 있는 문제만 나오면 냉정함을 잃는 것일까?" 이를 그는 심각한 공황장애 때문이라고 진단한다. 그가 보는, 일본인에게 공황장애를 일으키는 요인은 크게 두 가지다. "하나는 식민지 정책에 의해 주입된 조선인에 대한 차별의식이다. 그 차별의식에서 자유롭지 못한 까닭에 공포심을 스스로 만들어내고 있다. '언젠가 당한다.' 그 공포심이 공황 상태를 만든다."

다른 하나는 북한체제가 일본인이 자신의 마음 한 구석에 밀쳐둔 추한 과거를 상기시켜서다. "인간은 보고 싶어 하지 않는 것을 보게 했을 때 공황 상태에 빠진다. 차별의식과 표리관계에 있는 공포와 가장 보고 싶지 않은 부분이 이보란 듯이 눈앞에 나타났을 때의 혐오감. 이 두 가지가 겹쳐, 상대를 공격한다." 이어지는 신숙옥의 물음. "자이니치가 뭘 어쨌단 말인가?" 목소리를 내고 싶다면 가해자를 상대로 하는 게 옳다는 얘기다. "너, 그런 짓 하지 마!"라고. 또한 눈을 부릅뜨고 현실을 직시하길 바란다. 우리가 당장 해야 할 일은 국가범죄를 규탄하는 일이다. "지금 살아나가고 있는 우리는 많은 사람의 피와 눈물로 뒤덮인 인생을 발판삼아 그 위를 딛고 서 있다. 그렇다면 거기까지 오르지 못한 사람들을 위해 무엇을 할 수 있을지를 생각하고 행동해야 하는 것이 아닐까."

재일동포사회의 버팀목

마침, 서울방송이 방영한 '도쿄 조선 제2초급학교' 밀착취재기(「도쿄, 제2학교의 봄」, 〈SBS스페셜〉, 2007. 4. 29, 밤 11시 5분-12시 5분)를 보았다. 이시하라 신타로가 도지사로 있는 도쿄도 정부와 학교 운동장 반환소송을 다룬 이 프로그램에 나오는 '우리학교'는 규모가 작고 학교건물도 낡았다. 교실에는 초상화가 걸려 있었다. 하지만 이런 것들은 문제될 게 없었다. 도쿄의 '우리학교' 역시 홋카이도의 '우리학교'처럼 우애와 사랑이 가득하다. 또한 '우리학교'는 재일동포사회의 버팀목이라는 사실을 확인시켜주었다.

신숙옥에겐 조선 민족학교에서의 좋은 기억이 단 하나도 없다. 그의 남동생은 민족학교 교사들에게 초죽음이 되도록 얻어맞기도 했다. 그런데도 그는 재일조선인이 민족교육을 받을 권리를 옹호한다. 신숙옥이 생각하는 민족교육의 내용은 이렇다.

"자이니치에게 있어서 진정한 민족교육이란 자이니치의 역사를 배우는 것 외에는 없다고 본다. 우리의 아버지와 어머니, 할머니, 할아버지가 어떤 삶을 살았는지, 그것을 배우는 일부터 시작해야 마땅하다. 뿐만 아니라 자이니치의 민족교육이 일본의 공교육 속에서도 보장되어야 한다."

이러한 관점은 졸업식에서 '우리학교'는 동포 1세와 2세가 터를 일구고, 부모님과 선배들이 다녀갔으며, 졸업생 여러분이 힘들고 지칠 때면 언제든 찾아올 수 있는 영원한 모교라고 울먹이는 '홋가이도 조선초중고급학교' 고급반 담임 박대우 선생님의 생각과 일치한다.

신숙옥의 책

악인 예찬 서금석 옮김, 푸른길, 2008.
자이니치, 당신은 어느 쪽이냐는 물음에 대하여 강혜정 옮김, 뿌리와이파리, 2006.
화내는 법 서금석 옮김, 푸른길, 2005.
재일조선인의 가슴속 배지원 옮김, 십년후, 2003.
유쾌하지 못한 남자들 최윤희 옮김, 투영미디어, 2003.

아도르노

아룬다티 로이

아르놀트 하우저

아리엘 도르프만

아베 피에르

아지즈 네신

아툴 가완디

안드레이 타르코프스키

안토니오 그람시

알랭 드 보통

알베르토 망구엘

앙드레 고르

애너 퀸들런

앤 패디먼

앨런 와이즈먼

앰브로스 비어스

야마오 산세이

안 마텔

어니스트 섀클턴

에두아르도 갈레아노

에두아르트 푹스

에드거 스노

에드워드 사이드

에드워드 윌슨

에라스무스

에르빈 슈뢰딩거

에른스트 블로흐

에른스트 프리츠 슈마허

에리히 케스트너

에릭 호퍼

에릭 홉스봄

에밀 시오랑

A.C. 그레일링

엘리아스 카네티

올리버 색스

와다 하루키

요네하라 마리

요제프 바이첸바움

우석훈

울리히 벡

움베르토 에코

웬델 베리

윌리엄 모리스

윌리엄 파운드스톤

이냐시오 라모네

이매뉴얼 월러스틴

이반 일리히

이사벨라 버드 비숍

이사야 벌린

E.H. 곰브리치

아도르노
Theodor Wiesengrund Adorno
1903-1969

"유토피아는 주체의
희생자 없는 비동일성이다"

테오도어 비젠그룬트 아도르노에 대한 리뷰를 시작하는 마음은 난감함 그 자체다. 철학과 음악을 넘나든 그의 활동영역을 어디서부터 파고들어야 하는가도 문제지만 좀더 근본적인 문제가 있다. 체계를 거부하고 개념정의와 요약정리를 극도로 기피한 아도르노에 대해 과연 무엇을 말할 수 있을까? 게다가 그는 글쓰기에서 접속사의 사용도 꺼렸다고 하니, 접속사를 빈번하게 쓰는 필자로서는 주눅이 들지 않을 수 없다.

하지만 하늘이 무너져도 솟아날 구멍은 있고, 궁하면 통하는 법. 아도르노는 '해석'을 용인함으로써 자신에 대한 리뷰의 길을 터놓았다. 『아도르노』(한길사, 1997)를 쓴 하르트무트 샤이블레는 아도르노가 과학의 문제가 '탐구'라면, 철학의 과제는 '해석'이라는 입장을 분명히 했다고 지적한다. 이 평전은 아도르노의 해석에 관한 생각을 인용하고 있기도 하다.

"진정한 철학적 해석은 질문 뒤에 이미 존재하고 있는 불변의 의미를 밝혀내려는 것이 아니다. 다만 질문 자체를 한 순간 강렬하게 작열시켜 환히 드러나게 한 다음 재로 화하게 만드는 것이다."

그러면 아도르노에 대한 해석에 기대어 리뷰의 실마리를 풀어보기로 하자. 이런 시도가 가능한 것은 국내 학자들의 아도르노 연구서가 적잖이 출간된 덕분이다. 이 책들에 나타난 국내 학자들의 연구태도는 사뭇 진지하고, 아도르노 해석을 위한 다양한 접근방식과 시각이 돋보인다. 다양한 분야를 섭렵한 아도르노 연구는 학제간 연구가 필수적인데 노명우의 『계몽의 변증법을 넘어서— 아도르노와 쇤베르크』(문학과지성사, 2002)는 사회학이 음악학을 포용하는 전략을 취한다.

이 책은 아도르노의 음악적 저작에 대한 고찰을 통해 사회학자에게 아도르노의 개인적 취향이 발휘된 것으로 여겨져 연구의 사각지대에 놓인 아도르노의 음악적 저작의 복권을 꾀한다. 또한 이 책은 "아도르노의 쇤베르크 해석에 내재해 있는 그의 사회 이론적 비판점들, 즉 계몽의 변증법의 경향에 대립하는 계기들을 추적"한다는 의도를 담고 있다.

이러한 기획은 아도르노의 저서들이 서로 긴밀히 연결돼 있다는 저자의 판단에 따른 것이다. 『계몽의 변증법』과 『신음악의 철학』은 상호보완관계에 있을 뿐더러 아도르노의 "초기 저작들은 『계몽의 변증법』과 『미학 이론』을 해독하기 위한 숨겨진 텍스트이다." 그러면서 저자는 다음과 같은 아도르노 독서법을 제시한다.

아도르노가 철학의 새로운 과제로 설정한 것, 즉 "형상들과 이미지의 구도構圖의 힘을 빌려 서로 고립된 현실의 요소들에게 문제를 제기하면서 의도 없는 현실을 해석하는 것"은 아도르노의 저작을 독해하는 데에도 적용되어야 한다. 우리는 그의 저작에 나타난 철학적 문제들을 역사 내적인 구체적인 복합체에 집중하면서 읽어야 한다.

민형원은 〈창작과비평〉에 기고한 『계몽의 변증법을 넘어서』에 대한 서평(「무조의 음악」, 2002년 겨울호)에서 저자가 "아도르노에 대한 깊은 이해와 애정을 바탕으로 아도르노의 다종다기한 영역에 걸친 착종되고 난해한 사고를 치밀하게 재구성해내고 있다"고 칭찬하면서도 "현재의 관점에서 아도르노의 이론이 노정하고 있는 한계(를) 비판적으로 다루"지 못한 점에 진한 아쉬움을 피력한다.

하지만 이 책은 서평자의 표현대로 아도르노의 사고

를 "내재적으로 충실히 재구성"한 것에 큰 의미와 가치가 있다. 이 책에 사용된 섬세하고 명징한 언어는 학술 서적을 심미적인 차원에까지 이르게 한다. 머리말에서부터 그런 점은 여실히 나타난다.

'20세기 음악미학 이론'이라는 부제가 붙은 홍정수·오희숙의 『아도르노 달하우스 크나이프 다누저』(심설당, 2002)는 20세기의 중요한 음악이론가 네 사람의 이론세계를 다룬 책이다. 이 책의 아도르노 편은 『계몽의 변증법을 넘어서』와는 달리, 음악을 중심에 놓고 아도르노 저작의 철학적 측면을 살폈다고 할 수 있는데, 약간 덜 다듬어진 문장이 독서의 흐름을 방해한다.

문병호의 『아도르노의 사회 이론과 예술 이론』(문학과 지성사, 1993)은 저자의 박사학위논문으로 아도르노 사상세계의 전체상을 보여준다. 아도르노를 "현대 예술에 관한 이론적 정립과 더불어 예술 이론과 다른 분과와의 공동 작업 가능성을 본격적으로 시사한 이론가"로 보는 저자는 아도르노의 핵심 개념을 독자들이 이해하기 쉽게 전달하려고 노력하고 있다.

특히, 제2장에서는 '동일화 사고'를 설명하고 있는데 내용 파악이 쉽지만은 않다. 저자는 동일화 사고란 "제각기 동일하지 않는 것을 동일하게 해버리는 것"이라는 아도르노의 진술을 인용하며, 그런 사고가 "'개별적인 특수한 것'을 '일반적인 것의 강제적 틀'에 들어가도록 몰아붙이며, 이렇게 함으로써 개별적인 것이 개별적인 것으로 존재하게 되는 동질성을 무효화시킨다"고 부연한다. 아무래도 아도르노가 생전에 텔레비전 인터뷰에서 제시한 독법대로 한 번 읽고 생각하고, 이를 다시 거듭하는 것이 아도르노의 저서나 그것에 대한 해석을 이해하는 지름길이 아닌가 한다.

김우동의 『아도르노와 현대 사상』(문학과지성사, 1997)은 문고판이지만 내용은 역시 만만찮은 책이다. 원체 난해하기로 소문난 아도르노의 인식틀을 근거로 베냐민, 하버마스, 루카치 같은 독일어권 현대 사상들을 살

피고 있어서다. 아도르노를 "이성·합리성·역사 진보에의 믿음 등에 기초한 '모더니티'를 비판하고 반성하는 '넓은 의미의 포스트모더니즘'의 대표적이고 선구적인 이론가로 간주"하는 저자는 아도르노 연구서인 『아도르노 사상』(문예출판사, 1993)을 펴낸 바 있다.

국내 학자의 아도르노 해석에 비하면 번역된 두 권의 『아도르노』는 문턱이 낮다고 할 수 있다. 마틴 제이의 『아도르노』(시공사, 2000)는 '프랑크푸르트학파' 전문가가 쓴 사상적 전기로 아도르노의 사상적 생애를 간명하게 그렸다. 마틴 제이는 아도르노가 이런 종류의 책에 대해 기겁을 할 것이라고 단언한다. 진정한 철학은 알기 쉽게 말하는 것에 저항하는 사유의 양식이라 주장하곤 했던 아도르노로서는 자신의 사상을 많은 독자들에게 고통스럽지 않게 전달하려는 시도가 달갑지 않을 것이기 때문이다.

평전으로 분류할 수 있는, 앞서 언급한 샤이블레의 『아도르노』 또한 사상적 전기의 색채가 짙다. 후설, 베냐민, 루카치, 브레히트 같은 동시대 사상가의 핵심 사상을 기술한 이 책은 간추린 20세기 전반 독일 사상사로 읽히기도 한다. 또한 이 책은 아도르노의 성품을 알려주는데 그는 비판과 조롱을 감지하는 능력이 대단히 부족했고, 집단적인 것에 대해서는 극도로 비판적인 태도를 견지했다.

아도르노는 프랑크푸르트학파의 제1세대에 속하는 사상가다. 우리는 이 학파의 구성원들을 '비판이론'이라는 틀 안에 가두는 경향이 있으나, 이 학파에 속한 사상가들이 보여주는 사상의 스펙트럼은 그 폭이 매우 넓다. 예컨대 아도르노와 그의 제자인 하버마스는 서로 대척점을 이룬다. 그런데 흥미로운 것은 아도르노의 번역이 프랑크푸르트학파의 다른 학자들에 비해 늦은 편이라는 점이다. 물론 1980년대까지만 해도 이 학파가 신좌파의 온상으로 간주돼 반공교재에서 시달림을 받은 점을 감안해도, 아도르노는 1970년대 후반 국

내 독서계를 주름잡은 에리히 프롬이나 1970년대와 80년대에 걸쳐 지속적인 관심의 대상이 된 마르쿠제와 좋은 대비가 된다.

신일철이 엮은 『프랑크푸르트학파』(청람문화사, 1980)는 1980년대 초반, 아도르노의 글을 접하게 해준 흔치 않은 창구다. 이 책에는 아도르노의 「왜 아직도 철학이 필요한가」가 실려 있다. 이 글에서 아도르노는 "철학이 아직도 필요하다면 그것은 지금까지처럼 비판적인 역할로서 증대하는 타율성의 견제 세력으로서 가능한 것"이라고 말한다.

이어 1980년대 중·후반에는 아도르노의 예술론이 주로 번역된다. 특히 음악적 저작이 잇달아 번역되지만 현재는 모두 절판 상태에 있다. 『음악 사회학』(탐출판사, 1995)에서 아도르노는 유행가에 대한 비판을 통해 고급 문화 신봉자의 면모를 유감없이 드러낸다.

유행가는 진저리날 정도로 친밀한 지각의 기본 범주로 환원되며, 결코 새롭지 않은 것은 내부로 들어와서는 안 되고, 동일성을 위태롭게 하지 않고, 흥미롭게 하며, 스스로 다시 도식에 방향을 맞추는 계산된 효과만이 내부로 들어오도록 허용된다.

아도르노의 대표저서는 이미 현대의 고전 반열에 올라 있다. 공교롭게도 유통 중인 세 권의 저서는 하나같이 고전총서에 포함돼 있다. 문학과지성사의 '우리시대의 고전' 12번인 『계몽의 변증법』(2001)은 막스 호르크하이머와 공저한 책이나 아도르노의 대표작 가운데 대표작으로 통한다. 이성의 간지가 발달할수록, 합리성이 영역을 확장하면 할수록, 오히려 세계는 비합리가 넘쳐나는 역설("왜 인류는 진정한 인간적 상태에 들어서기보다 새로운 야만적 상태에 빠졌는가")을 화두로 특유의 철학을 개진한다.

'한길그레이트북스' 33번인 『부정변증법』(1999)에는 관리되는 세계에 대한 유명한 통찰이 들어 있다. "논증은 민주적인 제스처를 취하지만, 관리되는 세계가 그 강압받는 구성원들을 어떻게 만들어놓는지 고려하지 않는다. 관리되는 세계가 완전히 주물러놓지 않은 자들만이 관리되는 세계에 정신적으로 대적할 수 있다. 특권에 대한 비판이 특권으로 되는 것이다."

절판된, 그러나 운이 좋으면 오프라인 서점에서 구할 수 있는, 『한줌의 도덕― 상처입은 삶에서 나온 성찰』(솔출판사, 1995)을 옮긴 최문규는 아도르노를 "니체 이후 금세기 최고의 문학 철학자"로 여긴다. 아도르노가 알면 질색하겠지만 아도르노의 책에서 좋은 구절들을 발췌해 훌륭한 잠언집을 만들 수 있다. 다음은 그 맛보기다.

"아우슈비츠 이후에도 서정시를 쓰는 것은 야만적이다."
"부정의 부정을 긍정성과 같다고 하는 것은 동일시의 정수이며, 그 순수 형식으로 환원된 형식적 원칙이다."
"전체는 비진리다."(헤겔의 "진리는 전체다"에 대한 패러디)
"말할 수 없는 것에 대해 말해야 한다."(비트겐슈타인의 '발화금지'에 대한 패러디)
"계산 가능성과 유용성의 척도에 들어맞지 않는 것은 계몽에게는 의심스러운 것으로 여겨진다."

'우리시대의 고전' 2번인 『미학이론』(문학과지성사, 1984)은 쇄를 거듭했는데 이는 대학 미학 강좌의 교재 채택 덕분으로 보인다. 이 책은 『미적 이론』(이론과실천, 1991)이라는 제목으로도 번역되었는데 본뜻에 충실하려면 '심미적인 것의 이론'으로 옮기는 게 타당하다고 한다.

아도르노의 책

미니마 모랄리아― 상처받은 삶에서 나온 성찰 김유동 옮김, 길, 2005.
프리즘― 문화비평과 사회 홍승용 옮김, 문학동네, 2004.
계몽의 변증법 M.호르크하이머 공저, 김유동 옮김, 문학과지성사, 2001.
계몽의 변증법 M.호르크하이머 공저, 김유동 외 옮김, 문예출판사, 1995.
부정변증법 홍승용 옮김, 한길사, 1999.
한줌의 도덕― 상처입은 삶에서 나온 성찰 최문규 옮김, 솔출판사, 1995.

미적 이론(1·2) 방대원 옮김, 이론과실천, 1991.
미학이론 홍승용 옮김, 문학과지성사, 1984.
아도르노의 문학이론 김주연 옮김, 민음사, 1985.
말러– 음악적 인상학 이정하 옮김, 책세상, 2004.
음악 사회학 권혁면 옮김, 탑출판사, 1995.
음악 사회학 권혁면 옮김, 문학과비평사, 1989.
음악 사회학 입문 김방현 옮김, 삼호출판사, 1990.
신음악의 철학– 모더니즘의 변증법적 해석 방대원 옮김, 까치, 1986.
사회과학의 논리– 실증주의 논쟁 이문출판사, 1986.

아도르노에 관한 책

아도르노 사상– 고통의 인식과 화해의 모색 김유동 지음, 문예출판사, 1993.
아도르노와 현대 사상 김유동 지음, 문학과지성사, 1997.
아도르노의 사회 이론과 예술 이론 문병호 지음, 문학과지성사, 1993.
계몽의 변증법을 넘어서– 아도르노와 쇤베르크 노명우 지음, 문학과지성사, 2002.
아도르노 마틴 제이 지음, 서창렬 옮김, 시공사, 2000.
아도르노 M. 제이 지음, 최승일 옮김, 지성의샘, 1995.
아도르노 하르트무트 샤이블레 지음, 김유동 옮김, 한길사, 1997.
아도르노 달하우스 크나이프 다누저 홍정수·오희숙 지음, 심설당, 2002.
아도르노의 음악미학 맥스 패디슨 지음, 최유준 옮김, 세종출판사, 2003.
아도르노의 음악미학 맥스 패디슨 지음, 최유준 옮김, 작은이야기, 2010.
벤야민 & 아도르노– 대중문화의 기만 혹은 해방 신혜경 지음, 김영사, 2009.
아도르노가 들려주는 예술 이야기 조극훈 지음, 자음과모음, 2008.
아도르노– 고통의 해석학 이종하 지음, 살림출판사, 2007.
아도르노의 문화철학– 아도르노와 함께, 아도르노를 넘어서 이종하 지음, 철학과현실사, 2007.
아도르노와 김우창의 예술문화론– 심미적 인문성의 옹호 문광훈 지음, 한길사, 2006.
비판과 화해– 아도르노의 철학과 미학 문병호 지음, 철학과현실사, 2006.
아도르노와 자본주의적 우울– 계몽의 변증법에서 미학이론까지 아도르노 새롭게 읽기 이순예 지음, 풀빛, 2005.

아룬다티 로이
Arundhati Roy
1961-

소설가에서 '작가–활동가'로 탈바꿈하다

〈문학동네〉 2004년 겨울호(통권 41호)에 실린 가라타니 고진의 「근대문학의 종말」은 비평가로서 그의 안목과 진가를 새삼 확인시켜주는 글이다. 문학의 지위와 영향력이 현저히 쇠퇴했다는 것이 고진 글의 요지다. 다시 말하면 문학이 그간 짊어져 온 "지적·도덕적이지 않으면 안 된다는 부담"에서 벗어났다는 얘기다. 이제는 문학이 제도화된 종교보다 더 종교적이거나 도덕적이지 않으며, 진실이라고 말해지는 것보다 진실을 더 잘 나타내지도 않는다는 것이다.

고진의 '근대문학 종언론'은 그의 박학다식의 뒷받침으로 설득력이 있다. 고진은 이 글에서도 일관되게 사르트르를 옹호하는데, 로망도 아니고 철학도 아닌 저작을 가리키는 데리다의 용어 '에크리튀르'를 비판하는 것도 그런 맥락에서다. 사르트르처럼 소설이나 희곡을 쓸 수 없었던 데리다가 그것을 부정하는 대신, 사르트르가 '문학'으로 언급한 것을 에크리튀르라는 개념으로 바꿔놨다는 것이다. "그러니까 에크리튀르라는 개념은 근대문학으로서의 소설(앙티로망을 포함해서)이 끝났다는 것을 의미하며, 따라서 거기에서 뭔가 새로운 문학의 가능성을 기대한다면 착각이라는 말입니다."

또한 고진의 주장은 우리에게 친숙한 사례를 거론하고 있어 설득력을 더한다. 일본 '사소설私小說'의 특성과 오자키 고요의 만년작 『금색야차金色夜叉』가 기록적인 베스트셀러가 된 사회심리적 배경을 짚은 대목이 그렇지만, "한국에서 문학이 급격하게 그 영향력을 잃어버렸다는 사실에서" 고진이 "근대문학의 종말을 정말로 실감한 것은" 그에게만 아니라 우리에게도 실로 '충격'이다.

2000년까지도 한국에서는 문학의 역할이 점점 강해질 것으로 봤던 고진이 그런 생각을 접은 이유는 크게 두 가지다. 하나는 문학과 같은 위치에 있던 학생운동의 몰락이고, 다른 하나는 1990년대 그가 사귄 한국의 문학평론가들이 전부 문학에서 손을 뗐다는 점이다. 한편 아룬다티 로이는 앞길이 트여 있음에도 문학을 때려치운 소설가로 거론된다.

인도의 작가 가운데 아룬다티 로이라는 사람이 있습니다. 그녀는 1997년 영국의 부커 상을 수상했는데, 그 수상작이 베스트셀러가 되어 매우 유명해졌습니다. 그러나 그녀는 첫 소설로 수상한 후, 더 이상 소설을 쓰지 않고 인도에서 댐 건설 반대운동, 반전운동 등에 힘쓰고 있습니다. 발표하는 작품도 그와 관련된 에세이뿐입니다. 유럽에서 인기를 얻은 인도의 작가는 미국이나 영국으로 이주해서 화려한 문단생활을 하는 것이 보통입니다. 왜 소설을 쓰지 않느냐고 물으니까, 로이는 자기는 소설가이기 때문에 소설을 쓰지는 않으며 쓸 것이 있을 때에만 쓴다고 했습니다. 그리고 이러한 위기의 시대에 한가롭게 소설 따위를 쓸 수는 없다고도 했습니다.

로이의 말과 행동은 문학이 수행했던 사회적 역할이 끝났음을 시사하는 것이 아닐까요? 문학으로 사회를 움직일 수 있을 것처럼 보이던 시대가 끝났다면, 그리고 이제 진정한 의미에서 소설을 쓰는 것도 소설가로 존재하는 것도 더 이상 불가능하다면, 소설가는 단순히 어떤 직업을 나타내는 직함에 지나지 않게 되어버립니다. 로이는 문학을 버리고 사회운동을 선택한 것이 아니라, 오히려 '문학'을 정통적으로 물려받았다고 할 수 있는 것입니다.

로이의 면모를 간추린 고진의 진술은, 그녀의 핵심을 간파하고 있다. 로이는 영어로 작품을 쓰는 소설가로 우리에게 먼저 왔다. 장편소설 『작은 것들의 신』(문이당, 1997)은 로이의 부커상 수상작이다. 이 소설의 빠른 번역 소개가 영국 문학상의 후광을 입으려는 마케팅 전략의 산물이라고 한다면 출판사로서는 꽤 섭섭할 게다. 『작은 것들의 신』은 『델리』(쿠쉬완트 싱), 『봄베이의 연인』(쇼바 데), 『나 한야테』(마야트레이 데비) 등의 장편과 더불어 이 출판사의 '인도 문학선'을 이룬다. 게다가

이 소설은 판매에서도 별로 재미를 못 봤다. 현재 온오프라인 서점에서 공히 절판도서로 분류된 상태다. 출판사에는 이 책의 재고가 어느 정도 남아 있는 듯. 필자는 출판사에 직접 주문해 책을 구입했다.

『작은 것들의 신』의 옮긴이는 '역자의 말' 첫머리에 아룬다티 로이가 "샐먼 루시디, 비크람 세스 등 전 세계적으로 널리 알려진 인도 작가들의 대열에 합류하고 있다"고 썼다. 지금까지 거명된 로이를 포함한 여섯 명의 인도 작가는 하나같이 영어로 작품 활동을 한다. 로이가 하루아침에 세계적인 명성을 얻은 데에는 영어권 작가라는 점이 크게 작용했을 터이다. 더구나 부커상의 최근 선정 추세가 마이너리티 또는 외국인 작가로 기울고 있음에랴.

로이가 영어를 자유자재로 구사하는 것은 200년에 걸친 영국의 인도 지배와 무관하지 않다(물론 그녀가 불가촉천민이나 빈곤층 출신이 아니라는 점도 감안해야겠지만). 하면 로이는 식민 지배의 긍정적 유제 또는 식민지 발전론의 증거인가? 그렇지는 않을 것이다. 다만 "20세기 후반에는 문자가 내셔널리즘의 기반이 된 사례는 오히려 적"고, 앞으로는 더욱 그럴 거라는 가라타니 고진의 시각에 힘을 실어주는 사례로 보인다. 우리의 상황을 놓고 보자면, 한글 전용과 국한문 혼용의 우리말 표기 논란은 이제 부질없다는 말이다. 영어를 공용어로 삼아 산출한 문학 작품으로 노벨 문학상에 도전하자는 역발상도 쓸데없고 시대착오적이기는 마찬가지다.

아룬다티 로이는 인도의 일부 계층의 반발을 사는 작가다. 그래도 『작은 것들의 신』은 인도에서 베스트셀러가 될 정도로 잘 팔렸다. 하지만 이 소설의 한국어판은 크게 주목을 받지 못했다. 소설이 국내 독자의 인도에 대한 환상을 깰 소지가 있어서일까? 『작은 것들의 신』은 여전히 인도 사회를 옥죄는 카스트 신분제의 질곡과 가부장의 횡포를 바탕에 깔고 있는 소설이다. 한편으론 이루어질 수 없는 사랑의 이야기다.

아니면, 현재와 과거를 넘나드는 구성의 낯섦과 로이의 빼딱한 성격 탓일까? 과거와 현재를 교차하는 것이 보기 드문 소설의 구현 방식은 아니다. 『작은 것들의 신』의 형식상의 생소함은 과거는 과거대로, 현재는 현재대로 사건의 흐름이 뒤섞인 때문이다. 번역자는 로이를 "호전적 성격의 소유자"로 보는데 엄정한 평가는 아닌 것 같다. "어느 독자에게도 마음을 쓰지 않으며 외국의 독자들을 위해 자기의 소설에 주석을 달려고도 하지 않"은 것을 '호전성'으로 해석하는 것은 무리다.

이도 저도 아니라면, 탁월한 스타일리스트인 로이의 언어 감각을 옮기는 것이 원천적으로 불가능한 까닭일까? 우리에게 친숙한 내용이 오히려 독서의 걸림돌이 됐을지도 모른다고 생각한다. "서른하나./ 늙지도 않고/ 젊지도 않은/ 그러나 살 수도 죽을 수도 있는 나이."라는 소설 도입부의 시적인 표현은 바로 김지하 시인의 시 「새벽 두시」를 떠올리게 한다.

새벽 두시는 어중간한 시간
잠들 수도 얼굴에 찬 물질을 할 수도
책을 읽을 수도 없다
공상을 하기는 너무 지치고
일어나 서성거리기엔 너무 겸연쩍다

무엇을 먹기엔 이웃이 미안하고
무엇을 중얼거리기엔 내 스스로에게
너무 부끄럽다, 가만 있을 수도 없다

아무것도 할 수 없다
새벽 두시다
어중간한 시간
이 시대다 (전문, 김지하 시선집 『타는 목마름으로』에서)

거의 30년의 세월을 격한 한국 시인과 인도 소설가의 친연성. 외고모할머니인 '막내 코차마'가 조카딸의 쌍둥이 남매인 라헬과 에스타에게 "나는 언제나 영어로 말하겠습니다"와 "앞으로는 거꾸로 읽지 않겠습니다"를 백 번씩 쓰도록 한 것은 존 버닝햄의 『지각대장 존』(박상희 옮김, 비룡소, 1996)에게 부과된 징벌을 연상시킨다.

위성방송 보급은 인도가 우리보다 적어도 4-5년은 이른 듯싶다. 1990년대 중반 인도의 WWF 팬이 헐크 호건과 미스터 퍼펙트의 경기를 즐겼다면, 10년 뒤 한국의 레슬링 마니아는 만능 엔터테이너 '락'과 민머리 '골드버그'의 게임에 열광했다. 그 가운데 일부는 종목을 바꿔 레미 본야스키와 무사시가 맞붙은 이종격투기 K-1 파이널 토너먼트 결승전에 더 들떴을지도.

소설에 나타난 인도의 사회상은 우리와 크게 다르지 않다. 정도의 차이는 있지만 말이다. "그녀는 시집간 딸은 부모 집에서 설 자리가 없다는 일반적으로 용인된 견해에 전적으로 동의했다. 하물며 이혼한 딸은." 단산, 여권 신장, 이혼율의 가파른 상승세 등의 이유로 출가외인과 이혼한 딸에 대한 박대는 옛일이 돼가고 있지만, 가정 폭력은 역시, 여전히 만연해 있다. "그러나 구타는 새로운 일이 아니었다."

『작은 것들의 신』의 분위기는 대체로 어둡다. 음습한 구석이 없진 않으나 외설 혐의로 고소당할 만큼 선정적이진 않다. 전체적으로는 회색빛 구름이 짙게 드리운 흐린 날씨라고 할 수 있지만, 또 그런 만큼 가끔 구름을 뚫고 비치는 햇살은 더욱 포근하고 따뜻하다. "점잖고 질서 바른 세상에 대해 생생하게 살아 숨쉬는 분노가" 번뜩이는 경우가 그렇거니와, 연인이 한순간에 신분의 차이를 극복하는 대목은 소설의 압권이라 할 만하다. 찰나의 미학.

"그는 이제부터 그녀에게 선물을 줄 때 서로의 손이 닿지 않도록 손바닥에 올려놓고 바칠 필요가 없다는 것을 알았다. 그가 만든 보트며 상자며 작은 풍차들을 줄 때도. 그는 또 선물을 주는 사람은 자기만이 아니라 그녀 역시 그에게 줄 선물이 있다는 것도 알았다. 그 생각이 예리한 칼날처럼 분명하게 들어와 박히자 싸늘한 냉기와 후끈한 열기가 한꺼번에 몰려왔다. 그러는 데는 한순간밖에 걸리지 않았다."

『생존의 비용』(문학과지성사, 2003)은 우리에게 소설가에서 사회운동가로 변모하는 아룬다티 로이를 보여주는 징검돌 같은 책이다. 이 책은 대규모 댐 건설에 반대하는 「공공의 더 큰 이익」과 핵무기 개발의 어리석음을 질타한 「상상력의 종말」로 구성된 작은 책이다. 하지만 로이의 진정성과 비판의식은 빼곡하게 담겨 있다.

「공공의 더 큰 이익」은 대규모 댐 건설에 얽힌 난맥상과 이에 대한 비판적 논거를 패트릭 매컬리의 『소리 잃은 강』(강호정 외 옮김, 지식공작소, 2001)에 기대고 있는 것이 약간 아쉽기는 하다. 그렇다고 로이의 독자적인 시각이 무딘 것은 아니다. "4,000만 명에게 식수를 공급하기 위해 혹은 공급하는 체하기 위해 20만 명을 재정착시키는 것. 이 사업과 관련된 산술은 근본부터 틀려먹었다. 이런 방식의 계산은 파시스트적인 것이다."

또 댐 건설을 비롯한 이른바 국책 사업을 강행하려는 논리는 우리와 어쩜 그렇게 닮았는지! "너무 많은 시간과 돈을 투자했기 때문에 이제 와서 사업을 취소할 수는 없다는 것"이라거나 "국가가 만든 위원회를 상대하다가 사람들은 진이 다 빠진다"는 것이다. "큰 댐이 국가의 '개발'에서 하는 역할은 핵폭탄이 국가의 무기고에서 하는 역할과 같다"는 지적은 다음 글로의 연결 고리다.

「상상력의 종말」은 1998년 인도와 파키스탄의 잇따른 핵실험에 분노하면서 쓴 글이다. 그런데 인도는 필자의 초등학교 시절인 1970년대에도 미국, 러시아(소련), 중국, 영국, 프랑스 등과 함께 핵보유국으로 간주되었는데 이게 어찌된 영문인가? "인도가 처음으로 핵무기에 손을 대고 1년쯤 지난 1975년, 인디라 간디는 국가 비상사태를 선포했다." 그러니까 필자의 착각은 핵

무기 보유 또는 자체 개발의 시작과 핵실험 성공의 차이를 간과한 결과인 셈이다.

"핵무기는 사용되는 경우에만 치명적이라고 믿는 것은 너무나도 어리석은 생각"이라는 로이는 "인도의 핵폭탄은 국민을 저버린 지배 계급이 저지른 마지막 배신행위"라 규정한다.

정치평론 모음 『9월이여, 오라』(녹색평론사, 2004)에서 아룬다티 로이의 작가-활동가로서의 면모는 확연해진다. 신문 기고문과 연설문을 엮은 이 책은 댐 건설 반대운동, 9.11테러와 미국의 이라크 침공, 촘스키의 저항정신, 민주주의와 미국 등을 다뤘는데, 명확한 관점으로 사태의 진실을 밝힌 점이 돋보인다.

「작가와 세계화」에 나타난 로이의 작가 정신은 문학에서 한발 물러서서 발현된 것이기에 더욱 빛나고 아름답다. '작가-활동가'라는 꼬리표를 달갑지 않게 여기면서도 기꺼이 받아들이는 아룬다티 로이는 순수라는 것은 없다고 단언한다. 어느 쪽으로든 책임을 지지 않으면 안 된다고 강조한다. "일단 그것을 본 뒤에는, 침묵을 지키고 아무 말도 하지 않는다는 것은 거기에 대해 발언하는 것과 마찬가지로 하나의 정치적 행동이 됩니다."

아룬다티 로이의 책

작은 것들의 신(개정판) 황보석 옮김, 문이당, 2010.
작은 것들의 신 황보석 옮김, 문이당, 2006.(초판 1997)
생존의 비용 최인숙 옮김, 문학과지성사, 2003.
9월이여, 오라 박혜영 옮김, 녹색평론사, 2004.
보통 사람들을 위한 제국 가이드 정병선 옮김, 시울, 2005.

서양문화의 모든 분야를
사회적 관점으로 총정리

간단히 나 자신을 표현한다면 포도 중에서도, 가을의 향기를 듬뿍 안고 첫서리가 내린 연후에야 비로소 뒤늦게 수확되는 포도, 이를테면 늦깎이에 해당하는 사람이라고 말할 수 있을 것입니다. 나의 포도따기가 어떻게 이루어졌는지 그리고 그러한 포도따기를 정말 그렇게 불러도 좋을지는 나는 모릅니다. 그렇지만 내가 편찬하고, 내가 저술했던 것들, 그러니까 어쨌든간에 내가 책임을 져야 하는 저작들은 그런 식으로 거두어 들여져서 뒤늦게 나오게 됩니다. 나는 47세와 57세 사이에 내 최초의 괄목할 만한 책을 썼는데 이 나이는 많은 사람의 경우 창작의 절정을 훨씬 넘어선 나이였지요.

자신의 말처럼 예술사가藝術史家 아르놀트 하우저는 세계 지성사에서 보기 드문 '늦깎이'에 속한다. 그의 대표작이자 출세작인 『문학과 예술의 사회사』는 1951년 출간되었다. 하우저는 '환갑'을 코앞에 둔 나이에 처녀작을 펴냈다. 20대 후반 나이에 조국 헝가리에서 교수직을 얻었던 그로서는 매우 뒤늦은 결실인 셈이다. 47세에서 57세까지 처녀작을 쓰면서 하우저는 단 한 줄도 미리 발표하지 않는 '돌부처' 같은 진중함을 보였다. 이를 두고 그의 벗인 칼 만하임(『이데올로기와 유토피아』의 저자)은 '영웅적'이라는 표현을 쓰기도 했다. 어떻게 그렇듯 신중한 태도가 가능했을까? 하우저에게 집필 작업은 "일상의 걱정거리와 일거리였을 뿐만 아니라 삶을 버텨주는 일용의 빵이나 다름없었"기 때문이다.

이 책은 구석기시대의 동굴벽화에서 금세기의 영화 예술에 이르기까지 서양 문화의 거의 모든 분야를 사회사적 관점으로 총정리했다. 이 책은 1950년대 폐쇄적이었던 유럽의 지식계에 신선한 충격을 주었다. 새로운 세대에게는 하나의 계시로 다가왔다. 당시는 작품에 대한 내재적인 해석이 주류를 이뤘고, 예술작품의 자율성 논의가 의례적인 주제였다. 이 책은 예술론과 관련해 역사적 문제의 중요성을 부각시킨 하나의 돌파구였다. 83세 때 가진 인터뷰에서 하우저는 자신의 책을 이렇게 평했다.

『문학과 예술의 사회사』는 이러한 테마에 관한 유일한 책으로 존속하고 있고, 어떤 사람도 아직까지 그것과 경쟁할 계획도 세우지 않고 있습니다. 사람들은 오늘날에도 여전히 그 책을 읽고 있으며, 새로운 대학 세대들이 다시금 그 책을 구입합니다. 스페인어로는 현재 12번째판이 나오고 있습니다. 모든 스페인 사람들은 그 책을 성경과 더불어 가지고 있는 듯합니다.

스페인뿐이 아니다. 우리나라에서도 이 책은 놀라운 생명력을 보여준다. 1960년대 중반 책의 일부가 초창기 〈창작과비평〉 지면(1966년 가을호)을 타면서 우리에게 처음으로 알려졌다. 잡지 연재분을 바탕으로 한 '현대편'이 출간된 것은 1974년의 일이다. '현대편'은 한국의 출판을 대표하는 총서의 하나인 '창비신서'의 '톱타자'라는 영예도 갖고 있다. 이후 '고대·중세편'이 1976년에 선을 보였고, '근세편'이 상·하권으로 나뉘어 1980년과 1981년 잇달아 나왔다.

번역작업 역시 하우저의 각고에 비길만한 '대장정'이었다. 여기에는 독자의 채근과 격려가 큰 힘이 되었다. '현대편'은 40여 쇄를 펴냈고, '근세편'은 20쇄 이상씩 찍었다. 요즘도 한 해 수천 부 넘게 팔려 스테디셀러의 성가를 더욱 높이고 있다. 독자의 호응에 대해 출판사도 성의 있는 선물을 내놓기도 했다. 새로운 세대의 감각에 맞도록 번역문을 가다듬고 도판을 수록한 개정번역판을 1999년 출간했다.

『문학과 예술의 사회사』는 타의추종을 불허하는 대작이다. 하지만 집필 당시 하우저의 환경은 매우 열악했다. 견문을 넓히기 위해 온 유럽을 떠돌다가 1938년 영국에 정착한 하우저. 그는 책을 쓰는 기간 동안 영화사에서 일했다. 하우저는 잔심부름을 하는 대가로 주당 5파운드를 받았다. 겨우 생계를 꾸려나갈 정도의 돈이었다.

그는 10년을 휴가도 없이 일했다. 그러면 언제 공부하고 글을 썼을까? 사환업무가 끝난 오후 6시가 지난 시간과 주말을 연구에 바쳤다. 평일에는 연구에 몰두하느라 자정을 넘기기 일쑤였고, 토요일이면 대영도서관에 가장 먼저 입장해서 가장 늦게까지 자리를 지켰다.

처녀작의 성공에 힘입어 하우저는 영국 중부지방에 있는 리즈 대학의 교수가 된다. 두 번째 저서『예술사의 철학』(돌베개, 1983)은 6년에 걸친 리즈 생활의 산물이다. 이 책의 주제는 '예술 사회학의 목적과 한계'이나 중심에는 '익명의 예술사'가 놓여 있다. '인명 없는 예술사'로도 얘기되는 이러한 관점은 말 그대로 예술의 발전이 결코 재능을 가진 개인들에 의해 좌우되지 않는다는 입장이다. 예술사를 교육계층에 따라 '민중예술'과 '대중예술'로 구분하는 것은 이 책이 거둔 풍부한 결실의 하나다. 안타깝게도 이 책의 번역본은 절판 상태에 있다.

『예술과 사회』(홍성사, 1981)와 『예술의 사회학』(한길사, 1983)은 같은 책을 번역텍스트로 삼았지만 다른 내용이다. 『Kunst und Gesellschaft』의 전반부와 후반부를 각각 옮겼기 때문이다. 이 책은 하우저의 마지막 저서로 그의 예술사회학을 총괄한 또 하나의 대작이다. 여기서 그는 예술과 사회 및 예술가 사이의 관계를 사회학적인 시각으로 포괄적으로 다뤘다.

하우저는 예술과 학문을 "항상 어떤 목표에 도달해 있는 것"과 "결코 도달할 수 없는 어떤 목표를 향해 가는 도중"으로 구별한다. 그는 "예술가는 천성적으로 태어나지만 감식력을 지닌 전문가는 대부분 길러진다"고도 말한다. 또한 본질적으로 정보이고 커뮤니케이션에 해당하는 예술은 전달과 의사소통이 원활하게 이뤄질 때 성공한다는 것이다. 따라서 "하나의 작품은 예술가가 그것을 수중에서 내놓는 것만으로는 사회학적으로 완성된 것이라고는 결코 말할 수 없으며, 그것이 수용될 때에 비로소 완성된 것이라고 말할 수 있다."

『예술의 사회학』에는 하우저의 비평관도 드러나 있다. 그에 의하면, 이상적인 비평가는 이상적인 독자에 다름 아니다. 이상적인 독자는 저술에 나타난 것을 인식할 수 있고, 다른 사람들이 그것을 인식할 수 있도록 도와줄 능력이 있는 사람이다. 하우저에게 비평은 '시사비평'을 의미한다. 비평이 그때그때의 상황의 관점에서 행해지기 때문이다. 가장 권위 있고 생산적인 비평은 거의가 익명적이다. 예컨대 신문 잡지의 영화평보다 친구나 친지로부터 들은 내용을 통해 그 영화를 판단한다는 것이다.

하우저는 이른바 '부다페스트학파'의 일원이고, 이 학파의 모태가 된 '일요서클'의 멤버였다. 이들 지식인 그룹의 리더였던 죄르지 루카치는 하우저에게 많은 영향을 끼쳤다. 그런 까닭에 하우저와의 인터뷰를 엮은 책이 『Im Gespräch mit Lukács, 루카치와의 대화』라는 제목으로 나오기도 했다. 번역자인 반성완 교수(한양대 독문학)는 이 제목이 "하우저가 루카치와 직접 대화를 나누었다는 것을 의미하기보다는 하우저의 지적 세계가 루카치 저작과의 대화와 논쟁 속에서 이루어졌다는 것을 의미한다"고 설명했다.

이 책에는 국제전화를 통한 루카치와 하우저의 유명한 라디오 대담도 수록돼 있지만, 하우저의 인간적 면모를 보여주는 단독 인터뷰의 비중이 높다. 앞서 인용한 하우저의 술회는 모두 이 책에서 따온 것이다. 번역서의 제목은 『변증법적 미학에 이르는 길』(문학과비평사, 1990)이다.

아르놀트 하우저의 책

문학과 예술의 사회사 4-자연주의와 인상주의, 영화의 시대 백낙청 외 옮김, 창비, 2002.

문학과 예술의 사회사 1- 선사시대부터 중세까지(개정판) 백낙청 외 옮김, 창비, 2000.

문학과 예술의 사회사(개정번역판) 반성완·백낙청·염무웅 옮김, 창작과비평사, 1999.(초판 1974)

예술과 사회 한석종 옮김, 홍성사, 1981.

예술과 사회 한석종 옮김, 기린원, 1990.

예술과 사회 이진우 옮김, 계명대출판부, 1998.

예술과 소외 김진욱 옮김, 종로서적, 1981.

예술의 사회학 최성만·이병진 옮김, 한길사, 1983.

예술사의 철학 황지우 옮김, 돌베개, 1983.

변증법적 미학에 이르는 길 반성완 편역, 문학과비평사, 1990.

아리엘 도르프만
Ariel Dorfman
1942-

저들이 우리를 보는 대로
우리 자신을 보게 하는 디즈니 만화

칠레의 작가 아리엘 도르프만이 벨기에 태생의 사회학자 아르망 마텔라르와 함께 펴낸 『도널드 덕, 어떻게 읽을 것인가』(새물결, 2003)의 번역 출간은 좀 뒤늦은 감이 없지 않다. 이 책은 1971년 칠레 혁명의 와중에서 디즈니 만화에 대한 반격의 일환으로 키만투 출판사를 통해 출간되었다.

칠레 원주민인 마푸체 인디오말로 '지식의 빛'을 뜻하는 키만투는 선거를 통해 집권한 민중 연합당 정부가 칠레의 민중문화를 다시 살리기 위해 칠레 최대의 출판사였던 시그사그 사를 인수해 출범시킨 관영 출판사다. 이 출판사를 통해 아옌데 정부는 대중의 의식을 일깨우는 책들을 만들어 저렴한 가격으로 보급했는데, 대안적이고 진보적이며 혁명적인 만화 『카브로 치코』도 그중 하나였다.

『카브로 치코』는 키만투의 아동물과 교육출판물 분야에서 일하던 도르프만과 매스미디어 조사 및 평가 부장인 마텔라르의 합작품이었고, 『카브로 치코』로 의기투합한 두 사람은 월트 디즈니의 만화에 담긴 반민중적인 가치관과 세계관을 폭로하는 『도널드 덕, 어떻게 읽을 것인가』를 공저하기에 이른다.

이 책은 1973년 9월 11일 미국 중앙정보국을 등에 업은 피노체트의 쿠데타로 아옌데 정부가 무너지기까지 12쇄를 찍었다. 피노체트의 군사독재 치하에서는 이 책의 판매와 발행이 모두 금지되었지만 20여 개 언어로 번역돼 전 세계로 퍼져 나갔다. 일본어판은 1983년에 나왔다.

이 책의 한국어판이 주는 '늦은 감'은 원서와의 32년의 시차에서 연유하는 것만은 아니다. 그것은 우리를 겨냥한 디즈니로 상징되는 미국 대중문화의 공세가 지금은 다른 양상을 띠고 있고, 이 책의 분석틀인 마르크스주의는 유행 열병처럼 한바탕 우리를 훑고 지나간 한참 후이기 때문이다.

1975년 7월 15일 월요일 아침 8시 30분에 방콕의 시청자들은 미국산 연속극 세 편 중에서 하나를 고를 수 있다. 〈맨헌트〉, 〈FBI〉, 〈크리스티에게 사랑을〉이 바로 그것이다. 테헤란의 시청자들은 토요일 밤에 한 채널에서는 〈가족 이야기〉와 〈우리 생애의 나날〉, 그리고 또 다른 채널에서는 〈대담한 자들〉, 〈코작〉을 볼 수 있다. 물론 이러한 예들은 정선된 것이다. 왜냐하면 이들은 타이에서처럼 일요일 아침에 레슬링 시합(현지 제작물)과 디즈니 영화 한 편 또는 〈하와이 파이브 제로〉 중에서 고를 수 있기 때문이다.

디즈니 만화 컷의 '공정한 사용'을 둘러싼 논란을 정리한 권말 부록에 인용된 각국의 TV 프로그램 편성에 관한 조사 보고서의 일부다. 같은 시기 우리나라 방송의 편성 현황도 태국이나 이란의 양상과 크게 다르지 않았다. 그 시절 우리도 TV를 켜면 〈형사 콜롬보〉 〈보난자〉 〈5-0 수사대(하와이 파이브 제로)〉 〈디즈니랜드〉 따위의 미국산 연속극을 주 시청 시간대에서 어렵지 않게 볼 수 있었다.

하지만 지금은 상황이 많이 달라졌다. 적어도 이란과 한국에서는 미국의 방송 콘텐츠가 더 이상 예전의 위세를 떨치지 못하고 있다. 1979년 이슬람 혁명 정권이 들어선 이란의 방송에서는 미국의 TV물이 거의 자취를 감추었고, 우리나라도 미국 시리즈물은 주 시청 시간대에서 밀려났다.

우리나라 방송의 미국 방송에 대한 직접적인 의존도는 현저하게 낮아진 것이 사실이지만 해외 뉴스의 취사선택에서 보듯 간접적인 의존도는 더욱 커졌다고 할 수 있다. 아무튼 미국의 TV 콘텐츠가 맥을 못 추는 한국과 이란에서 할리우드 영화의 기세가 주춤하고 있는 형편은, 한국은 스크린쿼터제에 힘입은 측면이 있다 하더라도, 새겨 봐야 할 대목이다.

직접적인 생물학적 생산과 직접적인 경제적 생산이 동시에 부재하는 것은 결코 우연이 아니다. 양자 공히 모든 물건의 진정한 생산자인 노동자 계급과 계급 투쟁을 제거하려는 지배 이데올로기 구조와 일치하며, 이를 강화한다.

디즈니 만화에서 자주 나타나는 생산이 없는 소비를 지적한 구절은 우리에게도 꽤 익숙한 어법을 따른다. 또 디즈니의 세계가 "부르주아 계급은 독자들이 필연성의 영역을 통과하지 않고서도 자유의 영역에 이를 수 있도록 만들어 왔다"는 표현은 '필연의 왕국에서

자유의 왕국으로'라는 마르크스주의 기율의 패러디로 읽히기도 한다. 비록 이 책이 철 지난 분석틀에 의존하고 있지만 그렇다고 이 책에 담긴 메시지가 손상되는 것은 아니다. 저자들이 내린 결론은 여전한 설득력을 갖는다.

디즈니를 공격하는 것은 전혀 새로운 일이 아니다. 그는 과거에도 종종 상상력의 외판원, '미국식 생활양식'의 선전꾼, '비현실'의 대변인이라는 것이 폭로된 바 있다. 비록 사실이기는 하나 그러한 비판은 디즈니가 동물 캐릭터들을 만들어내는 과정의 이면에 도사리고 있는 진짜 저의, 그리고 이들이 칠레와 같은 종속국에 가하는 진정한 위험을 놓치고 있다. 그의 캐릭터들이 위협적인 것은 이들의 '미국식 생활양식' 자체라기보다는 오히려 이들이 '미국식 삶의 꿈'을 구현하는 데서 생겨난다. 왜냐하면 그것은 바로 미국이 꿈꾸고 스스로를 구원하며 그런 다음에는 다름 아닌 자신의 구원을 위해 다른 사람에게 꿈을 강요하는 방식이기 때문이다. 따라서 당연히 이것은 종속국에게 위험천만하다. 우리 라틴 아메리카 사람들로 하여금, 저들이 우리를 보는 대로 우리 자신을 보도록 만드니 말이다.

흥미로운 것은 이 책이 디즈니의 나라인 미국에서는 정식 출판되지 못했다는 사실이다. 영국에서 만들어진 영어판조차 1500부만이 우여곡절 끝에 반입될 수 있었다. 저작권법상의 '공정한 사용'을 둘러싼 논란에서는 용케 위법의 혐의를 벗기는 했으나, 구시대의 유물이랄 수 있는 미국 저작권법의 제조 및 반입 관련 조항 때문에 그렇게 되었다. 이에 대한 내용은 부록 「도널드 덕 대 칠레 사회주의—'공정 사용'과 관련된 대결」에 자세히 나와 있다.

도르프만은 시·소설·희곡 같은 문학 장르는 물론이고 문화비평까지 소화해내는 다재다능한 작가이다. 한

데 그의 이름이 우리에게 알려진 것은 한 편의 연극을 통해서다. 도르프만의 희곡「죽음과 소녀」는 칠레의 군사독재 이후 민주주의로 이행하는 과정에서 드러난 사회의 문제점을 다룬 작품으로 추리 기법을 적극 활용해 극적인 상황을 연출한 점이 특징이다.

변호사 훼라르도는 대통령과 면담을 마치고 돌아오는 도중 자동차 타이어가 펑크 나 곤경에 처하지만, 의사 미란다의 도움으로 아내 파울리나가 있는 해변가 별장에 무사히 도착한다. 예비 타이어를 갖고 한밤중에 별장을 다시 찾은 미란다의 목소리를 듣는 순간, 파울리나는 그가 자신을 고문하고 성폭행한 사람임을 직감한다. 파울리나는 남편과 함께 술 취한 미란다를 의자에 묶고 총으로 위협하며 자백을 강요한다. 훼라르도가 아내의 행동을 말리는 한편으로 미란다의 변호를 떠맡게 되면서 펼쳐지는 세 등장인물의 미묘한 관계가 극의 핵심을 이룬다. 제목은 미란다가 파울리나를 고문하면서 틀었던 클래식 음악에서 따왔다. 〈죽음과 소녀〉는 슈베르트의 현악 4중주곡이다. 이 연극은 영화로 만들어지기도 했는데 우리에게는 〈시고니 위버의 진실〉이라는 제목으로 알려져 있다.

번역된 도르프만의 소설집과 시집도「죽음과 소녀」의 분위기를 강하게 풍긴다.『우리집에 불났어』(창작과비평사, 1998)에 실려 있는 11편의 단편소설은 하나같이 칠레의 정치현실에서 출발한다. 표제작은 어린이의 눈을 빌려 칠레의 살풍경한 상황을 그렸고,「횡단비행」은 독재에 항거하는 비밀조직원의 아주 간단한 임무를 소재로 공포에 관한 심리묘사가 탁월하다.

독재체제의 가부장적 요소를 그린「뿌따마드레」에서는 칠레 군사독재에 대한 국제 사회의 비판 여론이 인상적이다. 칠레 해군사관학교 생도인 뿌따마드레는 선상실습선 에스메랄다 호를 타고 태평양을 거슬러 오르지만 이들에 대한 주변국의 반응은 냉담하다. 콜롬비아, 에콰도르, 멕시코 등지에서 에스메랄다 호는 입

항을 거부당한다. 칠레 군사독재의 후견인인 미국 시민의 반응 또한 냉랭하기는 마찬가지다.

샌프란시스코에 내린 칠레 해사 생도들은 동맹국 여대생이 붙인 포스터에서 당혹스런 문구와 마주한다. "고문拷問의 배를 저지하라, 칠레를 보이콧하라." 그들을 향한 냉대는 여기서 그치지 않는다. 뱃사람을 상대하는 여인들도 그들을 거부한다. 이 밖에 피의자 신분인 의사의 절박한 의료 '상담'을 그린 작품이나, 정치적 견해차가 부부간의 반목으로 이어지는 상황을 묘사한「외로운 이들의 투고란」도 잘 빚은 단편이다.

그렇지만『우리집에 불났어』에서 가장 빼어난 작품은 검열관의 갈등을 그린「독자」가 아닌가 한다.「독자」에서 도르프만은 대가의 면모를 유감없이 보여준다. 도르프만의 시집『싼띠아고에서의 마지막 왈츠』(창작과비평사, 1998)에 실린 시 한 편을 읽어 보자. 제목은「방금 버스를 놓쳐서 회사엔 좀 늦겠습니다」이다.

당신을 위해 통곡하려면 내 눈으로 오줌을 눠야 하리라
침을 흘리고, 땀을 흘리고, 한숨을 쉬어야 하리라 내 눈으로
폭포수를 쏟고
포도주를 부어내고
짓이겨진 포도처럼 죽어야 하리라
내 눈으로
독수리를 내뱉고 담쟁빛의 침묵을 토하고
짐승들한테 좋은 것도 아니고
전리품으로도 쓸모없는
말라 비틀어진 살갗을 벗어던져야 하리라
나는 이 상처를
이 전쟁을
통곡해 알려야 하리라
우리를 애도하려면.

아리엘 도르프만의 책

블레이크 씨의 특별한 심리치료법 김영미 옮김, 창비, 2010.
죽음과 소녀 – 아르엘 도르프만 희곡선 김명환·김엘리사 옮김, 창비, 2007.
체 게바라의 빙산 김의석 옮김, 창비, 2004.
남을 향하며 북을 바라보다 – 아리엘 도르프만 회고록 한기욱·강미숙 옮김, 창비, 2003.
도널드 덕, 어떻게 읽을 것인가 아르망 마텔라르 공저, 김성오 옮김, 새물결, 2003.
우리집에 불났어 한기욱 옮김, 창작과비평사, 1998.
싼띠아고에서의 마지막 왈츠 이종숙 옮김, 창작과비평사, 1998.

아베 피에르
Abbé Pierre
1912-2007

박애정신으로 무장한 자유의 투사

'행동하는 성자' '금세기 최고의 휴머니스트' '엠마우스 운동의 창시자' '빈민의 아버지' '프랑스인이 가장 존경하는 현존 인물'이라는 수식어만으로도 아베 피에르 신부의 엄청난 현재적 위상은 능히 짐작된다. 국내에 소개된 피에르 신부의 저서에는 이러한 그의 인물됨과 생각의 깊이가 잘 드러나 있다.

지금까지 번역된 피에르 신부의 책은 대부분 일화(또는 예화) 중심으로 자전적 요소가 짙다. 일부 일화와 예화는 책마다 반복되는데(분량이나 세부 묘사는 약간 차이가 나지만) 그만큼 중요하고 의미가 있다는 뜻일 게다. 피에르 신부의 생애와 사상이 함축된, 상징적인 일화 몇을 살펴보는 것으로 이야기의 실마리를 풀어보자.

#일화 1 엠마우스 공동체 운동의 계기

피에르 신부가 뫼르-테-모젤에서 신부이자 국회의원으로 있을 때의 일이다. 어느 날 사람들이 몰려와 그에게 도움을 청했다.

"좀 와보세요! 어떤 남자가 자살을 기도했는데, 죽지는 않았습니다. 와보세요!" 그렇게 피에르 신부가 만난 사람은 20년 동안 복역하고 돌아와 절망에 빠진 한 남자였다. 그는 친아버지를 죽인 죄로 형을 살았다. 그는 자신의 사연을 이야기하고 나서 다시 자살을 시도할 것이고, 다음에는 실수하지 않겠노라 다짐했다. 피에르 신부는 그에게 이렇게 말했다.

"당신은 정말 억세게도 불행하군요. 그런데 저로서는 당신을 위해서 할 수 있는 게 아무것도 없군요. 우리 집은 부자였지만, 신부가 되려고 유산을 포기했기 때문에 아무것도 물려받은 것이 없습니다. 물론 국회의원으로 보수를 받기는 하지만, 저를 찾아와서 집을 구해달라며 울부짖는 사람들을 도와주어야 했습니다. 그들을 위해 건축 허가도 없이 집을 지었기 때문에 언제나 싸워야 했고, 자재들을 외상으로 사서 써 빚만 산더미처럼 지게 되었습니다. 정말로 당신한테 아무것도, 손톱만큼도 줄 게 없군요. 하지만 당신은 죽기로 작정했으니까 아무것도 거리낄 게 없이 자유스럽겠군요. 아! 그래, 죽기 전에 저를 도와서 다른 사람들을 돌보지 않겠습니까."

이러자 그 남자의 얼굴 표정이 바뀌었다. 그는 고개를 갸우뚱거리며 피에르 신부를 바라보더니, 그렇게 하겠다고 동의했다. 훗날 그 사람은 피에르 신부에게 이런 말을 털어놨다.

"그때 신부님이 저한테 돈이나 집, 일거리 같은 그 무엇을 주었다면 저는 다시 자살극을 벌였을 겁니다. 제가 필요했던 것은 사는 방편이 아니라 살아야 하는 이유였습니다."(『당신의 사랑은 어디 있습니까』에서)

#일화 2 남을 돕는 일의 어려움

아버지는 아주 특별하면서도 소박한 분이셨다. 나는 아버지가 그저 일요일 아침에만 교회에 열심히 나가는 단순한 가톨릭 신자가 아니라는 사실을 알게 되었다. 우리 형제들이 이해할 만한 나이가 되었다고 생각하신

아버지께서 어느 날 우리를 데리고 가서 "가난한 자들의 이발사"로 일하는 모습을 보여주셨기 때문이다.

아버지는 친구 분들과 함께 셔츠 바람으로 약 오십 명 정도 되는 걸인들을 위해 봉사를 하셨다. 그들에게 면도와 이발을 해주고 아침식사를 준비해 주는 일이었다. 그날 아버지는 한 걸인에게 면도를 해주다가 그만 실수를 하고 말았다. 그 남자는 아버지에게 몹시 험한 말을 하며 화를 냈다. 돌아오는 길에 아버지께서 말씀하셨다. "아버지가 하는 일을 너희들도 보았지? 불행한 사람들을 돕는 일은 쉽지 않은 거란다!"(『이웃의 가난은 나의 수치입니다』에서)

1949년 피에르 신부가 자신의 집을 '엠마우스Emmaus'라 이름 짓고 빈민과 부랑자의 안식처로 제공한 이래, 엠마우스 운동은 2000년 현재 44개 나라에서 350여 개 단체가 활동하는 국제적인 빈민구호단체로 발돋움했다. '일한다·나눈다·베푼다'를 3대 원칙으로 하는 엠마우스 공동체의 핵심 철학은 아무리 하찮게 보이는 인간에게도 그(녀)만의 탁월성을 인정하고 존중하는 것이다. 또한 피에르 신부가 즐겨 이야기하는 아래 예화는 그와 엠마우스 운동이 추구하는 진정한 자유의 의미를 되새기게 한다.

예화 "그러면 뭐 하게요?"
인도에서 휴가를 보내는 한 사업가가 모래사장에서 물고기 한 마리를 들고 오는 한 어부를 본다. 어부가 잡은 것에 감탄하며 그가 말한다.

"좋으시겠습니다! 또 잡으러 갈 거지요? 그때 나도 함께 가겠습니다. 어떻게 고기를 잡는지 내게 설명해 주셔야 합니다." "또 잡으러 가다니, 뭐 하게요?" 하고 어부가 묻는다.

"물고기를 더 많이 갖게 되지 않습니까" 하고 사업가가 대답한다.

"그러면 뭐 하게요?"

"그걸 팔면 돈이 생기지 않습니까."

"그러면 뭐 하게요?"

"작은 배라도 한 척 살 수 있을 테니까요."

"그러면 뭐 하게요?"

"그 작은 배로 더 많은 물고기를 잡을 수 있지 않습니까."

"그러면 뭐 하게요?"

"일꾼들을 쓸 수 있을 테니까요."

"그러면 뭐 하게요?"

"그 사람들이 당신을 위해 일할 겁니다."

"그러면 뭐 하게요?"

"당신은 부자가 될 겁니다."

"그러면 뭐 하게요?"

"그러면 쉴 수 있을 겁니다."

그러자 어부가 그에게 말했다. "쉬는 건 지금 당장이라도 할 수 있는 걸요!"

(『단순한 기쁨』에서. 『이웃의 가난은 나의 수치입니다』에서는 어부의 마지막 언급이 "그렇잖아도 지금 편히 쉬려고 집에 가는 길이오!"라고 되어 있다.)

필자가 피에르 신부의 이름을 처음 접한 건 1990년대 초반 어느 신문의 외신면을 통해서였다. 프랑스에서는 불황에 책이 더 잘 팔린다는 요지의 그 신문 특파원의 파리발 기사는 피에르 신부의 책을 당시 파리 서점가의 베스트셀러 가운데 하나로, 그것도 독자의 마음을 훈훈하게 하는 책으로 다뤘다. 가물가물한 기억을 되살려 몇 개의 열쇠말로 한국언론재단 사이트www.kinds.or.kr에서 검색했으나 그 기사는 찾지 못했다.

대신, 피에르 신부 관련 기사를 몇 개 찾았다. 1993년 10월 하순, 서울 우이동 명상의 집에서 열린 국제 엠마우스 이사회에 참석하기 위해 피에르 신부가 우리나라를 찾은 일이 있다(《한국일보》 1993. 10. 31). 이보다 두 달 전에는 당시 프랑스의 베스트셀러를 다룬 현지 특파원의 파리발 기사도 있었다.

"비소설류에서 베스트셀러에 오른 책 가운데 상당수는 석학들에 의해 집필된 말랑말랑하지 않은 내용을 담고 있다. (…) 3위인 『신과 인간』도 대화록인데 행동하는 성직자 피에르 신부와 '국경 없는 의사회' 출신인 쿠슈네 전 보건부 장관이 신의 존재에 대해 벌인 진지한 토론을 소개했다. 진보적인 사회학자 부르디외가 집필한 『세계의 불행』은 계층간의 갈등이 심화되는 현대의 방황하는 심리를 날카롭게 분석됐다.(이하 생략)"

《경향신문》 1993. 9. 1)

이 기사의 꼬투리를 살짝 잡자면, 기사 작성자는 서점에 가서 잘 팔리는 책들을 펼쳐 훑어보지 않은 게 분명해 보인다. 적어도 『세계의 불행』은 그랬을 것이다. 『세계의 비참』(동문선)이라는 제목으로 번역된 이 책은 피에르 부르디외가 기획한 프랑스사회 여러 계층의 방대한 인터뷰를 엮은 심층보고서다.

아무튼 피에르 신부와 베르나르 쿠슈네의 대담집은 2년 뒤에 우리말로 번역되었다. 그런데 이 프랑스 베스트셀러가 우리나라에서는 큰 호응을 얻지 못했다. 『신과 인간들』(장락, 1995)은 진정한 인도주의가 무엇인가에서 신의 존재와 인간의 구원 문제에 이르는 "논쟁의 진수"를 전달하는 데 지장을 줄 정도는 아니어도, 편집에 문제가 좀 있다. 본문에서 대담자의 이름을 알파벳으로 표기한 것도 그렇지만 일부 인명의 우리말 표기는 몹시 서투르다. "칠레의 살바도르 알랑드 대통령을 암살한 사람인 피노셰도 전혀 미친 구석이라고는 찾아볼 수 없었어요. 아주 평범한 장군이었지요" 여기서 '알랑드'는 아옌데 대통령이고, '피노셰'는 독재자 '피노체트'다.

피에르 신부 책의 번역은 2000년부터 본격화한다. 『당신의 사랑은 어디 있습니까』(바다출판사, 2000)는 적은 분량이지만 피에르 신부의 사상을 압축한 책이다. 먼

저 그때만 해도 파리 교외에 거주하던 홍세화의 추천사가 눈길을 끄는데, 핵심을 찌르는 인물 스케치가 특히 그렇다.

나는 그에게서 무엇보다도 부조리한 세상에 분노할 줄 아는 '행동하는 지성'의 모습을 본다. 아니, '행동하는 지성'이라는 말도 그에게는 부족한 감이 든다. '분노하는 성자'라는 말이 더 어울릴 것 같다. 프랑스의 텔레비전 화면에서 그의 모습을 종종 볼 수 있는데, 나는 그가 미소 짓는 모습을 거의 본 적이 없다.

이 책에서 피에르 신부는 '박애'의 중요성을 강조하는 것으로 말문을 연다. "양립하기 어려운 두 극단, 자유와 평등을 이어주는" 박애는 "진정한 사회적 형평을 위해서 개인들이 자유롭게 참여하는 것을 말"한다. 또 "각자가 공동선에 자발적으로 참여하는 것을 바탕으로" 하는 박애는 "합리적인 선택이며, 정의롭고 조화로운 사회를 만들기 위해 각자의 자유를 존중하는 개인적이고 집단적인 선택"이기도 하다.

'형제애'를 강조하는 것으로 마무리 짓는 이 책은 그 밖에도 삶과 자유와 평등의 진정한 의미에다 프랑스인의 순혈주의와 프랑스 사회의 보수성에 대한 비판 의식이 빼곡하다. 선택을 해야만 하는 두 갈래 길의 상황논리 또한 놓칠 수 없는 대목이다. "이 두 갈래 길은 아주 분명합니다. 다른 사람 없이 나 혼자 하느냐, 아니면 다른 사람과 함께 하느냐. 다른 사람 없이도 행복한가, 아니면 다른 사람과 함께 행복한가. 혼자 만족하는가, 아니면 공감하는가. 이런 선택에 따라 우리는 달라집니다."

『단순한 기쁨』(마음산책, 2001)은 피에르 신부의 한국어판 가운데 가장 많이 팔린 책이다. 필자가 갖고 있는 다른 책들이 많아야 2쇄를 한 데 비해 이 책은 16쇄 8만여 부를 발행했다. 2000년 이후 출간된 책은, 얼마

전, 거의 동시에 입수한 걸 감안하면 『단순한 기쁨』의 쇄수는 놀라운 수치다. 게다가 월드컵을 개최하던 해에 있은 텔레비전 독서 캠페인의 힘을 입지도 않았다고 하니, 유독 이 책의 판매가 많았던 이유가 궁금하지 않을 수 없다.

이에 대해 마음산책의 정은숙 대표는 외부적 요인보다 책 자체의 내재적 측면에 무게중심을 둔다. "완성도·용이도·접근도"가 높았기 때문이라는 것. 원저의 비망록적 성격을 이웃과 더불어 사는 기쁨을 사색하는 방향으로 콘셉트를 잡아 독자의 접근을 쉽게 하고, 젊은 피에르 신부의 웃는 얼굴을 표지에 담아 친근함을 갖게 한 것이 주효했다는 분석이다. 또한 천주교 교회의 미사를 통해 소개되고, 예외적으로 교회 주보에서 다뤄진 점도 무시할 수 없는 요소다.

『피에르 신부의 고백』(마음산책, 2002)은 피에르 신부의 잠언집으로 사랑·형제애·죽음에 관한 279개의 메시지를 담았다. 이를테면 "인생은 사랑하는 법을 배우기 위해 주어진 얼마간의 자유시간이다. 우리가 배우길 원한다면 말이다." 『이웃의 가난은 나의 수치입니다』(우물이있는집, 2004)는 피에르 신부가 쓴 글을 연대순으로 배열해 엮은 독특한 형태의 자전自傳이다. 모자이크나 스테인드글라스를 연상시키는 형식으로 말미암아 약간의 성김이 있기는 하나, 피에르 신부의 생애를 일별하기에는 부족함이 없다. 이른바 '가로디 사건'에 관한 담담한 반성적 회고가 이채롭다.

철학자 로제 가로디는 나치 독가스실의 존재를 부인하고, 유태인을 배척하는 논조의 책을 냈다. 그를 국회에서 알게 된 피에르 신부는 책을 읽어보지도 않고, 그 책을 지지하는 내용의 편지를 보냈다. 이로 인해 전 매체가 흥분하는 사태가 벌어졌다.

피에르 신부는 자신이 두 가지 잘못을 범했다고 고백한다. 2차 대전 때의 유대인 학살을 다른 대량학살 범죄와 비근한 것으로 간주했다는 것이 그 하나고, 가로디의 책이 가진 위험성을 충분히 언급하지 않았다는 것이 다른 하나다. "그 책이 가진 많은 오류, 한계성을 분명히 지적하지 않았으며, 그 책이 매우 해로울 수 있다는 사실을 충분히 말하지 않았다."

피에르 신부가 일관되게 공산주의에 반대하는 것은 신실한 종교인의 자기 방어로 이해되지만 다른 종교를 보는 피상적인 자세는 약간 아쉽다. 어렵사리 종교의 공존은 인정하면서도 다른 종교를 기반으로 하는 사회, 특히 이슬람에 대한 인식은 좀 낮은 듯싶다. "회교도들의 테러리즘은 알제나 파리나 카이로의 부유한 지역에서가 아니라 빈곤과 그 빈곤을 동반하는 절망이 증식되는 대도시의 혜택 받지 못한 외곽지역에서 그 추종자들을 끌어들인다." 실제로는 민주주의의 부재와 결핍도 빈곤에 못지않은 테러의 동인動因이다.

브라질의 대주교 돔 헬더 카마라와 각별한 사이였지만 피에르 신부는 '해방신학'에도 비판적이다. "진정한 해방신학이란 사랑 안에서 불의로부터 해방하는 것이다." 그래도 피에르 신부는 총만 들지 않았을 뿐이지 게릴라 전사로 순교한 라틴 아메리카의 카밀로 토레즈 신부나 다름없는 자유의 투사다. 피에르 신부는 2차 대전 중 항독 레지스탕스로 활동했다. 아베 피에르는 레지스탕스 시절 사용한 가명 가운데 하나다. 그의 본명은 앙리 앙투안 그루에Henri-Antoine Groues다.

아베 피에르의 책

신과 인간들 베르나르 쿠슈네 대담, 김주경·박경희 옮김, 장락, 1995.
당신의 사랑은 어디 있습니까 김용채 옮김, 바다출판사, 2000.
단순한 기쁨 백선희 옮김, 마음산책, 2001.
피에르 신부의 고백 백선희 옮김·이병률 사진, 마음산책, 2002.
신부님, 사람은 왜 죽나요? 김남주 옮김, 프레스21, 2002.
이웃의 가난은 나의 수치입니다 김주경 옮김, 우물이있는집, 2004.
피에르 신부의 유언 이효숙 옮김, 웅진지식하우스, 2006.
하느님…왜?- 피에르 신부, 영원한 질문에 답하다 임왕준 옮김, 샘터, 2006.

아지즈 네신
Aziz Nesin
1915-1995

그가 없었으면 오르한 파묵도 없다

본명이 메흐멧 누스렛Mehmet Nusret인 아지즈 네신은 터키 작가다. 2006년 노벨문학상을 받은 오르한 파묵보다 1.5세대 앞선 인물이다. 그는 "서슬 퍼런 계엄령 하에서도 권력의 압제에 굴하지 않고 글로써 자신의 신념을 지"켰다(『이렇게 왔다가 이렇게 갈 수는 없다』 앞표지 날개 저자소개글).

지금까지 아지즈 네신의 책은 여덟 권이 우리말로 번역되었다. 전부 이난아 옮김이다. 나는 그의 회고록 『이렇게 왔다가 이렇게 갈 수는 없다』(푸른숲, 2009)를 읽는 내내 마음이 몹시 무거웠다. "그의 작품들은 항상 분노하는 동시에 미소를 짓는다"(오르한 파묵)는 평가에서 이 서글픈 회고록은 예외다.

"고통스러웠던 기억은 따로 모아두고, 이 책에서는 여러분이 읽고 웃을 수 있는 기억들만 담았다"(202쪽)지만, '포복절도한 웃음'이나 유쾌함 같은 건 없다. 나는 결국 아지즈 네신 회고록의 마지막 페이지에서 눈물을 떨군다. "도서관에 있는 도서 대출 목록에서 선생님 이름을 보았거든요. 죄송합니다."

내가 눈물을 떨군 "이미 알 것 모를 것 다 아는 고등학생"이 아지즈 네신에게 던진 사과의 말 한마디다. 그때 아지즈 네신은 터키 북서부의 도시 부르사에 유배된 몸이었다. 유배 회고록은 1947년 겨울 넉 달간의 기록이다. 무일푼이나 다름없던 유배자는 굶주림과 추위에 시달린다.

그래서일까? 유배기간이 적어도 4년은 되는 것 같다. 그래도 솔제니친이 『이반 데니소비치의 하루』에서 묘사한 소련 시베리아 강제수용소에 비하면, 아지즈 네신의 유배생활은 한결 자유롭다. 날마다 조석으로 거주지 관할 파출소에 출두해 '부르사 시 경계 밖으로 나가지 않았다'는 서명을 해야 했지만 말이다.

"관료주의 사회에서 '책임'이란 한마디로 불덩이 같은 거다. 내게 불똥이 튀지 않으려면 한시라도 빨리 다른 사람에게 넘겨버려야 한다. 그렇다고 불덩이를 땅에 떨어뜨려서는 안 된다. 왜냐하면 의무는 신성한 것이니까." 나는 불덩이를 떠넘기기에 급급한 부르사 시 치안 책임자들의 태도가 우습기는커녕 무척 씁쓸했다.

낙인이 찍힌 자는 어디서나 불청객이다. "아는 사람을 만나면 좋겠다는 생각을 하며 걷고 있는데, 때마침 친구 샤즈가 내 쪽을 향해 걸어오는 게 눈에 띄었다! 그러나 반가움도 잠시, 나와 눈이 마주친 순간 그는 갑자기 누군가 뒤에서 부르기라도 한 듯 방향을 백팔십도로 돌려 빠르게 뒤돌아가기 시작했다."

아지즈 네신이 "유배 왔다는 사실을 알게 된 사람들은 혹시라도 무슨 피해를 볼까 봐 전전긍긍하며" 그를 대놓고 피했던 것이다. 나는 이 땅에서 어떤 낙인 때문에 고초를 겪은 분들의 고통을 이제야 겨우 비로소 이해할 만큼 그런 현실에 둔감했다. '자기 땅에서 유배당한 사람들'이 이웃과 친지들에게까지 당한 극단적인 따돌림을 납득할 수 없었다.

아지즈 네신은 참으로 인간적이다. 나는 부끄러워하며 주저하는 그의 사람됨에 반했다. "지금 이 글이 나의 회고록이 아니라 소설이었다면, 주인공은 청년이 두고 간 돈을 갈기갈기 찢어버렸을 것이다. 하지만 현실의 나는 그렇게 하지 않았다. 나는 바로 일어나서 청년이 두고 간 돈이 얼마인지 세어보았다." 나로선 이 책이 소설이 아니라 회고록인 게 천만다행이다.

『왜들 그렇게 눈치가 없으세요?』(노석미 그림, 살림, 2009)는 아지즈 네신의 유년시절 이야기다. 아지즈 네신은 풍자작가로 알려져 있다. 그런데 네신이 이야기하는 그의 삶은 슬프기만 하다. 나한테 그는 '슬픈' 풍자작가다. "사람들은 제게 왜 풍자작가가 되었냐고 항상 묻습니다. 저도 모르겠습니다. 하지만 아마도 절 풍자작가로 만든 것은 저의 삶이었던 것 같습니다. 저는 눈물 속에서 여기까지 왔습니다."

그의 집은 '찢어지게' 가난했다. "우리들 대부분은 가난이 무슨 죄라도 되는 양 부끄러워합니다. 저도 오랜 세월을 가난 때문에 부끄러워했습니다. 작가가 되기 전까지는 말입니다. 하지만 글을 쓰기 시작하면서부터 모두가 가난한 나라에서는 가난이 부끄러운 게 아니라 재산이 많은 게 더 부끄러운 것이라는 걸 알게 되었습니다."

51쪽부터 '짠함'의 연속이다. 어린 아지즈 네신은 헌옷을 뜯어 만든 명절 옷 바지주머니에 구멍이 나서 잉크 살 돈을 잃어버린다. "아버지가 그날 저녁 왜 늦게 들어오셨는지 나중에 커서야 이해하게 되었습니다. 바로 아내와 아들에게 명절 선물을 사 주지 못했기 때문입니다." (55쪽)

57쪽과 58쪽에서 내 눈가는 다시금 흐릿해진다. "우리는 대부분의 명절 아침을 항상 이렇게 보냈습니다. 아침까지 헌 옷으로 내 명절 옷을 짓는 어머니… 다혈질이지만 세상에서 가장 마음씨가 좋은 아버지… 울어서 눈두덩이 부어올랐지만 한 번도 누구에게 하소연한 적이 없는 어머니…"

아지즈 네신은 싸움꾼이 아니다. "그런데 많은 사람들은 나를 싸움꾼으로 알고 있습니다. 작가 생활을 하면서도 싸움을 하지 않았습니다. 물론 치열한 글 싸움이나 격렬한 논쟁은 많이 했습니다. 하지만 그 모든 싸움은 내가 건 것이 아니었습니다. 첫 번째 공격은 제가 하지 않았습니다." 그는 어렸을 때부터 그랬다.

은혜를 저버리지 않는 개만도 못한 인간은 얼마나 많은가(112쪽). 아지즈 네신의 어머니는 결핵을 앓았다. "어디에서인지는 모르지만, 우리 집에 무상으로 고기를 주었습니다. 아마 결핵퇴치단체였던 것 같습니다.

어쩌면 보건부 혹은 시 당국일지도 모르지요." 1920년대에 말이다. "우리에게 일주일에 500그램의 고기는 엄마를 회복시킬 약이었습니다."

어린 아지즈 네신은 아주 멋진 소년이었다(130쪽). 예나 지금이나 백만장자의 실상은 이렇다. "우리나라에는 아직도 이 같은 거짓말과 속임수를 믿는 사람들이 있습니다. 사실 백만장자들의 근본을 보면 위의 네 가지 철칙과 맞는 사람은 아무도 없고, 오히려 정반대인 사람들이 있을 뿐입니다." 백만장자가 되기 위한 네 가지 철칙은 133쪽에 나온다.

아지즈 네신의 우화집은 그의 유배 회고록과 유년시절 이야기 못잖게 감동적이다. '아지즈 네신의 유쾌한 세상 비틀기' 『더 이상 견딜 수 없어!』(양은아 일러스트, 살림, 2009)에 실린 우화들은 좀 무겁다.

다소 무거운 내용에 걸맞게 우화들을 사자성어로 풀어 보면, 「아, 우리 당나귀들」과 「행복한 고양이」는 순응주의順應主義다. 집주인과 세입자의 처지가 뒤바뀌는 「우리 집」은 주객전도主客顚倒이고, 「학부모 회의」는 중구난방衆口難防이며, 「쥐들은 자기들끼리 잡아먹는다」는 약육강식弱肉强食이다('순응주의'는 사자성어가 아님).

"버르장머리 없는 것 같으니라고! 아니, 어떻게 엄마 아빠에게 지금까지 자기가 어느 학교에 다니고, 몇 학년인지 말도 안 해 줄 수 있냐! 요즘 애들은 부모를 존경하는 법이 없다니까!" 집에서 일어난 어이없는 중구난방의 말도 안 되는 아빠의 마무리다.

"그 수완 좋은 관리인은 자신도 자신의 종족을 죽이고 죽여 살아남은 가장 힘센 쥐처럼, 자신의 친구들을 먹고 먹어, 죽이고 죽여, 그 커다란 창고의 관리인이 되었던 것입니다. 다시 말해 자기 삶에서의 성공 방법을 쥐들에게 적용했던 것입니다." 인간사人間事의 약육강식은 다른 동물들에게 절대 뒤지지 않는다. 더 능하면 능했지!

『당나귀는 당나귀답게』(이종균 그림, 푸른숲, 2005)는 '아지즈 네신의 삐뚜름한 세상 이야기'다. 첫 작품 「위대한 똥파리」는 도전정신과 그것의 실행을 부추긴다. "어떤 길을 택할 것인지는 파리들 자신이 알아서 할 일이다. 하지만 진실은 있다. 어둠 속에 죽치고 앉아 있는 파리의 기념비가 세워졌다는 얘기는 파리들의 역사 그 어디에도 기록되어 있지 않으니까."

「거세된 황소가 우두머리로 뽑힌 사연」은 비토veto가 가져온 엉뚱한 결과다. 「기후제와 관절염」에 나타난 터키와 그리스의 선린우호관계는 한국과 일본은 꿈도 못 꾼다. 남북한은 더 말해 뭣하랴! 「양들의 제국」은 늑대의 꾐에 빠진 어리석은 양들을 풍자한다. 아니, 아지즈 네신이 풍자한 대상은 그런 인간들이겠지.

한국어판 표제작 「당나귀는 당나귀답게」는 군사독재자의 위선에 불과했던 예전의 본분 지키기를 떠올린다. 다음은 「멋진 것과 옳은 것」에 나오는 시의 정의다. "내가 생각하기에, 시는 옳은 것을 멋진 감정으로 설명하는 거란다." 「미친 사람들, 탈출하다」에선 과연 누가 미쳤고, 누가 안 미쳤는지 영 헷갈린다.

무라트의 할아버지가 노익장을 과시하는 「연싸움」의 뒷맛은 씁쓸하다. "우리가 할아버지가 되었을 땐 어쩌면 연을 날리지 못하게 될지도 몰라. 그 때가 오면 이곳도 건물들로 가득 차 버려서 연을 날릴 만한 공터가 남아 있지 않을 테니까." (무라트) 맨 끝인 놓인 「세 가지 물건」은 무슨 얘긴지 잘 모르겠다.

『개가 남긴 한 마디』(이종균 그림, 푸른숲, 2008)는 또 하나의 '삐뚜름한 세상 이야기'다. 「까마귀가 뽑은 파디샤」는 권력자가 자신의 고정지지층만 섬기는 게 얼마나 어리석은 일인지 보여준다. '파디샤'는 "(이슬람권 국가의 군주)"를 말한다. 「도둑고양이의 부활」의 맺음을 보면 세무 당국은 어디서나 비호감이다.

"잘못일 수도 있고 아닐 수도 있지. 나도 잘 모르겠네. 모든 사람이 아는 사실이라 해도 대놓고 얘기하면 죄가 되는 수가 있잖은가? 메르시메카우스가 어쩌다

살해되었는지 기억하게나. 로마가 공화 정치를 한다는 사실을 모두가 알고 있는데도, '로마는 공화국이다.'라고 외쳤기 때문에 목숨을 잃었네. 나도 정확한 체포 이유는 모르겠네. 하지만 분명한 건 지금 자네 아들에 대한 체포 영장을 가지고 있다는 사실이네." (「당신을 선출한 죄」)

「왕과 빈대」에서 사람의 피에 걸신들린 빈대는 쇠를 먹는 상상의 동물인 불가사리를 떠올린다. 「아주 무서운 농담」의 반전이 약간 의외라면, 「개가 남긴 한 마디」의 그것은 좀 싱겁다. 「총리를 뽑는 아주 특별한 기준」에 등장하는 파디샤는 무척 단순하다. 「당나귀에게 훈장을!」의 당나귀는 관제언론이 아닌가 싶다.

진화는 진보가 아니다. "진화란 변화하는 환경에 대한 적응이지 진보가 아니다." (스티븐 제이 굴드, 『생명, 그 경이로움에 대하여』, 김동광 옮김, 경문사, 2004, 45쪽) 다소 엽기적인 「늑대가 된 아기 양」에서 아기 양의 늑대로의 초고속 진화는 더욱 포악해진 양치기라는 변화된 환경에 적응한 것이다.

「꼬리 밑 선구자」의 안타고니스트로 설정된 '비범한 물고기'는 개척자 정신이 강하다(실제론 프로타고니스트다). "이 바위 틈새는 우리가 살기에는 너무 좁아요. 제가 다른 곳으로 가서 무엇이 있는지 보고 올게요." 행동파 파리가 연상된다. 「꼬리 밑 선구자」의 타이틀 롤을 맡은 '꼬리 밑 물고기'는 2인자이기는커녕 기껏해야 기생하는 부류에 불과하다.

"옳은 말을 하시는군요. 하지만 내 잘못은 아닙니다. 지금은 시대가 바뀌었잖아요. 사람들에게 양심이라는 것이, 도덕이라는 것이 털끝만큼도 남아 있지 않습니다."(「내 잘못이 아냐」)

『튤슈를 사랑한다는 것은― 사랑의 여섯 가지 이름』(김민지 일러스트, 푸른숲, 2007)은 "아지즈 네신의 우화 중에서 사랑을 소재로 한 단편만을 선별해 엮"었다(「옮긴이의 말」). 사랑을 주제로 한 단편선집이지만, 적어도 첫 번째

작품과 두 번째 작품은 연관이 있어 보인다.

「빛나는 것, 그것은」 사랑이리라. 독수리와 물고기 익투스의 사랑은, 사랑은 역경마저 극복한다는 점을 시사한다. 하지만 이 이야기의 화자와 청자인 남자와 여자 사이엔 국경이 가로놓여 있다. 「품을 수 없는, 안길 수 없는」에서 참나무와 인형의 사랑은, 사랑의 아픔을 대변한다. 아무튼 남자를 떠났던 여자가 돌아왔다.

"감아 안아야 할 그 아름다움의 이름"에서는 연인 사이의 연대, 즉 삶의 이상理想을 공유하는 것의 어려움을, 「찰나에 만나다」에서는 하나가 되려는 열망, 그러나 함께할 수 없는 고통에 대해 이야기한다."(「옮긴이의 말」)

"시인은 단순히 시를 쓰고 읽는 사람이라기보다는 일종의 삶의 형태"다. 시인에게 영감의 원천이 되는 "사랑이란 매 순간 끊임없이 갈구하지만 완전하게 내 것으로 소유할 수 없는, 찾았다고 생각하는 순간 더 멀리 달아나버리는, 설명할 수 없는 그 어떤 것"이다(「나비, 시인, 그리고 여자」).

쓸모 있음에 대한 나비의 항변을 경청한다. "사람들은 누에나비 이외의 다른 나비들은 쓸모가 없다고들 합니다. 그런데 도대체 쓸모가 있다는 게 뭐죠? 아름다운 자태로 하늘을 나는 멋진 모습을 보여주는 것이야말로 쓸모 있는 게 아닐까요? 세상을 아름답게 꾸며주는 것 이외에 도대체 저희에게 다른 무엇을 기대하는 거죠?"

「튤슈를 사랑한다는 것은」 '그'가 존재하는 이유다. 일흔 살 먹은 남자를 낯선 도시에서 헤매게 하는 튤슈는 누구인가? "제가 모르는 곳의 모르는 집에서 저를 기다리고 있는, 제가 모르는 여자가 튤슈입니다." '그'는 세계에서 복잡하기로 이름난 어느 도시의 문화 광장 한 구석에서 목소리가 잠길 때까지 '너를 사랑해 튤슈'를 외친다.

"그 순간 나는 이렇게 많은 사람들이 무슨 이유로 이

원시적인 고함에 관심을 갖는지 생각해보았다네. 남녀노소 할 것 없이 모두 다 '너를 사랑해 튤슈'라고 소리치고 싶지만, 남자처럼 마음 깊은 곳에서 용기가 나지 않아 저렇게 소리치는 남자에게 자신의 감정을 이입하는 것은 아닐까, 하고. 어쩌면 그는 우리 대신 튤슈를 사랑한다고 외치고 있었는지도 모르지."

500쪽 가까운 장편소설 『생사불명 야샤르』(푸른숲, 2006)를 하루에 후딱 읽었다. 아지즈 네신은 실로 대단한 작가다. 그의 진가를 만끽했다. 솔직히 옮긴이의 번역소감을 반신반의한 게 사실이다. "이 책을 번역하는 내내 방바닥을 뒹굴며 웃었던 경험으로 미루어 짐작건대 독자들도 읽는 내내 터져 나오는 웃음을 멈출 수 없을 것이다."

정말 그렇다. 풍자와 익살이 난무하는 『생사불명 야샤르』를 읽으며 나는 뒤집어졌다. 내 책읽기 사상 최대의 요절복통이었다. 예의 네신의 다른 작품들처럼 웃음 뒤끝으로 서글픔이 밀려오지만, 여기선 즐거움이 주눅 들지 않는다. 더구나 이 작품은 해피엔딩이다. 야샤르 야샤마즈는 '천일야화'의 샤흐라자드다.

다만 야샤르는 감옥에서 동료 죄수들에게 자신의 기구한 인생살이를 들려준다. 그런데 우리는 야샤르의 험난한 삶을 동정하기 전에 너무나 우스운 '시추에이션' 앞에서 데굴데굴 구르지 않을 수 없다. "아버지, 제가 죽었대요. 제가 죽었대요."(48쪽) 야샤르는 울음보를 터트리지만 우리는 웃음보가 터진다. (이후 전개되는 상황에 대해선 책임 못짐.)

또한 다만 야샤르의 '살아 있는 죽음'은 "국가가 임명한 대단한 공무원"들의 실수 때문이다. 그들은 자신들의 과오를 결코 인정하지 않는다. 야샤르는 그에게 닥친 꼬리에 꼬리를 무는 재앙을 이렇게 노래한다. "악운이 날 따라다녔지/희망을 안겨주는 척 시간만 끌었다오/내게 치유할 수 없는 상처만 남겨준 채/내 상처를 감싸주오, 안쉐를 불러주오" 안쉐는 그의 약혼녀다.

야샤르는 "살아 있으면서도 살아 있지 못한 자신의 이야기보따리를 풀었다." 야샤르 야샤마즈의 모험담은 동료 죄수들을 사로잡는다. "야샤르는 마치 모두의 고통을 자신의 고통으로 체화한 후 이야기를 만들어내는 것 같았다." 죄수들이 야샤르의 이야기를 듣다 말고 자기도 모르게 내지른 고함은 우리 현실과도 들어맞는다. "맞아, 정말 똑같아!"

그런데 우리나라 독자들은 우리와 밀접하거나 우리 현실 그대로인 외국 얘기는 오히려 외면하는 경향이 있다. 하지만 단지 반면교사反面敎師일 수 있다는 이유로 『생사불명 야샤르』를 따돌리는 건 참으로 아쉽다. 꽤 개선되긴 했어도 이 나라 관공서의 실상은 아직 미흡한 점이 있으니 말이다.

"정부기관? 공공기관이라고? 그래, 그럼 공공기관이 하는 일이 뭐요? 학교에 입학하려고 했더니 '넌 죽었어'라고 하고, 군대에 끌고 갈 때는 '넌 살아 있어'라고 하더니, 또 유산을 상속받으려고 할 때는 '넌 죽었어'라고 하고, 세금을 거두어 갈 때는 다시 또 '넌 살아 있어'라고 하는, 도대체 씨도 안 먹히는 이야기들을 해대는 공공기관이라는 곳은 뭘 하는 곳이냐고!"(484쪽)

2004년 번역서 초판이 출간된 『제이넵의 비밀편지(2판)』(홍정아 그림, 푸른숲, 2007)는 우리말로 옮겨진 아지즈 네신의 첫 작품이다. 새 직장을 얻은 아버지를 따라 온 가족이 앙카라로 이주한 초등학교 5학년 제이넵 얄크르와 제이넵이 전에 살던 이스탄불의 같은 반 친구 아흐멧 타르바이가 편지를 주고받는 형식으로 이야기가 펼쳐진다.

권말엔 작가의 편지 2통이 실려 있다. 먼저 「어린이들에게 보내는 편지」는 원서 초판의 '저자 후기'로 짐작된다. 이어지는 「독자들에게 보내는 편지」는 원서의 재판 혹은 개정판의 '저자 후기'가 아닌가 싶다. 1960년대 중반, 아지즈 네신은 『제이넵의 비밀편지』를 '어린이 문학상 공모전'에 출품하지만 미역국을 먹는다.

작가의 두 번째 편지는 '어린이 문학상 공모전'의 예심을 맡은 터키 작가 오나트 쿠트라르의 입을 빌려 『제이넵의 비밀편지』가 미역국을 먹게 된 사연을 전한다. 나는 쿠르라르가 네신의 회갑 잔치에서 뒤늦게 '폭로'한 (어디서나 있을 법한) 본심 심사위원들의 몰이해보다 아래 내용이 더 인상적이었다.

"저는 불가리아의 유명한 영화인이자 풍자가인 토도르 디노브의 말을 자주 떠올리곤 합니다. 그가 손님으로 처음 터키에 초대되어 왔을 때 터키 풍자가들에게 아래와 같은 메시지를 전해 주었습니다. '풍자는 우리 세계를 웃음거리가 되는 것으로부터 구제해 줍니다.'"

책마다 빼놓지 않은 이난아 번역가의 '옮긴이의 말 혹은 편지'가 각별하다. "제가 처음 아지즈 네신의 작품을 번역하게 된 동기는 무엇보다도 그분의 시대를 뛰어넘는 풍자와 위트를 담은 작품 자체가 대단해서였지만 한편으로는 그분의 일관된 '어린이 사랑', 그 정신에 깊은 감동을 받았던 것도 크게 작용했습니다."(『왜들 그렇게 눈치가 없으세요?』)

"아지즈 네신이 국민작가로 추앙받는 또 다른 이유는 그가 작가 이전에 실천적인 지식인으로서 평생을 기득권 세력과 투쟁하는 데 바쳤기 때문이다. 그는 터키의 폭력적인 정권, 특히 언론인에 대한 탄압을 정면으로 비판한 작품들 때문에 내란 선동이나 좌익 활동이란 죄목으로 이백오십 번 이상의 재판을 받았으며 유배와 수감 생활을 반복하였다."(『튤슈를 사랑한다는 것은』)

"저는 네신의 이야기 속에 담긴 이 의미를 느끼고 공감하기 때문에 계속해서 네신의 이야기를 독자 여러분들께 전달하고 있고 앞으로도 멈추지 않을 것입니다." 또한 "네신의 이야기를 독자 여러분들에게 전하는 일은 제게 봄을 믿게 하는 햇볕을 쬐는 소중한 사명입니다."(『더 이상 견딜 수 없어!』)

확언하건대 우리에게 아지즈 네신 같은 작가는 없다. 혹시라도 국내작가 중 누군가 노벨문학상을 받는다면 그건 사상누각砂上樓閣/沙上樓閣일 뿐이라고 생각한다.

아지즈 네신의 책

일단 웃고 나서 혁명 이난아 옮김, 푸른숲, 2011.
이렇게 왔다가 이렇게 갈 수는 없다 이난아 옮김, 푸른숲, 2009.
왜들 그렇게 눈치가 없으세요? 이난아 옮김, 노석미 그림, 살림Friends, 2009.
더 이상 견딜 수 없어! 이난아 옮김, 양은아 일러스트, 살림Friends, 2009.
개가 남긴 한 마디– 아지즈 네신의 삐뚜름한 세상 이야기 이난아 옮김, 이종균 그림, 푸른숲, 2008.
튤슈를 사랑한다는 것은– 사랑의 여섯 가지 이름 이난아 옮김, 김민지 일러스트, 푸른숲, 2007.
제이넵의 비밀편지(2판) 이난아 옮김, 홍정아 그림, 푸른숲, 2007.
생사불명 야사르 이난아 옮김, 푸른숲, 2006.
당나귀는 당나귀답게 이난아 옮김, 이종균 그림, 푸른숲, 2005.

아툴 가완디
Atul Gawande
1965-

불완전한 과학과 비논리적 직감이 공존하는 의학

원고마감날짜 칼같이 지키기는 프리랜서 문필가로서 나의 장점이자 버팀목이다. 하마터면 그런 신용에 흠집이 날 뻔했다. 두 가지 이유에서다. 우선 원고마감을 일주일 남기고 '선수교체'를 했다. 기획리뷰 대상을 바꾼 까닭은 이 글의 맺음 부분에서 밝히겠다. 그리고 '새로운 선수'가 쓴 책 한 권을 제시간에 못 구할 뻔했다. 오프라인을 신뢰한 게 불찰이었다. 그날은 마침 약 처방전을 끊으러 병원에 가는 날이었다. 나는 잠자기 전, 항경련제를 먹는다. 뇌수술 받은 병원에서 처방전을 받는데, 그날은 병원과 병원 앞 약국을 거쳐 서울 종로에 위치한 ㄱ문고에 들렀다.

아툴 가완디의 『나는 고백한다, 현대의학을Compli-cations』 내가 검색한 인터넷서점 어느 곳이든 지금 주문하면 내일이나 24시간 안에 받을 수 있다는 표시가 있었다. ㄱ문고 고객 검색대에서 책을 찾았다. 어이쿠, 드넓은 매장에 그 책이 없다는 결과가 나왔다. 이를 어쩌나! 아무리 24시간 안으로 책이 온다 해도 인터넷서점에 주문을 넣어 이튿날 책을 받는 건 무리였다. 더구나 내일부터는 주말이었다.

종로의 다른 대형서점으로 발길을 돌렸다. ㄴ책방에 책이 있었다. 휴우, 놀란 가슴을 쓸어내렸다. 책 읽는 도중, 두 쪽을 건너뛰며 두 쪽씩 네 번에 걸쳐 여덟 쪽이 뒷면의 글자가 비치는 파본인데도 아무상관 없었다. 내가 산 『나는 고백한다, 현대의학을』은 2007년 3월 펴낸 초판 14쇄. 표지에 인쇄된 딱지로 알 수 있는, 그러니까 〈TV, 책을 말하다〉 선정 2003년 올해의 책의 후광을 어느 정도 입었더라도 4년 동안 14쇄를 찍은 건 스테디셀러 자격이 충분하다. 이 책은 프로농구계의 추승균 선수처럼 '소리 없는 강자'라고나 할까.

이 책은 올리버 색스Oliver Sacks의 『나는 침대에서 내 다리를 주웠다(A) leg to stand on』(소소, 한창호 옮김, 2006)를 떠올린다. 두 권은 여러모로 비슷하다. 저자의 직업부터 저자가 직접 겪은 일을 풀어놓은 것이라는 점과 한국어판을 낸 국내 출판사까지 말이다. 물론 다른 점도 있다. 둘 다 직접 겪은 일이긴 해도 올리버 색스의 책이 자신의 병상일기라면, 아툴 가완디의 책은 외과의 진료기에 가깝다. 나는 올리버 색스 편에서 『나는 침대에서 내 다리를 주웠다』를 리뷰하며 내가 겪은 일을 곁들였다. 이번엔 그때 못 다한 말을 약간 덧붙일 생각이다.

'열어봐야 안다.' "오늘날 우리는 MRI 촬영, 초음파 검사, 핵의학 검사, 분자적 검사, 그밖에도 수많은 첨단 검진법과 기기로 무장하고 있다." 하지만 "산 사람이든 죽은 사람이든 보기 전까지는 알 수 없다." 맹장염인 듯한 병색이 완연해도 직접 몸을 열어봐야 그 여부를 확신할 수 있다. 뇌수술에 필요한 검사가 이어지면서 나는 점점 '악성'에 가까워졌다. 수술 예비단계의 검사결과가 정확했다면, 나는 지금 이 글을 쓰고 있지 못할 가능성이 매우 높다. 부정확한 검사결과가 나왔다고 첨단검사기기를 탓한 일은 아니다. 몸 바깥에선 제아무리 용을 써도 몸 안의 상태를 파악하는데 한계가 있어서다. 이것은 의학의 본질적 측면이기도 하다.

"우리는 의학을 지식과 처치가 질서정연하게 조화를 이루는 분야라고 생각한다. 그러나 그렇지 않다. 의학은 불완전한 과학이며, 부단히 변화하는 지식, 불확실한 정보, 오류에 빠지기 쉬운 인간들의 모험이며, 목숨을 건 줄타기다. 우리 일에는 과학이 있다. 그렇지만 그 안에는 또 습관과 직감, 때로는 단순한 낡은 추측도 있다. 우리가 아는 것과 우리가 목표하는 것 사이에는 늘 간극이 있다. 그 간극이 우리가 하는 모든 일들을 꼬이게 만든다."

이 책을 펴낼 즈음, 아툴 가완디는 8년간의 일반외과 훈련 막바지에 이른 외과 레지던트였다. 생각보다 경력이 일천하군! 젊은 의사로군! 그는 "레지던트는 독특하게 유리한 위치에서 의학을 바라볼 수 있다"고 지적한다. 레지던트는 "내부자로서 모든 것을 보며 모든 것에 개입한다. 하지만 동시에 새롭게 본다." 또한 "레지던트 제도는 감독과 누진적 책임부과를 통해 잠재적 위험을 완화시키고자 하는 시도"라고 덧붙인다.

나는 나를 맡은 교수팀의 수석 레지던트에게 가장 험한 말을 들었다. 수술을 위한 검사를 받기 위해 사흘간 입원했을 때의 일이다. 그는 이제는 환자도 자신의 병에 대해 알아야 한다며, 병명을 알려줄 테니 인터넷 검색을 통해 정보를 얻으라고 했다. 나는 귓전으로 흘러들었다. 그는 또 맨 정신으로 1년을 살아야 할지, 멍청이로 10년을 살아야 할지 내가 결정해야 한다고도 했다. 무슨 말이냐 하면, 수술을 안 하고 1년을 버틸 것인가, 아니면 수술이 잘못돼 심한 후유증을 겪을 수도

있다는 얘기다. 별것 아닌 듯해도 당사자에겐 한마디로 섬쩍지근한 선택의 갈림길이다. 어느 쪽도 그리 좋을 게 없다.

수술실과 중환자실을 거쳐 입원실로 오는 과정에서 엿들은 어느 간호사의 경솔한 언사는 이보다 덜 충격적이었다. 그 간호사는 내 침대차에 붙은 차트를 보고 이렇게 말했다. "이 환자, 악성이네." 그녀는 내가 자고 있거나 마취가 덜 깬 걸로 생각했던 것 같다. 아니면 강한 '충격요법'이든가. "수술실에서는 의식 없는 환자를 옮길 때 캔버스천을 씌운 롤링보드를 사용하고, 동작도 몇 차례로 나눠서 조심스럽게 움직인다. 조금이라도 상처를 내지 않기 위해서다." 수술부위가 부위니만치 나도 물리적으로는 세심한 대접을 받았다. 하지만 어느 간호사의 폭탄선언 한 방은 이에 대한 나의 고마움을 다 날려버렸다.

의과대학생 아툴 가완디는 직접 절개를 해본 그 순간 "외과의가 되고 싶어졌다." 하나의 집단으로서 외과의들은 묘한 평등주의를 고수한다고 한다. "그들은 연습을 믿지 재능을 믿지 않는다." 외과의가 되려는 이에게 손재주는 부차적인 요소다. 또 "외과의들은 기술은 가르칠 수 있지만 끈기는 가르칠 수 없다고 생각한다." 오로지 연습, 연습, 연습이다. 그리고 "우리에게 요구할 것은 완벽이 아니라 완벽을 향한 중단 없는 노력이어야 할 것이다."

수련의가 혼자 집도하는 대상은 대체로 환자들 중에서 가장 힘없는 이들일 경우가 많다. 아툴 가완디는 "최상의 의료서비스에 대한 환자의 권리는 의사의 수련이라는 목적보다 분명 상위에 있다"고 전제하면서도 "만일 미래를 위해 누군가를 훈련시키지 않는다면 그 피해는 모두의 몫"이라는 일견 '물귀신 작전'을 편다. 이에 굴하지 않고 나는 반발한다. 그렇다고 사회적 약자만 실험대상이 되어서야 쓰겠는가. 그는 매우 현명한 원칙을 준비해뒀다.

"만일 학습이 필요하고 그것이 피해를 야기할 수 있다면, 그렇다면 그것은 모든 사람에게 공평하게 적용되어야 한다. 선택권이 주어진다면 사람들은 다들 요리조리 빠져나갈 것이고, 선택권은 공평하게 주어지지 않을 것이다. 그러한 선택권은 연줄 있는 사람, 의학적 지식이 있는 사람들에게나 주어지고, 외부인들보다는 내부인에게 주어질 것이다. 말하자면 의사 자녀에게는 주어지지만 트럭 운전사 자녀에게는 주어지지 않을 것이다. 선택권을 모든 사람에게 공평하게 줄 수 없다면 아예 아무한테도 안 주는 편이 나을지도 모른다."

진료는 글쓰기와, 의학계의 어떤 활동은 출판계의 어떤 활동과 유사하다. 의료사고는 문필가로 치면 필화다. 그런데 필화와 의료사고의 원인은 거의 같다고 할 수 있다. 시간의 쫓김이다. 이로 인한 "서두름, 부주의, 피곤"은 사소하지만 중요한 과정을 생략하게 되고 화를 부른다. 따라서 "의학은 뭐든 닥치는 대로 해내는 불굴의 의지를 요한다."

아툴 가완디가 묘사한 미국 외과학회 정기총회 풍경은 마치 대규모 도서전시회 같다. "누렇게 바래 바스라질 것 같은 고서의 책장을 뒤적이며 나는 마침내 진짜 가치 있는 것을 발견했다는 생각이 들었다. …진짜 지속적인 가치가 있어 보이는 신약과 신기기, 도구들이 분명 있기는 했다. …고서판매 부스는 내가 경탄할 만한 가치 있는 뭔가를 찾았음을 확신할 수 있는 곳이었다."

『나는 고백한다, 현대의학을』은 상식을 넓혀주기도 한다. '텍사스 명사수의 오류'란 존재하지도 않는 패턴을 찾으려는 경향을 가리킨다. 텍사스 명사수는 헛간 벽에 총을 쏘고 총알이 맞은 곳에 과녁을 그려 넣는다. 파라스케비데카트리아포비아paraskevidekatriaphobia는 13일의 금요일 공포증이다. 2000만 명 안팎의 미국인이 이 불안증에 '시달린다.'

파라스케비데카트리아포비아는 우리로 치면 4자 기피증이다. 대부분의 병원은 4층이 없고, 병원이 있는 건물의 승강기 단추는 4층을 F로 바꿔 놨다. 내가 사는 아파트와 이웃한 아파트 단지에는 우리 집(704호)처럼 4로 끝나는 호수가 없다. 4호는 전부 5호다. 그런데 이웃 아파트 단지의 4자 기피는 일관성이 없다. 동수와 층수에는 4자를 쓰고 있다.

"의사들은 신체상으로 원인을 찾을 수 없는 만성통 환자를 보게 되면 잘 안 믿고 무시하는 경향이 있다." 나는 만성통 환자는 아니다. 하지만 지금까지 살아오면서 나 역시 병원에서 내가 호소하는 아픔을 인정하지 않는 의사를 여럿 만났다. 어렸을 때 더 그랬다.

"그 환자들은 병을 고쳐 줘서 고맙다고 인사한 것이 아니었다. 그들은 자신의 고통을 진지하게 받아들여 준 것, 진짜라고 믿어 준 것에 대해 감사하고 있었다." 이런 심정을 충분히 이해한다. 하지만 중증 질환자가 '동병상련同病相憐'을 느끼기는 어려운 것 같다. 수술을 마치고 병실로 복귀한 나를 보러 밀려든 다른 환자와 보호자들이 짜증났다. 2인실의 말 많은 '파트너' 역시 그랬다.

'환자노릇'은 착실히 했다. "믿고 따를 때와 자기 의견을 주장할 때를 현명하게" 분별한 건 아니다. 담당교수 회진시간에 병상을 꼭 지켰다. "사려 깊고, 자신을 염려해 주며, 게다가 때때로 수도 잘 쓰는 의사 앞에서 결국 의사가 권하는 쪽으로 '선택하지' 않는 환자들은 거의 없다." 수술을 맡은 의사와의 첫 만남에서 내 수술은 이미 결정된 거나 다름없었다.

나는 직감을 존중할뿐더러 선호한다. "우리가 직감을 완전히 무시하지 못하는 것은 때때로 들어맞는 경우가 있기 때문이다. 그러한 성공은 논리적 사고의 결과라고 보기에는 좀 뭣한 감이 있으나, 그렇다고 순전히 운이 좋았다고만 할 수도 없다."

글을 쓰다가 안 풀릴 때가 있다. 그런데 어느 순간 술술 풀린다. 그럴 때 나도 "바늘을 들어서 가슴을 찌르면 바늘이 지방층을 미끄러지듯 지나 빽빽한 근육층에 막혀 좀 고전하다가 다음 순간 미세하게 튕기는 듯하며 정맥의 벽을 뚫고 들어가는 것이 느껴진다."

책 한 권의 리뷰든, 여러 권의 테마리뷰든, 어떤 주제의 출판시평이든 일을 시작하기 전에 늘 막막하다. '이걸 어떻게 쓰지? 잘 쓸 수 있을까?' 하지만 그럭저럭 써낸다. 도서평론가나 출판칼럼니스트라는 직함이 부끄럽지 않게 말이다. 가끔 칭찬도 듣는다. "우리의 노력으로 치료에 성공했을 때 아직도 때때로 나는 얼떨떨하다. 하지만 우리의 노력은 성과를 거둔다. 늘 그렇지는 않지만, 병원이 문을 닫지 않고 의사노릇을 계속할 정도는 된다."

『닥터, 좋은 의사를 말하다Better: A Surgeon's Notes on Performance』는 『나는 고백한다, 현대의학을』의 속편으로 봐도 될 것 같다. "이 책은 의료행위에 관한 이야기다." 아툴 가완디는 먼저 손 씻기의 중요성을 거론한다. 병원 감염의 일차적인 매개체는 의료종사자들의 손이었다. 그러나 제대로 손 씻는 방법, 장난 아니다.

"우선, 온갖 박테리아의 온상으로 악명이 자자한 손목시계와 반지, 그 밖의 귀금속을 풀어놓아야 한다. 그다음, 따뜻한 수돗물에 손을 적신다. 팔꿈치 아래까지 비누를 묻혀 15~30초가량 제조업체가 써놓은 대로 비벼서 비누거품을 내고, 30초 동안 헹군 다음 깨끗한 일회용 수건으로 물기를 말끔히 제거한다. 그러고 나서 수건을 사용해 수도꼭지를 잠근다."

환자와 새로운 접촉이 있을 때마다 이를 반복해야 한다. "사실 이 절차를 지키는 사람은 거의 없다." 사실상 불가능한 일이어서다. 그래도 아툴 가완디는 실행의 중요성을 강조한다. 소아마비 긴급퇴치에 나선 세계보건기구WHO 관계자에게 인도 남부의 소읍 시리굽파 주민 한 사람이 어째서 영양실조 퇴치 노력은 안하는지 따져 물었다.

세계보건기구 관계자의 답변은 궁색했다. 인도정부와 세계보건기구가 할 수 있는 일은 고작 거기까지라

는 것이다. "굶어죽을 지경인데 마비까지 되면 좋을 리 없지요." 나는 샤프롱chaperon이 뭔지 몰랐다. 의사와 환자 간의 불필요한 시비를 막기 위한 진료 참관인쯤으로 보면 될 것 같다. 샤프롱은 간호사일 수도 있고, 환자의 보호자일 수도 있다.

내가 보기에 『닥터, 좋은 의사를 말하다』는 전편에 비해 약간 아쉽다. 속편은 전편만 못하다는 통설에서 자유롭지 못한 점이 없지 않으나, 「전사자가 줄어든 진짜 이유」가 큰 문제를 안고 있어서다. 미국의 두 번째 이라크 침략에서 미군 전사자가 1차 침략에 견줘 줄어든 까닭은 나름대로 설득력이 있다. 하지만 이 글에 드러난 '애국주의'는 몹시 거슬렸다. 아툴 가완디는 미국의 이라크 침략을 기정사실로 받아들인다. 바그다드의 제31전투지원병원 환자의 3분의 1은 이라크 부상자들이라고 하면서도 미군의 공격에 따른 엄청난 민간인 사상자는 언급하지 않는다. 전사한 미군 군의관을 영웅적인 개인 희생으로 떠받드는 건 그의 자유이나 내겐 설득력이 없다.

혹여 아툴 가완디의 '애국심' 고취는 미국 주류사회에 진입한 비백인의 '신원증명'은 아닐까? 에이미 추아의 『제국의 미래』(이순희 옮김, 비아북, 2008)는 이런 측면이 더 짙다. 중화中華주의와 아메리칸드림의 기이한 결합에다 친유대주의가 꿈틀거린다. 에이미 추아의 남편은 유대인이다. 하나씩 상대하기도 벅찬 마당에 셋을 한꺼번에 상대하는 건 무리다. 에이미 추아를 포기한 이유다.

아툴 가완디의 책

나는 고백한다, 현대의학을 김미화 옮김, 소소, 2003.
닥터, 좋은 의사를 말하다 곽미경 옮김, 동녘사이언스, 2008.
체크! 체크리스트─ 완벽한 사람은 마지막 2분이 다르다 박산호 옮김, 21세기북스, 2010.

안드레이 타르코프스키
Andrei A. Tarkovsky
1932-1986

영화를 예술의 경지로 끌어올리다

"만약 영화를 예술이라고 부를 수 있다면 그것은 타르코프스키 같은 위대한 영상시인이 있기 때문이다. 타르코프스키야말로 영화라는 매체에 적합한 고유한 영상언어를 창조해낸 가장 위대한 감독이다." 스웨덴 출신의 세계적인 영화감독 잉게마르 베르히만은 타르코프스키를 이렇게 평했다.

안드레이 타르코프스키의 영화가 국내에 공식적으로 소개된 것은 1995년에 들어서다. 그때까지 그는 소수의 영화 관계자들에게만 알려진 전설적인 존재였다. 전설적이란 평판은 엄밀한 객관적 검토를 거치면 깨지기 마련이다. 소문난 잔치에 먹을 것이 별로 없는 것처럼 말이다. 하지만 타르코프스키는 달랐다. 1995년 2월 개봉된 그의 영화 〈희생〉은 3만 명에 가까운 관객을 끌어들였는데 이것은 전 세계적으로 유례가 없는 관객 동원이었다.

타르코프스키의 영화에 반응하는 세 가지 방식을 따른다면, 1만 명은 의무감에서 극장을 찾았고, 1만 명은 영화가 시작되고 얼마 안 있어 잠에 빠져들었을 것이다. 그리고 나머지 1만 명이 극장을 나오기가 무섭게 타르코프스키의 광신도가 되었을 것이다. 타르코프스키의 표현대로 하면 그의 "정신적 당원"이 된 것이다.

〈희생〉이 모은 관객 3만 명은 수지타산을 맞추기에는 빠듯한 숫자였지만, 일부 문화분석가에게는 매우 의미 있는 숫자로 받아들여졌다. 다름 아니라 1인당 국민소득 1만 달러 시대를 상징하는 문화현상으로 해석되었다. '의식족衣食足이 지문화知文化라!' 살림살이가 넉넉해야 문화를 안다는 것이 문화분석가들의 논리였다.

하지만 외환위기를 맞아 국민소득이 급전직하해 반도막이 나면서 그런 주장은 설득력을 잃었다.

우리나라에서 타르코프스키는 극장보다 서점에 먼저 등장했다. 그의 영화예술의 미학과 시학을 담은 책이 〈희생〉의 개봉에 4년 앞서 번역되었다. 『봉인된 시간』(분도출판사, 1991)은 영화인으로서의 직업관과 작업방식을 다루고 있다. 하지만 기능적인 성격은 거의 보이지 않고 매우 철학적이다.

"오직 감독이 사물에 대한 자신의 시각을 드러냈을 경우에만, 즉 일종의 철학자가 되었을 경우에만 감독은 비로소 예술가인 것이며 영화는 영화예술이 될 수 있는 것이다."

그리고 타르코프스키는 영화가 '종합예술'이라고 하는 '상식'에 도전한다. 영화와 다른 예술이 지닌 공통점은 예술가들이 현실의 재료를 취해 그것을 자유롭게 다루고 조직한다는 점에 그친다. 문학적 사고와 회화적 조형성의 결합만으로는 결코 영화의 예술적 형상을 빚어낼 수 없다고 타르코프스키는 단언한다. 그런 결합은 과장되고 그릇된 절충주의를 낳을 뿐이라고 경고한다.

그러면 타르코프스키가 생각하는 영화예술의 본질은 무엇인가? 그것은 한마디로 "시간을 빚어내는 것"이다. 따라서 가장 이상적인 영화는 "연대기年代記"의 형식을 취한다. 타르코프스키에게 연대기는 영화의 한 장르가 아니라, 삶을 재구성하는 하나의 방편이다. 또한 "시간을 빚어내는" 영화의 가장 근본적인 요소는 "관찰"이다. 영화의 형식을 지탱해주는 관찰은 "선별"을 전제로 한다.

그가 생각하는 이상적인 영화작업은 이렇다. 한 영화작가가 한 사람의 전 생애를 모조리 촬영한다. 여기에는 수백 만 미터의 필름이 들어갈 것이다. 편집과정을 통해 이 필름이 2500미터 정도의 길이로 추려지면, 한 시간 반 분량의 영화가 탄생하는 것이다. 타르코프스키는 편집하기 전의 필름이 여러 명의 감독에게 전해져 각기 다른 영화로 만들어진다면 얼마나 흥미진진한 일이 벌어지겠냐며 독자의 동의를 구한다.

타르코프스키는 슈테판 츠바이크를 떠올리게 한다. 향수에 시달리며 망명지에서 객사한 점이 같지만, 분도출판사를 통해 국내에 소개된 점도 같다. 타르코프스키는 벽안의 수도사에 의해 우리에게 알려졌다. 타르코프스키가 소련에서 만든 영화의 비디오테이프는 푸른 눈의 수도사가 들여왔다. 〈안드레이 루블료프〉〈솔라리스〉〈잠입자〉 등은 '성 베네딕트수도원 시청각종교교육회' 발행으로 되어 있다. 〈천재, 전설, 그리고 인간 안드레이 타르코프스키〉는 수도회가 출시한 타르코프스키 관련 비디오테이프 가운데 가장 최근의 것으로 〈희생〉의 제작과정을 찍은 다큐멘터리 필름이다.

〈천재, 전설, 그리고…〉가 셀룰로이드에 기록된 타르코프스키의 자취라면, 『타르코프스키의 순교일기』(두레, 1997)는 책으로 남긴 '실록'이다. 이 책은 독일의 리메스Limes출판사가 두 권으로 펴낸 『순교자의 말 Martyrolog』 중 일부를 옮긴 것이다. 1권은 1989년에 나왔고, 2권은 2년 후 출간되었다. 1권을 인쇄할 즈음, 새로운 노트가 발견되었기 때문이다. 1권과 2권은 1980년대 부분이 중복된다. 한국어판은 겹치는 부분을 피해 〈솔라리스〉의 제작을 준비하던 1970년부터 세상을 떠난 1986년까지의 일기를 수록했다. 여기에는 타르코프스키의 인간적 면모에서부터 그의 영화예술론, 영화제작과정, 소련 당국과의 갈등, 그리고 그가 영향 받은 작가와 사상가가 잘 드러나 있다.

그의 일기는 순정한 영혼을 지닌 인간이 정의를 위해 투쟁하는 아름다운 모습을 보여준다. 개성적인 예술세계를 말살하려는 체제와의 싸움은 독자를 숙연하게 하기도 한다. 또한 경제적 궁핍을 감내하며 독창적인 영화세계를 구현하려했던 치열한 작가정신이 돋보인다. 일기의 몇 곳을 보기로 하자.

"개인의 영리를 추구하는 사회조직은 걷잡을 수 없는 산업지상주의를 수반하며, 이 산업지상주의는 인류를 불구자로 만들고 자연 자원을 고갈시킨다"(1986. 2. 12). 그렇다고 개인의 소유마저 부정하지는 않는다.

"이 카메라는 스웨덴 영화연구소의 카메라였다. 그 말은 즉 주인이 없는 카메라란 뜻이다. 사회 공공의, 국가 소유의 또는 사회주의적인 소유물이란 모두 늘 이런 식이다"(1985년 7. 28). 〈희생〉 촬영 도중 고장 난 카메라를 두고 쓴 내용이다.

타르코프스키는 스타시스템을 통해 상업성과 오락성을 추구하는 할리우드식 영화에 명백히 반대했다. 그런데 1983년 2월 5일 일기에서는 서부영화를 위한 작품구상을 하고 있어 흥미롭다. 더욱 이채로운 것은 배역으로 설정된 배우들의 면면. 로버트 레드포드를 주인공으로 폴 뉴먼, 말론 브란도, 찰스 브론슨에다가 테렌스 힐까지 캐스팅한다. 타르코프스키 역시 1970년대의 저 유명한 〈튜니티〉 시리즈를 인상 깊게 본 모양이다.

타르코프스키의 작품은 난해한 영화의 대명사다. 그가 인용한 괴테의 말을 살짝 바꿔 그의 영화의 난해함에 접근하면 어떨까. "좋은 영화를 만드는 것이 어려운 것처럼 좋은 영화를 (제대로) 감상하기도 어렵다." 괴테의 원안에는 영화 대신 책이 들어간다.

안드레이 타르코프스키의 책
봉인된 시간 김창우 옮김, 분도출판사, 1991.
타르코프스키의 순교일기 김창우 옮김, 두레, 1997.

안드레이 타르코프스키에 관한 책
타르코프스키는 이렇게 말했다 김용규 지음, 이론과실천, 2004.

안토니오 그람시
Antonio Gramsci
1891-1937

헤게모니론과 진지전론을 창안하다

"마르크스주의의 역사에서 에어푸르트 강령으로부터 1914년까지의 시기가 제2차 인터내셔널의 시대, 1917년에서 20년대 중반까지는 레닌주의, 1924년에서 50년대 초반까지는 스탈린주의, 그리고 1950년대 후반부터 70년대 초반이 마오이즘으로 특징지어질 수 있다면, 1980년대는 아마도 '그람시주의'라고 불릴 수 있는 새로운 국면에 접어들 것이라고 여겨진다."(김성기의 「그람시와 문화운동」(『공동체문화·제3집』 공동체, 1986)에서 재인용)

폴 피코네Paul Piccone라는 사람의 위와 같은 지적은 우리에게도 들어맞는데, 이는 서울 신촌에 있던 사회과학서점이 제작한 소책자 『책 속의 책』(1986)에서 확인할 수 있다. 1980년대 중반의 사회과학도서를 정리한 이 소책자에서 그람시 관련도서는 '철학>마르크스주의>네오 마르크스주의' 항목에 포함된다. "여기서 말하는 네오 마르크스주의는 러시아혁명 이후 서유럽에서의 독자적 혁명론과 동유럽에서의 마르크스에 대한 새로운 접근 등 정통주의에 비해서 실천성보다는 이론성이 부각되는 논리들이다."『책 속의 책』에 소개된 그람시 관련도서는 다음과 같다.

『그람시의 생애와 사상』, C. 무페 외, 한울

『그람시』, J. 졸, 까치

『그람씨의 옥중수고 I ─ 정치편』, A. 그람씨, 거름

『그람시의 정치사상』, 로저 시몬 외, 청사

『헤게모니와 혁명』, W.L. 아담슨, 학민사

『그람시와 혁명전략』, A. 사쑨, 녹두

『국가·계급·헤게모니』, 임영일 편, 한울

이 가운데 그람시의 저작은 『그람씨의 옥중수고 I』(거름,

1986) 단 한 권뿐이다. 안토니오 그람시의 『옥중수고』는 당혹감과 함께 우리 앞에 나타났다. 소문으로만 듣던 이 책이 번역된 것은 1986년. 서슬 퍼렇던 군부독재정권이 내리막을 걷기 시작할 때였고, 당혹감의 정체는 전두환 정권이 이탈리아의 파시스트 정권보다 더 가혹한 것이 아니냐는 의문이었다. 감옥에서의 집필허용을 기준으로 했을 때 말이다. 의문점은 곧 풀렸다. 악덕의 수준이 '오십보 백보'라고.

"우리는 이 자의 두뇌가 작동하는 것을 20년 동안 중지시켜 놓아야 한다." 1928년 그람시를 기소했던 검사가 내린 유명한 논고다. 그람시는 그의 형기를 다 채우지 못하고 감옥이 아닌 병원에서 세상을 떠났다. 압제자들은 그람시의 몸을 가두고, 육체를 병들게 해서 서서히 죽게 만들었지만 그의 '두뇌 작동'을 막을 수는 없었다. 그람시는 감옥에서 2848쪽에 이르는 필사본을 남겼고, 이 필사본은 세상을 떠나기 직전 수감되었던 병원을 빠져나와 이탈리아의 국경을 넘어 잘 보존되었다.

『옥중수고 I』은 6권 또는 4권으로 정리한 그람시의 필사본에서 '정치편'을 번역한 것이다. '헤게모니'나 '진지전' 같은 그람시의 중요한 용어들이 등장한다. 헤게모니란 "어떠한 집단이 조합적 존재로서의 위치와 자신의 경제적 입장의 방어라는 선을 넘어서, 정치·사회적 영역에서의 영도적 위치를 향해 나아가고자 하는 역사적 국면"을 말한다.

두 권으로 기획된 한국어판 『옥중수고』의 둘째 권은 첫째 권 '정치편'이 나오고 7년 만에 출간된다. 두 권 이상으로 예정된 기획물이 첫째 권만 나오고 후속편은 실종되는 경우가 적지 않음을 감안하면, 『옥중수고』의 뒤늦은 완간은 높이 평가해야 할 일이다. 『그람시의 옥중수고 II』(거름, 1993)는 철학과 역사, 문화에 관한 그람시의 생각을 담고 있다.

그람시는 '지식인'에 관한 고찰을 통해 현대세계에서

지식인의 범주는 전례 없이 확대되고 있다고 지적한다. 이런 지식인 대중이 형성되면서 경쟁을 촉발하고, 실업과 과잉생산을 방지하기 위한 조직을 만들어낸다고 그람시는 말한다.

1980년대 중반 그람시는 민중문화운동의 사상적 근거로, 또는 민족 분단의 질곡에서 우리를 해방시켜줄 구원자로, 전 시민사회에서 시민사회로의 이행의 변증법을 가능하게 해줄 교사로 초대되었다. 하지만 이 패배한 혁명가는 스탈린주의에 의해 다시 한 번 패배를 맛보았다. 그러나 가해자들이 흔적조차 없이 사라진 지금, 그람시는 부활했다. 『옥중수고』 역시 '거름신서'에서 '거름아카데미'로 옷을 바꿔 입었다. '거름신서'가 80년대의 시대적 요청에 부응한 즉각적인 대응이었다면, '거름아카데미'는 좀더 깊고 높은 안목을 요구하는 책들을 아우른 기획이다.

그람시가 감옥에서 쓴 편지는 그의 사상을 이해하는데 필사본 못지않게 중요한 자료다. 그람시의 편지는 『옥중수고』와 마찬가지로 편집작업을 거쳐 세상에 선을 보였다. 1960년대 이탈리아 공산당은 노선다툼이 벌어진 가운데 그람시의 편지 내용의 진위를 둘러싸고 논쟁을 빚기도 했다.

『어른이 되면 무엇이 될까』(공동체, 1990)는 그람시가 감옥 밖에 있는 아내와 아들, 그리고 친지에게 보낸 편지를 모은 책이다. 마흔 아홉 통의 편지 가운데 눈길을 끄는 것은 단연 두 아들에게 보낸 편지다. 큰아들 델리오와 둘째아들 줄리아노에게 띄운 글에는 애틋한 부정父情이 서려 있다. 특히 줄리아노는 그람시의 투옥 이후 태어나서 한 번도 얼굴을 못 본 탓에 그 정이 더욱 사무친다.

그람시는 아들들에게 약속은 꼭 지켜야 하고, 어떤 일이든 진지하게 할 것이며, 응석받이로 자라서는 안 된다고 가르친다. "아무튼 뭔가 좋은 일을 하나 하고자 한다면 불평을 하거나 갓 태어난 강아지처럼 깽깽거리며 울지 말고 그 일에서 최대한의 성과를 끌어내기 위해 필요한 일을 하지 않으면 안 된다."(줄리아노에게 보낸 편지에서)

편지 약속을 어긴 줄리아노에게는 어엿한 소년이 되었으니 확실한 책임감을 지녀야 한다고 타이른다. 편지글의 사이사이에 그람시가 아들에게 보낸 우화 여덟 편을 곁들인 점이 이채롭다. 톨스토이, 디킨스, 고리키 등이 쓴 교훈적인 동화들이다.

1980년대 그람시 2차 문헌의 출간은 L. 그루피의 『그람쉬의 헤게모니론』(전예원, 1986)이 나온 뒤, 약간 주춤한다. 급박하게 돌아가는 정세의 변화가 '그람시의 이론성'보다는 '정통주의의 실천성'을 더 요구한 때문이 아닌가 한다. 출판 쪽에서는 1987년 6월 항쟁의 전리품이랄 수 있는 해금 작가의 책과 북한원전을 찍어내느라 바쁘기도 했다.

그람시에 대한 관심은 1990년대로 접어들면서 다시 모아진다. 칼 보그의 『다시 그람시에게로』(한울, 1991), 로버트 보콕의 『그람시 헤게모니 사회이론』(학문과사상사, 1991), 샹탈 무페가 엮은 『그람시와 마르크스주의 이론』(녹두, 1992) 등이 90년대 초반 그람시에 대한 갈증을 풀어주었다. 모두 2차 저작이다. 이런 흐름은 1990년대 중반까지 이어지는데, 90년대 출간된 대표적인 그람시 해설서로는 『안토니오 그람시의 단층들』(갈무리, 1995)을 꼽을 수 있다. 1980년대와 90년대에 출간된 그람시의 저서와 해설서는 스무 권이 넘는다. 하지만 이 중에는 지금 구할 수 있는 것보다 구할 수 없는 것이 더 많다.

그래도 운이 좋으면 구하기 어려운 책을 서점에서 만나는 행운을 누릴 수도 있다. 『어른이 되면 무엇이 될까』와 조우한 나처럼 말이다. 〈도서신문〉에 잠시 몸담고 있을 적, 나는 영풍문고에서 그 책을 만났다. 그 날의 '감격'을 〈책 구입일지〉에 이렇게 적었다. "웅진 본사 측의 재창간호에 대한 평가가 혹독하다는 얘기를 듣고 몹시 불쾌해지다. 기분을 달래기 위해 서점 가서 '책사냥.' 보물을 하나 찾다. 『어른이 되면 무엇이 될까』. 사람들에게 보여 주니 모두 탐내다."(1997. 7. 23)

한국에서 '그람시주의'의 새로운 국면은 이제부터라고 생각한다. 새천년에 접어들자 기다렸다는 듯이 그람시의 저작이 속속 번역되었기 때문이다. 「왜 한국에서 아직도 그람시인가」. 강옥초는 〈역사비평〉(1998년 겨울호)에 기고한 글에서 이렇게 답한다. "많은 좌익사상가 중에서도 특히 그람시가 관심을 끈 것은 그의 사상이 그간 한국 사회에 널리 퍼져 있던 경제결정론적 맑스주의나 볼셰비키 전략과 다른 '대안적' 맑스주의의 가능성을 보여주었기 때문이다."

그람시가 새록새록 되살아나는 데에는 그의 독특한 자질 및 이론과 우리 사회가 궁합이 잘 맞아서일 것이다. 지역문제의 해결이나 마르크스주의의 혁신에 그람시는 귀중한 시사점을 제공한다. 그렇지만 그람시의 역량이 가장 빛을 발하는 분야가 있으니, 바로 '문화'다. 이런 측면은 물론 그람시의 이름이 국내에 퍼지기 시작할 즈음부터 꾸준히 주목을 받아 왔다. 그러다가 우리 사회에서 문화가 하나의 화두로 등장하면서 그 관심이 더욱 높아졌다.

그람시가 보는 문화란 이렇다. "문화는 전혀 다른 무엇이다. 그것은 조직이며, 한 인간의 내적 자기에 대한 훈련이고, 한 인간의 인격에 대한 통제이며, 보다 높은 수준의 자각의 획득이다." 그람시의 문화에 대한 유명한 정의는 그간 간접적으로 알려졌다. 『안토니오 그람시 옥중수고 이전』(갈무리, 2001)이 우리말로 옮겨지기 전까지는 말이다. 제목대로 그람시가 『옥중수고』 이전에 쓴 글을 모은 이 책은 베일에 싸였던 그람시 초기 사상의 진면목을 보여준다. 그릇된 문화 개념에 대한 지적 또한 그렇다.

핵심적으로는, 문화를 백과사전적 지식이라고 인식하는 습관, 그리고 이에 따라, 마치 인간을 둘러싸고 있는 상이한 자극들에 대해 어느 경우에든 반응할 수 있기 위해 마련된 어떤 사전의 항목들처럼 인간의 두뇌에서 정리되어야만 하는, 정제되지 않고 연결되지 않은 사실들, 추상적 자료들이 주입되어야 할 일종의 그릇으로 문화를 인식하는 습관으로부터 벗어나야 한다. 문화의 이러한 형태는 실제로는 해로운 것이며 특히 프롤레타리아에게는 더욱 그렇다. 이는 다만 자신들이 인류의 나머지 부분들에 비해 우월한 것으로 믿고 있는 사람들, 결국 부적격자들을 창조하는 데 공헌할 뿐인데, 왜냐하면 그들은 자신들의 기억 속에 어느 정도의 사실들과 자료들을 쑤셔 넣고서는 기회가 있을 때마다 이를 꺼내 보여 자랑하고 자신들과 다른 이들 사이에 일종의 장벽을 세워 놓기 때문이다.

『감옥에서 보낸 편지』(민음사, 2000)는 다시금 그람시 읽기의 봇물을 튼 책이다. 이탈리아에서 『옥중수고』에 앞서 팸플릿 형태로 발간된 이 책은 그람시의 문학가적 면모를 잘 보여주는 증거물이다. 이 책에 실린 편지의 일부는 『어른이 되면 무엇이 될까』를 통해 이미 소개된 바 있다.

〈읽을꺼리(6호)〉에 실린 스튜어트 홀의 「문화연구에서 그람시의 적절성」은 그람시를 이해하는 데 도움을 주는 좋은 읽을거리다. 홀은 그람시를 "활동적이고 다작을 생산하는 정치저널리스트"로 파악한다.

르네이트 홀럽의 『그람시의 여백』(이후, 2000)은 비교적 최근에 간행된 그람시 2차 문헌이다. 〈읽을꺼리(6호)〉에 실린 스튜어트 홀의 글에 붙은 해설에서 카피레프트 그룹은 홀럽의 책을 이렇게 평했다. "1992년에 쓰인 이 저작에서 홀럽은 문학, 연극, 언어학 등에 대한 그람시의 분석을 프랑크푸르트 학파, 벤야민, 브레히트, 블로흐 및 러시아의 언어학자 볼로쉬노프 등과 같은 20세기의 여타 저작 흐름과 비교-대조하는 방법을 통해 그람시 사상의 함의를 밝히고 있다."

강옥초는 「왜 한국에서 아직도 그람시인가」에서 그
람시 번역 텍스트의 문제점을 지적하기도 했다. 우리말
번역의 저본으로 삼고 있는 영어판 선집이 편집자의 주
관이 지나치게 개입된 이른바 '구판' 『옥중수고』를 재
편집한 것이기 때문이다.

이와 같은 맥락에서 한국어판 그람시 저작을 읽을
때, 주의할 사항이 한 가지 있다. 책의 앞머리에 놓인
'서설' '편집자 해설' '약전' '용어해설' 등은 나중에 읽
는 게 좋다. 이런 곁 텍스트와 씨름하다간 제 풀에 지
쳐 정작 그람시가 말하는 '본론'은 읽는 둥 마는 둥 할
우려가 있다. 『옥중수고』의 사상적 시대적 배경을 설명
한 '서설'은 우라지게 길다.

알랭 드 보통
Alain de Botton
1969-

문학으로 철학하기

작가 알랭 드 보통은 지금까지 대상 인물의 한국어판
저서를 중심으로 리뷰한 해외 사상가, 예술가, 저자 들
과 다른 점이 있다.

그의 성별, 국적, 인종, 직업 같은 것이 그간 다룬 인
물들에 비해 특별날 건 없다. 알랭 드 보통의 다른 점
은 필자를 기준으로 한 것이다. 그는 나보다 나이가 어
린 최초의 리뷰 대상이다. 그것도 두 살이나 아래다. 누
가 한국사람 아니랄까 봐 나이를 따진다 하겠지만 사
실이 그런 걸 어찌하랴!

그나마 머리가 벗겨진 그의 요즘 모습에서 위안(?)을
삼고 싶은데, 그것마저 동안童顔이다. 오히려 머리숱이
꽤 무성한 10년 전의 얼굴이 나이 들어 보인다. 궁금한
분은 1990년대 중반 번역된 『로맨스— 사랑에 대한 철
학적 모험』(한뜻, 1995)과 『섹스, 쇼핑 그리고 소설』(한뜻,
1997)의 책날개에 있는 저자 사진을 확인하시라. 도서관
에서 운이 닿아야 가능한 일이기는 하지만.

앞에서도 말한 바 있지만 필자는 어떤 책을 읽어 마
땅한 시기가 있다기보다는 그 책이 읽힐 적당한 시기
가 있다고 생각한다. 알랭 드 보통은 이에 대한 적절한
사례의 하나로 여겨진다. 1990년대 중반 번역된 그의
책 두 권은 책을 펴낸 출판사의 폐업과 함께 절판되었
다. 이 출판사는 첫 책이 밀리언셀러가 되면 망한다는
속설의 희생양이 된 경우지만, 첫 책의 대박 덕분인지
읽을 만한 번역서를 여러 권 펴내기도 하였다.

국내 독서계에서 알랭 드 보통은 2002년에 들어서
본격적으로 읽히기 시작한다. 그 시발점이 된 『왜 나는
너를 사랑하는가』(청미래)는 『로맨스』를 재번역한 것이

다. 그러니까 알랭 드 보통은 다시 읽히는 셈이기도 하다. 『섹스, 쇼핑 그리고 소설』은 『우리는 사랑일까』(은행나무, 2005)라는 제목으로 다시 옮겨졌다.

『왜 나는 너를 사랑하는가』의 책등과 표지에는 친절하게도 제목 위에다 '소설'이라는 장르의 정체성을 밝히고 있다. 원제목 『Essay in Love』에서 오는 혼란을 방지할 목적이 있을지 모르겠지만, 알랭 드 보통의 책들은 대체로 장르의 경계가 모호하고 헷갈린다. 소설은 수필 같고, 에세이는 비평서 같다.

알랭 드 보통의 첫 작품 『왜 나는 너를 사랑하는가』는 현대판 '연애론'이다. 이 책은 두 가지 점이 놀라운데, 알랭 드 보통은 불과 스물 셋의 나이에 이 소설을 썼다. 또한 그러면서도 연애의 이모저모에 달통하고 있다. 가슴앓이의 시작부터 말이다. "사랑에 빠지는 일이 이렇게 빨리 일어나는 것은 아마 사랑하고 싶은 마음이 사랑하는 사람에 선행하기 때문일 것이다."

큐피드의 화살을 맞고 나서 행동을 취하는 단계에 대한 묘사도 그럴싸하다. "구애란 연기의 한 형식으로, 자연스러운 행동에서 청중에 의하여 결정되는 행동으로 옮겨가게 된다." 또 "구애의 어느 시점에서 배우는 관객을 잃을 위험을 무릅써야 한다." 애인의 이별 선언을 들은 화자話者 '나'의 심리상태가 요동치는 것은 이야기 전개에서 돌발적이고 부자연스러워 보이나, 새로운 연인을 만나 실연의 아픔을 치유하는 결말은 자연스럽다.

알랭 드 보통은 편협함에서 벗어나게 하는 재료로 '유머 감각'을 꼽는다. 이 책의 우리말 옮긴이는 '역자후기'를 통해 알랭 드 보통의 매력으로 수준급의 재치와 유머를 든다. "다만 웃음을 터뜨리기 위해서는 상당한 지적 노력이 따라주어야 하고, 앞서 말했듯이 바로 이 점이 이 책의 매력이기도 하다."

그러나 필자는 이 책을 읽으며 알랭 드 보통의 매혹적인 가벼움과 재치를 느낄 여지가 별로 없었다. 내용에 집중할수록 되레 심각해졌다. 게다가 제6장 「마르크스주의」에서는 알랭 드 보통이 마르크스의 사랑론을 오해하고 있다는 생각이 들었고, 내가 좋아하는 사랑과 관련한 마르크스의 성찰이 떠올랐다.

"만일 그대가 사랑을 하면서도 상대방의 사랑을 불러일으키지 못한다면, 다시 말하자면 그대의 사랑이 사랑으로서 발현되면서도 상대방의 사랑을 산출하지 못한다면, 그리하여 그대가 사랑하는 사람으로서 그대의 삶을 표현했는데도 이를 통해 그대를 사랑 받는 인간으로 전화시키지 못한다면, 그대의 사랑은 무력한 사랑이요 하나의 불행에 지나지 않을 것이다." (『경제학-철학 수고手稿』에서)

그래도 『왜 나는 너를 사랑하는가』에서 추출되는 문장들은 사랑의 아포리즘으로 부족함이 없다.

"자신이 다른 사람의 사랑의 대상이라는 것을 인식하는 것만큼 기쁘면서도 무시무시한 일은 드물다."

"사랑의 말을 보낸다는 것은 불완전한 송신기로 암호화된 메시지를 타전하는 것과 같다."

"사랑은 자명하지 않다."

"사랑은 사랑하는 사람의 본질적인 평범함을 인정하지 않음으로써 그 광기를 드러낸다."

"사랑의 가장 큰 결점 가운데 하나는 그것이 비록 잠시라고 해도 우리를 행복하게 만들 위험이 있다는 것이다."

1993년에서 1995까지 3년에 걸쳐 해마다 출간된 『왜 나는 너를 사랑하는가』와 『섹스, 쇼핑 그리고 소설』 『키스하기 전에 우리가 하는 말들』(생각의나무, 2005)은 사랑의 3부작 또는 연애소설 연작으로 봐도 무방하다. 소설과 에세이의 경계가 흐릿한 형식과, 서사와 기술記述이 교차하는 구성이 비슷하지만 등장인물의 면면도 유사하다. 특히 여자 주인공은 친연성이 있는데, 『왜 나는 너를 사랑하는가』의 클로이와 『키스하기 전에 우리가 하는 말들』의 이사벨은 어떤 취향이 닮았다.

소설은 이사벨의 독특한 취향을 이렇게 묘사한다.

바꿔 말해 다른 사람이 있을 때 코에서 어떤 물체를 꺼내려면 재치가 필요하다는 것을 설명해 주기도 한다. "미안, 내가 그다지 청결한 편이 아니라서." 소파 위에서 신문을 읽고 있던 나는 뜻하지 않게 이사벨의 그 행위를 목격하고 말았다. "괜찮아. 이것이 젖꼭지 세 개 수준에 해당하는 행위인지 잠시 헷갈렸다." "그걸로 뭘 하려고?" "아, 보통 둥글게 굴려서 공을 만들어." "그리고?" "가까이에 휴지통이 있으면 그냥 버리고, 아니면 카펫으로 튕겨버려. 나는 딱딱하게 굳어서 한 덩어리가 된 것을 가장 선호해. 감기 걸렸을 때 완전히 엉망으로 뒤엉켜 있는 건 최악이지. 후벼야 하는지 풀어버려야 하는지 갈등하게 되지. 조금씩 후빌 수도 있는데 그러면 중간쯤에서 부서지거든, 그럴 경우에 제일 좋은 건 잠시 한쪽에 나머지들을 숨겨놓는 거야."

취향이 독특하기는 『왜 나는 너를 사랑하는가』의 여주인공도 마찬가지다. "클로이는 침대에 누워서 책을 읽다가 장애물을 제거하기 위해서 콧구멍으로 손을 넣었다가, 장애물을 굴려 공을 만든 다음 바짝 마르고 단단해지면 그것을 한 입에 삼켰다."

알랭 드 보통은 책과 독서에 관한 자신의 견해를 곧잘 표명하고, 대조와 대구의 표현을 즐겨 한다. 『섹스, 쇼핑 그리고 소설』에서 독서를 '자신에게서 도피하는 독서'와 '자신을 발견하는 독서'로 구분하는가 하면, 해외여행자는 '관광객'과 '여행자'로 나눈다. 관광객은 "놀라움을 싫어하는 성향을 보인다."

관광객들은 반듯한 피라미드나 상쾌한 해변의 신선함에 끌리기도 하나, 그건 단지 그들의 예상과 일치할 경우에 국한한다. "그들은 회의, 불확실, 애매함을 싫어

하고 납득 가능한 분명한 식단을 원해서 처음 보는 카레나 과일, 이국풍의 정서가 환기시키는 불안감을 소화시키지 못하고 공항에 도착하기 전에 팔걸이의자에 앉아서 생각했던 선입견에 집착한다."

여행자는 관광객에 견줘 "선입견이 훨씬 적으며 자신의 생각이 그 지역의 조건과 불일치하더라도 그다지 불쾌해 하지 않는다." 『여행의 기술』(이레, 2004)은 알랭 드 보통의 여행에세이다. 이 책의 여정을 되밟는 게 불가능한 건 아니지만, 이 책이 여행안내서는 아니다. 알랭 드 보통은 여행의 본질을 탐구하는 듯하다. 예의 그의 여행에 대한 통찰이 빛난다.

"우리는 지속적인 만족을 기대하지만, 어떤 장소에 대하여 느끼는, 또는 그 안에서 느끼는 행복은 사실 짧다."

"여행은 생각의 산파다. 움직이는 비행기나 배나 기차보다 내적인 대화를 쉽게 이끌어내는 장소는 찾기 힘들다."

"우리가 외국에서 이국적이라고 여기는 것은 우리가 고향에서 갈망했으나 얻지 못한 것일 수도 있는 것이다."

"여행은 피상적인 지리적 논리에 따라 우리의 호기심을 왜곡한다."

흑백으로 인쇄된 것이 좀 아쉽기는 해도 삽화로 쓰인 명화들은 우리의 눈을 즐겁게 하기에 충분하다. 본문에 내용 일부가 인용된 플로베르의 『기성관념 사전』은 『통상 관념 사전』(진인혜 옮김, 책세상, 2003)이라는 제목으로 한국어판이 나와 있다.

『젊은 베르테르의 기쁨― 알랭 드 보통의 유쾌한 철학 에세이』(생각의나무, 2005)도 다시 나온 책이다. 개정판이다. 이 책의 간기는 초판 발행일을 명기하고 있는데, 초판 제목은 『드 보통의 삶의 철학 산책』(생각의나무, 2002)이다. 그런데 한국어판 제목은 둘 다 원서의 그것과는 거리가 있다. 유쾌하게 철학을 산책하는 요소가 없는

것은 아니지만 책의 골간은 원제목에 가깝다. 『철학의 위안The Consolations of Philosophy』.

이 책에서 알랭 드 보통은 '위안'을 화두로 소크라테스, 에피쿠로스, 세네카, 몽테뉴, 쇼펜하우어, 니체의 삶과 생각을 깔끔하게 요약한다. 필자는 소크라테스, 에피쿠로스, 몽테뉴, 이 세 명의 철학자에게 주목했다. 「인기 없음에 대한 위안」이라는 타이틀이 붙은 소크라테스 편은 이 철학자의 죽음을 비중 있게 다루는데 이건 어찌 보면 불가피한 일이다.

저 유명한 소크라테스 재판의 배심원은 모두 500명이었다. 이 가운데 "220명은 소크라테스의 무죄를, 280명은 유죄를 결정했다." 소크라테스의 최후 변론에 이어 내려진 2차 평결에서는 배심원 360명이 그를 사형에 처하길 바랐다. 그런데 알랭 드 보통은 배심원의 전문성에 이의를 제기한다.

"법정에 앉아 있던 배심원들은 전혀 전문가들이 아니었다. 그들 가운데는 늙은이와 상이군인이 상당수 포함되어 있었다. 그들은 손쉽게 부수입을 올릴 수 있는 수단으로 배심원을 노리던 사람들이었다." 소크라테스 재판 배심원단의 일부가 '동원된 군중'이거나 '우매한 대중'이라는 얘긴데, 이건 알랭 드 보통의 본질 흐리기가 아닌가 싶어 유감이다. 하지만 더욱 유감스러운 것은 소크라테스의 생각이다.

"모든 이의 의견을 다 존중할 필요 없이 단지 몇 명만 존중하고 다른 사람들의 의견은 무시해도 된다는 사실, 훌륭한 의견은 존중하되 나쁜 의견은 그렇게 하지 않아도 좋다는 사실, 그건 참 멋진 원칙이라고 자네는 생각하지 않는가? 훌륭한 의견은 이해력을 가진 사람들의 것인 반면, 나쁜 의견은 이해력을 갖추지 못한 사람들의 것이지…"

해석하기 나름의 발언으로 볼 수도 있으나, 철학의 대명사인 소크라테스가 기껏 엘리트주의자였다니. 소크라테스의 엘리티즘에 대한 비판은 최근 출간된 박홍규 교수의 『소크라테스 두 번 죽이기』(필맥)로 대신하련다. 그것도 급한 대로 〈한겨레〉의 '한겨레 책·지성 섹션'의 관련기사로 대체한다(2005. 7. 29).

반면 에피쿠로스와 몽테뉴에 대한 알랭 드 보통의 해석과 평가에는 불만이 없다. 알랭 드 보통은 소크라테스와 마찬가지로 에피쿠로스도 제대로 보게 한다. 차이라면 알랭 드 보통이 요약한 에피쿠로스와 그의 쾌락주의의 실상은 사뭇 긍정적이다. 알고 보니 에피쿠로스는 꽤나 반체제적이었고, 소박함을 옹호하였다. 에피쿠로스가 행복해지는데 자연스럽지도 않고 불필요한 것으로 '명성'과 '권력'을 지목한 것은 단적인 예다.

미뤄 짐작했던 우리 사회에서 힘깨나 쓴다는 자들의 추악한 거래가 사실로 드러난 지금, 고대 현자의 혜안과 탁견을 새삼 실감하게 된다. 에피쿠로스 편의 제목은 「충분한 돈을 갖지 못한 데 대한 위안」이다. 「부적절한 존재에 대한 위안」을 표제로 하는 몽테뉴 편은 초장부터 필자 맘에 쏙 든다. 독서를 삶의 큰 위안으로 삼은 몽테뉴의 고백부터 말이다.

"은퇴 이후로 독서가 나를 위로한다. 독서는 괴롭기 짝이 없는 게으름의 짓누름으로부터 나를 해방시켜 준다. 그리고 언제라도 지루한 사람들로부터 나를 지켜 준다. 고통이 엄습할 때도 그 정도가 매우 심하거나 극단적이지만 않다면 그 날카로운 예봉을 무디게 만든다. 침울한 생각으로부터 해방되려면 그냥 책에 기대기만 하면 된다."

『프루스트를 좋아하세요』(생각의나무, 2005)는 마르셀 프루스트의 『잃어버린 시간을 찾아서』에 기대어 프루스트의 삶과 문학을 조명하면서, 우리네 삶을 이야기하는 책이다. 알랭 드 보통은 '너무 빨리 하지 마세요'를 프루스트적인 표어로 간주한다. "너무 빨리 하지 않으면 생기는 이점은, 그러는 도중에 세상이 더 재미있어진다는 것이다." 또한 프루스트는 작가는 뜻밖의 읽을거리를 즐긴다고 주장했다 한다.

알랭 드 보통의 책들은 그리 두껍지 않다. 대개 300쪽 안팎이다. 판형도 작은 편이고, 분절 형태의 구성에다 인용문 또한 적지 않아 가독성이 우수하다. 그렇다고 단숨에 읽히는 것도 아니다. 밑줄을 긋느라 독서의 흐름이 끊겨서일까, 아니면 읽는 도중 문득문득 생각할 거리가 생겨서일까?

(「'알랭 드 보통'이 내 맘 읽었네」라는 제목으로 〈주간동아〉(제527호, 2006. 3. 21)에 실린 글을, 잡지사에서 편집하기 전의 상태로 덧붙인다. 알랭 드 보통의 연애소설 3부작을 다룬 이 글에 내가 붙인 제목은 '소설의 전통 형식과 영상 세대 감성의 절충'이었다.)

독자가 어떤 책을 읽어 마땅한 때가 있다기보다는 그 책을 읽을 적당한 시기가 있다. 이것은 모든 책에 적용된다. 고전적 저작뿐 아니라 유행을 타는 책 역시 그렇다. 책이 읽힐 알맞은 때를 찾는 것이 베스트셀러가 되는 으뜸 비결이라 해도 과언은 아니다. 그러나 이게 어느 시점인지는 아무도 모른다. 과거 베스트셀러 3T 공식의 하나인 '타이밍'은 출간 시기의 적절성에 높은 의미를 부여한 것이었다.

1990년대 중후반 번역된 알랭 드 보통의 소설 두 편이 독자의 호응을 얻지 못한 첫째 이유는 출간 타이밍이 맞지 않아서다. 번역은 나무랄 데가 없었지만 그로테스크한 표지 디자인과 다소 밋밋한 본문 편집이 독자의 주목을 받기에는 좀 부족했던 것 같다. 한국어판이 나올 즈음에도 아직 서른이 안 된 알랭 드 보통의 나이가 긍정적으로 작용하진 않았을 듯싶다. 당시 독자들에게 알랭 드 보통의 지명도는 매우 낮았다.

부적절한 출간 시점이 전혀 극복하지 못할 문제는 아니다. 독자에게 도서의 노출시간을 늘리는 방법이 있다. 하지만 한뜻출판사에서 펴낸『로맨스—사랑에 대한 철학적 모험』과『섹스, 쇼핑 그리고 소설』은 그럴

겨를이 없었다. 드 보통의 '연애소설 3부작'의 둘째 권을 펴내고 얼마 안 있어 출판사가 문을 닫았다.

'연애소설 3부작'은 모두 우리말로 옮겨졌다. 1부와 2부는 간행처가 바뀌어 다시 번역되었고, 3부는 새로 번역되었다. 서점에서 구입 가능한 '연애소설 3부작'은, 각권을 따로 놓고 보면, 연관성을 찾기가 쉽지만은 않다. 펴낸 곳과 옮긴이가 다른 것은 물론이고 판형과 장정 등의 편집 스타일이 저마다 개성이 있다. 그나마 우리말 제목에서 실낱같은 친연성이 잡히긴 한다.

제목 또한 3T의 하나다. '연애소설 3부작'의 새로 붙여진 제목들과 새로 나온 책의 제목은 느낌이 사뭇 다르다. 3부작으로 묶이는 알랭 드 보통 연애소설 각권의 제목은 우리말로 옮기기가 까다롭다. 그런 만큼 번역서 제목의 선택 폭은 넓다.『왜 나는 너를 사랑하는가』는『로맨스』의 새천년 판이다. 이 책의 원제목은『사랑에 관한 에세이』다. 알랭 드 보통이 우리나라에서 비로소 읽히기 시작한 데에는 시적인 제목이 한몫하지 않았을까!

『우리는 사랑일까』는『왜 나는 너를 사랑하는가』의 영향을 받은 느낌이 짙다.『우리는 사랑일까』와『섹스, 쇼핑 그리고 소설』의 원제는『The Romantic Movement』다. 이걸 뭐라 번역하나? '낭만적 운동', 영 아니네. 궁여지책으로 본문의 소제목을 따온『섹스, 쇼핑 그리고 소설』도 필이 안 꽂히기는 마찬가지다.

'3부작' 가운데 실질적으로 맨 나중 번역된『키스하기 전에 우리가 하는 말들』의 원래 제목은 달랑『Kiss & Tell』이다. "이 책의 원제『Kiss & Tell』은 유명한 인물과 맺었던 밀월 관계를 언론 인터뷰나 출판을 통해 대중에게 폭로하는 행위를 뜻한다." 그렇다고 본뜻을 살리기 위해 '은밀한 고백'이니, '사랑과 폭로'니 따위의 제목을 붙일 무감각한 편집자는 없다.『키스하기 전에 우리가 하는 말들』은 제법 그럴 듯하다.

『우리는 사랑일까』를 보자. 역시 단아한 번역과 정갈

한 편집이 돋보인다. '쇠시리'와 '굽도리'는 우리말 어휘력을 키워주고, "입가에, 그러니까 입술 끝에서 북동쪽으로 1.5센티미터쯤 떨어진 지점에 피부과적으로 급박한 위기감이 감지되었다"는 문장은 생동감이 넘친다. 깔끔하고 정연한 본문 편집에서는 다이어그램과 아이콘이 눈에 띈다. 본문에 들어 있는 각종 도표, 기상도와 건물 단면도, 그리고 갖가지 도형과 기호 들은 소설의 일부를 구성한다. "자동차 두 대가 좁은 길에서 서로를 향해 돌진해서, 누가 먼저 풀밭으로 차를 돌릴지를 겨루는" 그림은 연인 사이의 줄다리기를 게임이론의 겁쟁이 딜레마에 비유한 것이다.

알랭 드 보통의 책들은 독자에게 생각할 거리를 제공하고 성찰을 요구한다. 『우리는 사랑일까』의 표현을 빌면, "자신에게서 도피하는 독서"가 아니라 "자기를 발견하는 독서"를 유도한다. 현실도피용 책은 "인생의 의미를 되새기는 위험한 짓은 거의 하지 않는다." 또 그런 책은 독자들이 겪었음 직한 인간사를 피상적으로 그린다.

우리 스스로를 깨닫게 하는 책은 우리에게 "'말을 걸어 주는' 듯한 책"이다. "저자는 우리가 혼자만의 느낌이라고 보는 상황을 말로 설명한다. 서로 통하는 점을 발견하고 기쁨에 떠는 연인들처럼, 독자는 책을 보고 등골이 오싹해서 외친다. '세상에, 나랑 똑같이 느끼는 사람이 있네!'"

'연애소설 3부작' 가운데 가장 잘 팔리는 책은 『왜 나는 너를 사랑하는가』다. 이 책은 대형 온오프라인 서점의 2005년 연간 종합베스트셀러 100위 안에 들었다. 『키스하기 전에 우리가 하는 말들』이 그 뒤를 잇고 있고, 2005년 11월 재번역된 『우리는 사랑일까』는 판매가 상승하는 추세다. 우리가 알랭 드 보통의 연애소설을 구입하는 이유는 국내에 그만한 작품이 없어서다. 우리 문학의 연애소설은 불륜과 순애보 사이의 간극이 꽤 넓다.

우리가 조숙한 영국 청년의 연애론에 공감하는 까닭은 그것이 발랄하고 경쾌하고 담백해서일 것이다. 그러면서도 경박하지 않고 구김살이 없으며, 사랑의 본질을 꿰뚫고 있기 때문일 것이다. "사랑의 목표는 소통과 이해이기 때문에, 화제를 바꿔서 대화를 막거나 두 시간 후에나 전화를 걸어주는 사람이, 힘없고 더 의존적이고 바라는 게 많은 사람에게 힘 들이지 않고 권력을 행사한다."

우리가 알랭 드 보통의 연애소설을 읽는 또 다른 이유는 그것의 장르적 속성에서 찾아진다. "문학 작품 속 주인공의 매력은 연상과 불확정성 간의 복잡한 작용에 달렸다." 맞다. "고정된 상像과 현실적 제약의 독재에서 벗어나, 독자의 상상에 맡길 수 있다는 것이 책의 특권이다." 그러니까 알랭 드 보통의 매력은 소설의 전통적 형식과 영상 세대의 감성을 아주 적절하게 절충한 데서 나온다. 에쿠니 가오리의 작품이 일회성의 편의점 분위기라면, 그의 작품은 자주 드나들고픈 단골 가게를 연상시킨다. 다만 그 가게는 문턱이 약간 높다. 그의 소설은 일정 수준의 독서력을 필요로 한다.

알랭 드 보통은 연애의 환상을 심어주거나 부추기지 않는다. 『우리는 사랑일까』의 등장인물들은 자유분방하다. 육체관계에 거리낌이 없다. 그럼에도 소설의 밑바탕은 다분히 보수 성향이다. 소설의 복선 구실을 하는 "우정은 비겁의 한 형태일 뿐이며, 사랑이라는 더 큰 책임과 도전을 회피하는 것이라는 프루스트의 결론"이, 나중에 어느 작중인물에게 부정되는 것처럼 말이다.

"이봐, 그녀에게는 남자 친구가 있어. 내가 그런 상황을 어떻게 생각하는지 알잖아. 난 다른 사람과 사귀는 여자랑 얽히는 건 사양하겠어. 아주 골치 아파져. 그렇게 살기엔 인생은 너무 짧지. 앨리스는 어쨌거나 이 남자랑 행복하고, 난 친구가 되는 게 좋아. 같이 수다 떨고 그러면서. 그녀는 똑똑하고, 흥미롭고 영혼이 풍성한 친구야. 바로 내가 갖고 싶은 면이지."

필자로선 그동안 거부반응을 보였던 '소통'의 참뜻을 새겨본 것이 알찬 소득이었다.

알랭 드 보통의 책

로맨스— 사랑에 대한 철학적 모험 김한영 옮김, 한뜻, 1995.
왜 나는 너를 사랑하는가(개정판) 정영목 옮김, 청미래, 2010.
왜 나는 너를 사랑하는가 정영목 옮김, 청미래, 2002.
섹스, 쇼핑 그리고 소설 김한영 옮김, 한뜻, 1997.
우리는 사랑일까 공경희 옮김, 은행나무, 2011.(초판 2005)
프루스트가 우리의 삶을 바꾸는 방법들(개정판) 박중서 옮김, 청미래, 2009.
프루스트를 좋아하세요 지주형 옮김, 생각의나무, 2005.
키스하기 전에 우리가 하는 말들 이강룡 옮김, 생각의나무, 2005.
젊은 베르테르의 기쁨— 알랭 드 보통의 유쾌한 철학 에세이 정명진 옮김, 생각의나무, 2005.
드 보통의 삶의 철학 산책 정진욱 옮김, 생각의나무, 2002.
불안 정영목 옮김, 이레, 2005.
동물원에 가기 정영목 옮김, 이레, 2006.
행복의 건축 정영목 옮김, 이레, 2007.
공항에서 일주일을— 히드로 다이어리 정영목 옮김, 청미래, 2009.
일의 기쁨과 슬픔 정영목 옮김, 이레, 2009.
너를 사랑한다는 건(개정판) 정영목 옮김, 은행나무, 2011.

알베르토 망구엘
Alberto Manguel
1948-

책읽기는 편안하고 고독하며 느릿한 감각적인 행위다

책이 뭘까? 대뜸 집이 뭐냐고 묻는 어느 건설회사 아파트 광고의 대답처럼 '쉼'일까? 책을 집에 비유하기도 하니까 그럴 수도 있겠다. 책에 대한 내 생각은 중용을 따른다. 내게 책은 편하지도 불편하지도 않다. 또 책은 아주 귀중하지도 매우 하찮지도 않다. 책을 향한 애정이 전혀 없는 것은 아니나, 그렇다고 책이 정말 좋다고 드러내놓고 말할 정도는 아니다. 물론 책이 고마운 건 사실이다.

취미가 직업이어서, 좋아하는 일을 맘껏 하게 되어

얼마나 행복하냐는 얘길 가끔 듣는다. 예전엔 1000명 가운데 세 명꼴로 자기가 하고픈 일을 한다는 사람들 안에 든 것이 마냥 흐뭇하기만 했다. 하지만 책을 읽고 글 쓰는 일이 과연 네가 제일 잘 할 수 있는 일인지 어찌 아느냐는 우리 형님의 말씀을 듣고, 출판평론이 내 달란트가 아닐 수도 있겠다는 생각이 들었다.

또한 취미는 취미일 때가 더 좋다. 나는 책만큼 야구를 좋아한다. 만일 내가 프로야구 선수가 되었다고 지금보다 더 행복할 것 같진 않다. 나는 야구를 보는 걸로 만족한다. 소설가 장정일은 "동사무소의 하급 공무원이나 하면서 아침 아홉시에 출근하고 오후 다섯시에 퇴근하여 집에 돌아와 발 씻고 침대에 드러누워 새벽 두시까지 책을 읽는 것"이 어린 시절의 꿈이었다지만, 요즘은 하위직 공무원이 되는 것도 쉽지 않다.

나는 그런 꿈을 꾸지 않았다. 다만 책을 많이 모으고 싶었다. 내 책이 2000권에 이를 즈음, 독서노트에다 이런 글귀를 적었다. "책의 숲에서 나는 행복하다." 이젠 이렇게 바꿔 말하련다. "책의 더미에서 나는 답답하다." 책만 읽으면 고지식하다고 한다. 나도 그렇다는 소릴 들었다. 분명한 것은 내가 지식가공업에 종사하고 있지 않다면, 지금보다 책을 덜 읽으리란 점이다. 나는 원고를 쓰기 위한 책 읽을 시간도 빠듯하다.

알베르토 망구엘은 굳이 세계적이라는 수식어를 안 붙여도 되는 대단한 독서가다. 『독서의 역사』로 우리에게 알려진 그는 아르헨티나 출신의 작가, 번역가이자 편집자다. 1985년 캐나다 시민이 된 그는 현재 '예술과 문학 기사騎士' 작위를 받은 프랑스에서 살고 있다. 망구엘의 『독서일기』는 다시 읽기다. 그런데 나는 다시 읽기에 유감이 없지 않다. 다시 읽는 것 자체는 문제가 없으나, 그걸 애써 내세우는 것은 눈꼴사납다. 두 번째든, 세 번째 읽든, 아니 백 번째든 처음 읽는 거나 마찬가지다. 이렇게 생각하는 내가 망구엘의 다시 읽기에 유감이 없는 것은, 예전에 읽은 책을 다시 읽으려는 그의 의도가 순수해 보여서일까?

"예전부터 좋아해온 몇몇 책들을 다시 읽어보기로 결심한 건 쉰세 번째 생일을 맞은 2년 전이었는데, 겹겹이 포개지고 복잡한 과거의 세계들이 지금 내가 살고 있는 이 세계의 암담한 혼돈을 반영하는 듯한 모습에 또 한 번 깊은 인상을 받았다. 소설 속의 한 구절이 불현듯 어느 신문 기사에 통찰력을 제공하는가 하면, 이런저런 장면에서 반쯤 잊었던 일화가 떠오르고, 낱말 하나를 단초 삼아 긴 사색에 잠기기도 했다. 나는 그 순간들을 기록해보기로 했다."

결국 1년 동안 한 달에 한 권씩 다시 읽어서 "개인적인 일기와 일반적인 책의 중간쯤 되는 뭔가를 완성할 수 있을 것 같다"는 쪽으로 방향을 잡는다. 망구엘은 "책을 읽음으로써 싹튼 생각과 성찰, 여행에서 받은 인상들, 친구들 또는 공사를 망라한 여러 가지 일의 짧은 스케치를 담은 한 권의 책"을 염두에 두고, 여러 분야를 두루 아울러서 다시 읽을 책의 목록을 짰다.

당연히, 예상대로, 망구엘은 한 달에 달랑 책 한 권만 이야기하진 않는다. 물론 그 달 치 책이 화제의 중심이긴 하나, "때때로 독서는 연결을 짓는, 명문 선집을 구성하는 작업"이라는 '덧글'을 실천한다. 나는 여기서 망구엘이 덧붙인 독서 격언을 응용해 보겠다. 명문 선집을 구성하는 것은 아니고, 연결 짓기에 국한한다.

2002년 6월 부에노스아이레스를 찾은 망구엘은 동창생 실비아에게 이런 얘길 듣는다. "어릴 적 동창인 실비아는 우리가 다니던 학교에 가면 군부에 살해된 학생들의 명판이 있다고 말한다. 그러면서 내가 알 만한 이름도 몇 개 있을 거라고 덧붙인다."

에두아르도 갈레아노의 『축구, 그 빛과 그림자(개정증보판)』(유왕무 옮김, 예림기획, 2006)에서는 1978년 월드컵을 개최한 아르헨티나 군부의 잔학상을 고발한다.

"비델라 장군은 부에노스아이레스 모누멘탈 스타디움에서의 개막식 때, 군인 행진곡에 맞추어 아벨란제에게 훈장을 수여했다. 그곳에서 몇 발자국 떨어진 지점에는, 아르헨티나의 아우슈비츠라 할 수 있는, 고문과 학살의 중심지인 해군 기계 학교가 있었다. 그리고 수 킬로미터 저쪽에서는 비행기가 멀쩡히 산 사람들을 실어다가 바다 속에 생매장시키고 있었다."

독서를 "편안하고 고독하며 느릿한 감각적인 행위"라고 여기는 망구엘은, 그 뭐라나, 스포일러에게 질겁한다. "누가 책의 줄거리를 요약해주는 건 질색이다. 제목이나 장면, 인용구 정도로 호기심을 자극하는 건 좋지만, 줄거리 전체로 그러는 건 사양한다. 열혈 독자들, 표지의 홍보 문구, 문학의 역사와 교사들은 플롯을 누설함으로써 책을 읽는 데서 얻는 즐거움을 무참히 파괴한다."

『독서의 역사』와 『독서일기』가 망구엘의 본업의 산물이라면, 『알베르토 망구엘의 나의 그림 읽기』는 그의 취미의 소산인가? 망구엘은 책을 정독하듯이 꼼꼼하게 그림을 읽는다. 15세기 초반 활동한 네덜란드 화가 로베르 캉팽의 작품으로 알려진 〈화열 가리개 앞의 동정녀와 아기 예수〉에 대한 독해는 그 좋은 보기다. 망구엘은 퍼즐을 맞추듯 이 그림의 구성 요소들에 담긴 의미를 하나하나 풀어준다.

"우리는 그림 속에서 의미를 추측할 수 있는 몇 가지 실마리를 발견할 수 있다. 예를 들어, 어두운 구석에 숨어 있는 등받이 없는 의자도 그 중 하나다. 지극히 평범하게 생긴 이 의자는 세 개의 다리를 가지고 있다. 이는 삼위일체 하느님의 현존을 암시하고 있다." 또한 "화열 가리개, 등받이 없는 의자, 긴 의자, 책과 같은 이미지는 마리아가 현실 속에 살고 있음을 보여준다"는 것이다.

성모 마리아를 화폭에 담을 때, 그녀의 치마는 시대를 거치며 변천을 겪었으나, 한 가지 상징만은 변하지 않았다고 한다. 그것은 바로 마리아가 하늘에 속한 존재임을 드러내는 치마의 푸른 색깔이다. 독일 출신 화가 막스 에른스트의 1924년 작 〈세 명의 목격자. 앙드레 브르통, 폴 엘뤼아르, 화가 앞에서 아기 예수를 매질하는 성모 마리아〉에서도 마리아는 붉은색 원피스 차림이지만, 푸른색 천으로 하반신을 감쌌다.

"어떤 점에서 모든 그림은 수수께끼와 같다고 할 수 있다. 그림마다 주제와 교훈과 줄거리와 의미를 담고 있다. 하지만 〈화열 가리개 앞의 동정녀와 아기 예수〉처럼 화폭에 그려진 그림과는 다른 혹은 재생된 이미지를 정확히 유추해낼 수 있는 가능성을 제공하는 그림은 흔치 않다."

그렇기 때문인지 망구엘은 "예술가가 일부러 침묵으로 남겨둔 것은 그냥 그대로 받아들여야 한다"고 주장한다. "중세시대의 문헌에서 흔히 볼 수 있는 장식문자가 알파벳을 강조함과 동시에 숨기는 것처럼"이라는 표현에선 망구엘의 독서가로서의 면모가 드러나기도 한다.

『독서의 역사』는 내용이 풍부한 아주 매력적인 책이다. 망구엘은 이 책에서 그가 호르헤 루이스 보르헤스와 맺은 인연을 소개한다. 16살이 되던 1964년, 망구엘은 부에노스아이레스에 있는 피그말리온 서점 아르바이트 자리를 얻는다. 서점에 들른 보르헤스의 부탁을 받은 망구엘은 시력을 잃어가는 그에게 틈나는 대로 책을 읽어준다. 이 과정에서 망구엘은 보르헤스로부터 강한 문학적 영감을 받는다.

"보르헤스에게 글을 읽어 주는 일을 두고 나는 그저 하루의 의무를 다하고 있다고만 느낀 적은 한번도 없었다. 그러기는커녕 오히려 그 경험은 일종의 행복한 포로처럼 느끼게 했다. 나를 사로잡았던 것은 보르헤스가 나에게 안겨 준 텍스트 그 자체였다기보다는(그들 중 상당수는 결국 나 자신도 사랑하는 작품이 되었지만), 광범위하면서도 전혀 막힘없이 해박하고, 매우 재미있고, 가끔은 잔인하지만 거의 언제나 무시할 수 없는 그의 논평이었다."

알베르토 망구엘의 책

독서의 역사(1·2, 문고판) 정명진 옮김, 세종서적, 2008.
독서의 역사 정명진 옮김, 세종서적, 2000.
독서일기 강수정 옮김, 생각의나무, 2006.
알베르토 망구엘의 나의 그림 읽기 강미경 옮김, 세종서적, 2004.
보르헤스에게 가는 길– 열여섯 소년, 거장 보르헤스와 함께 책을 읽다 강수정 옮김, 산책자, 2007.

앙드레 고르
André Gorz
1923-2007

'사랑을 하려거든 목숨 바쳐라'

앙드레 고르의 『D에게 보낸 편지』는 그의 아내 도린 케어(Doreen Keir, 1924-2007)에게 바치는 응어리 같은 변명이랄 수 있다. "진보적이고 양심적인 한 사람의 84년간의 결곡한 삶의 궤적이 이 한 권의 '편지'에 고스란히 담겼다. 일생 철학자로, 생태주의자로, 또 언론인으로 수많은 논저와 기사에서 남긴 많은 글에 미처 담지 못했던 것이, 아니 단 몇 줄을 '잘못' 썼던 것이 못내 마음에 남아, 그 모든 글보다도 훨씬 소중했던 아내에게 남긴 글이다."(「옮긴이의 말」)

『D에게 보낸 편지』는 전체 분량이 100쪽에 약간 못 미친다. 그런데도 옮긴이의 「텅 빈 세상에서, 떠난 이의 글을 옮기다」와 강수돌 교수의 해설 「도린과 앙드레의 사랑과 삶」을 따로 묶었다. 한국어판 곁 텍스트를 별책부록 형태로 편집한 것은 꽤 괜찮아 보인다.

『D에게 보낸 편지』는 연서다. "E에게 편지를 썼던 일이 생각납니다. 아무리 생각해도 내게 본질적인 단 하나의 일은, 당신과 함께 있는 것이라고 썼지요. 당신이 본질이니 그 본질이 없으면 나머지는, 당신이 있기에 중요해 보였던 것들마저도, 모두 의미와 중요성을 잃어버립니다. 최근 쓴 책의 헌사에서 당신에게 그 말을 했지요."

앙드레 고르는 아내에게 보낸 편지에서 새삼스레 다짐한다. "우리가 처음 만났을 때처럼 나는 내 앞에 있는 당신에게 온 주의를 기울입니다. 그리고 그걸 당신이 느끼게 해주고 싶습니다. 당신은 내게 당신의 삶 전부와 당신의 전부를 주었습니다. 우리에게 남은 시간 동안 나도 당신에게 내 전부를 줄 수 있으면 좋겠습니다."

이 책은 사랑하는 아내한테 잠시잠깐이나마 건방졌던 지난날에 대한 남편의 뼈저린 자기반성이기도 하다. 발단은 1958년 펴낸 그의 첫 저서인 『배반자Le Traitre』에 살짝 내비친 아내와 관련된 식언이다. "도합 열한 줄로 된 재를 난 스무 쪽에 걸쳐 세 번 뿌려댔던 겁니다. 하찮은 세 번의 붓놀림으로 당신을 깎아내리고, 당신의 모습을 왜곡했습니다. 우리가 실제로 겪은 일을 7년 후에 쓰면서 말입니다. 그 세 번의 붓놀림이 우리 삶에서 7년의 의미를 앗아갔습니다."

하면 어째서 앙드레 고르는 그런 멍청한 짓을 했을까? 우선 치기가 발동한 것으로 보인다. "당시 나는 사랑이라는 것을 프티부르주아의 감정으로 치부하는 쪽에 가까웠습니다." 그가 말하는 첫 번째 동기는 난해하다. "내가 겪고 느끼고 생각하는 것을 초월하여 그것을 이론화하고 이성적으로 체계화하여 투명하고 순수한 정신이 되어야 한다는 강박적 요구였습니다."

앙드레 고르는 "그저 원칙상의 희생이 아니라 지극히 실제적이었던 당신의 희생을 알아차리지 못했다"며 반성한다. 그리고 『배반자』가 출간되고 나서야 당신에게 무엇을 빚고 있는지 알게 되었다고 덧붙인다. "당신은 내가 나 자신이 될 수 있게 돕느라고 당신의 모든 것을 준 사람입니다."

도린 케어와 앙드레 고르 부부는 매우 이상적인 한 쌍이다. "우리는 가치관이 똑같았습니다. 삶에 의미를 주는 것은 무엇인지, 삶에서 의미를 앗아가는 것은 무엇인지, 이런 것의 개념이 같았던 것이지요. 내가 기억

하는 한 나는 늘 '호사스러운' 생활 방식과 낭비를 싫어했습니다. 당신은 유행을 거부하고 당신 나름의 기준에 따라 유행을 판단했지요."

남편이 아내의 스승 역할을 하는 것도 바람직하긴 하지만 아내가 남편의 스승이 되는 것도 그에 못잖게 바람직한 일이다. 앙드레 고르는 자신의 못남과 도린의 현명함을 대비하여 거듭 강조하곤 한다.

"그날 나는 당신이 나보다 정치적 감각이 뛰어나다는 것을 실감했습니다. 현실을 읽는 내 틀에 들어맞지 않아 내가 미처 못 알아채는 실상을 당신은 파악하곤 했습니다. 나는 더 겸손해졌지요. 내 기사나 원고를 제출하기 전에 당신에게 먼저 읽어봐달라고 하는 것이 습관이 되었습니다. '왜 당신은 항상 옳은 거지!'라고 투덜대면서도 당신의 비판을 참고하곤 했지요."

"나는 내 인생을 직접 산 게 아니라 멀리서 관찰해온 것 같았습니다. 자신의 한쪽 면만 발달시켰고 인간으로서 무척 빈곤한 존재인 것 같았지요. 당신은 늘 나보다 풍부한 사람이었습니다. 당신은 모든 차원에서 활짝 피어난 사람입니다. 언제나 삶을 정면돌파했지요. 반면에 나는 우리 진짜 인생이 시작되려면 멀었다는 듯 언제나 다음 일로 넘어가기 바쁜 사람이었습니다."

무엇보다 『D에게 보낸 편지』는 유서다. "밤이 되면 가끔 텅 빈 길에서, 황량한 풍경 속에서, 관을 따라 걷고 있는 한 남자의 실루엣을 봅니다. 내가 그 남자입니다. 관 속에 누워 떠나는 것은 당신입니다. 당신을 화장하는 곳에 나는 가고 싶지 않습니다. 당신의 재가 든 납골함을 받아들지 않을 겁니다. (중략) 우리는 둘 다, 한 사람이 죽고 나서 혼자 남아 살아가는 일이 없기를 바랍니다. 우리는 서로에게 이런 말을 했지요. 혹시라도 다음 생이 있다면, 그때도 둘이 함께하자고."

책에는 표지사진을 포함한 도린과 앙드레 부부의 사진이 세 장 실려 있다. 셋 다 비껴 찍은 것이다. 서로 사랑하는 청춘남녀는 참으로 아름답다. 그런 사랑을 60

년 동안 초지일관한 노부부의 모습은 너무도 다정스럽다. 정겹다.

작고한 문순홍 선생의 『생태위기와 녹색의 대안』(나라사랑, 1992)에서 앙드레 고르는 생태사회주의자로 분류된다. 앙드레 고르는 "경제적 합리성을 대체해 줄 합리성은 생태적 합리성이며, 이것은 경제적 합리성의 원칙인 '보다 많이, 보다 나은'과는 반대로 '보다 적게, 보다 나은'의 형태를 띠게 된다고 주장한다."

앙드레 고르의 타계 후 원서가 출간된 『에콜로지카』는 앞뒤로 인터뷰 두 꼭지와 각주가 붙은 에세이 다섯 편으로 이뤄져 있다. 머리말을 대신하는 인터뷰 「정치적 생태학: 해방의 윤리」에서 그는 크게 영향 받은 중요한 만남으로 아내, 그리고 사르트르와의 만남을 꼽는다. "그녀가 없었다면 나는 아마도 나를 받아들이는 데 성공하지 못했을 겁니다. 또 사르트르가 없었다면 나는 아마도 사고의 도구를 찾지 못해, 내 가족과 역사에 의해 형성된 나를 뛰어넘지 못했을 겁니다."

「자본주의의 퇴조는 이미 시작되었다」에서 앙드레 고르는 경제적 합리성의 원칙과 확실히 결별하는 동시에 생태적 합리성을 지향하는 삶의 모델을 재설정하기 위한 기본 전제를 제시한다. 그건 다름 아닌 "정작 소비하는 것은 전혀 생산하지 않고 정작 생산하는 것은 전혀 소비하지 않는 문명과의 결별"이다. 「자동차의 사회적 이데올로기」를 극복하지 않는 한 전기자동차의 실용화와 자전거도로의 확충은 공염불에 그치리라. "자동차가 널리 확산될수록 가장 이득을 보는 사람은 정유업계의 거물들이었다." 석유가 고갈되기 전까지 전기자동차는 개발만 거듭할 게 거의 확실하다.

"자동차를 없애고 그 대신 자전거, 전차, 버스, 운전사 없는 택시를 타는 것은 더 이상 로스앤젤레스, 디트로이트, 휴스턴, 트라프, 브뤼셀 같이 자동차를 위해, 자동차에 의해 설계된 고속도로 상의 도시에서는 적용할 수조차 없는 방법이다." 이 나라의 대도시, 특히 새로 조성된 신도시의 교통 여건은 뭐가 다르랴! 첨언하면, 걷는 길을 도외시한 자전거도로 확충은 기만적인 정책일 따름이다.

마무리 인터뷰 「가치 없는 부, 부 없는 가치」에서 앙드레 고르가 지적하는 우리가 직면한 문제는 "생산하기, 더 많이 생산하기"가 아니다. "문제는 생산한 것을 지불능력이 있는 구매자들에게 판매하는 것입니다. 문제는, 노동을 점점 더 적게 투입하여 이루어지며, 점점 더 적은 지불수단을 불규칙적으로, 불공평하게 공급하는 생산의 유통이 문제입니다." 또한 앙드레 고르는 '노동'과 '자본'은 한통속임을 직시한다. "'노동력 상품', 즉 노동자와 그들의 조직이, 무슨 대가를 치르든지 현재의 상황에서 고용을 옹호하고 고용을 옹호하기 위해 당장의 경제성장과 투자 수익률에 방해가 되는 모든 것과 투쟁하는 한, 이러한 파괴와 약탈의 공동책임자일 수밖에 없습니다."

『에콜로지카』 뒤표지 날개에선 앙드레 고르의 대표작 『프롤레타리아여 안녕』의 출간을 예고하는데, 다음은 『프롤레타리아여 안녕』 근간 안내문의 일부다. "이 책에서 앙드레 고르는 노동계급이 혁명의 주체임을 부정하며, 대신 비노동자, 노동시장 분화에 의해 주변화된 자, 노동할 수 없는 자, 자동화로 인해 직장을 잃은 자, 즉 비계급을 혁명의 주체로 내세워 임금노동을 거부하고 자활노동을 창조할 것을 주장한다." 잉, '나'가 혁명의 주체?

앙드레 고르의 책

D에게 보낸 편지 임희근 옮김, 학고재, 2007.
에콜로지카 임희근·정혜용 옮김, 생각의나무, 2008.

애너 퀸들런
Anna Quindlen
1953-

책은 집이다.
독서는 위대한 불굴의 동료다

필자는 독서운동에 회의적이다. 일차적인 이유는 모든 운동movement이 썩 마땅치 않아서다. 새마을운동이 대표하는 관변운동의 폐해는 말할 것도 없지만 양심적인 사회운동에도 부작용이 따른다. 단적인 예가 사회일반과 크게 다를 바 없는 노동조합의 부패상이다. 만물이 유전流轉하듯, 모든 운동은 반드시 타락한달지.

또 필자가 독서운동에 의심을 품는 까닭은 꼭 그렇게 해서까지 책을 읽힐 필요가 있겠느냐는 생각에서다. 저 좋아서 열심히 책 읽는 학생을 대상으로 하는 게 아니라, 책을 멀리하거나 싫어하는 학생을 책과 친해지게 하는 것이 독서교육이라는 교육현장의 목소리는 감동적이다. 하지만 나는 독서교육에서 진정한 교육의 목적을 실현하는 방법보다는 사회전반의 인식과 분위기가 바뀌어야 학생들이 맘 편하게 책 읽는 풍토가 조성되리라 믿는다.

필자는 독서교육을 강화한다는 당국의 방안이 영 미덥지 않다. 2001년 봄, 신학기를 맞아 대형 서점에 진열된 고등학교 『독서』(지학사, 1996) 교과서를 사서 훑어보고 실망감을 느낀 일이 있다. 기존 국어교과서의 독서관련 내용과 별 차이가 없어 그랬는데 그 독서교재의 머리말에는 이런 대목이 있었다.

"이 책은 1992년 10월 30일 교육부가 고시하고, 1996년 3월 1일부터 시행하게 된 제6차 교육과정 중 고등학교 국어과의 독서교육 과정에 따라 편찬된 '자율학습'용 교과서이다." 독서점수를 내신 성적에 반영하는 독서교육 강화방안은 자율학습에서 진일보한 것

으로 볼 수 있지만, 나는 여전히 '한국바둑이 세계 정상에 오른 건 바둑을 담당하는 정부부서가 없어서였다'는 속설을 지지한다.

필자는 추천도서 목록도 탐탁지 않다. 그건 우리가 요즘 접하는 도서목록들이 자의적인 기준에 의하거나 변덕을 부려서가 아니다. 쓸데없이 권위를 등에 업거나 목록이 부실한 탓이다. 독서 관련 내용으로 말문을 연 것은 미국 작가 애너 퀸들런의 한국어판 세 권의 공통점을, 굳이 찾자면, 책과 독서로 봤기 때문이다.

『독서가 어떻게 나의 인생을 바꾸었나?』(에코리브르, 2001)는 퀸들런의 독서론이다. 100쪽 남짓한 분량이되 내용은 알차다. 우리말 제목은 원제목을 그대로 옮겼다How Reading Changed My Life. 그녀에게 책이 지닌 의미부터 살펴보자.

나에게 최상의 것은 언제나 집에 있었으며, 내 자리를 표시하듯 테이블 위에 펼쳐진 책 속에 있었다. 그곳에서는 상상의 인물들이 그들에게 생명을 불어넣어 주고 그들의 생명을 되돌려 받기 위해 나를 기다리고 있었다. 리얼한 사람들이 있는 곳은 바로 그곳이었으며, 그곳에는 바람에 흔들리는 나무와 조용하고 어두운 바다가 있었다.

어떤 재미난 놀이보다 책읽기를 더 좋아한 아이인 애너는 책 속에서 다른 세계뿐 아니라 그녀 자신 속으로의 여행을 즐기기도 했다. 그럼으로써 "나는 내가 누군지, 내가 무엇을 원하는지, 내가 갈망할 수 있는 것이 무엇인지, 이 세상과 나 자신에 관해 감히 무엇을 꿈꿀 수 있는지 알게 되었다."

결국 그녀에게 "독서는 언제나 나의 고향이었으며 나의 양식이었고, 위대한 불굴의 동료였다." 그러나 그녀는 "우월감이나 발전을 위해, 심지어 배우기 위해 책을 읽지 않았다." 그녀는 오로지 "그 어떤 행위보다 책

읽기를 사랑했기 때문에 읽었을 뿐이다." 이쯤 되면 내로라하는 독서가 중에서도 상고수에 속한다. "목적 없는 독서에 대해 내심 적대적"인 미국 사회의 실상에 비추면 더욱 그렇다.

한편으론 안전한 보호막이자 편안한 도피처이기도 했다. "나는 내가 누구인지, 내가 느낀 것에 대해 왜 그렇게 느끼는지, 그 이유를 나에게 말해 주는 단어에 둘러싸여 있다. 혹은 비가 현관 지붕을 세차게 두드릴 때, 나를 이 우울에서 벗어나도록 햇살이 눈부신 다른 곳으로 데려다 주는 그 몇 시간 동안이나마 책은 우리를 도와준다."

애너 퀸들런은 책의 이런 측면을 부정하지 않는다. 책은 "안식처를 제공한다." 아울러 "독서는 북새통의 집에서 상상적인 나만의 방으로 도피할 수 있도록 해주었다." 애너 퀸들런은 대학의 핵심 교과과정을 구성하는 독서의 유형에 관한 논의가 교육목적이 아닌 독서의 기능을 종종 무시한다고 지적한다. 다시 말해 이러한 논의는 지적인 면에만 관심이 있지 정서적인 면에는 무관심하다는 뜻으로 해석할 수 있다. 또 이것은 미국의 삶을 가장 많이 바꾸게 한 책에 대한 물음에서 배움을 위한 독서는 극히 일부에 불과했다는 사실을 간과한 것이기도 하다. 독서의 정서적인 미덕은 말하자면 이렇다.

"독서가 주는 경이감의 하나는 사람들이 서로가 연결되어 있다는 느낌이 들도록 해준다는 것이다. 서로 연결되어 있다는 느낌은 오직 교육의 관점에서가 아니라 적어도 정신사회적인 관점에서 본다면 훌륭한 장점이 된다."

"텔레비전이 출현하기 이전, 책은 세계의 또 다른 곳에 사는 사람들의 근본적인 인간적 유사성과 신비함 모두를 발견하도록 해주는 가장 좋은 도구였다."

책의 말미에는 '한여름 꼬박 걸려 읽을 수 있는 두껍고 훌륭한 책 10권'을 비롯한, 도서목록 11개가 실려 있다. "독서목록은 자의적이고 변덕스러운 것임에도 불구하고 대다수 사람들은 독서목록을 좋아한다." 필자 역시 그렇다. 그런데 애너 퀸들런이 제시한 목록은, 주제마다 책이 열 권으로 한정된 것은 맘에 들지만, 우리 독자를 확 끌어당기기에는 좀 밋밋하다. 아마도 영미 문학 작품이 주류여서 그런 것 같다.

『어느 날 문득 발견한 행복』(뜨인돌, 2001)은 단아한 소품이다. '행복한 삶으로의 작은 (길) 안내A Short Guide to a Happy Life'라는 원제목대로 길지 않은 분량이다. 단숨에 읽을 수 있을 정도로 짧다. 10분 만에 후딱. 하지만 그렇게 빨리 한번 읽고 마는 건 이 책을 제대로 읽는 게 아니리라. 적어도 두세 번은 찬찬히 음미해야 할 것이다. 특히 이런 대목은 더 많이.

— 작년에 나는 아버지에게 이런 엽서를 받았습니다. "네가 쥐들의 달리기에서 1등을 한다면, 네가 여전히 쥐라는 뜻이다."
— 존 레논은 다코타에서 총에 맞기 전, 이런 구절을 적었지요. "당신이 다른 계획을 세우느라 바쁜 동안 그대에게 일어나는 일이 곧 인생이다."
— 죽어가면서 '회사에서 더 많은 시간을 보낼 걸'이라고 후회하는 사람은 없습니다. 그리고 어느 노숙자의 이야기 중에서 그가 노숙자 쉼터로 가지 않는 이유.
— 그는 바다를 응시하며 말했습니다. "저 풍경을 봐요, 아가씨. 저 풍경을 보라구요."

『단 하나의 진실』(디자인하우스, 1996)은 미묘한 가족관계를 다룬 장편소설이다. 소설에서 똑똑한 딸과 지적인 교수 아버지, 그리고 현모양처형의 어머니는 삼각관계를 이룬다. 그렇다고 근친상간적이거나 심각한 애증이 병존하는 구도는 아니다. 아버지와 그를 닮은 딸은 냉정하게 그려지나 어머니의 따사로움이 둘의 차가움을 상쇄한다.

소설의 1부는 자궁암에 걸린 어머니를 돌보는 딸의 간병기라고 할 수 있다. 『어느 날 문득 발견한 행복』의 자전적 내용을 감안하면, 애너 퀸들런은 자신이 실제로 겪은 일을 소재로 삼은 듯싶다. 그녀의 어머니는 자궁암으로 나이 마흔에 세상을 떠났는데, 대학생이던 애너 퀸들런은 학교를 휴학하고 집안일을 하면서 어머니에게 모르핀 주사를 놓기도 했다.

딸은 어머니를 돌보면서 차츰 어머니와 가까워진다. 둘의 관계를 복원하는 촉매제의 하나가 바로 독서다. 어머니와 딸은 독서 클럽을 만들어 함께 책을 읽고 의견을 나눈다. 딸이 간병에 지쳐 힘겨워할 무렵, 어머니는 끝내 숨을 거둔다. 어머니의 죽음으로 이야기는 마무리되어야 하건만, 또 하나의 이야기가 시작된다. 부검 결과, 어머니의 직접 사인이 모르핀 과다 복용으로 밝혀졌기 때문이다. 소설의 2부는 어머니에 대한 안락사 혐의를 받은 딸의 재판이 줄기를 이룬다.

에필로그에선 후일담을 전한다. 대학에서 영문학을 공부하고, 잡지사 기자로 일한 바 있는 딸은 정신과 의사가 돼 있다. 8년 뒤의 상황이다. 그녀의 의대 진학은 어머니의 투병과 죽음을 지켜봐서가 아니라 에이즈에 걸린 이웃을 문병한 것이 계기가 되었다. 여기에다 남동생의 성적 정체성도 새로운 진로 설정에 적잖이 작용했다. 아무튼 우연한 기회에 딸은 아버지와 화해하고, 사귀던 남자 친구와 결혼하기로 다짐하면서 소설은 끝맺음을 한다.

짧은 대화체 서술의 비중이 높은데다 이야기의 흐름도 빠른 편이어서 소설은 속도감 있게 읽힌다. 다만 상황에 따라서 좀더 세부 묘사에 치중했으면 하는 아쉬움은 있다. 그래도 『단 하나의 진실』은 재미있고, 교훈적인 읽을 만한 소설이다. 딸이 학교를 한 해 쉬면서까지 병든 어머니를 돌보는 상황은 요즘 우리 현실에서는 보기 드문 일이어서 의아하기도 했다. 현재 이 소설은

절판 상태지만, 이러한 시대착오성(?) 때문에 재출간을 장담하진 못하겠다. 아무튼 애너 퀸들런은 자신에 대해 말하는 것으로 그녀의 독서론을 마무리하고 있는데, 필자 또한 그 대목을 인용하면서 글을 마칠까 한다. 애너 퀸들런이 말하는 애너 퀸들런은 이렇다.

나는 가족과 친구와 친숙함과 책에 둘러싸여 집안에 머물기를 더 좋아하는 그런 유형의 사람이다. 이것이 바로 내가 여행에 관해 좋아하는 점이다. 비행기 안에서 혼자 행복하게 책 읽는 것, 그런 것이 내가 좋아하는 유형의 여행이다. 어린 시절의 내 자아가 날개를 가질 수 있다면 오직 그녀의 영혼만이 높이 솟구쳐 오르게 하고 싶다. 책이 비행기이며 기차이며 길이다. 책은 행선지이며 여정이다. 책은 집이다.

덧붙임 말— 권위적인 독서론을 비판하는 애너 퀸들런의 견해를 크게 반긴다.

교육받은 자들의 독재가 활짝 꽃피웠다. 말하자면 독서를 하는 올바른 방법이 있고 그릇된 방법이 있다는 것이다. 단지 그릇된 정도 이상으로 나쁜 독서가 있다는 것이다. 그 영원한 것일 뿐 아니라 즐길 만한 것, 안정된 것, 감동적인 것, 매료시키는 것만을 가치 있게 보는 사람을 일컫는 코드화된 단어가 바로 '약간 교양 있는 중간층middlebrow'이다.

애너 퀸들런의 책
단 하나의 진실 임옥희 옮김, 디자인하우스, 1996.
독서가 어떻게 나의 인생을 바꾸었나? 임옥희 옮김, 에코리브르, 2001.
어느 날 문득 발견한 행복 공경희 옮김, 뜨인돌, 2001.
내 생의 가장 완벽한 순간Being Perfect 유혜경 옮김, 뜨인돌, 2005.
Good Dog 굿독— 보와 함께한 아름다운 날들 이은선 옮김, 갈대상자, 2009.

앤 패디먼
Anne Fadiman
1953-

'퍼밀리어 에세이' 두 권의 다른 느낌

한 작가의 '작품'을 꾸준히 선호하는 것도 쉬운 일은 아니다. 어느 시인의 시집과 산문집을 인상 깊게 읽은 적이 있다. 그 시인의 시인으로서의 역량은 널리 알려진 터여서 시집이 주는 감동은 어찌 보면 당연한 것이었기에 산문집 두 권에서 받은 호감은 더욱 인상적이었다. 하지만 몇 년 후 새로 나온 그 시인의 산문집은 읽다 말았다. 그새 공감의 폭이 좁아진 것은 그 시인이 변해서일까? 아니면 내가 변덕을 부린 탓일까? 7년의 간격을 두고 읽은 앤 패디먼의 '퍼밀리어 에세이familiar essay' 두 권은 느낌이 사뭇 다르다.

저번 것이 아주 좋았다면, 이번 것은 몹시 거북하기까지 하다. 머리말에서 책에 실린 글들에 대한 암시를 보고 부러 가장 거북할 것 같은 글을 맨 먼저 읽었다. 결과는 내 예상대로였다. 내게 앤 패디먼의 최신작이 불편한 것은 옮긴이가 게으르거나 인생경험이 모자라서가 아니다. "누구든 이 책을 읽고 나서 뭔가 아쉬움이 남았다면, 그건 분명 내가 글을 옮기는 과정에서 향기를 놓쳐 버렸기 때문일 것이다." 사실은 이제야 비로소 앤 패디먼의 실체를 명확히 볼 수 있게 되어서다.

나는 그녀의 가치관과 세계관 그리고 안온한 배경이 달갑지 않다. 여기서 한 가지 문제가 발생한다. 우리는 체질상 비판받는 걸 무지 싫어한다. 그러려면 뭐 하러 거론하느냐는 반응이 설득력을 얻을 정도다. 그럼에도 불유쾌한 반응을 무릅쓰는 까닭은 한 저자의 같은 형식의 책에 대한 느낌이 어째서 이리 판이한지 나 스스로 의문을 풀고 싶어서다.

『세렌디피티 수집광』에 수록된 '성조기 재발견' 이야기는 '은근한' 미국식 애국주의의 전형이다. 내가 보기에 그렇다. 「면으로 된 천 한 장」은 미국 국기 성조기다. 앤 패디먼은 성조기에 얽힌 이야기를 백과사전 식으로 다양하게 들려준다. 로버트 저스틴 골드스타인이라는 사람이 편집한 『성조기 모독: 남북전쟁부터 1995년까지 논란이 많았던 주요 사건 기록』에 실린 사례를 보면, 성조기 수난의 역사는 성조기를 모독하고 훼손한 사람들에게 닥친 수난사일 수 있다.

일례로 1918년 "겨울, 미시건 주 랜싱에서는 국기에 손을 닦는 동료의 모습을 본 후 자동차 수리공들이 그랜드 강에 뒤덮인 얼음에 구멍을 뚫고 그 동료의 발에 빨랫줄을 묶은 후 그가 사과를 할 때까지 물 속에 내버려 두었다." 기껏해야 면(또는 나일론)으로 된 천 한 장이 뭐 그리 대단한 것일까? 하긴 우리도 남의 나라 국기를 훼손했다하여 벌을 받던 시절이 있었다. 그렇다, 성조기는 정말 대단하다. 우리는 때마다 서울시청 앞 광장에서 우리나라 사람들 손에 쥔 채 나부끼는 성조기를 보게 되니 말이다.

성조기에 담긴 여러 가지 의미 가운데 앤 패디먼이 다음과 같은 의미에 동의하는 것 같진 않다. "아프가니스탄에 처음으로 폭탄이 떨어지던 날, 우리가 갔던 시골 행사에서 카우보이모자를 쓴 두 명의 가수들이 흔들어대던 성조기는 '저 놈들 다 죽여 버리자'라는 의미였다." 그런데 앤 패디먼이 아래와 같은 행동은 어찌 생각하는지 잘 모르겠다. "일리노이 주 브리지뷰의 이슬람 사원 근처에서는 이슬람교 반대 행진을 벌이던 시위자들이 성조기를 휘날리며 '미국! 미국!'을 외쳤다."

「면으로 된 천 한 장」은 이른바 9.11 테러 직후 쓴 글이다. 그런데 이 글에 나타난 미국은 일방적인 피해자다. 앤 패디먼은 미국이 중동지역에서 저지른 갖은 악행에는 무관심하다. 이것은 앤 패디먼이 대단한 독서가라는 점에서 다독多讀의 부질없음과 해로움을 보여주는 증거로도 볼 수 있다. 그녀에게 중요한 것은 '성조

기여, 영원하여라!'일 뿐이다.

앤 패디먼의 애국주의에 대한 나의 냉소는 「프로크 루스테스와 문화전쟁」에 등장하는 두 사람을 통해 강한 설득력을 얻는다. "이런 식으로 스톡데일은 열다섯 차례가 넘는 고문에도 불구하고 에픽테토스의 도움으로 도야한 자신의 모습을 지켜낼 수 있었다." 미 해군 중장을 역임한 제임스 스톡데일은 1992년 대통령선거에 갑부 로스 페로와 짝을 이뤄 부통령후보로 출마한다. 월남전에 참전한 그는 7년간 포로생활을 했다. 나는 자국 군인이 전쟁포로로서 겪은 고초를 애달파하는 그녀가 미군과 미 정보당국에게 당한 적잖은 세계인의 엄청난 고통에 대해선 어떻게 생각하는지 알 수 없다.

"데이비드 덴비는 원래 자기가 30년 전 수강했던 서양 문명에 관한 수업 두 개를 청강하기 위해 48세라는 나이에 컬럼비아로 돌아갔다." 나는 올해 초 다시 번역된 데이비드 덴비의 컬럼비아 대학 교양필수강좌 재수강기에 시큰둥했다. 『호메로스와 테레비』에서 『위대한 책들과의 만남』으로 제목이 바뀐 한국어판 완역에 추가된 '제2판 머리말'이 저자의 '본색'을 드러내는 듯해서다. 데이비드 덴비는 9.11 이후 미국이 직면한 상황에 대해 당혹해하면서도 건전한 애국심을 견지하려 든다. 그 또한 '성조기여, 영원하여라!'다.

'문화전쟁'은 유럽·백인·남성 위주의 고전 목록을 둘러싼 논란을 말한다. 나는 '문화전쟁'에 별로 관심 없다. 이런 거창한 주제는 내 관심 밖에 있다. 내 관심사는 사소하다. 소설 허먼 멜빌은 성정이 꽤나 거칠었던 모양이다. 심술궂은 괴팍한 인간이었던 것 같다. "멜빌이 언젠가 오렌지가 가득 든 봉투를 들고 집으로 돌아와 딸이 보는 앞에서 혼자 오렌지를 다 먹어 치워 버렸다"니 말이다.

"우리는 바이런이 근친상간을 저질렀으며 아동을 대상으로 한 이상성욕을 가지고 있었다는 사실, T.S. 엘리엇과 에즈라 파운드는 유대인 차별주의자였고, 필립 라킨은 일종의 '민주주의적' 인종 차별주의자였다는 사실, 즉 거의 모든 민족을 다 싫어했다는 사실을 알고 있다. 그들의 인격적 결함에 의해 그들의 시에는 영원히 지울 수 없는 오점이 남게 될까?"

작가의 삶과 그 작가의 작품을 별개로 치는 것에도 앤 패디먼은 동의하지 않지만, 나는 그녀의 온정적인 태도가 못마땅하다. 나는 이제 멜빌의 『모비 딕(백경)』을 읽을 생각이 없어졌다. 하지만 작가와 사상가의 변절·반역·훼절은 개인적 인격의 미성숙과는 다르게 더욱 엄하게 다스려야 한다.

소위 미학과 방법론에서의 '문학적 성취'를 잣대 삼아 서정주 시인의 시세계가 김수영 시인보다 몇 수위라는 어느 문학평론가의 주장은 어불성설이다. 말도 안 된다. 미당은 식민 모국을 받든 식민지의 시인이다. 그 문학평론가에게 그런 행위는 단지 "부끄러운 삶의 행적"에 불과하다. 해방 후, 사회 전 분야에서 친일분자들이 활개를 친 이 나라의 현실이 치욕적일 따름이다.

감동받은 책의 저자를 만나지 말라는 독서 속설은 99퍼센트 옳다. 좋은 책을 읽었거든 그것으로 만족하는 게 제일 좋다. 굳이 그 저자의 신상에 대해 자세히 알려고 알거나 심지어는 만나려고 애쓰지 마시라. 그러는 당신에게 실망만 쌓일 뿐이다. 「우편물」에는 약간의 투정이 섞여 있다. 나는 "이메일에 대해서는 절대 (낡은 편지가 주는) 그런 기분을 느낄 수 없을 것 같다"는 정서에 공감하지 않는다. 군 복무를 하면서 편지를 많이 썼지만, 요즘은 책을 소포로 부치거나 원고 관련 서류를 등기우편으로 보내기 위해 우체국을 찾을 뿐이다.

그래도 앤 패디먼이 인용한 편지글 작가 리튼 스트레이치의 지적은 크게 공감한다. "지금까지 정보 전달이나 받는 사람을 기쁘게 하기 위한 편지 중에는 훌륭한 편지가 없었다. 훌륭한 편지가 이런 결과들을 우연히 성취할 수 있을지는 모르지만 훌륭한 편지의 근본 목적은 그 편지를 쓴 사람의 성품을 표현하기 위한 것이다."

한국어판 제목 『세렌디피티 수집광At Large and At Small』은 '세렌디피티 자연 박물관The Serendipity Museum of Nature'에서 가져왔다. 이 박물관은 여덟 살 난 앤 패디먼과 열 살 난 그녀의 오빠 킴 패디먼에게 남매의 부모가 새로 이사한 집의 2층 구석 쪽 남는 방에 마련준 것이다. 당시 남매는 자연채집에 들떠 있었다.

『서재 결혼 시키기』의 원제목은 'Ex Libris'다. "Ex Libris는 책 소유자의 이름이나 문장紋章을 넣어 책표지 안쪽에 붙이는 장서표라는 뜻의 라틴어로, 그 책의 소장자를 지칭할 때 쓰기도 한다."(표지커버 앞날개에서) 내가 갖고 있는 『서재 결혼 시키기』 '책위'에는 이 책을 구입한 날짜를 알려주는 서점 스탬프가 찍혀 있다. 나는 이 책을 2001년 12월 16일에 샀다. 초판 1쇄 인쇄일보다 엿새 늦지만, 초판 1쇄 발행일보다는 하루 빠르다.

나는 이 책을 사자마자 열독한다. 쪽수가 넘어가는 게 그리 반갑지 않았다. 그때만 해도 앤 패디먼의 "허세를 부리지 않은 박식"함은 매혹적이었다. 아니, 지금도 그럴 것이다. 잃어버렸지만 책에 껴준 책갈피는 손수 만든 출판사 직원들의 정성이 배어 있었다. 이 책은 '책에 대한 책'의 진수다.

그녀의 자투리 책꽂이에 꽂혀 있는 극지방 탐험 관련서들을 다룬 대목에서 섀클턴의 이름을 접한 반가움이란. 책은 "기우뚱한 물건을 받칠 때, 문이 바람에 닫히지 않게 괼 때, 풀이 잘 붙도록 눌러놓을 때, 울퉁불퉁한 양탄자를 펼 때" 큰 쓸모가 있다. 정말이지 "헌사를 달고도 헌책방에 아무렇게나 꽂혀 있는 수많은 책들은 얼마나 우울한가."

빅토리아 시대의 영국정치가 윌리엄 에워트 글래드스턴이 남다른 애서가라는 사실을 이 책을 통해 처음 안다. "정말로 자기 책을 사랑하는 사람이라면 숨이 붙어 있는 한 책을 자신의 집으로 안내하는 일을 다른 사람에게 위임할 수 있을까?" 또 글래드스턴은 이렇게 썼다. "책은 반드시 책장에 넣어야 한다. 책장은 반드시 집에 보관해야 한다. 집은 반드시 관리해야 한다. 서재는 반드시 먼지를 털어 주고, 배치를 해 주고, 분류를 해 주어야 한다. 얼마나 고된 일, 그러나 기분 나쁘지 않은 고된 일이 눈앞에 보이는지!"

◼ 앤 패디먼의 책

리아의 나라─ 몽족 아이, 미국인 의사들 그리고 두 문화의 충돌 이한중 옮김, 윌북, 2010.
세렌디피티 수집광 김예리나 옮김, 행복한상상, 2008.
서재 결혼 시키기 정영목 옮김, 지호, 2001.

앨런 와이즈먼
Alan Weisman
1947-

우리가 '싸그리' 지구에서 사라진다면

우주식민지를 개척해야 한다는 스티븐 호킹의 주장과 앨런 와이즈먼의 『인간 없는 세상The World without Us』은 극단을 달린다. 그래도 인간이 사라진 세계에 대한 상상은 인간의 영역을 지구 대기권 바깥으로 확장하자는 제안보다 현실적이다. "우리 모두가 사라질, 그것도 당장 사라질 확률은 꽤 희박하지만, 가능성이 전혀 없는 것은 아니다. 다른 생물들은 다 남고 인간만 사라질 가능성은 더 희박하지만, 그래도 제로보다는 높다." 그렇다고 『인간 없는 세상』에 아쉬움이 없는 건 아니다. 나는 이 책의 몇 가지 점들이 유감스럽다. 우선 약 4만 8000년 전 호주 대륙을 시작으로 인류가 신대륙에 발을 디딜 때마다 마주친 동물들이 멸종했다는 이른바 '전격전 이론'은 근현대인의 책임을 회피하는 '물귀신 작전'이다.

비판적 책읽기와 독자의 눈 틔워주기

'전격전 이론'은 동물 전멸의 책임을 옛날 옛적의 원주민에게 떠넘긴다. 불도저로 북미와 남미의 숲을 밀어버린 개발업자, 숲을 개간한 농장주, 숲을 불태운 목장주들과 땔감용으로 베어낸 농민들에게 균등한 책임을 묻는다. 그러면서 미국의 백인들이 자행한 버펄로 대량학살은 은근슬쩍 넘어간다.

"나중에 유럽인의 질병이 대륙 전역에 퍼지면서 인디언들이 거의 멸절되자 버팔로가 급격히 늘어났다. 버팔로는 멀리 플로리다까지 퍼졌고, 그곳에서 서쪽으로 이동 중이던 백인 정착자들과 마주치게 되었다. 호기심을 채우기 위해 남겨둔 극소수를 제외하고 버팔로가 거의 다 사라지자 백인 정착자들은 인디언의 조상들이 태워놓았던 대평원을 잘 이용했다."

'아프리카의 역설' 또한 '원주민 책임론'과 비슷한 맥락으로 읽힌다. 아프리카의 대형 포유류는 왜 아직 멸종하지 않았을까? 그건 아프리카에선 "인간과 거대동물이 함께 진화했기 때문이"고, "다행히도 아프리카의 거대동물들은 우리와 함께 살아남는 적응력을 갖춘 형태를 나름대로 발전시"킨 덕분이란다. 과연 그럴까?

앨런 와이즈먼은 외국의 여느 환경운동가나 생태계 보존과 생물다양성에 관심 있는 학자들처럼 한반도 허리를 가로지른 비무장지대DMZ를 낭만적으로 본다. "한반도의 분단은 미국이 히로시마에 핵폭탄을 떨어뜨린 바로 그날인 제2차 세계대전 막바지에 소련이 일본에 선전포고를 하면서부터 시작되었다"는 남북 분단의 기원은 약간 허탈하다. 군사분계선의 정의는 잘못되었다. "군사분계선은 비무장지대에서 양측이 접근해서는 안 되는 한가운데 지점의 초소들이 느슨하게 연결되어 있는 선을 말한다." 비무장지대 안에 있는, 그러니까 군사분계선(휴전선)과 남방한계선 사이에 있는 GP들을 잇

는 선을 가리키는 용어는 딱히 없다. OP들을 연결한 선은 남방한계선과 일치한다.

그래도 비무장지대의 앞날에 대한 앨런 와이즈먼의 예측은 정확하다. 전쟁터를 평화공원으로 바꾸자는 DMZ포럼의 제안은 "달콤한 전망이다. 하지만 이미 DMZ를 넘보는 개발 세력들에게 먹혀버리기 쉬운 전망이기도 하다." 평야지대인 서부전선과 철원 인근의 민간인통제구역은 진즉 부동산 바람이 불었다. 나중에 비무장지대와 민통선 지역 토지의 원소유자 후손들이 땅을 되찾으려는 요구 또한 무시할 수 없는 변수가 될 것이다. 무엇보다 몹시 위험천만한 곳이 야생동물의 피난처가 되었다는 DMZ의 역설을 "특별한 행운"이라 하기에는 분단의 질곡과 그것이 남긴 상처가 너무 크고 깊다.

한편 자발적인류멸종운동VHEMT에는 맬서스의 『인구론』 그림자가 드리워져 있다. 앨런 와이즈먼이 인용한 이 운동의 창립자가 한 말이다. "적극적으로 번식하는 사람이 너무 많습니다. 중국의 경우 출산율이 1.3퍼센트로 떨어졌지만 그래도 매년 1,000만 명이나 늘어나고 있습니다. 기근, 질병, 전쟁으로 그 어느 때보다 많은 인구가 줄어들고 있지만 성장률을 따라가지는 못합니다."

이렇듯 『인간 없는 세상』은 비판적 책읽기의 대상으로 알맞을 뿐만 아니라 읽는 이의 눈을 틔워 주기도 한다. 흙과 모래와 석회 반죽을 섞어 만든 콘크리트는 로마인들의 발명품이다. 마사이족의 전통 의상 '슈카'의 유래는 이렇다. "전통 의상이라고는 하지만 실은 19세기에 스코틀랜드 선교사들이 나눠준 특유의 격자무늬 담요가 시초였다."

철Fe은 금속이자 비금속卑金屬이다. 철은 쇠붙이다. 비금속非金屬은 아니다. 비금속卑金屬은 귀금속에 대비되는 공기 중에서 산화하기 쉬운 금속을 통칭한다. 본뜻은 이렇지만, 비금속卑金屬은 귀금속보다 값싼 천한

금속이다. 스테인리스스틸도 산소와 짠물에 노출되면 삭기 시작한다. 여기까진 사소한 상식으로 볼 수도 있 겠다.

"한쪽 끝에서 반대쪽 끝까지, 두 섬 모두 찌그러진 플라스틱 병, 폴리스티렌 부표 조각, 나일론 뱃줄, 라이 터, 자외선에 분해된 온갖 상태의 고무, 각양각색의 플 라스틱 병마개, 일본제 로션 튜브, 알아볼 수 없을 정도 로 흩어진 무수한 플라스틱 조각들이 카펫처럼 깔려 있었다."

바다에 떠다니거나 수면 아래로 가라앉은 쓰레기의 양은 실로 엄청나다. 태평양에서 쓰레기장이 되어버린 북태평양 환류의 면적은 거의 아프리카 대륙에 맞먹는 다고 한다. "해안에 부딪히는 파도와 조수가 바위를 모 래로 만드는 작용이 플라스틱에도 적용된다"고 한다. 그러나 크고 작은 플라스틱 입자들이 생태계에 끼치는 악영향은 제대로 파악하지 못하고 있다. 엄청난 양의 쓰레기가 바다에 버려지는 것은 각국 정부의 관리부 실 때문일까? 그런 것 같지 않다. "관리라는 말은 결국 가만히 두면 언젠가는 쓰러져 숲의 거름이 되어줄 거 목을 베어내기 위한, 그리고 팔기 위한 입발림에 지나 지 않는 경우가 대부분이다."

겹쳐 읽다

『인간 없는 세상』은 다른 책들과 겹쳐 읽을 수도 있다. 1978년 탄자니아의 올두바이 협곡에서 메리 리키 팀 이 발견한 것은 젖은 재에 찍혀 있는 350만 년 전 직립 원인의 발자국이다(69쪽). 칼 세이건의 『코스모스』(사이 언스북스)에서 오스트랄로피테쿠스 부모와 아이 것으로 추정되는 두 발자국을 실제로 볼 수 있다(『코스모스』특별 판, 680쪽).

『인간 없는 세상』의 348쪽부터 356쪽까지의 내용 은 윌리엄 파운드스톤의 『칼 세이건 코스모스를 향한 열정』(동녘사이언스)에도 나온다. 그런데 보이저 호에 탑재

한 어딘가 있을 외계지적생명체에게 보내는 골든 레코 드에 관한 두 권의 설명 가운데 서로 다른 내용이 있다. 『인간 없는 세상』에선 천문학자 프랭크 드레이크가 하 드웨어 기술을 '개발'(?)한 것으로 나온다.

"드레이크는 디지털미디어가 유행하기 이전 시대에 이미 금을 입힌 구리로 만든 30센티미터의 아날로그 디스크에다 소리와 이미지를 함께 기록하는 법을 고안 해냈는데, 거기에다 축음기 바늘을 달고 가능하면 작 동법을 알려주는 그림을 함께 넣어주기로 했다."(349- 50쪽)

반면 『칼 세이건 코스모스를 향한 열정』에선 "그림 을 LP판에 집어넣는 장치"를 사용하여 앞의 작업을 실 행한 기술자가 등장한다. 물론 이 책에서도 프랭크 드 레이크가 그림들이 축음기 레코드 홈으로 전환될 수 있다는 주장을 했다고 쓰고 있다.

"드레이크는 고주파 텔레비전 신호를 저주파 오디오 신호로 바꿀 수 있는 기계를 찾고 있었다. 오디오 신호 가 테이프에 한번 녹음되면 어떤 레코드 스튜디오에서 도 그것으로 레코드를 만들 수 있었다. 드레이크는 발 렌틴 보리아코프라는 이름의 일급 하드웨어 해커를 데 려왔다. 보리아코프는 갓 창업한 회사인 콜로라도 비디 오에 재직하고 있었다. 이 회사의 설립자들은 사람들 이 앞으로 언젠가는 텔레비전 그림들을 전화선으로 보 내고 싶어 할 거라고 생각했다. 그러니까 텔레비전 신 호를 오디오 신호로 바꾼다는 뜻이다. 그들은 최근에 그것을 위한 장치를 설비하였고, 또한 레코드를 도울 마음도 있었다."(434-35쪽)

인간이 사라지면 지구는 지금보다는 한결 평온할 것 이다. 가까운 사례를 든다면, 적어도 유조선에서 흘러 나온 기름으로 인하여 바다와 바닷가가 오염되고, 거 기에 사는 생물들이 떼죽음하는 사태는 일어나지 않 으리라. 유조선 옆구리가 찢어져 유출된 엄청난 양의 원유를 덮어쓴 바닷가에 자원봉사자들의 행렬이 물결

을 이뤘다.

그들의 봉사정신은 존중받아 마땅하다. 하지만 시민들이 나서서 그렇게까지 해야 할 필요가 있느냐는 생각이 들기도 한다. 아래는 미국의 언론운동 활동가 셸던 램튼과 존 스토버가 공저한 『거짓 나침반』(정병선 옮김, 시울, 2006)에 인용된, 보수적인 어느 논평가의 논평을 확증하는 홍보업계 저술가의 발언이다.

"기름을 뒤집어 쓴 후에 '구조된' 거의 모든 새가 결국은 죽는다. 정화 작업의 주요 목표는 지역의 자원봉사자들이 뭔가 쓸모 있는 일을 하고 있다는 느낌을 받게 만드는 것이다. 이런 활동은 대개 상징적인 조치일 뿐이지만 기업이 환경 문제에 민감하게 대응한다는 메시지를 전달해 주는 효과적인 방법이기도 하다."

우리는 정작 책임을 져야 하는 사람들은 뒷짐을 지고 있으니 더 그런 생각이 든다. "태안 앞바다 기름유출 사고에서도 사고 당사자들이 이 원칙(=오염자부담원칙)을 회피하기 위해 분주하다고 한다."(《한겨레》 2007. 12. 18, 34면)

.

탐욕적 생활방식에 대한 경고

"1년에 상어가 사람을 15명 정도 공격한다면, 인간은 상어를 1억 마리씩 잡고 있습니다. 정정당당한 싸움은 아니지요."(보존 해양생물학자 엔리크 살라) "게놈 수준에서 볼 때 산호와 우리의 차이는 적습니다. 그것은 우리 모두가 같은 곳에서 왔다는 분자 차원의 강력한 증거지요."(미생물학자 포레스트 로워) 『인간 없는 세상』은 "너무도 탐욕적인 우리의 생활방식"에 대한 경고다. 탐욕적이고 거만하며, 때로는 심한 엄살까지 부리는 우리가 과연 타성에 젖은 생활방식을 바꿀 수 있을까? 대오 각성한다면 모를까, 나는 극히 회의적이다. 『인간 없는 세상』은 꽤 읽을 만한 책이다.

『가비오따스Gaviotas』에 대해선 박병상 선생의 서평 일부를 인용하는 것으로 대신하겠다. 박병상의 「남미

오지에 건설한 이상주의자들의 공동체」는 시민에게 권하는 100권의 환경책 서평 모음집『환경책, 우리 시대의 구명보트』(환경과생명, 2005)에 실려 있다.

"이 책은 자연의 원금을 축내지 않고 살아가려는 사람들의 이야기다. '세상을 다시 창조하는 마을'에 대한 취재 보고서나 무미건조한 기행문이 아니다. 아마존 열대우림이 안데스 산맥과 이어진 해발 3,000미터의 고원, 생활 기반은 물론 도로도 제대로 개설되지 않은 오지 중의 오지에서 지속 가능한 삶을 살아가고자 의기투합한 이상주의자들의 힘겹지만 아름다운 시행착오의 경험담이다. 환경 문제에 천착하는 저널리스트 앨런 와이즈먼이 발품을 팔아 썼고 농업 중심의 생태 공동체를 실현하려는 황대권이 옮겨서 그런지, 전하는 메시지가 생생하게 다가온다. 현장으로 독자를 안내해 함께 고민하고 안타까워하게 만든다."

앨런 와이즈먼의 책

인간 없는 세상 이한중 옮김, 랜덤하우스코리아, 2007.
가비오따스-세상을 다시 창조하는 마을 황대권 옮김, 랜덤하우스코리아, 2008.
가비오따스-세상을 다시 창조하는 마을 황대권 옮김, 월간말, 2002.

앰브로스 비어스
Ambrose Gwinnett Bierce
1842-1914?

패 잘난 독설가

"나는 미국의 가장 위대한 단편소설인 앰브로스 비어스의 「아울 크릭 다리에서 생긴 일Occurrence at Owl Creek Bridge」을 읽지 않은 사람을 얼간이라고 생각한다. 그 소설은 정치색이 전혀 없고, 듀크 엘링턴의 재즈곡 〈소피스티케이티드 레이디〉나 프랭클린 난로처럼 미국인

의 천재성을 유감없이 보여주는 작품이다."(커트 보네거트, 『나라 없는 사람』, 김한영 옮김, 문학동네, 2007, 17쪽)

앰브로스 비어스의 『아울크리크 다리에서 생긴 일』(정진영 옮김, 생각의나무, 2008)은 작품 선집이다. 옮긴이가 『Ghost and Horror Stories of Ambrose Bierce』(1964)와 『The Complete Short Stories of Ambrose Bierce』(1984)를 원 텍스트로 "공포를 가장 효과적으로 전달하는 작품" 17편을 골랐다.

비어스의 '환상적인' 작품들을 읽기에 앞서 작가의 면모와 작품 세계를 살핀다. 간략한 작가작품론의 출처는 '옮긴이의 글'이다. 그는 1842년 오하이오에서 생계에 초연했던 아버지의 열세 자녀 중 열 번째로 태어났다. "비어스의 유년은 유복함이나 평온함과는 거리가 멀었다." 이혼으로 끝난 자신의 결혼생활 역시 순탄치 않았다.

비어스를 잘 아는 사람들이 쓴 그의 전기나 평전조차 동일인을 대상으로 한 것인지 의심스러울 정도로 묘사가 제각각이란다. '아주 잘 생긴 비어스'와 '독설가 비어스(혹은 '샌프란시스코 최악의 인간')' 사이의 넓은 틈은 쉽게 메우기 어렵다.

이런 측면은 그를 소재로 한 영화에도 반영되어 〈올드 그링고Old Gringo〉(1993)와 〈황혼에서 새벽까지 3From Dusk Till Dawn Ⅲ: Hangman's Daughter〉(2000)은 비어스의 실종을 다뤘지만 내용은 판이하다. 앰브로스 비어스는 1914년 1월 11일 혁명의 소용돌이가 휩몰아치던 멕시코에서 실종되었다.

앰브로스 비어스는 재발견된 작가다. 그에 대한 재평가가 시작된 1920년대 "그는 어리석은 사회의 속박에서 자유로웠고 시대에 순응하지 않은 작가로 조명"받는다. 1930년대와 1940년대엔 "풍자 문학과 사회 비평의 선구자로 인정되었다." 재평가 작업이 더욱 활발해진 1970년대부터는 작품이 두루 읽히는 '현대의 고전' 작가 반열에 오른다.

"비어스가 쓴 아흔 편 안팎의 단편들은 크게 공포와 남북전쟁이라는 두 가지 주제로 나뉜다. 그리고 그밖에 구분 짓기 모호한 작품들을 톨 테일Tall tales, 신화와 민담의 성격을 띤 공상적인 이야기로 분류하기도 하는데, 비어스 소설 전반에 흐르는 기조는 충격적이고 섬뜩한 자각이다. 그것은 이상적이기를 꿈꾸었던 개인의 실수 혹은 사회 체제의 결함에 대한 인식이며, 맞닥뜨린 죽음에 대한 인식이다."

『아울크리크 다리에서 생긴 일』 수록작들은 다소 실망스러웠다. 대단한 감동을 기대한 건 아니었다. 커트 보네거트를 처음 읽었을 때의 '색다름'은 바라지 않았다. 아무리 그래도 '바로, 이거야!' 라고 할 수 있는 작품을 하나도 못 건진 게 장르문학을 덜 선호하는 내 취향 탓만은 아닌 것 같다.

우선 '시차時差' 적응에 문제가 있었다. 앰브로스 비어스는 100년 전에 활동한 오래된 작가다. 또 그의 작품은 케케묵었거나 고색창연古色蒼然하진 않았지만, 내게, 어쩔 수 없이 낡은 것이었다. '정치색이 전혀 없는' 작품의 순수성은 무색무미무취에 가까웠다. 병적이면 병적이었지, 비어스의 작품 세계는 그리 매혹적이지 않다.

그리고 내가 좀 멍청해서일까? 나는 「아울크리크 다리에서 생긴 일」에서 비어스의 천재성을 못 느낀다. 나는 「아울크리크 다리에서 생긴 일」의 위대성을 감지하지도 못한다. 한밤중에 읽는 게 겁나 벌건 대낮에 읽기는 했다. 공포감은 그리 심하지 않아도 밤중에 보면 꿈자리가 뒤숭숭할 것 같다.

「헬핀 프레이저의 죽음」은 짧은 단편이지만 수록 작품 중에선 가장 긴 분량이다. "이 세상에는 서른두 살의 나이를 아주 늙었다고 생각하는 사람들이 무수히 많은데, 유독 그리 생각할 수밖에 없는 이들이 있다. 바로 아이들이다. 인생의 항해를 출항지에서 바라보는 이들은 배가 조금만 움직여도 곧 머나먼 해안에 닿을 것처럼 생각하는 법이다."

나는 비어스의 작품에 적응이 잘 안 된다. 장르의 이질감과 '시차'를 극복하는 게 쉽지 않다. 낯선 세계가 영 부자연스러운데다 멀미 비슷한 걸 느낀다. "우리는 익숙한 자연 법칙의 순리에 지나치게 의존하기 때문에 모호한 현상들을 접하면 그것을 일상의 안전을 위협하는 요인이자 끔찍한 재난의 경고로 받아들"(「요물」)여서일까?

아니면 "나는 한 번도 본적이 없으나 일단 만나 보면 알아볼 수 있는 누군가를 찾고 있었"(「매커저 협곡의 비밀」)던 것인가? 그것도 무작정 혹은 헛되이. 내게 앰브로스 비어스가 그의 작품에서 탐색한 "인간 행동의 비밀은 여전히 미해결의 장이다."(「인간과 뱀」)

'판타지 우화집' 『악마의 위트사전The Unabridged Devil's Dictionary』(정예원 옮김, 함께북스, 2007)의 정체성은 약간 흐릿하다. 우화집과 (악마의) 사전을 절충했다기보다 앰브로스 비어스의 대표작에 기댄 측면이 짙다. "신랄한 비판과 통렬한 풍자"는 썩 와 닿지 않으며 "지혜와 용기를 담"았다고 보기도 어렵다.

비어스의 미국식 유머는 투박하다. 193쪽의 「부적격」만 해도 그렇다. "배심원으로서의 의무를 위해 소환된 한 저명한 시민이 뇌에 이상이 있다는 의사의 증명서를 보냈다. 판사는 증명서를 전달해준 사람에게 말했다. '이 신사를 제외하겠소. 두뇌를 가진 사람이군.'" 내용 전체를 인용했는데 처음부터 뭔가 빠진 듯싶다. 「복무를 위한 채비」는 어찌 봐야 할지.

"남북전쟁 당시 한 애국자가 그랜트 장군의 군대에 복무하기 위해 메릴랜드로 갔다. 수도인 아나폴리스에서 하루 머물기로 한 그는 명성이 자자한 광학기계 판매업자를 찾아가 배율이 높은 망원경을 일곱 개나 샀다. 하루에 하나씩 일주일마다 돌아가며 쓸 작정이었다. 이를 본 메릴랜드 주지사는 이곳에서 쇠퇴해가던 이 산업을 이토록 후하게 도와준 이 애국자를 대령으로 임명했다."

『악마의 위트사전』 제2장 '신新 이솝우화'는 대체로 어색하다. 특히 "난(=베짱이) 분명히 (식량을) 비축했었어. 하지만 너희(=개미)들이 몰래 들어와서 전부 가져가 버렸잖아"(「개미와 베짱이」)라는 식의 비틀기는 억지스럽다. "파타가스카르 왕국"과 "마다고니아 왕국"(「잠왕국의 범보 왕」)은 실존했을까? 가상의 왕국이라면 '마다가스카르'와 '파타고니아'에서 이름을 빌렸을지도 모른다.

"비어스는 저널리스트로 어느 정도 성공을 거둔 반면, 작가로서는 제대로 평가받지 못했다. 촌철살인의 위트와 지위 고하를 가리지 않는 통렬한 비판의식은 저널리스트로서는 장점의 여지가 많았다. 국내에도 출간된, 신랄한 유머의 결정판인 『악마의 사전The Devil's Dictionary』도 이러한 맥락에서 호평을 받았다."(「아울크리크 다리에서 생긴 일」 '옮긴이의 글')

『악마의 사전(2판)』(이동진 옮김, 우신사, 1993)은 앰브로스 비어스의 대표작이다. 1906년 『The Cynic's Word Book』라는 제목으로 첫선을 보였다. 냉소가의 용어집답게 『악마의 사전』은 시니컬하다. 비어스가 '서문'에서 표절을 걱정하는 건 좀 의외다. "이 책의 저자에게는 전연 표절의 의심이 없다고 말씀해주시기를 진심으로 바란다."

'표절'의 정의는 이렇다. "먼저 발표된 창피스러운 작품과 명예롭게도 나중에 발표된 작품이 합성된 우연의 일치." '표절하다'는 "결코 단 한 번도 읽어본 적이 없는 다른 저작가의 사상이나 문장 따위를 채용하다"이다.

『악마의 사전』에서도 비어스의 의중을 파악하기가 쉽지는 않다. 다만, 역발상을 곧잘 드러내긴 한다. '무식자'가 "당신이 잘 알고 있는 모종의 지식에 대해서는 어두운 반면, 당신이 전혀 모르는 다른 종류의 지식에는 밝은 사람"인 데 비해, '박식'은 "학문에 정진하는 자에게 특유한 일종의 무지"를 뜻한다.

드물게 사물 혹은 개념의 본질을 꿰뚫어본다. '공화정체'가 그러한데 공화정체란 "평등한 재판이 그 비용을 지불할 능력이 있는 자에게만 행해지는 정치의 한 형태"다. 언론의 속성에 대해선 빠끔하다. '취재기자'는 "진실에 도달하는 데 오직 추측으로써 하고, 언어의 폭풍으로 그 진실을 사방으로 흩어놓는 문필가"를 말한다.

'사전'은 "언어의 자유로운 성장을 억제하여 그 언어를 탄력성 없는 것으로 고정시키고자 생각해낸 문필에 관한 악랄한 조작"이지만, "단 본사전은 예외로 지극히 유익한 저작著作"이라나!

앰브로스 비어스의 책

아울크리크 다리에서 생긴 일(기담문학 고딕총서 9) 정진영 옮김, 생각의나무, 2008.
악마의 사전- 기지와 해학, 위트의 백과사전(Hand-in-Hand Library) 정시연 옮김, 이른아침, 2008.(초판 2005)
악마의 사전 유소영 옮김, 정민미디어, 2006.(초판 2000)
악마의 사전(2판) 이동진 옮김, 우신사, 1993.
악마의 위트사전 정예원 옮김, 함께, 2007.
괴담- 공포에 관한 11가지 짧은 이야기 오경희 옮김, 글읽는세상, 1999.
빈정거림의 책 편집부 옮김, 힘, 1993.

야마오 산세이
山尾三省
1938-2001

"서두르지 않는다. 집중한다"

또 수술을 받았어요. 간단한 수술이지만 수술은 수술이지요. 지난 3년간 세 번이나 몸에 칼을 댄 셈입니다. 십수 년 전 포경수술을 받기도 했습니다. 사실, 이 수술은 그 필요성 여부가 논란거리입니다.

비근한 예로 '현대의술과 과대망상증에 관한 슬픈 이야기'인 앤드류 스컬의 『현대 정신의학 잔혹사』(전대호

옮김, 모티브북, 2007) 한국어판 감수자의 지적을 들 수 있겠지요. "우리나라는 유대인이 거의 없는데도 포경수술 비율이 세계 최고라는 기막힌 통계도 있다. …이 수술에 대한 연구 결과에 따르면 이 수술의 이점이라고 알려진 성병의 예방, 성감의 향상, 파트너의 자궁경부암 예방 등은 근거가 없는 속설일 뿐이라고 한다."

한국어판 감수자는 우리나라에서 널리 행해지는 포경수술의 배경으로 세균에 대한 두려움을 덧붙입니다. "신체의 한 부위에 머물러 있던 세균이 온몸을 돌아 다른 부위에 더 심각한 질병을 야기한다는 국소 감염설은 이러한 막연한 두려움을 과학으로 포장한 것이다." 세균을 만병의 근원으로 보는 건, 세균성 전염병의 실체를 확인한 19세기 말 상황에선 매우 자연스런 일이나, 그것을 너무 극단으로 밀어붙인 게 문제라네요.

정해년丁亥年 설날 저녁, 오른쪽 아랫배에 가벼운 통증이 느껴져 만져보니 물컹한 게 잡히지 뭡니까. 이내 마음이 불안해졌습니다. 엄지와 집게손가락 사이에 들어온 멍울이 보통의 그것보다 크기가 좀 컸거든요. 연휴라 하루를 거르고 동네 내과에 갔지요. 의사는 별것 아닐 가능성이 높지만 그래도 모르니 큰 병원에서 검사를 한번 받아보라더군요. 그는 생각지 않게 내과가 아닌, 일반외과를 추천했습니다.

집에서 가까운 종합병원 외과의사의 생각도 동네 내과의사와 비슷하더군요. 그래서 이튿날 조직검사용 시료채취를 겸한 절제수술을 받기로 했습니다.

농부 야마오 산세이는 농부입니다. 지금까지 번역된 그의 책 세 권은 그런 면이 여실합니다. 먼저, 야마오 산세이의 한국어판에 대해, 뭉뚱그려 말씀드리지요. 셋 다 산문집입니다. 책에서 그가 살았던 규슈 아래에 있는 야쿠 섬의 흙냄새가 나는 듯합니다. 재생지를 본문용지로 사용한 『여기에 사는 즐거움』과 『더 바랄 게 없는 삶』은 더 그러네요.

흙냄새 물씬 풍기는 두 권은 내용이 꽤 겹칩니다. 중복되는 내용이 흠이 될 정도는 아닙니다. 『어제를 향해 걷다』에도 이 두 권과 겹치는 부분이 더러 있네요. 그것들은 아마도 야마오 산세이가 강조하고 싶은 소재와 주제인가 봅니다. 『어제를 향해 걷다』는 야마오 산세이의 책 두 권(『조몬 삼나무의 그늘 아래서』와 『회귀하는 날들의 일기』) 중 일부를 우리말로 옮긴 것입니다. 야마오 산세이의 책은 모두 최성현의 번역입니다.

그런데 번역서의 만듦새가 다소 아쉽다는 점을 지적하지 않을 수 없네요. 어떤 책은 전체적으로 무난한 편집이나 책의 앞부분이 약간 번잡하네요. 또 어떤 책은 교정을 한 번 더 봤어야 했다는 생각이 들 정도로 오탈자가 적지 않습니다. 편집상태가 제일 깔끔하고 양호한 책은, 어찌된 영문인지, 책날개의 저자소개 글과 역자서문에서 야마오 산세이의 타계 연도가 다르네요.

와세다 대학을 나온 야마오 산세이는 마흔에 식구를 이끌고 야쿠 섬으로 이주해 농사를 지으며 살다가 그 섬의 자기 집에서 세상을 뜹니다. 일종의 귀농이었던 셈이죠. 책에 실린 그의 노년 사진을 보면, 농부가 다 되어 있네요. 하지만 한번 물들인 인텔리 기운은 쉽게 지워지지 않는다는 점을 보여주기도 합니다.

한데, 그는 농경시대 저편의 '석기시대'를 동경하는군요. "석기문화를 생활 속에 받아들임에 따라 우리들은 이 문명사회에서는 맛볼 수 없는 새로운 풍요로움과 기쁨을 손에 넣을 수 있는 것이다." 그래도 시대착오적이라는 느낌이 드는 건 어쩔 수 없네요. 이런 반응을 예상했는지 몰라도 그는 '석기시대 충동'을 부연합니다.

"석기시대 충동이라 하면 뭔가 대단한 것으로 생각하기 쉽다. 하지만 자연과의 긴밀한 관계가 성립돼 있으면 저절로 그 충동도 성취되는 것이다." 또한 그가 "'석기시대 충동'이라는 말로 부르는 자연 회귀의 바람이 앞으로 우리가 우리의 문명을 균형 잡힌 모양으로 만들어가려고 할 때 빼놓을 수 없는 요소임은 두말할

필요도 없는 일이다."

철학자 그는 철학자이기도 합니다. 그는 "철학이라고 하여 겁낼 것 없다" 말하지요. "철학이란 인간이 어떻게 바르게 살 것인가, 진실하게 살 것인가, 혹은 풍요롭게 살 것인가를 생각해보는 일로서 우리 모두가 이미 나날의 생활 속에서 실제로 하고 있는 일이기 때문"입니다. '생각하는 갈대'로 태어난 인간은 늘 그러한 생각의 고삐를 늦추기 어려운데 그게 바로 철학이라는 거죠.

그는 이른바 철학자들의 전문영역은 철학의 아주 작은 부분이라고도 합니다. 야마오 산세이에게 "철학은 오랜 기간 나의 생을 어디로 돌려보낼 것이냐"와 관련돼 있었지요. "바꿔 말하면 나를 어떻게 죽게 할까, 어디로 나의 의식과 뼈를 돌려보내야 할까를 생각하는 일이었다. 그것이 더 진실하게 살고, 더 바르게 살고, 더 풍요롭게 살아가는 길이었다."

그의 철학을 함축한 두 마디는 이렇습니다. "서두르지 않는다. 집중한다." 범부의 생활철학이 높은 사상의 경지로 승화하는 것은, 그가 이를 삶 속에서 철저하게 지켜 발현하기 때문이겠지요. 그런데 그것은 야마오 산세이가 자연으로 귀환하여 얻은 알찬 소득입니다.

"내가 이제까지 익혀 온 들일, 산일의 가장 중요한 요령은 결코 서두르지 않을 것, 집중할 것, 이 둘이다. 이 두 가지의 균형이 무너지지 않는 한 어떤 일을 해도 그 작업은 한없이 즐겁다. 그 작업을 통해 나는 내 속에서 피어나기를 간절히 바라고 있는 생의 근원적인 충동(석기시대 충동), 곧 생명의 충족감과 내밀함을 손에 넣을 수가 있는 것이다."

삶의 근원적인 충동은 인간의 원시적인 본능과 맞닿아 있지요. 숲속의 길에서 벗어나거나 나무 위에 올랐을 때 불안해지는 것이 아니라 기쁨과 충족감을 느끼는 것이 바로 그런 예에 속합니다. "세포인지 유전자인

지는 알 수 없지만 좌우간 그 레벨에 기억돼 있는 '나무 위'라는 기분 좋은 긴장이 심신을 돌며 어린아이들처럼 다만 거기에 그렇게 올라가 있는 것만으로 즐겁다."

시인 무엇보다 야마오 산세이는 시인이지요. 번역시는 감흥이 떨어지기 마련이나 그의 작품은 많이 다르네요. 좋은 번역 덕분인지, 아니면 언어의 장벽이 무색할 만큼 그의 시심詩心이 탁월한 덕분인지 마치 우리 시를 읽는 듯한 느낌입니다. 그의 시집을 번역 출간하는 것도 좋지 않을까 생각합니다. 그에게 "시인이란 세계의 희망 찾기를 숙명으로 삼는 인간을 일컫는 말"입니다. 그럼, 산문집 세 권에 흩어져 있는 그의 시 작품을 읽어보도록 하지요.

"이 세상에서 가장 소중한 것은/고요함이다/산은 고요하다/밭은 고요하다/그래서 나는 고향인 도쿄를 버리고 농부가 되었다/이것은 하나의 의견인데/이 세상에서 가장 소중한 것은/고요함이다"(「고요함에 대하여」에서)
"입동의 들길에 핀/털머위 노란 꽃은//제 행복의 단편이자/인생의 의미입니다//입동의 들길에 핀/털머위 노란 꽃 속에//은하계가 깃들어 있고/인생의 의미가 있습니다//한바탕의 털머위 꽃은/한바탕의 은하계/저는 그것이자/그 행복의 한 조각입니다"(「털머위 꽃」전문)
"산에 저녁 어둠이 다가온다/아이들아/봐라 이미 밤이 등 뒤에까지 와 있다/불을 피워라/너희 마음에 남아 있는 놀이를 놓고/옛 마음으로 돌아가/불을 피워라"(「불을 피워라」에서)
야마오 산세이의 글을 읽으면 읽을수록 그의 삶과 사상에 빠져들기보다는 일정한 거리를 두게 됩니다. 그건 이런 의구심이 들어서겠지요. 그를 믿어도 될까? 그도 고작해야 일본의 양심적 지식인 가운데 한 사람은 아닐까? 현대문명에 비켜선 그의 자연주의는 혹여 사회와 역사로부터의 도피가 아닐까? 그렇다고 뭇 생명과 더불어 살려는 그의 뜻을 의심하진 않습니다.

"그쪽으로 가면 도망칠 곳이 없기 때문에 안 된다"며 농사에 피해를 주는 사슴의 퇴로를 걱정하는 대목에서 진한 감동을 받았거든요. 아무튼 저는 잘 모르겠습니다. 아직은 확실한 판단이 서질 않네요. 다만, 「왜― 아버지에게」라는 그의 시에서 실마리를 찾을 수도 있지 않나 생각합니다. 아래는 그 시의 일부입니다.

왜 너는 도쿄 대학에 갈 생각을 않느냐고
고등학교 3학년 때 담임선생님은 물었다
저는 와세다 대학에 가고 싶습니다 라고 대답했지만
그때 나는
키에르케고르 전집을 읽기 시작했기 때문에
이미 시험 공부할 사이가 없었다

왜 너는 대학을 그만두냐고
대학 3학년 때 아버지는 물었다
나는 방자하게도
입학할 때부터 졸업할 생각이 없었고
졸업장 갖고 세상을 살아가는 것은
비겁한 사람이나 하는 일이고
중학교만 졸업한
아버지의 길에도 거스르는 일이라고 대답했다

왜 너는
아나키스트가 되었냐고
올 삼월에 암으로 죽은 친구가 물었다
그 친구는 깊은 연민과 힘을 가지고
평생을 사랑 하나로 일관한 보기 드문 사람이었다
나는 그에게
어디나 다 중심이고
또 거기에는 그 나름의 질서가 있으니
정부 따위는 필요 없는 게 아니냐고 대답하지 않고
너 또한 아나키스트일 게 분명하다고 대답했다

제가 받은 수술은 복잡하지 않았습니다. 수술실에 걸어 들어가고 걸어서 나왔거든요. 국부마취를 해서 그렇지요. 수술시간은 30분 남짓이었습니다. 피부를 절개해 살 속의 덩어리를 잘라 끄집어내는 과정이 어렴풋이 느껴졌지요. 서너 번 꽤 강한 통증이 와서 신음소리를 냈어요. 그러자 집도의가 감안을 해줬습니다.

하지만 저는 『나는 침대에서 내 다리를 주웠다』의 올리버 색스처럼 내가 수술 받는 과정을 모니터로 지켜볼 깡다구는 없는 사람입니다. 다행히 수술은 잘 되었지요.

야마오 산세이의 책

어제를 향해 걷다 최성현 옮김, 조화로운삶, 2006.
더 바랄 게 없는 삶 최성현 옮김, 달팽이출판, 2003.
여기에 사는 즐거움 최성현 옮김, 도솔, 2002.

얀 마텔
Yann Martel
1963-

캐나다 작가의 새로운 소설

어떤 책이 많이 팔리고 널리 읽히는 데에는 그만한 이유가 있다. 그런데 많이 팔렸다고 다 읽히는 건 아니다. 책을 사는 것과 구입한 책을 읽는 일이 별개일 수 있어서다. 캐나다 작가 얀 마텔의 장편소설 『파이 이야기』는 잘 팔리고 많이 읽히는 책이다. 그걸 어떻게 아느냐? 소리 소문 없이 베스트셀러가 된 책이기 때문이다. 한국어판을 펴낸 출판사는 이 책의 마케팅 포인트로 세 가지를 내세웠다. 제34회 부커상 수상작, 세계적인 베스트셀러, 그리고 영화화가 진행 중인 점을 들었다. 그러나 이 세 요소는 우리 독자들이 이 책을 구입하여 읽는데 별다른 영향을 주지 못했을 것이다. 노벨문학상 수상작가의 작품도 약발이 잘 안 먹히는 판국에 영어권 작가를 대상으로 하는 문학상으로 우리 독자들을 유인하는 건 무리다. 외국에서 베스트셀러였다는 것은 우리나라에서도 그럴 가능성이 있다는 걸 시사할 따름이다. 영화의 원작 소설은 영화가 개봉되어야 독자의 관심을 끈다.

『파이 이야기』가 소리 소문 없이 베스트셀러가 된 것은 소설 자체의 매력 덕분이다. 흥미진진한 내용의 『파이 이야기』는 단숨에 읽힌다. 아주 재미있다. 그런데 나는 이 작품의 내용을 살피기에 앞서 이 소설의 형식에 먼저 주목하고 싶다. 모두 100장으로 이뤄진 소설은 크게 세 부분으로 나뉜다. 1부는 과거와 현재 —작중 인물인 화자와 소설을 쓰기 위한 취재를 하는 작가의 시점— 가 교차하고 있으나, 프롤로그라기보다는 작품의 전사前史, prehistory라고 할 수 있다. 2부와 3부는 본론과 에필로그로 볼 수 있다.

"이 이야기는 해피엔딩이다." 2부와 3부의 몇 장은 독자를 안심시키는 1부의 마지막 구절이 반어적 표현이 아니냐는 의구심을 자아낸다. 태평양에서의 기나긴 표류의 막바지에 해당하는 90-92장은 그로테스크한 분위기를 연출한다. 90장은 실어증이 환각상태의 대화로 표현되는 듯하다. 한 페이지에 불과한 91장은 "끔찍한 상태였다." 거대한 해초 덩어리 섬의 상륙기라고 할 수 있는 92장은 그 내용을 "믿지 않는 사람이 많을 것" 같다기보다는 전반적으로 모호하고 흐릿하다. 마치 꿈결이 아닌가 싶다. 식충 섬에 서식하는 "독특한 식물"은 소설의 기괴함을 더하는 구실을 한다. 그러나 그로테스크함의 절정은 아직 남아 있다.

1부에선 주인공의 이름과 종교가 눈길을 끈다. 소설의 주인공은 인도 소년 피신 몰리토 파텔이다. '피신 몰리토'는 프랑스 파리에 있는 수영장 이름을 딴 것이다. 이름과 관련한 또 하나의 특이사항은 사티시 쿠마르가 매우 흔한 이름이라는 점이다. 파이 파텔이라고도 하는 소년은 세 가지 종교를 한꺼번에 믿는다. "힌두교도들도 사랑의 용량에 있어서는 대머리 기독교도들과 같다고, 이슬람교도들이 모든 사물에서 신을 보는 방식이 수염 난 힌두교도와 같고, 기독교도들이 신에게 헌신하는 마음은 모자를 쓴 이슬람교도와 같은 것 아니겠느냐고."

인도의 폰디체리에서 사설 동물원을 운영하던 파이 파텔네 가족은 기르던 동물들을 동반하고 캐나다 이민 길에 오른다. 하지만 그들을 태운 파나마 선적의 일본 화물선 '침춤 호'는 필리핀 마닐라를 떠나 태평양으로 접어든 지 나흘째 되던 날, 미드웨이 제도로 가던 중 침몰하고 만다. "책벌레에 신앙심 깊던 열여섯 살 순진한 소년" 파이 마텔은 태평양에 가라앉은 화물선에 탔던 유일한 생존자다. 소년의 극적인 생환은 소년이 세 종교를 섬긴 덕분일까? 그런 측면이 전혀 없는 것 같진 않다. "신을 믿는 것은 마음을 여는 것이고, 마음을 풀어놓는 것이고, 깊은 신뢰를 갖는 것이고, 자유로운 사랑의 행위다."

아무튼 에필로그에서 화물선 실종사고의 진상을 파악하기 위해 소년을 만나러온 일본 운수성 해양부 관리들은 소년의 생환과정을 못 믿는 눈치다. 그도 그럴 것이 소년은 227일간이나 버텨 이 분야의 기록을 세웠다.

"로버트슨 일가는 바다에서 38일간 버텼다. 선상 반란으로 유명한 '바운티 호'의 블라이 선장과 선원들은 47일간 버텼다. 스티븐 캘러한은 76일간 살아남았다. 허먼 멜빌에게 영감을 받아 포경선 에섹스 호의 침몰기를 쓴 오웬 체이스는 두 명의 동료와 83일간 버텼다. 중간에 무시무시한 섬에서 일주일간 머물긴 했지만, 베일리 일가는 118일간 버텼다. 1950년대에 '분'이라는 한국 상선의 선원이 173일간 태평양에서 버티다 목숨을 구했다는 이야기도 들은 적이 있다."

소년이 극한상황에서 살아남은 비결은 뭘까? "바쁘게 지냈다. 그게 생존의 열쇠였다. 구명보트에서, 또 뗏

목에서, 언제나 할 일이 있었다." 그러나 "구명보트에서의 삶은 생활이라고 할 게 없다. 그것은 몇 개 되지 않는 말을 가지고 하는 체스 게임의 마지막 판과 같다. 구성 요소는 더할 수 없이 간단하고, 판돈도 크지 않다. 생활은 육체적으로 너무나 힘들고, 정신적으로 죽어간다. 살아나고 싶다면 적응해야 한다."

게다가 조난자가 되는 것은 "계속 원의 중심점이 되는 것과 같고", "우울하고 지친, 상반된 것들 속에 붙잡힌 것과 같다." 그리고 "상반되는 것 중 최악은 권태와 공포다." 그런데 소년의 "가장 큰 바람은 —구조보다도 큰 바람은— 책을 한 권 갖는 것이었다."

"절대 끝이 나지 않는 이야기가 담긴 책. 읽고 또 읽어도 매번 새로운 시각으로 모르던 것을 얻을 수 있는 책. 아쉽게도 구명보트에는 성서가 없었다. 나는 크리슈나의 말이라는 은혜 없이 부서진 전차에 탄 서글픈 아르주나 꼴이었다. 처음 캐나다 호텔 방에서 침대 옆 테이블에 놓인 성서를 봤을 때, 난 울음을 터뜨렸다."

일본 운수성 관리들이 소년을 믿지 못하는 결정적인 이유는 소년과 함께 표류한 대상 때문이다. 소년은 벵골 산 호랑이 '리처드 파커'와 구명보트로 태평양을 건넜다. "나를 진정시킨 것은 바로 리처드 파커였다." 소년은 자신과 함께한 호랑이에게 진한 애정을 느낀다. "정말로 사랑해. 사랑한다, 리처드 파커. 지금 네가 없다면 난 어째야 좋을지 모를 거야. 난 버텨내지 못했을 거야. 그래, 못 견뎠을 거야. 희망이 없어서 죽을 거야. 포기하지 마, 리처드 파커. 포기하면 안 돼. 내가 육지에 데려다줄게. 약속할게. 약속한다구!"

끝까지 못 믿는 일본 관리들에게 소년이 들려준 "말이 되는 이야기", 곧 다른 버전의 간추린 생환과정은 엽기적이다. 작가는 왜 이렇듯 그로테스크하고 기괴하며 엽기적인 장치들을 만들어 놨을까? 소설은 동화가 아니라서? 독자의 감정이입을 억제하기 위해? 현실은 냉혹하기 때문에? 속도에 대한 성찰을 옮겨 적는 것으

로 『파이 이야기』에 대한 리뷰를 마무리하겠다.

"화물선에서는, 태평양이 지나가는 물고기 떼 외에 다른 생명이 살지 않는 물의 황무지라고 생각했다. 화물선이 물고기 떼를 보지 못할 만큼 빨리 달렸기 때문이라는 것을 그후 알았다. (…) 야생동물을 보고 싶으면 걸어야 한다. 조용히 걸어서 숲을 탐사해야 한다. 바다도 마찬가지다. 태평양에 사는 풍요로운 바다생물을 구경하려면, 걷는 속도로 천천히 노닐어야 한다."

얀 마텔의 또 다른 장편소설 『셀프』에도 특이한 형식이 보인다. 두 장으로 구성됐는데 1장은 400쪽이 넘지만 2장은 단 1쪽에 불과하다. 그리고 원문(영어가 아닌 외국어)과 번역문(영어)을 나란히 맞댄 대목이 적잖다. 이 소설에 관한 내용은 '역자 후기'의 신세를 지겠다. 번역자는 『셀프』를 "진지한 독자가 아니라면 읽지 말아야 할 소설"로 간주한다. "첫머리에서부터 독창적이고 매혹적인 서술로 놀라우리만큼 재미있게 전개되어 책을 놓지 못하게 하는 기발한 문체와 구성, 그리고 본질을 정확히 꿰뚫는 통찰로 독자들을 휘어잡는 이 작품은, 소설의 주된 목적이 재미와 감동이라면, 그 목적을 완벽하게 충족시키고 있다."

또 "한마디로, 『셀프』는 사회란 무엇이며 무엇이 누구를 현재의 그로 만들었는가 하는 질문들을 통해 한 인간의 여정을 탐구하는 소설이다. 우리 자신과 우리 주위에 있는 사람들에 대한 인식을 바꾸어버리는 그 엄청난 비극의 힘을 다룬 이 소설에서 비극적인 사건들은 주인공의 성을 바꾸고, 따라서 세상에 대한 인식과 상호작용까지도 바꾼다. 특히 마지막 부분은 더 이상 잘 표현될 수가 없을 만큼 절절히 우리의 가슴을 적신다."

얀 마텔의 책

베아트리스와 버질 강주헌 옮김, 작가정신, 2011.
일러스트 파이 이야기 토미슬라프 토르야나크 그림, 공경희 옮김, 작가정신, 2011.(초판 2008)

파이 이야기 공경희 옮김, 작가정신, 2004.
셀프 황보석 옮김, 작가정신, 2006.
헬싱키 로카마티오 일가 이면의 사실들 공경희 옮김, 작가정신, 2006.

어니스트 섀클턴
Ernest Henry Shackleton
1874-1922

성공보다 위대한 실패

감탄사가 절로 나오는 책과 독서에 관한 에세이 모음인 앤 패디먼의 『서재 결혼 시키기』(지호)에는 책꽂이의 자투리에 해당하는 부분을 다룬 글이 나오는데, 「나의 자투리 책꽂이」에서 그녀는 "나의 자투리 책꽂이에는 극지방 탐험에 대한 책 64권이 꽂혀 있다"고 말한다. 그리고 그것들은 탐험이야기, 정기간행물, 사진집, 자연사, 해군 교본 등속으로 구성돼 있다고 덧붙인다.

또 "이런 식으로 시간이 지나면서 아름다운 발데르에 대한 내 호감은 로스, 프랭클린, 나르스, 섀클턴, 오츠, 스콧에 대한 호감으로 바뀌어 갔다"는 구절에서 알 수 있듯이 앤 패디먼의 자투리 책꽂이에 꽂혀 있는 극지 탐험이야기에는 어니스트 섀클턴의 모험담이 들어 있을 것이다.

섀클턴은 아문센보다 한 발 늦게 남극점에 도달하고 귀환 도중 탐험대가 전멸한 스콧 대령과 마찬가지로 비운의 탐험가라고 할 수 있다. 그렇다고 섀클턴과 스콧을 무능한 탐험가로 낙인찍는 데에는 무리가 따른다. 두 사람은 나름대로 남극 탐험에서 뚜렷한 이정표를 세웠기 때문이다. 그런데 20세기 내내 스콧의 이름은 비운의 탐험가의 대명사로 우리에게 잘 알려졌던 데 비해 섀클턴의 명성은 거의 가려져 있었다.

섀클턴의 이름이 우리에게 알려지기 시작한 것은 알프레드 랜싱의 『섀클턴의 위대한 항해— 살아있는 한 우리는 절망하지 않는다』(뜨인돌, 2000)가 번역되면서부터다. 이 책은 수백 권에 이르는 섀클턴 관련서 가운데 단연 첫손 꼽히는 책으로 출간 당시(1959) 생존해 있던 탐험대원의 생생한 증언을 참고해 현실감이 돋보인다. 실화이지만 극적 요소로 인해 마치 장대한 모험소설을 읽는 듯한 착각을 자아낸다.

이 책은 남극의 얼음 바다에서 좌초한 난파선의 표류기이자 극지라는 한계상황을 극복한 탐험대원의 생환기다. 1914년 8월 5일 섀클턴의 탐험대는 인듀어런스 호에 몸을 싣고 영국의 플리머스에서 출발해 남극으로 향한다. 섀클턴으로서는 세 번째의 남극 탐험이었다. 그런데 이번에는 남극점 도달이 목표였던 지난 두 번의 탐험과 달리 남극 대륙 횡단이 목적이었다. 북극점과 남극점이 차례로 사람의 발길을 허락했기에 "대륙을 횡단하지 않는다면 이제 어떤 탐험도 의미가 없"었기 때문이다.

인듀어런스 호는 아르헨티나의 부에노스아이레스를 거쳐 1914년 11월 2일 남극 탐험의 베이스 캠프 격인 사우스조지아 섬의 그리트비켄 포경기지에 도착한다. 하지만 탐험대에게는 우울한 소식이 기다리고 있었다. 남극 대륙, 파머 반도, 사우스샌드위치 군도 등 세 개의 육지로 둘러싸인 웨들 해의 얼음 상태가 사상 최악이라는 소식이었다. 섀클턴은 상황이 나아지길 기다렸으나 마냥 지체할 형편도 아니었다. 남극 횡단 탐험은 출발부터 순조롭지 않았다. 출발 직전 1차 대전이 발발해 섀클턴은 탐험을 포기할 생각이었다. 하지만 해군성 장관이었던 윈스턴 처칠의 격려로 탐험은 예정대로 진행될 수 있었다.

1915년 1월 18일 남극 대륙 코우츠 랜드의 커드 해안에서 인듀어런스 호는 부빙(바다에 떠다니는 얼음)에 갇혀 표류하다가 1915년 11월 21일 끝내 침몰하고 만다. 배의 침몰에 앞서 10월 17일 인듀어런스 호를 탈출한 섀클턴과 그의 탐험대원들은 부빙에서 캠프 생활

을 하다 천신만고 끝에 1916년 4월 24일 엘리펀트 섬에 상륙한다. 이윽고 섀클턴과 대원 다섯 명으로 구성된 구조 요청대는 인듀어런스 호의 구명정이었던 보트를 타고 사우스조지아 섬으로 향한다. 1916년 8월 30일 엘리펀트 섬에 남아 있던 탐험대원 22명도 모두 구조되는데 인듀어런스 호가 부빙에 갇힌 지 634일 만의 극적인 전원 생환이었다. 이것은 섀클턴의 탁월한 리더십이 있기에 가능한 일이었다. 알프레드 랜싱은 증언을 토대로 섀클턴의 사람됨을 이렇게 묘사했다.

섀클턴은 늘 대원들에게 친근하게 보이고 싶어 했다. 똑같은 대우에 똑같은 음식 그리고 똑같은 옷을 입겠다고 고집하며 애써 노력했다. 때론 식사시간에 텐트까지 쟁반을 나르는 따위의 허드렛일도 마다하지 않았다. 그리고 이따금 그가 '대장'이란 이유로 주방장의 특별대우를 받았다는 걸 알면 몹시 싫어했다.

탐험대원 세 명의 도움을 받아 인듀어런스 호에 잠입한 밀항자를 발견하고 처음에는 화를 내다가 결국에는 대원으로 받아들이는 장면도 섀클턴의 인품을 짐작하게 하는 대목이다.

그 누구도 섀클턴만큼 화를 내는 사람은 없었다. 그는 블랙보로를 정면으로 마주보며 그의 널찍한 어깨를 떠다밀었다. 그리고는 그를 호되게 다그쳤다. 블랙보로는 겁에 질려 있었고, 베이크웰과 하우와 맥리오드는 예기치 못한 상황 앞에서 그야말로 속수무책이었다. 긴 열변을 토하다가 갑자기 말을 멈춘 섀클턴은 블랙보로의 얼굴에 바짝 들이대며 버럭 고함을 질렀다.

그것은 만약 식량이 바닥 나 굶어죽을 지경이 되면 제일 먼저 블랙보로를 잡아먹겠다는 자못 섬뜩한 내용이었다. 하지만 이내 섀클턴은 화를 풀고 블랙보로

를 주방 보조로 임명했다. 이러한 인간적 리더십을 필두로 섀클턴의 도전정신과 긍정적 사고, 그리고 탐험대원의 팀워크는 오늘을 사는 우리에게 귀감이 되기에 충분하다.

데니스 N.T. 퍼킨스의 『섀클턴의 서바이벌 리더십』(뜨인돌, 2001)은 섀클턴의 역경 극복의 의지를 리더십 이론으로 풀어낸 책이다. 데니스 퍼킨스는 책의 서문에서 섀클턴의 인듀어런스 호 항해와 비슷한 시기 북극해 탐사에 나선 캐나다 탐험대의 항해를 대비시킨다. 1913년 8월 3일 빌흐잘무르 스테팬슨이 이끄는 탐험대는 캐나다 최북단 해안과 북극점 사이의 얼어붙은 지역에 대한 탐사를 시작한다. 스테팬슨의 탐험선 칼럭 호 역시 부빙에 갇히게 되는데 결과는 인듀어런스 호와 판이했다.

칼럭 호 승무원들은 고립되었던 수개월 만에 완전히 이기적인 전혀 딴 사람들로 변해 버렸다. 거짓말하고, 속이고, 도둑질하는 일들이 일상적 행위가 되어 버렸다. 팀의 붕괴는 결국 비극적 결과를 초래해, 11명의 승무원들이 북극의 황무지에서 죽음을 맞고 말았다.

더 엄혹한 환경에 처했으면서도 모든 대원을 무사히 귀환시킨 섀클턴에게서 데니스 퍼킨스는 극한 상황에서의 리더십을 위한 열 가지 전략을 추출한다. 그 첫째가 궁극적인 목표를 잊지 않되 단기적 목표 달성에 총력을 기울이는 것이다. 퍼킨스는 상황 변화에 적극 대응한 섀클턴의 능동성을 높게 평가한다. "혹독한 시련에 직면한 섀클턴은 자신의 장기적 목표를 남극대륙의 횡단에서 대원들 전원을 살아서 데리고 돌아간다는 목표로 신속하게 전환했다"는 것이다.

마이클 H. 로소브의 『영웅들이여 말하라』(시아출판사, 2002)는 제임스 쿡 선장부터 섀클턴에 이르기까지 남극대륙 탐험에서 나선 이들의 모험담을 정리한 책이다.

23장으로 이뤄진 이 책은 섀클턴 이야기에 세 개의 장을 할애한다. 그런데 섀클턴이 남극 탐험에 나선 것은 모두 네 번이었다. 스콧의 디스커버리 호 탐험대에 3등 항해사로 참여한 것이 첫 번째였다. 섀클턴은 스콧, 그리고 다른 대원과 함께 남쪽 원정팀의 일원이 된다. 스콧과 기질적으로 다른 성격이었던 섀클턴은 갈등을 겪지만 이를 잘 극복하고 스콧과 우정을 나누게 된다. 하지만 병에 걸린 섀클턴은 중도에 귀국한다.

두 번째이자 실질적으로 처음이었던 1907-09년의 탐험에서 섀클턴은 남극점을 목전에 두고 발길을 돌리는데, 이것은 섀클턴이 공명심에 사로잡힌 인물이 아니라는 점을 잘 보여준다. 1921년 섀클턴은 인듀어런스 호의 대원들을 주축으로 탐험대를 조직해 네 번째이자 마지막이 된 남극 탐험에 나선다. 이번에는 이렇다 할 목적이 없었다. 결국 섀클턴은 1922년 사우스조지아 섬에서 숨을 거둔다.

섀클턴은 탐험시대를 마감한 최후의 탐험가다. 섀클턴에게는 현대적인 탐험가의 면모도 있었는데 사진가를 대동했다는 점이 그렇다. 호주의 사진가 프랭크 헐리가 인듀어런스 호를 타고 남극 횡단 탐험에 동참했다. 『인듀어런스』(뜨인돌, 2002)는 헐리가 찍은 사진들에다 캐롤라인 알렉산더가 글로 살을 붙여 탐험대의 역경과 생환을 재현했다.

『우린 꼭 살아 돌아간다』(뜨인돌, 2003)와 『탐험대장 섀클턴』(두산동아, 2003)은 섀클턴 이야기의 어린이 버전이다. 앞의 책은 일부 내용을 만화로 표현한 점이 특징이고, 나중 책은 책을 읽으며 유념할 점을 밝힌 것이 눈에 띈다. 그러나 탐험에서 "새로운 영토를 찾고 식민지를 개척해 큰 이익을 보려는 서구 강대국들의 제국주의적 욕심이 바탕에 깔린 것"을 염두에 두라거나, "탐험 실패의 가장 큰 원인은 섀클턴의 욕심이었"다는 지적은 지나친 면이 있다. 적어도 섀클턴의 탐험에서는 제국주의의 야욕과 일신을 영달하려는 욕망은 부차적

어니스트 섀클턴 **409**

인 것으로 보이는 까닭이다. 그는 남극이 거기에 있기에 자주 발길을 그리로 돌린 듯하다.

오히려 새클턴 남극 탐험대의 문제점(?)은 『인듀어런스』에서 살짝 드러난다. 역경 중에는 대원들이 의식주 면에서 평등하게 생활했지만 무사귀환해 고향으로 돌아가는 과정에서는 그들의 계급 차이가 확연히 드러났다. "다시 문명세계로 돌아온 1916년에 과학자들과 고급 선원들은 다들 여객선을 타고 먼저 돌아갔지만, 그는(=요리사 그린)는 다른 하급 선원들과 마찬가지로 고향에 돌아갈 방법을 스스로 찾아야 했다."

어니스트 새클턴의 책

어니스트 새클턴 자서전 사우스 최종옥 옮김, 뜨인돌, 2004.

어니스트 새클턴에 관한 책

인듀어런스 프랭크 헐리 사진, 캐롤라인 알렉산더 글, 김세중 옮김, 뜨인돌, 2002.

새클턴의 위대한 항해 알프레드 랜싱 지음, 유혜경 옮김, 뜨인돌, 2001

살아있는 한 우리는 절망하지 않는다 알프레드 랜싱 지음, 유혜경 옮김, 뜨인돌, 2000.

실패한 탐험가 성공한 리더 마곳 모렐·스테파니 카파렐 지음, 신동희 옮김, 북하우스, 2003.

새클턴의 서바이벌 리더십 데니스 N.T. 퍼킨스 지음, 최종옥 옮김, 뜨인돌, 2001.

우린 꼭 살아 돌아간다 두그루 글, 양지훈 그림, 뜨인돌, 2003.

탐험대장 새클턴 고정욱 지음, 이남구 그림, 두산동아, 2003.

영웅들이여 말하라– 제임스 쿡에서 어니스트 H. 새클턴까지 마이클 H. 로소브 지음, 김정수 옮김, 시아출판사, 2002.

에두아르도 갈레아노
Eduardo Galeano
1940-

문학은 그렇게 신성하지도, 그렇게 경멸스러운 것도 아니다

중남미中南美 하면 선뜻 축구를 떠올리기 마련이다. 하

지만 리오그란데 강에서 혼 곳에 이르는 광활한 지역에 위치한 나라들이 이름난 축구선수만을 배출한 것은 아니다. 세계적인 문학가와 지식인도 나라마다 한두 명은 있다. 멕시코에는 옥타비오 파스와 카를로스 푸엔테스가 있고, 아르헨티나에는 보르헤스와 체 게바라가 있으며, 칠레에는 파블로 네루다와 아리엘 도르프만이 있다. 또 페루에는 바르가스 요사가, 콜롬비아에는 마르케스가, 브라질에는 파울루 프레이리가 있다.

에두아르도 갈레아노는 우루과이를 대표하는 지식인이다. 갈레아노의 이름이 우리에게 알려진 것은 1980년대 후반, 그의 책 두 권이 번역되면서부터다. 그리고 2002년 월드컵에 즈음해『축구, 그 빛과 그림자』(예림기획, 2002)가 나왔다. 10여 년 만에 갈레아노의 세 번째 한국어판이 출간된 것은 축구와 월드컵 공동개최 덕분이다. 그런데 단지 시간문제일 따름이지, 우리나라에서 월드컵이 열리지 않았어도 국내 서점가에 갈레아노의 '재림'은 예정돼 있었다. 갈레아노의 대표작 가운데 하나가 번역 중이라는 소식이 들린다.

언론인 겸 작가인 갈레아노는 우루과이뿐만 아니라 중남미를 대표하는 좌파 지식인이다. 불과 14세의 나이에 언론계에 발을 들여놓은 그는 1960년에서 1964년까지 우루과이의 몬테비데오에서 발행된 주간지 〈마르차〉와 일간지 〈에쁘까〉의 편집장으로 일했다. 1973년 아르헨티나로 망명해 잡지 〈끄리시스〉의 창간에 관여했다. 1976년 아르헨티나의 정정이 불안해지고, 〈끄리시스〉가 폐간되자 갈레아노는 다시 스페인으로 망명길에 오른다. 1985년 민간정부가 들어선 우루과이로 돌아온 그는 현재 몬테비데오에 살고 있다.

『축구, 그 빛과 그림자』는 갈레아노의 명성에 값하는 책이다. 먼저 개인적인 고백부터 하자면, 나는 종목의 특성상 축구는 책으로 씌어지기 곤란하다는 편견이 있었다. 야구만이 책이 될 수 있다고 생각했다. 하지만 이 책은 내 편견을 한 방에 날려 버렸다.『축구, 그 빛과 그림자』를 구성하는 152개의 글에는 20세기 축구의 모든 것이 담겨 있다고 해도 지나친 말은 아니다. 1994년 미국 월드컵을 한 해 앞두고 출간된 초판의 꼭지는 모두 151개였다. 한국어판의 번역 저본인 1998년 판에는 98년 프랑스 월드컵에 관한 내용이 들어 있는 152번째 꼭지가 추가되었다.

축구의 역사는 즐거움에서 의무로 변해가는 서글픈 여행의 역사이다. 스포츠가 산업화되어감에 따라 경기를 하면서 맛볼 수 있는 아주 단순한 기쁨의 미학을 앗아가 버렸다. 지금 이 세상에서 과연 쓸모없는 무익한 것이 어떤 것인가를 잘 규정하고 있는 것이 바로 프로 축구이다. 수익성이 없는 것이 곧 무익한 것이다.

제목이 「축구」로 붙여진 글의 첫머리다. 이 대목은 책의 전체적인 방향을 가리키는데, 이 책에서 우리에게 즐거움을 선사하는 것은 단연 선수들의 이야기로, 그것들은 '축구의 빛'이라고 할 수 있다. 특히 이제는 전설이 된, "26년 간이나 1부 리그에서 뛰었지만, 단 1센트도 받지 않았"던 아르뚜르 프리덴라이히 같은 이의 일화는 더욱 빛난다. 갈레아노가 묘사한 축구 선수의 프로필은 고대 중국의 열전列傳을 방불케 한다.

갈레아노가 간결한 터치로 그린 축구 선수의 동작은 참 아름답다. 시적이다. "사모라는 삐엔디베네가 오른쪽 골문을 뚫으지게 쳐다보는 것을 알아차리고 몸을 날렸다. 그러나 공은 움직이지 않은 채 발에서 잠들어 있었다." 또 그는 1950년 월드컵 결승전에서 우루과이 팀이 결승골을 넣자 브라질 마라카낭 경기장에서 폭발한 침묵을 "축구 역사상 가장 시끄러운 침묵"으로 표현하고, 코카콜라를 "건장한 사람의 몸에서 없어서는 안 될 영양 강장류"라 묘사하며, 다음과 같이 골을 찬미한다.

골은 축구의 절정이다. 절정인 만큼이나, 골은 현대 생활에서 갈수록 빈도가 적어지고 있다. 반세기 전만 해도 0 대 0, 두 개의 딱 벌어진 입, 두 개의 하품처럼 득점 없이 경기가 끝나는 경우는 드물었다. 그러나 지금은 11명의 선수들이 골문에 매달린 채, 골을 막기 위해, 그리고 골을 넣을 시간도 없이 게임이 끝나 버린다.

'축구의 그림자'는 산업화와 부패 스캔들이다. 이탈리아 페루자 클럽의 악명은 어제 오늘의 일은 아닌 듯하다. "1993년 골기퍼를 매수한 죄로 비난받았던 이탈리아의 페루자 클럽 사장은 다음과 같은 고발과 함께 반격을 가하기도 하였다: -축구의 80퍼센트는 부패되었다." 이 책은 훌륭한 월드컵 약사略史로도 읽힌다. 1930년 제1회 월드컵부터 1998년 제16회 월드컵까지 월드컵의 이모저모를 한눈에 보여주고 있는데 월드컵 개최연도에 일어난 세계사의 서술이 돋보인다. 1962년 월드컵부터는 이런 대목이 빠지지 않고 등장한다. "마이아미의 정통한 소식통들은 피델 까스뜨로가 붕괴되는 것은 시간문제라고 예고하였다."

이 밖에도 『축구, 그 빛과 그림자』는 축구에 대한 궁금증들을 속 시원히 풀어준다. 때로는 그릇된 상식을 바로잡기도 한다. 갈레아노는 '축구 전쟁'으로 잘 알려진, 1969년 일어난 온두라스-엘살바도르 전쟁은 두 나라간의 한 세기에 걸친 반목의 결과라고 설명한다. '축구 전쟁'의 근본 원인은 온두라스와 엘살바도르의 'A매치'가 아니라, 중남미가 수탈된 대지라는 역사적 사실에 있다는 점을 환기한다.

『수탈된 대지』(범우사, 1988)의 원제는 '라틴 아메리카의 절개된 혈맥血脈'으로 직역된다. "라틴 아메리카는 말하자면 혈관이 절개切開되어 있는 지역이다. 그 발견 이래 오늘날에 이르기까지 모든 것이 항상 유럽의 자본으로, 혹은 후에는 미국의 자본으로 변하고, 자본으로서 멀리 떨어진 권력 중추에 축적되어 왔으며 지금도 축적되고 있다.”

갈레아노는 라틴 아메리카에서 절개된 상처의 본보기로 안데스 산맥의 기슭에 있는 포토시potosi를 꼽는다. 은광이 번성했던 16세기의 융성함은 온데간데없고 오늘날의 포토시는 세계 최빈국에 속하는 볼리비아의 가난한 도시로 전락했다. “세계에서 가장 많은 것을 제공하면서 가장 조금밖에 갖지 못한 도시”가 된 것이다. 갈레아노는 중남미의 가난은 중남미 사람들의 탓이 아니라고 강조한다.

“우리의 패배는 항상 다른 자들의 승리에 포섭되고 있었다. 우리의 부는 항상 다른 자들, 즉 여러 제국과 그 제국의 지배층의 번영을 구축함으로써 우리의 빈곤을 창출해왔다. 식민지나 신식민지의 연금술 속에서 금은 고철로 변하고 식량은 독으로 변했다.” 다시 말하면 “새로운 식민지 영토에서 약탈된 귀금속은 유럽의 경제발전을 자극하고 그것을 가능케 했다”는 것이다.

은폐되고 왜곡된 역사의 실체를 쉬운 필치로 독자에게 일깨우는『수탈된 대지』는 미리 보는『507년, 정복은 계속된다』(이후)와『세계화의 덫』(영림카디널)이라 할 만하다. 중남미 500년의 수난사를 다룬 것은 촘스키의 책과 겹치는 지점이 있고, 다국적 기업과 세계화의 논리를 비판한 측면은 독일 언론인들보다 한 발짝 앞서 있다. 한길사 ‘제3세계문고’를 통해 출간된『사랑과 전쟁의 낮과 밤』(1987)은 우리나라에 처음 소개된 갈레아노의 책이다. 1978년 작으로 그해 중남미의 권위 있는 문학상인 ‘까사 데 라스 아메리까스 상’을 받은 논픽션이다. 군부 독재에 시달리는 중남미 사람들의 고난에 찬 삶과 투쟁을 독특한 형식에 담아냈다.

모자이크 같은 짧은 글들이 극적 긴장을 이루며, 때로는 영화의 몽타주 기법 같은 효과를 내기도 한다. 아홉 개의 모자이크로 이뤄진「내가 그때 산 속에서 만났던 소년들 중에서 아직 살아 있는 아이가 있을까?」의 앞부분을 보자.

1. 그들은 아주 어렸다. 그들은 도시의 학생들이거나 우유 1리터 값이 이틀치 노동의 대가와 맞먹는 시골에서 온 농부들이었다. 군대가 뒤에서 쫓고 있었지만 그들은 더러운 농담을 했고 웃음을 터뜨렸다. 나는 며칠을 그들과 같이 지냈다. 고지의 과테말라 정글은 밤이면 무척 추웠다. 우리는 이른 아침의 추위에 얼어죽지 않으려고 몸을 꼭 붙여 껴안은 채 잤다.

2. 게릴라들 중에는 인디언이 몇 명 있었다. 적군들의 대부분도 인디언들이었다. 군대는 인디언들의 축제가 끝난 뒤 그들을 붙잡았다. 술기운이 사라졌을 때는 벌써 그들은 군복을 입고 총을 들고 있었다. 그리고 나서, 그들은 자기들을 위해 죽는 사람들을 죽이기 위해 산속을 행군하였다.

이 책에는 우리 귀에 익은 이름이 여럿 등장하기도 하는데 체 게바라, 피델 카스트로, 살바도르 아옌데, 아리엘 도르프만이 그들이다. 눈에 익은 내용도 있다. 「1942년 여름」은『축구, 그 빛과 그림자』의「깃발이 된 축구공」에도 나오는 우크라이나의 디나모 데 키에프 선수들의 장렬한 최후에 관한 이야기다. 다음은「1942년 여름」이라는 제목의 ‘삽화’다.

몇 해 전, 키에프에서 나는 왜 발전소 기술자들에게 동상을 세워줄 만한 가치가 있는지를 들었다. 전시의 이야기였다. 우크라이나는 나치에 점령되어 있었다. 독일인들은 축구시합을 계획했다. 군대에서 뽑은 국가팀 대 방직공장 노동자들로 구성된 키에프의 발전소팀의 시합이었다. 슈퍼맨 대 굶주린 자의 시합이었다. 스타디움은 꽉 찼다. 관중들은 그날 오후, 승리감에 찬 군대가 골을 넣자 움츠러든 채 조용하게 있었다. 그러나 발전소팀이 동점을 만들자 열광했다. 전반전이 독일 팀에 앞서서 2 대 1로 이기자 그들은 폭발할 듯했다.

점령군 사령관은 부관을 대기실로 보냈다. 발전소팀 선수들은 경고를 받았다.

"우리 팀은 점령지에서 져본 적이 없었어."

그리고는 협박했다. "너희들이 이기면 우린 너희들을 처형하겠다."

선수들은 경기장으로 돌아갔다.

몇 분 후에 발전소팀이 세 번째의 골을 넣었다. 관중들은 선 채로 계속 고함을 지르면서 경기를 보았다. 네 번째로 골을 넣자 스타디움은 광란의 도가니였다.

시간이 되기도 전에 갑자기 심판이 경기를 중단시켰다. 선수들은 유니폼을 입은 채로 낭떠러지에서 총살당했다.

갈레아노는 지식인 문학가지만 그는 지식인 문학가의 특권을 바라거나 인정하지 않는다. "나는 다른 노동자들의 자유와 독립적으로 작가들의 특수한 자유를 요구하는 사람들의 태도를 공유할 수 없다. 우리 작가들이 엘리트의 성채를 넘어서려면, 보이거나 보이지 않는 억압들에서 자유로이 우리 자신을 표현하려면, 커다란 변화, 깊은 구조적 변화가 필요할 것이다." 그리고 그는 참여문학론과 순수문학론을 동시에 극복하고자 한다.

문학이 그 자체만으로 현실을 바꿀 수 있다고 주장하는 것은 미친 혹은 오만스러운 행위일 것이다. 또 내게는 문학이 이러한 변화에 도움을 줄 수 있다는 사실을 부인하는 것 역시 못지않게 어리석은 것처럼 보인다. 우리의 한계를 인식하는 것은 의심할 바 없이 우리의 현실을 인식하는 것이다. 절망과 회의의 안개 속에서 그것과 직면하여 씨름하는 것은 가능하다— 우리의 한계에도 불구하고, 그러나 동시에 그 한계에 대항하여.

이 책에서는 갈레아노의 신상 정보가 약간 드러나기도 한다. 갈레아노는 필명이다. 그의 본명은 휴즈인데, 기우스라는 이름을 쓰기도 했다. 갈레아노는 경구 형태로 자신의 생각을 표현하고 있는데 가히 촌철살인의 경지에 이르고 있다.

"독재는 파렴치한 체계이다."

"검열은 각 시민이 자신의 행위와 말에 대한 무자비한 검열관으로 변신할 때 진정으로 승리하는 것이다."

"젊다는 것은 범죄이다."

"기업이 자유로울수록 사람들은 점점 더 많이 투옥된다."

"인쇄 횟수나 판매량이 반드시 한 책의 영향도를 판가름하지는 않는다."

갈레아노의 대표작인 장편소설 『불의 기억』 3부작이 저작권 계약을 마치고, 번역 중이라고 하는데 어서 나왔으면 한다.

에두아르도 갈레아노의 책

축구, 그 빛과 그림자 유왕무 옮김, 예림기획, 2006.(초판 2002)
수탈된 대지─ 라틴 아메리카 5백년사(2판) 박광순 옮김, 범우사, 1999.(초판 1988)
사랑과 전쟁의 낮과 밤 이경덕 옮김, 한길사, 1987.
거꾸로 된 세상의 학교 조숙영 옮김, 르네상스, 2004.
갈레아노, 거울 너머의 역사 조구호 옮김, 책보세, 2010.
포옹의 책 유왕무 옮김, 예림기획, 2007.
불의 기억(1·2·3) 박병규 옮김, 따님, 2005.

에두아르트 푹스
Eduard Fuchs
1870-1940

진리는 중간이 아니라 극단 속에 있다

풍속사가 에두아르트 푹스의 주저主著『풍속의 역사 I-IV』외에 제목만 알려진 그의 저작들의 면모가 궁금했지만, 실물을 보게 되리라 기대하진 않았다. 나는 푹스의 『캐리커처로 본 여성 풍속사』가 번역될 줄은 몰랐다. 그도 그럴 것이 『풍속의 역사』에 이은 푹스의 두 번째 한국어판 출간은 무려 20년 세월을 필요로 했다. 『캐리커처로 본 여성 풍속사』는 1906년에 초판이 나온 "『Die Frau in der Karikatur— Sozialgeschichte der Frau』를 번역한 것으로, 번역에는 1973년에 노이에 크리틱 출판사에서 출간된 1928년의 3판 영인본을 사용했다."

이 책은 캐리커처로 보는 여성 사회사다. "캐리커처 속의 여성은 문화사적·민족심리학적·예술사적으로 여러 가지 중요한 자극과 정보를 주기에 적합하다." 이 책에서 묘사한 것은 모두 유럽의 캐리커처로 한정한다. 또한 이 책은 대중을 독자로 삼은, 출판된 캐리커처만을 다룬다.

"이런 캐리커처만이 문화사적인 의미가 있고, 이 책이 기여하고자 하는 사회적 관습의 증거 자료로 참작될 수 있기 때문이다. 이런 이유에서, 소비되는 공간이 지극히 제한된 조형적 캐리커처에도 별로 가치를 두지 않을 것이다. 같은 이유로 이른바 '예술가들의 장난'이라 불리는 작품들도 완전히 제외할 것이다."

캐리커처란 무엇인가 I

『캐리커처의 역사』(살림지식총서 043, 살림출판사, 2003)를 통

해 만화평론가 박창석은 '캐리커처'와 '카툰'의 사전적 의미를 비교 검토한다. 아래에서 보듯 '캐리커처'와 '카툰'의 사전적 정의는 별반 다를 게 없다.

Caricature(명사) 예술에서 인물이나 사물의 특징이나 독특한 형태를 과장하여 그로테스크하게 혹은 우스꽝스럽게 재현하는 것. 원형 그대로 특징 있는 형태를 우스운 효과를 통해 과장되어진 인물화나 다른 예술적 재현.

Caricature(동사) 그로테스크하게 닮게 그리는 것. 풍자적으로 희화화하다.

Cartoon(명사) 당대의 사건과 관련지어 그려진 그림 혹은 신문이나 정기간행물의 삽화.

Cartoon(동사) 캐리커처를 그리다. 조롱하듯 비웃다.

박창석은 캐리커처는 한마디로 '과장의 미술'이라고 정의한다. "이러한 '과장의 미술'은 두 가지 형식으로 발전했다. 그 하나는 이탈리아 카라치 형제의 그림처럼 유머러스하고 과장된 초상화 형태이며, 다른 하나는 18세기 런던과 19세기 파리에서 발전한 사회풍자 캐리커처이다." 푹스는 카툰 형식의 사회풍자 캐리커처를 눈여겨본다. 고전적인 캐리커처는 회화 형태의 작품에 주목했다.

캐리커처란 무엇인가 II

『풍속의 역사』'서문'에서 푹스는 자신이 캐리커처 연구가로 알려진 것에 대해 자신은 문명사가로서 캐리커처를 연구한 거라고 해명한다. '서론'에서 푹스는 캐리커처를 다시 언급하는데 이러한 재언급은 진리는 중간이 아니라 극단 속에 있다는 푹스의 명제와 관련이 있다. 사물이나 인간은 극단으로까지 과장됨으로써 본질이 도드라지는데 캐리커처는 과장이라는 경향의 진수를 구체적으로 묘사하는 기록인 까닭이다. 다시 말해 캐리커처의 본질은 과장이다.

"고전의 실례를 들면, 가장 대담한 역사적 캐리커처

인 루브르 박물관의 루벤스의 명화 '플랑드르의 축제'에서 생생하게 묘사되어 있는 것처럼 농민의 교회 헌당 축제가 그렇게 고주망태가 되어 무서울 정도로 애욕적 광란에 빠져서 행해진 경우는 없었다. 그런데도 이 작품에는 실로 훌륭한 진실이 담겨 있다. 과장되었음에도 불구하고 훌륭한 것이 아니라 오히려 그 과장 때문에 훌륭하다. 과장됨으로써 사물의 핵심이 드러나고, 그것을 은폐시키려는 가식은 제거된다."

"이 책(『캐리커처로 본 여성 풍속사』)은 캐리커처라는 개념을 문자 그대로 특징을 과장하여 표현한 그림들에게만 해당한다고 보고, 그런 그림만 소개하는 좁은 의미로 사용하지는 않았다. 이런 경향과는 반대로 이 책의 범위를 되도록 넓게 잡았다. 넓은 의미, 관용적으로 캐리커처로 볼 만한 경향을 띤 풍자적인 그림 형태가 모두 여기에 포함된다."

푹스는 여성을 칭찬하거나 비난하는 구실을 했고 지금도 그런 기능을 하고 있는 그림들, 다시 말해 인물과 풍속과 상황을 강조하여 묘사한 그림들도 이 책의 범위에 넣었다. 또 그는 특징 있는 작품들을 많이 소개하고자 했으면서도, 예술가들의 이름을 늘어놓으려는 욕심은 의도적으로 버렸다고 강조한다. 그러고는 이런 전망을 내놓는다. "이 책이 여성과 관계있는 캐리커처를 그린 예술가들의 인명사전은 아니더라도, 그림이 가득한 책의 내용을 통해 지금까지 여성에 관해 그려진 캐리커처 가운데 중요하고도 의미 있는 것들을 한데 모은 모음집의 역할은 하게 될 것이다."

모드의 변천사

『캐리커처로 본 여성 풍속사』는 한편으론 모드mode의 변천을 되밟는다. 서너 세기에 걸쳐 유럽 근대 시민사회에서 여자 옷의 유행이 어떻게 바뀌어왔는지 살핀다. 우선, 푹스는 모드가 저지른 몇 가지 범죄를 지적한다. 모드는 미의 개념을 완전히 훼손하였고, 눈부신 아름다움을 파괴하였으며, 여성의 몸 전체에 악영향을 끼쳤다. 때로는 목숨까지 위태롭게 한다. 영화 〈캐리비안의 해적〉 1편에서 여자 주인공은 갑자기 실신해 바다에 빠진다. 코르셋이 상반신을 심하게 옥죄었기 때문이다. 모드의 엄격한 법칙을 끊임없이 받아들인 여성들에게 황폐해진 육체의 흔적은 평생을 두고 사라지지 않는다.

"발가락들은 나란히 가지런하게 있는 것이 아니라, 보기 흉하게 구부려져 겹쳐 있다. 엉덩이는 허리받이 치마의 무게 때문에 납작해져서 원래 가지고 있던 자연스럽고 아름답던 곡선을 잃었으며, 배는 근육이 없이 축 늘어지고 아랫배의 내부기관들도 위축되거나 병적으로 비틀려 있다."

푹스는 계급적 관점이 뚜렷하다. "모드가 여성의 잔인한 적이긴 하지만, 가장 잔인한 적은 아니다. 일, 그 중에서도 심한 노동이 여성의 몸을 더욱 근본적으로 망가뜨리고 옥죈다." 또한 "노동이란 원래 축복이지만, 많은 여성들에게는 저주가 되어 버렸다. 이 저주는 마치 여성의 약한 육체에 매달아 놓은 사슬에 묶인 쇠구슬처럼, 여성의 몸이 완전히 망가지도록 끊임없이 작동한다."

여성을 대상으로 하는 유머는 양적으로 풍부할뿐더러 가장 훌륭하기도 하다. 그러나 "캐리커처로 보는 여성사가 물론 모두 밝고 명랑한 것만은 아니다. 캐리커처의 일부는 여성 각자 또는 전체가 견뎌내야 했던 인생의 비극에 관한 가장 음울한 표현이며 거울이다. 캐리커처로 보는 여성사는 또한 그 본질상 국가와 사회를 대상으로 가장 무거운 고발장을 꺼내 펼치기도 한다."

푹스는 『풍속의 역사』에서도 옷에 대해 언급한 바 있다. "복장의 모양을 결정하는 요인은 기후가 아니라 인류의 일반 사회생활이다." 유행하는 옷은 늘 계급을 구별하는 가장 중요한 수단이었다. "복잡한 복장은, 이를테면 자동차나 기차와 마찬가지로, 이제 와서는 폐기할 수 없는 문명의 산물이다."

푹스, 그는 누구인가?

『캐리커처로 본 여성 풍속사』의 '옮긴이 후기'에서 간추린 푹스의 이력은 선명하다. 1870년 1월 21일 태어난 푹스는 1886년 고등학교를 중퇴하고 인쇄소에서 일을 시작하며, 동시에 불법정당이던 사회주의노동당에 가입한다. 1888년엔 '불온문서'와 '이념서적'을 유포한 혐의로, 잡지 편집자로 일한 1894년과 1897년엔 뚜렷한 정치적 견해 때문에 옥살이를 한다.

"정치적으로는 1914년에 당쟁 중지 정책과 전시 공채 발행에 관한 견해 차이로 사민당과 결별하고, 카를 리프크네히트와 로자 룩셈부르크와 프란츠 메링 등이 창단한 스파르타쿠스단에 합류했으며, 1918년에는 이들과 함께 독일공산당을 창립했다. 1923년에는 '새로운 러시아를 위한 친구들의 모임' 창립 멤버로도 활약했다. 1928년에는 스탈린주의로 기운 독일공산당과 결별하고, 공산당 내에서 우파로 간주되던 독일공산당 분파KPO 창립에 참여하여 매달 일정한 액수를 지원했다."

우리에게 푹스의 존재를 알린 것은 반성완 교수가 편역한 『발터 벤야민의 문예이론』(민음사, 1983)에 실린 벤야민의 푹스론이다. 「수집가와 역사가로서의 푹스」에서 벤야민은, 푹스는 "처음부터 학자가 될 운명은 아니었다. 그리고 만년에 박식하게 되었음에도 불구하고 그는 스스로 한번도 학자연學者然해 본 적이 없다"라고 증언한다. 벤야민의 푹스론은 반 교수의 허락을 얻어 『풍속의 역사』에도 실려 있다.

그런데 벤야민은 이 글을 그리 달가워하지 않았다. "전혀 내키지 않는 주제에 대해서도 글을 써야 하는 경우까지 있었다. 수집가이자 역사가인 에두아르트 푹스에 관한 에세이가 바로 그런 경우였는데 이 작업은 그에게 정말 거슬렸기 때문에 탈고하기까지 수년이 걸렸다. 1934년 여름에 시작한 작업이 1937년 8월에 가서

야 끝을 보았던 것이다."(몸메 브로더젠, 『발터 벤야민』 이순예 옮김, 인물과사상사, 2007)

일본어판 『풍속의 역사』에서 전재한 출처와 작자 미상의 '푹스론'은 그를 학문적 연구가, 미술사 연구가, 저술가, 수집가, 제본가 등으로 나눠 살핀다. 푹스는 널리 보급되면 곤란한 자료를 따로 묶어서 펴낼 만큼 사려 깊은 모럴리스트이기도 하다.

'인류의 기념비적 저작'

푹스의 『풍속의 역사』는 '인류의 기념비적 저작'이다. 나는 이 책을 스티븐 제이 굴드의 『다윈 이후』와 함께 내가 읽은 번역서 가운데 으뜸으로 친다. 일본어판을 다시 우리말로 옮긴 것이지만 번역도 무난하다. 독일어판을 직역한 것이 그만한 감동을 줄까 의심이 들 정도다. 여기에는 이 책을 일본어로 옮긴 야스다 도쿠타로의 공이 적잖다. 한국어판은 독일어판 원서와 편제가 약간 다르다. 독일어판 원서가 르네상스, 절대주의, 부르주아 시대의 성풍속을 3권에 담았다면, 한국어판은 이를 4권으로 재구성했다. 『풍속의 역사 I — 풍속과 사회』는 푹스의 이론적 논의와, 각 시대의 배경과 내용을 간추린 각권의 서론에 해당하는 부분을 한데 모았다.

2001년 봄, 선을 보인 개역판은 새로운 도판을 쓰고 초판의 오탈자를 바로잡았다. 중세 이후 서양의 성풍속을 집대성한 『풍속의 역사』는 선정적이지 않다. 별로 야하지도 않다. 한스 페터 뒤르의 '남과 여의 몸으로 읽는 문명화과정' 시리즈(한길사)와 비교해 보면, 푹스가 얼마나 점잖은지 알 수 있다.

푹스는 "각각의 특수한 계급이익에 따라서 다양하게 변화하는 시대의 모든 삶의 이해관계에 기초를 둔 사고방식"으로 도덕을 정의한다. 말하자면, "어느 때는 도덕적인 것이 또다른 때는 부도덕한 것이 될 수도 있고 또 그 반대가 될 수도 있다." 아울러 "도덕은 각 계급에 따라서 때로는 완전히 다를 수도 있고 나아가서

는 각 계급끼리 정면으로 대립할 수도 있다." 푹스가 도덕이 영구불변하다는 사고방식과 일반적인 도덕기준을 부정한다고 해서 역사에서의 도덕적 원동력마저 부인하는 것은 아니다.

"우리는 이 원동력을 분명히 인정해야 한다. 이것은 자명한 사실이며 이것을 강조하는 일을 게을리 해서는 안 된다. 왜냐하면 영구불변인 도덕률이 항상 역사를 지배한다고 생각하는 사람들은 논리학보다도 뛰어난 손놀림으로 이 영구불변의 도덕률을 여기저기 끼워 맞추기 때문이다. 그런데 세계에 대한 이러한 태도로는 과거의 어떠한 현상도 역사적으로 올바르게 인식할 수가 없을 뿐만 아니라 끊임없이 쏟아지는 과거에 대한 비난에 대해서도 분명하게 해명할 수 없다."

따라서 "오늘날의 기준으로 과거를 비난하려고 하는 것은 실로 유치하고 어리석은 행위이다."

연애와 결혼의 본질을 간파하다

푹스는 연애와 결혼의 본질을 꿰뚫어본다. 어느 시대나 명성, 총애, 권력 따위를 사들이는 화폐 구실을 하는 것이 연애의 본질이다. 연애의 상품성은 그 시대 문명의 발전 정도를 재는 유일한 척도가 되기도 한다. 그리고 "대부분의 금전결혼과 인습결혼은 내부적인 필연성을 가지며 조만간에 상호 부정不貞으로 귀결"된다. "인류의 영원한 권리를 인위적인 법률보다 위에 두는 모럴이라는 입장에 설 때 가장 잘 이해할 수 있음이 분명하다. 그렇기 때문에 인습결혼이 성행하고 있는 사회에서는 간통이 도처에 영구히 뿌리를 뻗치고 있다."

푹스는 부르주아 시대의 신문, 그림, 입간판, 그림엽서, 사진 들과 대부분의 생활필수품이 일정하게 성도덕을 계몽하거나 직접적인 선전가 구실을 한다고 본다. 또한 이것들은 현대의 풍속을 증언하는 소중한 기록이기도 하다. "이처럼 풍부한 자료에 대해서 올바른 평가를 내리는 것"을 넷째 권 『부르주아의 시대』의 주요 목적으로 삼는다.

하지만 푹스는 "때때로 개괄적 입장만 독자에게 전달하는 것으로 만족해야 한다"라며 한 발 물러선다. 자본주의의 팽창으로 말미암아 부르주아 시대가 사회를 총체적으로 지배하게 됨으로써 그것을 한정된 범위로 이해하는 것이 불가능해졌기 때문이다. 또 그것이 마치 인생이나 개인 문제의 복잡한 형태를 단편적으로 묘사하는 것과 같아서다.

그리하여 푹스는 "골라낸 단편적인 것을 자본주의의 특징이라는 수준으로까지 끌어올려 거기에서 사유재산제를 토대로 한 자본주의 문화라는 거대한 실체를 그리는 일은 미래의 저술가"의 몫으로 남긴다. 그러나 그의 기대에 부응하는 저술가는 아직 나타나지 않은 것 같다. 앞으로도 푹스에 버금가는 풍속사가가 출현하기는 쉽잖아 보인다.

에두아르트 푹스의 책

풍속의 역사(전4권, 개역판) 이기웅·박종만 옮김, 까치, 2001.
풍속의 역사(전4권) 이기웅·박종만 옮김, 까치, 1986~1988.
캐리커처로 본 여성 풍속사 전은경 옮김, 미래M&B, 2007.

에드거 스노
Edgar Snow
1905-1972

중국 혁명기
사선을 넘나든 '공정한 탐구자'

에드거 스노의 『중국의 붉은 별』(두레, 1985)은 다른 책과 곧잘 어울린다. 1990년대 초 〈한겨레〉 문화면 연재 기사를 모은 『책이야기』(한겨레신문사, 1993)에서는 존 리드의 러시아혁명 현장기록 『세계를 뒤흔든 10일』(두레, 1986)과 짝을 이룬다. 사회주의 양대 종주국 소련과 중국의 탄생과정에 정평 있는 안내서로 손꼽히는 두 책이 1989년 사회주의권 몰락 이후 서로 다른 이유로 다시금 독자의 관심을 끌고 있다고 『책이야기』는 전한다.

『세계를 뒤흔든 10일』을 찾는 독자들은 이 책에서 소련사회주의가 패배한 원인에 대한 실마리를 잡아보고자 하는 반면 『중국의 붉은 별』은 전 세계적 탈사회주의의 흐름 속에서도 꿋꿋이 버티고 있는 중국식 사회주의의 비결을 배우고자 하는 독자들에게 어필하고 있다"는 것이다.

또 인물에 초점을 맞춰 중국혁명의 진행과정을 생생하게 전달하는 르포들과 한 무리를 형성하기도 한다. 아그네스 스메들리의 『한 알의 불씨가 광야를 불사르다』(두레, 1986)는 중국 인민해방군 총사령관 주더朱德의 생애를 통해 본 중국혁명의 기록이고, 해리슨 E. 솔즈베리의 『대장정』(범우사, 1986)은 '작은 거인 등소평'을 부제목으로 삼았다. 『중국의 붉은 별』은 권말부록의 66쪽에 걸친 '인물약전'이 말해주듯, 많은 인물을 언급한다. 하지만 중심인물은 아무래도 중국혁명의 지도자 마오쩌둥毛澤東이다. 스노는 이 책의 한 장을 마오에게 할애했다.

『에드거 스노 자서전』(김영사, 2005)의 '옮긴이의 말'에서는 "스노가 떠올리는 것은 두 권의 책이라 할 수도 있겠다"며 『중국의 붉은 별』과 님 웨일즈의 『아리랑』(동녘, 1984)을 거명한다. "『중국의 붉은 별』은 스노 자신이 서른한 살 때인 1937년에 발간해 전 세계적인 센세이션을 불러일으킨 책이고, 『아리랑』은(조정래의 대하소설이 아니라) 스노의 첫 번째 부인이었던 님 웨일스가 중국의 조선인 혁명가 김산을 인터뷰하고 쓴 책이었다."

이어 최재봉 기자는 20년 전, 이 두 권이 우리 사회, 특히 대학가에서 지녔던 의미를 이렇게 묘사한다. "『중국의 붉은 별』과 『아리랑』은 말하자면 80년대 대학생들의 필독서였다. 그 시절 대학을 다닌 이들치고 이 두 책을 읽지 않은 이를 찾기란 쉽지 않을 정도라고 말하

면 젊은 독자들에게 이해가 될까." 하지만 이는 다분히 과장된 표현이다.

그 시절 필자는 두 권 모두 읽지 않았다. 『책이야기』에 따르면, 『중국의 붉은 별』은 5만 부, 『아리랑』은 10만 부가 팔린 베스트셀러다. 그러나 이 숫자는 친구나 동료, 선후배에게 빌려 보는 걸 감안해도 당시의 대학생 모두를 커버하기에는 턱없이 부족하다. 운동권 필독서라는 표현은 가능하겠지만, 여기서마저 필독률이 절대적이진 않다. 엊그제 87년 6월 항쟁 무렵까지 운동권에 있었던 86학번 동기 둘을 만나 물어 보니, 『중국의 붉은 별』은 2학년이 반드시 읽어야 할 책임에도 둘 다 안 읽었다.

책 관련 전문가가 어떤 책을 안 읽었다고 밝히는 것은 위험천만한 일이다. 때론 치명적일 수도 있다. 읽은 지면도 흐릿하고, 픽션과 논픽션의 여부도 가물가물한 이야기다. 일단의 영국의 젊은 영문학자들이 사적인 모임에서 읽지 않은 작품의 문학적 위상에 비례해 높은 점수를 얻는 놀이를 하고 있었다. 그런데 한 순진한 친구가 셰익스피어의 작품을 말해 버렸다. 그 후 이 친구는 학계에서 왕따를 당하고 학문적 이력에도 손상을 입었다.

그런데도 내가 이를 발설하는 까닭은 두 가지다. 하나는 실제로 읽지 않아서다. 내가 운동권 필독서를 비껴간 건 비운동권 학생의 자격지심이 주된 이유였다. 기본서라는 책들은 대부분 구입하였으나 그중 일부만 읽었다. 중국혁명 르포를 도외시한 건 살아남아 혁명의 과실을 누리는 혁명가에 대한 반발심 때문이었을까? 전소혜의 등중하 평전 『내 영혼 대륙에 묻어』(백산서당)에서 진한 감동을 받았으니 그럴 법도 하다.

기본 교양서 가운데도 백기완 선생의 『자주 고름 입에 물고 옥색 치마 휘날리며』(시인사)를 나는 읽지 않았다. 그 대신 채광석 시인의 옥중서간집 『그 어딘가의 구비에서 우리가 만났듯이』(형성사), 유시민의 유명한 항소

이유서가 담긴 『아침으로 가는 길』(학민사), 볼리비아의 게릴라 네스토 파즈의 일기 『동지를 위하여』(형성사), 바스콘셀로스의 『나의 라임오렌지나무』(동녘), 잉게 숄이 기록한 『아무도 미워하지 않는 자의 죽음』(청사) 같은 책과 막심 고리키의 소설에서 진한 감동을 느꼈다.

다른 이유 하나는 이제는 읽었기 때문이다. 공부에는 적절한 때가 있을지 몰라도 독서에는 특정한 시기가 없다고 생각한다. '젊은이는 쉬 늙으나 학문은 이루기 어렵다少年易老學難成'는 말은 주자朱子 '권학문'의 일절이지 '권독문'의 그것은 아니지 않던가. 또 소설가 장정일은 "내가 읽지 않은 책은 이 세상에 없는 책"이라 일갈하지 않았던가. 물론 내겐 엄청난 독서가의 기개를 흉내 낼 배포가 부족하다.

그래도 이런 말을 할 수는 있다. 책은 언제라도 읽으면, 읽은 것이 된다. 물론 독서에도 적당한 시기가 있을 것이다. 그러나 어떤 책을 언제 읽어야 할지 어찌 알 수 있으리오. 또한 섣부른 선행先行 독서보다 나중에라도 차분히 읽는 게 더 낫다고 생각한다. 그러니까 '그때 그 책을 읽었더라면'은 성립하지 않고, '가장 늦게 읽었다 생각하는 때가 제일 이른 것'이 되는 셈이다.

1968년판의 서문에서 스노는 『중국의 붉은 별』이 "시공時空 양면에서, 최악의 파국을 맞기 직전에 있었던, 서구로부터 멀리 떨어진 지역에 고립되어 있는 한 투쟁 세력을 다룬 것"으로 자평한다. 그는 이 책이 자신이 쓴 중국에 관한 가장 긴 르포라고 부연하면서 책의 장수 비결을 몇 가지로 풀이한다. 책에 담긴 새로운 정보와 이를 원하는 적절한 타이밍, 상황적 요인에 따른 독점적 지위 확보가 그것이다.

스노에게는 '최초'라는 수식어가 여럿 따라붙는다. 그는 1936년 서방 기자로서는 처음으로 국민당 남경 정부군의 봉쇄선을 뚫고 중국 서북 지역의 이른바 홍구紅區에 들어갔다. 더구나 1939년 스노가 마오와 두 번째 회견을 갖기 위해 홍구를 다시 찾은 이후, 서북 지

역의 중국 공산당 근거지는 국민당군의 포위선과 일본군의 점령지로 둘러싸여 1944년까지 외국인 기자는 누구도 적도赤都인 옌안延安에 갈 수 없었다.

스노는 마오와 회견한 최초의 외국인 신문기자이기도 하다. 스노는 책의 제3부에서 마오를 여러 갈래로 묘사하는데 그가 본 마오의 첫인상은 이렇다. "그는 링컨과 약간 비슷한 모습으로, 중국인 평균 신장보다 키가 크고 허리가 구부정했으며, 검고 숱이 많은 머리카락이 굉장히 길게 자라 있었고, 눈은 크고 날카로웠으며, 코는 우뚝 솟고 광대뼈는 툭 튀어나와 있었다." 아울러 지적이고 타고난 명민함도 느껴졌다. 마오에 대한 스노의 종합적인 인상은 그가 매우 흥미롭고 복잡한 인물 같았다는 점이다.

중국 고전에 깊은 소양이 있는 학구자이자 닥치는 대로 광범하게 책을 읽는 남독가이며, 철학과 역사를 깊이 파고드는 학도이자 뛰어난 연설가이며, 기억력과 집중력이 비상한 사람이자 유능한 문필가이고, 또 자신의 습관이나 외양에는 무관심해도 담당한 직무 하나하나에 대해서는 놀라우리만치 세심한 주의를 기울이는 인물이며, 아울러 지칠 줄 모르는 정력의 소유자이자 비범한 재능을 지닌 탁월한 군사·정치 전략가였다.

장정長征에 대해서도 스노는 발표된 것으로는 최초인 상세한 기록을 남겼다. 장정을 다룬 『중국의 붉은 별』의 제5부에 따르면, "홍군의 전 병력이 강서성 남부의 우도零都에 집결했을 때, 장정 개시 명령이 내려졌다. 이때가 1934년 10월 16일이었다." 바야흐로 "세인들의 이목을 놀라게 할 진군"이 시작된 것이다. 이후 1년여에 걸친 홍군의 서방과 북방으로의 획기적인 대이동의 여정은 실로 엄청나다.

홍군은 줄잡아 2만 리를 행군했다. 그 과정에서 산맥 18개를 넘고, 24개의 강을 건넜다. 홍군이 넘은 산

맥 18개 가운데 다섯은 만년설로 덮여 있었다. 스노는 홍군과 그들이 표방하는 정치적 견해에 대한 호불호를 떠나 장정은 군사사상軍事史上의 대위업임을 부인할 수는 없다고 강조한다. "한니발의 알프스 원정 따위는 그것에 비하면 휴일의 소풍에 지나지 않는다." 또한 장정은 "역사상 가장 규모가 큰 무장 선전여행이었다."

한편 이 책은 이젠 전설이 된, 중국혁명기 붉은 군대를 둘러싼 신화의 진원지이기도 하다. 그것은 농민을 수탈하거나 보급투쟁의 대상으로 삼지 않고, 꼭 필요한 경우에는 반드시 제값을 치르는 인민의 군대의 모습이다. 이런 측면은 홍구로 향하는 열차의 객실에서부터 느껴진다. 홍군의 잔인성에 관한 논란을 듣고 있던 노인의 한마디. "그들은 사람을 많이 죽이지 않소!" 스노가 접한 홍군의 분위기는 이를 확인시킨다. "나는 이들이 서로 얼굴을 붉히며 다투는 일을 한 번도 보지 못했다."

1968년판 서문의 겸양 어린 대목은 명저의 저자가 갖는 미덕을 고스란히 보여준다. "필자는 혹시 이 책에서 차용할 수 있을지도 모를, 국제적 활용 가치가 있는 교훈들을 제공하는 데에 있어서 나 자신이 큰 역할을 했다고 자부하지 않는다. 이 내용 가운데 상당 부분은 필자가 30세의 나이로 함께 어울려 지낼 특전을 누리면서 수많은 것을 깨우쳐 받았던(또는 깨우칠 기회를 제공했던), 비범한 젊은 남녀들로부터 들은 이야기를 그저 옮겨놓았을 뿐이다."

『모택동 자전毛澤東 自傳』(신복룡 옮김, 평민사, 1985)은 에드거 스노가 기록한 마오의 반생半生이다. 스노의 별개의 저작은 아니고, 『중국의 붉은 별』에서 "제4장 「한 공산주의자」의 탄생만을 빼내어 하나의 책으로 엮은 것이다." 다음은 이 책의 초판 역자 서문에 실린 스노의 간략한 이력이다.

"이 글을 구술해 준 에드가 스노우는 1905년 미국의 미주리 주의 캔사스 시에서 태어났다. 그의 청년기의 행적은 잘 알 수 없다. 그는 일찍이 언론계에 투신하여 〈시카고 트리뷴〉과 〈뉴요크 선〉의 기자로 활약하다가 32살이 되던 1937년에 그는 당시 미국에서는 본격화되지 못한 해외 특파원의 꿈을 안고 런던의 〈데일리 헤럴드〉에 투신했다. 그는 첫해부터 극동 지방의 수석 특파원이 되었다."

이 짧은 이력에는 일부 사실에 오류가 있고 전후 맥락이 드러나지 않아 그의 삶을 파악하고 이해하는 데 별 다른 도움을 주지 못한다. 『에드거 스노 자서전』은 이런 아쉬움을 해소하기에 제격이다. 800쪽 가까이 되는 분량이 부담스럽지 않은 아주 흥미진진한 회고록이다. 10여 년 전, 『시작을 위한 여행』이라는 제목으로 펴낸 것을 번역을 손질해 재출간했다.

스노의 중국행은 개인적인 유람의 성격이 강했다. "필자가 동방에 온 것은 '동방의 매혹'과 모험을 찾아서였다"(『중국의 붉은 별』). 자서전은 이를 자세히 언급한다. "내가 처음 상하이上海 땅을 밟았을 때 나는 호기심에 가득 차서 세계로 환히 열린 젊은이였다." 월스트리트에서 증권에 투자해 거머쥔 약간의 돈으로 스물셋의 스노는 세계여행을 떠난다.

1928년 스노는 파나마운하를 통해 태평양을 출발, 하와이와 일본을 거쳐 상하이에 이른다. 그의 여행계획서에 중국은 6주가 할당돼 있었다. "그러나 나는 그 뒤로 13년 동안 미국으로 되돌아가지 못하게 된다." 스노와 그의 형제들은 가톨릭교회에서 정식으로 교리문답을 배우고 견진성사를 거쳐 신자가 되었지만, 스노의 아버지는 자녀가 "신에 관해 맹목적이지 않도록" 하는 양육방식을 취했다. 그러나 스노가 배교를 결심한 계기는 엉뚱한 곳에서 왔다.

결국 내가 신앙을 잃게 된 것은 로버트 잉거솔의 주장 때문이 아니라, 어느 날 나보다 나이 많은 복사와 함께 근처 수도원으로 성체, 즉 성찬식용 과자를 가지러 간

일이 계기가 되었다. 이 과자를 보통의 석탄 스토브에서 굽는 것이 내게는 이상하게 생각되었다. 그런데 돌아오는 길에 복사 아이는 그릇 하나를 열고 그 자리에서 '그리스도의 살과 피'를 한 주먹 집어먹는 것이었다. 나는 그 아이가 천벌을 받아 고꾸라지리라고 믿었지만 아무 일도 일어나지 않았다.

그런데 스노를 불신자로 만든 계기가 눈에 익다. 미국 소설가 『마크 트웨인 자서전』(고즈윈, 2005)에도 이와 비슷한 대목이 있다(100-101쪽). 이를 독서 칼럼(《한겨레》 2005. 3. 26)에 간접 인용한 도서평론가 이권우가 농담 삼아 말하곤 한다는 "신앙을 잃은 계기" 역시 스노는 마크 트웨인의 경우와 닮았다.

스노의 자서전에 나타난 그의 휴머니즘("나는 식민주의가 저열한 것은 그것이 인간성에 대한 방법과 제도의 승리이기 때문이라고 결론지었다")과 성찰("표면적인 풍경은 단기간의 여행자를 속이는 것이다")에는 공감하나, 그의 시대 인식("지금은 원자 시대이며 제국주의는 사멸했다")에는 동의하지 않는다.

어쨌든 스노가 뛰어난 전선戰線 기자인 점은 세월이 흐를수록 더 빛날 것이다. 군대 뒤꽁무니를 좇거나 안전지대에서 전황을 보고하는 기자는 스노와 비교할 수도 없지만, 걸프전 때 미군의 바그다드 폭격을 생중계한 미국 CNN 방송의 특파원도 스노를 따라오려면 한참 멀었다. 그는 사선을 넘나들며 진실을 전한 진정한 싸움터 기자다.

CD로 구은 국립중앙도서관 한국문헌목록정보에 따르면, 스노의 책은, 놀랍게도 해방 직후 처음 번역되었다. 『민주주의의 승리: 대전 중 소련·중국·몽고 여행기』(수문당)는 단기 4279년, 그러니까 해방 이듬해인 1946년에 나왔다. 신구문화사가 펴낸 '현대세계문학전집'(1968)의 열세 번째 권에 다른 두 작가의 작품과 함께 실려 있는 『새로운 인간들』(서동구 옮김)은, 원저명이

노출돼 있지 않아 단언하긴 어려우나, 『Red Star over China』의 초판이나 그 일부로 추측된다. 『중국의 붉은 별』 '역자 후기'의 "본 역본은 1971년판을 완역한 것이다"라는 구절은, 내 추론을 뒷받침하는 작은 증거로 볼 수도 있다. 『Red Star over China』는 『대륙의 붉은 별』(언어문화사, 1986)이라는 제목으로도 번역되었다.

에드거 스노의 책

민주주의의 승리- 대전 중 소련·중국·몽고 여행기 수문당, 1946.
중국의 붉은 별 신홍범 옮김, 두레, 1985.
대륙의 붉은 별 손해묵 옮김, 언어문화사, 1986.
새로운 인간들 서동구 옮김, 신구문화사, 1968.
모택동 자전 신복룡 옮김, 평민사, 1985.(중국의 붉은 별 제4장「한 공산주의자」)
에드거 스노 자서전 최재봉 옮김, 김영사, 2005.
시작을 위한 여행 최재봉 옮김, 지리산, 1993.

에드워드 사이드
Edward W. Said
1935-2003

동양은 없다, 오리엔탈리즘이 있을 뿐이다

등화관제 훈련이 일상의 일부였던 시절, '한국 미국'이란 놀이가 있었다. 사람의 이름이 적힌 쪽지를 주운 아이가 그 사람이 되는 일종의 역할놀이였다. 놀이를 주관하는 아이가 꼬깃꼬깃 접은 종이를 하늘 높이 던지면 다른 아이들은 주르르 달려가 쪽지를 집어 들었다. 쪽지에는 이런 이름들이 씌어 있었다. 이승만, 맥아더, 김일성, 모택동. 놀이 규칙은 아주 단순했다. 국제연합군이 좇아가고, 공산군은 쫓긴다. 냉전체제의 논리가 철두철미하게 반영된 놀이였다.

그 시절에는 보고 듣는 것이 온통 그런 식이었다. 텔

레비전 외화 시리즈 〈전투〉와 그것을 베낀 〈전우〉의 전투장면에서 나가떨어지는 쪽은 언제나 독일군이나 인민군이었다. 냉전체제가 와해되면서 이런 식의 일방통행은 자취를 감춘다. 하지만 세계의 화약창고인 '중동'에 대해서는 흑백논리가 여전히 기승을 부리고 있다. 그것은 '이스라엘-팔레스타인'의 이항대립에서 잘 나타난다.

우리에게 이스라엘은 선善이다. 이스라엘인들은 대한민국 국정교과서를 통해 사막을 옥토로 바꾼 귀감으로 받들어졌다. 그 사막이 중동전쟁의 전리품인 점은 생략한 채로 말이다. 교과서의 기억이 희미해질 무렵 『탈무드』에 의해 각성된 유대민족에 대한 경외는 재미동포들이 뉴욕의 청과업계를 그들로부터 이어받았다는 터무니없는 연대감으로 이어진다.

반면에 팔레스타인인들은 테러나 일삼는 무능한 사람들이다. 따라서 오늘을 대표하는 영문학자의 한 사람이 유대인이 아니라, 팔레스타인인이라는 사실은 '상식파괴'에 속한다.

『오리엔탈리즘』(교보문고, 1991)은 팔레스타인 사람 에드워드 사이드에게 세계적 명성을 안겨다준 책이다. 탄탄한 학문적 역량이 뒷받침된 이 책은 이미 20세기의 대표저서로 평가받으며 교양필독서로 여겨지고 있다. 이 책의 한국어판은 교보문고 출판부가 펴낸 300여 종의 책 중에 자타가 공인하는 대표작이다. 번역자 박홍규 교수의 꼼꼼한 각주와 60쪽에 이르는 파격적인 옮긴이 후기가 특징이다. 10년 만에 개정번역판이 나오기도 했다.

오리엔탈리즘은 동양에 대한 서양의 사고방식이자 지배방식을 말한다. 오리엔탈리즘은 엄숙함과 장중함이 느껴지는 전문지식의 스타일이다. 사이드는 이 책에서 이러한 전문지식이 권위를 얻는 과정을 역사적으로 추적한다. 오리엔탈리즘을 형성한 문헌들을 면밀히 분석했다. "오리엔탈리즘은 결국, 저작과 저자를 인용하는 시스템이다." 오리엔탈리즘은 제국주의자들이 공유하는 정보의 도서관이고 문서고인 셈이다. 이 책의 방법론은 푸코에게 빚지고 있는데, 사이드는 푸코의 담론이론을 바탕으로 오리엔탈리즘을 분석한다.

오리엔탈리즘에 의하면 동양인은 비합리적이고 열등하며 이상하다. 이런 편견은 대중매체를 통해 더욱 공고화한다. TV뉴스에서 팔레스타인 민족의 폭력은 부각되나, 그보다 더한 유대근본주의자의 테러는 전혀 취급하지 않기 때문이다. 우리나라에서 민주화 운동이 한창일 때 노동자·학생의 피해는 축소하고 진압 경찰의 피해를 부풀린 것과 같은 이치이다. 이런 점에서 편집광의 한 형태인 오리엔탈리즘은 매카시즘 및 남성우월주의와 닮은 점이 많다.

이 책은 영국과 프랑스 그리고 미국의 오리엔탈리즘으로 연구범위를 제한하고 있다. 사이드는 다른 학자에 의해 후속연구가 진행되기를 희망하며 제국주의와 문화를 다룬 개론서의 출현을 기대한다. 하지만 "타인을 억압하고 조작하는 것이 아닌 자유로운 입장에 서서 상이한 문화와 상이한 민족을 연구"하는 숙제는 오롯이 그의 몫이 되었다.

『문화와 제국주의』(창, 1995)는 『오리엔탈리즘』의 속편으로 서구의 제국주의와 그것이 야기한 저항이 주제이다. 사이드는 '문화'를 여러 가지 정치적·이념적 명분이 서로 뒤섞인 극장에 비유했고, '제국주의'는 멀리 떨어져 있는 영토를 지배하는 제국의 중심 태도와 이론 및 실천의 의미로 썼다. 사이드는 제국주의가 경제적 법칙과 정치적 영역에서만 위세를 떨쳤다고 여기지 않는다. 우리가 순수하고 고결하게 생각하는 민족문화의 차원에서도 여지없이 관철됐다고 강조한다.

그는 문학텍스트를 중심으로 제국의 상상력이 길러낸 문화와 여기에 대항한 문화를 검토하기도 했다. 전자에는 찰스 디킨스, 제인 오스틴, 러더야드 키플링, 조셉 콘래드 등이 해당된다. 작가가 식민지 본국의 특정한 삶을 유지하는 과정에서 식민지에 있는 설탕농장을 중요하게 묘사할 때 그것이 갖는 의미를 파악하는 '대위법적 책읽기'를 통해 이들의 작품을 분석했다. 이런 접근은 오늘날 비평의식의 분열을 비판하는 사이드로서는 당연한 태도이다.

우리는 카알라일과 러스킨의 심미적 이론들을 설명하는 데 많은 시간을 할애하면서도, 정작 그들의 관념이 동시에 열등한 민족과 식민지의 복종을 생성시켰다는 점에 대해서는 거의 주의를 기울이지 않고 있다.

대항문화의 중요인물로는 프란츠 파농, 치누아 아체베, 에메 세제르, 은구기 와 씨옹고, 아밀카 카브랄, C.L.R. 제임스 등을 거명한다. 사이드는 미국인에게 아는 아랍 작가를 물어보면 예외 없이 유일하게 『예언자』의 칼릴 지브란을 꼽을 거라며(국내 독자 역시 그럴 것이다) 균형 있는 독서를 촉구한다. 그는 파농이나 카브랄은 안 읽으면서 오스틴을 읽는 것은 현대문화의 일면만 보는 것이라고 경계한다. 『오리엔탈리즘』과 『문화와 제국주의』에서 우리나라에 대한 직접적인 언급은 거의 없다. 그러나 책을 읽다보면 얼굴이 화끈거릴 때가 한두 번이 아니다.

아랍세계의 대학은 과거의 식민지권력으로부터 계승된 것이고, 또는 직접 강제된 일정한 패턴에 따라 운영되는 것이 일반적이다. 이 점을 먼저 고찰하여 보자. 새로운 환경의 변화에 따라 커리큘럼의 현실은 거의 그로테스크한 정도로 만들었다. 교실에 수백 명의 학생이 몰려들었고, 지극히 형편없는 교육을 받은 교수들은 과잉노동과 저임금에 고용되었으며 그나마도 정치적으로 임명되었다. 고도의 연구도, 연구시설도 거의 완전히 결여되고 있다. 그리고 가장 중요한 것은, 이 지역 전체에는 하나의 어지간한 도서관조차 없다는 점이

다. 과거에 영국과 프랑스는 그 탁월성과 재력에 의해 동양의 지적인 지평선을 지배했다. 그러나 지금 그 지위를 차지하고 있는 것은 미국이다. 그 결과 시스템 속을 어떻게 하여 빠져 나갈 수 있는 소수의 가능성이 있는 학생은, 더욱 고도의 연구를 계속하기 위하여 미국에 가도록 장려된다. (『오리엔탈리즘』)

내가 1985년 페르시아 만 국가에 있는 한 국립 대학교로부터 일주일간 그곳을 방문해 달라는 요청을 받았을 때 나의 임무는 그곳의 영어 교육 프로그램을 평가하고 아마도 그 개선책을 위한 건의문을 제출하는 것이었다. 나는 순전히 수량적인 견지에서 볼 때 영어가 그 대학의 다른 어떤 학과보다도 많은 젊은이들을 끌어 모으고 있다는 사실을 알고 깜짝 놀랐다. 그곳의 교과 과정은 소위 언어학(다시 말해 문법과 음성학적 구조)과 문학으로 거의 이등분되어 있었다. 문학 과목들은 내가 생각하기에 카이로와 아인 샴즈에 있는 대학들처럼 좀더 오래되고 이름 있는 아랍의 대학들에서 채택되고 있는 양식으로 엄격하고 전통적인 것이었다. 젊은 아랍 학생들은 그들이 산스크리트어나 중세 문장文章을 공부하듯이 셰익스피어, 밀턴, 워어즈워드, 오스틴과 디킨즈를 필수로 읽고 있었다. 그들은 영어와 영문학이 아랍 세계에 가져다 준 식민화 과정과 영어의 관계에 대해서는 아무런 관심이 없었다. (『문화와 제국주의』)

『오리엔탈리즘』과 『문화와 제국주의』는 각기 600쪽에 이르는 방대함을 자랑한다. 무턱대고 달려들다간 질리기 십상이다. 사이드 사상의 초심자에게는 『권력과 지성인』(창, 1996)이 제격이다. 영국 BBC의 〈리스강좌〉를 책으로 엮은 이 지식인론은 '들어라 먹물들'로 옮겨도 무방하다. 사이드가 생각하는 바람직한 지식인의 태도는 "누구도 섬기지 않는 것"이다.

『도전받는 오리엔탈리즘』(김영사, 2001)은 사이드 사상

의 빼놓을 수 없는 부분인 중동에 관한 정치평론을 담은 책이다. 이 책이 나오기 전까지 우리가 접할 수 있었던 사이드의 정치평론은 〈창작과비평〉 1995년 가을호에 실린 「중동 '평화협상'」이 고작이었다. 하지만 『도전받는 오리엔탈리즘』의 번역저본이랄 수 있는 『The Crisis of Orientalism』은 존재하지 않는다. 책의 속표지 뒷면에 인쇄된 영어 제목은 우리말 제목을 번역한 것이다.

『도전받는 오리엔탈리즘』은 편역서다. 게다가 국내 학자가 엮은 책이다. 이런 방식은 1980년대 사회과학 출판에서도 널리 활용됐지만 저작권이 강화된 요즘은 좀처럼 보기 어렵다. 9.11사태에 대해 미국 행정부와 언론의 주류적 시각과는 사뭇 다른 관점을 취하는 이 책은 인터넷이 없었으면 출간이 불가능했다. 이집트의 카이로에서 발행되는 〈알-아흐람Al-Ahram〉과 미국의 웹진 〈Z매거진Zmagazine〉에 사이드가 기고한 글을 그의 허락을 얻어 소장 정치학자 성일권이 재구성했다.

『에드워드 사이드 자서전』(살림, 2001)도 나왔다. 이 책에 대한 소개는 『장정일의 독서일기 5』(범우사, 2002)에 실린 내용으로 대신하기로 한다.

이 책은 사이드의 삶을 통해 중동과 서구라는 양 세계의 긴장을 조명하기보다, 무제한의 권력을 휘두르던 아버지와 아버지의 권력을 이용하여 아버지와는 또다른 별개의 지배력을 행사하고자 했던 어머니 사이에서 자신의 정체성을 찾기 위해 안간힘 썼던 집안의 '백치'에 대한 흥미로운 기록으로 읽힌다.

에드워드 사이드의 책

오리엔탈리즘(증보판) 박홍규 옮김, 교보문고, 2007.
오리엔탈리즘(개정번역판) 박홍규 옮김, 교보문고, 2001.(초판 1991)
문화와 제국주의 박홍규 옮김, 문예출판사, 2005.
문화와 제국주의 김성곤·정정호 옮김, 창, 2011.
문화와 제국주의 김성곤·정정호 옮김, 창, 1995.
권력과 지성인 전신욱·서봉섭 옮김, 창, 1996.
에드워드 사이드 자서전 김석희 옮김, 살림, 2001.
도전받는 오리엔탈리즘 성일권 편역, 김영사, 2001.
평형과 역설 다니엘 바렌보임 공저, 장영준 옮김, 생각의나무, 2003.
민족주의 식민주의 문학 에드워드 사이드 외 지음, 김준환 옮김, 인간사랑, 2011.
저항의 인문학- 인문주의와 민주적 비판(에드워드 사이드 선집 02) 김정하 옮김, 마티, 2008.
말년의 양식에 관하여- 결을 거슬러 올라가는 문학과 예술(에드워드 사이드 선집 01) 장호연 옮김, 마티, 2008.
에드워드 사이드의 음악은 사회적이다 박홍규·최유준 옮김, 이다미디어, 2008.
프로이트와 비유럽인 주은우 옮김, 창비, 2005.

에드워드 사이드에 관한 책

박홍규의 에드워드 사이드 읽기 박홍규 지음, 우물이있는집, 2003.
에드워드 사이드와 역사쓰기(아이콘북스 015) 셸리 월리아 지음, 김수철·정현주 옮김, 이제이북스, 2003.
오리엔탈리즘과 에드워드 사이드 발레리 케네디 지음, 김상률 옮김, 갈무리, 2011.
에드워드 사이드 다시 읽기- 오리엔탈리즘을 넘어 화해와 공존으로 김상률·오길영 엮음, 책세상, 2006.
다시 에드워드 사이드를 위하여 빌 애쉬크로프트·팔 알루와리아 지음, 윤영실 옮김, 앨피, 2005.

에드워드 윌슨
Edward Osborne Wilson
1929-

'콩 심은 데 콩 나고, 오이 심은 데 오이 난다'

'창조론과 진화론 가운데 어느 한쪽을 편들어 논증하라.' 논술시험을 치러야 하는 대입 수험생들이 한번쯤 풀어봤을 예상문제다. 하지만 이 문제를 실전에서 만나는 일은 거의 없을 것이다(신학대학 지망생은 혹시 모르지만). 왜냐하면 "진화론은 이제 확고히 수립되어 있"기 때문이다. 그리고 생물학계의 가장 화끈한 논쟁거리는 진화론의 내부에 존재한다.

결정론과 비결정론으로 대별되는 다원주의를 둘러

싼 해석의 공방이 그것이다. 다원주의 내부의 논쟁은 하버드 대학을 중심으로 1970년대 중반 뜨겁게 달아올랐지만, 우리에게는 남의 이야기로만 들렸다. 우리는 1980년대가 저물 무렵까지도 신문의 지면을 빌려 '창조와 진화'를 놓고 제법 진지한 토론을 벌였으니까 말이다. 그렇다고 하버드 석학 사이의 논란이 낯선 것도 아니다. 꽤나 심각한 진화론 논쟁의 논점은 우리네 속담의 대비를 통해 쉽게 부각된다. '콩 심은 데 콩 나고, 오이 심은 데 오이 난다種豆得豆種瓜得瓜' 대 '어찌 왕후장상의 씨가 따로 있으리오王侯將相寧有種乎.'

에드워드 윌슨은 '종두득두'론의 대표자다. 윌슨은 1975년 『사회생물학』(민음사, 1992)을 펴내며 "사회적 행동의 생물학적 기초와 복잡한 사회의 조직을 체계적으로 연구하는 학문"의 기초를 닦는다. 또한 이 책은 1970년대 진화론 논쟁의 불을 지핀 도화선이었다. 1975년 여름 『사회생물학Sociobiology』이 출간되자 이 책에 대한 평론이 봇물처럼 쏟아졌다. 평가는 극단적으로 엇갈렸다. 비판은 특히 마지막 장 「인간: 사회생물학에서 사회학까지」에 몰렸고, 하버드의 동료 생물학자들로부터 집중포화를 맞았다. 비판자들은 윌슨의 '유전적 결정론'을 문제 삼았다.

"현상 유지와 일부 집단에서의 계급, 인종, 성에 따르는 특권을 유전적으로 정당화하는 경향을 갖는다. 역사적으로 강대국이나 강대국의 지배집단들은 그들의 권력을 유지하거나 확장하기 위한 지지를 이러한 과학자들의 연구결과로부터 얻어냈다."

'유전적 결정론'에 대해 윌슨은 훗날 자서전에서 다음과 같이 술회한 바 있다. "인간은 행동과 사회구조를 획득하는 성향을 유전에 의해 물려받는데 이 성향은 말하자면 대개의 사람이 공유하는 이른바 인간의 본성을 가리킨다." 그러면서 "사람들은 비록 자유의지를 갖고 여러 가지 방향으로 나갈 수 있는 선택을 행사하지만 여기에 관계되는 심리학적 발달의 경로는 비록 우리 자신이 아무리 다른 길로 가고자 발버둥댄다 해도 우리의 유전자들에 의해 다른 쪽보다는 어떤 일정한 방향으로 명확하게 트여져 있다"고 덧붙였다.

『사회생물학』은 민음사의 '대우학술총서(번역 55, 56)'를 통해 두 권으로 국내 독자에게 선보였다. 두 권 합쳐 832쪽에 이르지만, 그나마 1980년 출간된 '축약판The Abridged Edition'을 번역한 것이다. 1975년 나온 '새로운 종합The New Synthesis'이란 부제의 원저는 사회생물학의 교과서와 참고서로서 전 세계적으로 채택되었다.

하지만 방대한 분량과 비싼 책값 탓에 일반 독자의 독서는 쉽지 않았다. 이에 윌슨은 일반 독자를 위한 '축약판'을 내놓았다. '축약판'은 원저의 기본 골격을 유지하면서 필수적인 내용과 재미있는 부분을 간추려 사회생물학의 대중적 교과서로 꾸몄다. 다만, 문제의 마지막 장은 '팬 서비스' 차원에서 그대로 옮겨 실었다. 다음은 「인간」을 다룬 종장의 맛보기.

우리가 이 지구상에 존재하는 사회성 종種의 목록을 작성한다고 할 때 마치 다른 혹성으로부터 온 동물학자처럼 박물학적 관점에서 인간을 보기로 하자. 거시적 관점에서 인문과학과 사회과학은 각각 생물학의 한 분야로 볼 수 있고, 역사, 전기傳記, 그리고 픽션은 인간 사회학에 대한 조사서가 되며, 또 인류학과 사회학은 단 한 종의 영장류에 관한 사회학이 된다.

윌슨은 '개미박사'로 통하는 개미연구의 대가이기도 하다. 사회생물학의 이론틀 역시 대표적인 '사회성' 동물인 개미에 대한 연구가 바탕이 되었다. 동료학자 베르트 횔도블러와 함께 만든 『개미세계여행』(범양사출판부, 1997)은 '개미박사' 윌슨의 면모를 여실히 보여준다. 이 책도 '축약판' 『사회생물학』과 마찬가지로 대중용 서적이다.

이 책의 토대는 1990년 횔도블러와 함께 펴낸 『개미

The Ants』. 이듬해 두 사람에게 퓰리처상을 안겨준 『개미』는 개미에 관한 모든 것을 다룬 개미 '백과사전'이자 생물학자를 위한 전문서적의 성격이 강했다. 26×32센티미터 크기에 하드커버로 장정한 732쪽에 이르는 『개미』는 3.4킬로그램이나 나간다.

어쨌든 『개미세계여행』은 범양사출판부의 '신과학총서' 50번이라는 특별한 의미를 지닌 책이다. 때문에 언론의 관심을 모으며 출판 한 달 보름 만에 2쇄를 찍는 개가를 올리기도 했다. 그러나 더이상의 반응은 얻지 못하고 있다. 베르나르 베르베르의 소설 『개미』(열린책들)를 읽은 수십만 명의 독자들도 개미의 현실세계에는 관심이 없나 보다.

1980년대에 들어와 윌슨은 '생물의 다양성' 보존에 몰두하고 있다. 1984부터 1992년까지 올림픽 개최 연도에 생물의 다양성을 진작하는 저서를 펴냈다. 『생명의 다양성』(까치, 1995)은 바르셀로나 올림픽이 열릴 때 나왔다. 이 책에서 윌슨은 생물 다양성의 형성과정을 설명한다. 그리고 30억 년에 이르는 생명의 역사에서 여섯 번째로 닥쳐온 대멸종기의 시작을 경고한다.

앞선 다섯 번의 대멸종에서는 다양성의 수준이 원래대로 회복되었다. 물론 수천만 년이 걸리기는 했어도. 여섯 번째 대멸종 또한 "아마도 자연은 그렇게 회복할 것이다. 그러나 인류가 의미하는 동시대의 어떤 시기 내에서는 아니다"라고 윌슨은 말한다. 소 잃고 외양간 고칠 시간이 없다는 것이다.

『자연주의자』(민음사, 1996)는 윌슨의 자서전이다. 이 책은 미국 남부 출신의 평범한 소년이 대과학자로 성장하는 과정을 감동적으로 그렸다. 할리우드 영화에서처럼 미국 우월주의가 약간 배어 있기는 해도 큰 흠집은 안 된다. 윌슨은 과학자가 되려면 "교수진과의 접촉이 가능하고 그들로부터 인정받는 것이 매우 중요하다"고 말한다. 이를 증명하듯 이 책에는 그를 과학자로 만든 스승과 동료의 이야기가 많이 나온다. 이 중 DNA 이중나선 구조를 발견한 제임스 왓슨에 대한 묘사가 가장 흥미롭다.

최재천 교수가 "적어도 이십 년 전에 번역되었어야 했다"고 말하는 『인간 본성에 대하여』(사이언스북스, 2000)를 에드워드 윌슨 자신은 이렇게 소개한다.

이 책은 '과학책'이 아니라 '과학에 관한 책'인 동시에, 자연과학이 어떤 새로운 것으로 바뀌기 전에 인간 행동 속으로 얼마나 깊숙이 침투할 수 있는가에 관한 책이다. 또 이 책은 인간 행동에 관한 참된 진화적 설명이 사회과학과 인문학에 미칠 영향도 다루고 있다. 그리고 이 책이 단순히 인간 행동과 사회생물학에 관한 정보를 얻기 위해 읽혀질 수도 있으므로, 그런 내용을 추가하는 일에도 신경을 썼다. 하지만 본질적으로 이 책은 사회과학 이론이 자신과 가장 관련이 깊은 집단생물학 및 진화론이라는 자연과학과 접목되었을 때 나타날 심오한 결과들을 다룬 사색적인 에세이다.

에드워드 윌슨의 책

바이오필리아 - 우리 유전자에는 생명 사랑의 본능이 새겨져 있다(자연과 인간 15) 안소연 옮김, 사이언스북스, 2010.
프로메테우스의 불 찰스 럼스덴 공저, 김성한 옮김, 아카넷, 2010.
생명의 편지(자연과 인간 11) 권기호 옮김, 사이언스북스, 2007.
생명의 미래 전방욱 옮김, 사이언스북스, 2005.
통섭 - 지식의 대통합(사이언스 클래식 05) 최재천·장대익 옮김, 사이언스북스, 2005.
우리는 지금도 야생을 산다 - 인간 본성의 근원을 찾아서 최재천·김길원 옮김, 바다출판사, 2005.
사회생물학(I·II) 이병훈·박시룡 옮김, 민음사, 1992.
생명의 다양성 황현숙 옮김, 까치, 1995.
자연주의자 이병훈·김희백 옮김, 민음사, 1996.
개미 세계 여행 베르트 횔도블러 공저, 이병훈 옮김, 범양사, 2007.
개미세계여행 베르트 횔도블러 공저, 이병훈 옮김, 범양사출판부, 1997.
인간 본성에 대하여 이한음 옮김, 사이언스북스, 2000.

에라스무스

Desiderius Erasmus Rotterodamus
1469-1536

"난 어느 편에도 속하지 않는다"

나는 고전에 담긴 교훈을 실감하지 못한다. 고전으로서의 가치에 대해서도 별다른 감응은 없다. 물론 고전적 가치는 고전에 담긴 교훈보다 약간 무게감이 있기는 하다. 고전의 참맛은 무엇보다 재미에 있다. 이는 제목에서도 나타난다. 『우신愚神예찬』이 고전적 지위를 반영한다면, 『바보예찬』은 재미가 앞선다. 『에라스무스 격언집』 또한 흥미 만점이다. 에라스무스의 대표작 두 권을 『슈테판 츠바이크의 에라스무스 평전』과 겹쳐 읽으면 책 읽는 재미는 배가된다. 특히 평전과 격언집은 상호보완적이다. 츠바이크는 『에라스무스 평전』을 통해 전기 작가로서의 그의 뛰어난 역량을 과시한다.

『에라스무스 평전』의 독일어판 원제목은 '로테르담 출신 에라스무스의 승리와 비극Triumph und Tragik des Erasmus von Rotterdam'으로 옮겨진다. 에라스무스의 풀 네임은 데시데리우스 에라스무스 로테로다무스다. 세례 명인 에라스무스를 뺀 나머지는 자신이 가져다 붙였다. 데시데리우스는 히에로니무스의 글에서 찾아낸 것으로 1496년부터 쓰기 시작했다. 로테로다무스는 "'로테르담에서 태어난'이란 뜻의 Rotterdammensis라는 말을 Rotterdamus라고 세련되게 고쳤다가, 나중에는 희랍식으로" 재차 개명한 것이다(『에라스무스 격언집』 '옮긴이의 말').

단지 로테르담에서 출생했다는 이유만으로 에라스무스의 국적을 네덜란드로 한정하면 곤란하다. 그는 세계인, 아니, 적어도 유럽인이었다. 에라스무스는 평생 동안 유럽 이곳저곳을 쏘다닌다. 그는 8년간 장기체류한, 다른 어느 곳에서보다 더 오래 살았던 스위스 바젤로 되돌아와 세상을 뜬다. "어느 나라에도 정주하지 않았고 머무는 곳은 모두 고향으로 알고 지낸, 최초의 의식 있는 세계주의자이자 유럽인이었던 그는 결코 다른 나라에 대한 어느 한 나라의 우월성을 인정하지 않았다."(『슈테판 츠바이크의 에라스무스 평전』 18쪽)

슈테판 츠바이크는 『에라스무스 평전』의 첫머리에서 에라스무스가 오늘날까지 소중한 존재로 남아 있는 연유를 이렇게 간추린다. "그것은 그가 서양의 모든 저술가와 창조자 중에서 최초로 의식 있는 유럽인이었으며 최초의 투철한 평화애호가였고 인문주의의 이상과 세계 우호 및 우호정신이라는 이상을 위한 달변의 변호사였다는 점이다. 그리고 이를 넘어 우리의 정신세계를 더욱 정의롭고 더욱 화합된 모습으로 만들려던 싸움에서 패배자로 남은 그의 비극적 운명은 우리로 하여금 그를 더욱 친근하게 느끼게 한다."

생각의 자유는 에라스무스에게 자명한 것이었다고 덧붙인다. "그 스스로가 어느 누구에게도 자신의 견해를 강요하려 하지 않았던 것처럼 그는 어떠한 종교적·정치적 교리도 강요받지 않기 위해 단호하게 저항했다." 또 "그는 불꽃처럼 타오르는 폭발적인 지식의 온 힘을 이용해 일생동안 모든 분야에서 자신만의 망상을 가진 독선적 광신자들과 싸웠다."

츠바이크가 파악한 에라스무스의 사명과 삶의 의미는 대립하는 것의 조화로운 통합이었다. "그는 모든 일을 조화롭게 연결하고 대화로 푸는 천성을 가진 사람으로 태어났다." 한편 츠바이크가 에라스무스의 풍모를 일컫는데 쓴 다양한 표현은 현란하기까지 하다. 그 일부를 보자. "진실로 편견이 없는 공정한 사람" "정신적이며 진보적인 인간" "초국가적이고 전 세계에 속하는 정신의 최고 상징" "독립 광신자" "유목민" "새로운 시대의 첫 번째 위대한 문장가" "학자이며 책의 인간" "위대한 인문주의자" "세계 우호적 영혼" "최초의 평화주의 문학 이론가" "진정한 마음을 가진 이상주의자인 동시에 오성을 가진 회의주의자."

에라스무스의 승리는 곧 이성의 승리다. 에라스무스가 이뤄낸 이성의 승리는 "그의 신성한 세계시간이기도 했으나, 다른 한편으로는 그의 짧고 덧없는 세계시간이기도 했다." '세계시간'은 인문주의를 세계화하려는 인문주의자들의 기획을 포괄하는 츠바이크의 용어다. 에라스무스의 비극은 그의 좌우명에서 연원한다. "나는 평온을 원한다Consulo quieti meae." 나무는 가만있으려 하나 바람은 그칠 줄 모르네樹欲靜而不風止. 어느 편에도 속하지 않았던 에라스무스는 모든 자유로운 사상을 적대시하는 광신에 전적으로 홀로 맞선다. 에라스무스가 "자신의 정신적 보물, 인류에 대한 믿음을 자기 시대의 끔찍한 증오와 폭풍으로부터 안전하게 구"한 것은 의미가 있다는 게 츠바이크의 지적이다.

에라스무스의 명성은 마흔 줄의 10년간 최고조에 이른다. "사람들은 그를 때로는 '만물박사'로, 때로는 '학문의 군주', 때로는 '연구의 아버지', 때로는 '고귀한 신학의 보호자'라 칭송하며, 그를 '세상의 빛' 또는 '서양의 피티아Pythia, 그리스 델피에 있는 아폴로 신전의 무녀- 인용자' '견줄 데 없는 인간이자 불멸의 박사'라 부른다. 그에겐 어떠한 칭송도 과한 것이 아니다."

나는 인문주의자들의 '문화 낙관주의'에 공감하지 않는다. 외려 "신이 부여한 힘을 현세의 이성 속에서 인식하는 인문주의자"인 에라스무스를 신뢰한다. 나는 그의 일관된 정직한 태도에 호감을 갖는 것일 게다. "그는 그 자체로 끊임없이 영향을 끼치는 진실의 힘을 믿는다." 나도 그렇다. 또한 에라스무스의 어찌 하지 못하는 '귀차니즘'은 백번 공감한다. "내가 광대한 토지를 얻을 수 있다고 하자. 그런데 그 토지를 얻기 위해 소송을 해야만 한다면, 난 차라리 그 토지를 포기할 것이다." 아울러 "천성이 객관적인 사람들에겐 확신이 거의 없다"는 츠바이크의 발언엔 십분 공감한다.

격언집에 실린 격언의 숫자는 엄청나다. 초판은 800여 개가 실렸는데 판을 거듭하며 4100여 개로 늘었다. 『에라스무스 격언집』은 이 가운데 60개를 골라 싣고 있다. 이마저 "되도록이면 에라스무스의 짧은 글들을 추려 옮기되, 전문 번역을 목적에 두었다." 하여 슈테판 츠바이크가 그 개요를 전하고 있는 「전쟁을 경험하지 못한 자들에게만 전쟁이 아름다워 보인다」는 '논문'의 전모는 한국어판 속편이 나와야 파악할 수 있다.

격언집은 일정한 형식을 취한다. 격언의 뜻풀이부터 그 유래와 전거 톺아보기에다 에라스무스의 코멘트가 이어진다. 격언마다 군더더기 없는 서술이 인상적이다. 폭넓은 인용 전거는 에라스무스의 방대한 독서량을 말해주고도 남는다. 「현자는 자신의 보물을 지니고 다닌다」와 「인생은 나그네 길」은 상대적으로 짧은 분량이나, 그래도 있을 건 다 있다.

"현명한 사람은 늘 자신의 모든 보물을 지니고 다닌다. 내가 틀리지 않다면, 이 말은 비아스라는 사람에게 누군가가 '당신은 왜 불타는 당신의 고향 도시에서 아무 재산도 가지고 나오지 않았습니까?'라고 묻자 '나는 내 모든 재산을 가지고 나왔소'라고 답한 것에서 유래한다. 이렇게 말한 비아스의 뜻은 우리의 모든 소유는 바로 우리의 내적인 영역에 있다는 것이다. 즉 교육과 성격이 바로 그것이다. 거꾸로 말하자면, 그런 경지에 이르지 못하면 우리는 결코 우리의 모든 가난을 떨쳐 버릴 수 없다는 것이다."(「현자는 자신의 보물을 지니고 다닌다」) 이 둘보다 짧은 「뱀이 뱀을 먹지 않으면 결코 용이 될 수 없다」는 예외에 속한다.

『에라스무스 격언집』은 서양고전학자의 라틴어 원문 번역과 격언마다 덧붙인 김태권 화백의 명화를 패러디한 일러스트가 돋보인다. 패러디한 그림의 제목은 각 꼭지의 맨 끝에 적어 놨다. 그런데 보티첼리의 작품 중에서 〈베누스의 탄생〉이라는 제목은 아직 낯설다. 베누스는 그간 비너스를 알려졌다. 완역한 서문을 각 꼭지 사이에 나눠서 배열한 것은 재치 있는 편집이다. 다만 격언과 금언의 구분은 퍼뜩 와 닿지 않는다.

격언집은 당대의 베스트셀러였다. 슈테판 츠바이크의 설명에 따르면 격언집이 잘 팔린 것은 그 시대의 속물근성 덕분이다. 때마침 유럽에선 라틴어가 크게 유행하였고, '교양인'을 자처하는 자들의 편지, 논문, 연설문에 라틴어 격언을 끼워 넣는 것은 당연시되었다.

"에라스무스의 적합한 선별 작업은 이제 모든 속물 인문주의자들에게 그들 스스로가 고전을 읽는 노력을 면하게 해 주었다. 이제 편지를 쓰려면, 그 무겁고 큰 책을 오랫동안 뒤적일 필요 없이 『격언집』에서 멋진 미사여구를 재빨리 낚으면 되는 것이다. 속물들이란 모든 시대에 무수히 존재하고 또 존재했기 때문에 이 책을 통해 그는 빠른 속도로 출세 가도를 달린다."

슈테판 츠바이크의 묘사력이 아무리 뛰어날지라도 한스 홀바인의 에라스무스 초상화를 필설로 재현하는 데는 한계가 있다. 홀바인이 그린 에라스무스 초상 중에서도 특별히 걸작으로 꼽히는, '헤라클레스의 업적들'이라는 책에 손을 얹은 그림을 『격언집』에서 볼 수 있다. 다음은 『바보 예찬』의 생명력에 대한 슈테판 츠바이크의 서술이다.

"문학의 공간에서는 대개 작은 책자가 크고 무거운 책보다 더 오래 살아남는다. 180여 권이나 되는 볼테르의 작품 중 살아남은 것은 단지 풍자적인 간명한 소설 『캉디드』뿐이며, 글쓰기를 좋아하는 에라스무스의 수많은 대형 서적 중 살아남은 것은 단지 즐거운 기분에서 우연히 얻은 아이, 그 반짝거리는 정신 유희, 『바보 예찬』뿐이다."

(아래는 〈독서평설〉 2006년 10월호에 실린 필자의 『바보예찬』 독후감)

독일의 사회학자 노르베르트 엘리아스는 『문명화과정』에서 에라스무스의 소책자 『어린이들의 예절에 관하여De civilitate morum puerilium』를 비중 있게 논의한다. 서적사회학자 로제 샤르티에가 편집한 『사생활의 역사』 셋째 권의 르네상스 시대의 예절을 다룬 대목에도 에라스무스의 이 예법서가 등장한다. 두어 달 전, 인천과 서울을 오가는 시외버스에서 만난, 독일 유학을 다녀온 고교동창은 에라스무스의 『격언집Adagia』을 번역한다고 했다. 이렇게 에라스무스는 내 곁으로 다가오고 있었다.

데시데리우스 에라스무스는 '인문주의자'라는 표현이 딱 맞는 사상가다. 네덜란드 태생의 에라스무스는 토머스 모어와 돈독한 교분을 나누었다. 그는 학식이 뛰어나고, 날카로운 비판정신과 기독교 미덕의 높은 이상을 지녔으며, 인간의 선함을 굳게 믿었다고 한다. 또 중용의 태도를 견지했는데, 이것은 종교개혁가 마르틴 루터와 관련한 일화를 통해 잘 드러난다. 에라스무스는 자신을 지지해 달라는 루터의 요구는 거절했지만, 루터가 곤경에 처했을 때는 기꺼이 그를 도왔다. 제이콥 브로노우스키와 브루스 매즐리시는 『서양의 지적 전통』을 통해 에라스무스의 성공과 실패를 다음과 같이 평한다.

"에라스무스의 입신출세가 의미하는 것은 휴머니즘과 같은 관용운동이 단 하나의 불관용 운동에 직면하고 있는 한, 사람들의 용기를 불러일으킬 수 있다는 것이다. 그리고 그의 몰락이 의미하는 것은, 적대하는 불관용의 양파兩派가 충성을 소리 높이 요구하는 경우에는 하나의 이상으로서의 관용은 더 이상 사람들을 움직이지 못한다는 것이다."

『바보예찬Moriae Encomium』은 '바보신 예찬禮讚' '우신예찬' '치우신痴愚神 예찬' 등의 제목으로 널리 알려진 에라스무스의 대표작이다. 제목의 번역과 관련하여 '광우狂愚예찬'이 적절하다는 주장도 있다. 우리말 제목을 봐선 당시의 기독교 체제를 우신에 빗대 비꼬는 내용이라는 생각이 든다. 이런 지레짐작이 전혀 터무니없는 것은 아니다. 적어도 3분의 1은 맞다.

그럼 우신은 누구인가? 여신인 그녀는 "라틴 사람들은 Stultitia라고 부르고 그리스 사람들은 Moria라고 부르는, 행복의 진정한 분배자"다. "나는 분칠 같은 것은 조금도 하지 않으며, 마음으로 느끼지 않은 것을 거짓으로 얼굴에 지어 보이는 짓도 하지 않는다." 또 그녀는 현자인 척하느라 애쓰거나 허세를 부리지도 않는다. 거침없는 성격에다 입에서 튀어나오는 대로 다 말해버리는 걸 아주 좋아한다.

일종의 자화자찬인 이 책의 참맛은 '제 논에 물 대기'가 아니라 신랄한 풍자에 있다. 우신이 심하게 비꼬는 대상은 크게 세 부류다. 지식인과 정치인, 그리고 종교인이다. 문법학자들은 "거의 사용되지 않는 말을 찾아내는 데서, 또는 낡은 돌조각 위에 새겨진 비문의 한 구절을 발굴하는 데서 더할 나위 없는 즐거움을 느낀다." 그들은 기이하게도 보잘 것 없는 보수인 영예를 얻기 위해 "인류 최고의 재산인 잠까지 설치고 숱한 희생과 땀과 노고를 다 쏟는다." 이런 학자들의 첫줄에 우신은 서슴없이 법률학자를 놓는다. 그건 그들보다 더 허영심이 많은 사람은 없어서다.

우신이 베푼 은혜를 입은 군주는 공무 처리는 뒷전이고 매관매직을 일삼는다. 세리를 시켜 백성의 고혈을 짜낼 방법을 생각해내고, 최악의 부정을 정의로 포장해 감추는 교묘한 구실을 찾아내기만 하면 군주의 직무를 다한 것으로 믿는다. 여기에다 "백성이 자신을 따르게 하기 위해 그들에게 아첨하는 것도 잊지 않는다." 우신은 말한다. 만약 그리스도를 대신하고 있는 교황들이 그리스도의 성빈聖貧과 노고, 지혜, 현세에 대한 초연함을 닮으려고 애쓴다면, 기아 상태에 빠지는 것은 로마 교황청에 신세를 지는 사람들이 아니라, 로마 교황청에서 일을 하는 엄청나게 많은 사람들일 거라고. 에라스무스의 풍자기법에 대해 국내의 어느 평자는 "역설적 찬사와 모순어법의 아이러니하고 기지에

찬 쾌활함은 정치적 풍자에 대단히 효과적인 방식으로, 교회 당국이나 권력자들을 실컷 비판하는 한편 적당히 빠져나갈 곳을 마련할 수가 있었다"고 지적한다.

생명력 있는 고전이 언제나 그렇듯이, 『바보예찬』은 현재성이 돋보인다. 이 시대의 수사가들은 "대개 자기들이 쓰는 라틴어에 별것 아닌 그리스어를 몇 개 끼워넣어 말도 안 되는 모자이크를 만들어놓고는 그것을 놀라운 일로 생각한다. 써먹을 외국어 단어가 없어지면 썩은 양피지에서 독자의 눈에 연막을 쳐줄 낡은 문구를 네다섯 개 끄집어낸다. 그러면 그 문구들을 알아본 독자들은 우쭐하고, 알아보지 못한 독자들은 모르는 만큼 더욱더 그들을 찬양하게 된다."

에라스무스가 말하는 이 시대란 언제인가? 그가 알프스 산맥을 넘으면서 구상하고, 토머스 모어의 집에서 열흘간 집필한 『바보예찬』은 1511년 출간되었다. 『바보예찬』은 현대의 학자들에게 생각의 실마리가 되기도 하는데 철학자 미셸 푸코는 『광기의 역사』에 이를 인용하였고, 역사학자 하워드 진은 『오만한 제국』에서 에라스무스가 전쟁을 보는 시각을 참조하였다.

또한 신화의 주인공과 역사적 인물이 상징하는 바를 전거로 활용한 점이 눈에 띈다. "이런 광범위한 주제는 크리시푸스와 디디무스의 저서 속에서도 다 다루어지지 못할 테니 말이다"라는 문장에 나오는 두 사람은 책과 글을 많이 쓴 실존인물이다. 크리시푸스는 700권 넘는 책을 지었고, 디디무스는 3-4000편의 글을 썼다.

『바보예찬』에는 낯익은 구절이 꽤 있는데 아래와 같은 반문은 그중 하나다. "인생이란 저마다 가면을 쓰고, 무대감독이 그를 무대에서 내려 보낼 때까지 각자 맡은 역할을 다하는 한 편의 연극이 아니고 무엇이겠는가?" 셰익스피어가 가짜라고 주장하는 이들은 토머스 모어를 진짜 셰익스피어로 내세우기도 한다. 에라스무스 또한 진짜 셰익스피어 후보로 손색없어 보인다. 본문에 자주 나오는 유피테르는 주피터Jupiter를 말한다.

에라스무스의 책

광우예찬/군주론/방법서설/잠언과 성찰 정기수 외 옮김, 을유문화사, 1995.
바보 예찬 문경자 옮김, 랜덤하우스중앙, 2006.
바보예찬 잠언과 성찰 인간성격론 라 로슈푸코·라 브뤼예르 공저, 정병희 옮김, 동서문화사, 2008.
우신예찬– 바보 신 모리아, 어리석은 현자들을 비웃다 강민정 옮김, 서해문집, 2008.
에라스무스 격언집 김남우 옮김·김태권 그림, 아모르문디, 2009.
에라스무스의 아동교육론 김성훈 옮김, 한국학술정보, 2007.

에라스무스에 관한 책

에라스무스 롤런드 베인턴 지음, 현대지성사, 1998.
에라스무스 안톤 J. 가일 지음, 정초일 옮김, 한길사, 1998.
슈테판 츠바이크의 에라스무스 평전 정민영 옮김, 아롬미디어, 2006.(초판 1997, 자작나무)
에라스무스의 생애 롤란드 베인턴 지음, 박종숙 옮김, 크리스챤다이제스트, 2001.
공동체 안에서의 에라스무스– 그의 학문과 경건의 종합 R.H. 베인튼 지음, 박찬문 옮김, 제주대학교출판부, 2009.
개혁의 주창자들– 위클리프부터 에라스무스까지 김봉수·백충현 옮김, 두란노아카데미, 2011.
루터와 에라스무스– 자유의지와 구원 김주한·이성덕 옮김, 두란노아카데미, 2011.

에르빈 슈뢰딩거
Erwin Schrödinger
1887-1961

생명의 본질을 탐구한 물리학자

입맛이 세월에 따라 변하는 것처럼 독서 취향도 나이를 먹으며 달라지는 모양이다. 10권짜리 대하소설을 단숨에 독파하던 시절이 있었건만 요즘에는 단편소설 하나 읽기도 벅차다. 재미가 없어서다. 소설보다는 소설가의 산문집에 구미가 동한다.

그런데 입맛이 그대로인 것도 있다. 전기물이 그렇다. 초등학교 때 작은 이모가 사준 『소년소녀 세계위인 전기전집』(계몽사)을 통해 취미를 붙인 이래로 전기에 대한 선호도는 여전하다. 성인이 되어서는 그중에서도 특히 과학자의 생애에 관심이 많다. 『슈뢰딩거의 삶』(사이언스

북스, 1997) 역시 이런 연유로 습득하게 된 책이다.

그렇다고 과학자의 전기나 자서전을 늘 끼고 지내는 것은 아니다. 평소에는 그냥 다른 책과 함께 쌓아두고 있다가 필요한 경우 발췌독을 하는 게 고작이다. 무엇보다 필자의 게으름이 큰 탓이지만, 자연과학 소양의 부족 또한 무시할 수 없는 요인이다. 사실 나는 이해하지 못하는 책은 읽지 말라는 독서법에 동의하는 편이다. 한 권의 책에서도 난해한 대목은 건너뛰는 게 상책이라고 생각한다.

"슈뢰딩거의 사상은 우리들 유럽인에게는 난해한 사상이다." 슈뢰딩거의 수제자인 브루노 베르도티의 말인데, 그러한 슈뢰딩거의 사상을 베르도티는 '합리적 신비주의'라고 명명했다. 슈뢰딩거가 물리학을 연구하는 한편으로 형이상학을 논하고 자아의 고찰을 실행해서다. 흔히 현대 물리학자는 철학자나 진배없다는 시각이 있기는 하지만 슈뢰딩거의 철학자적 면모는 일반적 수준을 사뿐히 뛰어넘는 것이었다.

그런가 하면 롤랑 바르트는 슈뢰딩거의 세계관 안에서 영지주의를 본다. "자연의 통일성, 세계를 근본적으로 환원할 이상적 가능성(…) 비밀과 누설 사이의 오랜 싸움, 지식의 총체는, 마치 수없이 여는 시도에 실패한 후 단 한 번에 자물쇠를 열 듯, 오로지 한순간에만 발견될 수 있다는 이상"이 감지되기 때문이다.

에르빈 슈뢰딩거의 생물학에 대한 관심 또한 이렇듯 세상의 근원적 비밀을 밝히고자 하는 노력의 일환으로 봐야 하지 않을까? 그런데 이쯤에서 짓궂은 질문을 하나 던지고 싶다. 우리 여건에서 슈뢰딩거와 같은 '크로스오버'가 과연 가능할까? 답은 불가능이다. 단박에 전공이나 잘 하라는 면박을 당하기 때문이다. 이런 척박한 지적 풍토를 풍자한 스포츠 신문의 유머는 우리의 심기를 적잖이 불편하게 한다.

우리나라가 일본에 뒤진 것이 제대로 된 과학자가 없어서 그렇다고 생각한 일제강점기 독립투사는 옥황

상제에게 과학자 다섯 명을 대한민국으로 보내달라는 요청을 한다. 이에 옥황상제는 퀴리 부인, 아인슈타인, 에디슨, 갈릴레이, 뉴턴 등을 파견한다. 다음은 그들의 몇 년 뒤 모습.

퀴리 부인은 대학을 졸업하고 취직하려 했는데 얼굴이 못생겼다고 취직이 안 돼서 놀고 있었고, 에디슨은 발명을 많이 해서 특허를 신청하려고 했는데 초등학교밖에 못나와 글을 못 쓴다고 특허신청을 못 내고 있었다. 아인슈타인은 수학만 잘하고 다른 건 못해 대학도 못 가고 놀고 있었으며 '그래도 지구는 돈다'며 대들기 좋아하던 갈릴레이는 우리나라 과학현실에 입바른 소릴 하다가 연구비 지원이 끊겨 놀고 있었다. 마지막으로 뉴턴은 대학원까지 갔지만 졸업 논문을 교수들이 이해 못해 졸업도 못한 채 집에서 놀고 있었다.

그나마 슈뢰딩거가 왔다면 이들보다는 상황이 나았을 성 싶다. 분자생물학을 연구하고 있을지도 모르니까. 사실 첨단 학문인 분자생물학은 슈뢰딩거에 의해 연구의 물꼬를 튼 것으로 받아들여지고 있다. 『생명이란 무엇인가?』(한울, 1992)에 나오는 구절은 분자생물학을 예언한 대목으로 유명하다.

유전물질의 일반적 형상에 관한 델브뤽의 모델로부터, 생명을 가진 물질은 지금까지 확립된 '물리법칙들'에서 벗어나지 않으면서 동시에 여태껏 알려지지 않은 '다른 물리법칙들'도 포함할 것 같다는 견해가 도출된다. 그러나 이러한 '다른 물리법칙들'은 제대로 밝혀지게 되면 전자, 즉 알려진 법칙들만큼 이 학문의 중요한 부분을 형성하게 될 것이다.

『생명이란 무엇인가?』의 주제 역시 이와 관련이 있다. 이 책은 "살아 있는 유기체(생명체)라는 공간적 울타리 안에서 일어나는 '시공간상의' 사건들을 물리학과 화학으로 설명"하는 것이 목적이다.

덧붙여 슈뢰딩거는 당시의 물리학과 화학의 역량이 그러한 생물학적 사건들을 분명히 설명할 수 없다고 해서 앞으로도 그러리라고 보는 것은 잘못이라고 말한다. 과학이 그 문제들을 언젠가 해명하리라는 것은 의심의 여지가 없다는 것이다.

"이 분야에 대해 완전히 초보적인 독자는 다음 몇 쪽을 읽고서 이 주제에 대해 완전히 이해하리라고 기대해서는 안 된다." 『생명이란 무엇인가?』에서 '통계열역학'의 기본 개념을 설명하기에 앞서 내놓은 경고성 짙은 주의 문구다. 나는 슈뢰딩거의 주의사항을 순순히 따르기로 했다. 그럴 수밖에 없는 것이 슈뢰딩거의 업적인 '파동 역학'과 '통일장 이론'을 쉽게 설명할 재간이 없어서다. 파동 역학을 설명하는 예화로 즐겨 인용되는 '슈뢰딩거의 고양이' 역시 도무지 무슨 이야긴지 모르겠다.

오스트리아 태생의 슈뢰딩거는 나치 독일에 부역한 과학자로 알려져 있다. 그렇다고 그가 독일의 원자 무기 개발에 참여한 건 아니다. 『슈뢰딩거의 삶』에는 그렇게 된 정황이 담담하게 서술돼 있다. 슈뢰딩거는 진술서 한 장 잘못 써서 여생은 물론 사후까지 지워지지 않는 오점을 남겼다. 슈뢰딩거는 여자관계가 복잡했다. 하지만 이는 사생활에 속하므로 언급하지 않겠다.

『생명이란 무엇인가?』 말고 번역된 슈뢰딩거의 책으로는 『정신과 물질』(과학과사상, 1991)과 『분자생물학』(유한문화사, 1993)이 있다. 『정신과 물질』의 마지막 장에서 슈뢰딩거는 "과학의 말석인 물리학에서 얻어진 단순한 예를 통해" 다음과 같은 두 개의 일반적인 사실을 대비시킨다.

(1) 자연과학의 모든 지식은 지각을 바탕으로 하고 있다는 것과 (2) 그럼에도 불구하고 이와 같이 얻어진 자

연의 과정에 대한 과학적인 관점에는 감각적 성질이 결여되어 있으며, 따라서 이것을 설명할 수 없다는 것이다.

그러면서 이런 결론을 내린다. "관찰된 사항은 언제나 감각적인 성질에 의존하고 있는 것이므로, 이론은 이와 같은 감각적 성질을 설명해 준다고 안이한 생각을 하게 되는 것이다. 그러나 이론은 결코 감각적 성질을 설명하는 것이 아니다."

에르빈 슈뢰딩거의 책

생명이란 무엇인가— 정신과 물질 전대호 옮김, 궁리, 2007.
정신과 물질 이인길 옮김, 과학과사상, 1991.
생명이란 무엇인가? 서인석·황상익 옮김, 한울, 2007.(초판 1992).
분자생물학 김양원·송승석 옮김, 유한문화사, 1993.

에르빈 슈뢰딩거에 관한 책

슈뢰딩거의 고양이— 양자물리학 입문 브리기테 뢰틀라인 지음, 이상희 옮김, 자음과모음, 2010.
슈뢰딩거가 들려주는 양자 물리학 이야기(과학자가 들려주는 과학 이야기 79) 곽영직 지음, 자음과모음, 2010.(초판 2006)
슈뢰딩거의 고양이— 과학의 아포리즘이 세계를 바꾸다 에른스트 페터 피셔 지음, 박규호 옮김, 들녘, 2009.
위대한 물리학자 4— 상대성 이론과 양자 역학 윌리엄 크로퍼 지음, 김희봉 옮김, 사이언스북스, 2007.
슈뢰딩거의 삶 월터 무어 지음, 전대호 옮김, 사이언스북스, 1997.

에른스트 블로흐
Ernst Bloch
1885-1977

"많이 먹으면 먹을수록
인간은 더욱 더 굶주린다"

사유는 경계를 넘는다. 사유는 장애를 넘는다. 사유는 한계를 넘는다. 사유만이 경계와 장애와 한계를 넘어 자유의 왕국으로 우리를 인도한다. 아무 데도 소속되지 않았으면서도, 어딘가에 소속된 사람들을 끊임없이 불편하게 했던 한 사상가는 흙 속에 누워서도 사유의 날개를 접고 싶지 않았던 것일까. 인류의 해방을 향한 그 열렬한 희망은 잠들 수 없었던 것일까.

문학평론가 김명인은 에른스트 블로흐의 묘비 앞에서 느낀 소회를 이렇게 표현했다. 김씨의 독일 기행문 『잠들지 못하는 희망』(학고재, 1997)에 나오는 이 대목은 블로흐의 생애와 사상을 함축하고 있다.

주변 대상들과의 불협화음은 학창시절부터 시작된다. 블로흐는 모범생이 아니었다. 학교 공부를 싫어한 그는 도서관에 틀어박혀 책을 읽었는데 주된 독서목록은 헤겔의 철학서와 칼 마이의 소설들. 이때의 독서경험에 비춰 블로흐는 이런 독서법을 내놓기도 했다. "맑스를 논외로 하더라도 헤겔과 칼 마이의 책들만 읽으면 족하다. 다른 책을 굳이 따로 읽을 필요가 있겠는가? 맑스, 헤겔 그리고 칼 마이의 책들은 모든 것을 다 싣고 있으니."

인간관계 역시 블로흐는 원만치 못했다. 블로흐는 1910년을 전후로 게오르크 지멜과 죄르지 루카치를 사귄다. 하지만 지멜과는 곧 결별을 선언한다. 지멜이 1차 대전에 찬성했기 때문이다. 한편 루카치와의 '불화'는 오래도록 지속됐다. 두 사람의 의견 대립은 이른바 '표현주의 논쟁'에 의해 불붙은 이후 수십 년 간 계속되었다. 블로흐가 루카치의 『이성의 파괴』를 비판하면, 루카치는 블로흐의 『주체-객체, 헤겔에 대한 주해』를 비판하는 것으로 맞받아치고, 이에 블로흐는 "루카치는 『젊은 헤겔』에서 헤겔을 잘못 파악했다"고 되받아치는 식으로 말이다.

하지만 루카치와의 평생에 걸친 대결도 조국과의 불화에는 비할 바가 아니다. 블로흐와 그의 조국 독일은 서로를 불편하게 만드는 상대였던 것 같다. 블로흐는 여러 차례 망명자의 신세가 된다. 1차 대전 때는 스위스로 망명해 반전 신문을 만들었다. 히틀러가 집권하자 블로흐는 또 한 번 망명길에 오른다. 이번에는 취리히·빈·파리를 거쳐 미국에 정착한다. 1948년 블로흐는 10년의 미국 망명생활을 청산하고 라이프치히 대학의 철학 교수로 부임한다. 이제 그는 '국가 철학자'로 불리며 동독 사회에서 큰 영향력을 발휘하기에 이른다.

그러나 이런 '밀월'도 잠시, 블로흐는 다시금 망명 아닌 망명을 선택하게 된다. 그의 제자 볼프강 하인리히가 권력자 울브리히트에게 도전한 것이 빌미가 되어 블로흐는 교수직에서 강제로 쫓겨난다. '해직교수'가 된 것이다. 마침, 서독을 여행 중이던 블로흐는 동독으로 되돌아가지 않고 서독에 눌러앉았다.

어디에도 소속되지 않은 건 그의 육신만이 아니다. 그의 사유는 더없이 자유로웠다. 소련에 대한 블로흐의 생각은 이를 잘 보여준다. 블로흐는 소련에 동조하면서도 일정한 거리를 유지했다. 그는 레닌에 의해 구현된 마르크스의 사상은 수용했지만, 소련의 전체주의는 비판했다. "소련 사람들은 철학적으로 훌륭하게 '행동'했으나, 마치 배우지 못한 개처럼 어리석게 '사고'했다."

『철학입문』(청하, 1984)에서 블로흐는 "필요는 사고의 어머니"라고 말한다. 사고는 결핍에 의해 각성돼야 심오해지기 때문이다. "그래서 많이 먹으면 먹을수록 인간은 더욱 더 굶주린다." 하지만 소련 사람들이 『철학입문』을 통독했더라도 상황은 크게 변하지 않았을 것 같다. 블로흐는 머리말에서부터 일찌감치 그런 기대를 배반한다.

"이 책은 어떤 문의를 증명해 보일 것이다. 그러나 그것은 총체적인 판단을 멋지게 내린다거나 초보자를 박식한 석학으로 만들지 않을 것이다. 그 대신 이 책의 주된 특색 중 하나는 사고유형을 제공한다는 것이다. 이것은 실증적 개론의 제한성과 빈약한 규정식 같은 특성을 결코 내포하고 있지 않다." 게다가 블로흐는 이 책을 '가지되 먹어서는 안 되는 케이크'에 비유하며, '서

문'처럼 제공하겠노라 덧붙였다.

독자를 주눅들게 하는 엄포성 발언이 아닐 수 없다. 하지만 한국어판에서 엄포는 엄포로 그친다. 우리말로 옮겨진 『철학입문』은 '삼킬 수 없는 케이크'여서 그렇다. 번역이 형편없다. 절판된 게 다행스러울 정도다. 의미가 통하지 않는 문장은 제쳐 두고, 아예 번역을 시도하지 않는 단어도 많다.

그러므로 현재로선 블로흐의 진면목을 접할 수 있는 텍스트는 『희망의 원리』(솔출판사)가 유일하다. 한데 여기에도 아쉬움은 있다. 일부만 번역되었기 때문이다. 네 권으로 출간될 예정이었던 번역서는 두 권이 나오고 중단된 상태다. 원서의 1장과 2장에 해당하는 번역서 첫째 권은 '더 나은 삶에 관한 꿈'(1995)이라는 부제가 붙어 있다.

레닌의 인용으로 잘 알려진 피사레프의 꿈꾸기 —꿈과 삶 사이에 연관성이 있으면 꿈꾸기는 좋은 것— 를 레닌의 인용문을 통해 언급한 다음, 블로흐는 『희망의 원리』의 주제를 이렇게 설명한다.

이 책의 테마는 더 나은 삶에 관한 꿈이다. 나는 꿈의 직접적인 특성 및 특히 꿈의 간접적인 면모들을 여기서 폭넓게 수용하였고, 연구하였으며, 시험해보았다. 이 책은 작은 낮꿈들에서 보다 강력한 낮꿈을, 미심쩍고 남용될 수 있는 낮꿈에서 엄한 꿈을, 상호 교환 가능한 공중의 환영으로부터 무언가를 참으로 긴급하게 일하는 낮꿈을 순서대로 다루고 있다.

그러면서 이 책 역시 만만한 읽을거리가 아니라는 점을 서문을 빌려 독자들에게 환기시키고 있다. "많은 부분이 가볍게 읽을 독서거리가 아니라, 독자들에게 점점 어려움을 가져다 줄 것이다." 기초 작업에 속하는 제2장이 특히 그렇단다. 그렇다고 지레 겁먹을 필요는 없다. 제1장에서 길을 잘 들이면 된다. 더욱이 1장에는 우

화적 격언으로 쓰여도 좋을 인간만사에 대한 통찰이 번뜩인다.

"대부분의 인간은 사악한 짓을 저지르기에는 너무나 겁이 많고, 선량한 일을 하기에는 너무나 미약한 힘을 지니고 있다"라거나, "나이든 대부분의 사람들은 특히 어떤 소녀가 처음으로 그들에게 좌석을 양보할 때 (늙었다는) 것을 깨닫게 된다"는 등의.

블로흐는 희망의 철학자로 불리기도 하는데 그는 희망을 "두려움과 공포에 대항하는 기대 정서"로 본다. 그러므로 희망은 "인간의 마음속에 활동하고 있는 모든 감정들 가운데에서 가장 인간적이며, 오직 인간에 의해서 근접될 수 있을 뿐이다. 동시에 희망은 가장 광활하고 가장 밝은 지평과 관계되고 있다."

「자유와 질서」(1993)는 밝고 광활한 지평에 관한 저작이다. 『희망의 원리·4』라는 제목 아래 우리 앞에 나타난 이 책은 역사상 있어온 유토피아 사회상을 탁월하게 간추린 블로흐의 역작이다. 이 책에서 블로흐는 고대 로마에서 20세기 초까지 나타났던 유토피아, 곧 '백일몽'을 개관했는데 나는 이 책을 읽고 탄복했다. 그건 시대를 달리하며 출현한 유토피아 사상에서 블로흐가 추출해낸 공통점 때문이다. 그런 점에서 소설가 벨라미는 전형적인 유토피안이다. 왜냐면 "그는 슬럼·은행·증권거래소 그리고 법정이 없는 평등 사회의 어떤 조직을 무의식적으로 묘사하고 있"어서다.

에른스트 블로흐의 책

저항과 반역의 기독교 박설호 옮김, 열린책들, 2009.
서양 중세·르네상스 철학 강의 박설호 옮김, 열린책들, 2008.
희망의 원리(1-5) 박설호 옮김, 열린책들, 2004.
희망의 원리1- 더 나은 삶에 관한 꿈 박설호 옮김, 솔출판사, 1995.
희망의 원리4- 자유와 질서 박설호 옮김, 솔출판사, 1993.
철학입문 문학과사회연구소 옮김, 청하, 1984.

에른스트 블로흐에 관한 책

희망의 철학자 블로흐 S. 마르쿤 지음, 백승균 옮김, 계명대출판부, 1982.
에른스트 블로흐와 희망의 원리 김진 지음, 울산대학교출판, 2006.
꿈과 저항을 위하(에른스트 블로흐 읽기 01) 박설호 지음, 울력, 2011.

에른스트 프리츠 슈마허
Ernst Friedrich Schumacher
1911-1977

작은 것이 아름답고, 적은 것이 오히려 많다

E.F. 슈마허는 경제 이론과 실물 경제에 모두 능통했던 경제학자였다. 하지만 이제 그는 경제학자보다는 생태 사상가로서 더욱 주목받고 있다. 슈마허는 세계 환경 운동사상 최초로 전일적인 시각을 갖춘 사상가로 평가받는다. 2002년과 2003년에 문예출판사를 통해 슈마허 책 두 권이 출간된 것은 그런 평판과 무관하지 않다. 『내가 믿는 세상』(문예출판사, 2003)이 번역됨으로써 그간 소문만 무성했던 슈마허의 유작 가운데 한 권이 드디어 한국어판을 얻었다. 이 책은 슈마허가 영국의 환경잡지 〈리서전스〉에 기고한 글을 엮은 것이다. 1998년 〈녹색평론〉을 통해 슈마허의 부인이 쓴 서문이 먼저 소개된 바 있다. 이 책에서 슈마허는 다양한 주제를 다룬다. 한 세대 전에 쓴 글이라고 하기에는 믿기지 않을 만큼 혜안이 돋보이는데, 슈마허의 예지는 우리에게도 시사하는 바가 크다.

사람들은 단순 논리에 따라 빠른 교통과 즉시 연결되는 통신이 자유의 새로운 차원을 열었다고 믿지만(별 의미가 없는 일부 측면에서는 실제로 그렇다), 이 업적이 동시에 자유를 파괴하는 경향 또한 가지고 있다는 사실을 간과한다. 의식적인 정책이 개발되고 의식적인 행동이 취해져서 이 기술 발달의 파괴적 효과를 완화시키지 않는다면(이 조건에 주의하라), 이 업적은 모든 것을 극단적으로, 또 매우 불안정하게 만든다.

서울의 승용차 등록대수가 200만 대를 넘어서고, 전

국적으로는 자가용 승용차가 1000만 대를 헤아리지만 사람들은 그다지 자유로운 것 같지 않다. 승용차를 훨씬 웃도는 보급률을 보이는 휴대전화 역시 부자유를 촉진하는 측면이 강하다. 그런데도 정보 통신 업무를 관장하는 정부의 주무부서는 휴대전화의 파괴적 효과를 완화하는 정책을 개발·시행하기는커녕 통신사업자에게 유리한 방향으로 정책을 입안·실행해 기술 발달의 파괴적 효과를 더욱 가중시키고 있는 실정이다.

또한, 이 책에서는 슈마허의 부동산 투기 억제책을 읽을 수 있다. 「토지 투기, 어떻게 근절할 것인가」에서 슈마허는 토지의 국유화로는 부동산 투기를 막을 수 없다고 말한다. 우선 국가가 땅을 살 돈이 없을뿐더러 설령 그럴 돈이 있더라도 토지의 국유화는 불가피한 행정의 관료화로 인해 국민들의 의욕을 꺾을 수밖에 없기 때문이다. 치솟는 집값과 땅값을 붙잡기 위해 우리 당국이 내놓은 처방 —신도시 건설, 토지 거래 허가제, 분양권 전매 금지— 은 토지의 국유화보다 더 실효성이 없어 보인다.

슈마허는 토지 투기의 근절책으로 '등록 가치'에 의한 거래제를 제안한다. "토지 투기를 중단시키기 위해서 할 일은 오로지 어떤 토지 소유자도 그 토지의 '등록된 가치' 이상을 가질 수 없다는 규칙을 확정하는 것뿐이다." 이 '등록된 가치'에 따른 토지 거래제의 세부 내용은 290-93쪽 사이에 설명돼 있다. 이 제도의 골자는 제도를 시행할 경우, "현 소유자도 차후의 어떤 구매자도 토지 소유를 통해서 횡재할 기회를 빼앗기게 된다"는 것이다. '그런 일이 현실적으로 과연 가능하겠느냐?' 따질지도 모를 비판자들을 상정하고, 슈마허는 그들에게 이렇게 되묻는다. "그래, 당신이 이걸 별로 좋아하지 않는다면 더 나은 틀을 제안해 보시겠소?"

슈마허는 폭력의 뿌리를 파헤치기도 한다. 슈마허는 전쟁 억제책의 일환으로 국제 경찰 조직의 창설과 국제적 법치의 도입을 수긍하면서도 그러한 방법은 세계

평화를 위한 근본적인 해결책이 아니라고 말한다. "가슴을 비하하는 문명, 과학 만능주의, 실증주의, 합리주의의 형태로 객관성을 우상화하는 문명, 의사 결정은 감정의 개입을 배제한 채 해야 한다는 생각이 교육의 기초가 되어 있는 문명은 불가피하게 폭력의 무제한적인 위협에 스스로를 노출시"키기에 지혜의 원천이 되는 가슴을 회복하는 일이 급선무라고 지적한다.

그러나 무엇보다 『내가 믿는 세상』의 압권은 가난에 대한 성찰이다. 「의식적인 가난의 문화」에서 슈마허는 '부자여야 행복하다'는 현대의 신화를 인류의 보편적 전통과 모순되는 조잡한 물질주의 철학의 산물로 본다. 또 그는 우리의 물질적 욕심에 끝이 없을지라도 사람의 물질적 필요는 제한돼 있고, 아주 적다는 점을 상기시킨다. 게다가 "우리는 빵만으로 살 수 없으며, 우리 욕심의 증대는 우리에게 '좋은 삶'을 가져다줄 수 없다." 또한 슈마허는 가난과 궁핍을 구별한다.

내 말뜻을 명확히 하기 위해서, 일상적인 어떤 종류의 문화에든 완전히 해로울 수 있을 정도의 가난은 있다고 단도직입적으로 말해두자. 그것은 본질적으로 '가난'과는 다르며 별도의 이름이 있어야 마땅하다. 여기서 제시되는 용어는 궁핍이다. 사람이 육신과 영혼을 함께 유지하기에 충분한 만큼을 소유하지만 저축할 정도는 아닌 경우를 '가난'이라고 할 수 있는 반면에, '궁핍' 상태에서는 육신과 영혼 모두를 유지할 수 없고 정신마저도 박탈당한다.

진정한 진보는 덧없는 재화를 향한 욕망을 떨쳐 버린, 검소한 삶을 강조하는 생활양식에서만 찾을 수 있다고 슈마허는 강조한다. 그런 점에서 "덜 풍요로운 삶이 주는 행복"을 일깨우는 글귀를 모은 책인 『자발적 가난』(그물코, 2003)의 한국어판에 슈마허가 대표 저자로 등재된 것은 전혀 어색하지 않다. 더구나 슈마허의 글

은 서문 역할도 하고 있다. 서문에서 슈마허가 시구처럼 표현한 뒤집힘의 논리가 재미있다.

> 평화주의자는 투사가 되고,
> 자유의 투사는 독재자가 된다.
> 축복은 저주가 되고,
> 노동 절약형 기계는 견딜 수 없는 짐이 된다.
> 도움은 방해가 되고,
> 더 많은 것이 더 적게 된다.

전복의 논리를 담은 시구의 끝줄은 『자발적 가난』의 원래 제목과 일맥상통한다. 이 책의 원제는 『적은 것이 오히려 많다Less is More』이다. '적은 것이 많다'는 논리는 슈마허의 전매특허랄 수 있는 슬로건을 떠올리게 한다. '작은 것이 아름답다Small is Beautiful.' 이것은 본래 슈마허의 대표 저서의 제목이다. 그런데 우리나라에는 이 제목을 딴 잡지가 있고, 칼럼 제목으로도 곧잘 쓰이곤 한다. 〈아웃사이더〉 제12호에도 그런 글이 실려 있다. 충북 음성 꽃동네 사태를 비판적으로 다룬 글을, 노혜경 시인은 이렇게 마무리한다. "작아지는 것이 아름답다."

『작은 것이 아름답다』에서 슈마허는 인간 중심의 경제학을 추구한다. 그는 현대인이 지닌 중대한 오류를 지적하는 것으로 이야기를 시작하는데, 먹고 사는 문제가 해결되었고 이제는 최고의 생활수준을 누리는 일만 남았다는 생각은 커다란 착각이라는 것이다. 슈마허는 "공업문명은 재생할 수 없는 자본을 태평스레 소득이라고 착각하여 그것에 의존하고 있다"고 말한다.

슈마허는 인류가 경제생활에서 영속성을 확보하지 못하면 평화를 얻을 수 없다고 단언한다. 다시 말해 현대적 의미의 번영의 확대를 통해서는 평화의 기초를 마련하지 못한다는 것이다. 그러한 번영의 달성은 탐욕이나 질투심 따위의 충동에 의존하기 때문이다. 그런 충동은 지성, 행복, 평정심과는 멀리 떨어져 있다.

『불교와 경제』라는 제목으로 나온 것까지 합쳐 『작은 것이 아름답다』의 한국어 텍스트는 다섯 종이나 된다. 그런데 환경·생태 서적을 선호하는 독자들 사이에서 이 책의 번역에 대한 불만의 소리가 높다. 2002년 출간된 최신 번역판마저 독자들의 불만을 사고 있다. 오래 전에 절판됐지만 슈마허의 또 다른 책으로는 『인간회복의 길』(한벗, 1981)이 있다. 이 책은 『당혹감을 느끼고 있는 사람들을 위한 지침A Guide for the Perplexed』을 번역한 것이다.

에른스트 프리츠 슈마허의 책

당혹한 이들을 위한 안내서- 신을 찾아가는 철학적 사색에의 길 송대원 옮김, 따님, 2007.
자발적 가난(살림의 그물 11) 슈마허 외 지음, 골디언 밴던브뤼크 엮음, 이덕임 옮김, 그물코, 2006.(초판 2003)
내가 믿는 세상 이승무 옮김, 문예출판사, 2003.
작은 것이 아름답다 이상호 옮김, 문예출판사, 2002.
작은 것이 아름답다 원종익 옮김, 원음사, 1992.
작은 것이 아름답다 김진욱 옮김, 범우사, 1986.
작은 것이 아름답다 배지현 옮김, 전망사, 1980.
불교와 경제 김정우 옮김, 대원정사, 1987.
인간회복의 길 박영철 옮김, 한벗, 1981.

에리히 케스트너
Erich Kästner
1899-1974

나치와 히틀러에 저항한 모럴리스트

이 글의 콘셉트는 어린이날에 즈음해 살펴본 '어른을 위한 케스트너'쯤 될 것이다. 실제로 8권짜리 『어른을 위한 케스트너 저작집Kästner Gesammelte Schriften für Erwachsene』(1969)이 있지만, 독일에서 추린 어른을 위한 케스트너들과 여기서 언급할 책이 얼마나 겹치는지는 알 수 없다.

'어른용 케스트너' 말고도 이 글에서 제목을 언급하고 내용을 소개하는 책들은 공통점이 있다. 대체로 Kästner를 '케스트너'로 표기한다는 점이다. 이 독일 작가 성씨의 우리말 표기는 두 가지다. 케스트너와 캐스트너. 아움라우트(ä)를 어떻게 발음하느냐에 따라서 갈리는 작은 차이인데, 예전에는 케스트너 표기가 많았지만 요즘은 캐스트너가 우세하다.

케스트너의 책을, 제한적이나마, 살펴볼 엄두가 난 것은 최근 열 달 사이 그에 관한 책이 새로 선을 보여서다. 박홍규 교수의 케스트너 평전『삶을 사랑하고 죽음을 생각하라』(필맥, 2004. 7)가 나왔고, 케스트너의 삶과 문학을 다룬 클라우스 코르돈의『망가진 시대』(시와 진실, 2004. 11)도 번역되었다. 여기에다『마주보기』(한문화, 2004)가 재출간되었다.

케스트너 번역서가 수십 종에 이르고 그의 동화는 전부 번역되었을 정도이나, 이 땅에서 올림픽이 열리기 전만 해도 케스트너의 한국어 텍스트는 서넛에 지나지 않는다. 〈출판저널〉 남진우 기자의 표현대로 케스트너의 책은 올림픽 개최연도에 불현듯 쏟아진다. 「독일작가 케스트너, 왜 인기인가」(《출판저널》 제30호, 1988. 11. 5)라는 제하의 기사를 보자.

"아마 금년도 출판계의 가장 큰 이변으로 손꼽힐 수 있는 것 중의 하나는 갑자기 불어 닥친 케스트너 열풍일 것이다. 지난 3월, '당신께 이런 증세가 나타날 때 지시된 페이지를 읽으세요.'라는 광고와 함께 점두에 등장한 시집『마주보기』가 젊은 독자들 사이에 선풍적인 인기를 끌자 케스트너의 여타 시집들과 소설집, 희곡집, 산문집이 쏟아져 나와 '케스트너 붐'을 조성하고 있다."

그러면서 남진우 기자는 "사망한지 14년이 지나 정작 독일에서는 잊혀져가고 있는 이 낯선 외국 작가가 지금 이곳에서 느닷없이 맹위를 떨치게 된 것은 무슨 이유 때문일까(?)" 의문을 제기하고, "80년대 들어서 이해인, 서정윤, 도종환 등의 활약으로 시집도 베스트 셀러가 될 수 있다는 사실은 증명되었지만, 외국시인의 시집이 베스트셀러가 된 것은 초유의 일이라는 점에서 출판관계자들은 의아함을 감추지 못하고 있다"고 전한다.

한편 남진우는 낯선 외국 작가의 시집이 뒤늦게 느닷없이 뜬 까닭에 대해 "독자의 의표를 찌르는 의미심장한 교훈으로 가득찬 이 시집은 우선 쉽고 재미있다는 점에서 독자들의 호감을 샀을 것으로 추측"한다. 하지만 나는 덧붙인 남진우 기사의 내용에서 실마리를 찾고자 한다. 그것은『마주보기』가 1980년대 중반부터 이어진 시집의 베스트셀러 행진을 잇는다는 점이다. 특히 서정윤 시인의 "둘이 만나 서는 게 아니라 홀로 선 둘이가 만나는 것이다"라는『홀로서기』와 친밀함을 보인다.

"기다림은/ 만남을 목적으로 하지 않아도/ 좋다./ 가슴이 아프면/ 아픈 채로,/ 바람이 불면/ 고개를 높이 쳐들면서, 날리는/ 아득한 미소.// 어디엔가 있을/ 나의 한 쪽을 위해/ 헤매이던 숱한 방황의 날들./ 태어나면서 이미/ 누군가가 정해졌었다면,/ 이제는 그를/ 만나고 싶다."(「홀로서기」 일부)

"너와 내가/ 당신과 당신이/ 마주 봅니다./ 파랑 바람이 붑니다./ 싹이 움틉니다.// 고급수학으로/ 도시의 성분을 미분합니다./ 황폐한 모래더미 위에/ 녹슨 철골들이 흩어져 있습니다./ 서로서로/ 핏발 선 눈들을 피하며/ 황금충 떼가 몰려다닙니다./ 손이 야구장갑만하고/ 몸이 미라 같은 생물들이/ 허청허청 이리 몰리고 저리 몰립니다.// 우리가 쌓아 온 적막 속에서/ 우리가 부서 온 폐허 위에서// 너와 내가/ 당신과 당신이/ 마주 봅니다./ 파랑 바람이 붑니다./ 싹이 움틉니다.// 피곤에 지친 눈을 들어/ 사랑에 주린 눈을 들어/ 너와 내가/ 당신과 당신이/ 마주 봅니다.// 마술의 시작입니다."(「마주보기」 전문)

『마주보기』는 밀리언셀러가 되었고,『홀로서기』『마

주보기』『접시꽃 당신』의 시집 세 권이 나란히 대한출판문화협회가 집계한 1988년 베스트셀러 종합 순위 1, 2, 3위를 차지하기도 했다. 마음의 처방전이 담긴 『마주보기』의 저본은 시선집 『케스트너 박사의 서정적 가정약국Doktor Erich Kästner Lyrische Hauspotheke』이다. 『서정적 가정약국』은 케스트너가 자신의 시 116편을 뽑아 처방 항목별로 배열한 시집이다.

아무튼 케스트너 책의 번역은 1988년에 폭발적으로 증가한다. 케스트너의 책이 정식 판권을 받아 본격적으로 번역되기 시작한 것은 1995년부터의 일이다. 아래는 그 이전의 주요 번역서를 장르별로 나열한 목록이다. 목록 작성은 〈출판저널〉 기사, 국립중앙도서관 문헌목록, 박홍규 교수의 케스트너 평전을 참고로 했다.

시집 『헤어질 때와 만날 때』(최성배 옮김, 동광출판사, 1986)
『마주보기 1·2』(김은주 옮김, 언어문화사, 1988)
『마주보기 3』(김은주 옮김, 언어문화사, 1994)
『커다란 장난감』(강명구 옮김, 자유시대사, 1988)
『13월』(정태남 옮김, 영학출판사, 1988)
『용기 있는 질문 하나』(윤성자 옮김, 문화광장, 1988)
『포옹하기』(신현철 옮김, 눈, 1993)
『착각도 나름대로 쓸모가 있다』(윤성자 옮김, 본미디어, 1994)

희곡 『독재자 학교』(김학천 옮김, 전예원, 1988)

소설 『설원의 사나이』(김영주 옮김, 삼중당, 1960)
『화비안』(전혜린 옮김, 동민문화사, 1967)
『파비안』(전혜린 옮김, 문예출판사, 1972)
『최후의 증인』(권성원 옮김, 문예춘추사, 1988)

자서전 『내가 만나는 나』(정성호 옮김, 명지사, 1988)

동화·우화 『날으는 교실』(이기열 옮김, 심지, 1988)
『제자리 찾기』(윤성자 옮김, 삶과함께, 1988)
『우리 엄마? 니네 아빠?』(정성호 옮김, 자유시대사, 1988)

『동물들, 국제회의를 열다』(정은이 옮김, 혜원출판사, 1989)

산문집 『시간은 사람을 기다리지 않는다』(김해생 옮김, 자유시대사, 1988)

장르 미확인 『잃어버린 너』(권성원 옮김, 문예춘추사, 1989)
『자기 얼굴 그리기』(오경미 옮김, 현대문화센터, 1989)

일본어 교재 『날으는 교실』(일본어학습편집부 옮김, 명지출판사, 1991)

케스트너 생전에 출간된 그의 한국어판은 『파(화)비안』 두 권과 삼중당의 '세계대로망 전서全書' 8번으로 나온 『설원의 사나이』 정도다. 하지만 아마도 케스트너는 이런 사실을 몰랐을 것이다. 1980년 선보인 김청자 각본의 순정만화영화 〈개구장이 천사들〉(동아양행)은 케스트너가 원작자이기도 하다. 일본어 교재인 『날으는 교실』은 일한 대역판으로 짐작된다.

케스트너의 여러 작품이 영화로 만들어졌다. 『파비안』도 그랬는데, 나는 영화를 통해 이 소설을 먼저 접한 줄 알았다. 하지만 그게 아니었다. 내가 중학생 때 단체 관람한 영화 〈파비안느〉는 『파비안』을 각색한 것은 아닌 모양이다. 주인공의 성별부터 다르니 말이다. 파비안느는 여자고, 파비안은 남자다.

『파비안』은 바이마르 시대 독일의 어두운 사회상을 배경으로 한다. "동쪽은 범죄가, 중앙은 사기가, 북쪽은 비참이, 서쪽은 부패가 지배하고 있고, 온갖 방향이 몰락으로 꽉 차 있습니다"는 구절이 단적으로 말하듯. 『파비안』은 전혜린의 번역 유고를 펴낸 것이고, 『최후의 증인』은 『파비안』과 같은 책이다. 케스트너의 희곡 『독재자 학교』에 대해 〈출판저널〉(제26호, 1988. 9. 5)은 신간안내를 이렇게 했다.

한 독재자가 타도되면 또 다른 독재자가 다시 등장하

는 독재의 악순환 과정을 희곡형식으로 리얼하게 그려내고 있다. 이 희곡은 십여명의 모조대통령학교를 운영하고 있는 육군장관, 총리, 주치의, 교수팀이 지명한 한 모조대통령이 종신직 수락연설 도중 저격당하는 것으로 시작한다. 저격당한 대통령이 엉겁결에 원고에 없는 사면령을 발표하자, 그를 명령불복종죄로 제거하고 다른 모조대통령을 세우는 과정이 희곡의 중심을 이룬다. 이 작품은 저자가 나치정권 등장 당시 구상하였다가 구상 후 20년, 즉 나치몰락에 즈음하여 독일에서 출간된 바 있다.

『시간은 사람을 기다리지 않는다』는 '캐스트너의 산문집'을 표방하나 속내는 '종합선물세트'다. 시와 산문, 단편소설, 짧은 희곡 등을 담았다. 책은 「캐스트너가 캐스트너에 대해서」로 마무리하지만, 엄밀히 말하면 케스트너는 케스트너가 아니다. 『망가진 시대』는 첫머리에서 케스트너가 죽은 지 8년 뒤에 드러난 케스트너의 출생에 얽힌 비밀을 짚는다.

"케스트너의 아버지는 어머니의 사랑을 받지 못한 에밀 케스트너가 아니라, 오랫동안 이 집안의 주치의였던 위생고문관 찜머만 박사였다는 것이다. 어느 날 어머니가 아들에게 이 사실을 고백하였으며, 나중에 케스트너는 자기 아들의 생모에게도 이러한 사실을 알렸다고 한다."

케스트너는 정식 결혼을 하지 않고, 루이제로테 엔데를레와 30년 동안 동거했다. 하지만 케스트너의 아들을 낳은 이는 반려자나 다름없는 루이제로테가 아니라, 동거 중에 사귄 애인 프리델 지베르트였다. 케스트너의 유산이 두 여자에게 똑같이 나눠지자 루이제로테는 섭섭해했다고 한다.

케스트너를 흔히 '모럴리스트'라 일컫는다. 그렇다면 케스트너의 애정행각은 그의 정체성을 거스르는 것이 아닌가? 그렇진 않다. 박홍규 교수는 모럴리스트는 단순한 도덕가가 아니라고 말한다. "일반적인 의미에서 모랄리스트란 그리스, 로마의 전통적 휴머니스트, 특히 회의론의 영향을 받은 17-18세기의 철학적 작가들을 가리키며, 그들은 누구보다 몽테뉴에게 현저하게 나타나는 반합리주의자, 반체계주의자, 반형이상학주의자들이다."

모럴리스트의 특징으로 무엇보다 웃음이 있다고 보는 박 교수는 "모랄리스트가 도덕선생과 다른 점은 자기동일성이 없고, 언행이 일치되지 않는다는 데 있다"고 덧붙인다. 그런데 "그래선지 우리가 말하는 모랄리스트는 거꾸로 언행일치를 전제한다"는 것이다.

『삶을 사랑하고 죽음을 생각하라』는 케스트너 입문서로 아주 알맞다. 케스트너의 작가적 특성과 작품 세계에 대한 박홍규 교수의 설명부터 매우 유익하다. 박 교수에게 "케스트너는 독일문학에서는 보기 드문 유머를 지녔으며, 거창한 주제의식을 갖지 않고도 사회에 비판적인 모랄리스트moraliste다." 그리고 우리에게는 거의 알려져 있지 않으나 케스트너는 "히틀러에 대해 통렬하게 비판하고 저항한 작가"이기도 하다.

박홍규 교수는 케스트너의 작품 세계를 '사회적 아동문학'으로 규정하고, 케스트너의 '실용서정시'에도 의미를 부여한다. "여기서 '실용'이란 과장된 말, 말재주, 빈말, 말의 사치를 배격하고, 절제 속에서 통속적이고 직설적이며 솔직한 표현으로 시대와 삶의 알맹이를 보여주는 것을 뜻한다." 케스트너의 책들에 대한 해제도 독서 길잡이 구실을 하는 유용한 정보려니와, 박홍규 교수의 케스트너 인용문에는 빛나는 경구가 많다. 몇 개 가져온다.

"최소한 오래 살아 놈들 약이라도 올려야 하지 않겠어?"

"인생을 어렵게 보기는 쉽다. 그러나 인생을 쉽게 보기는 어렵다."

옛날에는 뭐든지 좋았다고 말하는 것은 "대개 터무

니없고, 잔소리할 게 없어 펑계삼아 하는 말"이다.

"인간은 오직 가난하다는 이유만으로는 선량하지도 현명하지도 않다."

"남보다 0.1초 빨리 가려고 정해진 길을 미친 듯이 뛰는 건 그야말로 미친 짓이야. 건강해지는 게 아니라 오히려 병이 나니까 말이야."

『하늘을 나는 교실』(시공사, 1995)을 읽고 진한 감동을 받았다. 한마디로 케스트너는 위대한 작가다. 지금까진 바스콘셀로스의 『나의 라임오렌지나무』를 읽고, 특히 착한 어른 뽀루뚜가의 자동차가 도시고속철도 망가라치바와 부딪치는 장면에서 콧등이 시큰해지지 않는 자와 상종하지 않기로 다짐했지만, 이젠 하나 추가다. 다음 대목에서도 눈시울이 차가운 자와는 인간관계를 맺고 싶지 않다, 진정코.

마르틴은 돌아서서 달아나려고 했다.
선생님이 마르틴을 붙잡았다.
"잠깐, 애야!"
유스투스 선생은 마르틴에게 몸을 굽히고 나무에게조차 들리지 않을 정도로 아주 조그만 목소리로 물었다.
"여비가 없어서 그러니?"
그 순간에 마르틴의 용기있게 보이려던 행동은 끝나 버렸다. 마르틴은 머리를 끄덕였다. 그리고 눈 덮인 볼링장 난간에 머리를 대고 목놓아 울었다. 슬픔이 목구멍까지 차올라 마르틴을 마구 뒤흔들었다.

에리히 케스트너의 책

하늘을 나는 교실 문성원 옮김, 시공사, 1995.
마주보기 윤진희 옮김, 한문화, 2004.
걸리버 여행기 문성원 옮김, 시공주니어, 2005.
허풍선이 남작 문성원 옮김, 시공주니어, 2005.
돈키호테 문성원 옮김, 시공주니어, 2005.
어릿광대의 모험 문성원 옮김, 시공주니어, 2005.
실다의 시민들 문성원 옮김, 시공주니어, 2005.

에리히 케스트너 평전

삶을 사랑하고 죽음을 생각하라 박홍규 지음, 필맥, 2004.
망가진 시대 클라우스 코르돈 지음, 배기정 옮김, 시와진실, 2004.

에릭 호퍼
Eric Hoffer
1902-1983

길 위의 철학자

미국의 사회철학자 에릭 호퍼는 '길 위의 현자'로 통하지만, 우리 식으로 말하면 역마살이 낀 사람이다. 그것도 아주 심하게. 호퍼는 1902년 뉴욕 브롱크스의 독일계 이민자 가정에서 태어났다. 그는 다섯 살에 어머니와 함께 계단에서 굴러 떨어진 사고의 여파로 일곱 살 때 시력을 잃는다. 호퍼의 어머니는 끝내 회복을 못하고 그가 아홉 살 때 세상을 뜬다.

호퍼는 시력을 잃은 지 8년 만인 열다섯에 기적적으로 시력을 회복하자 미친 듯이 독서에 몰입한다. 『에릭호퍼 자서전Truth Imagined』(이다미디어, 2003)에서 그는 당시를 이렇게 회상한다. "나는 다섯 살이 되기 전에 읽는 법을 배웠다. 시력이 돌아오자 나는 거침없이 읽을 수 있었다. 시력의 회복이 일시적인 것이라고 확신했기 때문에, 눈을 혹사시키는 것에 대해 전혀 신경 쓰지 않았다. 다시 눈이 멀기 전에 읽을 수 있는 모든 것을 읽고 싶었던 것이다."

책을 탐닉하던 호퍼는 집 근처 큰길가에 있는 헌 책방에서 『백치』의 부름을 받는다. 이후 도스토옙스키의 장편소설은 호퍼의 애독서가 된다. 그는 해마다 『백치』를 다시 읽는다. "첫 장의 스토리 전개는 어느 누구도 따라올 수 없는 것이었다." 호퍼가 몽테뉴의 『수상록』을 우연히 접하고 탐독하게 된 사연도 흥미롭다.

나의 독학은 내가 사금을 채취하고 있을 때 눈에 띄게 진전되었다. 공부하고 생각하고 글쓰기를 익힐 시간이 있었기 때문이다. 어느 해 나는 산 위로 올라가야 했는데, 쌓인 눈에 오랫동안 발이 묶일 것 같은 예감이 들었다. 그래서 일이 없는 동안에도 시간을 허비하지 않기 위해 읽을거리를 충분히 준비하기로 했다. 나는 1,000페이지 정도의 두꺼운 책을 사기로 마음먹었다. 두껍고 활자가 작고 그림이 없으면 어떤 책이건 상관없었다. 나는 헌책방에서 그런 책을 찾아 1달러를 주고 샀다. 제목에 눈을 돌린 것은 책값을 치르고 난 뒤였다. 표지에는 『미셸 몽테뉴의 에세이들Essays of Michel de Montaigne』이라고 적혀 있었다. 에세이가 무엇인지는 알고 있었지만 몽테뉴에 대해서는 아무것도 아는 것이 없었다.

눈에 발이 묶일 것이라는 내 예감은 적중했다. 나는 그동안 몽테뉴를 3번이나 읽어 거의 외울 정도가 되었다. 나보다 수백 년 전에 태어난 프랑스의 귀족이 쓴 책이었지만 읽는 동안 내내 나는 그가 나에 관해 쓴 것 같다는 느낌이 들었다. 나는 모든 페이지에서 나 자신과 마주쳤다. 그는 나의 내면에 잠재된 깊숙한 생각들을 알고 있었다. 그 책의 언어는 정확했고 거의 격언에 가까웠다. 나는 훌륭하게 다듬어진 문장 속에서 독특한 매력들을 발견했다. 샌호아퀸 계곡으로 돌아갔을 때 나는 입만 열면 몽테뉴를 인용하곤 했다. 동료들도 좋아했다. 여자나 돈, 동물, 음식, 죽음 등 어떤 것에 대해서건 논쟁이 벌어지면 그들은 "몽테뉴는 뭐라고 말했나?"라고 물을 정도였다.

1920년 아버지를 여읜 호퍼는, 가구 제조공 조합원이었던 부친의 동료들이 모아 준 300달러를 노잣돈으로 캘리포니아로 향한다. 그가 캘리포니아를 목적지로 삼은 것은 그곳이 단지 "노숙할 수 있을 정도로 날씨가 온화했고, 길가에는 오렌지가 열려 있는 곳이기 때문

이었다." 아무튼 그 이후로 호퍼는 생애의 대부분을 떠돌이로 지낸다. "나는 삶을 관광객처럼 살아 왔다."

그런데 그의 풍찬노숙은 다분히 의지적인 것이었다. 호퍼는 정주의 유혹을 느끼는 순간 곧바로 짐을 꾸렸다. 버클리에서 겨울을 보내며 시간제 웨이터 보조로 일하다 만난 스틸턴이라는 교수가 자신이 맡고 있는 캘리포니아 대학 감귤연구소라도 그에게 넘길 낌새를 보이자, 호퍼는 그가 아직 정착할 시기가 아니란 걸 깨닫는다. 그는 "다시 길 위로 돌아갔다."

또 호퍼는 역시 버클리에서 만난 헬렌과의 사랑을 행복에 겨워하면서도 그를 대학에 눌러 앉히려는 헬렌과 그녀 룸메이트의 요청을 과감히 뿌리친다. "그녀들과 함께 살면 나는 한순간의 평화도 갖지 못할 것이라는 생각이 들자 즉각 행동으로 옮겨야 했다. 나는 길로 돌아가기로 결심했다. 수확철이 다가오자 나는 그녀들에게는 작별 인사도 하지 않고 버클리를 떠났다."

호퍼는 독학으로 독자적인 사상을 수립한 인물이다. 그는 늘 일과 공부를 병행했다. 안정된 첫 일자리였던 파이프 야적장에서 호퍼는 "일하고, 책 읽고, 연구하는 일과"를 맘에 들어 했다. 캘리포니아에 흩어져 있는 공공도서관 열 곳의 회원증을 소지하기도 했다. 서유럽 본위의 동양관과 미국인 특유의 애국주의는 다소 거슬리지만, 호퍼의 지적 성실성과 삶에 대한 도저한 성찰은 이를 상쇄하고도 남는다.

"교육의 주요 역할은 배우려는 의욕과 능력을 몸에 심어 주는 데 있다. '배운 인간'이 아닌 계속 배워 나가는 인간을 배출해야 하는 것이다. 진정으로 인간적인 사회란 조부모도, 부모도, 아이도 학생인 배우는 사회이다." 호퍼는 『자서전』에 덧붙여진 셰일러 K. 존슨과의 인터뷰에서도 배움을 강조한다. "의미 있는 생활은 배우는 생활입니다."

그런데 이러한 호퍼의 교육철학은, 그가 수천 년 동안 정체 상태에 있었다고 여긴 동양의 어느 선지자의

철학과 일맥상통한 점이 이채롭다. 배병삼 교수는 『논어, 사람의 길을 열다』(사계절, 2005)에서 공자를 "동양 최초의 교사"로 칭한다. 또한 "공자가 『논어』에서 우리에게 권하는 삶의 태도는 배움과 익힘, 곧 학습學習에 지나지 않고, 또 그 학습의 결과는 기쁨(희열)이라는 낙관적 전망을 제시하는 데 불과하다"는 것이다.

셰일러 K. 존슨의 인터뷰에는 우리 귀에 익은 이름이 등장하는데 셰일러의 남편이면서 호퍼와 논쟁을 주고받은 체일머스 존슨은 『블로우백』(삼인, 2003)의 저자로 우리에게 알려진 찰머스 존슨이다. 호퍼는 아포리즘의 형태로 자신의 사상을 표현하였다. 『자서전』에서 몇 대목을 인용해 음미하기로 하자.

"인간들로 하여금 반항하게 하는 것은 현실의 고통이 아니라 보다 나은 것들에 대한 희구이다."

"진실을 상상해 내고 미지의 세상을 눈앞에 보여주는 능력은 미지의 것을 탐험하는 데 없어서는 안 되는 것이다."

"눈의 명료함보다 말을 더 믿는 데에서 비합리성이 나타난다."

"창조를 하는 것은 개체이다. 창조적인 환경에서 개체는 자신의 정체성을 의식하지만 또한 공동체적 현실과 살아 있는 연대를 갖는다."

"행복이란 거의 없다. 나이 든 사람들은 그 중에서도 우리가 원하는 것을 얻었을 때는 더욱 그렇다는 것을 증언하고 있다. 노년에 자신의 생을 되돌아본 많은 위인들은 자신들의 행복했던 순간들을 합쳐보아야 채 하루가 되지 못한다는 것을 알았다."

호퍼는 탁월한 이야기꾼이다. 그가 들려주는 이야기는 감칠맛이 나는데다가 여운을 남긴다. 사람에 관한 얘기가 제일 재미있다는 점도 일깨운다. 파블로 네루다가 자서전 『추억』(녹두, 1994)에서 청춘의 방황을 아름답게 그렸다면, 호퍼의 『자서전』은 긴 방랑의 산물이다. 그래서 호퍼의 이야기가 녹진한 걸까?

마리오는 호퍼가 샌호아퀸 계곡에서 만난 이탈리아 출신 떠돌이 노동자다. 두 사람은 자연스럽게 파트너십을 형성하는데, 요리에 능숙한 마리오가 반나절을 일하고 식사 당번을 맡는 대신 호퍼는 마리오의 나머지 일까지 도맡는다. 둘은 1936년의 몇 주를 그렇게 보내다가 동료애에 금이 가는 결정적 사건을 맞는다.

어느 날 저녁에 나는 무솔리니Mussolini에 대한 이야기를 하면서 왜 고상한 이탈리아 민족이 천박하고 골 빈 돌팔이가 자신들을 학대하게 놔두는지 이해할 수 없다고 했다. 나는 뭔가 심상치 않은 일이 벌어지고 있음을 알아차렸다. 마리오의 얼굴은 딱딱하게 굳어 있었다. 그는 벌떡 일어나 자기 짐을 들고 가버렸다. 그는 다시 나에게 말을 걸지 않았다.

호퍼는 생전에 펴낸 10권에다 유작으로 출간된 『자서전』을 합쳐 11권의 저서를 남겼다. 이 가운데 우리말로 번역된 것은 『자서전』과 그의 존재를 세상에 알린 첫 번째 저서뿐이지만, 『자서전』 한국어판에 실려 있는 '에릭 호퍼의 생애'를 간추린 글의 한 구절은 논란의 여지가 있다. "한국에서는 자서전 『Truth Imagined』이 이제 처음 출간될 정도로 거의 알려지지 않았다."

자서전이 첫 출간인 것은 틀림없다. 그러나 호퍼의 이름이 거의 알려지지 않았다는 것은 이론의 여지가 많다. 호퍼의 첫 번째 저서 『The True Believer: Thoughts on the Nature of Mass Movement』는 출판사를 바꿔 가며 세 번이나 나왔기 때문이다. 그것도 10년 간격으로 출간되었다.

1969년 번역된 것으로 추측되는 『대중운동론』(대한기독교서회)이 1970년대에 주로 읽혔다면, 80년대 독자들은 『대중운동』(태학당, 1982)과 조우했을 확률이 높다. 90년대에는 『대중운동의 실상— 대중운동의 사회적 분석』(한국교육공사, 1990)이 독자와의 만남을 기다렸다.

여러 번 출판됐어도 이 책이 독자의 호응을 크게 얻진 못한 것 같다. 게다가 저자의 해명에도 불구하고 사회운동의 부정적인 면을 들추는 이념 비판서의 성격마저 있다. 호퍼는 서문에서 "이 책은 대중운동에 대한 판단을 내리는 것이 아니며 또한 좋고 나쁘고를 가려 편드는 것도 아니다. 이 책은 모든 대중운동의 현상과 성격에 관해 단순한 설명을 시도하는 것"이라고 말한다.

그렇다고는 하여도 러시아 혁명과 마르크스주의를 야비하고 해로운 대중운동으로 몰아가는 듯한 기색이 없지 않다. 이런 색채는 한국어판이 더 뚜렷하다. 세 번째 한국어판은 표지 분위기부터 사회운동의 안티테제를 자임하되 권말의 '한국어판 발행인의 말'에서 출간의 의도를 좀더 명확하게 드러내었다. "우리 사회에 낮도깨비처럼 출현하는 부당한 세력들의 허구가 적나라하게 드러나도록 하는 데 보탬이 됐으면 싶습니다."

물론 이 책 또한 단점보다는 장점이 훨씬 많다. 먼저 호퍼의 열린 자세가 돋보인다. 그는 독자들이 자신의 "논지에 대해서 이의를 제기하기 바란다." 책 자체가 권위적인 교과서가 아니라 개인의 사상을 정리한 것으로서 "그러한 사상이 문제에 대한 새로운 접근방법을 암시하고 새로운 문제를 정확히 기술해 주는 것이기 때문에 별 문제가 없을" 거라면서도 "어떤 독자는" 그의 "논지가 너무 과장되거나 어떤 것은 간과된 것이 아닌가" 하는 의문을 품을 것이기 때문이다.

대중운동의 본질을 묘파한 대목은 호퍼의 혜안을 잘 보여준다. 그런 대목은 숱하게 있으나, 하나만 들어 보겠다. "동화되고 있는 소수 집단 사람들 중에서 가장 성공을 거둔 사람과 그 반대로 전혀 못한 사람들은 다 같이 전향을 호소하는 대중운동에 쉽게 동조되어 버린다고 할 수 있다. 그 예로서 미국으로 이주한 이태리 사람 중에서 가장 성공한 사람과 그 반대 경우의 사람은 무솔리니의 혁명에 가장 열렬한 지지자가 되었"다. 이로써 마리오가 무언의 항의를 한 연유가 분명해진다.

또 이 책은 80년대 중반 대학에 들어간 필자가 운동권에 가담하지 않은 까닭이 몹시 회의적인 성향과 언제 닥칠지 모를 징벌이 두려워서만은 아니었음을 시사한다. "단결과 희생은 모두가 개인의 희생을 요구한다. 따라서 개인이 집합체의 일부가 되기 위해서는 많은 것을 포기해야 한다. 즉 개인 생활이라든가 개인적 판단, 개인 재산 등을 포기해야 할 경우가 많다." 개인 재산은 거의 없었으므로 나는 내 개인 생활을 잃거나 독자적인 판단을 포기하는 것도 꺼렸던 듯싶다.

이 책의 우리말 텍스트는 모두 절판되어 시중에서 구하기 어렵다. 필자가 헌책방에서 구입한 세 번째 한국어판은 오탈자가 적지 않는 등 편집이 매끄럽지 못하다. 이 책의 내용이 여전히 우리 현실과 적합성이 있는 만큼, 네 번째 한국어판의 출간을 바란다. 아울러 네 번째 번역판은 『맹신자들― 대중운동의 본질 이해』쯤으로 원서에 좀더 가까운 제목을 붙였으면 한다.

에릭 호퍼의 책

길 위의 철학자(떠돌이철학자의삶에관한에피소드 27) 방대수 옮김, 이다미디어, 2005.
에릭 호퍼 자서전 방대수 옮김, 이다미디어, 2003.
대중운동의 실상― 대중운동의 사회적 분석 황종건 옮김, 한국교육공사, 1990.
대중운동 장연호 옮김, 태학당, 1982.
대중운동론 유석종 옮김, 대한기독교서회, 1969.

에릭 홉스봄
Eric John Ernst Hobsbawm
1917-

전체로서의 사회사 제시,
반세기에 걸쳐 진보정신 옹호

역사학자 에릭 홉스봄은 지칠 줄 모르는 에너지를 지

닌 사람인 듯하다. 홉스봄이 이른바 '세계사 3부작'의 속편에 해당하는 『극단의 시대』(까치글방, 1994)를 펴낸 것은 그의 나이 77세 때의 일이다. 홉스봄이 정년퇴임한 1982년, 그의 동료와 제자들은 그에게 기념논총을 헌정했다. 기념논총 끝부분에는 홉스봄의 저술목록이 들어 있는데 무려 30여 쪽에 이른다. 20여 년이 흐른 지금, 저술목록이 얼마나 부피를 더했는지 모를 일이다.

저술목록은 홉스봄의 다양한 관심분야를 보여주기도 한다. 전공분야인 경제사와 사회사로부터 농민반란, 자본주의 사회의 발달, 제국주의, 민족주의, 노동계급운동, 마르크스주의, 혁명사, 이데올로기, 국가, 지식인, 시민문화, 영화에 이르기까지 실로 다양하다. 인문사회분야에서 그가 다루지 않은 주제는 거의 없을 정도다. 심지어 그는 재즈평론가로 활동하기도 했다. 『재즈 신The Jazz Scene』(1961, 미번역)은 프란시스 뉴턴이란 이름으로 펴낸 재즈 비평서. 이 책은 재즈가 노동계급과 사회 전반에 끼친 영향을 다룬 학술 서적으로 알려져 있다.

지금까지 번역된 홉스봄의 저서는 10여 권에 이른다. '노동귀족'을 다룬 대표적인 논문과 영국 정치사의 고빗길에서 행한 강연, 그리고 다른 중요한 저서들이 빠지기는 했지만, 홉스봄의 진가를 살피기에 충분한 분량이다. 홉스봄은 가장 많은 한국어 텍스트가 있는 해외 역사가에 속한다.

『의적의 사회사』(한길사, 1978)는 처음으로 소개된 홉스봄의 저서다. 이 책은 동서양을 불문하고 공업화되기 이전 농업사회에서 나타나는 비적 또는 의적 현상을 분석한 것이다. 의적단은 놀라울 정도의 공통된 유형을 보인다. 10-12명으로 이뤄져 있으며, 사회가 농업에 바탕을 두고 영주·도시·정부·법률가·은행가 등에 의해 억압받고 착취당하는 농민이 있는 곳이면 어디든 어김없이 나타났다.

홉스봄은 의적을 "특수한 경우에 처하여 농민사회에서 탈출하기 위한 자기 구제의 한 형태"로 보았다. 의적은 농업사회가 근대적인 농업제도를 확립하면 없어진다. 하지만 현대사회에도 '유사 의적'이 생기곤 한다. 우리에게는 '대도' 조세형이 그런 경우였다. 신고자가 괜한 지청구를 들었을 정도로 조 씨의 인기는 대단했다. 아마도 그는 "정의가 없는 곳에서 살 수밖에 없었던"(입으로는 정의사회 구현을 외쳐도) 민중이 품었던 신기루 같은 희망은 아니었을까? 이 책의 원제는 산적을 뜻하는 'Bandits'이다.

1984년에는 홉스봄의 저서가 세 권이나 번역되었다. 『원초적 반란』(온누리)은 사회적 반항과 사회운동의 원초적 형태를 다룬 책이다. 같은 주제를 다뤘지만 『의적의 사회사』보다 앞서 나온 것으로 형태는 종교적인 운동까지 포괄했으나 지역은 이탈리아와 스페인으로 한정했다. 『산업과 제국』(한벗)은 1750년부터 1960년대 초반까지 영국의 정치 경제사를 서술한 책으로 '세계사 3부작'과 『극단의 시대』 상권(번역서를 기준으로)의 축약판이라고 할 수 있다.

이 두 권은 모두 절판되었다. 도서관에서 겨우 구해볼 수 있는데 그런 독자를 위해 한 가지 귀띔할 것이 있다. 이들은 다른 제목으로 나온 경우도 있다. 『원초적 반란』은 『개인경제시대의 원초적 반란』으로, 『산업과 제국』은 『영국경제사』로도 나왔고, 펴낸 곳은 같다.

1984년에는 '근대 세계사 3부작'의 첫 권인 『혁명의 시대』(한길사)도 나왔다. 1789년 프랑스 혁명에서 1914년 1차 대전까지 다룬 '세계사 3부작'은 한길사를 통해 번역 출간되었다. 『혁명의 시대』는 '이중의 혁명'인 프랑스 혁명과 산업혁명을 필두로 1848년까지 세계의 변혁과정을 추적했다. 2부에 속하는 『자본의 시대』(1983)는 1부보다 앞서 번역되었다. 세계자본주의가 어떻게 형성되고 전개되었는지, 1848년부터 1875년까지의 시기를 다뤘다. 1875년에서 1차 대전 발발까지를 다룬 『제국의 시대』(1998)는 3부작의 대미를 장식하는 책이다. 3부의 번역 출간에 맞춰 '오늘의 사상신서'로 나왔던 1부와 2부도 '한길그레이트북스'로 옷을 갈아입었다.

'세계사 3부작'은 전체로서의 사회사라는 역사 서술 방법을 잘 보여주는 홉스봄의 대표작이다. 너무 유럽적이지 않냐는 지적을 의식한 듯 홉스봄은 "유럽의 역사가는 자기가 살고 있는 유럽에 대해 잘 안다"는 말을 하기도 했다. 홉스봄은 가능한 한 자료와 방법론을 총동원해 정치와 문화·예술·과학에 이르는 전체 사회의 역사를 보여준다. 민요·대중가요·설화 같은 자료의 이용을 통해 형식적인 자료를 남기지 않은 이들까지 역사로 끌어들인다. 이는 홉스봄이 노동계급의 문화를 역사연구의 한 분야로 확립한 최초의 역사가라는 평가와 밀접한 관계가 있다.

더욱 놀라운 것은 "주지된 시대에 대한 비상한 접근"으로 생동감을 불어넣었고, 일관된 시각으로 짧지 않은 역사를 파악했다는 점이다. 홉스봄은 현대사회를 다룬 『극단의 시대』(까치, 1997)를 통해 세계사 3부작을 바로 어제로까지 이어갔다. 1789년에서 1991년까지 무려 200년이 한 사람의 손으로 정리된 것이다.

홉스봄은 노동계급의 이익을 매우 옹호하는 진보적인 역사학자다. 그러면서도 그의 사고방식은 유연하다. 노동자에 대한 그의 사랑은 맹목적이 아니다. 그는 진실을 추구한다.

그런 맥락에서 노동계급의 약점을 날카롭게 파헤치기도 한다. 『극단의 시대』를 둘러싼 논란은 그러한 태도에서 연유한다. 〈먼슬리 리뷰Monthly Review〉 1996년 1월호에서 스페인 프랑코 체제에 맞서 저항운동을 했던 빈센트 나바로는 프랑코 체제의 파시즘적 특성을 부정하는 홉스봄의 시각에 대해 문제점을 제기했다. 이에 대한 잡지 편집자의 논평은 이렇다. "반파시스트들의 목적을 옹호하는 글에서는 홉스봄을 오랜 후원자로 인용하는 것이 타당하다. 뭐라고 하건 간에 그는 반세기 이상 영국과 유럽의 좌파를 대표해왔으며 누구보다 훌륭한 반파시스트의 자격을 가진 사람이다."

『새로운 세기와의 대화』(이끌리오, 2000)는 홉스봄의 삶과 사상을 그의 입을 통해 직접 듣는 기회를 제공한다. 〈한겨레〉가 내보낸 두어 번의 홉스봄 인터뷰는 분량 면에서 신문 지면의 제약을 받았지만, 1999년 말 이탈리아 언론인 안토니오 폴리토와의 대담을 엮은 이 책은 그런 아쉬움을 많이 달래준다. 끝까지 공산당원으로 남았던 까닭을 홉스봄은 이렇게 설명한다. "대의大義를 향한 충성심, 그리고 그런 대의를 위해서 희생했던 사람들을 향한 정절貞節이라고 생각합니다." 홉스봄은 실천적 운동 때문에 지적인 자유가 방해받지 않았느냐는 질문에 대해서도 겸허하게 답변한다.

개인적인 바람이지만, 실천적 운동 때문에 지적인 자유가 구속받은 적은 없다고 생각합니다. 그러나 반드시 그런 것은 아니지만, 정치적이고 종교적인 강렬한 소명 의식이 자신의 정치 이념이 언제나 옳다고 생각하는 강렬한 소명 의식이 자신의 정치 이념이 언제나 옳다고 생각하는 편견이나 편향성을 강요하기 쉽다는 사실은 인정하지 않을 수 없군요.

에릭 홉스봄의 책

의적의 사회사 황의방 옮김, 한길사, 1978.
자본의 시대(개정판) 정도영 옮김, 한길사, 1998.(초판 1983)
혁명의 시대(개정판) 박현채·차명수 옮김, 한길사, 1998.(초판 1984)
원초적 반란 진철승 옮김, 온누리, 1984.
산업과 제국 전철환·장수환 옮김, 한벗, 1984.
1780년 이후의 민족과 민족주의 강명세 옮김, 창작과비평사, 1994.
극단의 시대(상·하)－ 20세기 역사(까치글방 131·132) 이용우 옮김, 까치, 2009.
극단의 시대 이용우 옮김, 까치글방, 1997.
제국의 시대 김동택 옮김, 한길사, 1998.
새로운 세기와의 대화 강주헌 옮김, 이끌리오, 2000.
아방가르드의 쇠퇴와 몰락(테마미술강의 004) 양승희 옮김, 조형교육, 2001.
역사론 강성호 옮김, 민음사, 2002.
저항과 반역 그리고 재즈 김동택 외 옮김, 영림카디널, 2003.
밴디트 이수영 옮김, 민음사, 2004.
미완의 시대－ 에릭 홉스봄 자서전 이희재 옮김, 민음사, 2007.
에릭 홉스봄 3부작－ 혁명의 시대, 자본의 시대, 제국의 시대 한길사, 정도영 외 옮김, 2007.

폭력의 시대 이원기 옮김, 민음사, 2008.
혁명가 – 역사의 전복자들 김정한·안중철 옮김, 길, 2008.

에릭 홉스봄이 엮은 책

만들어진 전통 박지향 외 옮김, 휴머니스트, 2004.
전통의 날조와 창조 최석영 옮김, 서경문화사, 1995.

에밀 시오랑

Emile Cioran
1911-1995

'역설의 중첩' 혹은 "복잡한 혼합체"

루마니아 태생의 작가 에밀 시오랑을 리뷰하기로 마음을 다잡자마자 벽에 부딪혔다. 시오랑의 지명도가 다소 떨어지거나 무단·중복 번역된 그의 책 대부분이 절판 상태라 그런 건 아니다. 나를 멈칫하게 한 것은 『로쟈의 인문학 서재』(이현우 지음, 산책자, 2009) 에필로그의 한 대목이다. "국역본들을 읽고 제대로 된 시오랑론을 쓴다는 건 치기에 가깝다. 그리고 이것이 내가 나대로의 시오랑론을 꿈꾸었으되, 아직 완성하지 못하는 이유이자 변명이다."

이를 어쩌나! 감히 나는 잘 쓴 시오랑론은 바라지도 않는다. 『로쟈의 인문학 서재』 에필로그를 읽고 지난 3월의 굴욕을 떠올린 것은 사실이다. 나는 어느 포털사이트에서 올 초부터 마련한 그날의 세계인물 리뷰에 필자로 참여했다가 첫 글을 올린 지 겨우 이틀 만에 "편집방향과 일치하지 않는다"는 이유로 퇴출당한 바 있다. 나의 전격적인 퇴출은 내 글에 붙은 부정적인 댓글이 크게 작용한 것으로 보인다. 다시 생각해도 오싹한 반응은 세 가지로 요약된다. 1. 뭔 말 하는지 모르겠다. 2. 3월 18일까지 그날의 세계인물 가운데 제일 재미없다. 3. 앞으로 주최 측에서 이 필자 글은 교정 교열 많이 봐야 한다.

내 셈법이 정확하다면, 에밀 시오랑 편은 내가 1997년 이맘때부터 쓰기 시작한 번역서를 중심으로 엮은 외국 사상가와 저자 리뷰의 195번째 글이다. (국내 저자 리뷰를 더하면 200번째가 된다.) 같은 형식의 글을 오래 썼다 하여 품질까지 보장하진 않는다. 다만, 꾸준히 써 온 덕분에 이력은 붙었다.

로쟈의 한국어판 시오랑에 대한 불신은 원제목과 동떨어진 번역서 제목에서 기인한다. 내 수중에 있거나 인터넷으로 검색한 우리말로 옮겨진 시오랑의 책은 5종이다(편역서 한 권은 제외). 시오랑의 대표작은 얼추 번역되었다고 할 수 있는데, 우리말 제목으로는 어떤 책이 옮겨졌는지 감을 잡기가 어렵다. 또 다양한 이름 표기 방식은 혼란을 가중한다.

"에밀 시오랑의 이름은 루마니아어 발음에 따라 '치오란'이라고도 표기되는데, '찌오런'은 조금 과도해 보인다. 루마니아 태생이긴 하지만 20대에 프랑스로 건너와 시오랑이 평생 산 곳은 파리다. 그리고 외국어로 글을 써야 하는 운명에 대해서 비통해하긴 했지만 시오랑은 프랑스 체재 이후에 대부분의 에세이를 루마니아어가 아니라 새로 배운 프랑스어로 썼다."(『로쟈의 인문학 서재』, 406쪽)

좀 부풀려 말하면, 외래어표기법은 출판사마다 다 다르다. 나는 『마이클 더다의 고전 읽기의 즐거움』을 읽으면서 클리프턴 패디먼의 『평생 독서 계획』이 늦게나마 번역되길 바랐다. 그런데 웬걸, 패디먼의 책은 진작에 우리말로 옮겨졌다. 게다가 나는 그 책을 갖고 있기까지 하다. 『일생의 독서계획』(김주영 옮김, 태학당, 1995)의 저자 클립톤 파디먼이 그 패디먼이었다니!

『안동림의 불멸의 지휘자』(웅진지식하우스)는 일부 외래어 표기가 낯설다. 〈피가로의 결혼〉을 〈휘가로의 결혼〉이라고 하는 건 그나마 부담감이 덜하다. 필하모니를 휠하모니라 하는 것도 괜찮다. 하지만 시카고를 쉬카고로, 필라델피아를 휠라델휘아라 하는 게 얼마나 현지음에 가까운 표기인지 모르겠다. "본문의 외래어 표기는 외래어 표기법을 따르지 않고 가능한 한 원어 발음을 존중하면서 저자의 표기 원칙에 따라 통일하였다"며 미리 일러두긴 했어도 파시즘을 화씨즘이라 한 건 영 아니다. 그러면 파쇼는 화쑈가 되나?

『로쟈의 인문학 서재』 에필로그를 통해서야 수전 손택의 『급진적 의지의 스타일』(이병용·안재연 옮김, 현대미학사, 2004)에 "영어권 최초의 본격적인 시오랑론"이 실려 있다는 사실을 안다. 나는 손택의 두 번째 평론집 국역본을 갖고 있지만 그런 줄 몰랐다(이 책은 손택의 이름을 수잔 손탁으로 표기). 그도 그럴 것이 손택의 에세이 표제인 「반反자기사고— 찌오런에 관한 고찰」만으로는 이게 시오랑론인지 짐작하기가 쉽잖다. "루마니아 철학자 에밀 찌오런의 경우, 우리식 표기법으로는 에밀 치오런으로 해야 하나 그곳 원발음인 '찌'와 우리식 표기인 '치'의 차이가 심해 이 경우는 원음에 가깝게 표기했다."('역자 후기')

수전 손택에 따르면, 정치적으로 시오랑은 보수주의자다. 시오랑에게 "자유주의적 휴머니즘은 생육 불가능의 흥미 없는 관점이다. 때문에 과격한 혁명에의 희망을 그는 성숙한 정신으로 극복해야 할 대상으로 생각했다." 그러고는 다음과 같은 점을 상기시킨다. 시오랑은 "루마니아 태생인데, 그 곳의 저명한 지식인 망명자 대부분이 비정치적이거나 노골적으로 반동적이었다." 젊은 날, 에밀 시오랑은 극작가 으젠 이오네스코, 신화학자 미르치아 엘리아데와 함께 루마니아 문학의 새로운 기대주로 여겨졌는데, 엘리아데는 파시즘에 부역한 혐의에서 자유롭지 못하다. 엘리아데는 적어도 파시즘 성향이었다.

손택은 시오랑을 높이 평가한다. 시오랑은 "진정한 역량을 지닌 현역 저술가 중에서 가장 '섬세한' 정신을 소유한 사람의 하나이다. 뉘앙스, 아이러니 그리고 정제精製는" 시오랑 사고의 본질이다. 나는 시오랑에게서

'역설의 중첩'을 본다. 미국 〈보그〉의 편집장 안나 윈투어처럼 다리를 두 번 꼰달지.

에밀 시오랑은 고립무원의 괴팍한 사상가가 아니다. 손택은 시오랑을 키에르케고르, 니체, 비트겐슈타인으로 이어지는 전통의 계승자로 본다. "이와 같은 후기 철학적인 현대적 철학 전통은 전통적인 형식의 철학적 화법은 이미 붕괴되어 없어졌다고 하는 인식에서 출발한다."

그들에겐 아포리즘, 수기, 메모 같은 불완전한 화법과 우화, 시, 철학적 이야기, 비평적 해석 같은 위험을 무릅쓴 화법이 주된 가능성으로 남아 있었다. 하지만 수전 손택이 "단절된 논증"이라고 표현한 시오랑의 방법론은 라 로슈푸코나 발타사르 그라시안의 객관적 아포리즘과는 구별된다.

"그의 에세이가 제공하는 것은 진단diagnosis이다. 정통적인 요법은 아니지만, 자신의 생활이 하나의 객체, 하나의 사물로 바뀌어 가는 것에서 벗어나는 데 도움이 될지도 모르는, 정신적으로 좋은 취미로 인정해준다." 손택은 시오랑의 "목적은 진단에 있다"는 것을 재차 강조한다.

격언집 『독설의 팡세』는 시오랑 철학의 핵심을 담았다. 시오랑 책의 한국어판으로는 드물게 저작권 표시란이 있는 이 책은 우대받을 자격이 충분하다. 책 말미에 실린 '에밀 시오랑 연보'에선 시오랑, 이오네스코, 엘리아데, 이 세 사람이 20세기 초중반 루마니아 문학의 새로운 기대주라고 언급한다.

시오랑은 여러 개념의 정의부터 남다르다. 자유는 "건강한 자들이 늘어놓는 억지"다. 슬픔은 "어떤 불행에도 만족하지 못하는 갈증이다." 절망은 "대담해진 불행이며, 선동의 한 형식이고, 조심성 없는 시대에 대한 하나의 철학이다." 광기가 "확산의 경제학"이라면, "정신적 정상 상태는 폐쇄 경제학이며, 실패의 자급자족이다."

내가 가장 공감하는 시오랑의 아포리즘은 이렇다. "예전에 철학자는 사색을 하되 글은 쓰지 않았다. 그렇다고 경멸받지는 않았다. 인간이 효율성 앞에 무릎을 꿇은 이래, 천박한 인간들은 작품이라는 것을 신성하게 생각하게 되었다. 생산하지 않는 사람을 '실패자'로 생각한다. 그러나 옛날에는 그 '실패자'들이 바로 현자였을 것이다. 우리 시대를 구원할 사람은 아무것도 남기지 않은 현자일 것이다."

이제 겹치는 아이러니, 수전 손택의 표현을 빌면 "복잡한 혼합체"를 살필 순서다. "우울함이 사라질까 두려워 떨고 있는 사람이, 우울함이란 치유될 수 없는 것이므로 그의 두려움은 근거 없는 것이라는 사실을 알고 나면 크게 안도할 것이다." 하나 더 보자. "더 큰 고통의 희망이 없다면 나는 이 순간의 고통이 영원한 것이라 해도 견딜 수 없을 것이다."

시오랑은 80대 중반까지 삶을 이어갔다. 세상을 비관한 그의 장수는 또 하나의 역설이다. "원할 때 죽을 수 있기 때문에 나는 살고 있다. 자살이라는 가능성이 없었다면 나는 이미 오래 전에 자살했을 것이다." 그러나 이게 전부는 아니다. "자살의 유혹과 싸우는 데 들인 끈질긴 노력을 생각한다면, 나는 충분히 구원받고, 신神 속에 녹아버릴 수 있을 것이다." 더 나아가 시오랑은 자살을 반박한다. "우리의 슬픔에 그리도 기꺼이 봉사했던 이 세계를 버린다는 것은 얼마나 무례한 일인가!" 자살은 낙관주의자의 몫이다. "그들은 낙관주의자가 더 이상 될 수 없는 낙관주의자들이다. 다른 사람들은 살 이유가 없으므로 죽을 이유 또한 없다."

산문집 『절망의 맨 끝에서』와 『절망의 끝에서』는 같은 책을 우리말로 옮겼다. 나중 번역된 책은 「부조리에 대한 정열」의 본문 글귀를 제목으로 삼았다. 먼저 번역된 책의 그 대목은 "절망의 절정에서"다. 『동구로 띄우는 편지』와 『세상을 어둡게 보는 법』은 한국어판 제목이 다른 같은 책이다. 앞서 나온 책은 표지에 원제를 부

제목으로 썼고, 저자 이름은 "E.M. 치오란"으로 돼 있다. 다시 나온 책은 간기에 원제목을 알파벳으로 표기했다. 저자 이름은 "에밀 시오랑"이다. 『내 생일날의 고독』과 『노랑이 눈을 아프게 쏘아대는 이유』는 다른 책이다. 앞의 책은 "명상집"을 내세운다. 뒤의 책은 산문집으로 보인다. "모든 것이 일시적인 이 세상에서 우리의 격언들은 사회면 기사 정도의 가치만 있을 뿐이다."

(『독설의 팡세』에서)

에밀 시오랑의 책

독설의 팡세 김정숙 옮김, 문학동네, 2004.
절망의 끝에서 김정숙 옮김, 강, 1997.
절망의 맨 끝에서 김성기 옮김, 에디터, 1994.
동구로 띄우는 편지 김정숙 옮김, 이땅출판사, 1990.
세상을 어둡게 보는 법 김정숙 옮김, 이땅출판사, 1992.
내 생일날의 고독 전성자 옮김, 에디터, 1994.
노랑이 눈을 아프게 쏘아대는 이유 박현철 옮김, 산수야, 1995.

A.C. 그레일링

Anthony Clifford Grayling
1949-

철학적 성찰 이끄는 '유념해야 할 한마디'

영국 철학자 A.C. 그레일링의 『미덕과 악덕에 관한 철학사전The Meaning of Things』은 『존재의 이유The Reason of Things』와 짝을 이룬다. 두 책은 그레일링이 영국의 일간지 〈가디언〉 토요일자 평론 코너에 기고한 글을 바탕으로 한다. 2004년, 『미덕과 악덕에 관한 철학사전』의 속편에 해당하는 『존재의 이유』를 리뷰하면서, 대학입시 수험생을 위한 논술 부교재를 염두에 두고 번역된 것으로 생각되지만, 전편의 번역은 기약이 없다고 했는데, 생각보다 빨리 전편이 우리말로 옮겨졌다. 전편의

이른 번역은 아무래도 대입에서 대학들이 논술시험의 비중을 강화하는 움직임과 맞물린 것 같다.

그러나 나는 대학입시에서 논술시험의 비중을 높이고 중·고등학교에서 독서교육을 하는 것에 대해 신중한 입장이다. 나는 서울대 이병민 교수의 「논술시험에 대한 몇 가지 질문」(《한겨레》 2006. 9. 19)에 크게 공감한다. "과연 논술시험이 어떤 성격의 시험이냐는 것이다. 논술시험이 글쓰기 시험인지 아니면 논리적 비판적 사고능력을 재는 시험인지 명확히 해야 한다."

이에 더하여, 나는 논술시험이 글쓰기 시험이든, 아니면 논리적이고 비판적인 사고능력을 측정하는 시험이든, 그것이 얼마나 대학에서 공부할 수 있는 능력을 판단하는 기준이 될 수 있는가 여부에 몹시 회의적이다. 논리시험이라면 변별력이 거의 없을 것이고, 글쓰기 시험이면 모든 학과가 글재주 있는 학생을 우대할 필요는 없지 않은가. 물론 독서교육 실행을 포함한 내신 성적 강화 방침이 공교육을 지탱한다는 측면을 무시할 순 없다. 또한, 논술시험은 경제 활성화에 기여하기도 한다. 게다가 덕분에 그레일링의 책 같은 책들이 번역되는 점도 간과하기 어렵다. 책의 수준이 우리 고등학생들에게 좀 높아 보이긴 하지만 말이다.

〈가디언〉의 '유념해야 할 한마디' 칼럼을 엮은 『미덕과 악덕에 관한 철학사전』은 속편보다 쉽다. 61가지 주제를 '성찰해야 할 것들' '버려야 할 것들' '아껴야 할 것들'의 세 갈래로 나눴는데 어쩐 일인지 '아껴야 할 것들'에 대한 공감도가 제일 떨어진다. 책의 후반으로 가면서 집중력이 떨어진 탓도 있지만 그레일링이 머리말에서 한 다짐이 내 뇌리에서 희미해진 탓이 더 큰 듯싶다.

"내가 이 책에서 소개하는 내용은 삶의 지도와 같은 구실을 할 것이다. 하지만 성찰을 자극하고 대화에 도움이 되기 위한 의도일 뿐 그 이상은 아니다. 나는 이 책에서 다루는 여러 가지 주제에 관해 결정적인 주장 따위는 결코 하지 않을 것이다. 실은 나 스스로도 미덕

을 실천하지 못하고 악덕을 완전히 버리지 못하는 마당에 자못 현인인 체하는 것은 부끄러운 일이 아닐 수 없다."

나는 그레일링의 시각에 대체로 동의한다. 특히, 그의 종교관에는 전적으로 공감한다. 도덕과 관련하여 그레일링은 "종교적 도덕은 단지 부적절하기만 한 것이 아니라 반도덕적"이고, "종교는 반도덕적일 뿐만 아니라 부도덕하다"고 질타한다. "서양의 나약한 성직자들이라고 해서 다르리라고 보는 것은 착각이다."

"교회는 항상 인간 활동의 일부분, 그것도 주로 성에 관련된 부분에만 지나치게 집착한다. 교회는 언제나 성적 행동에 주목하고 구속하고자 하며, 그와 연관된 인간의 행동을 요란하게 성토하면서 도덕 문제 전반에 걸쳐 권위를 확보하려 한다. 하지만 교회가 참된 도덕의 문제에는 대체로 부적절하거나 눈에 띄게 반도덕적이라는 점은 쉽게 증명될 수 있다."

폭주 기관차나 다름없는 자본주의의 추세를 저지하려는 태도와 관행에 대한 비판적 인식도 설득력이 있다. "우리가 정의롭고 환경 친화적인 미래로 갈 수 있는 유일한 방법은 작은 자치 공동체로 돌아가는 것이라고 주장하는 사람들도 있다. 그들이 꿈꾸는 것은 아주 오랜 옛날에 존재한 자급자족식 '농촌 문명'인데, 어느 역사학자는 그러한 사회 체제를 '인류 역사상 최고의 성취'라고 말했다.

하지만 그런 주장에는 한 가지 치명적인 약점이 있다. 자유 시장 자본주의가 야기하는 부정적인 측면에 대한 대응으로 농촌 생활로 돌아가자고 권하거나, 소비를 축소시키고 성장을 제한하며 균형과 억제를 내세우는 것은 올바른 해결책이 아니라는 점이다. 이는 자본주의의 혜택을 받는 소수뿐만 아니라 그 대열에 동참하기를 열망하는 다수에게도 도움이 되지 않는다."

반면, 더러 서구(유럽) 중심의 관점이 읽히는 것은 (당연한 것이지만) 아쉬운 대목이다. 문화와 민족성을 혼동

해선 안 되고 "문화의 유산은 민족의 정체성과 같지 않다"는 지적은 충분히 공감한다. "민족주의는 한마디로 악"이라는 견해는 시간이 흐를수록 빛이 날 것이다. 하지만 "유럽의 해외 식민지가 독립을 추구했을 때 지배권을 넘겨받을 수 있는 유일한 명분은 민족주의밖에 없었다"는 표현에선, 제국주의를 안이하게 인식하지 않느냐는 의구심이 인다.

다음과 같은 문제의식도 그렇다. "사실 오늘날의 문제는 서구 각국에서 인권을 유린하고, 남을 침략하고, 범죄를 저지르는 정권들과 너무 자주 타협하는 것이다. 다른 지역의 크나큰 고통을 외면한 채 오로지 자국의 비용을 절감하고 국내에서 말썽을 빚지 않겠다는 이유만으로 말이다." 영국이 아직도 자행하고 있는 제국주의 침탈을 먼저 반성할 일이다.

『존재의 이유』는 '유념해야 할 한마디'에다 다른 지면에 발표한 서평들을 덧붙였다. 미겔 데 우나무노의 말대로 "철학자는 무엇보다 박식한 사람"이기에 그레일링의 철학칼럼은 다양한 주제를 다룬다. 아울러 분명한 관점이 독자에게 주제에 대해 생각하게 하고 논쟁을 유도한다. 당연히 여기서도 동의하는 부분이 있고 그러기 어려운 구석이 있다. 마음에 안 드는 대목은 중국을 "민주적 책임이 면제된 곳" 또는 "끔찍한 재앙"으로 표현한 것 정도다. 여기에는 얼마간 편견이 개입된 것으로 여겨지나 참정권의 소중함과 유토피아 전체주의에 대한 경계심을 강조하려는 의도가 담긴 것으로 볼 수도 있다. 한 표의 권리를 행사하기 위해 싸워온 역사를 기억하라는 그의 충고는 차선의 선택도 중요하다는 점을 일깨운다.

정작 당혹스러웠던 것은 '자연스러움'을 근거 삼아 안락사와 동성애자 부부의 양육, 그리고 인간 복제의 정당성을 거침없이 주장한 것이었다. 논의의 수위가 높아질수록 당혹감도 커졌지만 그레일링의 논리를 반박할 여지가 없어 더욱 난처했다. 옮긴이 후기에서 이 문제를 언급한 점을 핑계로 살짝 빠져 나올 수 있는 것은 그나마 다행이다.

"안락사는 자연스러운 것이다! 이러한 '자연스러움'에 대한 규정은 지은이의 독특한 문화적 관점을 잘 보여준다. 어떤 것이 자연스러운 것인가? 사실 이 주제는 세계와 인간의 철학적 문제에 뿌리를 두고 있으며, 환경문제를 대하는 태도와도 관련된다. 요컨대 인간을 자연의 일부로 본다면 인위적인 것도 자연적인 것이 된다."

그레일링은 삶의 여러 문제를 짚어 보는 중에도 도덕을 비중 있게 논의하고 일관되게 자유를 옹호한다. "자유 사회의 근본은 개인의 자율성과 상호 관용이다." 인물 중에서는 우리에게 비교적 생소한 영국 수필가 윌리엄 해즐릿을 편애한다. 자전적 기록인 「소크라테스가 보낸 초대장」은 해즐릿에 필적하는 뛰어난 수필로 보인다.

"내가 평생을 철학도로 살도록 만든 것은 바로 소크라테스가 카르미데스와 나눈 대화였다. 나는 열두 살 때 영어로 번역된 그 대화편을 읽었다. 그렇다고 특별히 조숙했던 것은 아니다. 어린이는 누구나 다 철학자의 소질이 있기 때문이다. 나의 행운은 소크라테스 같은 사람이 있었다는 것이다. 그는 철학을 단지 받아들일 만한 것이 아니라 진정으로 가치 있는 것이고 삶을 송두리째 바칠 만한 것이라는 사실을 몸소 보여주었다."

러셀을 많이 닮은 그레일링은 『러셀Russel』이라는 제목의 러셀 입문서를 펴냈다. 그레일링은 러셀이 동시대인들 가운데 명성을 누린 까닭을 "그가 사회적·정치적 및 교육적 토론들에 다양한 공헌을 했기 때문"으로 본다. 하지만 "그가 지속적인 명예를 누릴 만했던 진정한 이유는 논리학과 철학에 대한 획기적이고도 전문적인 기여 때문이다."

『러셀』을 통해 그레일링은 이 두 영역에서 러셀이 쌓은 업적을 간추린다. 그래도 "이 책의 목적이, 수리 논리학의 전문적인 사항들은 물론 철학적 논증들에 대한 상세한 평가를 하는 것은 아니므로," 해설에 치중한다. 그렇지만 약간의 논의 또한 시도하고 있다. "철학을 삶에 응용하는 방식"은 그레일링이 러셀보다 구체적이고 실제적이다. 영국 철학의 한 전통으로 볼 수 있는 계보에서 그레일링은 러셀과 젊은 철학자 스티븐 로 사이에 놓인다. 그레일링의 『미덕과 악덕에 관한 철학사전』과 『존재의 이유』를 스티븐 로의 철학 입문서 『철학학교 1,2』(하상용 옮김, 창비, 2004)와 함께 읽는 것도 좋은 공부가 되겠다.

A.C. 그레일링의 책

새 인문학 사전– 다음 세상의 교양을 위한 윤길순 옮김, 웅진지식하우스, 2010.
미덕과 악덕에 관한 철학사전 남경태 옮김, 에코의서재, 2006.
존재의 이유 남경태 옮김, 사회평론, 2003.
러셀 우정규 옮김, 시공사, 2000.

엘리아스 카네티
Elias Canetti
1905-1994

'군중'과 '죽음'의 문제 궁구한 '유럽인'

카네티는 위대한 사상가이다. 그의 지적 관심은 학문의 전 분야와 동서고금을 총망라하고 있다. 그는 소설가이자 시인이며 극작가이다. 그는 또 철학자이자 사회과학자이고, 자연과학자이자 뛰어난 인류학자이다.

엘리아스 카네티의 책을 여러 권 번역한 반성완 교수의 평가다. 카네티라는 이름이 국내에 널리 알려진 것은 1980년대 초반으로 그의 작가적 역량과 독문학사에서 차지하는 중요성에 비춰볼 때 매우 뒤늦은 것이었

다. 사실 카네티는 독일어권에서조차 낯선 이름의 작가였다. 이것은 그가 당대의 평가에 개의치 않고 엄격한 작가적 태도를 견지했기 때문에 빚어진 결과다. 카네티는 자신의 작품이 100년 후에도 읽혀지길 바라는 심정으로 글을 썼다.

하지만 세상은 그를 내버려 두지 않았다. 1981년 스웨덴 한림원은 카네티에게 노벨문학상을 주었다. 이로써 카네티는 단박에 세계적인 유명인사가 되었다. 그리고 그에게도 10만 명의 독자가 생겨났다. 스웨덴 한림원은 수상작으로 『구제된 혀』(심설당, 1982)를 꼽았는데 이 책은 1977년 출간된 카네티의 자전소설이다. 73세의 나이에 쓴 작품답게 원숙미가 돋보인다. 그리고 과거에 대한 향수를 뛰어넘어 유년시절에 일어났던 역사적 사건들을 담담하게 묘사했다.

"어느날 밤 혜성이 나타나 곧 지구 위로 떨어질 것이라는 말들"이 오가고 얼마 안 있어 카네티는 그의 집 정원에 들어찬 숱한 사람을 목격한다. 1910년 핼리 혜성이 지구에 근접했다. 카네티의 나이 다섯 살 때였다. 그런데 그의 기억에 깊이 아로새겨진 것은 혜성의 긴 꼬리가 아니라 그것을 보는 사람의 무리였다. 여기서부터 그의 평생 주제가 되는 '군중'에 대한 탐구가 시작되었다. 이어 두 개의 역사적인 사건을 통해 '군중의 슬픔'을 체험하게 된다. 하나는 타이태닉 호의 침몰이다. 카네티는 빙산에 관한 이야기를 들었고, 수많은 사람들이 물에 빠져 죽었다는 이야기도 들었다. 정작 그가 가장 관심을 가진 이야기는 배가 가라앉고 있는 상황에서 계속 연주를 했던 악대에 관한 것이었다. 그는 그들이 무슨 곡을 연주했는지 궁금했다. 하지만 카네티는 그의 궁금증이 적절하지 못하다는 사실을 깨닫고 이내 다른 사람들과 함께 울었다. 다른 사건은 남극에서 얼어 죽은 스콧 선장의 모험이다.

타이태닉 호의 침몰과 스콧 선장의 비극 같은 세기의 사건들은 카네티가 영국의 초등학교에 갓 들어갔을

때 일어난 일이었다. 아버지가 갑작스레 세상을 떠나자 그의 가족은 빈으로 이주한다. 그는 거기서 초등학교를 마치고 중학과정에 해당하는 실업학교에 입학했다. 1차 대전의 전운이 감돌자 가족은 다시 취리히로 이동한다. 여기서 한 가지 짚고 넘어가야 할 문제가 있다.

그러면 카네티는 과연 어느 나라 사람인가? 적어도 유럽의 다섯 개 나라가 그와 관련이 있다. 평생 바쁘게 국경을 넘나들어야 했던 것은 태어나면서부터 정해진 운명으로 보인다. 카네티는 스페인계 유대인으로 불가리아에서 태어났다. 그의 조상은 15세기에 불가리아로 왔지만 공동체에서는 고대 스페인어를 사용했다. 카네티는 스페인어·영어·독일어 등을 능숙하게 구사했으나 작품은 독일어로만 썼다. 그리고 2차 대전 이후에는 영국에서 살았다.

그래서 그는 오스트리아 작가 또는 영국 작가로 통한다. 맞기도 하고 그르기도 하는 국적 분류다. 굳이 그의 국적을 따진다면 '유럽인'이 꼭 맞을 듯 싶다. 유럽인 카네티는 이탈리아에서 예술을 공부하고 싶은 마음이 굴뚝 같았다. 그러나 그의 소망은 전쟁 뒤의 폐허에서 현실을 체험하기를 바라는 어머니에 의해 좌절된다. 이와 관련한 모자의 대화는 『구제된 혀』의 백미다.

"배운 것이라곤 너는 아무것도 없어! 네가 제대로 배웠더라면 너는 사람들이 불행에 처하게 되면 불행에 대해서는 더 이상 생각하지 않는다는 사실을 알고 있었을 텐데 말이야. 나는 그 불행을 비엔나에서 보았는데 그것을 잊을 수가 없구나. 그것은 언제나 내 눈에 선해"
"왜 내가 그걸 보길 원하시죠? 그것은 상상할 수도 있잖아요"
"책에서처럼, 그렇지! 너는 불행이란 것이 어떤지를 알기 위해서는 무언가를 읽는 것으로 족하다고 생각하는 모양이지. 하지만 그것으론 충분치 않아. 현실이란 그 자체로서 어떤 것이란 말이야. 현실이 모두야. 현실

을 기피하는 자는 살 가치가 없어"

카네티는 일생 동안 '죽음'의 문제에 대해서도 천착했다. 세기의 사건들과 아버지의 이른 죽음이 계기였음은 물론이다. 아버지는 문제뿐만 아니라 문제의 해결법을 미리 가르쳐줬다. 다름아닌 책을 통해 스스로 깨닫는 것이었다. 아버지는 카네티를 책의 세계로 이끌었다. 그에게 어린이 문고본 『천일야화』를 구해줘 책에 눈 뜨게 했고, 『그림동화』 『걸리버 여행기』 『로빈슨 크루소』 『돈 키호테』 『윌리엄 텔』 등을 읽을 수 있게 했다.

현실적인 사람이 되라는 어머니의 충고를 받아들여 대학에서 화학을 전공하고 박사학위까지 취득하지만 카네티는 작가의 길로 들어선다. 초기 대표작인 『현혹』(국제문화출판공사, 1981)의 주인공인 페터 킨은 중국을 연구하는 학자로 대단한 책벌레로 설정되었다. 소설의 모티프는 부당한 판결에 반발한 노동자들의 대규모 군중 시위였다. 이 책은 '군중이란 무엇인가?'라는 자문에 대한 첫 번째 해명이었다.

『군중과 권력』(한길사, 1982)은 『현혹』의 주제를 체계적으로 정리한 '군중론'으로 카네티의 노벨상 수상 이후 여러 출판사가 앞을 다투어 번역서를 펴냈다. 한길사는 '오늘의 사상신서' 목록에 이 책을 올렸다. 학원사판은 학원사의 자회사인 '주우主友'를 통해 나왔다 (1982). 어마어마한 응원 무리의 물결에 우리 자신도 놀란 2002년, 이 책이 20년 만에 다시 나왔다(바다출판사).

이 책은 군중의 본질과 특성을 날카롭게 분석한다. 카네티는 군중의 속성으로 네 가지를 들었다. 군중은 언제나 성장하기를 원하고, 내부에는 평등이 지배한다. 군중은 밀집상태를 사랑하고, 하나의 방향을 지향한다.

카네티는 군중처럼 느껴지는 집합적 단위를 '군중 상징'이라 이름붙였다. '군중 상징'에는 곡식, 숲, 비, 바람, 모래, 불, 바람 등이 있다. 강은 허영에 찬 군중, 곧

자기 자신을 과신하는 군중을 상징한다. 아도르노는 『군중과 권력』을 일종의 스캔들로 폄하하려 했다. 그러나 아도르노의 시도는 실패했다. 반성완 교수의 지적대로 "카네티의 죽음을 둘러싼 군중과 권력의 상관관계에 대한 논리 전개"를 따라잡기가 쉽지 않기 때문이다.

『말의 양심』(한길사, 1984)은 산문집으로 1960년대에서 1970년대까지 쓴 글을 시대순으로 엮었다. 서평·평론·연설 등 다채로운 형식의 글을 통해 카네티의 진지한 문학관을 접할 수 있다. "당시(1930년대) 지배적이었던 빈(비엔나)의 문학에 대한 나의 깊은 반감으로 인하여 나는 일체의 유쾌하고 쾌적한 문학에는 전염되지 않았다. 당시 가장 인기 있었던 것은 오페라풍의 감상적 문학이었고 또 이러한 문학 가운데에는 잡문가와 요설가들도 있었다."

노벨상 수상이 가져온 1980년대의 '특수' 이후 카네티의 책들은 독자와 멀리 떨어져 있다. 이제 새로운 세대를 위해 옛 번역본들의 재출간이 필요한 시점이다. 아울러 새로운 작품의 번역도 더해졌으면 좋겠다. 빼어난 모로코 기행문인 『마라케시의 소리들』, 잠언적 기록집 『인간이 사는 고장』, 그리고 평론과 대담을 엮은 『단절된 미래』 등은 아직 한국어판이 없다.

엘리아스 카네티의 책
모로코의 낙타와 성자 조원규 옮김, 민음사, 2006.
카프카의 고독한 방황 허창운 옮김, 홍성사, 1978.
현혹 – 눈먼 세계에 갇힌 다양한 인간상 이온화 옮김, 지식의숲, 2007.
현혹 김형섭 옮김, 국제문화출판공사, 1981.
머리없는 세상 박경명·김영일 옮김, 예맥사, 1982.
군중과 권력(개정판) 강두식·박병덕 옮김, 바다출판사, 2002.
군중과 권력 반성완 옮김, 한길사, 1982.
군중과 권력 강두식 옮김, 주우(학원사), 1982.
군중과 권력 홍갑순 옮김, 대일서관, 1982.
구제된 혀 양혜숙 옮김, 심설당, 1982.
귓속의 횃불 이정길 옮김, 심설당, 1982.
말의 양심 반성완 옮김, 한길사, 1984.

올리버 색스
Oliver Sacks
1933-

"이 모든 것에 대해 쓰는 것은 여전히 어렵다"

나는 쓰러졌었다. 큰 수술을 받았다. 그런데 그때나 지금이나 내 몸 상태에 대해 의사에게 안 물어본다. 모르는 게 약이다. 겁이 나서 투병기도 잘 못 읽는다. 아예 안 읽으려 한다. 투병기의 주인공이 나하고 비슷한 질환인 경우는 더 그렇다. 영국 BBC 기자의 투병기를, 부들부들 떨면서 이곳저곳 넘겨보다 그를 죽음에 이르게 한 병명이 눈에 들어온다. '신경교종glioma'이다.

집에서 가까운 도서관을 찾아가 의학사전을 뒤적인다. "뇌와 척수의 내부에 있으면서 신경조직의 결합·지지·영양 등의 작용을 하는 신경교의 종양. 특히 뇌수에 다발하며, 전체 뇌종양의 40퍼센트를 차지한다."

이건 바로 내 얘길세

『나는 침대에서 내 다리를 주웠다』는 영국 출신 신경과의사 올리버 색스의 병상일기다. 의사인 그의 환자체험은 마치 내가 치른 일 같다. 색스는 환자가 겪는 일반적인 상황을 아주 실감나게 표현한다. 불의의 사고를 당하는 장면부터 한번 따라가 보자. 그리고 거기에 내 경험을 얹는다.

24일 토요일, 색스는 노르웨이에 있는 어느 외진 산을 오르다 발을 헛디뎌 왼쪽 다리를 심하게 다친다. 죽을 고비에서 순록사냥꾼 부자에게 발견되어 구사일생으로 살아남는다. 그런데 "구조된 순간부터는 덜 생생하고 잘 떠오르지도 않는다."

나도 그랬다. 13일 금요일 아침, 나는 발작을 일으켰다. 처음 있는 일이다. 다행히 곁에 아내가 있었다. 그날 일이 기억나지 않는다. 겨우 두 컷만 떠오른다. 한 컷은 내가 병원 응급실에 누워 있다. 다세대 주택의 계단을 걸어 내려가는 장면은 아내가 기억을 되살려 주었다. 내가 응급후송요원의 들것에 의지하지 않고 걷기를 자청했단다. 이튿날의 기억도 희미하다.

"거의 기적 같이 지상으로 다시 귀환하는 행운을 누렸다. 그런데 뒤이은 나날들에 긴장과 연관성을 제공해주는 이야기나 특별한 기분은 어떤 의미에서 더 이상 존재하지 않았다. 따라서 그 뒤의 나날들에 대해 글을 쓴다는 게 어렵고 심지어 생생하게 기억하기가 힘겹게 느껴진다. 나는 안전하다는 확신과 편안함을 느끼자마자 산 위에서의 생생하고 열정적인 감정들이 갑작스럽게 고갈되었다."

나는 환자일기를 수술 전전날까지 썼지만 수술 후에는 쓰지 않았다. 수술을 받으려고 병원에 입원한 수술 전날은 아주 착잡했다. 앞서 수술에 필요한 각종 검사를 받기 위한 사흘간 입원했을 때보다 훨씬 마음이 무거웠다. 발작 직후 8일간의 병원 생활에서는 육체적 충격 때문에 그런 기분을 느낄 겨를이 없었다.

그날 늦은 시간에 예상치 못한 분들이 문병을 와주어 마음이 한결 가벼워졌다. 내가 아는 시민단체의 실무자 한 분이 군 복무 중 같은 증상으로 수술을 받고 지금까지 멀쩡하게 지낸다는 얘기에 큰 위로를 받았다. 늦은 밤, 형님과 함께 나를 맡은 의료진의 수련의에게 들은 섬뜩한 수술 부작용을 개의치 않을 정도의 평정을 얻었다. 그러나 그것도 잠시, 이튿날 아침, 실체를 알 수 없는 두려움이 엄습했다.

"그 두려움 속에는 죽음도 분명히 포함되어 있었지만, 그것을 단지 죽음에 대한 두려움이라고만 부를 수 없을 것 같다. 그것은 산에서 결코 경험하지 못했던 악몽 같고 불길한 어떤 감정으로, 음산하고 딱히 이름 붙이기도 어려운 내밀한 무언가에 대한 두려움이었다."

아침 8시, 침대차에 누워 수술실로 향하는 동안 음산하고 내밀한 두려움이 몰려왔다. 누운 채로 병원 복도의 천장을 물끄러미 봐서 그랬을까. 그런 기분이 전달됐는지 침대차를 밀고 가는 병원직원이 눈을 감으면 한결 나아질 거라 했다. 그렇게 하자 기분은 한결 좋아졌지만 이동거리는 훨씬 길게 느껴졌다.

"병실에 자리를 잡자마자 외과인턴과 기록계원이 방문했다. '병력病歷'을 정리하는 과정에서 몇 가지 어려움이 있었는데, 그들은 특기할 사실만을 알고 싶어 했지만, 나는 일어난 모든 것을 말하려고 했기 때문이다." 나한테도 간호사와 수련의가 와서 병력을 물었다. 나는 특별한 것만 얘기하고 싶었지만, 그들은 모든 것을 알고 싶어 했다.

"나는 과도할 정도로 우울했다." 검사를 위한 입원 기간과 수술 전날의 나는 침착하고 담담한 명랑·쾌활형 환자였다. 하지만 수술 후에는 정반대였다. 간호사의 걱정을 살 정도로 나는 태도가 바뀌었다. 머리를 '열었다'는 자괴감 때문이었을까. "갑작스럽게 나는 쓸쓸하고 버림받은 처지가 되었고 병원에 입원한 이래 처음으로 환자로서의 근본적인 외로움을 느꼈"던 것이다. 나는 간호사의 걱정을 듣고 현실을 긍정하려 노력했다.

"나는 가족과 친구들에게 전화를 걸어 무슨 일이 있었는지 그리고 무슨 일이 벌어질지를 알려주었고, 만일 운이 나빠서 수술을 받다가 사망하면 내 노트들과 출판되지 않은 글들에서 적절한 초록들을 택해 알맞다고 생각되는 글들을 출판해 달라고 유언을 남겼다." 나는 환자일기에다 아직 책으로 묶이지 않은 기고문 목록을 1쪽 작성하다 말았다. 누군가 알아서 해주겠지, 라는 막연한 기대심리보다는 수술 받는 병원의 1퍼센트도 안 되는 수술 도중 사망률에 마음을 놨던 것 같다.

"이 장면과 더불어 나는 의식을 잃었다." 나는 언제 의식을 잃었는지 모른다. 다만, 수술준비실의 분위기가 생각보다 더 칙칙하다는 기억은 남아 있다. "나는 병상에 누워 있었는데 누군가가 나를 흔들며 이름을 부르고 있다는 느낌이 들었다. 눈을 떠 보니 인턴이 내 쪽으로 몸을 기대고 있었다. '어떠세요?' 그가 말했다."

나를 맡은 의료진의 말번 수련의가 뺨을 때리자 나는 잠에서 깨어났다. 수련의가 수술이 아주 잘 되었다고 했다. 그 와중에도 나는 고맙다고 인사치레를 했다. 24시간의 마취에서 깨어난 느낌은 묘했다, 이상했다. 내가, 내가 아닌 듯했다. 수술환자를 깨우는 곳이 중환자실이어서 더 그랬을 것이다. 아버지와 둘도 없는 친구가 다녀갔다. 사람을 더 보고 싶지 않았다. 대학병원 중환자실은 살벌했다.

"나를 완쾌시켜 준 외과의사와 병원 직원들 그리고 나를 안전하게 후송시켜 주었던 노르웨이의 선량한 사람들에게 감사를 느꼈다." 11일의 월요일, 이번에는 출판사 사무실에서 쓰러졌다. 병원으로 실려 가는 구급차 안에서 정신이 잠시 든 사이, 응급구조원에게 지난번에 못한 것까지 감사하는 마음을 표현했다.

"한 달 정도 병원에 입원해야 하고 그 다음 몇 달 요양을 해야 한다." 나는 발작 직후 8일, 수술을 위한 검사를 위해 3일, 수술하고 나서 9일, 이렇게 20일간 입원했다. 요양은 집에서 한 셈인데 색스가 들려주는 영국의 병원과 요양원의 연결체계는 부러움을 살만 하다. 그런데 나는 병원에서도 찬밥 신세가 되었다. 수술이 잘 된 게 탈이었다. 이제 나는 의료진의 주목대상이 아니었다.

"정형외과의사들에 반대하는 무슨 이야기를 하고 있는 것은 아닙니다. 그들은 훌륭한 일을 하고 있죠. 그러나 그들은 결코 움직임과 자세에 대해 고려하는 것 같지는 않아요. 그들은 몸이 일단 제대로 자리를 잡고 난 뒤 어떻게 움직일지에 대해서는 생각하지 않아요." 색스를 돌본 물리치료사의 지적도 타당하나, 색스 이모님의 견해는 정곡을 찌른다.

"외과의사한테서 너무 많은 것을 기대하지 마라. 그가 선량한 사람이고 최고의 외과의사임을 확신한다만, 이런 일은 수술의 영역을 넘어서는 것이지. 그가 완전하게 이해하지 못하더라도 화를 내선 안 된다. 그에게서 불가능한 것을 기대해서는 안 돼. 너는 한계를 예상해야 하고 존중해야 해. 우리 모두가 그렇듯이 그는 여러 한계를 지니고 있을 거야. 직업적 한계, 정신적 한계, 정서적 한계, 가장 특별하게는…."

색스가 예상한 "다음과 같은 보험회사 직원이 할 법한 말"을, 나로선 상상하기조차 어려웠다. "이러한 증후군은 확률상 60퍼센트 정도로 관찰됩니다. 그것은 다양한 방식으로 x, y, z에 그 원인이 있습니다. 회복률은 이런저런 요인들과 다른 예측할 수 없는 요인들에 따라 다양하게 산출됩니다."

쓰러지기 열 달 전, 무슨 바람이 불었는지 보험에 들었다. 처음이자 마지막으로 가입한 민간보험이었다. 보험의 필요성은 인정하지만 나는 여전히 보험을 불신한다. 가입 1년이 넘지 않았다는 이유로 보험회사 조사원이 찾아왔다. 그는 병원의 기록도 뒤졌다. 집까지 찾아온 보험회사 직원에게 나는 내 머리를 들이밀었다. 똑바로 보라고, 이게 보험 사기냐 하고. 결국 청구한 보험금을 받았지만, 보험 가입자의 꼬투리를 잡아 보험금을 안 주려는 보험회사의 태도가 몹시 불쾌했다.

"음악의 첫 마디와 더불어 다리에 생명력이 회복될 것이라는 희망과 암시를 느꼈다." 집에 와서 육체적 회복은 빨랐으나, 정신적 회복은 더디기만 했다. 그저 멍하기만 했다. 수술 3주 후 아들이 태어났다. 갓난 아들을 보자 정신이 들기 시작했다. "회복은 완만하게 경사진 길이 아니라 이전 단계에서는 생각하기 어렵고 불가능하게 보이는 일련의 급격한 단계들로 이루어진 과정이다."

"이제 수간호사가 실을 뽑을 겁니다." 나는 의사가 뽑아줬다. 어떻게 자기네 병원에 왔냐는 의사의 질문에 나는 집에서 가까운 종합병원이고 신경외과가 있어서라고 대답했다. 덜 뽑힌 실밥 하나를 병원 화장실에서 직접 뽑았다. 시원섭섭했다. "환자로서 3주라는 길지 않은 기간 동안 공포에 떨며 실제 세상을 완전히 망각해 버렸던 것이다."

마취에서 깨어난 날 나는 침대에 누워 꼼짝도 하지 않았다. 그래야 되는 줄 알았다. "당신에게 가장 적절한 치유책은 수영하러 다니는 겁니다." 담당의사는 내게 걷기를 강조했다. 괴상한 몰골로 병원 복도를 걸어 다녔다. 복도에서 다른 환자들과 자주 마주쳤다. 걷기가 수술환자의 일반적인 회복책인 모양이다.

"환자들 모두 몹시 병원을 떠나고 싶어 했으며, 바깥으로 나가고 싶어 했으며, 다음 단계로 나아가기를 기대했다. 그러나 그러한 기대는 이미 익숙해 있는 돌봄과 길들여진 유아적 상태를 포기하는 것을 의미했다. 환자들은 모두 의식적으로는 젖을 떼고 싶어 했지만 무의식적으로는 두려워했고, 젖떼기를 중단하려 하면서 응석받이로 자란 특별한 처지를 연장하고자 애썼다." 또한 "이 모든 것에 대해 쓰는 것은 몇 년이 지난 후에도 여전히 어렵다."

"병은 인간이 처한 본질적인 조건이다"

올리버 색스는 1938년 여름, 그러니까 여섯 살 때 나선형으로 된 작은 통꽃들이 소수素數의 배수가 된다는 것을 발견하고서, 훗날 경험할 모든 과학적 경이와 즐거움의 원형이 될 세상에 대한 질서와 미적 시각을 가질 정도로 조숙했다.

『엉클 텅스텐』은 '꼬마 올리버의 과학 성장기'이자 로버트 보일부터 닐스 보어까지 약 2세기에 걸친 화학의 역사를 돌아본 개인 회고록이다. 올리버는 자손이 번성한 유대인 집안 출신이다. 그의 어머니는 18남매 중 열여섯째였고, 그는 4형제 중 막내다. 사촌들은 거의 100명에 육박한다. 정작 그는 아직 미혼이다.

이외에 그의 단독 저서 두 권은 임상보고서다. 한국어판 부제목이 '뇌신경과의사가 만난 일곱 명의 기묘한 환자들'인 『화성의 인류학자』는 신경병이 원인이 되어 변화한 사람들의 기록이다. 대안의 존재 방식, 새로운 생활 모습, 전혀 다른 인간으로 변화한 사람들의 기록이다.

"이 책에는 자연과 인간의 의지가 뜻밖의 충돌을 빚은 일곱 편의 이야기가 담겨 있다. 투렛증후군에서부터 자폐증, 기억상실, 전색맹에 이르기까지 다양한 신경병의 습격을 받은 일곱 명의 주인공은 의학계의 전통적인 관점에서 보자면 일종의 '사례'이지만, 또 한편으로는 나름의 세계관을 구축한 독특한 인간이기도 하다."

책의 주제를 질병의 역설적 측면과 숨겨진 '창의력'으로 설정한 색스는 그가 만난 환자들에게서 본 질병의 이면을 집중적으로 다룬다. 신경학자들이 신경 손상과 파괴로 인한 모든 질병에 주목하는 까닭은 이를 통해 신경계의 구조를 파악할 수 있기 때문이다.

"대뇌색맹은 뇌가 어떤 식으로 색채를 '인식'하는지 알려주는 열쇠가 된다. 그런데 조너선 I.의 경우는 색이 그의 생활에서 아주 중요한 역할을 담당하는데다가 그가 눈앞의 현상을 정확히 표현하고 그릴 줄 아는 화가이기 때문에 대뇌색맹의 생소함과 고통과 실체를 완벽하게 전달할 수 있다는 점에서 두 배로 호기심을 자극했다."

『아내를 모자로 착각한 남자』에는 어느 날 갑자기 사람 얼굴과 사물의 형태를 분간할 수 없게 된 음악선생, 과거는 기억하되 현재는 기억하지 못하는 남자, 오른쪽을 못 보는 여자, 밤마다 침대에서 떨어지는 남자, 바흐 전곡全曲을 외우는 백치 등이 등장한다.

'병력' 기록이 개인과 그 개인의 '역사'에 대해 아무 것도 말해주지 않는다고 비판하는 색스의 임상체험기는 다분히 서사적이다. 수전 그린필드의 『브레인 스토리』에 드문드문 나오는 사례가 다소 차갑게 느껴진다면, 색스의 구체적 서술은 정감어리고 따뜻하다. 그러면서도 객관적이다. 환자의 내부로 들어가려하지만 일정한 선은 넘지 않아서다.

"우리의 인지과학 역시 P선생과 마찬가지로 시각인식불능증에 걸려 있는 것이다. 따라서 P선생의 사례는 어떤 의미에서는 우리에게 던져진 하나의 경고이자 우화일 수도 있다. 판단이나 구체적인 것, 개별적인 것을 등한시하고 완전히 추상적이고 계량적으로만 변해가는 과학이 장차 어떻게 될지에 대한 경고 말이다."

시각인식불능증에 걸린 P선생이 바로 '아내를 모자로 착각하는 남자'다. 로버트 B. 실버스가 엮은 『숨겨진 과학의 역사』(김종갑 옮김, 해냄, 1997)에 실린 올리버 색스의 글은 어떻게, 왜 그러한 일이 과학사에서 일어났는가에 초점을 맞춘다.

"과학은 역사적·인간적 배경과 무관한 비인격적인 '순수 사유'라는 말이 있다. 이러한 과학관에 동의하는 사람들이 많다. 그러나 과학은 철저하게 인간적인 작업이다. 과학은 유기체처럼 진화하고 인간과 더불어 성장하며, 갑자기 눈부신 혁명을 일으키기도 하고 정체하기도 하며 때로는 곁길로 빗나가기도 한다. 과학은 과거의 토양에서 자라기 때문에 과거로부터 완전히 벗어날 수가 없다. 우리가 어린 시절로부터 자유로울 수 없는 것처럼."

올리버 색스의 책

뮤지코필리아- 뇌와 음악에 관한 이야기 장호연 옮김, 알마, 2008.
색맹의 섬- 올리버 색스가 들려주는 아주 특별하고 매혹적인 섬 이야기 이민아 옮김, 이마고, 2007.
나는 침대에서 내 다리를 주웠다- 신경과의사 올리버 색스의 병상 일기 한창호 옮김, 소소, 2006.
아내를 모자로 착각한 남자 조석현 옮김, 이마고, 2006.
아내를 모자로 착각한 남자 조석현 옮김, 살림터, 1993.
화성의 인류학자- 뇌신경과의사가 만난 일곱 명의 기묘한 환자들 이은선 옮김, 바다출판사, 2005.
엉클 텅스텐- 꼬마 올리버의 과학 성장기 이은선 옮김, 바다출판사, 2004.
인간의 기적 송정희 옮김, 중앙M&B, 1995.
소생 최승자 옮김, 대흥 1991.

와다 하루키
和田春樹
1938-

현재의 북한을 가장 잘 이해하는 것은 일본인이다

2003년 4월, 그간 북한 문제에 관심 있는 독자들에게만 잘 알려졌던 와다 하루키 일본 도쿄대 명예교수의 이름이 잠시 우리나라 방송과 신문 지상에 오르내렸다. 4월 22일 있은 국회 정보위원회의 국가정보원장 인사청문회에 증인 자격으로 출석한 서동만 상지대 교수를 상대로 한 국회의원들의 질문에서 와다 하루키 교수가 거명되었다. 당시 국가정보원 기획조정실장으로 내정된 서 교수를 향해 일부 국회의원은 색깔론을 들고 나왔는데, 야당의 이 아무개 의원은 서 교수의 박사 논문을 지도한 와다 하루키 교수가 친북인사라 서 교수가 그 영향을 받았다는 주장을 폈다.

이 문제에 대해 시사주간지 〈한겨레 21〉은 「그 딱지, 무식하다」(제458호, 2003. 5. 15)는 제하의 약간 뒤늦은 분석 기사를 통해 와다 하루키 교수가 친북 인사라는 일부 의원의 주장은 사실과 거리가 먼 것이라고 지적했다.

서 실장의 논문 지도교수인 와다 하루키 도쿄대 명예교수가 친북인사란 주장도 사실과 거리가 먼 것이다. 친북 성향의 지도교수 밑에서 배운 서동만도 친북이란 논리에서 나온 이 주장은 그 전제부터 취약하다. 와다 교수는 북한의 국가체제가 67년부터 72년에 걸쳐 건설되었고 그 토대는 61년에 만들어진 국가사회주의체제라고 본다. 와다 교수는 북한에 대해 수령을 사령관으로 받들며 전 인민은 항일유격대원의 자세로 생활하고 학습하고 생산하는 국가인 '유격대 국가'라고 말했다. 그는 유격대 국가는 일종의 커다란 쇼 내지는 연극이란 결론을 내렸다. 이런 주장을 펴는 학자한테 '친북'이란 딱지를 다는 것은 '무식한' 일이다.

와다 하루키의 『북조선』(돌베개, 2002)은 그에게 친북 딱지를 붙이는 것이 얼마나 무식한 일인지 잘 말해주는 책이다. 보는 이에 따라 이 책에 대한 생각이 다를 수 있겠으나, 적어도 내게 이 책은 북한의 진실을 알려준 고마운 책이다. 김일성의 젊은 시절 행적과 북한 정권의 수립 과정, 한국전쟁 시 북한·중국·소련의 동향, 북한의 정체성과 외교 전략의 본질 등을 이 책을 통해 비로소 명확히 알게 되었다.

『북조선』은 자유주의적 관점을 지닌 나 같은 독자에게 북한 체제 비판서로 읽힌다. 초등학교에서 군대에 이르는 15년간 숱하게 이념교육을 받았으나, 그것들은 맹목적 반북논리에 치우친 탓에 왜 북한을 비판하는가에 대한 깨우침은 주지 못했다. 하지만 인정할 것은 인정하되 부풀려진 측면은 여지없이 지적하는 와다 하루키의 서술은 북한 체제의 맹점을 아주 효과적으로 드러내는 구실을 한다. 그런 점에서 와다 교수를 '친북'으로 모는 일부 국회의원이 오히려 친북적이지 않냐하는 의구심이 인다.

와다 하루키는 북한을 탐구하는 방법으로 "역사적으로 생각한다"는 방식을 취했는데, 이는 눈앞의 북한의 모습을 바라볼 뿐만 아니라 역사의 흐름 속에 놓고 봄으로써 표면적인 관찰을 심화시킬 수 있다는 인식에 바탕을 둔다. 하지만 북한에 대한 역사적 접근은 역사 연구를 아주 엄격히 통제하는 사회주의 국가의 속성상 쉬운 일이 아니었다. 그래서 와다 하루키는 북한 역사의 태동기와 한국 전쟁 이전의 시기에 주목한다.

본래 일본의 대표적인 러시아·소련사 학자였던 와다 하루키는 「소련의 조선정책, 1945년 8월-1946년 3월」을 북한 관련 첫 논문으로 발표한다. 1980년대 초반 일본에서 출간된 『북조선왕조 성립비사』라는 책에

자극받아 해방 후 북한의 역사를 살피는 것은 잠시 미루고, 김일성과 만주항일투쟁을 본격적으로 파고들기 시작한다. 학교의 도덕·국민윤리 시간에 배우고, 신문·방송에서 복습시켜준 대로 우리는 '김일성은 가짜다'라는 확신을 갖고 있지만, 와다 하루키는 중국의 문헌 자료를 토대로 김일성이 진짜임을 논증했다. 그는 1985년 발표한 논문에서 "김일성이 조선인민혁명군을 조직하여 싸웠다는 북조선의 설명은 신화지만, 그가 중국 공산당원으로서 동북항일연군에서 싸운 유능한 지휘관으로 진짜임을 지적하였다."

『북조선』의 제2장 「김일성과 만주항일전쟁」을 읽으면서 과거 우리의 반공교육이 김일성의 항일투쟁 경력은 사실대로 인정하고 나서 그 이후의 행적을 비판했더라면, 더욱 효과적이었을 거라는 생각을 했다. 그러는 것이 민족적 정통성 면에서 꿀릴 수밖에 없는 일본 관동군 장교를 지낸 권력자에게는 불가능한 일이기는 했지만 말이다. 쿠데타로 집권한 일본군 장교 출신 박정희의 장기집권이 부당한 건 두말할 나위 없지만, 독립투쟁의 이력이 김일성의 반세기에 걸친 장기집권을 정당화할 순 없다. 더구나 북한 당국이 내세우는 김일성의 만주항일전쟁의 전과는 침소봉대한 기색이 역력하다. 김일성이 주도한 보천보 공격은 '보스턴 대학살' 사건을 떠올리게 한다.

미국인들이 다섯 명밖에 희생되지 않은 사건을 대학살이라 칭한다면, 북한 당국은 다섯 명의 보천보 주재 일본 경관은 모두 도망가고 "업혀 있던 경관의 아이가 유탄에 맞아 죽은 것과 일본인 요릿집 주인이 살해된 것이 예외적인 죽음이었"던 해프닝을 탁월한 전과로 미화하는 셈이다.

와다 교수는 언론의 대대적 보도에 힘입어 보천보 전투가 널리 알려졌다고 말한다. 일장기 말소 사건으로 발행 정지를 당했던 〈동아일보〉의 속간에 즈음해 사건이 터져 〈동아일보〉가 이를 크게 보도했다는 것이다.

와다 하루키는 김일성 부대가 항일투쟁의 근거지로 삼았다는 백두산 밀영과 그 일대에서 훗날 발견된 김일성 찬양 구호가 새겨진 나무의 신빙성에 의문을 제기한다. 그는 백두산 밀영은 "혁명가극의 한 장면을 상연하는 야외세트" 정도로 간주하고, 나무의 구호는 명백히 새롭게 새겨진 것으로 여긴다. 아무리 사소한 사건이라도 김일성과 관련된 역사적 사실은 부풀려져 신화가 되고 북한 사람들의 행동의 준거가 되었다.

특히 "김일성의 만주항일전쟁은 조선민주주의인민공화국의 국가상, 이데올로기의 알파요 오메가이다." 이런 측면은 보천보 전투 30주년이 되는 1967년 극적으로 표출되었는데, 와다 하루키는 이 해에 "김일성이 유일한 사령관으로서 인민 전체가 만주파, 즉 유격대원이기를 요구하는" 유격대 국가 노선이 채택됐다고 설명한다. 아울러 이듬해 여러 차례의 유격대 남파 공작을 유격대 국가 노선의 연장선상에서 파악한다. 와다 하루키는 북한의 외교 전략 역시 유격대 국가의 틀 안에 있는 것으로 본다.

북한의 벼랑 끝 외교의 배경이 줄곧 궁금하던 차에 유격전의 성격을 띠었다고 해석하니 그럴 법하다. 북한의 정치문화를 "대단히 실용주의적인 절충주의 문화"로 전제한 와다 하루키는, 이런 면을 유교적 전통문화와 사회주의 결합으로 보는 일반적인 견해에서 한걸음 더 나아가 북한의 정치문화를 "훨씬 잡종적인 문화적 혼합물"로 본다. 사회 전반에 소련 문화의 색채가 짙게 나타나지만, 주체사상탑은 미국의 워싱턴 기념탑을 본떴다. 국가를 인체에 비유하는 수령론에서는 플라톤과 유럽의 중세적인 정치문화의 흔적이 엿보이고, 수령·당·대중의 삼위일체론에는 기독교의 영향이 스며 있다. 그중에서도 가장 눈길을 끄는 것은 일본의 영향이다.

현재의 북조선은 전쟁 말기의 일본과 닮은 부분이 있다. 공장은 가동되지 않고 식량도 바닥난 상태에서 생필품이나 먹을 것을 찾아 스스로 나서야 했고 모두가 하루하루 겨우 연명하면서 여자들 옷이라도 있으면 즉시 먹을 것으로 맞바꾸었다. (중략) 그러한 일본의 과거를 반추해 볼 때, 수수께끼에 싸여 있는 현재의 북조선을 가장 잘 이해할 수 있는 것은 일본인일 것이라 생각된다.

천황 일가의 생일을 기리는 1939년 일본의 봉축 기념일 행사(134쪽)와 김일성 부자의 생일을 기념하는 1990년대 초 북한의 축일(152쪽)은 40여 년의 시차가 나는 두 사회의 유사점을 단적으로 말해준다. 일본과 한국에서 같은 해 출간된 『김일성과 만주항일전쟁』(창작과비평사, 1992)은 아직까지도 북한지도집단에 영향력을 행사하고 있는 김일성과 만주파의 항일무장투쟁을 본격적으로 다룬 연구서이고, 『한국전쟁』(창작과비평사, 1999)은 역사적 사건으로서 한국전쟁을 분석한 책이다. 『역사로서의 사회주의』(창작과비평사, 1994)는 러시아사 연구자로서 와다 하루키의 면모를 잘 보여준다.

와다 하루키의 한국어판 가운데 『한국전쟁』만 여러 쇄를 찍었을 뿐, 다른 책들에 대한 국내 독자의 반응은 시원치 않다. 이른바 친북 세력이든, 아니면 반북 세력이든 북한의 실체적 진실에 관해서는 그다지 관심이 없는 모양이다. 와다 하루키가 다른 학자들과 함께 엮은 『군대위안부 문제와 일본의 시민운동』(오름, 2001)도 번역되었다.

와다 하루키의 책

서동만 – 죽은 건 네가 아니다 강금실 외 지음, 삶과꿈, 2010.
동북아시아 공동의 집 – 신지역주의 선언 이원덕 옮김, 일조각, 2004.
북한을 읽는다 다카사키 소지 공저, 이윤정 옮김, 녹두, 2003.
북조선 서동만·남기정 옮김, 돌베개, 2002.
군대위안부 문제와 일본의 시민운동 오누마 야스아키·시모무라 미츠코 엮음, 이원웅 옮김, 오름, 2001.
한국전쟁 서동만 옮김, 창작과비평사, 1999.
역사로서의 사회주의 고세현 옮김, 창작과비평사, 1994.
김일성과 만주항일전쟁 이종석 옮김, 창작과비평사, 1992.

요네하라 마리
米原万里
1950-2006

대단한 팔방미인 동시통역사

2주에 걸쳐 10권이나 되는 일본의 러시아어 동시통역사 겸 작가 요네하라 마리의 관련서를 다 읽었다(정확히는 그녀의 책 9권과 아메리 노통브의 소설 1권을 완독. 요네하라 마리의 책 1권은 아주 약간 읽음). 나로선 전에 없이 부지런을 떤 이번 책읽기는 요네하라 마리에 견주면 아무것도 아니다. 잽이 안 된다. 그녀는 20년간 하루 7권씩 읽었다니 비교 자체가 불가가하다.

날마다 일곱 권을 읽어내려면 속독은 불가피하다. 그녀의 독서일기에 따르면, 요네하라 마리는 아멜리 노통브의 『두려움과 떨림』(전미연 옮김, 열린책들, 2000)을 15분 만에 해치운다. "마지막까지 주인공에게 감정이입이 안 된 덕분에 마음 편히 15분 만에 읽었다." 나는 2시간 42분 걸렸다.

"그들이 한국인에게 배우고 싶어 하는 것은 한국적 사고와 한국이 가진 독특한 문화이지 미국인처럼 변한 한국인은 아니다." 제목에 끌려 60여 쪽까지 후딱 읽은 『레드카드, 대한민국 영어공부』(송봉숙 지음, 부키, 2010)에서 그럴법하다고 여긴 대목이다.

이것과 맥락은 약간 다르지만, 나는 요네하라 마리가 언뜻 비치는 '일본적인 것'에 심기가 불편하다. 다리미질을 하다 실수로 오른쪽 다리에 화상을 입은 딸한테 요네하라 마리의 어머니는 위로는커녕 원폭 희생자의 고통을 들이민다. 하지만 이때 우리는 반문이 앞선다. 그건 일본의 자업자득 아닌가?

섬나라 일본인은 뭍의 국경선을 놓고 서로 다투는 긴장감이 절실하지 않음을 전제로 한 요네하라 마리의 다음과 같은 주장은 교묘하게 가해자가 피해자로 둔갑하는 꼴이라면 지나친 억측일까? "그러므로 중국과의 센카쿠 열도 문제, 한국과의 독도문제, 러시아와의 북방4도 등 영토를 둘러싼 교섭도 그러한 흥정에 이골이 난 상대국들에게 도저히 당해낼 재간이 없으리라는 생각이 드는 것이다."(『문화편력기』, 33쪽)

나는 그리 애국적이지 못하다. 내 정서적 거부감은 내심 그녀가 코즈모폴리턴이길 바란 탓이 크다. 하지만 요네하라 마리는 코즈모폴리턴이 아니다. 외려 그녀는 이에 비판적이다.

"코즈모폴리터니즘cosmopolitanism, 세계시민주의이나 보편주의라는 명목하에 그것(애국심, 내셔널리즘 – 인용자)이 마치 존재하지 않는 것처럼 말하고 행동하는 것은 좋게 보면 위선이고, 나쁘게 보면 기만이다. 억제된 내셔널리즘이 폭주하는 공포를 20세기는 물릴 만큼 경험했지 않은가."(『문화편력기』, 55쪽)

요네하라 마리는 보리스 옐친을 선호한다. 나는 옐친이 별로다. 내가 좋아하는 대상이 좋아하는 것까지 좋아하란 법은 없다. 그리고 실제로도 나는 내가 좋아하는 사람들이 좋아하는 것을 좋아하지 않는 경우가 대부분이다.

나는 요네하라 마리 책의 한국어판 가운데 맨 먼저 집어든 『미식견문록』(이현진 옮김, 마음산책, 2009)은 서곡부터 아주 감미로웠다. 달걀이 잔뜩 들어간 카스텔라처럼. 반면 '토마토에 삶은 다시마' 통조림은 그녀의 실낱같은 기대마저 여지없이 배반한다.

"고르바초프 정권 말기 극도의 물자부족 상황으로 슈퍼마켓 진열대가 텅텅 비어도 이것만큼은 팔리지 않아 산더미처럼 쌓여 있었기에, '이거야말로 진짜 맛없을 거 같다'는 확고한 신념을 가지고 사보았다. 그래도 통조림을 따려 손을 놀리면서 실낱같은 기대가 없었다면 거짓말이다."

그러나 "하지만이라 할까 역시나라 할까, 정말 기막히게 맛이 없었다. 미각의 차이, 이런 미지근한 표현으로 해결이 안 될 정도"였다. "'먹는 것과 산다는 것'에 대한 이 유머러스한 성찰의 기록"(이현우, 뒤표지 글)에다 요네하라 마리는 맛난 요리의 레시피를 곁들인다. 소녀 시절 맛본 스페인다운 점은 전혀 없는 체코 요리 '스파넬스키 프 타체크'(스페인의 작은 새'라는 뜻)의 조리법은 이렇다.

"쇠고기 등심살을 가볍게 두드려 늘인 다음 한 면에 겨자를 바르고 햄이나 베이컨을 깐 뒤, 삶은 달걀 4분의 1, 소금에 절인 오이, 살짝 익힌 양파 4분의 1을 올려 고기와 베이컨으로 싼 다음 이쑤시개로 고정한다. 돼지기름을 둘러 달군 냄비에 이것을 넣어 노릇하게 굽는다. 이 냄비에 콩소메 수프를 붓고 뚜껑을 닫은 다음 고기가 다 익을 때까지 삶는다.

'작은 새'를 냄비에서 꺼낸 다음 육수가 우러난 수프에다 버터에 볶은 밀가루를 넣어 소스를 만든다. '작은 새'에 크네드리키를 곁들여 소스를 얹으며 완성." 크네드리키는 체코 특유의 찐빵이다. 어른이 되어 탑승한 스페인 국적의 이베리아 항공기에서 요네하라 마리는 기내식으로 나온 '작은 새'와 재회한다. 이 '쇠고기 롤찜'은 스페인 가정요리라는 여승무원의 설명을 듣고 그녀는 어릴 적 의문을 푼다.

요네하라 마리는 옛이야기를 애피타이저 혹은 디저트로 내놓는다. "일본의 대표적인 옛날이야기"인 '모모타로 이야기'는 내 귀에도 익다. 어린 나는 '모모타로'를 각색한 '복숭아장군'을 들려달라고 아버지에게 졸라대곤 했다. 마음 착한 사람이 그 선행의 보상으로 고진감래苦盡甘來하는 이야기는 우리도 낯설지 않다. '나무꾼 이야기'와 '흥부와 놀부'가 그렇다.

'외국에선 누구나 애국자가 된다'는 통념을 체감한 요네하라 마리지만 때로는 조국의 현실을 직시한다. "결국 아시다시피, 국가 재정이 파탄으로 치달아 소련은 붕괴했다. 지옥으로 떨어진 것이다. 한편 일본은 어떤가. 공업제품 수출을 최우선으로 해온 전후의 경제

정책으로 벼농사는 최대 희생자가 되었다. 수확량 억제와 보조금 정책은 농민들의 자긍심에 깊은 상처를 주었다. 일본이 지옥에 떨어질 날도 그리 멀지 않았다는 생각이 든다." 그럼, 우린?

요네하라 마리의 유머는 밤참 혹은 간식이다. "당시에는 야쿠트(인접한 부랴트족 말로 '세상 끝의 또 끝'이라는 의미)라 불렸고 지금은 '사하'라고 불리는, 러시아 연방 내의 자치공화국 수도 야쿠츠크에서의 얘기다. 계절은 12월. "조금만 따뜻해지면 레나강에 낚시나 하러 갑시다" 하고 야쿠트인 가이드가 권하기에 낚시 도구를 한 벌 사두었다. 날은 잡은 그날의 기온은 영하 53도."

『문화편력기』(조영렬 옮김, 마음산책, 2009)는 '유쾌한 지식 여행자의 세계문화기행'이다. 이 책에 실린 글 가운데 신문 칼럼으로 짐작되는 것들은 대체로 약간 밋밋하다. 흥미가 좀 떨어진다. 하지만 「모자람의 효용」에서 러시아 장기 취재 여행에 동행한 일본인 카메라맨이 필름을 낭비하는 까닭은 흥미롭다. "제조업체에서 카메라맨에게 공짜로 필름을 제공하니 그런 겁니다." (호시노 히로미)

「드래건 알렉산드라의 심문」은 진짜 독서교육을 보여준다. 나는 예법을 추구하는 기예의 허상에 대한 요네하라 마리의 지적에 공감한다. "차든 꽃이든 유파에 사로잡히지 말고, 맛있게 달이고 아름답게 꽂으면 되는 것이다. 그것을 위한 이론이나 틀을 몸에 익히는 것은 좋은 일이겠지만, 그 과정을 통해 덜렁거리고 칠칠맞지 못한 성격까지 고치려고 욕심을 부려서는 안 될 일이다."

나는, 내가, 고양이와 개를 주인공으로 하는 『인간 수컷은 필요 없어』(김윤수 옮김, 마음산책, 2008)마저 재미나게 읽을 줄은 미처 몰랐다. 나는 개, 특히 애완견을 싫어한다. 고양이에 대해선 아예 무관심하다. "원인은 명확하지 않지만 고양이를 사랑하는 사람들의 수에 필적할 정도로 고양이를 싫어하는 사람들이 존재한다." 나

는 어느 쪽에도 해당사항 없다.

"여행지에서 무슨 일이 생기더라도 한 사람이 남아 있으면 고양이들이 고아가 되지 않잖아요." 반드시 '고양이지킴이'를 집에 남기고 가족여행을 떠난다는 '고양이를 기르는 주인들의 모범'을 나는 이해하기 어렵다. 이런 내가 어떻게 '독신 마리네, 포유류 아홉 가족의 얽히고설킨 이야기!'를 즐겁게 읽을 수 있었나?

표현이 멋져서? "지비와 도부, 스미레, 그리고 구로도 금붕어 똥처럼 젠을 졸졸 따라다녔다." '금붕어 똥처럼'은 정말 멋진 표현이지만 이게 전부는 아니다. "여성해방을 주장하는 사람들은 생물학적인 성과 사회학적인 성을 섹스와 젠더라는 식으로 구분하지만 세상은 그렇게 단순하게 나눌 수가 없는 것이다." 이러한 분별력 덕분에? 절반은 맞다.

결정적으로는 요네하라 마리가 동물애호가인 척하지 않아서다. "'동물을 사랑하는 사람은 마음이 착하다'고 순진무구하게 말하는 사람이 있으면 나는 부글부글 끓다가 더 참지 못하고 말한다. "어머, 히틀러도 개를 얼마나 좋아했는지 몰라요. 인간보다 훨씬 더." 이렇게 싫은 소리를 하며 밉상을 떤다."(『마녀의 한 다스』, 229쪽)

그녀의 밉상까지 예뻐 보이니 '요네하라 마리스'의 열성팬이 되는 것은 이제 시간문제 아닐까? 아무튼 『인간 수컷은 필요 없어』는 '요네하라 마리스'의 클린업트리오가 되기에 부족함이 없다. 4번 타자로는 『프라하의 소녀시대』(이현진 옮김, 마음산책, 2006)가 제격이다. "요네하라 마리, 이제야 비로소 한국에 소개된다!" 이 책의 띠지문구다.

요네하라 마리는 1960년 1월에서 1964년 11월까지 약 5년간 체코슬로바키아의 수도 프라하에 있는 체코슬로바키아 주재 소련대사관 부설 소비에트 학교를 다녔다. 그녀의 프라하 체류는 아버지가 거기 본부를 둔 국제 공산주의 운동 이론지 〈평화와 사회주의 제문제〉에 일본 공산당을 대표한 편집위원으로 와서다. 그녀의

부모는 고심 끝에 마리와 여동생 유리를 소비에트 학교에 보내기로 결정한다.

체코어보다는 러시아어가 쓸모 있으리라는 부모의 판단은 마리에게 적중한 셈이다. 『프라하의 소녀시대』는 요네하라 마리가 일본 어느 방송사의 도움을 받아 프라하 소비에트 학교 시절 친하게 지낸 세 친구를 찾아 나선 게 계기가 되었다. 1995년의 일이다. 그녀가 『문화편력기』에서 밝힌 『프라하의 소녀시대』를 쓴 이유」는 이렇다.

"어째서 두 명의 뛰어난 텔레비전 우먼이 납득하고 많은 일본인 시청자가 감동한 아냐의 발언에, 나나 다른 급우들이 기만과 위선의 냄새를 맡은 것일까. 거기에 일본인이 생각하는 세계화와 본래의 국제화 사이에 거대한 간극이 존재하는 게 아닐까 하는 느낌도 들었다. 그러나 그것을 한마디로 설명할 수는 없"어서였다.

나는 「하얀 도시의 야스나」 편에서 야스나의 부친이 그를 반나치 파르티잔으로 이끈 보그다노비치 선생님의 숭고한 희생을 들려주는 대목에서 요네하라 마리에게 두 손을 든다. 한편 그녀는 야스나가 요네하라 마리의 '추억의 노트'에 세르보크로아트어로 쓴 사연을 30년이 지나서야 확실하게 안다. 유고슬라비아인 가이드한테 해석을 청한다.

"'생각했고 말구요. 그러니까 여기까지 왔죠…' 거기까지 말하곤 목이 메어 말이 안 나왔다. 눈앞이 흐려졌다." 나도 그랬다. 『프라하의 소녀시대』는 일본에서 오야 소이치 논픽션 상을 받았다. 심사위원단의 선정 이유에 이런 표현이 있다. "두려운 작품."(「옮긴이의 말」) 정말 그렇다.

장타력이 더 있어 보이는 『올가의 반어법』을 5번에 놓은 건 요네하라 마리 책을 읽는 순서와 관련 있다. 『올가의 반어법』보다는 『프라하의 소녀시대』를, 『프라하의 소녀시대』보다는 『미식견문록』과 『문화편력기』를 먼저 읽는 게 좋다. 그래야 독자의 머리에 내용이 쏙

쪽 잘 들어온다.(감독 혹은 구단주급인『대단한 책』은 타순을 초월한다.)

1960년대 전반의 프라하 소비에트 학교가 먼 배경이 되는『올가의 반어법』(김윤수 옮김, 마음산책, 2008)은 소설이다. 아니, 소설에 가깝다. "저자는 한 신문의 서평란에서『프라하의 소녀시대』는 80%가 논픽션이며 20%가 픽션,『올가의 반어법』은 반대로 80%가 픽션, 20%가 논픽션이라고 밝히고 있다."(「옮긴이의 말」)

이 소설은 프라하 소비에트 학교의 무용 교사 올가 모리소브나와 그녀의 단짝인 프랑스어 교사 엘레오노라 미하일로브나를 둘러싼 비밀을 파헤친다. 반어법에 능숙한 올가와 우아한 프랑스어를 구사하는 엘레오노라에겐 진한 아픔이 서려 있다. 참혹한 스탈린 시대에서 비롯된 두 사람의 비극을 추적하는데 속칭 '여자강도단'의 활약이 돋보인다.

훗날 '여자강도단'의 일원이 되는 히로세 시마를 볼 때마다 엘레오노라는 이런 질문을 되뇐다. "어머, 아가씨는 중국 분?" 목을 사랑스럽게 기울이면서 말이다. 다섯 번쯤 나오는 엘레오노라의 사랑스러운 목 기울이기는 소설의 중요한 복선이다. 올가와 엘레오노라는 '바이코누르'와 '알제리'에 질겁한다.

어엿눈 뜰 무렵 감명 깊게 읽은 솔제니친의『이반 데니소비치의 하루』를 나는 지나치게 감상적으로 받아들인 것 같다. 그 소설을 두 번이나 읽었지만 스탈린의 잔혹성에는 생각이 닿지 않았다. 나는『올가의 반어법』을 통해서야 비로소 스탈린이 히틀러와 동급인 극악한 압제자란 점을 실감한다.

"소비에트 러시아에서는 아직도 말단 비밀경찰 중에서 공개적으로 심판을 받고 있는 사람은 아무도 없다. 투옥된 사람들을 학대하고 살해한 간수들, 사형집행인들, 수용소의 책임자들도… 태평하게 평안한 연금 생활을 보내고 명예롭게 생을 마친다." 일본의 전범들은? 또 우린?

『미녀냐 추녀냐』(김윤수 옮김, 마음산책, 2008)는 러시아어 동시통역사였던 요네하라 마리의 통역론으로 그녀의 저서 중에서 가장 이론적이다. 통역의 매력은 "수동적이 아니라 능동적으로 다양한 다른 사람들의 사고방식의 구조와 순서를 실제로 경험할 수 있다"는 거다. "바로 이 점이 통역, 번역의 고행과 매력의 근원이다. 진정한 즐거움이다."

통역과 번역의 공통점은 통번역 되는 주제와 통번역의 환경이 다양하고, 메시지의 발신자와 수신자에게 의존하며, 통번역의 과정을 파악할 수 없다(원문이 들어가서 역문이 나오기까지의 과정이 불투명하다)는 것이다. 통역과 번역의 차이점이랄 수 있는 "통역의 가장 큰 특징은 매개체가 귀로 듣고 입으로 전달하는 음성이라는 점이다."

러시아 사람들은 욕설에 능하다. 다른 말로 러시아어는 욕설이 풍부하다. 요네하라 마리가 묘사한 배구 경기장에서 빚어진 소련 방송국 디렉터와 카메라맨의 다툼은 오래 전 중계방송에서 봤던 러시아 여자배구 국가대표 감독의 씩씩거림을 떠올린다. 작전시간, 다혈질 감독의 작전지시는 태반이 욕지거리였으리!

하지만 신기하게도 러시아 여자배구 국대 선수들은 전혀 동요하지 않았다. 211쪽에서 소련의 반체제 물리학자 안드레이 사하로프 박사는 욕먹어도 싸다.

『마녀의 한 다스』(이현진 옮김, 마음산책, 2007-2009)는 주로 '어디의 누구'를 이야기한다. 이스탄불의 일본인, 바르나의 이란인, 나라奈良의 러시아인, 도쿄의 후쿠시마인, 마닐라의 스위스인 식으로. 도쿄의 옐친 대통령 동시통역사는 요네하라 마리다. 옐친은 일본에 올 적마다 그녀를 통역사로 지정했다고 한다.

험프리 보가트 주연의 〈카사블랑카〉는 카자흐스탄 영화인들에게 혹평을 받았다. 그 이유인즉슨 "나치 독일로부터 유럽을 해방시키고자 외치는 주인공들이 프랑스 식민지인 모로코에서는 지배자의 얼굴을 한 무신경함 때문이었다. 같은 아시아인인 카자흐스탄인들은 서양인의 이런 무신경함을 금방 알아챘는데, 전후 일본에서는 이 영화가 개봉된 이래 명작으로 명성을 얻어 오늘에 이르고 있다." 우리의 무신경함도 만만치 않다.

처음에는 괜한 투정쯤으로 여겼는데 결국 나는 요네하라 마리에게 설득 당한다. "자국 정부가 베트남에 1제곱미터에 하나 꼴로 융단폭격을 가하거나 말거나 전혀 동요하지 않던 여자들이 고래가 불쌍하니 잡지 말라고 눈물로 호소하기도 한다." 그래도 참다랑어는 덜 잡기라도 하는 게 어떨지. '참다랑어 없이 스시 없다'며 뻗대지 말고.

『유머의 공식— 반드시 웃기는 12가지 패턴』(이현진 옮김, 중앙북스, 2007)은 "방법론으로 분류된 유머집"이다. 요네하라 마리는 우스개의 생명인 반전의 중요성을 강조한다. "예측된 전개와 실제 결말과의 낙차야말로 반전의 효과가 된다." 또 "큰 낙차를 만들기 위해서는 우선 띄워줄 필요가 있다." 책에 나오는 우스개의 하나인 「과대망상증인 남자」를 옮겨 적는다.

노련한 정신과 의사가 젊은 후배에게 자기 경험담을 들려주고 있었다. "내 환자 중에 과대망상증인 남자가 있었어. 한번은 자기 머리에 권총을 들이대며 자살하려했는데, 과대망상증 탓에 살았어." "어? 혹시 자기처럼 위대한 인물이 죽으면 인류의 큰 손실이라고 생각한 거 아닙니까?" "아니, 방아쇠를 당기긴 당겼는데 자기 머리보다 15센티미터 위로 조준을 맞춘 거야."

『속담인류학』(이현진 옮김, 2007, 중앙일보시사미디어)에선 요네하라 마리의 '곁눈질'이 눈길을 모은다. "게릴라에 대한 공감은 점점 확산돼 갔다. 아이들은 게릴라의 나팔수가 됐고, 폭약이 설치된 건물 주위에는 '○○보 앞에는 폭발물이 설치돼 있다'고 아랍어 푯말이 붙어 있으니 아랍어를 알기만 하면 위험을 회피할 수 있다. 그런데도 주민들은 점령자에게 그것을 알려주지 않았다. 이런 뒷이야기는 영국 신문이 열심히 소개하고 있다."

나는 요네하라 마리의 『대단한 책』(이연숙 옮김, 마음산책, 2007)을 37쪽까지밖에 못 읽었다. 맨 후순위로 제쳐둔 본문만 659쪽에 달하는 독서일기와 서평을 읽을 시간이 모자랐던 게 가장 큰 이유다. "죽기 전까지 손에서 놓지 않은 책들에 대한 기록"이라는 엄숙한 표지문구에 기분이 다소 상하긴 했다. 또한 아멜리 노통브의 『두려움과 떨림』을 보는 불공정한 시각은 『대단한 책』 읽기를 늦추었다.

"책에 기술된 직장 여성의 체험담 그 자체는 충분히 있을 수 있는 일이라는 생각이 들었지만, 상당히 괴기스러우리만치 과장되어 있어 오히려 진실성이 떨어지는 느낌이었다. (중략) 주인공이 용감무쌍하게 체험에 나서는 이미지도 그려질 것 같은 이야기지만, 일본이나 일반적인 회사 어디에서든 만날 수 있는 외국인의 눈으로 그려지고 있어 아무래도 절절함이 부족하다." (26쪽)

나는 『두려움과 떨림』이 "소설이라기보다 활자화된 만화를 읽은 기분이라고나 할까?"라는 요네하라 마리의 독후감에 공감하지 않는다. 감정이입 없는 속독은 나로선 생각하기 어렵다. 나는 등장인물, 배경, 주제, 플롯 같은 소설의 구성요소 가운데 어느 하나라도 몰입하지 못하는 소설은 신명나지 않는다. 내게 아멜리 노통브의 자전적 소설은 꽤 잘 읽었다. 소설에서 인상적인 몇 대목이다.

"극도로 권위적인 제도는, 이 제도가 적용되는 국가에서, 상상을 뛰어넘는 일탈을 불러일으키는데, 바로 이런 사실 때문에 또, 기가 찬 상식 밖의 행동에 대해서도 상대적으로 관용을 베풀게 되는 것이다."

"일본인들은 남이 자신들의 관례를 어기면 기분이 상하면서 정작 자신들이 다른 관습을 무시하는 것에 대해서는 절대 반감을 느끼지 않는다."

"인식하지는 못하고 있지만 후부키는 아직도 많은 일본 젊은이들에게 나타나는 소프트한 개헌주의를 몸으로 보여 주고 있었다. 이들은 지난 전쟁에 대해 자기

동포들이 전혀 가책을 느낄 필요가 없다고 생각하며,
아시아에 대한 무력 침공은 그 땅에 살고 있는 사람들
을 나치로부터 보호하기 위한 것이었다고 생각한다."
('소프트한 개헌주의'는 일본 헌법 제9조의 전쟁 포기 규정을
바꾸자는 주장임)

"제일 끔찍한 것은, 이 사람들이 지구상에서 특권을
받은 사람들이라고 생각하는 데 있다."('이 사람들'이 누
군지는 굳이 밝히지 않아도)

"너무 당신 자신에 대한 험담을 하지 말라. 사람들이
당신 말을 믿을 테니."(앙드레 말로)

요네하라 마리의 책

러시아 통신– 유쾌한 지식여행자가 본 러시아의 겉과 속 박연정 옮김, 마음
산책, 2011.
차이와 사이– 유쾌한 지식여행자의 커뮤니케이션 강의 홍성민 옮김, 마음산
책, 2011.
교양 노트– 유쾌한 지식여행자의 80가지 생각 코드 김석중 옮김, 마음산책,
2010.
팬티 인문학– 유쾌한 지식여행자의 속옷 문화사 노재명 옮김, 마음산책,
2010.
발명 마니아 심정명 옮김, 마음산책, 2010.
문화편력기– 유쾌한 지식여행자의 세계문화기행 조영렬 옮김, 마음산책,
2009.
마녀의 한 다스(개정판) 이현진 옮김, 마음산책, 2009.(초판 2007)
미식견문록– 유쾌한 지식여행자의 세계음식기행 이현진 옮김, 마음산책,
2009.
인간 수컷은 필요 없어 김윤수 옮김, 마음산책, 2008.
올가의 반어법 김윤수 옮김, 마음산책, 2008.
미녀냐 추녀냐– 문화 마찰의 최전선인 통역 현장 이야기 김윤수 옮김, 마음
산책, 2008.
대단한 책– 죽기 전까지 손에서 놓지 않은 책들에 대한 기록 이언숙 옮김, 마
음산책, 2007.
유머의 공식– 반드시 웃기는 12가지 패턴 이현진 옮김, 송진욱 그림, 중앙북
스, 2007.
속담인류학– 속담으로 풀어 본 지구촌 365 이현진 옮김, 중앙일보시사미디
어, 2007.
프라하의 소녀시대 이현진 옮김, 마음산책, 2006.

요제프 바이첸바움
Joseph Weizenbaum
1923-2008

"저는 컴퓨터비판가가 아니라
사회비판가입니다"

딸아이가 집에서 가까운 어린이도서관 소장도서를 열
심히 빌려봤다는 이유로 상을 받는 시상식에 참석했
다. 다 좋았는데 도서관 상임이사의 격려사 중에서 정
치색 짙은 한마디가 몹시 거슬렸다. "인터넷정보가 다
정확한 건 아닙니다." 그걸 누가 모르나! 격려사에서 맥
락을 벗어난 표현이라 더 불쾌했다. 그에 되묻고 싶다.
책에 담긴 정보는 다 정확한가요?

『이성의 섬』은 컴퓨터공학자 요제프 바이첸바움이
독일의 저널리스트 군나 벤트Gunna Wendt와 가진 회고
록 성격의 인터뷰집이다. 베를린의 유대인 집안에서 태
어난 바이첸바움은 1936년 식구들과 함께 미국으로
이주해 나치의 유대인 해코지를 피할 수 있었다. 열세
번째 생일날까지 머물렀던 베를린에서 바이첸바움은
위협이나 폭력의 기운을 느끼긴 했지만 특별히 나쁜
체험을 하진 않았다.

나치가 집권하자 그는 루이젠슈테티쉐 레알김나지
움을 떠나 유대인 남자학교로 옮겨갔다. 거기서 동유
럽 유대인 학생과 금세 친해진 바이첸바움은 그 친구
를 통해 동유럽 유대인들의 실체를 접하게 된다. "그레
나디에르슈트라세 주위에 베를린 유대인 게토ghetto가
있다는 사실도 알게 되었어요. 그러나 무엇보다 중요했
던 것은 유대인의 반유대주의를 알게 되었다는 점이에
요. 이를테면 독일 유대인들이 동유럽 유대인들에 대
해 반유대주의를 갖고 있었던 거죠."

모피가공 장인으로 장인자격증을 자랑스러워한 그
의 부친 역시 그런 부류였던 모양이다. 그런데 바이첸

바움이 짧고 담담하게 회고하는 그의 부친은 평범한 사람으로 보인다. 드러난 약간의 불미스런 행적만으로도 바이첸바움 아버지의 사람됨은 평균적인 수준이거나 그것을 밑돌 것으로 짐작된다.

바이첸바움은 컴퓨터공학계의 이단아다. 내부고발자다. 그렇다고 학계의 주류가 그를 변절자라고 비난한 것 같진 않다. 그가 침묵하는 학자들의 견해를 대변했다고 인정받았으면 인정받았지. "자네, 말 잘했어. 한번은 그렇게 분명히 말했어야 해. 자네가 그걸 말해주어서 기쁘네." 그러나 동료들의 상찬은 그걸로 끝이었다.

"이 책의 저자 요제프 바이첸바움은 인공지능의 선구자에서 주요한 비판자로 극적 전환을 한 인물이다. 그는 컴퓨터가 가져다줄 편의와 이익을 결코 부정하지 않지만, 인간의 이성과 생명은 결코 기계가 아니며 기계로 대체될 수도 없다고 주장한다." (뒤표지 글에서) 이러한 그의 이미지에 대한 바이첸바움의 생각은 어떨까? 그는 손사래를 치며 이에 동의하지 않는다.

"저는 컴퓨터비판가가 아닙니다. 그런 개념은 아무런 의미가 없어요. 컴퓨터를 비판하는 것으로는 아무것도 시작할 수 없지요. 저는 컴퓨터비판가가 아니라 사회비판가예요. 제게는 우리사회에서 컴퓨터가 지니는 역할이 중요합니다." 그는 컴퓨터 자체에 대해 반감이 전혀 없다고 덧붙인다. "오히려 그 반대예요. 컴퓨터가 제게 어떤 의미에서 멋진 삶을 가능하게 해주었음을 고백하지 않을 수 없네요. 또한 저는 컴퓨터가 학교에서 아무런 역할도 하지 말아야 한다고 주장하는 것도 아니에요."

바이첸바움은 컴퓨터가 우리사회에 어떤 영향을 미치느냐는 군나 벤트의 질문을 뒤집는다. "제 생각에는 질문을 반대로 해야 할 것 같군요. 사회가 컴퓨터와 컴퓨터의 발전, 그리고 컴퓨터의 의미에 어떤 영향을 미치고 있는가라고 말이에요. 그러니까 관점을 완전히 뒤집어야 해요."

그는 어떤 기구나 공구든 그것이 인간 세계에서 지니는 가치는 사회적 상황에 의해 결정된다고 강조한다. "과학이나 기술공학의 자율성을 믿지 않는다." 그는 "우리가 그냥 그 뒤꽁무니만 따라가면 된다고 생각하지 않는다." 과학이 사회에 영향을 줄 수는 있어도 사회로부터 영향을 받진 않는다는 식의 생각은 신화일 뿐이라는 거다.

놀라운 것은 "우리사회에서 컴퓨터는 무엇보다도 군사적 목적에 사용되는 수단"이라는 '폭로'다. "저는 컴퓨터가 주로 군대의 수단이라고, 즉 우리의 세계에서는 대량학살의 도구라고 말하곤 했어요." 또한 컴퓨터 공학자들은 이러한 사실을 아주 정확하게 알고 있다는 '내부 비밀'을 털어놓는다.

바이첸바움은 "컴퓨터가 제정신이 아닌 우리사회 안에 편입되어 있다고 말"한다. "텔레비전과 똑같이 말이죠. 모든 것이 이 사회에 편입되어 있어요. 그리고 이 사회는 분명히 제 정신이 아니에요." 우리는 과연 온전한 정신으로 살고 있는지. "인터넷 덕분에 오늘날 어떤 나라도 더 이상 완전히 차단되지 못한다는 것은 확실해요. 어떤 국가도 보도 금지 명령을 내리거나 국민 전체를 고립시켜서, 어떤 것도 외부로 나가지 못하거나 반대로 들어오지 못하게 할 수 없어요."

하지만 "정보기관은 주민들에게 공포심을 불러일으켜 이 도구를 거의 사용하지 못하게 만들 수 있어요. 잔인한 독재정권이라면 정보기관을 통해 주민들을 도청하여, 언제 누가 어떤 소식을 어디서 얻는지 알아낼 수 있을 테니까요. 물론 이것이 라디오 송수신기의 경우처럼 쉽지는 않겠지만, 어쨌든 불가능하지는 않아요."

그러면서 바이첸바움은 "전체주의 국가의 힘과 테러 능력을 과소평가해서는 안 돼요"라고 경계를 늦추지 않는다. 자신의 베트남전쟁 반대시위 참가를 예로 들면서 전쟁에 반대하는 시위 같은 것은 기본권을 행사하는 시민의 정당한 권리라고 매조지 한다. "기본권은 실행하지 않으면 결국 사라지거든요."

한편 "행위자의 의식과 실제 내용의 엄청난 거리"는 "책임과 무관한 작동에 대한 전제이자 확실한 보장"이다. 폭탄을 투하하는 전폭기 승무원들이나 비디오 게임자만 거리감을 통해 면책을 얻(으려)는 건 아니다. 과학 연구 또한 다를 게 없다. "과학 연구에서도 행위와 결과 사이의 엄청난 심리적 거리를 만들어내는 데 익숙해졌어요."

예컨대 바이첸바움이 교수로 재직한 미 매사추세츠 공대MIT에선 군산학복합체의 일원이라는 자괴감을 다음과 같이 변명했다고 한다. "연구비가 펜타곤에서 오는 것은 알아. 하지만 그렇다고 해도 나는 원하는 것을 하거나 그만둘 자유가 있어. 아무도 내게 연구 내용을 지시하지는 못해. 내가 개별적으로 하는 것은 누구도 간섭할 수 없어."

이런 변명도 들렸다. "내 연구의 결과로 무슨 일이 벌어지는지는 내가 알아야 할 몫이 아냐." 바이첸바움은 이것을 주제로 인공지능연구자인 허버트 사이먼과 오랜 논쟁을 벌인다. 사이먼의 주장이다. "미국 정부는 대의제 형태예요. 우리는 선출된 의원들에게 과학을 사용하는 결정권을 넘겨줍니다. 그리고 그것이 마음에 들지 않으면, 다른 의원을 선출할 수 있어요." 과연 그럴까? 그럴 수 있을까? 어쨌거나 바이첸바움은 인공지능에 대해 매우 비판적이다. 인공지능은 하나의 '신화'다. "인공지능에서는 인간의 살로 된 기계인간에 대해 말하지 않아요. 오히려 인간이 이 모든 것을 갖춘 로봇에 대해 말하고 있는 거예요."

그는 인공지능 주창자들이 모두 남자라는 점을, 언젠가는, 주목하길 바란다. "저는 이것이 아이를 낳는 여자들의 능력에 대한 질투라고 해석해요. 자궁에 대한 질투죠. 분명 이것이 가장 본질적이고 궁극적인 동기예요. 언젠가 그 누군가가 이에 대해 연구한다면 무척 기쁠 거예요." 바이첸바움의 인공지능 비판은 이어

진다. 인공지능 무대의 주역들이 지닌 "공통적인 속성은 생물학적인 생명에 대한 경멸에 있어요. 저는 심지어 그것이 생명에 대한 전반적인 경멸을 내포하고 있다고까지 말하고 싶어요."

또한 그들은 "인공적인 존재들이 인간으로서 기능할 뿐만 아니라 자연의 인간보다 더 완벽하다는 믿음"으로 무장하고 있다. 이건 아기에게 분유가 모유보다 낫다는 그릇된 믿음과 뭐가 다르랴! 따라서 인공지능은 비정상적인 과학이다. 그럴 수밖에 없다. 그런데도 "인공지능의 이념이 전반적으로 그 어디서든 진지하게 받아들여진다는 사실"은 바이첸바움의 지적대로 그저 놀라울 따름이다. "그 이념은 배후에 거의 아무것도 없는데도 인기리에 팔리고 있어요." 컴퓨터는 '계산 능력'이 매우 뛰어난 도구일 뿐이라는 거다. 그러나 이 도구가 가치판단의 대상이 되는 것으로부터 자유롭진 않다.

바이첸바움이 마음을 바꾼 계기는 '엘리자Eliza'에게 있다. 1966년 그가 개발한 인간과 기계 사이의 자연어 소통을 실현한 컴퓨터 프로그램인 '엘리자'는 지나친 반응을 몰고 온다. 예상치 못한 열띤 호응에 프로그램 개발자마저 흠칫 놀란다. 특히 정신과 치료에서 이를 기계적으로 활용하려는 움직임엔 우려를 금치 못한다.

"제 생각은 치료사, 그러니까 도와주는 사람이 개인으로서 대화와 전체 치료 과정에 직접 함께 해야 하고, 그것도 처음부터 그래야 한다는 거예요. 제가 볼 때 만남, 즉 진짜 인간적인 만남이 이루어져야 해요. 치유 과정이 전반적으로 작동될 수 있도록 말이에요."

바이첸바움은 '제정신이 아닌 사회'의 대안으로 '이성의 섬'을, 거기에 가 닿는 방편으로는 '시민의 용기'를 꼽는다. 그가 말하는 '이성의 섬'이란 "선한 것을 행하고 인간적으로 행동하는 것을 목적으로 하는 사람들의 공동체를" 의미한다.

"시민의 용기가 세상을 깊이 감동시키는 사건들과 연관해서만 입증될 수 있다는 것은, 널리 퍼져 있지만

괴롭게도 잘못된 믿음이다. 그 반대로 시민의 용기는 종종 사소한 상황에서 상당한 노력과 대가를 치러야 할 때가 있다. 그런 상황 속에서 직면해야 할 도전은 우리를 엄습하는 불안을 극복하는 데 그 본질이 있다. 우리가 직업적으로 계속 전진하는 것에 대한, 우리 위에 군림하며 권력을 지니고 있는 저들과의 관계에 대한, 우리가 살아가고 있는 현세의 삶을 방해할지도 모를 모든 것에 대한 불안 말이다."

『컴퓨터 사회, 과연 낙원인가』는, 부피는 작으나, 1990년대 중반 바이첸바움의 철학을 우리에게 전한 책이다. 그의 주저서인 『컴퓨터의 힘과 인간 이성』의 앞부분 일부와 대담집 『빙산을 향한 항로— 기술의 독재와 개인의 책임』을 우리말로 옮겼다. 대담집은 『이성의 섬』과 내용이 꽤 겹친다.

요제프 바이첸바움의 책

이성의 섬— 프로그램화된 사회에서 인간 이성이 가야 할 길은 어디인가 군나 벤트 공저, 모명숙 옮김, 양문, 2008.
컴퓨터 사회, 과연 낙원인가 이말 옮김, 명경, 1995.

우석훈
禹晳熏
1968-

난 'C급 경제학자'랍니다

나는 그가 무얼 하는 사람인지 잘 몰랐다. 이름이 비슷한 스페인(어)문학 연구자(우석균)의 존재는 그의 정체성에 대한 혼란을 가중시켰다. 우석훈, 나는 그가 의사나 보건학자인 줄 알았다. 그는 식품학자나 먹을거리 전문가일 수도 있었다. 그가 친환경적이리란 추측은 옳았다. 친환경은 이제 불확실한 표현이다. (부녀회의 허락을 얻어 아파트 단지 안에 온종일 간이점포를 연 과일장수는 딸기 모둠 뒤에 "친환경"이라는 수식어를 써 붙였다. 그러나 딸기는 친환경 작물이 될 수 없다. 과일장수의 의도는 농약을 사용하지 않고 재배했다는 뜻이겠지만, 딸기는 자라는데 많은 양의 물을 필요로 한다. 이런 사실을 알고부터 가장 좋아하는 과일을 먹을 때마다 멈칫 한다.) 다시 말한다. 그는 친생태적이다.

『우석훈, 이제 무엇으로 희망을 말할 것인가』(지승호 인터뷰, 시대의창, 2008)는 일종의 '해설집'이다. 그의 입을 통해 그의 신상에 관한 것 일부와 그가 펴낸 책들에 대한 정보를 얻을 수 있다. 그는 'C급 경제학자'를 자처한다. "A급은 이론을 만드는 사람들이고, B급은 이론을 수정하는 사람들이고, C급은 이론을 적용하는 사람들이거든요. 국제기준으로 볼 때 저 같은 사람들이 C급이죠. 제가 무슨 이론을 만들거나 수정하는 사람은 아니니까요."

책·독서·출판에 관한 것 두 가지는 이해가 되지 않는다. "우리나라에서 좌파랑 우파랑 다 동의하는 것은 지금의 10대는 책을 엄청 읽게 된다는 것은 다 아는 얘기거든요. 자기들이 원하는 책을 읽는지는 모르겠지만, 어떤 책이든지 10대는 책을 많이 보게 되어 있거든요."

먼저 나는 무엇을 하게 되어 있다는 투의 기계적 사고에 질린다. 내가 들은 바로는 적어도 고등학생은 책을 거의 읽지 않는다. 현직 고등학교 선생님의 얘기다. '영악한' 최상위권 학생들은, 덥다 두꺼운 책(얇은 책 또한) 나도 안 읽고 너도 안 읽은 건 분명하니 논술은 수능시험 끝나고 50여 일간 빡세게 준비하면 된다고 한단다.

3년 가까이 대학에서 그래도 고등학교 때 상위권이던 학생들을 대상으로 독서교양강좌를 한 분의 지적 또한 비슷한 맥락이다. 학생들의 독서능력文解力, literacy이 형편없다고 한다. 그건 중·고등학교 시절 읽은 게 보잘 것 없어서라고 한다.

학교에서 독서교육을 강화하면 달라질 거다. 과연

그럴까? 각 시도 교육청 관계자들은 일제고사를 치러 중학생은 물론이고 초등학생까지 시험점수로 줄을 세우려 안달이지 않은가. "책이라는 매체가 20대가 데뷔하기에 가장 크게 열려 있는 공간"이라는 그의 시각에도 섣불리 동의하기 어렵지만, 20대에게 A4 용지 100쪽짜리 글을 써서 책을 내라는 그의 요구는 약간 '낭만적'이다.

내가 보기에 누구나 책을 쓸 수 있지만 아무나 그럴 순 없다. A4 용지 100쪽(글자 크기 10포인트)은 만만한 분량이 아니다. 200자 원고지로 900-1000매, 단행본으로 275쪽 안팎이다. 이만한 책을 쓰려면 경험이 풍부하거나 책이라도 읽어야 한다. 20대가 책 안 읽는다는 건 그도 동의한다. 나는 20대의 경험치에 대해선 잘 모른다. 물론 생각이 없는 사람은 없다. 하지만 필설로 그걸 구현하는 것은 손쉬운 과제가 아니다.

나는 2007년 하반기 화제를 모은 『88만원세대』(박권일 공저, 레디앙미디어, 2007)에 별다른 관심이 없었다. 출간 석 달 만에 1만부 판매를 돌파했다는 출판사의 보도자료를 받고서도 '그러나 보다' 했다. 또한 이 책을 읽으면서도 별다른 감응은 없었다. 그 이유는 크게 세 가지로 볼 수 있다.

우선 나의 직계가족 중에 20대가 없어서다. 조카 녀석이 고 3이 되었지만, 복잡다단한 대입제도에 무관심인 거나 마찬가지랄까. 옛말대로 '한 치 걸러 두 치'다. 또한 나는 한데 뭉뚱그려 후려치는 식의 '세대론'에 공감하지 않아서다. 특히 일본의 '전공투' 세대 같은 표현엔 멀미난다.

무엇보다 40대 초반의 지방대 국문과 출신에겐 88만원세대가 새로울 게 없어서다. "거의 완전고용에 가까운 20년간을 향유했던 지금의 40대와 50대가 20대에 누렸던 다양한 직업 선택의 기회와 상대적으로 안정된 경제적 활동의 기회는" 우리에겐 남의 일이었다. 우리들 가운데 다수는 학원가에 일자리를 잡았고 일부는 아예 취업을 포기한 상태였다.

백수생활 3년 만에 운 좋게(우리 나이 서른에 가까스로) 얻은 잡지사 기자 일은 내 적성에 딱 맞았다. 하지만 대우는 매우 박했다. 88만원세대의 월평균 수입이 세금을 떼기 전의 액수라면, 내 평균 월급은 세금을 떼고 나서 88만원보다 몇 만원 더 많았을 따름이다.

40대 혹은 50대 여성들의 "고등학교 진학은 선택받은 소수들에게나 가능한 일이었다"에서 40대와 50대를 하나로 묶는 것은 생각해볼 문제다. 2007년 기준, 40세 여성과 59세 여성의 고등학교 취학률 편차가 꽤 큰 까닭이다. 인터넷으로 검색한 취학률 통계는, 통계 부실의 오명을 입증하려는 듯, 중구난방이다.

들쑥날쑥한 통계는 40대와 50대 여성의 고등학교 취학률이 생각보다 낮음을 보여준다. 하지만 상대적으로 낮은 통계수치를 적용하더라도 40대 여성의 고등학교 진학이 '선택된 소수'에게 주어졌다는 주장은 무리가 따른다. 2007년 기준, 만 42세 여성의 고등학교 취학률은 49.1%(1981)다.

오히려 1960년대 태어나 1980년대 대학을 다닌 이들이 선택받은 사람들에 가깝다. 그 시절 대학생의 '규모'는 전문대학생을 포함해 어림잡아 1백만 명이다('백만 학도'). 학년 별 25만 명은 높게 잡은 숫자이나, 이것을 해당 연령에서 대학생의 비율로 따지면 꽤 낮다. 1981년 대학교 취학률은 남녀 통틀어 14.7%다. 나는 386세대의 동질성에 대해서도 회의적이다.

『아픈 아이들의 세대』(뿌리와이파리, 2005)를 읽다가 찌푸린 날이 많던 작년 가을의 어느 오후, 상경 길 올림픽대로변 시외버스에서 목격한 장면이 떠올랐다. 서울 한복판을 중심으로 먹장구름 아래 희부연 '서울형 스모그' "먼지구름"이 끼어 있었다. 그날 밤 나는 수도권 쓰레기매립지가 엎드리면 코 닿을 곳에 있는 집으로 돌아와야 했다. 우석훈은 전국에서 생태적으로 안전한 곳은 다섯 군데쯤 될 거라 한다.

『88만원세대』와 동시에 출간된 『샌드위치 위기론은 허구다― 조직론으로 본 한국 기업의 본질적 위기와 그 해법』(박권일 공저, 개마고원, 2007)은 『88만원세대』의 연장선으로 볼 수 있다. 이 두 권은 우석훈이 박권일과 함께 펴내는 '한국경제 대안 시리즈'의 일부다. 그는 『샌드위치 위기론은 허구다』를 현재로선 자신의 최고작이라고 자평한다.

『한미FTA 폭주를 멈춰라』(녹색평론사, 2006)는 '한국경제 대안 시리즈'의 예고편 격이다. 『도마 위에 오른 밥상』(생각의나무, 2006)은 그의 '첫 책' 『음식국부론』(생각의나무, 2005)의 개정판이다. 그는 『세계화 시대의 다국적기업』(블라디미르 앙드레프 지음, 문원출판, 1999)을 우리말로 옮기기도 했다.

사실 나는 우석훈의 정책 실무 경험엔 매력을 못 느낀다. 국가의 정책을 개선한다, 시스템을 바꾼다 하여 뭐가 달라지고 나아질까? 이 나라에서 조금이라도 있다는 것들은 너나없이 제멋대로 사는데 말이다. 지금까지 우석훈이 펴낸 책 중에선 재기발랄한 『명랑이 너희를 자유케 하리라』(생각의나무, 2007)가 내 취향에 딱 맞다(이 책을 읽은 내 느낌은 〈한겨레〉 2008. 1. 12, '최성일의 찬찬히 읽기' 참조).

■ 우석훈의 책

나와 너의 사회과학― 우리 삶과 세상을 읽기 위한 사회과학 방법론 강의 김영사, 2011.
디버블링― 신빈곤 시대의 정치경제학 개마고원, 2011.
책 읽는 청춘에게― 21권의 책에서 청춘의 답을 찾다 우석훈 외 지음, 북로그컴퍼니, 2010.
진보를 꿈꾸는 CEO― 춤추는 삶, 꿈꾸는 삶 이계안 공저, 레디앙, 2010. 대담집
쉘 위 토크― 대립과 갈등에 빠진 한국사회를 향한 고언 우석훈 외 지음, 시대의창, 2010.
진보의 재탄생― 노회찬과의 대화 우석훈 외 지음, 꾸리에북스, 2010.
인생기출문제집― 대한민국 이십대는 답하라 우석훈 지음, 북하우스, 2009.
혁명은 이렇게 조용히― 88만원세대 새판짜기 레디앙, 2009.
생태요괴전― 넓게 생각하고 좁게 살기 개마고원, 2009.(경제생태학 시리즈 1)
생태페다고지― 탈토건 시대를 여는 생태교육 개마고원, 2009.(경제생태학 시리즈 2)

거꾸로, 희망이다― 혼돈의 시대, 한국의 지성 12인에게 길을 묻다 우석훈 외 지음. 시사IN북, 2009.
성난 서울 아마미야 카린 공저, 송태욱 옮김, 꾸리에북스, 2009.
거꾸로 생각해 봐! 세상이 많이 달라 보일걸 우석훈 외 지음, 낮은산, 2008.
괴물의 탄생 개마고원, 2008.(한국경제대안 시리즈 4)
조직의 재발견 개마고원, 2008.(한국경제대안 시리즈 2)
대한민국 청소년에게― 2.0세대를 위한 기성세대의 진실한 고백 우석훈 외 지음, 바이북스, 2008.
직선들의 대한민국― 한국 사회, 속도·성장·개발의 딜레마에 빠지다 웅진지식하우스, 2008.
촌놈들의 제국주의 개마고원, 2008.(한국경제대안 시리즈 3)
우석훈, 이제 무엇으로 희망을 말할 것인가 지승호 인터뷰, 시대의창, 2008.
명랑이 너희를 자유케 하리라 생각의나무, 2007.
샌드위치 위기론은 허구다― 조직론으로 본 한국 자본주의의 본질적 위기 박권일 공저, 개마고원, 2007.
88만원세대― 절망의 시대에 쓰는 희망의 경제학 박권일 공저, 레디앙, 2007.(한구경제대안 시리즈 1)
도마 위에 오른 밥상― 건강한 사회를 위한 먹거리의 대반란 생각의나무, 2006.(음식국부론 개정판)
한미FTA 폭주를 멈춰라 녹색평론사, 2006.
신개발주의를 멈춰라 우석훈 외 지음, 환경과생명, 2005.
음식국부론― 도마 위에 오른 밥상 생각의나무, 2005.
아픈 아이들의 세대 뿌리와이파리, 2005.

울리히 벡
Ulrich Beck
1944-

"빈곤은 위계적이지만 스모그는 민주적이다"

대중문화는 유행에 민감하다. 유행가는 대중가요의 별칭으로 통하고, 변변한 유행어 하나 없는 개그맨은 그 바닥에서 제대로 된 대접을 받지 못한다. 그런데 고급문화에 속하는 학술계 역시 유행에서 크게 자유롭지 않다. 출판전문지 〈출판저널〉 1999년 신년호 특별기획 '21세기에도 빛날 20세기 책들'의 목록은 국내 학계 '지적 유행'의 양상을 단적으로 보여준다.

몇몇 사상가의 저서는 서너 권씩 꼽힌 반면, 꼭 있어야 할 이름이 보이지 않는다. 독일의 사회학자 울리히

벡은 유행에 떠밀려 제외된 대표적 사례라고 할 수 있다. 그의 '팀 메이트'인 앤서니 기든스의 저서가 네 권이나 선정된 것을 감안하면, 벡의 누락은 '유행' 이외에는 달리 해석할 방도가 없다. 적어도 벡의 『위험사회― 새로운 근대(성)을 향하여』(새물결, 1997)는 목록에 올랐어야 마땅하기 때문이다.

자신의 책이 '20세기 책들'에 포함되지 않았어도 벡은 크게 개의치 않을 것 같다. 『정치의 재발견』(거름, 1998)에 수록된 인터뷰는 그의 인간적 풍모를 드러내고 있는바, 벡의 그릇은 무척 크다. 우선 그에게서 거들먹거림 같은 것은 전혀 찾아볼 수 없다. 인터뷰어 문순홍은 그의 첫인상을 이렇게 표현했다. "그의 얼굴은 학자적인 오만함이나 거리감을 전혀 느낄 수 없는 어린 소년의 얼굴 그 자체였다." 독자들도 벡의 '순진무구'한 얼굴을 확인할 수 있다. 『위험사회』 표지 커버에 그의 얼굴이 커다랗게 박혀 있다. 이뿐만 아니다. 벡은 인터뷰 내내 진지하고 성실한 자세를 보여주었다고 한다.

또한 벡은 참 앎을 지닌 사람이다. "아니요, 알지 못해요. 조금 더 설명해 보세요." 이것은 인터뷰어 문순홍이 스페인 바스크 지역의 생활공동체 '몬드라곤'에 대해 물었을 때 나온 대답이다. 벡은 아는 것은 안다고 하고, 모르는 것은 모른다고 떳떳하게 말하는 참 지식인인 것이다.

『위험사회』는 20세기 후반 유럽인이 쓴 사회분석서 가운데 가장 영향력 있는 저서의 하나로 널리 인정받고 있다. 1986년 출간된 이 책은 1990년까지 독일에서만 6만 권이 팔렸다고 한다. 2차 대전 이후 사회과학 분야에서는 매우 이례적인 현상이라고 한다. 이만큼 반응을 얻은 책이 몇 권 있긴 하지만, 다른 책들은 대부분 교과서였다.

벡은 일상어나 다름없는 '위험'을 학술용어로 채용했다. 그래서 혼동의 소지가 없지 않다. 벡은 위험을 "근대화 자체가 유발하고 도입한 위해와 불안을 다루는 방식"으로 정의한다. 다른 식으로 표현하면, 위험은 "보이지 않아서 예방할 수 없었던 것이며, 최상의 선의로 생산된 것이었으며 원하지 않았던 문제이다." 이러한 위험은 근대화의 확장에 따라 확장되며, 지구화 경향을 내포한다.

또한 근대화 위험은 계급적 인식의 범주를 벗어난다. 객관적으로 위험은 그 범위 내부에서, 그로부터 영향받는 사람들 사이에서 평등화 효과를 나타낸다. 이런 측면을 벡은 다음과 같이 정식화한다. "빈곤은 위계적이지만 스모그는 민주적이다." 근대화의 위험은 계급적 인식의 틀만을 초월하는 것이 아니다. 과학의 인식 범위마저 넘어선다. "위험에는 전문가가 없다." 위험을 인지하고 결정하는 방식들과 원인을 할당하고 귀속시키고 보상하는 방식 자체가 붕괴했기 때문이다.

가공할 위험을 떠안고 사는 위험사회는 근대사회의 발전 단계 가운데 하나다. 벡은 위험사회의 징후로 '개인주의화'를 든다. '개성화'로도 옮겨지는 이 용어는 모든 것을 개인이 결정해야 한다는 뜻이다. 예전에는 교육을 받고, 직업을 가지며, 결혼하고, 아이를 낳는 일이 거의 자동적으로 이뤄졌다. 여기에는 한 치의 머뭇거림이 없었다.

그러나 이제는 그런 일들에 대해 개인 스스로 결정해야 한다. 결혼을 놓고 보자. 위험사회에서는 배우자를 본인이 선택해야만 하고, 아이를 갖는 것도 핵가족화한 부부 단 둘이 결정해야 한다. '개인주의화'의 면모는 텔레비전 시청 양상을 통해 아주 극명하게 드러난다.

텔레비전은 격리하는 동시에 표준화한다. 한편에서 그것은 전통적으로 형성되고 한정된 대화와 경험과 삶의 맥락들에서 사람들을 떼어 놓는다. 하지만 동시에 모든 사람은 유사한 처지에 놓이게 된다. 호놀룰루에서 모스크바와 싱가포르에 이르기까지 모든 사람들이 제도적으로 생산된 텔레비전 프로그램을 소비한다. 개인주의화는, 더 정확히 말해서 전통적인 삶의 맥락에서의 이탈은 생활형태의 단일화와 표준화를 수반한다. 모든 사람은 가족 내에서조차 격리된 채 앉아 있으며 텔레비전 세트를 넋을 잃고 바라본다.

이런 측면에 비춰보면, 독신자가 위험사회의 가장 이상적인 인간형으로 떠오르는 것도 무리는 아니다. 벡이 유추하는 이상적인 위험사회의 모습은 "독신자들의 완전한 아동사회"다. 그리고 이러한 위험사회의 유토피아는 소극적이고 방어적인 성격을 갖는다. 사람들은 더 이상 좋은 것을 얻는 데 매달리지 않고, 최악의 상황을 예방하는 데 주력한다. 위험사회 유토피아의 대명제는 모든 사람이 중독되지 않고 살아가는 것이다. 여기서 우리는 독일 정부가 원자력발전소 건립을 중단하고, 기존의 발전소마저 점차로 폐쇄한다는 정책의 정치적 함의를 읽을 수 있다. 벡은 위험사회의 가장 큰 위험인자로 방사능을 지목했고, 그 계기는 다름 아닌 옛 소련의 체르노빌 원전 사고였다.

『성찰적 근대화』(한울, 1998)는 위험사회를 극복하는 '자기결정능력'을 주제로 한 책이다. 이 책은 벡과 기든스, 스콧 래쉬의 글을 한데 모은 공동 저작이다. 국내의 기든스 열풍에 힘입어 번역된 이 책은 세 사람의 공통점과 차이를 살펴보는 기회를 제공한다. 그런데 맨 앞에 있는 벡의 글은 흐름이 매우 빠르다. 알고 보니 벡의 논문은 『정치의 재발견』을 간추린 것이었다.

같은 용어를 사용하고, 그 용어를 주제로 한 권의 책을 엮기는 했어도 벡과 기든스의 '성찰적 근대화'는 엄연히 다른 개념이다. 그것은 영어와 독어의 뜻빛깔의 차이에서 기인한다. 독일의 '성찰reflexivität'은 영국의 '성찰reflexivity'이 아니라는 말이다. 영어의 성찰이 모든 종류의 지식에 관련돼 있는 데 비해, 독일어의 성찰은 어느 누구도 알지 못하고 원하지도 않는 그 어떤 것이 발생하는 것도 포함한다. 이런 차이로 인해 『정치의 재

발견』에서는 '성찰적 근대화'를 '재귀적 근대화'로 옮겼다. 마찬가지로 벡의 독일어 직함인 '슈리프츠텔러 Schriftsteller' 역시 번역이 어렵다. 우리말로 하면 '저술가' 또는 '문인' 정도 된다. 아무튼 그의 작업은 독일의 독특한 지적 분위기를 배경으로 한다. 또한 벡은 '철학자'의 경향성을 지닌 '사회학자'이기도 하다.

벡의 성찰적 근대화는 몽테스키외의 화두에서 출발한다. "제도는 그것의 성공으로 말미암아 붕괴한다"는, 풀어 쓰면 '성공이 제 무덤을 판다'는 말이다. 벡에 따르면 산업사회는 그것의 성공적인 완성으로 인해 몰락한다. 사회주의의 붕괴도 마찬가지다. 과학도 그렇고, 의학도 그렇다. 성찰적 근대화란 "산업사회 시대의 창조적 파괴 가능성을 의미한다." 이 지점에서 벡은 마르크스주의나 기능주의와 분명한 선을 긋게 된다. 벡은 성찰적 근대화를 통해 혁명 없이 새로운 사회가 도래하리라 전망한다. 이것은 벡의 사상을 낙관주의로 간주하는 근거가 된다. 그렇지만 벡이 무작정 낙관론을 펴는 것은 아니다. 벡의 낙관주의는 의심에 기초한다. 데카르트의 명제를 패러디해 그는 이렇게 말한다. "나는 의심한다. 그래서 존재한다(두비오 에르고 숨, Dubio ergo sum!)."

벡은 기든스보다 우리에게 더 필요한 사상가다. 이런 기대에 화답이라도 하듯, 1999년과 2000년에 벡의 책이 여러 권 번역되었다. 『사랑은 지독한, 그러나 너무나 정상적인 혼란』(새물결)은 아내 엘리자베트 벡-게른샤임과 공동 집필한 책으로 사랑과 결혼, 그리고 가족에 대한 근원적 성찰을 담고 있다. 벡 부부는 우리 시대의 중요한 특질의 하나로 사랑과 가족과 개인적 자유 사이에 발생하는 이해관계의 충돌을 든다. 남녀의 성별 지위를 중심으로 이뤄진 핵가족은 해방과 평등한 권리라는 쟁점으로 인해 산산조각 나는 운명을 맞이했다는 것이다. 해방도 평등권도 더 이상 편리하게 우리의 사생활 바깥에 머물러 있지 않기 때문이다. 이에 따라 사

랑은 지극히 정상적인 혼돈 상태가 된다고 벡 부부는 진단한다.

『아름답고 새로운 노동세계』(생각의나무)에는 여러 명의 필자가 참여하고 있지만, 이 책은 울리히 벡의 단독 저서로 봐도 무방하다. "모든 사람을 위한 전일제 취업 노동 영역에서의 노동시간 단축을 전제"로 하는 벡의 「시민노동 모델」이 책의 대부분을 차지하고 있어서다. '지구화'(또는 세계화)의 본질을 탐구한 『지구화의 길』(거름)에 대해 울리히 벡은 이렇게 말한다.

이 책은 출구를 알 수 없는 지구화 논쟁의 다중적인 성격, 그 다의성, (좀처럼 구분할 수 없는) 다양한 논의와 차원들에 관해 요점을 정리해 내고, 이를 피할 수 있는 길을 찾을 수 있는 지평, 무엇보다도 지구화에 대한 정치적 해답을 구할 수 있는 지평을 열고자 한다.

『적이 사라진 민주주의』(새물결)에 실린 논문들은 한 가지 주제를 붙잡고 있다. 그것은 1989년 동서 냉전체제 붕괴의 의미를 찾는 일이다. 이에 대한 벡의 대답은 아주 간단하다. "구세계에서 통용되던 자본주의 대 공산주의, 우파 대 좌파, 노동 대 자본, 자연 대 사회라는 변수는 이제 의미를 잃어버렸다." 아무튼 작고한 최재현 교수가 그의 글(「공업화된 '위험사회'로 가는 길목에서」, 『현대 독일사회학의 흐름』, 형성사, 1991)을 처음 소개한 지 10년 만에 울리히 벡의 사상이 한국에서 만개한 셈이다.

울리히 벡의 책

글로벌 위험 사회(프런티어 21 12) 박미애·이진우 옮김, 길, 2010.
위험에 처한 세계와 가족의 미래 울리히 벡 외 지음, 한상진·심영희 엮음, 새물결, 2010.
위험사회— 새로운 근대(성)를 향하여 홍성태 옮김, 새물결, 1997.
정치의 재발견 문순홍 옮김, 거름, 1998.
성찰적 근대화 앤소니 기든스·스콧 래쉬 공저, 임현진·정일준 옮김, 한울, 2010.
성찰적 근대화 앤소니 기든스·스콧 래쉬 공저, 임현진·정일준 옮김, 한울, 1998.
사랑은 지독한, 그러나 너무나 정상적인 혼란 엘리자베트 벡-게른샤임 공저, 강수영·권기돈·배은경 옮김, 새물결, 1999.
아름답고 새로운 노동세계 홍윤기 옮김, 생각의나무, 1999.

지구화의 길 조만영 옮김, 거름, 2000.
적이 사라진 민주주의 정일준 옮김, 새물결, 2000.

움베르토 에코
Umberto Eco
1932-

아퀴나스철학에서 컴퓨터까지 박학다식한 기호학의 대가

현존하는 최고의 지성으로 움베르토 에코를 꼽는 데 주저할 사람은 많지 않을 것 같다. 현대의 가장 중요한 기호학자인 동시에 뛰어난 철학자·역사학자·미학자로 평가받는 에코는 토마스 아퀴나스의 철학부터 컴퓨터에 이르기까지 통달한 사람이다. 또 모국어인 이탈리아어 외에 영어와 프랑스어에 능통하고, 독일어·스페인어·포르투갈어·라틴어·그리스어·러시아어까지 말하는 언어의 천재이기도 하다. 20세기 후반을 대표하는 소설가로도 빼놓을 수 없는 존재다.

그가 지금까지 펴낸 장편소설은 네 권으로 모두 한국어판이 있다. 『장미의 이름』(또는 『장미의 이름으로』) 『푸코의 진자』 『전날의 섬』 『바우돌리노』 등이 그것. 이 가운데 『장미의 이름』은 에코의 대표작으로 1980년 출간된 이래 40여 개 국어로 번역되어 2천만 부 이상 팔린 세계적인 베스트셀러다. 우리나라에서는 『장미의 이름으로』(우신사, 1986)라는 제목으로 먼저 소개되었지만 주로 읽힌 책은 이보다 두 달 늦게 출간된 『장미의 이름』(열린책들, 1986)이다. 처음에는 반응이 없었지만 1988년 소설을 각색한 영화가 개봉되면서 30만 부가 넘는 판매부수를 기록했다. 우신사의 책도 10쇄가 넘는다.

중세 수도원을 배경으로 일어나는 연쇄 살인사건을

다루는 이 소설은 이미 현대의 고전으로 정평이 나 있다. 에코의 기호학이론이 소설 곳곳에 묻어나고 추리 형식을 빌린 점도 특징이지만, 경직된 지배 이데올로기의 극에 달한 억압과 횡포를 고발하는 주제의식 또한 만만찮다. 앎에 대해서도 독특한 견해를 펼친다. "진정한 앎이란, 알아야 하는 것, 알 수 있는 것만 알면 되는 것이 아니야. 알 수 있었던 것, 알아서는 안 되는 것까지 알아야 하는 것이다." 아드소의 의문에 대한 스승 윌리엄 수도사의 말이다.

두 번째 소설부터는 열린책들이 저작권 계약을 통해 독점 출간하기에 이른다. 『푸코의 추』(1990)는 현재까지 비밀스럽게 이어지고 있는 중세 성당기사단의 실체를 파헤치는 내용. 비의적秘儀的 내용의 책들과 출판사를 배경으로 이야기가 전개돼 에코 마니아들의 흥미를 배가시켰다. 『장미의 이름』과 『푸코의 추』는 개정번역판이 나온 것에 유념해야 한다. 특히 『푸코의 추』는 『푸코의 진자』(1995)로 제목을 바꾸는 등 완전 개역했다. 출판사와 번역자의 대단한 열의 없이는 불가능한 일이다.

세 번째 소설 『전날의 섬』(1996)은 1996년 말 번역되었다. 17세기의 젊은 귀족 로베르또가 날짜 변경선과 경도의 비밀을 풀어가는 내용의 이 소설은 앞서의 두 권에 미치지 못하는 반응을 얻었다.

2002년에는 에코의 네 번째 소설이 한국어판을 얻었다. 소설가 김연수는 "『전날의 섬』 이후 6년 만에 출간된 에코의 신작 『바우돌리노』는 악한소설이란 기본적인 구조에 팬터지의 모험과 추리소설의 트릭과 포스트모더니즘 역사관을 양념으로 뿌린 현대 로망스"(《한겨레》 2002. 5. 4)라고 평한다. 또 그는 『바우돌리노』가 "의심쩍은 문헌과 속어가 중심이 된 소설"이라고 덧붙인다.

에코의 책 가운데 우리에게 먼저 소개된 것은 소설이 아니라 그의 전공인 기호학 관련서이다. 영어로 쓴 훌륭한 기호학 입문서로 통하는 『기호학 이론』(문학과지

성사, 1985)은 『장미의 이름』보다 한 해 앞서 나왔다. 이 책에서 에코는 영어권 독자를 위해 유럽 기호학의 여러 개념을 소개했다.

『기호학과 언어철학』(청하, 1987) 역시 처음부터 영어로 썼다. 이 책은 서양의 철학적 전통 아래서 기호학의 여러 문제를 조명한 저술이다. 그리스 시대 이후 중세와 현대에 이르기까지 기호학과 관련된 이론과 언어철학 이론을 조명하면서 기호학의 주요 개념을 몇 가지 범주로 나눠 살폈다. 또 다른 기호학 이론서로는 토마스 씨벅과 함께 지은 『논리와 추리의 기호학』(인간사랑, 1994)이 번역돼 있다.

소설을 통해 에코의 세계에 발을 디딘 독자는 이내 그의 사상에 흠뻑 매료되고 만다. 이를 일컬어 에코 마니아. 우리나라에도 이런 이들이 적지 않은데 그들을 대상으로 한 에코의 저서가 경쟁적으로 번역 출간되고 있다. 열린책들의 '에코라이브러리'와 새물결의 '새물결문화신서' 에코시리즈가 그것이다. 중복 출판의 문제점도 없지 않지만 에코 마니아들로서는 환영할 일이다.

에코라이브러리에는 기왕의 소설들을 포함해 동화 『폭탄과 장군』 등 에코의 다양한 저작이 20여 권에 이른다. 이 가운데 『나는 장미의 이름을 이렇게 썼다』(1992, 이하 『이렇게 썼다』)와 『해석이란 무엇인가』(1997)를 살펴보자. 『이렇게 썼다』는 『장미의 이름』의 집필과정과 문학론을 정리한 책으로 에코의 소설관이 드러나 있다. "소설을 쓰려고 할 때 작가는 가능한 선까지, 그리고 가능한 한 자세하게 소설이라는 세계를 창조해야 한다."

『해석이란 무엇인가』는 20세기 인문학의 중심주제 가운데 하나인 해석의 문제에 관한 토론집. 텍스트 해석에 대한 에코의 세 차례 강연과 리처드 로티, 조너선 컬러, 크리스틴 부르크 로즈 등의 논평과 이에 대한 에코의 답변 등으로 이뤄져 있다. 에코는 '작품의 의도'가 해석의 무한성에 제약을 가하고, 온당한 해석과 초해

석의 기준으로 작용할 수도 있다는 견해를 제시한다.

'새물결 문화신서'는 에코의 책이 일곱 권에 이르며 에코의 문화 읽기가 주류를 이룬다. 가장 먼저 나온 『포스트모던인가 새로운 중세인가』(1993) 역시 문화론에 속한다. 에코는 현대사회와 중세사회의 유사점을 '먼 이웃, 가까운 외국'이라 지적한다. 100킬로미터 안팎의 가까운 도시보다 훨씬 쉽게 뉴욕에 갈 수 있도록 해주는 항공노선이 널려 있듯이 중세유럽에는 순례자들을 위한 여행로가 사방으로 뚫려 있었다는 것이다.

『논문 어떻게 쓸 것인가』(이론과실천, 1991)는 이탈리아의 대학생을 대상으로 한 논문작성법 강의다. 그런 까닭에 우리의 실정과는 동떨어진 내용이 많지만 책에 대한 그의 철학을 읽을 수 있는 기회를 제공한다. "책이 자기 것이고 골동품의 가치를 지니고 있지 않으면, 마음껏 밑줄을 치라. 책을 소중히 여겨야 한다고 주장하는 사람을 믿지 말라. 책을 건드리지 않음으로써가 아니라 사용함으로써, 우리는 그것을 소중히 여긴다."

움베르토 에코의 책

책의 우주— 세기의 책벌레들이 펼치는 책과 책이 아닌 것들에 대한 대화 임호경 옮김, 열린책들, 2001

궁극의 리스트— 문학과 예술 속의 목록사: 호메로스에서 앤디 워홀까지 오숙은 옮김, 열린책들, 2010.

번역한다는 것(움베르토 에코 마니아 컬렉션 26) 김운찬 옮김, 열린책들, 2010.

나는 독자를 위해 글을 쓴다(움베르토 에코 마니아 컬렉션 25) 김운찬 옮김, 열린책들, 2009.

민주주의가 어떻게 민주주의를 해치는가(움베르토 에코 마니아 컬렉션 24) 김운찬 옮김, 열린책들, 2009.

책으로 천년을 사는 방법(움베르토 에코 마니아 컬렉션 23) 김운찬 옮김, 열린책들, 2009.

거짓말의 전략(움베르토 에코 마니아 컬렉션 22) 김운찬 옮김, 열린책들, 2009.

언어와 광기(움베르토 에코 마니아 컬렉션 21) 김정신 옮김, 열린책들, 2009.

칸트와 오리너구리(움베르토 에코 마니아 컬렉션 20) 박여성 옮김, 열린책들, 2009.

칸트와 오리너구리 박여성 옮김, 열린책들, 2005.

신문이 살아남는 방법(움베르토 에코 마니아 컬렉션 19) 김운찬 옮김, 열린책들, 2009.

세상 사람들에게 보내는 편지(움베르토 에코 마니아 컬렉션 18) 카를로 마리아 마르티니 공저, 이세욱 옮김, 2009.

하버드에서 한 문학의 강의(움베르토 에코 마니아 컬렉션 17) 손유택 옮김, 열린책들, 2009.

작가와 텍스트 사이(움베르토 에코 마니아 컬렉션 16) 손유택 옮김, 열린책들, 2009.

예술과 광고(움베르토 에코 마니아 컬렉션 13) 김효정 옮김, 열린책들, 2009.

대중문화의 이데올로기(움베르토 에코 마니아 컬렉션 8) 김운찬 옮김, 열린책들, 2009.

가짜 전쟁(움베르토 에코 마니아 컬렉션 6) 김정하 옮김, 열린책들, 2009.

구조의 부재(움베르토 에코 마니아 컬렉션 4) 김광현 옮김, 열린책들, 2009.

매스컴과 미학(움베르토 에코 마니아 컬렉션 3) 윤종태 옮김, 열린책들, 2009.

애석하지만 출판할 수 없습니다(움베르토 에코 마니아 컬렉션 2) 이현경 옮김, 열린책들, 2009.

추의 역사 오숙은 옮김, 열린책들, 2008.

로아나 여왕의 신비한 불꽃(상·하) 이세욱 옮김, 열린책들, 2008.

미의 역사 이현경 옮김, 열린책들, 2005.

지구인 화성인 우주인— 움베르토 에코가 들려주는 이야기 김운찬 옮김, 웅진주니어, 2005.

움베르토 에코를 둘러싼 번역 이야기— 에코에 의한, 또는 에코에 관한 번역론 송태욱 옮김, 열린책들, 2005.

움베르토 에코의 문학 강의 김운찬 옮김, 열린책들, 2005.

작은 일기 이현경 옮김, 열린책들, 2004.

장미의 이름(상·하) 이윤기 옮김, 열린책들, 2009.

장미의 이름 이윤기 옮김, 열린책들, 1986.

장미의 이름으로 이동진, 우신사, 1986.

푸코의 진자(전3권) 이윤기 옮김, 열린책들, 2007.

푸코의 진자(전3권) 이윤기 옮김, 열린책들, 2000.

푸코의 진자(전3권) 이윤기 옮김, 열린책들, 1995.

푸코의 추 이윤기 옮김, 열린책들, 1990.

전날의 섬 이윤기 옮김, 열린책들, 1996.

바우돌리노 이현경 옮김, 열린책들, 2002.

폭탄과 장군 이윤기 옮김, 열린책들, 1992.

장미의 이름 작가노트(움베르토 에코 마니아 컬렉션 11) 이윤기 옮김, 열린책들, 2009.

나는 '장미의 이름'을 이렇게 썼다 이윤기 옮김, 열린책들, 1992.('장미의 이름' 창작노트)

논문 잘 쓰는 방법(움베르토 에코 마니아 컬렉션 9) 김운찬 옮김, 열린책들, 2009.

움베르토 에코의 논문 잘 쓰는 방법 김운찬 옮김, 열린책들, 1994.(논문작성법강의)

논문 어떻게 쓸 것인가 이필렬 옮김, 이론과실천, 1991.

무엇을 믿을 것인가 카를로 마리아 마르티니 공저, 이세욱 옮김, 열린책들, 1999.

포스트모던인가 새로운 중세인가 조형준 옮김, 새물결, 2005.

포스트모던인가 새로운 중세인가 조형준 옮김, 새물결, 1993.

철학의 위안 조형준 옮김, 새물결, 2005.

철학의 위안 조형준 옮김, 새물결, 1993.

글쓰기의 유혹 조형준 옮김, 새물결, 2005.

글쓰기의 유혹 조형준 옮김, 새물결, 1994.

스누피에게도 철학은 있다 조형준, 새물결, 2005.
스누피에게도 철학은 있다 조형준, 새물결, 1994.
대중의 슈퍼맨 김운찬 옮김, 열린책들, 1994.
대중의 영웅 조형준 옮김, 새물결, 2005.
대중의 영웅 조형준 옮김, 새물결, 1994.
소크라테스 스트립쇼를 보다 안수진 옮김, 새물결, 2005.
소크라테스 스트립쇼를 보다 안수진 옮김, 새물결, 1995.
열린 예술작품 조형준 옮김, 새물결, 2006.
열린 예술작품 조형준 옮김, 새물결, 1995.
세상의 바보들에게 웃으면서 화내는 방법(움베르토 에코 마니아 컬렉션 15)
이세욱 옮김, 열린책들, 2009.
세상의 바보들에게 웃으면서 화내는 방법 이세욱 옮김, 열린책들, 1999.
연어와 여행하는 방법 원재길 옮김, 열린책들, 1995.
낯설게 하기의 즐거움 김운찬 옮김, 열린책들, 2003.
누구를 위하여 종을 울리나 묻지 맙시다 김운찬 옮김, 열린책들, 2003.
미네르바 성냥갑(1·2) 김운찬 옮김, 열린책들, 2004.
이야기 속의 독자(움베르토 에코 마니아 컬렉션 10) 김운찬 옮김, 열린책들,
2009.
소설 속의 독자 김운찬 옮김, 열린책들, 1996.
소설의 숲으로 여섯 발자국 손유택 옮김, 열린책들, 1998.
기호와 현대예술 김광현 옮김, 열린책들, 1998.
일반 기호학 이론(움베르토 에코 마니아 컬렉션 7) 김운찬 옮김, 열린책들,
2009.
기호학 이론 서우석 옮김, 문학과지성사, 1985.
기호학과 언어철학(움베르토 에코 마니아 컬렉션 12) 김성도 옮김, 열린책들,
2009.
기호학과 언어철학 서우석·전지호 옮김, 청하, 1987.
기호- 개념과 역사(움베르토 에코 마니아 컬렉션 5) 김광현 옮김, 열린책들,
2009.
기호- 개념과 역사 김광현 옮김, 열린책들, 2000.
해석이란 무엇인가 손유택 옮김, 열린책들, 1997.
해석의 한계(움베르토 에코 마니아 컬렉션 14) 김광현 옮김, 열린책들, 2009.
해석의 한계 김광현 옮김, 열린책들, 1995.
중세의 미학(움베르토 에코 마니아 컬렉션 1) 손효주 옮김, 열린책들, 2009.
중세의 미와 예술 손효주 옮김, 열린책들, 2000.

움베르토 에코에 관한 책

고전의 향연- 플라톤에서 움베르토 에코까지 한 권으로 즐기는 유쾌한 고전
여행 이진경 외, 한겨레출판, 2007.
움베르토 에코 평전 다니엘 살바토레 시페르 지음, 임호경 옮김, 열린책들,
2004.
움베르토 에코와 축구 피터 페리클레스 트리나포스 지음, 김운찬 옮김, 이제
이북스, 2003.
에코 기호학 비판- 열림의 이론을 향하여 박상진 지음, 열린책들, 2003.

웬델 베리
Wendell Berry
1934-

'인간과 문명에 대한 깊이 있는 성찰'

(진보)친북좌파 vs (반북)보수우파

나는 누구를 섬기지 않고 어떤 것을 받들지도 않는다. 존경하는 인물은 없으며 특정한 이념적 지향점이나 종교 또한 없다. 우리 집은 특별한 이유 없이 제사를 안 지낸다. 설과 추석에 차례는 지낸다. 당연히 국가관 혹은 애국심은 흐릿하다. 그렇다고 마음에 드는 인물과 사상조류가 전혀 없는 건 아니다. 섬기거나 받들 정도는 아니지만 마르크스를 위대한 사상가로, 그의 저작(엥겔스의 것과 함께)을 좋게 본다. 하여 나는 온건 보수 성향임에도 '친북 좌파'라는 꼬리표를 반긴다. 누가 그러는데 나는 좌파도 우파도 아니란다. 맞다. 나는 '친북'이다. 난 이북과 가까운 곳에서 태어나 줄곧 살고 있다. 군 복무는 이북 바로 코앞에서 했다.

그러나 나는 '친북'이 아니다. 나는 선거라는 대의민주주의의 근간에 대해 회의적이지만, 그렇다고 권력의 족벌세습과 장기집권 독재를 옹호하진 않는다. 나는 누구 말마따나 후보군 중에서 추첨을 통해 권력자를 뽑는 게 더 민주적일 수 있다고 생각한다. 그러니까 나는 평준화 지지자다. 나는 북한의 상징이랄 수 있는 거대 매스게임에 숨이 막힌다. 어느 대기업의 신입사원연수회에서 매스게임을 하는 것은, 이유야 어찌 됐든 규모와 상관없이, 남한의 재벌과 북한의 권력이 상동相同임을 말한다.

나는 몇 년 있다 치러질 인천아시안게임에 반대한다. 내가 그런 대규모 국제 스포츠행사를 싫어하는 이유는 단 한가지다. 매스게임 때문이다. 개회식과 폐회식의 식전 식후 공개행사에 어린 학생들을 동원하지 않

는다면, 나는 내 고향에서 아시안게임을 하건 올림픽을 하건 아무 상관 않겠다. 나는 1983년 인천에서 열린 전국체전 식전 공개행사에 참여했다. 정말 하기 싫었으나, 어쩔 수가 없었다. 여전히 그러는 게 교육적이라고 한다면, 남북한이 뭐가 다르랴. 외려 저쪽 학생들은 자발적이라고 하던데.

짧은 체류 경험과 옅은 지식으로 우리를 싸잡아 비꼰 미국인을 비판했다가 '사상이 의심스럽다'는 소릴 들었다. 우리에게 '의심스런 사상'과 '친북'은 압도적인 표현이다. 불온하고 불순하다는 낙인이다. 이런 말을 들은 사람은 달리 할 말이 없다. 그런 말은 하는 사람에게 '표현의 자유'가 있을지 몰라도, 그런 말을 듣는 사람에겐 '표현의 자유'뿐만 아니라 '언론·출판·집회·결사의 자유'와 '사상의 자유'까지 다 없다. 적어도 크게 위축받는다. 그리고 '친북좌파'의 상대어는 '반북우파'지 '보수우파'가 아니다. '보수우파'는 '진보좌파'와 제대로 된 대비를 이룬다.

웬델 베리에 대한 비판적 지지

스콧 니어링을 비판했다가 곤욕을 치른 일이 있다. 문제가 된 발언이다. "출판평론가 최성일 씨는 '스콧 니어링이 청교도들의 미 대륙 침범과 인디언 학살을 삶의 개척이라고 평가하는 것은 제국주의적 역사인식을 보여주는 것'이라고 최근 지적한 바 있다." (강성민, 「진단_한국 생태담론의 궁핍한 현실」, 〈교수신문〉 2004. 9. 10) 나는 헬렌 니어링-스콧 니어링 부부가 생태주의자일 수는 있어도 사회주의자는 아니라고 생각한다. 20만 평 농장의 주인이 사회주의자일 수 있다면, 그건 미국식 사회주의의 한계다.

나는 헬레나 노르베리 호지도 아니라고 생각한다. 노르베리 호지 여사의 국내강연에 아무런 감응을 못 느꼈다. 나는 제인 구달과 에드워드 윌슨의 어떤 측면 또한 우리에게 과대평가되고 있다고 생각한다. 여기에

는 필자도 기여한 바 있는 것 같아 '제인 구달' 편에선 나름대로 긴장감을 가졌다. 에드워드 윌슨의 번역서 리뷰 청탁 글은 비판 위주로 쓴다. 웬델 베리는 "미국의 농부, 시인, 작가 그리고 오늘날 생존해 있는 가장 뛰어난 문명비평가"다(이하 웬델 베리의 이력은 산해에서 펴낸 그의 산문집 두 권에 있는 저자 소개글을 참조했다).

"영문학자로서 한때 대학 강단에 서기도 했지만 고향 켄터키로 돌아가 현대적 농법을 거부하고 전통적인 방법으로 농사를 짓고 있다. 자연과 조화를 이루며 사는 삶을 추구한다는 점에서는 스콧 니어링 부부나 헨리 소로와 비슷하기도 하지만, 농촌을 미화시키지 않고 지역경제와 공동체의 보존을 역설한다는 것이 그의 특징이다."

그는 다만 2에이커의 땅에 채소를 재배한다. 2에이커는 약 8094제곱미터이고, 평수로 따지면 약 2500평이다. "그는 지금도 그다지 넓지 않은 자신의 땅을 세심하게 돌보며 살고 있다. 그는 마치 예술가가 작품 재료에 정성을 쏟듯 땅에 주의를 기울인다. 그렇게 함으로써 땅을 살리고 사람을 살리고 경제를 살릴 수 있다고 믿는다." 나는 웬델 베리가 니어링 부부와 노르베리 호지 여사, 그리고 제인 구달보다는 좀 낫다고 생각한다.

"건강한 자연은 희망의 기초이며 뿌리이다"

『희망의 뿌리』는 "'구매 저항'에 관한 내용을 담고 있다." 웬델 베리 역시 판매 대상인 그의 책에 관심이 있다. "(이 책을 사준 독자들에게 감사드린다. 만일 빌렸다면 당신의 절약정신에 경의를 표한다. 그러나 만일 훔쳤다면 이 책은 당신을 더 혼란스럽게 할지도 모른다)."

그는 자신의 인세印稅 수입이 단어를 정렬한 대가라 여긴다. "내 재산은 단어를 정렬하는 능력인 것이다." 또한 그의 사전에는 '지적 재산'이라는 용어가 없다. "나는 지적 재산권 같은 걸 주장하는 사람들은 모두 도둑이라고 생각한다." 하지만 그의 한국어판 저서 다

섯 권에는 모두 저작권 표시가 있고, 다 웬델 베리가 저작권자로 돼 있다.

『희망의 뿌리』에는 글이 8편 실려 있다. 「환경보호와 지역경제」에서 웬델 베리는 우리가 희망을 갖기를 바란다. 희망을 갖는 것은 우리의 의무다. "우리에게는 우리 자신과 후손을 위해 현재의 상황과 삶을 들여다보고 확실한 희망의 토대를 찾아야 할 의무가 있다. 찾으려고 하면 희망의 토대를 발견할 수 있을 것이다."

그것은 건강한 자연이다. "건강한 자연은 희망의 기초이며 뿌리이다. 단, 겸손하고 지혜롭게 자연을 우리의 스승으로 인정할 수 있을 때에 한해서." 또 그것은 '건강한' 지역사회다. '건강한' 지역사회는 한곳에 이웃해 사는 사람은 물론, 그 장소 자체를 아우르는 개념이다. "건강한 지역사회는 지속 가능하다. 타당한 한계 내에서 자급자족하며, 상식의 범위에서 스스로 결정한다."

그는 실질적인 개혁은 지역사회에서 이뤄져야 한다고 강조한다. 땅의 이용과 생산 방법을 지역에서 개혁해야 한다. 규모를 줄이고 경비를 줄이며 산업 의존을 줄이기 위해 노력해야 한다. 이를 위해 지역에선 지역상품을 소비해야 하고, 지역경제가 지역의 생태계와 조화를 이루도록 해야 한다. 경제민주주의를 강화하는 것만이 바람직한 대책이다. "이런 주장이 혁명적이라는 것을 인정한다. 그러나 이 혁명은 폭력적인 혁명이 아니라 조용한 혁명이다. 이 혁명은 사람들을 착취하고 그들의 고향을 파괴하는 경제로부터 벗어날 수 있는 실제적인 방법과 정신적인 힘을 발견하게 해준다."

지구적으로 생각하기와 도시 안정에 대한 27가지 제안을 담은 「차에서 내리고 말 등에서 내리자」에서 그는 단언한다. "지구적으로 사고하면서 지역적으로 행동할 수는 없다."「보존은 좋은 일이다」에선 '알맞은 일'에 의미를 부여한다. '일work'은 지구 어디서건 우리와 지구의 관계를 제대로 나타내는 진짜 이름이다. '알맞은 일'은 지구와 우리의 적절한 관계를 가리킨다.

'알맞은 일'

"알맞은 일은 신의 작품을 경배한다. 알맞은 일은 존중하는 마음 없이는 어떤 것도 이용하지 않는다. 알맞은 일은 존중하지 않고 사랑하지 않는 도구와 재료를 이용하는 법이 없다. 알맞은 일은 자연을 신비하고 힘 있는 존재이자 없어서는 안 될 교사로서, 인간이 손으로 만든 모든 작품을 평가하는 피할 수 없는 재판관으로서 존중한다. 그것은 삶과 일을 분리하지 않으며 기쁨과 일, 사랑과 일, 유용함과 아름다움도 분리하지 않는다."(「기독교의 자연 파괴」에서)

「적과의 화평」은 '1차 걸프전에 대한 짧은 기록'이나, 미국의 두 번째 이라크 침략에도 잘 들어맞는다. 정말이지 "우리가 없으면 세상은 한결 나아질지도 모른다." 이 글의 마지막 성찰을 곱씹어보자. "만일 우리가 평화를 원한다면 낭비를 줄이고 적게 소비하며 적게 사용하고 욕구를 줄이며 필요를 줄여야 한다. 현재 우리사회의 심각한 위기 상황을 나타내는 가장 놀라운 일은 우리 지도자들에게는 젊은이들을 전쟁터에 내보내 희생시키려는 용기는 있으나 탐욕과 낭비를 줄이라고 말할 용기는 없다는 것이다."

나는 웬델 베리의 '공동체론' 혹은 '공동체주의'를 존중하지만, 그게 나하곤 안 맞는 것 같다. 이와 별개로 단문으로 표현된 그의 현실인식은 공감하는 바가 크다.

"많은 사람들이 선거에 무관심하다. 정부가 시골이나 국민을 위해 봉사하지 않고 기업의 이익만 우선시한다고 생각하기 때문이다."

"GNP와 기업의 손익계산은 한 나라의 번영이나 건강과는 아무런 상관이 없다."

"가능한 한 집 가까운 곳에서 즐거움과 휴식을 찾자."

"그리고 언제나처럼 그 바탕에는 수출업자에게 유익한 것은 모든 사람에게 유익하다는 가정이 자리하고 있다."

"활자화될 수 없는(활자화되지 않은) 것은 어떤 것도

진실이 아니라는 생각을 갖게 되는 것이다."

"일부 페미니스트들은 여성 학대에는 반대하면서도 여성이 경제구조 속으로 내몰리는 현실은 적극 옹호한다."

"특히 시골 공동체의 공무원들은 그 공동체를 편협하고 뒤떨어졌으며 무지몽매하고 전근대적이며 미개하고 '우리'와 다르므로, 이 공동체에는 외부의 이익에 부합(외부의 이익에 혜택이 가도록)한 변화가 필요하다고 생각한다."

'성해방'의 개념에서 출발한, 결혼과 가족 그리고 공동체 생활에서 성을 사랑의 실천에서 분리하기로 결정한 탓에 형성된, 혼란스럽고 받아들이기 어려우며 복합적으로 해롭고 위선적인 성도덕의 양상은, 그 원인이 우리와 다를지 몰라도 매우 비슷한 결과를 보인다.

"'자연스러운' 인간의 욕망은 무엇이든 인정되고 남자와 여자는 동등하므로 모든 욕망도 동등하다. 남자가 지하철 같은 데서 임신한 여자를 그냥 세워둔 채 자리에 앉아 있거나 육중한 문을 밀고 들어가면서 뒤따라 들어오는 여자 면전에서 문이 꽝 닫히게 놔두어도 괜찮다. 이혼이 유행처럼 번지는 현상도 괜찮다. 이혼한 부모가 양육비 지불을 게을리 하거나 거절하는 것은 개탄할 일이지만 그래도 괜찮다. 난잡한 성행위도 괜찮고 간통도 그렇다. 10대들의 난잡한 성행위는 '현실이 그렇기 때문에' 괜찮다. 산아제한의 한 가지 방법으로 낙태도 괜찮고 광고와 대중오락에서 매춘도 괜찮다."

자연을 지켜야 하는 이유

『희망의 뿌리』와 함께 번역 출간된 『생활의 조건』에서 웬델 베리는 "사람을 노동시장의 필수품으로 보는 천박한 관점에 반대한다." 이 책의 원제목은 'Homo Economics'다. 『희망의 뿌리』와 마찬가지로 그의 에세이 모음이다. 우리는 전체적으로 어떤 규칙성에 의존하고 우리가 이해하는 것은 극히 일부라는 것이 수록 글

의 공통된 주제다.

웬델 베리는 취업기관으로 전략한 대학과 대학생의 '취업준비'를 비판한다. "취업준비는 순전히 사적인 목적을 위해 공공의 자금을 부적절하게 사용하는 행위이다. 학생들의 입장에서 볼 때 그것은 시간 낭비이기도 하다. 가장 적절한 취업준비는 본래 고용인이 감독하는 도제의 방식으로 이루어지기 때문이다." 예컨대 "국어 수업의 올바른 목표는 제대로 말하고 쓰는 방법이지 연설가, 방송인, 독창적인 작가, 전문가, 언론인 등 현장에서 '비즈니스 용어'를 능숙하게 구사하는 사람이 되는 비결이 아니다." 말 잘하고 글 잘 쓰는 사람은 필요한 경우에 연설도 잘 하고 기사, 소설, 업무상 편지도 잘 쓸 수 있지만, 제대로 말하고 쓰지 못한다면 직업적인 기교를 아무리 배워야 소용없다는 얘기다.

또 우리는 단지 엉터리 애국심과 권력가의 현실적인 탐욕을 따라갈 뿐이라고 주장한다. 웬델 베리는 미국 독립혁명을 이상적인 것으로 본다. 하지만 아래 인용문에서 나타나듯 미국의 구성원 가운데 북미 인디언 원주민은 빠져 있다. "과거 크나큰 역경과 대가를 치렀던 수백만의 이주자들, 자유를 찾은 노예들, 서부로 간 이주민들, 한 가족이 경제뿐만 아니라 생각이나 생활의 만족에서도 어느 정도 독립성을 이룩할 수 있는 개인 소유의 소규모 농장·상점·업체를 시작으로 젊은 부부들을 동요시킨 오랜 희망의 목소리가 있다. 그 목소리를 요즘에도 전국 어디서에나 들을 수 있다."

웬델 베리는 대학의 통합과 대학교육의 '높은 기준'을 요구한다. 그에게 농업은 하나의 산업이라거나 수출을 해야 농업경제가 건실해진다는 주장은 오류가 아닐 수 없다. 농부들이 너무 많다거나 손작업이 나쁘다는 것도 그렇다. 그리고 자연을 지켜야 한다.

"자연을 지켜야 하는 이유는 그것이 우리에게 필요하기 때문이다. 우리에게는 크든 작든, 공공의 것이든 사적인 것이든 모든 종류의 자연이 필요하다. (…) 우리

에게는 '어느 누구도 근접할 수 없는 전체적인 협약을 통한 절대 야생'의 지대가 필요하다. (…) 나는 어떤 장소에서든 인간경제와 관련해서 질문되어야 할 다음 세 가지 항목이 있다고 생각한다.

첫째, 이곳에 무엇이 있는가?

둘째, 우리가 이곳에서 무엇인가를 하려 한다면 자연은 그것을 허용할 것인가?

셋째, 또한 자연은 그 일을 할 수 있도록 우리를 도와줄 것인가?"

소설과 첫 번째 번역서

장편소설 『포트윌리엄의 이발사』에선 저자의 특이한 알림글이 먼저 눈에 들어온다. "이 책에서 '주제'라는 걸 찾으려고 하는 사람은 소송을 당할 것이다. 이 책에서 숨겨진 어떤 의미를 찾으려고 하는 사람은 추방당하게 될 것이다. 그리고 이 책의 내용을 설명하거나 해석하거나 분석, 비평하거나 그 외의 어떤 방법으로든 '이해'하려 드는 사람은 이 책을 해석하려고 하는 다른 집단이 사는 불모의 섬으로 유배당하게 될 것이다.— 웬델 베리"

나는 송사에 휘말리고 싶지 않다. 추방되거나 유배되는 것도 싫다. 그런데 『포트윌리엄의 이발사』 한국어판은 작품해설을 신고 있다. 편집자가 저자의 뜻을 거스른 이유다. "권두에서 웬델 베리는 이 책을 설명하거나 '이해'하려고 하지 말라고 '경고'했다. 그럼에도 불구하고 우리는 김정란 시인의 글을 청해 싣는다. 물질주의에 물든 초국가적 권력에 맞서 살아가는 한 인간의 반성과 진정이 담긴 삶을 아름답게 그려낸 작가에게 경의를 표하기 위해.— 편집자"

『나에게 컴퓨터는 필요없다』는 처음 번역된 웬델 베리의 책이다. 이 책에 수록된 「내가 컴퓨터를 사지 않는 이유에 대한 이유」는 그의 생각을 잘 보여주는 글이다. "아마 우리 중 상당수는 현재가 가능한 모든 세상 중 최선의 세상이고, 우리가 올바른 장비를 구입한다면 훨씬 잘 살게 될 것이라는 사실을 깨닫기만 한다면, 지금보다 훨씬 나아질 것이라고 생각하는가 보다." 웬델 베리처럼 나는 그렇게 생각하지 않는다.

"나는 남녀 모두에게 결혼생활과 가정을 꾸리는 것보다 더 중요한 무언가가 있다고 생각하지 않는다. 또한 남녀 모두에게 있어 집에서 일하는 것보다 '집 밖에서 고용되는 것'이 더 가치 있거나 중요하거나 만족스러운 일이라고 생각하지도 않는다." 옳다. 나도 그렇게 생각한다.

또한 나는 "장수에 대한 강조는 산업적 정신이 가지고 있는 그들만의 목적이 어떻게 인간 생명의 가치를 격하시키는지, 통계가 진실을 어떻게 왜곡하는지 보여주는 가장 좋은 예"라 믿어 의심치 않는다. "훌륭한 삶은 단지 길기만 한 삶보다 더 나은 것이며, 훌륭한 삶은 그 길이에 의해 결정될 수 없다." 몽골의 열두 살 소녀 〈푸지에〉는 나름의 훌륭한 삶을 살았다. 〈푸지에〉는 2007 제4회 EBS국제다큐멘터리페스티벌 대상 수상작이다.

"'기술 진보'의 가장 직접적이고 두려운 위험은 신체를 비하하고 퇴화시키는 것"이고, "우리 시대에 나타나는 '성적 자유'만을 가지고 우리 시대가 지나치게 육체적이라고 간주하는 것은 이상한 일이다." 웬델 베리는 "컴퓨터를 이용함으로써 작가들은 정신과 육체의 철저한 분리, 정신노동으로부터 육체노동의 제거라는 유희에 빠져 있다"고 분명히 말한다.

『통섭』이 아니라 『통합』이다

『삶은 기적이다— 현대의 미신에 대한 반박』은 전권에 걸쳐 에드워드 윌슨이 『통섭— 지식의 대통합』(최재천·장대익 옮김, 사이언스북스, 2005)에서 개진한 주장에 대해 반론을 편다.(이하 내용은 〈문화예술〉 2006년 4월호에 실린 '출판 리뷰'의 일부임)

『통섭』의 옮긴이 서문에서 최재천 교수는 이 책이 "미국 학계에 많은 논쟁을 불러일으켰다"며, 매우 부정적인 의견을 개진한 서평자로 제리 포더와 리처드 로티를 꼽는다. 그리고는 로티의 비평에 대한 실망감을 표출한다. "나는 로티가 스스로 그 자신의 철학이 엄청나게 좁은 학문이라고 고백하는 우를 범하고 있다고 생각한다."

하지만 웬델 베리와 『삶은 기적이다』에 대한 언급은 없다. 그도 그럴 것이 웬델 베리와 윌슨 사이에는 근본적이 차이가 있다. 웬델 베리는 "그는 시종일관 대학에 속한 사람이었고, 나는 늘 학교 밖에 있을 때가 훨씬 속이 편했다"고 말한다. 게다가 웬델 베리는 "과학에 대해 잘 알지도 못하고 배운 적도 없"다면서 무지에 관해선 "상당한 전문가라고 자부한다."

윌슨을 "물질주의자"로 규정하는 웬델 베리는 "과학이 아닌 모든 것은 과학이 되어야 하며 또 과학이 될 것이라는 윌슨의 확신은 그 자신이 대단히 소유욕이 강한 정신의 소유자이며, 지적으로 계몽되지 않은 사람들에 대해 극단적인 생각을 가지고 있는 사람임을 말해준다"고 지적한다. "『통합』(『삶은 기적이다』에서 consilience의 번역)은 물살은 무섭게 빨리 흐르는데 그것은 보지 못한 채 추측상으로만 있는 징검다리 돌 하나에서 다음 돌로 뛰어넘어 가면서 미친 듯이 기뻐 날뛰는 인간 정신의 모습을 보여주고 있다"고 진단한다.

결국 웬델 베리가 반대하는 건 "기계와 기계적 관념이 피조물의 삶의 조건과 상황을 결정하도록 내버려 두는 우리의 대책 없음에 관한 것이다." 그런데 윌슨의 '대책 없음'은 낯이 익다. 윌슨의 주장은 단순하고 조악해진 마르크스주의를 연상시킨다. 유난스럽게 '과학'을 들먹이는 것이 그렇고, '환원론'에 기대는 것도 그렇다.

웬델 베리의 책

삶은 기적이다— 현대의 미신에 대한 반박 박경미 옮김, 녹색평론사, 2006.

포트윌리엄의 이발사 신현승 옮김, 산해, 2005.
희망의 뿌리 문채원·정혜정 옮김, 산해, 2004.
생활의 조건 정경옥 옮김, 산해, 2004.
나에게 컴퓨터는 필요없다 정승진 옮김, 양문, 2002.

윌리엄 모리스
William Morris
1834-1896

Dream come true

2005년 가을 외신이 전하는 멕시코 만 연안과 카슈미르 지역의 자연재해로 인한 희생자 숫자는 좀처럼 실감이 안 난다. 2004년 동남아시아 대해일의 엄청난 피해 규모에 '면역'이 된 탓일까. 아니면 자연재해라서 사람의 힘으론 어쩔 수 없다는 '체념' 때문일까. 사람을 감염시키는 조류 독감이 불러올 어마어마한 희생자 추정치가 일순 충격을 주기는 했으나, 이 또한 실감이 덜 나기는 마찬가지다.

그래도 이런 생각은 든다. 지금이 21세기가 맞나? 이러다 세상이 어떻게 되는 건 아닌가? 시간이 거꾸로 흐르는 건 아닌지 모르겠다. "세상의 종말이라는 것에 대해 너무 큰 기대는 걸지 말 일이다"라는 스타니슬라프 J. 레크라는 사람의 말은 옳다. 하지만 인류의 생존은 장담을 못한다. 더구나 갈수록 스스로 몰락을 재촉하고 있음에랴.

윌리엄 모리스의 생태 사상은 오늘 우리가 취해야 할 바에 긴한 시사점을 제공한다. 1996년 세계 각지에서는 모리스 타계 1백주년을 기념하는 행사가 성대하게 치러졌다. 그런데 범세계적으로 펼쳐진 이 행사는 우리나라를 비켜 갔다. 모리스에 대한 한국어 개설서는 그가 세상을 떠난 지 102년 만에 비로소 나왔다.

필자가 보기에 모리스에 대한 우리의 몰이해는 그의

전인적 기질과 관련이 있는 것 같다. 『윌리엄 모리스의 생애와 사상』(개마고원, 1998)에서 박홍규 교수가 거명한 그의 직함은 양 손으로 꼽아도 모자란다. "19세기 후반 영국의 시인, 소설가, 극작가, 수필가, 번역가, 건축사상가, 공예가, 디자이너, 정치가, 사회주의자, 사회개혁가, 낭만주의자, 생태주의자, 환경보호운동가, 문화유산 보존운동가, 아나키스트, 유토피아주의자, 정치평론가, 교육사상가 등."

좁은 전공 분야의 테두리에 갇혀 있는 우리 학계와 지식계의 풍토에서는 이렇듯 다양한 분야에 족적을 남긴 모리스를 몰라보는 게 무리는 아니었다. 그런데 모리스를 "현대 사상의 선구자로 인정"하는 서유럽 지식 사회에도 문제가 있다는 것이 박홍규 교수의 지적이다. 1934년 모리스 탄생 1백주년을 맞은 영국에서 그는 "무해한 성자로서 기념되"고, 혁명가로서의 모리스에 대해선 아무도 언급조차 하지 않았다는 것이다. 그리고 모리스의 진면목을 간과하는 왜곡된 전통은 여전하다.

"그러나 모리스의 그 어떤 예술 작품이나 뛰어난 사상도 혁명적 사회주의자 모리스를 무시하면 제대로 이해할 수 없다. 즉, 자본주의를 전복하고 노동자계급의 승리를 위하여 싸운 사회주의자로서의 그를 외면한다면 그가 만든 작은 들꽃 무늬 하나도 이해할 수 없는 것이다."

박홍규 교수는 윌리엄 모리스를 "인간이 자연과 조화를 이루며 진정으로 인간답게 살려는 유토피아의 변증법적 발전 과정에서 궁극적인 종합을 형성한 사람"으로 본다. 또한 "그는 개인적인 차원을 뛰어넘어 민중 전체의 영원한 희망과 욕구를 실현하기 위해 노력했으며, 필사적으로 유토피아를 모색했던 인물이었다."

그런데 "그가 생각했던 유토피아 사회의 기초는 자유로운 노동과 예술적인 삶"에 있다. 박홍규 교수가 파악한 "모리스의 노동관은 대단히 단순하고 명확하다."

모리스는 "노동은 개인의 자유의지에 따라 이루어지는 창조적인 행위이지 결코 고통이 되어서는 안 된다고 강조했다"는 것이다.

"모리스에게 예술이란 노동을 무용하게 만드는 산업화에 저항하여 노동자가 자신의 참된 생활을 영위할 수 있게 만들어 주는 저항의 원리이다. 즉, 예술이란 궁극적으로 노동의 즐거움을 표현하는 행위가 되어야 한다는 것이다. 이는 동시에 생활의 포괄적인 이론으로서 모리스만의 독창적인 사회주의 사상과 연결된다."

따라서 박홍규 교수는 모리스가 "치밀한 이론을 만들어 내기보다 오직 스스로 삶을 통하여 노동과 예술을 조화롭게 통합하기 위해 노력한 인물로 평가하는 게 바람직하다"고 말한다. 또한 "모리스가 추구한 새로운 사회주의의 바탕"은 "노동의 예술화와 자연화, 생활의 예술화와 자연화, 그리고 사회의 예술화와 자연화"로 요약된다.

모리스의 다양한 면모 가운데 중요한 것 몇을 살펴보면, 그는 뛰어난 문학가였다. 시적 재능이 뛰어나 알프레드 테니슨이 죽고 나서 계관시인으로 추대 받고, 영국 옥스퍼드 대학의 시학 교수로 천거되기도 했으나 모두 거절했다. 소설가와 산문 작가, 번역가로도 문명文名을 떨쳤다.

한편 모리스는 현대 디자인의 시조로 통하는 아트디렉터다. 공예 작품은 혁신적이고 급진적인 스타일이라는 평판이 있고, 현대 기능주의 건축에 사상적 기반을 제공한 것으로도 유명하다. 정치적으로는 19세기 후반 사회주의 운동의 지도자로 활약했다. 그런데 박홍규 교수는 모리스의 정치 활동보다는 사상가로서의 모리스에게 더 큰 의미를 부여한다.

"한마디로 모리스 정치사상의 핵심은 중앙집권적인 국가권력으로부터의 지배가 배제된 분권화된 자치사회주의라고 할 수 있다. 그것은 자유로운 인간, 자유로운 교육, 자유로운 사랑, 자유로운 노동에 근거하며, 생태와의 조화를 지향한다는 점에서 자유·자치·자연이라고 하는 삼위일체의 철학이었다."

모리스의 생애에서 가장 인상적인 대목은 아이슬란드 여행이라고 할 수 있다. 이 여행이 눈길을 끄는 건, "가난하지만 계급 차이가 없이 평등하게 사는 사회를 경험"하면서 사회주의 사상을 적극 수용하는 계기가 됐기 때문이다. 또한 이 시기 모리스는 아내의 간통으로 심한 고통에 시달렸다. 한때 모리스는 아내와 그녀의 정부, 이렇게 셋이서 기묘한 동거를 하기도 했다.

단일 조세론과 토지국유화를 주장한 헨리 조지에게 큰 영향을 받았고, 프랑스의 사회주의자 푸리에의 '이상사회'에 공명한 모리스는 폭력혁명이 아니라 생활전반에서의 투쟁을 주창했다. 모리스는 그가 구상한 '친밀한 상식'의 사회주의를 다음과 같이 설명한다.

"내가 사회주의라고 하는 것은 부자도 빈민도 없고, 주인도 노예도 없고, 실업도 과잉 노동도 없고, 정신착란의 두뇌노동자도 상심한 육체노동자도 없는 사회, 요컨대 모든 사람이 평등한 조건 속에서 살 수 있고, 낭비 없이 자신의 일을 할 수 있으며, 자신에게 해가 되면 모두에게 해가 된다는 것을 의식하는 것, 결국 공동선commomwealth의 실현을 뜻한다."

공동선을 구현하고 있는 사회의 모습은 윌리엄 모리스의 장편소설 『에코토피아 뉴스』(필맥, 2004)에 잘 그려져 있다. 자본주의를 넘어선 이후 삶의 실상을 제대로 보여주지 못한 것이, 마르크스 또는 마르크스주의의 한계로 지적돼왔다. 이 소설은 그러한 사회주의 기획의 아쉬움을 말끔히 해소한다.

상업주의 시대와 마지막 문명의 시대가 종말을 고하고 도래한 '평안의 시대'는 정말이지 꿈만 같다. 합목적의 절제된 생산만 보더라도, "순수한 사용을 위한 물건 외에는 어떤 것도 만들어질 수 없습니다. 따라서 질 나쁜 물건은 만들어지지 않습니다. 나아가 앞서 말씀드렸듯이, 우리는 지금 우리가 원하는 게 무엇인지 잘 알고 있으며, 따라서 우리가 원하는 것 이상으로 많이 만들지를 않습니다."

옛 국회의사당을 거름창고로 쓰는 자유롭고 평등한 사회에서 사유재산제는 폐지되었고, "사유재산이 만들었던 법률이나 법률에 의한 범죄도 모두 사라졌"다. '훔쳐서는 안 된다'는 사회적 금기는 '행복하게 살기 위해서는 일하지 않으면 안 된다'는 긍정의 강조 형태로 바뀌었다. 누군가는 이 소설의 내용이 한낱 몽상에 불과하다며 낮춰 볼 수도 있다. 그러나 이런 말도 있지 않은가. 'Dream come true.'

이광주 교수의 『윌리엄 모리스, 세상의 모든 것을 디자인하다』(한길아트, 2004)는 '아트디렉터'로서 모리스의 면모를 한눈에 보여준다. 모리스 부부의 신혼 살림집으로 지은 '레드 하우스'와 모리스가 디자인한 벽지, 타일, 가구 따위가 눈을 즐겁게 한다. 하지만 무엇보다 눈길을 끄는 것은 역시 모리스가 만든 책의 화려한 삽화와 우아한 장정이다.

모리스는 이상적인 책이 갖춰야 할 조건 세 가지로 종이와 활자의 모양, 판면의 레이아웃을 꼽았다. 모리스는 1473년경 베네치아와 볼로냐에서 생산된 것을 가장 좋은 종이로 쳤고, 고딕체를 가장 바람직한 활자체로 여겼다. 그는 "또한 글자와 행의 균형 잡힌 간격 그리고 인쇄 판면 위치와 여백에도 크게 신경 썼다."

이 책에 실린 사진 100여 장 가운데 "윌리엄 모리스와 동지들의 첫 공동작업 장소인 옥스퍼드 대학교 학생회관 2층"이라는 설명이 붙은 사진이 제일 인상적이다. 학생회관에 벽화가 그려진 것은 그렇다 해도, 무슨 책이 그리 많은지. 학생회관의 장서 규모가 우리나라의 웬만한 단과대학 도서관과 비슷하다. 학생회관의 기능이 나라마다 이렇게 다를 수도 있구나.

로망스를 창작하고 '북유럽 신화'를 번역한 점을 감안하더라도, 모리스가 J.R.R. 톨킨 환상문학의 젖줄이었다는 사실은 좀 의외다. 톨킨 연구가 더글러스 A. 앤더슨이 엮은 『톨킨의 환상서가』(김정미 옮김, 황금가지, 2005)는 톨킨과 『반지의 제왕』을 만든 이야기 22편을 싣고 있는데 윌리엄 모리스의 「마운틴 도어 사람들」은 그중 하나다.

이 이야기는 '호스트 로드Host-Lord' 왕가의 조상신 또는 시조신이 용맹하고 현명한 왕의 첫 아이 작명을 축하하는 연회장에 나타나 왕손의 태어남을 반기고, 안녕을 기원하며, 고난을 경계하는 내용이다. 「마운틴 도어 사람들」의 첫 장에는 이런 설명이 있다.

"윌리엄 모리스는 톨킨이 환상 문학을 추구하게 만든 작가로, 톨킨에게 지대한 영향을 미쳤다. 모리스는 「베어울프」와 아이슬란드 사가를 번역한 시인이었고, 중세풍의 분위기와 문체를 지닌 전기 소설 작가이기도 했다. 톨킨은 소년 시절에 처음으로 모리스의 번역서를 접했고, 모리스가 다녔던 옥스퍼드의 엑세터 대학에서 수학하면서 그에게 더욱 깊은 관심을 갖게 되었다. 사후에 『잃어버린 이야기들The Book of Lost Tales』로 출판되었던 중간 세계에 대한 톨킨의 초기 작품들에서 모리스에게서 영향을 받은 고문체와 양식을 엿볼 수 있다."

권말의 저자 소개에서는 윌리엄 모리스가 말년에 중세를 배경으로 하는 모험 소설을 7편 썼다고 덧붙인다. 하지만 『톨킨의 환상서가』의 한국어판 대표 저자로 윌리엄 모리스를 올린 것은, 톨킨과의 연관성이나 모리스의 로맨스 작품 때문이라기보다는, 이젠 그가 우리 독자들에 제법 알려져서다. 이 책에 작품이 수록된 작가 22명 가운데 그나마 윌리엄 모리스의 이름이 제일 낯익다.

윌리엄 모리스의 책

에코토피아 뉴스(문고판) 박홍규 옮김, 필맥, 2008.
에코토피아 뉴스 박홍규 옮김, 필맥, 2004.
톨킨의 환상 서가— 톨킨과 반지의 제왕을 만든 스물두 편의 이야기 윌리엄 모리스 외 공저, 더글러스 A. 앤더슨 엮음, 김정미 옮김, 황금가지, 2005.
신약성서가 가르쳐 주는 기쁨 노용찬 외 옮김, 글샘, 1992.

윌리엄 모리스에 관한 책

윌리엄 모리스 평전(개정판) 박홍규 지음, 개마고원, 2007.
윌리엄 모리스의 생애와 사상 박홍규 지음, 개마고원, 1998.
윌리엄 모리스, 세상의 모든 것을 디자인하다 이광주 지음, 한길아트, 2004.
이광주 아름다운 책 이야기— 윌리엄 모리스에서 중세 사본까지 이광주 지음, 한길아트, 2007.

윌리엄 파운드스톤
William Poundstone

기발한 착상이 돋보이는 논픽션 작가

윌리엄 파운드스톤은 특이한 작가다. 최근 출간된 번역서의 저자 소개글에는 그의 직업이 논픽션 작가로 나와 있다. 대학에서 물리학을 전공한 것이 논픽션 작가의 이력으로는 약간 독특하다. 파운드스톤의 특이점은 그의 작품에서 찾아진다. 다시 저자 소개글이다. "과학적 테마를 글감으로 삼아 흥미진진하게 이야기를 얽어내는 솜씨는 타의 추종을 불허한다." 파운드스톤은 착상이 기발하다.

『머니 사이언스— 불확실한 투자의 세계에서 확실한 승리를 얻는 공식』(소소, 2006)과 『죄수의 딜레마— 존 폰 노이만, 핵폭탄, 게임이론』(양문, 2004)은 비슷한 형식을 취한다. 이 두 권의 구성상 유사함은, 『죄수의 딜레마』 '옮긴이의 글'에 인용된 원서 표지를 장식한 서평의 한 대목을 빌면, 이런 것이다.

"이 책은 매혹적인 폰 노이만의 전기인 동시에 게임이론과 냉전과 핵무기 경쟁에서의 그것의 역할에 관한 훌륭한 사회사이다."『머니 사이언스』에서는 다양한 인물들의 간추린 생애와 '행운의 공식'이 교차한다. 『머니 사이언스』와 『죄수의 딜레마』에 대한 리뷰는 두 권의 구성 방식을 응용해보겠다.

『머니 사이언스』제1막의 주인공 클로드 섀넌Claude

Shannon, 1916-2001은 '정보이론'의 개척자로 디지털 시대의 초석을 다진 인물이다. 이진수 0과 1을 사용하여 컴퓨터가 연산을 수행할 수 있다는 아이디어를 최초로 제공한 사람이 바로 섀넌이다. 비트와 바이트의 명칭도 그에게서 나왔다.

섀넌의 통찰력은 아인슈타인을 뛰어넘을 정도였다고 한다. 섀넌은 수학에도 천재성이 있었고, 그런 능력을 활용하여 주식투자에서도 역량을 발휘했다. 1986년까지 섀넌이 보유한 포트폴리오의 평균복리 수익률은 28퍼센트나 되었다. 같은 기간 워렌 버핏의 버크셔해서웨이의 연 평균복리수익률은 27퍼센트였다. 파운드스톤은 섀넌을 이렇게 평한다.

"섀넌은 무언가를 명확한 논리로 주장하는 사람이었고, 아무리 기상천외한 것도 가능하다고 생각할 정도로 상상력이 풍부했으며, 그러면서도 그것들이 자신의 생애에는 현실화되지 않을 것이라는 점을 알 만큼 현실감이 있는 사람이었다."

'G_{max}=R'. 존 켈리의 돈 버는 투자 공식이다. 이것은 판돈을 거는 사람의 '투자'에 대한 복리수익률을 표시하는 방식의 한 가지다. G는 도박가의 부의 성장률을 가리킨다. max는 최댓값을 뜻한다. 따라서 G_{max}는 최대수익률을 말한다. "켈리는 이 최적 수익률을 섀넌의 이론에 등장하는 정보전달률 R과 등치시킨다. 최대수익률은 '내부정보'의 양과 등가다."

도박은 조폭과 불가분의 관계다. 『머니 사이언스』에는 20세기 전반기 미국의 갱단 두목 또는 조직의 보스가 여럿 언급된다. 이 가운데 뜻밖의 인물이 있다. 조셉 케네디는 미국의 제35대 대통령 존 F. 케네디의 아버지다. 케네디 암살의 배후로 곧잘 거론되는 세 개의 대상 가운데 옛 소련과 쿠바는 이른바 '쿠바사태'에서 케네디 대통령이 취한 강경책이 개연성을 갖는다.

하지만 '마피아 배후설'은 쉽게 이해되지 않았다. 이 책은 케네디 대통령이 마피아의 보복을 받았을지도 모

른다는 정황을 알려준다. "금주법 시기 동안 누군가가 매사추세츠 주의 브록턴 외곽에서 헤이그앤헤이그 스카치위스키 창고를 털었다. 이 위스키들은 존 F. 케네디 대통령의 아버지 조셉 케네디의 것이었다. 그는 주식 내부거래와 알코올 밀수로 재산을 모았다."

조셉 케네디는 그것을 자신의 최대 라이벌인 롱지 질만의 짓으로 여겼고, 복수를 다짐했다고 한다. 조셉 케네디는 아들들을 정계에 진출시킨다. "그 중 한 명인 로버트 케네디는 상원의원의 하급 보좌관으로 키포버 위원회를 지원했다. 그때 질만은 친구들에게 '보비'_{로버트의 애칭}가 늙은이를 상대로 집안의 원한을 풀고 있다고 말했다."

존 폰 노이만John von Neumann, 1903-1957은 『죄수의 딜레마』의 주역이다. 헝가리의 부다페스트에서 태어난 그는 신동 소리를 들었다. 노이만의 아버지는 아들을 위한 조기 영재교육 환경을 조성한다. 부동산 경매를 통해 사들인 도서관의 책으로 가구가 딸린 방에다 개인도서관을 꾸며주었다. 노이만은 이 방에 틀어박혀 몇 시간씩 책을 읽었다고 한다.

노이만은 기억력이 뛰어났는데 그의 출중한 기억력은 나이 들어서도 쇠퇴하지 않았다. 그의 천부적인 기억력에 관한 일화 몇 가지가 전해져 온다. 비잔틴사 분야의 명망 높은 역사학자가 노이만의 파티에 초대되었다. 그 학자와 노이만은 역사를 주제로 이야기를 나누던 중 연대 하나를 놓고 의견이 갈렸다. 관련서를 펼쳐 확인해보니 노이만이 옳았다.

얼마 뒤 노이만의 집에서 열리는 파티에 다시 초대를 받은 저명한 역사학자는 이런 조건을 내걸었다. "자니_{노이만의 애칭— 인용자}가 비잔틴사를 논의하지 않기로 약속하면 가지요. 모두가 나를 그 분야에서 세계 최고의 전문가라 생각하고 있고, 나는 그들이 계속 그러기를 원하거든요."

노이만의 '오류불가능성'에 관한 일화도 전해진다.

노이만은 미 공군의 민간 싱크탱크였던 랜드 회사의 자문역을 맡기도 했다. 1948년 랜드에 참여했으니까 1950년 전후에 있었던 일로 짐작된다. 그 시절의 컴퓨터로는 풀기 어려운 문제와 씨름하던 랜드 회사는 노이만에게 문제를 풀 수 있는 새로운 컴퓨터의 설계를 위한 조언을 구한다.

이에 노이만은 그 문제를 먼저 알려주길 요청했다. 랜드 소속 과학자들이 칠판에 문제를 쓰고 설명을 하는 데만 2시간이 족히 들었다. 양손으로 머리를 감싼 채 잠자코 있던 노이만은 설명이 끝날 즈음, 종이에 뭔가를 끼적이고는 이렇게 말했다. "여러분, 새 컴퓨터는 필요 없습니다. 제가 방금 그 문제를 풀었거든요." 사정이 이렇다 보니 노이만의 사소한 계산 실수에 대해 IBM의 실무자가 충격을 받은 것도 무리는 아니다.

헝가리언 랩소디. 헝가리는 20세기 전반부에 숱한 천재를 배출했다. 우리에게는 철학자 루카치와 예술사가 아르놀트 하우저가 포함된 부다페스트학파의 구성원들이 먼저 알려졌지만, 헝가리 출신 자연과학자의 숫자 또한 적잖다. 수소폭탄 개발자 에드워드 텔러, 물리학자 유진 위그너와 폰 카르만, 물리학에서 생물학으로 방향을 튼 레오 실라르드에다 노이만까지.

그런데 이들은 헝가리 출신인 것 외에도 공통점이 있다. 미국의 원자폭탄 개발계획인 맨해튼 프로젝트에 참여했다. 노이만은 이에 대한 물음에 이렇게 답했다. 그것은 "중부유럽 지역 전체에 가해진 외부적 압력, 개인들의 무의식적인 극단적 불안감, 그리고 비상한 것을 내놓지 못하면 사라져야만 하는 운명에 따른 필연적 결과다."

노이만은 수학자다. 한데 수학자가 원자폭탄 개발에서 무슨 일을 했을까? "폰 노이만은 원자폭탄의 파열설계에 관해 결정적인 계산을 해냈다." 파운드스톤은 문외한에게 수학자로서 노이만이 성취한 위대하고 독창적인 업적은 표현하는 것조차 어렵다고 말한다. MIT

에서 물리학을 공부한 파운드스톤이 이 정도라면, 나 같은 사람은 더 말할 것도 없다. 노이만의 수학적 기여를 그저 나열하는 수밖에는. "폰 노이만 대수라고 알려진 rings of operators, 의사-에르고드적 가설의 증명(1932), 격자이론의 연구(1935-1937)." 또한 그는 디지털 컴퓨터 개발에 크게 이바지하였다.

1927년부터 노이만은 수학의 공리적 접근법을 물리학의 새로운 발견들에 적용하기도 했다. "양자역학 체계의 상태가 힐베르트 공간의 벡터로 취급될 수 있음을 깨달"은 것이 "폰 노이만의 핵심적 본질"이라고 한다. 아울러 노이만의 연구는 양자이론의 철학적 해석에도 영향을 줬다고 한다.

노이만은 게임이론의 창시자로도 통한다. 게임이론은 잠재적으로 사기성이 있는 적수들 사이에서 일어나는 갈등을 연구하는 수리논리학의 분과를 가리킨다. 파운드스톤에 따르면 노이만은 게임을 "상대방 역시 선택을 하고 있다는 것과 각각의 선택에 대해 처방되는 모종의 방식으로 갈등의 결과가 결정되리라는 점을 인식하면서 한 사람이 선택을 해야 하는 갈등 상황"으로 본다.

노이만은 이익이 완전히 상반되는 두 사람이 맞붙는 게임에는 언제나 합리적인 행동 노선이 있다는 것을 수학적으로 증명했는데, 이를 '최소최대 정리minimax theorem'라고 한다. 최소최대 원리의 단순한 예시로 케이크 자르기를 들 수 있다. 두 아이가 케이크 조각을 균등하게 나누는 최선의 방법은 한 아이가 케이크를 자르고, 다른 아이가 둘 중 하나를 고르는 것이다.

이때 케이크를 자르는 아이가 케이크를 등분하여 절반 가깝게 얻으려는 것을 '최소 수량 최대화'라고 한다. 또 선택권이 있는 아이가 상대적으로 큰 케이크 조각을 고르는 것을, 케이크를 자르는 아이가 갖게 되는 몫을 지칭해 '최대 수량의 최소화'라고 한다.

죄수의 딜레마는 게임이론의 대표적 딜레마다. 1950

년 랜드 회사 소속 과학자 메릴 플러드와 멜빈 드레셔가 단순하면서도 당혹스런 게임을 생각해냈고, 이를 랜드 회사의 자문역 앨버트 터커가 '죄수의 딜레마'로 명명했다. 터커가 이 게임의 '치장본'이라 부른, '죄수의 딜레마'의 핵심은 아래와 같다.

- 함께 법을 어겨 고발된 두 사람이 경찰에 붙잡혔다.
1. 한 사람이 자백하고 다른 사람은 자백하지 않으면, 전자는 상을 받고 후자는 벌금을 내게 된다.
2. 두 사람 모두 자백하면, 각각 벌금을 문다.
3. 두 사람 모두 자백하지 않으면, 둘 다 석방된다고 믿을만한 충분한 이유가 있다.

다음은 우리가 알고 있는 공동정범이 처한 난경의 세련된 버전이다. 범죄 조직의 조직원 두 명이 붙잡혀 구치소에 갇혔다. 두 죄수는 각기 독방 신세가 되었고, 다른 죄수와 이야기하거나 메시지를 교환할 수단이 없다. 경찰은 죄수 두 사람에게 주된 죄목으로 유죄를 입증할 증거가 불충분하다고 시인했다. 경찰은 두 사람에게 경미한 혐의를 적용하여 1년형에 처할 계획을 세워두었다.

"동시에 경찰은 각 죄수에게 파우스트적 협상안을 제시한다. 만일 동료의 죄를 증언하면 자신은 석방되는 반면, 동료는 주된 죄목에 따라 3년형을 받을 것이다. 구미가 당기는 제안이다. 하지만 만약 두 죄수 모두 동료의 죄를 증언한다면, 둘 다 2년형을 받을 것이다."

'죄수의 딜레마'는 사람을 비합리적인 존재로 여긴다. 인간의 본성을 탐욕과 이기심으로 본다. 죄수의 딜레마에서 '협조'보다는 '배신'을 해야 개인에게 이익이 돌아온다. 파운드스톤은 죄수의 딜레마와 같은 상황 설정과 불가피한 선택을 수긍하면서 그 가치를 인정한다. 그것은 진정 단 "한번뿐인 죄수의 딜레마에서 협조를 정당화하기란 상호변절을 논리적 결과로 받아들이

는 것만큼이나 어렵"기 때문이다. 죄수의 딜레마는 세상과 게임이론이 잘못되었다는 증거로 보이지만 어쩔 수 없이 그것과 더불어 살아가야 하는 측면이 있다는 것이다.

죄수의 딜레마는 때로 핵전략의 일부로 다뤄진다. 또한 예방전쟁론의 논거가 되기도 하였다. 미국에서 옛 소련에 대한 핵 선제공격을 골자로 하는 예방전쟁 운동이 1950년 거세게 일었다. 그러니까 미국의 이라크 침공과 이른바 불량국가를 향한 공세는 역사적 뿌리가 깊은 셈이다. 사실 반세기 전 미국에서 벌어진 예방전쟁을 둘러싼 논쟁의 양상은 매우 현재적인데 예방전쟁론자들의 주장이 특히 그렇다.

당시 예방전쟁 운동에 기름을 부은 미 해군성 장관 프랜시스 매튜스의 연설문을 보자. "…163년 동안 미국은 …먼저 공격을 당해 자기 방어를 위해 싸우지 않을 수 없었던 경우가 아니라면 칼을 뽑지 않았습니다. …호전적인 국가들은 …우리의 노력에 반대할 것입니다. 그들은 우리의 프로그램을 제국주의 침략으로 낙인찍을 것입니다. 우리는 그런 중상을 기꺼이 받아들일 수 있습니다. …우리는 평화를 위한 최초의 침략자가 될 것입니다."

캘리포니아 주의 가데나에 사는 어느 매튜스 지지자는 이런 반응을 보였다. "도대체 얼마나 이런 일이 계속되어야 합니까? 우리가 수소폭탄을 갖고 있으니 선제공격의 이점을 살립시다." 지금이나 그때나 미국에 이렇듯 호전적이고 맹목적인 부류만 있는 건 아니다. 제정신이 든 사람도 있다. 미 공군 퇴역 장성 카알 스파츠는 〈뉴스위크〉에 이런 내용을 기고했다. "최근 예방전쟁 이론에 관해 '다른 사람들이 당신에게 행할까 두려워하는 일을 그들에게 행하라'고 공공연하게 논의된다. 이것은 약자와 두려움에 빠진 자의 생각이다. 그것은 갱들의 사유이고 우리나라는 확실히 방아쇠를 당기며 기뻐하는 나라가 아니다."

노이만은 예방전쟁을 지지했다. 반공주의자로서 당연한 태도였다. 러셀도 예방전쟁을 지지했는데 여기에는 옛 소련에 대한 그의 사적인 감정이 작용했다. 러셀은 시간이 지나면서 예방전쟁 지지를 철회하고, 그런 적이 없었다고 발뺌을 하다가 나중에 그런 사실을 인정한다. 러셀은 '쿠바사태' 때 미·소 두 나라 권력자에게 보낸 자신의 편지가 사태 해결의 실마리가 되었다고 자부한 모양이다. 그러나 이런 생각은 자화자찬이 아닌가 싶다.

파운드스톤은 노이만이 지닌 매력의 원천으로 "그의 모순된 면모"를 꼽는다. "그는 온화하고 매력적인 인물이었지만, 동시에 핵전쟁을 개시할 생각을 하고 인류가 테크놀로지의 오용으로 멸망할 운명이라 생각한 사람이었다." 또한 그의 정치적 성향은 꽤 보수적이었지만 자동반사적일 만큼 반동적이진 않았다고 한다.

노이만은 적극적인 반공산주의자였음에도 '오펜하이머 청문회'에 증인으로 출석하여 로버트 오펜하이머를 보호하려고 노력했다. 『죄수의 딜레마』에는 오펜하이머 관련서가 두 권 언급되나 둘 다 한국어판이 나오지 않았다. 그 대신 '오펜하이머 청문회'에 관한 내용은 제레미 번스타인이 지은 『베일 속의 사나이 오펜하이머』(유인선 옮김, 모티브북, 2005)가 좋은 참고가 된다.

『죄수의 딜레마』에 딸려 있는 예스24의 독자서평은 모두 여섯 편이다(2006. 3. 1 현재). 이 가운데 세 편이 번역의 부실함을 지적하고 있다. 부실한 번역을 꼬집은 서평을 읽고 걱정이 되었다. 책이 안 읽히면 어쩌나, 하고. 다행스럽게도, 아니면 그간 시원찮은 번역에 적응이 돼 그런지 몰라도 읽지 못할 정도는 아니었다. 그렇지만 번역이 안 좋은 건 분명하다.

편집도 번역의 아쉬움을 상쇄할 정도로 깔끔하진 않다. 표지 장정의 오브제로 사용된 영문의 끝자락에 나오는 노이만의 생몰연도가 틀렸다. 그가 세상을 떠난 해는 1975년이 아니라 1957년이다.

『패러독스의 세계』(뿌리와이파리, 2005)는 부제목이 말하듯 '인간 이성의 한계를 묻는 12가지 역설'을 다룬다. 그러면 역설이란 무엇인가? 파운드스톤은 역설이란 말은 여러 가지 용법으로 쓰인다고 전제한다. 그리고 "모든 용법의 핵심에는 '모순'이 들어 있다. 역설은 합당한 일련의 전제에서 시작한다. 역설은 이런 전제로부터 그 전제를 무너뜨리는 결론을 연역한다. 역설은 증명의 개념을 우습게 만들어버린다."

파운드스톤은 어디서 어떻게 모순이 발생하는가에 따라 역설은 세 가지로 분류할 수 있다고 설명한다. "가장 약한 유형의 역설은 오류다." 이보다 "더 강력한 역설들은 종종 사고실험의 형태를 띤다." 곧 '상식이 틀렸다'는 유형이다. "그러나 더 강한 역설들이 있다. 오류도, '상식이 틀렸다' 유형도 사람을 애타게 괴롭히지는 않는다. 최고의 역설은 바로 그런 성질을 갖고 있다. 역설 중에서도 가장 역설적인 이 유형은 해소를 거부한다."

'거짓말쟁이 역설'은 진정한 역설의 아주 단순한 예다. 널리 알려진 바대로 크레타 사람 에피메니데스가 말한 "모든 크레타인은 거짓말쟁이다"가 그것이다. D.C. 매킨슨의 '서문의 역설'은 우리가 흔히 보는 진술에서 영감을 얻었다.

"책의 저자가 서문에서(배우자와 타이피스트에게 감사를 표한 후에) '불가피한' 잘못은 모두 책임이 자신에게 있다고 말하는, 지나치게 겸손한 서문을 모두들 본 적이 있을 것이다. 저자가 잘못이 있다는 것을 그렇게 확신한다면 그 사실을 인정할 것이 아니라 왜 되돌아가서 오류를 고치지 않는 것일까 궁금해 하는 사람도 아마 꽤 있을 것이다."

『후지산을 어떻게 옮길까?』(해냄, 2003)는 '마이크로소프트의 서바이벌 면접'을 다룬다. 마이크로소프트 사가 직원을 뽑는 첫째 목적은 '빌 복제인간'을 찾아내는 데 있다. '빌 복제인간'은 MS의 은어로 빌 게이츠처럼 "뛰어난 재능과 경쟁력을 갖고 있지만 경험은 부족한 혹은 전무한 젊은이를 의미한다."

매우 스마트한 사람들로만 구성된 일류 집단인 마이크로소프트 사는 난해한 퍼즐인터뷰와 스톡옵션으로 상징된다. 퍼즐인터뷰는 MS의 구성원과 다른 모든 이들 사이에 침투 불가능한 장벽을 구축하려는 마이크로소프트 사의 채용 철학에 근거한다. MS의 면접시험 문제 일부는 우리도 이미 알고 있다.

"맨홀 뚜껑이 사각형이 아니라 원형인 이유는 무엇입니까?"는 면접관이 기대하는 답도 안다. "맨홀 뚜껑이 사각형이면 구멍 속으로 뚜껑이 빠져 사람이 다칠수도 있고 뚜껑을 잃어버릴 수도 있기 때문이다." 미국의 50개 주 가운데 한 개를 없앤다면 어떤 주를 택하겠느냐? 는 질문에서 '워싱턴 주'가 부적절한 답변인 것은 짐작하고도 남음이 있다. 마이크로소프트 본사가 워싱턴 주 시애틀에 있지 않은가. '실전문제 Q&A'를 보니, 문제가 대체로 까다롭다.

윌리엄 파운드스톤의 책

후지산을 어떻게 옮길까? 정준희 옮김, 해냄, 2003.
죄수의 딜레마 – 존 폰 노이만, 핵폭탄, 게임이론 박우석 옮김, 양문, 2004.
패러독스의 세계 민찬홍 옮김, 뿌리와이파리, 2005.
머니 사이언스 – 불확실한 투자의 세계에서 확실한 승리를 얻는 공식 김현구 옮김, 소소, 2006.
칼 세이건 – 코스모스를 향한 열정 안인희 옮김, 동녘사이언스, 2007.

이냐시오 라모네
Ignacio Ramonet
1943-

매스미디어와 미국 대중문화의 은밀한 노림수를 드러내 보이다

초창기 미국 대통령을 지낸 토머스 제퍼슨의 말을 인용해 '신문 없는 정부'보다는 차라리 '정부 없는 신문'을 택하겠다는 언론의 자유 신봉자들을 이따금 본다. 만일 내게 선택권이 주어진다면, 나는 정부와 신문, 둘 다 없이 살고 싶다. 그렇다고 내가 아나키스트를 흉내 내려는 것은 아니다. 가능하다면 정부와 신문의 영향력으로부터 자유롭게 살고 싶다는 얘기다. '신문 없는 정부'니 '정부 없는 신문'이니 하는 표현부터가 어불성설이다. 둘은 공생관계에 있기 때문이다. 적어도 진실한 말은 거의 하지 않는다는 측면에서 신문과 정부의 속성은 거의 일치한다.

아무튼 이냐시오 라모네의 『커뮤니케이션의 횡포』(민음사, 2000)를 읽고 나서 가급적 텔레비전 뉴스를 보지 않겠다는 새삼스러운 다짐을 했다. 권력집단화한 현대 언론의 실상을 파헤친 이 책은 자연스럽게 매스미디어와 거리를 두게 한다. 라모네는 요즘을 실제 전쟁만이 정보와 뉴스의 집요한 공격을 피할 수 있다는 가상의 정보화 시대로 보고, 이런 시대에는 "미디어의 무의식적인 모방과 과잉정서"가 정보에 결정적인 영향을 행사한다고 말한다.

또, 라모네는 미디어의 상호모방과 과잉정서의 중요한 결과로 전 세계가 언제라도 '미디어의 구세주'의 출현을 맞이할 준비가 되어 있다는 점을 지적한다. 기자들과 미디어들, 그리고 어느 정도의 시민들은 동정과 감정에 근거하는 전 세계적인 담론을 지닌 인물을 애타게 기다리고 있다는 것이다.

예컨대 영국의 다이애나 황태자비, 성녀 데레사, 요한 바오로 2세 교황, 마하트마 간디, 빌 클린턴 미국 대통령 등이 그런 인물이다. 그들은 "정치를 텔레비전 복음주의로 변화시킬 수 있으며 실천에 옮기지 않고서도 세계를 변화시킬 수 있다고 꿈꿀 것이며, 혁명 아닌 급격한 변화라는 장밋빛 예언을 할 수 있을 어떤 인물"이다.

라모네는 어느 누구도 민주주의 사회에서 매스미디어의 필수불가결한 기능을 부인하진 않지만(나도 그렇다), 미디어에 관한 의혹은 여전히 우리를 짓누르고 있다고 말한다. 언론에 대한 의혹과 불신은 흥미 본위의 뉴스, 이미지에 대한 현혹, 그리고 민주적 검열 같은 것에 의해 야기된다. 텔레비전 뉴스는 "내가 당신들에게 보여주고 있는 것은 그것이 기술적이기 때문에 진실"이라고 말하지만 시청자는 이렇게 맞받아친다. "텔레비전 뉴스를 보면서 당신이 느끼는 감정이 진실되다면 그 뉴스는 진실된 것이다."

언론은 입법·행정·사법의 전통적인 세 가지 권력과 함께 제4의 권력을 이룬다고 말해진다. 예전에 언론권력을 다룬 J.L. 세르방의 책이 『제4의 권력』(전예원, 1978)이라는 제목으로 번역되기도 했다. 라모네는 "시민들이 제4의 권력의 비판적 기능이 아직도 수행되고 있는지 의심할 정도로 지배 미디어와 정치권력 사이에 일종의 혼합이 존재한다"면서 권력들 사이의 새로운 위계를 제시한다. 라모네에 따르면, 오늘날 제1의 권력은 경제가 행사하고 있고, 두 번째 권력이 바로 미디어적인 것의 차지가 된다. 정치적 권력은 세 번째 위치를 점한다.

라모네는 기자들의 앞날을 그려보기도 한다. "그들은 도태되고 있다"는 것이 라모네의 단도직입적인 진단이다. 기자의 씨가 마르고 있는 것은 뉴스 체계가 더 이상 그들을 원치 않고, 기자들 없이도 언론사가 잘 굴러가고 있어서다. 다시 말해 "기자들은 통신사로부터 송고된 기사를 손보는 역할로 격하되었다." 이렇게 기자의 가치가 떨어진 것은 모든 사람이 커뮤니케이션 활동에 참가하게 되어 기자가 정보 독점권을 상실했기 때문이다. 여기에 더하여 "새로운 기술들 또한 기자정신의 특수성의 소멸을 촉진시킨" 까닭이다. 그래서 이제 기자는 인스턴트 기자가 되었다.

어원적으로 '기자journaliste'라는 용어는 '하루의 분석가'를 의미한다. 그는 아무리 신속하게 움직인다 하더라도 그날 일어났던 것을 분석하는 사람으로 간주된다! 그러나 오늘날 생방송과 현지시각으로의 방영으로 인해, 분석해야 하는 것은 순간이다. 순간성이 뉴스의 정상적 리듬이 되었다. 기자는 그러므로 '즉석주의자' 또는 '순간주의'라고 불려야 한다.

라모네는 오늘날 시민들이 미디어에 기대하는 것 가운데 하나가 미디어의 자기비판이라고 말한다. 그것은 "그들이 다른 어떤 직업이나 삶의 분야에 대해서와 마찬가지로 자신들에게 엄격해져야 한다는 점이다." 하지만 현실은 이런 기대와는 멀찌감치 떨어져 있는 것 같다. 1981년 7월 29일 영국 찰스 황태자와 다이애나의 결혼식 생중계 화면에서 말들의 똥이 튀지 않게 나오도록 왕실의 말들에게 일주일 동안 똥이 카메라에 잘 받는 색을 띠게 하는 특수 알약을 먹일 정도의 텔레비전 연출자들의 강박심리는 애교스럽게 받아 넘길 수도 있다.

하지만 권력과 공모한 뉴스 조작의 사례들은 정말이지 어이가 없다. 걸프전 동안 가장 유명한 허위보도는 이라크 군인들이 병원에 난입해 인큐베이터 안에 있는 유아를 꺼내 살해했다는 '사실'을 눈물을 흘려가며 증언한 젊은 쿠웨이트 간호사의 인터뷰를 내보낸 것이었다. 그러나 "이 모두가 거짓이었다. '간호사'는 미국에서 학교를 다니고 있는 워싱턴 주재 쿠웨이트 대사의 딸이었다. 그리고 인큐베이터 사건은 레이건 대통령의 전 홍보참모였던 마이크 디버와 미 홍보회사 힐&널튼의 순전한 상상력을 통해 완전히 날조되었다."

이러한 날조와 조작은 2003년 미국의 이라크 침공에서도 재현되었다. 그것은 바그다드에 들어온 미·영 연합군을 환영하는 인파와 후세인 동상 쓰러뜨리기에 참가한 이라크인에 대한 간단한 분석을 통해 여지없이 드러났다. 다분히 구소련의 붕괴를 상징하는 레닌 동상 철거를 본뜬 후세인동상 쓰러뜨리기에 대해 〈TUP 속보〉(제49호, 2003. 4. 14)는 이렇게 전했다.

그 며칠 전에 미국방부가 고용한, 이라크 망명자이자 차기 괴뢰정권의 지도자로 지명된 아메드 차르바이가, 미군 군용기를 타고 낫시리아에 착륙했다. 그때, 차르바이의 측근의 얼굴사진과 3일 후에 쓰러뜨린 후세인 동상 위에서 춤을 추는 이라크인의 얼굴사진이, 위에서 소개한 사이트에 게재되어 있으니까 비교해보기 바란다. 양쪽 사진에는 어쩌면 그렇게 똑같은 사람들이 찍혀 있는지. (자연발생적으로 모여들었다는) 수많은 이라크 시민들은 실제로는 수십명이었을 뿐만 아니라, 그것도 미군이 고용한 대리인들이 그속에 섞여 있었으며, 그들은 부시정권에게 도움이 되는 프로파간더 영상을 촬영하기 위해서, 특별히 낫시리아로부터 바그다드로 파견되었던 것이다.(토다 키요시의 『환경학과 평화학』 후기에서 재인용)

정보를 얻는 데 공을 들여야 한다는 것이 라모네가 이 책에서 내린 결론이자 커뮤니케이션의 횡포를 막을 수 있는 방책이다. "정보를 얻는다는 것은 아무런 노력 없이는 불가능한 생산적인 활동이며 진정한 지적인 동원을 요구하는 활동이다. 민주주의 사회에서 시민이 그 시간, 돈, 관심의 일부분을 그것에 바칠 수 있을 만큼 고상한 활동인 것이다."

라모네의 결론은 한국어판 『커뮤니케이션의 횡포』에도 그대로 적용된다. 나온 지 4년이 지난 이 책은 현재 품절 상태이다. 대부분의 서점에는 이 책이 남아 있지 않다. 나는 발품을 팔아 서울의 어느 대형서점에서 책을 구입할 수 있었다. 책은 어렵사리 입수했어도 책의 내용은 기대 이상이었다. 내용이 쏙쏙 머릿속으로 잘도 들어 왔다.

한국어판의 부제목이 '우리 정신의 미국화'라 붙여진 『소리 없는 프로파간다』(상형문자, 2002)는 "(영화, 특히 텔레비전)영상들이 급증하고 있다는 것을 누구나 인정하는 오늘날의 세계에서 어떻게 영상들이 삶을 만나거

나 반영하는지 보여주려 한다." 특히 "어떻게 텔레비전과 대중영화가 중대한 정치적 문제들에 대해, 또는 역사적으로 중요한 순간에 이데올로기적 목적에 맞추어진, 그리고 상징적 보조물처럼 집단적 감성을 동반하도록 예정된 특별한 영상들을 만들어왔는지를(신중하게) 알려 주고자 한다."

책에는 1970년대의 영화와 텔레비전 시리즈물이 사례로 많이 등장한다. 이 책이 1981년 출간된 『눈으로 씹는 추잉 껌Le chewing-gum des yeux』을 2000년에 전면 개작한 것이기 때문이다. 사례 중에는 70년대에 유년기를 보낸 내게도 친숙한 영화와 TV 프로그램이 많다. 그런데 이 책을 읽는 우리의 심기는 몹시 불편할 수밖에 없다. 우리도 '문화전환자(트랜스컬처)'여서다.

우리 정신의 미국화 현상은 너무나 진행되어 있어서 그것을 고발한다는 것이 어떤 이들에게는 점점 더 받아들일 수 없는 것이 된다. 미국화의 길을 포기하려면, 우리가 어린 시절부터 즐겨왔고 항상 우리와 함께 있는 수많은 문화 행위들 ―의상, 스포츠, 놀이, 오락, 언어 음식― 을 잘라낼 준비가 되어 있어야 한다.

라모네는 텔레비전이 정보, 교육, 오락의 세 가지 기능을 갖는다는 사회학자들의 견해를 언급한 다음, 인터넷의 세 가지 주요 기능이 "감시, 광고, 판매가 되지 않을까" 우려하기도 한다. 아울러 자발적인 정신의 노예화를 경계한다. "이제 우리는 우리 정신의 복종과 통제가 힘이 아니라 유혹에 의해, 명령에 의해서가 아니라 우리 자신의 바람에 의해 정복되는 것은 아닌지 걱정해야 한다."

『소리 없는 프로파간다』의 사례 분석은 광고, 재난영화, TV수사극, 베트남전쟁 영화, 이탈리아 서부극, 전쟁을 소재로 한 코미디영화, 그리고 투쟁영화의 순으로 진행된다. 광고가 프로그램 사이에 있는 것이 아니라

프로그램이 광고 사이에 있는 것이라는 광고에 대한 비판적 통찰을 비웃기라도 하듯, 광고는 프로그램처럼 지각되기보다는 텔레비전의 일부가 되는 것을 목표로 한다.

뿐만 아니라 프로그램 도중에 나오는 중간광고는 텔레비전의 형식에 지대한 영향을 미치기도 한다. 그것은 중간광고가 허용되는 미국의 TV물이 그것이 허용되지 않는 외국으로 수출될 때 아주 극적으로 표출된다. "이렇게 해서 광고는, '광고가 부재할 때'조차도 텔레비전 이야기의 구조를 변형시키는 능력을 발휘한다."

재난영화에서는 1972년작 〈포세이돈 어드벤처〉에 대한 분석이 이채롭다. 이 영화는 필자도 꽤 오래 전에 TV의 명절 특선을 통해 보았다. 이제는 줄거리도 제대로 기억나지 않지만 영화가 '신화적 모델'에 입각해 있다고는 결코 생각하지 못했다. 그런데 라모네의 설명을 듣고 보니 그럴 법도 하다. 라모네는 재난영화들에 "군대나 경찰 또는 '하늘이 내린 사람들'과 같은 기구들이 위기에 빠진 사회의 보수와 재건을 담당하는 것을 보고자 하는 깊은 소망이 나타난다"고 말한다. 수사극 〈코작〉과 〈형사 콜롬보〉를 다룬 글에서는 〈형사 콜롬보〉의 초창기 시나리오와 연출 작업에 스티븐 스필버그가 참여했다는 사실이 흥미롭다.

재난영화를 보는 라모네의 안목도 탁월하지만 베트남전쟁 영화, 이탈리아 서부극, 전쟁 소재의 코미디 영화를 다루는 그의 솜씨는 영화평론가를 뺨치는 수준이다. 베트남전쟁 영화를 분석하는 대목에서 라모네는 〈디어헌터〉〈지옥의 묵시록〉을 반전 영화라 여기는 우리의 해묵은 관행에 종지부를 찍는다. 그에 따르면 〈디어헌터〉는 "무엇을 결정하든, 미국 정부가 옳으며 거기에 적응해야 하는 것은 시민들"이라는 단순한 정치적 교훈을 전달할 뿐이고 〈지옥의 묵시록〉은 "베트남에서 일어난 것에 대한 진짜 의미를 숨"기며 "항상 제국의 관점을 옹호"할 따름이다.

기존 체제에 맞서는 대항영화라고 할 수 있는 투쟁영화에 대해 라모네는 아주 비판적인 관점을 취한다. 그것들이 이데올로기의 표면을 건드리는 데 그치고 있기 때문이다. 또한 투쟁영화를 만드는 이들이 "소외된 소수들이라고 서로를 겁주고 자신들이 늙어가고 있음을 보지 못하며 위협적인 '소시민화'의 경계선들을 쉬지 않고 후퇴시키며 자신들의 고유한 순응주의를 완전히 무시"해서다.

1943년 스페인에서 태어난 라모네는 월간 〈르몽드 디플로마티크〉의 편집주간이면서 파리 7대학 커뮤니케이션학과 교수로 재직하고 있다. 촘스키와 함께 펴낸 책이 있는 라모네는 비판적 성향이 여러모로 촘스키와 비슷하다. 그런데 앞서 소개한 두 권의 책은 촘스키와는 구별되는 그만의 장점을 잘 보여준다. 라모네는 미디어의 현상 분석에 뛰어난 재능이 있다. 문체 면에서도 이제는 진부하게도 비쳐지는 촘스키에 비해 훨씬 구체적이고 생생하다.

하지만 9.11과 대테러 전쟁, 중동 분쟁, 세계화와 반세계화, 코소보 전쟁 같은 세계적인 이슈를 다룬 시사 논평을 묶은 『21세기 전쟁』(중심, 2003)에서는 라모네의 그런 장점이 약간 덜 드러난 듯하다. 그래도 세계 이곳저곳에서 일어난 사건에 대해 충실한 정보를 전달하고, 사건을 보는 명확한 관점을 제공한다.

특히 "모든 사람에게 적용되는 무조건적인 기본 소득을 신설해야 한다"는 제안에 전적으로 동감한다. "태어날 때부터 가족적인 또는 직업적인 지위의 조건과는 무관하게 모든 사람에게 주어지는 소득 말이다. 이 원칙은 아주 혁명적인데, 사람들은 생존하기 위해서가 아니라 존재하기 때문에 생존 수당을 받을 권리가 있다는 것이다."

이 밖에 라모네의 글을 볼 수 있는 책은 두 권이 더 있다. 두 권 모두 앤솔러지다. 최병권·이정옥이 엮은 『아메리카』(휴머니스트, 2002)에는 라모네의 짧은 글 세 편이 실려 있다. 주제는 『21세기 전쟁』과 중복되는데 「아듀, 자유의 여신」은 내용도 많이 겹친다. 〈르몽드 디플로마티크〉에서 펴낸 『프리바토피아를 넘어서』(백의, 2001)에는, 그 잡지의 편집주간으로서 마땅히 해야 할 일이겠지만, 이냐시오 라모네가 서문을 썼다.

이냐시오 라모네의 책

피델 카스트로— 마이 라이프 피델 카스트로 공저, 송병선 옮김, 현대문학, 2008.
21세기 전쟁 최연구 옮김, 중심, 2003.
소리 없는 프로파간다 주형일 옮김, 상형문자, 2002.
커뮤니케이션의 횡포 원윤수·박성창 옮김, 민음사, 2000.

이매뉴얼 월러스틴
Immanuel Wallerstein
1930-

진리는 아편이고 진보는 환상이다

『자유주의 이후After Liberalism』는 월러스틴의 이전 저작들과는 전혀 다른 미래학 분야의 업적이다. 이 책은 물론 메타역사이론화의 한 부분을 차지하는, 400여 년간 발전되어온 자본주의 '세계체제'라는 거대이론틀에 기초하고 있다. 그러나 여기서 더 나아가 월러스틴은 1989-91년에 일어난 공산주의의 붕괴가 실제로는 자유주의의 붕괴였음을 논증하는 독특하고도 비상한 견해를 개진하고 있다.

이매뉴얼 월러스틴의 『자유주의 이후』(당대, 1996)에 대한 프랜시스 후쿠야마의 언급이다. '역사의 종말'을 선언한 일본계 미국인이 자신과 사뭇 다른 견해를 지닌 '맞수'를 높이 평가하는 자세가 칭찬과 인정認定에 인색한 우리의 눈에는 기이하게 비치기도 하지만, 후쿠야마는 월러스틴을 정확하게 파악하고 있다.

'세계체제론'과 함께 월러스틴의 이름이 우리에게 알려진 것은 1980년대 초반이다. 이때만 해도 그는 사미르 아민, P. 에반스, A.G. 프랑크 등과 함께 대표적인 종속이론가로 통했다. 하지만 그의 생각은 일반적인 종속이론과는 달랐다. 자본주의 체제를 중심부와 주변부의 이중구조로 보는 여느 종속이론가들과는 달리 월러스틴은 핵심부와 주변부, 그리고 반주변부의 삼중구조를 설정했다. 게다가 월러스틴의 '세계체제론'은 종속이론으로 치부하기에는 곤란할 정도로 거시적이고 종합적이며 총체적인 성격을 띠었다.

이러한 '세계체제론'의 면모가 드러난 것은 『역사체제로서의 자본주의Historical Capitalism』(학문과사상사, 1985)가 번역되면서부터다. 이 책은 당시로서는 월러스틴의 최근작(1983)이었다. 100쪽을 겨우 넘기는 부피에다 방대한 사상을 압축해 놓은 '전체에 필적하는 부분'이기도 했다. 그러나 국내 독서계의 반응은 무덤덤했다.

여기에는 두 가지 이유가 있는 것으로 보인다. 먼저, 이 책의 번역 출간을 전후로 '세계체제론'을 다룬 국내 학자의 2차문헌과 월러스틴이 엮었거나 대표필자로 등재된 선집이 여럿 나온 점을 들 수 있다. 무성한 소문 혹은 전언에 의해 생생한 육성이 파묻힌 셈이다. 하지만 더욱 직접적인 원인은 월러스틴의 생각이 당시 우리 독서계의 지배 담론에 정면으로 배치되었다는 점에서 찾을 수 있다.

1980년대 이 땅의 마르크스주의자들이 "진보에 대한 진화론적 인식을" 갖는 것이 "그들 자신을 속박하는 하나의 함정"이라는 사실을 깨닫기는 어려웠다. 그러기에는 마르크스의 '원전'이 너무 늦게 복권되었고, 의식 있는 독자들은 마르크스의 뒤늦은 '재림'에 흠뻑 빠져 있었다. 또한 그들은 일방적인 잣대로 진보를 해석했다.

월러스틴은 우리의 상식을 뒤집는 사고를 한다. 진리는 '아편'이고, 진보의 발전원리는 커다란 '덫'이라는 것이다. 그는 역사적 자본주의를 지탱하는 이데올로기의 양대 지주로 인종차별주의와 보편주의를 꼽는데, 보편주의는 인식론이면서 신앙의 구실도 한다. 보편주의의 신앙, 곧 진리를 추구하는 막중한 임무는 대학이 맡고 있다. 하버드 대학의 문장에 '진리veritas'라는 말을 새겨 넣은 것도 이를 강조하기 위함이다(우리는 한 술 더 떠서 '진리는 나의 빛'veritas lux mea이다).

우리의 집단적 교육은 진리추구를 공평무사한 미덕이라고 가르쳐왔지만, 사실상 그것은 이기적인 합리화에 지나지 않는다. 진보의 초석이며 따라서 복지의 초석이라고도 선언되어온 진리추구가 계서제적인 불평등한 구조와 여러가지 면에서 보조를 같이해왔다는 점은 최소한 인정할 수밖에 없다. 경제구조의 주변화, 국가간체제에 참여하고 그 제약을 받는 약한 국가구조의 창출 등 자본주의 세계경제의 팽창에 수반된 여러 과정들은 기독교의 전도, 유럽어의 강요, 특정 기술과 관행의 주입, 법률체계의 변화 등 문화적 측면의 여러 가지 압력과 연관되어 있었다. 이런 변화들은 군사적 수단에 의해서 이루어진 경우가 많았다. '교육자들'의 설득에 의해서 이루어진 경우도 있었는데, 이들의 권위도 궁극적으로는 군사력의 뒷받침을 받았다. 이것이 때론 '서구화'라고도 하고 더욱 오만하게는 '근대화'라고도 하는 그런 복합적인 과정인데, 이러한 과정은 보편주의 이데올로기의 성과와 그 이데올로기에 대한 믿음을 모두 공유하는 것이 바람직하다는 이유로 정당화되었다.

이런 까닭에 월러스틴은 진리가 대중과 지식인 모두에게 아편으로 기능해왔다고 주장한다. 진보라는 관념에 대한 '뒤집기'는 섬뜩하기까지 하다. 자유주의자가 진보를 신봉하는 것은 당연하다. 진보가 봉건제에서 자본주의로의 모든 이행을 정당화하기 때문이다. 진보

는 자본주의에 가해지는 상품화에 대한 비판을 분쇄했고, 그것이 주는 이익이 폐해보다 훨씬 크다는 점을 내세우며 자본주의에 관한 부정적인 생각 역시 일소했다.

문제는 마르크스주의자들마저 진보를 열렬히 믿었다는 사실이다. 그 결과 그들은 두 가지 측면에서 진보의 함정에 빠졌다는 것이다. 진보의 개념은 사회주의를 정당화했지만, 이에 앞서 자본주의도 정당화했다. 또한 진보를 가늠하는 잣대가 물질적인 것이므로, 진보의 개념은 사회주의 실험과 배치될 우려가 있었고 실제로 그랬다.

이 책은 현실사회주의의 몰락 이후 다시 번역되어 적잖은 호응을 얻는다. 1991년 홍콩 중문대학에서 행한 강의(「자본주의 문명」)를 덧붙여 새롭게 번역된 『역사적 자본주의/자본주의 문명』(창작과비평사, 1993)은 1998년까지 7쇄를 찍었다. 이 책이 월러스틴의 저서 가운데 가장 많은 쇄수를 기록할 정도로 그의 다른 책들에 대한 수요는 뜸하다. 그의 지명도를 염두에 둔다면 쉽게 이해되지 않는 일이다.

아마도 앞서 보았듯이 우리가 신주처럼 떠받드는 가치들을 깡그리 무시한 때문으로 풀이된다. 시중에서 구하기 어려운 『사회과학으로부터의 탈피Unthinking Social Science』(창작과비평사, 1994)에서도 '성역파괴' 작업은 이어진다. 여기서는 '발전'이란 개념이 도마에 오른다. 1. 발전이란 과연 무엇의 발전인가 2. 누가, 무엇이 실제 발전했는가 3. 발전의 요구 뒤에 숨어 있는 요구는 무엇인가 4. 발전은 어떻게 일어나는가 등의 네 가지 문제를 꼼꼼하게 살핀 다음, 발전이 갖는 정치적 함의를 따진다.

월러스틴은 사회학자로 출발해 역사와 사회과학의 통합을 시도했다. 통합된 학문을 그는 '역사적 사회과학'이라 일컫는다. 초기에는 아프리카 문제를 연구하기도 했다. 그래서 저서마다 아프리카에 관한 내용을 한 장章 정도 할애하곤 한다. 한편, 월러스틴이 자본주

를 보는 시각은 경제결정론적이라는 비판이 있다. 사실, 자본주의의 흥망성쇠를 줄곧 콘트라티에프 변동주기에 기대어 설명하는 방식은 일관성은 있을지 몰라도 지나치게 단순하다는 느낌이 든다.

하여튼 우리가 뼈저리게 겪은 바 있는 IMF 체제에 대한 서술은 그냥 지나칠 수 없다. "시시각각으로 그리고 필사적으로 새로 등장한 정부들은 '시장'과 기타 다른 국제통화기구 공식에서 구원을 찾지만 이것은 별 의미가 없으며"(『탈아메리카와 문화이동Geopolitics and Geoculture』 백의, 1995), "자유주의적 개혁주의에 대한 거부는 국제통화기금의 관료들이 전세계에 걸쳐 강요하고 있듯이, 목하 미국과의 계약이라는 이름하에 미국 내에서도 진행중에 있다".

그런데 다음 한마디는 우리의 눈을 더욱 휘둥그렇게 한다. "특권세력은 '아무것도 변하지 않게 하려면 모든 것을 바꿔야만 한다'는 것을 잘 알고 있다."『자유주의 이후』에서, 가리발디 혁명의 허구성을 지적하기 위해 람페두사가 한 이 말은 여러 차례 등장한다.

『우리가 아는 세계의 종언』(창작과비평사, 2001)과 『유토피스틱스』(창작과비평사, 1999)는 21세기를 화두로 삼은 책이다. '21세기를 위한 사회과학'이 부제인『우리가 아는 세계의 종언』에서는『자유주의 이후』에서 개진한 논점을 더욱 정교화한다. "하나의 역사적 체계로서 근대세계체제가 최종위기에 진입했으며, 50년 뒤에는 존재하지 않을 것 같다는 것이다. 그러나 그 결과가 불확실하기 때문에 우리는 그 다음에 출현할 체계(또는 체계들)가 우리가 지금 살고 있는 체계보다 더 나을지 알지 못한다."

'유토피스틱스utopistics'는 월러스틴이 '유토피아utopia'에다 지식활동을 나타내는 영어의 어미(-istics)를 붙여 만든 말이다. 월러스틴은 자신의 조어를 이렇게 설명한다.

유토피스틱스는 역사적 대안들에 대한 진지한 평가이며, 가능한 대안적 역사체제의 실질적인 합리성에 대

한 우리의 판단행위이다. 이는 인간의 사회적 체제들과, 이 체제들이 지닌 가능성의 한계, 그리고 인간의 창조성이 발휘될 수 있는 영역에 대한 냉철하고 합리적이며 현실주의적인 평가이다. 완벽한 (그리고 불가피한) 미래의 모습이 아니며, 대안적일 뿐만 아니라 확실히 더 나은, 또 역사적으로 가능한 (그러나 확실한 것과는 거리가 먼) 미래의 모습인 것이다. 따라서 이는 과학과 정치학, 도덕의 동시적인 실행이다.

이매뉴얼 월러스틴의 책
유럽적 보편주의- 권력의 레토릭 김재오 옮김, 창비, 2008.
지식의 불확실성 유희석 옮김, 창비, 2007.
월러스틴의 세계체제분석 이광근 옮김, 당대, 2005.
미국 패권의 몰락 한기욱·정범진 옮김, 창비, 2004.
우리가 아는 세계의 종언- 21세기를 위한 사회과학 백승욱 옮김, 창작과비평사, 2001.
유토피스틱스 백영경 옮김, 창작과비평사, 1999.
근대세계체제 1 김대륜·김명환·나종일·박상익 옮김, 까치, 1999.
근대세계체제 2 서영건·유재건·현재열 옮김, 까치, 1999.
근대세계체제 3 김인중·이동기 옮김, 까치, 1999.
자유주의 이후 강문구 옮김, 당대, 1996.
탈아메리카와 문화이동 김시완 옮김, 백의, 1995.
사회과학으로부터의 탈피 성백용 옮김, 창작과비평사, 1994.
역사적 자본주의/자본주의 문명 나종일·백영경 옮김, 창작과비평사, 1993.
역사체제로서의 자본주의 진덕규 옮김, 학문과사상사, 1985.

이매뉴얼 월러스틴이 대표저자로 돼 있는 책들
세계체계론 정진영 편역, 나남출판, 1985.
세계체계론 김광식·여현덕 옮김, 학민사, 1985.
세계체계론 1 세계정치연구소 편역, 들녘, 1990.
세계체계론 2 세계정치연구소 편역, 들녘, 1991.
반체제운동 송철순·천지현 옮김, 창작과비평사, 1994.
사회과학의 개방 이수훈 옮김, 당대, 1996.
이행의 시대 백승욱·김영아 옮김, 창작과비평사, 1999.

세계체제론에 대한 이해를 돕는 책들
세계체제론 이수훈 지음, 나남출판, 1993.
세계사를 보는 시각과 방법 나종일 지음, 창작과비평사, 1992.

이반 일리히
Ivan Illich
1926-2002

행복은 자전거를 타고 온다

자동차를 버리고 자전거를 타라, 몸이 아파도 병원 신세를 지지 마라, 취학 적령기에 들어도 학교에 다니지 말라고 한다면 제정신을 가진 사람이라고 할 수 있을까? 이반 일리히는 우리 시대의 우상화된 모든 이념과 제도에 대해 근원적인 비판을 가하는 사상가다. 그에 의하면 환경오염과 교통사고를 유발하는 자동차를 애용해서는 행복해질 수 없다. 학교에서의 주입식 교육은 창조적 자아를 바보로 만든다. 병균이 득실거리는 병원 역시 질환을 치유하기는커녕 질병을 퍼뜨리는 곳이다.

그렇다고 일리히가 현대의 제도와 관행에 대해 질색 일변도로 대응하지는 않는다. 그가 반대하는 것은 모든 부문에 걸쳐 있는 국가와 자본, 전문가 집단에 의한 지배이다. 그는 통치기구라는 이름으로 민중 위에 군림하는 국가와 법은 부정하되 민중의 법으로서 자연법은 받아들인다.

이반 일리히는 우리에게 교육학자로 잘 알려져 있다. 오스트리아 태생인 그는 현지음을 따르면 '일리히'로 불러야 마땅하지만 '일리치'로 불리기도 했다. 또 이반 일리히와 『인간의 역사』를 쓴 소련의 저술가 미하일 일리인을 혼동하는 경우가 더러 있기도 하다. 일리히의 관심 분야가 학문과 예술, 성과 언어, 자연과 환경, 의료와 교통, 교육과 문화 등 세상사의 거의 모든 영역을 포괄하고 있지만 교육 관련 서적이 먼저 번역 소개된 까닭이다. 『탈학교의 사회』(삼성문화재단, 1975)와 『교육사회에서의 탈출』(범조사, 1979) 같은 책이 그것이다. 원제가 『학교 없는 사회Deschooling Society』인 이 책에서 일리히

가 주목한 것은 교육개혁론이 아니라 서비스제도의 본질이었다.

일리히는 탈학교가 아니라 제도교육 속에 숨어 있는 '학교화'를 들어 산업적인 서비스제도의 생산양식 분석을 시도했다. 그는 배우는 것과 가르치는 것이 학교에 의해 독점된 사회를 '학교화사회'로 규정했다. 교육을 제도화한 학교사회는 '배운다'는 인간의 자율적인 양식을 거세하고, 교육을 필수적인 요소로 둔갑시켰다는 것이다.

파울루 프레이리의 『페다고지』와 라이머의 『학교는 죽었다』와 함께 1980년대 3대 교육비판서로 읽혔던 『탈학교논쟁』(한마당, 1984)은 가장 큰 호응을 얻었다. 이 책은 '학교 없는 사회'와 아울러 일리히의 견해를 둘러싼 다양한 견해를 싣고 있어 더욱 눈길을 끌었다.

일리히의 현대 산업 서비스제도에 대한 비판적 고찰은 병원으로 이어진다. 『병원이 병을 만든다』(형성사, 1987)에서 그는 임상적 병원병, 사회적 병원병, 문화적 병원병의 차원에서 산업적 서비스제도의 구조적인 의미를 탐구하고 서구문명을 첨예하게 비판했다. 일리히는 관료적 프로그램 아래서 형성된 '의료의 신화'가 고통, 질병, 죽음에 대한 인간의 자율적인 정치행위를 불능으로 만들었다고 주장한다. 이 셋을 일소한다는 의료 행위의 전제는 인간의 정치적 자율성을 근원적으로 박탈한다는 것이다. 다음은 『병원이 병을 만든다』에서 따온 인용문들이다.

'더욱 좋은 건강'이란, 불가피하게 죽음 일보 직전의 질병이라고 하는, 고차원의 타율적으로 관리된 생명의 유지로 나아가는 것이다.
의사의 기능은, 특히 빈곤한 나라에 있어서는 아무것도 아니다.
인간은 교통과 교육이 없으면 어디에도 도달할 수 없다고 생각한다. 인간의 환경은 인간이 스스로 걷고, 배우

고, 자신의 신체를 통제함을 거의 불가능하게 만들었고 느끼지 못하게 하였다. 어떤 이유에서든 간에 어떤 약을 먹는다고 하면, 약을 먹는 것으로 인해 자기에 대한 통제를 주장하고 타인으로부터 간섭받지 않고 자신이 자기의 신체에 간섭할 기회를 잃고 만다.

『행복은 자전거를 타고 온다』(형성사, 1990)에서 일리히는 속도지상주의에 경종을 울린다. 인간의 여행속도를 높이고 그 거리를 넓히기 위해 공공기금을 소비하는 것은 일부 계층을 위한 낭비적 측면이 있다고 주장한다.

1970년대 일리히의 사상은 『공생의 사회』(분도출판사, 1978)가 단적으로 말해준다. 일리히는 회복 불가능의 상태로까지 이어지는 무한성장의 산업생산방식 대신에 자율·공동적 도구 사용과 인간의 자율적 행위의 상호교환을 중심으로 한 공생의 사회를 제창했다.

1980년대에 접어들면서 일리히는 성性문화, 문자, 문화 분석에 관심을 기울인다. 『그림자 노동』과 『젠더』는 성에 관한 분석서이다. 『그림자 노동』(분도출판사, 1988)은 산업화의 진전과 함께 생활에 필요한 여러 활동이 무임금의 그림자노동(전업 주부의 가사 노동)으로 변질되는 과정을 밝혔고, 『젠더』(따님, 1996)는 비대칭적인 남녀의 상호보완적 관계성에 관한 역사적·경험적 고찰로 시간과 장소에 따라 다양하게 나타나는 성을 역사적으로 분석하고 그 상실에서 온 황폐함을 비판했다.

『젠더』의 내용은 기존의 여성해방운동과는 다른 맥락을 갖고 있어 보수반동이라는 비난까지 받았다. 하지만 모든 문명에서 남녀의 구별이 있었고, 앞으로도 그러할 것이라는 점에서 남녀의 위치를 제자리로 돌리고자 하는 일리히의 주장을 더 현실적으로 받아들이는 이들도 적지 않았다.

일리히의 책은 특이한 과정을 거쳐 출판되었다. 타이핑한 원고를 통해 해당 분야 관계자와의 토론 또는 강연이나 보고를 거쳐 잡지에 발표된다. 그것이 영어·독어·프랑스어·스페인어 등으로 번역된 후 초판이 출판된다. 그 후 수정을 거쳐 완결판이 나오는 식이다. 『병원이 병을 만든다』도 처음 제목은 '의료의 한계'였으나 초판에서는 '의료의 복수'로 바뀌었다.

아직 한국어판이 나와 있지 않지만 문자, 문화 분석 작업은 공동으로 수행하기도 했다. 1988년 영문학자 베리 샌더스와 함께 쓴 『ABC— 민중지성의 알파벳화』가 그것이다(이 책은 도서출판 마토가 펴내는 '일리히 전집'을 통해 나올 예정이다). 이 책에서 일리히는 민중이 읽고 쓰는 것을 배워 독자적인 문자문화를 형성하는 것과 의무교육에 의해 알파벳을 배우고 사회적인 형태의 사고와 행동양식을 강요당하는 상황을 구별한다.

전자에는 후자에 없는 민중과 문자 사이의 창조적인 연결 및 말하기와 쓰기가 함께 이뤄진 다양한 역사가 있으나 후자는 특수한 서구적 현상으로서 고유성을 박탈한 무표정한 음으로 환원된다. 그 결과 언어는 기호 이외의 아무것도 아니게 된 현대적인 위기상황이 생겨났다는 것이다. 따라서 고유한 언어의 회복을 위해 노력해야 한다고 일리히는 주장한다.

일리히의 저서를 여러 권 번역했던 박홍규 교수는 일리히를 가리켜 "현대사회에서 인간의 자율성이 파괴되는 것에 맞서 인간의 자율성에 신뢰를 보내는 사상가"로 평가한다. 박 교수는 일리히가 상아탑에 몸을 담지 않은 탓에 우리나라에서 부당한 대접을 받았다고 말한다. 미국과 유럽의 대학가 서점에는 아직도 일리히 코너가 마련돼 있다고 덧붙인다. 박홍규 교수는 "국내에서 호응을 얻고 있는 〈녹색평론〉이나 〈처음처럼〉 같은 작업이나 김지하 시인의 생명사상도 일리히의 생각과 같은 맥락으로 볼 수 있다"고 말한다.

■ 이반 일리히의 책

절제의 사회 박홍규 옮김, 생각의 나무, 2010.
학교 없는 사회─ 타율적 관리를 넘어 자율적 공생으로 박홍규 옮김, 생각의 나무, 2009.

젠더 최효선·이승환 옮김, 따님, 1996.
행복은 자전거를 타고 온다 박홍규 옮김, 형성사, 1990; 미토, 2004.
그림자 노동 박홍규 옮김, 분도출판사, 1988.
병원이 병을 만든다 박홍규 옮김, 형성사, 1987.
탈학교논쟁 김광환 옮김, 한마당, 1984.
교육사회에서의 탈출 김남석 옮김, 범조사, 1979.
탈학교의 사회 황성모 옮김, 삼성문화재단, 1975.
의식의 축제 박일만 옮김, 새밭, 1981.
공생의 사회 안응렬 옮김, 분도출판사, 1978.
학교 없는 사회 심성보 옮김, 미토, 2004.

■ 이반 일리히에 관한 책

이반 일리히의 유언 데이비드 케일리 엮음, 이한·서범석 옮김, 박홍규 감수,
이파르, 2010.
이반 일리치와 나눈 대화 데이비드 케일리 엮음, 권루시안 옮김, 물레, 2010.

■ 도서출판 미토의 이반 일리히 전집

그림자 노동 박홍규 옮김, 2005.
학교 없는 사회 심성보 옮김, 2004.
병원이 병을 만든다 박홍규 옮김, 2004.
행복은 자전거를 타고 온다 박홍규 옮김, 2004.
성장을 멈춰라!─ 자율적 공생을 위한 도구 이한 옮김, 2004.

이사벨라 버드 비숍
Isabella Bird Bishop
1831-1904

빅토리아 시대의 여행가,
여행 작가, 베스트셀러 저자

브루스 커밍스가 그의 논문 「경계의 해체: 냉전과 탈
냉전 시대의 지역학과 국제학」에서 지적한 대로, 두 학
문은 냉전의 산물이라는 의심을 사기에 충분하다. "M.
번디의 말대로 지역학의 토대는 OSS(미 전략사무국)와
그것을 뒤이은 CIA(미 중앙정보국)와 같은 정보기관들
과 밀접한 관계를 가졌다는 것이 더 진실에 가깝다." 초
창기 국제학 연구의 거점인 미국 MIT의 국제연구센터
CENIS도 CIA의 지원을 받았다.

인류학의 출발 역시 그리 떳떳하지 못하다. 인류학은
제국주의가 식민 지배를 합리화하는 수단으로 이용되
었고, 2차 대전 중에는 정보 수집 활동에 기여하기도
했다. "일본 사회의 핵심가치와 그러한 가치가 전쟁 중
이나 전쟁 후 미국 점령 시 일본인의 행동에 미치는 영
향을 탐구한" 루스 베니딕트의 『국화와 칼』은 그 대표
적 사례다.

또한 "베니딕트는 색다른 방식으로 전시체제에 기여
하기도 했다. 그녀는 웰트피시Gene Weltfish와 함께 1943
년 『인류의 인종』이라는 제목의 10센트짜리 반인종주
의 소책자를 만들었다. 나치의 인종정책과 미국 내 인
종간의 갈등에 직면하여, 그리고 미군이 전 세계에서
전투를 치르게 되면서 인종은 가장 중요한 문제로 부
각되었다. 베니딕트와 웰트피시는 인종에 대한 당시의
과학적 견해들을 요약하고, 문화적 차이와 비교해볼
때 인종적 차이는 미미한 것이라고 주장하였다."(제리
무어의 『인류학의 거장들』(김우영 옮김, 한길사, 2002))

한편 미군이 이 소책자를 배포하기로 결정하자, 미
의회의 어느 보수파 의원이 그것을 '공산당 선전'이라
고 몰아세웠다. 이 명백히 어리석은 비방 덕분에 소책
자는 75만 부가 넘게 팔렸다고 한다.

그러면 지리학과 여행가의 기원은 어떤가? 여기도
문제가 다분히 있다. 지리상의 발견은 식민지 개척이
나 다름없었다. 콜럼버스, 마젤란, 바스코 다가마, 엔리
케 왕자, 아메리고 베스푸치, 제임스 쿡 선장 같은 모험
가는 다들 식민지 개척의 첨병이었다. 어릴 적 위인전
에서 만난, 지금 생각하면 가슴 졸이며 읽은 것이 억울
한, 아프리카에서 길을 잃은 리빙스턴과 그를 찾아 나
선 스탠리는 비교적 근자의 식민지 탐사꾼인 셈이다.

이사벨라 버드 비숍에게 식민 지배의 첨병이나 첩자
의 꼬리표를 붙이는 것은 부당하다. 하지만 이사벨라
버드 비숍이 동아시아를 중심으로 세계 이곳저곳을 둘
러보고 탁월한 여행기를 남긴 데는 그녀가 대영 제국
전성기의 신민임을 간과하기 어렵다. 물론 그녀의 남다

른 재능도 무시할 순 없다.

이사벨라 버드 비숍은 여행가이면서 베스트셀러 저자다. 1854년 23세의 나이에 캐나다와 미국 각지를 여행하고 쓴 『미국의 영국 여인』이 45쇄를 기록하며 1856년 영국 최고의 베스트셀러가 된다. 어릴 때부터의 병약함과 젊은 시절의 우울증 때문에 그녀는 한동안 집필을 중단한다. 20년 만에 펴낸 책들이 다시 베스트셀러가 되면서 본격적인 여행 작가의 길로 들어선다. 이를 두고 그녀의 한국 여행기를 번역한 소설가 이인화는 "세계를 주유周遊하며 투자를 모색하던 영국 중산층의 지적 욕구에 힘입어 커다란 대중적 호응을 얻었다"고 풀이한다.

그런데 그녀가 세계 여행을 하게 된 계기가 흥미롭다. 우울증과 어지럼증에 시달리던 그녀에게 의사가 여행을 처방했던 것. 좀더 자세한 정황을 알려주는 일설에 따르면, 의사는 그녀에게 배를 타고 장거리 여행을 권유했다는 것이다. 하여간 여행을 다니면서 그녀의 우울증과 어지럼증은 씻은 듯 사라진다.

"열한 권에 달하는 내 여행기"라는 구절이 말하듯, 『양자강을 가로질러 중국을 보다』(효형출판, 2005)는 이사벨라 버드 비숍의 열두 번째이자 마지막 여행기다. 이 책은 15개월에 걸친 중국 여행의 대미를 장식하는 후반부 6개월 동안 양자강과 그 지류를 둘러본 기록이다. 그녀가 이 책에서 보여주려는 것은 "양자강 유역에 펼쳐지는 기이하고 아름다운 풍광과 중국인의 독특한 생활상이다."

다시 말해 "이들의 완벽한 사회와 상업 조직, 뛰어난 경작 기술, 수단을 목표에 맞추어 조정해 내는 놀라운 통찰력, 지역주의와 지방 분권주의 경향, 전체적인 번영과 풍부한 자원, 권력의 조화와 각 민족의 완전한 독립성 등을 주요 내용으로 한다." 적대감 없이 공정하고 우호적으로 문을 두드리면, "중국 전역의 '열린 문'이 우리의 야망을 충분히 충족시켜 줄 것이다"는 구절에서는 대영 제국 신민의 충직함이 읽히기도 한다. 하지만 이사벨라 버드 비숍에게서 제국주의자의 야망 같은 것이 노골적으로 드러나진 않는다. 은혜를 베푸는 자의 위치에 서 있긴 해도 그녀는 중국의 잠재력을 높게 평가한다.

어느 누구도 중국이 무능력하고 쇠퇴한 민족이라고 단정할 수 없다. 중국이 우리의 산업 기술과 과학을 받아들인 후에는 강력한 경쟁 상대가 될 국가임에 틀림없다. 중국인이 우리의 화학 기술을 받아들여 지금까지 전혀 알려지지 않은 물질을 만들어 내리라는 것도 얼마든지 가능한 일이다.

그녀의 우리나라 여행기는 격세지감을 느끼게 한다. 먼저 1960년대 중반 이후 한 세대 가까이 그녀의 이름을 가장 쉽게 접하는 통로는 김수영 시인의 「거대한 뿌리」였다. 이 시의 둘째 연부터 그녀 이름이 나오기 시작한다.

나는 이사벨 버드 비숍여사와 연애하고 있다 그녀는
1893년에 조선을 처음 방문한 영국 왕립지학협회 회원
이다 그녀는 인경전의 종소리가 울리면 장안의
남자들이 모조리 사라지고 갑자기 부녀자의 세계로
화하는 극적인 서울을 보았다 이 아름다운 시간에는
남자로서 거리를 무단통행할 수 있는 것은 교군꾼,
내시, 외국인의 종놈, 관리들뿐이었다 그리고
심야에는 여자는 사라지고 남자가 다시 오입을 하러
활보하고 나선다고 이런 기이한 관습을 가진 나라를
세계 다른 곳에서는 본 일이 없다고
천하를 호령한 민비는 한번도 장안 외출을 하지 못했
다고……

2연 둘째 행의 연도 표기는 김수영 시인의 착각인 듯하

다. 이사벨라 버드 비숍은 1894년 우리나라를 찾았다. 그녀의 여정을 짚어 보면, 2월 하순 배편으로 일본 나가사키를 떠나 부산에 당도해 하루 동안 머문다. 사흘간의 항해 끝에 제물포를 거쳐 3월 1일 서울에 입성한다. 서울에서 50일을 지낸 다음, 내륙 지방을 여행하고서 원산과 부산을 거쳐 다시 제물포로 돌아온다. 그러고는 정세의 급박한 전개와 맞물려 한반도 주변 지역을 둘러보는데, 이후 영국으로 돌아가는 1897년 초까지 이런 여정을 반복한다.

이사벨라 버드 비숍은 1894년부터 3년간 우리나라를 네 차례나 찾았고, 1년여를 머물렀다. 이런 이유를 들어 그녀의 한국 여행기는 방문기나 체류기의 한계를 뛰어넘는 독자적인 한국 연구서로 평가되기도 한다. 아무튼 『한국과 그 이웃나라들』(살림, 1994)에서 「거대한 뿌리」에 형상화된 대목을 읽어보자.

한국에서는 여성들 모두가 최하층 계급의 일원이라고 감히 말할 수 있다. 한국 여성은 다른 어떤 나라의 여성들보다도 더 철저히 예속적인 삶을 꾸려가고 있다. 그런데 이와 관련하여 수도 서울에서 흥미로운 제도가 실시되고 있다. 저녁 8시경이 되면 대종大鐘이 울리는데 이것은 남자들에게 귀가할 시간이라는 것을 알려주는 신호이며 여자들에게는 외출하여 산책을 즐기며 친지들을 방문할 수 있는 시간이라는 것을 알려주는 것이다.
내가 처음 서울에 도착했을 때 깜깜한 거리에는 등불을 들고 길을 밝히는 몸종을 대동한 여인네들만이 길을 메우고 있는 진기한 풍경을 볼 수 있었다. 그 밖에는 장님과 관리, 외국인의 심부름꾼, 그리고 약을 지으러 가는 사람들이 통행금지에서 제외되었다. (…) 자정이 되면 다시 종이 울리는데 이때면 부인은 집으로 돌아가야 하고 남자들은 다시 외출하는 자유를 갖게 된다. 한 양반가의 귀부인은 아직 한번도 한낮의 서울 거

리를 구경하지 못했다고 나에게 말하였다.

이 책의 한국어판이 첫선을 보일 때만 해도, 북한강 상류를 지나 금강산을 거쳐 원산에 이르는 여정은 분단의 회한과 금강산을 향한 그리움을 자극하기에 충분했다. "한국인들에게 금강산 유람은 여행자로서의 확고부동한 명성을 제공해준다. 그래서 많은 서울사람들은 이 풍류어린 명예를 거머쥐려고 젊을 때부터 벼르고 또 벼른다." 남북 교류의 일환으로 금강산 관광의 형태로 재개된, 금강산 여행은 남쪽의 작가에겐 문학사적 단절을 극복한다는 의미도 있다. "누대에 걸쳐 한국의 시인들은 그 빼어난 아름다움을 경탄해마지 않았다."

한국에서 서울이 차지하는 위상을 서술한 대목은 '수도 이전 불가론'의 근거가 될 법도 하다. "어떤 의미에서 서울은 곧 한국이다." 이유는 "오직 서울에서만 깊은 잠에서 깨어나 반쯤 조는 두 눈을 문지르며 몽롱하게 주위를 둘러보며 자신이 어디에 와 있는지 어리둥절해 하는 한국의 현재가 드러"나서다.

또한 "모든 한국인의 마음은 서울에 있다." 그녀가 파악한 서울 사람의 굳건한 정주 의식은 시대를 초월한다. "어느 계급일지라도 서울에 사는 사람들은 단 몇 주라도 서울을 떠나 살기를 원치 않는다." 이렇듯 민감한 그녀의 문화적 후각을 통해 우리는 오늘날 우리가 병폐로 여기는 현상의 뿌리 깊음을 실감하기도 한다.

"교육받은 계층은 가능한 한 많은 중국말을 그들의 대화에 끌어넣으며 고려할 만한 모든 종류의 문학은 모두 중국어로 되어 있다." 요즘은 어려운 한자어의 지위를 영어가 물려받았지만, 백 년 전에 이미 "한국인들이 외제품에 의존하고 있는 정도는 놀랄 만한 것"이었고, "거의 모든 관청을 헤어날 수 없는 부정에 빠뜨리고 있는 뇌물 수수와 매수 또한 한국적인 것이다."

외국인조차 전적으로 안전할 정도의 치안 상태에 대한 이방인의 보고는 흐뭇함을 느끼게 한다. 이사벨라 버드 비숍은 한국인의 종교관도 정확하게 포착한다. "아무런 현세의 이익도 제공해 주지 않는 자제와 희생의 종교로 고생할 필요가 없다는 것이 그들의 입장인 것 같다." 다만 "한국의 승려들은 무척 무식하고 미신적이었다"는 불교 수행자에 대한 인식에는, 일면의 진실이 담겨 있더라도, 기독교인의 편견이 개입된 걸로 보인다.

이 책은 이사벨라 버드 비숍의 후기작에 속한다. 낯선 풍토와 낯선 사람들 틈에서 스스로를 지키는 베테랑 여행가의 노하우는 귀담아 들을 만하다. 식탁, 쟁반, 식탁보와 시트 따위의 사치품이 늘어날수록 이동의 어려움만 가중될 뿐이다. "대체로 음식은 그 나라의 음식을 주는 대로, 있는 대로 먹는 것이 최상의 해결책이다." 그래야 언제 어디서든 경계 대상이 되는 외국인은 의심을 덜 받게 된다.

또한 그녀는 여행지의 상황에 관한 부정적인 정보는 50퍼센트쯤 부풀려진 것이라고 말한다. 그런데 이사벨라 버드 비숍이 한국으로 출발하기 직전, 그녀 친구들이 과감하게 추측한 목적지의 위치는 그 정도가 심하다. "한국은 적도에 있다, 아니다 지중해에 있다, 아니 흑해에 있다 하는 식의 별의별 말들이 있었다. 그리스 연안의 다도해 가운데에 있으리라는 견해가 자주 등장했다."

마르크스의 인용으로 널리 알려진 단테의 '남이 뭐라던 네 갈 길을 가라'는 격언이 좌우명인 사람도 때론 남의 눈과 평가에 신경이 쓰이는 게 사실이다. 이와 맥락은 다르지만, 조선이 외국에 문호를 개방하고 나서 이 땅을 찾은 푸른 눈 이방인의 인상기와 체류기, 여행기가 꽤 번역되었다. 이 중에는 두 번 이상 출간된 것도 더러 있다.

신복룡 교수가 옮긴 '한말 외국인 기록' 시리즈는 23권에 이른다. 그런데 이 시리즈로 번역된 이사벨라 버드 비숍의 『조선과 그 이웃 나라들』(집문당, 2000)을 권하고 싶진 않다. 우연히 접한 인터넷 독자 서평이 부실한 번역의 심각성을 지적해서다. 『양자강을 가로질러 중국을 보다』는 동일한 번역 텍스트가 『양자강 너머』(지구촌, 2001)라는 제목으로 나왔었다. 연초에 다시 출간돼 독자의 호응을 얻은 『스웨덴 기자 아손, 100년 전 한국을 걷다― 을사조약 전야 대한제국 여행기』(김상열 옮김, 책과함께, 2005) 역시 『코레아 코레아』(미완, 1986)로 선보였던 번역을 보완해 펴낸 것이다.

이사벨라 버드 비숍의 책

한국과 그 이웃나라들 이인화 옮김, 살림, 1994.
조선과 그 이웃 나라들 신복룡 옮김, 집문당, 2000.
양자강을 가로질러 중국을 보다 김태성·박종숙 옮김, 효형출판, 2005.
양자강 너머 김태성·박종숙 옮김, 지구촌, 2001.

이사야 벌린
Isaiah Berlin
1909-1997

관점의 다양성을 인정하는 것이 진정한 자유주의다

서점 '운디네'를 기억하는 독자가 계실지 모르겠다. 1997년 6월 하순 문을 연 운디네는 개점 자체부터 화젯거리였다. 서울 한복판 종로통에 출현한 인문학 전문 서점이었기 때문이다. 개점식에는 출판계 관계자들이 모여 '물의 요정'의 앞날을 축하해줬다. 언론사의 기자들도 여럿 다녀간 까닭에 운디네의 개점 소식은 널리 알려졌다. 하지만 뜻있는 사람들의 성원에도 불구하고 운디네는 그 해 연말 문을 닫았다.

난데없이 서점 운디네를 호출한 데에는 이유가 있다.

이사야 벌린은 시도 때도 없이 불쑥 서점에 들어서는 나를 언제나 반겨준 서점 아저씨가 추천한 인물이다. 운디네 아저씨가 일러주기 전에도 벌린의 이름을 알고는 있었다. 하나 그의 책들이 사상가 리뷰를 쓸 만큼 번역돼 있는 줄은 몰랐다. 나는 나름대로 '책으로 만나는 사상가들'에서 다룰 인물의 조건 같은 걸 정해놓았는데, 적어도 두 권 이상의 책이 국내에 번역된 사상가라는 점은 매우 중요했다. 그때까지 내가 알고 있는 벌린의 책은 딱 한 권뿐이었다. 그러나 실제로는 두 권이 더 나와 있었다.

벌린을 처음 접한 건 『20세기를 움직인 사상가들』(한국경제신문사)이라는 책에서였다. 이 책에서는 '베를린'으로 표기되어 있기는 하지만 말이다. 기 소르망이 현대의 대표적인 사상가들을 일일이 만나 대담을 나눈 결과물인 이 인터뷰집은 내가 참 좋아하는 책이다. 소르망의 우편향이 거슬리지 않는 건 아니지만, 그가 이따금 우리나라에 와서 '전경련'의 전위대를 자임하는 것과는 상관없이 『20세기를 움직인 사상가들』은 좋아한다.

소르망은 벌린을 사상사가로 본다. "그는 사상사the history of ideas라는 새로운 학문 분야를 개척했는데 이상한 일 같지만 아무도 벌린 이전에 이 분야를 생각해 본 사람이 없었다"는 것이다. 인터넷을 통해 검색한 인명사전에는 사상사가historian of ideas라는 직함 외에 철학자라는 명칭이 덧붙여져 있다. 출생지는 라트비아의 수도 리가이고, 학문적 생애의 대부분을 옥스퍼드에서 보냈다는 설명도 있다.

『칼 마르크스』(평민사, 1982)는 벌린의 저서 중에서 최초로 번역된 책이다. 이 책은 또 다른 '이정표'도 갖고 있다. 표지에 새겨진 문구는 이정표가 나아갈 방향을 넌지시 가리킨다. "우리는 왜 40년 간 금서로 되어 있던 이 책을 이제 읽어야 하는가. 이 책은 친공親共도 친서親西도 아닌, 마르크스에 관한 세계적 명저이며 현대

의 고전으로서 인구에 회자되어 왔다."

이 책 이후, 이른바 마르크스 '원전'의 출간이 봇물을 이루었으며, 마르크스 전기의 출간도 잇달았다. 하지만 여러 권의 마르크스 전기 중에서 벌린의 것이 단연 읽을 만하다.─ 새천년에 들어와 이에 필적할 만한 전기가 나왔다. 영국의 언론인 프랜시스 윈이 쓴 『마르크스 평전』(정영목 옮김, 푸른숲, 2001)이 그것이다.

'두레'와 '소나무'에서 각각 펴낸(하나는 러시아어 번역이고, 다른 하나는 독일어 번역) 소비에트 사회과학 연구원이 엮은 마르크스 전기를 나는 읽다가 말았다. 혁명적 낭만주의 문체에 질린 탓이다. 옛 동독에서 출판된 것이기는 해도 하인리히 겜코브의 『두 사람』(김대응·주양석 옮김, 죽산, 1990)은 진한 감동을 자아낸다. 하지만 이 책에도 아쉬움은 있었다. 마르크스와 엥겔스의 공동전기인 데다가 분량이 좀 모자랐다. 벌린에 의하면, 마르크스는 사상가 중의 사상가다.

19세기의 사상가 중에서 칼 마르크스처럼 인류에게 그렇게 직접적이고 신중하며 강력한 영향력을 입혀온 사상가는 없었다. 생전에도 그리고 사후에도 그는 그의 후학들을 지적으로나 정신적으로 압도했다. 그의 탁월성의 강도는 그들의 생애와 언어로써 일반 대중의 상상력을 압도하고 유럽에 새로운 혁명적 전통을 창조한 전설적 인물들인 위대한 영웅과 순교자들이 많이 나타난 시기인, 민주적 민족주의의 황금시대에 있어서마저도 유일무이한 것이었다.

그렇다고 벌린이 마르크스와 마르크스주의에 대해서 우호적인 사람은 아니다. "내가 말할 수 있는 것은 마르크스가 없었더라면 세계는 더 살기 좋은 곳이 되었을 거라는 점입니다." 소르망의 '개입'이 의심 가는 대목이기는 하다. 하지만 '체계'를 혐오하는 벌린은 능히 그럴 만한 사람이다. 게다가 발언의 진의는 취향과

는 무관하다. 벌린은 바그너와 프로이트, 심지어 한나 아렌트가 없었어도 사람들은 잘 살았을 것이라고 말한다. "진리라고 해도 쓰지 말아야 할 것이 있다"고 보는 까닭에서다.

마르크스는 한쪽에서 극단의 상찬을 받는가 하면, 다른 한쪽에서는 극단의 폄하를 받는 인물이다. 그런데 벌린은 비교적 공정하게 마르크스를 묘사하는 데 성공했다. 특히 다음 대목이 그렇다.

그는 낭만주의, 감상주의 그리고 어떠한 형태의 인도주의적 호소도 혐오했으며 자신의 청중이 품고 있는 이상주의적 감정에 대한 호소를 철저히 배제하기 위하여 조직적으로 그의 운동을 선전하는 책자로부터 낡은 민주주의적 수사학의 흔적을 철저히 제거하려고 노력했다. 그는 모든 형태의 타협에 반대했기 때문에 양보를 해본 적도 없고 요청한 적도 없으며 또 어떤 모호한 정치적 결연을 맺어본 적도 없다. 선언문, 신조의 설명, 그리고 행동 프로그램 등 그의 이름을 서명한 어떠한 서적도 도덕적 발견, 영원한 정의, 인간의 평등, 개인이나 국가의 권리, 양심의 자유, 문명 투쟁 또는 그 당시의 민주주의적 운동들에 상투적이었고 사실상 한때 이상을 구체화했었던 문귀에 관한 언급을 포함하고 있는 것은 없다. 그는 이러한 것들이야말로 사고의 혼란과 행동의 비능률을 초래하는 것으로서 일고의 가치도 없는 위선적인 말들이라고 간주하였다.

벌린의 마르크스 전기는 새천년을 맞아 새로운 한국어판이 나왔다. 『칼 마르크스』(미다스북스, 2001)가 '이정표' 대신 독자의 손길을 기다리고 있다.

사상사가 벌린은 20세기에는 관심이 없다. 그의 관심사는 그 이전으로 향해 있다. 벌린에게는 19세기의 사상만이 연구할 가치가 있었다. 사상가들의 본격적인 활동이 19세기에 이뤄졌다는 것이 그 이유. 20세기의 사상활동은 19세기의 '떡고물'을 우려먹는 일에 지나지 않는다는 것이다. 한편, 벌린은 18세기의 사상가는 존중했다. 18세기는 19세기의 자양분이므로. 『계몽시대의 철학』(서광사, 1992)은 18세기 영국 경험론을 중심으로 계몽주의 철학을 개관한 책이다. 로크·버클리·흄·볼테르·라 메트리·콩디악·리드·하만·리히텐베르크 등의 중요 저작에서 핵심 내용을 발췌했고, 벌린의 간결하고 명쾌한 해설을 곁들였다.

이 책의 서두에서 벌린은 철학적 물음의 역사와, 그 대답을 제시하는 데 사용된 방법들의 역사가 철학의 역사를 이룬다고 주장한다. 여기서 철학적 문제란 보편성과 모호성, 무엇보다 경험적이거나 형식적인 방법에 의해서 독립적인 지위를 갖게 되는 문제를 말한다. 예컨대 "인간은 어떻게 살아야 하는가?"와 "나는 다른 사람의 마음 안에서 일어나는 일에 관해서 전적인 확신을 가질 수 있는가?"가 그런 것들이다.

뉴턴 물리학의 성과를 철학에 도입하려는 철학자들의 노력을 기술한 다음, 벌린은 18세기를 "유럽 역사상 인간의 전지全知가 달성 가능한 목표라고 생각되었던 마지막 시기"로 규정한다. 『비코와 헤르더』(민음사, 1997)는 전지 달성의 토대를 마련한 대사상가 두 명의 업적을 검토한 책이다.

체계를 감옥으로 여기는 점에서 벌린은 갈 곳 없는 자유주의자다. 그러나 그는 여느 자유주의자와 구별된다. "자유주의자라면 관점의 다양성을 인정해야 할 뿐만 아니라 자신에 대한 반대자의 생각이 옳을 수도 있다고 인정해야 합니다." 20세기의 지배적 추세를 '근본주의'와 '인종주의'로 보는 벌린은 회의주의를 찬양한다. "나는 회의주의가 우리가 보존해 나가야 할 영원한 가치임을 믿고 있습니다. 우리는 키 잃은 배를 타고 떠돌고 있습니다. 그리고 항구는 늘 우리를 피하고 있습니다. 그러니까 우리는 항해를 계속하지 않으면 안 되지요."

이사야 벌린의 책

고슴도치와 여우− 우리는 톨스토이를 무엇이라 부르는가 강주헌 옮김, 애플
북스, 2010.(초판 2007)

**러시아 사상가− 19세기 러시아 지식인들의 갈등과 배반, 결단의 순간을 되
살린다** 헨리 하디·에일린 켈리 엮음, 조준래 옮김, 생각의나무, 2008.

이사야 벌린의 자유론 박동천 옮김, 아카넷, 2006.

낭만주의의 뿌리 나현영·강유원 옮김, 이제이북스, 2005.

칼 마르크스− 그의 생애와 시대 안규남 옮김, 미다스북스, 2001.

칼 마르크스 신복룡 옮김, 평민사, 1982.

비코와 헤르더 이종흡·강성호 옮김, 민음사, 1997.

계몽시대의 철학− 18세기의 철학자들 정병훈 옮김, 서광사, 1992.

이사야 벌린에 관한 책

이사야 벌린의 지적 유산 마크 릴라·로널드 드워킨·로버트 실버스 엮음, 서
유경 옮김, 김비환 해제, 동아시아, 2006.

E.H. 곰브리치
Ernst Hans Josef Gombrich
1909-2001

아는 만큼 보인다, 하지만 때로는
아무것도 모르는 게 더 잘 보인다

서울시립미술관에서는 '2002 장 프랑수아 밀레 특별
전'이 3월 30일까지, 예술의 전당 한가람미술관 제4,5
전시실에서는 '오귀스트 로댕─ 위대한 손' 전시회가
2월 26일까지 열렸다. 나는 고급예술과는 담을 쌓고
지내는 사람이지만, 이 두 대가의 그림과 조각은 직접
보고 싶다. 굳이 음악과 미술의 대중적 친밀도를 비교
한다면, 일반 대중이 느끼는 거리감은 미술보다는 음
악이 더 멀어 보인다.

물론, 음반을 통해 누구나 클래식 음악을 감상할 수
있다. 그러나 여기서는 예술작품을 직접 향수하는 과
정에서 나타나는 고급예술과 대중 사이의 거리감을 말
하는 것이다. 사실 예술품의 간접 체험에서는 음악과
미술이 별 차이가 없다. 명화 복제품은 클래식 CD 몇
장 살 돈으로 얼마든지 구입 가능하다. 하지만 국내외

유명 교향악단의 연주회는 한 번에 길어야 사나흘이
고작이다. 게다가 이들 음악회의 회원권은 보통의 월급
생활자에게는 엄두가 나지 않을 정도로 비싸다. 이에
비해 미술 전시회는 기간이 길고, 전시장 입장료도 상
대적으로 저렴하다.

미술의 대중적 친화력은 IMF 구제금융기를 겪으면
서도 입증되었다. 이 시기, 여타 분야와 마찬가지로 출
판시장 또한 위축을 면하지 못했으나, '아무개의 그림
읽어주기' 유의 이른바 '미술 교양서'는 오히려 판매성
장을 지속했다. 원색도판이 들어간 탓에 책값이 만만
찮음에도 불구하고, 이들 책들은 꾸준히 팔렸다. 이 책
들의 주된 구매자는 초유의 국가부도상태를 흡족해하
며 'IMF 마냥 고go'를 읊조린 강남의 졸부들이 아니
라, 서민층과 중산층에 속한 평범한 사람들이었다. 중
산층과 서민이 큰 맘 먹고 비싼 그림책을 덥석 구입한
것은 팍팍한 일상을 아름다운 그림으로 달래보려는
마음이 작용한 때문은 아니었는지 모를 일이다.

세계적인 미술사가 에른스트 곰브리치의 대표작『서
양미술사』(예경, 1997)는 5년 만에야 3쇄를 찍었다. 만만
찮은 가격과 이 책의 주된 독자가 미술대 재학생인 점
을 감안하더라도, 판매 속도가 굼뜬 편은 아니다. 여기
에는 평범한 미술 애호가의 구매가 적잖은 기여를 한
것으로 보인다. 그런데『서양미술사』를 소장하고 있는
독자는 더 많다. 또 하나의 한국어판이 있는 까닭이다.

다른『서양미술사』(열화당, 1977)는 20년에 걸쳐 20여
쇄를 찍었다. 하지만 이 책은 문제가 좀 있다. 무단복제
를 한 것은 시대적 한계라고 해도, 본문의 도판을 한 편
으로 몰아넣고 두 권으로 분책한 것은 원 저서를 손상
시킨 거나 다름없다. 예경판에 실린 제12판 서문에 따
르면, "이 책은 처음부터 미술의 역사를 글과 그림으로
서술해서 독자들로 하여금 가능한 한 페이지를 뒤적이
지 않고 논술된 도판을 펼쳐놓은 본문에서 쉽게 찾아
볼 수 있도록 기획된 책이었"기 때문이다. 그리고 1993

년 나온 열화당판 13쇄의 간기에 역자 인지가 버젓이 붙어 있는 것은 어떻게 봐야 할까?

"미술Art이라는 것은 사실상 존재하지 않는다. 다만 미술가들이 있을 뿐이다."『서양미술사』의 유명한 첫 문장이다. 그런데 이것은 곰브리치가 맨 먼저 한 말이 아니다. 전거가 따로 있지만 곰브리치의『서양미술사』를 통해 일약 세계적인 명구가 되었다. 그런 점에서『상식의 오류사전』(경당) 저자들이 "종교는 아편이다" "노동자는 쇠사슬밖에 잃을 게 없다" "만국의 노동자여 단결하라" 따위의 말을 마르크스주의자들이 맨 먼저 하지 않았다고 전후사정을 밝히는 것은 부질없는 일이다.

『나의 문화유산답사기』(창작과비평사)의 유홍준 교수가 널리 퍼뜨린 '아는 만큼 보인다'는 미술 감상 요령 역시 유 교수가 밝힌 바 있듯이, 다른 사람의 견해를 빌린 것이다. 역시 부질없지만 이에 관한 전후사정은 기 소르망의『20세기를 움직인 사상가들』의 곰브리치 편에서도 파악된다. "적어도 미술에 대한 어느 정도의 지식을 지니고 있어야만 렘브란트 같은 화가의 자화상을 얼마만큼 이해할 수 있게 됩니다."

어쩌면, 곰브리치가『서양미술사』의 서론에서 지적한 대로 "대부분의 사람들은 그들이 현실 생활에서 보고자 하는 것을 그림 속에서도 보기를 원"할는지도 모른다. 그러니까 '보고 싶은 것만 보인다'거나 '기대한 것만 보인다'는 예술작품 감상법이 성립할 수도 있다. 마치 신문독자가 구독신문의 사설에서 자신의 의견과 같은 내용을 기다리듯이 말이다.

"어떤 사건이 생기면, 구독자들은 자신의 의견을 마음에 품고는, '내일이면 내가 즐겨보는 신문 사설에서 볼 수 있겠지?' 하는 기대를 가지고 잠이 든다. 이제 논설위원에게는 구독자들의 생각을 갓 구워낸 빵처럼 만들어서 다음날 아침, 그들을 놀라게 해주는 일만 남았다."(발자크의『기자의 본성에 관한 보고』에서)

『서양미술사』는 20여 개 언어로 번역돼 전 세계적으로 100만 부가 팔린 미술사 개론서 및 입문서의 '지존'이다. 서문을 통해 곰브리치는 책의 목적을 분명히 밝히고 있는데, "이 책은 아직 낯설지만 매혹적으로 보이는 미술이라는 분야에 처음 입문하여 약간의 오리엔테이션을 필요로 하는 사람들을 위하여 쓰여졌다."

목적에 걸맞은 평이한 서술은 이 책의 성가를 더욱 높여준다. 곰브리치는, 전문용어의 사용을 자제한 것을 행여 독자를 무시하는 처사로 받아들이진 말라고 당부한다. 전문용어를 구태여 쓰지 않은 그의 진정한 의도는 이렇다. "독자들을 일깨워주기보다는 자기를 과시하기 위해 '학술적인 용어'를 남용하는 사람들이야말로 구름 위에서 '우리들을 무시하는' 사람들이 아닐지."

전문용어의 제한 말고도 곰브리치는 몇 개의 집필원칙을 더 세웠다. ▲도판으로 보여줄 수 없는 작품은 가급적 언급을 피한다. ▲책의 내용이 인명의 나열로 얼룩지지 않도록 주의한다. ▲어떤 취향이나 유행의 표본으로서 흥미 있는 작품은 배제한다. ▲내 임의로 도판을 선정하지 않는다. 이런 원칙들은 책에 그대로 드러나는데 로댕이나 밀레는 물론이고 곰브리치가 좋아하는 화가인 피사로에 대한 서술도 반 페이지를 넘지 않는다.

'곰브리치와의 대화'라는 부제가 붙은『이미지가 우리에게 들려주는 것』(민음사, 1997)은 곰브리치의 삶과 사상의 이면에 관한 궁금증들을 속 시원히 풀어준다. 이 책이 나오기 전까지 곰브리치의 인격과 성품을 어렴풋하게나마 짐작하게 한 자료는『20세기를 움직인 사상가들』에 실린 짧은 인터뷰 글이 고작이었다.

미셸 푸코의 전기작가로도 유명한 디디에 에리봉과의 대담에서 드러나는 곰브리치의 모습은 위대한 사상가 그 자체다. 그런데도 그는 아주 겸손하다. 역시 천재의 첫째 덕목은 겸손이다. 곰브리치가 직접 들려주는 삶의 이력 가운데 몇 가지는 꽤나 이채롭다. 나치의 탄압을 피해 가족 모두가 영국으로 이주한 곰브리치(그는 유대인이다)는 BBC방송에 일자리를 얻는다. 그의 일은 독일 라디오방송을 청취하는 일종의 정보업무였다. 곰브리치는 히틀러의 죽음을 연합국에 처음으로 알린 것을 주목할 만한 사건으로 회고한다.

윈스턴 처칠이 전 세계에 히틀러의 죽음을 알리게 되었을 때 정말 기뻤지요. 전쟁이 막바지에 이르렀을 무렵, 독일 방송은 중대 발표가 있을 것이라고 알린 뒤 장엄한 음악을 내보내기 시작했습니다. 나는 그것이 리하르트 바그너의 죽음을 애도하려고 브루크너가 작곡했던 교향곡의 한 악장임을 알았습니다. 요원들은 내게 최대한 신속하게 이 방송을 청취하고서 그것이 무엇을 의미하는지 그 가능성을 수 페이지로 요약해 달라고 했지요. 그중 하나의 가능성으로 나는 '히틀러 사망' 그리고 다른 종이에는 '히틀러 항복' 등등으로 기재했지요. 스피커에서, '우리의 총통께서, 볼셰비즘과의 전투중에 쓰러지셨다'라고 말하기 시작하면서부터, 나는 그것이 적힌 종이를 가리켰고 이 소식은 즉각 전화로 다우닝 가에 통고되었습니다. 나는 메신저였던 셈이지요. 소름끼치는 추억이라고 하겠지만, 달리 생각해 보면, 내가 다루었던 사건 중에서는 가장 비중있는 것이었지요.

곰브리치의 이름 표기와 관련한 일화도 흥미롭다. '에른스트 한스 요제프 곰브리치'가 그의 풀 네임. 하지만 그는 'E.H. 곰브리치'라는 약칭을 고집하는데 여기에는 사연이 있다. 2차 대전이 발발하기 직전, 곰브리치가 펭귄출판사의 의뢰를 받고 집필한 풍자화에 관한 대중용 소책자를 스승인 정신분석학자 에른스트 크리스와 공저로 발간하게 되었다. 실제로는 곰브리치가 혼자 쓴 것이었다. 아무튼 곰브리치는 그 책의 표지에 '에른스트'가 반복되는 것을 꺼려 'E.H. Gombrich'라고 표기

했고, 이후 그 표기가 그의 이름으로 통용돼 왔다.

'곰브리치와의 대화'에는 곰브리치의 저서에 대한 흥미로운 뒷얘기가 잔뜩 들어 있다. '청소년을 위한 세계사'인 『곰브리치 세계사』(자작나무, 1997)가 『서양미술사』보다 먼저 나온 책이라는 사실은, 『세계사』 한국어판 감수자의 추천글에서도 살짝 언급되고 있지만("곰브리치는 『곰브리치 세계사』의 성공으로 출판사의 청탁을 받아 『서양미술사』를 썼던 것이다"), 곰브리치가 들려주는 『세계사』에 얽힌 얘기는 더욱 흥미진진하다

대학에서 5년간 공부하고 박사학위를 땄으나 곰브리치에게는 마땅한 일자리가 없었다. 대중강연 등을 하면서 일자리를 찾고자 노력하던 중, 알고 지내던 편집자에게서 어린이를 위한 세계사 책의 번역을 청탁받는다. 책을 읽어본 곰브리치는 몰지각하게 짜인 책을 번역하느니, 차라리 자신이 직접 쓰는 게 더 낫겠다는 생각을 한다. 그렇게 해서 한 장章을 쓰게 된 곰브리치는 6주 만에 한 권의 세계사 에세이를 완성하기에 이른다. 대담집에 나타난 『서양미술사』 관련 에피소드 또한 재미있다.

우리는 책에 빈 페이지를 두지 않기로 했지요. 나는 디자이너와 같이 일했는데, 매우 지적인 사람이었습니다. 그는 매 장을 오른쪽 페이지에서 시작하는 것이 좋겠다고 했습니다. 그러나 그것이 항상 적합하지는 않았습니다. 그 앞 장이 항상 왼쪽 페이지에서 끝나지는 않았기 때문이지요. 12세기를 다룬 장이 바로 그 경우였지요. 그는 도판 하나를 더 골라 달라고 했습니다. 그리고는 "우리집에 글루체스터의 대형 촛대 사진이 있는데, 12세기 금은 세공품이지요. 그것에 관해 몇마디 덧붙이신다면 그 도판을 여기 넣을 수 있을 텐데요…" 라고 하지 않겠습니까. 결국 그가 가져 온 도판에 나는 몇 줄을 더 적어 이야기 속에 끼워 넣었지요. 책에 대한 첫 번째 서평이 나왔을 때, 〈타임즈 리터러리 서플먼트〉

에 게재된 익명의 기사에는 "글루체스터의 큰 촛대에 관한 논평이야말로 특히 주목되는 것입니다"라고 적혀 있지 뭡니까.

곰브리치가 『서양미술사』의 긴 해설편이라 자평하는 『예술과 환영』(열화당, 1989)도 한국어판이 있었지만, 절판되었다. 예의 무단복제 출간물이었기 때문이다. 우리나라에서 국제저작권협약의 전면 시행을 앞두고, 이 책의 재고분을, 책을 펴낸 출판사의 다른 '불법 출판물' 과 함께 대형서점 등지에서 50퍼센트 싸게 파는 할인 판매 행사가 있었다. 나는 이 책을 그때 구입했다. 미처 책을 장만하지 못한 독자를 위해 정식 계약을 체결한 새 한국어판이 나왔으면 했는데 2003년 그 출판사를 통해 그런 바람이 실행되었다.

곰브리치는 『예술과 환영』의 부제목 '회화적 표현의 심리학적 연구'에 아무도 주의를 기울이려 하지 않는다고 한탄하는데, 그런 측면에서 곰브리치가 이 책의 서론에서 제사題詞로 인용하고 있는 막스 J. 프리들랜더라는 사람의 주장은 더욱 귀기울일 만하다. "예술이란 정신의 산물이기 때문에 예술에 대한 어떤 과학적인 연구도 반드시 심리학이 되게 마련이다." 곰브리치는 "나는 결코 심리학의 전문가연한 적이 없"다고 겸양 어린 태도를 보이지만, 그는 미술사 연구와 정신분석학을 병행했다 해도 지나친 말은 아니다.

곰브리치가 '아는 만큼 보인다' 예술감상론의 옹호자임은 분명하지만, 때로 '아는 것'에 대한 회의를 드러내기도 한다. "미술에 관해서 속물 근성을 조성하는 설익은 지식을 갖는 것보다는 미술에 관해서 아무것도 모르는 것이 훨씬 좋다."(『서양미술사』) 마찬가지로 '시대정신'이나 '민중의식' 같은 관념을 부정하고 회피하려 했지만, 곰브리치는 시대정신과 민중의식을 가장 잘 체현한 지극히 20세기적인 미술사가라고 여겨진다.

E.H. 곰브리치의 책

곰브리치 세계사 클리퍼드 하퍼 그림, 박민수 옮김, 비룡소, 2010.
예술과 환영(개정판) 차미례 옮김, 열화당, 2008.(초판 1989)
예술과 환영(상·하) 백기수 옮김, 이화여대출판부, 1985.
서양미술사(16차개정증보판) 백승길·이종숭 옮김, 예경, 2010.
서양미술사 백승길·이종숭 옮김, 예경, 2003.(초판 1997)
서양미술사(상·하) 최민 옮김, 열화당, 1977.
세계사 편력(1-3) 이내금 옮김, 간디서원, 2003.
옛날이야기처럼 재미있는 곰브리치 세계사(1·2) 이내금 옮김, 자작나무, 2005.
곰브리치 세계사(1·2) 이내금 옮김, 자작나무, 1997.
이미지가 우리에게 들려주는 것 디디에 에리봉 공저, 정진국 옮김, 민음사, 1997.

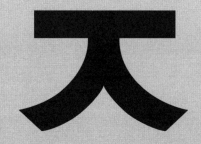

자크 데리다
Jacques Derrida
1930-2004

'데리다에 의한 책'과
'데리다에 관한 책'은 상통한다

자크 데리다의 명성에 견줘 그의 책이 국내에 소개된 것은 비교적 최근의 일이다. 1996년 데리다의 대표작인 『그라마톨로지』를 비롯, 세 권의 번역서가 선보이며 때 아닌 데리다 붐이 조성된 것은 첫 번째 번역서인 『입장들』 출간 이후 4년 만의 일이다. 탈구조주의나 포스트모더니즘 담론과 관련해 데리다의 이름은 1980년대 중반부터 알려졌으나 정작 그의 저서와의 본격적인 만남은 포스트모더니즘의 유행이 지나고 나서야 이뤄진 셈이다.

그도 그럴 것이 데리다의 철학은 매우 난해하기 때문이다. 데리다의 번역을 맡은 이들은 하나같이 번역상의 어려움을 토로한다. 독특한 분위기나 논의 방법은 차치하고라도 서구지성사를 종횡무진 하는 깊이 있는 접근은 번역자로 하여금 "데리다의 번역은 불가능하다"는 결론을 내리게 한다. 비인습적인 문체와 논구방식은 데리다의 철학이 어렵다는 인상을 짙게 했다. 게다가 그의 몇몇 진술과 주장이 앞뒤 맥락을 생략한 채 단편적으로 전해져 무작정 새로운 복음으로 설파되거나, 아니면 혹독한 비판의 대상이 되기도 하였다.

따라서 데리다의 저서를 제대로 읽기 위해서는 '준비운동'이 필수적이다. 이성원이 엮은 『데리다 읽기』(문학과지성사, 1997)는 이에 맞춤한 책으로 데리다에 대한 스케치, 비트겐슈타인의 관점에서 본 데리다, 데리다의 은유, 그리고 타자성 문제 등을 통해 난해한 사상을 이해하기 위한 실마리를 제공한다. '문지스펙트럼'으로 나온 이 작은 책은 데리다 철학의 '전체에 필적하는 부분'이라 할 만하다.

이 책의 장점 중 하나는 데리다의 생경한 개념들을 알아들을 수 있게끔 설명한 점이다. 데리다의 개념 정의를 직접 듣는 것보다 훨씬 쉽다. 데리다는 그의 핵심 개념인 '차연差延'을 "시간화의 지연과 공간화의 차이"를 아우르는 용어로 정의하고 나서 부연설명을 하지만 퍼뜩 와닿지 않는다. 『데리다 읽기』에서는 차연을 "시·공간적 차이가 생산되는 능동적이자 수동적인 운동이며, 부재하는 것들이 현재적인 것을 낳거나 거두어 가는 움직임"(18쪽)으로 풀이한다.

이 책의 엮은이는 데리다의 철학을 더욱 불가해하게 만드는 요소로 번역어의 문제점도 제기하는데 일본인의 번역을 그대로 따라서는 곤란하다는 것이다. 차연만 해도 데리다의 조어인 만큼 일상어인 '차이差異'와 구별되는 '차이差移'로 쓰는 방안을 조심스럽게 제안한다. 일본인들의 번역어는 확대나 연장의 뉘앙스를 풍겨 본래의 뜻과 맞지 않거니와 다른 의미의 용어인 듯한 인상을 준다고 지적한다.

'해체의 일반전략'에 대한 설명 역시 '부분'이 전체보다 쉽게 다가온다. "해체한다는 것은 한 텍스트를 읽으면서 가치의 위계가 담지되어 있는 개념 및 표현을 따로 떼어내어 이를 분석하여 모순을 드러낸 후, 이를 일반화시켜 그 텍스트를 지배하고 그 텍스트가 강화하고자 하는 대립 구조의 위계를 전복시키는 것이다."(『데리다 읽기』 70쪽)

H. 키멜레의 『데리다』(서광사, 1996)는 독일어권 독자를 위한 개설서다. '데리다 철학의 개론적 이해'라는 부제가 붙은 이 책에서 H. 키멜레는 '차연의 철학'의 기원을 밝힌다. '차연의 철학'은 아도르노의 동일화하는 사유에 대한 비판에서 유래했다는 것이다. "이에 따르면 차연[다름성]을 생각한다는 것은 동일화시키지 않음, 즉 다른 것 혹은 구별되는 것을 같은 것이나 동일한 것으로 여기지 않음을 뜻한다."

따라서 차연적 사유를 통일적인 것으로 규정하고, 그것 자체로 증명 가능한 철학적 흐름으로 특징짓는 것은 그 의미에 반하는 것이 된다. 차연적 사유는 그것 자체로 다른 것일 뿐만 아니라 천변만화한다. "그렇기 때문에 더 정확하게 데리다의 철학이라고 말할 때 그것은 동일한 것이거나 동일한 것으로 머물러 있지 않고 그 자체가 끊임없이 바뀌는 철학이다."

'시공 로고스 총서'로 출간된 『데리다』를 지은 크리스토퍼 노리스 역시 "차연은 아주 오래 지속된 논의의 결과물"이기 때문에 문맥 속에서 따로 떼어내 '차연이란 이런 것'이라고 규정해서는 안 된다고 말한다. "독자가 아주 힘들게 스스로 찾아내겠다고 마음먹지 않는 한, 차연이 뭐냐 '해체'가 뭐냐고 물어보는 것은 무의미하다는 것이다."

앞서 언급했듯이 데리다 책의 번역은 1996년부터 본격화한다. 대우학술총서로 출간된 『그라마톨로지』(민음사, 1996)는 데리다의 출세작이다. 서구의 형이상학에 대한 체계적인 비판을 개진한 이 책을 통해 데리다는 세계적인 대형작가로 떠올랐다. 『해체』(문예출판사, 1996)는 데리다의 사상을 결정지었던 초기 저작 가운데 핵심적인 글들을 모았다. 언어학, 미학, 정신분석학, 문학 등 여러 분야에 걸친 데리다의 작업을 엿볼 수 있다. 「해체」 「조이스의 (에게 하고 싶은) 두 마디 말」 등 열두 편의 글이 수록돼 있다. 『마르크스의 유령들』(한뜻, 1996)은 현실 사회주의의 몰락으로 맹목적인 질주에 들어선 자본주의의 신질서를 해체하려는 시도로 읽힌다.

『다른 곳』(동문선, 1997)은 유럽을 곳에 비유해 유럽이 당면한 문제를 다뤘다. 말미에 덧붙인 논설 「연기된 민주주의」에서는 오늘의 여론을 유령의 실루엣 또는 민주의식의 강박관념으로 규정하고 응답의 권리를 확장시켜야 한다고 촉구한다.

『시네퐁주』(민음사, 1998)는 제목만 봐서는 영화에 관한 책으로 오해하기 쉽지만 전혀 그렇지 않다. '시네퐁주Signeponge'는 프랑스의 시인 프랑시스 퐁주가 자신의 텍스트에 서명한 것(signe+Ponge)을 데리다가 합성해 기호화한 것이다. 옮긴이의 표현을 빌면, 이 책은 "문학의 특수성과 고유성을 서명의 구조와 그 제반 작용과의 관계에서 사유하고 있는 텍스트이다." 그리고 이 책을 통해 미국에서 데리다의 이름이 널리 알려지기 시작했다고 한다.

'니체의 문체들'이라는 부제가 붙은 『에쁘롱』(동문선)은 잠언집을 떠올리게 하는 책이다. 짧은 분량에 데리다의 아포리즘이 채워져 있다. "문체에 관한 문제는 언제나 하나의 날카로운 사물에 대한 검토이며, 그 무게를 재는 것이다." 『글쓰기와 차이』(동문선)는 데리다의 초기 저작이다. 1959년에서 1966년까지 문학 비평, 철학, 정신분석, 인류학 같은 다양한 분야를 다룬 에세이가 실려 있다. 해체적 읽기의 전형을 보여주는 책이다.

『해체론시대의 철학』(문학과지성사)을 쓴 김상환 교수(서울대 철학)는 "데리다는 니체·하이데거로 이어지는 해체론의 완성자다. 그의 철학은 서양철학사가 성취한 가장 높은 경지에 있고, 텍스트 분석의 가장 높은 단계에 있다"고 평가한다. 대안부재라는 비판은 피상적 관찰의 결과라고 덧붙인다. 김 교수는 "모든 철학의 결과는 무의미하다. 해체론도 마찬가지다. 중요한 것은 해체의 과정으로 이를 통해 서양철학사의 중심문제가 새롭게 해석되고 재구성되었다"고 강조한다.

자크 데리다의 책

마르크스주의와 해체– 불가능한 만남? 자크 데리다 외 지음, 진태원·한형식 옮김, 길, 2009.
기하학의 기원(지만지고전천줄 132) 배의용 옮김, 지만지고전천줄, 2008.
마르크스의 유령들 진태원 옮김, 이제이북스, 2007.
이론 이후 삶– 데리다와 현대이론을 말하다 강우성 옮김, 민음사, 2007.
목소리와 현상– 후설 현상학에서 기호 문제에 대한 입문 김상록 옮김, 인간사랑, 2006.
정신에 대하여(문예신서 306) 박찬국 옮김, 동문선, 2005.
환대에 대하여(문예신서 177) 남수인 옮김, 동문선, 2004.
법의 힘 진태원 옮김, 문학과지성사, 2004.

시선의 권리 마리–프랑수아즈 플리사르 사진, 신방흔 옮김, 아트북스, 2004.
그라마톨로지에 대하여 김웅권 옮김, 동문선, 2004.
그라마톨로지(개정판– 현대사상의 모험 26) 김성도 옮김, 민음사, 2010.
그라마톨로지 김성도 옮김, 민음사, 1996.
불량배들– 이성에 관한 두 편의 에세이 이경신 옮김, 휴머니스트, 2003.
에코그라피 텔레비전에 관하여 베르나르 스티글러 공저, 김재희·진태원 옮김, 민음사, 2002.
글쓰기와 차이 남수인 옮김, 동문선, 2001.
에쁘롱– 니체의 문체들 김다은·황순희 옮김, 동문선, 1998.
시네퐁주 허정아 옮김, 민음사, 1998.
다른 곳 김다은·이혜지 옮김, 동문선, 1997.
마르크스의 유령들 양운덕 옮김, 한뜻, 1996.
해체 김보현 편역, 문예출판사, 1996.
입장들 박성창 편역, 솔출판사, 1992.

자크 데리다에 관한 책

데리다와 비트겐슈타인(수정증보판) 뉴턴 가버 외 지음, 이승종·조성우 옮김, 동연, 2010.
데리다&들뢰즈 의미와 무의미의 경계에서(지식인마을 33) 박영욱 지음, 김영사, 2009.
자크 데리다의 유령들 니콜러스 로일 지음, 오문석 옮김, 앨피, 2007.
테러 시대의 철학– 하버마스, 데리다와의 대화 지오반나 보라도리 공저, 손철성 외 옮김, 문학과지성사, 2004.
데리다·니체 니체·데리다(책세상총서 23) 에른스트 벨러 지음, 박민수 옮김, 책세상, 2003.
데리다(하룻밤의 지식여행 19) 제프 콜린스 지음, 이수명 옮김, 김영사, 2003.
데리다와 역사의 종말(아이콘북스 07) 스튜어트 심 지음, 조현진 옮김, 이제이북스, 2002.
데리다의 해체주의에 대한 비판적 이해 한상철 지음, 철학과현실사, 2001.
데리다와 예일학파(모더니티총서 7) 페터 지마 지음, 김혜진 옮김, 문학동네, 2001.
데리다 크리스토퍼 노리스 지음, 이종인 옮김, 시공사, 1999.
데리다 읽기 이성원 엮음, 문학과지성사, 1997.
데리다– 데리다 철학의 개론적 이해 하인츠 키멜레 지음, 박상선 옮김, 서광사, 1996.
데리다의 해체철학 김형효 지음, 민음사, 1993.
＊하버마스와 지오반나 보라도리와의 대담도 함께 실려 있음.

장 보드리야르
Jean Baudrillard
1929-2007

현대사회를 해부한
포스트모더니즘의 전도사

포스트모더니즘 사상가로 널리 알려진 장 보드리야르는 본래 마르크스주의와 프로이트주의에서 출발했다. 보드리야르는 마르크스와 프로이트를 딛고 포스트모던 이론가로 나아가지만 초기의 이론 작업은 네오마르크스주의에 머물러 있다. 첫 번째 저서인『사물의 체계』(백의, 1999)를 비롯한 초기 저작들은 네오마르크스주의 문제틀 속에서 기호학을 원용해 현대 소비사회의 일상성을 비판적으로 분석했다. 보드리야르의 저서를 다수 번역한 배영달 교수(경성대 프랑스지역학)에 따르면 "『사물의 체계』는 사물의 기호학을 따르는 전형적인 실천이다."

보드리야르 책의 국내번역은 1991년부터 1994년까지 집중적으로 이뤄진다. 해마다 한 권 이상씩 여섯 권이 출간되었다. 그리고『유혹에 대하여』(백의)가 출간된 1996년을 전후해 한 해씩 거르기는 했지만 지금까지 보드리야르의 저서는 1년에 한 권 꼴로 번역되었다.『유혹에 대하여』는 2002년 개정번역판이 나오기도 했다.

국내에 처음 소개된 보드리야르의 책은 그의 두 번째 저서인『소비의 사회』(문예출판사, 1991)다.『사물의 체계』의 연장선상에 있는 이 책에서 보드리야르는 소비의 논리가 어떻게 욕망을 생산해 내면서 거대 소비사회를 지탱해 나아가는지 보여주었다. 이 책에서 보드리야르가 소비사회를 보는 관점은 급진적 비판과 찬미적 묘사 사이에 양다리를 걸친 중간적 입장이다. 현대 소비사회를 분석하고 있는 이 책은 현대사회학의 뛰어난 업적 가운데 하나다. 에밀 뒤르켐의『사회분업론』, 소스타인 베블렌의 『유한계급론』, 그리고 데이비드 리스먼의 『고독한 군중』 등과 같은 반열에 놓인다.

소비사회는 '갈망, 욕구와 그 충족'을 짝지워 준다고 하지만, 사실은 그렇지 않고 경쟁 및 사회적 상승의 강요와 동시에 개인적 쾌락의 극대화라고 하는 앞으로 극도로 내면화될 지상명령과 갈등에 괴로워하는 사람들의 내부에 점점 증대하는 불균형을 낳는다. … 욕구와 갈망 사이의 내면적 불균형에 불평들이 초래하는 사회적 불균형이 겹쳐 이 사회는 점점 적대관계에 가득차고 해체된, 즉 '살기 불편한' 상태의 사회가 된다.

『기호의 정치경제학비판』(문학과지성사, 1992)에서 보드리야르는 상품의 기호적인 가치를 강조하면서 상품가치에 근거한 마르크스 정치경제학을 비판했다. 이른바 '기호의 정치경제학'에 입각한 사회비판서로 상품을 '교환가치/기호'로 보는 시각에서 기호체계를 다룬 글 11편을 모았다. 11편의 글은 현실적인 것과 상징적인 것, 그리고 상상적인 것을 넘나들며 욕구의 이데올로기 차원을 따진다. 또 그림의 서명과 미술품 경매라는 구체적인 사례를 통해 자본주의 사회의 숨은 체계를 폭로하기도 한다.

이 가운데 「대중매체를 위한 진혼곡」은 대중매체의 일방성이 초래하는 역설을 다뤘다. 보드리야르는 대중매체가 영원히 응답을 금하는 것, 곧 모든 교환과정을 불가능하게 만드는 것에 기반 한다고 정의한다. 사회체계와 권력체계는 이런 응답 불가능성을 이용해 체계를 유지한다는 것이다. 따라서 이 영역에서의 유일한 혁명은 대중매체의 응답 가능성이 복원돼야 가능하지만 이는 현재의 사회구조와 권력구조의 전복을 전제로 한다.

보드리야르는 대중매체의 일방성이 낳는 역설의 예로 1968년 5월의 학생시위와 총파업이 대중매체의 보도를 통해 확산되기는커녕 오히려 진정되었던 상황을 들었다. 보드리야르는 응답을 엄격히 금지하는 대중매체의 본성상 혁명에 대중매체를 징발하는 것은 환상이라고 지적한다. 또한 다른 전략들, 이를테면 보도 내용의 민주화나 대중매체에 대한 지배력 장악 등도 모두 부질없는 일이라고 덧붙였다.

1968년 5월, 가장 효과적인 선전수단은 대중매체가 아니라 벽보와 유인물, 그리고 발언이 이뤄지고 교환되는 '길거리'였다고 보드리야르는 말한다. 시위대는 이런 즉각적인 게시문을 통해 같은 시간, 같은 장소에서 생동하는 의견을 다룰 수 있었다는 것이다. 보드리야르는 제리 루빈을 인용하며 이와 반대되는 오늘의 상황을 풍자한다.

"사람들은 불타고 있는 자신의 부동산을 이웃 사람들과 함께 물끄러미 바라볼 때에만 비로소 자신의 이웃 사람들과 마주친다."

보드리야르는 자신의 핵심용어를 철저하게 정의하는 경우가 드물다. 하지만 그의 중요 용어 가운데 하나인 '시뮬라시옹'(가장, 假裝)에 대해서는 친절한 편이다. 세 가지로 정의하고 있는데 ▲르네상스 고전시대의 '위조'의 시뮬라시옹 ▲산업화시대의 '생산'의 시뮬라시옹 ▲코드가 지배하는 '현재'의 시뮬라시옹이 그것이다.

『시뮬라시옹』(민음사, 1992)의 역주에서 시뮬라시옹 simulation은 시뮬라크르 simulacre의 동사형으로 설명된다. 시뮬라크르는 실제로는 존재하지 않는 대상을 존재하는 것처럼 만들어 놓은 인공물을 지칭한다. 보드리야르는 시뮬라시옹의 시대에서는 대상의 생산이 아니라 대상의 재생산이 핵심적인 것이 된다고 말한다. 『시뮬라시옹』은 2001년 같은 출판사에서 새 옷('현대사상의 모험' 5권)으로 갈아입었다.

보드리야르의 성장배경은 잘 알려져 있지 않다. 1929년 프랑스 랭스에서 태어났고 조부모는 농부였다. 부모와 형제들은 도시의 소시민이었는데 집안 분위기가 결코 지적인 편은 아니었다고 전해진다. 이를 보상하기라도 하듯 보드리야르는 열심히 공부했고, 가족 가운데 최초로 지적인 업무에 종사하게 되었다. 그는 또하나의 줄리앙 소렐(스탕달의 『적과 흑』 주인공)인 셈이다. 보드리야르는 소렐보다는 낮지만 역시 운명이 순탄치 않았다. 그는 아그레가숑(교수자격시험)에도 떨어졌고, 대학에서 종신 교수직도 얻지 못했다.

『섹스의 황도』(솔출판사, 1993)는 보드리야르의 선집이다. 세 권의 책에서 일부를 발췌했는데 『생산의 거울』(백의, 1994)과 『유혹에 대하여』는 완역본이 나와 있다. 「정치경제학과 죽음」만이 아직 번역이 안 된 저서에서 뽑은 내용이다. 이 글은 1976년 갈리마르에서 출간된 『상징적 교환과 죽음』의 일부다. 『보드리야르의 문화읽기』(백의, 1998)도 선집으로 배영달 교수가 "오늘날의 문화현상에 대한 보드리야르의 풍부하고 독창적인 시각"을 살펴볼 수 있는 글들을 엮었다.

"주의: 이 거울 속의 대상들은 보이는 것보다 더 가까이 있다." 보드리야르 저서 가운데 가장 이색적인 『아메리카』(문예마당, 1994)의 서두는 자동차 후사경에 새겨진 경고문이 장식한다. 그러면서 「소실점」이라는 제목의 글이 시작된다. 이 책은 보드리야르가 1970년대와 1980년대에 미국을 여행한 감상을 적은 여섯 개의 글로 이뤄져 있다. 보드리야르는 소실점을 현대사회에서 사라져가는 사회적인 것, 정치적인 것, 의미, 진리 등으로 보는 듯하다. 그리고 미국을 이러한 사라짐이 특권적으로 행해지는 장소로 파악한다. 그래서 그 땅에는 희망이 없다.

이 나라는 희망이 없다. 쓰레기마저 깨끗하며 교역은 매끄러워지고, 교통은 진정된다. 삶은 너무나 유동적이고, 기호와 메시지는 너무나 유동적이며, 육체와 자동차들은 너무나 유연하고 머리카락은 너무나 금발이며, 소프트 테크놀러지들은 너무나 풍부하기 때문에.

『생산의 거울』에서 보드리야르는 마르크스주의와 완전한 결별을 선언한다. 보드리야르는 마르크스의 교의들이 현대 자본주의를 정확하게 분석하고 실천적이고 혁명적인 대안을 제시하는데 부적합하다고 주장한다. 이제 마르크스주의의 어떠한 해석도 현대사회의 발전을 적합하게 개념화할 수 없다는 것이다.

『무관심의 절정』(동문선, 2001)은 저널리스트 필리프 프티와의 대담을 엮은 것이다. 이 책에서 보드리야르는 "사람들이 서로에게 무관심해지는 것은, 그들이 개별화되고 권리면에서 동등하기 때문"이라고 말한다. 이 대목은 『보드리야르의 문화읽기』에도 나온다.

"모든 것은 불가능한 교환에서 출발한다"는 다소 도발적인 문장으로 시작되는 『불가능한 교환』(울력, 2001)의 서두에서 보드리야르는 이 책이 "우선 '숙명적인' 결과를 탐구하게 될 것이며, 그 다음에는 상황의 시적인 이동에 의한 불가능한 교환의 만족스러운 결과를 연구하게 될" 거라고 미리 밝힌다. 여기서 숙명은, 철학적·도덕적 고찰을 통해서 파악되는 현대 허무주의의 진정한 표현인 가치의 허무주의를 가리킨다.

2002년 9월 보드리야르는 우리나라를 찾아 대중강연을 하는 등 국내 독자와 만남의 시간을 가졌다. 그의 방한에 즈음해 『토탈 스크린』(동문선, 2002)이 번역되기도 하였다. 2003년에는 보드리야르의 책 네 권이 한꺼번에 우리말로 옮겨졌다.

■ 장 보드리야르의 책

암호(현대신서 198) 배영달 옮김, 동문선, 2006.
소비의 사회 이상률 옮김, 문예출판사, 1991.
소비의 사회 임문영 옮김, 계명대출판부, 1998.
기호의 정치경제학비판 이규현 옮김, 문학과지성사, 1992.
시뮬라시옹 하태환 옮김, 민음사, 1992.
섹스의 황도 정연복 옮김, 솔출판사, 1993.
아메리카— 희망도 매력도 클라이맥스도 없는 낙원, 미국 문명 기행 주은우 옮김, 산책자, 2009.
아메리카 주은우 옮김, 문예마당, 1994.
생산의 거울 배영달 옮김, 백의, 1994.
유혹에 대하여(개정판) 배영달 옮김, 백의, 2002.(초판 1996)
보드리야르의 문화 읽기 배영달 옮김, 백의, 1998.
사물의 체계 배영달 옮김, 백의, 1999.
예술의 음모 배영달 옮김, 백의, 2000.

무관심의 절정 필리프 프티 공저, 이은민 옮김, 동문선, 2001.
불가능한 교환 배영달 옮김, 울력, 2001.
토탈 스크린 배영달 옮김, 동문선, 2002.
테러리즘의 정신 배영달 옮김, 동문선, 2003.
건축과 철학 장 누벨 공저, 배영달 옮김, 동문선, 2003.
지옥의 힘 배영달 옮김, 동문선, 2003.
세계의 폭력 에드가 모랭 공저, 배영달 옮김, 동문선, 2003.

장 보드리야르에 관한 책

장 보드리야르 소비하기 리처드 J. 레인 지음, 곽상순 옮김, 앨피, 2008.
이질성의 철학 그리고 바타이유, 보드리야르, 리오타르 줄리언 페파니스 지음, 백준걸 옮김, 시각과언어, 2000.

장 지글러
Jean Ziegler
1934-

누군가 배를 곯으면
당신은 행복할 수 없다

『왜 세계의 절반은 굶주리는가?』는 예고편이었다. 『탐욕의 시대― 누가 세계를 더 가난하게 만드는가?』는 본편이다. 본편과 예고편의 다른 점은? 예고편이 "젊은 세대들에게, 다시 말해 풍요의 시대에 풍요로운 곳에서 태어나 기아의 고통을 알지 못하는 젊은이들에게 기아의 문제를 차근차근 설명해주는 책이라면, 『탐욕의 시대』는 거기서 한 걸음 더 나아가 기아라는 현상의 역사적인 배경과 저변을 속속들이 파헤치면서 문제의 근원과 해결책을 제시하는 책이다."('옮긴이의 말')

2000년부터 2008년 4월까지 유엔 인권위원회 식량 특별조사관으로 일한 스위스의 사회학자 장 지글러는 『탐욕의 시대』에서 좀 세게 나간다. "현재 모든 병폐는 극한점에 도달했으므로 더 이상 나빠질 것이라고는 없다. 대대적인 현상 전복을 통해서 개선될 일만 남았다"는 그라쿠스 바뵈프(Gracchus Babeuf, 1760-1797)의 연설을 인용하면서 그는 『탐욕의 시대』가 지닌 실질적 의도

를 분명하게 드러낸다. "이 책을 읽는 사람들이 이와 같은 전복을 실현할 수 있도록 의식을 무장시키는 데 도움을 주고자 한다." 의도적인 '의식화 서적'이 벤저민 프랭클린을 언급하면서 시작되는 것은 관행에서 다소 어긋나 보인다. 하지만 프랭클린한테는 장 지글러가 맡긴 확실한 임무가 있다.

신생 독립국 미합중국의 초대 프랑스 주재 대사로 부임한 프랭클린은, 어느 날 저녁 당시 파리 생제르맹 구역에 자리한 젊은 혁명가들의 모임 장소로 각광받은 프로코프 카페에서 약관 스무 살의 변호사 조르주 당통의 도발적인 언사에 직면한다. "이 세상은 온통 불의와 비참함으로 가득 차 있습니다. 징벌은 도대체 어디에 있습니까? 당신들이 작성한 (미국 독립)선언서에는, 그 같은 선언이 제대로 지켜지기 위해 반드시 필요한 사법적, 군사적 제재를 가할 수 있는 권한이 전혀 없습니다." 이에 프랭클린은 다음과 같이 응수한다. "그건 잘못 생각한 겁니다. 우리의 선언서 뒤에는 막강하고 영원한 권력이 버티고 있습니다. 바로 수치심의 권력the power of shame이죠." 프랭클린이 말한 '수치심의 권력'은 이 책의 실마리다. 이 책의 원제목L'empire De La Honte은 '수치의 제국'이다.

"수치심은 도덕을 구성하는 기본 요소 중의 하나다. 수치심은 인간으로서의 자각과 불가분의 관계에 있다. 상처를 받거나 배가 고프거나 궁핍함으로 인한 모욕감 때문에 심신이 괴롭다면, 나는 고통을 느낀다. 나 아닌 다른 인간에게 가해진 고통을 바라볼 때도 나는 나의 의식 속에서 얼마간 그 사람의 고통을 함께 느끼며, 그로 말미암아 내 안에 연민의 감정이 생겨나고, 도와주고 싶은 연대감이 발동하며, 동시에 수치심을 느낀다. 이렇게 되면 내 안에서는 행동하라는 부추김이 일어나게 된다."

『탐욕의 시대』는 아래와 같은 질문에 답한다. "오늘날 인간의 행복 추구 권리를 행사하는 데 방해가 되는

요소는 무엇인가? 이러한 장애 요소는 어떻게 제거할 수 있는가? 어떻게 하면 개인의 행복뿐만 아니라 집단의 행복을 추구할 자유를 보장할 수 있는가?" 이 같은 질문에 대한 답을 찾는 과정은 공분을 자아낸다. 한편으론 카타르시스를 느낀다.

"장 지글러가 책머리에서부터 일관성 있게 제시하는 프랑스 대혁명기의 상황은, 200년이 넘는 시간의 차이에도 불구하고 요즘 우리 주변에서 벌어지는 상황과 놀랍도록 일치하며, 따라서 엄청난 시차에도 불구하고 우리를 분노하게 만들어 마침내 '다시 혁명을 시작해야 한다'는 이마누엘 칸트의 말에 공감하게 된다."('옮긴이의 말')

프랑스혁명에 참여한 '이상주의자utopiste'들의 좌절은 우리를 슬프게 한다. 그들의 육신은 형장의 이슬로 사라졌지만 그들이 남긴 고귀한 혁명정신은 살아 숨 쉰다. 뻘떡거리며 용솟음친다.

"민중들이여, 그대들은 야만적인 구시대적 제도들을 모두 전복하라!"(바뵈프)
"지금까지 법은 항상 가난한 자들에게는 혹독했다. 부자들에 의해 부자들을 위해 만들어진 법이기 때문이다."(자크 루)
"자유란 먹고살 걱정이 없는 사람들이나 행사할 수 있는 것이다."(루이 드 생쥐스트)
"여론이라는 것은 무지에 토대를 두고 있으며, 무지는 극단적인 독재가 싹틀 수 있는 토양을 제공한다."(장-폴 마라)

이에 비하면 칸트의 발언은 비슷한 내용을 담았어도 "훨씬 시정이 넘"칠 뿐더러 나긋나긋하기까지 하다. "독립성과 평등이,/자연의 아들이자 타고난 순수한 본성으로 말미암아/덕목과 자유를 지향하는/인간을 지배해야 한다."

장 지글러는 거대 다국적 민간 기업들을 "과거보다 훨씬 강력하고 냉소적이며, 예전에 비해 한결 야만적이고 교활한 새로운 봉건 지배 세력"으로 간주한다. 그는 새로 등장한 봉건 군주들을 "코스모크라트cosmocrate", 다시 말해 "세계화 지상주의자라고 부른다. 이들은 수치의 제국을 관장하는 지배자들이다."

세계화 지상주의자들의 특성은 대충 이렇다. 그들은 "자연이 선사한 무상성이라면 질색이다. 이들은 자연의 무상성을 일종의 불공정 경쟁으로 간주하기 때문에 이를 견디지 못한다." 또 그들은 자유 시장 경쟁에 개입한다는 이유로 "의지주의적 생각을 끔찍하게 싫어한다." 자신들이 축적한 잉여 이익을 조금이라도 남에게 나눠주려는 마음은 전혀 없다. "이들 신흥 봉건주의자들이 추구하는 유일한 목표는 최소한의 시간에 최대한의 이익을 창출하여 자신들의 권력 확대를 가속화시키는 일이다." 그들은 법의 절대적인 보호막 아래 있으며, '자연이 선사한 무상성'을 특허로 가로채 약자들을 괴롭히곤 한다.

"2005년 3월 10일, 브루클린 지방법원의 잭 B. 바인슈타인 연방법원 판사는 판결을 내렸다. 그의 판단 사유는 무려 233쪽에 걸쳐 장황하게 나열되었다. 결론만 말하자면, 베트남 측에서 제기한 소송은 '증거 불충분'으로 기각되었다." 몬산토 사를 비롯한 37개 화학회사는 베트남전에서 미군이 살포한 고엽제로 인한 심각한 후유증에 책임이 없다는 것이다.

"오늘날 인류가 처한 비참함의 정도는 인류 역사상 그 어느 시대에도 찾아볼 수 없을 만큼 참담하다." 해마다 1000만 명이 넘는 5세 미만의 아이들이 영양 결핍, 전염병, 오염된 식수, 비위생적 환경 때문에 목숨을 잃는다. 재화가 모자라서가 아니라 재화가 고르게 분배되지 않아서 아이들의 생명을 빼앗긴다는 데 문제의 심각성은 더욱 크다.

『탐욕의 시대』에선 부채가 화두다. "외채는 마치 치

료하지 않고 방치한 종양과 같다." 부채는 외국 채권자들과 빚진 나라의 지배계층에게 막대한 이득을 가져다 준다. "부채의 멍에는 가난한 사람들의 어깨에 떨어지고, 오직 이들만이 그 멍에를 짊어지게 마련이다." 기아 또한 부채가 낳은 산물이다.

장 지글러는 이 책에서 미국의 대규모 텔레비전 방송사의 다수가 무기제조회사를 소유한 거대기업의 일원이라는 사실을 지적하면서 대테러전쟁과 관련하여 여론조작의 가능성을 제기한다. 게다가 이 책에서 비중 있게 다룬 BRICs의 일원, 그러니까 '신흥경제국' 네 나라에 속한 어느 나라의 형편은 우리 언론이 전하는 것과는 영 딴판이다. 현지답사에 바탕을 둔 장 지글러의 서술은 큰 장점이다. 이러다간 끝이 없겠다. 내가 공감한 내용 세 가지를 덧붙이며 『탐욕의 시대』 리뷰는 마무리 짓는다. 그러기에 앞서 이 책의 일독을 권한다.

일부 과학자가 강조하는 과학의 독자성은 옳지 않다. 제약업계의 세계화 지상주의자들은 "마케팅 담당 부서에서 구매력 높은 잠재 고객들이 분명히 있음을 확인한 다음에야 비로소 신약 개발에 들어간다." 이것을 나는 과학은 독자성이 없다는 증거로 받아들인다. 과학 역시 사회적 산물이다. 하여 내가 시장을 불신하는 장 지글러에게 공감하는 것은 당연하다.

"나에게 항상 혐오감을 불러일으키는 표현이 있다면 그것은 바로 '시장의 신뢰'라는 표현이다. 국가 또는 국민은 세계화된 자본의 공격으로 초토화되지 않기 위해서, 자본 앞에서 굴복하지 않기 위해서, 경제를 대하는 자신의 태도를 통해 시장의 신뢰를 얻어야 한다. 그런데 이 신뢰란 어떻게 해야 얻어지는 걸까?"

몸과 마음과 정신을 모두 바쳐 세계화 지상주의자들의 지시에 순응하면 된다. "그렇게만 한다면, 아니 오로지 그렇게 할 경우에만 수치의 제국을 움직이는 제후들은 프롤레타리아들을 도와주는 은혜를 베푼다." 덧붙이는 공감거리가 이제 하나 남았다. "유엔 식량특별조사관이라는 나의 직책 때문에 나는 이들 신흥 봉건 제후들과 토론을 나눌 때가 종종 있다. 논리에서 밀리거나 자신들의 결정이 초래하는 참담한 결과로 화제가 옮겨갈 때마다 신흥 봉건 제후들이 어김없이 내세우는 변명이 있다. 바로 '소통 부족'이다."

『왜 세계의 절반은 굶주리는가?— 유엔 식량특별조사관이 아들에게 들려주는 기아의 진실』은 우리 독서계에 잔잔한 파문을 몰고 온 책이다. 나는 이 책이 나온 직후 이 책의 서평을 썼다.

남아도는 식량, 굶주리고 배곯는 사람들

앗! 그가 이런 종류의 책까지? 그럴 리가 없는데? 그러면 그렇지! 이 지글러는 그 지글러가 아니다. 지그 지글러Zig Ziglar는 '자기계발과 성공학의 대가'로 알려진 베스트셀러 저자다. 반면 이 책을 지은 장 지글러에겐 직함이 세 개나 된다. 그는 학자이고 활동가이며 전문가다. 장 지글러는 스위스에서 사회학을 연구하는 교수학자다. 더욱이 그는 유엔 인권위원회 식량특별조사관 신분의 현장 활동가이자 어린이 기아문제에 능통한 전문가다.

이 책은 아버지가 아들의 물음에 답하는 형식으로 기아문제를 파헤친다. 그 실태부터 살펴보자. 유엔식량농업기구FAO에 따르면, 1999년 한 해 동안 3000만 명 이상이 '심각한 기아상태'에 있었다. '만성적인 영양실조'에 시달린 사람들을 합쳐 그해에만 8억 2800만 명이 배고픔에 허덕였다. 이들은 영양부족으로 인하여 서서히 죽음을 맞거나 평생 중증 장애를 안고 살아간다.

더욱 심각한 것은 식량은 남아도는데 세계 인구의 6분의 1은 먹을 게 없어 목숨이 위태롭다는 점이다. "현재로서는 문제의 핵심이 사회구조에 있단다. 식량 자체는 풍부하게 있는데도, 가난한 사람들에게는 그것을 확보할 경제적 수단이 없어. 그런 식으로 식량이 불공평하게 분배되는 바람에 안타깝게도 매년 수백만의 인구가 굶어죽고 있는 거야."

또 뭐가 잘못된 것일까? 장 지글러는 자연도태설에 사로잡힌 서구의 부유한 나라 사람들에게 큰 책임을 지운다. "그런 사람들은 기아를 자연이 고안해낸 지혜로 여긴단다. 산소酸素부족과 과잉인구에 따른 치명적인 영향으로 인해 우리 모두가 죽지 않도록 자연 스스로 주기적으로 과잉의 생물을 제거한다는 거야." 장 지글러는 자연도태설을 전형적인 유럽 중심의, 백인우월주의의 정당화로 간주한다. 부자와 권력자의 논리라는 얘기다. 그들은 결코 굶어 죽을 일이 없기에 그런 논리를 편다는 것이다.

이어 장 지글러는 기아를 산아제한의 수단으로 착각하게 한 자연도태설, 곧 맬서스의 인구론은 엉터리라며 아주 강하게 비판한다. "양심의 가책을 진정시키고, 불합리한 세계에 대한 분노를 몰아내기 위해 많은 사람들이 맬서스의 신화를 신봉하고 있어. 끔찍한 사태를 외면하고 무관심하게 만드는 사이비 이론을 말이야."

그러면 부자 나라들은 남아도는 곡식을 어떻게 할까? "부유한 나라들은 식량을 대량으로 폐기처분하거나, 법률이나 그 밖의 조치를 통해 농산물의 생산을 크게 제한하고 있어. 생산자들에게 최저가격을 보장한다는 것이 그 이유란다." 전 세계 곡물 수확량의 4분의 1을, 부유한 나라 사람들의 식탁을 풍성하게 하기 위한 비육 소들이 먹어치우는 것도 못사는 나라 사람들을 기아선상으로 내모는 요인이다. "또 다른 문제는 세계시장에 비축된 식량의 가격이 종종 인위적으로 부풀려진다는 데 있어. 세계시장에서 거래되는 거의 모든 농산품 가격이 투기의 영향을 받는다는 것은 알고 있니?"

농산물 거래의 국제적 중심인 미국 시카고 곡물거래소를 쥐락펴락하는 곡물 메이저를 '화이트칼라 강도들'이라 비난한 토마스 상카라의 최후와 스위스의 다국적 식품기업 네슬레가 칠레의 살바도르 아옌데 대통령 암살에 얽혀 있다는 폭로는 슬픔과 분노를 자아낸다. 상카라는 아프리카 중서부에 있는 부르키나파소의 청년 장교였다. 그는 동료 장교들과 쿠데타를 일으켜 권력을 손에 넣는다. 여기까지는 못 살고 정치 수준이 낮은 나라에서 흔히 보는 일이다.

그런데 리더 격이었던 상카라는 조금 남달랐다. 그는 부르키나파소의 만성적 기근과 공무원 사회에 만연한 부정부패를 일소하는 등의 개혁을 시도한다. 그는 장 지글러에게 도움을 요청하기도 했다. 상카라의 개혁은 놀라운 성과를 보인다. "부르키나파소는 4년 만에 식량을 자급자족할 수 있었고, 다민족의 복잡한 사회구성은 한층 민주적이고 정의로워졌지."

하지만 으레 그렇듯 상카라 개혁의 성공은 여기까지다. 상카라는 그의 개혁정책을 못 마땅하게 여긴 외세를 등에 업은 그의 동료이자 참모였던 블레이즈 콩파오레에게 죽임을 당한다. 콩파오레 치하의 부르키나파소는 예전 모습으로 복귀한다. "만연한 부패, 외국에 대한 극단적인 의존, 북부 지방의 만성적인 기아, 신식민주의적 수탈과 멸시, 방만한 국가 재정, 기생적인 관료들, 그리고 절망하는 농민들…."

오로지 이윤만 추구하는 다국적 기업의 냉정함과 뻔뻔스러움을 모르는 바 아니나, 네슬레가 아옌데 대통령을 내쫓은 피노체트 쿠데타의 일익을 담당한 사실은 충격적이다. 민주적인 선거로 당선된 아옌데 대통령은 최우선 공약으로 내세운 '분유 무상 배급'을 실천하려 했으나, 벽에 부딪힌다. 제값을 주고 분유를 구입하려 했지만, 칠레의 분유시장을 틀어쥔 네슬레가 이를 거부했다. 결국 영양실조에 시달리는 아이들에게 날마다 분유 0.5리터를 공급한다는 아옌데의 계획은 물거품이 되었다.

세계의 기아문제를 다룬 책이, 비교적 최근 '기아국가' 대열에 합류한 북한을 거론하지 않는다면 오히려 이상할 것이다. 장 지글러는 1995년부터 불과 5년 동안 북한에서 굶어 죽은 사람이 200만 명을 웃돌 것으로 추산한다. 희생자 대부분은 아이들이었고, 그 외에도 만성적인 영양실조에 시달리는 사람이 수백만 명에 이른다고 덧붙인다. 그는 북한 기아선상에서 허덕이는 이유로 크게 세 가지를 꼽는다.

우선 강제 집단화 정책은 농업 부문의 완전한 몰락을 가져왔다. 1995년 대홍수로 큰 피해를 입은 논과 관개시설은, 1997-98년의 가뭄 때 제 기능을 전혀 발휘하지 못했다. 엎친 데 덮친 자연재해는 식량생산능력에 치명타가 되었다. 여기에다 당국의 무능한 대처가 북한 '인민'의 배고픔을 가중시켰다. 한국어판 서문을 통해 저자는 "북한의 경우, 농업 인프라 정비를 위한 투자 부족과 집단농장에 만연한 부정부패로 인해 농민들의 형편은 참담하다"고 지적한다.

그런데 그가 가진 북한의 내력과 관련된 우리 현대사 지식은 좀 허술하다. 2차 대전 때 미국과 소련이 항일전선을 지원했다는 표현은 과하다. 이 두 나라가 "1948년에" "한반도를 분할하기로 합의"한 것으로 보긴 어렵다. 우리는 식민지의 억압에서 벗어남과 동시에 분단의 굴레를 뒤집어썼기 때문이다. 38도선 이남에 진을 친 세력이 "서방지향적"이긴 하나, "저항세력"은 아니었다. 한국전 휴전조약을 맺은 맞상대는 "미국과 소련"이 아니고, 미국 주도의 유엔군과 북한군이다.

그때 읽은 책을 찾지 못하여 이 글을 쓰려고 책을 샀는데 꽤 여러 번 책을 찍었다. 내가 이번에 구입한 책은 1판 16쇄. 이 책이 우리 독자들의 호응을 얻은 이유는 뭘까? 부자간의 문답 형식으로 기아 문제에 다가가 문턱을 낮춘 점을 먼저 꼽을 수 있다. 이에다 희소가치가 더해진다. 그간 기아를 주제로 한 이런 종류의 책이 없었다니!

장 지글러의 책

빼앗긴 대지의 꿈 양영란 옮김, 갈라파고스, 2010.

탐욕의 시대 – 누가 세계를 더 가난하게 만드는가? 양영란 옮김, 갈라파고스, 2008.

왜 세계의 절반은 굶주리는가? – 유엔 식량특별조사관이 아들에게 들려주는 기아의 진실 유영미 옮김, 갈라파고스, 2007.

제레미 리프킨
Jeremy Rifkin
1945-

그릇된 환상을 깨고 그 자리에 새로운 진리를 세우자

미국의 문명비평가 제레미 리프킨은 우리가 당면한 문제의 근본적인 원인에 대해 놀랄만한 통찰을 보여준다. 번역된 그의 책은 모두 여섯 권인데, 이 책들은 세 부류로 나눌 수 있다. 『엔트로피』와 세 권의 '종말' 시리즈, 그리고 '바이오' 연작이 그것이다. 이들을 통해 리프킨은 데카르트의 기계적 세계관이 효력을 다했고, 일하는 사람이 없이도 잘 굴러가는 세상이 올지도 모르는 현실을 직시하기를 요구한다. 아울러 이러한 절망적인 상황을 헤쳐 나아가기 위한 방안으로 생태학적인 관점을 제시한다.

『엔트로피』(정음사, 1980)는 리프킨의 이름을 우리에게 처음으로 알려준 책이다. 제목은 21세기의 새로운 세계관을 지칭하기도 한다. 엔트로피Entrophy는 열역학 제2법칙에서 따온 말로 흔히 '엔트로피 법칙'이라 불린다. 열역학 제1법칙은 에너지보존의 법칙을 말한다. 두 열역학 법칙은 열과 일의 상호변환성의 원리를 경험적 일반화를 통해 서술한 것이다.

열역학 법칙은 독일의 과학자 클라우지우스의 논문에 처음 명시되었다. 클라우지우스는 「열의 역학적 이론에 관한 두 가지 기본 법칙」을 이렇게 규정했다.

- 우주의 에너지는 일정하다.
- 우주의 엔트로피는 항상 증가한다.

열역학 제1법칙은 우주의 물질과 에너지 총량은 일정하기 때문에 생성되거나 소멸될 수 없고, 오직 그 형태만 바뀐다는 점을 시사한다. 제2법칙은 물질과 에너지는 한 방향으로만 바뀔 수 있음을 천명한다. 부연하면, 물질과 에너지는 사용할 수 있는 형태에서 사용할 수 없는 형태로, 얻을 수 있는 형태에서 얻을 수 없는 형태로 변한다. 그 역은 성립하지 않는다.

엔트로피는 쓸 수 없게 된 에너지를 말한다. 재활용이 불가능한 쓰레기인 셈이다. 리프킨은 엔트로피가 가용에너지를 초과하는 상황을 경고하며 엔트로피 법칙이 몰고 올 엄청난 결과를 일러준다.

엔트로피 법칙은 역사를 진보라고 보는 관념을 무너뜨릴 것이며, 과학과 기술이 보다 질서 있는 세계를 만든다는 믿음을 사라지게 할 것이다. 뉴턴의 세계 기계 world machine가 중세의 기독교적 세계관을 대치했을 때처럼 엔트로피 법칙은 현재의 세계관을 대치하게 될 것이다.

『엔트로피』는 우리가 지당하게 여겨온 모든 것을 송두리째 뒤흔든다. 이를 짐작이라도 한 듯, 리프킨은 책의 첫머리에서 『엔트로피』에 대한 독후감을 세 가지 유형으로 나눈다. 첫째, 인간 활동의 물리적 한계를 수긍하지 않는 것. 둘째, 한계를 수긍하면서도 엔트로피 법칙을 탈출구 없는 거대한 감옥으로 보는 것. 셋째, 인간을 해방시켜줄 진리로 엔트로피 법칙을 받아들이는 것이 그것이다. 리프킨은 세 번째를 선택하는 길만이 시대의 선구자가 되는 첩경이라고 강조한다.

『엔트로피』는 1980년대 중반 독서계에 붐을 이뤘다. 정음사뿐만 아니라 범우사, 안산미디어, 원음사 등을 통해서 출간되었고, 정음사의 『엔트로피』는 10만 부의 판매고를 올렸다. 정음사판 번역 텍스트는 동아출판사(1992)로 이어져 1990년대 후반까지 꾸준히 읽혔다. 요즘은 번역을 새로 한 새천년판(세종연구원, 2000)이 독자와 만나고 있다.

'종말' 시리즈는 순전히 번역서 제목을 기준으로 삼은 것이다. 원제를 직역 또는 의역한 제목이 저자의 의중을 거스르진 않는다. 외려 원서에서는 약했던 책들 사이의 유대감을 높여준다. 원래의 제목 'The End of Work'을 그대로 옮긴 『노동의 종말』(민음사, 1996)은 끔찍한 예측으로 시작한다. 현재 인간의 노동은 생산과정에서 체계적으로 제거되고 있으며, 마침내 한 세기 이내에 산업국가에서 사라질 운명이라는 것이다.

또 노동시장의 변화 규모는 너무나 커서 궁극적인 영향은 측정할 수도 없다고 덧붙인다. 이런 변화는 하이테크 혁명에서 기인한다. 문제는 대부분의 노동자가 환경변화에 대처할 능력이 없다는 점이다. 그들은 '기술실업'에 대해 무방비 상태에 있다. 기술실업은 "노동력의 사용을 경제화하는 수단의 발견이 노동에 대한 새로운 용도를 발견하는 속도를 능가해 발생하는 실업"을 말한다.

첨단 기술이 새로운 일자리를 창출하고, 재교육을 통해 실직자들이 취업할 수 있다는 것은 순진한 발상이라고 리프킨은 일축한다. 없어지는 일자리에 비해 새로 생기는 일자리는 턱없이 적은 숫자고, 그마저도 미숙련공이나 숙련의 블루칼라나 화이트칼라에게는 '그림의 떡'인 전문직이라는 것이다. 이제 실업문제는 남의 일이 아니다. 갈수록 심각해지는 대학졸업자의 취업 적체현상이 '기술실업'에서 오는 것은 아닌지 따져볼 일이다. 1980년대 후반 미국에서 대학졸업자의 36퍼센트가 졸업장이 필요 없는 직업을 가져야만 했던 점을 유념할 필요가 있다.

리프킨은 풍부한 자료와 실생활과 밀접한 내용으로

독자를 사로잡는 능력이 뛰어나다. 코카콜라의 유래에 얽힌 이야기도 그 가운데 하나. 코카콜라는 원래 두통 치료제로 판매되었다. 그런데 두통을 호소하는 사람보다는 갈증을 느끼는 사람이 훨씬 많은 점에 착안해 대중적인 음료로 재정립된다.

리프킨에 의하면, 21세기는 과학자·디자인 엔지니어·소프트웨어 분석가·홍보전문가·변호사·경영컨설턴트·저널리스트 같은 상징분석가들의 세계다. 여기에 출판업자·작가·편집자 등의 출판계 종사자들이 포함돼 있는 것이 흥미롭다. 리프킨은 자동화사회에서 인간 노동의 공동체적 가치가 점점 부차적이고 부적합해짐에 따라 사회계약의 기본 토대를 재구성할 필요성을 역설한다.

『육식의 종말』(시공사, 2002)은 원제가 '쇠고기를 넘어서Beyond Beef' 정도로 번역되는데, 의역한 제목이 원제보다 책이 담고 있는 메시지를 더욱 분명하게 전달한다. 이 선명한 '타이틀'은 이 책의 출간 '타이밍'을 극대화하는 구실을 했다. 400쪽이 넘는 두툼한 분량의 『육식의 종말』은 출간 4일 만에 2쇄를 찍었다는데, 이는 2002년 초 우리 사회에 불어 닥친 '채식 열풍'에 힘입은 바 크다.

우리 사회에 채식 열풍을 몰고 온 서울방송의 다큐멘터리 〈잘 먹고 잘 사는 법〉은 『육식의 종말』과 밀접한 관련이 있다. 우리는 이 프로그램을 통해 리프킨의 모습을 보고, 육성을 직접 들을 수 있었다. 게다가 책의 내용을 동영상으로 미리 접하는 기회가 되었다. 〈잘 먹고 잘 사는 법〉은 『육식의 종말』의 '예고편'인 셈이다. 사육의 편의를 도모하기 위해 소의 뿔을 절단하는 방식에 대한 묘사가 끔찍하기는 글이나 영상이나 매한가지다.

목장주들은 동물들이 서로 상처를 입히지 않도록 뿔의 뿌리를 태워버리는 화학연고제를 사용해 뿔을 없앤다. 일부 목장주들은 송아지가 좀더 성장할 때까지 기다렸다가 찻잔 모양의 장치가 달린 전자 뿔 제거기를 사용하여 뿔 조직을 태워 없애는 방식을 더 선호하기도 한다. 그보다 더 나이든 수소들의 경우에는 아예 마취제 없이 톱을 사용하여 뿔과 뿌리를 잘라낸다.

겸허한 독자라면, 이 책을 읽고 자신의 식생활을 한번 되돌아보게 될 것이다. 육우의 폐해가 너무 크기 때문이다. 리프킨은 생태적 세계관을 지닌 문명비평가답게 육우의 반환경적 측면을 낱낱이 고발한다. 길들여진 소에 의해 온대 지방의 토양이 부식되고, 목초지 개간에 실로 엄청난 규모의 열대 우림이 파괴되고 있다. 또 소의 사육은 전 대륙에 걸쳐 사막화를 확산시킨다. 지표면의 담수가 고갈되는 직접적인 원인으로도 작용한다. 이뿐만 아니다. 소들의 배설물이 전 세계의 하천을 오염시키고 있으며, 소들이 내뿜는 메탄가스는 지구 온난화를 촉진하는 주된 요인 가운데 하나다.

하지만 우리가 쇠고기를 멀리 해야 하는 이유는 따로 있다. 이건 '밥그릇 싸움'에 관한 문제다. 채식 열풍이 불자, 균형 잡힌 식단의 중요성을 강조하는 역풍이 일었다. 채소와 고기를 고루 섭취하자는 주장은 존중받아 마땅하다. 단, 고기에서 쇠고기를 제외할 때 영양학자와 의사의 주장은 설득력을 얻게 될 것이다. 왜냐하면 "한 개인이 소를 사육하거나 햄버거를 소비하는 것"은 "악행을 범"하는 거나 다름없어서다. "만약 전 세계에서 생산되는 곡물을 가축 사료가 아닌 인간이 직접 소비한다면 지구상의 10억의 사람들이 배불리 먹을 수 있을 것이"기 때문이다. "또한 인간의 음식에서 쇠고기를 없앰으로써 우리는 소는 물론 지구를 공유하는 다른 생명체들과의 유대감을 다지며 새로운 인류 의식을 향한 중요한 발걸음을 내디디게 될 것이다."

원제가 『접속의 시대The Age of Access』인 『소유의 종말』(2001, 민음사)은 원래 제목의 반어적 표현이라고 하겠다. 소유의 종말≒접속의 시대. 리프킨은 시장이 "네트워크에 자리를 내주며 소유는 접속으로 바뀌는 추세"에 있다고 진단한다. 그렇다고 재산이 사라지는 건 아니다. 재산은 엄존하지만 그것이 시장에서 교환되는 빈도는 크게 잦아든다.

"새로운 경제에서 재산을 장악한 공급자는 재산을 빌려주거나 사용료를 물린다. 또는 입장료, 가입비, 회비를 받고 단기간 사용할 수 있는 권리를 준다." 이에 따라 지적 자본이 새로운 시대를 이끌어가는 원동력이 된다. 『소유의 종말』은 "접속의 시대를 위한 조직적 토대와 개념적 바탕을 제공하는 수많은 구조적 변화를 짚"고 있다.

리프킨은 접속의 시대에는 가진 사람과 못 가진 사람의 격차도 물론 크지만 네트워크에 "연결된 사람과 연결되지 못한 사람의 격차는 더욱 크다"고 말한다. 일례로 전화 보급률을 든다. "얼른 납득이 안 될지 모르지만 세계 인구의 절반 이상이 아직까지 단 한 번도 전화를 걸어본 경험이 없다"는 것이다.

접속의 시대에는 네트워크에 의존하지 않고서는 생존 자체가 곤란해진다. 사업 방식의 체인화와 생명과학은 이런 점에서 특히 주목할 만한 대상이다. "전자는 사업 방식에 대한 지적 재산권을 앞세워 거대한 점포 네트워크에 대한 지배력을 행사한다. 후자는 유전자 특허를 앞세워 농부에서 연구원과 보건 전문가까지 폭넓은 사용자를 아우르는 전속 네트워크를 구축한다."

'바이오' 연작은 생명공학에 대해 귀중한 시사점을 제공한다. 리프킨이 『바이오테크시대』(민음사, 1999)를 집필한 동기는 크게 두 가지다. 하나는 유전공학과 컴퓨터공학의 결합으로 나타난 생명공학은 이미 강력한 실체가 되었고, 향후 수십 년간 우리의 삶에 지대한 영향을 끼칠 것이기 때문이다. 다른 하나는 생명공학 혁명이 파생시키는 문제점을 논의할 시점을 바로 지금으로 판단했기 때문이다.

리프킨은 바이오테크 시대의 작용 기반을 구성하는 일곱 가지 요소를 제시한 다음, 개별 요소들을 꼼꼼하게 살펴본다. 생명공학의 기술적 측면에 대한 서술도 돋보이지만, 이 책의 백미는 생명공학의 사회적 파급을 분석한 제3장 「우생 문명」과 제4장 「유전자 사회학」이다. 특히 생명공학 시대가 우생 문명을 낳을 가능성이 농후하다는 분석은 독자를 '개안開眼'케 한다.

"오늘날 여성 해방주의자들은 산아 제한 계획을 위한 투쟁의 선봉에 섰던 마가렛 생거가 인종에 따라 생물학적 우열이 존재한다고 믿었던 사람이라는 사실을 안다면 분노할 것이다." 『이유있는 반항』(풀무, 1979)으로 우리에게 알려진 마가렛 생거가 이런 말을 했다고 한다. "아무리 좋게 보더라도 말살되어야 마땅한 인종이 무분별한 자비 정책 덕택에 자손을 낳아 종족을 계속 이어가도록 허용되고 있는데, 묘하게도 이 사실이 무시되고 있다." 생거는 지능이 높은 인종의 출생률을 더 높이는 방법은 딱 한가지뿐이라고 생각했다. "그것은 정부가 나서서 미친 자나 정신박약자 문제를 해결해야 하는데, 그 해결 방법은 바로 불임 정책을 시행하는 것이다."

『생명권 정치학』(대화출판사, 1996)은 지구를 하나의 생명체로 보는 '가이아 이론'에 바탕을 두고 있다. 이 책은 참여민주주의와 경제정의 운동, 환경운동, 정신치유적 의식 등을 생명권의 관점으로 서술했다. '생명권 biosphere'은 대양의 해저에서 성층권에 이르는 얇은 화학적 덮개를 가리킨다.

리프킨의 책은 엔트로피와 노동·육식·소유(의 종말), 그리고 생명공학 시대와 생태적 정치학을 다루고 있지만 지향점은 하나다. 그것은 희망의 메시지를 전파하는 것이다. 『엔트로피』에 붙어 있는 단서는 나머지 책에도 해당된다. "바라는 바를 얻을 수 있다는 느낌이 바로 희망입니다. 이 책(들)은 희망을 적은 책입니다. 그릇된 환상을 부수고, 그 자리에 새로운 진리를 세움으로써 실현될 수 있는 희망에 대한 책입니다."

희망의 메시지 전파에 관한 대목의 새천년판 『엔트로피』의 번역은 다음과 같다. "원하는 바를 얻을 수 있다는 느낌이 바로 희망이다. 이 책(들)은 희망에 관한 책이다. 잘못된 환상을 깨고 그 자리에 새로운 진리를 세움으로써 얻는 희망 말이다."

제레미 리프킨의 책

공감의 시대 이경남 옮김, 민음사, 2010.
유러피언 드림- 아메리칸 드림의 몰락과 세계의 미래 이원기 옮김, 민음사, 2005.
수소 혁명- 석유 시대의 종말과 세계 경제의 미래 이진수 옮김, 민음사, 2003.
육식의 종말 신현승 옮김, 시공사, 2002.
소유의 종말 이희재 옮김, 민음사, 2001.
엔트로피 이창희 옮김, 세종연구원, 2008
엔트로피 이창희 옮김, 세종연구원, 2000.
엔트로피 김건·김명자 옮김, 동아출판사, 1992.
엔트로피 김건·김명자 옮김, 정음사, 1983.
엔트로피 김진욱 옮김, 원음출판사, 1983.
엔트로피 김용정 옮김, 안산미디어, 1987.
엔트로피의 법칙 최현 옮김, 범우사, 1983.
바이오테크시대 전영택·전병기 옮김, 민음사, 1999.
노동의 종말(개정판) 이영호 옮김, 민음사, 2005.
노동의 종말 이영호 옮김, 민음사, 1996.
생명권 정치학 이정배 옮김, 대화출판사, 1996.

제이콥 브로노우스키
Jacob Bronowski
1908-1974

과학탐구의 궁극적 목표는 인간성의 이해에 있다

시인이며 수학자, 물리학자이면서 행정관리요 극작가, 철학자이자 과학과 문화와 인간에 대한 해설자이기도 하면서 시와 문학, 예술 비평가이자 생물학과 언어 그리고 사회과학도인 브로노프스키는 광범위하고 다양

한 분야에 관심과 정열을 기울여 왔다.

제이콥 브로노우스키의 유고집 『과학과 인간의 미래』(대원사, 1997)를 편집한 P.E. 아리오티의 브로노우스키에 대한 평가다. 아리오티의 평가대로 브로노우스키는 지식의 영역을 종횡무진 했다. 아울러 브로노우스키는 시문학에도 많은 관심이 있었다. 직접 시를 썼고, 시론을 집필했으며, 영국 시인 윌리엄 블레이크를 다룬 연구서도 출간했다. 브로노우스키가 편집한 펭귄판 블레이크 시선집에는 브로노우스키의 뛰어난 서문이 실려 있기도 하다. 그런데 브로노우스키 한국어판으로는 그의 팔방미인적 기질을 파악하기가 어렵다. 지금까지 출간된 한국어판들에서는 브로노우스키의 과학사가 또는 과학철학자로서의 면모가 두드러지기 때문이다.

『과학과 인간가치』(이화여대출판부, 1994)에서 브로노우스키는 과학을 "자연에 숨겨진 잠재력을 더 잘 활용할 수 있도록 인간의 지식을 계통적으로 조직화하는 작업으로 정의"한다. 그러면서 이러한 과학의 정의는 깊이가 있을 뿐만 아니라 사실에도 부합한다고 덧붙인다. "이렇게 정의된 과학은 기체 분자의 운동론으로부터 전화기나 현수교, 심지어 약용 치약에 이르기까지 적용되며, 추상적인 지식과 구체적인 활용에 구분을 두지 않는다."

브로노우스키가 설정한 이 책의 목적은 크게 두 가지. 문명의 부분들이 통일적인 전체를 이룬다는 점을 보여주고자 하는 것이 그 하나이고, 다른 하나는 있는 그대로의 과학에 대해 논의하는 것이다. 또한 책에는 "어느 누구를 막론하고 과학에 대한 관심을 포기하는 것은 마치 눈을 뜬 채로 노예의 길로 걸어 들어가는 것과 같다"는 브로노우스키의 지론이 담겨 있다. 브로노우스키가 우리에게 과학에 대한 관심을 촉구한 것은 오늘의 세계가 과학의 산물이고, 과학에 의해 추동 받고 있다는 판단에 따른 것이다.

『과학과 인간가치』에 담긴 내용은 브로노우스키가 1945년 11월, 원자폭탄이 투하된 일본 나가사키의 참상을 직접 보고 받은 충격이 계기가 된 것으로 알려져 있다. 1953년 미국 MIT대 강연이 바탕이 된 세 편의 에세이에서 브로노우스키는 과학기술이 야기한 엄청난 파괴력에 대해 경각심을 촉구한다. 하지만 그것이 과학에 대한 전면적 부정으로 치닫진 않는다. 외려 그는 과학을 옹호한다. 『컴퓨터시대의 인간심리』(홍신문화사, 1991)에 수록된『과학의 공통감각The Common Sense of Science』에 실려 있는 과학의 대차대조표는 과학을 옹호하는 브로노우스키의 시각을 잘 보여준다.

6년 동안의 전쟁(제2차 대전)으로 영국에서는 독일의 폭탄·무인기 폭탄 및 로켓 폭탄 V2호에 의해 살해된 사람수는 6만에 달했다. (중략) 나눗셈에 의해 계산한다면 5천만 인구에 대한 영향은 평균수명 1퍼센트의 10분에 1 가량 줄어들게 했다는 것을 알 수 있다. 이는 2주간에 해당한다.

반면 "지난 백년 동안 영국에서 평균수명은 20년이나 연장되었다." 그러니까 브로노우스키의 논지의 핵심은 과학의 대가로 늘어난 20년의 평균수명에서 2차 대전 시기 과학기술이 영국 국민에게 끼친 해악은 기껏해야 2주일의 평균 수명 단축이라는 얘기다. 『컴퓨터시대의 인간심리』에는 또 다른 단행본인『인간의 아이덴티티The Identity of Man』도 실려 있다.

『The Identity of Man』은『The Common Sense of Science』와 함께 '한 지붕 두 가족'이 되기에 앞서 이미 한국어판이 나왔었다. 브로노우스키의 대표작인 이 책은『나는 누구인가』(정우사, 1984)라는 제목으로 비교적 일찍 우리 독자와 만날 수 있었다. "인간의 확신의 위기"를 중심 주제로 잡은 이 책은 브로노우스키의 인간 존재에 대한 성찰이 돋보인다.

인간이란 다른 동물들이 살고 있는 것과 같이 살고 있기 때문이 아니라 다른 동물들과는 다르게 살고 있기 때문에 다른 동물들을 능가하는 것입니다.

우리나라에 가장 먼저 소개된 브로노우스키의 책은 그의 주저라 할 수 있는『The Ascent of Man』이다. 이 책은 세 번 번역되었다. 『인간 등정』(삼성문화재단, 1976)이라는 제목의 첫 번째 한국어판은 브로노우스키 저서를 통틀어 최초 번역이라는 의의는 있지만, 문고판으로 나온 탓에 삽화를 싣지 못한 반쪽자리 번역물이었다. 두 번째 한국어판인『인간 등정의 발자취』(범양사 출판부, 1985)에서는 책의 바탕이 된 영국 BBC 방송 다큐멘터리의 자취를 화보를 통해 확인할 수 있다. 두 번째 번역본을 바탕으로 하고 화보를 대폭 보강한 세 번째 한국어판도 나왔다(바다출판사, 2004).

브로노우스키가 미국의 역사학자 브루노 매즐리시와 함께 지은『서양의 지적전통』의 한국어판 또한 두 곳의 출판사에서 나왔다. 그런데 이 책의 한국어판은 출판사는 달라도 번역자는 한 사람이다. 홍성사(1980)판을 토대로 학연사(1986)에서 개정번역판을 냈다. 『서양의 지적전통』은 르네상스에서 19세기 초까지 서양사상의 발전과정을 레오나르도 다 빈치부터 헤겔에 이르는 인물 중심으로 서술한 책이다. 정치나 철학 사상에 국한하지 않고 과학과 문화 방면까지 관심의 폭을 넓힌 것이 특징이다.

브로노우스키의 관심사는 다양했으나, 그에게는 일관된 지향점이 있었다. 『과학과 인간의 미래』에서 브로노우스키는 자신이 행한 지적 작업의 연결고리를 다음과 같이 표현했다. "나의 꿈은 20세기를 위한 시종일관된 철학을 만들어 내는 것이었다. 훌륭한 철학뿐만 아니라 훌륭한 과학조차도 인간애 없이는 존재할 수 없다. 나는 자연에 대한 이해의 궁극적 목표는 인간성에 대한 이해이며 자연 속에서의 인간 조건에 대한 이해라고 생각한다.”

지금까지 거명한 브로노우스키 책의 한국어판들은 서점에서 만나기가 쉽지 않다. 그렇지만 확실히 절판된 것은 『나는 누구인가』 정도다. 나머지 책들은 절판 또는 품절 여부마저 불확실하다. 미움받는 여인보다 잊혀진 여인이 더 불행하다지 않던가. 이 글에는 잊힌 과학사가이자 과학철학자 브로노우스키를 재인식하자는 뜻이 담겨 있다.

제이콥 브로노우스키의 책

세계사의 모든 지식— 인류 문명의 흐름을 한눈에 보는 앨런 벌록 외 공저, 이민아 옮김, 푸른역사, 2009.
인간 등정의 발자취(개정보급판) 김은국·김현숙 옮김, 송상용 감수, 바다출판사, 2009.
인간등정의 발자취 김은국·김현숙 옮김, 송상용 감수, 바다출판사, 2004.
인간등정의 발자취 김은국 옮김, 범양사출판부, 1985.
인간 등정 삼성문화재단, 1976.
과학과 인간의 미래 P.E. 아리오티 엮음, 임경순 옮김, 대원사, 1997.
과학과 인간가치 이병훈 외 옮김, 전주대출판부, 1997.
과학과 인간가치 우정원 옮김, 이화여대출판부, 1994.
컴퓨터시대의 인간심리 최혁순 옮김, 홍신문화사, 1991.
서양의 지적전통 브루노 매즐리시 공저, 차하순 옮김, 학연사, 1986.
서양의 지적전통 브루노 매즐리시 공저, 차하순 옮김, 홍성사, 1980.
인간을 묻는다— 과학과 예술을 통해 본 인간의 정체성(개정판) 김용준 옮김, 개마고원, 2008.
나는 누구인가 김용준 옮김, 정우사, 1984.

제인 구달
Jane Goodall
1934-

우리 인간들만이 특별히 선택된 종種은 아니다

지금까지 번역된 제인 구달 관련서는 저서를 포함해 10여 권에 이른다. 동물행동학자로서 그녀의 세계적 명성이나 60여 권에 달하는 저술목록을 감안하면 좀 부족한 숫자라고 할 수 있다. 또 자서전과 야생 침팬지 관찰기록으로 대별되는 저서들은 겹치는 내용이 많다. 그래도 구달의 저서들을 살펴볼 만한 가치는 충분하다. 원래의 제목 ‘침팬지와 함께 한 나의 인생’을 부제목으로 붙인 『제인 구달』(사이언스북스, 1996)은 입문서로 안성맞춤이다. 청소년을 독자 대상으로 삼아 자신의 생애를 간결하지만 친절한 어조로 들려준다. 구달은 여덟 살 때부터 야생동물과 함께 사는 걸 꿈꿨다. 그들과 함께 살면서 배운 것을 책에 담고 싶었다.

하지만 구달의 꿈은 주변 사람들에게 무모한 것으로 비쳤다. 구달은 똑똑한 아이였지만, 그리 풍족하지 못한 집안 형편 탓에 대학 교육을 받지 못했다. 게다가 구달은 ‘여자’였다. 그렇다고 비서학교를 나와 병원과 대학, 박물관 그리고 다큐멘터리 영화 제작소에서 사무원 경험을 쌓은 웨이트리스가 세계적인 학자로 변신變身한 사실만 갖고서 오늘 우리의 현실을 “제인 구달이 나올 수 없는 나라”(『그 많던 여학생들은 어디로 갔는가』, 가지않은 길, 1997)로 자조自嘲하는 것은 문제가 없지 않다.

두 가지 점에서 그러한데, 우선 구달이 기존의 틀을 깬 선구자라는 측면을 유념해야 한다. 이는 마치 1968년 혁명을 계기로 여성의 지위가 눈에 띄게 신장된 것에 비유할 수 있다. 일례로 서구에서도 1968년 이전에는 이혼한 여자가 미장원을 자유로이 출입할 수 없었다. 또한 이른바 ‘구달 혁명’을 가능하게 한 것은, 속된 말로 부모를 잘 만난 덕분이다. 제인을 발탁할 당시, 미친 사람 취급을 받은 수양아버지 루이스 리키의 역할은 잠시 뒤에 살피기로 하고, 먼저 어머니 얘기부터 하자.

제인의 친어머니 밴느는 20세기 내내 딸에게 버팀목이 되어 주었다. 아프리카 식민지의 영국 관리들은 젊은 처녀가 홀로 야생동물에게 접근하는 것을 허용하지 않았다. 밴느는 제인의 야생동물 연구 적응기에 동반자 역할을 훌륭히 수행했다. 하지만 ‘구달 혁명’에서 밴느의 기여는 그녀가 딸의 꿈을 북돋우는 존재였다는 점이 더 크다. 남들이 제인에게 헛꿈 꾸지 말라고 할 때마다 어머니는 딸에게 이렇게 말하곤 했다.

네가 진실로 그것을 간절히 원하고, 열심히 노력하며, 기회를 붙잡는다면, 그리고 무엇보다도 절대로 네 꿈을 포기하지 않는다면, 네게 길이 있을 거야.

『제인 구달』의 한국어판 서문에 소개된 밴느의 격려가 어딘지 눈에 익다. 레닌이 「무엇을 할 것인가」에서 언급한 피사례프의 꿈꾸기와 닮았다. "꿈을 꾸는 사람이 자기 꿈의 가치를 진지하게 인정하고, 세상을 주의 깊게 관찰하고 그리고 관찰된 내용을 꿈속의 것과 비교해 보고, 또한 자기 꿈의 성취를 위해서 의식적으로 활동한다면, 꿈과 현실의 괴리는 어떠한 해악도 일으키지 않는다. 꿈과 현실 사이에 어떠한 연관이 존재하기만 하면 만사는 잘 풀릴 것이다."

그런데 『제인 구달』에는 눈에 익은 대목이 또 있다. 제인의 위대한 발견 가운데 하나인 침팬지의 도구 사용 장면이 그렇다. 스스로 '신나는 사건'이라 이름 붙인 인간 이외의 영장류가 도구를 사용하는 장면은 지난 20여 년 간 대학입시를 준비한 수험생이라면 '원어로' 한번쯤 접한 바 있다. 제인이 최초로 안면을 익힌 침팬지 데이비드 그레이비어드가 주인공으로 등장하는 이 장면은 영어 문제집이나 모의고사에 종종 예문으로 출제된다. 『제인 구달』에서는 침팬지의 도구사용이 간결하게 서술돼 있다.

반면 『인간의 그늘에서』(사이언스북스, 2001)는 풀줄기를 사용해 흰개미를 훑어 먹는 광경을 비교적 소상하게 그리고 있다. 뿐만 아니라 이 책에는 제인 구달이 1960년대의 10년 간 탄자니아의 곰비 국립공원에서 관찰한 야생 침팬지의 생태가 고스란히 담겨 있다. 그 이전에는 우리에게 전혀 알려지지 않았던 침팬지에 관한 생생한 묘사는 소설 못지않게 흥미진진하다. 400쪽이 넘는 분량이 단숨에 읽히는 책에서 인상적인 구절을 몇 개 골라봤다. 이러는 것은 제인의 대표작 가운데 하나인 『인간의 그늘에서』를 요약하는 것이 무의미하고 불가능한 책에 속하기 때문이다. 제인이 종種의 경계를 넘어 데이비드 그레이비어드와 상호 교감하는 장엄한 광경을 어찌 간추릴 수 있으랴!

쉽게 화를 내며 흥분과 공격의 소용돌이로 빠지기 쉬운 개체들이 서로 매우 안정되고 친밀한 관계를 유지할 수 있다는 사실은 침팬지 사회의 가장 두드러진 특징 중 하나다.

침팬지의 사회관계에는 우리들로 하여금 우리 자신의 행동을 되새기게 만드는 것들이 많이 있다. 아마 우리들 대부분은 그리 흔쾌히 받아들이려 하지 않겠지만. 하루가 다르게 쌓여 가는 플린트나 작은 고블린과 같은 침팬지들의 생활사와 다른 개체들에 대한 기록을 돌아보며 나는 노력과 고통 그리고 거의 절망에 가까웠던 것들이 얼마나 가치 있는 것이었던가를 깨달았다.

제인이 야생 침팬지의 행동반경 90미터 이내로 접근하기까지는 무려 1년이 걸렸다. 야생 침팬지에 관한 첫 번째 생태 보고서에 『인간의 그늘에서』라는 제목이 붙여진 사연은 이렇다. 해질녘 제인은 데이비드 그레이비어드와 골리엇의 털고르기를 관찰했다. 일몰 직전, 데이비드가 일어나 제인을 응시하자 그녀의 그림자가 데이비드의 얼굴 쪽에 드리워졌다.

이 사건을 통해 제인은 만물의 영장이라는 인간만이 침팬지에게 그늘을 드리운다는 은유적 의미를 깨닫는다. "총을 소유하고 주거지와 경작지를 확장함으로써, 오직 인간만이 야생 침팬지의 자유로운 모습 위로 운명의 그늘을 드리울 수 있는 것이다." 이런 깨달음은 스스로에게 다음과 같은 임무를 부여한다. "침팬지들이 생존하여 적어도 진화할 수 있는 기회를 가질 수 있도록 하는 것이 우리 모두의 과제일 것이다."

『희망의 이유』(궁리, 2000)는 좀 지루하다. 앞의 책들과 내용이 중복되거니와 아예 "다른 책들로부터 글자 그대로 옮긴 구절들이 있"는 탓이다. 게다가 '신앙 간증 수기'를 읽는 느낌마저 있다. 이 '영혼의 자서전'에서 세계 분쟁의 폭력적 양상을 보는 제인의 시각에 선뜻 동의하기는 어렵다. 나치의 유대인 학살이 사춘기 소녀 제인의 감성에 큰 충격을 준 점을 감안한다 해도, 팔레스타인 사람이 저지르는 테러를 맹목적인 증오의 산물로 치부하는 것은 균형감을 잃은 처사다. 구달은 이스라엘의 폭력성은 전혀 언급하지 않는다.

하지만 이 책은 단점보다 장점이 훨씬 많다. 먼저 야생 침팬지에 대한 제인의 바뀐 생각을 접할 수 있다. 1960년대 침팬지를 보는 그녀의 시각은 다분히 낙관적이었다. 하지만 1970년대 들어서 잔인한 침팬지 유아 살해와 참혹한 동족상잔을 목도한 다음 견해를 수정한다. "사실들이 아무리 마음 편치 않더라도 억지로 부정하면서 불안 속에서 사는 것보다 그것을 직면하는 편이 훨씬 낫다고 생각"했기 때문이다.

그래도 침팬지가 아무리 잔인하다 한들, 인간의 잔혹성에는 비교가 안 된다고 말한다. 그렇지만 제인 구달은 인류의 앞날에 대해 사뭇 긍정적이다. 그녀가 희망을 갖는 이유는 크게 네 가지다. 사람의 두뇌, 자연의 복원력, 젊은이들의 열정, 불굴의 인간 정신이 바로 그것이다.

또한 『희망의 이유』는 제인 구달이 적어도 브리짓 바르도 같은 인물은 아니라는 사실을 알려준다. 1986년 10월 이후 침팬지 보호운동에 매진하고 있는 구달은 어느 날 "고기 먹는 것에 대한 나의 태도가 갑작스럽게 바뀌었다"고 말한다. 그렇다고 그녀가 특정한 고기를 먹는 사람들을 몰상식하게 비난하진 않는다. 구달이 혐오하는 것은 "고기 먹는 것 그 자체가 아니라 집중적인 공장식 사육"이다.

한편 이 책에서는 '스승'에 대한 '제자'의 직접적인 묘사가 눈에 띄기도 한다. 제자가 스승을 처음 대면했을 때 "루이스는 쉰네 살이었고, 진정한 거인이었다. 호기심에 찬 마음과 거대한 활력과 큰 시야를 가진 진짜 천재였고, 놀라운 유머감각도 있었다." 무엇보다 "루이스의 생각은 혁명적이었다."

전체의 3분의 1을 제인 구달에 할애하고 있는 책 『유인원과의 산책』(다빈치, 2001)은 루이스 리키와 제인 구달의 인연에 대한 좀더 상세한 정보를 제공한다. 아울러 리키의 또다른 여자 제자인 다이안 포시와 비루테 골디카스의 '무용담'도 담았다. 이 책은 제인 구달의 성공 비결을 "우아함, 자기확신, 부드러운 영국식 발성법"으로 보는 견해를 소개하고 있지만 이것은 실제와는 거리가 있다. 그보다는 관찰 대상인 침팬지 개체에게 일일이 이름을 붙여줄 정도의 동물에 대한 남다른 애정, 뛰어난 관찰력과 진득함, 그리고 앞서 봤듯이 꿈을 실현시키려는 의지가 더 중요했다.

호모 하빌리스를 발견한 저명한 인류학자 루이스 리키가 석기시대 인류의 조상들의 행동 양식을 파악하기 위해 현존하는 영장류의 야생 생활에 눈을 돌리면서, 그 관찰의 적임자로 남성보다 여성을 선호한 것은 이런 특질이 여성에게 충만하다는 판단에 따른 것이다. 누구보다 제인 구달은 그런 능력이 탁월한 적임자였다.

제인 구달의 책

제인 구달, 침팬지와 함께한 50년 김옥진 옮김, 궁리, 2011.
희망의 자연 제인 구달 외 공저, 김지선 옮김, 사이언스북스, 2010.
희망의 밥상 제인 구달 외 공저, 김은영 옮김, 사이언스북스, 2006.
제인 구달- 침팬지와 함께한 나의 인생(개정판) 박순영 옮김, 사이언스북스, 2005.
제인 구달- 침팬지와 함께한 나의 인생 박순영 옮김, 사이언스북스, 1996.
희망의 이유 박순영 옮김, 궁리, 2011.
희망의 이유 박순영 옮김, 궁리, 2000.
인간의 그늘에서 최재천·이상임 옮김, 사이언스북스, 2001.
인간의 위대한 스승들 제인 구달 외 공저, 채수문 옮김, 최재천 감수, 바이북스, 2009.
제인 구달의 사랑으로 알랜 막스 그림, 공경희 옮김, 웅진닷컴, 2002.

왓슨은 인종차별 발언으로 물의를 빚었다.

이른바 '대가'들의 헛소리

왓슨은 2007년 10월 14일자 영국 〈선데이타임스〉 인터뷰에서 "아프리카의 미래에 대해 근본적으로 비관적"이라며 "우리의 모든 사회정책은 흑인들의 지능이 백인들과 똑같다는 사실에 기초해 수립되지만 모든 연구결과는 실제로 그렇지 않기 때문"이라 주장했다고 한다.

또 그는 모든 인간이 똑같다고 여기려는 것은 자연스러운 욕구지만 "흑인 직원들을 다뤄 본 사람들은 사실이 아니라는 것을 안다"며, "진화 과정에서 지리적으로 갈라졌는데도 인간의 지능이 똑같이 진화했다고 기대할 어떤 명확한 이유가 없다"고 주장했다는 것이다.(《한겨레》 2007. 10. 18)

공동연구자인 프랜시스 크릭을 비난할 때부터 드러난 왓슨의 괴팍한 심성은 이미 악명 높다. 그런데 이젠 거의 노망이라도 난 모양이다. 나는 백인이 주도하는 인류의 미래를 근본적으로 암담하게 본다. 백인 직원들을 다뤄보기 전에, 흑인들이 백인들을 노예로 부려보고 나서 인간의 똑같음과 다름을 살피는 게 순서 아닐까?

그리고 어떤 집단이나 사회 구성원의 지능이 높으면 그 집단과 사회의 미래는 과연 밝기만 한 걸까? 유대인과 팔레스타인사람의 지능을 비교하면 어떤 결과가 나올까? 결과가 어떻건 문제다. 유대인의 높은 지능은 그들의 팔레스타인지역 강점을 합리화하는 수단이 될 터이고, 팔레스타인사람의 높은 지능은(나는 이럴 가능성도 크다고 본다) 유대인의 선민의식을 깨뜨리는 과학적 근거가 되리라. 사실 지능의 높낮이를 판단하는 잣대라는 게 우습긴 하다.

제인 구달의 아름다운 우정 미하엘 노이게바우어 사진, 윤소영 옮김, 웅진닷컴, 2002.

제인 구달의 생명 사랑 십계명 마크 베코프 공저, 이상임 외 옮김, 바다출판사, 2003.

내가 사랑한 침팬지 햇살과나무꾼 옮김, 두레, 2003.

아기 침팬지 리키와 복슬 개 헨리(마음씨앗 그림책 04) 알란 막스 그림, 강현정 옮김, 한솔수북, 2005.

제인 구달에 관한 책

제인 구달 – 침팬지들의 영원한 친구(후아유? 10) 이자벨 무르디알 글, 실비 몽물리넥스 그림, 김양미 그림, 대교출판, 2011.(초판 2003)

제인 구달 이야기 – 생명 사랑을 꿈꾸는 세계 청소년의 롤모델(청소년 롤모델 시리즈 011) 메그 그린 지음, 권오열 옮김, 명진출판, 2010.

제인 구달 – W세상을 빛낸 위대한 여성 수딥타 바단 퀘렌 지음, 권혁정 옮김, 나무처럼, 2010.

제인 구달 이야기 – 초록별 지구에 싹튼 희망(웅진인물이야기 06) 조영권 글, 김상인 그림 , 웅진주니어, 2010.

Who? 제인 구달(세계인물학습만화 WHO 시리즈 13) 이숙자 글, 스튜디오 청비 그림, 다산어린이, 2010.

제인 구달 평전 – 인간을 다시 정의한 여자 데일 피터슨 지음, 박연진 외 옮김, 지호, 2010.

제인 구달 – 침팬지를 사랑한 동물학자(위인들의 재능이야기 11) 민봄내 글, 김인호 만화, 동아일보사, 2010.

제인 구달 & 루이스 리키 – 인간과 유인원, 경계에서 만나다(지식인 마을 28) 진주현 지음, 김영사, 2008.

제인 구달 – 자연의 소중함을 일깨우다(웅진 생각쟁이 인물 50) 이영미 지음, 웅진씽크하우스, 2008.

제인 구달 – 순수한 사랑과 열정으로 인생을 가꿔라(거장들의 시크릿 05) 이붕 글, 권오현 그림, 살림어린이, 2008.

유인원과의 산책 S. 몽고메리 지음, 김홍옥 옮김, 다빈치, 2001.

침팬치를 사랑한 동물학자 제인 구달 서경석 글·김형배 그림, 사회평론, 2002.

제임스 러브록
James Lovelock
1919-

'지구는 살아 있는, 스스로 자기조절이 가능한 생명체'

요즘 대단한 과학발견을 하고 과학이론을 정립한 과학자들의 망발이 심심치 않다. 1962년 프랜시스 크릭과 함께 DNA 구조를 발견한 미국의 분자생물학자 제임스

제발 지구에 남아줘!

물리학자 스티븐 호킹은 식민주의 본산인 영국 출신 과학자답게 인류가 살아남으려면 태양계 밖의 다른 행성에 정착촌을 건설해야 한다고 주장하기도 했다. 호킹은 2006년 11월 30일 영국 BBC 라디오 인터뷰를 통해 "단 하나의 행성에 한정돼 산다면, 장기적으로 인류의 생존은 위험에 처한다"며 "조만간 소행성 충돌이나 핵전쟁 같은 재난이 인류를 휩쓸 수 있기 때문"이라고 말했다 한다.

호킹은 "우주로 뻗어나가 다른 행성을 개척한다면 우리의 미래는 안전하다"며, 하지만 우리의 태양계에는 지구 같은 행성이 없어 정착촌을 건설할 만한 곳을 찾아 나서야 한다고 덧붙였다는 것이다.(《한겨레》 2006. 12. 2) 나는 어째서 인류가 영원불멸해야 하는지 그 까닭을 모르겠다. 텔레비전 SF 드라마 〈스타트렉〉에 나오는 '물질/반물질 소멸'과 같은 기술을 이용하면 빛에 가까운 속도로 이동할 수 있는지 여부도 관심 없다. 다만 나는 이 위대한 과학자께서 정말 부인에게 얻어맞고 사는지 여부가 궁금하다.

가이아 가설

"'가이아Gaia'를 찾는 노력은 곧 지구상에 생존하는 가장 커다란 생물체를 발견하려는 시도"다. 제임스 러브록의 가이아 가설은 일종의 거대담론이다. 그리고 1980년대 우리 사회 일각을 휩쓴 교조주의를 닮았다. 『가이아— 살아있는 생명체로서의 지구GAIA: A New Look at Life on Earth』는 그런 기색이 뚜렷하다.

그는 역사를 존중한다. "유독 지구만이 갖는 독특한 대기 성분의 비밀은, 그것이 다름 아닌 지구의 생물들에 의해 하루하루 착실하게 만들어지는 데에 있다." 아울러 상호작용에도 유념한다. "대기의 조성을 분석하여 생물체의 존재를 탐지한다." 유기적인 사고를 하는 그는 대기권atmosphere을 생물권biosphere의 역동적인 연장체로 본다. 그에게 생물학적 구조물과 대기권은 합목적적이다. "마치 고양이의 털가죽, 새의 깃털, 벌집의 얇은 벽들과 같이 대기권도 생물계의 연장으로 주어진 환경을 유지시키도록 고안된 것이라고 생각할 수 있지 않을까?"

또한 그는 총체성을 강조한다. 가이아 가설은 총체적이다. "가이아는 이 지구상의 모든 생물들을 위하여 스스로 적당한 물리·화학적 환경을 조성할 수 있도록 피드백 장치나 사이버네틱 시스템을 구성하고 있는 거대한 총합체라고 할 수 있다." 가이아는 그리스 신화에 나오는 대지의 여신이다. 러브록은 "살아 있는 지구를 표현하는 이름으로" 가이아를 갖다 붙이라는 소설가 친구 윌리엄 골딩의 조언을 받아들였다. 대지의 여신을 앞세우지 않았다면, 가이아 가설의 아우라는 별로였으리라.

확실히 "BUSTH(Biocybernetic Universal System Tendency Homeostasis)" 같은 조어는 심심하다. 『가이아— 지구의 체온과 맥박을 체크하라GAIA: The Practical Science of Planetary Medicine』는 우리말로 번역된 러브록의 세 번째 저서로 가이아 가설을 쉽게 설명한 책이다.

한마디로 섞갈리는

외계 식민지를 개척할 수 있다는 전망은 영국의 대기화학자 제임스 러브록이 먼저 내놨다. 러브록은 한마디로 섞갈린다. 그의 가이아 가설은 정령숭배, 영성주의, 물활론, 의인화 같은 게 혼재한다. 그의 주장은 앞뒤가 안 맞는다. 그는 "무지의 시대에는 기술적인 해결책이 신뢰를 얻는 법"이라고 하면서도 지구온난화에 다가서는 그의 자세는 다분히 기술 지향적이다. "생물체들을 포함하는 지상의 모든 만물이 자가조절적 실체"이며, 이게 바로 그가 말하는 가이아라면, 굳이 어떤 노력을 기울이지 않아도 "능동적 조절에 의한 비교적 균일한 상태"를 유지하지 않을까?

또 그는 "가이아 가설은 자연을 반드시 우리가 정복해야만 하는 본원적 힘을 가진 대상으로 간주하는 이제까지의 독선적 견해에 대한 대안이 될" 거라 하지만, 인간이 지구환경을 망가뜨리는 '암적 존재'라는 표현도 꺼려한다. 외국저자의 번역서를 리뷰하면서 유럽과 북미의 작가와 학자들이 뻔한 얘기를 에둘러한다는 느낌을 받곤 한다. 예컨대 "시골 농부들에게 있어 가이아 가설은 오히려 당연한 것이며, 그들은 항상 그렇게 간주해왔던 것이리라."

땅과 접하고 사는 사람들은 굳이 가이아 가설 같은 걸 세울 필요가 없다. 그리고 어쩔 수 없는 거리감을 느낀다. 러브록은 이런 점을 인정한다. 그의 미덕이다 "이 책에 표현된 내 견해와 의견들은 어찌할 수 없이 내가 살고 있는 서구사회, 특히 우리 사회의 수많은 동료 과학자들로부터 영향을 받았다고 할 수 있다."

이 바보멍청이들아, 핵 발전은 안전해!

"제임스 러브록은 '원자력을 세계의 주요 에너지원으로 쓰는 것만이 기후변화가 문명을 파괴하는 것을 방지하는 유일한 방안'이라고 말해 논란을 불러일으킨 바 있다."《한겨레》 2007. 5. 22) 여기서 핵발전소에서 배출한 뜨듯해진 냉각수가 외려 온난화를 부추긴다는 반론을 맞세우진 않겠다. 다만, 핵 발전과 방사능의 위험성을 과소평가하는 러브록의 궁색한 논리를 지적하고자 한다. 그러기에 앞서 러브록이 어째서 핵 발전을 옹호하는지가 궁금하다.

"과학자들을 위한"『가이아의 시대— 살아 있는 우리 지구의 전기The Ages of GAIA: A Biography of Our Living Earth』에서 러브록은 그런 사실을 부인하지 않는다. "나는 원자력이나 방사능 물질을 환경의 불가피한 한 부분이자 정상적인 일부라고 간주하지 않았던 적이 이제까지 단 한 번도 없었다." 그러면서 "원자력은 산소 그 자체와 마찬가지로 우리들에게 기회와 도전을 함께 제공한다"며, "우리들은 그것과 더불어 살아가는 지혜를 익혀야만 할 것"이라고 점잖게 충고한다. 그런데도 "나는 원자력을 무비판적으로 지지하는 사람과는 거리가 멀다"는 식으로 발뺌한다.

"이 글(7장 가이아와 현대의 환경 中 방사선 노출의 위협)이 원자력 산업을 옹호한다거나 또는 나 자신이 원자력에 대해서 호감을 가지고 있다거나 하는 점을 시사하는 것은 결코 아니다. 나의 관심사는 다만 원자력에 대한 옹호나 반대가 현재 너무나도 과장되게 전파되고 있어서 그것이 우리들로 하여금 우리 자신들과 세계의 나머지 생물권이 조화를 이루면서 살아가야 한다는 실제적이면서도 심각한 문제를 호도하고 있다는 것을 지적하는 데 있다."

무척 위험한 사고

하지만 내가 읽기론 그는 원자력에 호감이 있고, 그것의 유용성을 과도하게 편든다. 적어도 핵전쟁이 발발할 가능성은 거의 없다고 보며, 핵폭탄의 위력을 과소평가한다. 그렇지 않다면 "방사능에 대한 부정적인 견해가 생겨난 것은 그것이 처음 히로시마와 나가사키에서 잘못 사용되었기 때문이라고 보는 것이 일반적"이라고 쉽게 말하긴 어려울 거다.

핵폭탄 한 방에 수십만의 희생자가 나지 않았느냐 따지면, 러브록은 독일 드레스덴에는 재래식 폭탄을 비행기로 마구 쏟아 부어 그것에 버금가는 희생자가 났다고 반문할 것 같다. 그의 논리는 그런 식이다. "너무 강한 방사능은 점진적인 독성 효과를 유발시킨다. 그러나 심지어 물water이라고 하더라도 너무 많이 마시면 해가 될 수 있음을 명심하자." 이게 말이 되는가? "우리 인류가 저지르는 환경 훼손에 의해서 가이아가 겪게 되는 고통은 우리가 암세포의 침입을 받아서 당하는 고통에 비하면 그야말로 사소한 것이리라." 부적절한 비교이자 엉뚱한 비유다.

나는 "우리 자신이 아주 파격적인 존재anomalous one 라는 사실을" 기억하고 싶지도 않다. "탐구자들과 연구가들의 그칠 줄 모르는 호기심을 억제할 수 있는 것이란 아무것도 없다"는 식의 사고는 위험천만하다. 그 결과 "우리들은 태양계의 다른 혹성들을 개발하여 식민지로 삼고 은하계의 다른 행성계를 탐험할 수도 있을 것"이기에. 나는 그러는 게 당치않다고 생각하지만 실제로 그럴 수 있다한들 무엇하리. 러브록은 현재의 상태를 긍정한다. 앞날에 대해서도 낙관적이다. 러브록의 현실긍정과 미래낙관은 무병장수의 영향은 아닌지 모르겠다. 그의 병력에 대해선 아는 바 없지만, 그는 오래 살고 있다. 제임스 러브록은 3.1운동이 일어난 해에 태어났다.

제임스 러브록의 책

가이아– 살아있는 생명체로서의 지구 홍욱희 옮김, 갈라파고스, 2004.
가이아– 생명체로서의 지구 홍욱희 옮김, 범양사출판부, 1990.
가이아– 지구의 체온과 맥박을 체크하라 김기협 옮김, 김영사, 1995.
가이아의 시대– 살아 있는 우리 지구의 전기 홍욱희 옮김, 범양사출판부, 1992.
가이아의 복수The Revenge of GAIA 이한음 옮김, 세종서적, 2008.

조너선 닐
Jonathan Neal
1949?–

금기에 맞서다

조너선 닐은 미국 출신의 아동문학가로 알려져 있다. 그런데 우리말로 옮겨진 닐의 책 세 권은 아동문학과 무관하다. 『두 개의 미국What's Wrong with America?』(문현아 옮김, 책갈피, 2008)은 "조지 부시 같은 자가 세상에서 가장 강력한 인물이 된 과정을 설명한다. 내 주장의 핵심은 미국의 부자들과 권력자들이 평범한 미국인을 다루는 방식으로 전 세계 사람들을 다루려 한다는 것이다."

이 책은 미국이 움직이는 방식을 분별력 있게 설명하거나 이에 분노를 표출하는 범주에 들기는 하지만, 그런 부류의 다른 책들과 뚜렷한 차별성을 갖는다. 『두 개의 미국』은 여느 미국 비판서가 언급하길 꺼려하는 금기에 도전한다. 닐은 미국 사회의 '지배계급'과 '자본주의'를 문제 삼는다. 그는 세계 경제 위기의 근원을 이윤 하락에서 찾는다.

"1960년대 중반 이후로 미국을 포함한 전 세계 부유한 산업 국가들마다 산업부문에서 이윤이 급감하고 있다. 그 상황이 너무도 심각해서 전 부문에 걸쳐 이윤이 하향화하는 실정이다. 이 때문에 세계 대부분의 지역에서 차례로 경제성장이 둔화했고, 이것이 실업률 상승과 금융 투기 확대로 이어지고 있다."

조너선 닐은 1980년대 투자가 감소하면서 선진 7개국의 제조업 노동자 수가 한 해 1퍼센트 남짓씩 줄어든 점에 유의한다. 특히 미국의 성장 악화와 공장 국외 이전의 관련성을 잘 살핀다. 그건 "부분적으로는 맞는 말이다. 그러나 주된 이유는 미국에서 더 적은 수의 제조업 노동자들이 더 많은 재화를 생산하는 데 있었다." 노동 강도가 세졌다는 거다.

이윤율 하락과 관련된 '세계화'의 본질은 이렇다. "대략 1975년 이후로 전 세계의 기업들과 정부들은 임금을 낮추고 공공지출을 삭감하고 민영화하는 정책을 추구하기 시작했다. 미국에서만 그런 것이 아니라 전 세계에서 진행됐다. 이는 모든 나라에서 힘 있는 부자들이 이윤율 하락에 대해 벌인 대응이었다."

계급적 시각을 견지하는 조너선 닐은 "다른 나라처럼 미국도 이윤을 끌어올리고 싶어 하는 지배계급과 그들이 착취하는 노동계급으로 나뉜다"고 강조한다. "'지배계급'이라는 단어는 금기이며, '노동계급'이라는 단어에는 낙인이 찍혀 있다." 또한 '중간계급'은 '노동계급'의 완곡어법일 따름이다. 그리고 '매카시즘'은 조 매카시의 전매특허가 아니다. 매카시는 그의 이름이 붙은 '마녀사냥'의 끝물을 탔다.

"초기부터 핵심 구실을 한 인물은 민주당 대통령 해리 트루먼, 공화당의 우파 하원의원 리처드 닉슨, 극우 인종차별주의자인 연방수사국FBI 국장 J. 에드거 후버, 당시 영화배우노동조합의 민주당 자유주의 분파 지도자였던 로널드 레이건, 극우파 할리우드 제작자인 월트 디즈니, 가장 강력한 노동조합이던 자동차노조의 민주당 자유주의 분파 지도자 월터 로이터 등이었다."

미국 노동조합운동의 말살을 안타까워하는 조너선 닐은 공민권운동에서 위안을 얻는다. 반전운동·여성운동·동성애자해방운동 등은 공민권운동의 덕을 봤다는 얘기다. 하지만 이러한 미국 내부의 새로운 평등운동은 "노동조합과 노동자들을 간과했다는" 심각한 약점을 지녔다. 아울러 공민권운동은 1970년대 정체성 정치의 약점을 극명하게 드러내기도 했다.

앨 고어 부통령에 대한 냉정한 평가, 대량 구금과 인종차별의 함수관계 고찰, 전통적인 '가족 가치' 옹호에 담긴 위선의 폭로 등이 모두 유의미하다. 그리고 "1980년대와 1990년대에 미국인들은 사회나 부자들이 아니라 자신을 탓하라고 배웠다"는 것도. "실제로는 누군가가 인생을 망쳤다면 자업자득일 뿐이라고 생각하게 됐다는 뜻이다."

지구온난화에 대한 조너선 닐의 대안 제시는 탁월하다. "다시 말해 지구온난화를 막는 것은 정말로 가능하다. 그러나 현재의 경제체제가 그것을 가로막고 있다. 지구온난화를 막는다는 것은 석유와 자동차를 없앤다는 뜻이다."

『셰르파, 히말라야의 전설Tigers of the Snow』(서영철 옮김, 지호, 2006)은 "1934년도 낭가파르바트의 독일 원정대에 관한 이야기이다." 해발 8,125미터의 낭가파르바트는 세계에서 열 번째로 높은 산이다. 또한 "이 책의 핵심은 사는 곳이 아주 달랐던 사람들이 갖고 있는, 서로 아주 다른 세계관 사이의 대비"다.

20세기 전반기 히말라야에서 "무슨 일이 일어났는지 이해하려면 우리는 역사적 기록과 개인 인터뷰 모두 필요하다. 다시 말해서 등반가의 관점과 셰르파의 관점 둘 다 필요하다. 이 책은 그 관계에 대한 이야기"다. 책 중간의 흑백사진들 가운데 "26. 낭가파르바트, 1934년. 모든 것이 끝난 뒤 베이스캠프에서" 포즈를 취한 독일원정대와 셰르파를 찍은 사진 두 장은 사뭇 대조적이다.

'설산의 호랑이들'은 셰르파를 말한다. 히말라야 등반대의 짐꾼을 가리키는 셰르파는 본래 부족의 명칭이다. 셰르파족의 근거지는 에베레스트 인근의 쿰부 계곡이다. "그곳에는 항상 아름다움이 있었다. 그러나 삶은 고단했고, 그들은 여전히 감자와 야크로부터 얻는 것 이외에 더 많은 수입을 필요로 했다. 대부분의 사람들에게 그것은 짐을 나르는 일을 의미했다."

쿰부 계곡 셰르파 마을 중 하나인 남체에선 가장 부유한 네 가구만 빼곤 전부 짐 나르기를 해야 했다. 짐 나르기를 안 하는 네 가구는 장사로 재산을 모았다. "셰르파족은 에베레스트 산 아래서 자라났기 때문이 아니라 그들이 다르질링에서 포터로 일하고 있었기 때문에 등반가가 되었다."

이주 티베트 가정 출신도 셰르파가 되었는데, 에드먼드 힐러리와 함께 에베레스트에 오른 텐징 노르가이는 대표적인 티베트인 셰르파다. "히말라야 등반은 영국 신사들이 만들어낸 스포츠였다. 에베레스트에서 포터들은 높은 곳에서도 15킬로그램의 짐을 운반했으며 영국인들은 아무것도 운반하지 않았다."

고산 등반은 제국주의 스포츠로 시작되었다. 독일 원정대의 낭가파르바트 등정은 영국에 대한 경쟁심의 발로다. "도전, 본능적인, 인간, 욕망, 정복. 이 말들은 우주를 정복해야 할 대상으로 상상했던 그 당시 최상층 사람들의 어휘였다." 하지만 산꼭대기에 올라가봤다고 정상을 정복했다는 건 말도 안 된다. 달에 몇 번 다녀왔다고 달 정복 운운 하는 것 역시 마찬가지다.

시작과 끝의 에피소드가 인상적이다. 먼저 '머리말'을 보면, 미국 출신의 조너선 닐은 1970년대 영국에 정착하는데 한때 인도에도 거주했다. "1965년, 열여섯 살 소년이었던 나는 인도에서 살았다. 내가 다니던 러크나우의 콜빈 탈루크다르 중학교에서 다르질링에 있는 히말라야 등반학교에 보낼 학생 세 명을 선발했다. 나도 선발되었는데 아마도 학교에서 유일한 외국 학생이었기 때문일 것이다."

그들은 등반학교 근처에서 거대한 바위를 타는 연습을 했다. 바위는 산길 쪽으로 약 15미터 높이였고, 반대쪽은 300미터 정도의 수직 낭떠러지였다. 학생들이 낭떠러지 위로 조금씩 올라가서 정상에 도달할 때까지 강사들은 바위 정상에서 자일을 꽉 잡고 있었다.

조너선 닐은 공포에 질려 부르르 떨었다. 바위 정상의 셰르파는 닐을 격려하며 용기를 북돋아주었다. 어렵사리 바위에 오른 닐은 창피 당하는 걸 각오했다. 그런데 셰르파는 그에게 조용히 말했다. "모든 사람들이 두려워한단다." 조너선 닐은 "셰르파 사람들과 그 산악지대를 결코 잊지 않았다." 어찌 잊으리오.

"1980년에 다르질링 등반학교에서 유명한 등반가들의 또 다른 회의가 열렸다. 이번에는 앙 체링이 가서 1953년 첫 번째 정상 공격 때 사우스 콜 위로 짐을 날랐던 다 남기알과 청중석에 앉았다. 그들은 외국과 인도의 유명한 등반가들이 자신들과 자신들이 이룩한 것에 대해 연설하는 것을 들었다. 다 남기알과 앙 체링은 듣고 있으면 있을수록 화가 더욱 치밀었다.

마침내 그들 두 사람은 연단에 있는 사람들에게 소리치기 시작했다. '셰르파는 어디에 있지? 우리가 짐을 날랐어. 우리들은 어떻게 되었지? 왜 당신들은 당신들에 대해서만 이야기하는 거야?' 앙 체링은 자신이 네팔어로 다음과 같이 소리치고 있는 것을 알고 깜짝 놀랐

다. '당신들은 셰르파가 없었다면 결코 그 일을 해낼 수 없었을 거야.'"

『미국의 베트남 전쟁─ 미국은 어떻게 베트남에서 패배했는가A People's History of Vietnam War』(정병선 옮김, 책갈피, 2004)는 베트남인들은 미국 전쟁이라 부르고, 미국에선 베트남 전쟁으로 통하는 전쟁에 관한 이야기다. "이 책은 이 전쟁을 베트남 농민과 미군 사병들의 관점에서 다룬다."

베트남 사람들은 왜 싸웠나? 조너선 닐은 베트남 전쟁을 "토지를 놓고 벌어진 내전"으로 본다. 1961년 롱안에서 봉기에 가담한 어느 무토지 농민의 증언은 이를 뒷받침한다.

"우리 마을 주민은 약 4300명이었다. 이 가운데 아마 10여 명가량이 지주였을 것이다. 최고 부자가 500헥타르를 소유했고, 나머지가 각각 적어도 20헥타르씩 가지고 있었다. 다른 주민들은 소작인이거나 순수한 빈농이었다. 나는 부자들이 가난한 사람을 억압한다는 것을 알고 있었다. … 내가 해방전선에 가입한 것도 그 때문이다."

그런데 베트남 공산당은 토지 개혁에 미온적이었다. 공산당 지도자의 다수가 지주계급 출신이었기 때문이다. "공산당은 지도부와 기층 사이에서 항상 분열했고, 지도부 역시 가문과 미래에 대한 전망 사이에서 오락가락했다." 반면, 공산당원이자 관리의 아들이었던 보응우옌 지압은 프랑스 식민 정부 시절 가족을 모두 잃고 일생을 혁명에 투신한다.

"미국 정부가 베트남에 개입한 이유는 공산주의자들이 승리할 것처럼 보였기 때문이다." 미국의 지배계급(=부자와 권력자)은 반공주의 정책이 미국 내의 사회주의 세력과 노조를 무력화하는 데 필수적이라고 여겼다. "미국이 개입한 이유 중 하나는 미국에서 벌어진 노동조합과 기업 사이의 계급투쟁이었다."

미국 정부 당국자에게 베트남에서 벌어지는 일은 그

리 중요하지 않았다. 그들의 주요 관심사는 베트남이 세계와 미국에 미칠 영향이었다. "그들이 베트남에 개입한 이유 중 하나는, 베트남에서 공산주의가 승리하는 것을 묵인하면 국내의 반공주의 정서까지 약화될 수 있다고 느꼈기 때문이다."

베트남이 미국 정부에 중요했던 것은 경고의 의미로서 본보기를 보여야 했던 까닭이다. "미국 정부가 베트남에서 수행하던 과업 중 하나는 인도네시아에서 군부가 공산주의 세력을 분쇄하는 데 필요한 시간을 벌어주는 것이었다." 1965년 미국을 등에 업은 인도네시아 군부는 50만 명 안팎의 공산당원을 죽였다.

"세 가지 운동, 즉 미국의 평화운동, 사병들의 반란, 농민 게릴라가 미국의 지배계급을 패퇴시켰다. 이 중 가장 중요한 것은 농민 반란이었다." 그런데 베트남 주둔 미군 병영에서 발생한 하극상이 철군을 재촉했다는 사실은 다소 놀랍다. 전투를 강요하는 장교는 사병들의 '프래깅fragging'을 당했다. 프래깅은 장교 막사에 수류탄을 던져 넣는다는 뜻이다.

이 책 표지 날개의 저자 소개글을 보면, 조너선 닐이 쓴 어린이 책은 달랑 한 권뿐이다. 조너선 닐은 사회운동가 겸 논픽션작가로 봐야 할 것 같다. 그의 책은 읽히는 힘이 있다.

조너선 닐의 책

오바마의 아프팍 전쟁(오늘날의 마르크스주의 5) 조너선 닐 외 공저, 차승일 옮김, 책갈피, 2009.

두 개의 미국― 어떻게 부자들과 권력자들은 미국을 망쳤고 이제는 세계를 망치려 하는가 문현아 옮김, 책갈피, 2008.

셰르파, 히말라야의 전설 서영철 옮김, 지호 2006.

미국의 베트남 전쟁― 미국은 어떻게 베트남 전쟁에서 패했는가 정병선 옮김, 책갈피, 2004.

조반니 아리기
Giovanni Arrighi
1937-2009

To be or not to be

세 번째 밀레니엄의 첫 10년이라 하는 건 좀 거창하고 21세기의 첫 10년이 후딱 지나갔다. 지난 10년이 지닌 세월의 부피는 20세기의 마지막 10년, 그 전의 10년, 또 그 전의 10년과 다를 게 없지만 벌써 2010년이라니! 21세기 첫 10년은 여느 디케이드decade처럼, 상투적 표현이나, 다사다난했다.

이탈리아 밀라노 태생의 조반니 아리기는 아마도 지난 10년을 이렇게 규정하는 것 같다. 중국의 부상과 미국의 몰락. 미국이 지는 해라면, 중국은 떠오르는 해다. (아리기는 페르낭 브로델의 영향을 받은 일군의 세계체계론자 중 하나다. 아리기, 이매뉴얼 월러스틴, 안드레 군더 프랑크 등의 예전 직함은 종속이론가 혹은 세계체제론자였다.)

아리기의 21세기

『베이징의 애덤 스미스― 21세기의 계보』는 "두 편의 앞선 저작, 『장기 20세기』와 『근대 세계 체계의 카오스와 거버넌스』를 정교화한 속편이다." 아리기가 비벌리 실버 등과 공저한 『Chaos and Governance in the Modern World System』은 『체계론으로 보는 세계사』 (최흥주 옮김, 모티브북, 2008)라는 제목으로 번역되었다.

"이 책의 목적은, 현재 진행 중인 세계 정치경제의 중심지가 북아메리카에서 동아시아로 이동하는 현상을 애덤 스미스의 경제 발전론의 관점에서 해석하고, 동시에 『국부론Wealth of Nations』을 바로 이 이동의 관점에서 해석하려는 것이다." 또한 "이 책에서 제시하는 전체적인 테제는, '새로운 미국의 세기 프로젝트'의 실패와 중국의 성공적인 경제 발전이 결합된 결과, 세계 문명들 사이의 더 큰 평등성에 기초한 스미스 식 세계-시장 사회가 『국부론』 출판 이래 250여 년간 어느 때보다도 실현 가능성이 높아졌다는 것이다."

'동아시아 근면혁명으로 열린 발전 경로가 세계 사회에 계속해서 중대한 의미를 지닌다'는 스기하라 가오루杉原薰의 테제를 정식화하는 것과 함께 어떤 오해를 이론적으로 불식하고자 한다. 그것은 덩샤오핑(鄧小平, 1904-97)의 개혁을 둘러싼 논란이다. 그것은 시장 경제, 자본주의와 경제 발전 사이의 관계에 대한 광범위한 오해를 말한다.

1980년대 사회과학출판의 열기가 푹석 꺼진 것은 현실사회주의의 몰락이라는 외부 요인보다 혁명적 고양과는 거리가 있었던 우리 사회의 내부 요인 탓이 크다. "이데올로기 영역에서 [혁명적] 고양이 있다고 해서, 사회 현실이 정말 그렇다고 보기는 어렵다. 이론적으로는 이데올로기적 고양이 현실 사회 혁명의 고조를 반영한다고 주장되지만, 사실 그런 만큼이나 그런 현실이 없다는 것을 표시할 수도 있다."

책제목은 마르크스주의 철학자 마리오 트론티Mario Tronti에게서 연원한다. 1968년 직후, 트론티는 그의 논문 「디트로이트의 마르크스」에서 유럽이 계급투쟁의 진원지가 될 거라는 '바람'을 일소했다는 거다. 그가 생각한 계급투쟁의 진정한 진원지는 바로 미국이다. "미국은 마르크스주의의 영향력은 미미하지만 노동자들이 자본가들로 하여금 더 높은 임금 요구를 수용하고 자본 자신을 구조조정하지 않을 수 없도록 만드는 데 가장 성공한 나라였다. 유럽에서 마르크스는 이데올로기로서 계속 살아남았지만, 노자勞資 관계가 '객관적으로 마르크스적'이었던 것은 미국에서였다."

트론티가 마르크스주의를 이념으로 채용한 것은 유럽이지만 마르크스의 『자본』을 정확히 해석하는 데는 미국 노동계급의 역사가 더 적합하다는 것 사이의 불일치를 간파한 것처럼, "웡, 프랑크와 포머런츠는 자유

시장을 이데올로기로 채용한 것은 유럽이지만 스미스의 『국부론』을 정확히 해석하기에는 후기 중화 제국이 사실상 더 적합하다는 것 사이에 똑같이 근본적인 불일치를 간파했다."

트론티를 빌려 쓰자면, "그들은 베이징에서 스미스를 발견했던 것이다." 그런데 "이윤을 추구하여 시장 교환이 확대되더라도, 중국에서 발전의 성격은 꼭 자본주의적이지는 않다. 물론 그렇다고 이것이 공산 중국에 사회주의가 살아 있고 건재하다는 것을 의미하지는 않으며, 그것이 사회적 행동의 결과일 것이라고 말하는 것도 아니다." 자본주의의 승리를 단정하기는 아직 이르다는 거다.

아리기는 "중국의 거대한 근대화 노력의 사회적 결과는 여전히 불확실하다"며 다음과 같이 덧붙인다. "우리 모두가 알고 있듯이, 과거의 경험을 바탕으로 이해한 사회주의와 자본주의는 앞으로 전개되어가는 상황을 관측하고 이해하는 데 가장 유용한 개념은 아닌 것 같다." 아리기가 생각하는 정말 흥미롭고 어려운 질문은 중국 경제의 권토중래가 늦었다기보다 빨랐다는 거다.

아리기가 보여준 "위대한 정치경제학자 애덤 스미스의 사상에 대해 진정 통찰력 있는 분석"(브루스 커밍스)은 신선하다. 하지만 '고도 균형의 함정a highlevel equilibrium trap'을 효과적으로 재해석하는 게 버거운 나로선 아리기가 애덤 스미스한테서 발견한 것 가운데 내 사고범위 안에 있는 것들로 만족하련다.

과거 경제학의 거장 중에서 스미스는 '가장 널리 언급되면서도 가장 드물게 읽힌 편에 속한다'는 것은 나도 안다. 아리기는 스미스의 유산을 둘러싼 신화 세 가지는 그저 신화에 불과하다고 지적한다. 애덤 스미스는 '자기조정적인' 시장의 이론가이자 옹호자도, 자본주의의 이론가이자 옹호자도, 노동 분업의 이론가이자 옹호자도 아니었다. "만약 한 나라가 완벽한 자유와 완

벽한 정의를 누리지 않는 한 번영할 수 없다고 한다면, 세상에서 번영할 수 있는 나라는 하나도 없다." 아리기의 스미스 인용은 이사야 벌린의 『자유론』을 떠올린다. 벌린은 군주제 국가가 공화국보다 자유로울 수 있다고 주장한다.

"스미스에게 가장 중요한 관심사는 국익을 추구하는 중앙 정부의 능력을 확립하고 보존하는 것이다." 다시 말해 "만약 무엇인가 혹은 어느 누군가 할 수 있다면, 그것은 법과 제도의 적절한 변화를 통한 정부의 보이는 손이다." 그리고 "자본의 축적이 시간이 지남에 따라 이윤율을 하락시키고 결국 경제 팽창을 종결하는 경향이 있다는 생각은 마르크스의 생각이 아니라 스미스의 것이다."

아리기는 네 번의 체계적 축적 순환의 '근원'을 마르크스의 『자본』에서 찾는다. "국채와 함께 국제적인 신용제도도 생겨났는데, 거기에는 종종 여러 나라에서 진행된 본원적 축적의 한 원천이 숨겨져 있다. 예를 들면 베네치아의 약탈 제도가 보인 갖가지 비열 행위는 쇠퇴해가는 베네치아에서 거액의 화폐를 빌렸던 네덜란드가 거두어들인 자본적 부의 한 숨겨진 기초를 이루고 있다.

이와 마찬가지의 관계가 네덜란드와 영국 사이에서도 있었다. 네덜란드의 매뉴팩처는 18세기 초에 이미 완전히 추월당했으며, 네덜란드는 지배적인 상공업국 지위를 상실하였다. 때문에 1707-76년 사이에 네덜란드가 주력했던 사업의 하나는 거대한 자본의 대출, 특히 강대한 경쟁자였던 영국에 대한 대출이었다. 오늘날의 미국과 영국의 관계도 마찬가지이다." 그러면 중국이 동아시아 지역 경제의 중심을 넘어 세계 경제의 중심으로 발돋움하는 동력은 무엇인가? 아리기는 중화인민공화국이 단지 "거대하고 저렴한 인력 보유고"라서 외국 자본을 끌어들인다는 주장에 동의하지 않는다. 그는 "그 주요한 흡인력이 이 보유고의 높은 질에 있다고" 본다.

"보건, 교육과 자기관리 능력이라는 면에서 그러하며, 중국 자체 내에 이러한 보유고의 생산적 동원을 위한 수요 조건과 공급 조건의 신속한 팽창이 결합된 결과이다. 게다가 이 결합은 외국 자본에 의해 창출된 것이 아니라, 중화인민공화국을 탄생시킨 혁명 전통을 포함하여 토착적 전통에 기반한 발전 과정에 의해 창출되었다."

중국의 경제 개혁은 점진주의로 실행되고 있다. 중국 정부 정책은 수익성을 끌어올리기 위해 노동자의 복지를 희생하는 신자유주의적 핵심 처방을 받아들이지도 않았다. "가장 결정적인 요소는 아마도 중국 개혁의 또 다른 스미스적 특징, 바로 중국 개혁이 국내 시장의 형성과 농촌 지역의 생활수준 향상에 주도적인 역할을 부여했다는 점일 것이다."

하여 아리기가 중국의 경제적 부상에서 '향진 기업'(농촌 집체 기업)이 결정적 역할을 했다고 보는 건 무리가 아니다. 향진 기업은 여러 측면에서 개혁의 성공에 기여했다. "첫째로 향진 기업의 노동 집약적 방침은 도시 지역으로 대규모 이주 증가 없이 농촌의 잉여 노동을 흡수하고 농촌 소득을 올릴 수 있게 하였다."

둘째, 상대적으로 규제를 덜 받는 향진 기업은 국영기업과 모든 도시 기업들의 작업 향상을 부추겼다. 셋째, 농촌 세금 수입의 주요 원천이 된 향진 기업은 농민들의 재정 부담을 덜어주었다. 넷째, 이윤과 임대 수익의 재투자를 통해 향진 기업은 국내 시장의 크기를 키우고 "새로운 단계의 투자, 일자리 창출, 분업의 순환을 위한 조건을 창출했다."

중국 부상의 사회적 기원으로는 중국 혁명의 성과를 빼놓을 수 없다. "우리는 먼저 개혁의 성공이 상당한 정도로 중국 혁명의 이전 성과에 기초하고 있다는 점을 인식해야 한다." 심지어 도시 관료와 지식인에게 고통스런 경험이었던 문화혁명마저 "중국 혁명의 농촌 기반을 공고히 하였고, 경제 개혁의 성공을 위한 토대를 놓았다."

한편 중국을 바라보는 외부의 긍정적 시각은 우리의 편견 더하기 고정관념과는 영 딴판이다. "중국은 아마도 외국의 조언에 귀를 기울이면서도 자국의 사회적·정치적·경제적 환경에 비추어 결정을 하는 국가의 가장 좋은 사례일 것이다."(람고팔 아가르왈라, 세계은행의 고위급 관료)

"이제 마오주의의 속박을 벗어던지고 경제 발전과 세계 무역의 실용주의적 진로로 들어간 중국은 덜 위협적으로 보이지만, 사실은 현실적 힘에 대한 세계적 야심과 이익을 뒷받침할 수 있는 수단을 획득하고 있다." (리처드 번스타인과 로스 먼로)

"조지 부시는 과도한 비밀주의와 한 줌도 안 되는 아첨꾼들에게 정책 결정이 제한되었을 때의 위험성을 보여주었다. 중국 밖의 사람들 대부분은 중국 지도자들이 이와 반대로 자신들이 직면한 엄청난 문제들을 해결하기 위해 분투할 때 얼마나 광범위한 협의와 상의에 몰두하는지 제대로 평가하지 않는다."(조지프 스티글리츠)

21세기 중국의 부상(용틀임)과 관련한 세계 문명사적 의미는 음미할 가치가 충분하다. 아니, 차고 넘친다.

"만약 이 방향 전환이 중국의 자국 중심적selfcentered 시장 기반 발전, 강탈 없는 축적, 비인적 자원보다 인적 자원을 동원하고, 대중의 참여를 통해 정책을 만들어가는 정부 등과 같은 중국의 전통을 부활시키고 공고히 하는 데 성공한다면, 중국은 문화적 차이를 진정으로 존중하는 문명연방을 출현시키는 데 결정적으로 기여하는 지위에 오를 수 있을 것이다. 그러나 만약 방향 전환이 실패로 돌아간다면, 중국은 아마도 사회적·정치적 대혼란의 새로운 진원지로 변모하여, 흔들리는 세계 지배를 재확립하려는 북측의 시도를 촉진할 것이다. 혹은 조지프 슘페터의 말을 다시 한 번 빌리면, 냉

전 세계 질서의 청산에 수반하여 나타난 폭력의 격화라는 공포(혹은 영광) 속에서 인류가 불타버리는 것에 일조할 것이다."

여기서 "북측"은 '세계 북측global North'을 말한다. 18세기 후반 중국 인구가 이미 4억 명에 이르렀거나, 아리기가 1인당 소득 향상의 중요성을 가볍게 여기지 않는 것은 다소 의외다. 『장기 20세기— 화폐, 권력, 그리고 우리 시대의 기원』의 "핵심 주제들 중 하나는 네 번의 체계적 축적 순환을 분별하고, 그 각각이 실물적 팽창 국면과 금융적 팽창 국면으로 구성됨을 밝히는 것이었다." 그러면서 "연이은 체계의 재편들을 비교함으로써, 시간이 지나면서 어떻게 세계자본주의의 동학이 바뀌어 와서, 핵심적 측면에서 20세기 말의 금융적 팽창을 새롭게 만들었는지 보여 주고 있다."

아리기의 20세기

이 책은 서로 다른 단계에 놓인 자본주의 세계체계 전체의 발전구조와 발전과정들을 비교한다. 제노바, 네덜란드, 영국, 미국 정부 행위자와 기업 행위자의 전략과 구조에 초점을 맞추는 이유는 각 단계를 구성할 때마다 이들이 연이어 중심에 있어서다. "체계적 축적 순환은 자본주의 세계경제의 '감제고지' —브로델이 말하는 '자본주의의 자기 영역[진정한 고향]'— 에서 전개되는 과정이다." 감제고지瞰制高地란 "군사 전략상, 관측 등에 의해 적의 활동을 방해할 수 있는 높은 지대"(국어사전)를 일컫는다.

이 책에서 규명되는 네 번의 체계적 축적 순환은 15세기에서 17세기 초의 제노바 순환, 16세기 말에서 18세기 대부분에 걸친 네덜란드 순환, 18세기 후반에서 20세기 초까지의 영국 순환, 19세 말 시작돼 현재 금융적 팽창 국면으로 지속되고 있는 미국 순환이다. "연이은 체계적 축적 순환은 중복되며, 비록 그 지속기간이 점점 더 단축되긴 하지만, 이들은 모두 한 세기 이상 지

속된다. 따라서 '장기 세기'라는 관념이 제기되며, 이는 세계적 규모의 자본축적과정 분석에서 기본적 시간 단위로 채택될 것이다."

아리기는 자본주의에 대해 독자적 시각을 견지한다. "지난 5백 년간 자본주의 세계경제의 거대한 팽창을 촉진한 것은 국가 간 경쟁 그 자체가 아니라, 세계체계 전체에서 자본주의 권력 집적의 계속적인 증가와 결합한 국가 간 경쟁이었다." 그가 말하는 "자본주의 성공의 비결은 남들이 자신을 대신해 자신의 전쟁을 수행하도록 하되, 비용은 가능한 들이지 말고, 그것이 불가능하다면 가능한 최저 비용을 들이는 것이다." 그렇다면 이 나라의 금과옥조 중 하나인 '수익자 부담의 원칙'은 성공의 비결과는 무관하다. 실제로도 그런 것 같다.

한편 "중국 명나라가 뒤이어 유럽 국가들이 곧바로 에너지와 자원을 집중하기 시작한 세계의 '발견'과 정복을 왜 의도적으로 떠맡지 않으려 했는지에 대한 대답은 사실 단순하다." 한마디로 실속이 없어서다. 자본주의는 성공적으로 살아남을까? 아리기는 미국 축적체제의 계속되는 위기가 가져올 세 가지 가능성을 제시한다. "첫째, 구중심지들이 자본주의 역사과정을 중단시키는 데 성공할 수 있을지도 모른다." "둘째, 구경비병은 자본주의 역사과정을 중단시키지 못하고, 동아시아 자본이 체계적 자본주의 축적과정에서 감제고지를 차지하게 될 수도 있다."

끝으로 "인류애가 포스트 자본주의 세계제국 또는 포스트 자본주의 세계시장사회의 지하감옥(또는 낙원)에서 질식(또는 만개)하기 전에, 냉전 세계질서의 청산에 동반한 폭력의 증폭이라는 공포(또는 영광) 속에서 불타 없어질 수도 있을 것이다." 그런데 "이것이 단지 자본주의 역사의 종료를 의미할지 아니면 모든 인류 역사의 종료를 의미할지, 말하는 것은 불가능하다."

조반니 아리기의 책

베이징의 애덤 스미스— 21세기의 계보 강진아 옮김, 길, 2009.
장기 20세기— 화폐, 권력, 그리고 우리 시대의 기원 백승욱 옮김, 그린비, 2008.
제국이라는 유령— 네그리와 하트의 제국론 비판 알렉스 캘리니코스 외 공저, 고팔 발라크리슈난 엮음, 김정한·안중철 옮김, 이매진 2007.
발전주의 비판에서 신자유주의 비판으로— 세계체계론의 시각 조반니 아리기 외 공저, 권현정 외 옮김, 공감, 1998.

조지 가모브
George Anthony Gamow
1904-1968

과학대중화에 기여하고
생물학 발전에 힘을 보태다

책을 읽어야 마땅한 시기가 있다는, 어려서부터 특히, 젊은 날 책을 읽어야 한다는 독서훈讀書訓을 나는 좀 다르게 해석한다. 어떤 책이 유난히 착착 감겨오거나 내용이 쏙쏙 들어오는, 그 책을 읽기에 적당한 때가 있다는 것으로 말이다. 얼마 전, 베르너 하이젠베르크의 『부분과 전체』(김용준 옮김, 지식산업사, 1982)를 꼼꼼하게 읽으며 그런 생각이 다시금, 절로 들었다.

판면은 조밀한 데다 하이젠베르크와 같은 시대를 산 과학자들의 이름 표기가 낯설어 약간 거슬리기도 했지만, 슬렁슬렁 책장을 넘겨봤던 예전과는 사뭇 다른 느낌이었다. 이제야 비로소 내 지식과 마음가짐이 하이젠베르크의 자서전을 받아들일 태세를 갖췄나 보다. 대화 형식의 자서전에서 하이젠베르크와 그가 불러낸 과학자들에게 깊은 인상을 받았다.

그들은 20세기 전반, 원자물리학을 개척하여 물리학의 황금기를 활짝 꽃피운 과학자들이다. 과학 천재들이 군웅 할거하여 겨루는 양상은 일대 장관을 연출한다. 이론과 상상력으로 무장한 그들은 대화와 토론과 논쟁을 통해 상대를 논박하여 제압하려 든다. 그런 과정에서 도출된 과학 이론은 검증을 받고 새로운 이론으로 성립한다.

물리학의 황금기

하이젠베르크가 비판적 안목으로 간추린 동시대 과학자들의 업적을 다시 요약하여 여러분과 감동을 나누고픈 생각은 굴뚝같다. 하지만 나는 그럴 재주가 모자란다. 그래서 때를 맞춰 출간된 이향순의 『과학사 신문』(현암사, 2007) 둘째 권에 실린 '20세기 전기' 기사문의 내용 일부를 빌린다.

"독일 소장파 물리학자 막스 플랑크는 1900년 12월 14일 독일물리학회에서 플랑크 상수를 처음으로 도입하여 흑체복사현상을 완벽하게 설명함으로써 에너지 덩어리가 정수배로 움직인다는 양자론을 선포했다. 과학계는 이를 고전물리학 만능시대를 마감하는 신호탄으로 평가하고 있다."(제2권 8호 1면 머리기사에서)

"닐스 보어는 아인슈타인의 논리 중 아인슈타인 자신의 일반상대성이론의 결과인 중력장 아래서 시간이 느리게 간다는 점을 간과하였음을 지적하여 아인슈타인에게 한 방 멋지게 날렸다."(제2권 9호 5면 「논쟁은 보어가 '한 수 위'」에서)

한정된 지면을 고려하더라도 러시아 출신 천체물리학자 조지 가모브는 『과학사 신문』에서 약간 소외된 느낌이다. 그의 공적이 뚜렷한 우주팽창론(10호 4면)과 빅뱅설(10호 7면) 관련기사와 DNA 특집(13호 5면)에서 가모브를 거명하지 않아서다. 이것은 가모브의 표현을 빌리면 "중요한 발견들이 두 명, 세 명 또는 몇 개의 연구 집단에 의해서 동시에 서로 독립적으로 이루어지는 일이 날로 늘어났다"는 과학발견의 추세와 무관하게 아쉽다.

'지오르기 안토니치 가모프'

조지 가모브는 우크라이나의 오데사 태생으로 1940년 미국 국적을 얻는다. 출생지 현지음을 살린 가모브의 퍼스트 네임과 세컨드 네임은 '지오르기 안토니치'다. 그는 자서전 『조지 가모브, 창세의 비밀을 알아낸 물리학자』의 첫 번째 각주를 통해 자신의 성씨 알파벳표기와 발음에 얽힌 사연을 전한다.

"이 이름의 정확한 발음식 표기는 Gamov이다. 여기에서 a는 mama나 papa의 경우와 같은 a이다. 만약 내가 러시아에서 곧장 영국이나 미국으로 갔다면, 나는 내 이름의 마지막 글자를 w가 아니라 v로 적었을 것이다. 내가 맨 처음 내 이름을 라틴어 알파벳으로 나타낸 것은 독일에서 논문을 발표하기 위해서였다. 독일어로 v는 영어로 f와 비슷하게 발음되고, w는 영어의 v와 비슷하게 발음된다."

인터넷상의 서지정보들은 '가모브'와 '가모프'가 섞여 있어 속단하긴 이르나, 가모브의 대중을 위한 과학교양서가 본격적으로 번역되기 시작할 무렵의 우리말 이름표기는 'G. 가모프'였던 것 같다. 1973년 전파과학사의 '현대과학신서'로 가모브의 책 네 권이 한꺼번에 나왔다. 『중력: 고전적 및 현대적 관점』(박승재 옮김), 『우주의 창조 빛과 물질의 역사』(현정준 옮김), 『미지의 세계로의 여행— 톰킨스 씨의 물리학적 모험』(정문규 옮김), 『물리학을 뒤흔든 30년』(김정흠 옮김)이 그것들이다. 대부분 절판되거나 품절 상태라서 구하기 어렵다.

가모브의 자서전은 옛 소련 초기만 해도 러시아 과학계가 유럽 과학계에 포함되고, 러시아 과학자는 서부 유럽의 과학자와 교류가 활발했다는 사실은 보여준다. 가모브는 그런 대표적 인물이다. 가모브도 독일의 물리학자 하이젠베르크처럼 덴마크의 '국민적 영웅' 닐스 보어의 우산 아래 있었다. 그런데 그는 보어를 정점으로 한 '코펜하겐 그룹'이 아니라 영국의 물리학자 어니스트 러더퍼드 휘하의 '캐번디시 패밀리'에 자신을 위치 짓는다.

위트 넘치는 과학자

"내가 나의 학문 연구에 대한 이야기를 너무 길게 늘어놓아서 독자들을 지루하게 만드는 것이 아닌지 걱정스럽다"라는, 레닌그라드 대학에 다니던 시절을 회고하는 대목에 나오는 그의 염려는 군걱정이다. 가모브의 자서전은 명랑 담백하다. 그리 두껍지 않은 분량이지만, 유머러스한 일화가 자주 나온다. 그는 위트 넘치는 익살스러운 과학자다.

독일 괴팅겐 대학 유학 시절, 가모브는 퍼텐셜 벽에 대한 이론을 세우고자 파동역학적 투과확률을 나타내는 간단한 식을 썼다가 어려움에 직면한다. 그 공식으로 값을 구하려면 루트 1빼기 r분의 a의 적분을 해야 했지만 계산하는 방법을 몰랐다. 하여 가모브는 역시 괴팅겐에서 그해 여름을 보내던 러시아 수학자 코트시친을 찾아가 도움을 청한다.

"그는 내가 이 적분 계산을 할 수 없다는 사실이 믿기지 않는 모양이어서 그렇게 초보적인 계산을 할 수 없는 학생에게는 학점을 주지 않겠다고 말했다." 관련 논문을 마무리하면서 가모브는 친구이기도 한 코트시친이 수학 문제의 해결을 도와준 것에 감사의 뜻을 표한다. "그 논문이 발표된 후 그는 내게 편지를 써서 가모브에게 어떤 고급 수학을 도와주었느냐는 질문을 받아 전후 사정을 이야기하자 한바탕 웃음바다가 되었다는 소식을 전해주었다."

러시아에서의 이력과 관련된 일화는 까딱 잘못하면 목숨이 왔다 갔다 하는 중대한 문제였다. 1940년대 후반, 가모브는 미 당국의 '신원조회'에 통과하여 수소폭탄 개발에 참여한다. 그런데 미 의회의 악명 높은 매카시 청문회에 불려갈 위기에 놓인다. 미국 원자력위원회 AEC의 허술한 보안을 문제 삼으려는 매카시 상원의원이 가모브의 이력을 추궁하려 한다는 것이었다. 위험천만한 상황이었지만, 가모브는 자신의 이력을 스스럼없이 발설한다.

러시아혁명이 낳은 소비에트 공화국 초기, 가모브는 포병학교 교관으로 적위군의 야전포병 대령을 지냈다. 원자력위원회 보안국의 갑작스런 호출을 받은 가모브는 로스앨러모스 과학연구소를 드나드는 보안국 책임자의 신문을 받는다. 가모브는 보안국 책임자의 질문에 가감 없이 분명하게 답한다. 그러자 보안국 책임자는 양쪽 귀를 막으며 이렇게 중얼거렸다. "나는 아무 말도 듣지 못했어! 아무 말도 듣지 못했어!"

"나는 아무 말도 듣지 못했어!"

가모브가 이념과는 전혀 무관한 군복무에 대해 자세히 설명하자, 보안국 책임자는 즉시 워싱턴에 있는 원자력위원회 안전보장관에게 전화를 걸어 문제가 없다고 보고한다. 그러고 나서 가모브와 보안국 책임자, 그리고 로스앨러모스 연구소장은 매카시를 위해 술잔을 든다. 만일, 가모브가 매카시 청문회에 불려갔다면, 그는 무슨 일을 당했을지 모른다. 소련 스파이로 몰려 처형당한 로젠버그 부부와 같은 최악의 상황을 맞지는 않더라도 심한 고초를 겪었을 것은 분명하다. "나는 아무 말도 듣지 못했어!"라는 보안국 책임자의 중얼거림은 가모브의 평소 행동거지를 짐작하게 한다.

군복무 시절 이런 일이 있었다. 마음이 잘 맞아 따르던 선임병의 관물대에서 C. 라이트 밀스의 『들어라! 양키들아』를 비롯한 이념서적 여섯 권이 발견돼 내무반이 발칵 뒤집혔다. 요즘도 가끔 만나는 학생운동권 출신 선배가, '남한산성'까진 안 가더라도 적어도 상급부대의 영창 신세를 질 줄 알았다. 하지만 그런 일은 일어나지 않았다. 6개월간 우리 중대의 '요시찰 대상'이 되었고, 그에겐 '야당'의 꼬리표가 따라다녔다.

선배의 심각한 복무규율 위반이 찻잔 속 폭풍에 그친 건 세 가지 이유에서다. 1. 엄청난 일이 별일 아닌 것으로 넘어가고 사소한 일이 엄청 부풀려지는 게 군대의 속성이다. 2. 선임하사에서 중대장 대위까지 우리 중대 지휘관들은 그런 일로 여기저기 불려 다니는 게 싫었다. 3.군복무 중인 사병이 이념 문제로 보안대에 끌려가는 것은 입대하기 전 사회생활의 연장선이지, 일개 사병이 자생적으로 조직사건에 얽히는 경우는 없다. 드물다. 당시 한편으론 선배가 무사하리라 낙관했다.

프랜시스 크릭과 함께 DNA 이중나선구조를 발견한 생물학자 제임스 D. 왓슨의 자서전에서 DNA 연구, 여성 편력과 더불어 가모브는 왓슨 삶의 한 축을 이룬다(『유전자, 여자, 가모브』, 이한음 옮김, 까치, 2004). 책을 안 봐서 두 과학자의 우정이 얼마나 각별했는지 모르지만 가모브가 괴팍한 과학자로 소문난 왓슨과 친하게 지낸 비결이 궁금하다.

울람이 본 가모브

『조지 가모브』의 권말에 수록된 「내 친구 가모브 박사」는 수학자 스타니슬라브 울람의 가모브 인물론이자 먼저 세상을 떠난 친구에게 바치는 헌사다. 울람은 가모브가 사물을 간결하게 정식화하는 "뛰어난 재주, 수많은 복잡한 요인들 중에서 문제의 본질을 꿰뚫어보는" 탁월한 능력을 지녔다 평가한다.

또 울람은 가모브가 쓴 책의 전반적인 특징으로 "자연스러운 사상idea의 흐름, 간결하고 분명한 소재의 표현, 쉽지만 장황하지 않고, 흥미롭지만 결코 불성실하지 않은 문체"를 든다. 그러면서 『조지 가모브』를 통해 가모브의 육필원고가 발산하는 매혹적인 오자誤字의 향연을 독자들에게 못 보여주는 것을 아쉬워한다.

"오늘날 이미 고전이 된 물리학사 및 자연과학의 새로운 개념들을 다룬 그의 여러 저서들에는 그가 동료 물리학자들에 대해 갖고 있던 태도가 악의나 혹독한 평가에서 기인한 것이 아니라는 사실을 잘 보여주고 있다. 그는 칭찬에 인색한 편이었고, 항상 가장 위대한 업적을 위해 칭찬을 아껴두었다. 그러나 그는 범재에 대해서는 비판하거나 심지어는 지적조차 하지 않았다."

울람이 꼽은 가모브의 업적은 크게 세 가지다. 과학대중화에 기여하고, 현대물리학의 기초를 닦는데 그의 우주론이 중요한 역할을 했으며, 생물학의 발전에 힘을 보탰다는 것이다. 일반인을 위한 교양과학서를 20여 권이나 펴낸 가모브는 자서전에서 대중과학서 쓰기를 즐기느냐고 스스로 묻고는 "그렇다"라고 답한다. 하지만 대중과학서 집필이 주된 직업이냐는 자문에는 "그렇지 않다"라고 말한다.

과학대중화

"나의 주된 관심은 자연의 문제를 공략하고 해결하는 것이다. 그것이 물리학적인 문제이든 천문학적인 문제이든, 아니면 생물학적인 문제이든 말이다. 그러나 과학 연구를 '잘 해나가려면' 영감, 즉 아이디어가 필요하다. 그리고 좋은 아이디어나 흥미로운 아이디어가 매일 머리에 떠오르는 것은 아니다. 나는 연구를 위한 새로운 아이디어가 없을 때 책을 쓴다. 과학 연구를 위한 생산적인 아이디어가 떠오르면 집필이 느려진다."

아무튼 톰킨스를 주인공으로 일련의 연작은 요즘 경영·처세서 분야에서 유행하는 스토리텔링 서적을 연상케 한다. 1937년부터 쓰기 시작한 '톰킨스 시리즈'에서 가모브는 평범한 인물을 앞세워 과학의 복잡한 개념을 설명한다. 가모브가 내세운 주인공은 호기심 많고 이해력은 풍부하나 과학지식이 없는 은행원이다.

가모브는 그가 미국을 처음 찾았을 때 앤아버에서 만난 수학과 대학원생에게서 톰킨스의 이름을 따왔다. 또한 가모브는 "그 이야기에서 톰킨스가 본 기묘한 사물들을 그에게 설명하기 위해 전통적인 백발의 교수를 등장시키지 않으면 안 되었다." 첫 번째 톰킨스 이야기 원고를 잡지사 서너 곳에 보냈으나 잡지사는 번번이 게재를 거절한다.

톰킨스 이야기 원고는 할아버지와 이름이 같은 찰스 다윈의 제안으로 케임브리지대학 출판부가 펴내는 잡지 〈디스커버리〉의 편집자이며 『두 문화』의 저자이기도 한 C.P. 스노에게 보내져 발표지면을 잡는다. 『조지 가모브, 물리열차를 타다』는 그렇게 시작된 초창기 톰킨스 시리즈 두 권을 한데 묶었다. 물리학자로선 보기 드물게 미술에 재능이 있었던 가모브는 자기 책의 삽화를 직접 그렸다. 보어 연구소의 문장紋章을 도안하기도 한다.

다음은 어째서 과학대중화에 뛰어들었느냐는 물음에 대한 가모브의 '부정확한' 답변이다. "아마도 그 이유는 내가 사물을 명료하고 단순한 방식으로 보는 것을 좋아했기 때문에, 나 자신을 위해서 사물을 단순화하려고 시도하는 과정에서 다른 사람들에게도 그렇게 이해시키는 방법을 체득했기 때문일 것이다."

빅뱅이론의 창시자

가모브는 우주의 시원을 밝힌 빅뱅이론을 생각해낸 물리학자다. 스타니슬라브 울람은 "원자의 방사성 붕괴에 대한 설명과 우주의 폭발적인 탄생(big bang), 그리고 이러한 성과를 기초로 전개된 은하의 형성과정에 대한 선구적인 업적을" 가모브에게 돌린다.

'과학자들이 들려주는 과학이야기'로 출간된 『가모브가 들려주는 우주론 이야기』(자음과모음, 2006)와 『가모브가 들려주는 원소의 기원 이야기』(자음과모음, 2006)는 물리학자 가모브가 남긴 업적에 대한 이해를 돕는다. "우주가 수백억 도가 넘는 고온에서 대폭발을 일으켰고 그 여파로 지금도 팽창을 계속하고 있다는 것"이 빅뱅이론의 골자다. 빅뱅의 근거가 되는 우주배경복사는 "우주에 남아 있는 대폭발의 흔적, 대폭발의 메아리"를 말한다.

물리학과 생물학은 동떨어져 보인다. 하지만 분자생물학의 기반을 다진 에르빈 슈뢰딩거처럼 생물학과의 만남을 시도한 물리학자가 전혀 없는 건 아니다. 1954년 가모브는 생물과학의 영역으로 터무니없는 일

탈을 감행한다. 크릭과 왓슨이 DNA 분자구조를 발견한 후, 가모브는 네 종류의 기호로 이뤄진 세 가지 문자부호가 생명과정의 전개를 지배한다는 사실을 최초로 제창한다. 크릭은 가모브의 공헌을 다음과 같이 인정한다.

"가모브 연구의 중요성은 그것이 진정한 의미에서의 암호화의 추상이론이고, 그가 이중나선 DNA가 단백질 합성의 주형鑄型이라는 사고를 기반으로 삼았음에도 불구하고 그의 이론이 불필요한 수많은 화학적 세부사항들로 어지러운 난장판이 되지 않았다는 점이다. 그가 명확히 지적한 것은 부분적으로 겹치는 암호가 아미노산의 서열에 제한을 부과하며, 이미 알려진 아미노산 서열을 연구함으로써 여러 가지 중첩 암호들을 증명하거나 최소한 반증할 수 있을 것이라는 사실이었다."

스타니슬라브 울람은 가모브가 무엇보다 과학연구에서 작용한 대규모 아마추어리즘의 마지막 사례라는 것에 의미를 부여한다. 이것은 울람의 가모브 인물론인 「내 친구 가모브 박사」의 결론이기도 하다. 그리고 『조지 가모브』는 또 하나의 빼어난 과학자 자서전이다. 여러모로 찰스 다윈 자서전 『나의 삶은 서서히 진화해 왔다』(갈라파고스, 2003)에 필적한다.

조지 가모브의 책

조지 가모브의 즐거운 물리학 로베르트 외르터 엮음, 곽영직 옮김, 한승, 2007.
조지 가모브– 창세의 비밀을 알아낸 물리학자 김동광 옮김, 사이언스북스, 2000.
조지 가모브, 물리열차를 타다 승영조 옮김, 승산, 2001.
톰킨스 물리열차를 타다 러셀 스태나드 공저, 이창희 옮김, 이지북, 2008.
태양이라는 이름의 별 윤홍식 옮김, 전파과학사, 1978.
미지의 세계로의 여행– 톰킨스 씨의 물리학적 모험 정문규 옮김, 전파과학사, 1973.
중력– 고전적 및 현대적 관점 박승재 옮김, 전파과학사, 1973.
우주의 창조– 빛과 물질의 역사 현정준 옮김, 전파과학사, 1973.
물리학을 뒤흔든 30년 김정흠 옮김, 전파과학사, 1973.

조지 가모브에 관한 책

가모브가 들려주는 우주론 이야기 곽영직 지음, 자음과모음, 2006.

가모브가 들려주는 원소의 기원 이야기 김충섭 지음, 자음과모음, 2006.
유전과 여자, 가모브 제임스 D. 왓슨 지음, 이한음 옮김, 까치, 2004.

조지 레이코프
George Lakoff
1941-

프레임을 선점하라

미국의 언어학자 조지 레이코프의 책은 꽤 많이 번역
되었다. 이 가운데 공저서가 4종으로 절반을 웃돈다.
레이코프의 책은 둘로 나뉜다. 학술서적과 대중본위의
일반교양물이다. 학술서는 인지언어학을 포괄한다. 인
지언어학을 바탕으로 한 교양서는 선거에 임하는 정치
인에게 쓸모 있는 매뉴얼에 가깝다.

은유와 시적 은유

중학교 1학년 국어시간에 수사법을 확실히 익혔다. '은
유'는 A는 B다. '환유'와 '제유'는 아직도 헷갈린다. 노
양진·나익주 번역의 『삶으로서의 은유Metaphors We Live
By』(서광사, 1995/박이정출판사, 2006)는 레이코프가 철학자 마
크 존슨과 함께 쓴 책이다. "우리가 생각하고 행동하
는 관점이 되는 일상적 개념체계의 본성은 근본적으로
은유적이다. …개념은 우리가 지각하는 것, 우리가 이
세계 안에서 살아가는 방식, 그리고 다른 사람들과 관
계를 맺는 방식 등을 구조화한다. …만일 개념체계가
대부분 은유적이라는 우리의 제안이 옳다면, 우리의
사고방식, 경험대상, 일상행위 등은 매우 중요한 은유
의 문제이다."

레이코프와 존슨은 일상 언어의 은유적 표현이 어
떻게 우리의 활동을 구조화하는 개념들의 은유적 본
질에 관한 통찰을 줄 수 있는지, '시간은 돈이다Time is

Money'를 통해 검토한다. "우리가 시간을 개념화하는
데 돈, 한정된 자원, 또는 귀중한 상품들에 대한 일상
적 경험을 사용하기 때문에 이 개념들은 은유적이다."
그러나 이게 인간이 시간을 개념화하는 필수적인 방법
은 아니다. 그건 다만 서양 문화와 관련된 것이다. "시
간이 이들 중 어느 것에도 해당하지 않는 문화들도 있
다." 한편 환유metonymy는 "어떤 개체와 관련되는 다
른 개체를 지시하기 위해서 그 개체를 사용하고" 제유
synecdoche는 "부분이 전체를 대신한다."

『시와 인지— 시적 은유의 현장 안내』는 레이코프가
영어학자 마크 터너와 공동집필했다. 이 책 '머리말'은
은유의 성격을 재론한다. 은유는 아주 일상적인 수단
이다. 우리는 그것을 무의식적으로, 자동적으로 사용
한다. 은유는 편재적遍在的이다. 은유는 누구든지 사용
가능하다. "은유는 관습적이다. 그것은 일상의 사고나
언어에 있어 필수 불가결한 부분이다. 그리고 은유는
교체할 수 없는 것이다. 은유는 자신과 세계를 이해하
는 데 있어, 다른 어떠한 사고 양식에 의해서도 환치될
수 없는 방법을 제시한다."

은유가 인간이 세계와 존재를 이해하는 주된 수단이
기에 강력한 시적 은유에 대한 탐구는 인간 삶의 의미
를 포착하려는 시도일 수 있다. 이 책은 은유의 그러한
기능을 분석한다. 은유 이론의 일반적인 문제들을 살
피고, 수사·의미·추론 등의 문제도 폭넓게 거론한다.
이 책의 원제목은 『More than Cool Reason: A Field
Guide to Poetic Metaphor냉철한 이성을 넘어서』다.

범주화 인지과학은 "마음이라는 것에 관한 지견知見을
통합하는 새로운 분야"다. 또 그것은 "심리학, 언어학,
인류학, 철학, 컴퓨터과학 등에 걸쳐 있다." 인지과학은
다음과 같은 물음에 대한 해답을 찾는다. "이성이란 무
엇인가, 우리는 우리의 경험을 어떻게 의미 부여하는
가, 개념체계란 무엇이며 어떻게 체계화되어 있는가, 사

람들은 모두 동일한 개념체계를 사용하는가, 만약 그렇다면 그 체계는 어떠한 것인가, 만약 그렇지 않다면 모든 인간의 사고에 공통되는 것으로는 도대체 어떠한 것이 있는가."

『인지 의미론』은 이런 물음에 대한 전통적인 해답과 새로운 해답을 암시하는 최근의 연구를 다룬다. 이 책의 목표 가운데 하나는 "사람들이 실제로 어떻게 카테고리화를 행하고 있는지, 그 복잡한 양상을 개관하는 데 있다." 이 책의 원제목 『Women, Fire, and Dangerous Things』는 호주 원주민이 쓰는 디르발Dyirbal어에서 착안했다. 디르발어의 발란balan이라는 범주는 여성, 불, 위험한 것을 포함한다. 그리고 이것들은 공통점이 있다. 일례로 "여성은 불처럼 격하기 쉽고 위험하다는 것을 시사하고 있다."

몇 가지가 결합하여 범주를 형성하고 공통성에 이르는 일련의 추론과정은 표준적이다. 이러한 추론은 동일한 범주에 속한다는 게 무엇을 의미하는가 하는 일반 통념에 바탕을 둔다. 사물은 그것들이 공유하는 것에 입각하여 간추려지고 범주화한다. 범주화의 중요성을 가볍게 여겨선 안 된다. 범주화 능력 없이는 물리적 세계의 구현은 물론이고 사회적·지적 생활 또한 전혀 못할 것이기 때문이다.

몸의 철학 레이코프가 마크 존슨과 공저한 『몸의 철학─ 신체화된 마음의 서구 사상에 대한 도전 Philosophy in the Flesh: The Embodied Mind and Its Challenge to Western Thought』은 "의미, 개념, 이성이 어떻게 신체화되어 있으며 상상적인지를 보여주는 접근 가능한 종류의 증거들을 검토하려는 시도"다. 한국어판 출간에 부치는 글에서 레이코프와 존슨은 이 책이 "마음과 몸, 가치에 관한 다양한 가정들을 가질 수 있는 사회들 사이에 존재할 수도 있는 철학적 차이들의 종류에 관한 흥미 있는 문화 교차적 연구의 새로운 가능성을 열게 되기를 바란다."

이 책은 인지과학의 주요 발견 세 가지를 거론하는 것으로 시작한다. "마음은 본유적으로 신체화되어 있다. 사고는 대부분 무의식적이다. 추상적 개념들은 대체로 은유적이다." 그리고는 이런 질문을 던진다. "만약 우리가 마음의 본성에 관한 이런 경험적 발견들로 시작해서 철학을 새롭게 구성한다면 어떻게 될까?" '신체화된 마음'은 이 책의 핵심 개념이다. 이성reason은 근본적으로 신체화되어 있다. "지각이나 운동과 같은 신체 능력과 분리된, 그리고 신체 능력으로부터 독립적인 완전히 자율적인 그러한 이성 능력은 존재하지 않는다." 인지과학이 제시하는 증거들은 이성이 그러한 신체 능력을 사용하고, 그러한 신체 능력에서 발전한다는 진화론적 견해를 뒷받침한다.

800쪽이 넘는 책의 결론은 다음과 같다. "마음과 두뇌의 과학인 인지과학은 그 짧은 역사를 통해 엄청난 성과를 얻었다. 그것은 우리 자신을 더 잘 알 수 있고, 우리의 신체적 존재, 즉 살, 피, 근육, 호르몬, 세포, 시냅스와 세계 안에서 우리가 매일 부딪히는 모든 것이 어떻게 현재의 우리를 만들어 주는지를 이해할 수 있는 방식을 제공해 주었다. 이것이 몸의 철학이다."

도덕정치 『도덕의 정치Moral Politics: How Liberals and Conservatives Think』는 레이코프가 인지과학의 분석틀을 현실 정치에 적용한 첫 책이다. 미국은 보수건 진보건 '가정의 가치'를 기본으로 한 철학이 국가통치철학으로 확대재생산 된다는 것이 레이코프의 설명이다. 따라서 "미국의 정치는 근원적으로 도덕적 담론이요, 세계관을 (바탕으로) 한 국민 설득과 가치관 교육의 현장이 되는 것이다."(옮긴이)

2002년판을 우리말로 옮겼는데, 새 판에 덧붙은 후기에 담긴 내용이 흥미롭다. 클린턴 대통령의 탄핵소추와 2000년 미국 대통령선거 결과를 언급하고, 미국 진보파의 앞날을 내다본다. 그리고 하나 더. '감사의 말' 끝에는 정치적 태도를 가늠하는 잣대가 될 수 있다는 물음이 있다. "만약 밤중에 당신의 아이가 운다면, 당신은 그 아기를 안아줄 겁니까?" 아기를 안아주고 안 아주지 않는 차이가 과연 진보와 보수, 보수와 진보의 서로 다른 정치적 태도를 드러내는 것일까?

프레임 『코끼리는 생각하지 마Don't Think of an Elephant!: Know Your Values and Frame the Debate』는 레이코프가 『도덕의 정치』에서 전개한 이론을 바탕으로 "미국 민주당 지지자와 활동가들을 대상으로 엮어낸 간략하고 실용적인 지침서다." 레이코프는 "우리가 세상을 바라보는 방식을 형성하는 구조물"인 프레임frame의 중요성을 강조한다. "프레임은 우리가 추구하는 목적, 우리가 짜는 계획, 우리가 행동하는 방식, 그리고 우리 행동의 좋고 나쁜 결과를 결정한다. 정치에서 프레임은 사회 정책과 그 정책을 수행하고자 수립하는 제도를 형성한다."

프레임을 재구성하는 것이 바로 사회적 변화라는 점에서 프레임은 의제 설정과 비슷한 측면이 있다. "프레임을 재구성한다는 것은 대중이 세상을 보는 방식을 바꾸는 것이다. 그것은 상식으로 통용되는 것을 바꾸는 것이다. 프레임은 언어로 작동되기 때문에, 새로운 프레임을 위해서는 새로운 언어가 요구된다. 다르게 생각하려면 우선 다르게 말해야 한다."

프레임의 기본 원칙은 "상대편에 반대하는 주장을 펼치려면 상대편의 언어를 사용하지 말라"는 것이다. 프레임의 기본 원칙을 망각한 사례로 레이코프는 닉슨 대통령의 TV 연설을 꼽는다. 워터게이트 사건으로 닉슨이 사임 압력을 받던 때의 일이다. 닉슨이 TV를 통해 "저는 사기꾼이 아닙니다"라고 말하는 순간, 모두가 그를 사기꾼으로 여기게 되었다는 것이다. 이 외에도 '자상한 부모' 모델과 '엄격한 아버지' 세계관, 그리고 '전략적 주도' 개념 등은 입후보자가 상대 후보를 이해

하고 선거판을 휘어잡는데 보탬이 될 것 같다.

이중개념주의 레이코프가 자신이 설립한 로크리지연구소 연구진과 함께 펴낸 책의 한국어판 제목은 약간 식상하다. '프레임론論'에 기대고 있어서다. 『프레임 전쟁— 보수에 맞서는 진보의 성공전략』의 원제목은 『Thinking Points: Communicating Our American Values and Vision생각의 갈래』로 "수행해야 할 과제를 위한 책이다." 덧붙이면 "장기간에 걸쳐 드러난 진보적 비전을 명확히 표현하기 위한 책이다." 번역서 제목이 전혀 난데없는 건 아니다. "프레임은 인간이 실재를 이해하도록 해주며 때로는 우리가 실재라고 여기는 것을 창조하도록 해주는 심적 구조이다." 또한 "프레임은 우리의 아이디어와 개념을 구조화하고, 사유방식을 형성하며, 심지어 지각 방식과 행동 방식에도 영향을 준다."

『코끼리는 생각하지 마』를 반복하는 프레임 타령이 '프라임 론prime loan' 광고를 떠올려 조금 지겹기도 하지만, 이중개념주의로 위안을 삼는다. 이중개념은 서로 배타적인 가치관과 세계관이 섞여 있다는 뜻이다. 이중개념주의자는 "정치적 사고 활동의 영역에서 두 가지 다른 도덕체계를 함께 사용"한다. "이중개념주의는 두뇌의 시각과 신경 계산 기제에서 보면 이해가 된다. 진보주의 세계관과 보수주의 세계관은 상호 배타적이다. 그러나 인간의 두뇌에는 두 세계관이 나란히 존재하며, 각각 상대편을 신경적으로 억압하고 경험의 여러 다른 영역으로 구조화한다."

예컨대 "경제적으로는 보수적이면서도 사회적으로는 진보적인 것이나, 진보적인 국내 정책과 보수적인 외교 정책을 동시에 지지하는 것, 시장에 대해서는 보수적인 견해를 가지면서도 시민적 자유에 대해서는 진보적 입장을 취하는 것은 별로 특이하거나 부자연스러운 일이 아니다." 그러면 어떤 문제에 대해 두 가지 입장이

맞부딪칠 수도 있지 않을까? "그러나 이 두 세계관은 상호 억제적이어서 동일한 사람이 동일한 시점에서 동일한 측면에 대해 두 세계관을 동시에 적용할 수는 없다."(옮긴이)

'옮긴이의 말'에 적시된 참여정부가 외면 받은 근본적인 이유는 가외의 소득이다. 참여정부의 몰락은 정체성이 흔들려서다. "정체성이 분명히 다른 정당에 지역구도 타파를 명분으로 제안한 연정 시도와, 보수파 인사의 주미대사 임명, 공공아파트 분양 원가 공개 반대, 시장의 무한 권력 방치, 미국과의 성급한 자유무역협정 FTA 추진을 위한 보수 정당과의 공조에 실망한 나머지 진보진영의 많은 지지자들이 정부에 등을 돌렸다."

촘스키와 동종이형

조지 레이코프는 촘스키와 동종이형同種異形이다. 그는 촘스키의 제자다. 하지만 스승의 변형생성이론에 반기를 든다. 촘스키의 생성언어학은 언어의 본질을 해명하는 데 근본적인 한계가 있다는 게 그 이유다. 그러면서 언어 연구의 인지적 측면을 강조한 인지언어학을 창시한다. "촘스키는 인간의 감각 경험과 상관없이 존재하는 보편적인 통사 법칙이 모든 언어의 기저에 존재하며, 이를 발견하는 것이 언어학의 목적이라는 입장이었던 데 반해, 레이코프는 언어가 본질적으로 마음의 작용이며 신체와 감각 기관의 산물이라고 주장했다"(『코끼리는 생각하지 마』 '옮긴이 후기')

두 사람이 정치에 관여하는 방식 또한 다르다. "촘스키가 자신의 정치 비평과 언어학 이론의 상관관계를 (적어도 명시적으로는) 강하게 부정하는 것과 달리, 레이코프는 자신의 인지 이론을 정치 분석에 직접 적용하고 이를 적극적으로 현실 정치에 활용하고 있다. 사실 촘스키와 레이코프는 정치 분석 방식은 물론 정치적 견해에서도 적지 않은 차이를 보인다. 촘스키의 정치 및 미디어 비평은 주로 경제적 분석에 근거하는 반면 레이코프는 담론 분석에 치중한다. 그리고 레이코프는 소위 '진정한 미국적 가치'의 틀에서 벗어나지 않는 미국 민주당의 정통적 입장을 대변하는 데 비해 촘스키는 훨씬 급진적인 무정부주의적 입장을 취하고 있다."

(『코끼리는 생각하지 마』 '옮긴이 후기')

이중개념주의자라도 특정 사안에 대한 가치 판단은 충돌하지 않는다는 점을 상기하면, 촘스키의 경제적 분석과 레이코프가 지향하는 미국적 가치의 절충은 가능하지도 않거니와, 혹여 가능하다 해도 부적절하다. 선택의 여지는 좁다. 나는 두 사람의 언어학 이론을 비교 평가할 능력이 없다. 다만 정치적 시각은 촘스키가 바람직하다고 생각한다. 나는 선거에 극히 회의적이다. 투표로 정치적 대표자를 선출하는 것은 법률지식으로 판검사를 임용하는 것만큼이나 불합리하다. 그럼 대안은? '제비뽑기'가 있다. 또 미국 공화당과 민주당은 뭐가 다르랴. 거기서 거기다. 특히 양당의 한반도 전략은 별 차이 없다. 그리고 아메리칸 드림이라는 허울에 갇힌 진보는 우리에게 무슨 의미가 있을는지.

조지 레이코프의 책

삶으로서의 은유 마크 존슨 공저, 노양진·나익주 옮김, 서광사, 1995.
삶으로서의 은유 마크 존슨 공저, 노양진·나익주 옮김, 박이정출판사, 2006.
시와 인지–시적 은유의 현장 안내 마크 터너 공저, 이기우·양병호 옮김, 한국문화사, 1996.
인지 의미론 이기우 옮김, 한국문화사, 1994.
몸의 철학– 신체화된 마음의 서구 사상에 대한 도전 마크 존슨 공저, 임지룡 외 옮김, 박이정출판사, 2002.
도덕, 정치를 말하다– 보수와 진보를 가르는 핵심 가치는 무엇인가? 손대오 옮김, 김영사, 2010.
도덕의 정치 손대오 옮김, 생각하는백성, 2004.
코끼리는 생각하지 마 유나영 옮김, 삼인, 2006.
프레임 전쟁– 보수에 맞서는 진보의 성공전략 나익주 옮김, 창비, 2007.
자유 전쟁–'자유' 개념을 두고 벌어지는 진보와 보수의 대격돌Whose Freedom?: The Battle over American's Most Important Idea 나익주 옮김, 프레시안북, 2009.
자유는 누구의 것인가– 왜 진보와 보수는 서로 가지려 하는가 나익주 옮김, 웅진지식하우스, 2010.

조지 오웰
George Orwell
1903-1950

"나의 출발점은 언제나
불의에 대한 의식이다"

기억력이 시원찮다. 1984년 새해 벽두, 당시로선 매우 드문 위성 '이원' 생중계로 접한 〈굿모닝 미스터 오웰〉을 두고 하는 말이다. 1월 2일 오전에 KBS에서 중계방송을 한 것 같은데, 그게 아닌 모양이다. '새 시대 큰 인물' 시리즈의 하나로 나온 『한국이 낳은 천재 비디오 아티스트 백남준』(이규희 글·문진화 그림, 랜덤하우스코리아)의 이와 관련된 내용은 다음과 같다.

"1984년 1월 1일 제야의 종이 울리고 이제 막 새해가 시작되었을 때였습니다. 미국, 프랑스는 물론 전 세계 사람들은 모두 텔레비전 앞에 모여 앉았습니다. (…) 눈이 하얗게 내린 새벽 두 시, 한국인들도 잔뜩 궁금한 얼굴로 텔레비전 앞에 앉아 있었습니다. (…) 백남준의 시작 신호가 나가자마자 뉴욕의 스튜디오와 파리의 스튜디오에서는 동시에 여러 예술가들의 모습이 위성을 통해 화면에 나타나기 시작하였습니다."

어쨌든 〈굿모닝 미스터 오웰〉은 소문난 잔치였다. 볼 게 없었다. 지금도 그러하지만 고등학교 1학년의 눈에 비친 '비디오 아트'는 판독 불가였다. 여기에 원활하지 못한 위성중계와 국내 스튜디오 사회자와 해설자의 답답한 진행이 더해져 〈굿모닝 미스터 오웰〉은 지루하기 짝이 없었다. 결국 얼마 보다 말았다.

Back to the 1984
그래도 〈굿모닝 미스터 오웰〉이 조지 오웰의 『1984년』(김일엽 옮김, 지혜, 1984)을 읽을 단초가 된 것은 분명하다. 여기서 잠깐 1984년을 돌아보자. 이 해에 열린 LA 올림픽은 1980년 모스크바 올림픽과 마찬가지로 반쪽 대회였다. 옛 소련의 아프가니스탄 침공을 빌미로 미국과 그 세력 아래 있는 나라들이 모스크바 올림픽 참가를 거부하자, 이번에는 옛 소련과 사회주의권 국가들이 LA 올림픽을 보이콧했다.

로또 복권 1등 당첨번호가 2회 연속 나오지 않은 직후에 개최된 거나 진배없는 88서울올림픽의 대박은 예정된 것이었다. 아무튼 1984년의 어느 나른한 일요일 KBS가 틀어준 텔레비전 영화로 보이는 소품의 여주인공에게 내 마음을 빼앗겼다. 하지만 나는 옛 소련 국적의 체조선수로 설정된 이 여배우의 이름도, 상대역 남자배우의 경기종목도, 영화의 제목도 모른다. 영화는 미·소 두 나라 남녀운동선수의 이뤄질 수 없는 사랑이야기다.

1984년의 학교생활은 끔찍했던 1학년 때보다는 한결 나았다. 1학년 때 급우를 의자로 내리쳐서 정학처분을 받아 도서관에서 안면을 익힌 녀석과 한 반이 되었다. 그것도 앞뒤자리에 앉게 되었다. 그런데 겪어보니 그 녀석은 심성이 착했다. 학교생활이 나아진 것은 담임선생님을 잘 만난 덕분이다. 이 선생님은, 존 테일러 개토 편에서 밝혔듯, 다시 뵙고 싶은 분이다. 선생님은 내가 다닌 학교에서 서울에 있는 명문 사립 고등학교로 자리를 옮기셨다. 다시 그 학교를 그만두고 학원 강사가 되셨다고 한다. 이후 선생님의 거취는 모른다. 그런데 선생님이 사립학교를 그만둔 이유가 어떤 학생을 때렸기 때문이라 들었다. 교사를 쫓아낼 힘이 있는 학부모의 자제를 우리 선생님이 잘 혼내줬다고 생각한다.

나는 정부와 언론과 운동을 안 믿는다
『1984년』은 '빅 브라더'와 언어의 착종으로 기억된다. 빅 브라더는 물 샐 틈 없는 감시체제를 상징한다. 가상 국가인 오세아니아 진리성眞理省의 흰 건물 벽에는 이런 구호가 나붙어 있다. "전쟁은 평화/자유는 예속/무지는 힘" 에리히 프롬은 오웰이 '이중사고double think'라는 새로운 말을 창조해냈다고 지적하는데, "이중사고란 서로 상반되는 두 개의 신념을 마음속에 품고서, 두 가지를 다 받아들이는 정신작용을 말한다."

나는 여론조사 결과를 거의 신뢰하지 않는다. 여론조사는 특정한 이해관계의 소산이다. 조사기관의 입맛에 따라 좌우되기도 한다. 스포츠중계 해설자의 해설 또한 편파적인 경우가 많다. 그들은 때로는 은근히, 때로는 노골적으로 특정 팀과 선수를 편들거나 까댄다. 너도 똑같은 놈 아니냐? 그래서 나는 어떤 사안에 대해 좋고 나쁨을 말할 때 '나는'을 앞세운다. 여론조사 결과가 언론에서, 특히 신문지면에서 왜곡되는 걸 보면 정말이지 '왕짜증'이다. 아래는 '당신은 성공하셨습니까?'라는 주제를 다룬 모 방송사 프로그램에 관한 2007년 6월 4일자 어느 신문 기사의 일부다.

"제작진은 (여론조사기관)에 의뢰해 한국인의 성공 모델에 대한 인식을 조사했다. 그 결과 한국인은 자기 자신에게 사회 통념적 성공의 기준에서는 56.8점, 개인적 성공의 기준에서는 58.5점을 준 것으로 나타났다. '삶의 만족도 조사'에서 평균적으로 나타나는 수준인 65점보다 낮은 수치다. 또 우리 국민 3명 가운데 2명은 '과거처럼 성공하기 어려워졌다'고 답했다."

성공의 기준과 삶의 만족도를 숫자로 나타낸다는 것부터 극히 의심스럽긴 하다. 그런데 이 신문은 그런 기사 내용을 갖고서 이런 제목을 뽑았다. 「한국인 56% "난 사회적으로 성공"」 점수가 비율로 둔갑한 것이다. 기사 내용에서 보듯이 사회적 통념이나 개인적 성공의 기준에 따른 삶의 만족도는 그저 그렇다고 볼 수 있다. 하지만 56%가 사회적으로 성공했다고 생각하는 것은 꽤 높은 비율이다.

성공한 인물이나 존경하는 인물로는 번번이 거대재벌 총수와 재임기간이 가장 길었던 대통령이 손꼽힌다. 우리나라 사람들은 어떤 식으로든 돈을 많이 모으

고 권력을 오래 누린 것을 높게 평가하는 듯하다. 예전보다 신문 출판 면의 영향력이 감소했어도 출판사들은 여전히 자사가 펴낸 책이 신문에 나는 것을 중요하게 여긴다. 사회운동단체들마저 내실을 다지기보다는 홍보를 우선시하는 것 같아 아쉽다.

'풍자 우화' 소설의 진수

『동물농장』(도정일 옮김, 민음사, 1998)은 '풍자 우화' 소설이다. 현실 사회주의의 몰락과 냉전 체제의 와해 덕분에 '반공 소설'의 굴레가 벗겨져 다행스럽다. '작품 해설'에 나타난 대로 소설의 등장 동물과 실존인물과의 연결고리는 뚜렷하다. 동물농장의 우두머리인 '나폴레옹'은 스탈린이고, 나폴레옹과 적대관계인 '스노볼'은 트로츠키다.

"토론 때는 스노볼과 나폴레옹이 가장 활발했다. 그러나 다들 곧 알게 된 일이지만 그 두 수퇘지가 서로 합의에 도달하는 일은 절대로 없었다. 한쪽이 무슨 안을 내놓으면 한쪽에서는 어김없이 반대 의견을 제시했다." 또 "스노볼이 뛰어난 연설로 자주 다수 지지를 받곤 했지만 막간 교섭으로 지지를 얻어내는 데는 나폴레옹이 한 수 위였다." 동물농장 방어를 둘러싼 두 수퇘지의 의견 대립은 스탈린과 트로츠키가 각기 주장한 '일국사회주의론'과 '영구혁명론'을 반영한다.

"나폴레옹의 주장은 우선 무엇보다도 동물들이 총기를 구입해서 사용법을 익혀야 한다는 것이었다. 스노볼의 의견은 달랐다. 그는 더 많은 비둘기들을 밖으로 파견해서 다른 농장들에서도 반란이 일어나게 해야 한다고 주장했다. 나폴레옹은 동물들이 자체 방어에 실패할 경우 농장은 인간들 손에 정복될 수밖에 없다고 말했고 스노볼은 반란이 도처에서 일어난다면 구태여 방어에 나서지 않아도 된다고 주장했다."

혁명의 교시를 설파한 늙은 수퇘지 '메이저'에게는 마르크스뿐만 아니라 레닌의 측면이 있다. "과수원의

메이저 무덤에서 이제는 살점이 다 썩겨나가고 없는 메이저의 두개골을 파다가 깃대 밑동에 존즈의 총과 나란히 안치했다. 깃발 게양이 끝나면 동물들은 헛간으로 가기 전에 한 줄로 서서 메이저의 두개골 앞을 지나가며 존경을 표시해야 한다는 명령이 있었다." 스노볼의 발언에서도 레닌을 연상하게 하는 대목이 있다. "전기가 있으면 마구간마다 전깃불, 온수와 냉수, 전열기 등을 공급할 수 있을 뿐 아니라 그 외에도 탈곡기, 쟁기, 써레, 땅 고르는 롤러, 수확기, 건초 묶는 기계 등을 돌릴 수 있다고 말했다." 레닌은 '공산주의는 전력電力이라 강조했다. 짐수레 끄는 말 '복서'는 프롤레타리아와 연결된다. 우직하게 일만 하는. 그런 점에서 복서는 정해진 채탄량의 14배에 이르는 석탄 102톤을 캐낸 옛 소련의 광부 A.G. 스타하노프이고, 사회주의 중국의 국민적 영웅인 레이펑雷鋒(진광생, 『뇌봉』 최성만·박태순 옮김, 실천문학사, 1993)이다.

다른 것이 지시하거나 상징하는 대상도 쉽게 찾아진다. "생산하지 않으면서 소비하는 유일한 동물"인 인간은 '자본가'다. 돼지는 '혁명의 전위대'이자 '노멘클라투라'이고, 돼지들이 다른 동물을 깨우치는 것은 '의식화 활동'이랄 수 있다. 〈잉글랜드의 짐승들〉이라는 노래는 인터내셔널 가歌다. 일곱 가지 계율의 내용이 변질하는 것은 '배반된 혁명'을 말한다.

어리석은 양羊들은 집권자와 선전원의 입맛에 맞게 이리저리 휘둘리는 독재자의 지지기반이다. '나폴레옹 빠'라고 하겠다. 무엇보다 오웰은 『동물농장』에서 현실 사회주의의 몰락과 허구성을 앞서서 보여준다. "농장의 삶은 고되었다." 식량 분배에 지나치게 엄격한 평등을 적용하는 것은 동물주의에 어긋난다는 것이 선전원의 설명이었다. "농장은 그 자체로는 전보다 부유해졌으면서도 거기 사는 동물들은 하나도 더 잘살지 못하는 (물론 돼지와 개들은 빼고) 그런 농장이 된 것 같았다." 개들은 돼지들을 섬기는 '비밀경찰' 체카Cheka다.

민주적 사회주의자

이러면 오웰을 흔하디흔한 부르주아 이데올로그의 하나쯤으로 여기기 쉽다. 그러나 그렇지 않다. 오웰은 투철한 민주적 사회주의자다. 「나는 왜 쓰는가」(도정일 번역)라는 글을 통해 오웰은 "1936년 이후 내가 진지하게 쓴 작품들은 그 한 줄 한 줄이 모두 직접적으로나 간접적으로 전체주의에 '반대'하고 내가 아는 민주적 사회주의를 '위해' 씌어졌다"고 말한다.

"나의 출발점은 언제나 당파 의식, 곧 불의不義에 대한 의식이다. 책을 쓰기 위해 자리에 앉을 때 나는 나 자신에게 '자, 지금부터 나는 예술작품을 만들어낸다'고 말하지 않는다. 그 책을 쓰는 이유는 내가 폭로하고 싶은 어떤 거짓말이 있기 때문이고 사람들을 주목하게 하고 싶은 어떤 진실이 있기 때문이다."

「나는 왜 쓰는가」에서 오웰은 그의 작품을 거론한다. 『동물농장』은 "정치적 목적과 예술적 목적을 하나로 융합해 보고자 한, 그래서 내가 뭘 하고 있는지 충분히 의식하면서 쓴 첫 소설이었다."『제국은 없다Burmese Days』는 그가 쓰고 싶었던 자연주의적 성향이 다소 배어 있는 작품이다. "불행한 결말로 끝나고 미세한 묘사와 인상적인 직유로 가득 찬, 그리고 말이 소리 그 자체를 위해 사용되기도 하는 화려한 문장들 투성이의 그런 자연주의 소설"말이다.

"스페인 내전에 관한 나의 책 『카탈로니아 찬가』는 물론 솔직히 정치적인 소설이다. 그러나 그 소설 역시 어떤 일정한 거리를 유지하면서, 그리고 형식을 존중하면서 씌어진 것이다. 나는 그 작품에서 나 자신의 문학적 본능을 위반하지 않으면서 진실의 전부를 이야기해보려고 무척 노력했다. 그러나 우선 그 작품에는 신문 기사 등을 인용한 긴 장이 하나 있는데 그 장은 프랑코와 공모했다는 비난을 받은 트로츠키파를 변호하기 위해 씌어진 것이었다. 일이 년 시간이 지나면 보통의 독자들로선 흥미를 느끼지 못할 이런 장이 거기 끼어 있다는 것은 소설을 망칠 것이 분명했다. 내가 존경하는 비평가 한 사람은 그 장을 놓고 내게 훈계하기를 '왜 그런 장을 거기 넣었는가? 좋은 소설이 될 수도 있었는데 그것 때문에 저널리즘이 되고 말지 않았는가.' 그 말은 옳았지만, 그러나 나로선 그렇게 하는 수밖에 달리 도리가 없었다. 나는 당시 영국에서는 아는 사람이 별로 없었던 한 가지 사실 무고한 사람들이 엉뚱하게 비난받고 있다는 사실을 알고 있었기 때문이다. 이 사실에 내가 분노하지 않았다면 나는 아예 그 책을 쓰지 않았을 것이다."

'정말 책을 좋아하는 사람은 드물다'

오웰이 처음으로 펴낸 책은 자전적 성격이 강한 소설 『파리와 런던의 밑바닥 생활』이다. 이 작품은 1928년부터 1932년까지 겪어본 5년간의 밑바닥 삶이 바탕이 되었다. 무명작가이기에 필명을 써달라는 출판사의 요구를 받아들여 그는 '조지 오웰'을 필명으로 삼는다. 그의 본명은 에릭 아서 블레어Eric Arther Blair다. 그가 나중에 친구에게 보내는 편지에다 "나는 30년이나 걸려서야 에릭이라는 이름으로 불리지 않게 되었다"라고 쓴 걸 보면, 오웰은 그의 본명에 대해 불만이 없지 않았던 모양이다. 산문선집 『코끼리를 쏘다』에 수록된 「서점의 추억」에서 오웰은 헌책방에서 일하면서 느낀 가장 강한 인상으로 "진정으로 책을 좋아하는 사람들이 적다는 사실"을 든다.

"우리 가게에는 재미있는 책들이 많았는데, 지금 생각해 보니 책을 찾던 고객 중 10퍼센트 정도도 좋은 책과 나쁜 책을 쉽게 구별하지 못했던 것 같다. 우리 서점에는 문학애호가들보다는 잡지의 창간호 따위를 구하려는 속물들이 더 많이 들락거렸고, 또 싼 책값조차 깎으려고 드는 동양 학생들도 자주 드나들었고, 조카들에게 생일 선물용으로 책을 사주려고 하는 멍청한 여자들도 꽤 많았다."

오웰 산문선집을 우리말로 옮긴 박경서 교수는 'e시대의 절대문학 006' 『조지 오웰― 읽기의 즐거움』에서 오웰의 "사회주의 사상의 본질은 스스로를 '반제국주의자'이자 '반파시스트'이며 '평등의 신봉자'라는 입장에서 출발하고 있다"고 본다. "그는 제국주의와 계급체계를 반대하고 영국 중산 계급의 다양한 사회주의자들을 공격하면서 자유와 평등에 입각한 사회주의 건설을 강조한다."

평전 『자유_자연_반권력의 상징 조지 오웰』에서 박홍규 교수는 오웰이 "분명 좌익이었으나, 자기 자신만의 독특한 좌익이었다"고 평한다. 오웰은 권위적인 좌익에게도 우익에 겨눈 잣대를 똑같이 들이대 비판했다. 박홍규 교수는 소련식 사회주의와 영미식 자본주의를 동시에 반대한 오웰의 사회주의를 'decency'라는 단어로 집약한다. "흔히 '인간다운 품위' 정도로 번역되는 이 말을 정확하게 이해하기는 쉽지 않으나, 나는 '본질적인 품위, 무엇보다도 솔직한 관대함'으로 이해한다. 이는 어떤 도그마나 이데올로기에 의한 정치적 교조주의나 계획적 사회 개혁 또는 종교적 절대주의 등에 반대되는 것이기도 하다."

'작가론총서 11' 『오웰과 1984년』에는 당대를 대표하는 영문학자 레이먼드 윌리엄스의 조지 오웰 작가론이 실려 있다. 결론의 한 대목이다.

"우리는 그의 솔직함, 그의 정력, 그의 자발적인 참여 없이는 우리가 수행할 수 있는 시점에 도달할 수 없을 것이다. 그런 점들은 우리가 어떤 다른 결론에 이르더라도 계속 그에게 존경을 보내야 할 자질들이다. 그러나 그것들은 그것들이 독립적이고 적극적일 때에만 진정한 가치를 갖는 자질들이다. 그의 작품과, 그의 생애와의 관계를 맺는 것은 그것을 읽어내는 것이지 모방하는 것이 아니다. 그는 여전히 거기에 실체로서, 목에 상처를 갖고 슬프고도 강한 얼굴로, 견고하면서도 노골적으로 씌어진 평범한 언어로 존재하고 있다."

조지 오웰의 책

1984년 김일엽 옮김, 지혜, 1984.
1984년 정회성 옮김, 민음사, 2003.
1984년 박경서 옮김, 열린책들, 2007.
1984 이기한 옮김, 펭귄클래식코리아, 2009.
1984 정병조 옮김, 누멘, 2010.
1984 이경호 옮김, 생각의나무, 2010.
1984 이은경 옮김, 현대문화센타, 2010.
1984 김기혁 옮김, 문학동네, 2010.
동물농장 도정일 옮김, 민음사, 1998.
동물농장 도정일 옮김, 민음사, 2009.
동물농장 공경희 옮김, 책만드는집, 2005.
동물농장 공경희 옮김, 성혜영 그림, 책만드는집, 2008.
동물농장 김영선 옮김, 가지않은길, 2006.
동물농장 이일선 옮김, 거인, 2006.
동물농장 박경서 옮김, 열린책들, 2006.
동물농장 이가형 옮김, 하서, 2006.
동물농장 김이랑 옮김, 시간과공간사, 2007.
동물농장 정택진 옮김, 리베르, 2007.
동물 농장 이영옥 옮김, 오승철 그림, 삼성출판사, 2007.
동물농장 김철곤 옮김, 민중출판사, 2007.
동물 농장 황병훈 옮김, 보물창고, 2008.
동물농장 최희섭 옮김, 펭귄클래식코리아, 2008.
동물농장 강미경 옮김, 허회정 그림, 느낌이있는책, 2008.
동물농장 손영도 옮김, 고려대학교출판부, 2008.
동물농장 김정수 옮김, 글로북스, 2008.
동물 농장 마도경 옮김, 북스캔, 2009.
동물 농장 정병조 옮김, 누멘, 2010.
동물 농장 유동환 옮김, 푸른나무, 2010.
동물농장 이은재 엮음, 박현자 그림, 지경사, 2010.
동물농장 황병훈 옮김, 네버엔딩스토리, 2010.
동물농장 김욱동 옮김, 비채, 2010.
동물농장 김욱동 옮김, 오진욱 그림, 푸른숲주니어, 2011.
동물농장·파리와 런던의 따라지 인생 김기혁 옮김, 문학동네, 2010.
동물농장·1984년 김희진 옮김, 범우사, 1984.
카탈로니아 찬가 정효식 옮김, 풀무질, 1995.
카탈로니아 찬가 정영목 옮김, 민음사, 2001.
파리와 런던의 밑바닥 생활 신창용 옮김, 삼우반, 2008.(초판 2003)
파리·런던 방랑기 김성태·김서기 옮김, 서당, 1992.
파리와 런던의 영락 생활 정병조 옮김, 글방문고, 1986.
파리와 런던의 따라지 인생 김기혁 옮김, 삼성출판사, 1984.
식민지의 사계 장윤환 옮김, 청람, 1980.
제국은 없다 박경서 옮김, 서지원, 2002.
코끼리를 쏘다 박경서 옮김, 실천문학사, 2003. 산문선집
1984년/동물농장/복수는 괴로워라 박지은 옮김, 동서문화사, 2009.
나는 왜 쓰는가 이한중 옮김, 한겨레출판, 2010.
버마 시절 박경서 옮김, 열린책들, 2010.
위건 부두로 가는 길– 조지 오웰 르포르타주 이한중 옮김, 한겨레출판, 2010.
숨 쉬러 나가다 이한중 옮김, 한겨레출판, 2011.

조지 오웰에 관한 책

조지 오웰– 자유, 자연, 반권력의 정신 박홍규 지음, 이학사, 2003.
조지 오웰– 읽기의 즐거움 박경서 지음, 살림출판사, 2005.
오웰과 1984년 레이몬드 윌리엄스 외 지음, 김병익 편역, 문학과지성사, 1984.
조지 오웰– 감춰진 얼굴 마이클 쉘던 지음, 김기애 옮김, 성훈출판사, 1992.
전체주의 연구– 조지 오웰 작 「1984년」의 이해와 평가 어빙 하우 편저, 한태희 옮김, 지문사, 1984.

조지프 캠벨
Joseph Campbell
1904-1987

'진리는 하나되, 현자는 여러 이름으로 이를 드러낸다'

두 권으로 된 『이윤기의 그리스 로마 신화』(웅진닷컴)가 밀리언셀러 등극을 눈앞에 두고 있을 정도로 출판·서점가의 신화 열풍은 거세다. 『이윤기의 그리스 로마 신화』는 근자의 베스트셀러 중에서 텔레비전의 힘을 빌지 않은 유일한 책이 아닌가 한다. 물론 이윤기도 텔레비전 출연을 했지만 그것은 책이 많이 팔리고 난 뒤의 일이다.

아무튼 우리 사회에서 신화가 폭넓게 읽히고 있는 것은 반가운 현상이다. 여기에는 몇 가지 요인이 있겠는데, 가까이는 판타지 소설과 인터넷 게임의 부흥을 들 수 있다. 판타지 문학과 환상적인 인터넷 게임은 신화와 통한다. 신화를 밑바탕에 깔고 있는 판타지는 현대판 신화라고 할 수 있다. 하지만 신화가 읽히는 근본적인 이유는 무엇보다 신화가 주는 즐거움에 있을 것이다. 신화는 참 재미있다. 아울러 신성함을 잃은 현대인이 인간적 본성을 찾으려는 욕구가 무의식중에 작용한 점도 신화읽기 붐의 한 원인으로 짐작된다.

판타지를 통해 신화 세계에 첫발을 디딘 다음, 그리

스 로마 신화를 통해 신화의 참맛을 살짝 깨우친 독자가 있다고 하자. 그런데 이 독자는 본격적인 신화의 세계가 궁금하다. 그런 독자에게 조지프 캠벨은 반드시 거쳐야 할 '통과제의通過祭儀' 같은 존재다. 이윤기가 우리의 보배로운 신화 해설자라면, 신화종교학자이자 비교신화학자인 캠벨은 미국이 자랑할 만한 신화 해설자다. 20세기 최고의 신화 해설자라는 그의 명성은 오늘까지 이어지고 있다.

2002년 들어 캠벨의 책 두 권이 선을 보였는데 이를 전적으로 신화 읽기 붐에 편승한 것으로 보기는 어렵다. 1980년대 중반 처음으로 한국어판을 얻은 이래, 캠벨 책의 번역은 꾸준히 이뤄졌기 때문이다. 캠벨의 첫 번째 저서인 『천의 얼굴을 가진 영웅』(민음사, 1999)의 출간은 벌써 세 번째다.

이 책이 처음 선보인 것은 1985년, 평단문화사의 '동서문화 시리즈'를 통해서다. 이어 '동서문화 시리즈'를 이어받은 '대원동서문화총서'에 둥지를 틀었다가 10년 만에 민음사로 거처를 옮겼다. 평단문화사판의 제목은 『천의 얼굴을 가진 영웅』이지만 '대원동서문화총서'로 나온 책의 제목은 『세계의 영웅신화』(대원사, 1989)다. 그런데 세 권의 한국어판 『천의 얼굴을 가진 영웅』은 제목이 약간 다르고 펴낸 곳은 다 달라도 옮긴이는 한 사람이다. 이윤기의 번역이다.

이 책은 이윤기에게 해독을 끼친 책 가운데 하나다. 그는 엘리아데의 『우주와 역사』와 『샤머니즘』, 융의 『인간과 상징』, 그리고 이 책과 캠벨의 '신의 가면' 시리즈 등을 해로운 명저로 꼽는다. 이유는 이들 책에 "걸려 있는 고압의 전하電荷가" 자신을 방전시켰기 때문이다. 이윤기에 따르면, "『천의 얼굴을 가진 영웅』은 융과 심리학의 입장(인간은 무의식 속에 고대적 경험의 잔존물인 집단 무의식을 공유하는데, 꿈의 구조물인 원형 패턴은 곧 고대의 잔존물인 신화 상징을 나타낸다)을 원용하면서 다양한 영웅 전설을 통해 인간의 정신 운동을 규명하는

한편 현대 문명에 대해 하나의 재생 원리까지 제시하려는 야심적인 작품이다."

한편, 캠벨 자신이 표명한 책의 목적은 이렇다. "이 책은 발생론 연구서가 아닌 비교 연구서로 신화와, 신화를 대신하는 현자들의 해석이나 응용에 나타난 유사한 형태를 보여주는 데 있다. 이를 다시 캠벨의 입을 빌려 설명하면 "종교와 신화의 형태로 가려져 있는 진리를 밝히되, 비근한 실례를 잇대어 비교함으로써 옛 뜻이 스스로 드러나게 하는 데 있다." 그리고 이런 목적은 캠벨이 인용하고 있는 베다 경전의 구절을 통해 한마디로 표현이 가능하다. "진리는 하나되, 현자는 여러 이름으로 이를 드러낸다."

캠벨은 신화가 "다함없는 우주 에너지가 인류의 문화로 발로하는 은밀한 통로"라고 해도 지나치지 않다고 말하면서 "고금을 꿰뚫는 지혜와 가르침을 다시 외쳐야 할 때가 왔다"고 강조한다. 또 그는 신화와 제의의 주요 기능을 이렇게 본다. "과거에다 묶어두려는 경향이 있는 인간의 끊임없는 환상에 대응하여 인간의 정신을 향상시키는 데 필요한 상징을 공급하는 것이다."

캠벨의 설명을 듣고 보니, 결혼식에 돈을 많은 쓰는 것도 나쁘게만 볼 수 없을 것 같다. 인간 정신을 북돋기 위해 필요한 상징을 공급하기 위한 몸부림으로 볼 수도 있으니까 말이다. 더욱이 이런 측면은 국제적 스포츠 행사에서 더욱 두드러지게 나타난다. 2002년 부산 아시아게임 개막식도 그렇거니와 한국과 일본이 공동 개최한 월드컵 역시 신화적 제의로 접근할 수 있다. 특히 '꿈은 이루어진다'는 슬로건이 그렇다. "꿈은 인격화한 신화고 신화는 보편화된 꿈이며, 꿈과 신화는 상징적이되, 정신 역학의 동일한 일반적 시각에서 보아 그렇다."

캠벨은 신화의 발생 원인을, 동물이든 식물이든 살아 있는 생명을 죽여야만 생존할 수 있는 인간 존재의 신비스런 딜레마에서 찾는 듯하다. 이러한 인간 존재의

딜레마는 희생제의에 대한 설명에서 더욱 빛난다. 캠벨은 프레이저의 『황금가지』를 빌려 고대 사회의 국왕 가해國王加害는 대속 행위가 관례화된 것이라 지적한다.

미노스 왕이 지내기로 되어 있는 수소의 희생제는 8년 주기의 마지막 해에, 전통에 따라 미노스 왕 자기 자신이 희생되는 의미를 지니고 있다. 그러나 그는 자기 자신의 대용물로 아테네의 선남선녀를 바친 듯하다. 미노스가 괴수 미노타오로스가 되고, 자기를 희생시켜야 하는 왕이 폭군이 되고, 모두가 왕의 역할을 수행하던 제정일치 국가가 사리사욕만 아는 상업 국가가 된 것도 바로 이 때문이었는지도 모른다.

이렇듯 캠벨은 아주 광범위한 문헌을 활용해 우리를 신화의 세계로 이끈다. 그러면서 이런 당부를 잊지 않는다. "각주에 실린 책들을 일별하면서, 방대한 이야기 중의 일부를 한가하게 즐겨주었으면 한다." 또한 캠벨은 이 책에 인용된 맛보기 신화에 만족하지 못할 독자를 위한 대비책을 마련해 놓았다. 네 권으로 이뤄진 '신의 가면' 시리즈가 그것이다.

4부작 '신의 가면'은 캠벨의 주저로, 신화의 원형을 찾기 위해 모든 문화권의 신화를 집대성한 책이다. 이윤기는 『천의 얼굴을 가진 영웅』을 '신의 가면'을 위한 서곡으로 간주한다. 4부작 모두 번역되었는데, 2부 『동양 신화』(까치, 1999)는 이집트, 메소포타미아, 인도, 중국, 일본 등지의 신화가 중심 내용이다. 그런데 캠벨은 '신의 가면' 시리즈를 마무리하며 이런 말을 했다고 한다.

이 책에서 내가 얻은 주요한 성과는 내가 오랫동안 충실하게 지켜온 생각을 확인하게 되었다는 것이다. 그것은 인간이 생물학적 수준에서만이 아니라, 그 영적인 역사에서도 통일성을 가지고 있다는 생각이다.

'신의 가면' 3부는 『서양 신화』(까치, 1999)를 다룬다. 이 책에서 캠벨은 서양 신화가 레반트, 페르시아, 그리스·로마, 북유럽 같은 곳에서 서로 다른 형태로 전개되는 양상을 탐구, 분석했다. 또 머리말을 통해 동·서양의 신화와 제의를 비교, 검토하기도 한다. "동양과 서양의 신화와 제의 사이의 지리적인 경계는 이란 고원이다." 동·서양 신화의 가장 큰 차이는 서양이 신을 의인화하는 것에 비해 동양은 그렇지 않다는 것이다.

'신의 가면'의 대미를 장식하는 『창작 신화』(까치, 2002)는 서양의 중세부터 20세기까지의 신화를 다룬다. 중세의 음유시인에서 19세기의 바그너를 거쳐, 20세기의 엘리엇, 조이스, 토마스 만, 피카소에 이르는 신화를 계승한 위대한 예술가의 계보를 800쪽이 넘는 방대한 분량에 담았다. 이 책을 옮긴 정영목은 그중에서도 "기독교의 지옥 이야기를 들으며 벌벌 떨던 학생(『젊은 예술가의 초상』)이 『율리시즈』를 거쳐 『피네건의 경야』라는 현대적 신화의 세계로 나아가는 과정을 동시대의 다른 예술가들의 창조 작업이나 동양 및 원시 신화와 비교하면서 그 의미를 드러내는 대목들(을)" 이 책의 압권으로 꼽았다. 1부 『원시 신화』는 2003년 출간되었다.

미국의 언론인 빌 모이어스와의 대담을 엮은 『신화의 힘』(이끌리오, 2002)의 출간도 이번이 두 번째다. 미국 공영방송 PBS가 방영한 대담이 바탕이 된 이 책은 캠벨의 진면목을 잘 드러내고 있다. 캠벨은 빌 모이어스와 대담을 통해 자신의 신화관과 인생관을 이야기한다. 신화의 정의와 기능부터 삶의 고통과 행복에 이르기까지 대담의 소재는 무궁하다.

이 중에서 필자가 가장 주목하는 것은 책에 대한 언급이다. 캠벨은 대단한 독서가였다고 하는데, 책에 관한 그의 생각 또한 비범하다. 캠벨은 제자들에게 내면의 목소리에 귀 기울여 천복天福을 좇으라고 가르쳤다. 천복을 따르는 것, 다시 말해 신화를 통해 진짜 자기를 만나려면 신화 자체, 또는 영적인 지도자나 스승의 가르침을 받아야 한다.

그런데 책도 천복을 찾는 좋은 방법이 된다. "자기가 다루고 있는 문제와 같은 것을 다루고 있다 싶은 책을 이용해서 배우는 겁니다. 책 역시 실마리를 던져줄 수 있습니다." 캠벨은 책을 통해 '접신'하는 구체적인 방법도 제시한다. 캠벨 독서론의 전제는 다음 두 가지다. "읽고 또 읽는 겁니다. 제대로 된 사람이 쓴 제대로 된 책을 읽어야 합니다."

이어 구체적인 독서 방법론을 말하고 있는데, 우선 마음에 드는 작가가 생기면 놓치지 말고, 그 사람이 쓴 것을 모조리 읽는다. 이때 다른 작가나 베스트셀러 같은 것을 기웃거려선 곤란하다. 그런 다음에는 그 작가가 읽은 것을 모조리 찾아 읽는다. 그러면 "우리는 일정한 관점을 획득하게 되고, 우리가 획득하게 된 관점에 따라 세상이 열리게 됩니다."

이런 캠벨이다 보니, 아르바이트로 겨우 생계를 유지하면서도 외상으로 책을 사서 독서삼매에 빠졌던 대공황 시기를 멋진 시절로 기억하는 것이 무리는 아니다. 『신화의 힘』은 '나는 평생 하고 싶은 일은 하나도 해보지 못하고 살았다'고 생각하는 사람이 꼭 읽어야 할 책이기도 하다.

『신화의 세계』(까치, 1998)도 『신화의 힘』처럼 PBS 프로그램을 기초로 만든 책이다. 『신화의 힘』이 대담을 책으로 엮었다면, 『신화의 세계』는 캠벨의 방송 강연을 묶었다. 따라서 이 책은 캠벨이 스스로 정리한 캠벨 사상의 요약판이자 비교신화학 입문서라고 할 수 있다. 방송 프로그램의 결실이라는 점 말고도 『신화의 세계』와 『신화의 힘』 사이에는 공통점이 있는데, 인디언 추장 시애틀의 유명한 연설문 —생태주의 선언으로도 일컬어지는— 이 공히 실려 있다는 점이다.

이 밖에 캠벨의 글이 실린 책으로는 『세계신화이야기』(까치, 2001)가 있다. 풍부한 그림과 함께 세계의 신화를 풀어쓴 신화학자 세르기우스 골로빈의 저서에 캠벨

은 엘리아데와 더불어 찬조 출연했다. 엘리아데의 서문에 이어지는 캠벨의 「세계의 신화들」은 해설 아니면 발문에 해당하는 글이다.

조지프 캠벨의 책

신화와 인생(조지프 캠벨 선집) 다이엔 K. 오스본 엮음, 박중서 옮김, 갈라파고스, 2009.
신화의 이미지 홍윤희 옮김, 살림출판사, 2006.
네가 바로 그것이다 박경미 옮김, 해바라기, 2004.
신화와 함께 하는 삶 이은희 옮김, 한숲, 2004.
원시 신화— 신의 가면 I 이진구 옮김, 까치, 2003.
동양 신화— 신의 가면 II 이진구 옮김, 까치, 1999.
서양 신화— 신의 가면 III 정영목 옮김, 까치, 1999.
창작 신화— 신의 가면 IV 정영목 옮김, 까치, 2002.
신화의 힘 빌 모이어스 공저, 이윤기 옮김, 이끌리오, 2002.
신화의 힘 빌 모이어스 공저, 이윤기 옮김, 고려원, 1992.
천의 얼굴을 가진 영웅 이윤기 옮김, 민음사, 1999.
세계의 영웅신화 이윤기 옮김, 대원사, 1989.
천의 얼굴을 가진 영웅 이윤기 옮김, 평단문화사, 1985.
신화의 세계 과학세대 옮김, 까치, 2009.(초판 1998)

존 버거
John Berger
1926-

본다는 행위는 말에 선행한다

1980년대 중반부터 번역되기 시작한 영국의 소설가이자 미술평론가인 존 버거의 책은 11종에 이르지만 국내 독자들의 반응이 그리 뜨거운 편은 아니어서 한국어판 가운데 절반은 절판 상태에 있다. 필자가 존 버거를 확실하게 인지하게 된 것은 〈녹색평론〉 2003년 5-6월호에 실린 「이 시대를 산다는 것의 고통」이라는 글을 통해서다(〈녹색평론〉은 그의 이름을 존 버거로 표기했다). 프랑스 시사잡지 〈르몽드 디플로마티크〉 2003년 4월호에 실렸던 이 글은 존 버거의 문명비평가로서의 면모를 잘 보여준다.

물건을 살 수 없고 하루하루 그저 연명해가는 약 8억에 달하는 사람들과 함께, 이 세상에 대해 다른 비전과 희망을 갖고 있는 사람들은 다른 시대에서 온 퇴행적 유물이거나, 평화롭게 또는 무기를 들고 저항이라도 한다면 이들은 영락없이 테러리스트들이다. 이들은 죽음의 사신이거나 질병과 폭동을 전염시키는 자들로 두려움의 대상이 된다. 이들이 '다운사이즈'됐을 때 —다운사이즈, 이 시대의 핵심어— 압제자들은 순진하게도 이 세상이 통일될 거라고 믿고 있다. 압제자들은 해피엔딩의 환상이 필요하지만 현실 속에서 이 환상은 깨질 것이다.

존 버거의 진가를 뒤늦게 알게 된 것이 필자로서는 약간 머쓱한 일이지만 그렇다고 부끄러운 일은 아니다. 소설가이면서 번역가인 이윤기도 1999년 출간된 존 버거의 장편소설『결혼을 향하여』(해냄)의 역자 후기에서 "번역에 착수할 당시 역자에게는 작가 존 버거에 대한 정보가 별로 없었다"고 말하고 있으니 말이다.

그런데 기억을 되살려 보니 필자는 존 버거의 책을 진작 읽은 바 있다. 존 버거가 쓴『사회주의 리얼리즘』(열화당, 1988)을 군복무를 마치고 복학한 대학 3학년 때 헌책방에서 사서 읽었다. 헌책방에 있던 여러 권의 '20세기 미술운동 총서' 가운데『사회주의 리얼리즘』을 무슨 생각으로 골랐는지도, 읽기는 했지만 어떤 내용이었는지도 지금은 거의 기억에 남아 있지 않다. 게다가 책을 구입할 적이나 읽을 때에도 저자인 존 버거에 대해서는 개념이 전혀 없었다.

원제가 'Way of Seeing'인『어떻게 볼 것인가』(현대미학사, 1995)는 존 버거의 대표작 가운데 하나로 세 권의 번역 텍스트가 존재한다.『어떻게 볼 것인가』라는 제목 말고도『영상 커뮤니케이션과 사회』(나남출판, 1987),『이미지— 시각과 미디어』(동문선, 1990)라는 제목으로도 번역되었다.

이 책은 엄밀히 말하면 존 버거의 단독저서가 아니다. 이 책은 BBC방송을 통해 방영된 4부작 텔레비전 시리즈에 바탕을 두고 있는데, 원제와 같은 제목의 TV 프로그램에는 존 버거를 포함해 다섯 명의 비평가가 참여했다. 하지만 존 버거를 책의 대표 저자로 봐도 무방하다. 아무튼 이 책은 미술학도나 미디어 관계자를 위한 '보는 것'에 대한 최적의 입문서로 정평이 나 있다. 특히 "본다는 행위는 말에 선행한다. 그래서 아이들은 말을 배우기에 앞서 보고 인지한다"는 구절로 시작하는 제1장은 '시각視覺'에 관한 통찰이 돋보인다.

본다는 행위를 통해 우리는 주변 세계 속에서 자신의 입지를 세운다. 우리는 언어로 세계를 설명하려 하지만, 언어는 우리 주변의 세계를 있는 그대로 보여 주지 못한다. 본다는 것과 안다는 것은 별개의 문제인 것이다. 매일 저녁 우리는 해가 지는 것을 본다. 우리는 지구가 돈다는 것을 안다. 그러나 그러한 지식과 설명이 우리가 본 것과 꼭 일치하는 것은 아니다.

사물을 보는 시각은 보는 이의 기존 지식과 신념에 의해 영향을 받는다. 지옥이 실재한다고 믿었던 중세 사람들이 가졌던 불의 의미와 현대인들이 가지는 불의 의미는 분명 다를 수밖에 없다. 그렇지만 지옥에 대해 그들이 가졌던 개념은 데면 뜨겁다는 신체적 경험뿐 아니라, 불에 타면 재가 남는다는 시각적인 것과도 관계가 있었다.

존 버거는 제1장 내용의 많은 부분을 발터 베냐민의 「기술복제시대의 예술작품」에서 시사 받았다고 밝히고 있으나 그렇다고 그의 보는 것에 대한 통찰력이 훼손되는 것은 아니다.『본다는 것의 의미』(동문선, 2000)에서 존 버거는 '시각'의 특질을 더욱 깊이 있게 탐구한다. 특히 관찰자로서 사람의 역할에 주목하는데, 그것은 '왜 동물들을 구경하는가?'라는 물음에 대한 답변의 형태로 제시된다.

동물원을 찾는 가족들에게 있어 그것은 박람회나 축구 경기를 구경하러 가는 것보다는 흔히 더 감상적인 경우이다. 어른들이 아이들을 동물원에 데려가는 것은, 아이들에게 그들이 가지고 있는 '복제품' 원물原物을 보여 주기 위해서, 그리고 어쩌면 또한 자신들이 어린 시절부터 기억하고 있는 그러한 복제된 동물들의 세계가 가지고 있는 천진함을 재발견해 보려는 희망에서인 것이다.

『본다는 것의 의미』는 미술비평서의 기색이 농후하다. 전체 분량의 3분의 2를 차지하는 제3부 '체험된 순간들'은 밀레에서부터 20세기에 국제적인 영향력을 지닌 유일한 영국 화가로 여겨졌던 프랜시스 베이컨에 이르는 주요한 화가들의 삶과 작품세계를 다룬 18편의 글을 싣고 있다.

『랑데부』(동문선, 2002)는 일종의 다성多聲 매체다. 그림과 사진을 바탕으로 '보는 것'과 이미지에 관한 진득한 탐색이 있는가 하면, 똥 무더기를 대상으로 한 그윽한 성찰이 있고, 날카로운 사회비평적 시각도 담겨 있다. 한마디로 이 책은 격조 높은 에세이집이다. 또한 탁월한 예술론이다. 하지만 세상을 바라보는 비판적 시각이 날카롭게 드러나는 첫 번째 글 「광부들」에 담긴 존 버거의 분노는 읽는 이를 압도한다. 이 책에는 격언으로 사용할 수 있는 글귀도 곳곳에 있다.

진정한 사랑만이 말도 안 되는 오해를 피하는 법
원래 회의주의자는 인생에 관한 어떤 총체적인 설명도 거부하는 사람들이다.
가시적인 것은 훼손되지 않은 언어로 자신을 번역하도록 허락하지 않는다.

『랑데부』에서 존 버거는 예술 장르로서 영화의 특질을 이렇게 갈파하기도 한다.

소설을 읽을 때, 우리는 종종 우리 자신을 등장 인물과 동일시한다. 시에서 우리는 우리 자신을 언어 그 자체와 동일시한다. 시네마는 또 다른 방식으로 작용한다. 시네마의 연금술은 그와 같아서 등장 인물이 우리에게 다가와 우리와 동일시한다! 이런 일이 일어날 수 있는 유일한 예술이 바로 영화다.

1972년 출간된 『어떻게 볼 것인가』를 필두로 거의 10년 간격으로 속간된 『본다는 것의 의미』(1980)와 『랑데부』(1991)는 존 버거의 사상의 흐름을 좇는 데 유용한 재료가 된다. 존 버거는 사진가 장 모르와 여러 차례 공동 작업을 했다. 『말하기의 다른 방법』(눈빛, 1993)과 『제7의 인간』(눈빛, 1992)은 그것의 일부다. 『말하기의 다른 방법』에서 존 버거는 두 사람이 공동 작업을 하게 된 사연을 소개하고 있는데 그는 장 모르의 '제자'를 자청하면서 인연을 맺었다.

카메라의 조작법과 사진 찍는 법을 배우기 위해 나는 장 모르를 찾아갔다. 알렝 타네가 주소를 알려 주었다. 장은 참을성있게 나를 가르쳤다. 나의 사랑을 말할 수 있으리라는 희망을 품고 나는 2년 동안 수백 장의 사진을 찍었다.

유럽의 이민 노동자를 주제로 삼은 사진에세이집인 『제7의 인간』은 외국인 이주 노동자 문제에 당면하고 있는 우리에게도 시사하는 바가 크다.
『그리고 사진처럼 덧없는 우리들의 얼굴, 내 가슴』(열화당, 2004)은 존 버거의 운문과 산문을 동시에 접할 수 있는 단아한 소품집이다. 이 책에서 그는 시간과 공간에 대해 이야기하는데, 번역자는 "이책에 실린 글들의

여유롭고 느린 느낌"에 대해 주목한다. 『삶의 한때』의
첫머리가 그런 느낌을 준다고나 할까.

내가 건초를 긁어모으고 있던 평지의 북쪽 약간 높은
지대에 작은 언덕이 있었다. 이 언덕에는 그냥 버려진
세 그루의 배나무가 있었는데, 두 그루는 잎이 무성했
고 한 그루는 잎이 앙상한 등치만 남은 채 죽어 있었다.
커다란 흰 구름장들이 떠 있는 파란 하늘이 나무들 뒤
로 펼쳐져 있었다.
전혀 신경 쓰지 않았던 이 작은 풍경은 내 눈을 사로잡
았고 나를 기쁘게 했다. 그냥 살아 있는 생명을 느끼게
해주는, 알지도 못하고 별로 두드러진 것도 없는 어떤
얼굴을 거리에서 보았을 때의 그런 기쁨이었다.

『피카소의 성공과 실패』(미진사, 1984)는 피카소를 재
평가한 비평서로, 번역자인 김윤수 교수에 따르면, "저
자는 피카소의 성공은 19세기의 천재개념, 천재의 상
품화에 있으나 반면 그것을 유지하기 위해 역사로부터,
그를 둘러싸고 있는 세계로부터 이탈했기 때문에 비극
이 있었고 실패했다고 보는 것이다." 존 버거는 영국 현
대문학의 대표적인 소설가로도 알려져 있으나 우리 독
자들에게 그의 소설 문법은 낯설게 느껴지는 모양이
다. 존 버거의 소설은 『아코디언 주자』(민음사, 1991), 3부
작 『그들의 노동에 함께 하였느니라』(민음사, 1994), 『결혼
을 향하여』 등이 번역되었지만 폭넓은 독자층을 확보
하진 못하고 있다.

존 버거의 책

A가 X에게– 편지로 씌어진 소설 김현우 옮김, 열화당, 2009.
아픔의 기록– 시 소묘 사진 1956–1996 장경렬 옮김, 열화당, 2008.
G 김현우 옮김, 열화당, 2008.
모든 것을 소중히 하라– 생존과 저항에 관한 긴급 보고서 김우룡 옮김, 열화
당, 2008.
여기, 우리가 만나는 곳 강수정 옮김, 열화당, 2006.
우리시대의 화가 강수정 옮김, 열화당, 2005.

포켓의 형태(문예신서 224) 이영주 옮김, 동문선, 2005.
시각의 의미(문예신서 260) 이용은 옮김, 동문선, 2005.
존 버거의 글로 쓴 사진 김우룡 옮김, 열화당, 2005.
세상 끝의 풍경 장 모르 공저, 박유안 옮김, 바람구두, 2004.
행운아– 어느 시골의사 이야기 장 모르 공저, 김현우 옮김, 눈빛, 2004.
그리고 사진처럼 덧없는 우리들의 얼굴, 내 가슴 김우룡 옮김, 열화당, 2004.
피카소의 성공과 실패 박홍규 옮김, 아트북스, 2003.
피카소의 성공과 실패 김윤수 옮김, 미진사, 1984.
랑데부 이은경·임옥희 옮김, 동문선, 2002.
본다는 것의 의미 박범수 옮김, 동문선, 2000.
어떻게 볼 것인가 하태진 옮김, 현대미학사, 1995.
이미지– 시각과 미디어 편집부 옮김, 동문선, 1990.
영상 커뮤니케이션과 사회 강명구 옮김, 나남출판, 1987.
말하기의 다른 방법(눈빛시각예술선서 7) 장 모르 공저, 이희재 옮김, 눈빛,
2004.
말하기의 다른 방법 장 모르 사진, 이희재 옮김, 눈빛, 1993.
제7의 인간– 유럽 이민노동자들의 경험에 대한 기록 장 모르 공저, 차미례
옮김, 눈빛, 2004.
제7의 인간 장 모르 사진, 차미례 옮김, 눈빛, 1992.
결혼을 향하여 이윤기 옮김, 해냄, 1999.
그들의 노동에 함께 하였느니라(1–3) 설순봉 옮김, 민음사, 1994.
아코디언 주자 설순봉 옮김, 민음사, 1991.
사회주의 리얼리즘 김채현 옮김, 열화당, 1988.

존 쿳시
John Maxwell Coetzee
1940–

보편성 돋보이는 은둔의 소설가
쿳시의 작품 세계

이름이 약간 낯설다 싶은 해외 작가의 번역서가 적잖
이 나와 있다면, 그 작가는 십중팔구 노벨상을 받은 작
가이기 쉽다. 저작권에 구애됨이 없었던 예전일수록 그
럴 가능성은 더욱 농후한데 체슬라브 밀로스, 엘리아
스 카네티, 옥타비오 파스 등이 그런 대표적인 경우다.
또한 이들이 쓴 책의 한국어판 번역서는 노벨상 수상
연도와 그 이듬해에 출간이 집중된 경향을 보여주었
다. 하나의 작품이 여러 군데서 나오는 중복 출판도 많
았다.

하지만 1990년대 중반을 고비로 이러한 마구잡이식 출판은 자취를 감추게 된다. 1994년 수상자인 오에 겐자부로가 해적판이 나돈 거의 마지막 작가라고 할 수 있다. 노벨상의 후광은 여전히 대단한 것이어서 문학상 수상자 발표가 나오기가 무섭게 수상 작가의 책이 서점에 깔린다. 그런데 이제는 그 양상이 많이 달라졌다. 이미 우리 출판·독서계에도 익히 알려진 작가의 수상이 잦은 까닭에 기 출간본들이 새 단장을 하고 출시되는 상황을 심심찮게 볼 수 있다. 귄터 그라스와 A.S. 네이폴이 그러한 가까운 예에 속하고, 2003년 수상자인 존 쿳시 역시 여기에 해당한다.

우리 사회에는 노벨 문학상을 떨떠름하게 여기는 풍조가 없지 않다. 노벨상에 열광하는 태도가 지닌 이른바 '문화사대주의'의 측면을 비판하는 것에는 동의하나, 노벨상 수상작의 '문학성'을 문제 삼는 것에는 선뜻 맞장구를 치기 어렵다. 사실 노벨 문학상에 대한 출판계의 열기와 독자들의 반응은 예전만 못하다. 시인이나 제3세계권에 속한 소설가는 노벨상의 후광 덕을 못 본 사례가 허다하다. 우리나라에서 인기를 끄는 노벨 문학상 수상 작가는 대부분은 영어, 프랑스어, 독어권 작가들이다. 그나마 이제는 그것도 제한적이다.

필자는 노벨 문학상이 적잖은 문제점을 안고 있기는 해도, 일 년에 한 번 세계적 수준의 해외문학을 접하는 계기를 마련해주는 소중한 이벤트라고 생각한다. 또한 한국문학이 침체의 그늘에서 좀처럼 벗어날 기미를 보여주지 못하고 있는 근자에는 우리 독자들에게 수준 있는 문학을 향수할 기회를 제공한다는 의미도 각별하다고 여겨진다. 특히 전 인류적인 보편성을 획득하고 있는 존 쿳시의 작품들은 더욱 곱씹어 읽을 가치가 있어 보인다.

존 쿳시의 소설들을 읽으면서 느낀 가장 강한 인상은 그것들이 결코 남의 얘기로 생각되지 않는다는 점이다. 『야만인을 기다리며』(들녘, 2003)와 『추락』(동아일보사, 2000)이 특히 그랬는데, 소설의 밑바닥에 깔린 식민 지배 의식과 특정 계층의 권력 행사 같은 것을 우리도 겪어서일까. 물론 소설의 배경을 이루는 남아프리카 공화국의 인종 갈등은 우리에게는 지역간·계층간 갈등으로 나타난다.

한국과 남아공은 한때 국제사회에서 '왕따'를 당한 아픈 기억을 공유한다. 한국은 그 기간이 짧았고, 남아공은 꽤 길었던 차이는 있지만 말이다. 1955년 인도네시아 반둥에서 열린 '아시아·아프리카 회의'에 우리나라는 대만, 남아공, 이스라엘 등과 함께 초청받지 못했다. 한국이 '반둥 회의'에 참가하지 못한 것은 북한이 주도적으로 참여해서였겠지만, 미국 블록의 일원이라는 점도 크게 작용한 모양이다. 아무튼 제3세계에 속하는 네 나라가 '아시아·아프리카 회의'에 제외된 것은 반공, 호전성, 인종차별주의가 그 이유였다. 백인정권이 흑백 분리정책을 밀어붙인 남아공은 만델라 정권이 들어설 때까지 국제 사회에서 이스라엘과 함께 외톨이 신세를 면치 못했다.

『야만인을 기다리며』는 가상 제국의 어느 변방 도시를 무대로 한다. 이야기를 이끌어가는 '나'는 그 도시의 치안 책임자인 무사안일의 기질이 다분한 인물이다. 그의 직책과 업무와 일상, 그리고 바람 따위를 서술한 대목을 보자.

나는 한가로운 변방에서 은퇴할 날을 기다리며 하루하루를 보내고 있는, 제국을 위해 봉사하는 책임 있는 시골 치안판사이자 관리이다. 나는 교구세教區稅와 세금을 거둬들이고 공동경작지를 관리하며, 주둔군에게 필요한 물자를 조달해주고 여기에 있는 하급 관리들을 감독하며, 교역을 감시하고 1주일에 두 번씩 법정업무를 주재한다. 그리고 해가 뜨고 지는 것을 바라보며, 먹고 자고 만족해한다. 내가 죽으면, 신문에 석 줄 정도의 기사는 실릴 수 있게 되기를 바란다. 나는 조용한 시대에 조용한 삶을 사는 것 이상의 것을 바란 적이 없다.

그는 평화를 선호한다. "나는 평화로운 게 좋다. 아무리 비싼 대가를 치른다 하더라도 평화를 유지하는 게 어쩌면 좋은 것일 게다." 또 도시에서 남쪽으로 2마일쯤 떨어진 곳의 모래로 덮여 있는, 폐허로 변한 집들의 흔적을 발굴하는 게 취미다. 지위를 적절히 활용해 여자를 밝히는 늙은이이기도 하다.

그러면서도 그는 일말의 양심은 있어서 자신이 "다른 사람들의 고생으로 편하게 먹고"산다는 것은 인정한다. 여기서 한 걸음 나아가 "문명이라는 게 야만인들이 가진 미덕들을 타락시키고 그들을 종속적인 존재로 만드는 것이라면" 그는 "문명에 반대하는 입장"을 취한다. 하지만 그는 원주민 소녀를 고문했던 사람들과 자신 사이에 존재하는 거리가 무시해도 좋을 만큼 미미하다는 것도 잘 안다.

수십 년 간 이어진 변방 도시에서의 그의 평온한 일상은 제국의 수도에서 파견된 고위급 보안 요원 대령의 출현으로 무참히 깨진다. 포로로 끌려와 고문을 당해 눈이 먼 원주민 소녀에게 동정심을 느낀 그는, 소녀를 보살펴 주고 원주민들에게 그녀를 데려다 준다. 이러한 그가 사관학교를 나온 젊은 장교에게 다음과 같이 비치는 것도 무리는 아니다.

그는 나를, 수년 동안 이렇게 침체된 곳에서 게으른 토착민들의 방식에 맞춰 살다 보니 구태의연한 생각에 젖어 있고, 제국의 안보를 임시적이고 불안정한 평화와 맞바꾸려 하는 위태로운 생각을 하는 한심한 민간인 관리쯤으로 생각하고 있는 것 같다.

결국, 그는 야만인과 내통한 죄로 치안판사직에서 쫓겨나고 갖은 곤욕을 치른다. 우여곡절 끝에 그는 변방 도시 시민들의 자발적인 지지를 받는 도시 행정 책임

자로 복귀한다. 치안판사가 했던 임무를 수행하지만 그는 더 이상 권위적이지 않다. 소설은 그로테스크한 분위기를 풍기면서도 묘하게 읽히는 힘이 있다. 다만 흡인력이 강한 전반부에 비해 후반부로 갈수록 늘어지는 느낌을 주는 것은 아쉽다.

이 소설의 번역자는 "미국과 이라크의 전쟁을 염두에 두고 읽으면, 이 소설이 마치 이라크 전쟁을 염두에 두고 쓰인 것이 아닌가 하는 생각이 들 정도로 통렬한 아이러니가 느껴진다"고 했지만, 그렇게 멀리 갈 필요도 없이 소설의 내용은 우리의 과거와 현재에도 그대로 투사할 수 있다. 미·영 연합군이 이라크에서 찾지 못한 대량살상무기만이 '야만인'은 아니다. 예전의 '야만인'이 북한의 침략 위협이었다면, 요즘의 우리에게 대표적인 '야만인'은 해외 신용등급 하락일 것이다.

제국에 충성하는 군인과 관리들은 야만인의 침략을 '학수고대'하지만 야만인은 오지 않는다. 그런 점에서 야만인은 새뮤얼 베케트의 〈고도를 기다리며〉의 고도를 닮았다. 쿳시는 베케트 전문가이기도 하다.

"법의 테두리 내에서 행동을 하지 않는 사람들에게는, 법적 절차라는 건 단순히, 많은 수단들 중 하나일 뿐"이라거나, "돈도 없고 줄도 없고 학벌도 변변치 않은 젊은이들이 정상에 이른다는 건 힘든 일"이라는 지적은, 이것이 제국의 현실을 가리키는 것인지 아니면 오늘 우리의 상황을 말하는 것인지 영 헷갈린다.

『추락』의 주인공인 영문학자 데이비드 루리 교수는 『야만인을 기다리며』의 치안판사와 닮은꼴이다. 우선 연배가 비슷하다. "그는 이혼까지 한, 쉰둘의, 남자치고는, 자신이, 섹스 문제를 잘 해결해왔다고 생각한다." 자기 직업에 충실하고 자신의 삶에 만족해하는 것도 다르지 않다.

그의 몸은 건강하고 정신은 맑다. 직업상, 그는 학자다. 혹은 그래 왔다. 가끔씩은 그의 중심부는 학문적인 일

에 관련돼 있다. 그는 그의 수입과 기질과 감정적인 수단의 반경 내에서 살아간다. 그는 행복한가? 대부분의 척도로 보자면 그렇다. 그는 그렇다고 믿는다. 하지만 그가 〈오이디푸스 왕〉의 마지막 후렴구를 잊은 건 아니다. 죽기 전에는 누구도 행복하다고 말하지 말라.

이윽고 그의 행복한 삶은 파국을 맞는다. 그는 추문에 휘말려 대학에서 쫓겨난다. 그러나 교수라는 직위를 앞세워 제자인 여학생을 농락하다가 그렇게 된 것이기에 동정의 여지는 별로 없다. 그는 대학 당국의 타협 제안을 거절하고 깨끗이 물러나 남아공의 동부 지역에서 새로운 삶을 개척하고 있는 딸을 찾아간다. 그는 딸에게 자신이 겪은 일을 이렇게 말한다.

지금은 청교도적인 시대야. 사생활은 공적인 일이 되지. 사람들은 성적인 만족을 위해 다른 사람들의 사생활을 엿보는 거야. 그들은 가슴을 쥐어뜯고, 뉘우치고, 가능하면 눈물까지 흘리는 것을 구경하기 원했지. 사실상 TV쇼를 원한 거지.

그의 딸 루시는 흑인들의 땅에서 농장을 일군다. 그녀는 흑인 세 명의 습격을 받아 윤간을 당하고 임신까지 하게 되지만 그곳을 떠나려 하지 않는다. 루시는 자신에게 닥친 고난이 "여기 머무는 것에 대한 값으로 지불해야 하는" 것으로 치부하며, 평화를 위해 치러야 할 희생 정도로 여긴다. 데이비드 루리는 딸이 선택한 삶과 행동에서 약간의 자극을 받기는 하지만 그것이 그의 삶의 행로를 완전히 뒤흔드는 차원은 아니다.

『포』(책세상, 2003)와 『페테르부르크의 대가』(책세상, 2001)는 '소설가 소설'로 부를 만하다. 물론 전형적인 소설가 소설은 아니지만 말이다. 두 소설에는 공히 소설가가 등장한다. 『로빈슨 크루소』를 패러디한 『포』에 나오는 포는 바로 『로빈슨 크루소』의 원작자인 다니엘 디포

다. 글쓰기의 자의식을 주제로 삼은 듯도 하나 이 소설을 통해 쿳시가 말하려는 것은 무엇인지 감이 잘 잡히지 않는다. 포는 이런 말을 한다.

책을 쓰면서, 참으로 자주 의심의 미로에서 길을 잃었지요. 내가 터득한 비결은 서 있는 곳에 표시나 표지를 달아 놓아, 다시 모색의 길에 나설 때 돌아올 수 있는 곳을 만들어 길을 잃는 것을 방지하는 것이지요. 일단 표시를 하고 나면, 모색을 계속하지요.

『페테르부르크의 대가』는 다름 아닌 도스토옙스키다. 왕은철 교수(전북대 영문학)는 이 작품이 "쿳시의 개인적인 숨결이 가장 간접적이고 우회적인 방식으로, 아니 간접적이고 우회적이어서 더욱 가슴 아프게, 배어 있는 소설"(《현대문학》 2000. 9)이라고 말한다. 이 소설은 도스토옙스키가 양아들의 죽음을 추적하는 방식으로 전개되는데 쿳시의 아들은 자살했다.

『장정일의 독서일기 5』(범우사) 2001년 6월 18일치를, 장정일은 쿳시의 소설들에 할애하고 있는데, 그날 독서일기 끝에 붙은 사족이 재미있다.

남아프리카의 네덜란드계 백인인 J.M. Coetzee는 『야만인을 기다리며』(두레, 1982)에서는 쿠찌, 『마이클 케이』(정음사, 1987)에서는 코에체, 『추락』에서는 쿳시로 불리웠다. 세 사람 모두 좋은 번역자들이어서 어떤 이름을 사용할까 고심하다가, 작가와 친분을 가진 『추락』의 번역자를 따라 쿳시라고 쓴다(왜냐하면 그의 이름을 직접 불렀을 테니까. 이를테면 "헤이, 쿳시 오랜만에 만났으니 한 잔 하세.").

그런데 더 정확한 발음은 '쿳시이'인 모양이다. 한국인 친구와 가진 서면 인터뷰에서 그는 이름에 대한 질문을 받고 이렇게 답한다. "정확한 발음은 쿳시이kut-SEE

입니다. 두 번째 음절에 강세를 주면서 '시이'라고 길게 발음하고, 첫 음절은 풋put과 운이 맞는 쿳kut으로 발음하면 됩니다."《21세기 문학》 제4호, 1998년 가을-겨울호)

서면 인터뷰이기는 해도 국내 문예지에 실린 쿠체와의 인터뷰는 아주 귀한 자료다. 쿳시는 은둔자로도 유명한데, 노벨 문학상 수상자로 선정되고도 그는 어느 매체와도 인터뷰를 하지 않았다.

존 쿳시의 책

나라의 심장부에서 왕은철 옮김, 문학동네, 2010.
슬로우 맨 왕은철 옮김, 들녘, 2009.
어느 운 나쁜 해의 일기 왕은철 옮김, 민음사, 2009.
동물로 산다는 것 전세재 옮김, 평사리, 2006.
어둠의 땅 왕은철 옮김, 들녘, 2006.
엘리자베스 코스텔로 왕은철 옮김, 들녘, 2005.
소년 시절 왕은철 옮김, 책세상, 2004.
철의 시대 왕은철 옮김, 들녘, 2003.
야만인을 기다리며 왕은철 옮김, 들녘, 2003.
야만인들을 기다리며 이만식 옮김, 현대미학사, 1994.
야만인들을 기다리며 표완수 옮김, 두레, 1982.
포 조규형 옮김, 책세상, 2003.
추락 왕은철 옮김, 동아일보사, 2000.
페테르부르크의 대가 왕은철 옮김, 책세상, 2001.
마이클 K 왕은철 옮김, 들녘, 2004.
마이클 케이 조한중 옮김, 정음사, 1987.

존 크라카우어
Jon Krakauer
1954-

등반가도 사람이다

등산의 역사는 생각보다 짧아서 200여 년 전, 알프스에서 시작되었다. 물론 그 이전에도 세계 각지의 사람들은 산을 오르내렸지만 산꼭대기를 등정한다는 개념은 없었다. 1786년 8월 8일 미셸 가브리엘 파카드 박사가 몽블랑 정상에 오름으로써 등산의 시대가 열렸다.

산이 위협적이고 험악하며 여행과 교역의 큰 장애물이자, 산 안에서 혹은 가까이에서 살아가는 사람들의 삶을 형편없게 만들어버리는 존재에서, 단지 거기 있기에 가봐야 하는 대상으로 바뀐 것이다.

파카드 박사의 몽블랑 첫 등정은 고전적 등반의 전형이라 할 만하다. 당시 파카드 박사에겐 동반자가 있었다. 그는 샤모니 지역의 토박이 수록 사냥꾼 자크 발마와 함께 몽블랑을 올랐다. 등반을 마치고 나서 발마는 이런 기록을 남겼다. "내 눈은 새빨갛게 충혈되었고 얼굴은 새까매졌으며 입술은 새파랗게 질려 있었다. 웃음을 터트리거나 하품을 할 때마다 부르튼 입술과 뺨에서 붉은 피가 솟아났다. 더군다나 나는 반쯤은 시력을 잃은 상태였다."

발마와 파카드는 훗날 프랑스의 샤모니를 먹여 살릴 중요한 소득원을 발굴해낸 공헌에 대해 60달러에 해당하는 포상을 받는다. 또 두 사람의 이름을 따서 광장과 거리 이름으로 삼았다. 이런 점은 에베레스트 초등初登에서도 그대로 나타난다. 1953년 5월 29일 이른 새벽, 뉴질랜드인 에드먼드 힐러리와 그의 셰르파 동료 텐징 노르가이는 지구에서 제일 높은 산에 오른다. 다음은 힐러리가 작성한 기록의 일부다.

"정신이 꽤나 혼미해진 상태로 과연 우리에게 정상에 도달할 수 있을 만큼 충분한 체력이 남아 있을까 하고 의문을 품었다. 나는 다른 산들을 둘러보았고 눈앞에 보이던 능선들이 어느덧 발아래로 자취를 감춘 것을 보았다. (…) 피켈을 몇 번 휘둘러 설사면에다 꽂고 조심스럽게 몇 걸음을 내디딘 끝에, 텐징과 나는 마침내 정상에 섰다."

에베레스트에 오르려는 이들의 등반 경비는 네팔 당국의 주요 수입원이다. 미국의 논픽션 작가 존 크라카우어의 『그들은 왜 오늘도 산과 싸우는가』는 "등반을 둘러싸고 있는 지나친 신비감을 없애고 그 무게를 조금 가볍게 하려는 것"을 목적으로 한다. 그렇다면 원제가 'Eiger Dreams(아이거, 꿈을 꾸다)'인 이 책의 한국어판 제목은 지은이의 집필 의도를 약간 거스른다. 크라카우어는, 실제로 대부분의 등반가들은 대중들이 상상하는 것처럼 미치광이들이 아니라며, 그들은 단지 인류가 가진 치명적인 긴장감에 물들어 있을 뿐이라고 말한다. '책머리에'에 나와 있는 그의 삶의 여정만 해도 그렇다.

크라카우어의 등반에 대한 집착의 뿌리는 1962년으로 거슬러 오른다. 여덟 번째 생일날 그의 아버지는 작은 크기의 등산 장비를 그에게 선물하고 산에 데려 갔다. 열여덟 살 무렵 등반은 그의 인생의 전부였다. 삶의 다른 요소들은 들러리에 불과했고 공공연히 무시되었다. 1974년에 이르러 등반을 향한 그의 몰입은 더욱 강렬해진다.

그해 크라카우어는 동료 여섯 명과 알래스카 첫 원정을 떠난다. 1974년 6월의 어느 날 새벽 2시 30분, 열두 시간 동안 등반한 끝에 재너두라는 산의 정상에 오른다. 그의 두 손은 추위로 얼어붙었지만, "나는 그 순간 내 삶 전체를 통틀어 가장 행복했었다." 이듬해 12월 대학을 간신히 졸업한 그는, 그 이후 8년간 떠돌이 잡역부 생활과 등반을 반복하며 점점 지쳐간다. 등반을 그만두기로 결심하고선 그 사실을 사귀던 여자 친구에게 알린다. 그녀의 결혼 승낙을 받았지만 그것은 등반이 그에게 미치고 있던 위력을 크게 과소평가한 것이었다. 등반을 포기하는 것은 그가 상상한 것 이상으로 어려운 일이었다. 결국 그는 등반 포기 1년이 안 되어 다시 산을 찾는다.

"나는 이제 더 이상 절벽 가장자리 바로 앞까지 억지로 나아가거나 매 피치마다 여전히 목숨이 붙어 있다는 사실을 신께 감사드리거나 매번 등반에 나설 때마다 이전보다 더 어렵고 위험한 곳을 찾아다니지 않게 되었다. 최근 들어 나는 일주일 내내 위스키 병을 입에 달고 살던 알코올 중독자가 토요일 저녁 시원한 맥주

한 잔만을 들이키는 평범한 사람으로 바뀐 것 같은 기분이 든다."

평범한 산악인으로 '거듭난' 크라카우어는 등반가의 열정을 글쓰기에 쏟아 붓는다. 전업 작가로 활동하면서 관심의 영역이 넓어졌으나, 등반에 관한 이야기는 늘 그의 가슴에 가장 소중하고 친밀한 것으로 남아 있다. 나는 에베레스트 '정복'이니, '5대륙 최고봉 등정'이니 하는 표현이 과히 달갑지 않다. 그렇다고 조직적인 관리 기구와 공식적인 규칙이 거의 없기 때문에 등산을 진지한 운동이 아닌 여가나 취미생활로 취급하는 것에도 동의하지 않는다. "빙벽 등반이라는 스포츠는 지켜보는 심판도 없고 공식적인 규칙도 없고 잘 짜인 대회도 치러지지 않는다. 하지만 그런 것들과는 상관없이, 빙벽 등반은 치열하게 경쟁적인 스포츠이기도 하다."

물론 경쟁의 양상이 무자비할 정도로 치열해지는 건 바람직하지 않다. 등반계의 살아 있는 전설로, 세 대륙에 걸쳐 최고의 산악인으로 존경받는 존 길은 오로지 "수직 고도가 9미터보다 낮은 바위들만을 등반함으로써 자신의 명성을 얻었다." 존 길은 규모가 큰 바위는 전혀 올라가지 않았지만, 헤르만 불, 에드먼드 힐러리, 로열 로빈스, 라인홀트 메스너 같은 이 시대의 위대한 등반가들과 어깨를 나란히 한다.

"산이란 곳은 우리가 살고 있는 도시와는 완전히 다른 곳이다. 그곳의 하늘은 언제나 습기 찬 구름과 거센 바람이 장악하고 있다." 험준할수록 산은 더 위험하며 등반 여건도 아주 나쁘다. 그런데 고산高山 등정을 찍은 산악 다큐멘터리는 대체로 끈기 있고 잘 참으며 역경에 굴복하지 않는 등반가의 영웅적 면모를 부각한다. 하지만 크라카우어는 산악인도 사람이라는 사실을 일깨운다. 예컨대 거대한 빙하가 꿈틀거리는 히말라야의 광대한 위용을 느끼고 싶다면, 혹독한 날씨에 발이 묶여 몇 날 며칠이고 텐트 안에 갇혀 시간을 보낼 수도 있

음을 각오해야 한다. 또 "무시무시한 미지의 세계를 탐험해 온 전문가들은 동료를 선택할 때 지나치게 활동적인 성격을 지닌 사람은 피하라고 강하게 권고한다."

가뜩이나 날이 선 텐트 분위기를 쉽게 뒤엎어버릴 수 있어서다. 등반용 텐트의 크기는 고작해야 공중전화 부스나 2인용 침대 크기 정도밖에 되지 않기에 그 안에서 생활하는 이들은 어쩔 수 없이 서로 몸을 부딪치게 된다. 이러면 아무리 가까운 사이라도 골이 생기기 마련이다. "신경은 날카로워지고 사소한 일에도 쉽게 짜증내고 화내게 된다. 뚜둑거리며 손가락 관절을 꺾는 소리나 코 후비기, 코골기 같은 하찮은 일로도 폭력이 발생한다." 심지어 축축한 발이 자기 자리로 넘어왔다며 주먹을 날리는 사람도 있다.

"단 두 명으로 이뤄진 원정대는 만일 날씨가 악화되어 오랫동안 텐트생활을 해야 할 경우, 십중팔구 서로의 가슴에 영원토록 지워지지 않을 깊은 상처를 남기고 파국을 맞게 될 것이라고 많은 사람들이 입을 모아 말했다." 어떻게? 며칠째 폭풍과 눈보라가 몰아치고 있다. 비좁은 텐트 안에서 누군가 소리친다. "이런 망할 놈의 원정에 오자고 한 건 바로 너라고!"

그럼, 이렇듯 험악한 상황을 무엇으로 이겨낼까? "책은 무게가 많이 나가기는 하지만 마약 못지않게 지루함을 달랠 수 있는 훌륭한 수단이 된다." 텐트생활에 가장 적합한 읽을거리는 원정이나 탐험에 관한 이야기다. "만약 대원들과의 불화로 인해 조용히 책을 읽을 수 없게 되거나 아니면 아예 책을 가져오지 않았다면 이제 당신에게 남은 선택의 여지는 그리 많지 않다."

이 책 뒤표지에는 "전 세계 아마존 독자들의 찬사를 받은 존 크라카우어의 새로운 작품!"이라는 문구가 있다. 그런데 저작권 표시란을 보면, 이 책의 원서는 1990년에 나왔다. 아마도 『희박한 공기 속으로』 이후, 크라카우어 책의 새로운 번역서라는 의미인 듯한데, 『희박한 공기 속으로』는 원서도 1997년에 나왔다.

『희박한 공기 속으로Into Thin Air』는 등반 역사상 최악의 참사 가운데 하나인 1996년 여름 시즌의 에베레스트 등반 사고를 냉정한 시선으로 다뤘다. 하여 당시 등반을 함께한 이들과 희생자 가족의 비난을 사기도 했다. 하지만 존 크라카우어가 아래와 같은 덕목을 지닌 등반가라는 사실은 분명해 보인다.

"그들에게는 산 정상에 오르는 일 자체보다 어떤 식으로 그 곳에 올랐는가가 훨씬 더 중요했으므로 가장 험난한 루트를 최소한의 장비를 갖고서 가장 대담한 방식으로 도전한 사람들만이 높은 명성을 얻었다. 그리고 밧줄이나 그 밖의 장비들을 갖추지 않고 맨 몸으로 혼자 정상에 오른 몽상가들, 즉 이른바 솔로이스트를 제일 높이 쳤다."

존 크라카우어의 책

인투 더 와일드 이순영 옮김, 바오밥, 2010.
그들은 왜 오늘도 산과 싸우는가 하호성 옮김, 자음과모음, 2006.
희박한 공기 속으로(개정판) 김훈 옮김, 황금가지, 2007.
희박한 공기 속으로 김훈 옮김, 황금가지, 1997.

존 테일러 개토
John Taylor Gatto
1935-

학교는 미쳤고, 학교교육은 엉터리다

걱정이다, 내년(2007)에 초등학교 들어가는 딸애가. 올 1학기 내내 초등학교 병설유치원을 무사히 다닌 아이가 2학기 들어서 유치원 가길 꺼려해서다. 아이의 유치원 등원 거부증세는 유치원 자체가 싫어서라기보다는 엄마와 떨어져 있는 걸 못 견디기 때문이다. 지난 9월 11일 아빠의 병원 응급실 입원을 겪으면서 엄마 곁에 있으려는 경향이 더 심해졌다.

아빠와 엄마의 순탄치 않았던 학교생활도 영향을 줬을 것이다. 나는 교실에서 교사의 눈에 잘 안 띄는 평범한 학생이었다. 학년이 올라갈수록 점점 더 그런 학생이 되어갔다. 하지만 학교생활은 참으로 끔찍했다. 그 고통을 어떻게 견뎌냈는지 모를 정도다. 학교생활의 참담함은 2년 남짓한 군대생활을 방불하게 한다. 다시 학교에 다니는 것은 상상할 수도 없다.

겉으로 드러나지 않았어도 끔찍했던 학교생활의 실상은 담임선생님들에 대한 기억이 잘 말해준다. 미국의 교육자 존 테일러 개토의 일생을 교사직에 붙들어 놓은, 그가 햇병아리 교사시절 밀라그로스라는 학생에게 받은 카드의 문구는 내게도 해당된다. "선생님 같은 선생님은 찾을 수가 없어요." 나는 개토 같은 선생님을 한 번도 못 만났다.

"선생님 같은 선생님은 찾을 수가 없어요"
(나를 가르친 분들의 명예를 훼손할 의도는 전혀 없다.)

초등학교 1학년 담임 구 아무개 선생님 내 실내화 한 짝을 훔쳐간 것은 경호였다. 경호의 신발주머니에서 내 이름이 써져 있는 실내화가 나왔다. 40대 중반의 남자 선생님이 실내화를 치켜들며 네 것이냐고 물었다. 당황한 나는 아니라고 했다. 명백한 사실을 부인하다니, 내가 왜 그랬을까? 나는 실내화 한 짝을 잃어버린 사실을 누구에게도 말하지 않았다. 학교에서 한동안 양말발로 지냈다.

2학년 하 아무개 선생님 할머니나 다름없어 보이는 담임선생님이 어머니를 오라고 하셨다. 선생님이 시험지용 8절지 찬조를 요구한 모양이다. 어머니는 가정형편을 들어 거절하셨다. 우등상을 탈 수 있는 성적이었는데 못 탄 것이 그 때문일까? 그 이후 어머니는 운동회 때만 학교에 왔다.

3학년 김 아무개 선생님 처음으로 우등상을 받았다. 기뻤다. 키가 작았던 선생님에게 내 또래의 아들이 있어서 나를 배려하신 것 같다. 6학년까지 내리 우등상을 받는 계기를 마련해 주신 점도 감사하게 생각한다. 이것 말고 다른 일은 떠오르지 않는다.

4학년 김 아무개 선생님 무슨 이유에선지 몰라도 선생님의 귀여움을 받았다. 선생님 댁에도 가봤다. 겨울방학에는 선생님이 가정방문을 오셨다. 학기 초에 혜준이를 심하게 야단치는 장면이 뚜렷하게 남아 있다. 그 애가 큰 잘못을 한 것도 아닌 듯했는데, 혜준이는 운이 나빴을 뿐이다. 중학교 2학년 때 체육 선생님이 4학년 담임선생님과 부부라는 소문을 들었다. 굳이 소문의 진상을 확인하려들지 않았다.

5학년 김 아무개 선생님 난 정말 운이 지지리도 없었다. 혜준이보다 더 나빴다. 첫날, 본보기로 뺨 한 대를 맞았다. 몸집이 건장한 선생님의 손바닥 가격은 엄청 강했다. 내 뭘 잘못했지? 앉은 자세가 불량했나? 어쨌든 이날 이후로 선생님들에 대한 불안과 공포가 내면 깊숙이 각인되었다. 나는 선생님들을 무의식적으로 경계하기 시작했다.

6학년 백 아무개 선생님 나는 제법 똑똑한 학생이었다. 어느 시험에선가 전교 1등을 하기도 했다. 체육도 잘했다. 체육공개수업에서 뜀틀을 훌쩍 뛰어넘었다. 중학교 1학년 여름방학 때 먼발치에서 다가오는 6학년 담임선생님과 눈이 마주치자 냅다 줄행랑을 놓았다. 꽤 오래 죄책감에 시달렸다.

중학교 1학년 담임은 음악선생님이었다. 나 혼자 청소하는 모습이 선생님 눈에 띄어 졸업할 때까지 선생님의 호감을 샀다. 하지만 작곡가 현제명 선생이, 선생님이 나온 국립대 음악대학의 틀을 다졌다는 주장은 당시에도 뭔가 이상했다. 2학년 담임은 샌님형 생물선생님이다. 그러나 내가 보기에는 무사안일하고 지나치게 안정 지향적이었다. 이런 분은 교사로 부적격이다. 언젠가 우연히 신문에 난 정부의 포상을 받는 정년퇴임 교사 명단에서 그의 이름을 보았다. 3학년 담임은 키가 작은 입지전적 인물이었다. 나는 그의 관심권 밖에 있었다.

고등학교 1학년 담임은 '교도관' 같았다. 전국체육대회 매스게임 연습을 하는 도중, 불미스런 사건을 촉발하여 근신 3일의 징계를 받았다. 교실에 남았어도 됐지만, 자청해서 무기정학이나 유기정학을 받은 중징계자들과 도서관에서 지냈다. 그래서 나는 학교도서관이 싫다. 2학년 담임선생님은 다시 뵙고 싶은 분이다. 어디서 뭘 하실지? 서울 중위권 대학의 원서 작성을 완강하게 거부하던 3학년 담임은 같은 지역 대학의 원서를 써주며 이렇게 말했다. "인재가 I대에 가네."

지금 생각하면, 상대적으로 자유로웠던 대학에서 '자체 휴강'을 많이 못한 것이 가장 아쉽다. 내가 만난 대학 교수들 역시 초중고 교사들 못지않게 팍팍했다. 1980년대 중반 말만 번지르르한 어느 교수는 강의시간에 운동권 학생들과 벌인 시국논쟁에서 억지를 부렸다. 또 납·월북 시인과 당시 감옥에 갇혀 있는 시인들의 작품으로 시화전을 연 선배들에게 "나, 니들 책임 못 져"라고 한 교수도 있었다.

교사들의 일곱 가지 죄

개토의 『바보 만들기』를 읽는데 밑줄을 긋느라 평소 시간의 두 배를 들였다. 정말 줄을 많이 쳤다. 그만큼 개토의 주장에 공감한다는 얘기다. 이런 책은 백문이불여일독百聞而不如一讀이나, 살짝 맛보기를 하는 것도 나

쁘진 않다. 이 책은 강연과 연설 문투로 되어 있다.

「교사들의 일곱 가지 죄」는 1991년 개토가 미 뉴욕주 '올해의 교사' 상을 받는 자리에서 한 연설을 정리한 것이다. 교사가 저지르는 일곱 가지 죄는 바로 교사가 가르치는 것들이다. 그 첫째는 '혼란'이다. 학교라는 곳은 졸업생이 어떤 참된 열정을 갖고 사회에 나서는 것을 바라지 않는다. 뜻도 모를 전문용어로 뒤범벅된 공구상자를 들고 나가길 바란다. 학교에선 서로의 작업에 연관성을 거의 못 느끼는 너무나 많은 어른들이 자격도 없는 전문성을 내세우면서 아이들을 혼란 속으로 몰아넣는다.

두 번째는 '교실에 갇혀 있기'다. 교사는 학생들에게 교실에서 나가지 말라고 가르친다. 세 번째는 '무관심'이다. 교사는 아이들이 어떤 것에도 지나친 관심을 기울이지 않도록 해야 한다. 학교의 시간을 지배하는 감춰진 원리인 종소리는 학생들의 모든 노력을 무관심이 지배하도록 감염시킨다. 또한 교사는 학생들에게 '정서적 의존성', '지적 의존성', '조건부 자신감' 등을 주입한다. 일곱 번째로 교사가 학생들에게 가르치는 것은 숨을 곳은 아무 데도 없다는 것이다. 교사는 학생들에게 너희들은 항상 감시받고 있으며, 교사들은 학생들의 행동 하나하나를 살피고 있다고 주지시킨다.

그런데 '혼란'은 '분열'을 밑바탕 삼는 학교교육의 측면과 통한다. "이를테면 하나의 생각을 학교에서 배우는 과목이란 걸로 쪼개고, 또 그 과목들까지 더 작은 부분으로 나누는가 하면, 수업 시간을 토막내어 종소리만 울리면 수업을 마치도록 만드니, 스스로 공부하고자 하는 마음이 끊임없이 방해 받아 사그라들 수밖에요.

개토는 학교에서는 논술을 제대로 가르치기 어렵다고 말한다. 교사가 던져 주는 조각난 추상적 지식만을 습득한 결과, 졸업 무렵이면 학생은 고분고분하고 전제적 질서에 젖어 있는 사람이 되어 있다. "이런 '소시민'

은 정책을 결정하는 사람들에게 대들 수가 없지요. 설혹 불만이 있다고 하더라도 그걸 한결같이 지닐 줄도 모르고 넓게 생각할 줄도 모르니까요. 그래서 학교교육을 잘 받은 아이들은 비판하는 생각을 할 줄 모르고 올바르게 토론할 줄을 모르는 겁니다."

개토가 40년 교사 생활을 바탕으로 까발린 미국 학교교육의 문제점은 그대로 우리 학교교육의 문제라고 해도 지나치지 않다. 완전히 빼다 박았다. 그런데 개토가 제시하는 '미치광이 학교'교육의 대안 중 일부는 오해의 소지가 있다. 학교교육의 자유시장이 "독학까지 포함해 자기에게 맞는다고 생각되는 교육의 종류를 학생들이 선택하는" 거라 해도 "자유시장에 맡깁시다"라는 주장은 우리 현실에선 사교육의 입지를 넓혀주는 근거가 될 수도 있다.

그는 미 대륙의 식민지 개척 초기 사회를 이상화하고, 옅으나마 미국인 특유의 애국주의에 물들어 있다. 이건 그가 미국인이라서 그럴 수 있다 쳐도 배타성이 결국에는 다양성을 가져온다는 변증법의 역설은 수긍하기 어렵다. 뭐, 이것 역시 이해 못할 문제는 아니다. 하지만 개토가 창조론 신봉자일지 모른다는 의구심은 간단한 문제가 아니다.

개토는 은근히 진화론에 대한 적의를 드러낸다.

"생물의 진화가 하나의 이론이 아닌 사실이라고 가르치라는 지시를 받으면 저는 그대로 가르치는 것입니다."(35쪽, 민들레판)

"한참 시를 짓고 있던 젊은이도 종이 울리면 바로 공책을 덮고 다른 교실로 달려가 인간과 원숭이가 같은 조상으로부터 유래한다는 사실을 외울 준비를 하게 하는 그런 제도니까요."(66쪽, 민들레판)

이런 거부감이 학교교육의 맹목성을 비판하거나 "단 하나의 올바른 길이 있는 건 아니다"라는 개토의 지론이 반영된 거라면 모르지만, 그가 반진화론자라서 그렇다면 단순한 문제가 아니다. 더구나 그의 성향에 비

취 그가 비타협적인 반진화론자일지도 모른다면 사태는 심각해진다. 그래도 나는 개토가 "창조에 관한 창세기의 설명을 단순히 종교적 신념이 담긴 문헌으로서 글자 그대로 읽기를 받아들이는 사람"(필립 키처, 『과학적 사기― 창조론자들은 과학을 어떻게 이용하는가?』, 주성우 옮김, 이제이북스)이라면 상관하지 않겠다.

다만, 그가 혹시라도 "창세기에 적힌 이야기를 글자 그대로 이해하는 데 손을 들어 주는 과학적 증거가 있는 척하는 사람, 종교적 교의를 과학적 설명으로 가장하는 사람, 종교적 가르침이 과학교과에 포함되도록 시민들을 설득력하려는 사람"(필립 키처, 같은 책)이라면, 그의 학교교육 비판과 주장들을 더욱 신중하게 살펴보겠다.

학교에 대한 아홉 가지 억측

『교실의 고백』은 『바보 만들기』의 부연이다. 개토가 말하는 학교교육에 대한 아홉 가지 억측은 다음과 같다.

1. 사회적 단결은 강제적 학교교육이란 수단을 통해서만 이루어질 수 있다. 학교교육은 사회혼란을 막는 주요한 방어수단이다.
2. 아이들은 먼저 스승에 의해 사회화되어야 서로를 받아들이는 법을 배울 수 있다.
3. 아이들에게 가장 안전한 스승은 국가면허를 취득한 자격 있는 전문가이다. 아이들이 비전문가의 손길에 맡겨져서는 안 된다.
4. 아이들에게 가족, 문화, 종교 규범을 위반하도록 강요해도 지성이나 인격 발달에 해가 되지는 않는다.
5. 아이들은 어머니와 아버지가 도덕이나 가치 판단의 주권자라는 미신에서 깨어나야 한다.
6. 가정은 모든 이들의 교육에 관심을 기울여야겠지만 자기 자식의 교육에 대해서는 지나친 관심을 갖지 말아야 한다.
7. 국가는 교육, 도덕, 신념을 책임지는 주체이다. 국가

의 감독에서 벗어나는 아이들은 부도덕하다.

8. 아이들의 가정은 저마다 신념과 배경, 개성이 다르지만 함께 어울려야만 한다. 서로 신념이 배치되는 가정의 아이들도 어울려야 한다.

9. 자유 대신 의무를 부과하는 것은 국가권력을 올바르게 이용한 것이다.

나는 우리 교육당국이 추진하는 학교에서의 독서교육에 회의적이다. 개토의 표현을 빌면 "책을 읽는 이들에겐 국가가 개입하기 어려운 내밀한 삶이 있"어서다. 도서출판 민들레 편집실이 엮은 『홈스쿨링, 오래된 미래』에 실린 존 테일러 개토의 짧은 글 「우리는 어떻게 믿게 되었나」는 그가 저서에서 이미 다룬 내용이다.

개토의 책은 내게 적잖은 위안이 되었다. 하지만 딸애가 초등학교에 무난히 적응했으면 하는 게 솔직한 심정이다. 그런 상황에 직면해봐야 알겠지만 홈스쿨링은 쉬운 일이 아니리라. 그나저나 밀라그로스 학생은 어떤 사람이 되었을까? 1988년 개토가 24년 만에 신문에서 접한 그녀의 이름은, 밀라그로스가 그 스승의 그 제자임을 말해준다.

'직업교사상' 통합교사연맹 소속의 밀라그로스 말도나도 씨는 그 탁월한 성취와 모범적인 직업정신으로 주 교육부로부터 우수 직업교사상을 받았다. 모교인 뉴욕 시 노먼 토마스 고등학교에 비서학 교사로 있는 말도나도 씨는 1985년 맨해튼 구 올해의 교사로 선출된 바 있으며, 그 이듬해에는 전국여성협의회에서 양심의 여성상에 지명된 바 있다.

존 테일러 개토의 책

바보 만들기 김기협 옮김, 민들레, 2005.
바보 만들기 - 의무교육 무엇이 문제인가 김기협 옮김, 푸른나무, 1994.
교실의 고백 이수영 옮김, 민들레, 2006.

죄르지 루카치
György Lukács
1885-1971

방대한 업적 남긴 20세기 문학이론의 거장

1980년대 우리 문학계에 가장 큰 영향을 끼친 외국의 이론가는 누굴까? 1997년 봄 창간된 계간 〈한국문학평론〉이 창간특집으로 마련한 「평론가 163인에게 듣는다」에서 영향 받은 문학평론가·문학이론가·문예사조를 물어보는 항목이 있었는데 23명이 루카치라고 응답했다. 외국 이론가 가운데 1위였고, 전체적으로는 김윤식 교수에 이어 2위를 차지했다. 또한 30대 평론가와 소설 전공자들은 루카치를 으뜸으로 꼽았다.

헝가리 태생의 문예이론가이자 미학자이며 철학자인 죄르지 루카치는 70여 년에 걸쳐 정력적으로 연구와 저술활동에 종사해 40여 권에 달하는 저서를 남겼다. 루카치의 이론이 일제강점기에 활동했던 김남천 같은 작가에게 영향을 줬고, 해방기의 문학논쟁에서도 그의 이름과 이론이 등장하지만 루카치의 저서가 본격적으로 번역되기 시작한 것은 1980년대 중반부터이다.

처음으로 번역된 책은 루카치의 대표작 『소설의 이론』(심설당, 1985)이다. '소설의 철학' 또는 '철학적 미학'이라고도 불리는 이 책에서 루카치는 왜 소설이 현대의 대표적 문학형식이 될 수밖에 없는지 철학적인 물음을 제기하면서 이를 역사철학적·미학적으로 해명한다. 이 책의 첫 구절은 국내 필자들에게도 자주 인용되는 명구다.

"별이 빛나는 창공을 보고, 갈 수가 있고 또 가야만 하는 길의 지도를 읽을 수 있던 시대는 얼마나 행복했던가? 그리고 별빛이 그 길을 훤히 밝혀 주던 시대는 얼마나 행복했던가?"

『소설의 이론』이 국내에 소개된 시기에 또 한 권의 책이 루카치의 이름을 달고 나왔다. 『레닌』(녹두, 1985)은 루카치가 오래도록 금기시된 이유를 짐작하게 하는 책이다. 알튀세르의 논문 「레닌과 철학」 등과 함께 실린 루카치의 '레닌론'은 레닌의 사망 직후 특별한 준비 없이 쓴 글이다. 당시 그에게 절대적인 것으로 보였던 레닌의 핵심적 정신을 이론적으로 규명하고자 시도한 글이라고, 1967년에 쓴 후기에서 루카치는 밝히고 있다.

루카치는 20세기 마르크스주의 철학을 논할 때 빼놓을 수 없는 인물이다. 『역사와 계급의식』(거름, 1986)은 그 증거. 이 책은 1919년부터 1922년까지 헝가리 공산당에서 활동하면서 혁명운동의 이론적 문제들에 관해서 틈틈이 쓴 논문을 모은 것이다. 이 책은 유럽의 마르크스주의자들과 일반인에게 큰 호응을 얻어 서구 마르크스주의의 사상적 원조가 되었다.

여기에는 몇 가지 이유가 있는데 먼저 이 책이 마르크스주의 역사에서 처음으로 헤겔의 변증법을 복권하고 헤겔과 마르크스의 연관성을 부각했기 때문이다. 또한 소외 문제를 자본주의에 대한 비판의 핵심문제로 거론함으로써 좌우파를 막론한 후대의 사상가들이 소외 문제를 시대의 과제로 여기게 만들었다.

우리에게는 철학적 문제와 난해함으로 인해 번역되지 못하다가 원전 출판 이전에 이스트반 메자로스가 쓴 해설서가 먼저 소개돼 사랑을 받기도 했다. 1986년 번역된 『역사와 계급의식』은 철학책으로는 드물게 출간 한 달 만에 3000부가 팔리는 호응을 얻었다. 이 책은 이듬해 출간된 『역사소설론』(거름, 1987)과 함께 이제는 '거름아카데미'를 통해 만날 수 있다.

미학이론과 리얼리즘에 관한 루카치의 저작도 다수 소개되었다. 미학 분야는 '미학범주로서의 특수성'을 우리말로 옮긴 『미학서설』(실천문학사, 1987)과 쉴러에서 스탈린에 이르는 주요 미학이론가에 관한 연구논문인 『미학논평』(문화과학사, 1993)이 대표적이다.

리얼리즘 관련서는 더욱 다양하다. 리얼리즘과 모더니즘 사이의 논쟁을 루카치의 글에다 에른스트 블로흐, 브레히트, 아도르노의 글을 맞세워 조명한 『문제는 리얼리즘이다』(실천문학사, 1985)를 필두로 『우리시대의 리얼리즘』(인간사, 1986), 『변혁기 러시아의 리얼리즘 문학』(동녘, 1986), 『리얼리즘문학의 실제비평』(까치, 1987) 등으로 이어졌다. 특히 『리얼리즘문학의 실제비평』은 제목 그대로 이론비평가로 이름난 루카치의 실제비평을 접하는 흔치 않은 기회를 제공했다.

지금까지 출간된 루카치 저서는 스무 권이 훨씬 넘는다. 1980년대 중반 이후 소개된 사상가치고 이만한 책이 번역된 사람도 드물다. 그런 까닭에 중복출판도 없지 않은데 『이성의 파괴』가 대표적인 경우이다. 1848년 혁명부터 히틀러의 파시즘에 이르기까지 부르주아 철학이 사회적 진보운동에 대하여 어떠한 반동적 경향을 드러냈는지 역사적·변증법적 유물론의 관점에서 분석하고 비판한 이 책은 세 번 출간되었다.

'혁명들 사이의 비합리주의'라는 부제를 달고 나왔던 열음사판(1993)은 세 권으로 이뤄진 원서 가운데 첫째 권만 번역되고 나머지는 나오지 않았다. 1996년에는 도서출판 백의에서 두 권으로 출간되었고, 1997년 다시 세 권으로 번역된 『이성의 파괴』가 심설당에서 나왔다.

하나의 저서를 다른 제목으로 번역하거나 번역자 임의로 발췌 번역하는 것도 루카치 사상의 국내수용에서 문제점으로 지적될 수 있다. 『루카치 문학이론』(세계, 1990)은 1930년대 쓴 논문 모음. 여기에 「소설의 이론」이라는 제목의 논문이 버젓이 들어가 있지만, 이것은 소련 콤아카데미에서 편찬한 문예백과전서의 장편소설 항목을 옮긴 것이다. 『소설의 본질과 역사』(예문, 1988)에는 루카치가 쓴 장편소설의 개요와 함께 사전 편찬을 위한 토론 기록까지 수록돼 있다.

『사회적 존재의 존재론』(동녘, 1996)은 비교적 최근에 번역된 루카치 텍스트의 하나지만 2부 8장으로 구성된 원서의 일부를 번역한 것이다.

『20세기를 움직인 사상가들』에서 기 소르망은 20세기를 움직인 사상가들의 공통점으로 겸손을 꼽았다. 루카치 역시 겸양의 미덕을 갖추고 있다. 오늘날 이 방면의 탁월한 업적으로 평가받고 있는『역사소설론』의 독일어판 서문에 그는 자신의 책에 대해 이렇게 적고 있다. "이 책은 그 부피에도 불구하고 하나의 시도이고 에세이에 지나지 않는다." 루카치의 인간적 면모에 대한 더욱 상세한 정보는 그의 프로필에 해당하는『맑스로 가는 길』(솔출판사, 1993)에서 충분히 얻을 수 있다.

죄르지 루카치의 책

소설의 이론 김경식 옮김, 문예출판사, 2007.
소설의 이론 반성완 옮김, 심설당, 1985.
역사와 계급의식– 마르크스주의 변증법 연구 박정호·조만영 옮김, 거름, 1986.
우리시대의 리얼리즘 문학예술연구회 옮김, 인간사, 1986.
변혁기 러시아의 리얼리즘문학 조정환 옮김, 동녘, 1986.
청년 헤겔 1 김재기 옮김, 동녘, 1986.
청년 헤겔 2 서유석·이춘길 옮김, 동녘, 1987.
독일문학사 반성완·임홍배 옮김, 심설당, 1987.
리얼리즘문학의 실제비평 반성완·김지혜·정용환 옮김, 까치, 1987.
미학서설 홍승용 옮김, 실천문학사, 1987.
미와 변증법 여균동 옮김, 이론과실천, 1987.
예술과 변증법 한정석 옮김, 경문사, 1995.
역사소설론 이영욱 옮김, 거름, 1987.
루카치의 변증유물론적 문학이론 차봉희 편역, 한마당, 1987.
영혼과 형식 반성완·심희섭 옮김, 심설당, 1988.
루카치 문학이론 김혜원 편역, 세계, 1990.
변증법적 미학에 이르는 길 반성완 편역, 문학과비평사, 1990.
사회주의와 민주화운동 박순영 옮김, 한겨레, 1991.
루카치 미학사 연구 김윤상 옮김, 이론과실천, 1992.
미학논평 홍승용 옮김, 문화과학사, 1992.
맑스로 가는 길 김경식·오길영 옮김, 솔출판사, 1993.
사회적 존재의 존재론 김성민 옮김, 동녘, 1996.
이성의 파괴 ⅠⅡⅢ 한기상·안성권·김경연 옮김, 심설당, 1997.
이성의 파괴Ⅰ Ⅱ 변상출 옮김, 백의, 1996.
이성의 파괴Ⅰ 전태국 옮김, 열음사, 1993.
발자크와 프랑스 리얼리즘 변상출 옮김, 문예미학사, 1998.
루카치 미학(제1권) 이주영 옮김, 미술문화, 2001.
루카치 미학(제2권) 임홍배 옮김, 미술문화, 2001.
루카치 미학(제3권) 임홍배 옮김, 미술문화, 2002.
루카치 미학(제4권) 반성완 옮김, 미술문화, 2002.

죄르지 루카치가 대표저자인 편역서

레닌 김학노 옮김, 녹두, 1985.
리얼리즘과 문학 최유찬 옮김, 지문사, 1985.
리얼리즘 미학의 기초이론 이춘길 옮김, 한길사, 1985.
문제는 리얼리즘이다 홍승용 옮김, 실천문학사, 1985.
소설의 본질과 역사 신승엽 옮김, 예문, 1988.

죄르지 루카치에 관한 책

루카치 미학비평 B. 키랄리활비 지음, 김태경 옮김, 한밭, 1984.
루카치 미학연구 벨라 키랄리활비 지음, 김태경 옮김, 이론과실천, 1990.
게오르그 루카치– 생애와 사상 G. 리히트하임 지음, 김대웅 옮김, 한마당, 1984
루카치 게오르그 리히트하임 지음, 연희원 옮김, 지성의샘, 1994.
루카치 게오르게 리히트하임 지음, 이종인 옮김, 시공사, 2001.
루카치 F.J. 라다쯔 지음, 정혜선 옮김, 중원문화, 1984.
루카치 미학사상 C.H.R. 파킨슨 지음, 김대웅 옮김, 1986.
루카치 사상연구 김일주 엮음, 고려원, 1988.
루카치 미학연구 이주영 지음, 서광사, 1998.
루카치의 현재성 D. Harth 지음, 차봉희·최유찬 외 옮김, 문예미학사, 1999.
게오르크 루카치 김경식 지음, 한울, 2000.

쥘리아 크리스테바
Julia Kristeva
1941-

급진 페미니즘에는 반대하는 여성 이론가

20세기 지성사를 살펴보면 동구권 출신의 활약이 눈에 띈다. 영어나 독일어 또는 프랑스어의 뉘앙스와 상관없는 이름의 주인공은 어김없이 한때 '바르샤바 조약기구'에 속한 나라에서 태어났다. 헝가리(루카치, 하우저)와 루마니아(골드만, 엘리아데)가 세계적인 사상가를 배출했지만 불가리아도 이에 지지 않는다. 불가리아는 쥘리아 크리스테바와 츠베탕 토도로프를 낳았다. 동구의 석학들이 그들의 학문적 역량을 펼친 곳은 모국이 아니다.

이웃해 있는 독일이나 프랑스에서 활약했다. 크리스

테바와 토도로프의 경우, 소련의 강한 영향 아래서 성장했으나 그들이 공부하러 간 곳은 모스크바가 아니라 파리였다.

세 시간 반을 보낸 후 지저분한 잿빛 파리에 도착했다. 눈송이들은 계속 떨어져서 녹아내렸다. 빛나는 도시란 존재하지 않았다. 프랑스인들은 눈을 쓸어낼 줄을 몰랐다. 속은 것이 분명했다. 그녀는 그것을 목 속에 소금이 들어간 것처럼 느꼈다. 분명히 보리스는 오를리 공항에서 그녀를 기다리지 않았고, 주머니 속에 들어 있는 것이라고는 5프랑이 전부였다. 웃음조차 나오지 않았다. 그것은 최악이었다.

크리스테바가 실명소설 『무사들』(솔출판사, 1991)에서 묘사한 파리의 첫인상이다. 크리스테바의 파리행은 예정된 수순이었다. 크리스테바의 부모는 그녀를 도미니크파 수녀들이 운영하는 유치원과 초등학교에 보내 일찍부터 프랑스어를 모국어처럼 익히게 했다.

크리스테바는 파리에서 당대의 석학들과 교류한다. 뤼시엥 골드만의 지도 아래 박사과정을 공부했고, 롤랑 바르트의 세미나에 참석했다. 잡지 〈텔 켈〉의 일원으로 활동하기도 하는데 크리스테바는 이 잡지의 편집 책임자인 필립 솔레르스와 결혼했다.

『무사들』은 프랑스 지성계를 그린 지적 풍속도다. 이 소설은 프랑스 바깥에 있는 사람들의 호기심이 계기가 되었다. 크리스테바는 외국에서 열린 세미나와 학술회의에서 참가자들로부터 프랑스 지성계에 관한 질문을 받곤 했다. 『무사들』은 외국인을 위한 지적 활극이다. 이 소설은 국내에 최초로 소개된 크리스테바의 책이기도 하다. 1990년 프랑스에서 나온 책이 이듬해 번역되었다. 처음 번역 때는 원제를 살린 제목 ―『사무라이』― 을 달고, 두 권으로 선을 보였다. 1995년 개정판을 내면서 한 권으로 묶였고, 제목을 바꿨다.

소설에서 '펜'을 무기로 삼는 '사무라이들'은 거의 실명 그대로 등장한다. '파비엥 에델만'은 뤼시엥 골드만이고, '브레알'은 롤랑 바르트다. 정신분석학과 언어학에서 크리스테바에게 지대한 영향을 끼친 자크 라캉과 에밀 방브니스트는 '로젱'과 '방스라드'라는 이름으로 나온다. 그리고 국립도서관의 금서코너에서 독서에 열중하는 '셰르너'는 루이 알튀세르이다.

『무사들』은 자전적 소설로도 읽힌다. 학계의 쟁쟁한 '검투사'들이 등장하지만 소설의 주인공은 '올가 모레나'로 나오는 크리스테바 자신이다. '에델만'은 '올가'의 사람됨을 이렇게 말한다. "자네는 정열적이고 섬세해. 물론 어쩔 수 없는 것이기는 하겠지만. 그렇지만 무엇보다 강력해." 그러고는 '불도저'라고 지칭한다.

국내의 문학잡지와 가진 인터뷰(《작가세계》 1991년 봄호)에서도 크리스테바는 이 소설이 "우선 개인적 모험의 이야기"라고 밝혔다. 또한 "가장 근본적인 것은 '올가'라는 여성의 사랑과 모성에 대한 경험입니다. 물론 사랑은 인생에서 가장 중요한 것"이라는 말도 덧붙였다.

『사랑의 역사』(민음사, 1995)는 그러한 크리스테바의 사랑관이 반영된 저작이다. 이 책은 사랑에 대한 철학을 훑고 있다. 사랑의 철학은 사랑의 언어활동인 문학을 통해 나타난다. 크리스테바는 신화와 문학작품 속에 녹아 있는 사랑의 체험들을 정신분석을 통해 드러낸다. 먼저 그리스의 에로스와 기독교의 아가페를 분석했다. 이어 나르시스, 돈 후안, 로미오와 줄리엣을 통해 사랑의 주인공들 사이에 드러나는 상이한 역할을 규명했다.

크리스테바의 글은 난해한 것으로 유명하다. 비교적 쉬운 책에 속한다는 『사랑의 역사』마저 '쉽다'는 풍문이 무색할 지경이다. 크리스테바를 읽기 위해서는 프로이트의 기본 개념과 이론을 숙지해야 함은 물론이고, 구조주의 언어학과 고대서양문화사에 대한 지식을 갖춰야 한다. 여기에다 마르크스주의와 변증법까지 꿰고 있어야 한다. 그나마 10년의 공력이 들어간 번역이 『사랑의 역사』를 '읽을 수 있는' 책으로 만들었다. 크리스테바는 사랑에 대한 정의를 책 곳곳에 심어 놓았다. 다음은 그중 하나. "사랑은 우리 리비도의 실현이며 실패이고, 또한 가장 부조리하며 가장 숭고한 것이다."

『언어, 그 미지의 것』(민음사, 1997)은 크리스테바가 자신의 관점으로 서술한 언어학 개론서다. 에밀 방브니스트의 의사소통 중심의 언어이론을 바탕으로 수립한 독자적인 언어이론을 통해 언어학을 기술했다. 크리스테바는 추상적인 '랑그'보다는 '랑가주'에 주목한다. 랑가주는 언어활동으로 옮길 수 있다.

언어활동은 사회에서 사람이 살아가기 위해 다른 사람에게 의미를 전달하고, 교환하는 양식과 관계가 깊다. 또 언어활동은 의식세계뿐만 아니라 무의식 세계에도 긴밀히 연결된다. 이 책의 앞부분은 랑가주를 특징짓는 음성분야·문자·제스처 등에 대한 고찰에 할애하고 있다.

제2부 「역사 속의 언어」는 이 책의 본론으로 언어와 언어학에 대한 역사적인 고찰을 담았다. 동서고금의 문명사회에서 사용된 언어의 기능을 인류의 관점으로 간명하게 정리했다. '학문으로서의 문자'라는 설명이 붙어 있는 중국 항목은 중국어 학사과정을 이수한 크리스테바의 실력을 잘 보여준다. 책의 후반부는 랑가주와 정신분석 및 문학연구와의 관계를 다뤘고, 기호학의 대가답게 기호학의 여러 분야를 쉽게 설명했다.

크리스테바는 '살아 있는' 여성 가운데 가장 뛰어난 학자로 꼽힌다. 그녀의 이론은 페미니즘이론의 한 축을 형성하고 있다. 하지만 그녀는 급진적인 페미니즘에는 반대한다. "이상적인 단수의 여성상을 제시하고 모든 여성이 그에 맞춰 나가도록 강요하는 모든 여성운동은 결코 용납할 수 없는 전제주의입니다."

그런데 노암 촘스키 교수의 크리스테바에 대한 인상은 썩 좋지 못한 편이다. "나는 크리스테바를 한번 만난 적이 있습니다. 그녀는 약 20여 년 전에 나를 만나기 위해 연구실로 왔었지요. 그때 그녀는 마치 광적인 마오쩌뚱주의자 같았습니다. 나는 더 이상 그녀의 글을 읽고 싶은 충동을 느끼지 못했습니다."(로버트 바스키의 『촘스키, 끝없는 도전』, 그린비)

국적을 초월하는 것이 몇 가지 있다. 사랑은 오래 전부터 국경선이 지도책에나 그어져 있는 것으로 여기게 했고, 요즘은 돈의 흐름이 그것을 실감케 한다. '고수'들로 이뤄진 세계 지성계도 마찬가지다. 크리스테바가 속한 학맥은 이런 양상을 잘 보여준다.

그녀의 지도교수인 골드만은 루마니아 출신이고, 골드만의 스승이나 다름없는 피아제는 스위스의 아동심리학자였다.『문화연구를 위한 현대사상가 50인』(현실문화연구, 1996)의 저자인 존 레흐트는 크리스테바에게 배운 것을 호주의 젊은이들에게 가르치고 있다.

줄리아 크리스테바의 책

비잔틴 살인사건 이제복 옮김, 소담출판사, 2007.
멜라니 클라인 정신병 모친살해 그리고 창조성(아난케 정신분석 총서 4) 박선영 옮김, 아난케, 2006.
기호분석론 세미오티케(문예신서 298) 서민원 옮김, 동문선, 2005.
미친 진실 – 정신병적인 텍스트 속의 진실과 진실임직함 서민원 옮김, 동문선, 2002.
검은 태양 – 우울증과 메랑콜리 김인환 옮김, 동문선, 2004.
무사들 홍명희 옮김, 솔출판사, 1995.
사무라이 홍명희 옮김, 솔출판사, 1991.
사랑의 역사(현대사상의모험 20) 김인환 옮김, 민음사, 2008.
사랑의 역사 김영 옮김, 민음사, 1995.
언어, 그 미지의 것 김인환·이수미 옮김, 민음사, 1997.
반항의 의미와 무의미 유복렬 옮김, 푸른숲, 1998.
사랑의 정신분석 김인환 옮김, 민음사, 1999.
포세시옹, 소유라는 악마 김인환 옮김, 민음사, 1999.
시적 언어의 혁명 김인환 옮김, 동문선, 2000.
공포의 권력 서민원 옮김, 동문선, 2001.
새로운 영혼의 병 유재명 옮김, 시각과 언어, 2001.
여성과 성스러움 카트린 클레망 공저, 임미경 옮김, 문학동네, 2001.

줄리아 크리스테바에 관한 책

크리스테바 읽기 켈리 올리버 지음, 박재열 옮김, 시와반시, 1997.
줄리아 크리스테바의 문학 탐색 김인환 지음, 이화여대출판부, 2003.
경계에 선 줄리아 크리스테바 노엘 맥아피 지음, 이부순 옮김, 앨피, 2007.

찰스 다윈

체 게바라

체슬라브 밀로스

찰스 다윈

Charles Robert Darwin
1809-1882

평범함 속에 감춰진 비범한 생애

찰스 다윈 관련서를 읽다가 '생물학은 역시 내 적성이야' 하고 중얼거리자 아내가 기다렸다는 듯이 맞받는다. "적성은 무슨 적성, 벌레도 제대로 못 만지는 사람이." 맞다. 사실 나는 개와 고양이 같은 대표적인 애완동물도 별로 좋아하지 않지만, 곤충과 파충류는 특히 질색이다. 개미·파리·모기 따위는 잘 잡아도 좀 낯선 곤충은 손을 대는 것조차 꺼린다.

그래서 다시 말하련다. 생물학에 관한 책은 필자에게 딱 맞는다. 교양 과학서를 선호하는 필자가 그중에서도 생물학에 특별히 끌리는 까닭이 이 분야가 결코 만만해서는 아닐 것이다. 물론 생물학은 물리학에 비하면 수식과 공식의 노출이 적고 '이야기성'은 상대적으로 높지만 분자 생물학 같은 분야에서는 사정이 달라진다. 그래도 거의 20년 전에 이미 린 마굴리스와 도리언 세이건의 『마이크로코스모스』(홍욱희 옮김, 범양사출판부, 1987)를 흥미 있게 읽은 걸 보면 생물학 책에 적응하는 편이 좀 쉽기는 한가 보다.

하지만 다윈 관련서를 읽으면서 필자의 생물학 교양의 보잘것없음을 다시금 깨닫는다. 동시에 과학자로서 다윈의 위대성과 그의 저서의 탁월함을 새삼 느낀다. 최재천 교수는 다윈 자서전의 한국어판 추천 서문을 통해 미국의 몇몇 언론인이 학자와 예술가를 대상으로 한 설문조사를 토대로 지난 천 년 동안(1000-1999) 인류에게 큰 영향을 미친 인물 천 명을 선정하여 수록한 『1천년, 1천인』에서 "다윈은 갈릴레이와 뉴턴에 이어 과학자로는 세 번째로, 전체로는 7위에 선정되었다"고 전한다.

두 번째 밀레니엄에 출판된 책들을 놓고 이 같은 조사를 한다면, 다윈의 『종의 기원』은 다섯 손가락 안에 들어갈 것이 확실하다. 우리말로 옮겨진 다윈의 다른 저서도 상위에 오를 가능성이 높다. 그러면 질 핸즈의 『30분에 읽는 다윈』(랜덤하우스중앙, 2004)의 골격을 따라서 다윈의 삶과 생각이 담긴, 또는 그것을 풀어낸 책들을 살펴보자.

다윈의 생애와 사상을 실속 있게 간추린 이 책은 여섯 장으로 이뤄져 있다. 1장은 출생부터 대학생활까지 다윈의 성장과정을, 2장은 비글 호 항해를 압축했다. 3장에서 진화론적 이론들을 설명하는 한편, 4장에서는 비글 호 항해에서 관찰한 것과 모은 표본을 토대로 수립한 진화론의 핵심을 정리했다. 5장은 『종의 기원』의 출간에 얽힌 얘기를 다뤘고, 6장은 다윈의 그 밖의 저작을 소개하며, 7장은 논쟁을 위주로 다윈주의의 양상을 짚었다.

이 책은 작은 부피가 무색할 만큼 아주 알차고 충실한 다윈사상 입문서다. 중·고등학생에게 적극 권하고 싶다. 그런데 제목은 약간 불만이다. '30분에 읽는 위대한 사상가' 시리즈의 일원이라서 어쩔 수 없겠으나, "30분에 읽는"다는 표현은 좀 지나치다. 이 다윈 편만 해도 다 읽는 데 두 시간은 족히 걸린다. 본래의 시리즈 이름 ―'A Beginner's Guide'― 이 적절하다. 그리고 번역서의 옥에 티 하나를 지적하자면, 비글 호가 1831년 12월 7일에 출항했다고 돼 있는데 실제 출항 날짜는 같은 해 12월 27일이다.

『나의 삶은 서서히 진화해왔다』(갈라파고스, 2003)는 『크로포트킨 자서전』(김유곤 옮김, 우물이있는집, 2003)이나 파블로 네루다의 『추억』(윤인웅 옮김, 녹두, 1994)과 같은 반열에 드는 탁월한 자서전이다. 분량은 두 자서전의 절반에도 미치지 못하지만 두 권에 못지않은 재미와 감동을 안겨준다. 자서전에는 저자의 인간적 면모가 먼저 드러나기 마련인데 다윈의 책 또한 그렇다.

다윈은 자신에 대한 부친의 냉정한 평가를, 치욕스럽다는 단서와 조금 부당하다는 해설을 덧붙이기는 해도, 아무렇지 않다는 듯이 독자에게 전달한다. "너는 신경 쓴다는 일이 사냥하고 강아지 돌보고 쥐 잡는 것밖에 없구나. 그래 가지고는 자신에게나 집안에게나 망신거리밖에 되지 않겠다." 또 다윈은 "이름 있는 과학자가 되고 싶다는 야심도 숨길 수 없었"지만, "명성을 얻기 위해 내 본연의 길에서 한 치라도 벗어나본 적이 없었"다고 말한다.

자서전에는 다윈 이론의 두 가지 핵심을 서술한 대목도 있다. 하나는 자연선택을 가리킨다. "내가 곧 발견한 사실은 사람이 유용한 동물이나 식물 종을 만들어낼 때의 핵심원리는 '선택'이었다는 점이다." 자연 상태에 살고 있는 유기체에게 '선택'이 적용되는 양상은 한동안 해명하지 못했지만 말이다. 다른 하나는 "같은 근원에서 내려온 유기체들이 변화를 거치면서 특성이 갈라져나가는 경향이다. 많이 다르게 갈라졌다는 사실은 모든 종류의 종이 속 아래에, 속이 과 아래에, 과가 아목 아래에 분류될 수 있음을 뜻한다." 한국어판 다윈 자서전은 이 책을 펴낸 출판사의 첫 번째 책이다. 이러한 '책연冊緣'은 당연한 귀결이다. 다윈의 진화론은 비글 호 항해에서 접한 갈라파고스 섬의 생태가 결정적인 계기가 되었기 때문이다. 그런데 『(찰스 다윈의) 비글 호 항해기』 완역본(전파과학사, 1993)에도 특별한 '번역연繙譯緣'이 있다. 장순근 박사는 남극 세종과학기지 월동대장으로 있으면서 이 책을 옮겼다. 완역판 『비글호 항해기』는 600쪽이 넘는 방대한 분량이다. 『그림으로 보는 (찰스 다윈의) 비글호 항해 이야기』(가람기획, 2003)는 원저를 간추려 풀어 쓴 장순근 박사의 해설서다.

여행일지 형식을 취한 까닭에 『비글호 항해기』는 분량에 구애받지 않고 바로 덤벼들어도 무방하지만 『종의 기원』은 아무래도 해설판의 도움을 먼저 받는 게 유익할 듯싶다. 『해설판 종의 기원』(종로서적, 1985)은 리처드 리키가 원저를 3분의 1로 축약하고 해설을 붙인 책이다. 리처드 리키는 머리말에서 다윈이 현대적 진화론을 수립할 수 있었던 이유를 다음 두 가지로 풀이한다. 진화에 관한 "온갖 종류의 증거를 참을성 있게 그리고 체계적으로 정선"한 것과 진화를 설명하는 메커니즘으로 자연선택을 제시한 것이 그것이다. 범기독교 성향의 출판사를 통해 번역된 것이 이채로운 이 책은 절판되었다.

이제는 윤소영 교사의 『종의 기원, 자연선택의 신비를 밝히다』(사계절, 2004)가 리처드 리키의 해설판을 대신한다. 청소년을 고전의 세계로 안내하는 '주니어 클래식' 시리즈의 첫째 권인 이 책은 진화론을 이해하기 위한 배경 지식과 『종의 기원』의 핵심 내용을 인용문과 함께 풀어썼다. 현직 생물 교사의 충실한 설명과 깔끔한 편집이 돋보인다.

우리말로 옮겨진 다윈의 또 다른 저서 『인간과 동물의 감정 표현에 대하여』(서해문집, 1998)는 다윈이 진화론뿐만 아니라 동물행동학에도 젖줄을 댔다는 사실을 잘 보여준다. 동물행동학 창시자로 간주되는 콘라드 로렌츠가 쓴 요즘 판의 서문은 이 분야의 시조를 향한 헌사로 볼 수도 있겠다. 국내 독자에게 인기 있는 영국의 동물행동학자 데즈먼드 모리스의 학문적 계보가 궁금했었는데 이제 보니 모리스는 다윈의 후학인 셈이다.

다윈의 진화론은 후대에 엄청난 영향을 미쳤다. 흔히 20세기의 토대가 되는 세 가지 이론으로 마르크스의 자본론, 프로이트의 정신분석학, 아인슈타인의 상대성 이론이 꼽힌다. 필자는 여기에다 다윈의 진화론을 덧붙이고 싶다. 앞의 세 이론은 몰락하거나, 정체 상태에 있거나, 활로를 찾지 못하고 있는 데 비해 다윈의 이론은 꾸준히 '진화'하고 있다는 점도 눈여겨볼 대목이다.

다윈의 진화론은 본래의 뜻과는 무관하게 응용되기

도 하는데 '사회적 다윈주의'가 그 대표적인 예다. 이것은 다윈의 생각을 인간 사회에 적용한 것으로 허버트 스펜서에 의해 대중화되었다. 경제적 경쟁이 강한 사회를 만든다고 믿었던 스펜서는 약육강식 원리의 뒷받침으로 사회적 다윈주의를 적극 활용했다.

하지만 생전의 다윈은 대중적 노출을 꺼리면서 진보주의자의 지원 요청에 중립적인 입장을 견지했다. 『30분에 읽는 다윈』에 실린, 1880년 에드워드 에이블링에게 보낸 편지는 그 좋은 예다. 에이블링은 마르크스의 막내 사위이자 『자본론』을 최초로 영역한 장본인이기도 하다.

옳건 그르건 간에 기독교나 신학에 대한 직접적인 반론은 대중들에게 아무런 영향도 주지 못하는 것으로 보입니다. 사상의 자유는 인간 정신을 점진적으로 교화함으로써 얻어지는 것이며 그것을 위해서는 과학이 발전되어야 합니다. 그런 이유로 저는 언제나 종교에 대해 글을 쓰는 것을 피해 왔으며 과학적 연구에만 집중해 왔습니다. 또 제가 종교를 직접적으로 비판했을 때 그것이 제 가족들에게 줄 고통도 염려되기 때문에, 저는 이 문제에 대해 약간의 편견을 갖고 있을 수도 있습니다.

진화론 곁에는 늘 논쟁이 있었다. 이에 대한 검토는 에른스트 마이어의 『진화론 논쟁』(사이언스북스, 1998)을 대상으로 하는 것이 마땅하겠으나, 메릴 윈 데이비스의 『다윈과 근본주의』(이제이북스, 2002)를 택한 데에는 나름의 이유가 있다. 이 책이 문고판형에 100쪽이 채 안 되는 분량임에도 진화론 논쟁에서 가장 유서 깊은 '과학 대 종교'와 진화 생물학계의 내부 논쟁인 '급진론 대 점진론'을 아우르고 있어서다.

메릴 윈 데이비스는 '창조와 진화' 논쟁의 최근 양상을 기독교 근본주의와 다윈 근본주의의 대립으로 파

악한다. 그런데 그녀는 진화론보다는 창조론 쪽에 더 호감이 있어 보인다. 우선 다윈을 보는 삐딱한 시선이 그렇다. "다윈은 켄트에서 조용히 은둔생활을 하면서 과학계의 모든 저명인사들과 활발히 서신을 주고받았으며, 자기 사상이 수용되고 성공을 거두는 데 영향을 미칠 사람들과 친분을 맺기 시작했다"면서, 그를 "뛰어난 인적 네트워크 구축자"로 여긴다.

다윈 이론의 파급력에 대해서도 그녀는 유감이 많은 모양이다. "다윈과 그의 자연선택 이론은 특정한 과학이론의 차원을 넘어서, 권력과 세력의 상징, 즉 설명력의 원천에 걸맞은 지위와 우월성을 드러내는 문화적 상징이 되어 있다"거나 자유방임적 자본주의의 전성기인 빅토리아조 중기 영국의 중산·계급이 애지중지한 사회적 가치를 고취시켰다는 시각에 동조하는 것이 그런 맥락으로 읽힌다.

이런 까닭에 그녀가 기독교 근본주의와 다윈 근본주의 사이의 대립을 '합리적인' 창조 과학과 극단적 다윈주의의 대결로 살짝 바꿔치는 것은 어찌 보면 당연한 수순이다. 더구나 그녀는 이이제이以夷制夷의 전술도 구사한다. '단속평형론'을 주장한 굴드와 엘드리지를 내세워 '이기적 유전자'의 리처드 도킨스를 급진 환원론자로 몰아붙인다.

그런데 외려 단속평형론을 더 급진적인 이론으로 볼 수도 있다. 도킨스는 생물 종이 점진적으로 변화한다는 다윈의 견해를 이어받았지만 굴드와 엘드리지는 새로운 종이 급격하게 나타난다는 독자적인 주장을 펼친다. 그런데 단속평형론에 대해 지질학상으로 갑작스러워 보이는 4만 년이 실제 시간으로는 아주 긴 기간이라는 반박이 없지 않다.

메릴 윈 데이비스는 다윈 근본주의와의 전투가 "다윈과의 전투"는 아니며, "다윈에게 부여되고 귀속된 권위와의 전투이자 다윈 해석가들과 벌이는 전투"라고 규정한다. 그러면서 그녀는 스티븐 제이 굴드를 급진적

환원론에 맞서 성전聖戰을 펼치는 투사인 양 묘사한다. 필자의 평소 생각이 도킨스보다 굴드의 관점에 기울어 있음에도 메릴 윈 데이비스의 논리에 비판적인 것은 그녀가 비겁하기 때문이다. 편파성을 노골적으로 드러 냈으면 차라리 나았겠지만 은근히 한쪽을 편드는 것은 불쾌하기까지 하다.

필자는 '창조와 진화'는 별개의 문제라고 생각한다. 종교와 과학은 서로 다른 국면이다. "도덕적 질문은 자연의 사실성에서 답을 찾을 수 없다"는 굴드의 말이 제대로 된 지적이라면 더욱 그렇다. 그녀는 이런 측면을 자기 편한 대로 써먹곤 한다. "교황의 복잡하고 세련된 입장"과 "도킨스의 절대적인 범우주적 확신"을 대비한 것이나 다윈을 은근슬쩍 성인聖人 또는 절대자에 견준 것에서 그녀의 비겁함은 절정을 이룬다.

선진적인 나라의 석학이나 사상가의 비판적인 성찰과 행동이 때로 평범하기 짝이 없는 진단과 행위로 비치는 경우가 있다. 이것은 다분히 후발주자의 미성숙이 갖는 장점이라고 하겠는데, 우리가 언제까지 이런 이로움을 누릴 처지는 아니다. 『다윈과 근본주의』는 창조론과 진화론 교육을 둘러싼 미국의 법적 논란을 실마리로 하는데 우리도 언제 그런 소용돌이에 휘말릴지 모른다.

우리나라에서도 1990년 2월 "창조론의 입장에서 기술한 고등학교 생물교과서가 문교부의 검정을 받지 못하자 저자들이 이에 반발, 문교부 장관을 상대로 교과서검정 불합격처분 무효 확인 청구소송을"《한겨레신문》 1990. 2. 8) 낸 바 있다.

나는 다윈의 자질과 생애를 '평범함 속에 감춰진 위대함'이라고 본 자서전 우리말 편집자의 평가에 동의한다. 명문가의 자제인 그가 물려받은 재산으로 생활하면서 일정한 직업 없이 자연과학을 연구한 걸 비춰서는 곤란하다. 다윈은 성인聖人이 아니라 남보다 앞서 자신의 학문적 업적을 쌓고 싶어 한 평범한 사람이었다.

그렇지만 그는 위엄이 깃든 이론을 축조했는데 『종의 기원』의 마지막 단락은 이를 잘 말해준다. 윤소영 교사의 번역으로 읽어보자.

떨기나무 숲에서 새들이 지저귀고, 여러 가지 곤충이 이리저리 날아다니며, 축축한 흙 속으로 벌레들이 기어 다니는, 갖가지 수많은 식물로 덮여 있는 강기슭을 눈여겨보면서, 서로 매우 복잡한 방식으로 의지하고 있는 서로 다른 이 정교한 구조의 생물들이 모두, 우리 주위에서 작용하고 있는 법칙들에 의해 생겨났다는 것을 되새겨 보는 것은 흥미로운 일이다. 이 법칙들이란 가장 넓은 의미로서의 '생식'과 '성장', 그리고 생식 속에 포함된다고 할 수 있는 '유전', 생활 조건의 직간접적인 작용과 용·불용에 의해서 생겨나는 '변이', '생존 경쟁'을 유발해서 결과적으로 '자연선택'에 의한 '형질의 분기'와 덜 개량된 생물형의 '절멸'을 일으키는 높은 '번식률' 등이다. 이렇게 해서, 우리가 생각할 수 있는 가장 고귀한 일이라 할 고등 동물의 출현이 대자연의 투쟁, 기근과 죽음에 뒤이어 나타나는 것이다. 태초에 조물주에 의해 하나 또는 소수의 형태에 몇 가지 능력과 함께 생명의 숨결이 불어넣어졌다고 하는, 그리고 이 행성의 확고한 중력의 법칙에 따라 주기적으로 돌아가는 동안, 이토록 단순한 시작으로부터 지극히 아름답고 지극히 경이로운 무수한 생명 형태들이 진화했고 지금도 진화하고 있다는 시각에는 위엄이 깃들어 있다.

정부의 과학 주무부서와 관련 산하단체에서 비전문가를 통한 교양 과학 활성화 방안을 추진하는 모양이다. 그 일환으로 인문적인 관점에서 과학을 풀어 줄 필자를 물색하고 있다는데 필자 찾기가 쉽진 않아 보인다. 선뜻 적임자가 떠오르지 않는다. 그런데 공교롭게도 『30분에 읽는 다윈』과 『다윈과 근본주의』의 저자는 둘 다 과학자가 아니다. 질 핸즈는 영문학과 역사를 공부한 프리랜스 작가이고, 메릴 윈 데이비스는 작가이자 인류학자이면서 영국 BBC 방송에서 종교프로그램을 만든 전직 프로듀서이기도 하다.

찰스 다윈의 책

인간의 유래와 성선택 이종호 옮김, 지만지, 2011.
강가에서– 찰스 다윈의 진화 이야기 파비엔 네그린 그림, 노경실 옮김, 미래아이, 2010.
종의 기원 이종호 옮김, 지만지, 2010.
종의 기원 송철용 옮김, 동서문화사, 2009.
종의 기원(제2판) 홍성표 옮김, 홍신문화사, 2007.
종의 기원(1·2) 박동현 옮김, 신원문화사, 2006.
종의 기원 김창한 옮김, 집문당, 1987.
인간의 유래(1·2) 김관선 옮김, 한길사, 2006.
해설판 종의 기원 리처드 리키 축약, 소현수 옮김, 종로서적, 1985.
다윈의 비글 호 항해기(신 완역본) 장순근 옮김, 가람기획, 2006.
비글호 항해기 장순근 옮김, 전파과학사, 1993.
찰스 다윈의 비글호 항해기 권혜련 외 옮김, 최재천 감수, 샘터, 2006.
인간과 동물의 감정 표현에 대하여 최원재 옮김, 서해문집, 1998.
나의 삶은 서서히 진화해왔다 이한중 옮김, 갈라파고스, 2003.

찰스 다윈에 관한 책

진화론 논쟁 에른스트 마이어 지음, 신현철 옮김, 사이언스북스, 1998.
다윈과 근본주의 메릴 윈 데이비스 지음, 이한음 옮김, 이제이북스, 2002.
그림으로 보는 비글호 항해 이야기 장순근 지음, 가람기획, 2003.
30분에 읽는 다윈 질 핸즈 지음, 이근영 옮김, 랜덤하우스중앙, 2004.
종의 기원, 자연선택의 신비를 밝히다 윤소영 지음, 사계절, 2004.
찰스 다윈 시릴 아이돈 지음, 김보영 옮김, 에코리브르, 2004.
잃어버린 천국 갈라파고스– 찰스 다윈의 종의 기원을 탄생시킨 갈라파고스의 숨겨진 이야기들 마이클 도로소 지음, 이한중, 꿈꾸는돌, 2004.
찰스 다윈과 떠나자 애너 닐슨 지음, 김양미 옮김, 아이즐북스, 2004.
생명의 나무– 찰스 다윈의 일생과 진화론 피터 시스 글·그림, 안인희 옮김, 주니어김영사, 2005.
비글호에서 탄생한 종의 기원– 다윈, 진화의 수수께끼를 풀다 기획집단 MOIM 구성, 신융 그림, 서해문집, 2006.
종의 기원– 다윈이 들려주는 신비한 진화 이야기 한진영 글, 김주리 그림, 파란자전거, 2006.
찰스 다윈의 만화 종의 기원 다나카 가즈노리 지음, 김수진 옮김, 한승, 2007.
생물의 진화를 관찰한 찰스 다윈 루이스 쿠고타 글, 테레사 마르티 그림, 고인경 옮김, 주니어김영사, 2008.
신중한 다윈씨– 찰스 다윈의 진면목과 진화론의 형성과정 데이비드 쾀멘 지음, 이한음 옮김, 승산, 2008.
찰스 다윈 진화를 말하다 파트리크 토르 지음, 최정수 옮김, 시공사, 2008.
찰스 다윈 종의 기원 최현석 글, 조명원 그림, 주니어김영사, 2008.
다윈의 동화 데이비드 스토브 지음, 신재일 옮김, 영림카디널, 2008.
다윈과 마시는 한 잔의 커피 피터 J. 보울러 지음, 김로사 옮김, 라이프맵, 2009.

찰스 다윈– 탄생과 멸종, 생명의 비밀을 밝힌 루스 애슈비 지음, 김민영 옮김, 미래아이, 2009.
찰스 다윈– 이 많은 생물들은 어디서 왔을까? 이경희 글, 이우창 그림, 그레이트북스, 2009.
찰스 다윈 평전(1·2) 재닛 브라운 지음, 임종기 옮김, 김영사, 2010.
세상 모든 곳을 탐험한 소년, 찰스 다윈 루스 애슈비 지음, 김민영 옮김, 미래아이, 2010.
청소년을 위한 종의 기원 심원 지음, 두리미디어, 2010.
찰스 다윈, 한국의 학자를 만나다 최종덕 지음, 휴머니스트, 2010.
Who? 찰스 다윈 안형모 글, 스튜디오 청비 그림, 다산어린이, 2010.
찰스 다윈– 진화론의 창시자 신현대 글, 김재연 만화, 동아일보사, 2010.
찰스 다윈– 생명의 비밀을 알려 준 위대한 과학자 앨리스 맥긴티 글, 메리 아자리안 그림, 윤소영 옮김, 웅진주니어, 2010.

체 게바라

**Guevara(de la Sema), Ernesto
1928-1967**

'우리시대의 가장 완전한 인간'

사르트르가 '20세기의 가장 완전한 인간'이라 추켜세운 체 게바라의 명성은 21세기에도 식을 줄 모른다. 1997년 체 게바라의 30주기를 즈음해 전 세계적으로 그에 대한 추모 열기가 일었지만 우리는 뒤늦게 그런 흐름에 동참했다. 2000년 장 코르미에의『체 게바라 평전』(실천문학사)이 번역되면서 한국에도 체 게바라 열풍이 거세게 불었다. 이 책은 체 게바라 열풍에 불을 지폈을 뿐만 아니라 전기물 출판 붐에도 크게 기여했다.

2001년에도 이런 현상은 지속되었다.『체 게바라 평전』이 스테디셀러가 되어 꾸준히 팔리는 한편, 세 권의 전기가 새로 나왔다. 체 게바라의 생애를 다룬 책들은 비주얼한 형식이 눈에 띈다. 두 권은 만화로 된 전기이고, 한 권은 사진집 형태의 전기다.

만화로 된 '체 게바라'는 1980년대 후반에도 나온 적이 있는데, 두 권의 만화『체 게바라』는 만화라는 형식 말고도 비슷한 점이 많다. 우선 둘 다 세계적인 거장의

'작품'이다. 1980년대의 『체 게바라』(오월, 1988)는 멕시코의 만화가 리우스가 그렸다. 2000년대의 『체 게바라』(현실문화연구, 2001)는 알베르토 브레시아와 그의 아들 엔리케 브레시아가 함께 그린 것이다. 우루과이 태생의 아르헨티나 만화가 알베르토 브레시아는 "만화의 역사에서 가장 중요하고 혁신적인 만화가이자 진정한 의미의 대가"로 통하는 인물이다.

또, 두 권의 만화 『체 게바라』는 인쇄 상태가 좋지 않다. 무단 복제한 1980년대의 것은 그렇다 치고, 저작권 계약을 통해 번역 출간된 알베르토 브레시아의 작품은 "일찍이 만화의 역사와 색인에서 그 예를 쉽게 찾아볼 수 없을 정도로 수없이 많이 인용되었다"는 편집자의 설명이 무색할 지경이다.

알베르토 브레시아의 『체 게바라』는 번역 저본에 문제가 있다. 1968년 아르헨티나에서 처음 선보인 이 책은, 그 이후 새로운 판본이 한 번도 나온 적이 없다. 1973년 광기가 극에 달한 아르헨티나 군부독재정권은 이 책의 원판을 아예 없애버린다. 게다가 이 책의 스토리 작가인 엑토르 오에스테르엘드마저 그의 딸들과 함께 실종되었다. 번각에 사용된 초판본의 상태가 좋지 않아 번역본의 그림 윤곽이 흐릿하다. 그래도 알베르토 브레시아가 체 게바라에게 바친 존경심은 뚜렷하게 전달된다. 알베르토 브레시아의 『체 게바라』는 볼리비아에서의 최후의 며칠 사이에 체 게바라의 생애를 끼워 넣는 형식을 취한다. 이 만화는 보는 이를 압도하는데, 한마디로 만화가 예술작품일 수 있음을 웅변하고 있다.

이에 비하면 '현대사상학교' 시리즈의 하나인 리우스의 작품은 계몽적인 성격이 강하다. 리우스는 "이 책은 게바라를 무조건 찬양하기 위한 것이 아"닌, "심각한 책"이라고 말한다. 번역서의 뒷부분에는 체 게바라가 쓴 「게릴라 전쟁」이 부록으로 실려 있다. 『총을 든 의사 체 게바라』(사회평론, 2002)는 우리나라 만화가가 어린이의 눈높이에 맞게 그린 전기 만화다. 과장된 표현이 재미있고, 권말에 곁들인 용어해설도 항목은 적지만 충실하다.

『Che― 한 혁명가의 초상』(서해문집, 2001)은 사진집이다. 이런 종류의 사진집으로 전 세계적인 소구력이 있는 개인이나 집단은 흔치 않다. 전설적인 밴드 '비틀스' 정도나 가능하다. 시나브로 체 게바라는 비틀스 못지않은 전 세계적인 스타가 되었다. 『체 게바라 평전』이 베스트셀러가 된 것도 그의 스타성이 젊은 세대에게 어필한 점을 무시하기 어렵다. 출판사가 홍보용으로 제작한 체 게바라의 대형 브로마이드는 대학가에 나붙자마자 순식간에 없어졌다. 체 게바라의 얼굴이 새겨진 티셔츠와 배지 또한 좋은 반응을 얻었다.

『Che― 한 혁명가의 초상』은 이런 체 게바라 '팬시화 현상'의 결정판이라 해도 과언은 아니다. 적어도 번역판은 그렇다. 사진집이라는 형식이 팬서비스의 성격이 짙거니와, 덤으로 주는 스프링 달린 노트가 그런 혐의를 더욱 짙게 한다. 이 공책의 본문에는 체 게바라의 얼굴이 바탕에 깔려 있다. 물론 사진집에는 별 문제가 없다. 외려 반가울 따름이다. 체 게바라 신드롬 덕택에 그의 전 생애를 사진을 통해 접할 수 있으니 말이다.

이 책의 숱한 사진 가운데 두 장이 유독 눈에 띈다. 한 장은 체 게바라가 북한을 방문했을 때 찍은 사진이다(124쪽). 우리 고유의 춤사위를 따라 하는 체 게바라의 얼굴이 환하다. 다른 한 장은 알베르토 디아즈 코르다가 찍은 저 유명한 사진의 원판이다(198쪽). 초점이 정확히 맞지 않은 사진이 오히려 진한 '아우라'를 풍긴다.

1960년 3월 4일 아바나 항구에서 발생한 화물선 '라 코우브레' 호 폭파사건의 희생자를 위한 추도식이 이튿날 열렸는데, 체 게바라의 이미지로 굳어진 문제의 사진은 추도식장에서 코르다의 렌즈에 포착된 것이다. 체 게바라의 사후, 이 사진은 포스터로 만들어져 수백만 장이 팔렸지만 저작자인 코르다는 별다른 경제적 보상을 받지 못했다. 사진의 판권을 공짜나 다름없이 넘겨받은 잔자코모 펠트리넬리라는 이탈리아의 출판인이 큰돈을 벌었다. 이런 정황은 『게임오버』(참솔, 2000)에 잘 나타나 있다.

체 게바라는 강직한 성격 때문에 혁명의 동지인 피델 카스트로나 쿠바의 후견국을 자처한 소련 당국과 마찰을 빚었다. 『체 게바라 평전』에는 그의 직선적인 성격을 보여주는 젊은 날의 일화가 나온다. 1951년 선배인 알베르토 그라나도와 함께 떠난 남아메리카 종주 여행에서 있었던 일이다. 페루의 수도 리마에 있는 나병학 전문의 위고 파스체 박사의 집에서 며칠 머물렀는데, 하루는 파스체 박사가 자신이 쓴 책을 읽어보라며 건네주었다. 파스체 박사의 집에서 마지막 저녁식사를 하는 도중, 박사가 자신의 책에 대한 소감을 물었다. 알베르토는 접대용 멘트로 호의적인 독후감을 들려주었지만 에르네스토(아직 체가 아니다)는 침묵을 지켰다. 책 내용이 형편없었기 때문이다. 파스체 박사가 소감을 채근하자 에르네스토는 이렇게 말했다.

교수님처럼 진보적인 사고를 가지신 분이 인디오나 메스티소에게 아무런 대안도 제시하지 않는 이런 비생산적인 책을 쓰셨다는 사실이 저는 믿어지지 않습니다.

그런데 체 게바라의 남아메리카 종주기에는 이런 내용이 나오지 않는다. 아마도 장 코르미에가 다른 자료나 증언을 통해 입수한 정보인 듯하다. 『체 게바라의 라틴 여행 일기』(이후, 2000)는 요즘 우리 식으로 말하면, 일종의 배낭여행기이다. 청년 에르네스토 게바라의 생각을 읽을 수 있는데, 다음은 라틴 아메리카 민중의 처참한 생활상을 접하고 느낀 소회다.

이런 상황에서 의사가 아는 것이라곤 자기가 할 수 있는 것이 하나도 없다는 무력감뿐이었다. 단지 어떤 변화가 있기만을 갈망할 뿐이다. 한 달 전까지도 그렁거리며, 헐떡거리는 심장을 안고 삶에 당당히 맞서 생계를 꾸려나갈 수밖에 없었던 이 늙은 여인이 속한 체제의 부조리를 막는 변화를 말이다.

에르네스토 게바라는 잉카 제국의 유적지들을 둘러보기도 했는데, 마추피추에서는 이런 소감을 피력한다.

실용적인 세계관으로 인해 편협하기 짝이 없는 북미의 관광객들은 몰락한 잉카인들의 우수성을, 그들과는 동떨어진 도덕적 차이를 알아채지 못한 채, 그저 한때 번영했던 성벽으로 간주해 버린다. 어느 정도는 남아메리카 고유의 정신을 가진 사람만이 그 미묘한 차이를 인식할 수 있기 때문이다.

'체'라는 이름은 1953년 말엽에 붙여진 별명이다. 원래 '체che'는 아르헨티나에서 친구 또는 동료를 뜻하는 말이다. 스페인어 권에서는 아르헨티나 사람을 지칭하기도 한다. 그런데 우리말 번역은 시대에 따라 다르다. 1980년대에는 '동지'로 번역되었지만, 요즘은 '친구'로 옮겨진다.

1980년대부터 『체 게바라 평전』이 나오기 전까지 출간된 체 게바라 관련도서를 살펴보자. 이 중에는 절판된 책이 많다. 1980년대에는 두 권의 전기가 체 게바라에 대한 갈증을 달래주었다. 앞서 언급한 리우스의 만화와 앤드류 싱클레어의 『체 게바라』(한울림, 1984)가 그것이다.

싱클레어는 사르트르의 체 게바라관觀에 동의하면서, 그를 르네상스적 인간으로 규정한다. 체 게바라가 39년의 길지 않은 삶을 살면서도 자신에게 맡겨진 임무를 충실하게 수행했기 때문이다. 그는 의사 겸 게릴라에다, 쿠바의 중앙은행 총재와 산업장관을 역임했다. 아울러 외교관으로도 활약했다. 하지만 싱클레어가 보는 체 게바라의 특징은 팔방미인적 자질이 아니다. "게바라와 다른 사람들과의 차이는, 게바라 자신의 생각을 실현시키는 것을 다른 사람에게 맡기지 않는다는 점에 있다. 그는 자기 생각을 스스로 실현시켜 나갔다."

1997년 체 게바라 30주기를 맞아 국내에서는 관련 도서가 두 권 출간되었다. 두 권은 공교롭게도 남매가 각기 저자와 번역자로 나선 한 집안의 작업이었다. 체 게바라의 기일에 맞춰 출간된 유현숙의 『체 게바라』(자음과모음)는 체 게바라의 생애를 소설화한 것이다. 유현숙 씨의 남동생 유재운 씨가 우리말로 옮긴 『체의 일기』(거리문학제)는, '볼리비아 일기'로도 알려진 체 게바라 최후의 글을 모은 것이다.

'시공디스커버리' 99번으로 나온 『체 게바라』(시공사, 1999)는 장 코르미에가 쓴 짧은 전기다. '시공디스커버리' 『체 게바라』가 사진 화보를 곁들인 '축약판'이라면, 『체 게바라 평전』은 '원판'이라고 할 수 있다. 2000년 이전에 나온 체 게바라 관련서적 가운데 '시공디스커버리' 것만 쉽게 구할 수 있다.

체 게바라의 인기가 높다 보니, 그의 유명세에 기댄 책들이 더러 나오고 있는 형편이다. 『체 게바라식 경영』(디지털머니캡, 2001)은 체 게바라의 불굴의 의지를 경영이론에 접목한 책이다. "우리가 처한 경영 현실이 그가 암흑천지의 밀림 속에서 고군분투하던 시절과 다를 바 없는 점"을 그 이유로 내세우지만 설득력은 많이 떨어진다. 볼리비아에서 체 게바라가 붙잡힌 시기를 잘못 적었다.

『체 게바라의 나라 쿠바를 가다』(마루, 2000)는 그래도 설득력이 있다. 쿠바 여행기인 이 책에서는 체 게바라와 관련해 적지 않은 지면을 할애한다. 체 게바라의 부인 및 코르다와 가진 인터뷰가 실려 있다.

체 게바라에 관한 책

세상을 만든 여행자들– 여행이 낳은 위대한 인물 사마천, 사도 바오로, 호찌민, 체 게바라 이야기 한종수 지음, 아이필드, 2010.
체 게바라– 혁명적 인간 존 리 앤더슨 저, 허진·안성열 옮김, 플래닛, 2010.
뜨거운 여행– 체 게바라로 난 길 박세열·손문상 지음, 텍스트, 2010.
만화 체 게바라 평전– 우리 시대의 가장 완벽한 인간 시드 제이콥슨·어니 콜론 글·그림, 이희수 옮김, 토트출판사, 2010.
세계사를 움직인 100인– 진시황제부터 체 게바라까지 세계를 바꾼 사람들 김상엽·김지원 엮음, 청아출판사, 2010.
북평 장날 만난 체 게바라(문학의전당시인선 81) 김명기 지음, 문학의전당, 2009.
피델 카스트로 & 체 게바라– 혁명이 낳은 우정 사이먼 리드헨리 지음, 유수아 옮김, 21세기북스, 2009.
체 게바라의 홀쭉한 배낭 구광렬 지음, 실천문학사, 2009.
체 게바라 전 미요시 도오루 지음, 이수경 옮김, 북북서, 2009.
체 게바라, 파울로 프레이리, 혁명의 교육학 피터 맥라렌 지음, 강주헌 옮김, 아침이슬, 2008.
청소년을 위한 체게바라 평전 고담 엮음, 행복한박물관, 2008.
체Che, 회상– 체 게바라의 부인이자 혁명동지 알레이다 마치 회고록 알레이다 마치 지음, 박채연 옮김, 랜덤하우스코리아, 2008.
체 게바라– 21세기를 움직이는 사람들 박지윤 지음, 김&정, 2008.
체 게바라 방송을 타다 마이브리트 일너·잉게 브로데젠 엮음, 이재영 옮김, 이룸, 2007.
사랑하는 체 게바라 에이나 메네데즈 지음, 유영희 옮김, 끌림, 2007.
체 게바라(주어캄프 세계인물총서 02) 슈테판 라젬 지음, 심희섭 옮김, 인물과사상사, 2007.
체 게바라, 인간의 존엄을 묻다 오귀환 지음, 한겨레신문사, 2005.
체 게바라– 다시 돌아온 영웅 손양희 글, 이지용 그림, 웅진출판사, 2005.
체 게바라와 쿠바 혁명 마이크 곤살레스 지음, 이수현 옮김, 책갈피, 2005.
20세기 가장 완벽한 인간 체 게바라 vs 대륙의 붉은 별 마오쩌둥 김영범 지음, 숨비소리, 2005.
체 게바라의 빙산 아리엘 도르프만 지음, 김의석 옮김, 창비, 2004.
아름다운 혁명가 체 게바라(청소년평전05) 박영욱 지음, 이룸, 2003.
체 게바라식 경영 박현우 지음, 디지털머니캡, 2001.
체 게바라가 살아 한국에 온다면 김영규 지음, 이화문화출판사, 2001.
체 게바라 엑토르 오에스테르엘드 글, 알베르토 브레시아 그림, 남진희 옮김, 현실문화연구, 2001.
체 게바라 평전 장 코르미에 지음, 김미선 옮김, 실천문학사, 2000.
체 게바라– 20세기 최후의 게릴라 장 코르미에 지음, 은위영 옮김, 시공사, 1999.
체 게바라 싱클레어 지음, 편집부 옮김, 한울림, 1984.
소설 체 게바라 유현숙 지음, 열매출판사, 2007.
체 게바라 유현숙 지음, 자음과모음, 1997.
체 게바라– 생애와 사상 리우스 지음, 이화영 옮김, 오월, 1988.
총을 든 의사 체 게바라 윤지현 글·김광성 그림, 사회평론, 2001.
Che– 한 혁명가의 초상 페르난도 D. 가르시아·오스카 솔라 지음, 안종설 옮김, 서해문집, 2001.
체 게바라– 쿠바에서 보내온 체 게바라 휴먼 다큐멘터리 일다 바리오·개리스 젠킨스 지음, 안드레스 카스티요 인터뷰, 윤길순 옮김, 해냄, 2004.

황매의 체 게바라 전집

체 게바라의 모터사이클 다이어리 홍민표 옮김, 2004.
체 게바라 자서전– 20세기 가장 완전한 인간의 삶(개정판) 박지민 옮김,
2007. (2004 초판)

체 게바라의 여행기와 일기, 그리고 시집

체 게바라의 볼리비아 일기– 어느 혁명가의 최후 김홍락 옮김, 학고재, 2011.
체 게바라 시집– 체 게바라 서거 40주년 추모시집 이산하 옮김, 노마드북스,
2007.
체 게바라 어록– 체 게바라 서거 40주년 기념작 김형수 옮김, 시학사, 2007.
체의 마지막 일기– 서른아홉, 불꽃같은 생의 마지막 기록 안중식 옮김, 지식
여행, 2005.
체 게바라의 라틴 여행 일기 이재석 옮김, 이후, 2000.
체의 일기 호세 아리오사 페레스·유재운 옮김, 거리문학제, 1997.
먼 저편– 체 게바라 시집 이산하 편역, 문화산책, 2002.

체슬라브 밀로스
Czeslaw Milosz
1911-2004

이데올로기는 짧고 예술은 길다

어떤 부류의 책에는 특정한 계보가 있다. 1980년도 노벨문학상 수상자인 폴란드 출신 작가 체슬라브 밀로스의 『사로잡힌 영혼The Captive Mind』(을유문화사, 1980)은 사회주의 체제와 비판적 지식인을 싸잡아 비난하는 이념서적의 원조다. 한국어판 『사로잡힌 영혼』의 뒤표지 날개에 있는 저자 소개글에선 이 책을 "공산정권하에서 지식인들의 노예화와 저항을 묘사한 유니크하고도 충격적인 작품"으로 본다.

저자 서문을 통해 밀로스는 『사로잡힌 영혼』이 "독자를 바르샤바, 프라하, 부크레시티, 부다페스트의 지식인들이 살고 있는 세계로 안내할" 거라고 예고한다. "나에게는 그 세계가 낮이 익지만, 독자에게는 생소하고, 심지어는 신비하게 여겨질지도 모른다. 나는 공산권 국가에서 인간의 지성이 어떻게 작용하는지를 설명

해 보도록 노력하겠다. 내가 이 책을 쓸 수 있었던 것은 모스크바가 만들어낸 체제가 과거에도 그랬지만 지금까지도 내 눈에는 이상하게 보였기 때문이다." 이 책은 밀로스가 "거부한 이념"과 그가 "치른 전투를 구체화한 전장이기도 하다."

역자 후기는 1953년 발표된 에세이 『사로잡힌 영혼 Zniewolony umysl』의 내용을 이렇게 간추린다. "이 책은 알파, 베타, 감마, 델타라고만 밝힌 네 명의 폴란드 작가들의 삶을 통해 지성인이 공산주의로부터 받는 영혼의 충격을 그리고 있다. 현대인을 위협하고 억압하는 위험성에 대한 각성과 휴머니스틱한 태도를 잘 드러낸 이 작품은 곧 영국·프랑스·독일 등 세계 각국어로 번역·출판되었다." 철학자 야스퍼스는 『사로잡힌 영혼』을 "의미심장한 한 시대의 기록"이자 "가장 수준이 높은 해석"으로 극찬한다.

"밀로스는 전향한 공산주의자처럼 글을 쓰지는 않으며, 태도나 어조·행동에서 전체주의를 벗어나려는 격렬한 자유의 열광에 대하여는 그에게서 아무것도 알아낼 수 없다. 그는 또한 실제로 혁명이나 귀환을 생각하는 망명가로서 글을 쓰지는 않는다. 그는 정의와 꾸밈없는 진리에의 의지로써, 공포 속에 일어나는 일들을 분석함으로써 동시에 스스로를 드러내는 행동적인 인간으로서 말한다."

야스퍼스는 "우리는 그를 통하여 전체주의 국가에서 사는 인간을 비판하는 데 더욱 신중하게 된다"고 덧붙였지만, 반세기가 흐름 지금, 이 책은 철지난 세련된 이념 비판서에 지나지 않는다. 그렇다고 이 책을 살피는 작업이 전혀 무의미하지만은 않다. 우리가 극단적인 냉전 체제를 겪었거니와 '사로잡힌 영혼'을 사갈시하는 무리들이 건재하고 있어서다.

밀로스가 점쟁이가 아닌 이상, 동부 유럽 나라들이 러시아어를 하나의 공통 언어로 사용하게 되리라는 그의 예측과 "서양을 앞지르려던 일본의 노력은 실패로

끝났"다는 단정까지 까다롭게 다룰 이유는 없다. 하지만 밀로스가 제시한 서방세계의 체제적 비교 우위의 요소는 천박하기 짝이 없다.

"공장에서 일하는 여자는 영화배우가 입은 드레스와 같은 모양으로 대량생산한 값싼 옷을 걸치고, 낡기는 했어도 자가용 자동차를 타고, 카우보이 영화를 보고, 집에는 냉장고가 있고, 다른 사람들과 공통된 문명의 어떤 수준에서 살아간다. 그런 반면에 레닌그라드 근처의 집단 농장에서 일하는 여자는 혹시 증손녀나마 그런 평균치에 가까운 수준의 생활을 하게 될는지 앞날을 알 수가 없다."

미국을 지배하는 반공 히스테리가 "주로 무장을 하고 무자비한 강대국에 대한 두려움 때문"이라는 밀로스의 주장을 수긍하기도 어렵지만, 서양의 법치주의를 긍정하는 그의 견해에는 동의하기가 더 어렵다. 이것은 우리에게 "죄가 있거나 없거나 간에 서슴지 않고 모든 사람이 자백하도록 하는 과학적인 고문의 사용을 채택하지 않는" "합법적인 사고방식"의 뿌리가 옅어서 그럴지도 모르겠다.

더구나 필자는 "서방세계의 법이란 지배계급의 이익을 도모하는 헛소리"라는 것을 믿어 의심치 않기에 더욱 그런지도 모르겠다. 모든 법은 지배계급의 이익을 관철하는 수단이다. "분명히 법의 보호를 받으며 범죄가 저질러지기도 하지만, 지금까지는 그래도 서방세계의 법은 지배받는 자들뿐만 아니라 지배하는 자들의 손도 묶어놓는 역할을 했"다는 주장에도 이의가 있다. 후자는 다분히 지배계급끼리의 갈등과 이권다툼에 연관된다.

그래도 "전염병이나 지진은 분노를 불러일으키지는 않는다"거나 "인간은 자기가 살고 있는 질서를 '자연스럽다'고 믿는 경향이 있다"는 밀로스의 통찰은 빛이 난다. 자연스러움에 대한 밀로스의 통찰을 좀더 짚어보자. "폭탄에 깨진 창문의 유리조각들이 흩어진 길거리를 따라 처음 거닐게 되면, 인간은 그가 살던 세계의 '자연스러움'에 대한 신뢰감이 흔들리고 만다."

또한 "주어진 사회질서와 주어진 가치관의 체계 속에서 태어나고 자랐기 때문에 그들은 다른 모든 질서는 '부자연'스럽고, 인간 본성에 모순되기 때문에 지속될 수가 없다고 믿는다." 한편 "전제주권국에서 찾아온 방문객은 서방세계에 도착하면 충격을 받는다." 그러나 이런 현상은 적어도 냉전시기 우리 실정과는 어긋난다. 다음은 이와 관련한 냉전시대 초창기의 증언이다.

"그 친구들은 공산주의 초기의 상황에 대해 반기를 들어 이북을 버리고 남쪽으로 온 거지. 미국이 점령한 남쪽이 살기 좋을 것이라고 내려온 거야. 그런데 몇 달 못 버티고 북으로 되돌아가버렸어. 떠나기 전에 나보고 이렇게 말하더라구. '우린 도저히 못 살겠다. 이런 무섭고 한심한 사회라고는 전혀 생각하지 못했다. 차라리 사회적으로는 버리고 왔지만 이북이 훨씬 낫다. 영희는 남아서 잘해봐라.'"(리영희·임헌영, 『대화』, 한길사, 2005. 83쪽)

1970년대와 80년대 '귀순용사'의 일부가 이른 나이에 간 질환으로 세상을 떠나거나 목숨이 경각에 달렸던 것도 짚어볼 대목이다. 무엇이 그들을 술에 절어 살게 했을까? 북한에 두고 온 가족에 대한 양심의 가책 때문이었으리라. 아울러 '여기가 아닌가봐!' 하는 실망감도 작용했으리라. 냉전시대 그쪽은 확실히 전제주권국이었지만 이쪽은 서방세계의 진면목과는 거리가 있었다. 아무튼 이른바 새터민은 자신의 '선택'을 어떻게 생각할까?

『사로잡힌 영혼』을 이념적으로 계승한 폴 존슨의 『지식인의 두 얼굴Intellectuals』(윤철희 옮김, 을유문화사, 2005)은 여러 차례 우리말로 옮겨졌다. 한국언론자료간행회에서 김욱 번역의 한국어판을 『지식인들』(1993)과 『위대한 지식인들에 관한 끔찍한 보고서』(1999)라는 제목으로 펴냈고, 을유문화사에는 『벌거벗은 지식인들』(김일세·김영명 옮김, 1999)이라는 제목의 다른 번역판이 있다.

형편없는 책이 이렇게 여러 번 번역된 데에는 반공주의와 냉전의식의 유산이 적잖이 작용했을 것이다. 폴 존슨이 이중성을 까발린 지식인 10여 명에게는 공통점이 있다. 그들은 하나같이 장 자크 루소처럼 "사회적 범죄의 원천인 사유재산을 불신하"는 '천년왕국'의 신봉자들이다. 다시 말해 넓은 의미의 좌파다.

폴 존슨에게 루소는 똥오줌도 제대로 못 가리는 어리석은 인간이다. 또 그는 마르크스를 폄하하기 위해 온건한 노동자들을 부각시킨다. 폴 존슨은 마르크스가 사실을 무시하고 현장의 목소리를 듣지 않았다고 비난하지만 정작 자신은 "(목격자에 따르면, 그는 부르주아지라는 단어를 특히 불쾌한 경멸조로 발음했다고 한다)."며, 『지식인의 두 얼굴』의 원서가 출간된 1988년을 기준으로 적어도 100년 전 목격자의 증언을 유력한 증거로 삼는다.

마르크스의 저작에 대한 그의 깎아내림은 기가 막힐 지경이다. "『자본론』뿐 아니라 그의 모든 저작은 진실에 대한 무시, 때로는 경멸에 가깝기까지 한 그의 시선을 시종일관 반영하고 있다." 또한 "『자본론』을 읽어보면 근본적으로 마르크스가 자본주의를 이해하지 못했다는 것을 알 수 있다." 필자에겐 『자본론』을 평가할 능력이 없다. 그래도 마르크스의 『경제학-철학 수고』가 폴 존슨의 편견이 가득한 책보다 적어도 만 곱절 탁월하다는 것 정도는 안다.

에드먼드 윌슨의 '전향'을 높게 평가하는 대목에서 폴 존슨의 비겁함은 극에 달한다. 폴 존슨은 『지식인의 두 얼굴』의 주제 가운데 하나가 "지도적 지식인들의 개인적인 삶과 공적인 태도는 분리될 수 없다는 것"이라고 말한다. 하여 나는 그에게 균형감을 가지라는 차원에서, 우파 지식인의 두 얼굴을 파헤치는 작업의 일환으로 윈스턴 처칠에 대한 뒷조사를 권하고 싶다.

마크 릴라의 『분별없는 열정The Reckless Mind— 20세기 지식인의 오만과 편견』(서유경 옮김, 미토, 2002)은 원제목과 서문에서 『사로잡힌 영혼』을 계승하는 작업임을 분명히 한다. 이 책은 『사로잡힌 영혼』의 "짝패로 읽힐 수도 있다." 하이데거, 한나 아렌트, 야스퍼스, 칼 슈미트, 베냐민, 알렉상드르 코제브, 푸코, 데리다 등의 간추린 생애와 사상을 주된 내용으로 하는 이 책은 폴 존슨의 지식인 비판과는 거리를 둔다.

마크 릴라는 이들을 전제專制 애호증에 빠져 남들의 인생을 그르칠 사람들로 여긴다. 그러나 나치를 지지한 하이데거와 슈미트를 제외한 나머지 인물들은 '지식인의 배신을 이해하려면 지식인의 내면을 들여다봐야' 한다는 저자의 가설에 징발당한 것으로 보인다. 이들의 공통점이라면, 하이데거·아렌트·야스퍼스를 제외한 나머지 인물들이 신비주의에 경도되었다는 것 정도다. 『분별없는 열정』은 『사로잡힌 영혼』과 마찬가지로 약간 세련된 이념비판 서적이다.

『사로잡힌 영혼』 부류의 이념비판서의 저변에는 다음과 같은 인식이 흐르고 있다. "나는 그가 아는 바에 관해서 그가 얘기하는 한은 그의 말을 믿지만, 내가 직접 아는 바에 관해서 얘기하기 시작하면 믿지 않게 되는 경향이 있다." 여기서 '나'는 체슬라브 밀로스이고, '그'는 칠레의 시인 파블로 네루다이다.

『권력의 장악』(문화서적, 1980)과 『엘베강을 향하여』(문학사상사, 1980)는 밀로스의 장편소설 『The Seizure of Power』를 번역한 것이다. "이 작품은 나치에 의한 민족 유린과 폴란드 인들의 저항을 기본 골격으로, 바르샤바 탈환 후 엘베 강을 향해 진격하기까지의 폴란드 민족의 수난과 역경, 지식인들의 갈등과 행동을, 당시 폴란드의 청년 그룹들을 중심으로 그리고 있다."

체슬라브 밀로스가 엮은 『폴란드 민족시집』(실천문학사, 1982)에는 밀로스의 시도 네 편 실려 있다. 이 시집을 번역한 김정환 시인은 밀로스의 시 작품을 이렇게 평가한다. "그의 위대한 예술성 및 '예술적인 거리 유지 능력'에도 불구하고 그의 시는 다른 작품과 비교해 볼 때 오히려 왜소해 보인다. 그것은 그가 고난에 찬 삶의 현장과 그 '더러워서 아름다운' 조국을 일찍부터 등진 사실(그는 현재 미국에 거주하고 있다)과 무관하지만은 않을 것 같다."

에스토니아, 라트비아와 함께 발트 3국을 이루는 리투아니아 지역에서 태어난 체슬라브 밀로스는 나치 독일이 폴란드를 점령한 5년 동안 바르샤바에서 항독 레지스탕스로 활동했다. 2차 대전 직후부터 프랑스 파리 주재 폴란드 대사관에 외교관으로 근무하던 그는 폴란드 공산체제에 염증을 느껴 1951년 프랑스로 망명한다. 밀로스는 1950년대를 서부 유럽에서 떠돌다 1960년부터 미국에 정착하기에 이른다. 마침내 그는 조국으로 돌아와 폴란드의 크라쿠프에서 세상을 떠났다.

체슬라브 밀로스는 이름의 우리말 표기가 아주 혼란스러운 외국 저자다. Czeslaw Milosz의 우리말 표기는 실로 다양하다. 1980년대 초반 Czeslaw는 '체슬라브'로 얼추 일치를 봤으나, Milosz는 '밀로슈' '밀로시' '밀로즈'로 표기했다. 20년 후 『분별없는 열정』의 한국어판은 Milosz를 '밀로츠'로 표기하고, 밀로스의 사망을 전하는 신문기사에서는 아예 '체스와프 미워시'로 환골탈태한다.

그러니까 체슬라브 '밀로스'는 혼란을 가중하는 표현인 셈이다. 현지음에 가까운 이름 표기가 바람직하지만, Czeslaw Milosz는 굳어진 표현을 써도 무방하다고 본다. Czeslaw는 체슬라브라고 하는 데 무리가 없으나, Milosz가 문제다. 기존의 표기 넷에서 어느 하나를 취하기보다는 새로운 표기를 써보기로 한다.

밀로스는 영화 〈뻐꾸기 둥지 위로 날아간 새〉(1975), 〈헤어〉(1979), 〈아마데우스〉(1984), 〈발몽〉(1989), 〈래리 플린트〉(1996), 〈맨 온 더 문〉(1999) 등을 감독한 체코 출신

의 거장 밀로스 포먼Milos Forman의 이름표기를 근거로 삼았다. Czeslaw Milosz는 체슬라브 밀로스다.

체슬라브 밀로스의 책

사로잡힌 영혼 안정효 옮김, 을유문화사, 1980.
권력의 장악 이가형 옮김, 문화서적, 1980.
엘베강을 향하여 이덕형 옮김, 문학사상사, 1980.
폴란드 민족시집 체슬라브 밀로스 엮음, 김정환 옮김, 실천문학사, 1982.

카렌 암스트롱
Karen Armstrong
1944-

인류의 4대 종교를 꿰뚫어보다

영국의 종교학자 카렌 암스트롱이 쓴 『신화의 역사』(문학동네, 2005)는 얇지만 실팍한 신화 개설서다. 구석기 시대부터 현재까지 2만 2000년의 인류사를 몇 개의 구비로 나눠 "인류로 하여금 스스로의 신화를 수정하게끔 만든 주요한 지적 정신적 사회적 혁명"에 주목하여 신화의 발자취를 살핀다.

신화의 시대적 구분은 구석기, 신석기, 초기 문명, 기축시대, 탈기축시대, 대변혁의 여섯 매듭을 짓는데, 첫 장은 '신화란 무엇인가?'에 할애한다. "신화는 역사 저편에 있는, 인간 존재에 내재한 영원성을 지향하는 예술 형식이다." "신화는 소설이나 오페라, 무용극처럼 꾸며낸 이야기다. 파편적이고 비극적인 우리의 세계를 변형시켜보는 놀이다." 다른 각도에서 신화는 "한 번 일어난 사건이지만, 늘 일어나고 있는 사건이기도 하다." 무엇보다 신화는 종교와 함께 인간 정신의 독특한 특징인 "설명할 수 없는 것을 생각하고 경험할 수 있는 능력, 곧 상상력"의 산물이다.

카렌 암스트롱은 신화 창작의 동기와 배경도 짚어준다. "신화란 우리가 인간으로서 겪는 곤경에서 헤어날 수 있도록 돕기 위해 만들어진 것이다. 신화는 사람들에게 세상 속 저마다의 위치와 진정한 방향을 찾아 준다." 또한 "역사적인 기록이 아니라, 우리가 그 당시 마주한 환경과 이웃, 관습에 대한 태도를 설명하는 데 보탬이 되기 위해 신화를 만든 것이다."

따라서 "신화가 환희를 불러일으키지 않는다면, 그 신화는 죽은 신화이며 더는 유용하지 않다." 신화의 진실성을 가늠하는 잣대는 사실에 입각한 정보가 아니라 그것의 유효함에 있다. "우리들로 하여금 생각과 마음을 바꾸도록 요구하고, 새로운 희망을 주고, 더 알찬 삶을 살게 만든다면, 그것은 '유효한' 신화다." 신화는 우리가 그 지침을 따르는 한에서만 우리를 변화시키는 데 이는 신화가 본질적으로 안내자와 같아서다.

카렌 암스트롱은 근대 이전의 세계에서 필수 불가결하였던 신화와 현대인 사이의 거리감에 우려를 표명한다. "오늘날 우리가 경험하고 있는 정도의 신화로부터의 소외는 선례가 없는 일이다." 그러나 카렌은 "절대적으로 유일하고 정설인 신화는 없다"라고 덧붙이면서, "간략한 신화의 역사를 통해" 상황의 변화에 따라 다른 방식으로 신화를 이야기할 필요성을 제기한다. 인간이 큰 걸음을 내디딜 때마다 늘 그래왔듯이.

그런 점에서 이 책은 신화를 재검토하고 새로운 환경에 맞게 변화를 꾀하는 작업을 위한 실마리라고 할 수도 있겠다. 하지만 그런데도 "인간의 본성은 크게 변하지 않는다는 것을, 그래서 오늘날의 사회와는 판이하게 다른 사회에서 만들어진 신화가 여전히 우리의 가장 본질적인 두려움과 욕망에 말을 건다는 사실을 보게 될 것이다."

신화적 시대 구분에서 '기축機軸시대'는 특히 주목을 요한다. '기축시대Axial Age'는 기원전 800년경에서 200년경에 이르는 600여 년을 일컫는 독일 철학자 칼 야스퍼스의 용어다. 이때는 인류 신앙 발전의 중추가 된 시기다. 이 시대에 얻은 지혜는 오늘날까지 우리 정신을 풍요롭게 하고 있으며, "이 시대는 우리가 알고 있듯이 종교의 시작을 명시한다."

카렌 암스트롱은 기축시대의 모든 사상이 공통되는 본질적 구성 요소를 갖고 있었던 걸로 파악한다. "모두 인간 조건의 피할 수 없는 일부로 보이는 고통을 심각하게 의식하고 있었다. 그리고 형식적인 의식과 의례에 과도하게 의지하지 않는, 보다 정신적으로 충만한 종교를 강조하고 있었다. 그리고 개인의 양심과 윤리에 대해 새로운 관심을 보이기도 했다."

아울러 기축시대의 "모든 현인은 당시에 난무했던 폭력으로부터 물러나 연민과 정의의 윤리를 설파했다." 또 진실을 얻으려면, 다른 성직자나 종교 전문가의 인도와 가르침에 의지할 게 아니라 스스로를 성찰해야 한다고 강조했다. 여기에다 하나같이 좀더 내적이고 윤리적인 신화 해석을 추구하였는데 이것은 "도시 생활의 도래는 신화가 더 이상 당연한 것으로 받아들여지지 않는다는 의미였다." 한편 기축시대의 현인들은 "신화의 진정한 의미를 깨닫기 위해서는 감정적 공명을 불러일으키는 의식을 행해야 할 뿐 아니라 윤리적으로 올바른 행동을 해야"한다고 역설했다.

1500년경부터 현재까지를 가리키는 '대변혁'의 시대를 다룬 마지막 장에서 카렌 암스트롱은 우리에게 필요한 신화의 성격을 네 가지로 요약한다. 그것은 민족·국가·이념에 구애됨이 없이 서로에게 동질감을 느끼게 도와주는 신화, 연민의 중요성을 깨우쳐주는 신화, 유아론唯我論적 이기주의에 이의를 제기하는 초월적 가치를 경험하게 하는 신화, 대지를 신성한 것으로 받들고, 단순한 '자원'으로 이용하지 않게 하는 신화다.

신화를 예술의 한 형태라고도 보는 카렌 암스트롱은 "만약 전문 종교 지도자들이 우리에게 신화적 지식을 줄 수 없다면, 아마도 예술가들과 작가들이 이러한 성직자의 역할을 맡아서 길 잃고 상처 입은 이 세상에 새로운 통찰을 가져올 수 있을 것"으로 전망한다.

이 책의 번역자는 '옮긴이의 말'을 통해 "알타미라 동굴 벽화가 1만 년 전에 그려졌다고 해도, 무려 1만 2000년 동안의 역사가 서울 지하철 2호선을 타고 두어 바퀴 돌 만한 시간 안에 읽을 수 있는 짧은 분량의 책 속에 담겨 있"다고 했지만, 이 책을 읽는 장소로 전동차 안은 부적합하다. 전철은 책에 밑줄을 긋기가 불편해서다.

이 책은 '세계신화총서'의 첫째 권이기도 하다. '세계

신화총서'는 영국 캐넌게이트 출판사의 기획 시리즈로 세계 각지의 신화를 현대적 관점으로 재해석하는 작업이다. 32개 나라의 출판사 34곳이 참여한 범세계적인 프로젝트이기도 하다. 2005년 10월 20일 1차분 3권이 전 세계 동시 출간되었고, 2038년 3월 100권으로 완간될 예정이다. 이 시리즈의 한국어판 출판은 문학동네가 맡았다.

『신화의 역사』 한국어판 북 커버의 책날개에는 카렌 암스트롱의 이력이 나와 있는데, 이미 출간된 한국어판 카렌 암스트롱의 저자 소개보다 자세하다. 필자의 선배는 카렌 암스트롱을 천재로 간주한다. 어릴 적 그녀는 천재까지는 아니어도 수재 소리는 들었을 성싶다. 카렌은 적어도 평범한 학생은 아니었다. 열네 살에 찰스 디킨스의 작품을 모두 독파하였고, 열일곱에는 옥스퍼드 대학 입학 허가를 받았으니 말이다.

하지만 그녀는 대학 대신, 로마 가톨릭의 '성스러운 아기 예수회'에 들어가 7년 동안 수녀원에서 생활한다. 1967년 수녀원의 지원을 받아 옥스퍼드 대학에서 영문학을 공부하기 시작한 그녀는 학업과 신에게 헌신하는 삶 사이에서 심한 갈등을 겪는다. 끝내 카렌은 1969년 수녀원과 완전 결별을 하기에 이른다. 옥스퍼드를 우수한 성적으로 졸업하고 대학에 머물지만, 건강이 악화돼 정신병원 신세를 지기도 한다.

1976년 간질병 진단을 받고 나서 오히려 안정기로 접어든다. 자신을 괴롭힌 증세의 원인을 이해하게 되자 적극적인 치료를 통해 건강을 되찾는다. 카렌 암스트롱은 『마호메트 평전』(미다스북스, 2002)의 서문에서 "나는 이제 기독교 신자가 아니며 그렇다고 다른 종교를 믿지도 않는다"는 견해를 피력하기도 하였다.

『마호메트 평전』은 『스스로 깨어난 자 붓다』(푸른숲, 2003)와 더불어 카렌 암스트롱의 재능을 유감없이 보여주는 작품이다. 이 글 흐름의 편의상 붓다 전기부터 살펴보자. 서양에 축적된 붓다 연구와 팔리어 경전에 나

타난 붓다의 생애를 바탕으로 한 이 책은 감탄을 자아낸다. 우리말 옮긴이의 의도가 겹쳐진 '낯설게 드러난 붓다의 모습'은 내 상식을 초월한다.

붓다를 둘러싼 이런 경험이 처음은 아니다. 예비 고등학생이던 1983년 2월 어느 날 읽은 헤르만 헤세의 「시다르타」(송영택 옮김, 삼중당문고 376번의 표제작)의 독후감이 그랬다. 강가에서의 싯다르타의 깨우침을 접한 느낌이 특히 그랬는데 당시에는 그 실체를 어렴풋이 짐작만 했었다.

훗날 습득한 지식이 더해져 그 장면은 헤라클레이토스의 '만물은 유전한다'(판타 레이panta rhei— 헤라클레이토스에 대한 플라톤의 철학적 평가인 '만물유전설'에서 유래)는 서양식 윤회관과 "같은 강물에 발을 두 번 담글 수 없다"는 헤라클레이토스가 남긴 비유적 격언의 표상 정도로 여겨졌다.

아무튼 이 책은 붓다의 생애와 불교 가르침의 절묘한 융합으로 보기 드물게 뛰어난 사상적 전기의 진경을 창출한다. 그런데 이러한 서술 방식은 현전하는 문헌 자료에서 붓다 생애의 공백으로 인한 고육책이기도 하다. 붓다가 그의 생애 가운데 45년을 대중에게 노출된 삶을 살았어도, 텍스트들은 거의 반세기를 대충 훑고 지나가는 탓에 "전기 작가로서는 할 수 있는 일이 많지 않다"는 것이다.

카렌 암스트롱은 필자가 붓다와 불교에 대해 인식하지 못했던 점을 일깨우고 주지시킨다. 먼저 붓다에 대한 평가를 보면, "붓다는 단지 자신의 구원에 이른 사람이 아니라, 스스로 고통에 대한 면역을 얻었음에도 다른 사람들의 괴로움에 공감할 수 있는 사람"이다. 또한 "동정심은 붓다의 깨달음에서 핵심적인 구성 요소"다.

혀를 내두르게 하는 카렌의 깊은 불교 이해는 둘째치고, 그녀는 전통적 불교권에 사는 독자가 못 보는 불교의 여러 측면을 드러내어 우리를 놀라게 한다. 불교는 도시를 기반으로 하고, 기본적으로 심리적 종교이

며, "불교도의 관점에서 보자면, 사람은 구원을 얻고자 할 때 신의 지원을 기대할 수 없는 것이다."

'안거安居'의 유래는 이 책의 부수적 소득이다. 안거를 의미하는 '밧사vassa'는 팔리어로 우기雨期를 뜻한다. "왜 사캬무니를 따르는 사람들은 우기에도 돌아다니느냐?"는 비판을 들은 붓다가 모든 '상가sangha, 僧家' 구성원들에게 우기의 은둔을 의무로 지키라고 명령했다는 것이다.

심오한 내용과 팔리어 발음으로 표기한 불교 용어의 생소함이 복합적으로 작용하여 이 책은 쉽게 읽히지 않는다. 읽히는 힘은 『마호메트 평전』이 한결 낫다. 이 책은 지금까지 나온 한국어판 카렌 암스트롱 중에서도 가독성이 제일 높다. 카렌 암스트롱은 이 책을 집필한 이유로 접신을 체험한 무함마드가 인간의 영적 체험에 남다른 기여를 한 점과 이러한 본질적인 사실을 존중해야 한다는 점을 든다.

제1부에 놓인 무함마드와 이슬람, 나아가 아랍권을 향한 서유럽의 천년에 걸친 적개심과 증오의 역사는 세계 분쟁의 주범이 누구인지 실감하게 한다. 이슬람에 대한 적대감과 짝을 이루는 반유대주의의 기원도 살짝 엿볼 수 있다. 십자군 전쟁 기간 유럽은 심한 왜곡과 부정이 판을 쳤고, "서구 기독교가 이슬람이나 비잔틴 제국처럼 기독교 체제 안에서 다른 종교 공동체나 사상들을 성공적으로 수용할 수 없다는 사실이 명백해지고 있었다"는 것이다.

카렌 암스트롱은 무함마드가 한 번도 신이라고 주장하지 않았다고 말한다. "실제로 그는 모든 면에서 인간일 뿐이다." 비범하다기보다는 신앙심이 깊은 사람에 가깝다. 또한 무함마드는 "성인군자가 아니었다." 하지만 무함마드는 정치적인 재능과 아울러 위대한 정신적인 천품을 지녔다. 카렌은 무함마드의 "비범함을 제대로 평가하기 위해서는 그가 태어난 사회와 그가 투쟁할 수 있었던 원동력을 면밀히 분석해야 한다"면서 이

책을 통해 그것을 실행한다.

개설서 『이슬람』(을유문화사, 2003)에서는 예의 그녀의 해박한 지식과 진지한 접근이 돋보인다. 카렌은 이슬람의 역사를 섭렵하고 숙성시킨 다음, 자신의 목소리로 1400년에 이르는 이슬람의 역사를 간추려 들려준다. 이따금 이슬람을 보는 그녀의 관점이 드러나기도 한다. 카렌 암스트롱은 이슬람교를 유대교처럼 사람들이 어떤 방식으로 살아가야 할지를 요구하는 종교라 여긴다. "이슬람은 역경을 극복하는 종교"이기도 하다.

『신의 역사』(동연, 1999)는 카렌 암스트롱의 이름을 우리 독자들에게 처음으로 알린 책이다. 이 책은 『신화의 역사』와 짝을 이룬다고 볼 수도 있지만, 훨씬 방대하다. 한국어판의 본문만 680쪽에 이른다. '옮긴이의 글'은 이 책을 "'신'에 관한 연구서가 아니라 '신 개념'의 역사적 전개에 관한 보고서"로 규정한다.

또한 "풍부한 내용"을 매력 포인트로 꼽는다. "이 책은 아주 먼 옛날 바빌로니아인의 창세 신화에서 시작하여 유대교, 기독교, 이슬람의 전 역사를 통해 내려온 신 개념의 다양한 변천사를 소개하고 있다." 한편 지은이는 자신의 책을 이렇게 표현한다. "이 책은 시대와 변화를 초월하여 있는 표현 불가능한 신의 실재 그 자체에 대한 역사가 아니라, 인류가 아브라함 시대에서 현대에 이르기까지 신을 어떻게 인식해 왔는가에 대한 역사다."

"21세기에도 힘을 잃지 않고 중요한 종교적 역할을 감당할 수 있는 신앙은 신비주의적 신앙"이라고 주장하는 카렌 암스트롱은 21세기에도 힘차게 살아 숨 쉬는 신앙을 창조하기 위해 "신의 역사가 주는 여러 신앙적 교훈과 경고를 가슴 깊이" 되새기기를 우리에게 주문한다. 카렌 암스트롱의 책에는 '용어 해설'을 비롯한 본문의 이해를 돕는 부속 텍스트가 충실하다. 그런 점에서 책이 다루고 있는 인물과 주제에 대한 고급 입문서로도 전혀 손색이 없다.

카렌 암스트롱의 책

신의 역사(1·2) 배국원·유지황 옮김, 동연, 1999.
마호메트 평전 유혜경 옮김, 미다스북스, 2002.
이슬람 장병옥 옮김, 을유문화사, 2003.
스스로 깨어난 자 붓다 정영목 옮김, 푸른숲, 2003.
신화의 역사 이다희 옮김, 문학동네, 2005.
마음의 진보 이희재 옮김, 교양인, 2006.
신을 위한 변론– 우리가 잃어버린 종교의 참의미를 찾아서 정준형 옮김, 웅진지식하우스, 2010.
축의 시대– 종교의 탄생과 철학의 시작 정영목 옮김, 교양인, 2010·

카를로 페트리니
Carlo Peterni
1949-

이윤보다 정치를 부추기고, 경제보다 문화를 드높이자

슬로푸드 운동의 창시자 카를로 페트리니의 『슬로푸드, 맛있는 혁명』은 '쇠고기 스캔들'의 황당무계함을 다른 각도에서 '폭로'한다. 광우병 발생이 크게 우려되는 미국산 수입 쇠고기는 '온전한 음식'이 갖춰야 하는 세 가지 전제조건에 크게 못 미친다. "우리가 특정한 생산물의 품질이 좋다고 말하기 위해서" 충족되어야만 하는 필수 전제조건 세 가지는 "좋음good과 깨끗함clean, 그리고 공정함fair으로, 이것들은 상호 의존적이며 서로에게 필수적이다."

어떤 음식이 '좋은'지 여부는 개인적인 '맛'과 문화적이고 공동체적이며 역사적인 '지식'이 좌우한다. 그런데 객관적인 자료를 근거로 맛을 확인할 수 없다면, 지식을 얻을 수도 없다. 이러면 즐거움과 선택의 자유를 잃을 수밖에 없거니와 생산자의 결정에 영향을 주는 다양한 기회마저 놓치게 된다.

그리하여 품질에 대해선 아예 포기할뿐더러 "그런 식으로 우리에게 식품을 판매하는 사람들을 억지로 믿을 수밖에 없다. 하지만 그들을 지나치게 믿는 것은 잘못된 것일 수 있다." 바로 이 지점에서 우리가 감각을 훈련하여 복원하는 것은 매우 중요한 정치적 의미를 지닌다. "감각이 조잡하다는 것은 지배적인 모델에 굴복하는 것을 의미한다. 지배 모델은 우리가 즐거움을 사랑하는 만족스러운 사람이 되는 것을 원치 않으며, 다만 이윤을 (그리고 무덤을) 향해 달려가는 거대한 조직 속에 감각 없는 부속물로 남기를 바란다."

'자연적'인 맛을 선호하는 관점을 취하는 것도 중요하다. '자연적'이란 "체계·환경·인류·원재료·가공과 관련하여 외부적이며 인공적인 많은 요소들을 사용하지 않았다는 것을 의미한다. 첨가물이나 화학 방부제, 인공적이거나 '천연'으로 추정되는 감미료, 작업, (가축의 경우) 사육, 재배, 요리 등의 과정에 자연성을 파괴하는 기술 등을 사용해서는 안 된다는 것이다."

음식의 원재료는 건강에 좋고 순수해야 한다. "가축을 사육하는 방식이 자연성의 기준을 존중한다면 고기 또한 훌륭할 것이다. 성장 촉진제나 고열량 사료 혹은 항생제가 섞인 사료를 써서는 안 되는 것이다. 가축은 스트레스가 없는 삶을 살아야 한다." 다시 말해 가축은 사육되는 동안 '자연스런' 삶을 살아야 한다.

'깨끗함'은 '좋음'보다 절대적이다. "생산물이 지구와 환경을 존중한다면, 오염시키지 않는다면, 농장에서 식탁으로 이동해 오는 동안 자연자원을 낭비하거나 오용하지 않는다면, 그 생산물은 깨끗한 것이다." 또한 "그 생산물이 지속가능하다면 그것은 깨끗한 것이다." 지속가능하다는 것은 '깨끗함'의 핵심이다.

먹을거리의 '지속가능성'을 파악하기 위해선 다양한 지식이 필요하다. 음식재료로 사용된 품종들이 생물다양성을 감소시키거나 지나치게 상업적인 것들은 아닌지, 재배방법은 사료와 약물로 '빨리 성장케 한' 동물의 배설물이나 살충제로 토양을 척박하게 하진 않는지 알아야 한다. 생산물의 수송기간이 너무 긴 것은 아닌

지, 심각한 대기오염을 유발하진 않는가도 알 필요가 있다. 결국 "우리가 그 생산물을 얻거나 구입함으로써 환경에 해를 입히게 되는 것은 아닌지 알아야 한다"는 것이다. 이를 익히는 것은 쉬운 일이 결코 아니다. 지속가능성에 대한 판단은 우리에게 소비자로서 일찍이 경험하지 못한 탐구와 성찰을 요구한다.

"만일 우리가 판단하는 데 필요한 정보가 충분치 않다면 정보를 이용할 수 있게 해 달라는 압력을 행사하자. 우리 모두는 생산물에 대한 평가를 내릴 수 있어야 하고 이 평가에 부합하는 선택을 해야 한다. 이것만이 좋은 품질에 이르는 길이다." 페트리니는 어떤 한계 상황 안에서도 우리가 원하는 모든 성장기회를 발견할 수 있으리라 내다본다. "이 한계 속에 '좋은 것', 진정으로 모든 세계에 '좋은 것'이 있다. 이 한계 속에 '깨끗함'이 있다." 다만 여기엔 "우리가 돈만 중요하다고 생각하지 않는다면"이라는 단서가 따라붙는다.

'공정함'에는 두 가지 층위가 있다. 식량 생산에서 '공정함'은 "사회적 정의, 노동자와 그들의 노하우, 시골의 풍습과 농촌의 삶에 대한 존중, 노동에 걸맞은 보수, 훌륭한 생산물에 대한 만족" 그리고 사회적 지위가 늘 밑바닥이었던 소농들에 대한 재평가 등을 포괄한다. "사회적인 의미에서 공정함은 흙을 가꾸는 사람들에 대한 공정함과 여전히 흙을 사랑하고 흙을 생명의 원천으로 다루는 사람들에 대한 존중을 의미한다."

또한 '공정하다'는 것은 지속가능하다는 것이다. 공정함은 "부를 창출하고 사람들 사이에서 좀 더 평등한 질서를 만들어 낸다." 농부와 장인匠人은 서로 상대방의 일을 존중해야 정의가 이뤄진다. "공정함은 다른 사람들에 대한 존중이다." '온전한 음식'은 지배 체계에 맞설 수 있는 전 세계적 '생산 공동체'의 망을 구축해야 실현된다. "우리는 인간을, 토지를, 그리고 먹을거리를 다시 그 중심에 놓아야 한다. 자연과 조화를 이루면서 모든 다양성을 존중하는 인간 중심적 식품 네트워크는

고품질, 즉 좋음, 깨끗함, 공정함을 촉진할 것이다."

'품질'은 1980년대 초만 해도 우수한 생산 기술이나 감각적 특징을 일컬었다. 높은 사회적 지위와도 연결되었다. 하지만 20세기 막바지 식품과 관련한 불미스런 사건들이 잇따르자 "품질이라는 말을 '민주화'할 필요가 생기면서 이 말은 곧 결국 위생상의 안전성을 갖춘 물질, 혹은 적어도 '지역적'이며 '전통적'인 성질과 같은 의미를 얻게" 된다.

카를로 페트리니는 '농산업agroindustry'을 비판한다. "이 불행한 용어는 많은 모순을 숨기고 있다. 사실 이 말 자체가 (형용) 모순이다." 그는 농업의 탈산업화를 역설한다. 이를 위해 집약적인 생산방식을 지양하고 지역품종을 선호하라고 촉구한다. '유전자 조작 생명체GMOs'는 안 된다. '유전자 조작 생명체'는 환경적인 측면에서 지속가능하지 않아서다.

농업의 탈산업화는 산업형 식량 생산 체계를 거부하는 것에 다름 아니다. 아울러 "농업의 탈산업화는 인간과 자연 간의 새로운 관계를 요구한다." 그것은 복잡성에 대해 열린 자세를 갖고, 새로운 생산양식의 지속가능성을 평가하기 위해 모든 과학적 수단을 활용할 줄 아는 접근법이다. 페트리니는 '손기술'에 가치를 부여한다. "손기술은 단순 작업을 하고 있는 그 사람과 재료 간에 직접적인 관계를 형성해 줌으로써, 재료에 대한 그 사람의 존중심을 보여 주며 그 재료에서 최고의 감각적 특징들을 뽑아내는 그 사람의 능력 또한 드러내 주기 때문이다."

『슬로푸드, 맛있는 혁명』은 미식학 입론入論이자 미식학 원론이다. 입론立論이라 하지 않은 것은 미식학과 관련한 의론議論의 체계를 정초定礎했다기보다는 그것을 세우기 시작한다는 느낌이 더 진해서다. 그러면, 원론은 뭐냐? 그래도 미식학의 현주소와 거의 모든 것을 담은 것으로 봤기 때문이다. "미식학gastronomy은 복합과학이다."

한편으로 이 책은 새로운 미식가를 위한 훌륭한 지침서다. 하여 미식가에 대한 왜곡된 일반적 인식에서 출발하는 건, 어찌 보면, 당연하다. "어떤 사람들은 여전히 나 같은 미식가에 대해서, 주위 세상에 신경 쓰지 않는 이기적인 식탐장이로 치부해 버린다." 실제로는 전혀 그렇지 않다.

"당신이 단순히 이 책을 읽는다고 해서 미식가가 될 수는 없다. 자신의 이론을 실천으로 옮겨야 하며, 호기심을 가져야 하고, 되도록 많은 다양한 환경들과 접촉하고 사람들과 이야기하고 맛을 보면서 자신의 감각을 가지고 현실을 해석하려고 노력해야 한다. 당신이 단순히 음식점에 가서 음식을 먹는다고 해서 미식가가 될 수는 없다. 소농들과, 식량을 생산하고 가공하는 사람들, 생산 체계와 소비 체계를 공정하게 만들고자 애쓰면서 좀 더 지속가능하고 즐겁게 만들고자 노력하는 사람들을 만나 보아야 한다."

미식가가 도대체 뭐하는 사람이기에 그래야 하는가? "전 세계 수백만 소농들(특히 우리와 가까이 살고 있는 소농들)의 생활 조건을 평가하고 이런 농부들을 알아 가며, 가장 어려운 상황에서도 '공정 무역' 가격을 통해 그들에게 공정한 보수를 보장해 줌으로써 '깨끗하고, 좋은' 생산물의 생산을 지원하는 것은 새로운 미식가의 과제다."

나는 페트리니의 다음과 같은 생각에 동감한다. "산업화 과정이 진행되면서 한 세기 조금 넘는 기간 동안 기술 관료들에 의한 일종의 독재정권이 들어섰다. 여기서는 이윤이 정치보다 우세하고, 경제가 문화보다 우월하며, 인간의 활동을 판단하는 데 유일하지는 않지만 중요한 기준은 양적인 측면이다."

이윤보다 정치를 부추기고, 경제보다 문화를 높이며, 인간 활동의 질적인 측면을 고려하는 게 우리의 과제가 아닐까. 카를로 페트리니가 엮은 『슬로푸드』(김종덕·이경남 옮김, 나무심는사람, 2003)는 국제 슬로푸드 협회지 〈슬로Slow)에 실린 글을 모았다. 카를로 페트리니의 한국어판 편·저서 두 권을 공동 번역한 경남대 김종덕 교수의 『슬로푸드 슬로라이프』(한문화, 2003)는 느리게 먹고 천천히 사는 삶의 입문서로 제격이다.

"오늘날 우리는 속도의 노예가 되었다. 전 인류가 '패스트라이프'라는 지독한 바이러스에 걸렸다. 이 바이러스는 우리에게 '패스트푸드'를 먹으라고 강요한다. 속도가 인류를 멸종시키기 전에 우리가 먼저 속도를 제거해야만 한다. 우리의 방어는 '슬로푸드'와 함께 식탁에서부터 시작되어야 한다. 패스트푸드를 추방하고 토속 음식의 맛과 향을 재발견하자. 패스트라이프가 우리의 땅과 환경을 위협하고 있는 오늘날, 슬로푸드만이 진실된 진보적 대안이다."(슬로푸드 선언문에서)

카를로 페트리니의 책

테라 마드레- 공존을 위한 먹을거리 혁명 마이클 폴란 외 공저, 송민경 옮김, 다른, 2009.
슬로푸드, 맛있는 혁명 김종덕·황성원 옮김, 이후, 2008.
슬로푸드- 느리고 맛있는 음식이야기 카를로 페트리니 엮음, 김종덕·이경남 옮김, 나무심는사람, 2003.

과학을 포기한다는 것은 에어컨과 고속 자동차를 포기하는 것 이상이다

칼 세이건의 책은 우리에게 마치 지구에 다가오는 '혜성'같다. 우선 번역 출간이 주기적으로 이뤄졌다는 점에서 그렇다. 우리나라 서점가에 출몰하는 혜성 '칼 세이건' 호는 대략 5년의 주기를 갖는다. 1981년은 한국에서 '칼 세이건' 호가 처음 관측된 해다. 그것은 환하게 빛나는 머리와 희미한 꼬리로 이뤄져 있었다. 대표

작이자 출세작인 『코스모스』(문화서적)는 우리나라에서도 베스트셀러가 되었지만 문학 부문 퓰리처상을 받은 『에덴의 용』(전파과학사)은 큰 주목을 받지 못했다.

칼 세이건의 후속작이 본격적으로 번역된 것은 1980년대 중반에 들어서다. 두 번째 아내 앤 드루얀과 함께 쓴 『혜성』(범양사출판부, 1985)과 그의 소설이 소개되었다. 소설은 두 가지 제목으로 번역되었다. 『콘택트』(길한문화사, 1985)와 『접촉』(햇빛출판사, 1985)이 그것이다.

1990년대 벽두에는 『에덴의 용』(정음사, 1990)이 재출간되고, 『핵겨울』(팬더북, 1991)이 번역되면서 그에 대한 국내 독자의 갈증을 어느 정도 풀어주었다. 아니, 갈증을 더해주는 측면이 없진 않았다. 『핵겨울』은 칼 세이건의 유명세에 기댄 책이기 때문이다. 이 책은 1983년 워싱턴에서 열린 '핵전쟁 후의 세계'를 주제로 한 과학자들의 회의 내용을 담고 있다. 칼 세이건은 「핵전쟁이 대기와 기후에 미치는 영향」을 발제하고 이에 대한 토론에 참여했을 뿐이지만, 번역서의 표지와 판권면에는 버젓이 그의 이름이 저자로 올라 있다.

1990년대 중반에는 아내 앤 드루얀과 공동집필한 『잃어버린 조상의 그림자』(고려원미디어, 1995)와 칼 세이건의 단독저서인 『창백한 푸른 점』(민음사, 1996)이 나왔다. 그리고 2001년 '칼 세이건' 호는 '지구'에 가장 근접했다.

2001년 칼 세이건의 책은 무려 네 종이 새로 선을 보였다. 여기에는 옷을 갈아입은 책도 포함된다. 아무튼 책이 한꺼번에 쏟아지기 전까지 서점에서 칼 세이건의 책을 구하기는 쉽지가 않았다. 책들이 모두 절판 또는 품절 상태에 있었기 때문이다. 20년 간 스테디셀러로 군림하던 『코스모스』마저 자취를 감추었다. 칼 세이건의 책들이 서점 판매대와 책꽂이에서 썰물처럼 빠져나간 것 또한 혜성을 닮았다.

하지만 이제는 사정이 달라졌다. 칼 세이건의 책들을 혜성이 아니라 붙박이별이라 불러야 할 것 같다.

2001년에 나온 책들은 스스로 빛을 낸다. 5년 만에 재출간된 『창백한 푸른 점』(사이언스북스, 2001)은 단적인 본보기다. 무엇보다 최신 천문학의 성과인 천체를 찍은 사진들이 장관을 이룬다. 우주의 신비와 인류의 행성탐험 역사를 기술한 이 책은 『코스모스』의 속편이라고 할 수 있다. 그런데 우주를 훑는 두 책의 궤적은 정반대다. 『코스모스』가 우주에서 출발해 지구에 다다른다면, 『창백한 푸른 점』은 지구로부터 우주로 나아간다. '창백한 푸른 점'은 지구를 가리킨다. 은하계 탐사선 보이저 1호가 해왕성 궤도 밖에서 찍은 지구의 모습이 꼭 그렇다. 칼 세이건은 이 사진을 천문학의 본질을 말해주는 증거로 삼는다.

천문학은 겸손과 인격수양의 학문이라고 말해져 왔다. 인간이 가진 자부심의 어리석음을 알려주는 데 우리의 조그만 천체를 멀리서 찍은 이 사진 이상 가는 것은 없다. 사진은 우리가 서로 더 친절하게 대하고 우리가 아는 유일한 고향인 이 창백한 푸른 점(지구)을 보존하고 소중히 가꿀 책임을 강조하고 있다고 나는 생각한다.

『창백한 푸른 점』에서 인상적인 사진을 하나 고르라면 367쪽에 실린 것을 들겠다. 이것은 외계탐험협회의 1992년도 연례총회 포스터를 찍은 사진이다. 보름달을 중심으로 25개 회원국의 국기가 사발통문(沙鉢通文) 식으로 배열돼 있다. 몽골·베트남·쿠바·사우디아라비아 등의 국기가 보이지만 태극기는 보이지 않는다. 그도 그럴 것이 외계탐험협회에는 외계여행의 경험이 있어야 가입할 수 있다.

다시 번역된, 외계문명과의 접촉을 아름답게 그린 장편소설 『콘택트(전2권)』(사이언스북스, 2001)에서도 한국인은 눈에 띄지 않는다. 인류를 대표해 외계문명과 조우할 우주선의 다섯 자리는 미국·소련(러시아)·중국·인도·나이지리아 국적의 과학자에게 돌아간다. 그렇다고

이런 현실과 상황 설정이 불쾌하진 않다.

외계탐험협회에서 소외된 것은 우주비행사를 배출하지 못했으니 당연한 것이고, 소설에서는 국력과 인구를 감안해 우주선의 좌석을 배정한 것이니 나름대로 설득력이 있다(나이지리아 출신 물리학자는 이슬람권을 대표한다). 1985년작인 소설은 소련이 20세기 말까지 존속하는 것으로 가정하고 있는데, 이런 설정 또한 크게 문제될 것이 없다. 다만, 전체적으로 미국과 소련을 공정하게 묘사했으면서도 이따금 소련보다 미국의 형편을 더 근사하게 서술한 대목은 약간 거슬린다.

『콘택트』 같은 소설은 예전에 '공상과학소설'로 불렸다. 이런 호칭은 'SF'(science fiction, 과학소설)에 대한 무지의 결과다. 과학과 상상력이 결합된 뛰어난 과학소설 『콘택트』에는 '공상'이라는 수식어가 불필요하다. 만화 같은 설정이지만 황당무계하게 들리지 않는 것은 칼 세이건의 해박한 지식과 평화를 사랑하는 인류애 덕분이다. 그의 해박함은 전공인 천문학에 그치지 않는다. 인문 분야도 박식하다. 이 소설의 주제는 'We are the world'가 아닐까 한다. "지구를 하나의 행성으로, 또 모든 인류가 공유하는 미래로 보아야 한다는 시각이 확산되고 있었던 것이다."(2권 143쪽)

이 소설에서 지구인을 호출하는 외계의 지적 생명체가 직녀성에서 신호를 보낸다는 점도 흥미롭지만, 주인공 엘리 박사의 출생의 비밀이 벗겨지는 막바지의 반전 역시 흥미롭다. 그래서 조디 포스터가 엘리 박사를 연기한 영화 〈콘택트〉를 비디오를 통해서나마 보고 싶기도 하다. 특히 신비주의적인 요소가 영화에서는 어떻게 구현됐는지 궁금해서다.

그렇다고 칼 세이건을 프리초프 카프라 같은 뉴에이지 과학의 기수로 여기면 곤란하다. 칼 세이건은 신과학 사조와는 무관한 과학자다. 외려 그는 그러한 흐름에 결연히 맞선다. 칼 세이건은 『악령이 출몰하는 세상』(김영사, 2001)에서 "어둠 속의 작은 촛불"(과학)을 밝히는

과학자를 자임한다. 그가 제시하는 참된 환상과 거짓된 환상을 분간하는 기준은 명백하다. 거짓된 환상은 "정치적·종교적 계급 조직의 충고를 기꺼이 받아들"인다는 것이다. 참된 환상은 과학적 사고에 바탕을 둔다.

과학은 아무리 이단적이라도 새로운 아이디어라면 무제한적으로 개방적일 것과 모든 것을 가장 엄격한 태도로 회의적으로 검토할 것, 다시 말해 새로운 아이디어와 기성의 지혜 사이에 섬세한 균형을 유지할 것을 촉구한다.

칼 세이건의 사이비 과학 감별법 또한 귀담아들을 만하다.

"사이비 과학은 과학의 본성을 신뢰하지 않으면서 과학의 방법과 발견들을 사용하려 한다."
"사이비 과학은 과학보다 이리저리 생각하기 쉽다. 왜냐하면 실재와의 대면으로 마음 고생하는 일을 훨씬 쉽게 회피할 수 있기 때문이다."
"사이비 과학은 강력한 감정적 욕구에 호소한다."
"일부 사이비 과학은 바라면 이루어진다는 생각을 품고 있다."

사례를 들어가며 반反과학과 사이비 과학을 조목조목 비판한 『악령이 출몰하는 세상』에 대해 칼 세이건은 이런 말을 했다. "이 책은 내가 평생 과학과 나눈 사랑을 반성하는 개인적인 기록이다." 따라서 『악령이 출몰하는 세상』은 칼 세이건이 평생 심혈을 기울인 '과학 대중화' 작업의 결정판이라고 하겠다. 그의 과학에 대한 사랑은 "과학의 방법과 발견들을 과학자가 아닌 사람들도 접근하게 만들려는 노력"으로 표출되었기 때문이다.

『에필로그』(사이언스북스, 2001)는 번역서의 제목이 시사

하듯이 '과학대중화'의 완결판이다. 책은 칼 세이건이 사람들에게 과학에 대한 친근감을 심어주기 위해 대중적인 토크쇼 프로그램 하나에만도 30번이나 출연했다는 사실을 알려준다. 죽음을 눈앞에 두고 쓴 글이 아주 인상적이다. 의료보험 덕분에 생명을 연장하게 된 점을 고마워하면서 그런 혜택을 받지 못하는 이들을 헤아리는 대목은 칼 세이건의 인물됨을 잘 보여준다. "의료보험의 혜택을 받지 못하는 사람이 미국에만도 수천만 명에 이른다. 우리가(과학자와 작가들) 그들보다 어떤 일을 더 했기 때문일까?"

칼 세이건은 우리나라에서 평가 절하된 측면이 없지 않다. 아마도 그의 진면목을 제대로 몰라서일 것이다. 20년 전에 텔레비전을 통해 그의 얼굴과 목소리를 익혔지만, 나만 해도 그가 대단한 과학자라는 사실은 이제야 비로소 알게 되었다. "과학을 포기한다는 의미는 에어컨, CD플레이어, 헤어드라이어, 고속 자동차를 포기하는 것 훨씬 이상이다"는 그의 말이 와 닿는다.

『에필로그』에서 아내 앤 드루얀이 표현한 것처럼 그의 "삶에서 영감을 얻어 미신과 근본주의 신앙을 버리고 과학과 이성의 편에서 일할" 사람들이 우리에게는 더욱 필요하다. 게다가 칼 세이건처럼 낙관적 자세를 취하면 우리의 현실이 그리 어둡지만도 않다. 적게나마 20년 전에 비해 공공도서관은 늘었고, 과학박람회도 개최했기 때문이다. 뉴욕 브루클린에서 태어난 칼 세이건은 1939년 뉴욕박람회를 통해 과학적 사고에 눈 뜨고, 어린 시절 85번가에 있는 도서관을 드나들며 천문학자의 꿈을 키웠다.

칼 세이건의 책
과학적 경험의 다양성— 신의 존재에 관한 한 과학자의 견해(사이언스 클래식 16) 박중서 옮김, 사이언스북스, 2010.
콘택트(1·2) 이상원 옮김, 사이언스북스, 2001.
콘택트 김기실 옮김, 길한문화사, 1985.
접촉 이성규·김주언 옮김, 햇빛출판사, 1985.
에필로그 김한영 옮김, 사이언스북스, 2001.

악령이 출몰하는 세상 이상헌 옮김, 김영사, 2001.

창백한 푸른점 현정준 옮김, 사이언스북스, 1996.

잊혀진 조상의 그림자- 인류의 본질과 기원에 대하여(사이언스 클래식 13)
앤 드루얀 공저, 김동광 옮김, 사이언스북스, 2008.

잃어버린 조상의 그림자 앤 드루얀 공저, 김동광·과학세대 옮김, 고려원미디
어, 1995.

에덴의 용- 인간 지성의 기원을 찾아서(사이언스 클래식 6) 임지원 옮김, 사
이언스북스, 2006.

에덴의 용 김명자 옮김, 정음사, 1990.

에덴의 용 김명자 옮김, 전파과학사, 1981.

혜성 앤 드루얀 공저, 홍동선 옮김, 범양사출판부, 1985.

혜성- 칼 세이건의 우주여행 앤 드루얀 공저, 김혜원 옮김, 해냄, 2003.

코스모스(보급판) 홍승수 옮김, 사이언스북스, 2006.

코스모스(사이언스 클래식 4) 홍승수 옮김, 사이언스북스, 2004.

코스모스 서광운 옮김, 문화서적, 1981.

칼 세이건에 관한 책

칼 세이건이 들려주는 태양계 이야기(과학자가 들려주는 과학이야기 54) 정
완상 지음, 자음과모음, 2010.(초판 2005)

칼 세이건- 코스모스를 향한 열정 윌리엄 파운드스톤 지음, 안인희 옮김, 동
녘사이언스, 2007.

칼 세이건이 다시 쓰는 크리스마스 캐럴(과학자가 다시쓰는 세계명작 17) 송
은영 지음, 자음과모음, 2006.

칼 포퍼
Karl Raimund Popper
1902-1994

열린사회를 지향한
비판적 합리주의자

칼 포퍼는 한국의 일반 독서계에 널리 알려진 인물이
아니다. 그러나 그는 현대철학에 있어서 중요한 인물임
에 틀림없다.

포퍼는 한국의 독자들에게 비교적 널리 알려져 있고,
또 상당한 영향력을 행사해온 철학자이다.

칼 라이문트 포퍼의 관련서적에서 따온 두 개의 인용
문은 12년의 시차가 있다. 먼저 것은 브라이언 매기가
지은 『칼 포퍼』(문학과지성사, 1982)의 옮긴이 후기 가운데
한 구절이고, 나중 것은 포퍼의 처녀작인 『과학적 발견
의 논리』(고려원, 1994) 중 역시 옮긴이 후기의 일부다. 브
라이언 매기의 『칼 포퍼』는 작은 책이지만, 포퍼 사상
의 정수를 잘 정리한 유익한 책이다. 이 책의 저자는 한
가지 사항을 당부한다.

이 책은 체계를 이루는 포퍼 사상의 통일된 모습을
보여주고자 하는 만큼 포퍼 사상의 출발점인 과학철학
이 앞선다. 따라서 포퍼의 사회이론과 정치이론에 관심
이 많은 독자라도 과학철학과 인식론 부분을 건너뛰지
말아 달라고 부탁한다. 건너뛸 경우, 포퍼의 사회철학
을 제대로 이해할 수 없다는 것이다. 그러나 포퍼 저작
은 국내에 거꾸로 소개되었다. 사회과학서적으로 분류
할 수 있는 『역사주의의 빈곤』과 『열린사회와 그 적들』
이 처녀작에 앞서 번역되었다.

1970년대 번역된 포퍼의 저서는 『역사주의의 빈곤』
(지학사) 단 한 권에 불과했다. 1982년 포퍼 관련서적이
봇물처럼 쏟아지면서 그의 이름이 널리 알려지게 된다.
이 해에 나온 책은 모두 다섯 권. 사상개설서와 논쟁집
에서 대표저서에 이르기까지 종류도 다양하다. 책들은
저마다 뚜렷한 시대적 요구에 부응해 발간되었고, 시대
의 변화에 따라 부침을 겪었다.

브라이언 매기의 『칼 포퍼』는 여전히 서점 한쪽을
꿋꿋하게 지키고 있지만, 포퍼와 마르쿠제 사이의 텔레
비전 논쟁을 담은 『혁명이냐 개혁이냐』(사계절)는 보이
지 않는다. 현실 사회주의의 몰락과 함께 이 책의 주제
또한 설득력을 잃었다. 다만, 오늘의 "서구 민주주의 사
회도 불완전한 상태에 있으며 더 많은 개선의 필요가
있지만 지금까지 존재했던 사회 중 가장 훌륭한 사회"
라는 귀에 익숙한 주장의 주인공이 포퍼라는 사실을
알려준다.

1982년의 '포퍼 특수'는 독특한 의미를 지니는데 당
시 활발했던 이념서적 출간에 맞선 '항체'의 성격을 갖
는다. 뿐만 아니라 마르크스주의에 대한 가장 강력한

비판자로 꼽히는 포퍼의 책들은 숱한 이념비판서의 젖줄이 되었다. 지금은 사라진 '국민윤리' 교과서의 이념비판 내용 역시 포퍼를 베낀 것이었다. 비판의 본뜻은 감추고, 입맛에 맞도록 각색한 것이지만 말이다.

이념다툼이 균형을 잃자 사회과학 전문출판사들은 하나 둘 간판을 내렸고, 그들이 펴낸 책들은 썰물처럼 서점을 빠져 나갔다. 반면 포퍼의 책은 건재하다. 하지만 속내를 들여다보면, 포퍼를 스카우트한 사람들이 '콧노래'를 부를 일만도 아니다.

포퍼의 사회철학서는 두 권 모두 중복 출판되었다. 『역사주의의 빈곤』이 세 곳, 『열린사회(개방사회)와 그 적들』(이하 『열린사회』 또는 『개방사회』)이 두 곳에서 나왔다. 경쟁을 거쳐 각각 한 개의 텍스트가 살아남았지만, 생존의 비결은 상반된다. 『열린사회』가 고답적으로 느껴지는 『개방사회』를 누른 점은 합리적인 것으로 볼 수 있지만, 『역사주의의 빈곤』(벽호)의 생존은 어부지리에 가깝다. 경쟁자 하나는 전집에 속한데다 그것마저 다른 사상가와 같은 둥지를 틀고 있고(삼성출판사), 또 다른 경쟁자는 부도를 겪으며 주인이 바뀌는 통에 금방 사라졌다.

이것이 벽호판 『역사주의의 빈곤』이 한자투성이로 된 '빈곤한' 본문을 갖고서도 20년 넘게 팔린 비결이다. 그것도 지학사 때의 초판 연도는 생략한 채로 말이다. 어찌된 영문인지 민음사의 『열린사회』마저 책값을 올리면서 1997년을 1판 1쇄로 표시했다. 1982년판에서 단 한 글자도 고치지 않았음에도.

포퍼의 사회사상을 살펴보면 '콧노래'는 더더욱 부를 수 없다. 포퍼는 비판적 합리주의를 표방한다. 그것은 "내가 틀리고 당신이 옳을지 모른다. 우리가 노력하면 진리에 더 가까이 갈지도 모른다"며 남의 비판을 용인하는 태도다. 또한 포퍼는 이성을 존중한다. 이성은 과학처럼 상호비판에 의해 발전한다. 그리고 이성을 발전시키려면 비판의 자유, 곧 사상의 자유를 발전시켜

야 한다고 말한다. 포퍼가 생각하는 민주주의의 기초는 평화적 정권교체에 있다.

포퍼는 열린사회를 지향한다. 열린사회란 개개인이 개인적인 결단을 내릴 수 있는 사회를 일컫는다. 여기에 대응되는 닫힌사회는 주술적 사회나 부족사회, 또는 집단적 사회를 말한다. 그동안 우리는 어디에 속했을까? 소설에 나타난 부연설명을 들으면 답은 자명해진다.

열린 사회라는 건 계급이나 종족 그리고 이데올로기라는 신화가 더 이상 개인에게 굴레가 되지 않고 개개인이 사회의 진정한 주인으로서 질적으로 더 많은 자유와 민주주의, 물질적 풍요와 평등을 이룰 수 있는 마당이며 소수에 의한 지배가 아니라 이성적으로 눈뜬 다수에 의한 착실하고도 양심적인 사회 운영이 기본 원리로 받아들여지는 사회를 가리키는 것이오.(김소진의 단편소설 「열린 사회와 그 적들」에서)

『열린사회와 그 적들』은 플라톤과 마르크스에 관한 엄정한 비판서로 정평이 나 있다. 그렇지만 포퍼가 이들을 전적으로 부정하지는 않는다. 플라톤은 역사상 가장 위대한 철학자로, 마르크스는 인도주의적인 탁월한 사회개혁가로 추켜세우기도 한다. 더구나 마르크스에 대해서는 포퍼 자신이 그의 영향을 받았음을 숨기지 않는다. 포퍼는 '통속적 마르크스주의자'라는 용어를 처음으로 썼다. 『역사주의의 빈곤』의 제목도 마르크스가 프루동의 『빈곤의 철학』을 논박한 『철학의 빈곤』에서 따왔다고 분명하게 밝혔다.

포퍼의 사회철학은 보수편향이라는 비판을 받았고, 마르크스의 사회사상처럼 유럽중심의 사고체계라는 한계를 지닌 것이 사실이다. 더구나 합리적 기반이 제대로 갖춰져 있지 않은 사회에서는 포퍼의 개혁노선이 무용지물일 수 있다. 그러나 역설적으로 미성숙한 사회

일수록 이성적 판단은 더욱 필요하다. 포퍼의 주장에 동의하든 동의하지 않든 『열린사회와 그 적들』은 인간 이성이 성취한 하나의 장관을 보여주며, 두뇌활동에 신선한 자극을 가한다.

『칼 포퍼— 우리는 20세기에서 무엇을 배울 수 있는가?』(생각의나무)에는 인터뷰 두 개와 에세이 한 편, 그리고 강연글이 실려 있다. 말년에 가진 인터뷰에서 포퍼는 매스미디어, 특히 텔레비전의 역기능에 대해 깊은 우려를 표명한다.

텔레비전은 인간의 마음에 영향을 미치는 엄청난 힘, 전에는 결코 존재한 적이 없는 힘을 지니고 있습니다. 만일 우리가 그 영향력을 제한하지 않는다면, 그것은 계속해서 우리를 문명으로부터 멀어져 가는 경사면으로 인도할 것이며, 선생님들을 그 사태에 대해서 어떠한 조치도 취할 수 없는 무능한 존재로 만들 것입니다. 4, 5년 전부터 나는 이러한 경고를 큰 소리로 외치기 시작했습니다. 하지만 아무런 효과도 없었습니다. 텔레비전의 무시무시한 힘을 멈추게 하고 싶은 사람이 아무도 없다는 것을 나는 압니다.

칼 포퍼의 책

역사주의의 빈곤 이종윤 옮김, 지학사(벽호), 1975.
역사주의의 빈곤 박동환 옮김, 삼성출판사, 1982.
역사주의의 빈곤 청하, 1990.
열린사회와 그 적들 1 이한구 옮김, 민음사 2006.
열린사회와 그 적들 I 이한구 옮김, 고려원, 1982.
개방사회와 그 적들 김봉호 옮김, 일조각, 1982.
열린사회와 그 적들 II 이명현 옮김, 고려원, 1982.
과학적 발견의 논리 박우석 옮김, 고려원, 1994.
우리는 20세기에서 무엇을 배울 수 있는가? 이상헌 옮김, 생각의 나무, 2000.
추측과 논박(1·2) 이한구 옮김, 민음사, 2001.
더 나은 세상을 찾아서 박영태 옮김, 문예출판사, 2008.
끝없는 탐구— 내 삶의 지적 연대기 박중서 옮김, 갈라파고스, 2008.
삶은 문제해결의 연속이다 허형은 옮김, 부글북스, 2006.
파르메니데스의 세계— 소크라테스 이전 철학자들의 계몽에 관한 논문들(세미나리움총서 23) 이한구 외 옮김, 영림카디널, 2009.

칼 포퍼에 관한 책

칼 포퍼 브라이언 매기 지음, 이명현 옮김, 문학과지성사, 1982.
포퍼 신일철 엮음, 고려대출판부, 1990.
칼 포퍼의 과학철학 조용현 지음, 서광사, 1992.
포퍼와 현대의 과학철학 신중섭 지음, 서광사, 1992.
포퍼의 열린 사회와 그 적들 신중섭 지음, 자유기업센터, 1999.
포퍼 프레데릭 라파엘 지음, 신중섭 옮김, 궁리, 2001.
철학과현실 1997년 봄호, 특집 「칼 포퍼: 그 인간과 사상」, 철학과현실사.
칼 포퍼 과학철학의 이해 박은진 지음, 철학과현실사, 2001.
칼 포퍼가 들려주는 열린사회 이야기(철학자가 들려주는 철학 이야기 99) 이한구 지음, 자음과모음, 2009.
쿤&포퍼— 과학에는 뭔가 특별한 것이 있다(지식인마을 25) 장대익 지음, 김영사, 2008.
쿤/포퍼 논쟁— 쿤과 포퍼의 세기의 대결에 대한 도발적 평가서 스티브 풀러 지음, 나현영 옮김, 생각의나무, 2007.

칼 폴라니
Karl Polanyi
1886-1964

경제는 사회의 일부이고 시장은 경제의 일부다

경제와 시장은 묘한 역설적인 관계에 놓여 있는 듯하다. 경제가 위기상황에 직면할수록 오히려 시장의 위상은 강화되니 말이다. 이제 단순히 시장의 논리가 관철되는 차원을 뛰어넘어 시장의 신뢰를 얻는 것이 경제활동의 관건이 되었다. IMF 구제금융 체제를 겪으며 경제와 시장의 위치는 뒤바뀌었고, 더 나아가 시장이 사회의 제반 영역을 틀어쥐고 있다 해도 지나치진 않다.

시장을 인격체로 간주하는 것이 바람직한 표현법은 아니지만 그런 어법이 통용될 만큼 시장의 위세는 당당하다. 하지만 경제와 시장의 전도된 위상이 썩 달가운 현상은 아니다. 적어도 헝가리 출신의 경제학자 칼 폴라니의 견해를 빌면 그렇다. 물론 폴라니가 경제와 시장 사이의 바람직한 관계 설정에 대해 자신이 의견을 제출한 바는 없다. 사회와 경제의 관련성에 관한 폴라니의 통찰을 필자가 응용한 것이다.

칼 폴라니는 경제가 사회의 구성 요소에 불과한데도 사회에서 경제가 차지하는 비중에 대한 뿌리 깊은 오해로 말미암아 마치 사회가 경제에 예속된 것처럼 인식되고 있다고 지적한다. 사회 속에 경제가 묻혀 있어야 마땅하지만 되려 사회가 경제에 매몰돼 있다는 것이다. 하지만 대부분의 사람들은 이런 기이한 상황에 민감하게 반응할 줄 모른다. "어떤 시대의 중심적인 환상은 논리적 오류라는 면에서는 좀처럼 문제되지 않는" 까닭이다.

『인간의 경제』(풀빛, 1983) 이래로 지난 20년간 출간된 칼 폴라니 관련서적은 모두 다섯 종이다. 이들은 각기 다채로운 형식을 취하고 있는데 폴라니의 대표 저서가 있는가 하면, 선집이 있고, 폴라니에 대한 연구서가 있다. 세 종에 이르는 선집 역시 성격이 서로 다르다. 형식은 다채롭지만 칼 폴라니 관련도서는 몇 가지 측면을 공유한다.

우선, 『거대한 변환』(민음사, 1991)을 제외한 모든 책에 칼 폴라니의 생애가 간략하게 서술돼 있다는 점이다. 그의 아내와 딸, 그리고 책의 지은이와 옮긴이가 쓴 약전에는 우리에게도 잘 알려진 사상가들이 등장한다. 이들의 정체를 살피기에 앞서 폴라니의 이름에 얽힌 사연부터 짚어 보자.

칼 폴라니의 원래 이름은 Poálnyi Károly였다. 마자르 어에서는 우리말처럼 성씨를 앞에 놓는다. 유대인 부르주아 가문 출신의 부친이 처자식을 청교도로 개종시키면서 마자르 어로 된 이름도 폴라니로 바꿨다. 폴라니의 형제들은 뛰어난 재능과 노력을 겸비했다고 한다. 폴라니 형제 중에서 칼의 바로 아래 동생인 마이클은 어쩌면 칼보다 더 이름난 학자라고 할 수 있다. 마이클 폴라니는 우리에게도 『개인적 지식』(아카넷) 등의 책으로 잘 알려진 물리학자이자 과학철학자이다. 그는 '우리가 말할 수 있는 것보다 더 많은 것을 안다'는 암묵적 지식론을 펼쳤다.

칼 폴라니 약전에 등장하는 두 번째 유명인사는 죄르지 루카치다. 루카치는 폴라니가 이끈 갈릴레이 그룹에 강연자로 초빙되기도 했다. 이 헝가리 청년 지식인 동아리에는 아들러, 좀바르트, 베른슈타인 같은 당대의 저명한 사상가들이 연사로 초청되었지만 폴라니는 같은 헝가리 사람인 루카치와 특히 각별한 사이였다. 결정론을 마르크시즘의 치명적인 결함으로 여긴 그가 로버트 오웬 쪽으로 방향을 튼 이후에도 마르크스에게 호감을 나타낸 것이 루카치와의 우정 때문이라는 분석이 있을 정도다.

세 번째 유명인사의 이름은 폴라니가 짓거나 엮은 책의 머리말(또는 감사의 말)에 나온다. 피터 드러커. 살아 있는 미래학자의 이름을 보고 처음에는 그 드러커인지 반신반의했다. 1909년 태어난 드러커와 폴라니의 인연은 의외로 깊다. 폴라니가 〈오스트리아 경제〉의 편집위원으로 일하던 시절, 드러커에게 원고를 쓰게 하기도 했다. 그러니까 미국에 먼저 정착한 드러커가 폴라니의 일자리를 주선하고 서로의 견해 차이와는 상관없이 폴라니의 작업을 격려한 것은, 드러커로서는 일종의 보은이었던 셈이다. 이재규의 『피터 드러커 평전』(한국경제신문사)에도 폴라니의 이름이 등장하지만 두 사람의 특별한 인연을 파악하기는 어렵다. '악마의 맷돌'이라는 표현이 발견되는 것도 공통점이다. 블레이크의 시구에서 따온 이 말은 무자비한 시장본위의 경제체제를 가리킨다. 블레이크는 산업혁명의 기술발전이 문화를 파괴하는 측면을 경고하려고 그런 표현을 썼다.

칼 폴라니가 자신의 이론을 정식화해 1946년 발표한 세 가지 테제 또한 책마다 빠지지 않는 내용이다. 폴라니의 생각이 집약된 세 개의 테제는 다음과 같다.

1. 경제결정주의는 19세기에 현저한 현상으로 나타났으나, 그것은 이제 세계의 보다 넓은 범위에서 더 이상 기능하지 않고 있다. 2. 시장체제는 인간과 사회에 대

한 우리의 관점을 억지로 왜곡시켰다. 3. 이러한 왜곡된 관점은, 우리 문명이 지닌 문제들을 해결해 나아가는 데 주요한 장애의 하나임이 명백해지고 있다.

그러면 칼 폴라니 관련도서를 최근 것부터 살펴보기로 하자. 『전 세계적 자본주의인가 지역적 계획경제인가 외』(책세상, 2002)는 옮긴이가 엮은 선집이다. 폴라니의 글 다섯 편과 그의 딸 카리 레비트가 쓴 「칼 폴라니 약전」이 실려 있다. 표제글은 편역자의 설명에 따르면, 2차 대전 직후 미국이 추구하는 세계 질서가 자유주의적인 시장 체제를 복구하는 데 있다는 점을 간파한 폴라니가 영국에서 이에 대한 반대 여론을 조성할 목적으로 쓴 글이다.

그렇다고 폴라니가 지역주의를 만병통치약으로 봤던 건 아니다. "그것으로 별 효과를 볼 수 없는 많은 오래된 문제들 그리고 아마도 많은 새로운 문제들이 있을 것이다." 하지만 지역주의가 동유럽에서는 탁월한 치료약이 될 거라는 그의 진단은 시대를 앞선 탁견이 아닐 수 없다. "자유시장이 이미 사라진 곳에다 자유시장을 복구한다면, 광기 어린 민족주의가 이미 사라진 지역에 그것이 다시 들어오도록 문을 열어주는 셈이다."

『인간의 경제』에서 제목을 바꾼 『사람의 살림살이』(풀빛, 1998)는 폴라니의 유고집이다. 이 책에서는 경제의 희소성 문제에 관한 폴라니의 시각이 돋보인다. '가장 적은 노력으로 가장 많은 효과를 낸다'는 경제적 합리주의는 '사람의 욕구는 무한하지만 자원은 한정돼 있다'는 희소성 명제와 짝을 이룬다. 희소성 명제에 명백한 오류가 있다는 것이 폴라니의 생각이다.

도처에 있는 선택의 필요성은 보편적으로 사용되는 수단, 즉 화폐의 부족으로 생겨났음에도 "화폐로 구입할 수 있는 것이 부족한가 아닌가는 여기서 문제되지 않았"기 때문이다. "인간의 욕구와 필요에 대해서는 단지 화폐가 시장에 제공된 것들의 구매를 통해서 그것

을 만족시킬 수 있다는 점만이 관심사였다"는 것이다.

프랑스 혁명의 전야에 '빵을 달라'는 성난 군중에게 '그럼, 케이크를 먹으라'던 마리 앙투아네트의 망발이나, 보릿고개의 굶주림을 회고하는 할머니에게 '그럼, 라면이라도 먹지' 하는 손자의 철없음도 희소성의 문제를 착각한 때문으로 풀이할 수 있다. 또한 "시장에서 충족될 수 있는 욕구와 필요 이외의 것은 아무것도 인정되지 않"는다 해서 주부의 가사노동을 돈으로 환산하는 것은 바람직하지 않다. 아무튼 인간의 욕구와 필요는 결코 무한하지 않다는 것이 폴라니의 결론이다.

J.R. 스탠필드의 『칼 폴라니의 경제사상』(한울, 1997)은 폴라니의 경제사상을 다룬 개설서다. 폴라니는 경제인류학의 토양을 비옥하게 만든 학자로 평가받는데 이 책에도 그것에 대한 언급이 있다. "그는 인류학에서 구체적 경험의 자각이라는 방법론적 기초 위에서 인간의 경험을 스스로 이야기하도록 하는 비본질주의적 전통을 발견하였다."

폴라니는 비시장적 경제체제를 대안으로 꿈꿨는데 이는 오웬과 함께 폴라니 사상의 젖줄이 되는 아리스토텔레스에게 시사받은 것이다. 폴라니가 엮은 『초기 제국에 있어서의 교역과 시장』(민음사, 1994)에는 폴라니의 '아리스토텔레스 경제론'이 수록돼 있다. 「아리스토텔레스, 경제를 발견하다」에서 폴라니는 "인간 욕구의 무한함이 '희소성'을 유발시키는 논리적 상대물"이라고 지적한다. 정작 필요한 것은 공동체의 기준에 의해 결정되는 까닭에 생활필수품은 본질적으로 한정돼 있다는 것이다.

"가정을 위해서건 도시를 위해서건 인간의 필요물은 무한정이 아니며, 또 자연 속에 있는 생활물자가 희소한 것도 아니다." 이런 생각의 근저에는 좋은 생활은 결코 물질적으로 소유할 수 없다는 아리스토텔레스의 견해가 반영돼 있다. 아리스토텔레스가 나열한 좋은 생활의 목록은 이렇다. "하루 종일 연극에 감동하는

것, 대중의 배심, 차례로 관직을 차지하는 것, 토론하는 것, 선거운동하는 것, 훌륭한 축제, 지상전 및 해전의 스릴."

『거대한 변환』은 이미 사회사상 분야에서 고전의 위치를 점하고 있는 폴라니의 대표작이다. 10여 년 전에 한국어판이 나왔지만 2쇄를 찍고 절판되었다. 조만간 재출간될 예정이라는 소식이 들리는 것은 다행스런 일이다. 한국어판이 나오기 전에도 이 책의 명성은 대단했던 것 같다.

〈신동아〉 1986년 신년호 별책부록『오늘의 사상 100인 100권』에 『거대한 변환』이 보란 듯이 포함돼 있다. 〈신동아〉 부록에 따르면 "『거대한 변환』의 주제는 1750-1850년 사이의 영국에서의 자유방임 자본주의의 발생 및 성장과 1930년대와 1940년의 유럽과 미국에서의 그(것)의 사멸에 대한 것이다."

인류학의 연구 성과를 활용해가며 주제를 구현하는 것도 눈부시지만 이 책의 백미는 체념에 관한 성찰이 아닐까 한다. 시장의 위세가 압도적인 사회에 사는 우리는 그 기세에 눌려 곧잘 체념하곤 한다. 그런데 폴라니는 그런 체념을 긍정적으로 본다. 『거대한 변환』의 대미를 장식하는 칼 폴라니의 '체념론'은 체념 미학의 경지에까지 이르고 있다.

체념은 항상 인간의 힘과 새로운 희망의 원천이었다. 인간은 죽음의 현실을 받아들이고, 그 위에서 구체적인 삶의 의미를 구축하였다. 인간은 잃을 수밖에 없는 영혼을 가지고 있으며, 또 죽음보다 더 나쁜 것이 있다는 사실에 체념하고 그 위에서 자유를 창조했던 것이다. 우리시대에 있어서 인간은 그러한 자유의 종언을 의미하는 사회적 현실에 체념해야 한다. 그러나 이 경우에도 생명은 궁극적인 체념으로부터 나오는 것이다. 사회현실에 대한 묵종은 인간에게 모든 제거가능한 부정과 부자유를 제거할 수 있는 불굴의 용기와 힘을 준

다. 모든 사람에게 보다 풍부한 자유를 제공해야 할 임무에 성실하는 한 권력이나 계획화가 인간에게 등을 돌리고 인간이 그 덕분에 구축하고 있는 자유를 파괴할지 모른다고 두려워할 필요는 없다.

칼 폴라니의 책

전 세계적 자본주의인가 지역적 계획경제인가 외 홍기빈 옮김. 책세상. 2002.
사람의 살림살이(1·2) 박현수 옮김. 풀빛, 1998.
인간의 경제(I·II) 박현수 옮김. 풀빛, 1983.
초기제국에 있어서의 교역과 시장 이종옥 옮김. 민음사, 1994.
거대한 변환- 우리 시대의 정치 경제적 기원(코기토 총서 18) 홍기빈 옮김. 길, 2009.
거대한 변환 박현수 옮김. 민음사, 1991.

칼 폴라니에 관한 책

칼 폴라니의 경제사상 J.R.스탠필드 지음, 원용찬 옮김, 한울, 1997.
시장 자유주의를 넘어서- 칼 폴라니의 사회경제론 김영진 지음, 한울아카데미, 2009.(초판 2005)

캐테 콜비츠
Käthe Schmidt Kollwitz
1867-1945

인간은 거기에 있어야 한다!

민족미술협의회가 엮은 『팔십년대 한국민중판화대표작품선』(예술세계, 1989)은 큰맘 먹고 산 책이지만, 잘 떠들어 보진 않았다. 책의 구입을 망설인 것은 책값이 만만찮아서다. 그 시절 필자에게 1만 1000원은 꽤 큰돈이었다. 여기에는 오윤 판화집을 갖고 싶은 본심이 얼마간 작용하였다. 오윤 판화집은 아마도 더 비싸거나 품절돼 구하기 어려웠을 것이다. 『팔십년대 한국민중판화대표작품선』은 1980년대를 대표하는 판화가 오윤을 비롯하여 홍성담, 최병수, 주완수, 이철수, 이인철 등 '민미협' 소속 작가 50여 명의 작품을 수록한 판화

집이다.

이 책을 일부라도 자주 못 펼쳐본 데에는 나름의 이유가 있다. 필자는 비위가 좀 약하다. 대학에 들어간 첫해의 어느 봄날, 교정을 걷다가 게시판에 붙은 80년 5월 광주 희생자들의 참혹한 사진을 보고 그날 점심을 걸렀다. 그러나 판화집을 거들떠보지 못한 것은 비위가 약해서라기보다는 화가 치밀어 올라서다. 1990년대 초만 해도 이 책에 실린 판화들은 내게 분노를 촉발시켰다. 필자는 희귀본, 고가본, 소장본 따위를 그리 탐탁지 않게 여기지만, 어쨌든 이 책은 드물게 비싼 소장용 도서였던 셈이다.

캐테 콜비츠는 이 땅의 1980년대 판화운동에 적잖은 영향을 끼쳤다. 1930년대 콜비츠의 영향으로 목판화의 중흥을 꾀한 중국에 비하면 반세기나 늦은 것이긴 하지만 말이다. 그런 만큼 콜비츠 예술 작품의 생명력을 입증하는 사례로 볼 수도 있다. 정하은이 엮어 지은 『캐테 콜비츠와 노신』(열화당, 1986)은 우리 독자들에게 처음으로 콜비츠의 작품을 접할 기회를 제공한 책이다.

그런데 이 책의 편저자는 미술인이 아니라 신학자다. 그는 "1970년대에 민중문학과 민중신학을 연구하다가 콜비츠의 미술에 관심을 갖기 시작했다." 아마추어 미술 연구자임에도 콜비츠의 작품 세계를 보는 시각이 만만찮다. 정하은은 콜비츠의 그림이 지닌 위력과 특징을 두 가지로 간추린다.

"첫째는 우리 마음의 가장 깊은 곳에 도사리고 있는 이기주의적인 자세를 허물고 남을 위한 존재로서 협력·연대·원조로 나서는 의식의 변화를 일으키게 하는 위력이다." 곧 메마른 심성의 사람에게 따뜻함과 정의감을 불어넣어 사회혁신에 이르도록 "우리의 행동방향을 돌려놓고야 만다"는 것이다. 그것은 "통합 승화작용의 극치"인 예술이 가히 "모든 것을 흡수하는 완전미에 가까운 경지"에 이른 상태다.

"다른 또 하나의 위력은 피압박자들"에 대해 역사적 의미를 부여한 점이다. 앞으로의 역사에서 "주인공은 왕이나 귀족이나 독재자가 아니라 바로 고난 받는 인간이라고 보고 있는 사실이다." 정하은은 콜비츠 작품의 주인공을 '4대 약자집단'이라 일컫는데, "불안 속에서 삶을 영위하는 가난한 노동자, 엄청난 눌림을 감내하는 부녀자, 의지할 데 없는 어린이, 그리고 민중의 한을 의식하고 그 한을 풀기 위하여 앞장서다가 고난 받는 지도자"가 그들이다.

책에 실린 콜비츠의 판화에 대한 작품 설명은 간략하지만 작품의 이해를 돕기에는 충분하다. 1978년 성탄절에 즈음하여 독일 베를린에서 발행되는 일간지 〈타게스 슈피겔〉이 주관한 베를린의 10대 인물 선정 공모에서 "역대의 왕, 장성, 학자, 과학자, 작가, 실업인, 성직자 들을 제쳐놓고 콜비츠가 첫 번째로 선정"된 사실을 전하기도 한다.

또한 콜비츠에 관한 루쉰의 짧은 글 두 편이 눈길을 끈다. 「캐테 콜비츠의 판화」는 『차개정잡문말편且介亭雜文末編』에 수록된 「캐테 콜비츠 판화선집」의 서문으로 루쉰이 1936년 1월에 쓴 글인데 약전略傳 형식을 취한다. 루쉰은 중국과 관련한 콜비츠의 근황을 이렇게 전하기도. "콜비츠는 단순히 자기 주변의 비참한 생활에 대하여 항쟁하는 것으로 머물지 않았다. 중국에 대해서도 항의했다. 그녀에 대한 중국의 냉담은 있을 수 없는 일이다. 1931년 1월, 6인의 청년 작가가 살해된 후 전 세계의 진보적인 예술가들이 연서하여 항의했는데, 그때 그녀도 서명했다."

루쉰은 또 다른 글인 「심야기深夜記」의 서두에서 1931년 잡지 〈베이더우北斗〉 창간호에 콜비츠의 〈희생〉이 실린 사연을 전한다. "이 목판화는 살해된 청년 작가 柔石을 기념하기 위하여 내가 잡지사에 보낸 것이다." 이 글에서도 루쉰은 콜비츠의 근황을 언급한다. "화가 콜비츠는 현재도 부득이 침묵을 지킬 수밖에 없는 처지에 있지만, 그녀의 작품은 널리 극동 천하에까지 전파되어 그 전모를 드러내 주고 있다. 그렇다. 인류를 위한 예술은 어떠한 다른 힘으로도 저지할 수 없는 것이다."

캐테 콜비츠 관련서 다섯 권은 본문 구성이 비슷하다. 한데 모으거나 분산 배치한 차이는 있어도 하나같이 이미지 자료의 비중이 높다. 사진 자료가 적잖은 평전을 제외한 나머지 책들의 이미지 자료는 모두 콜비츠의 작품이다. 한 권만으로도 콜비츠의 작품은 얼추 감상이 가능하지만, 작품의 전모는 다섯 권을 통틀어야 파악할 수 있다. 무슨 연유에선지 권마다 특정한 연작 시리즈의 한 편을 빼놓아서다.

또 『캐테 콜비츠와 노신』을 포함한 다섯 권에는 모두 제목에 콜비츠의 이름이 들어 있다. 세 권은 아예 그녀의 이름을 표제로 한다. 이름 표기가 약간 다른 카테리네 크라머의 『케테 콜비츠』(실천문학사, 1991)는 작가작품론 성격을 띤 평전이다. 독일 로볼트 출판사의 유명한 전기물인 '로로로 시리즈'로 나온 것을 우리말로 옮겼다.

그리 길지 않은 분량에다 사진 자료와 콜비츠의 미술 작품을 적절히 배열한 이 책은 콜비츠 입문서로 알맞다. 카테리네 크라머는 "'함께'라는, 공동체적 감정을 강하게 풍기는 단어"에 콜비츠의 인간성과 작품의 성격이 확연하게 드러난다고 본다. 또 콜비츠에겐 "인간, 인간이 작품의 중심이다. 인간이 작품을 철저하게 지배한다"고 덧붙인다. "풍경화나 정물화 따위는 콜비츠의 작품목록에 들어 있지 않다." 다시 말해 "인간은 거기에 있어서는 안 된다"는 세잔의 요구와는 다르게 콜비츠는 이렇게 생각했을 거라는 것이다. "인간은 거기에 있어야 한다!" 그리고 그녀의 작품은 본질적인 것에 집중한다.

칸트의 고향이기도 한 쾨니히스베르크 태생으로 슬라브적 기질을 타고난 콜비츠에게 "프랑스적 형식감정은 아주 희박하다"는 지적도 유의할 대목이다. 프랑스가 현대 예술의 주도권을 쥐고 있다는 점에서, 콜비츠를 완강하게 무시한 프랑스의 태도는 그녀가 시류영합형 인물이 아니라는 점을 입증한다는 것이다. 그런데 콜비츠와 프랑스 화가 툴루즈 로트렉(1864-1901)이 동년배라는 사실은 좀 의아하다. 로트렉의 연배가 훨씬 높아 보이니 말이다. 그만큼 콜비츠는 젊고 현대성을 담지했다는 건가?

아울러 카테리네 크라머가 설명하는 콜비츠의 목판화 작품과 석판화 작품의 차이점도 의미 있게 다가온다. "목판화에서는 고발한 반면 석판화에서는 행동을 유발하였다." 목판으로 만든 「프롤레타리아트」 연작에서는 극단적인 빈곤 상황을 간결하게 묘사했으나, 1933년 이전의 석판화에서는 투쟁, 연대, 행동을 강하게 호소하고 있다는 것이다. 이러한 대비는 콜비츠가 제작한 두 가지 판화 형식이 끼친 영향을 통해 더욱 분명해진다.

석판화 "작품들이 사회주의 리얼리즘, 특히 1945년 이후 동독 예술의 촉매제가 되었다는 사실은 결코 우연이 아니다. 케테 콜비츠의 목판화는 그와 반대로 공산화된 중국에서 큰 반향을 불러일으켜 그 결과 수세기 동안 잊혀져 있던 목판화의 전통이 새로운 정권과 함께 부활하게 되었다." 그렇다면 1980년대 우리에게 영향을 준 콜비츠의 목판화는 고발과 선동의 측면이 섞여 있었다고 할 수 있다. 굳이 양 측면의 경중을 가린다면 선동의 요소가 더 강했다.

한편 이 책에 인용된 콜비츠의 발언을 감안할 때 그녀와 중국 목판화는 일방적인 전달이 아니라 상호작용을 하였다. "'실재하는 현실'은 항상 비사실적입니다. 중국 목판화가 얼마나 분명하고 진실된가를 보십시오. 당신은 이렇게 말하게 될 것입니다. '이것이 사실이라면!' 그렇다면, 전시된 그 어머니를 본 베를린의 한 말괄량이 아가씨가 '이건 중국의 중 나부랭이'라고 말한 것이 우연이겠는가?" 다음은 카테리네 크라머가 내린이 책의 결론이다.

"케테 콜비츠 역시 홀로 섰다. 나아가 그녀는 장차 사회주의 시대가 도래하여 예술들이 다시 재통합되기를 희구하였다. 그녀의 예술을 추종하는 사람들은 새로운 휴머니스트로 간주될 수 있을 것이다. 그런데 불신의 시대, 인간 개개인이 위협받는 이 사회에서 예술이란 (것이) 도대체 있을 수 있는가? 아니면 예술을 생산해내는 사회가 기형적이라고 해서 그것을 그대로 그려냄으로써 휴머니즘적인 영향을 끼칠 수 있는가? 케테 콜비츠는 두 시대 사이에서 살았던 사람이다. 그녀는 사람들이 아직은 통일적으로 느끼고 있었던 전통에 뿌리를 박았다. 따라서 대체로 어두운 분위기를 지니는 그녀의 예술로부터 도전적인 힘이 분출되어 나오는 것이다."

민혜숙의 『케테 콜비츠—죽음을 영접하는 여인』(재원, 1995)은 작가론이다. 민혜숙은 부제가 말하듯 콜비츠의 작품에 나타난 죽음과 그녀의 자화상에 주목한다. "'죽음'에 대한 그의 천착은 집요하다고 할 정도다. 그리고 보는 이의 가슴을 뭉클하게 한다. 그의 그림을 보면 인간이면 누구나 맞게 되는 죽음이 이보다 더 절실하게 그려질 수 있을까 싶은데, 죽음을 맞이한 사람이 공포에 질린 모습으로 그려지는가 하면 또 어떤 경우에는 죽음에 순응하는 모습을 보여주는 등으로 죽음에 대한 태도가 다양하게 보여지고 있다."

자신의 얼굴을 담은 작품을 100여 점 남긴 콜비츠는 렘브란트에 준하는 자화상 화가로 평가받는다. "콜비츠는 표현대상을 외적으로 파악하지 않고 그 대상 속으로 들어가서 자기 것으로 만든 다음 형상화하는 작가라고 할 수 있는데 이같은 과정이 가장 극명하게 드러나는 것이 자화상일 터이고 따라서 콜비츠의 자화상은 여타 작가들의 자화상과는 또 다른 깊은 여운을 남긴다."

또한 "콜비츠는 어느 작가보다도 그림을 통해서 자신의 감정을 거의 완벽하게 보는 이에게 전해주는 능력을 지니고 있다. 그녀의 작품이 자기가 살았던 한 시대를 충실하게 표현하고 있음에도 불구하고 그 작품들이 그 시대를 넘어 지금에까지 호소력을 지닐 수 있는 것은 바로 작가가 특수한 현실 내지 대상을 통해서 보편적인 인간의 감정을 자극할 수 있는 능력을 지녔기 때문이다."

그런데 "콜비츠는 자신의 이야기를 억압당하는 직조공들의 시각에서만 착상을 했으며 그들의 적에게는 눈길 한 번 주지 않았다. 정치적인 적의 존재는 오직 직조공들의 얼굴과 몸짓을 통해서만 전달될 뿐이다. 이 같은 간접적인 방식으로 해서 변증법적인 관계는 그것이 직접적인 대결로 표현될 수 있는 것보다 훨씬 더 날카롭게 표현되어진다"는 민혜숙의 견해는 카테리네 크라머의 그것과 상충한다. "케테 콜비츠의 작품은 우리에게 어떤 변증법적 과정을 경유하도록 이끌지 않는다. 명확한 진실을 제시하고 우리에게 바로 동일화할 것을 요구한다. 전적으로 직조공들 편에 서서 묘사한다."

『케테 콜비츠』(운디네, 2004)는 콜비츠의 작품세계와 사상의 진경을 보여준다. 먼저 콜비츠의 작품을 100쪽 남짓에다 담았다. 필자에게 가장 인상적인 「낫의 날을 세우면서」의 동판화 초안도 볼 수 있다. 이 작품의 완성작은 정말 대단하다. 귄터 팀의 해설 「여덟 개의 소묘」는 독자를 콜비츠의 작품세계로 인도하는 충실한 길잡이다. "그 당시 독일의 예술로 떠받들여지던 것들은 오늘날 대부분 잊혀졌다. 하지만 현재까지도 캐테 콜비츠의 작품은 힘찬 상승기류를 타고 있다."

다음은 콜비츠의 일기가 우리를 영접한다. 이 책에는 콜비츠의 작품 80여 점과 이에 대한 해설이 들어있지만, 콜비츠 탄생 100주년을 맞아 그 이듬해 출간된 일기 선집의 색채가 더 짙다. 이 책은 콜비츠가 남긴 1700쪽에 이르는 10권 분량의 일기 중에서 일상적인 얘기를 제외하고 주제별로 엮은 것이다. 콜비츠는 마흔한 살 때인 1908년 9월 18일부터 세상을 떠나기 이태 전인 1943년 5월 7일까지 35년에 걸쳐 꾸준히 일기를 썼다.

카테리네 크라머는 콜비츠의 일기를 이렇게 묘사한다. "두꺼운 일기장 열 권을 아름다운 글씨체로 가득 채운 것이다. 그녀는 여백을 남기지 않았으며 고른 필체로 주저하거나 고친 흔적이 없이 힘이 들어 있고 명쾌하며 고전적인 언어를 적어내려갔다. 1910년부터 이 일기는 케테 콜비츠에게 없어서는 안될 파트너가 되었다. 다른 사람에게는 거의 털어놓지 않는 많은 것을 여기에서 털어놓고 있다."

하지만 1차 대전에 참전한 둘째 아들 페터의 전사 통지를 받은 1914년 10월 30일의 일기는 단 한 줄에 그친다. "댁의 아드님이 전사했습니다." 물론 페터를 잃은 슬픔과 연민의 감정은 이후 일기의 주요 레퍼토리가 된다. 아무튼 일기에서 몇 구절을 옮긴다.

"나는 다른 사람들에게 상처를 주지 않기 위해서 잔치를 한다."(1913. 6)

"순수한 아틀리에 예술은 쓸모가 없다. 사라져갈 뿐이다. 살아 있는 뿌리를 갖지 못했기 때문이다."(1916. 2. 21)

"누구나 자신을 마음껏 펼치고 싶어 한다. 하지만 어느 누구도 운명이 우리에게 닥치기 전의 상태로 머물 수는 없다. 단 한 번에 변화가 일어나지는 않더라도, 결국에는 천천히 변화가 일어날 것이다. 그리고 우리는 아주 진지하게, 아주 무겁게 새해로 들어선다. 간절히 바라는 것은 오직 평화뿐."(1916. 1. 2)

김수영 시인의 산문이 "그가 만일 단 한 편의 시를 쓰지 않았다고 해도 우리 문학사에서 일정한 자리를 차지할 만한 산문가였음을 웅변해준다"는 표현이 가능하다면, 캐테 콜비츠의 일기는 그녀가 단 한 점의 판화를 새기지 않았더라도 세계 문화사의 한 획을 그은 증거로 충분하다. 콜비츠 관련서 다섯 권은 그 이야기를 백 번 듣느니 한 번 들춰봄이 훨씬 유익한 책들이다.

캐테 콜비츠의 책
캐테 콜비츠 전옥례 옮김, 운디네, 2004.

캐테 콜비츠에 관한 책
캐테 콜비츠와 노신 정하은 편저, 열화당, 1986.
캐테 콜비츠 카테리네 크라머 지음, 이순례·최영진 옮김, 실천문학사, 1991.
캐테 콜비츠— 죽음을 엿보는 여인 민혜숙 지음, 재원, 2009.(초판 1995)
캐테 콜비츠 조명식 지음, 재원, 2005.

커트 보네거트
Kurt Vonnegut
1922-2007

부모 속깨나 썩이고 싶다면 예술을 하라!

나는 독일계 미국작가 커트 보네거트의 작품 일곱 권을 『마더 나이트』 『나라 없는 사람』 『제5도살장』 『고양이 요람』 『갈라파고스』 『타임퀘이크』 『타이탄의 미녀』 순으로 읽었다. 이렇게 읽어야 마땅한 건 아니지만 꽤 적절한 순서다. 서평을 쓰기 위해 책이 나오자마자 읽은 『마더 나이트』(김한영 옮김, 문학동네, 2009)를 제외한 나머지 여섯 권은 이 글을 쓰기 위해 잇달아 읽었다.

커트 보네거트의 한국어판 리뷰는 『나라 없는 사람』이 이끈다. (『마더 나이트』 서평은 이 글 후반에 덧붙였다.) 그의 작품들은 서로 얽혀 있다. 하여 작품세계를 이끌어가기에는 작가의 자서전이 제격이다. 서로 얽혀 있는 작품에서 보네거트는 때로 특정한 표현을 반복한다.

허구와 사실의 경계가 모호한 경우가 더러 있으며(아니, 꽤 많으며), 자신이 직접 작품에 출연하는 것을 마다하지 않는다. 유쾌한 회고록 『나라 없는 사람』(김한영 옮김, 문학동네, 2007) 첫머리에서 보네거트는 한때 미국의 대표적인 코미디언이었던 보브 호프를 우습게 본다.

"얄팍한 웃음도 있다. 예를 들어 보브 호프는 진정한

유머리스트라고 할 수 없다. 그는 곤란한 주제를 전혀 건드리지 않는 얄팍한 코미디언이다. 그에 비해 로렐과 하디는 눈물이 날 정도로 웃게 만든다. 그들의 농담에는 뭔가 뼈아픈 비극이 배어 있다. 그들은 이 세상에서 살아남기엔 너무나 착하고 그래서 항상 지독한 위험에 빠진다. 그들은 언제라도 쉽사리 죽임을 당할 수 있는 사람들이다."

보네거트는 사회주의자를 편든다. "미국의 많은 사회주의자들이 나처럼 담수인으로 분류된다. 대부분의 미국인들은 20세기 전반기에 사회주의자들이 예술, 웅변, 조직 분야에서 어떤 일을 했으며, 우리의 노동 계급, 즉 임금 노동자들의 자존심과 존엄, 정치적 통찰력을 어떻게 향상시켰는지에 대해 아는 바가 거의 없다."

그의 사회주의자 옹호는 마르크스의 '금언'에 대한 해명으로 이어진다. 마르크스가 '종교는 인민의 아편'이라고 했던 1844년엔 아편과 아편 추출물은 누구나 복용할 수 있는 유일한 진통제였다는 것이다. 마르크스 자신도 아편을 복용한 적이 있는데 아편을 먹고 통증이 일시적으로 가라앉자 대단히 고마워했다고 한다.

"마르크스는 그저 종교가 경제적으로나 사회적으로 비탄에 빠진 사람들에게 위로를 줄 수 있다는 사실을 지적한 것이지 그걸 비난하려던 게 아니었다. 그의 말은 금언이 아니라 일반적인 설명이었던 것이다."

부모에게 치명적인 상처를 주고 싶다면 예술을 하라! 보네거트의 섬뜩한 조언이다. "예술은 생계수단이 아니다. 예술은 삶을 보다 견딜 만하게 만드는 아주 인간적인 방법이다. 잘하건 못하건 예술을 한다는 것은 진짜로 영혼을 성장하게 만드는 길이다."

보네거트가 도서관 사서들을 진심으로 존경하는 이유는 이렇다. 그들이 "이른바 위험한 책들을 도서관 서가에서 제거하려는 반민주적 불량배들에게 끈질기게 저항하고, 그런 책들을 열람하는 사람들을 사상경찰에게 신고하는 대신, 열람 기록을 몰래 파기하는 양심

과 용기"에 있다.

"책과 관련하여 한마디 더 하자면, 우리가 매일 접하는 뉴스 매체인 신문과 TV는 오늘날 국민 전체를 대표하기에 너무나 부실하고, 너무나 무책임하고, 너무나 비겁하다. 이 세계가 어떻게 돌아가고 있는지 알 수 있는 매체는 책밖에 없다."

『타임퀘이크』(박웅희 옮김, 아이필드, 2006)는 『나라 없는 사람』 못잖게 자전적이다. 우선 제목의 뜻부터 살피면, 타임퀘이크Timequake는 '시간뒤틀림'이라고 할 수 있다. "타임퀘이크, 곧 시공時空 연속체에 갑작스런 고장이 일어나자 모든 사람과 모든 사물이 좋든 싫든 지난 10년 동안에 했던 것을 똑같이 되풀이하게 되었다."

소설의 초반, 보네거트는 미국 시카고 대학 대운동장 스탠드 밑에다 원자로를 만들어 세계 최초의 우라늄 연쇄반응에 성공한 엔리코 페르미 일당과 병 주고 약 주는 격인 구소련 물리학자 안드레이 사하로프의 이율배반을 싸잡아 비난한다. 각기 원자폭탄과 수소폭판 개발에 기여한 페르미와 사하로프는 욕먹을 만하다.

보네거트는 블랙유머라고 통칭되는 익살을 곧잘 부린다. 우스운 말 짓의 대상으로 익살꾼 자신과 그의 친인척도 예외가 아니다. "때가 겨울이어서 나도 내 조국에서 두 번째로 낮은 훈장을 받았다. 동상에 걸린 덕분이었다." 2차 대전에 참전한 그는 미 정부로부터 명예전상장戰傷章 Purple Heart를 받는다. 「에필로그」의 사연은 익살꾼의 짓궂음보다 진한 형제애를 느끼게 한다.

박학다식한 익살꾼은 내가 까먹은 비평의 기율, 곧 '불신의 자발적 정지'의 출처를 알려준다. "옥스퍼드 인용 사전 제3판에 영국 시인 새뮤얼 테일러 콜리지(1772-1834)의 이런 말이 소개되어 있다. '불신을 자진해서 잠시 정지하는 것, 거기에 시적 신뢰가 있다.' 시답잖은 소리를 용인하는 이런 태도는 시, 소설, 단편 소설, 극을 즐기기 위해 반드시 필요한 조건이기도 하다."

보네거트가 지적하듯이 "타임퀘이크 뒤의 반복기처

럼, 현실의 생활에서 사람들은 변하지 않으며 자신의 과오로부터 배우는 것이 없고 잘못을 사과하지도 않는다." 살 만한 인생을 누리는 사람과 "반듯하지 못한 사회에서 반듯하게 행동하는" 성자聖者의 비율이 둘 다 17퍼센트라는 계산은 약간 지나친 것 같다. 그러나 책에 대한 그의 생각은 그렇지 않다.

"치밀한 계산에 의해서가 아니라 우연에 의해, 책들은 그 무게와 짜임새 때문에, 그리고 교묘히 다루는 데 대한 나긋나긋한 명목상의 저항 때문에, 손자들이 모르고 살면 내가 무척 안타까워 할 정신적 모험으로 우리의 두 손과 두 눈, 다음으로는 우리의 마음과 영혼을 끌어들인다."

「옮긴이 후기」에서 보네거트의 작품을 여러 권 우리말로 옮긴 번역자는 예전에 "그의 작품들이 전체적으로 하나의 대형 모자이크화를 이룬다고 말한 바 있"다며 『타임퀘이크』가 "전체상을 완성하는 최후의 한 조각"이라는 의미를 부여한다. 아울러 "그의 작품을 한두 권 읽어보지 않은 사람들은 소화하기에 부담스러울 수 있을 것 같"다고 하는데 맞는 말이다.

그렇다고 보네거트의 출세작 『제5도살장』(박웅희 옮김, 아이필드, 2005)을 먼저 읽는 게 큰 도움이 될 것 같진 않다. 『제5도살장』은 그것 자체로 낯설다. 전통적인 서사구조에 친숙한 독자에게는 더욱 그렇다. 하지만 『제5도살장』의 내용과 형식이 수수께끼나 암중모색은 결코 아니다. 『제5도살장』의 '낯설게 하기'는 보네거트 나름의 자구책이다. 대량학살의 현장 목격자가 그 참상을 사실적으로 전달하는 데는 무리가 따른다.

발지 전투에서 독일군에 사로잡힌 보네거트는 다른 미군포로들과 함께 열차편으로 드레스덴으로 호송돼 도살장에 갇힌다. 그는 1945년 2월 13일 단 하루만에 13만 5천명의 목숨을 앗아간 연합군의 드레스덴 공습에서 살아남는다. 그와 동료 포로들이 상대적으로 안전한 제5도살장 지하실에 대피한 덕분이다.

"이 소설에는 대단한 인물이 거의 없으며, 극적인 갈등도 거의 없다. 이 이야기에 등장하는 사람들은 거의 모두가 심하게 병들고 심히 무력한, 거대한 힘의 노리개들이기 때문이다. 사실, 전쟁의 중요한 영향 가운데 하나는 사람들이 대단한 인물이 될 마음을 잃어버린다는 것이다."(191쪽)

드레스덴 "공습의 목적은 종전을 앞당기자는 것이었다." 하지만 전세는 이미 연합군 쪽으로 기울어 있었다. 『제5도살장』에서 "그렇게 가는 거지"라는 표현이 한 백번쯤 나온다(내가 줄을 그은 것은 모두 98개다). "기타 등등"은 이보다 빈도수는 훨씬 적어도 여러 차례 반복된다.

"우리 책에서 우리가 좋아하는 점은 수많은 경이로운 순간들의 깊은 속을 일시에 들여다볼 수 있다는 거지." 트랄파마도어 행성인들의 동시 전관全觀 심층 독서법을 커트 보네거트 읽기에 응용할 수 있다. 우리 인간들은 책 여러 권을 한꺼번에 읽을 능력이 없다. 보네거트의 작품은 원작의 출간 순서대로 읽는 게 가장 좋다.

다만, 『갈라파고스』와 『고양이 요람』은, 발표연대가 20년이나 떨어졌어도, 연이어 읽기를 권한다. 닮은 점이 많아서다. 일례로 일리엄이라는 도시가 하나의 배경을 이룬다. 일리엄Ilium은 "뉴욕 주에 실재하는 도시는 아니고 뉴욕 주 렌설리어 군의 군청 소재지로 철강산업이 발달한 (디)트로이(트)를 모델로 한 가공의 장소"다. 이를 반영이라도 하듯 이 두 권의 한국어판 표지장정은 비슷하다.

『고양이 요람』(박웅희 옮김, 아이필드, 2004)은 반전反戰소설이다. 전쟁과 이를 돕는 과학기술을 신랄하게 비판한다. "과학자가 연구하는 것은 무엇이나 어떤 식으로든 결국은 무기가 될 수밖에 없다나요." "내가 묻는 모든 질문에는 은연중에 원자폭탄 발명자들이 극히 추악한 살인의 공범이라는 생각이 배어 있었다." "원자폭탄 같은 걸 만드는 걸 거든 사람이 도대체 어떻게 무죄한 사람일 수 있겠소?"

『갈라파고스』(박용희 옮김, 아이필드, 2003)는 새로운 인류의 탄생을 다룬다. 갈라파고스 제도에서 외떨어져 있는 산타 로살리아 섬은 신인류의 에덴동산이다. 백만 년 후 인간세계엔 없는 게 참 많다. 코미디도 없고 진지한 프로그램도 없다. 고문은 상상하기 힘들다. 무기를 사용할 수 없으니 전쟁을 할 수도 없다. 노예도 못 부린다. 어째서? "지느러미와 입뿐인 그들이 무슨 수로."

인간은 물고기가 되었다. "오늘날은 어떤 인간에게도 고쿠비나 만다락스를 조작할 만큼 민첩한 손이나 커다란 뇌가 없다. 바늘에 실을 꿰거나 피아노를 칠 수 있는 사람은 아무도 없고, 그런 손으로는 자기 코를 잡기도 어렵다." 고쿠비와 만다락스는 백만 년 전 개발된 휴대용 통역기다.

『갈라파고스』엔 보네거트의 박학다식을 입증하는 각종 문헌에서 발췌한 문구가 잔뜩 있다. 내가 가장 좋아하는 성경 말씀은 그중 하나다. "사람이 친구를 위하여 자기 목숨을 버리면 이보다 더 큰 사랑이 없나니."(요한 15:13) 나는 종교가 없다. 보네거트 역시 믿는 종교가 없지만 예수의 산상수훈을 높게 평가한다. 그것이 기독교의 본질이라 여길 정도로.

책 말미에 실려 있는 SF 칼럼니스트 김태영의 해설 「커트 보네거트, 디스토피아의 유쾌한 수다쟁이」는 보네거트 작품 이해에 큰 보탬이 된다. 김태영 칼럼니스트는 "커트 보네거트의 강점은 순간적으로 의표를 찌르는 위트와 정돈되지 않은 어수선한 맛에 있다"고 본다.

'반성하는' 첩자의 고백록 혹은 공공연한 악과 은밀한 선

'잭 런던 걸작선'과 커트 보네거트의 장편소설 사이에서 선택의 갈림길에 섰다. 런던의 국내 초역 작품 둘 중 하나와 보네거트의 세 번째 작품을 놓고 저울질을 하다가 보네거트 쪽으로 추가 기운 것은 소설 속 소설의 헌사가 눈에 들어와서다. 하워드 W. 캠벨 2세는 자신

의 고백록을 마타 하리에게 바친다. 알고 보니 이건 곁치레였다.

액자소설이기보다는 『마더 나이트』 자체나 다름없는 '하워드 W. 캠벨 2세의 고백록'은 헌사가 말해주듯이 첩자의 이야기다. 고백록은 산만하게 자기변명으로 흐르기 쉽고 스파이 소설은 눈속임과 극적인 반전이 있게 마련이나, 『마더 나이트』는 단순 명백하다. 다만, 역설의 뒤범벅은 주의를 요한다.

누가 하워드 캠벨에게 바치는 편집자의 헌사보다 더 적절하게 이 유능한 간첩의 실체를 묘사하랴! "그는 너무나 공공연하게 악에 봉사하고 너무나 은밀하게 선에 봉사했다." 공공연한 악은 나치 독일이다. 미국 출신으로 독일에 정착한 극작가인 캠벨은 2차 대전 중 라디오 방송을 통해 영어권에 나치를 알리는 선전가로 크게 활약한다.

하지만 그의 속내는 미국의 첩보원이었다. 캠벨의 장인이나 그의 정체를 눈치 챌 정도로 그의 연기력은 거의 완벽했다. 또 한 사람, 어린 처제의 눈을 속일 수는 없었다. 그는 "미국 간첩"이라는 처제의 혀 짧은 부름에 깜짝 놀란다. 전쟁이 끝나자 캠벨은 자신의 의지와는 무관하게 전 세계 '꼴통' 이념의 산실, 다르게 표현하면 "진실의 원천"이 되어 있었다.

1961년 세상에 알려진 캠벨과 아돌프 아이히만은 가공의 인물과 실존인물이라는 차이점 말고도 여러모로 비교된다. 아이히만이 1960년 5월 은신처였던 아르헨티나의 부에노스아이레스에서 이스라엘 정보기관 요원들에게 붙잡혀 압송됐다면, 캠벨은 제 발로 이스라엘 법정에 선다.

아이히만은 극형을 면치 못하나 캠벨은 그를 포섭했던 은퇴한 미국 정보원의 도움으로 무죄 방면된다. 무엇보다 두 사람은 자신이 저지른 악행에 대해 판이한 입장의 차이를 보인다. 아이히만은 일개 군인으로서 그저 상부의 명령을 따랐을 뿐이라는 변명으로 일관

한다. 반면에 캠벨은 진정 '반성하는' 첩자다.

커트 보네거트는 블랙유머의 대가답게 은근히 독자의 배꼽을 잡는다. 그런 장면을 하나 보자. '암흑시대에 빛나던 등대'와 '할렘의 흑인 지도자'가 나눈 대화다. "일본이 수소폭탄을 어디에 떨어뜨릴까요?" 캠벨이 물었다. "중국이오. 틀림없소." 로버트가 말했다. "다른 유색인종에게 말이오?" 로버트는 캠벨을 불쌍한 눈으로 쳐다보았다. "중국놈이 유색인종이라고 누가 그럽디까?" 『마더 나이트』 혹은 '하워드 W. 캠벨 2세의 고백록'은 한번 손에 쥐면 못 내려놓는 흡인력 강한 이야기다. 〈〈시사IN〉 제80호, 2009. 3. 28〉

두 번째 장편소설 『타이탄의 미녀』(이강훈 옮김, 금문서적, 2003)에서 보네거트는 "특유의 풍자적 유머와 독설로 미국의 정치, 종교, 특히 기독교를 신랄히 풍자하고 있다."(『커트 보네거트와 그의 문학』) 1959년 출판된 『타이탄의 미녀』는 체현자體顯者 윈스턴 나일스 럼푸드의 입을 빌려 '시간뒤틀림'을 예고한다.

"내 우주선이 크로노 신클래스틱 인펀디블룸에 들어갔을 때, 순간적으로 깨달았소. 지금까지 있어 왔던 모든 일들은 앞으로도 있을 것이고, 앞으로 있을 모든 일들은 이전에도 있었다는 것을 말이오." 시간이 뒤틀린 기간 또한 얼추 짐작하게 한다. "체현은 59일마다 한 번씩, 모두 9년 동안 계속되었다."

『타이탄의 미녀』 표지커버날개엔 "금문서적에서 출간된 커트 보네거트의 책들…"이라는 타이틀 아래 보네거트의 작품 두 권을 표지사진과 함께 소개하고 있다. 그런데 인터넷서점 두 곳과 KORIS-NET(국가자료공동목록시스템), 그리고 국립중앙도서관www.nl.go.kr 소장 자료를 검색한 결과 어디서도 이 두 권의 '흔적'을 찾을 수 없었다. 아쉬운 대로 『타이탄의 미녀』 표지커버날개의 책 소개 글을 여기에 옮겨 적는다.

먼저 『챔피온들의 아침식사Breakfast of Champions』의 개요는 이렇다. "공상과학 소설가 킬고어 트라우트와 성공적인 자동차 딜러 드웨인 후버가 만났다. 광고의 허위성, 군대와 병원의 문제점, 인종문제, 미국사업의 부정, 돈과 섹스에 집착하는 미국인들의 모습을 다양하게 제시할 뿐 아니라 수치스런 부분을 과감히 희화화시킨 문제작." 공상과학 소설가는 과학소설가가 더 정확한 표현이다.

『자동피아노Player Piano』에선 "인간보다 효율적이라고 입증된 기계들이 인간을 대신하고 소수 엘리트를 제외한 인간들은 열등한 기계로 전락하는 미래가 펼쳐진다. '효율성', '경제성', '품질'을 성 삼위일체로 숭배하는 현대 산업사회의 맹점을 예리하게 파헤친 보네거트의 처녀작."

인터넷 자료검색에 따르면, 보네거트 작품 가운데 맨먼저 우리말로 옮겨진 『제5도살장』(김종운 옮김, 을유문화사, 1980)은 『죽음과 추는 억지춤 또는 어린이들의 십자군전쟁』(노종혁 옮김, 새와물고기, 1994)이라는 부제목을 앞세우기도 했다. 『저 위의 누군가가 날 좋아하나 봐』(노종혁 옮김, 새와물고기, 1994)는 『타이탄의 미녀』의 다른 제목이다.

『Mother Night』는 「태초의 밤」이라는 제목으로 노벨문학상 수상자(2007) 도리스 레싱의 「생존을 위한 비망록」과 함께 '오늘의 세계문학 28'(현중식 옮김, 중앙일보사, 1982)번을 이뤘다. 『타이탄의 미녀』는 『타이탄의 마녀들』이 원제목(『The Sirens of Titan』)과 더 걸맞아 보인다.

원작의 명칭이 『Jailbird』로 추정되는 작품의 한국어판은 두 종 검색된다. 서지사항에서 미세한 차이가 있지만, "『죄수와 여재벌』(이민휘 옮김, 신한사, 1983)"과 "『야망의 여재벌』(이민희 옮김, 대경출판사, 1984)"은 같은 책을 번역저본으로 삼은 게 거의 확실하다. 『신의 축복이 있기를, 로즈워터 씨』(김한영 옮김, 문학동네, 2010)는 가장 최근에 번역된 커트 보네거트의 작품이다.

커트 보네거트의 책

신의 축복이 있기를, 닥터 키보키언 김한영 옮김, 이강훈 그림, 문학동네, 2011.

신의 축복이 있기를, 로즈워터씨 김한영 옮김, 문학동네, 2010.

마더 나이트 김한영 옮긴, 문학동네, 2009.

태초의 밤(오늘의 세계문학 28) 현중심 옮김, 중앙일보사, 1982.

나라 없는 사람 김한영 옮김, 문학동네, 2007.

타임퀘이크 박웅희 옮김, 아이필드, 2006.

제5도살장 박웅희 옮김, 아이필드, 2005.

제5도살장 김종운 옮김, 을유문화사, 1980.

고양이 요람 박웅희 옮김, 아이필드, 2004.

고양이 요람 노종혁 옮김, 새와물고기, 1994.

타이탄의 미녀 이강훈 옮김, 금문서적, 2003.

갈라파고스 박웅희 옮김, 아이필드, 2003.

갈라파고스 박웅희 옮김, 세계인, 1997.

죽음과 추는 억지춤 – 또는 어린아이들의 십자군전쟁 노종혁 옮김, 새와물고기, 1994.

저 위의 누군가가 날 좋아하나봐 노종혁 옮김, 새와물고기, 1994.

야망의 여재벌 이민희 옮김, 대경출판사, 1984.

죄수와 여재벌 이민휘 옮김, 서한사, 1983.

콜린 윌슨
Colin Henry Wilson
1931-

문학작품과 범죄현상의 분석 통해 현대사회를 해부한 문명비평가

콜린 윌슨은 "아침에 깨어보니 유명해졌다"는 바이런 이후 자발적이고 범세계적인 갈채를 받은 보기 드문 영국인이다. 하지만 윌슨은 바이런과는 전혀 다른 조건을 갖고 있었다. 그는 런던 근교의 레이세스터에서 가난한 노동자의 아들로 태어났다. 윌슨의 아버지는 일주일에 3펜스밖에 벌지 못하는 구두수선공이었다. 그와 그의 형제들은 충분한 교육의 기회를 얻지 못했고, 의료혜택도 제대로 받지 못했다. 윌슨은 돌팔이 의사 때문에 여섯 명의 가족을 잃었다.

열여섯 살 때 학교교육을 중단한 윌슨은 여러 직업을 전전하며 틈나는 대로 책을 읽었다. 그러기를 10년, 윌슨은 『아웃사이더』를 발표하고 세계적인 명성을 얻는다. 윌슨의 반항적인 문제 제기가 전쟁(2차 대전)의 후유증으로 유행했던 문명과 인간을 혐오하는 세태와 맞물린 결과였다. 언론에서는 입지전적인 윌슨을 중심에 놓고 존 오스본, 존 블레인 같은 작가를 한데 묶어 '성난 젊은이들angry young men'로 호명하기도 했다.

영어권에서 폭발적인 반응을 얻은 『아웃사이더』는 무척 빠르게 전 세계로 퍼져나갔다. 1년 6개월 만에 14개 국어로 번역되었다. 우리나라에 들어온 것은 영국에서 출간된 지 3년 후인 1959년 법문사를 통해서였다.

법문사판은 자취를 감추었고, 지금은 범우사(1974)에서 나온 책으로 윌슨의 조숙한 천재성을 읽을 수 있다. 아웃사이더는 한 사회의 정신적 이방인 또는 문화적 국외자로 번역된다. 윌슨은 아웃사이더를 명료하게 제시하지는 않았고, 책의 여기저기에 비유를 써서 표현해 놓았다. 아웃사이더는 "깨어나서 혼돈을 본 인간"이고, "사물을 꿰뚫어 볼 수 있는 유일한 사람"이다.

또 아웃사이더는 서먹서먹한 감정이나 비현실성을 특징으로 한다. 앙리 바르뷔스의 『지옥』에 나오는 이름 없는 주인공은 아웃사이더를 대표하는 인물이다. 그는 "나는 이렇다 할 재능도 없고 이룩해야만 할 사명도 없으며, 반드시 전달하지 않으면 안 될 감정도 없다. 나는 가진 것도 없으며 무엇을 받을 만한 가치도 없다"고 생각한다. 윌슨은 바르뷔스의 주인공이 안락한 부르주아의 고립세계에 안주하면서 그가 보고 접촉한 것을 현실로 받아들이고 살아갈 수 없는 아웃사이더의 전형이라고 평가했다. 19세기에서 20세기 전반기에 이르는 서양의 중요한 문학작품을 제재로 삼아 자신의 이론을 펼친 『아웃사이더』는 문학비평서에 속한다. 윌슨은 화려한 데뷔 이후 평론이나 소설의 형식을 빌려 철학·문학·성性·범죄·우주과학 같은 다양한 주제를 다뤘지만, 그것은 자신이 고안한 아웃사이더 이론을 확대·심화하는 작업이었다.

50권이 넘는 월슨의 저작 가운데 일곱 권은 아예 '아웃사이더' 시리즈로 불린다. 『아웃사이더』『종교와 반항인』『인간의 도덕적 능력』『꿈의 의지』『성적 충동의 기원』『아웃사이더를 넘어서』『신실존주의 입문』 등이 그것이다.

『종교와 반항인』(하서출판사, 1994)은 월슨의 두 번째 저서로 정신적 선각자들이 어떻게 반항인이 되었는지 서양의 몇몇 사상가들을 통해 설명한다. 자신이 주장하는 '신실존주의'가 키에르케고르·하이데거·사르트르 등이 말한 실존주의보다는 광범위한 의미를 지니고 있으며 괴테의 '교양'에 가까운 뜻을 내포하고 있다고 강조하기도 했다. 이를 증명하기 위해 릴케와 랭보의 생애와 시 세계를 검토했다.

월슨은 신실존주의와 아웃사이더 이론을 범죄, 특히 잔인한 살인의 분석에 적용한 책을 여러 권 썼다. 『살인의 철학』(선영사, 1991)은 살인 양식의 변화를 연구한 것으로 17세기에서 20세기에 이르는 살인의 유형을 살폈다. 원제는 '살인사례집' 정도로 번역이 가능하지만 월슨이 자신의 살인에 대한 관심이 철학적이라고 밝힌 점을 감안해 번역자가 그렇게 붙였다.

『잔혹』(하서출판사, 1991)은 '인류 범죄사'의 완역판이다. 이 책은 고대 아시리아의 사디즘에서 히틀러와 스탈린에 의해 자행된 학살 및 현대생활의 노이로제와 긴장의 상징적 표출인 성범죄와 연쇄살인에 이르는 다양한 범죄 사례를 모아놓았다. 월슨은 인류 역사의 잔혹한 범죄에 관한 연구의 중요성을 두 가지 측면에서 강조한다. 첫째는 인간 정신의 이면에 놓인 암흑지대에 대한 조명을 통해 더욱 충실한 삶의 가능성을 모색할 수 있다는 점을 들었다. 둘째로는 사회발전에 따라 부수적으로 발생하는 범죄는 그 사회를 이해하는 데 긴요하다는 것이다. 2003년 출간된 '피와 광기의 세계사'를 부제로 하는 이 책의 축약판은, 상·하권으로 이뤄졌던 번역서를 한 권으로 '잔혹하게' 압축해 국내 콜린 월슨 애독자들의 빈축을 샀다.

월슨은 삼촌이 생일선물로 사준 『과학의 경이와 신비』라는 책에서 화성사진을 보고 우주의 신비에 푹 빠지게 되었다. 그 책을 되풀이해 읽은 다음, 도서관에서 천문학 관련서를 죄다 빌려 읽었다. 그러고는 도서관에서 빌려본 책을 기초로 자연과학을 총괄하는 책을 쓰기 시작했다. 그의 나이 열네 살 때였다. 훗날 이때를 돌아보며 월슨은 이렇게 말했다. "그것은 내게 최초의 책이었으며 나는 꾸준히 조직적으로 작업했다. 작가에게 이렇게 좋은 훈련도 없을 것이다."

50번째 저서인 『우주의 역사』(범우사, 1986)는 어렸을 때부터의 관심의 결정체인 셈이다. 이 책에서 월슨은 수천 년을 이어져온 천문학 지식을 바탕으로 우주의 문제에 대한 근원적인 접근을 시도한다. 천문학과 관련된 에피소드를 담아 독자의 흥미를 끌게 했다. 에드거 앨런 포가 쓴 우주의 창조와 파괴를 다룬 책에 얽힌 이야기도 그중 하나. 포는 우주의 비밀을 해명하겠다며 집필에 몰두했고, 출판사에는 5만 부를 찍으라고 큰소리쳤다. 그러나 1847년 출간된 『유레카』는 초판 500부가 나오고 그만이었다. 월슨은 이 책이 구체성을 결여했고 너무 과장됐다고 짧게 평했다.

『어느 철학자의 섹스 다이어리』(푸른숲, 1990)는 소설이다. 성을 노골적으로 묘사한 탓에 혹평을 받은 작품이다. 월슨은 성에 대한 묘사가 소설이 말하고자 하는 사상을 전달하는 수단으로 이해되길 바랐으나 그렇지 못했다고 자평한다. 주인공이 헌책방을 돌아보면서 느끼는 기쁨을 서술한 대목은 혹평에서 자유롭다.

고서점은 어리석은 현대문명의 한가운데 자리하고 있는 교회와도 같다. 그밖에는 모두가 가치를 하락시키는 장사, 돈벌이, 즉 상업이라는 정글이 버티고 있지만, 그 안으로 한걸음만 들어가 보면 돈의 세계를 은밀히 전복시킬 수 있는 책략을 꾀하는 별세계가 자리하고 있다.

콜린 윌슨의 책

아웃사이더 이성규 옮김, 범우사, 2011.
아웃사이더 이성규 옮김, 범우사, 1974.
아웃사이더 김창수 옮김, 대운당, 1972.
아웃사이더 김진경 옮김, 법문사, 1959.
종교와 반항인 최현 옮김, 하서출판사, 1994.
지성과 반항 진명 옮김, 대운당, 1973.
지성과 반항 구익성·김진경 옮김, 법문사, 1959.
우주의 역사 한영환 옮김, 범우사, 1986.
앎에서 삶으로 하늘출판사, 1992.
시간의 발견 권오천·박대희 옮김, 한양대출판원, 1994.
성과 지성 장문평 옮김, 현암사, 1970.
그림자 없는 욕망 김성열 옮김, 여원문화사, 1979.
어느 철학자의 섹스 다이어리 이광식 옮김, 푸른숲, 1990.
살인의 철학 황동문 옮김, 선영사, 1991.
살인의 철학 황동문 옮김, 대운당, 1978.
잔혹(상·하) 황종호 옮김, 하서출판사, 1991.
잔혹: 피와 광기의 세계사(축약판) 황종호 옮김, 하서출판사, 2003.
현대 살인백과(개정판) 도널드 시맨 공저, 최현 옮김, 범우사, 2011.
현대살인백과 도널드 시맨 공저, 최현 옮김, 범우사, 1990.
갱과 마피아 신근수 옮김, 영북스, 2001.
세계의 불가사의 2(초자연현상과 미래의 세계) 장이술 옮김, 간디서원, 2004.
세계의 불가사의(잃어버린 고대문명과 옛 지식체계) 장이술 옮김, 간디서원, 2004.
풀리지 않는 세계불가사의 백과 1·2 대먼 윌슨 공저, 황종호 옮김, 하서출판사, 2008.
세계불가사의 백과 1 대먼 윌슨 공저, 황종호 옮김, 하서출판사, 1991.
세계불가사의 백과 2 대먼 윌슨 공저, 황종호 옮김, 하서출판사, 1992.
사후의 삶은 있는가 최현 옮김, 하서출판사, 1997.
세계 초능력백과 류해인 옮김, 하서출판사, 1998.
아틀란티스의 유산 박광순 옮김, 하서출판사, 1999.
문학과 상상력—속 아웃사이더 이경식 옮김, 범우사, 1978.
독수리와 집게벌레: 새로운 시대의 문학을 위하여 이경식 옮김, 대운당, 1980.
소설의 진화 김종휘 옮김, 동인, 2001.
소설의 기술론: 소설의 발전과 창작의 본질 김규연 옮김, 조선대출판국, 1997.

크리스토퍼 히친스
Christopher Hitchens
1949-

Believe it or Not—
크리스토퍼 히친스의 신성비판

나는 『신은 위대하지 않다God is Not Great』(김승욱 옮김, 알마, 2008)의 책등에 새겨진 문구가 좀 못마땅하다. "영미 언론이 선정한 '100인의 지식인' 가운데 5위에 오른 크리스토퍼 히친스의 적나라하되 천박하지 않고 불편하되 무시할 수 없는 신과 종교에 관한 이야기." 영국과 미국의 언론사 두 곳이 어떤 기준으로 '100인의 지식인'을 선정했는지 모르지만, 그런 순위 매기기는 부질없는 일이다.

영미 언론이 선정한 'No. 5 지식인'을 굳이 크리스토퍼 히친스의 이력으로 앞세울 필요가 있었을까? 히친스 책의 한국어판 저자 소개글을 종합하면, 그는 영국 출신인 것 같다. 옥스퍼드 대학을 나와 주간지 〈뉴 스테이츠먼〉 등에서 기자로 일하다 1981년 미국으로 이주했다. 문학평론가, 저널리스트, 저술가, 정치학자가 그의 직함이다.

'신과 종교에 관한 이야기'를 수식하는 표현 네 가지는 내게 부적절하다. 믿음이 없는 나로선 히친스의 통렬한 종교비판이 불편하기는커녕 속 시원할 뿐이다. 나는 히친스가 말하는 '우리'의 일원이다. "블레즈 파스칼은 '나는 원래 믿음을 가질 수 없도록 만들어졌다'고 말하는 사람을 위해 글을 쓴 적이 있다. 우리가 바로 그런 사람들이다."

나는 개신교회의 예배와 천주교의 미사, 그리고 불교의 법회에 참석한 적이 단 한 차례도 없다 해도 과언은 아니다. 결혼 미사는 한두 번 참관했다. 군 복무 중 '종교 활동'에 참여하기도 했다. 군 복무 중의 '종교 활동'

은 히친스처럼 다분히 정략적인 행동이었다. "내가 그리스 정교의 신자가 된 것은 많은 사람들이 어떤 종교의 신자임을 표방할 때와 같은 이유 때문이었다. 즉 그리스 출신인 장인 장모님께 잘 보이고 싶다는 것."

내무반의 우락부락하게 생긴 선임 병사는 의외로 독실한 크리스천이었다. 나는 그에게 잘 보이면 한 대라도 덜 얻어맞고 욕지거리를 덜 얻어먹을까 싶어, 단 몇 십분이라도 일요일의 '평안'을 얻고 싶어 겉만 멀쩡한, 목사가 없는 교회에 나갔다. 하지만 나의 교회 출입은 손으로 꼽을 정도였다. 군대의 속성상 겉치레 행사는 꾸준히 이어지지 않거니와 '짬밥'이 늘면서 내무반이 더 '편안'해졌기 때문이다.

"종교는 언제나 신자가 아닌 사람, 이단자, 다른 종교를 믿는 사람의 삶에 끼어들려고 한다. 황홀하기 짝이 없는 내세를 이야기하면서도 이승에서 권력을 잡고 싶어 한다. 이건 당연한 일이다. 종교는 결국 속속들이 인간이 만드는 것이니까 말이다. 게다가 종교는 자신의 다양한 가르침을 스스로 믿지 못하기 때문에 다른 종교와의 공존을 받아들이지 못한다."

전에 살던 동네의 어떤 아저씨(나보다 나이가 많은 남자라는 뜻)는 신호등이 있는 횡단보도를 건너며 마주치는 사람들에게 '예수천국, 불신지옥'을 외치는 데 그치지 않고 목욕탕에서 때를 밀고 있는 내게 다가와 상기한 구호를 읊조렸다. 이 정도면 똥오줌을 못 가린다고 해야 하지 않는가. 적어도 2인 1조로 다니며 남의 집 초인종을 마구 눌러대는 대체로 여성분들의 표정은 득의에 차 있다.

"종교는 신이 사람들 하나하나를 모두 보살피고 있다며, 우주를 창조할 때에도 사람들을 구체적으로 염두에 두고 있었다고 주장한다. 여봐란 듯이 종교를 믿는 사람들이 거만한 표정을 짓는 이유가 바로 이것이다. '내가 겸손한 사람이라 미안하지만, 나는 지금 하느님의 심부름을 하느라 바쁘답니다.' 그들의 얼굴에는

이렇게 써 있다."

마르크스는 자본은 물론이고 종교의 '주적'이다. 마르크스가 자본과 종교의 주적 취급을 받는 것은 그것들의 본질을 간파하여 발설한 '죄'다. 마르크스는 '종교는 아편'이라 했다. 이에 대한 비난, 특히 맥락을 사상捨象한 채 일방적으로 가해진 아래와 같은 비난은 유치하고 졸렬하다.

"'종교는 인민의 아편이다'라는 말은 레닌이나 마르크에게서 나온 것이다? 이 세계관은 많은 사람들이 믿고 있듯이 레닌이나 마르크에게서 나온 것이 아니라, 노발리스에게서 나왔다. "당신들이 말하는 종교는 아편으로 만든 마취약과 같은 작용만 할 뿐이다. 매혹시키고, 달래주고, 허약함에서 오는 고통을 잠재워줄 뿐이다"라고 노발리스는 1789년에 기록했다.

오늘날 사람들이 마르크스주의자들이 한 것으로 생각하는 다른 유명한 말들도 알고 보면 대부분 다른 사람들이 이미 한 말들이다. '노동자는 쇠사슬밖에 잃을 게 없다'라는 말은 원래 욕조에서 암살된 것으로 유명한 장 폴 마라가 한 말이다. '온 세계의 프롤레타리아들이여, 단결하라!'는 카를 샤퍼, '프롤레타리아 독재'는 블랑키, '능력에 따라 일하고 필요에 따라 소비한다'는 루이 블랑이 먼저 한 말이다. 이런 문장들은 그 밖에도 많다."(『상식의 오류 사전 747』, 532쪽)

히친스가 인용한 마르크스의 '종교는 아편' 관련 발언은 노발리스의 원안과 다르다. "종교적인 고뇌는 진짜 고뇌의 표현이자 진짜 고뇌에 대한 '항의'이기도 하다. 종교는 억압받는 창조물의 한숨, 무정한 세상의 정이다. 종교가 생기 없는 상황에서 생기의 역할을 하는 것처럼, 종교는 인민의 아편이다. 사람들에게 환상 속의 행복을 가져다주는 종교를 폐지하는 것은 진정한 행복을 실현하기 위해 꼭 필요한 일이다.

현실에 대한 환상을 포기해야 한다는 것은 곧 환상이 필요한 현실을 포기하라는 뜻이다. 따라서 종교비

판은 아직 제대로 발전하지 못했지만 고뇌의 계곡에 대한 비판이며, 그 후광이 바로 종교이다. 비판은 사슬 속에서 진짜가 아닌 상상 속의 꽃들을 솎아냈다. 인간이 환상도 위안도 얻지 못하고 사슬에 묶이게 하기 위해서가 아니라, 그 사슬을 떨쳐버리고 진짜 꽃을 딸 수 있게 하려고."

크리스토퍼 히친스는 "좋은 말로 하는 종교비판이 사실은 가장 급진적이고 가장 파괴적인 비판이기도 하다"며 부연한다. 그리고 이 책을 관류하는 중심 논지가 이어진다. "종교는 인간이 만든 것이다." 그 결과는 참담하다. "종교는 모든 것을 망가뜨린다." '종교 인간창안론'은 마르크스 역시 개진한 바 있다. "인간이 종교를 만들지, 종교가 인간을 만드는 것은 아니다." (「헤겔 법철학의 비판을 위하여─ 서설」, 『칼 맑스/프리드리히 엥겔스 저작 선집 제1권』)

히친스가 제시한 종교를 인간이 만들었다는 '물증' 가운데 '교부敎父는 있지만 교모敎母는 없다'는 일갈이 와 닿는다. "종교가 인간의 손으로 만들어졌다는 사실은, 종교가 대개 남성적인 시각을 갖고 있다는 점을 통해서도 증명된다. 가장 오래전부터 경전으로 쓰이고 있는 탈무드는 여자로 태어나지 않았다는 사실을 매일 조물주에게 감사해야 한다고 말한다."

이 책은 이 땅의 영어공용화론이 극極보수주의와 상통하는 까닭을 말해준다. "(텍사스 주지사는 성경을 스페인어로도 가르쳐야 한다고 생각하느냐는 질문을 받고, "예수님이 영어만으로 충분하다고 생각하셨다면, 나 역시 같은 생각"이라고 대답했다. 이런 사람들을 보고 무지하다고 하는 것은 정말로 옳은 말이다.)"

"나는 단 한 권의 책의 소산이다. ─토마스 아퀴나스"(99쪽) 책 한 권을 거듭 읽는 사람은 두려운 존재다. 나는 신선이 되고 싶지도 않지만, 신선 길잡이 만회독萬回讀 같은 건 사양하련다. 그러느니 차라리 잡다한 책 만 권을 읽겠다. 토마스 아퀴나스를 낳은 책은 바이블이다. 모든 책은 오탈자와 비문非文, 그리고 오류가 있다.

바이블도 예외가 아니다. "복음서들이 어떤 면에서 문자 그대로 진실을 담고 있거나, 아니면 모든 것이 근본적으로 사기, 그것도 부도덕한 사기인지도 모른다. 어쨌든 복음서들이 문자 그대로의 진실을 담고 있지 않다는 점만은 확신을 갖고 단언할 수 있다. 복음서들 안에 이미 증거가 들어 있으니까."

근본주의 신학교 두 곳을 다녔으며 훗날 종교계의 권위 있는 자리에 오른 바튼 어먼Barton Ehrman은 젊어서 자신의 근본주의적 사고방식을 재검토하기 시작했다. 그러던 중 예수의 널리 알려진 일화 가운데 일부가 오랜 세월이 흐른 후 대충 정전에 포함되었으며, 가장 널리 알려진 일화 역시 그럴지도 모른다는 사실을 알고 크게 놀란다. 다음은 '너희 중에 죄 없는 자가 먼저 돌로 치라'와 관련된 어먼의 결론이다.

"현존하는 〈요한복음〉 원고 중에서 가장 오래되고 가장 훌륭한 원고들에는 이 이야기가 나오지 않는다. 이 이야기의 문체는 〈요한복음〉의 다른 부분(이 이야기 직전과 직후의 상황을 다룬 부분도 포함)과 매우 다르다. 또한 여기에는 복음서에 잘 등장하지 않는 단어와 구절들이 많이 포함되어 있다. 그렇다면 결론은 분명하다. 처음에는 이 이야기가 복음서에 포함되어있지 않았다는 것."

〈창세기〉의 필자가 신이 아니라 무지한 인간이라는 사실은 "단 한 문단으로" 증명된다. "인간이 모든 짐승과 새와 물고기를 '지배할 권리'를 얻었다는 점이 바로 그 증거이다. 성경에 예를 들어 공룡들의 이름이 구체적으로 명시되지 않은 것은, 저자들이 공룡의 존재를 몰랐기 때문이다. 성경에 유대류가 언급되지 않은 것도 오스트레일리아(중앙아메리카의 뒤를 이어 '에덴동산'의 새로운 후보지)가 지도상에 나와 있지 않았기 때문이다."

한편 빛나는 전통과 전설적인 역사의 기원은 대체로

가까운 과거에 확정되곤 한다. "이 장엄하고 독창적인 교리가 선포된 날짜가 흥미롭다. 순결한 잉태는 1852년에 로마가 선포, 또는 발견했으며, 성모승천 교리는 1951년에 선포되었다. '인위적'으로 만들어낸 것이 항상 멍청하지는 않다. 이 영웅적인 구조 노력 역시 조금은 공을 인정받을 만하다. 비록 처음부터 물이 새던 배는 우리가 바라보는 가운데 흔적도 없이 가라앉아버렸지만 말이다."

크리스토퍼 히친스는 종교에 반대하는 주장 중에서 결코 물리칠 수 없는 것으로 다음 네 가지를 든다. "종교가 인간과 우주의 기원을 완전히 잘못 설명하고 있다는 것. 이 첫 번째 잘못 때문에 최대한의 노예근성과 최대한의 유아독존을 결합시키는 결과를 낳았다는 것. 종교가 위험스러운 성적 억압의 결과이자 원인이라는 것. 종교는 궁극적으로 사람들의 희망사항을 기반으로 하고 있을 뿐이라는 것."

이러한 종교의 한계점은 종교가 만들어진 시기의 시대적 한계에서 온 것이다. "이제 분명히 말해야 한다. 종교는 아무도, 심지어 모든 물질이 원자로 이루어졌다는 결론을 내렸던 저 훌륭한 데모크리토스조차도 세상이 돌아가는 원리를 전혀 깨닫지 못하던 원시적인 시대에 생겨났다. 종교는 인류가 겁에 질려 울어대던 유아기에 생겨났으며, 우리가 도저히 도망칠 수 없는 지식욕을(그리고 위안과 확신 등 유아적인 욕구들도) 충족시키기 위해 고안해낸 유치한 방법이다."

그리고 "종교를 과학 및 이성과 화해시키려는 모든 시도는 바로 이런 이유들 때문에 실패해서 조롱의 대상이 될 수밖에 없다"는 히친스의 단언에 나는 백배 공감한다. 종교와 과학은 별개의 것이다. 종교와 이성 또한 마찬가지다. 84쪽에서 히친스는 세 가지 잠정적인 결론을 내린다.

"첫째, 종교와 교회는 사람들이 만들어낸 것이며, 이 사실이 너무나 뻔히 드러나 있어서 무시할 수가 없다.

둘째, 윤리와 도덕은 신앙과 그다지 결부되어 있지 않으며, 신앙에서 유래할 수 없다. 셋째, 종교는 자신의 행위와 믿음 덕분에 신에게서 특별한 면죄부를 받았다고 주장하기 때문에 무도덕적일 뿐만 아니라 부도덕하기도 하다."

크리스토퍼 히친스는 '자뻑'에 가까운 선민의식과 무자비한 소명의식에 경종을 울린다. "무자비하기 때문에 자기 자녀를 학대하는 정신병자나 짐승 같은 놈들은 처벌받아 마땅하지만, 그래도 사람들이 그들의 행동을 이해할 수는 있다. 하지만 잔인한 행동을 하면서 천국의 허락을 받았다고 주장하는 사람들은 이미 악에 물들었으므로 훨씬 더 위험하다."

나는 특정한 이념을 받든 적도 없다. 한때 크리스토퍼 히친스가 신봉한 이념에 대해선 여전히 꽤 우호적이긴 하다. 한때 마르크스주의자였던 그가 이 책에서 말하고자 하는 핵심은 이렇다. "친애하는 독자 여러분, 이 책을 여기까지 읽고서 (바라건대) 여러분 자신의 믿음도 흔들리고 있다면, 여러분이 지금 무슨 일을 겪고 있을지 내가 어느 정도 알고 있다고 기꺼이 말할 수 있다.

나도 가끔은 확신이 있던 과거가 그립다. 마치 내 몸에서 잘려나간 다리를 그리워하는 것 같다. 하지만 전체적으로는 지금이 더 낫다. 덜 급진적이기도 하다. 여러분도 이론가들의 주장을 버리고, 아무런 속박도 받지 않는 여러분 자신의 머리로 스스로 생각하게 된다면, 예전보다 이 편이 더 낫다고 생각하게 될 것이다."(227쪽)

히친스는 1989년 2월 14일 그의 친구이기도 한 작가 살만 루시디에게 호메이니'옹'이 내린 사형 및 종신형 선고가 천부당만부당하다는 것을 일깨운다. 첩보소설가 존 르 카레는 그렇다 쳐도 마르크스주의 저술가인 존 버거마저 "루시디가 문제를 자초했다고 단언했다"는 것은 실망이다.

크리스토퍼 히친스가 토머스 페인과 함께 높이 평

가하는 토머스 제퍼슨은 내게 비호감형이다. 제퍼슨은 인디언을 사람으로 여기지 않았다. 히친스의 반종교론에 공감한다 하여 그의 개인적 취향까지 동조할 이유는 없다. 내가 좋아하는 분들이 충직한 신앙인이라 하여 나도 굳은 믿음을 가져야 할 필요는 없는 것처럼.

『키신저 재판(The Trial of Henry Kissinger)』(안철흥 옮김, 아침이슬, 2001)은 미 국무장관 겸 국가안보 보좌관을 지낸 헨리 키신저에 대한 '기소장'이다. 크리스토퍼 히친스는 공소장에 나열할 수 있는 키신저가 저지른 식별 가능한 범죄들을 여섯 가지로 간추린다.

1. 인도차이나 민중에 대한 무차별 대량 학살 계획 입안
2. 방글라데시에서 저지른 대량 학살과 암살 공모
3. 미국과 교전 상태에 있지 않은 민주주의 국가 칠레에서 저지른 합법적 대통령에 대한 살해 계획과 은폐
4. 민주주의 국가 키프로스의 국가수반을 살해하는 계획에 개인적으로 관여한 사실
5. 동티모르에서 학살을 선동하고 유도한 행위
6. 워싱턴에 거주하는 언론인을 납치하여 살해하는 계획에 개인적으로 관여한 사실

"키신저의 공범들 가운데 많은 수가 현재 감옥에 갇혀 있거나 재판 계류 중에 있다. 키신저 혼자서만 벌을 받지 않는다는 것은 있을 수 없는 일이며 정말로 역겨운 일이다. 우리가 그처럼 역겨운 상황을 방치한다면, 법은 강자에게는 약하고 약자에게만 강한 거미줄과 같다는 고대 철학자 아나카르시스의 주장을 옹호하는 수치스러운 꼴밖에 안 된다. 이제 유명 무명의 수많은 희생자들의 이름으로 법의 심판을 가할 때가 되었다."

사실 나는 크리스토퍼 히친스 책의 한국어판 리뷰를 꽤 오랫동안 망설였다. 그는 내가 선호하는 유형의 인물이 아니다. 내가 왜 그를 별로 안 좋아하는지 살피기에 앞서 그의 마더 데레사 비판을 살짝 짚어본다.

『자비를 팔다The Missionary Position』(김정환 옮김, 모멘토, 2008)의 원제목이 지닌 이중적 의미는 논란을 불러왔다(앞표지 날개 참조).

『신은 위대하지 않다』의 리뷰로 종교비판은 충분하다. 이를 재론하는 것은 동어반복이며 종교를 두 번 죽이는 일이다. 마더 데레사 관련서를 '평범하게' 리뷰한 바 있기에 다른 말을 하는 게 부담스럽기도 하다. 그래도 『신은 위대하지 않다』에서 알게 된 마더 데레사의 쓸데없이 넓은 오지랖은 지적하지 않을 수 없다.

"테레사 수녀는 캘커타에서부터 아일랜드까지 날아와서 가톨릭교회의 강경론자들과 함께 헌법 개정 반대 운동을 벌였다."(『신은 위대하지 않다』, 34쪽) 아일랜드에선 1996년까지 이혼 금지를 헌법으로 강제한 모양이다. 아무튼 『자비를 팔다』의 개요는 번역자의 말에 기댄다.

"내 나이에, 더군다나 한국 같은 나라에서, 이 같은 모종의 신성모독을 읽는다는 것은 썩 유쾌하거나 신기하지는 않는 일이고, 더군다나 그 번역은 우선 '근력상' 힘든 일이다. 하지만 이 책 저자의 의도가, 단순한 폭로 혹은 야유가 아니라 마더 테레사의 '잘못된' (세속사에) 따스한 수녀의 인상에서 '올바른' (세속사에) 냉혈의 근본주의 종교—사업가 인상으로의 교정이었다면, 그의 의도는 충분히 성공적이고, 논리적이며, 객관적이다." (「옮긴이의 말」 전문)

이제 『자비를 팔다』 한국어판을 펴낸 출판사 편집부가 작성한 '권말부록' 「크리스토퍼 히친스에 대한 메모」를 근거로 "자신의 관심과 열정이 가닿은 세상 모든 일에 대해 '이의 제기자' 노릇을 하며 평생을 살아왔다"는 인물에게 이의를 제기한다. "1949년 4월 13일 영국생"인 그는 "지금까지 60여 나라를 돌아다녔다." 세계분쟁지역을 마다하지 않은 건 미국 보수논객 로버트 카플란과 비슷하다.

나는 회절한 지식인이 싫다. 자신의 옛 생각을 180도 바꿨다면 조용히 지내는 게 상책이다. 하지만 개종

자가 목소리를 드높이는 법. 아무리 친구에 대한 살해 위협과 9.11 테러의 영향을 받았다 해도 그의 전향은 쉽게 납득하기 어렵다. 히친스는 1990년 걸프전을 일으킨 아버지 부시는 비난했지만, 2003년 아들 부시의 이라크 침공은 편든다.

"(2005년 어느 토론에서 이 비일관성에 대해 질문을 받자 그는 다음과 같이 답했다. 페르시아 만 전쟁 후 쿠르드족 지역에서 지낸 적이 있는데, 그때 이라크 일대의 위기가 근본적으로 사담 후세인 탓임을 깨닫게 되었다고)."

2002년 크리스토퍼 히친스는 〈더 네이션〉의 필진에서 물러나는데 "이 잡지의 편집자들과 독자, 기고자들이 오사마 빈 라덴보다 존 애시크로프트 미 법무장관을 더 큰 위협으로 보며, 이슬람의 테러리즘을 두둔하고 있다"는 게 그 이유다. 한반도 허리께의 대도시 어느 방구석에 거의 늘 틀어박혀 지내는 나는 빈 라덴의 위협은 체감하지 못한다. 그러나 빈 라덴과 이름이 비슷한 어느 나라 대통령은 되게 겁난다.

마르크스주의자이자 트로츠키주의자임을 자부했던 그는 요즘 네오콘으로 분류되는 모양이다. 그는 물론 이를 인정하지 않지만, 그의 기이한 착종은 그가 존경하는 인물에서도 나타난다. 그는 조지 오웰과 토머스 제퍼슨을 존경한다. 오웰과 제퍼슨은 어울리지 않는 한 쌍이다. 이런 해석이 가능하다. 오웰은 그의 좌파적 기질을 대변하고, 제퍼슨은 그의 우파적 성향을 상징한다.

2005년 대서양 양편에서 '100대 공적 지식인'을 선정한 두 주체는 미국의 외교 전문지 〈포린 폴리시〉와 영국 정치평론지 〈프로스펙트〉다. 순위 결정은 "두 잡지가 선정한 지식인 100명의 명단을 놓고 독자들이 온라인으로 각기 5명씩을 고르는 방식이었다. 2만여 명이 참여한 투표 결과"는 이렇다. 1위 노암 촘스키, 2위 움베르토 에코, 3위 리처드 도킨스, 4위 바츨라프 하벨, 5위 크리스토퍼 히친스.

"내가 예전에는 ―그러니까 독재자와 정신병적 살인자들, CIA에 관한 이류 몽상가들을 두둔하는 데 넌더리를 내기 전에는― 아주 멋진 친구였다는 메스꺼운 말들이 이젠 지겨워지기 시작한다. 차라리 내가 본디부터 천하의 못된 놈이었으며 배신자였다는 알렉산더 코번(〈더 네이션〉 동료 칼럼니스트)의 말이 더 그럴듯하다."(크리스토퍼 히친스)

크리스토퍼 히친스의 책

신은 위대하지 않다 김승욱 옮김, 알마, 2008.
자비를 팔다 ― 우상파괴자 히친스의 마더 테레사 비판 김정환 옮김, 모멘토, 2008.
키신저 재판 안철흥 옮김, 아침이슬, 2001.

클라이브 폰팅
Clive Ponting
1947-

독특한 접근법과 색다른 주제의 세계사

"우리는 폭도가 아니란 말이야"

영화 〈화려한 휴가〉를 보았습니다. 영화 평론가와 전문 기자 출신 기획자의 다소 '냉정한' 평을 읽고 볼까말까 망설이기도 했지요. 〈화려한 휴가〉는 봐 줘야 할 영화가 아니라 제가 봐야 할 영화더군요. 광주민중항쟁을 다룬 영화가 아니라면 올 들어 세 번째로 개봉관을 찾진 않았을 겁니다.

영화는 관객을 웃기고 울립니다. 어느 순간부터 눈시울이 뜨거웠습니다. 더러 스크린을 응시하지 못해 몇 장면을 놓칩니다. 겁이 나서 그런 건 아닙니다. 두 번 본 〈꽃잎〉은 볼 때마다 몹시 두려운 장면에서 눈을 질끈 감았지요. 회한 같은 게 밀려왔나 봅니다. 부끄러움과 함께 희생자의 끔찍한 영상이 떠올랐어요. 라스트신 주인공의 외침에 가슴이 시립니다. "우리는 폭도가 아니란 말이야."

저는 역사책을 잘 안 읽습니다. 이따금 읽어도 감동을 거의 못 느낍니다. '그래서 어쩌라는 건지?' '나와 무슨 상관이람!'이라는 생각이 들어서지만, 그보다는 '욕된 역사'가 싫어서겠지요. '욕된 역사'라도 보듬어 나아가야 한다면, 광주항쟁관련서로 소설가 황석영 선생이 기록한 『죽음을 넘어 시대의 어둠을 넘어』(풀빛, 1985)를 권합니다. 이 책은 아직은 역사책이 아닙니다.

독특한 접근법

영국의 역사학자 클라이브 폰팅의 번역서 두 권은 여느 역사책과 구별된다. 『진보와 야만― 20세기의 역사』는 접근법이 다르다. 20세기의 세계사 집필에는 두 가지 물음이 뒤따른다. "첫째, 그 역사는 어떻게 구조화되어야 하는가? 둘째, 한 세기라는 것이 연구하기에 적합할 만큼 통일성 있는 시기인가?"

연대기적 접근법은 지난 100년에 걸친 세계사의 형성과정을 이해하는 데 별반 도움이 안 된다. 나라별 또는 지역별 접근법은 연대기적 접근법보다는 일관된 틀을 제공하지만, 이것 역시 한계가 있다. 세계에 영향을 미친 공통의 주제, 문제, 힘 같은 것을 확인하자면 여러 차례 반복을 감수해야 한다.

이 책은 이매뉴얼 월러스틴이 만들어낸 '세계체제론'의 역사적 접근법을 따른다. "1900년과 20세기를 통틀어 세계 구조를 파악하는 가장 좋은 분석법은 그것을 중심, 반주변, 주변이라는 세 개의 불평등한 부분으로 나누는 것이다. 1900년에는 단지 네 주요국, 미국, 영국, 독일, 프랑스가 중심부를 지배했다."

『진보와 야만』은 "첫 장과 마지막 장을 제외하면, 각 장은 자체적으로 시작과 끝이 있는 개별적인 여행으로서 20세기의 풍경을 가로지르며, 도중에 각기 다른 장소를 방문한다. 몇몇 경로는 서로 교차하거나 같은 풍경을 다른 입장에서 조망한다. 각 장은 독립적이며 각각 별도로 읽을 수 있다."

이 여행은 우선, 1900년의 세계를 살핀 다음, 근본적인 사회적·경제적 요인들에 관한 이야기가 이어진다. 특히, 2부의 마지막 장인 「사회들」에선 20세기에 일어난 커다란 사회적 변화를 다루는데 노동의 본성, 문맹률, 도시화, 여성의 지위 변화, 여가와 범죄의 측면이 그것이다. 3부는 국제적 이슈를 검토한다. 거대 제국과 그것의 붕괴, 민족주의의 영향, 지구적인 세력 균형의 변화, 20세기에 발생한 갈등의 본성 등이 그런 주제다. 국내사의 주제들을 다룬 4부는 전통적인 정치구조와 사상들의 존속에 관한 이야기로 시작한다. 이어 20세기 고유의 '철학'인 파시즘을 살피고, 20세기의 가장 일반적인 정부 형태인 독재의 변종들을 검토한다.

"이 책은, 조심해서 다루어지기만 하면 20세기는 역사적 분석의 합리적인 단위가 될 수 있다는 가정에 근거하고 있다." 그렇다고 1900년이나 2000년을 역사의 중요한 전환점으로 여기진 않는다. 1900년과 2000년은 단지 숫자가 딱 떨어지는 연도일 따름이다. 하여 20세기 초에 나타난 중요한 추세들을 확인하고자 19세기 후반을 되돌아보고, 책의 말미에선 21세기 초의 모습을 이미 규정하고 있는 핵심적 추세들을 확인하려고도 한다.

흥미롭고 의미 있는 통계숫자

각 장마다 고유한 주제에 적합한 별도의 연대기가 있다. "한 세기의 상대적으로 '중립적'인 연대기적 틀을 사용하면, 세계사를 하나의 지리적 영역의 역사 혹은 경제적·군사적·외교적 혹은 어떤 것이든 한 가지 유형의 역사에 적합한 프로크루스테스적 침대에 억지로 끼워 맞추지 않을 수 있다."

또한 "세계사를 다루는 이 책은 각 장마다 국제적 틀

을 채택하고 있으며, 세계의 상이한 부분들에서 일어난 다양한 추세가 미친 다양한 영향을 평가하고자 했다." 클라이브 폰팅은 그의 책을 읽을 주된 독자층으로 서유럽과 북미, 그리고 호주의 교양 있는 중산층 시민을 꼽는다. 그래도 그는 20세기에 관한 이야기를 할 경우, 상대적으로 안정적이고 윤택한 삶은 늘 운 좋은 극소수에 국한한다는 사실을 잘 안다.

"이 책은 해석을 위한 하나의 시도이며 주로 이차적인 자료에 의존했다. 이것은 불가피한 일이었다. 나는 내가 읽은 모든 책들에서 정보를 얻었지만 그중 일부만이 추가 독서를 위한 안내자료로서 부록에 실렸다. 나는 주석으로 책을 지나치게 두껍게 만들지 않기로 했다. 왜냐하면 주석을 달려고 하면 끝도 없기 때문이다."

669쪽에 이르는 『진보와 야만』의 방대한 분량에 지레 겁먹을 필요는 없을 듯싶다. 각 장의 분량은 그리 길지 않은 데다 쉬운 문체여서 잘 읽힌다. 논의의 재료로 제시된 딱딱해 보이는 각종 통계숫자와 역사적 사실에선 흥미로운 요소가 발견된다.

꽤 오랫동안 20세기의 핵심 산업은 자동차 생산이었다. 자동차 산업에는 승용차와 트럭의 생산뿐만 아니라 차량 정비, 도로건설, 연료 공급 같은 자동차 보조 산업을 포함한다. "1938년에 생산된 철강의 절반, 고무의 4/5, 판유리의 2/3, 그리고 니켈과 납의 1/3이 자동차 생산에 투입되었다."

1982년 1410억 달러에 이르던 미국의 해외 순 자산은 10년 후 1조 달러의 순 부채로 전환되었다. 그런데 "미국의 만성적인 무역·재정 적자를 보전補塡해 준 것은 일본, 서독, 남한, 타이완 시민들의 저축이었다." 20세기 말 미국, 일본, 러시아, 이 세 나라의 공업 생산이 세계의 절반을 차지했다. 우리나라는 세계 공업 산출량의 1%에도 못 미쳤다.

야만과 진보의 공존

"이 책의 주요 주제는 진보와 야만 사이의 투쟁이다." 5부 '회고와 전망'을 독자치한 「2000년」이 표제인 22장은 플로베르의 미완성 장편소설 『부바르와 페퀴셰』의 타이틀 롤이 논의를 이끈다. 부바르가 낙관론을 상징한다면, 페퀴셰는 비관론을 대변한다. 20세기를 보는 클라이브 폰팅의 시선은 페퀴셰 쪽으로 기운다.

"20세기에 일어난 기근들로 얼마나 많은 사람이 죽었는지는 알려져 있지 않다. 보수적으로 추산하더라도 최소한 1억 명은 기근으로 죽었을 것이다. 기근에 처했던 사람들의 수는 사망자 수보다 10배는 더 많을 것이다. 일생 동안 배고픔과 반半아사 상태에서 산 사람들의 수는 수십억 명에 달한다. 이 끔찍한 통계는 20세기 내내 세계의 대다수 사람들에게 진보가 얼마나 제한적이었으며, 삶이 얼마나 야만적이고 불안정하며 고되고, 또 종종 극히 짧았는지를 잘 보여준다."

이 책의 결론이기도 한, 클라이브 폰팅의 단기 전망 역시 그리 밝지 못하다. "20세기 동안 세계가 진화해온 길과 세기말 경제력과 정치력의 분포를 고려해볼 때, 세계는 다음 수십 년 동안에도 과거와 마찬가지로 한 줌의 소수에게는 진보로, 압도적 다수에게는 야만으로 다가올 공산이 크다."

녹색의 눈으로 본 세계사

『진보와 야만』의 4장은 「환경」이 주제다. 우리는 깨끗한 물과 식수를 오염시키지 않는 하수시스템을 필요로 한다. 하지만 20세기 내내, 세계 인구의 압도적 다수가 이 두 가지 기본적인 환경적 요건을 갖지 못했다. '더스트 볼(먼지구덩이)'은 미국판 황사현상이고, 중국의 봄갈이 먼지는 하와이까지 날아간다.

"열대림은 엄청나게 생산적인 생태계이긴 하지만, 대부분의 영양소는 토양이 아니라 나무와 풀에 보존되어 있다." 따라서 나무와 풀이 없어지면 기저 토양이 얇은 까닭에 작물과 풀이 자랄 수 있는 기반이 취약해진다. 자동차 보유 대수의 증가는 도시의 주요 오염원으로 작용한다. 하지만 "어떤 정부도 차량 보유를 제한하려는 조치를 취하지 않았고, 따라서 통제 조치는 원인보다는 증상을 겨냥한 기술적 해결책에 집중되었다."

『진보와 야만』의 4장 「환경」은 『녹색세계사』의 압축판이랄 수 있다. 클라이브 폰팅이 『녹색세계사』를 집필한 동기는 이렇다. "현재의 환경 상태와 앞으로의 전망에 대한 책은 많아도, 먼 과거까지 거슬러 올라가거나 환경이 어떻게 인간의 역사를 규정해 왔는지를 파고든 책은 거의 없었다. 뿐만 아니라 기본적인 사실들에 대해 기술하면서도 내가 중요하다고 생각하는 질문을 던진 책은 아예 없었다. 그래서 나는 '녹색(환경)'의 시각에서 세계 역사를 주욱 훑어 주는 책이 꼭 필요하다고 깨닫게 되었다."

『녹색세계사』 또한 분량이 만만치 않지만, 『진보와 야만』보다 더 잘 읽힌다. 쉽고 재미있는 데다 본질을 꿰뚫고 있어서 그러리라. 지구에 빙하기가 찾아오는 것은 지구의 공전 궤도와 관련된 다양한 천문학적 주기 때문이다. 지구 규모의 기후 변화는 9-10만 년과 2만 1000년마다 일어나는 공전 주기의 변화와 4만 년을 한 주기로 하는 지구 자전축의 기울기 변화가 복합적으로 작용한다.

"지구는 닫힌 체계이다. 비록 태양이 생명체에 필요한 에너지를 공급해 준다고는 하지만 그 밖의 모든 자원은 유한하다. 지구가 닫힌 체계라 함은 아무것도 여기서 빠져나갈 수 없다는 뜻도 된다." 요즘 사람들이 농업을 별로 좋아하지 않는 이유가 많은 노동이 필요해서라는 지적과 '지혜 있는 인간(호모 사피엔스)'은 터무니없는 자화자찬이라는 일갈은 내 맘에 쏙 든다.

『진보와 야만』의 표지커버날개 지은이 소개 글의 끝 문장은 클라이브 폰팅의 이력에 약간의 혼란을 불러

온다. "대처 행정부 당시 영국 국방부 차관보로 근무했으며, 1985년에는 당시 영국이 맺은 비밀 조약을 폭로해 기소되기도 했다." 도서출판 심지에서 펴낸 『녹색세계사』의 책날개 저자소개란에선 이를 좀더 분명히 한다.

"1984년까지 15년 동안 국방성의 고위관리로 일했다. 그는 포클랜드전쟁의 진실을 국방성이 숨기려하자 아르헨티나 선박인 제너럴 벨그라노 호의 침몰에 관한 문서를 노동당 의원에게 (건네) 폭로했다. 이 때문에 그는 기소되었으나 배심원들은 무죄라고 판결하였다. 그는 재판이 끝나자마자 이 재판을 다룬 『알 권리The Right to Know』라는 책을 썼고 큰 호평을 받았다. 역사와 영국정부에 관한 저술활동을 활발하게 하고 있으며 환경문제 전문가로 널리 알려져 있다."

■ 클라이브 폰팅의 책

진보와 야만ー 20세기의 역사 김현구 옮김, 돌베개, 2007.
녹색 세계사 이진아·김정민 옮김, 그물코, 2010.
녹색세계사 이진아 옮김, 그물코, 2003.
녹색세계사 I, II 이진아 옮김, 심지, 1995.

클로드 레비스트로스
Claude Lévi-sitrauss
1908-2009

인류학의 새 경지를 개척한 살아 있는 전설

인간이란 무엇인가? 인간에게 있어서 산다는 것은 무엇을 뜻할까? 이런 물음은 철학이 인류사에 등장한 이래 줄곧 반복되어 왔다. 몇 년 전 한국의 모 방송국에서 중국 내륙에 깊숙이 감추어져 있었던 풍물을 소개한 〈실크로드〉와 〈대황하〉를 연속 방영한 적이 있었다.

거기에 등장했던 주제 음악의 멋과 아름다움은 접어 두기로 하자. 그곳에 나타났던 사람들의 삶과 사회생활의 모습과 행태는 거의 매일 격한 충격과 어지러운 사건들의 연속과 비등하는 흥분과 열기로 충일된 우리의 것과는 너무나 달랐다. 열이 상대적으로 높은 우리 사회생활은 과열현상이 거의 보이지 않는 것 같은 저들 사회와 어떻게 다를까?

이른바 '구조주의 4총사'의 철학세계를 정리한 방대한 해설서인 김형효 교수(한국정신문화연구원)의 『구조주의의 사유체계와 사상』(인간사랑, 1989)의 도입부다. 그러면서 김 교수는 구조주의 사유체계의 대표 격인 클로드 레비스트로스는 이처럼 대비되는 두 사회를 '차가운 사회'와 '뜨거운 사회'로 구분한다고 덧붙였다.

확실히 우리나라는 중국에 비해 '뜨거운 사회'다. 비단 중국의 오지에 견줘서 그런 것만은 아니다. 1999년 7월 중국의 도시를 둘러본 내 경험에 비춰 봐도 그렇다. 산둥山東 성의 칭따오青島 시와 웨이하이威海 시를 둘러보았는데 중국의 두 도시는 내게 "적멸의 정신세계"까지는 몰라도 "고요와 평화"를 안겨준 것은 분명했다. 5년 전에는 중국의 도시에서조차 '차가운 사회'의 기운을 느낄 수 있었지만 지금은 어떨지 모르겠다.

레비스트로스는 '역사 없는 민족'과 그 외의 민족을 구분하는 서투른 구별을 피하기 위해 '차가운 사회'와 '뜨거운 사회'라는 용어를 고안했다. 『야생의 사고』(한길사, 1996)에 거듭된 설명에 따르면 "차가운 사회는 역사적 요인이 사회의 안정과 연속성에 끼치는 영향을, 스스로 만들어낸 제도를 통해서 거의 자동적으로 제거하려 한다." 이에 비해서 "뜨거운 사회 쪽은 역사적 생성을 내부로 끌어들여서 그것을 발전의 원동력으로 삼는다."

'야생의 사고'는 인류학과 역사학의 대칭관계를 내포한 레비스트로스의 개념이다. 레비스트로스 같은 인류학자에게 역사학은 인류학과 상호보완적인 학문이다. 한쪽은 다양한 인간사회를 시간 속에서 전개하며 다른 쪽은 공간에서 전개한다는 차이는 있지만, 그 차이는 그렇게 크지 않다. 역사가는 소멸해버린 사회의 모습을 그것들이 존재했던 그때그때를 현재로서 그대로 복원하고자 애쓴다. 반면에 인류학자는 현재의 사회가 지금처럼 되기까지 걸어온 역사적 각 단계를 재구성하는 데 최선을 다한다.

레비스트로스는 야생의 사고의 특성을 "비시간성"으로 규정한다. 야생의 사고는 세계를 공시적이면서 통시적인 전체로 동시에 파악하기 때문이다. 또한 야생의 사고의 세계인식은 마주 보는 벽면에 고정되어 엄밀하게 평행하지는 않으나 서로가 서로를 비추는 몇 장의 거울이 달린 방이 제공하는 인식에 비유되기도 한다. 그 방에서는 다수의 상이 동시에 형성되나 그 상은 어느 하나와도 확실하게 같지는 않다. 그러나 그것이 모인 전체는 몇 개의 불변의 속성을 가지며 진리를 표현한다. 레비스트로스는 야생의 사고가 정신적 구조물을 만들고, 그것이 세계를 닮으면 닮을수록 세계에 대한 이해는 쉬워진다고 말한다.

나는 인천에서 배를 타고 중국을 다녀왔다. 더구나 밤배여서 내심 해상에서 맞이하는 일몰에 대한 기대가 컸다. 그런데 두 번 모두 기회를 놓쳤다. 중국으로 갈 때는 날이 흐렸고, 돌아올 적에는 갑판으로 나갈 짬이 없었다. 내가 일몰에 집착한 건 레비스트로스의 『슬픈 열대』(한길사, 1998) 때문이다. 그는 '선상노트'를 빌려 여명과 황혼이 일반적으로 동일한 현상으로 여겨지는 것에 의문을 표시한다. 이런 현상은 이론을 우선시하고, 사물의 구체적인 측면을 무시한 전형적인 결과라는 것이다.

레비스트로스는 아침과 저녁보다 더 상이한 것은 없다고 강조한다. "태양이 떠오르는 것은 하나의 전주이며, 그 태양이 지는 것은 여느 오페라에서처럼 시작할 때 나타나는 대신에 마지막에 가서 나오는 하나의 서곡이라 할 수 있다." 그리고 새벽은 하루의 시작에 지나지 않지만, 황혼은 하루의 반복이라며 일몰에 의미를 부여한다. 해가 지는 것은 "시작과 중간과 끝이 완전하게 재현되는 것이며, 그 광경은 열두 시간 동안 전투와 승리, 그리고 패배가 연이었던 것을 축소시킨 일종의 그림을 명백하면서도 느릿느릿한 방법으로 보여주"는 까닭이다.

이어 레비스트로스는 사람들이 떠오르는 태양보다 지는 태양에 대해 더 많은 관심을 기울이는 이유를 설명한다. 그런데 나는 레비스트로스의 부연 설명이 잘 이해되지 않았다. 우리네 정서는 해돋이에 더 집착하기 때문이다. 주말과 휴가철, 정동진은 해돋이를 보려는 관광객들로 붐비나 낙조를 감상하기 위해 인천 앞바다를 찾는 이는 드물다. 나는 바다에서 보는 낙조가 우리네의 일반적 정서와는 사뭇 다른 감응을 줄지 모를까 해서 일몰을 꼭 보고 싶었던 것이다.

이 책에는 레비스트로스 인류학을 성립케 한 근거로서 곧잘 언급되는 유명한 대목이 있다. 제6장 「나는 어떻게 하여 민족학자가 되었는가」가 바로 그것. 여기에 따르면 지질학, 정신분석학, 마르크스주의는 레비스트로스 인류학의 세 가지 원천이다. 레비스트로스는 어릴 적부터 이끌린 지층에 대한 관찰을 통해 새로운 인식과 그것이 마주치게 하는 곤란, 아울러 기쁨의 영상을 얻었다. 또한 프로이트의 이론을 처음 접한 레비스트로스는 그 이론이 마치 지질학의 규범을 개개의 인간에게 적용시킨 것 같다는 생각을 자연스럽게 떠올린다. 레비스트로스는 열일곱 살 때 처음 마르크스주의와 대면한다. 그리고 마르크스의 책 읽기는 그의 마음을 사로잡는다. 레비스트로스 인류학과 마르크스주의의 친연성은 다음의 구절에 잘 나타나 있다.

나는 그 위대한 사상을 통해 칸트로부터 헤겔에 이르는 철학의 조류에 처음으로 접촉하게 되었다.

하나의 새로운 세계가 내 앞에 그 모습을 온통 드러내었다. 그때 이래로 나의 열정은 식을 줄 몰랐으며,『루이 보나파르트의 브뤼메르 18일』이나『정치경제학비판』의 한두 페이지를 먼저 다시 읽음으로써 나의 사고에 활기를 부여받고 나서야, 사회학이나 인류학의 문제를 해결하려 들고는 한다.

영한대역판인『신화를 찾아서』(동인, 1994)는 1977년 미국 CBS라디오의 연속기획물 〈사상Ideas〉에 방송된 것을 엮은 책이다. CBS방송의 파리 지국 프로듀서인 제롬과 나눈 대화 형식을 취하고 있다. 질문을 책의 앞머리에 미리 밝힌 다음, 본문은 레비스트로스의 답변으로 채웠다. 첫 장은 신화와 과학의 만남이 주제다. 여기서 '신화'는 "스스로도 모르는 사이에 인간의 몸속에 스며들어온 것"을 말한다. 첫 장은 '신화적인 사고방식으로 복귀하려면 과학과 현대적인 사고방식을 버려야 하는가?'라는 질문에 대한 답변이다.

먼저, 레비스트로스는 매달 통독하는 잡지의 하나가 〈사이언티픽 아메리카Scientific America〉라는 고백으로 답변을 시작한다. 이렇듯 자신은 현대 과학의 제반 현상을 알고자 부단히 노력하는 편이지, 결코 과학을 부정적으로 보지는 않는다는 것이다. 그렇지만 우리에게 잃어버린 어떤 것들이 있고, 그것들을 반드시 되찾아야 한다는 과제를 상정할 때, 과학적 사고방식만으로는 해결이 어렵다는 견해를 펼친다. 현대과학은 잃어버린 것들과 과학적 설명의 테두리 안에서 통합 노력을 해야 한다는 것이 레비스트로스의 생각이다.『신화와 의미』(이끌리오, 2000)라는 제목의 한국어판도 나왔다.

『레비스트로스의 미학에세이』(동아출판사, 1994)는 호프스태터의『괴델, 에셔, 바흐』(까치)를 연상케 한다. 회화와 음악 그리고, 철학의 세계를 종횡무진하고 있어서다. 「푸생의 그림을 보면서」 「라모의 음악을 들으며」 「디드로의 작품을 읽으며」 등의 내용으로 이뤄진 이 책은 제목을 '푸생 라모 디드로'라고 해도 좋다.

17세기의 프랑스 화가 푸생, 18세기 프랑스의 작곡가 라모, 여기에 백과전서를 편찬한 철학자 디드로는 각각 호프스태터 책의 에셔·바흐·괴델이나 다름없기 때문이다. 물론 서로 비교되는 인물들이 활동한 시대나 전공이 약간 다르기는 하지만.

레비스트로스에 관한 해설서로는 김형효 교수의 역저와 에드먼드 리치의 『레비스트로스』(시공사, 1998)가 있다. 둘 다 '구조주의'에 착목해 레비스트로스의 사상세계에 접근했다.

클로드 레비스트로스의 책

인류문명의 기원을 찾아서(전6권) 레비스트로스 외 지음, 박옥줄 외 옮김, 한길사, 2011.

보다 듣다 읽다– 레비스트로스 미학강의 고봉만·류재화 옮김, 이매진, 2008. (초판 2005)

신화학 2– 꿀에서 재까지(한길그레이트북스 99) 임봉길 옮김, 한길사, 2008.

신화학 1– 날것과 익힌것(한길그레이트북스 68) 임봉길 옮김, 한길사, 2005.

가까이 그리고 멀리서 디디에 에리봉 공저, 송태현 옮김, 강, 2003.

슬픈 열대 박옥줄 옮김, 한길사, 1998.

슬픈 열대 * 박옥줄 옮김, 삼성출판사, 1976.

슬픈 열대 ** 박옥줄 옮김, 삼성출판사, 1982.

야생의 사고 안정남 옮김, 한길사, 1996.

야생의 사고 안정남 옮김, 한국방송사업단, 1990.

신화와 의미 임옥희 옮김, 이끌리오, 2000.

신화를 찾아서 이동호 옮김, 동인, 1994.

레비스트로스의 미학 에세이 윤학로 옮김, 동아출판사, 1994.

구조인류학 김진욱 옮김, 종로서적, 1983.

*삼성판 세계사상전집– 「언어학과 철학」(촘스키)과 '동거'.
**삼성판 세계사상전집 개정판에서는 '독립'.

클로드 레비스트로스에 관한 책

푸코, 바르트, 레비스트로스, 라캉 쉽게 읽기– 교양인을 위한 구조주의 강의 우치다 타츠루 지음, 이경덕 옮김, 갈라파고스, 2010.

20세기 신화 이론– 카시러·말리노프스키·엘리아데·레비스트로스(신화 종교 상징 총서 11) 이반 스트렌스키 지음, 이용주 옮김, 이학사, 2008.

레비스트로스(하룻밤의 지식여행 44) 보리스 와이즈먼 지음, 박지숙 옮김, 주디 그로브스 그림, 김영사, 2008.

레비스트로스 에드먼드 리치 지음, 이종인 옮김, 시공사, 1998.

부시맨과 레비스트로스 최협 지음, 풀빛, 1996.

레비스트로스 주경복 지음, 건국대출판부, 1995.

구조주의의 사유체계와 사상 김형효 지음, 인간사랑, 1993.

레비스트로스와의 대화 조오지 샤르보니에 지음, 김봉영·강신표 옮김, 현암사, 1984.

레비스트로스의 인류학– 사회학과 신화학 한국정신문화연구원사회연구실 엮음, 한국정신문화연구원, 1981.

타리크 알리

토다 키요시

토머스 쿤

틱낫한

팀 플래너리

타리크 알리
Tariq Ali
1943-

최후의 고전적 혁명가
또는 '독립마르크스주의자'

트로츠키주의자? 2004년 여름, 한나라당 소속의 최 아무개 의원이 약간 색다른 색깔론을 지펴 입길에 오르내린 일이 있다. 공안검사 출신의 이 의원은 한나라당 헌법·정체성수호 대책위원회에서 "노무현 정권의 국정 운영이 러시아 혁명시대 이론가인 레온 트로츠키의 원칙을 답습하고 있다"는 주장을 펼쳤다. 러시아 혁명이 언제 일이고, 소련이 망한 지 언젠데 웬 트로츠키 타령이랴 마는 최 의원의 주장은 언론의 주목을 받았다.

〈조선일보〉(2004. 8. 18)에 따르면, 최 의원은 "트로츠키 혁명론은 첫째 적을 만들라, 둘째 적과 동지를 구별하라, 셋째 보수 언론을 공격하라, 넷째 법과 원칙은 공론空論으로 치부하라, 다섯째 우군을 철저히 보호하고 적은 무자비하게 멸망할 때까지 공격하라 등 5가지"라며, 노무현 정권의 행태도 이와 비슷하다고 말했다는 것이다. 또한 트로츠키의 저서 『대영제국은 어디로 가고 있는가』를 트로츠키 혁명론의 출전으로 밝혔다고 한다.

이런 식의 피상적인 논리라면, 『만화로 보는 트로츠키』(필 에반스 그림, 책벌레, 2002)의 글을 쓴 타리크 알리는 트로츠키의 원칙을 답습한다는 혐의를 넘어 트로츠키주의자로 찍혀도 옴짝달싹 못할 판이다. 그런데 타리크 알리는 트로츠키주의자라는 꼬리표에 크게 개의치 않을 것 같다. 이 책에서 타리크 알리는 트로츠키의 삶과 생각에 절제된 친근감을 보인다. 아울러 트로츠키의 이론을 명료하게 전달한다.

트로츠키의 트레이드마크나 다름없는 영구혁명론

만 해도 그렇다. 타리크 알리는 트로츠키의 정치적 맞수인 스탈린의 일국사회주의론과 곧잘 대비되는 「영구혁명에 관한 트로츠키의 테제들」에는 여전히 논쟁의 여지가 많다고 전제한다. 이를 제대로 이해하기 위해서는 사전 정지 작업이 필요하다면서 마르크스의 『정치경제학 비판』 서문과 '혁명의 영원성'에 대한 마르크스와 칼 카우츠키의 토론을 언급한다. 그러고 나서 『성과와 전망』(1906)에 피력한, 트로츠키가 평생을 바쳐 옹호한 사상의 골자를 요약한다.

부르주아 혁명은 즉각 사회주의 혁명으로 이행돼야 한다. 그러나 러시아 같은 후진국에서는 사회주의 혁명이 독자적으로 완성될 수 없다. 가령 민주주의 혁명의 결과로 러시아의 프롤레타리아가 권력을 잡았다고 가정해 보자. 과연 사회주의의 운명은 어찌될 것인가? 사회주의가 발전할 수 있겠는가? 아니다. 그것은 최종적으로 러시아의 생산력에 의존하지 않고 국제적 사회주의 혁명의 발전에 의존하게 될 것이다.

영구혁명론의 이론적 정합성은 어떤지 모르지만, 적어도 관료 사회주의에 대한 트로츠키의 경고는 정확히 들어맞았다. "우리는 관료주의의 길을 따라 사회주의를 건설하려 해서는 안 된다. 행정적 질서로 사회주의 사회를 창출하려 해서도 안 된다. 관료화는 사회주의의 치명적인 적이다." 또한 타리크 알리는 트로츠키를 뛰어난 군사 전략가로 평가한다. 최 아무개 의원이 제시한 트로츠키 혁명론의 원천도 『대영제국은 어디로 가고 있는가?』라는 제목으로 거론되는데 타리크 알리는 "그것은 페이비언 사회주의에 대한 신랄한 공격이었다"고 평한다.

유물론자·무신론자 『근본주의의 충돌─ 아메리코필리아와 옥시덴털리즘을 넘어』(정철수 옮김, 미토, 2003)는 정말 대단한 책이다. 이는 출간 직후 훑어본 한국어판 서문에서 당시 이라크 임시정부 수반 후보자로 이름이 오르내리던 아마드 찰라비 이라크국민회의 의장의 정체를 확인할 때부터 어느 정도 예상된 일이기는 하다. 하지만 번역서 출간 2년 만에 통독한 결과는 예상치를 크게 웃돈다. 한마디로 엄청나다. 에필로그 성격의 글에서 마주치는 '이 작은 책'이라는 표현은 저자의 겸손한 태도를 말해줄 따름이다.

필자도 마찬가지만 우리 독자들은 첫 대면에서 이 책을 오해한 걸로 보인다. 제목이 그런 역할을 했겠지만 한국어판에 붙은 부제목은 오해를 더욱 가중시켰다. 엄밀히 말하면, 미국숭배증과 반미주의는 이 책을 이끌어가는 두 축이 아니다. 물론 책에 담긴 다양한 측면 가운데 두 요소가 들어 있는 건 사실이다. 하지만 그건 이 책의 일부일 뿐이다. 오히려 타리크 알리가 「감사의 말」에서 밝힌 원래 생각했던 제목이 더 적절하게 책의 내용을 반영한다.

'이슬람 율법학자와 이교도'라는 제목도 좀 미흡하기는 하다. 현재로선 이슬람 근본주의의 생성과 현황, 정치적 영향력에 대해 이 책만큼 풍부한 사례와 통찰을 담은 책은 없는 것 같다. 파키스탄, 아프가니스탄, 카슈미르, 사우디아라비아의 현대사에 대한 생생한 서술은 특히 질감이 높다. 또한 3년 간격을 두고 발생한 안와르 사다트 이집트 대통령(1981)과 인디라 간디 인도 수상(1984)의 암살 배경을 폭넓게 다룬 점이 돋보인다.

자전적 요소가 가미된 『근본주의의 충돌』의 일부 대목은 타리크 알리의 신상에 관한 충실한 정보원이기도 하다. 그는 1943년 영국 식민지였던, 지금은 파키스탄 북동부 펀자브 주의 주도인 라호르에서 태어났다. 학생운동에 몰입하던 1960년대 중반 영국으로 추방돼 이후 줄곧 거기서 살고 있다. 이슬람인에게 본국보다 유럽 도시의 거주 여건이 더 낫다는 현실을 실감하면서.

그런데 타리크 알리는 트로츠키주의자가 맞는 것 같다. "그 당시 나는 사실상 남아시아에는 그다지 널리 소개되지 않았던 트로츠키주의 제4인터내셔널의 투사로 활동하고 있었다." 본문의 첫 문장이 말해주듯 그는 초지일관 무신론자다. "나는 결코 신을 믿은 적이 없었다." 그리고 유물론자다. "사상가들은 물질 속에서 진리를 찾으려고 하는데, 왜냐하면 자신들이 찾고 있는 것이 다른 곳에는 존재하지 않는다는 사실을 잘 알고 있기 때문이다."

『근본주의의 충돌』은 필자에게 크게 세 가지의 교훈을 줬다. 그것은 이스라엘, 이란, 이중 잣대와 관련이 있는데, 먼저 이스라엘의 팔레스타인 억압을 용납해선 안 된다는 것을 새삼스레 절감했다. 백 년 전 유대 사상가 애셔 긴즈버그의 예언적 자기비판이 와 닿았다. "이 작은 국가'는 "오로지 외교적인 음모와 지배적이 된 권력에 대한 영구적인 굴종을 통해서만 생존해 나갈 수 있을 것이다." "수많은 민족들에게 등불이 됐던 고대의 민족'이 그런 최종 목표에 도달하느니 차라리 역사에서 사라지는 편이 낫지 않겠는가?"

미국 제국주의에 대항하는 보루라고 해서 이슬람 신성국가의 야만적인 행태를 용인해선 안 된다는 점도 깨달았다. 이중 잣대에 대한 타리크 알리의 비판의식은 9.11을 보는 냉철한 시선에서 역설적으로 드러난다. "9월 11일에 일어난 사태는 엄청난 미디어의 과장을 낳았지만, 이 사태가 새로운 시대나 역사적인 전환점을 나타낸다는 통념은 선전에 불과하다." "이번 사태는 (기껏해야) O. J. 심슨 재판이나 다이애나 황태자비 사망 정도의 중요성을 지닌 사건이었다."

필자가 괄호 쳐 끼워 넣은 낱말에 유감 있는 독자는 타리크 알리의 부연 설명을 참고하시라! "미국에서 발생한 3천여 명의 섬뜩한 죽음이 체첸의 수도 그로즈니를 산산이 파괴한 푸틴에 의해 죽어간 2만 명의 생명이나 팔레스타인과 이라크에서 일상적으로 벌어지는 죽음보다 도덕적으로 더 끔찍하다는 생각은 이제 지긋지긋하다."

아쉬움이라면, 한국어판에 오탈자가 꽤 있다는 것 정도다. 적잖은 오탈자의 발생 원인은 번역자가 본문 편집도 맡은 때문이라 여겨진다. 역시 중이 제 머리는 잘 못 깎는 법인가 보다. 참, 찾아보기가 없어 주요 항목을 다시 확인하기가 불편하다. 때문에 고유명사에도 밑줄을 쳐야 했다. 각주로 소개된 파키스탄을 다룬 타리크 알리의 저서 두 권도 읽고 싶기는 하나, 『파키스탄― 군사통치인가 민중권력인가?Pakistan: Military Rule or People's Power?』(1971)와 『파키스탄은 살아남을 수 있는가?Can Pakistan Survive?』(1983)의 번역을 바라는 것은 무리다.

소설가 『술탄 살라딘』(미래M&B, 2005)은 우리말로 처음 옮겨진 타리크 알리 소설로 '이슬람 5부작' 가운데 두 번째 작품이다. 이 책의 한국어판 후기에서 타리크 알리는 '이슬람 5부작'을 쓰게 된 사연을 밝히고 있는데, 걸프 전쟁이 발발한 1990년 BBC 방송에 출연한 어느 논평자의 "아랍인에게는 문화가 없다"는 발언이 소설 집필의 계기가 되었다. 타리크 알리는 '멍청한' 논평자의 망발에 분노하는 한편 아랍 세계에 대한 서유럽의 뿌리 깊은 무지를 일깨우기 위해 뭔가 해야겠다고 다짐한다.

그러니까 '이슬람 5부작'은 승화된 기획의 소산이다. 여기에다 스스로에게 던진 다음과 같은 물음에 답하려는 시도이기도 하다. "왜 이슬람은 기독교의 종교개혁 같은 개혁을 겪지 않았으며, 계몽주의의 영향도 받지 않았을까?" 한국어판 후기에서 타리크 알리는 다시금 자신이 무신론자임을 밝힌다. "나는 이슬람 문화가 지배하는 무슬림 국가에서 자랐지만 이슬람 신자였던 적은 없으며 과거에나 지금이나 확고한 무신론자이다."

살라딘은 쿠르드족 출신의 전사 살라흐 앗 딘의 서양식 발음. 살라흐 앗 딘도 '알 말리크 앗 나시르 살라흐 앗 딘 유수프 이븐 아이유브'라는 긴 이름의 일부다.

살라흐 앗 딘은 십자군에게 빼앗긴 예루살렘을 1187년에 탈환해 일약 중세 이슬람의 영웅이 되었다. 살라흐 앗 딘은 적에게까지 신의와 관대함을 베푼 덕장이기도 했다.

아무튼 살라딘으로 먼저 알려진 살라흐 앗 딘의 생애를 다룬 책이 번역된 것은 근자의 일이다. 타리크 알리의 장편소설에 1년 남짓 앞서 나온 스탠리 레인 풀의 『살라딘― 십자군에 맞선 이슬람의 위대한 술탄』(이순호 옮김, 갈라파고스, 2003)은 1898년 영국에서 출간된 최초의 살라흐 앗 딘 전기다. 이 책의 권말부록인 「문학작품 속의 살라딘」은 14세기에서 19세기까지 서양문학에 나타난 살라딘의 흔적을 간추린 글이다.

타리크 알리의 『술탄 살라딘』은 스탠리 레인 풀이 거명한 작품과는 최소한 1세기의 간격이 있다. 뿐만 아니라 소설의 내용과 형식도 사뭇 다를 듯싶다. "작가 타리크 알리는 살라흐 앗 딘을 중심에 놓고 정확히 겨냥하는 듯하다가도 부러 슬쩍 비껴가곤 한다"는 옮긴이의 귀띔이 말해주듯, '이슬람 5부작'의 첫째 권인 『석류나무 그늘 아래Shadows of the Pomegranate Tree』와 19세기 터키 무슬림 집안의 파란만장한 가족사를 그린 『돌기둥 여인The Stone Woman』도 나올 예정이다.

68세대 타리크 알리는 1960년대 전 세계적으로 일어난 질풍노도의 학생운동을 이끈 주역 가운데 한 사람이다. 1968년의 국면에서도 영국 런던에서 발간된 〈블랙 드워프Black Dwarf〉의 편집위원으로 참여해 역사적 소임을 다했다. "〈블랙 드워프〉는 반체제 운동의 의미 있는 표현 수단이자 신좌파의 발언대였다."

68세대의 육성이 담긴 로널드 프레이저의 『1968년의 목소리― "불가능한 것을 요구하라!"』(안효상 옮김, 박종철출판사, 2002) 같은 책은 타리크 알리를 "독립 맑스주의자"라 일컫기도 한다. 타리크 알리와 수잔 왓킨스가 함께 지은 『1968― 희망의 시절, 분노의 나날』(삼인, 2001)

은 또 다른 방식으로 1968년을 되짚는다. '연도기年度記' 형식이 바로 그것이다. 책은 1968년의 주요 사건을 날짜별로 담담하게 되새긴다.

타리크 알리의 표현을 빌면 "이 책은 1968년의 정치적 달력이다. 이 책은 1968년에 일어났던 사건을 보고하고 설명하려는 책이다. 그해의 어느 달, 세계의 어느 곳에선가 일어났던 폭발적인 사건을 보여주고자 했다." 그리고 타리크 알리는 1968년이 "새로운 세계를 창조하려는 시도였으며, 정치와 문화 그리고 개인간의 관계에서도 새로운 출발점이었다"는 의미를 부여한다. 그는 진작『1968년과 그 이후1968 and After: Inside the Revolution』(1978)라는 책을 펴내기도 했다.

잡지 편집자 타리크 알리 책의 한국어판 책날개 저자 소개란에는 그가 하는 일이 최소한 서넛은 적혀 있다. 그 가운데 공통적인 것이 잡지 편집자다. 타리크 알리는 여러 해 동안 〈뉴 레프트 리뷰〉의 편집자로 일했다. 그런데 타리크 알리가 대표 저자로 등재된『전쟁이 끝난 후— 코소보를 둘러싼 나토의 발칸 전쟁이 남긴 것들』(국제연대정책정보센터 옮김, 이후, 2000)에서는 달랑 〈뉴 레프트 리뷰〉 편집장이라고만 했다.

다른 필자 또한 직함이 한 줄로 그치기는 하지만 타리크 알리처럼 '겸업'을 하는 이는 거의 없어 보인다. 그런데 필자의 면면이 화려하기 짝이 없다. 조반니 아리기, 알렉스 캘리니코스, 엘렌 메익신즈 우드, 미셸 초수도프스키, 레지 드브레, 에드워드 사이드, 로빈 블랙번, 노암 촘스키 등등.

이렇듯 화려한 인물을 제치고 타리크 알리가 한국어판의 대표 저자로 등재된 것은 원서의 엮은이가 누려야 하는 마땅한 권리로되, 그 권리가 침해받지 않은 것은 우리 독서계에서 타리크 알리의 지명도가 만만찮다는 방증일 것이다. 한편 영국 에섹스 대학 사회학 교수이자 〈뉴 레프트 리뷰〉의 주간을 지냈으며,『몰락 이

후— 공산권의 패배와 사회주의의 미래』(김영희 외 옮김, 창작과비평사, 1994)의 편저자로 알려진 로빈 블랙번은 타리크 알리의 정치적 동지이기도 하다. 타리크 알리는『술탄 살라딘』을 '로빈 블랙번에게' 헌정한 바 있다.

타리크 알리의 책

전쟁이 끝난 후— 코소보를 둘러싼 나토의 발칸 전쟁이 남긴 것들 타리크 알리 외 공저, 국제연대정책정보센터 옮김, 이후, 2000.
1968— 희망의 시절, 분노의 나날 수잔 왓킨스 공저, 안찬수·강정석 옮김, 삼인, 2001.
만화로 보는 트로츠키 필 에반스 그림, 정연복 옮김, 책벌레, 2002.
근본주의의 충돌— 아메리코필리아와 옥시덴털리즘을 넘어 정철수 옮김, 미토, 2003.
술탄 살라딘 정영목 옮김, 미래M&B, 2005.
석류나무 그늘 아래 정영목 옮김, 미래M&B, 2007.
1960년대 자서전— 열정의 시대 희망을 쏘다 안효상 옮김, 책과함께, 2008.
뉴 레프트 리뷰 페리 앤더슨 외 공저, 김정한 외 공역, 길, 2009.

토다 키요시
戸田清
1956-

환경과 평화는 하나의 축으로 연결된 두 개의 바퀴

해외 저자의 한국 나들이는 말할 것도 없고 외국 저자의 책이 해외와 국내에서 거의 동시에 출간되는 것도 이제는 희귀한 일이 아니다. 하지만 해외 저자가 자신의 책의 자국어와 한국어 동시 출간에 맞춰 우리나라를 찾는 일은 좀처럼 보기 드문 현상이다. 2003년 9월 하순, 일본의 환경사회학자이자 평화학자인 나가사키 대학의 토다 키요시 교수가『환경학과 평화학』(녹색평론사)의 한일 동시 출간에 즈음해 한국에 왔다.

토다 키요시는 9월 25일 서울에 있는 국가인권위원회 배움터에서 열린 '평화와 환경을 생각하는 모임'이 개최한 토론회 '평화운동과 환경운동의 만남'에 발제

자로 참여하고, 9월 29일에는 대구 영남대학교에서 개최된 〈녹색평론〉과 영남대학교 인문과학연구소가 함께 마련한 '21세기를 위한 연속 사상강좌'에 첫 번째 손님으로 초대되는 등 한국에서 바쁜 일정을 보냈다.

『환경학과 평화학』은 토다 키요시의 두 번째 단독 저서로 "인간과 인간, 인간과 자연의 관계를 '폭력과 평화'라는 관점에서, 어느 정도 체계적으로 파악하려는 하나의 시도이다." 폭력을 본능이 아니라 문화로 보는 토다 키요시는 폭력의 분석에 많은 지면을 할애한다. 그가 폭력을 문화로 보는 논거는 "인류 역사에서 전쟁이 없었던 시대가 전쟁이 있었던 시대보다 길다"는 것이다. 그는 선행 연구자들의 견해를 수용해 평화의 대립 개념으로 비단 전쟁뿐만 아니라 기아, 빈곤, 질병, 영양실조, 고난, 궁핍을 포함한 일체의 폭력적 양상을 상정한다.

또, 폭력을 크게 직접적 폭력과 구조적 폭력으로 나누어 설명한다. 직접적 폭력부터 살펴보면, 그것은 폭력을 행사하는 명확한 주체가 있고 피해를 당하는 대상이 분명한 폭력을 말한다. 이러한 개인적이고 직접적인 폭력으로는 전쟁, 테러, 린치, 폭행 등을 들 수 있다. 토다 키요시는 직접적 폭력의 양상 가운데서 사형제도를 문제시한다. 국가에 의한 합법적 살인인 사형제도 자체가 폭력적이지만, 그것으로 인해 억울한 죽음을 당하는 이가 적지 않기 때문이다.

원죄(冤罪, 억울한 죄)를 방지하기 위해서는 '추정무죄'의 원칙이 필요하다. 한편 환경문제에서는 반대로 '의심스러운 화학물질을 조기에 규제하는' 식의 '예방원칙'을 요청하는 것이 인권을 존중하는 사상이다." 아울러, 토다 키요시는 만연한 폭력의 문화가 빚어내는 범죄 유발 효과에 주의를 기울이길 촉구한다. 그가 말하는 폭력의 문화에는, 군대제도나 고문, 사형제도는 물론이고 "유행상품의 합법적 판매나, 나아가서 농약의 대량 사용을 비롯해서 '자연에 대한 폭력'까지 포함

된다."

구조적 폭력은 폭력을 당하는 피해자는 어느 정도 드러나 있으나 폭력의 주체는 분명하지 않은 폭력을 말한다. 한마디로 사회구조가 가져다준 폭력이다. 토다 키요시는 전형적인 구조적 폭력으로 세 가지를 꼽는데, 이라크에 대한 경제제재, 세계은행과 국제통화기금의 구조조정 프로그램, 담배의 합법적 판매가 그것이다. 또한 일본 자위대의 증강이나 원자력 발전소 건설 같은 국책사업도 구조적 폭력에 해당한다.

구조적 폭력에 대한 논의 중에서 담배의 폭력성을 언급한 대목을 보자. 토다 키요시는 "담배공해의 주요한 책임은 흡연자가 아니라, 담배회사, 담배산업을 지원하는 행정(일본의 재무성, 미국의 통상대표부 등), 어용학자에게 있다"고 말한다. 그렇다고 흡연자의 책임이 면제되는 것은 아니다. 그는 흡연자 중에서도 환경주의자, 인권론자, 평화주의자, 의사, 교사에게는 적잖은 책임을 지운다.

특히, 핵무기나 원자력 발전소를 반대하면서 담배를 피우는 것은 난센스라고 지적한다. 담배연기를 통해 방사능을 공기 중에 퍼트리기 때문이다. 인광석은 우라늄을 함유하고 있고, 담배는 인을 대량으로 소비하는 작물이기에 담배연기에는 우라늄 238의 붕괴계열의 핵종, 특히 폴로늄 210이 들어 있다고 한다. 그래서일까. 토다 키요시가 담배와 원자력 개발을 구조적 폭력의 쌍벽으로 여기는 것은. "담배판매가 '영향력이 가장 큰 구조적 폭력'이라면, 원자력 개발은 '영향력이 가장 긴 구조적 폭력'"이다.

여기에다 담배회사의 목적이 살인이 아니라 이윤추구에 있어도, 많은 인명을 앗아가고 있기 때문에 담배회사를 '죽음의 상인'이라 부르는 것은 타당하다고 덧붙인다. 또한 담배의 생산·판매·소비를 테러에 비유하는 것도 타당하다고 말한다. 이럴 경우 담배회사는 '테러리스트'가 되고, 일본의 재무성이나 미국의 통상

대표부는 '테러지원자'가 되며, 흡연자는 '테러지원자 겸 테러피해자 겸(간접흡연에 관한) 가해자'가 된다는 것이다.

사형제도는 구조적 폭력의 사례로도 다뤄지는데 그것은 앞서 언급했듯이 억울한 죄를 뒤집어쓰고 형장의 이슬로 사라지는 예가 종종 있어서다. 게다가 사회의 특정 계층이 그런 억울한 죽음을 당하기 쉽기 때문이다. 이를 효과적으로 설명하기 위해 토다 키요시는 일본의 변호사 아키타 가즈에의 견해를 인용한다. "(미국과) 일본의 공통점은, 약자, 사회적·지적으로 핸디캡이 있는 사람이 사형수가 되기 쉽다는 것이다."

구조적 폭력과 관련된 여러 문제를 다룬 제4장의 3절 「젠더와 생명과학기술」도 흥미롭다. 피임약의 부작용, 진통촉진제와 분만일의 조정, 분만체위, 태아 성감별과 여자 아이의 중절 등의 문제는 담배와 원자력 발전의 문제도 마찬가지지만 결코 남의 얘기가 아니다.

토다 키요시는 환경학과 평화학이 공히 학제적 학문으로 서로 밀접한 관련성이 있다고 강조한다. "어느 쪽이나 실천적이고 또 21세기의 인류와 지구에 대단히 중요한 학문 분야다." 그도 그럴 것이 "환경학의 목표인 환경보전은 '환경평화' '생태평화'이며 '지구와의 평화'"이고, 평화학의 관점에서도 "환경보전은 '적극적 평화'의 중요한 구성요소이며, 환경안전보장은 '인간의 안전보장' '민중의 안전보장'의 중요한 구성요소"이기 때문이다.

그러나 이 대량채취·대량생산·대량유통·대량소비의 시대에 환경보존이 저절로 이뤄질 리는 만무하다. 토다 키요시는 순환형·자원절약형 사회를 일구는 데 필수 요소로 '5R'를 제시한다. 5R는 1. 리퓨즈(refuse, 거부) 2. 리듀스(reduce, 절약) 3. 리유스(reuse, 재사용) 4. 리페어(repair, 수리) 5. 리사이클(recycle, 재활용)을 가리킨다. 그는 또한 환경 보존을 위한 일상생활에서의 실천에도 나름대로 열심이다.

나는 여름에는 선풍기와 냉방의 사용을 될 수 있는 한 억제하고, 겨울에는 난방의 사용을 제로로 하는 대신 두꺼운 옷을 껴입고 지내며, 운전면허 없이 도보와 자전거, 공공교통에 의한 이동을 기본으로 하고 있다.

『환경정의를 위하여』(창작과비평사, 1996)는 석사학위논문이 바탕이 된 토다 키요시의 첫 번째 저서로 "환경정의와 엘리트주의를 핵심개념으로 근대산업사회를 지속가능한 사회로 변혁하는 방법을 모색하기 위한 준비작업이다." 두 개의 핵심개념을 먼저 풀어 보면, 환경정의는 "환경보전과 사회정의의 동시 달성"을 뜻하고, 엘리트는 "정보·의사결정의 권한, 부, 위신 등에서 특권적인 입장에 있는 집단 혹은 개인을 지칭"한다.

이 책의 문제의식을 요약하면 "환경파괴는 주로 엘리트에 의해서 초래되었고, 환경피해는 엘리트가 아닌 사람들에게 가중되며, 환경복구는 이러한 비엘리트의 희생을 통해 이루어진다"는 것이다. 이런 맥락에서 "환경운동은 환경문제에 참여함으로써 민주주의에 대한 엘리트주의적 해석을 비판하고, 참여민주주의의 실현을 추구하는 운동"으로 정의된다.

본론에서는 먼저, 구소련의 국가관리주의가 야기한 환경파괴와 국제 분업과 자유무역이 초래한 환경파괴를 다루고, 환경파괴의 영향과 대책에서 나타나는 엘리트주의를 언급한다. 이어 엘리트주의의 극복방안과 사회정의 문제를 검토한다. 엘리트주의를 극복하는 방안의 하나로 제시된 과학기술신앙을 극복하는 문제는 우리에게도 유용한 시사점을 제공한다.

과학기술을 둘러싼 의사결정의 민주화(국가엘리트, 기업엘리트, 전문가의 우위를 억제)라는 맥락에서 충분한 정보에 바탕을 둔 사회적 합의의 제기, 의료에서 의사가 정보와 의사결정을 독점하는 것에 대한 문제제기로서 '설명과 동의' 또는 '정보제공과 선택'과 비교할 수 있다. 이것은 의사가 환자가 이해할 때까지 충분히 설명하고 환자의 의견을 존중해서 치료법을 선택하는, 예컨대 의사의 판단만으로 말기 암환자에게 강한 항암제치료를 강요하지 않는다는 취지이다.

이 밖에도 우리가 귀담아 들어야 할 얘기가 한둘이 아니다.

자원제약(자원의 고갈)보다 더 무서운 것은 환경제약(폐기물 처리장의 고갈)이라고 한다. '지속가능한 지역사회, 지속가능한 사회'의 실현은 '사회적으로 지속곤란한(강권적인)방법으로는 성공할 수 없다.
시민도 '깨끗한 피해자'는 아니다.
대항엘리트(환경운동가)를 맹신해서는 안 된다.

아무튼 직·간접으로 보고들은 것에 의하면 적어도 토다 키요시는 엘리트 의식에 젖은 사람은 아닌 듯싶다. 두 권의 책을 모두 번역한 김원식은 『환경정의를 위하여』의 옮긴이 후기에서 토다 키요시의 첫인상을 이렇게 전한다.

커다란 회의용 탁자 맞은편에 그야말로 봉두난발을 하고 땀에 젖은 허름한 옷을 입은, 매우 수척해서 눈이 퀭한 젊은이가 앉아 있었다. 나는 일본의 혹은 세계의 사회활동가들이 자신의 명성이나 업적과는 달리 허름한 옷차림으로(넥타이 같은 것을 매지 않고 평상복 차림으로) 어디에나 잘 나타난다는 것을 알고 있지만 토다 씨를 처음 발견했을 때는 정말 놀랐던 것이다.

그런데 이런 차림새를 글을 통해 접하는 것과 직접 보는 느낌은 사뭇 다르다. 국가인권위원회 배움터에서 본 토다 키요시의 모습은 정말이지 파격적이었다. 그는 자다가 방금 일어난 것 같은 부수수한 머리에다 목 단

추를 다 채우지 않은 긴 팔 티셔츠와 그저 편해 보이는 바지를 입고 있었다. 신발은 농구화로 보이는 운동화였고, 평범한 가방(여행용 가방이 아니라 운동선수용 같은) 두 개가 그의 소지품의 전부였다. 하지만 토론에 임하는 그의 자세는 아주 진지했다.

토다 키요시의 책

환경학과 평화학 김원식 옮김, 녹색평론사, 2003.
환경정의를 위하여 김원식 옮김, 창작과비평사, 1996.

토머스 쿤
Thomas Kuhn
1922-1996

결국 과학이란 무엇인가

'패러다임paradigm'은 리얼리즘realism만큼이나 다양한 뜻을 지닌 개념이다. 이 말을 널리 퍼트리는 데 기여한 미국의 과학사학자이자 과학철학자인 토머스 쿤은 패러다임을 22가지 의미로 사용했다는 얘기를 들을 정도다. 따라서 패러다임이 뜻하는 바가 모호하다는 지적은 설득력을 얻는다. 게다가 패러다임이란 말을 사용하는 분야가 늘어나면서 이 용어는 모호함을 더한다. "오늘날에는 수없이 많은 '새로운 패러다임'이 나왔다는 이야기를 듣게 되며, 지리학이나 아동 심리학 혹은 경영학에서부터 '뉴 에이지'에 이르기까지 거의 모든 영역에서 이 단어가 사용된다."(『과학혁명의 사상가 토머스 쿤』에서)

아무튼 패러다임은 리얼리즘보다는 일상에서의 노출이 잦다. 특히 언론매체에서는 그렇다. 신문을 보자. 다음은 논설위원들이 번갈아 쓰는 어느 신문 작은 칼럼의 한 구절이다. "지속적으로 성장하려면 생산성이

계속 높아져야 하는데, 이때 패러다임을 바꾸지 못하면 위기를 맞는다."(《한겨레》 2005. 12. 29, 26면) 쿤의 가장 유명한 용어인 패러다임이란 무얼 말하는가? 패러다임은 쿤이 창안한 용어는 아니다. "그가 채용한 이래로 패러다임은 유행이 되어 왔다." 패러다임은 문법 교육에서 유래한다. 어형 변화표로 옮겨지는 패러다임은 문법에서 하나의 예제를 가리킨다. 한 패러다임을 이해했다면 새로운 환경에서 비슷한 방식으로 그것을 활용할 수 있다.

패러다임에는 '범례exemplar' 말고도 '학문 모체disciplinary matrix'의 측면이 있다. "일반적으로 패러다임은 범례(들)를 중심으로 구성된 학문 모체라고 말할 수 있다. 이 두 가지 의미가 합쳐져 있되 특별하면서도 타당한 방식, 예를 들어 진정한 과학을 '구획하는' 방식으로 합쳐져 있는 것이다." 패러다임 용어 설명은 웨슬리 샤록과 루퍼트 리드의 『과학혁명의 사상가 토머스 쿤』(사이언스북스, 2005)에 나오는 것이다. 영국의 소장 인문학자 두 사람이 지은 이 책은 쿤 사상의 난해함을 어느 정도 덜어준다. 두 사람은 '서론'에서 쿤의 명성을 "되풀이해서 야유"한 스티븐 와인버그와의 대비를 통해 쿤에게 다가선다.

"쿤은 실제 과학에서의 진보 가능성을 배제하진 않지만, 과학이 어떤 목표를 향해 진보한다는 생각은 거부한다. 반면에, 와인버그는 과학은 어떤 목표를 향해 진보하며, 과학의 진보가 객관적 진리에 좀 더 가까이 가도록 해 준다고 주장한다." 또 "쿤은 와인버그가 찾고자 하는 것, 즉 어려운 문제를 푸는 만족감을 넘어선 어떤 목적 같은 건 인정하지 않는다." 샤록과 리드는 쿤이 명성을 얻은 까닭을 역사에 관한 연구를 철학화한 때문으로 본다. "쿤은 다르면서도 서로 연관된, 질적으로 다른 두 가지 목적, 즉 역사적인 것과 철학적인 것을 주도면밀하게 추구했다." 또한 쿤은 "결과물의 거대한 저장소에 새로운 과학의 결과들을 차곡이 쌓는 것으로 과

학을 이해하는" 시각을 거부한다.

쿤은 하나의 패러다임이 다른 패러다임만큼 논증적으로 훌륭하다고 말하지 않으며 다른 패러다임보다 한 패러다임이 선택되는 정당한 이유를 입증할 수 있다는 주장도 거부한다. 쿤은 사태가 나중에 어떻게 판명되었는지와는 관계없이, 당시의 역사적 정황을 재구성하는 데 관심이 있다(그는 휘그적 해석을 거부한다.).

쿤이 누적에 의한 과학발전의 이미지에 동의하지 않긴 해도, 과학이 성취한 것들을 부정하거나 합리성, 진보, 지식의 누적에 대한 전망들마저 부인하진 않는다. 그는 "단지 이러한 개념들에 대한 수용된 (사실상 무역사적無歷史的이며 형식적인) 과학철학의 해석만을 반대할 뿐이다." 샤록과 리드의 쿤 해설서는 독자가 쿤의 주요 개념을 이해하는 부담도 덜어준다. 먼저 "패러다임은 사회학적으로 기교를 부리는 용어가 아니다. 패러다임이라는 개념은, 무엇보다도 발전의 초기 단계와 후기 단계, (진정한) 자연과학들과 사회 '과학들' 간의 대비를 확연하게 하기 위한 것이다."

'정상과학normal science'은 "학문 모체 내에서 하나의 패러다임에 근거한 그리고 인정된 범례들에 근거한 과학이며, 기반들이 의문시되지 않을 때 수행되는 과학이다." 정상과학이 보편타당한 과학을 일컫는 것은 아니다. '과학혁명scientific revolution'은 "한 패러다임이 다른 패러다임을 대체하는 시간이다." 샤록과 리드는 "혁명의 '시간'은 언뜻 드는 생각이나 전통적으로 생각되어 온 것보다는 훨씬 기간이 긴 특징을 가지는 것으로 생각해야 한다"고 각주에 덧붙였다. '세계변화world changes'와 '공약불가능성incommensurability'에 대한 설명도 유익하다. 이런 방식이 교재에 실린 불완전한 정의보다는 이들 개념을 문제 풀이에 적용하는 것이 용어의 의미를 깨우치는 데 한결 낫다는 쿤의 주장과 어긋

나긴 하지만 말이다.

『과학혁명의 사상가 토머스 쿤』은 쿤 저작의 개요를 설명하기도 한다. 쿤은 과작寡作의 저자다. 그런데도 한국어판이 나온 것은 현재로선 『과학혁명의 구조』뿐이다. 샤록과 리드는 "『구조』의 주요 목적은 실제로 어떻게 과학자들이 한 이론으로 다른 이론을 대체하게 되는지 보여주는 것"이라고 말한다. 그러면서 『구조』는 쿤이 수행한 본격 역사 연구와는 다르다고 지적한다. "쿤은 이 책에서 과학사 속의 다양하고 특수한 에피소드들을 통해 일어난 역사적 사실의 문제에 집중하기보단, 오히려 그러한 에피소드들 안의 사건들을 철학적으로 어떻게 해석해야 하는지를 말하고자 했다."

〈교수신문〉(제381호, 2005. 12. 5)은 2005년 학술서 번역출판의 흐름을 살핀 기획기사에서 "가장 유명한 과학철학자로 꼽히는 토머스 쿤 역시 이름값에 비례하는 저술들은 소개되지 않고 있다"며, "최소한 『The Essential Tension』, 『The Road since 'Structure'』 정도는 번역돼야 한다"는 학계의 의견을 전한다. 『과학혁명의 사상가 토머스 쿤』에서는 『필연적인 긴장』과 『'구조' 이후의 여정』도 언급하지만, 『코페르니쿠스 혁명The Copernican Revolution』과 『흑체 이론과 양자 불연속성, 1894-1912Black-Body Theory and the Quantum Discontinuity, 1894-1912』는 제1부 제2장 「역사적 사례 연구」를 통해 자세히 다룬다.

이 책 '옮긴이의 글'은 쿤의 생애와 사상을 적절하게 간추린다. 이에 따르면 쿤은 대학의 정교수 임용에서 두 번이나 탈락하는 아픔을 맛본다. 1956년 쿤은 첫 저서인 『코페르니쿠스 혁명』을 펴내기 직전, 이 연구를 바탕으로 하버드대학 사학과의 정규 교수직 승진심사를 받았으나 통과하지 못했다. "쿤의 책이 교육용 교재로는 적합하지만 학문적으로 높은 수준의 책은 아니라는" 것이 그 이유였다. 또 쿤은, 그의 말을 빌리면, "에덴동산으로부터 추방"되는 충격을 겪기도 한다. 『과학

혁명의 구조』가 나오기 1년 전 그는 버클리대학 철학과 정교수직 승진에서 탈락한다.

번역자 김해진은 쿤이 최종적으로 "패러다임의 변화, 즉 과학 혁명을 과학종scientific kind의 사전적 분류 체계lexical taxonomy의 변화로 설명하고 있다"는 점에 주목한다. "패러다임의 변화는 한 과학적 공동체에서 사용하는 (과학적) 종 용어의 사전적 분류 체계가 변화했음을 의미하며 한 언어 체계 내의 (과학적) 종 용어는 비중첩 원리의 조건을 충족해야 한다"는 것이다. 따라서 "과학 혁명은 (과학적) 종 용어의 의미 변화를 가져오는 과학 종의 사전적 분류 체계의 변화를 의미한다." 아울러 "쿤에 따르면 현재의 패러다임과 과거의 패러다임을 평가할 소위 절대적이고 객관적인 논리적 기준은 없다. 패러다임 간에는 공약불가능하다." 그리고 "패러다임의 이동은 일방적이다." 과거 패러다임으로 회귀하는 일은 결코 없다는 것이다. '옮긴이의 글'은 쿤의 성격의 일단을 전달하기도 한다.

"토머스 니클스에 따르면, 쿤은 흥분을 잘 하고 신경이 날카로우며 참지 못하는 성격의 소유자로 어떤 전문 분야에도 만족하지 않았기 때문에 오히려 항상 아마추어로 남게 되었다고 한다." 반면 쿤이 버클리를 떠날 때 오히려 동료 교수들에게 미안해했다고 한다. 쿤은 제자를 거의 두지 않았다. 쿤이 생전에 제자로 인정한 사람은 폴 포맨, 존 헤일브론, 제드 부크월드, 이 셋뿐이다. 『세계 지식인 지도』(산처럼, 2002)에서는 쿤 학파의 일원으로 서울대 김영식 교수를 꼽기도 한다.

'옮긴이의 글'은 번역되지 않은 쿤 관련서를 소개하는데, 이 가운데 『토머스 쿤— 우리 시대를 위한 철학적 역사Thomas Kuhn: A Philosophical History for our Times』(2000)를 쓴 스티브 폴러의 시각이 눈길을 끈다. 폴러는 쿤의 평생 스승인 당시 하버드대학 총장 제임스 코넌트의 냉전적 비전과 당대의 냉전 논리가 그대로 쿤의 사상에 스며들었다고 여긴다.

"쿤의 이론이 말하는 과학의 독립된 자율성의 가치는 사실 독립적이지 않다. 오히려 정치·사회적 지배력을 유지하기 위한 미국의 이데올로기에 봉사하는 이중성을 가지고 있다. 풀러에 따르면 결국 쿤은 상위 가치인 미국의 이데올로기를 위해 과학의 내적 자율성이란 하위 가치의 허상을 미국 사회에 구축한 인물인 셈이다."

한편 미국의 물리학자 앨런 소칼이 벨기에 물리학자장 브리크몽과 함께 포스트모던 사상가들의 과학 남용을 비판한 『지적 사기』(이희재 옮김, 민음사, 2000)에서 소칼이 쿤을 비판한 대목은, 같은 미국인이라 그런지 몰라도, 어째 뜨뜻미지근하다. 아래는 이 책의 제4장 「간주곡: 과학철학의 인식론적 상대주의」에서 '쿤과 패러다임의 공약불가능성'을 다룬 부분의 맺음이다.

이처럼 이론들의 차등성은 우리의 신념 체계 안에 깊이 뿌리박힌 것이므로 과학적 연구 결과의 신뢰성을 무차별적으로 공격하려는 사회학자나 철학자가 쿤의 역사관에서 자신들의 논증에 도움이 되는 원군을 발견하기란 불가능에 가깝다.

『과학혁명의 사상가 토머스 쿤』의 한국어판은 옮긴이의 말처럼 『과학혁명의 구조』의 한국어판 쪽수를 표기하지 못한 것이 아쉽기는 하지만, 쿤 입문서로 알맞다. 적어도 『과학혁명의 구조』와는 꼭 겹쳐 읽어야 할것 같다. 『과학혁명의 구조』의 번역 역사는 짧지 않다. 1980년대 초반 한국어판 2종이 나란히 나왔는데 이화여대출판부(조형 옮김, 1980)에서 펴낸 것과 정음사(김명자 옮김, 1981) 판이 그것이다. 김명자 교수의 번역은 1992년 동아출판사를 통해 '최신 번역 보완판'으로 다시 나왔고, 1999년에는 까치로 발행처를 옮긴다. 까치판 『과학혁명의 구조』를 읽는 일은 쉽지가 않았다. 책의 중간쯤부터 읽는 속도가 붙긴 했어도 꽤 더뎠다. 아마도 번역

문 때문에 그랬던 것 같다. 번역에 문제가 있다는 뜻이아니라, 번역 문투에 적응할 시간이 필요했던 모양이다. 『과학혁명의 사상가 토머스 쿤』에 이따금 인용문으로 등장하는 번역문이 한결 부드럽긴 하다.

『과학혁명의 구조』는 1962년 원서의 초판이 나왔다. 세월이 반세기 가까이 흘렀어도 낡았다는 느낌이 별로안 든다. 쿤이 이 책에서 제시한 패러다임이 여전히 정상 과학의 틀 안에 있어서일까, 아니면 아직도 정상과학의 패러다임과 경쟁하는 패러다임이어서일까? 필자에게 『과학혁명의 구조』는 다음 두 가지 측면만으로도유명세에 값한다. 하나는 물리학자 막스 플랑크의 경구를 확산시킨 전거라는 사실이다. "새로운 과학적 진리는 그 반대자들을 납득시키고 그들을 이해시킴으로써 승리를 거두기보다는, 오히려 그 반대자들이 결국에 가서 죽고 그것에 익숙한 새로운 세대가 성장하기때문에 승리하게 되는 것이다." 플랑크의 서글픈 술회를 그의 『과학적 자서전Scientific Autobiography』에서 먼저접한 독자는 그리 많지 않을 듯싶다. 다른 하나는 칼포퍼가 과학의 잣대로 내세운 반증가능성의 여파다. 포퍼는 "오류입증falsification, 즉 검증의 중요성을 강조하고 있는데, 오류 입증은 그 결과가 부정적인 까닭에, 정립된 이론의 폐기를 불가피하도록 몰아간다"는 것이다.

쿤을 둘러싼 논란은 그가 세상을 떠난 지 10년이 지났어도 식지 않고 있다. 쿤이 살아 있을 적에 논란은더 뜨거웠다. 1965년 런던 정경 대학에서 열린 과학철학 국제학회는 쿤이 철학계의 전면에 부상하는 계기가되었다. 이 학회의 심포지엄은 포퍼의 과학철학의 의의를 모색하기로 되어 있었지만, 쿤을 위한 심포지엄으로변모하였다.

『현대과학철학 논쟁— 쿤의 패러다임 이론에 대한옹호와 비판』(아르케, 2002)은 1965년 과학철학 국제학회의 성과물을 담았다. 발제문에 해당하는 「발견의 논리인가 탐구의 심리학인가?」에서 쿤은 그가 『과학혁명의

구조』에서 개괄한 과학 발전에 대한 견해와 포퍼의 견해를 비교 검토한다. 존 왓킨스는 「'정상과학'에 대한 반론」을 제기하고, 마가렛 매스터만은 「패러다임의 성질」에서 패러다임 개념의 난맥상을 조목조목 따진다. 이 책 본문의 3분의 1을 차지하는 임레 라카토스의 방대한 논문 「반증과 과학적 연구프로그램들의 방법론」은 포퍼의 논리에 주의를 기울이면서 쿤과 포퍼의 논쟁을 살짝 다룬다. 쿤의 「비판에 대하여」는 그에게 쏠린 의문에 대한 응답이다.

이 밖의 쿤 관련서로는 배리 반즈의 『패러다임— 토마스 쿤과 사회과학』(정음사, 1986)과 지아우딘 사더의 『토마스 쿤과 과학 전쟁』(이제이북스, 2002)이 있다. 『토마스 쿤과 과학 전쟁』은 "포스트모던적 입장에서 쿤을 비판한 책"이라고 한다. 토머스 쿤의 『과학혁명의 구조』는 결국 과학이란 무엇인가? 라는 물음에 대한 해명이 아닐까. "이 글이 겨냥하는 것은 연구 활동 자체의 역사적인 기록으로부터 드러날 수 있는 전혀 새로운 과학의 개념을 그리는 것이다."

토머스 쿤의 책

과학혁명의 구조 김명자 옮김, 정음사, 1981.
과학혁명의 구조 김명자 옮김, 동아출판사, 1992.
과학혁명의 구조 김명자 옮김, 까치, 2007(초판 1999)
과학혁명의 구조 조형 옮김, 이화여대출판부, 2006(초판 1980)

토머스 쿤에 관한 책

토머스 쿤이 들려주는 패러다임 이야기 오채환 지음, 자음과모음, 2007.
과학혁명의 사상가 토머스 쿤 웨슬리 샤록·루퍼트 리드 지음, 김해진 옮김, 사이언스북스, 2005.
현대과학철학 논쟁— 쿤의 패러다임 이론에 대한 옹호와 비판 조승옥·김동식 옮김, 아르케, 2002.
토머스 쿤과 과학 전쟁 지아우딘 사더 지음, 김환석·김명진 옮김, 이제이북스, 2002.
패러다임— 토머스 쿤과 사회과학 배리 반즈 지음, 정창수 옮김, 정음사, 1986.

틱낫한
Thich Nhat Hanh
1926-

지금 이 순간이 하나의 기적이다

2002년 대한민국 출판·서점가에서 맹활약한 '올해의 저자'를 뽑는다면, 그것은 틱낫한의 차지가 될 가능성이 매우 높다. 2002년을 한 달 남긴 시점에서 지난 11개월 동안 출간된 틱낫한의 책은 제목을 바꿔 재출간한 것까지 포함해 무려 여덟 권에 이른다. 거의 한 달에 한 권 꼴로 이 베트남 출신 스님의 책이 새로 나온 셈인데 이는 매우 보기 드문 현상이다. 또한, 중복 출판물이 전혀 없다는 점에서 유례를 찾아볼 수 없는 일이기도 하다.

그런데 틱낫한이 2002년 출판계 저자 부문 MVP 후보로 유력한 까닭이 단지 양적인 측면에만 있는 것은 아니다. 독서계에 일고 있는 틱낫한 현상을 보는 여론 주도층의 시각 또한 사뭇 긍정적이다. 이연재 〈경향신문〉 논설위원은 「틱낫한과 '유령사회'」(9. 17)라는 칼럼을 통해 "그의 책을 사서 보니 글들에 흡인력이 있었다"는 독후감을 피력한 바 있다. 종교학자 장석만은 〈창작과비평〉에 기고한 『화』(명진출판)에 대한 서평에서 「틱낫한이 우리에게 주는 의미」(2002년 겨울호)를 남다르게 본다. "그나마 틱낫한의 책이 우리네 한 구석에서 읽히고 있다는 사실은 우리 사회의 한 줄기 재생능력을 나타내고 있는 것이 아닌가 생각한다."

신문사 논설위원이 틱낫한 현상을 언급한 것은 그렇다 치고, 〈창작과비평〉이 촌평이나마 틱낫한의 책에 지면을 할애한 것은 이례적인 일이다. 그간 더러 〈창작과비평〉의 서평과 촌평에서 베스트셀러를 다룬 바 있지만, 명상 처세 서적으로 분류되는 책이 논의의 대상이 된 적은 없었다. 틱낫한의 책이 잇달아 번역되고, 여론 주도층의 호감을 사고 있는 것은 물론 『화』와 『마음에 는 평화, 얼굴에는 미소』(김영사)의 베스트셀러 행진에 힘입은 것이다.

그렇다면 "무엇이 그의 책에 이런 갑작스런 관심을 갖게 하는 것일까?"(장석만). 이연재 논설위원은 출판계의 시각을 빌려 틱낫한의 인기가 "복잡하고 불안한 세파에 시달리는 사람들의 마음을 달래주고 평화에의 길을 보여주고 있기 때문"으로 풀이한다. 하지만 필자가 만난 어느 기획자는 "1960년대와 70년대에도 틱낫한의 글이 소개됐었다"며 그가 뒤늦게 빛을 본 것은 틱낫한의 메시지가 날로 서구화·개인주의화하는 우리 사회의 세태와 조응해서라기보다는 "광고공세에 의존한 마케팅의 승리"라며 틱낫한 현상을 평가절하(?)했다.

이러한 상반된 평가를 접한 필자는 적잖이 혼란스러웠는데, 결국 내재적 접근을 통해 틱낫한 현상을 분석해 보기로 마음을 먹었다. 여기에는 다른 이유도 없지 않다. 얼핏 틱낫한이 크리슈나무르티-라즈니쉬-'마음을 열어주는' 시리즈로 이어지는 명상 처세류의 계보를 잇는다고 보이나 그럴 경우 틱낫한은 불청객처럼 비친다. 틱낫한은 인기가 동반 상승하고 있는 달라이 라마와도 다르다. 틱낫한의 책들은 국내 출판·서점·독서가에서 독자적인 영역을 구축한 것으로 보인다.

사실, 번역된 10여 권의 틱낫한 책 가운데 한두 권만 읽어도 그의 생각을 파악하는 데 큰 무리는 없다. 동일한 내용이 반복되는 경우가 많기 때문이다. "지금 이 순간 살아있는 것이 하나의 기적이다"가 틱낫한이 거듭 강조하는 메시지다. 어릴 적 소풍 길의 샘물에 얽힌 추억, 설거지를 위한 설거지, 뉴욕 공항에서의 명상 등의 예화 역시 주제의 효과적 구현을 위해 자주 등장한다. 어떤 때는 예화가 변주되기도 하는데 만물이 서로 얽혀 있음을 설명하는 경우가 대표적이다.

"구름이 없다면, 물이 있을 수 없다. 물이 없다면, 그대는 종이를 만들 수가 없다. 따라서 여기 구름이 있다.

이 종이의 존재는 구름의 존재에 달려 있다. 종이와 구름은 매우 가까운 관계이다."『틱낫한의 평화로움』(열림원)에 나오는 위의 대목은 『귀향』(모색)에서는 이렇게 표현된다.

그 빵 한 조각에는 햇빛이 들어 있습니다. 이 사실을 깨닫는 것은 그다지 어렵지 않습니다. 햇빛이 없으면 그 빵은 있을 수 없습니다. 그 빵 한 조각에는 구름도 있습니다. 구름이 없으면 밀이 자랄 수 없습니다. 그러므로 그 빵 한 조각을 먹을 때 우리는 구름도 먹고, 햇빛도 먹고, 광물질, 시간, 공간, 모든 것을 다 먹는 것입니다. 한 가지 사물이 모든 것을 포함하고 있습니다.

이런 이치는 틱낫한 책들에도 그대로 적용된다. 한 권을 통해 틱낫한의 전모를 꿰뚫을 수도 있으나, 그의 책 한 권 한 권을 빵, 구름, 햇빛으로 보는 편이 더 낫다고 생각한다. 틱낫한을 만끽하려면 번역된 그의 책을 전부 읽는 게 좋다. 더구나 한국어판 틱낫한들은 각기 개성을 발휘하고 있어 읽어볼 가치가 충분하다.

또한, 다양한 개성을 내뿜는 한국어판 틱낫한들은 최근 번역출판에서 나타나고 있는 그리 바람직하지 못한 풍조와도 좋은 대비가 된다. 책 표지나 본문 편집에서 원서 분위기를 그대로 살리는 것은 '낯설게 하기'의 차원에서 이따금 시도돼야지, 그것이 일반적 관행으로 굳어지는 것은 번역의 본분을 망각한 처사다. 정확한 전달을 명분으로 원서를 답습해서는 곤란하다. 번안에 가깝도록 노력하는 것이 좋은 번역이다. 번역서의 형식은 더욱 창조적이어야 한다.

틱낫한 현상의 내재적 요인은 좋은 번역에 있다. 류시화 시인과 이현주 목사가 각기 세 권씩 번역한 책들은 생짜 한글로 된 책으로 봐도 무방하다. 『거기서 그것과 하나 되시게』(나무심는사람)의 '옮긴이의 글'에서 "저 스스로 이 책을 옮기면서 지금 누가 누구 글을 옮기고 있는 건지 잘 분간이 안 되는 듯한 느낌을 받기도 했지요"라는 이현주 목사의 토로는 전혀 과장이 아니다.

번역서의 느낌이 들지 않기는 다른 책들도 마찬가지다. 이는 번역자들이 종교와 명상에 대해 일가견이 있거나 우리말의 쓰임새에 남다른 공력을 들인 결과로 풀이된다. 특히 캐나다 리자이나 대학 오강남 교수와 이현주 목사의 번역 '품앗이'가 이채롭다. 오강남 교수가 『귀향』에다 이현주 목사의 번역어 "길벗님들friends"을 수용하자, 이 목사는 오 교수의 번역어 "오얏골plum village"을 받아들이는 것으로 화답했다. 플럼 빌리지는 통상 자두 마을로 번역된다.

그러면, 형식적 측면을 주된 고려 대상으로 2000년 이후 번역 출간된 틱낫한의 책 열 권을 살펴보겠다. 아울러 이번 검토에서는 틱낫한의 아래와 같은 조언도 유념했음은 물론이다. "만일 그대가 전문적인 비평가라면 관찰하는 마음으로 책이나 영화를 볼 것이다. 책이나 영화를 보는 동안 그대는 비평가로서의 자신의 책임감을 자각하고 그것들의 맹목적인 '희생자'가 되지 않는다. 그때 그대는 자신의 주인이다."

한국어판 틱낫한은 이미지 자료의 사용 여부에 따라 본문에 이미지가 들어 있는 것과 없는 것으로 나눌 수 있다. 또 이미지 자료는 사진과 삽화로 대별된다. 『마음을 멈추고 다만 바라보라』(꿈꾸는돌)에는 딱 한 장의 사진이 사용되었지만 효과는 만점이다. 표지에 박혀 있고, 본문에서 새로운 장이 시작할 때마다 열 번 등장하며, 책갈피에 끼워져 있는 사진엽서에도 모습을 드러내는 문제의 흑백 사진의 주인공은 털벙거지와 담요를 뒤집어쓴 어린이다. 눈을 감고 있는 꿈꾸는 듯한 표정의 어린이 모습이 한국어판 제목, 그리고 출판사 브랜드와 절묘한 조화를 이룬다. 판권 사항이 인쇄된 페이지를 보니, 사진 저작권자가 일본인 에이즈 오타키 Eiju Ohtaki로 돼 있다.

모르긴 해도 이 사진은 『마음을 멈추고 다만 바라보라』의 원서와는 아무런 관계가 없을 것이다. 한국어판 틱낫한에 사진이 사용됐다면 그것은 류시화 시인이 번역했다는 증거나 다름없다. 『마음을 멈추고 바라보라』의 옮긴이 후기에서 류 시인은 "이것으로 틱낫한 저서의 3부작을 소개하는 일이 완성을 보게 되었다"고 적고 있다. 1부와 2부는 『마음에는 평화, 얼굴에는 미소』와 『틱낫한의 평화로움』(열림원)이다.

류시화의 틱낫한 3부작은 묘한 삼각관계를 이룬다. 흘끗 보면 1부와 2부는 한 출판사에서 나온 걸로 착각할 정도로 닮았다. 하지만 미국의 사진작가 필 보르게스의 사진을 쓰고 표지에 창을 냈다는 점만 같을 뿐, 1부의 '배필'은 따로 있다. 1부는 『달라이 라마의 행복론』(김영사)과 짝을 이룬다. 외려 2부는 3부와 더 가깝다. 출판사는 다르지만 표지와 본문 편집을 같은 디자인 회사가 맡았다.

류시화의 틱낫한 3부작은 평화 3부작이라 할 만하다. 『마음을 멈추고 다만 바라보라』에서 틱낫한은 "오늘을 '오늘의 날'로 선언하고 싶다"고 말한다. "대지와 접촉하고, 하늘과 접촉하고, 나무와 접촉하"는 이 날은 "지금 이 순간의 평화로움과 접촉하는 날"이다.

틱낫한이 사회와 담을 쌓고 지내는 '선승'은 아니다. 틱낫한은 책마다 그의 현실인식을 지나가듯 한 줄 정도라도 표출하고 있는데, 『틱낫한의 평화로움』에서는 그 빈도가 잦고 내용도 구체적인 편이다. 예컨대 "명상은 세상으로부터 벗어나기 위한 것이 아니다. 세상으로부터 도피하기 위한 것이 아니다. 오히려 세상 속으로 다시 들어갈 준비를 하기 위한 것이다"라거나 "술을 마시고 고기를 먹을 때, 우리는 제3세계에서 날마다 4만 명의 아이들이 굶주림으로 죽어 가고 있음을 자각할 수 있다"는 것이 그것이다. 『마음에는 평화, 얼굴에는 미소』라는 제목의 발원지도 바로 이 책이다. "마음에는 평화, 얼굴에는 미소, 지금 이 순간이 가장 경이로운 순간."

류시화 시인이 틱낫한의 허락을 얻어 스무 권 가량의 대표저서와 미간행 자료를 바탕으로 편역한 『마음에는 평화, 얼굴에는 미소』는 『화』와 함께 틱낫한 현상의 견인차라고 할 수 있다. 하지만 틱낫한의 저서들이 잇달아 번역되면서 『마음에는 평화, 얼굴에는 미소』의 효용성은 적잖이 떨어진 느낌이다. 그래도 틱낫한 입문서로서의 역할은 꿋꿋하게 해낼 걸로 보인다.

『화』와 『거기서 그것과 하나 되시게』는 실용적 성격이 강한 책이다. 각기 책의 말미에 '화를 다스리는 방법'과 '마음 모음 수련법'을 싣고 있어서다. 『화』가 독자의 큰 주목을 받은 요인으로는 압축된 제목이 첫손 꼽힌다. '분노'라고 했으면 딱딱한 느낌을 주었을 것이고, '성냄'은 아직은 제목으로는 부적절한 표현이다. 푸른색 계통의 은은한 표지 또한 초장부터 화를 어느 정도 누그러뜨리는 구실을 한다.

『틱낫한의 사랑법』(나무심는사람)은 2001년 출간된 『첫사랑은 맨처음 사랑이 아니다』를 제목을 바꿔 다시 펴낸 것이다. 틱낫한의 사랑론과 『금강경』, 『화엄경』 같은 대승경전에 담긴 내용의 핵심을 간명하게 서술했다. 『뼛속까지 내려가서 써라』(한문화)를 지은 나탈리 골드버그의 서문이 실려 있기도 하다. 『부디 나를 참이름으로 불러다오』(두레)는 틱낫한의 시집이다.

유통 중인 틱낫한의 책들은 책의 두께가 일정하고 가격도 비슷하다. 200쪽 내외에 책값은 7000원에서 9500원 사이에 형성돼 있다. 그런데 『귀향』은 중뿔나게 12,000원이다. 양장본임을 감안해도 상대적으로 비싼 가격이다. 같은 한자문화권이지만 베트남 사람의 이름은 우리에게 생소하다. 틱낫한의 한자표기는 '釋一行'인데 이를 현지음으로 따라 읽기가 쉽지가 않다. 그럼에도 유통 중인 책들에서 저자 이름의 표기는 '틱낫한'으로 대체로 통일을 이루고 있다.

그러나 웬걸, 열 권 가운데 여덟 권은 틱낫한으로 되어 있지만, 나머지 두 권은 한글 표기가 다르다. 『이른 아침 나를 기억하라』(지혜의나무)에는 '틱낱한'으로 되어 있는데 이것은 아마도 '틱 나트 한'이라는 1990년대 초반의 표기에 영향을 받은 것으로 보인다. 틱낫한 현상이 나타나기 2년 전에 나온 이 책은 단아한 번역과 편집이 돋보인다. 『지금 이 순간, 경이로운 순간』(한길)의 저자 이름은 '틱낱한'이다. 발음하기가 쉽지 않다.

이 책은 내용면에서도 다른 책들과 차별성을 갖는다. 게송偈頌 해설집이라고 할 수 있는데 일상생활과 관련된 게송을 모아 틱낫한이 해설을 붙였다. 만화에 가까운 일러스트를 배치하는 등 편집에 신경을 쓰고 있으나 책의 완성도는 좀 떨어진다. 더욱이 저작권 사항이 누락된 까닭에 불법출판물이 아닌가 하는 의심도 들게 한다. 아무튼 틱낫한이 우리나라에 처음 들어올 때 어떤 식으로 불렸을지 자못 궁금하다. 틱낱한, 틱나탄, 티크 나트 한, ….

틱낫한의 책

우리가 머무는 세상 안희경 옮김, 판미동, 2010.

그대 안의 호랑이를 길들여라– 행복한 삶을 위한 틱낫한 스님의 지혜로운 조언 진현종 옮김, 케이디북스, 2010.

틱낫한의 행복– 두려움과 걱정을 물리치고 사랑의 마음을 기르는 행복한 명상 진현종 옮김, 경덕출판사, 2009.

틱낫한의 마음 한가운데 서서– 마음이 따뜻해지는 열 편의 우화 류가미 옮김, 북북서, 2009.

엄마– 인생이 선사한 가장 아름다운 선물 이도흠 옮김, 아름다운인연, 2009.

살아 있는 지금 이 순간이 기적 오다 마유미 그림, 이창희 옮김, 마음터, 2008.

마음속으로 걸어가 행복하라– 틱낫한이 전하는 마음챙김의 지혜 김승환 옮김, 마음터, 2008.

이순간 내 곁에 있는 당신을 사랑합니다 신혜경 옮김, 마음의숲, 2008.

틱낫한의 포옹 김형민 옮김, 현문미디어, 2008.

틱낫한의 걷기명상 뉴엔 안–홍 공저, 이은정 옮김, 갤리온, 2007.

두 친구– 틱낫한의 평화 이야기 보–딘 마이 그림, 권선아 옮김, 그린북, 2007.

마음을 비워 평온하라 강주영 옮김, 눈과마음, 2006.

틱낫한 스님의 아미타경 진현종 옮김, 미토스, 2006.

틱낫한이 전하는 마음의 평안 정 허문명 옮김, 지식의숲, 2006.

기도 김은희 옮김, 명진출판사, 2006.

틱낫한 스님이 읽어주는 법화경 박윤정 옮김, 명진출판사, 2005.

틱낫한 갈등을 해결하는 7가지 방법 진우기 옮김, 미토스, 2005.

틱낫한의 상생 진우기 옮김, 미토스, 2005.

틱낫한의 마음모음 허우성 옮김, 나무심는사람, 2004.

소를 찾아가는 열가지 이야기 최수민 옮김, 나무심는사람, 2004.
틱낫한 스님이 들려주는 마음 속의 샘물 보 딘 메이 그림, 이해인 옮김, 계림
북스쿨, 2004.
틱낫한 스님의 금강경 양미성·김동원 옮김, 장경각, 2004.
틱낫한 스님의 아! 붓다 진현종 옮김, 반디미디어, 2004.
틱낫한 스님의 반야심경 강옥구 옮김, 장경각, 2003.
틱낫한의 비움 전세영 옮김, 중앙M&B, 2003.
어디에 있든 자유로우라 류시화 옮김, 청아출판사, 2003.
죽음도 없이 두려움도 없이 허문명 옮김, 나무심는사람, 2003.
틱낫한의 사랑의 가르침 박혜수 옮김, 열림원, 2003.
주머니 속의 조약돌– 틱낫한의 작은 이야기 김이숙 옮김, 열림원, 2003.
구름 속의 외딴 집– 틱낫한의 명상소설 강경화 옮김, 열림원, 2003.
미소짓는 발걸음– 틱낫한의 걷기 명상 권도희 옮김, 열림원, 2003.
내 스승의 옷자락– 풋내기 수도승의 기억 진현종 옮김, 청아출판사, 2003.
화– 화가 풀리면 인생도 풀린다(문고판) 최수민 옮김, 명진출판, 2008.
힘 진우기 옮김, 명진출판, 2003.
화 최수민 옮김, 명진출판, 2002.
틱낫한의 평화로움 류시화 옮김, 열림원, 2002.
평화로움 강옥구 옮김, 장경각, 1992.
거기서 그것과 하나 되시게 이현주 옮김, 나무심는사람, 2002.
틱낫한의 사랑법 이현주 옮김, 나무심는사람, 2002.
첫사랑은 맨 처음 사랑이 아니다 이현주 옮김, 나무심는사람, 2001.
지금 이 순간, 경이로운 순간 최혜륜 옮김, 한길, 2002.
부디 나를 참이름으로 불러다오 이현주 옮김, 두레, 2002.
마음을 멈추고 다만 바라보라 류시화 옮김, 꿈꾸는돌, 2002.
마음에는 평화, 얼굴에는 미소 류시화 편역, 김영사, 2002.
귀향 오강남 옮김, 모색, 2001.
이른 아침 나를 기억하라 서보경 옮김, 지혜의나무, 2000.
삶에서 깨어나기 양미성 옮김, 장경각, 1995.
소설 붓다 서계인 옮김, 장경각, 1993.

틱낫한에 관한 책

평화 이야기– 틱낫한 스님과 데니얼 베니건 신부님이 세상에 전하는 벨 훅
스 엮음, 김훈 옮김, 황금비늘, 2007.
토머스 머튼과 틱낫한– 참여하는 영성 로버트 H. 킹 지음, 이현주 옮김, 두
레, 2007.
동행– 틱낫한과 마이스터 에크하르트에게서 배운다 브라이언 피어스 지음,
류해욱 옮김, 생활성서사, 2006.
틱낫한에서 촘스키까지– 더 실용적이고 창조적인 삶의 전망 61장 존 스페이
드·제이 월재스퍼 공저, 원재길 옮김, 마음산책, 2004.
인사동에 오신 붓다 틱낫한 박중식 지음, 명상, 2003.
틱낫한 스님과의 소박한 만남 진현종 지음, 명진출판, 2003.
틱낫한 마음의 행복 장 피에르·라셀 카르티에 지음, 최복현 옮김, 보보스,
2003.

팀 플래너리
Tim Flannery
1956-

글과 그림의 조화,
진단과 처방의 틈새

화가 피터 샤우텐과 공저한 책 두 권의 한국어판은 팀
플래너리를 동물학자로 소개하고 있지만, 번역된 그의
저서에선 스스로 "나는 화석과 지질 시대에 대해 연구
하는 고생물학자"라고 신원을 밝혔다. 『자연의 빈자리』
는 샤우텐의 그림과 플래너리의 글이 조화롭다. 야생
생물을 전문으로 그리는 샤우텐은 책에 수록된 멸종
동물 103종을 거의 실물 크기로 재현했다. 이를 위해
그는 표본이 산재한 세계 각지의 자연사박물관을 훑었
다. 플래너리는 서문을 통해 "척추동물 중에서 가장 널
리 알려진 것만을 다루었다"는 점과 네 가지 원칙에 따
라 멸종동물을 선별했음을 고지한다.

　『경이로운 생명』 또한 샤우텐과 플래너리 콤비의 작
품이다. "이 책에 실린 97종류의 동물들은 이런저런 식
으로 생명 진화의 극단에 서 있으며, 진정으로 경이로
운 생물들이다." 전부 척추동물이다. 두 사람은 "이 책
이 새로운 관점에서 동물을 바라볼 수 있는 기회를 제
공하고, 자연에 있는 다른 동물들에게도 관심을 갖게
끔 하는 계기가 되었으면 한다." 『자연의 빈자리』와 『경
이로운 생명』은 매우 아름다운 책이다. 티 테이블 북茶
卓書 형태의 『자연의 빈자리』 번역서 초판은 진경을 연
출한다. 판형을 줄인 보급판 『자연의 빈자리』(2006)와
보급판으로만 나온 『경이로운 생명』의 아름다움 또한
이에 뒤지지 않는다.

　팀 플래너리의 『기후창조자』와 『지구 온난화 이야
기』는 하드커버와 페이퍼백 관계다. 같은 책으로 볼 수
있으나, 내용이 똑같진 않다. 페이퍼백으로 만들면서

분량이 줄고 내용 일부가 달라졌다. 하드커버의 진입장벽을 낮췄다고 할 수도 있겠지만, 『기후창조자』를 알기 쉽게 다시 쓴 『지구 온난화 이야기』를 번역한 거라는 페이퍼백의 '일러두기'는 설득력이 약하다. 『기후창조자』도 그리 어렵지 않다. 둘 중 어느 것을 읽어도 무방하다.

나무랄 데 없는 설명

팀 플래너리의 기후 변화에 대한 진단과 처방은 공감의 정도가 크게 엇갈리는 드문 경우다. 기후 변화에 대한 그의 설명은 나무랄 데가 없다. "온실 기체는 지표면 근처의 열을 밖으로 빠져나가지 못하게 가둔다. 대기 중에 온실 기체가 증가하면, 온실 기체가 가둔 열 때문에 지구의 기온이 올라가게 되는데, 이것을 지구 온난화라 부른다." 기온이 오르면 지구의 기후계에 압력을 줘서 기후가 변한다. 기후와 날씨는 구별된다. 날씨는 우리가 늘 경험하는 것이고, 기후는 특정 지역이나 지구 전체에 장기간 나타나는 평균적인 날씨다. 대류권은 대기권 중에서 (적도를 경계로 나누어진) 남반구와 북반구의 공기가 서로 통하지 않는 유일한 부분이다.

"그래서 남반구에 사는 주민은 지평선을 보이지 않게 하고 풍경을 우중충하게 만드는 북반구의 오염된 공기를 마시지 않고 살아갈 수 있다." 이산화탄소는 지구를 덥히는 대표적인 온실 기체다. 이산화탄소가 발휘하는 온난화 효과는 전체의 약 80퍼센트를 차지한다. 이산화탄소는 잠재적 온실 기체인 수증기에 대해 방아쇠 구실을 하기도 한다. 메탄은 이산화탄소 다음으로 중요한 온실 기체다. "21세기에 일어나는 지구 온난화 효과에서 메탄이 차지하는 비율은 15~17퍼센트로 추정된다." 온실 기체 중에서 가장 희귀한 것은 하이드로플루오르카본HFC 가족과 클로로플루오르카본CFC 가족이다. HFC와 CFC는 화학공학자들이 만들어낸 물질이다.

"현재의 밀란코비치 주기에는 이 긴 여름을 설명할 수 있을 만한 특이한 게 아무것도 없다. 사실 만약 밀란코비치 주기가 아직도 지구의 기후에 지배적인 영향을 미치고 있다면, 지금은 서늘한 기후가 계속되고 있어야 한다." 오스트리아-헝가리 제국에서 대부분의 경력을 토목공학자로 보낸 밀루틴 밀란코비치는 지구의 기후 변동을 이끄는 중요한 주기 세 가지를 발견했다. 10만년을 주기로 하는 지구의 공전 궤도와 4만 2000년 주기로 변하는 지구 자전축의 기울기, 그리고 2만 2000년 주기의 지구의 세차 운동이 그것이다. "세차 운동은 팽이가 비스듬히 기울어진 채 회전하는 것처럼 지구의 자전축이 2만 2000년을 주기로 한 바퀴씩 빙 도는 것을 말한다."

환경과학자 빌 러디먼은 지구의 기후가 사상 유례가 없을 정도로 온난화 안정기에 있는 요인을 찾기 시작했다. "그것은 이전의 주기에서는 한 번도 작용한 적이 없지만, 이번 주기에서만 작용하는 어떤 것이어야 했다. 그는 그 특이한 요인이 바로 우리라고 결론 내렸다." 석탄의 잘못이 아니다. "오존 구멍에 대한 연구로 노벨상을 수상한 파울 크루첸과 그 동료들은 이미 새로운 지질 시대가 시작되었음을 인식하고, 우리 종의 이름을 따 그것을 인류세人類世, Anthropocene라고 이름 붙였다. 인류세가 시작된 시점은 산업 혁명의 거대한 기계들이 뿜어 낸 메탄과 이산화탄소가 지구 기후에 영향을 미치기 시작한 1800년으로 잡았다."

공감하기 어려운 대안

플래너리가 제시하는 해결책은 좀 아닌 것 같다. 순진하다고 할까, 뭘 모른다고 할까. 그의 대안은 현상 유지적이다. 삶의 방식은 조금도 건드리지 않는다. "현재 우리가 사용하고 있는 전력망을 그대로 유지"하는 것을 전제로 한다. "전 세계 각지에서 튼튼한 경제 성장을 유지하면서도 배출량을 줄인 정부와 기업의 사례는 많다"는 것이다. 영국의 어떤 곳에선 탄소 배출을 70퍼센트 이상 줄였다고 한다. 하지만 그것은 영국의 지방 의회, 그것도 일부에 그친다.

플래너리는 태양과 태양에너지를 집적 끌어내는 기술로 태양열 온수기, 태양열 발전, 광전지 등을 든다. 그런 와중에 그의 빈약한 사고가 드러나기도 한다. 우선 기술만능주의에 빠져 있다. 핵 발전에 대한 생각은 참으로 안이하다. "매년 우라늄 채굴이나 원자력 발전소 때문에 죽어 가는 사람보다는 석탄 채굴과 석탄을 때는 발전소 때문에 죽어 가는 (탄광 사고와 폐 질환을 통해) 사람이 더 많다."

기술 집약적인 것과 노동집약적인 것의 무차별한 비교도 문제려니와 '막장 인생'을 모독하는 언사다. "핵무기가 악당의 손에 들어갈 위험성 문제를 제기한다"거나 중국과 인도, 두 나라는 "이미 핵무기를 보유하고 있기 때문에, 핵 확산의 위험은 상대적으로 크지 않은 편이다"라는 인식은, 이 사람이 제정신인지 의심이 들게 한다. 핵보유국은 핵무기를 계속 더 만들어도 되고, 그것을 합리적으로 사용한다는 말인가?

그는 퍼센트 놀음을 한다. 재생 가능한 에너지 중에서 "적절한 것들을 선택해 2050년까지 탄소 배출량을 70퍼센트 줄여야 한다"고 강조하는데, 어째서 지금 당장 왕창 줄이지 못하는가? 화석 연료, 특히 석탄을 태울 때 배출되는 탄소가 급박한 위협이라면서 말이다. 그의 주장은 영국 왕실의 '병 주고 약주기'만큼이나 모순되고 짜증스럽다. "영국 여왕 엘리자베스 2세는 외국 방문 때 발생하는 이산화탄소 방출량을 환경 투자로 상쇄할 계획이다. 다음 달 미국을 공식 방문할 예정인 엘리자베스 2세는 영국에서 미국까지 가는 동안 항공기가 배출하는 이산화탄소의 총량을 계산한 뒤, 이로 인해 환경이 오염된 만큼을 정화할 수 있는 비용을 '나무 심기 프로젝트'나 '무공해 에너지 생산 연구'에 투자할 예정이다."《한겨레》 2007. 4. 26)

환경 투자로 여왕을 싣고 가는 비행기의 이산화탄소 배출량을 갈음하는 것은 아주 편한 셈법이다. 엘리자베스 2세 여왕은 반세기가 넘는 재임기간 동안 세계 곳곳을 다녔다. 이제는 버킹엄 궁에서 편히 지내실 때가 되지 않았나? 석탄을 더럽다고 비난하는 플래너리가 칭송하는 대체 에너지는 과연 "깨끗한 에너지"일까? 정녕 깨끗하기만 할 걸까?

"기후 변화와 관련하여 정부의 결의를 더 다지기 위해서는 선거 때마다 이 문제를 최상의 의제로 끌어올려야 한다"는 점도 이해가 안 된다. 플래너리는 앨프레드 러셀 월리스의 선거입후보자 선별법을 끌어들이지만 어쩐지 궁색하다. "아울러 정치인에게 그의 입장을 묻지 말아야 한다. 대신 탄소 배출량을 줄이기 위해 개인적으로 무엇을 하고 있는지 물어야 한다."

하지만 나는 정치와 정치인은 탄소 배출량과 무관하다고 본다. 정치는 현실을 긍정적으로 바꾸지 못한다. 나는 정치인에게 기대하는 게 전혀 없다. 그리고 "우리 자신에게 달려 있다"는 플래너리의 결론은 '판단은 독자의 몫' 혹은 '결정은 유권자의 몫'이라는 상투어처럼 무의미하다. 또한 나는 왜 그가 시장경제와 경쟁의 요소를 무비판적으로 받아들이는지 의아하다.

팀 플래너리의 책
자연의 빈자리 피터 샤우텐 공저, 이한음 옮김, 지호, 2003.
경이로운 생명 피터 샤우텐 공저, 이한음 옮김, 지호, 2006.
기후 창조자 이한중 옮김, 황금나침반, 2006.
지구 온난화 이야기 이충호 옮김, 지식의풍경, 2007.

파블로 네루다
Pablo Neruda
1904-1973

스무 편의 사랑의 노래와
한 편의 절망의 노래

〈일 포스티노〉라는 이탈리아 영화가 있다. 이 영화는 비록 한국에서의 흥행실적은 저조했지만 세계적인 화제작이었다. 〈일 포스티노〉는 1996년 아카데미 영화제에서 큰 주목을 받았다. 비영어권 영화로는 22년 만에 처음으로 최우수작품상 후보에 오르는 것을 포함해 5개 부문에 노미네이트되었다. 그러나 결과는 그리 좋지 않았다. 음악상만을 받는데 그쳤다. 감독과 주연 남자배우 그리고 각색자들은 들러리를 선 셈이었다.

이 영화는 원작소설이 따로 있다. 『불타는 인내심』이라는 제목의 소설이 그것이다. 그런데 이 소설을 쓴 안토니오 스카르메타는 이탈리아 사람이 아니다. 칠레 사람이다. 이 소설은 칠레가 낳은 세계적인 시인 파블로 네루다와 우편배달부 사이의 진한 우정을 그렸다. 〈일 포스티노〉의 국내개봉에 맞춰 소설도 『파블로 네루다와 우편배달부』(사람과책, 1996)라는 제목으로 우리에게 소개되었다. 이 소설은 『네루다의 우편배달부』(민음사, 2004)라는 제목으로 다시 번역되기도 하였다.

그런데 소설과 영화는 약간 차이가 난다. 우선 이야기의 무대가 다르다. 소설은 칠레의 이슬라 네그라 섬을 배경으로 하지만 영화는 이탈리아의 작은 섬이 배경이다. 또한 영화와 소설은 20년의 시차가 있다. 영화는 1950년대 초반 이탈리아를, 소설은 1970년대 초반 칠레를 묘사했다. 이런 점만 빼면 영화와 소설의 분위기는 거의 일치한다.

영화에서 네루다는 망명객으로 설정돼 있다. '우편배달부'는 시골 극장에서 기록필름을 통해 열렬한 환

영을 받는 네루다를 보게 된다. 영화 장면은 다음 대목에서 유추한 것이 아닌가 한다.

국경을 건너는 열차를 갈아타야 하는 로마 역에 도착했을 때, 창 밖으로 거대한 군중이 운집해 있는 것이 보였다. 아우성 소리가 들렸다. 나는 큰 혼잡과 혼란을 볼 수 있었다. 꽃다발을 한아름씩 강을 이룬 머리들 위로 치켜 든 사람들이 열차를 향해 밀려왔다.

이 대목은 당연히 스카르메타의 소설에는 들어 있지 않다. 인용문의 출전은 다름 아닌 네루다의 자서전이다. 『추억』(녹두, 1994)은 소설가 성석제의 표현을 빌면 "끝나지 않기를 바라며 자꾸 책의 두께를 재게 되는" 빼어난 자서전이다. 그리고 정말 밑줄 긋고 싶은 대목이 너무 많다.

빼어난 자서전답게 『추억』은 다양한 독서를 가능케 한다. 먼저 『추억』은 네루다에 대한 정보의 보물창고다. 이 책은 네루다와 그의 조국 칠레에 관한 궁금증을 속 시원히 풀어준다. 먼저 이름에 얽힌 사연을 들어보자. 파블로 네루다는 그의 필명이고, 본명은 네프탈리 레예스Neftali Ricardo Reyes Basoalto였다. 아들이 시인이 되는 것을 달가워하지 않은 아버지 때문에 이름을 감추고 시를 발표해야 했다. 아버지가 전혀 눈치 못 챌 이름을 찾던 중 어느 잡지에서 발견한 것이 체코산産 '네루다'였다. 우연찮게도 네루다는 체코의 명망 있는 시인이었다.

남미에 있는 나라들은 젊은 시인을 외교관으로 임명하는 전통이 있다. 여기서 칠레도 예외가 아니다. 네루다는 랑군을 시작으로 싱가포르, 자바, 콜롬보 주재 칠레 영사를 지냈다. 그는 남극 근처에 있는 작은 나라가 지구 반대편에 있는 군도와 해변 그리고 암초에 이르기까지 공식대표를 보내고 유지하는 것에 대해 의문을 제기한다. 네루다는 그것을 남미 사람들의 일반적인

'공상과 자존심의 산물'로 여긴다.

　그는 민중시인으로 불렸다. 민중의 진정한 사랑을 받는 시인은 어떤 사람일까. 칠레의 수도 산티아고 시내에서 길을 잃고 헤매는 소년에게 '네루다를 찾아가라'는 조언이 행해진 것에서 어림짐작할 수 있겠다.

　『추억』은 20세기 문학의 살아 있는 보고서다. 당대의 뛰어난 문인들은 모두 네루다의 친구였다. 그의 회고에 의해 우리는 20세기 문학의 흐름을 감지하는 행운을 누린다. 특히 그가 중심에 있었던 스페인어권 문학에 대한 이해의 폭을 넓혀준다. 그는 로르카에서 마르케스를 이어주는 든든한 버팀목이었다. 『추억』에 새겨져 있는 문학 일반에 대한 예리한 통찰은 여느 문학 개론서에서는 찾아볼 수 없는 것이다.

　젊은 작가는 외로움의 몸서리 없이는, 설령 그것이 단지 상상의 산물이라 할지라도, 글을 쓸 수 없다. 그것은 마치 성숙한 작가가 인간적 동료의식이나 사회의 맛이 깃들지 않고는 글을 쓸 수 없는 것과 같다.

이런 문학관은 제11장 「시는 직업이다」에서 더욱 뚜렷하게 표출된다. 문학에 대한 견해를 뛰어넘어 세계관으로 승화되어 나타나기도 한다. 또한 이를 통해 네루다를 놓고 우리의 뇌리에 동떨어진 이미지로 각인된 관능적인 시인과 현실 정치인 사이의 거리를 메울 수도 있다.

　나는 모든 인간이 오직 사람으로 존재하는, 그 외 다른 제목이 붙지 않고 어떤 규칙, 단어 또는 딱지가 머리에 붙은 것을 걱정하지 않아도 되는 세상에 살고 싶다. 나는 사람들이 모든 성당과 교회 그리고 인쇄소에 들어갈 수 있기를 원한다.

네루다는 20세기의 가장 위대한 시인 중 한 명이다.

　그는 열아홉에 첫 번째 시집을 펴냈다. 그리고 스무 살 때는 『스무 편의 사랑의 시와 한 편의 절망의 노래』를 출간했다. 이 두 번째 시집은 스페인어판으로 200만 권 넘게 팔렸다. 네루다는 생전에 '전집'을 출판하는 행운을 누리기도 한다. 네 권짜리 '전집'은 3522쪽에 이른다. 그의 시와 산문 및 희곡을 모은 것이다.

　그것들은 네루다가 쫓기는 길에서, 망명지에서, 잠시 평온을 찾은 조국에서 쓴 것이다. 1973년 네루다가 세상을 떠난 이후에도 그의 저작집 발간이 이어진다. 아홉 권에 이르는 새로운 시집과 몇 권의 산문집이 그의 이름을 달고 세상에 나왔다.

　이 가운데 한국어로 옮겨진 것은 극히 일부에 불과하다. '전집'의 번역 출간은 고사하고, 개별 시집의 번역 작업도 제대로 이뤄지지 않고 있다. 지금까지 나와 있는 것은 대부분이 '시선집'의 형태를 취하고 있다. 『스무 편의 사랑의 시와 한 편의 절망의 노래』(민음사, 1989)는 가장 꾸준한 사랑을 받고 있는 한국어판 네루다이다.

　이 시선집은 표제시집에서 네 편을 비롯해, 『지상에서 살기』『온갖 노래』『단순한 것들을 기리는 노래』같은 네루다의 대표시집에서 몇 편씩 옮긴 것이다. 「시」라는 제목의 시도 민음사 시선집에 수록돼 있다.

그러니까 그 나이였어 …시가/ 나를 찾아 왔어. 몰라, 그게 어디서 왔는지,/ 모르겠어, 겨울에서인지 강에서인지./ 언제 어떻게 왔는지 모르겠어,/ 아냐, 그건 목소리가 아니었고, 말도/ 아니었으며, 침묵도 아니었어,/ 하여간 어떤 길거리에서 나를 부르더군,/ 밤의 가지에서,/ 갑자기 다른 것들로부터,/ 격렬한 불 속에서 불렀어,/ 또는 혼자 돌아오는데 말야/ 그렇게 얼굴 없이 있는 나를/ 그건 건드리더군.(이하 생략)

　이 시는 영화 〈일 포스티노〉의 엔딩 크레디트를 장식하기도 했다.

파울루 프레이리
Paulo Freire
1921-1997

대화가 없으면 진정한 교육이 불가능하다

브라질의 교육학자 파울루 프레이리가 다시금 각광받고 있다. 1990년대에는 실질적으로 그의(또는 그에 관한) 책이 단 한 권도 나오지 않았다. 하지만 새천년에 접어들고 2년 남짓한 동안에만 무려 네 권이나 쏟아졌다. 세 권은 프레이리의 저서고, 한 권은 프레이리의 이론을 원용한 책이다.

사실, 십 수 년 전만 해도 우리나라에서 프레이리의 인지도는 꽤 높았다. 아마도 펠레 다음으로 유명한 브라질 사람이었을 것이다. 하나 지금은 호나우두, 호마리우, 호나우지뉴 같은 축구선수에게도 밀린다. 그나마 비교적 최근 출간된 관련서적들 덕택에 프레이리의 인지도가 많이 회복된 것으로 보인다. 적어도 출판·서점가에서는 말이다.

1970년대 중반에서 1980년대 중반까지 근 10년간 프레이리의 교육사상은 우리나라에 많은 영향을 미쳤다. 그의 영향력은 교육학의 테두리를 넘어 대학가를 중심으로 지식계 전반에 두루 퍼졌다. 이른바 '386 세대'로 불리는 식자층이 모두 그의 제자라 해도 과언은 아니다. 그들이 프레이리의 모든 저서를 탐독한 건 아니지만 프레이리의 학습법을 통해 세상을 보는 눈을 틔웠기 때문이다. 그는 '의식화'의 '대부'다.

『페다고지』는 그의 교육사상이 잘 드러나 있는 프레이리의 대표저서다. 이 책의 원제는 '피억압자의 교육학Pedagogia do oprimido'이지만, 번역서의 제목은 앞부분만 살렸다. '페다고지'는 교육을 뜻하는 포르투갈 말이다. 주지하듯이 브라질은 포르투갈의 식민지였던 탓에 포르투갈 말을 공용어로 쓰고 있다. '페다고지'는 현지음보다는 영역판 제목Pedagogy of the Oppressed에 더 가까운 것으로 보인다.

새로 나온 한국어판 『페다고지』(그린비, 2002)는 미국에서 발간된 30주년 기념판을 번역 저본으로 한다. 프레이리 스스로 "단지 생각과 공부만으로 쓰여진 책이 아니"라고 말하는 『페다고지』는 피억압자 교육학에 관한 핵심적인 물음으로 논의를 시작한다. "분열되고 불확실한 존재인 피억압자는 어떻게 해야 자신의 해방을 위한 교육학 개발에 참여할 수 있을 것인가?" 이에 대한 답은 하나뿐이라고 프레이리는 말한다.

피억압자는 자신을 억압자의 '숙주'로 인식해야만 해방적인 교육학을 낳는 데 기여할 수 있다. 지금의 나와 되고 싶은 나의 이중성에 머무는 한, 그리고 그 되고 싶은 나가 실은 억압자로서의 나인 한, 그러한 기여는 불가능하다. 피억압자의 교육학은 피억압자와 억압자 모두가 비인간화의 발현이라는 점을 피억압자가 비판적으로 발견하기 위한 도구이다.

다시 말해 "피억압자는 해방을 우연히 얻는 것이 아니라 해방을 추구하는 프락시스praxis로써, 해방을 위해 싸워야 한다는 필요성을 인식함으로써 쟁취하는 것이다." 억압적 상황을 낳는 원인을 비판적으로 의식해야 하는데, 그런 비판적 인식을 하게 하는 것이 바로 교육의 몫이라는 얘기다.

하지만 낡은 교육 방법으로는 피억압자가 비판적 인식을 할 수도, 세상을 바꿀 수도 없다. 프레이리는 기존의 교육방식을 '은행저금식' 교육이라 일컫는데, 여기서 교육은 일종의 예탁행위에 비유된다. 학생은 '맡기는 곳'이고, 교사는 '맡기는 사람'이다. 교사가 예탁금을 만들면 학생은 참을성 있게 받아들이고 기억하고 반복한다. 의사소통은 없다. 이때 지식은 모든 것을 아는 사람이 아무것도 모르는 사람에게 주는 선물이다.

인간해방은 '문제제기식' 교육을 통해 실현된다. 이 방식은 일방적인 의사전달을 지양하고 의사소통을 실현한다. 현실의 문제점을 끊임없이 제기한다. 이제 학생은 더 이상 순하디 순한 청취자가 아니다. 학생은 교사와의 대화를 통해 비판력을 가진 공동탐구자가 된다. 대화는 문제제기식 교육방법의 가장 유용한 수단이다. 프레이리는 표현을 달리 하며, 대화의 중요성을 거듭 강조한다.

"대화는 세계를 이름짓는 사람들 간의 만남이기 때문에 어떤 사람이 다른 사람을 대신해서 이름짓는 상황이어서는 안 된다"
"대화는 세계와 인간에 대한 원대한 사랑이 없으면 존재할 수 없다."
"대화는 겸손한 태도가 아니면 성립하지 않는다."
"대화자가 비판적 사고를 하지 않으면 진정한 대화는 성립하지 않는다."

그런데 영문판 30주년 기념판본의 서문 구실을 하는 「파울루 프레이리와 페다고지」를 읽은 뒷맛은 영 불편하다. 미국 매사추세츠 대학교 인문학 및 교육학 교수인 도나우두 마세두 교수가 쓴 글이 우리의 멀지 않은 과거의 기억을 되살리는 탓이다.

(아프리카 대륙 최서단의) 베르데 곶 —그 점에 관한 한 다른 전체주의 국가들도 마찬가지만— 에 돌아간 내 친구들이 『페다고지』를 읽었다가 체포되어 투옥을 비롯한 잔인한 형벌을 겪은 것도 놀랄 일이 아니다. 보스턴에서 남아프리카 출신의 어느 학생을 만난 일이 떠오른다. 그는 내게 학생들이 『페다고지』를 복사해서 친구들과 동료들에게 배포하곤 했다고 말했다. 이따금 프레이리의 책을 읽기 위해 기다리는 학생들이 많을 경우에는 몇 주일씩 기다려 복사본을 간신히 입수할 수 있었다고 한다.

출판의 자유라는 측면에서 한국은 적어도 1990년대 중반까지 하나의 전체주의 국가에 지나지 않았다. 1970년대 중반부터 영문판과 비공식 번역본으로 은밀히 읽히던 『페다고지』는 1979년 공식적인 번역출판이 이뤄진다. 1979년 '한국천주교평신도사도직협의회'를 통해 선보인 최초의 『페다고지』 한국어판은 검열의 칼날을 피하려고 민감한 내용을 뭉뚱그리고 주석도 누락시켰건만, 그런 노력은 모두 허사였다. 출간된 바로 그날 금서로 지정되었고, 번역자 성찬성 씨는 전격 구속되었다.

1986년 성찬성 씨는 본의 아니게 왜곡했던 부분을

바로잡고, 빠뜨렸던 주석을 되살린 완역판(도서출판 광주)을 내놓았다. 하지만 그때는 이미 프레이리 붐이 한풀 꺾인 시점이라 이렇다 할 주목을 받지 못한다. 게다가 1987년 6월 항쟁 이후에는 뜨거웠던 '의식화' 열기마저 식어버린다. 사회과학출판의 급격한 퇴조로 출판사는 간판을 내렸고, 『페다고지』는 두 번째로 자취를 감춘다. 이번에는 시장의 법칙에 따른 것이었다. 1990년대 중반에는 1979년 번역본의 손자뻘인 한마당판이 『페다고지』(1995)의 명맥을 이으며 여전한 생명력을 과시했다.

'기꺼이 가르치려는 이들에게 보내는 편지'라는 부제가 붙은 『프레이리의 교사론』(아침이슬, 2000)은 그가 타계한 이듬해 출간된 프레이리의 마지막 저서다. 이 책에서 프레이리는 진보적인 교사에게 필요한 자질을 제시하는데 그것은 겸손, 사랑, 용기, 인내, 능력, 결단력, 안정감, 인내와 조급함 사이의 긴장, 그리고 삶을 즐겁게 만드는 자질 같은 것이다. 이러한 덕목들 사이에 우선순위는 없고, 천명이나 천부적 재능에 의해 부여되는 것도 아니다. 이런 자질은 오로지 "실천을 통해서만 점차 획득된다."

'의식화'는 '페다고지' '프락시스(실천)'와 더불어 프레이리 교육사상의 핵심개념이다. 그런데 한 인터뷰에서 프레이리는 '의식화' 개념이 모호하다는 질문을 받고 이렇게 답했다.

의식화를 마치 지적인 취미나 혹은 구체적인 것으로부터 벗어난 합리적인 것으로 구성되었다고 본다면 의식화를 바르게 관찰하는 것이 불가능하다고 말하고 싶습니다. 자유를 위한 문화적 행동과 일치하는 의식화는 주체가 비판적으로 자신과 객체 사이의 변증법적 결합을 파악할 수 있는 능력으로 인해 가능한, 주체와 객체 관계에서 나타나는 과정입니다.

이어서 프레이리는 "실천을 벗어난 의식화는 없으며, 이론과 실천 그리고 사고와 행동의 결합을 벗어난 의식화는 존재하지 않는다"고 강조했다.

『실천교육학』(일월서각, 1986)과 『교육과 정치의식』(학민사, 1986)은 같은 책이다. 둘 다 '교육의 정치학The Politics of Education'을 번역 저본으로 삼았다. 11개의 길고 짧은 글과 2개의 대담으로 이뤄져 있는데 앞서 인용한 '의식화' 관련 부분도 이 책에서 발췌한 것이다.

제1장은 참고도서 목록의 작성 목적을 환기하는 대목이 흥미롭다. 참고서지를 작성하는 이유는 단 하나. "독자로 하여금 더욱 많은 책을 읽게 하기 위해서다." 또한 참고도서 목록은 독자가 교조적으로 책을 읽게 해서는 안 되고, 도전적인 태도로 책을 읽게끔 해야 한다. 제7장에서는 식민지배의 유산인 '침묵의 문화'가 독립국가에서도 재현되는 상황을 설명한다. 쿠데타를 통해 권력을 장악한 그룹은 민족주의적인 경제정책과 문화정책을 채택한다. 이 과정에서 처음에는 침묵의 문화를 깨뜨리려 하지만, 끝내는 민중의 성장을 두려워한 나머지 민중에게 침묵을 강요하기에 이른다.

『인생이 학교다』(분도출판사, 1988)는 1984년 10월, 대중교육을 주제로 프레이 벳토 신부와 가진 대담을 언론인 리카르도 콧초가 정리한 책이다. 인생이라는 학교에서 배운 가장 중요한 교훈이 뭐냐는 질문에 대해 프레이리는 "인생은 전체로서 나에게 위험부담 없이 산다는 것은 불가능하다는 큰 교훈을 주었"다고 답했다. 같은 질문에 대한 답변의 말미에서 벳토 신부가 프레이리의 말을 인용한 대목이 이채롭다." 정의의 요구가 자유의 제한을 의미하지 않고, 자유의 완성이 정의에 대한 요구의 제한이 아닌 사회"는 두 사람만의 못다이룬 꿈은 아닐 것이다.

한편 유네스코가 펴내는 잡지 〈세계로 열린 창〉이 세계적 석학들과 가진 대담을 엮은 『21세기를 여는 상상력의 창조자들』(여성신문사, 1995)에 실린 인터뷰에서 프레이리는 자신이 지식 위주의 학교교육을 전적으로 반대하는 것은 아니라고 말하기도 한다.

나는 학교에서의 지식평가에 반대하는 것이 아닙니다. 내가 반대하는 것은, 그러한 평가가 학교 바깥에서는 또는 수업시간 이외에는 아무런 중요한 일도 일어나지 않는 양 단언이라도 하듯, 학교에서 얻은 지식에만 집착케 한다는 사실입니다. 어린이들이 학교에서 배운 것과 바깥 세계에서 배운 것 사이에 충분한 강한 유대의 고리를 형성시키려는 그 어떤 시도도 이루어본 적이 없습니다.

정정호 교수(중앙대학교 영문학과)의 『세계화 시대의 비판적 페다고지』(생각의나무, 2001)는 프레이리의 이론을 원용해 영어권 문학연구와 문학교육의 새로운 가능성을 모색한 책이다. 1984년 일곱 달 간격으로 출간된 『의식화와 탈학교』(사계절)와 『의식화와 탈학교화』(현대사상사)는 공히, 존 엘리아스의 『Conscientization and Deschooling』을 번역한 책으로, 프레이리와 이반 일리히의 교육사상을 다룬 개설서다.

파울루 프레이리의 책

자유의 교육학– 민주주의와 윤리 그리고 시민적 용기 사람대사람 옮김, 아침이슬, 2007.
우리가 걸어가면 길이 됩니다– 교육과 사회변화를 위한 프레리와 호른의 대화 파울로 프레이리 외 지음, 프락시스 옮김, 아침이슬, 2006.
망고나무 그늘 아래서 교육문화연구회 옮김, 아침이슬, 2003.
희망의 교육학 교육문화연구회 옮김, 아침이슬, 2002.
페다고지 남경태 옮김, 그린비, 2002.
페다고지 성찬성 옮김, 한국천주교평신도사도직협의회, 1979.
페다고지 성찬성 옮김, 광주, 1986.
페다고지 성찬성 옮김, 한마당, 1995.
페다고지–30주년 기념판(2판) 남경태 옮김, 그린비, 2009.
프레이리의 교사론 교육문화연구회 옮김, 아침이슬, 2000.
인생이 학교다 김종민 옮김, 분도출판사, 1988.
교육과 정치의식 한준상 옮김, 학민사, 1986.
실천교육학 김쾌상 옮김, 일월서각, 1988.
교육과 의식화 채광석 옮김, 중원문화, 2010.
교육과 의식화 채광석 옮김, 중원문화, 2007.
교육과 의식화 채광석 옮김, 새밭(중원문화), 1978.

파울루 프레이리에 관한 책

파울로 프레이리, 한국 교육을 만나다– 파울로 프레이리 교육사상과 한국 민중교육운동 홍은광 지음, 학이시습, 2010.
체 게바라, 파울로 프레이리, 혁명의 교육학 피터 맥라렌 지음, 강주헌 옮김, 아침이슬, 2008.

파트리크 쥐스킨트
Patrick Süskind
1949-

날 정말 좀 제발 내버려 두게나

나를 좀 제발 놔두시오!

미안하네, 좀머 씨. 자네 뜻을 최대한 존중하고 싶지만 한국의 독자들과 자네에게 숨결을 불어넣어준 쥐스킨트 씨가 그대를 다시 불러내게 하니 나로선 어쩔 도리가 없구먼. 올해 초 어느 도매서점의 지난해 연간 베스트셀러 목록을 훑어보다가 내 눈을 의심하게 하는 책 두 권을 발견하지 않았겠나.

한 권은 자네를 주인공으로 하는 『좀머 씨 이야기』(열린책들, 1992)였고, 다른 한 권은 『향수— 어느 살인자의 이야기』(열린책들, 1991)였네. 베스트셀러 종합 순위가 몇 백 번 대에 있을지언정 두 권이 꾸준히 팔리고 있는 걸 알고 꽤 놀랐지. 게다가 얼마 전 오랜 침묵을 깨고 파트리크의 신간이 나왔지 뭔가.

독일 암바흐에서 태어난 파트리크 쥐스킨트는 과작寡作의 작가다. 작품의 분량도 대체로 짧다. 『사랑을 생각하다』(열린책들, 2006)는 그런 그가 9년 만에 선보인 신작 에세이다. 그간 우리는 쥐스킨트의 소설과 희곡, 시나리오를 접한 바 있다. 쥐스킨트의 에세이는 우리에게 다소 낯선 장르인 셈이다.

『사랑을 생각하다』의 본문은 70쪽이 채 안 된다. 하지만 '사랑과 죽음'을 주제로 하는 책의 내용은 '깊이'가 있다. 먼저 쥐스킨트는 세 가지 사례를 통해 "사랑을 배설물과 확실하게 구별해 주는 것은 과연 무엇일까?" 따진다. 쥐스킨트는 이 세 가지 사례에다 사랑과 연모에 대한 플라톤의 분류 방식을 적용한다.

플라톤의 잣대에 따르면, 오펠 오메가 자동차를 타고 있던 젊은 연인들의 사랑은 동물적 사랑으로 분류된다. 그들이 사랑을 나누는 장소가 매우 부적절한 탓이다. 교차로의 진행 교통 신호를 기다리는 자동차 안은 "매춘부의 집이지 결코 아프로디테의 사원이 될 수 없"어서다. 또한 그 자동차 안에서 일어난 행위에선 사랑이라는 것이 전혀 중요하지 않아서다. "아니, 그것은 사랑과 가장 관계가 먼 행위이다. 그것은 혐오스러운 짓거리에 불과하다." 만찬에 초대된 기이한 커플은 완전한 착각 속에서 고갈되어 가는 에로스다.

이 두 가지 사례에 견줘 19세 호텔 남자 종업원에 대한 늙은 작가의 사랑은 에로스의 본질을 충족하는 것으로 간주된다. "그 사랑에는 도취가 있고, 사랑하는 사람의 아름다움 속에서 성스러움을 보고 있으며, 뭔가 창조적인 것을 향해 나아가고 있다. 그 사랑은 불멸성을 추구하고 있고, 또 실제로 작가의 작품을 통해 불멸에 도달한다."

그런데 쥐스킨트는 세 번째 사례에도 뭔가 본질적인 것이 빠져 있는 느낌이 든다고 지적한다. "사랑이라는 말을 생각할 때 딱 떠오르는 뭔가가 거기에는 빠져 있는 것이다." 그 사랑이 동성애적이어서만은 아니다. 그건 늙은 "작가의 완전한 일방성, 그리고 의식적인 포기 때문이다. 포기한다는 것은 사랑의 정반대 행위라는 것을 그는 잘 알고 있다. 사랑을 포기하려는 시도는 포기의 성공 여부에 관계없이 그 사랑이 사소한 것, 아무것도 아니라는 것을 입증해주는 것이다."

쥐스킨트의 논의는 사랑의 속성에 가닿는다. "사랑에 빠진 사람과는 합리적인 토론이 불가능하다는 사실을 누구나 알고 있다." 하지만 사랑 때문에 멍청해지는 현상은 성적 유희에 국한하지 않는다. 자녀에 대한 부모의 맹목적 사랑, 하느님께 바치는 신앙인의 성스러운 사랑, 조국에 대한 노예들의 숭배, 지도자를 향한 맹목적 추종 등에서도 발견된다.

"사랑은 언제나 이성의 상실, 자포자기, 그로 인한 미성숙함이라는 대가를 치러야만 하는 것이다. 그렇기 때문에 사랑은 잘 해야 우스꽝스러운 코미디가 되는 것이고, 최악의 경우에는 세계 정치사의 대재앙이 되는 것이다."

쥐스킨트는 스탕달을 빌려 사랑을 하면 죽음에 대해 무관심한 태도를 취하는 것이 일반적이라고 한다. 또 쥐스킨트는 사랑을 위해 자살하거나 사랑의 괴로움 때문에 스스로 목숨을 끊는 사람들의 마음속을 들여다볼 수 있기에 「젊은 베르테르의 슬픔」「안나 카레니나」「보바리 부인」이 감동적으로 읽힌다고 덧붙인다.

"하지만 곧 공감이 안 되는 지점, 더 이상 이해할 수 없는 지점, 그리고 진짜 거부감이 스멀스멀 밀려오는 순간이 온다. 마치 타나토스와 함께 녹아 버리려는 듯이 에로스가 타나토스를 너무나 격렬하게 끌어안는 순간, 사랑의 가장 고귀한 완성을 죽음 속에서 찾으려는 순간이 바로 그런 거부감이 생기는 때이다."

이러한 인식은 괴테와 하인리히 폰 클라이스트의 대비를 통해 심화한다. 이에 앞서 쥐스킨트는 괴테의 분신인 젊은 베르테르의 자살과 클라이스트의 자살을 비교한다. 베르테르의 자살은 연인과 함께하는 삶이 불가능해지자 연인을 위해서 저지른 일이다. 반면 클라이스트는 늘 자살을 꿈꿨고, 끝내 실행에 옮겼다.

"물론 클라이스트는 시종일관 분명하게 자신의 의지를 따라간 반면, 괴테는 외견상 부드럽게 보이기 때문에 해석을 할 때 종교적이고 형이상학적이고 인식론적인 측면에서 어느 정도 구원의 가능성을 열어 두고 있다는 차이가 있다. 또한 클라이스트가 상처 입고 자극받으며 거칠게 행동하는 반면, 괴테는 우리를 언어적으로 기분 좋은 충만함으로 이끌 뿐만 아니라 나이에서 오는 성숙하고 현명한 태도로 우리의 마음을 달래준다. 그래서 클라이스트를 사로잡았던 그 두려운 유혹, 죽음에 대한 에로틱한 동경으로부터 벗어나도록 해준다."

오르페우스와 예수의 대비는 더욱 흥미롭다. 쥐스킨트는 예수보다 오르페우스를 긍정한다. 그에게 "오르페우스는 사랑 때문에 죽음을 받아들이지 못한 사람들의 선구자"이나, '라자로의 기적'에서 예수는 전형적인 현대 정치인의 태도를 보인다. "그는 반사적으로 그 사건을 자신의 은총에 대한 홍보에 이용하려" 한다.

"늘 모든 것을 헤아릴 수 있고, 자신의 감정을 제어할 수 있고, 결코 에로스의 도취에도 빠지지 않기 때문에 나사렛 예수는 매우 냉정하고 근접하기 어렵고 비인간적이라는 느낌을 준다." 쥐스킨트는 우리가 그에게 너무 많은 것을 요구하고 있는지 모른다면서도 실제로 그는 인간이 아닌 신이었으리라 추측한다.

"오르페우스는 그 점에서 우리와 아주 가깝다. 기뻐 어쩔 줄 모르다가도 금세 변덕을 부리고, 맹목적인 용기는 없으나 어느 정도 문명화되어 있고, 빈틈없이 현명하나 완전히 치밀하지는 못하다는 점에서 그는 우리와 닮았다. 또한 오르페우스는 좌절에도 불구하고 완전한 인간이었다. 아니, 바로 그 좌절 때문에 그는 의심할 바 없이 더 완전한 인간이었다."

『사랑의 추구와 발견』(열린책들, 2006)은 영화감독 헬무트 디틀과 함께 작업한 시나리오와 디틀의 짧은 글 「나를 해석해 봐, 이 멍청아!」로 이뤄져 있다. 「사랑의 추구와 발견」은 오르페우스의 신화를 현대적으로 해석한 작품이다. 영화 속 장면을 화보로 싣고 있기도 하다. 「사랑의 추구와 발견」은 쥐스킨트와 디틀의 첫 만남이 아니다.

앞서 두 사람은 「로시니 혹은 누가 누구와 잤는가 하는 잔인한 문제」에서도 공동 작업을 했다. 『로시니 혹은 누가 누구와 잤는가 하는 잔인한 문제 영화는 전쟁이다!』(열린책들, 2002)에는 세 편의 글이 실려 있다. 쥐스킨트의 '시나리오론'과 헬무트 카라제크와 디틀의 대담, 그리고 시나리오다. 「친구여, 영화는 전쟁이다!」에서 쥐스킨트는 시나리오 쓰기의 어려움에 대해 이야기한다.

1996년의 파트리크 쥐스킨트

좀머, 나는 10년 전에도 자넬 불러내 귀찮게 한 일이 있지. 내가 출판전문지의 초짜 기자 주제에 당시 거세게 불었던 쥐스킨트 열풍을 '집중 취재'한 거, 자네 기억하나. 〈출판저널〉(제194호, 1996. 6. 20)에 실렸던 그 기사 말이야. 왜 이렇게 시작하잖아. "『좀머 씨 이야기』와 쥐스킨트 돌풍이 거세게 불고 있다. 올해의 베스트셀러 목록은 『좀머 씨 이야기』를 앞세운 쥐스킨트 책의 잔치판이다."(이어지는 글은 그 기사에서 발췌.)

『좀머 씨 이야기』와 쥐스킨트 현상을 보는 시각은 확산하는 독자층과 맞물려 다양하지만 몇 개의 요인으로 수렴한다. 그 첫째가 열린책들의 안목과 단단한 책 만들기다. 많은 관측자가 간과하는 부분이기도 한데, 권당 5퍼센트의 저자인세를 지불하지만 선인세가 2000달러인 점이 이를 말해준다.

둘째는 『좀머 씨 이야기』가 갖고 있는 작품 자체의 매력이다. 누구나 한번쯤 겪었을 어린 시절의 추억이 장 자크 상페의 파스텔 톤 수채화와 어우러져 매력을 발산한다. 셋째 이유는 한국문학의 침체에서 찾을 수 있다. 최근 나오는 국내소설은 『좀머 씨 이야기』가 오히려 우리나라 소설가의 작품이라는 착각이 들 정도로 낯설다.

넷째는 쥐스킨트의 작품이 우리 사회의 분위기를 반

영하고, 청소년이 갈망하는 바를 표현한다는 것이다. 우리 독자들이 갖고 있는 소시민적 좌절감과 무기력함을 자극하는데, 여기에 전가의 보도처럼 인용되는 좀머의 말 한마디. "그러니 나를 좀 제발 그냥 놔두시오!"

또한 『좀머 씨 이야기』는 하나의 작품이라도 서로 다른 문화권에서 얼마나 다르게 수용되는지를 단적으로 보여주는 예다. 정처 없이 걸어 다니기만 하는 좀머 씨의 방황이 나치즘과 2차 대전의 상흔이라는 암시에도 불구하고 (거기서) 우리 독자들은 무위자연의 도교적 세계관을 읽는다.

사실 주체적인 독자가 되지 못하고 유행 따라 책을 읽는 독서행태가 쥐스킨트 열풍의 한 요인임은 부정하지 못한다. 우리 독서풍토의 저간의 사정을 알기라도 하듯 쥐스킨트는 다음과 같은 독서론을 펼친다. "있는 힘을 다해 레테의 물살을 버티어 내야 한다. 허둥지둥 글 속에 빠져 들지 말고, 분명하고 비판적인 의식으로 그 위에 군림해서 발췌하고 메모하고 기억력 훈련을 쌓아야 한다."

쥐스킨트 현상은 현재도 진행 중이다. 돌출 변수가 없는 한 열풍이 지속될 전망이다. 더 정확한 원인 분석과 영향 파악의 작업은 후일을 기약할 수밖에 없다. 다만 "좋은 작품을 잘 번역, 공들인 편집으로 좋은 책을 만들어내면 독자는 반드시 있다"는 열린책들의 믿음을 저버리지 않은 증거가 바로 『좀머 씨 이야기』 돌풍임에 틀림없다는 것이 중간점검의 맺음말이다.

쥐스킨트의 책들

『좀머 씨 이야기』는 두말할 나위 없는 쥐스킨트의 대표작으로 이 책의 한국어판은 1990년대 중반의 밀리언셀러였다. 세계적으로는 오히려 『향수』가 쥐스킨트의 대표 작품으로 통한다. "18세기 프랑스 파리를 배경으로 극히 예민한 후각을 타고난 냄새의 천재의 짧은 일대기"인 이 소설은 "1985년 출간되어 30여 개의 언어로 번역되고 천만 부 이상 팔려 나감으로써 작가에게 작가적 명성과 부를 한꺼번에 안겨"주었다(개정번역판에 실린 옮긴이의 「『향수』를 다시 번역하며」에서).

『콘트라베이스』(열린책들, 1993)는 쥐스킨트의 희곡이다. 그는 이 작품이 "다른 일반적인 문제를 다루면서, 한 소시민이 그의 작은 활동 공간 내에서의 존재를 위한 투쟁을 다뤘다"고 자평한다. "애당초부터 콘트라베이스로 시작한 사람은 절대 없습니다"라는 본문의 한 구절은 쥐스킨트의 그런 뜻을 담고 있다. 콘트라베이스라는 악기의 이모저모에 대한 묘사와 설명이 재미있다. 콘트라베이스는 "아주 볼품이 없는 악기"다.

"여러분께서도 이것을 한번 봐 주시기 바랍니다. 한번 자세히 봐 주십시오. 꼭 살이 피둥피둥하게 찐 부인네 같지 않습니까. 엉덩이는 축 쳐졌고, 허리 부분은 잘룩하지도 못한 것이 위쪽으로 지나치게 길게 뽑아 올라져서 도대체가 못마땅합니다. 게다가 가늘고 축 늘어져 곱사등이 같은 어깨 부분 좀 보십시오. 정말 못 말립니다."

콘트라베이스의 외모가 이렇게 엉망인 것은 이 악기가 음악 역사상 보기 드문 잡종이기 때문이다. 콘트라베이스는 "악기의 돌연변이"다. 「콘트라베이스」는 읽기 전용의 레제드라마가 아니라 실제로 공연되는 모노드라마다. 이 1인극은 독일어권에서 자주 무대에 올려지며 우리나라에서도 공연되고 있다. 그나저나 콘트라베이스 연주자는 계획대로 연주회에서 돌출행동을 감행했을까?

『비둘기』(열린책들, 1994) 책날개에 있는 저자 소개글에는 이런 대목이 있다. "그는 세 번째 소설 「비둘기」를 통하여 조나단 노엘이라는 한 경비원의 내면세계를 심도 깊게 묘사, 유럽 매스컴으로부터 예술적 완성도가 높은 작품이라 평가받게 된다." 뒤따르는 구절이 주목을 요한다.

"그러나 이러한 대대적인 성공에도 아랑곳없이 이 괴

이한 작가 쥐스킨트는 모든 문학상 수상을 거부하고, 사진 찍히는 일조차 피하고 있다. 또한 그는 자신의 일에 대해 발설한 사람이면 친구, 부모를 막론하고 절연을 선언해버리며 은둔생활을 계속하고 있다."

『깊이에의 강요』(열린책들, 1996)는 소품 세 편에다 '문학론'을 묶은 작은 단편집이다. 표제작은 자신의 작품이 깊이가 없다는 평론에 충격을 받고 깊이를 추구하려다 좌절하는 화가의 이야기다. 「승부」는 체스게임을 통한 승부의 세계를 그렸고, 「장인匠人 뮈사르의 증언」은 성공한 보석 세공업자의 세계인식을 유언을 통해 보여준다.

1990년대 열린책들에서 펴낸 쥐스킨트의 한국어판 초판은 신국판 페이퍼백이다. 이 책들은 나중에 모두 신판이 나왔다. 신판은 문고 판형의 하드커버다. 이 글에서 출간연도는 초판을 말한다. 다만 『향수』는 페이퍼백 개정번역판이 1995년에 나왔고, 『로시니 혹은 ~』의 초판 제목은 『로시니 혹은 누가 누구와 잤는가 하는 잔인한 문제』(1997)다.

파트리크 쥐스킨트의 책
향수— 어느 살인자의 이야기 강명순 옮김, 열린책들, 2009(초판 1991)
좀머 씨 이야기 장 자크 상페 그림, 유혜자 옮김, 열린책들, 2008.(초판 1992)
콘트라베이스 유혜자 옮김, 열린책들, 2008.(초판 1993)
비둘기 유혜자 옮김, 열린책들, 2000.(초판 1994)
깊이에의 강요 김인순 옮김, 열린책들, 2008.(초판 1996)
로시니 혹은 누가 누구와 잤는가 하는 잔인한 문제 영화는 전쟁이다! 헬무트 디틀 공저, 강명순 옮김, 열린책들, 2007.(초판 2002)
로시니 혹은 누가 누구와 잤는가 하는 잔인한 문제 헬무트 디틀 공저, 강명순 옮김, 열린책들, 1997.
사랑의 추구와 발견 헬무트 디틀 공저, 강명순 옮김, 열린책들, 2006.
사랑을 생각하다 강명순 옮김, 열린책들, 2006.

팔리 모왓
Farley Mowat
1921-

그는 멍텅구리가 아니다

『잊혀진 미래— 사슴 부족 이누이트들과 함께한 나날들』은 캐나다 작가 팔리 모왓의 첫 작품이다. 우리말로 옮겨진 그의 책으로는 다섯 번째다. 모왓의 산 경험이 토대가 된 이 책은 사라져간 사슴 부족에게 바친 송가頌歌다. '에스키모'는 인디언들이 '날고기를 먹는 사람'이라는 뜻으로 붙인 이름이다. '이누이트'는 그 사람들이 자기 부족을 스스로 일컫는 명칭으로 '인간'이라는 의미다.

20세기 전반기, 이할미우트 부족의 인구는 급감한다. "1886년 캐나다 북부에 사는 이할미우트 부족의 수는 7,000명이었다. 1946년 스물다섯 살 난 팔리 모왓이 북극 지방에 2년간 머물기 시작했을 때 그들의 수는 고작 40명으로 줄어 있었다."(뒤표지에서) 이할미우트 부족을 멸족 위기로 몰아넣은 것은 '총'이었다. 그렇다고 그들이 백인들에 의해 학살당한 것은 아니다. 총은 문명의 상징물이다. 원시와 문명의 경계에 설치된 교역소를 통해 그들은 문명의 달콤함을 맛본다. 그러면서 상대적으로 힘겨운 전통적인 생활방식을 버리게 된다.

하지만 모피 값이 하락하자 백인들은 교역소에서 철수한다. 하여 아무리 훌륭한 사냥꾼도 "황동으로 된 긴 탄약통에 화약이 없어 그의 오래된 총을 발사해도 사냥감을 쓰러트릴 수 없"게 된다. 총이 없던 시절의 사냥 방법으로 되돌아가면 되지 않느냐고? 그러나 "이할미우트 부족 사내들은 활이 필요 없어진 긴 세월동안 뿔로 빈틈없는 활 만드는 법을 잊어버린" 지 오래다.

반면 전통적인 삶의 방식은 엄혹한 환경에서의 생존법이기도 했다. "눈보라는 단지 하루 동안 불었지만, 스텔라가 캠프로 돌아오는 데는 보름이 걸렸다. 이 소녀가 거의 아무 음식도 없고 침구도 없이 2주 이상을 지내며 툰드라의 한겨울을 살아남을 수 있었다는 것은 얼마나 그 아이들이 이 땅의 한 부분이 되었는지를 보여주는 진정한 척도다."

한편으로, 아니 거의 전적으로 모왓은 유머러스하다. 다소 심각한 『잊혀진 미래』도 예외는 아니다. 그런데 모왓의 익살은 좀 고답적이랄지. 비유하자면 며칠 전 처음 본 시트콤 〈지붕뚫고 하이킥〉에서 이순재 선생, 김자옥 여사, 정보석 씨의 (내게) 친숙한 연기에 가깝다. 이 시트콤에 나오는 젊은 연기자들의 '연기 문법'은 내게 낯설고 어색하다.

독자의 눈높이를 약간 높여 주면 청소년 소설로도 볼 수 있는 논픽션 『개가 되고 싶지 않은 개』는 곳곳에 '웃음 지뢰'가 있다. 하지만 독자는 웃음 지뢰의 뇌관을 밟아야 비로소 웃음을 터트리게 된다. "아버지의 수고는 보람이 있었다"는 역설적 표현이 그러한데 이런 문장들이 덧붙는다.

"서쪽으로 나아갈수록 우리의 '바퀴 달린 배'— 선원들은 이렇게 불렀다— 가 거의 뒤집어지려고 했기 때문이다. 옆이 평평하고 거대한 트레일러는 바람만 불면 바람의 먹이가 되었다. (중략) 가장 나쁜 것은 뒤에서 불어오는 바람이었다. 그때는 뒤따르는 커다란 배가 작은 차를 깔아뭉개려 하거나, 아니면 어머니의 가슴이 철렁 내려앉을 정도의 속도로 어들리를 밀어붙였기 때문이다."

'작은 차'는 '어들리'를 말한다. 트레일러 위에 올려놓은 살림 시설을 갖춘 "배의 뼈대가 굵고 덩치가 커서, 초라한 어들리— 지붕을 접을 수 있는 포드 A형 자동차— 가 기중기에 끌려가는 예인선처럼 작아 보였다." 밋밋한 유머를 또 하나 들자면 이렇다. "머트의 놀라운 능력에 대한 소문은 순식간에 퍼져나갔다. 아버지와 내가 그것을 떠벌리고 다녔기 때문이다."

1929년 8월의 어느 날, 모왓의 어머니가 열 살쯤 되어 보이는 작은 소년한테서 단돈 4센트에 "종자를 알 수 없는 지저분한 강아지"를 넘겨받은 것은, 모왓네 가족이 온타리오에서 서스캐처원의 대초원 지대로 온 지 채 한 달이 되기 전의 일이었다. 어머니의 선심은 아버지가 앞서 데리고 왔던 2백 달러를 호가하는 사냥개 아이리시세터의 대항마적인 성격이 있었다.

엉겁결에 "머트(mutt. 잡종 개, 똥개— 옮긴이)"라고 불리게 된 그 강아지는 한동안 이름에 걸맞게 행동하다가 숨은 본능을 되찾아 뛰어난 새 사냥개로 거듭난다. 새 사냥개로서 혁혁한 전과를 올려 '머트의 청둥오리 못'으로 알려진 늪은 공교롭게도 머트가 첫 사냥에서 죽을 쑨 곳이다. 이야기의 결말은 비극적이다. 세월이 흘러 노쇠해진 머트는 주인과 함께 새봄맞이 산책길을 나선다. 그런데 그만 난폭운전자의 트럭에 치이고 만다. 이와 동시에 소년 팔리 모왓의 가장 즐거운 나날도 막을 내린다. "머트와 나 사이의 영원의 약속은 끝이 났다. 머트를 잃은 나는 몇 년을 어둠의 터널 속에서 지내야 했다."

『걸어다니는 부엉이들』과 『개가 되고 싶지 않은 개』는 같은 날 한국어판이 나왔다. 두 권의 인연은 여기서 그치지 않는다. 두 권은 뒤표지날개를 통해 상대방을 알린다. 『걸어다니는 부엉이들』의 내용은 『개가 되고 싶지 않은 개』 뒤표지날개에 있는 소개글로 대신한다. "팔리 모왓이 들려주는 또 한 조각의 추억 속에는 걸어다니는 부엉이 월과 윕스가 있다. 심한 폭풍에 엄마와 형제들을 모두 잃고 혼자 살아남은 겁없는 새끼 부엉이 월과, 기름범벅이 된 채 동네 아이들에게 괴롭힘을 당하며 극단의 공포를 경험한 윕스. 두 부엉이는 서로 너무나 다르지만 그래서 더 멋진 환상의 콤비가 되어 모왓 가족에게 기쁨을 준다."

모왓의 책 가운데 맨 먼저 우리말로 옮겨진(이것은 사실이 아님) 『울지 않는 늑대』는 "어느 해 여름부터 이듬해 여름까지" 그가 "겪은 일들을 바탕으로 한 이야기다." 또한 "삶을 이해하는 데 유머가 차지하는 역할이 지극히 중대하다는" 모왓의 소신이 고스란히 담겨 있는 책이기도 하다. "내 '본연의' 임무는 보다 공적인 특성을 띤 것으로 바뀌어 있었다. 그 몇 달 동안 실제로 나는 부빙浮氷을 타고 북극점 주의를 떠다니며 마찬가지로 부빙에 떠다니는 러시아인들을 정찰했다는 것이었다. 내게 있던 곡물 알코올 두 깡통은 보드카로 알려졌다."

모왓은 캐나다 자치령 야생생물보호국 소속으로 늑대 프로젝트를 수행하는 탐사대원이지만, 이런 식의 오해는 드문 일이 아니다. 특히 그가 지닌 물품에 대한 허드슨 만 연안의 처칠 시 주민들의 넘겨짚기는 말이다. 프랑스 혁명 2주년 기념행사장에서 여인들의 치마 속을 훔쳐보려고 높은 관람석 아래쪽에 숨어든 두 얼간이의 요깃거리 등속은 성난 군중에 의해 테러 장비로 둔갑한다.

"이 소문이 급속하게 사람들의 입을 타고 퍼지자 음식을 넣어 두었던 바구니는 화약통이 되었다. 또 와인을 담았던 병은 기름이거나 가연성 액체로 탈바꿈해 두 사내가 행사 건물에 불을 지르려 했다는 이야기로 번져나갔다."(『보이는 것, 보이지 않는 것, 그리고 추한 것— 바라보기』, 11쪽)

무엇보다 『울지 않는 늑대』는 뛰어나고 흥미로운 야생동물 탐사보고서다. 하지만 "불행히도 늑대는 다른 종에게 위협을 주지 않으며, 인간에게 위험하지 않을 뿐더러 경쟁자가 되지도 않는다는 나의 주된 주장은 대체로 받아들여지지 않고 있다."(1993년 판 「작가의 말」) 팔리 모왓이 관찰한 '조지' 일가의 습성, 그중에서도 '조지'와 '앤젤린'의 부부애는 인간보다 낫다.

"'죽음이 우리를 갈라놓을 때까지'라는 혼인 서약 구절이 인간들에게는 한낱 조롱거리일 뿐이지만, 늑대에게는 하나의 단순한 사실이다. 늑대는 엄격한 일부일처

주의자이다. 비록 내가 이것을 반드시 탄복할 만한 특성이라고는 생각하지 않지만, 이 사실은 우리가 늑대에게 부여한 무절제한 난잡함이라는 평판이 꽤 위선적인 것임을 보여준다."

모왓이 위계질서가 뚜렷한 야생생물보호국 상관의 눈 밖에 나 북위 66도에서 북위 60도 언저리 사이의 아북극亞北極 불모지대에 특파된 것은 그곳의 늑대 분포를 파악하기 위해서다. 그의 주된 임무는 늑대들이 순록 무리에 얼마나 큰 해를 끼치는지 구체적인 증거를 확보하는 거였다. 그런데 캐나다 누나부트 준주 키웨이틴 지역에 서식하는 늑대의 주식主食은 순록이 아니었다. 키웨이틴의 늑대들은 쥐를 주로 먹는다. 그곳의 늑대는 물고기도 먹었다. 순록은 늑대가 이따금 맛보는 별식이었다. 외려 늑대와 순록은 공생관계에 있다. 모왓은 이누이트인 우텍의 말을 빌려 이를 강조한다.

"순록이 늑대를 먹여 살려. 하지만 순록을 튼튼하게 만들어주는 건 늑대야. 늑대가 없다면 순록도 금방 없어져버릴 건 뻔한 사실이야. 나약함이 퍼져서 모두 죽을 테니까." 그러면 캐나다의 순록을 1930년 약 400만 마리에서 1963년 17만 마리 아래로 떨어뜨린 주범은? "늑대는 절대 재미로 죽이지 않는다. 아마 늑대와 사람을 가르는 중요한 차이점 중 하나일 것이다."

『안 뜨려는 배』는 뉴펀들랜드의 작은 어촌 머디홀에서 큰 항구가 있는 대도시 몬트리올까지 "2,253킬로미터의 사투"를 담은, 때로는 짠한 사연이 우리를 숙연하게 하지만, 요절복통 항해기다. 동료 선원 여럿이 해피 어드벤처 호를 거쳐 가나, 팔리 모왓은 줄곧 그 배를 지킨다. '대항해'용 배를 마련하는 것부터 쉽진 않았다. 모왓은 어렵사리 모왓 일행의 지불능력에 맞는 배를 찾는다. 덥석 구입하긴 했어도 그 배는 손볼 데가 아주 많았다.

결국 배를 만든 이에게 개보수를 맡긴다. 4년 전 그 배를 만든 장본인과의 첫 만남에서 모왓은 이 배의 선

주들이 그에게 바가지를 씌웠다는 사실을 알게 된다. "내가 건넨 뱃값을 말해 주자 그는 흥분을 가라앉히지 못하다가 럼주를 딱 절반 비우고서야 겨우 진정했다. 겨우 숨을 다시 쉬면서 그가 소리쳤다. '이런 도적넘들! 나는 그 도적넘들한테 200달러에 맹글어 줬는데!' 그 소리에 나는 술을 뺏어 들고 나머지 반을 깨끗이 비워 버렸다."

캐나다의 가장 동쪽에 위치한 한반도 절반 크기의 뉴펀들랜드 섬은 남미 최남단의 티에라 델 푸에고 섬을 떠올린다. 섬의 면적과 항구 숫자는 크게 차이나지만, "나른하고 정다운 풍경이었다. 그것은 수세기 동안 그랬던 것처럼 그 큰 섬의 들쭉날쭉한 해안에 아직도 붙어 있는 1,300개에 이르는 항구의 그것과 다를 바 없는 풍경이었다."(39쪽) 후한 인심 또한 다를 게 없다. "선장 아저씨, 저 땜에 아침 시간 베려 뻐렸으면 어쩌지요?"(58쪽) "머디홀의 어민들은 하나같이 인정 많고 넉넉했다."(94쪽) "뉴펀들랜드 어민들의 친절함은 겪어 보지 않으면 그 진가를 알 수 없다."(128쪽) "뷰린인렛 사람들은 우리가 살아온 차가운 세상에서는 거의 찾아보기 힘든 이들이었다."(155쪽)

다만, 모왓이 뉴펀들랜드에서 겪은 친절 사례 네 가지 중 하나는 그의 첫 번째 동료에게 불가촉천민 취급을 받고 있다는 느낌을 주었다. 요절복통 항해기에 대해 말하자면 끝이 없으리라! 하여 나는 그럴듯한 평가를 발견하면 굳이 이를 변조하거나 각색하는 수고를 아끼는 나의 오랜 관행에 따라 한국어판 뒤표지에 인용된 어느 외국 언론사의 시각을 그대로 옮긴다. "정말 대단한 유머다. 너무 웃기고 때로는 감동적인, 사랑 이야기에 대한 찬가다. 더 멀쩡하고 둔한 사람들은 분명코 팔리Farley를 멍텅구리Folly라 부를 것이다."

덧붙임 어느 제보자에 따르면, 〈울지 않는 늑대〉는 모왓의 첫 번째 한국어판 번역서가 아니다. 적어도 1970년대 '삼중당문고'로 〈개가 되고 싶지 않은 개〉가 먼저 나왔다. 내가 갖고 있는 〈삼중당문고 목록(1980. 1. 현재)〉을 보면, 〈개가 되고 싶지 않은 개〉는 '삼중당문고' 209번이다. "한 마리의 잡종 명견 '메트'를 통하여 인간의 자기개조의 가능성을 제시한 이색적인 우화형식의 문제작"이라고 설명하고 있다. 저자 이름은 "F. 모와트"라 돼 있다. 아무튼 위 글의 한국어판 출간 순서는 2000년대를 기준으로 한다. 그나저나 처음 번역됐다는 말은 함부로 하면 안 된다.

팔리 모왓의 책

잊혀진 미래– 사슴 부족 이누이트들과 함께한 나날들 장석봉 옮김. 달팽이 출판, 2009.
개가 되고 싶지 않은 개 곽영미 옮김·임연기 그림. 북하우스, 2005.
걸어다니는 부엉이들 곽영미 옮김·임연기 그림. 북하우스, 2005.
울지 않는 늑대 이한중 옮김. 돌베개, 2003.
안 뜨려는 배 이한중 옮김. 양철북, 2009.

페르난도 사바테르
Fernando Savater
1947-

윤리와 정치란 바로 이런 거라네

윤리와 도덕은 필자의 주요 관심사 가운데 하나다. 그렇다고 필자가 '도덕가'연하는 건 아니다. 윤리·도덕과 관련한 필자의 정체성을 살피던 중 에리히 케스트너에 대한 평전에서 그 해답을 얻었다. 필자는 '모럴리스트'에 가까운 부류다. 필자는 윤리책에도 관심이 많다. 이것 역시 문자향文字香 짙은 '수신서修身書'나 예전의 '국민윤리' 교재는 해당 사항이 아니다.

스페인의 철학자 겸 작가인 페르난도 사바테르의 『청소년을 위한 이야기 윤리학』(웅진닷컴, 2005)은 필자가 원하는, 필자 입맛에 딱 맞는 그런 윤리책이다. 사바테르는 책머리에서 "이 책은 청소년을 위한 윤리학 참고서가 아니"라고 말한다. "역사상 가장 중요한 도덕 이론이나 이를 대표하는 인물들에 대한 내용을 전혀 담고 있지 않"아서다.

또한 우리가 일상에서 만나는 쟁점들에 대해 도덕적인 해답을 제시하지도 않는다. 그는 "윤리학이 어떤 쟁점에 대하여 대답해줄 수 있다고 믿지 않는다." 윤리학은 토론의 시작을 돕는 촉매여야 한다는 것이다. 따라서 "이 책의 목표는" 사바테르의 윤리(학)관에 맞아떨어진다. 그것은 "'올바르게' 생각하는 시민을 만들어내는 데 있는 것이 아니라 스스로 생각하는 사람들의 정신적 건강을 돕는 데 있다."

사바테르는 "이 책은 결코 책 이상의 것이 되고자 하지 않는다"고 말한다. 또 "이 책은 개인적이고 주관적이"며, "자라나는 이들을 위한 것이기에 아마도 그들을 가르치는 이들에게는 새로운 것을 그다지 많이 알려주지 못할" 거라 덧붙인다. 겸손의 말이다. 책의 말미에서 사바테르는 비트겐슈타인을 인용하면서 "이 책을 막 끝낸 지금 무언가를 날려버리는 폭발 소리는 전혀 들리지 않고 내가 사랑하는 낡은 책들도 유감스럽게도 원래의 모습 그대로 서재의 서가에 꽂혀 있다"고 너스레를 떨지만, 이 또한 겸양의 표현이다.

필자가 읽은 바로는, 이 책만 한 윤리학 책을 아직 접하지 못했다. 적어도 윤리학에 대한 새로운 인식을 틔우는 점은 출중하다. 원제목(『Etica Para Amador』아마도르를 위한 윤리학)이 말하듯, 책은 아버지가 아들에게 이야기를 들려주는 형식을 취한다. 그럼 지금부터 아마도르의 아버지, 사바테르의 윤리학 이야기에 귀를 기울여 보자.

그런데 사바테르는 프롤로그에서 좀 세게 나온다. 독자의 기를 죽이려는지, 아니면 무장을 해제시키려는지. 예화로 소개된 그의 친구가 겪은 일은 섬뜩할 정도다. '아이들의 최고의 친구'임을 자부하는 아버지들에게도

한 방 날린다. "내가 만일 다시 열다섯 살이 된다면 너무 많이 공감하려고 하는 어른, 나보다 더 젊어 보이려 하는 어른, 내가 옳다고 말해주는 모든 어른을 믿지 않을 거다."

그러면서 아들에게 '너희 젊은 친구들이 최고야' 하거나 '나도 너희처럼 젊다고 느낀단다' 또는 이와 비슷한 헛소리를 지껄이는 어른을 조심하라고 충고한다. "그처럼 많은 아첨에는 항상 다른 의도가 숨어 있는 법이다. 올바른 아버지나 선생님은 어느 정도 성가실 수밖에 없는 거란다. 그렇지 않다면 그는 아무짝에도 쓸모가 없는 사람이다."

사바테르가 말하는 윤리학의 핵심은 '자유', 곧 '네가 원하는 일을 하는 것이다.' 사바테르는 먼저 자유의 성격 두 가지를 설명한다. "첫째로, 우리는 우리에게 일어나는 일을 자유로이 선택할 수 있는 것이 아니라 우리에게 일어나는 일에 이렇게 혹은 저렇게 대응할 수 있다는 점에서 자유롭다." 둘째로는 "어떤 것을 시도하는 자유는 그것을 확실히 이루는 것과는 무관하다."

다시 말해 자유는 이런 것이다. "내 의지에 달려 있는 일들이 있지만(이는 자유롭다는 것을 의미한다) 모든 일이 내 의지에 달려 있는 것은 아니다(그렇지 않다면 나는 전지전능할 것이다)." 아마도르가 매스미디어의 영향과 정치인의 술책에다 테러리즘의 위협, 여기에다 돈까지 없는데 어찌 자유로울 수 있겠느냐는 사람들의 한탄을 접할 거라 예상한 사바테르는 그의 아들에게 다음과 같이 조언한다.

네가 조금만 주의를 기울인다면 한탄하는 듯이 말하는 그 사람들이 실제로는 그들이 자유롭지 못하다는 것에 매우 만족하고 있다는 사실을 확인할 수 있을 게다. 그들은 속으로 이렇게 생각하고 있다. '휴, 큰 짐을 덜었군! 자유롭지 못한 덕분에, 일어나고 있는 일들에 대해 책임지지 않아도 되잖아.'

사바테르는 "우리가 행하고 있는 일에 주의를 기울여 우리로 하여금 올바르게 행동할 수 있도록 해주는 삶의 지혜 혹은 삶의 기술을 윤리학이라고 부른다." 그런데 윤리학이 다루는 가장 근본적인 문제로서의 자유는 "결단을 내리는 것을 의미한다." 그리고 "자유는 자신을 충동에 내맡기는 것과 완전히 반대되는 것이다." 이와 관련해 사바테르는 아들에게 이런 충고를 한다. "자신을 충동에 내맡기지 않으려면 네가 무엇을 원하는지를 적어도 두 번은 곰곰이 생각해야 한다. 그래, 아무리 머리가 아플지라도 적어도 두 번은."

또한 "윤리학은 더 나은 삶을 살려는 이성적 시도 외에 아무것도 아니다." 그런데 "인간으로서 산다는 것은 무엇보다도 다른 사람들과 관계를 맺는다는 것을 의미"하기에, "인간화는(우리를 우리가 원하는 것, 즉 인간으로 만들어주는 것은) 언어와 마찬가지로 상호적인 과정이라는 것이다." 이 대목에서 사바테르는 양손에 물건을 들고 있어 가려움을 참아야 하는 상황을 상정한다. 나는 이걸 양손이 자유로워도 손이 닿지 않는 부분은 누군가의 손을 빌려야 한다는 뜻으로 확대해석하고 싶다. 단, 이때 타인의 도움은 '자발적인 등 긁어 주기'여야 한다.

한편 "우리가 진정으로 원하는 멋진 삶이 어디에 있는지를 찾아내는" 것이 윤리학의 목표이고, 참다운 이기주의자가 윤리적 인간이며, "윤리학의 전문 영역은 인간적인 삶을 사는 방법, 인간들 속에서 멋진 삶을 사는 방법에 대한 것이다." 또한 "윤리학의 핵심은 인간의 삶이 가치가 있다는 것, 심지어 삶의 노고조차 가치가 있다는 것을 역설하는 데 있다." 노고가 가치 있는 까닭은 이걸 통해 삶의 즐거움에 이르러서다.

지금 필자는 이 책의 내용을 단순 요약하고 있지만, 책은 분량에 견줘 아주 풍부한 내용을 담았다. 이야기를 풀어가는 사바테르의 탁월한 솜씨 덕분에 책 읽는 재미도 맘껏 누릴 수 있다. 사바테르는 우리가 늘 접하

는 어휘를 독특하게 정의하는데, 그 몇을 보면

"중용은 즐거움과 지적인 우정을 나누는 것이다."

"기쁨이란 삶에 대한 자발적인 긍정이다."

"도덕적으로 미성숙한 것의 반대는 양심을 지니는 것이다."

"책임이라는 말은 나의 모든 행동이 나를 구성하고, 규정하고, 만들어냄을 뜻한다."

쉽게 접하는 어휘는 아니지만, "진정한 이기주의자는 자기 자신을 위해서 최선의 것을 원하는 사람이다."

이 책의 각 장의 말미는 '읽어두면 좋은 글들'이 장식한다. 개별 장의 내용과 관련 있는 인용문 두서넛을 나열하는데, 6장에 놓인 에리히 프롬의 『정신분석학과 윤리학』 발췌문은 『논어』의 구절 '기소불욕 물시어인己所不欲勿施於人'과 일맥상통한다. "다른 사람이 네게 하기를 바라지 않는 행동을 다른 사람에게 행하지 말라는 것이 윤리학의 근본 원칙 중 하나다. 똑같은 자격을 가지고 우리는 이렇게 말할 수 있을 것이다. '다른 사람에게 하는 행동을 너 자신에게도 하라.'" 7장의 본문에는 이를 비튼, 버나드 쇼의 언명이 나오기도. "사람들이 네게 해주었으면 하고 바라는 것을 다른 어떤 사람에게도 행하지 말라. 취향은 가지각색이니까."

책을 마무리 짓는 9장은 윤리와 정치를 다룬다. 이 장에서 사바테르가 말하고자 하는 것은 정치적 현실과 사회적 제약을 핑계 삼아 멋진 삶의 추구를 방기하지 말라는 것이다. 그것들에 굴하지 말라는 적극적인 해석도 가능하다. 그리고 명심할 것. "윤리학은 우리 자신의 삶을 더 낫게 만드는 데 기여하는 것이지 이웃사람들을 뛰어난 말솜씨로 비판하기 위해 있는 것이 아니다."

이 책은 『꿈이 있는 십대는 바람처럼 자유롭다』(중앙일보사, 1994)는 제목으로 나왔었다. 모르긴 해도 첫 번역이 널리 읽힌 것 같진 않다. 길쭉한 포켓판형이 뻘쭘한 게 손길을 덜 탔을지 싶다. 게다가 나는 어떤 책을 읽어

마땅한 때가 있다기보다는 그 책이 읽힐 적절한 시기가 있다고 생각한다. 이 책의 경우 지금이 그럴 때다. 또한 새로운 번역, 무엇보다 새로운 편집의 신판이 한결 잘 읽힌다. 구판은 구하기도 어렵지 않은가.

헌책방에서 구입한 『정치가 뭐길래』(진미디어, 1996)는 재출간해야 할 책이다. 이 책의 원제는 'Politica Para Amador' '아마도르 시리즈' 또는 '이야기 윤리학'의 속편으로 볼 수 있다. '더 읽어볼 글귀 몇 토막'이 들어있는 식의 구성이 같은 데다 윤리에 대한 언급으로 말문을 여는 것은 이어달리기의 바통 주고받기를 연상시킨다.

윤리란 어디까지나 개인적인 관점에서 각자 주어진 순간마다 더 나은 삶을 살기 위한 방식일뿐, 그것을 남한테도 최고로 만족스러운 삶의 방법이라고 설득할 수는 없단다. 그러니까 윤리에서 중요한 것은 결국, 각자 자기 자신과 화합해서, 바로 지금 여기서, 행동을 취하는 지혜와 용기를 갖는 거라고 말할 수 있지.

'이야기 윤리학'의 표어가 "네가 원하는 일을 해라"라면, 이 책의 핵심어는 "바보가 되지 말라"이다. 다른 점이라면 이번에는 사바테르가 그의 아들에게 좀더 주의를 요구한다는 것이다. "이 책은 결코 가벼운 내용이 아니야. 나는 이 책을 쓰면서 조금도 양보하지 않았다. 그러니까 좀더 주의를 기울여다오." 독자들께서는 걱정마시길. 한국어판 서문에서는 "이 책은 아주 쉽고 간단명료한 책"이라 자평하니까.

그래도 전편과 속편의 비슷한 점이 더 많다. 일례로 '진짜 사회적인 사람'은 '진정한 이기주의자'와 같은 맥락을 지닌다. "진짜 사회적인 사람들은 너무 지나치지 않을 정도로 적당히 사회에 참여하는 사람들이야." 사바테르가 "복종하는 이유와 복종하지 않는 이유를 모두 다 합한 총체"로 보는 '정치'의 목적은 "투쟁을 진정

시키고, 종합 및 분류하여 하나의 요식행위로 만들어 버리는" 것이다.

페르난도 사바테르의 한국어판 두 권은 청소년용이다. 그렇지만 어른이 읽기에도 부족함이 전혀 없다. 오히려 적극 권장할 만하다. 늦게라도 자신이 원하는 일을 하고 싶고, 바보가 되고 싶지 않은 분께는 더욱. 그리고 사바테르의 미번역서가 속속 우리말로 옮겨지면 좋겠다. 사바테르는 유머를 강조하는데 『정치가 뭐길래』의 커버 표지 사진을 보면, 외모부터 좀 웃기게 생겼다. 당사자여, 무례를 용서하시라!

페르난도 사바테르의 책

일곱가지 원죄 - 사탄의 변명 김현철 옮김, 북스페인, 2009.
십계와 21세기 - 하느님의 명령을 기억하라 김현철 옮김, 북스페인, 2006.
청소년을 위한 이야기 윤리학 안성찬 옮김, 웅진닷컴, 2005.
꿈이 있는 십대는 바람처럼 자유롭다 민용태·민용재 옮김, 중앙일보사, 1994.
청소년을 위한 이야기 정치학 안성찬 옮김, 웅진씽크빅, 2006.
정치가 뭐길래 진인혜 옮김, 진미디어, 1996.

페터 회
Peter Høeg
1957-

스밀라의 세계로의 초대

이제 '재출간'은 한때의 유행이나 추세를 넘어 하나의 출간 장르로 굳어졌다. 재출간물이 새로운 독자의 호응을 얻으려면 두 가지 조건을 충족해야 한다. 책의 내용이 좋아야 하는 건 기본이고, 신판은 구판에 비해 뭔가 달라야 한다. 덴마크 작가 페터 회의 장편소설 『스밀라의 눈에 대한 감각』은 그런 조건을 두루 갖췄다.

이 소설은 『눈에 대한 스밀라의 감각(상·하)』이라는 제목으로 번역된 바 있다. 그러니까 새 판은 제목과 책

의 체재와 번역자, 그리고 출판사가 바뀐 셈이다. 제목은, 낱말의 순서를 바꿨을 뿐이지만, 그것이 주는 느낌은 사뭇 다르다. 신판을 찍은 출판사는 제목을 살짝 바꾸면서 구판을 펴낸 출판사의 양해를 구했다고 한다.

하지만 무엇보다 『스밀라의 눈에 대한 감각』은 기본이 탄탄하다. 이 소설은 움베르토 에코의 『장미의 이름』에 필적하는 아주 매혹적인 작품이다. 추리소설의 기법과 장치를 활용하면서도 수학 이론을 곁들여 '학술소설'이라 불리기도 한다. 또한 작가의 역사와 사회에 대한 관심이 녹아 있다.

소년 이사야의 죽음은 단순사고사로 처리된다. 이사야가 발견된 사고현장에서 스밀라는 뭔가 찜찜한 구석을 직감한다. "나는 갑자기 누가 이사야에게 손을 댔는지 알아야 할 것만 같은 느낌이 들었다." 그녀는 '수호천사' 엘사 뤼빙의 도움을 받으며 수리공 페터 푀일과 함께 소년의 죽음을 파헤치기 시작한다. 양파껍질이 벗겨지듯 이사야의 죽음에 얽힌 사연이 하나씩 드러나면서 사건의 실체가 밝혀진다. 하지만 뒷마무리는 분명치 않다.

"'우리에게 말해 줘'라고 사람들이 내게 와서 말할 것이다. '그래야 우리가 문제를 이해하고 끝맺을 수 있잖아'라고. 사람들은 잘못 생각하고 있다. 우리가 끝맺을 수 있는 것은 우리가 이해할 수 없는 것들뿐이다. 결코 결론이란 존재하지 않는다."

이 소설은 스토리라인을 따라잡는 일이 부차적일 정도로 내용이 풍부하다. 주인공의 신상명세부터 살펴보자. 수사당국이 대수롭지 않게 여기는 사건을 해결하려고 나선 스밀라 카비아크 야스페르센은 누구인가? 그녀에게는 그린란드 원주민의 피가 흐른다. 또 그녀는 눈에 대한 탁월한 감각을 지녔다. "나는 눈이나 얼음을 사랑보다 더 중하게 여긴다."

스밀라는 직선적인 성격이 아니다. 그녀가 좋아하지 않는 것의 목록에선 그녀의 성격의 일단이 드러난다.

스밀라는 낯선 이와 말하는 것, 무리를 지어 일하는 덴마크 일꾼, 무리지어 있는 남자, 전화에 대고 이야기하는 것 따위를 좋아하지 않는다. 그러나 "전화 대화가 상상할 수 있는 최악의 의사소통 방법이라는 말은 전적으로 사실이 아니다. 결국에는 보안 인터콤이 훨씬 더 나쁘다." 그녀는 사람을 보고 말하고 싶어 한다.

운전면허증이 없는 스밀라는, 어찌 보면 당연히, "차의 종류에 대해서는 전문가가 못된다. 나로 말하자면 세상의 모든 차들을 압축분쇄기로 짜부러뜨린 뒤 성층권 너머로 날려보내서 화성의 궤도 위에 올려놓는다고 해도 상관없다. 물론 택시는 필요할 때 마음대로 쓸 수 있어야 하겠지만." 스밀라는 강건하고 아름다운 매력이 넘치는 여자다. 무엇보다 나는 그녀의 독서 취향에 호감이 간다.

"우리는 칼 마르크스의 『자본론』을 읽었다. 나는 그 책을 정말 좋아하게 되었다. 그 책에 표현된 여성적 공감은 전율을 불러일으켰고 분노는 설득력이 있었다. 단순히 변화를 일으킬 의지만 있다면 우리가 얼마나 많은 것을 성취할 수 있는지에 대해서 그처럼 강력한 신념을 가진 책을 그 외에는 알지 못한다."

나는 스밀라의 매력 포인트로 추가하고 싶은 게 하나 있다. 바로 개를 싫어하는 거다. "결코 극복하지 못할 개 공포증을 가지고 태어나는 사람들이 있다. 나도 그런 사람 중의 한 명이었다." 나는 후천적인 개 공포증이 있다.

한편, 덴마크 경찰이 작성한 신상보고서에 나타난 그녀의 모습은 양면적이다. 37세의 스밀라는 민간 탐사단이 극지 탐험에 반드시 데려가야 하는 유능한 항법사이자 한랭수 연구자들이 인정하는 얼음에 관한 전문가다. 경찰 또한 그녀가 야망과 재능으로 잘 관리해온 특출한 자질을 지닌 "아주 독립적인 젊은 여성"이라는 점을 인정한다.

반면, 어린 시절 그녀는 가출을 반복했고, 초등학교

에서 여러 차례 쫓겨났다. 20대 후반에는 급진적 마르크스주의에 입각한 단체에 가입하여 정치활동을 하기도 했다. "실업중에 있고, 가족도 없는. 무슨 일을 하든 간에 갈등을 일으키는 사람이죠. 결코 어딘가에 적응할 수 없는 여자. 공격적이고요. 정치적으로 극단적인 두 입장을 왔다갔다 했죠."

"툴레 공군 기지가 설립된 이래로, 각 비행기가 그린란드로 싣고 갈 수 있는 민간인 승객 수에는 제한이 있었다. 모든 승객들이 정보기관에 루터교 교회에서 견진 세례를 받았는지, 좋은 집안 출신인지, 이데올로기적으로 동부에서 유래한 공산당 열기에 면역이 되었는지에 대해 조사할 시간을 주기 위해서였다."

덴마크의 그린란드 식민정책과 덴마크 주류사회의 이념 지향성을 짐작하게 하는 대목이다. 그린란드는 알래스카와 마찬가지로 자살률이 높다. 하지만 그린란드의 이누이트들은 알래스카의 에스키모와 인디언 원주민보다 심각한 이중고를 겪었다. 그린란드에 대한 덴마크의 식민통치가 가혹했기 때문이다. 덴마크 정부의 "그린란드에 대한 오래되고 무자비한 식민 정책은" 1960년대가 돼서야 폐지되었다. 덴마크와 그린란드의 주종관계는 영국과 아일랜드, 일본과 조선의 제국주의와 피식민지 관계의 판박이다. 공교롭게도 그린란드가 과거의 우리를 말한다면, 덴마크는 요즘 우리의 실상을 보여준다.

"북부 그린란드에서 사람들은 아주 가깝게 산다. 한 방에서 여럿이 잔다. 언제나 모든 사람들에 대해 보고 들을 수 있다." 이 소설은 덴마크 사회가 위계적이고, 특정 업계에선 이면계약이 차고 넘친다고 표현한다. 우리의 피상적 인식과는 많이 다르네! 작중인물의 분류를 통해 그려진 덴마크 사회의 단면은 꽤 시사적이다.

"부분적으로는 얼음으로부터 해방되려고 몸부림을 쳐왔던 사람들로 이루어진 덴마크.

로옌과 안드레아스 리크트. 다른 형태의 욕망에 의해서 내몰린 사람들.

엘사 뤼빙, 레어만, 라운. 회사와 의료직과 정부 기구에 대한 신념이 그들의 힘인 동시에 딜레마가 되어버린 사람들. 그렇지만 동정심에 의해서, 기벽에 의해서, 혹은 이해할 수 없는 이유에 의해서 자신의 충성심에서 빠져나와 나를 도와준 사람들.

라너. 부유한 사업가. 흥분과 수수께끼 같은 감사의 마음을 따라 행동하는 사람.

수리공은 숙련된 일꾼이고, 노동자다. 율리아네는 쓰레기다. 그리고 나, 나는 누구지?"

『스밀라의 눈에 대한 감각』에는 작가의 경험과 관찰, 철학과 성찰이 빛나는 주옥같은 구절이 수두룩하다. 그 가운데 몇을 골랐다.

"극지방에서 동정은 덕목이 아니다."

"이해하고 싶다는 것은 잃어버린 무언가를 되찾고자 하는 시도다."

"남의 말에 귀 기울일 줄 아는 사람은 아주 적다."

"사람들은 시계를 도구로 삼아 서로의 삶을 묶는다."

"침묵을 지키는 것 또한 하나의 기술이다."

"산업항에는 뭔가 정직한 구석이 있다."

나는 이 소설에서 소년 이사야를 고소공포증 환자로 설정한 것을 눈여겨보았다. 나도 고소공포증이 있어서다. 경찰전문학교 뒷산으로 초등학교 1학년 소풍을 다녀올 때, 지금은 철거되고 없지만, 부평역 철로 위를 가로지른 엄청난 높이의 육교를 지나던 기억은 참으로 아찔하다. 그렇다고 내 상태가 한 달에 한 번 고소공포증이 심해지면 "이틀 동안 기저귀를 차고" 다닐 정도는 아니었다. 하지만 이사야의 평상시 증상과는 꽤 비슷했다.

"그 애는 2층까지 뛰어올라가곤 했었죠. 그렇지만 거기서부터는 눈을 꼭 감고 두 손으로는 난간을 잡고서 기어올라갔어요. 그 광경을 그려보세요. 매일 건물 안 계단 위에서요. 이마에 땀이 맺히고, 무릎은 후들후들

떨면서 말이죠. 2층에서 4층까지 가는 데 5분이나 걸렸죠. 그 애 엄마는 이사올 때 1층에 아파트를 얻으려고 했었어요."

초등학생인 나는 때때로 계단을 오르내리는 것이 두렵고 고통스러웠지만 나만 그러는 줄 알고 어디에 하소연도 제대로 못했다. 커가면서 고소공포증이 다소 나아졌지만 요즘도 높은 곳에 오르면 이따금 눈앞이 아찔하다. 고소공포증의 실체를 인정하고, 그것에 시달리는 어린이에게 관심을 기울였으면 한다.

페터 회의 세 번째 장편소설의 한국어판인 『여자와 원숭이』는 그 책을 펴낸 출판사와 같은 계열의 출판사를 통해 『에라스무스, 사랑에 빠지다』라는 제목으로 다시 나왔다. 『에라스무스, 사랑에 빠지다』는 "사랑, 자유, 인간성의 본질에 대해 날카로운 질문을 던진 종을 넘어선 사랑이야기다." 특기할 것은, 신판의 표지와 1998년 12월 20일에 쓴 '옮긴이의 글'에 있는 페터 회의 대표작의 제목이 『눈에 대한 스밀라의 감각』이 아니라 『스밀라의 눈에 대한 감각』이라(으로 바뀌었다)는 점이다. 독자의 호응은 힘이 세다.

페터 회의 책

콰이어트 걸 박산호 옮김, 랜덤하우스, 2010.
경계에 선 아이들 박현주 옮김, 뿔, 2009.
스밀라의 눈에 대한 감각 박현주 옮김, 마음산책, 2005.
눈에 대한 스밀라의 감각(상·하) 정영목 옮김, 까치, 1996.
에라스무스, 사랑에 빠지다 황보석 옮김, 청미래, 2006.
여자와 원숭이 황보석 옮김, 까치, 1999.

페트라 켈리
Petra Karin Kelly
1947-1992

'잔 다르크'라기보다는 '로자'와 '제인 구달'에 가까운

페트라 켈리는 흔히 잔 다르크에 비유된다. 영국의 환경운동가 새라 파킨은 페트라 켈리가 1980년대 유럽의 "격동의 한가운데에서 늘 해맑은 봄바람을 일으키는 녹색운동의 잔 다르크로 사람들 마음에 새겨져 있다"며, "만약 인류가 앞으로 200년을 더 버틸 수 있다면, 페트라 켈리와 잔 다르크를 아주 닮은꼴의 여성으로 분류하게 될" 거라고 말한다. 아울러 이들에게는 단 하나의 차이점이 있을 뿐이라고 덧붙인다. "잔 다르크가 한 민족을 구하는 싸움의 선봉에 섰던 데 비해 페트라 켈리는 지구상에 사는 모든 생명을 구하는 싸움의 선봉에 섰던 여성이라는 점일 것이다."

거의 처음으로 국내에 페트라 켈리의 삶과 실천을 본격 소개한 단행본인 모니카 스페어의 『녹색혁명가 페트라 켈리』(나남출판, 1994)의 표지에도 "반핵·환경운동의 잔다크"라는 문구가 선명하다. 그런데 이 책의 한국어판 제목으로 먼저 물망에 올랐을 법한 제목에서는 또 다른 비유 대상이 드러난다. 그것은 바로 시몬 베유다. 1994년 2월 28일을 발행일로 하는 이 책에는 1994년 3월 현재 이 책이 속한 총서의 목록이 실려 있다.

그런데 목록에 있는 모니카 스페어의 책은 '나남신서' 311번으로 이 책과 총서 일련번호는 같지만 제목과 번역자는 다르다. 책 뒤쪽 '나남신서' 목록에 있는 제목은 '불꽃여자 페트라 켈리'이고, 한성자·두행숙 번역으로 돼 있다. 환경운동연합 편으로 돼 있는 실제의 책은 번역자 이름은 따로 명기하지 않고 머리말에서 "모니카 스페어의 『페트라 켈리, 경악 속에 등장한 여류 정치가』를 번역한 한성자, 두행숙 두 분 선생님의 값진 노고에 힘입었음을 밝혀 둔다"고 했다.

또한 나남출판의 1996년판 도서목록의 『녹색혁명가 페트라 켈리』에 대한 설명글에서도 시몬 베유의 기운이 읽힌다. "세계가 탈냉전의 시대에 접어들고 환경의 중요성이 절실하게 부각되고 있는 이즈음, 반핵·환경운동의 잔다크 '불꽃여자 페트라 켈리'의 죽음이 정치적 좌절감 때문인지, 바스티안과의 25년 나이 차이를 극복하지 못한 사랑의 좌절감 때문인지, 한 시대를 풍미한 여성운동가의 죽음은 어쩌면 영원한 수수께끼로 우리들의 머리에 남을 것 같다." 어떤 이는 그녀를 '녹색당의 마더 테레사'라 일컫기도 한다.

하지만 필자가 보기에 페트라 켈리는 잔 다르크나 시몬 베유, 테레사 수녀보다는 로자 룩셈부르크와 제인 구달에 더 가깝다. 페트라 켈리가 선뜻 로자를 연상시키는 것은 그녀가 룩셈부르크의 열렬한 '팬'이기도 했지만 로자처럼 비극적인 최후를 맞아서다. 잔 다르크 역시 비극의 주인공이긴 해도 그녀에게는 성스러운 순교자의 이미지가 강하다. 200년 뒤에는 어떨지 모르겠으나 페트라 켈리는 아직은 동시대의 인물이다.

새라 파킨의 『나는 평화를 희망한다』(양문, 2002)와 페트라 켈리의 『희망은 있다— 평화로운 녹색의 미래를 위하여』(달팽이, 2004)는 마치 페트라의 10주기와, 그녀의 삶과 실천을 다룬 최초의 한국어판 출간 10년에 맞춰 번역된 것 같다. 그런 만큼 이 두 권은 그 10여 년 동안의 공백이 가져온 페트라에 대한 증폭된 궁금증을 속 시원히 풀어준다. 그런데 짧게 잡아도 8년 동안(1994-2002)이나 페트라 켈리의 삶과 실천이 한국의 생태·환경 담론과 운동에 시사점을 던질 기회가 없었다는 것은 좀체 이해되지 않는 부분이다. 더구나 그 시기 이 땅의 생태·환경주의는 하루가 다르게 성장하지 않았던가. 1997년 『아름다운 삶, 사랑 그리고 마무리』의 출간

을 계기로 일기 시작한 스콧 니어링 열풍과도 좋은 대조를 이룬다.

페트라 켈리가 우리나라의 환경운동 판에서 환대를 받지 못하고 생태친화적인 독자들에게 호감을 얻지 못한 이유는 크게 두 가지로 추측된다. 먼저 페트라 켈리가 '지나치게' 정치적이어서 그러지 않았을까. 필자는 페트라가 1983년, 독일 연방 의회에 최초로 진출한 녹색당 소속의 27인 가운데 하나라는 것쯤은 알고 있었지만, 그녀가 8년 동안 독일 연방 의원 생활을 했다는 것은 이번에 비로소 알았다. 페트라는 현실 정치인이었다. 이것만으로도 정치와 정치인을 향한 무의식적인 혐오감을 그녀 쪽으로 발동하게 한 건 아닌지.

『나는 평화를 희망한다』만 해도, "한국전쟁은 1955년 종식되었"다는 본문 내용과 그녀가 비폭력 평화운동가의 반열에 든 것이 아니라 "열반에 올라섰다"는 책 날개의 실수가 약간 거슬리기는 하나, 이 책의 가장 큰 실책은 저자의 머리말에 이어, 쓸데없이, 현역 국회의원의 추모사 형식의 추천사를 덧붙인 점이다.

또 하나의 이유는 그녀의 사생활 때문이 아닐까 한다. 필자는 리뷰 대상의 사적인 생활에는 관심이 없을 뿐더러 아예 언급을 꺼리고 있다. 사생활이 공적인 영역과 얽혀 있는 페트라 켈리는 부득이한 경우라고 하겠다. 독일 녹색당은 기존 '정당에 반대하는 정당'을 표방했지만 어느 면에서는 아마추어 운동권 정당의 티를 벗지 못했다. 정치적 동료 간의 연애를 권장하지는 않았어도 묵인 또는 방조한 것은 그 한 예다.

더구나 페트라 켈리는 동년배보다 나이 든 남자에게 집착하는 경향을 보였다. 네덜란드 출신의 유럽연합 위원장 시코 만스홀트와 짧은 만남이 그랬고, 나토군 사령관을 지낸 독일 장성 게르트 바스티안과의 긴 만남이 그랬다. 하지만 결혼하지 않은 처자가 누굴 만나든 무슨 상관이란 말인가. 페트라의 상대 남자는 대부분 기혼자였으니 더 무슨 말을 하랴! 문제는 페트라

의 노년 남자 선호에 권력 지향적 측면이 엿보인다는 것이다.

이와 비슷한 맥락에서 페트라의 생활 원칙 중 하나라는 '맨 위로 곧장 올라가는 일'은, 아무리 좋게 해석하려 해도, 고위층에 줄을 대는 것으로밖에 보이지 않는다. 새라 파킨의 표현대로 "개인이 혁명을 일으키는 일"이 "주저 없이 맨 위로 올라갈 수 있을 때에만 가능한 일"이라면, 전두환 같은 독재자도 얼마든지 혁명가일 수 있다. 그가 하루아침에 야간 통행금지를 없앴듯이, 국가보안법 폐지도 권좌에 오른 파시스트에 의한 그런 식의 시혜로나 가능하다면, 얼마나 끔찍한 일인가. 그건 이미 민주주의가 아니다.

페트라 켈리의 의정 활동에서 가장 이해하기 어려운 대목은 의원의 활동 기간을 제한하는 녹색당의 방침을 어긴 것이다. 녹색당은 독일 연방 의회에 진출하면서 의원 임기 4년의 전반부와 후반부를 다른 사람이 맡기로 했으나 페트라만 의정 활동의 연속성을 내세우면서 이를 지키지 않았다. 새라 파킨은 이와 관련한 정황을 명확히 설명하지 않은 채 페트라에게 온정적인 입장을 취한다. 하지만 수천 명을 살육하고 정권을 잡은 독재자도 연임을 하지 않은 것은 치적이 되는 판이다. 정치인은 약속을 꼭 지켜야 한다.

그래도 새라 파킨의 책은 페트라 켈리의 삶과 실천을 이해하는 데 아주 유용하다. 평전과 전기는 아무리 잘 썼어도 웬만한 자서전을 따라오기 어렵다. 그렇지만 평전과 전기의 주인공과 생전에 교분을 나눈 사람이 제대로 쓴 것은 시원찮은 자서전보다는 한참 윗길에 놓인다. 알리스 셰르키의 『프란츠 파농』(실천문학사)이 그렇고, 새라 파킨의 『나는 평화를 희망한다』가 그렇다.

앞에서 필자는 페트라에 대해 다분히 부정적인 시각을 견지했으나, 이것은 필자의 오해의 산물일 가능성도 있다. 사실 필자는 그녀에 대해 오해 아닌 오해를 했다. 새라 파킨은 페트라 켈리를 미지의 인물로 그

려 다가서는 독자가 오해를 하게 한다. 그런데 책을 읽다 보면, 그 오해는 어느 순간 풀리기 시작한다. 그렇다고 어떤 오해가 풀렸다고 단정적으로 말하기는 곤란하다. 그것은 "침침하고 둔탁한 독일 정치계를 들쑤셔놓을 수 있었던 비장의 요인"이었다는 페트라의 "넘치는 정열과 감성 그리고 무엇보다 거침없는 솔직함"을 체감하기 어려운 것과 같은 맥락이다. 페트라 켈리는 사상가보다는 실천가나 행동가 쪽에 가까운 인물이다.

새라 파킨은 페트라가 1972년 무렵부터 "분명한 페미니스트의 입장을 취하기 시작한다"고 본다. 이 책은 에코페미니즘까지 가진 않더라도 페미니스트적 시각이 곳곳에 있다. 우리말 옮긴이가 "온전함이란 상처 없음이 아니라 치유되었음이라 믿는 에코페미니스트"라 그런지 몰라도 페미니즘적 관점이 묻어나는 대목은 더욱 생동감이 있다.

또 『나는 평화를 희망한다』에서는 독일(인)의 특성에 관한 직간접 인용이 눈길을 끈다. 30년전쟁이 '현대 독일의 실존적 재앙의 뿌리'라는, 콜 수상 재임 때 역사 고문 노릇을 했던 보수적 역사학자 미하엘 슈튀르머의 인식은 그 하나다. 이는 독일인의 '불안증', 곧 머지않아 재앙이 닥칠 것 같아 안절부절못하는 심리적인 성향은 1616-46년에 치러진 30년전쟁의 기억으로 거슬러 오른다는 진단이다. 여기에다 슈튀르머는 이런 견해를 덧붙인다.

독일인의 지독한 엄밀성 역시 여기서 비롯되었다. 우리는 뭐든 정확하게 예측할 수 있어야 한다. 앞으로 일어날 일의 방향을 인간 능력으로 가능한 한 모두 계산해 놓아야만 직성이 풀리는 성향을 갖게 되었다.

독일 녹색 정치 운동의 일원이자 페트라의 책을 펴낸 출판사의 대표이기도 한 프라이무트 두베가 분석한 독일인의 티베트 선호 심리도 흥미롭다.

두베의 말에 따르면 독일인들은 이 나라의 묘한 매력에 사로잡히곤 하는데, 이는 꼭 불교나 그 문화에 대한 것이 아니라 바위로 덮인 그 땅이 아마도 세상의 중심일지 모른다는 개념으로, 뭔가 '저 위에 있는 세계' 같다는 느낌 때문에 독일인들은 철학적 혹은 정서적으로 티베트에 대해 진한 동경을 갖는다고 한다. 거기 사는 사람들은 아마 땅과 하느님의 관계를 잘 알 것 같은, 그 땅은 그런 곳이라는 믿음이 있다는 것이다.

『희망은 있다』는 지금으로선 하나뿐인 페트라 켈리의 한국어판 저서다. 내용과 편집이 다소 산만한 것이 아쉽기는 해도 페트라의 육성을 듣는 기회를 제공한다. 이 책과 『나는 평화를 희망한다』는 같은 사진이 여러 장 들어 있는데 어떤 사진은 캡션이 서로 다르다. "1983년 본 연방의회 사무실. 문에 로자 룩셈부르크와 마틴 루터 킹 포스터가 붙어 있다"(『희망은 있다』)보다는 "독일연방의회 입성 직전 브뤼셀 아파트 서재에서, 1983년"이 사진 설명으로 맞는 것 같다.

『녹색 세상을 꿈꾼 여성 정치가 페트라 켈리』(홍당무 글·안창숙 그림, 파란자전거, 2003)는 주로 새라 파킨의 책을 바탕으로 상상력을 약간 가미한 어린이를 위한 페트라 켈리 전기다. 『녹색혁명가 페트라 켈리』에서는 마르크스의 딸들이 작성해 마르크스와 엥겔스에게 받은 설문과 비슷한 질의응답이 이채롭다. 페트라 켈리는 기발하고 익살스럽게 대응한 다른 의원들과 달리 〈프랑크푸르트 알게마이너 차이퉁〉의 질문지에 정직하게 답했다고 한다.

'얼치기 생태주의자'를 자처하면서 나름대로 절박한 심정으로 생태·환경 운동과 담론에 관심을 기울일 적에도 한편으로는 회의적인 생각이 들었지만, 지금은 생태·환경주의가 대안적 철학이나 정치적 대안이 될 수 없다고 생각한다. 그래도 여전히 인류의 바람직한 삶과 앞날을 설계하기 위한 대안적 논의의 하나로는 충분한

의의가 있다고 여긴다.

그리고 페트라 켈리는 전인미답의 분야에 뛰어들어 새 이정표 마련의 정초 작업에 기여했다는 점에서 제인 구달과 같은 위치에 있다고 하겠다. 따라서 페트라 켈리가 빌리 브란트와 함께 현대 독일을 대표하는 정치인이라거나, 유럽 명망가 100인 가운데 한 사람이라거나, 영국신문 〈선데이 타임스〉의 '20세기를 움직인 1000명'에 선정되면서 존 F. 케네디와 나란히 사진이 실렸다는 따위의 대중적 명성은 오히려 부차적인 것이다.

■ 페트라 켈리의 책

희망은 있다- 평화로운 녹색의 미래를 위하여 이수영 옮김, 달팽이, 2004.

■ 페트라 켈리 전기

녹색혁명가 페트라 켈리 환경운동연합 편, 한성자·두행숙 옮김, 나남출판, 1994.
나는 평화를 희망한다 새라 파킨 지음, 김재희 옮김, 양문, 2002.
녹색 세상을 꿈꾼 여성 정치가 페트라 켈리 홍당무 글·안창숙 그림, 파란자전거, 2003.

표트르 알렉세예비치 크로포트킨
Pyotr Alekseyevich Kropotkin
1842-1921

상호부조를 실천하라!

『희망의 근거』(채인택 옮김, 메디치미디어, 2009)를 엮은 사티시 쿠마르와 프레디 화이트필드는 20세기를 "전쟁의 세기"로 규정한다. 다시 말해 20세기는 "인간사회들 내부의 전쟁들과 자연에 대한 전쟁의 세기였다." 또한 "이 두 종류의 전쟁은 서로 무관하지 않다." 돈과 언론과 군대의 힘이 두 종류의 전쟁을 수행하고 지속하는 쪽으로 기울어졌다.

"그럼에도 20세기 내내, 그런 오만의 어리석음을 인식한 개인들이 있었다." 쿠마르와 화이트필드는 '들어

가는 글'에서 20세기 선각자들이 우리에게 기여한 바를 나열한다. 대체로 수긍할 만한 내용이다. 하지만 "그들 덕분에 지금 전 세계적으로 사회정의와 지구정의가 번성하고 있는 것이다"에는 물음표를 할 수밖에 없다. 과연 그러한가?

사티시 쿠마르가 1973년부터 만들고 있는 생태·환경잡지 〈리서전스Resurgence〉에 연재된 선각자들의 약전略傳 가운데 100편을 추린 이 책의 20세기 선각자 인선은 무난하다. 20세기 선각자 100인의 약전을 '사회적 선각자들' '생태학적 선각자들' '영적 선각자들'로 나눠 싣고 있는데, 두 번째 마디에서 다소 의외의 인물이 등장한다.

표트르 알렉세예비치 크로포트킨이다. 약전의 형식에 맞춰 그는 "온화한 무정부주의자"로 호명된다. 그런데 내 눈길은 정통 무정부주의자에게 붙은 '온화한'이라는 수식어보다 역시 약전 형식에 맞춰 크로포트킨 편의 들머리를 장식한 그가 남긴 발언 셋 중 둘에 머문다. 지금이나 100년 전이나, 여기나 저기나!

"법은 사회에 유익하고 설령 법이 없더라도 지켜질 수 있는 관습들, 그리고 소수 지배층에게는 유리하지만 일반 대중에게는 해롭고 오직 공포에 의해서만 준수될 수 있는 관습들을 교묘하게 버무려놓은 혼합물이다."

"언론의 자유, 집회의 자유, 주거 불가침, 그리고 다른 모든 인간의 권리는 그 누구도 그것들을 이용하여 특권 계급에 맞서지 않는 한 존중된다. 특권 계급에 맞서는 데 앞세워지는 날, 그 권리들은 전복된다."

크로포트킨 편을 쓴 콜린 워드는 아나키스트 신문과 잡지 편집자로 일한 영국인이다. 워드는 크로포트킨의 아나키즘과 비정부 사회에 대한 편듦은 러시아 소작인과 중앙아시아 부족사회 사람들을 직접 관찰하면서 생겨났다고 본다. 또 크로포트킨은 어느 사회에서나 사람들은 평등과 상호관계를 기초로 사회단체의 정교한 네트워크를 만들었으며, 그 지역의 약탈자, 군주, 통치자의 대리인 등 위로부터 강요하는 정부가 늘 섬세하게 발달한 조화로움을 파괴한다고 믿었다.

워드는, 그가, "우리 일상의 질에 대한 본질적인 토론을 담은" 크로포트킨의 『밭판, 공장, 그리고 일터Fields, Factories, and Workshops』의 '실물'을 목격한 정황을 공개한다. "이 책은 여전히 크로포트킨의 작품 가운데 가장 널리 번역되고 영향력 있는 책이다. 나는 그들의 작업장과 일터에서 기술을 가지고 그들의 가족을 먹여 살리며, 채소밭과 닭장, 그리고 수리하며 오래 쓰는 습관적 가정 철학을 통해 경비를 아끼는 여러 세대의 장인들의 선반에서 이 책을 보았다."

크로포트킨은 이 책을 통해 외부로부터 들여오는 농산물로는 거대 도시의 엄청난 인구를 감당할 수 없기에 대도시 후미진 곳의 자투리땅을 집중적으로 일궈야 한다고 주장했다. 한편으로 이러한 자급자족을 강조한 것은 우리들 누구나가 두뇌노동과 육체노동을 병행할 수 있다는 사실을 증명하기 위해서였다. 워드는 학교 교육에 대한 크로포트킨의 생각을 인용한다.

"아이들은 학교에서 추상적으로 배운 것을 적용하길 원하는데, 교육자들은 멍청하게도 학생들이 배운 것을 실제로 지각할 수 있도록 도와줄 이 방면으로 얼마나 큰 도움을 찾아줄 수 있는지를 모른다. 우리 학교에서 모든 교육은 전쟁을 위해 우리를 훈련시키는 데 집중되었다. 우리는 그와 같은 열정을 철도를 놓고, 통나무집을 짓거나 정원이나 들판을 경작하는 데 썼어야 했다."

'온화한 무정부주의자'

『크로포트킨 자서전』은 아우구스티누스의 『참회록』, 루소의 『고백록』, 괴테의 『시와 진실』, 『안데르센 자서전』과 더불어 세계 5대 자서전으로 꼽힌다. 『크로포트킨 자서전』은 이런 손꼽힘에 값한다. 나는 『크로포트킨 자서전』을 읽으면서 어떤 장편소설보다 더한 재미와 감동을 받았다. 백문불여일독百聞不如一讀!

귀족 가문에서 태어나 근위학교를 다니고, 장교로 임관해 시베리아에서 복무하며, 지리학자로서도 뛰어난 업적을 남긴 그의 생애가 극적으로 전개된다. 다음은 시베리아에서의 군 생활을 마치고 상트페테르부르크로 귀환해 벌인 '이중생활'을 묘사한 대목이다. "나는 가끔 고급 저택이나 동궁에서 저녁 식사를 한 후에 먼 교외에 있는 가난한 학생의 하숙집에 들러 좋은 옷을 벗고, 농민 부츠와 양가죽 옷을 입고는 길거리에서 농민들과 농담을 하며 빈민가의 노동자들을 만나러 갔다."

『크로포트킨 자서전』에서 가장 극적인 대목은 페트로-파블로프스키 요새에서 탈출하는 장면이다. 여러 사람의 도움에 힘입은 감옥 탈출은 첩보영화의 한 장면을 방불 한다. 매트 리들리의 『이타적 유전자』(신좌섭 옮김, 사이언스북스, 2001) 프롤로그는 이를 간추리는 것으로 시작된다. "그의 동료들이 인근의 마차란 마차는 몽땅 세를 낸 덕분에 거리는 텅 비어 있었다. 탈옥수를 실은 마차는 추격대를 따돌리고 눈 깜짝할 사이에 도시 속으로 사라져 버렸다. 그들은 먼저 이발소로 가서 탈옥수의 수염을 말끔히 밀어버리고, 저녁 무렵에는 비밀경찰이 꿈에도 의심 못할 상트페테르부르크의 최고급 레스토랑에서 만찬을 즐겼다."(『이타적 유전자』 10-11쪽)

"오랜, 아주 오랜 세월 뒤에도 탈옥수는 자신의 자유가 손목시계를 넣어준 여자와 바이올린을 연주한 여자, 마차를 몬 동료와 마차 뒤에 앉아 있던 의사, 그리고 마차가 도주하는 동안 길이 막히지 않게 도와준 여러 친구들의 용기 덕택이라는 사실을 기억했다. 그의 탈옥은 동지들이 힘을 모았기 때문에 가능했다."(『이타적 유전자』 11쪽)

이러한 기억은 진화에 관한 새로운 이론의 도화선이 된다. 크로포트킨의 『상호부조론』은 1888년 토머스 헉슬리가 발표한 '생존경쟁 선언'을 논박하는 성격이 짙다. 『상호부조론』은 크로포트킨의 대표작 중 하나로 간주되나 쓸데없는 오해를 사고 있다. 우선, 매트 리들리는 "이 책은 오늘날 기억하는 사람은 별로 없지만 실로 예언자적 저작"이라며 양가적 감정을 드러낸다.

내 나이 두세 살 무렵 출간된 고전 해설서는 『상호부조론』이 "다아윈主義에 반대해서 進化의 一要因으로서 相互扶助의 重要性을 풍부한 實例에 따라 確證하려 한 것"이라고 하는데, 여기서 '다원주의 반대해서'라는 표현은 논란의 여지가 있다. 크로포트킨은 다원의 기계적 진화론과 속류 다원주의를 문제 삼았다. 『상호부조론』이 재미없고 지루하다는 풍문은 뜬소문에 가깝다. 풍부한 실제 사례가 빡빡하게 느껴질 수는 있다. 하지만 지금도 충분히 흥미를 자아내는 내용들이 없잖다. 마빈 해리스가 『문화의 수수께끼』에서 보여준 것의 선행 작업인 측면마저 있다.

표트르 알렉세예비치 크로포트킨의 책

아나키즘(충북대학교 인문 사회연구총서 8) 백용식 옮김, 개신, 2009.
한 혁명가의 회상– 크로포트킨 자서전 김유곤 옮김, 우물이있는집, 2009.
크로포트킨 자서전 김유곤 옮김, 우물이있는집, 2003.
어느 혁명가의 회상 박교인 옮김, 한겨레, 1985.
상호부조 진화론 구자옥 옮김, 한국학술정보, 2008.
만물은 서로 돕는다– 크로포트킨의 상호부조론 김영범 옮김, 르네상스, 2005.

프란스 드 발
Frans de Waal
1948-

"우리가 그들 중의 하나거나
아니면 그들이 우리 중의 하나다"

필자는 동물을 별로 안 좋아한다. 게다가 애완동물은 딱 질색이다. 물론 필자의 동물기피증에는 나름의 사연이 있다. 천성이 인간을 포함한 모든 동물과 불화를 겪는 듯도 하지만, 열 살 무렵 개한테 다리를 심하게 물리고 나서는 인간 이외의 다른 동물을 좀더 꺼리게 되었다. 개에 물린 상처도 몹시 아팠으나, 개 주인이 내게 처방한 민간요법은 참으로 끔찍했다. 필자를 문 개의 털을 잘라 상처 부위에다 붙여 줬으니 말이다.

어려서 동물에게 해코지당한 경우, 동물과 더욱 친해지거나 아니면 아주 싫어하는 두 가지 양상이 나타난다고 하는데, 필자는 동물과 척지는 쪽으로 고착한 모양이다. 당연히 필자는 동물에 관한 이야기도 별로다. 동물을 다룬 책 역시 마찬가지여서 잘 안 읽는다. 이런 점에서 네덜란드 출신의 영장류학자 프란스 드 발의 책에 심취한 것은 놀랄 일이다. 그건 필시 드 발이 뛰어난 동물행동학자이면서 탁월한 이야기꾼이기 때문인 것 같다.

드 발의 이름을 전 세계 독자에게 각인시킨 『Chimpanzee Politics』는 전인미답의 분야를 개척하여 현대의 고전 반열에 오른 과학교양서다. 고전의 명성과 권위가 세워지는데 얼마간의 시간이 필요한 건 오늘날도 마찬가지다. 이 책의 한국어판 2종은 그런 점을 잘 보여준다.

원제목을 그대로 가져온 『침팬지 폴리틱스─권력투쟁의 동물적 기원』(바다출판사, 2004)의 풍모는 '21세기 뉴 클래식'의 한 권으로 모자람이 전혀 없다. 이 책은 1998년 나온 증보판을 번역 저본으로 한다. 증보판은 권력 투쟁에 대한 애초의 설명을 그대로 살렸고, 새로운 지식의 관점에서 내용을 손보는 한편, 최근의 연구에 초점을 맞춰 주석을 덧붙였다. 아울러 새로운 사진들을 추가하였으며, "아넴 집단에서의 뒤이은 발전 경로를 상세히 기록한 후기를 첨부하였다." 또 데즈먼드 모리스의 초판 서문이 증보판에선 빠졌다.

드 발은 증보판의 주석을 통해 이 책에 대한 세계 각국의 표피적인 수용과 속된 활용을 나무라기도 한다. 언론인들이 니키, 루이트, 이에론 같은 침팬지들을 정치인들과 비교하면서 아넴 동물원에서의 권력투쟁을 정치적 목적으로 악용해왔다는 것인데, "이런 경향은 특히 프랑스의 여러 매체에서 두드러졌다."

그런 경향은 1987년 프랑스의 로셰 출판사가 프랑수아 미테랑과 자크 시라크 사이에서 침팬지가 히죽 웃는 사진을 넣어 이 책의 표지를 꾸미면서부터 본격화한다. 드 발은 이 책의 논점을 흐린 또 하나의 사례로 1983년 하르나크 출판사에서 출간된 독일어판을 꼽는다. 독일어판의 제목은 『우리의 털북숭이 사촌들』이었다.

"두말할 필요도 없이 이런 마케팅적 판단은 이 책의 핵심을 놓친 것이다. 이 책의 논점은 정치 지도자나 유인원을 웃음거리로 만들려는 것이 아니라 인간과 유인원 사이의 근본적인 유사성을 주장함으로써 사람들로 하여금 자신의 행위를 성찰할 수 있게 하기 위함이었다."

한국어판 2종에도 약간의 마케팅적 판단이 개입돼 있다. 증보판 번역서는 미 의회의 뉴트 깅그리치 전 하원의장의 코멘트를 띠지에 새겨 놓았다. "나는 의회 필독서 목록에 수년간 이 책을 올려놓고 있다. 이 책을 읽고 나면 펜타곤, 백악관, 의회가 예전과는 달리 보일 것이기 때문이다." 1982년 출판된 초판을 우리말로 옮긴 『정치하는 원숭이─침팬지의 권력과 성』(동풍, 1995)은 제목과 침팬지의 캐리커처 표지 그림이 그렇다.

『침팬지 폴리틱스』는 네덜란드 아넴에 있는 부르거스 동물원의 대규모 야외 사육장에서 몇 년 동안 침팬지의 집단생활을 관찰하고 연구한 결과를 정리한 책이다. 드 발은 제인 구달이 이정표를 세운 현지조사로는 침팬지 집단 사회 변화의 원인을 파악하기 어렵다고 말한다. 부르거스 동물원은 침팬지 집단생활의 포괄적 연구가 가능한 유일한 곳이다.

드 발은 아넴의 부르거스 동물원에서 진행된 연구에 다음과 같은 의미를 부여한다. "이제껏 우리가 유인원과 인간이 매우 흡사한 부류라고 막연하게 느끼고 있던 사실을 새삼 확인시켜 주었다. 바로 침팬지의 사회구조가 인간의 그것과 매우 흡사하다는 사실이 밝혀진 것이다." 드 발은 증보판의 서문에서 정치학자 해럴드 라스웰의 정치에 대한 정의 ―'누가, 무엇을, 언제, 어떻게 얻는가를 결정하는 사회적 과정'― 를 거론하면서 이 책의 결론을 살짝 드러낸다.

"그의 견해에 따르자면 침팬지들에게도 정치적인 속성이 있음은 의심의 여지가 없다. 인간과 그들의 친척 모두에게 정치라는 과정은 허세, 연합, 고립 같은 전략과 관련되어 있다." 결론에서는 아리스토텔레스가 언급된다. 인간을 '정치적 동물'로 규정한 것이 얼마나 진실에 가까운지 아리스토텔레스도 잘 몰랐을 거라는. 그리고 이어지는 결론.

"우리의 정치적 활동은 인간과 가까운 친척과 공유하는 진화적 유산의 일부처럼 여겨진다. 만일 내가 아넴에서 연구하기 전에 누군가 이와 동일한 이야기를 했다면 너무 교묘한 유추라며 그런 발상을 받아들이지 못했을 것이다. 그러나 아넴에서의 연구가 내게 가르쳐 준 것이 있다면 그것은 정치의 기원이 인류의 역사보다 더 오래됐다는 사실이다."

결론의 맺음 부분은 제인 구달이 『인간의 그늘에서』 묘사한, 일몰 직전 야생 침팬지 데이비드 그레이비어에게 드리워진 그녀의 그림자를 통해 야생 침팬지의 운명을 성찰하는 대목만큼이나 감동적이다. "그러나 수면 아래의 상황은 늘 유동적인 상태이다. 권력의 균형은 매일매일 시험되며, 만일 그것이 매우 취약하다는 사실이 드러나면 도전이 일어나고 새로운 균형이 찾아올 것이다. 결국 침팬지들의 정치도 건설적이다. 인간은 정치적 동물로 분류되는 것을 명예롭게 여겨야만 한다."

이 책은 동물행동학에 관한 정보도 제공한다. "동물행동학ethology이란 동물의 행동을 생물학적으로 연구하는 것을 가리킨다. 1930년대 콘라드 로렌츠Konrad Lorenz와 니코 틴버겐Niko Tinbergen의 영향으로 생겨난 이 학문은 독일, 네덜란드, 영국 등지에서 확고한 입지를 구축했다."

드 발은 동물심리학과의 대비를 통해 동물행동학의 범주를 설명하기도 하는데, 동물행동학은 "어디까지나 '자연환경'에서 또는 적어도 가능한 한 자연적인 조건에서의 '자발적인 행동'을 강조한다는" 것이다. 때문에 동물행동학자에게 야외조사는 필수 과정이다. "그래서 그들은 무엇보다도 인내심이 강한 관찰자라야 한다. 어떤 실험 목적을 위해 특정 행동을 조장하는 것이 아니라 동물들이 스스로 어떤 행동을 하는지 관찰하기 위해 한없이 기다리는 태도를 지녀야 하는 것이다."

동물행동 연구의 핵심을 간파한 구절에서는 자연스레 천재들이 공유하는 덕목인 겸손이 묻어난다. "동물의 행동을 연구하는 것은 결국 해석한다는 뜻인데, 그 해석이 틀릴지도 모른다는 점을 늘 고려하지 않을 수 없다." 이에 더하여 "그러나 이 책에 실린 많은 해석들 또한 진실이라는 것을 누가 보장해줄 수 있겠는가."

『Bonobo: The Forgotten Ape』는 한국어로 번역된 드 발의 두 번째 책이다. 『보노보』(프란스 랜팅 사진, 새물결, 2003)의 표지에는 "살아가기 함께 행복하게"라는 문구가 인쇄돼 있지만, 원서의 부제목이 책의 지향성을 더 잘 간추렸다. 이 책은 드 발과 네덜란드 출신의 야생동물 촬영전문 사진가 프란스 랜팅의 공동저서로 드 발의 글과 랜팅이 찍은 사진으로 구성된다.

그런데 이 책은 글쓴이의 이름을 '프란스 드 왈'로 표기한다. Waal을 네덜란드어가 아니라 영어식으로 읽은 것이다. 반면 동물행동학의 정립에 기여한 동물학자의 이름은 '니콜라스 틴베르헨'이라고 네덜란드식으로 읽는다. 사실 드 발 번역서의 이름과 지명 표기는 들쭉날쭉하다. 이 글에서는 de Waal을 드 발로 통일하되 나머지는 해당 번역서의 표기 방식을 따른다.

'잊혀진 유인원' 보노보가 독립된 종으로 학계의 정식 인정을 받은 것은 1929년의 일이다. 하지만 대부분의 사람들은 그 뒤로도 꽤 오랫동안 보노보의 존재를 알지 못했다. 이 책이 나오기 전까지 "보노보의 경우 심지어 이들의 이름을 들어본 사람조차 드문 편이다." 찰턴 헤스턴이 출연한 영화 〈혹성탈출〉에서 핵전쟁 때문에 사람과 위치가 뒤바뀐 영장류 중에도 보노보는 없었던 것 같다.

'최후의 유인원' 보노보는 침팬지, 오랑우탄, 고릴라 등과 함께 사람상과科에 속하는 영장류다. 침팬지와 더불어 판Pan 속屬을 이루는데 보노보와 침팬지는 300만 년 전에 분리된 것으로 추정한다. 사람과 판 속은 600만 년 전에 갈라졌다. 보노보의 학명은 '판 파니스쿠스Pan paniscus'로, 종의 명칭인 '파니스쿠스'는 '작다'는 뜻이다. 침팬지의 종명은 '동굴 거주자'라는 의미의 '트로글로디테스Troglodytes'이다.

"새로운 것은 항상 통념과 비교된다. 실제로 보노보를 둘러싼 논의도 이들이 침팬지와 얼마나 다른가 하는 것을 중심으로 전개되고 있다." 20세기 초반까지 같은 종으로 간주했을 만큼 보노보와 침팬지는 외모부터 비슷하다. 관찰된 50가지 이상의 행동 유형 가운데 보노보와 침팬지 두 종 모두에게 나타나는 것이 절반을 넘는다. 드 발은 두 종의 차이점을 "침팬지는 성 문제를 권력으로 해결하는 반면 보노보는 권력 문제를 성으로 해결한다"고 간추린다.

『침팬지 폴리틱스』가 드 발이 아넴의 부르거스 동물원에서 직접 관찰한 침팬지 행동에 바탕을 둔다면, 『보노보』는 보노보 연구자들의 관찰과 분석에 크게 빚지고 있다. 보노보에 대한 현장 연구는 1970년대 초반 본격적으로 진행되기 시작한다. 보노보 연구자와의 인터뷰와 프란스 랜팅이 찍은 사진들로 다채롭게 꾸며진 이 책은 보고 읽는 재미를 배가한다.

영장류의 언어 능력을 연구하는 수 세비지-럼바우, 1973년부터 아프리카 대륙의 자이르 강 남쪽의 왐바에서 연구기지를 운영해온 일본 교토대학의 가노 다카요시 교수, 독일인 부부 동물행동학자 바바라 프루트와 고트프리드 호만 등과 한 인터뷰는 보노보의 연구의 몇 가지 갈래와 그 핵심을 알려준다.

드 발은 이 책의 사진을 맡은 프란스 랜팅과도 인터뷰했는데, 랜팅은 자기 "작업의 주요 목적은 우리가 보노보와 그리고 보노보가 우리와 얼마나 가까운가를 보여주는 데 있었다"고 말한다. 랜팅은 기억에 남는 사진으로 "아이들이 멀리서 도로를 뛰어 건너가고 있는 보노보 가족을 바라보는" 장면을 꼽는다. 이 사진은 이 책의 226-27쪽에 실려 있다.

"보노보들은 참으로 다양한 종류의 식물에서 나는 먹이를 먹지만, 특히 잘 익은 과일을 좋아한다." 또 보노보의 "특징은 암컷 중심적이고 평등주의적인 영장류로서 공격(성)을 섹스로 대체한다는 점으로 가장 잘 규정될 수 있을 것 같다." 그렇지만 드 발은 섣부른 예단은 경계한다. 곧 "보노보에 대해서 너무 낭만적으로 생각하는 경향 말이다."

또한 이것은 생물학과 인류학의 역사가 "특정한 생물종이나 인간의 문화를 이상화하는 것에 대해 강력하게 경고하고 있"기 때문이기도 하다. 이런 예로는 제인 구달의 탄자니아 곰비 캠프에서 벌어진 침팬지들의 잔혹한 전쟁을 들 수 있다. 드 발은 아직까지 관찰된 바가 없는 까닭에 보노보의 성격이 침팬지처럼 잔혹한지 여부에는 신중에 신중을 기해야 하나, 이들이 성인聖人은 아니라고 말한다. 보노보의 활달한 기질에 비춰 이들의 사회를 지배하는 조화가 천성적인 평화주의에 전적으로 기반한 것 같진 않다고 덧붙인다.

"다시 말해 보노보 사회의 모습이 모두 장밋빛일 수는 없는 것이다. 물론 이들의 사회에서는 경쟁보다 평화가 더 중시된다는 점에는 동의하지만 협력하려는 경향은 경쟁하려는 경향과 함께 고려해야만 가장 잘 이해할 수 있다는 법칙으로부터 이 종도 예외는 아닌 셈이다."

인간과 유인원 사이의 친연성에 관한 드 발의 통찰 또한 범상치 않다. 드 발은 유인원의 언어 능력과 관련해 우리가 던져야 할 질문은 이들에게 언어가 있고 없고의 여부가 아니라 "과연 이들이 언어활동에 필요한 몇 가지 기본적인 조건을 갖고 있느냐가 되어야" 한다는 것이다.

우리가 그들과 얼마나 가까운가에 대한 드 발의 답변은 타협의 여지마저 없어 보인다. "과科적인 유사성이라는 관점에서 오직 두 가지 선택만이 존재한다. 즉 바로 우리가 그들 중의 하나이거나 아니면 그들이 우리 중의 하나인 것이다." 일부 삽화의 설명 글에 담긴 출처 표시—"(칼라 시몬스의 원본 그림에 기초한 삽화, 아드리엔 질면 제공)" "(도널드 요한슨, 『루시의 후손Lucy's Child』에 포함된 지도에 기초)"—는 남의 지적 자산을 제대로 인용하는 충실한 사례라 할 만하다.

『The Ape and the Sushi Master』(2001)를 우리말로 옮긴 『원숭이와 초밥 요리사』(수희재, 2005)의 표지와 책등에 붉은 글자로 병기한 "동물행동학자가 다시 쓰는, 문화란 무엇인가?"라는 문구는 이 책의 부제목으로 봐도 좋다. (영한사전이 ape를 원숭이로 풀이하더라도, 이 책의 맥락을 감안하면, 번역서의 제목은 좀 아쉽다. 원숭이를 '유인

원'이나 '침팬지'로 했으면 어땠을까? 멍키monkey는 침팬지가 아니다.)

프롤로그에서 드 발은 자신이 탐구하려는 주제를 분명히 밝힌다. 그것은 "동물이 문화를 가지고 있을 가능성"이다. 그런 탐구를 수행해야 하는 이유로는 크게 두 가지를 제시한다. 하나는 "동물이 문화를 갖고 있음을 보여주는 증거가 늘어나고 있다는 것"이고, 다른 하나는 "인간의 문화와 인간의 본성이 양극에 있다는, 시대에 뒤처진 서양의 이원론을 무덤으로 끌고 가기 위해서다." 드 발은 문화를 "우리가 스스로 만들어내는 환경"으로 본다.

이 책은 각기 책 한 권을 쓸 수 있는 큰 주제인 세 가지 쟁점을 하나로 엮었다. 그건 바로 "우리 인간은 다른 동물을 어떻게 보고 있는가? 자기 자신을 어떻게 보고 있는가? 그리고 문화의 본질이란 무엇인가?"이다.

제1부의 앞부분에서 드 발은 "사고나 감정을 동물에 투영하여 실제 이상으로 인간다운 존재로 파악하려고 하는"'의인화'를 작심한 듯 옹호한다. 혹여 있을지도 모를 인간과 동물 사이의 공통 특징을 원천적으로 부정하는 태도를 '의인화 거부'로 규정하며 비판한다. 연구 대상인 동물에게 이름을 붙여 의인화하는 것은 서유럽 학계에서 금기로 여겨 왔으나, 연구자가 연구 대상에게 감정이입을 하면 오히려 성과가 더 좋다는 점을 언급하기도 한다.

이 책이 앞의 두 권과 다른 점은 드 발이 그의 비판적 지성을 분명하게 드러낸다는 것이다. 강단 마르크스주의와 동류로 보이는 '안락의자 영장류학'을 비꼬는 장면도 흥미로우나, 학파와 학자들에 대한 호불호가 분명히 드러난 대목은 아주 흥미진진하다. 드 발은 로렌츠와 틴버겐, 그리고 일본의 영장류학자 이마니시 긴지今西錦司를 적극 편든다.

"로렌츠가 동물을 사랑하는 공상가였다면, 틴버헨은 체계적이며 신중한 과학자였다." 드 발은 이마니

시 긴지를 영장류 연구의 한 갈래를 이루는 교토학파의 태두로 높이 평가한다. 보노보 연구자인 가노 다카요시도 이마니시의 제자다. 반면에 행동주의 심리학을 창시한 B.F. 스키너는 호되게 비판받는다. 어느 동물이나 다 마찬가지라는 식으로 동물의 개체성을 인정하지 않는 초창기 행동주의 심리학파의 태도는 말이 안 된다는 것이 단적인 예다.

한편 특정 학문의 지도자에 대한 평가에서 후학들의 애증이 교차하는 사례로 고생물학자 스티븐 제이 굴드가 거명되어 눈길을 끈다. 드 발이 굴드를 보는 시각은 중립적인 것 같다.

"이 책을 쓰고 있는 지금도, 새로운 세대의 다윈주의자들에 의해 부친살해 한 건이 진행 중이다. 표적은 미국에서 가장 인기 있는 진화론 작가인 스티븐 제이 굴드Stephen Jay Gould. 그는 너무 오래 현역에 머물러 있어 시대에 뒤처졌고, 심지어는 관점마저도 잘못되어 있다는 비판을 받고 있다. 심술궂은 강연이 행해지고, 야비한 편지가 출판되었다. 그뿐 아니라 '우발적 창조론자'의 딱지마저 붙었으니, 누구보다 창조론에 회의적이었던 굴드에게는 최대 모욕이 아닐 수 없었다. 그러나 이 대가guru도 인상적으로 싸우긴 했다." 굴드의 대응과 논란을 둘러싼 프란스 드 발의 코멘트는 이 책의 101쪽에서 독자께서 직접 확인하심이 어떨는지.

프란스 드 발의 책

정치하는 원숭이– 침팬지의 권력과 성 황상익 옮김, 동풍, 1995.
침팬지 폴리틱스– 권력 투쟁의 동물적 기원 황상익·장대익 옮김, 바다출판사, 2004.
보노보 프란스 랜팅 사진, 김소정 옮김, 새물결, 2003.
원숭이와 초밥 요리사 박성규 옮김, 수희재, 2005.
내 안의 유인원Our inner Ape 이충호 옮김, 김영사, 2005.
행복을 불러오는 50가지 조건 이상춘 옮김, 랜덤하우스코리아, 2007.
영장류의 평화 만들기 김희정 옮김, 새물결, 2007.

프란체스코 알베로니
Francesco Alberoni
1929-

'생활 철학자'가 두는 삶의 훈수

첫 장부터 진득하게 읽는 것이 일반적인 독서법이지만 책의 앞뒤에 놓인 곁텍스트를 훑어보고 나서 본문에 진입하는 것도 그리 나쁘진 않다. 소설이 아니라면, 부속텍스트에서 얻은 사전 정보는 본문의 길라잡이 구실을 하면서 책의 이해를 돕는다. 필자의 경우, 특히 번역서는 저자 서문과 옮긴이 후기를 먼저 읽고 본문으로 들어가곤 하는데, 프란체스코 알베로니의 『자발적 복종을 부르는 명령의 기술』(교양인, 2004)도 그랬다.

"이 책은 권력을 차지하거나 유지하는 방법을 가르치지 않는다. 이 책의 목표는 어떻게 도덕적으로 명령을 할 수 있는지, 도덕적으로 행동하면서 어떻게 효율성을 얻을 것인지를 보여주는 것이다." 윤리 의식과 도덕적 행동은 내가 주목하는 주제 가운데 하나인지라 '번역자'의 간결한 첫 언급은 책에 대한 호감을 더해주었다. 그런데 이어지는 문장은 약간 이해되지 않았다.

"최근 몇 년 동안 우리는 자신의 본래적인 가치를 잃어버리고 있다. 왜냐하면 국가, 교회, 군대, 정당, 학교, 가족 등 공적·사적 도덕성을 유지해왔던 긍정적이고 바람직한 교육 제도들이 약화되는 것을 방치했기 때문이다." 다른 건 어떤지 몰라도 우리네 학교·정당·군대가 언제 공적이고 사적인 도덕성을 지닌 적이 있었던가. 국가는 더 말할 것도 없다.

얼마 전, 중·고등학교 국사 교과서의 편향된 역사 서술에 맞서 '성공한 대한민국'을 부르짖기로 다짐한 분들이 정녕 말짱한 정신으로 그랬는지 다소 의아할 따름이다. 해방 60년의 3분의 2가 민간 독재, 쿠데타, 군사 독재, 학살, 군부 독재로 점철되었는데 무슨 근거로

'성공' 운운하는지. 이와 때를 같이해 처음으로 '10.26 사건'을 다룬 영화의 시사회장에 나타난 '5000년 가난을 구제했다'는 1인 시위자의 샌드위치 피켓에 쓴 항의 문구가 성공의 가늠자일까. 비굴하게 연명하느니 나는 차라리 굶어 죽겠다.

신문 보도에 따르면, 박정희 전 대통령의 유족이 이 영화에 발끈한 이유는 크게 세 가지다. 그 가운데 "사생활이 문란"하다는 설정도 있었다고 한다. 그런데 이는 손바닥으로 하늘을 가리려는 일이 아닌가 한다. 그러면 당시 국가기관인 중앙정보부의 요원이 맡았다는 '채홍사'의 존재를 애써 부정하겠다는 건가. 아니면 '채홍사'가 단지 국빈 방문한 다른 나라 국가 원수를 접대하는 임무만을 수행했다는 말인가. 그렇다고 대한민국이 걸어온 길이 말짱 실패한 역사는 아니라고 생각한다.

다시 『자발적 복종을 부르는 명령의 기술』(이하 『명령의 기술』)로 돌아오자. "대규모 공기업에서 경쟁은 패거리 형성, 연합, 권력 쟁취를 위한 합종연횡, 권력 투쟁과 같은 '정치적' 특성을 띤다. 과거에는 이러한 현상이 조직의 정상에서만 일어났지만 이제는 모든 계층까지 내려와서 가장 낮은 계층에서도 폭력의 일반화를 볼 수 있다."

얼마 전에 밝혀진 유아 강탈 및 엄마 살해 사건은 정말이지 극악무도한 범죄다. 폭력의 일반화로 치부할 문제가 아니다. 사건의 의뢰인과 실행자들은 동정의 여지가 전혀 없는 악인이다. 아주 나쁘다. 물질 만능의 사회를 탓하기에 앞서 개인에게 준엄한 책임을 물어야 한다. 그런데, 앗! "단돈 100달러에 친구를 배반하고 거짓 증언을 할 사람들이 널려 있다"니. '교회'가 거명됐을 때 진작 눈치 챘어야 했는데. 책의 제일 뒤에 놓인 독립된 꼭지는 '옮긴이 후기'가 아니었다. 지은이의 '에필로그'다.

"철학적 탐구가 아니라 비슷한 개인적 경험과 비슷

한 필요에서 출발하는 아래로부터의 도덕의 탄생을 말하고 싶었다"는 알베로니는 '에필로그'를 이렇게 마무리 짓는다. "이 책은 악으로부터 선을, 불의로부터 정의를 구분하도록 해주는 공통의 가치와 원칙을 자신의 마음속에 키우는 창조적인 지도자를 형성하는 데 공헌하고 싶은 바람에서 모든 민족과 문화를 향해 쓴 것이다."

알베로니는 창조적인 지도자로 율리우스 카이사르, 나폴레옹, 샤를 드골, 윈스턴 처칠 등을 꼽는다. 특히 카이사르와 나폴레옹은 거푸 언급되는데 카이사르는 원대한 계획, 타고난 전투 능력, 넓은 도량의 소유자로 평가된다. 나폴레옹에 대해서는 화려하게 치장한 다른 장군과 달리 일반 병사와 비슷한 복장으로 고락을 함께한 점을 높이 산다.

반면, 관료를 보는 시각은 지나칠 만큼 냉정하다. 알베로니는 "위대한 예술 작품을 창조하거나 위대한 과학적 발견을 이룩한 관료를 본 적이 있는가?" 반문하면서, 그것은 "하루 종일 정부 부처의 복도를 서성이면서 보냈던 사람들하고는 거리가 먼 이야기"라고 단언한다. 미국인들의 지도자관에 관한 알베로니의 해석이 이채롭다. 그들은 세계에서 가장 현실적인 사람들인데도 지도자가 구체적인 목표보다 비현실적으로 보이는 꿈을 제시하길 더 바란다는 것이다. 아무튼 『명령의 기술』의 한국어판은 우리 현실에 맞지 않는 완고한 내용을 꽤 덜어냈다고 한다.

이탈리아의 사회심리학자인 알베로니의 책은 지금까지 여남은 권 번역되었으나 중복 번역된 것이 더러 있어서 필자가 직간접으로 확인한 바로는 그의 한국어판은 7종으로 파악된다. 여남은 권의 출간 시기는 셋으로 나눌 수 있는데 1990년대 초반과 후반, 2000년대의 중반이다.

알베로니의 책이 생각보다 많이 우리말로 옮겨지고 자주 출간된 것은 『여자는 졸고 있는 남자를 증오한다』

(새터, 1992)가 많이 팔린 때문으로 풀이된다. 약간 도발적인 한국어판 제목은 본문에 인용된 시몬 드 보부아르의 발언에서 따온 것이다. "남자가 곁에 있지 않으면 언제나 아쉬워한다. 곁에 있어도 책을 읽거나 글을 쓰면서 눈길을 주지 않으면 허전해 한다. 여자는 졸고 있는 남자를 증오한다."

꽤나 진한 '연애론'이었던 이 책을 기화로 『우정론』(새터, 1993), 『장미꽃 향기가 나는 남자』(새터, 1994), 『에로티시즘』(강천, 1992), 『사랑의 발견』(명문당, 1992) 등이 나왔다. 1990년대 후반의 알베로니 번역서는 모두 제목이 길다. 『소중한 사랑을 얻기 위한 18가지 지혜』(양서원, 1997)는 '신연애론'이라 할 수 있고, 『남에게 베푸는 사람 받기만 하는 사람』(세종서적, 1999)은 사람의 다양한 심리와 행동을 유형별로 서술한 마음 분석서다. 『남을 칭찬하는 사람 헐뜯는 사람』(황금가지, 1998)도 이와 비슷한 성격의 책이다.

알베로니의 마음 헤아리기는 깊이가 있다기보다는 실용적인 측면이 짙다. 아울러 인물 유형의 이분법적인 대비가 때로는 서로 모순되고, 때로는 단순한 감이 없지 않다. 이를 의식한 듯 알베로니는 『남에게 베푸는 사람 받기만 하는 사람』에서 독자 편지의 문제 제기에 답하는 형식을 빌려 해명에 나선다. 복잡한 현실을 어떻게 파악할 수 있을지 고민하지 않고 그저 단순화하려는 게 문제라는 것이다. 남녀의 행동 분석도 마찬가지라지만 해명이 그리 깔끔하진 않아 보인다. 이 책에서는 권력자를 향한 비판이 눈길을 끈다.

권력의 자리에는 비겁한 무리들이 쓸어담을 만큼 많다. 사람들이 마음에 그리고 있는 것과 정반대다. 사람은 누구나 지도자를 고귀하고 용감한 사람으로 여기고 싶어 한다. 목표를 제시하고, 위험에 맞서며, 결단을 내리고, 책임은 자신이 다 떠맡는 사람이라고, 일을 같이 하는 사람을 뽑는 일에도 실수가 없으며 부하를 위

험한 일에 내보내면 뒤에서 지원하며 지켜줄 것이라고. 그런데 실제로 조직의 최고 자리에 오르는 사람은 신용할 수 없는 비겁자일 경우가 많다.

『여자는 로맨스하고 싶고 남자는 포르노하고 싶다』(거송미디어, 1998)와 『연애는 반란이다 연애는 혁명이다』(새터, 1999)는 원제가 『L'Erotismo』로 같은 책이다. 번역문마저 일치하는 대목이 적지 않은 걸로 봐서 어느 한쪽이 베낀 것으로도 짐작된다. 드러난 정황만으로는 나중 나온 책이 무리수를 둔 것으로 여겨지나 실제로는 그렇지 않다. 먼저 나온 책이 늦게 나온 책의 번역문을 일부 베꼈다.

이렇듯 시공을 초월하는 일이 어떻게 가능한가. 『연애는 반란이다 연애는 혁명이다』는 『여자는 졸고 있는 남자를 증오한다』를 제목을 바꿔 펴낸 책이다. 번역자도 같은 사람이다. 『여자는 로맨스하고 싶고 남자는 포르노하고 싶다』가 편역서를 자임한 것에선 번역문 표절의 심증을 굳히는 한편, 일말의 양심이 느껴진다. 『연애는 반란이다 연애는 혁명이다』도 100퍼센트 떳떳하진 않다. 일어중역본으로 추측되는 무단 번역물인 탓이다.

요즘도 이따금 저작권을 무시하는 지난 시절의 출판 관행을 옹호하는 논리를 접하곤 한다. 참으로 어이없는 일이다. '중복 출판과 무단 번역으로 이만큼 이뤄냈다'는 주장에 대해 나는 그래서 그것뿐이지 않느냐, 고 응수하련다. 저작권(법)에 적개심부터 드러내는 일부 인터넷 사용자의 태도 또한 썩 바람직하진 않다.

깔끔한 번역과 산뜻한 편집이 돋보이는 『명령의 기술』은 5년 만에 선보인 알베로니의 책이다. 이 책이 알베로니 저서의 세 번째 출간 붐을 몰고 올지는 단언하기 어려우나 『우정론』이 다시 나오는 계기가 되었으면 한다. 『우정론』은 필자가 맨 먼저 읽은 알베로니의 책으로 이 글을 쓰도록 이끈 맹아이기도 하다. 다른 책과

다르게 단편적이지 않다. 본격 우정론이다.

현대 사회 가운데 우정이나 사랑을 그다지 존중하지
않는 곳이 미국 사회이다. 그 때문에 미국인들은 인간
관계나 개인간의 갈등이 항상 문제시되고 있다. 이런
상태에 이른 까닭은 그런 문제를 해결해야 하는 인간
과학과 사회과학이 시장과 조직의 논리에 오염되었기
때문이다. 미국 사회에서는 아무리 노력을 하더라도 실
제로는 경제에 입각한 관계 범위를 뛰어넘을 수 없다.

지금으로선 알베로니에게 인생의 훈수를 듣고자 하
는 독자에게 『명령의 기술』을 적극 추천한다. 앞서 알
베로니를 사회심리학자라 호명했지만, 필자는 그에게
'생활 철학자'나 '인생 경영 철학자'라는 명칭을 부여하
고 싶다.

프란츠 M. 부케티츠
Franz M. Wuketits
1955-

진화론 해설의 달인

프란츠 M. 부케티츠의 책은 다섯 권이 우리말로 번역
되었다. 이 다섯 권의 한국어판에 딸린 부속텍스트를
근거로 부케티츠의 신원부터 파악해보자. 우선 부케티
츠가 오스트리아 출신인 것은 확실하다. 그런데 그의
전공에 대해선 번역서의 곁 텍스트마다 약간씩 차이가
난다.

『진화는 진화한다Evolution』의 표지 날개 지은이 소개
글은 부케티츠를 "진화이론가이자 과학이론가"라고 한
다. 번역서 출간 시 부케티츠의 저서 숫자가 다소 크게
차이지는 책 두 권은 그의 철학적 면모에 주목한다. "그
동안 27권의 저서를 펴냈"다는 책에선 "대학교에서 철
학을 가르치고 있"다고 한 반면, 14권의 저서와 다수의
논문집이 있다는 책은 "대학교에서 과학철학 및 생물
철학을 강의하고 있"다고 한다. 나머지 두 권은 "생물학
자"라는 직함을 공유한다.

부케티츠가 생물학을 전공했든 하지 않았든 그의
생물학 지식은 엄청나다. 더구나 그는 자신이 쌓은 지
식을 쉽게 풀어 설명할 줄도 안다. 『진화는 진화한다』
는 이를 잘 말해주는 좋은 보기다. 이 책은 간단명료하
면서도 거의 완벽하게 진화를 설명한다. 어떻게 이런
재주가 있는지 궁금증이 일 정도다. 사실 나는 부케티
츠의 다른 책은 약간 시큰둥하다. 이 책이 보여주는 높
은 가독력은 번역자의 역량에 힘입은 바 크다. 물론 다
른 책들도 다 잘 읽힌다. 이 책의 번역자는 과학고전 카
페 주인장 '하리하라'와 동명이인이다.

진화란 무엇인가

부케티츠가 말하는 『진화는 진화한다』의 목표는 "무엇보다도 '진화'라는 주제와, 생물학에서 현대 진화 연구의 가장 중요한 성과와 문제점을 개괄적으로 설명하는 것이다." 그는 또한 "정신사의 몇 가지 흥미로운 측면에 주목하고자 한다"고 덧붙인다. 부케티츠는 여러 차례에 걸쳐 진화에 대한 정의를 내린다.

"진화는 어떠한 정적인 개념이 아니며 모든 종이 시간이 경과하면서 변화하거나 멸종되고 다른 종에 자리를 내준다는 사고"다. "진화는 하나의 사실이다. 이에 대한 설명이 다양하다고 해서 사실, 즉 실제로 일어난 사건에서 달라지는 것은 아무것도 없다!" 내가 이른바 '창조과학'에 심한 거부감을 갖는 것은 그것이 실제로 벌어진 일이 아니기 때문이리라.

"자연선택의 결과는 다음 세대에서 특정 유전자 빈도의 증가 혹은 감소로 나타난다. 즉 이것은 연속된 다음 세대에서 유전자 빈도의 변화를 조정한 것이다. 바로 이것이 진화이다." 다시 말해 "진화는 돌연변이와 유전자의 새로운 결합을 통해 유전적 변종의 우연한 생산과 ―다윈의 눈먼 시계수리공처럼― 의도하지 않게 이루어지는 자연선택에 기인한다." 다른 개념들에 대한 정의 역시 깔끔하다. 고생물학은 "멸종된 생물에 대한 연구"이고, 생태학은 "생명체와 그들 환경의 상호작용에 대한 학문"이며, "유전적 구조란 어떤 식물군이나 동물군에서 공통된, 계통적으로 동일한 유전형질의 총합을 말한다."

한편 부케티츠는 진화론의 '저작권'에 관해 약간의 시각교정을 유도하기도 한다. "어떤 이론이 계통사적 종의 변화 과정과 원리를 설명할 수 있다면 인식론적, 과학이론적 관점에서 이러한 이론을 비로소 진화론이라 할 수 있다"는 전제 아래, 최초의 진정한 진화론자는 라마르크라는 것이다. 다윈은 "진화를 다시 한 번 새롭게 발견한 것일 뿐이다."

다양성은 진화와 밀접한 관계가 있다. 다양함은 진화의 본질로 볼 수도 있다. 먼저 진화는 아주 다양한 방식으로 진행된다. "그러므로 점진주의와 단속평형설은 서로 배타적인 대안 이론이 아니라 오히려 서로 보완적이다. 왜냐하면 진화는 한 번은 이렇게, 한 번은 저렇게 진행될 수 있기 때문이다." 그리고 생물의 엄청난 유전적 다양성은 암수의 결합으로 후손을 낳는 방식인 유성생식에 의해 보장된다. 여기서 나타나는 "유전자 재조합의 과정이 진화에 중요하다는 것은 확실하다." 다양성은 자연선택을 위한 '기본 자원'을 제공하기도 한다. "진화의 원동력은 바로 이러한 유전적 다양성이다."

진화는 진보가 아니다

이제 진화의 이모저모를 살펴볼 순서다. 진화에서 과거의 형태가 현재 상태를 준비하는 단계라고 해석하는 경향은 "단적으로 틀렸다." 진화에서 어떠한 미래의 계획은 없으며 단지 '순간적인 결정'이 있을 뿐이다. "진화의 경향은 특정 진화 유형으로 추정해 볼 수 있지만 미리 결정되어 있는 과정은 아니며 그때그때 특정 환경에서 나타나는 현상이다." 진화 과정은 "복잡한 계통사적 변화를 역행할 수 없다는" '불가역성의 원리'를 따른다. 종의 사멸은 진화의 근본적인 측면이라 할 수 있는데, 부케티츠는 현재 일어나고 있는 어마어마한 대멸종을 일으키는 주범으로 인간을 지목한다. "어떠한 개별 종도 그렇게 많은 다른 종에게 이처럼 큰 위협이었던 적이 예전에는 결코 없었다."

이와 함께 "호모 사피엔스 사피엔스가 '만물의 영장'이자 '진화의 정점'이라는 믿음이 여전히 만연되어 있는 듯하다. 하지만 이러한 믿음은 진화생물학의 사실에 근거한 것이 아니라 인간의 지구 중심적 낡은 세계관으로부터 유래한 것으로 이미 반증된 것이다." 진화를 진보와 동일시하는 고정관념도 사실에서 어긋난다.

진화는 진보가 아니다. "진화론자는 진화가 일방적으로 진보한다는 사상으로부터 거리를 두어야 한다. 사실 진화에는 의도도 목표도 없다. 진화에서 자동적으로 진보를 강요하는 법칙도 알아낼 수 없다. 결국 생명체 종을 '더 좋은' 또는 '더 나쁜' 것으로 평가한다면 이것은 완전히 잘못일 것이다. 진화에서 중요한 것은 유전적 생존이다."

『멸종 사라진 것들Ausgerottet-ausgestorben』에서 부케티츠가 "다루려는 주제는 '거대한 죽음', 다시 말해서 생물의 종(種)과 (인류) 문화의 사멸에 관한 것이다." 인용구의 다섯 줄 위에서 토마스 베른하르트를 "독일의 작가"라고 한 것은 오류다. 베른하르트는 부케티츠처럼 오스트리아 사람이다. 내 눈길은 종의 사멸에 머문다. 모든 유기체는 시간적으로 한정되어 있다. "멸망이란 일반적으로 일어나는 일이지, 예외적으로 발생하는 사건이 아니다." 공감한다. 인간들이 찢트리고 까부는 거다 한때의 일이다. 지질학의 시간으로 봤을 때 더욱 그렇다. 하지만 "이 책은 실용서적"이라는 부케티츠의 판단은 우리 실정에 맞지 않는다.

"인간은 선사시대로부터 오늘날에 이르기까지 여러 종류의 동물을 원래는 그것들이 살지 않았던 지역, 즉 그것들이 서식하지 않던 지역으로 들여옴으로써 생태계의 재앙을 일으키곤 했다. 특히 그런 피해를 많이 입었고 지금도 입고 있는 지역은 바로 섬이다."

뿐만 아니라 부케티츠는 선사시대의 인간들이 매머드를 멸종시켰을지도 모른다는 관련 연구자들의 추측에 동의한다. '고상한 야만인들'은 존재하지 않았다는 그의 주장은 어째 좀 거북하다. 그럴 수도 있지만 서구 문명과 백인들의 잔학상을 면피하려는 의도는 없는지 의구심이 들어서다. 그렇다 해도 부케티츠의 '야만인 책임론'은 온건한 편이다.

"현재 벌어지는 멸종은 다분히 인간의 조직적인 행위들에 의해 일어나고 있다. 근래 이후 최근까지 이처럼 종들이 사멸하는 것은 인간의 기술 및 팽창하는 경제 발전과 직접적 관련이 있으며, 이러한 사건은 진화의 긴 역사에서 그 유례를 찾아볼 수 없다."

사회 문화적 진화의 다양성

과학의 희생자들의 생애와 비극적 최후를 간추린 『이타적 과학자— 과학사를 뒤바꾼 28가지 죽음의 비밀 Der Tod der Madame Curie』을, 부케티츠는 "과학을 인간적으로 바라보는, 그런 소중한 계기"가 되기를 희망한다. 이런 측면이 전혀 없지는 않다. 그가 말하는 과학에 필요한 것과 과학자들의 속성은 귀 기울일 만하다.

과학에도 다양성이 긴요하다. "노련한 실험자만큼이나 훌륭한 이론가도 필요하다. 과학에는 아무리 작은 것이라도 빠트리는 법이 없는 관찰자는 물론 커다란 맥락들을 짚어 내며 전체적인 방향을 세우는 사상가들도 있어야 한다. 개별 사실들을 부지런히 모으는 수집가도 필요하지만 마찬가지로 완전하지 않은 부분적인 지식들만으로도 포괄적인 이론의 틀을 세울 줄 아는 공상가도 필요한 것이다."

과학자들에게서 "공통적으로 발견할 수 있는 것이라고는 단 한 가지뿐이다. 바로 무언가 새로운 것을 찾아내거나 발견하고, 이론을 만들어 그것을 입증함으로써 평범한 일상생활의 범위를 넘어서서 영향을 미치고자 하는 마음이다." 이외엔 과학자들도 갑남을녀와 다를 게 없다.

과학의 희생자에 마젤란, 제임스 쿡, 로버트 펠턴 스콧이 포함된 것은 다소 의외다. 우리 눈에는 다가올 제국주의 시대의 첨병으로밖에 보이지 않는 마젤란과 제임스 쿡 선장이 들어간 것은 유감스러울 정도다. 부케티츠 또한 이런 점이 걸렸는지 모험가를 다루면서 약간 쭈뼛한다. 독자에게 애써 동의를 구한다. 그래도 문제는 남는다.

"그와 같은 시대를 살았던 대부분의 사람들과 달리

제임스 쿡은 오스트레일리아의 원주민들이 살아가는 방식에서 '긍정적인' 면들을 발견하여 인정해 주었다. 영국의 특권적인 왕족 및 귀족 사회에서 그를 정식 회원으로 받아들이고 그를 위해 특별히 금으로 된 메달을 만들었다는 것만 보아도 그의 사람됨을 충분히 알 수 있다."

여기엔 두 가지 문제점이 있다. 첫째, 다소 선한 제국주의의 첨병은 고상치 못한 야만인보다 낫다. 둘째, 영국 특권층의 잣대가 어떤 사람의 인품을 판단하는 척도다. 영국 특권층은 아마도 제임스 쿡 선장이 그들의 배를 불려준 탐험에 대해 간단한 사례를 한 건 아닐는지. 나는 마젤란과 제임스 쿡의 "탐험욕"을 '탐욕'으로 읽는다.

부케티츠는 사회생물학에 대해서도 다분히 '온정적이다.' 『사회생물학 논쟁Gene, Kultur und Moral: Soziobiologie-Pro und Contra』의 집필 의도가 사회생물학을 둘러싼 "논쟁을 다소나마 '사실에 맞게 객관화'시키는 것"이라 해도 말이다. 나는 사실 논쟁의 개요보다는 "생각이 짧을수록 더 막강한 권력을 휘두르는" 같은 수사적 표현에 솔깃하다. 물론 과학적 "이론이 불쾌감을 자아낸다는 이유 때문에 결코 틀렸다고 할 수 없을 것이며, 마찬가지로 많은 공감대를 형성한다는 이유만으로 옳다고 해서도 안 될 것이다." 또한 "여기서 문제가 되는 것처럼 보이는 양자택일은 사실 허상에 지나지 않는다." '유전(자연)'과 '환경(문화)'은 둘 다 인간을 형성하는 중요한 요소다.

문화주의에 별로 관심이 없는 내가 사회생물학을 약간 더 '의심'하는 이유는 다분히 이데올로기적이다. 사회생물학은 지배층의 논리로 보인다. 생물학과 사회학을 통합한다는 명분에도 동의하기 어렵다. 적어도 우리나라 대학에서, 학부에 법대가 없어진 몇몇 대학이나 법대가 여전히 있는 대학이나, 문과계통의 학과별 변별성은 사라진 것 같다.

『자연의 재앙, 인간Naturkatastrophe Mensch. Evolution ohne Fortschritt』은 "오랫동안 인간의 머릿속을 지배해 온 한 견고한 환상의 발전 과정과 종말을 기술하고 있다." 부케티츠는 "이 책에서 진보라는 이념을 생물의 진화와 사회문화적 진화라는 두 가지 측면에서" 다룬다. 아무튼 나는 에드워드 윌슨의 낙관적 전망에 대해 삐로 통하다는 점에서 프란츠 부케티츠와 견해가 일치한다. "그러기 위해서는 먼저 우리 인간이 이룬 이 문명에 대해 보다 더 신뢰를 가져야 할 것이다! 그러나 나는 신뢰를 가지고 있지 않다."(『멸종 사라진 것들』, 124쪽)

프란츠 M. 부케티츠의 책

진화는 진화한다- 다윈에서 리처드 도킨슨까지 이은희 옮김, 도솔출판사, 2007.
멸종: 사라진 것들- 종과 민족 그리고 언어 두행숙 옮김, 들녘, 2005.
이타적 과학자-과학사를 뒤바꾼 28가지 죽음의 비밀 도복선 옮김, 서해문집, 2004.
사회생물학 논쟁 김영철 옮김, 사이언스북스, 1999.
자연의 재앙, 인간 박종대 옮김, 시아출판사, 2004.
자유의지, 그 환상의 진화Der freie Wille 원석영 옮김, 열음사, 2009.
왜 우리는 악에 끌리는가 염정용 옮김, 21세기북스, 2009.

프란츠 파농
Frantz Fanon
1925-1961

"정신의학은 정치적인 것이 되어야 한다"

프란츠 파농 관련서 한국어판의 간행은 연대별로 적잖은 편차가 난다. 재출간이나 재번역은 제외하고 초간연도를 기준으로 했을 때 그렇다는 말이다. 1970년대 후반 파농의 저서 세 권이 잇달아 출간되었고, 1980년대 초반에는 독일의 제3세계 연구자의 파농 연구서가 출판사 두 곳을 통해 나왔다. 하지만 1990년대에는 파농

저서의 재번역이 한 차례 이뤄졌을 뿐이다. 2000년대 들어서는 벌써 2종의 파농 전기가 선을 보였다.

알리스 셰르키의 『프란츠 파농』(실천문학사, 2002)과 패트릭 엘렌의 『나는 내가 아니다』(우물이있는집, 2001)는 분량 면에서는 거의 곱절의 차이가 나지만 상호보완적인 측면이 없지 않다.

『프란츠 파농』은 세밀화로 그린 초상화다. 500쪽이 넘는 분량에다 파농의 생애를 자세하게 그리고 있다. 하지만 이 책의 미덕은 상세한 묘사에 국한하지 않는다. 지은이의 겸양은 더욱 돋보이는 대목이다. 알리스 셰르키는 파농 생애에서 가장 중요한 시기의 파농의 삶을 지켜본 인물이다. 그녀는 자타가 공인하는 파농 전기 집필의 적임자라고 할 수 있다.

파농의 삶에 대해 얼마든지 '뻥튀기'를 할 수 있는 위치에 있지만 알리스 셰르키는 절제의 미덕을 발휘한다. 서술 대상에 일정한 거리를 두고 행해진 진술은 설득력을 배가시킨다. 또한 알리스 셰르키는 정신의학과 정치가 긴밀하게 결합된 파농의 활동을 아주 효과적으로 설명한다. 이는 그녀 자신이 정신과 의사라는 점과 격동의 알제리에서 젊은 시절을 보낸 것에 힘입고 있다. 다만, 스무 살 이전의 파농에 대한 서술이 상대적으로 미진한 점이 아쉽다. 이런 아쉬움은 『나는 내가 아니다』를 통해 풀 수 있다.

그렇지만 『나는 내가 아니다』에도 아쉬움은 있다. 서술이 좀 산만하고, 어린이 위인전을 읽는 듯한 느낌을 준다. 아무튼 두 권의 파농 전기는 단편적으로만 알려졌던 파농의 생애에 관한 궁금증을 풀어주는 구실을 톡톡히 한다.

파농은 서인도제도에 있는 마르티니크에서 태어났다. 이곳은 프랑스 식민지였다. 파농의 조상은 아프리카에서 노예선에 실려 이곳에 왔다. 그의 부친은 세관원이었고 경제적 수준은 중산층에 속했다.

식민지의 독립보다 식민지 본국에 동화되기를 갈망하는 흑인 중산층 출신인 파농이 식민지 해방투쟁의 선봉에 서게 된 것은 2차 대전 참전과 알제리에서의 체험이 직접적인 계기가 되었다.

의과대학을 졸업한 파농은 1953년 알제리 주앵빌 병원에 일자리를 얻는다. 그는 1956년까지 이 병원에서 다양한 환자를 만난다. 파농의 계획은 몇 년 간 아프리카에서 진료경험을 쌓고 마르티니크로 되돌아갈 생각이었다.

파농은 유럽인들을 위해 고안된 치료법으로 알제리 인을 진료하다 난관에 부딪힌다. 그 치료법은 환자들이 살아온 사회적 조건을 전혀 고려하지 않았기 때문이다. 그는 백인의 방식으로는 도저히 치유할 수 없는 원주민의 사회적 환경에 눈을 돌린다. 파농은 정신질환을 낳는 식민사회의 모순은 정치적인 해결 말고는 다른 방법이 없음을 깨닫는다. 그리고 식민지 사회를 치유하기 위해 알제리 해방투쟁에 뛰어들었다. 그의 결연한 의지는 알제리 총독에게 보낸 사임편지에 잘 나타나 있다.

정신 의학이란 것이 사람들로 하여금 더 이상 그의 환경으로부터 이질적이지 않도록 하고자 하는 의술이라 한다면 저로서는 자신들의 고장으로부터 영원히 소외된 자들인 아랍인들이 절대적인 자아 상실의 상태에서 살아가고 있다는 것을 말씀드려야 할 의무가 있습니다.

저술활동도 이러한 소명의식에 바탕을 두고 있다. 『자기의 땅에서 유배당한 자들』(청사, 1978)은 임상체험이 녹아 있는 파농의 자전적인 비평서로 귀납법을 통해 식민지에서 벌어지는 현상들을 분석했다. 모두 7장으로 이뤄진 이 책의 처음 세 장은 현대의 흑인문제를 다뤘다. 4장은 옥타브 마노니의 『식민주의 심리학 Prospero and Caliban: Psychology of Colonization』을 비판하는 내용이다. 5장은 표제대로 '흑인의 생체험'을 묘사했고, 마지막 두 장은 흑인의 삶 체험에서 더 나아가 그들의 본질을 정신병리학적인 측면과 철학적인 측면으로 해명했다.

이 책은 김남주 시인이 우리말로 옮겼다. 감옥에서 사숙한 하이네, 브레히트, 네루다에 앞서 혁명시인 김남주의 심지를 굳게 만드는 데 파농도 한몫했음을 알려주는 대목이다. 공교롭게도 이 책이 나온 이듬해 김남주 시인은 '자기 땅에서 유배당하는' 몸이 되었다. 『자기의 땅에서 유배당한 자들』은 20년 만에 한국어판에서도 원래의 제목을 찾았다.

『검은 피부, 하얀 가면』(인간사랑, 1998)과 『자기의 땅에서 유배당한 자들』의 격세지감을 느끼게 하는 대목은 아마도 자크 라캉에 대한 인지도가 아닐까 싶다. 『자기의 땅에서 유배당한 자들』에서 '작크 라캉'이라고 표기된 인물의 정체를 파악한 독자가 20여 년 전에는 거의 없었겠지만, 『검은 피부, 하얀 가면』에서 '자크 라깡을 접한 독자는 그가 누군지 다 알 것이다.

영국인은 셰익스피어를 인도와도 바꾸지 않겠노라 큰소리쳤다. 제국주의자의 망발은 아프리카에서는 톨스토이가 나올 수 없다는 조롱으로 이어졌다. 파농은 이런 견해에 반대한다. 그는 백인들이 니제르 강 상류에 사는 흑인에게 신발을 신도록 요구하고, 그에게 슈베르트 같은 음악가가 될 수 없다고 말하는 것은 매우 어리석은 짓이라고 나무란다. 흑인들이 그러지 못하는 것은 단지 그럴 이유와 기회가 없기 때문이라고 변호한다. 파농의 이러한 생각은 『대지의 저주받은 자들』(광민사, 1979)에서 제국주의 문화를 향한 근본적인 회의로 이어진다.

유럽은 뻔뻔스럽게도 얘기하고 있다. '사람'을, 그리고 인간의 안녕을 위해 자기들이 얼마나 노심초사하는지를, 그러나 정신이 승리할 때마다 우리 인류는 어떤 고통을 받아왔는지 오늘 우리는 알고 있다.*

파농은 유럽을 모방하지 말자고 주장했다. 식민지에서 해방된 백성의 힘과 머리로 새로운 길을 열어나가자고 제안했다. 유럽인이 실패한 완전한 인간의 창조를 위해 힘을 모으자는 것이다. 이런 취지로 그는 "다리의 건설이 거기서 일하는 사람들의 의식을 풍부하게 해 주지 못한다면 그 다리는 건설되지 말아야 한다. 시민들은 계속해서 헤엄쳐서 강을 건너거나 보트로 건너는 편이 낫다"고 말한다.

『대지의 저주받은 자들』의 첫 장은 '폭력론'을 다뤘다. 폭력론의 요체는 압제를 분쇄하기 위한 대항폭력은 정당하다는 것이다. 하지만 역사는 폭력은 폭력을 낳는다는 사실만을 보여주는 것 같다. 숱한 희생을 치르며 독립을 쟁취한 알제리에서는 아직도 살육이 그치지 않고 있으니 말이다. 이에 대해 알리스 셰르키는 파농은 폭력의 옹호자가 아니라, 폭력에 관해 사유한 사상가라고 해명한다.

한편, 파농은 그의 이미지에 걸맞지 않아 보이는 스포츠 비평에서도 혜안을 발휘했다. 스포츠의 상업화를 경계한 내용이 그것이다. 그는 아프리카의 청년을 운동장보다는 학교나 들로 보내라고 강조했다. 스포츠맨을 키우기보다는 의식 있는 운동가를 배출하는 일이 아프리카 정치가들의 임무라고 설파했지만 오늘날의 상황은 파농의 생각과는 정반대다.

파농이 알제리 혁명 5주년에 즈음해 집필한 『몰락하는 식민주의』(한마당, 1979)는 제목이 세 개다. 『알제리 혁

---

*2002년판 『대지의 저주받은 사람들』(그린비, 2004)에서 이 대목의 번역은 이렇다. "인간에 관해 이야기하지 않으면서도 늘 자기들만이 인간의 행복을 걱정한다고 말한 바로 그 유럽, 오늘날 우리는 정신의 조그만 승리를 위해 인류가 얼마나 큰 희생을 치렀는지 안다."

명 5주년』이라는 제목으로 처음 출판되었는데 나중에 『혁명의 사회학』으로 제목을 바꾼다. 『몰락하는 식민주의』는 영역판의 제목이다. 우리나라에서도 1982년 『혁명의 사회학』(한마당)으로 제목이 바뀌기도 했다. 이 책에서 파농은 인간은 자기해방을 위한 전면적인 투쟁 과정에서 정신적으로 완전히 변화된 존재로 거듭난다고 강조한다.

세계를 변화시킴과 동시에 인간 자신도 변화한다는 명제가 현재의 알제리에서만큼 극명하게 나타난 적은 없었다. 알제리인에 대한 이 역사적인 시련은 그들이 자기 자신에 대해 가지고 있던 의식뿐만 아니라 자기의 옛 지배자와 세계 ―마침내 자기의 눈 아래 굽어볼 수 있게 된― 에 대한 의식마저도 바꾸어 놓는 것이다.

1970년대 후반 번역된 파농의 책들은 모두 절판되었다. 1980년대 중반 『대지의 저주받은 자들』(언어문화사, 1986)이 재번역되기는 했으나, 이것 역시 절판되었다. 현재로선 『검은 피부, 하얀 가면』이 파농 사상의 실체를 접하게 하는 거의 유일한 통로다. (2004년 도서출판 그린비를 통해 『대지의 저주받은 사람들』이 새로 번역되어 파농의 저작을 직접 대면할 통로가 하나 늘었다.) 상황이 이렇다 보니, 두 권의 전기는 파농 사상을 간접체험케 하는 귀중한 통로인 셈이다.

이 밖에 파농에 관한 책으로는 독일의 제3세계 연구가 레나테 자하르의 연구서가 있었다. 이 책은 두 곳의 출판사에서 나왔는데 『프란츠 파농 연구』(한마당, 1981)는 원작의 비판적 측면을 살렸고, 『프란츠 파농』(종로서적, 1982)의 번역은 상대적으로 객관적이다. 파농 서거 20주년을 기해 번역된 『프란츠 파농 연구』에는 김종철 교수의 '파농론' ―「식민주의의 극복과 민중」〈창작과비평〉 1979년 가을호― 이 실려 있기도 하다.

프란츠 파농의 책
자기의 땅에서 유배당한 자들 김남주 옮김, 청사, 1978.
검은 피부, 하얀 가면 이석호 옮김, 인간사랑, 1998.
대지의 저주받은 자들 박종렬 옮김, 광민사, 1979.
대지의 저주받은 자들 구자익 옮김, 언어문화사, 1986.
대지의 저주받은 사람들(그린비 크리티컬 컬렉션 6) 남경태 옮김, 그린비, 2010.
대지의 저주받은 사람들 남경태 옮김, 그린비, 2004.
몰락하는 식민주의 성찬성 옮김, 한마당, 1979.
혁명의 사회학– 알제리 민족해방운동 연구 성찬성 옮김, 한마당, 1982.
알제리 혁명 5년 홍지화 옮김, 인간사랑, 2008.

프란츠 파농에 관한 책
프란츠 파농 연구 레나테 자하르 지음, 최정섭 옮김, 한마당, 1981.
프란츠 파농 레나테 자하르 지음, 김형섭 옮김, 1982.
나는 내가 아니다 패트릭 엘렌 지음, 곽명단 옮김, 우물이있는집, 2001.
프란츠 파농 알리스 셰르키 지음, 이세욱 옮김, 실천문학사, 2002.
프란츠 파농– 혁명가와 페미니즘 T. 데니언 샤플리–화이팅 지음, 우제원 옮김, 인간사랑, 2008.

프리모 레비
Primo Levi
1919-1987

잊어서도 안 되고 용서할 수도 없다

유대계 이탈리아 작가 프리모 레비를 읽고 싶었다. 마침 2006년 말에서 2007년 초까지 한 달 보름 새, 프리모 레비 관련서 한 권과 그의 저서 두 권이 한꺼번에 번역돼 나왔다. 『시대의 증언자 쁘리모 레비를 찾아서』는 2006년 초에 우리말로 옮겨진 『디아스포라 기행― 추방당한 자의 시선』(김혜신 옮김, 돌베개)을 통해 프리모 레비의 이름을 우리 가슴에 또렷하게 각인시킨 재일조선인 에세이스트 서경식의 프리모 레비 길라잡이다.

프리모 레비를 찾아서

서경식이 프리모 레비의 발자취를 찾아 나선 건 그가 자살로 삶을 마감했기 때문이다. "레비가 1987년에 자살하지 않았다면 모든 것이 단순명쾌했을 것"이라는 츠베탕 토도로프의 말에 이끌린 까닭이다. 이 책에서 서경식은 프리모 레비와 대화를 나눈다. 서경식의 대화상대는 레비가 남긴 글이다. 이 책은 한국어로 번역되지 않은 레비의 저서도 인용한다. 여기에 이따금 서경식의 슬픈 가족사가 겹친다.

레비가 '시대의 증언자'인 것은 그가 아우슈비츠에서 살아 돌아와서다. 그런데 레비의 생환은 참으로 역설적이다. 아우슈비츠를 '선택'했기에 살아 돌아올 수 있어서다. 고향 토리노가 있는 피에몬테 주에서 레지스탕스 활동을 펼치던 레비는 1943년 12월 13일 스파이에게 속아 체포된다. 체포된 파르티잔은 즉결처분을 당하는 것이 상례였으나, 레비는 나치즘의 인종법칙이 고지식하게 적용돼 1944년 2월 이탈리아의 포솔리 디카르피 중계수용소에서 아우슈비츠로 넘겨진다. 심문관에게 자신이 유대인임을 인정한 '덕분'이다.

그러나 "인종법 공포 이전, 쁘리모 레비에게는 자신이 유대인이라는 것이 태생의 머나먼 기억이며, 사라져가는 관습과 문화에 불과했을 것이다." 그리고 그는 "죽음보다도 나쁜 테러의 목격자"가 된다. 프리모 레비 등을 실은 화물열차가 목적지에 도착하고 나서 그에게 다시 한 번 '행운'이 따른다. 아우슈비츠 "도착 후 불과 10분이 채 되기도 전에 '선별' 작업이 행해졌다. 건장한 남자들은 하나의 그룹으로 모았다. 쁘리모 레비는 30명 정도의 사람들과 함께 트럭에 태워졌다. '노동 가능'하다고 인정된 그는 강제노동 수용소에 들어가는 '특권'을 얻었던 것이다. 그것은 즉시 살해되지 않을 특권, 즉 그 자리에서 말살되는 것이 아니라 '노동을 통한 절멸'의 대상으로 분류되는 특권이었다."

레비와 함께 아우슈비츠에 도착한 유대인 가운데 남자 96명과 여자 29명만이 모노비츠와 비르케나우 수용소로 보내지고, 남은 500명이 넘는 여자와 아이와 노인들은 그 즉시 전원 말살되었다. 어느 날 작업 도중 다리를 다친 프리모 레비는 '진료 동棟(카베)' 출입을 허가받는다. 얼마간 작업을 면제받자 마음속에서 번민이 솟구쳤다.

"이 카베에 들어와 질타와 구타에서 일시적으로 해방되자 우리는 자신의 내면으로 들어가 생각하기 시작했다. 그러자 다시 되돌릴 수 없음이 확실해졌다. 우리는 봉인된 화물열차로 여기까지 끌려왔다. 그리고 여자들과 아이들이 무無를 향해 떠난 것을 보았다. 그리고 자신은 노예 취급을 받고, 수백 차례나 무언의 노동으로 가는 행진을 반복했다. 하지만 무명의 죽음이 닥쳐오기 전에 이미 마음은 죽어 있었던 것이다."

"전략전술의 부재로 '아군'의 피해가 컸다"

나는 소위 '박정희 신드롬'이라는 것을 이해하지 못한다. "왜냐하면 '이해한다'는 것은 '인정한다'와 닮은 행위이기 때문이다."(프리모 레비) 사실, 나는 그런 현상이 있다는 것에 동의하지 않을뿐더러 그것은 허상이라고 생각한다. 만일 그렇지 않다면, 그를 기리는 뜻으로 기껏해야 그가 세웠다는 공업도시의 체육관에나 그의 이름을 붙였겠는가?

결과적으로 그의 18년 권좌를 이어받은 셈이 된 전직 대통령의 경우도 마찬가지다. 나는 지금보다 5공 시절이 더 낫다고 여기는 이들을 도대체 이해할 수 없다. 그래도 이건 약과다. 나는 '학살의 수괴'를 못 잊어 팬클럽까지 만든 이들에겐 정말이지 어이가 없다. 몹시 언짢다. 얼마 전, 시사주간지 〈뉴스메이커〉에 그 모임 홈페이지 운영자와의 인터뷰가 실렸다. "전 전 대통령을 따른다는 게 낯설다"는 물음에 대한 그의 답변은 이랬다.

"전 전 대통령의 죄에 대해선 '추정'만 있을 따름이다. '5.18'도 당시 보안사령관으로서 발포명령자란 게 아직 밝혀지지 않았다. 밝힌다면 나도 기꺼이 (카페를) 탈퇴한다. 재판정에서 유추하는 걸로 사람을 판단할 수 없다. 보안사령관은 실 병력이 없고 지휘체계를 따른다. 최규하 당시 대통령이 발포명령을 했을지 누가 아나. 다 짐작이다."

'눈 가리고 아웅' 하는 격이지만 꽤 익숙한 해명이다. 그런데 나치의 유대인 대학살 책임 소재를 놓고도 이런 식의 본질 흐리기와 물 타기가 있는 모양이다. 여전히. "이 역사상 유례없는 민족 절멸 작전이 언제, 누구의 권한으로 결정되었는지는 연구자들 사이에서 아직 논쟁중이지만, 1941년 중에 히틀러가 직접 명령을 내렸고, 이미 그해 연말부터 실행에 옮겨졌다는 견해가 현재로서는 유력한 듯하다."

광주민주화운동을 보는 전직 대통령 팬 카페 운영자의 시각은 나의 무척 부끄러운 기억을 떠올리게 한다. "그쪽에도 피해자가 있으니 '폭동'이란 단어는 자제하고 '사태'란 표현을 쓴다. '부마사태'라고 쓰지 않나. 윗글은 당시 언론보도를 인용한 한 온라인 사이트 글을 퍼온 것이다. 우리가 주장하는 내용들이 아직 밝혀지지 않은 상황이다. 귀순용사들의 증언을 들으면 알 수 있다. 5.18은 자위권발동이라 생각한다."

때는 1986년 봄. 경기도 성남에 있는 육군 무슨 학교 (속칭 문무대)에 입소한 한 무리의 대학생들이 아지랑이가 피어오르는 연병장 귀퉁이에서 휴식을 취하고 있다. 대뜸 구대장이 말문을 연다. '심심파적 삼아 한마디 하려는 거겠지.' 내 예상은 크게 빗나갔다. '여기서 80년 5월 광주가 왜 나와?' 위관급 장교의 입에서 튀어나온 말은 아주 충격적이었다. "전략전술의 부재로 '아군'의 피해가 컸다." 나는 이른바 운동권이 아니었지만, 나 또한 '적군'이라는 건가? 불쾌함과 모멸감이 동시에 몰려왔다. 나는 마땅히 일어나 그건 말도 안 되는 얘기라고 해야 했었다.

하지만 나는 그러지 않았다. 아니, 감히 못했다. 몇 대 두들겨 맞는 것보다는 퇴소당하는 것이 더 두려웠을 것이다. 당시, 일주일간의 문무대 입소와 역시 일주일간의 전방입소에다 정해진 교련 학점을 따면, 군복

무 3개월 단축 혜택을 받았다. 이건 군부정권이 대학생을 다루는 채찍이자 당근이었다. 현역병에겐 큰 특혜였다. 나는 내게 치욕감을 안겨준 문무대 구대장 중위의 이름을 또렷이 기억한다. 얄궂게도 그는 내 아버지와 이름이 같았다. 그의 피아개념은 이제 바뀌었을까?

어쨌거나 두 전직 대통령에겐 체육관이름도, 고향의 공원이름도 과분한 대접이다.

프리모 레비의 '갈등'

나는 반미 성향 못잖게 반유대인 성향이 강하다. 그런데 유대인을 직접 만난 적이 없는 내가 인종적 편견을 가질 리는 만무하다. 또한 나는 가톨릭과 개신교에서 유대인과 유대교를 배척하는 이유에도 공감하지 않는다. 유대인이 싫은 건 오로지 이스라엘이 팔레스타인 사람들에게 해도 너무 하기 때문이다.

프리모 레비는 이스라엘의 영원성에 대한 믿음과 이스라엘이 저지르는 악폐 사이에서 심하게 갈등한다. 레비는 이스라엘이 유대 민족의 피난처라는 그의 바람과는 반대로 "군사적 방향으로, 미숙한 방식의 파시즘적 방향"으로 바뀌어 "공격적인 의미에서의 내셔널리즘"이 강화되는 것에 위기의식을 느낀다.

레비는 우리가 "우선 민주주의자인 다음에 유대인, 이탈리아인 등 그밖의 존재여야 한다"고 강조하지만, 이에 대한 울림은 거의 없었다. 오히려 '회색인' 취급을 받는다. 친이스라엘과 반이스라엘 양편 모두가 그에게 비난을 퍼부었다. 여기에다 1986년 시작된 독일의 '역사가 논쟁'도 레비에게 큰 충격을 줬으리라. '가스실은 없었다'는 아우슈비츠 부정론과 발뺌의 역사는 꽤 길다.

"어떤 친위대원은 강제수용소에 관한 진실을 어차피 누구도 믿어주지 않을 것이라며 수인들을 조롱했다고 한다. 그 조롱은 어느 정도 적중했다. 계획적인 증거 인멸도 있었다. 가해자의 끈질긴 부인도 있었다. 그러나 무엇보다 실제 일어난 일이 너무도 믿기 어렵기 때문에

조롱하는 친위대원을 두둔하는 것이리라. '가스실에서 수백만 명이나 학살되었다고? 그게 말이 되나…'"

레비는 왜 스스로 목숨을 끊었나?

1987년 4월 11일 프리모 레비는 그가 살던 아파트 실내 계단의 4층 난간에서 아래로 몸을 던졌다. 그는 왜 스스로 목숨을 끊었을까? 서경식은 이에 대한 답변을 회피하면서도 조심스레 추측한다. "그의 자살은 원래 불안, 공포, 실의, 절망 혹은 권태 때문이 아니라, 자신의 마지막 존엄을 지키기 위한 그리고 '증인'으로서 마지막 일을 완수하기 위한 조용한 선택이었을지 모른다."

그렇다. 그의 자살은 인간이 저지른 만행을 잊지도 용서하지도 않겠다는 마지막 의사 표시였다. 가해자의 사죄 없는 용서란 있을 수 없다. 또한 레비는 인류 역사에서 멸시받고, 들볶이며, 노예로 혹사당하다 못해 살육 당한 수많은 희생자를 위한 제의를 치른 것이리라. 그는 백인의 관점에서 보면 아프리카인, 아메리카 원주민, 아시아인, 애버리진, 마오리였고, 일본인의 관점에선 조선인, 중국인, 류우큐우 민족, 아이누 민족, 타이완 원주민, 남양 제도의 사람이었다. 레비는 팔레스타인이고, 그의 백인 중심 문명관을 노출시킨 "야만적인 피그미"이기도 하다.

『시대의 증언자 쁘리모 레비를 찾아서』가 튼튼한 뼈대라면, 번역된 레비의 저서 두 권은 실팍한 살점이다. 그리고 이 두 권은 서로 보완관계에 있다. "한 쪽을 읽는 것이 다른 한 쪽을 보다 깊게 이해하는 데 도움이 되며, 독서의 감명을 배가시키기 때문이다."(서경식) 레비는 첫 작품 『이것이 인간인가』에서 그가 겪은 죽음의 "수용소 체험을 냉철하고 극명하게 성찰"한다.

그는 '작가의 말'을 통해 "이 책은 새로운 죄목을 찾아내려는 것이 아니다. 오히려 인간 정신의 몇 측면에 대한 조용한 연구에 자료를 제공하기 위한 것"이라고 밝힌다. 또 "우리 이야기를 '다른 사람들에게' 들려주고 '다른' 사람들을 거기에 참여시키고자 하는 욕구"를 충족시키기 위해 씌어졌다고 덧붙인다.

청소년판 『이것이 인간인가』(1976)에 부록으로 실린 '독자들에게 답한다'에서 레비는 글을 쓰게 된 계기를 분명히 밝힌다. "내가 아우슈비츠의 시간을 경험하지 않았더라면 절대 글을 쓰는 일은 없었을 것이다. 아마 글을 써야 할 동기를 찾지 못했을 것이다. 학생 때 내 이탈리아어 성적은 보통이었고 역사 성적은 형편없었다."

"수용소의 경험이 나로 하여금 글을 쓰게 했다. 나는 게으름과 싸울 필요가 없었다. 문체 같은 건 내가 보기엔 우스웠다. 업무시간을 단 한 시간도 침범하지 않고 글을 쓸 수 있는 시간을 기적적으로 마련했다. 이 책은 이미 내 머릿속에 다 준비되어 있었기 때문에, 그저 밖으로 나오게 해서 종이 위에 쓰기만 하면 되었다."

수용소 생활 일주일 만에 몸을 씻을 의욕을 잃고 세면장을 어슬렁거리는 프리모 레비에게 쉰 살이 다 된 그의 친구 슈타인라우프가 던진 충고가 감동적이다.

수용소는 우리를 동물로 격하시키는 거대한 장치이기 때문에, 바로 그렇기 때문에 우리는 동물이 되어서는 안 된다. 이곳에서도 살아남는 것은 가능하다. 그렇기 때문에 나중에 그 이야기를 하기 위해, 똑똑히 목격하기 위해 살아남겠다는 의지를 가져야 한다. 우리의 생존을 위해서는 최소한 문명의 골격, 골조, 틀만이라도 지키기 위해 최선을 다해야 한다. 우리가 노예일지라도, 아무런 권리도 없을지라도, 갖은 수모를 겪고 죽을 것이 확실할지라도, 우리에게 한 가지 능력만은 남아 있다. 마지막 남은 것이기 때문에 온 힘을 다해 지켜내야 한다. 그 능력이란 바로 그들에게 동의하지 않는 것이다. 그러니까 우리는 당연히 비누가 없어도 얼굴을 씻고 윗도리로 몸을 말려야만 한다.

아름다운 소중한 우정

프리모 레비는 화학자다. 『이것이 인간인가』와 짝을 이루는 『주기율표』는 형식이 독창적이다. 주기율표의 원소를 표제로 이야기가 꼬리에 꼬리를 문다. 이 책의 첫 장인 「아르곤」에 대해 이탈리아의 여성 작가 나탈리아 긴즈부르그는 "초상화 박물관 같다"는 찬사를 보냈다.

"멘델레예프의 주기율표는 한 편의 시이며, 우리가 중·고등학교에서 소화해온 그 어떤 시보다도 고귀하고 경건하다. 그리고 잘 생각해보면, 주기율표는 압운押韻까지도 들어맞는다!"(「철」) 그리고 화학과 물리학은 그와 내가 찾고 있던 파시즘의 해독제가 되어주었다. 그러면, 여기서 그는 누구일까? 프리모 레비의 둘도 없는 친구 산드로 델마스트로다. "나는 산드로가 의식적으로 나를 고생과 여행 속으로, 겉보기만 어리석어 보이는 여러 모험 속으로 인도해준 데 대해 정말 고맙게 생각한다. 이 모든 것들이 훗날 내게 도움이 되었다고 확신한다." 산드로는 레지스탕스 활동을 하다가 파시스트들에게 붙잡혀 목숨을 잃는다. 하지만 「철」은 두 사람의 우정이 관중과 포숙아, 마르크스와 엥겔스 못 잖음을 보여준다.

이 "호전적인 화학이야기"는 때로 익살맞기도 하다. "저능한 사람들에게 부여되는 면책의 비호를 받으며 보르톨라소는 정원사의 직무를 극도로 태만하게 수행했다. 그 태만함은 거의 원시적인 교활함에 가까운 것이었다."(「니켈」) 처음에는 화단 한가운데 설치된 우량계에 물을 뿌려, 나중에는 비가 온 뒤 늘 기구 아래쪽의 밸브를 열어 놓아 보르톨라소는 석면 추출 비용계산에 필요한 데이터를 엉망으로 만든다.

「바나듐」은 아무것도 모르면서 "왜 그렇게 불안해하느냐?" 물었던 가해자의 뒤틀린 기억이 핵심이다. "하지만 이 이야기는 꾸며낸 게 아니다. 현실은 허구보다 훨씬 더 복잡하고 덜 정돈되어 있으며, 더 거칠고 덜 원만하다. 그것이 같은 차원에 놓여 있기란 거의 불가능했

다. 프리모 레비의 책이 이제라도 한국어로 번역된 것은 천만다행이라고 생각하면서 드는 의문점이 하나 있다. 적어도 20년간 노벨문학상 선정위원회는 뭘 했나 모르겠다. 〈녹색평론〉(제100호, 2008년 5–6월)에 실린 도리스 레싱의 노벨문학상 수상식 기념강연 「노벨상을 못 받는 사람들에 관하여」(김정현 옮김)는 이에 대한 충실한 답변인가? 도리스 레싱은 그 이전의, 근본적인 문제를 이야기한다.

프리모 레비의 책

살아남은 자의 아픔 이산하 편역, 노마드북스, 2011.
휴전 이소영 옮김, 돌베개, 2010.
지금이 아니면 언제 김종돈 옮김, 노마드북스, 2010.
이것이 인간인가 이현경 옮김, 돌베개, 2007.
주기율표 이현경 옮김, 돌베개, 2007.

프리모 레비에 관한 책

시대의 증언자 쁘리모 레비를 찾아서 서경식 지음, 박광현 옮김, 창비, 2006.

프리초프 카프라
Fritjof Capra
1939–

"정점에 도달한 양은 음을 위해 물러난다"

프리초프 카프라의 '신물리학'은 일리야 프리고진으로 대표되는 '복잡성의 과학,' 제임스 러브록의 '가이아 이론' 등과 함께 막다른 지점에 다다른 현대과학의 활로를 개척하려는 창의적인 시도이다. 기존의 과학을 극복해보겠다는 의지가 돋보이는 독창적인 이론을 한데 아울러 '신과학'이라 부르기도 한다.

'신과학'은 최신의 과학 분야에서 혁신적인 이론을 다루며, 전문화된 학문의 좁은 경계를 뛰어넘어 학제

간 종합을 지향한다. 또 결정론적 사고를 배격하고 진리의 개방성을 용인한다. 가장 큰 특징은 인간중심의 윤리를 다시금 추구해 현대과학문명의 허점을 보완하는 데 역점을 둔다.

우리는 '신과학'을 대표하는 인물로 프리초프 카프라를 꼽는 데 주저하지 않는다. 그의 저서에 대한 번역소개가 상대적으로 빨랐기 때문이다. 하지만 번역과정은 우여곡절을 겪었다. 주식회사 범양사의 이성범 회장은 미국의 서점에서 카프라의 첫 번째 저서 『물리학의 도 The Tao of Physics』를 발견하고, 김용정 교수(동국대 철학)와 번역부터 시작했다.

여러 곳의 출판사에 출간을 타진했으나 모두 난색을 표명했다. "상업성이 없다"는 것이 이유였다. 결국 이 회장은 자신이 경영하는 범양사에 출판부를 만들고 이 책을 『현대물리학과 동양사상』이라는 이름으로 펴내기에 이른다. 1979년의 일이다. 우연찮게 시작한 출판이지만 범양사출판부는 대표적인 과학전문 출판사로 자리 잡는다. 카프라의 후속작은 물론이고, '신과학'에 관련된 다양한 서적이 속속 출간된다.

『현대물리학과 동양사상』(이하 『동양사상』)은 현대물리학이 새롭게 제시한 우주상과 동양적 세계관의 접목을 시도한 책이다. 현대물리학의 여러 개념과 동양의 철학적·종교적 전통 속에 있는 요소와의 관계를 탐구한다. 전혀 이질적인 대상으로 여겨져 온 것들의 비교 검토는 이론물리학자인 카프라가 동양의 사상을 사심 없이 받아들임으로써 가능했다.

카프라는 동양의 지혜와 서양의 과학 사이에 본질적인 조화가 존재한다는 점을 밝혀냈고, 물리학의 탐구가 마음을 닦는 길이 될 수도 있다는 그의 주장은 적지 않은 반향을 얻었다. 카프라가 즐겨 인용하는 동양고전의 한 구절을 통해 우리는 그의 세계관의 일단을 읽게 된다. "정점에 도달한 양은 음을 위해 물러난다."

새로운 생각이 쉽게 받아들여지지 않는 것은 동·서

양을 불문한다. 카프라 역시 첫 번째 저서를 세상에 내보내는 데 무진 애를 먹었다. 어렵게 완성한 원고를 출판대리인을 통해 런던과 뉴욕에 있는 대형출판사에 보냈으나 모조리 퇴짜를 맞았다. 열 번이 넘게 거절을 당한 끝에, 규모는 작아도 진취적인 출판사였던 런던의 와일드우드 하우스를 통해 빛을 보게 되었다.

카프라는 당시를 이렇게 술회한다. "와일드우드 하우스Wildwood House와의 계약에 서명한 그날부터 나의 학문생활은 결정적인 방향전환을 했으며, 그 뒤 줄곧 성공을 거두었고 짜릿한 흥분을 누려왔다." 자신의 생애에서 전환점을 맞았던 셈이다.

『전환점The Turning Point』으로 이름 붙여진 카프라의 두 번째 저서 『새로운 과학과 문명의 전환』(범양사출판부, 1985; 이하 『문명의 전환』)은 『동양사상』의 속편으로 볼 수 있다. 『문명의 전환』은 동양사상과 일맥상통하는 현대물리학의 새로운 세계관이 다른 학문 분야로 파급된 양상을 서술했다. 새로운 세계관의 확산은 시스템이론에 기대고 있다. 시스템이론은 세계를 모든 현상의 상호 연관성과 상호 의존성에 의해 파악하는 것을 말한다.

카프라의 발상은 참신하지만 새로운 세계관은 그 실체가 모호하고, 현대물리학과 동양사상을 접목하는 작업은 더이상 진전되지 않고 있다. 아직은 전일적이고 생태적인 세계관을 구현해야 한다는 당위적 차원에 머물러 있다. 이것은 기계적이고 환원론적인 접근법을 극복해야만 가능하다. 그런 극복의 일환으로 행하는 물질문명과 현대사회에 대한 카프라의 비판은 매우 날카롭다.

그는 '적자생존의 원리'가 사회의 지배적 원칙으로 채택되면서 협동보다는 경쟁이 우선하는 풍토가 조성되었다고 지적하고, 그 책임을 사회적 다윈주의자에게 돌린다. 전문가가 해당 분야의 긴급한 문제를 대처하는 능력을 상실했다는 진단은 오늘 우리에게 더욱 아프게 다가온다. 경제학자가 인플레이션을 이해하지 못하고, 의사는 암의 발병원인에 대해 당황하며, 경찰은 늘어나는 범죄에 대해 속수무책이다.

카프라는 현재의 위기상황을 타개할 대안으로 마르크스의 유물사관과 『역경易經』의 역사관을 꼽았다. 그는 비슷한 구조를 가진 둘 중에서 『역경』의 손을 들어준다. 『역경』의 철학을 따르는 것이 사회적 전환기의 충격을 최소화할 수 있다는 믿음에서다.

"이 책은 상다리가 휘어지게 차려 놓은 현대 사상의 잔칫상이다. 거기에는 과학, 형이상학, 종교, 철학, 보건 등 온갖 음식이 차려져 있다. 이 자리에서 배부르지 않을 사람은 없을 것이다." 이것은 『탁월한 지혜』(범양사출판부, 1989)에 대한 묘사다. 이 책 앞에서는 기 소르망의 대담집 『20세기를 움직인 사상가들』이 이룬 성취가 무색해진다. 카프라는 등장인물들과 거의 완벽하게 육화되어 유기적인 대화를 나눈다.

『탁월한 지혜』는 푸짐한 잔칫상이지만, 이 상 위에 차려진 것은 우리가 소화하기에는 버거운 '음식'이다. 이 책에 등장하는 인물 가운데 하이젠베르크, 크리슈나무르티, 슈마허, 베이트슨 같은 이름은 귀에 익지만, 제프리 츄, 스타니슬라프 그로프, 칼 사이먼튼, 마거릿 록, 헤이즐 헨더슨 등의 이름은 여전히 생소한 탓이다. 이 책은 자전적 성격이 짙은데 앞서 언급한 『동양사상』의 출간과정도 서술돼 있다. 하지만 유년기의 추억이나 국적에 관한 정체성은 드러나 있지 않다. 그래도 프랑스의 1968년 5월 혁명에 열광하고, 히피의 생활을 몸소 체험하는 내용은 매우 인상적이다.

범양사출판부의 '신과학 총서' 53, 54번으로 나란히 번역된 『신과학과 영성의 시대』(1997)와 『생명의 그물』(1998)은 다 같이 '생태적'을 핵심 키워드로 한다. 종교인 두 사람과 나눈 대화를 엮은 『신과학과 영성의 시대』에서 카프라는 "생태론식의 깨우침과 생태론식의 감수성이, 제한된 과학의 울타리를 넘어 멀리 벗어나 마지막 심연에 도달하면 거기서는 종교적 깨우침 그리고 종교

적인 체험과 맞닿"는다고 말한다.

아울러 "마지막 심연의 차원에서 마주치는 생태론식 깨우침이란, 이 세상의 모든 현상, 우주의 어느 자리에서 일어나는 온갖 조화라도 근본적으로 모두 상호연결되며 상호의존적이라는 깨우침"이라고 설명한다.

『생명의 그물』은 카프라의 표현에 따르면, "어떤 의미에서 이 책은 『새로운 과학과 문명의 전환』의 '생명에 대한 체계 관점'이라는 장의 연장이라고 할 수 있다." 그리고 여기서도 '생태적'이란 표현부터 우선 짚고 넘어간다.

'생태적'이라는 말을 일반적인 용법보다 훨씬 폭넓고 깊게 사용한다면 생태적 관점이라고 부를 수도 있을 것이다. 깊은 생태적 자각은 모든 현상들의 근본적인 상호의존성을 인식하며, 개인과 사회로 구성되는 우리들이 모두 자연의 순환적 과정들 속에 깊숙이 묻혀 있다는(그리고 궁극적으로 거기에 의존하고 있다는) 사실을 인식한다.

카프라가 샤를렌느 스프레트낙과 공동 저술한 『녹색정치』(정신세계사, 1990)는 격세지감을 느끼게 하는 책이다. 1980년대 초반 독일을 중심으로 녹색당의 이념과 활동을 다룬 책의 제1부는 '서독에서의 녹색정치'로 돼 있다. 녹색당의 평화원칙을 언급한 대목은 오늘의 현실에 비추면 그저 씁쓸할 따름이다.

카프라와 스프레트낙은 녹색당이 개진한 일련의 평화원칙 —사회적 방위의 개념, 무기 없는 세계— 에 대한 의구심을 녹색당 관계자에게 표명한다. 카프라와 스프레트낙은 녹색당 관계자들이 자신들의 평화 제안을 '불가능한 것을 요구하고, 가능한 것을 얻는' 문제로 간주하고 있다는 생각이 들었던 것이다. 이에 대해 서독 장성 출신으로 녹색당 지도부의 한 사람이 된 게르트 바스티안은 다음과 같이 말했다.

예, 그것은 물론 전략의 일환입니다. 우리는 우리의 해결책에 필요한 그러한 종류의 사고가 지금 국민들 사이에는 거의 존재하고 있지 않다는 점을 잘 알고 있습니다. 그렇지만 이제는 그러한 의식을 변화시키는 것이 필요합니다.

하지만 세월이라는 시험대를 거친 결과는 냉정하다. 20여 년이 지난 지금, 녹색당이 국민의 의식을 변화시키기는커녕 되려 녹색당 본래의 색깔을 잃어버리고 있으니 말이다. 2001년 연정 파트너인 사회민주당의 해외 병력 파견방침을 승인하더니만, 급기야 2002년 3월에는 평화원칙을 포기하고 무력 사용을 수용하는 쪽으로 당의 정강을 고치기에 이른다.

『녹색정치』를 제외한 프리초프 카프라의 저서들은 뛰어난 교양과학도서에 속한다. 『동양사상』과 『문명의 전환』이 각각 30쇄와 20쇄를 찍는 등 스테디셀러의 위용을 자랑하고 있고, 교양도서추천 목록에도 약방의 감초마냥 빠짐없이 올라 있다. 『동양사상』의 30쇄는 19년 동안 이뤄진 것이고, 『문명의 전환』의 20쇄는 12년이 걸렸다.

21세기에도 이 책들에 대한 수요는 끊이지 않을 것으로 보인다. 이들은 스테디셀러 중의 스테디셀러. 그리고 그냥 지나쳐서는 안 되는 사항 한 가지. 처음부터 저작권계약을 통해 책을 펴낸 범양사출판부의 정도 추구는 출판계의 귀감이 되기에 충분하다.

프리초프 카프라의 책

히든 커넥션– 나와 세상을 바꾸는 새로운 힘의 패러다임 강주헌 옮김, 휘슬러, 2003.
녹색정치 샤를렌느 스프레트낙 공저, 강석찬 옮김, 정신세계사, 1990.

범양사출판부에서 펴낸 책들

현대 물리학과 동양사상(개정판) 이성범·김용정 옮김, 2006.
현대물리학과 동양사상(증보 제3판) 이성범·김용정 옮김, 2002.
현대물리학과 동양사상 이성범·김용정 옮김, 1979.
새로운 과학과 문명의 전환 구윤서·이성범 옮김, 2007.

새로운 과학과 문명의 전환 이성범·구윤서 옮김, 1985.
탁월한 지혜 홍동선 옮김, 1989.
신과학과 영성의 시대 김재희 옮김, 1997.
생명의 그물 김용정·김동광 옮김, 1998.

피에르 라비
Pierre Rabhi
1938-

"돈이 모든 걸 좌우하진 않는다"

농사꾼 철학자 피에르 라비와 관련된 번역서 세 권의 형식은 각기 다르다. 그에 대한 인물론이 있는가 하면, 대담집이 있고, 그가 쓴 장편소설도 있다. 번역서는 세 권 모두 한 출판사를 통해 나왔다. 그것도 2007년에 다 펴냈다. 그런데 한국어판은 피에르 라비의 이력 가운데 어떤 요소가 차질을 빚고 있다.

피에르 라비는 1938년생인가? 1939년생인가?

그의 출생연도가 제각각이다. 인물론의 책날개엔 "피에르 라비는 1939년 아프리카 알제리 남부의 케낫사 오아시스에서 태어났다"고 돼 있다. 하지만 '옮긴이의 말'과 '연보'에선 1938년생이다. 대담집의 저자 소개글과 장편소설의 책날개는 다시 1939년 출생이다. 어느 게 맞나 모르겠다.

피에르 라비의 출생지는 알제리 남부의 광활한 모래사막 안에 작은 섬처럼 떠있는 오아시스다. 그는 네 살 때 어머니를 여읜다. 대장장이였던 아버지를 자랑스러워한다. 그렇지만 교육을 받게 해주겠다는 프랑스인 부부에게 입양된다. 이 부부는 탄광회사 일로 알제리에 온 사람들이다. 남편은 기술자였고, 아내는 교사였다. 그리고 피에리 라비는 마치 구경꾼처럼 알제리 독립전쟁을 치른다. 라디오에서 흘러나오는 프랑스 군사령관의 연설을 들으며 무심코 "군사령관이라면 좀더 씩씩한 목소리로 연설을 해야지"라고 했다가 양아버지로부터 24시간 안에 집을 나가라는 얘길 듣는다. 순식간에 길거리로 내쫓긴 것이다.

'대지의 성자'

『농부 철학자 피에르 라비』는 카르티에 부부의 "위대한 사상을 가진 인물" 탐방기 중 하나다. "그는 체구가 작고 말랐으며, 수염과 머리카락이 얼굴을 반쯤 뒤덮고 있었다. 그는 따뜻했고, 언제나 그렇듯이 정중하게 우리를 대했다." 장 피에르 카르티에가 묘사한 피에르 라비의 첫인상이다.

카르티에 부부가 만난 유명인사들 가운데 아무런 방해를 받지 않고, 심지어 전화도 받지 않고 꼬박 일주일 동안 카르티에부부에게 시간을 내준 건 피에르 라비가 처음이었다. "피에르 라비 앞에 처음 섰을 때, 라셀과 나는 그가 그토록 열정적이고 실천적인 삶을 살아왔다는 것이 믿기지 않았다. 그만큼 그는 수수하게 생긴 사람이었다. 하지만 그가 말을 시작하자, 그의 눈에서 때로는 불꽃같은, 때로는 논리 정연한 열정이 타오르는 것을 볼 수 있었다. 그것은 일종의 절제된 열정이었다."

이 책은 인터뷰집의 성격이 짙다. 카르티에 부부는 피에르 라비의 발언을 그대로 전달하거니와 그의 목소리가 차지하는 비중 또한 낮지 않다. 첫날, 장 피에르 카르티에는 불현듯 피에르 라비의 나무에 대한 견해를 듣고픈 충동을 느낀다. 피에르 라비는 "나무는 우리 행성에 난 털과 같습니다"로 말문을 연다.

"나무는 이 세상에서 가장 아름다운 창조물 중 하나입니다. 나무는 살아 있는 존재입니다. 조용히 침묵만 지키는 것 같지만 나무는 노래도 할 수 있습니다. 바람에 나뭇가지가 흔들리며 내는 소리와 새들의 지저귐이 곧 나무의 노래입니다. 그 노래는 인간에게 큰 기쁨을 줍니다. 나무는 또한 자신에게 상처를 주는 요소들에 민감하게 작용하며 화를 낼 수도 있습니다."

출생연도가 어긋난 탓이 크지만, "그 학교에는 '새카만 발(알제리에 살고 있는 프랑스인을 지칭하는 말)' 학생이 단 두 명 있었는데, 바로 나와 카더라는 아이였습니다"에서 '새카만 발'은 외려 프랑스인이 아닌 사람을 가리키는 것 같다. 카더는 터키인인 데다가 피에르 라비는 알제리 원주민 태생이잖은가.

영성·순결주의·수익성·기술·현대성

"나는 현대인들이 영성에 대해 너무도 많은 말을 하고 있는 것이 이상하다고 생각합니다. 그것은 우리가 말하는 것들에 확신이 없다는 것을, 또한 우리가 우리를 안심시킬 무언가를 필요로 한다는 것을 잘 설명해 줍니다. 만일 확신이 있다면, 우리는 그렇게 많은 말을 하지는 않을 것입니다. 우리는 살아 있으며, 그것이 전부입니다."

이와 아울러 피에르 라비는 순결주의를 경계한다. "순결주의에 빠져서는 안 됩니다." 예컨대 "세계화의 가장 나쁜 점은 교환한다는 것이 아닙니다. 세계화의 단점은 행성 전체를 마음대로 주무르는 힘이 그 안에 있다고 생각하는 것입니다. 빠른 정보 전달은 하나의 이데올로기를 낳고, 젊었을 때는 그런 이데올로기에 저항하기가 힘듭니다."

그는 우리가 육체를 가진 인간으로 남아 있을 필요가 있으며, 세상을 변화시키기 위한 행동을 강조한다. 수익성과 선을 긋기도 한다. "수익성이 삶의 전부는 아닙니다. 우리처럼 흙에서 일하는 사람들은 단지 생산을 위해서만 일을 하지 않습니다. 흙에서 일한다는 것은 삶의 기술을 가꾸는 것이고, 우리 자신이 밭과 자연, 그리고 계절에 연결되어 있음을 느끼는 것입니다."

또한 기술을 바꾸는 것만으로는 충분치 않고 우리 인간들이 변해야 한다는 점을 힘주어 말한다. 피에르 라비는 현대성을 속임수라 여긴다. "우리가 발전했다고 여기는 이 현대 사회는 참담합니다. 이런 발전으로 혜택을 입는 사람은 아주 적은 사람들뿐입니다." 이어 금전만능주의에 일격을 가한다. "돈이 모든 것을 좌우하지는 않습니다. '시간은 금이다.'라는 말을 중요하게 여겨서는 안 됩니다. 이 말은 행성 전체를 위협하는 정신분열증의 한 가지 원인입니다."

대담과 장편소설

『미래를 심는 사람』은 녹색평론가 니콜라 윌로와의 대담을 엮은 책이다. '제도적 틀 안에서 살 것인가, 밖에서 살 것인가?'에 관한 두 사람의 대화다.

니콜라 윌로 "…제가 걸어온 길을 돌아봤을 때, 저는 아마도 제도적 틀 안에서 변화를 시도하지 않았나 싶습니다. …"

피에르 라비 "저는 제도라는 것이 사람의 운명을 미리 결정하고, 그 제도의 방향대로 사람들의 운명을 조직하는, 가혹하고도 구속력 강한 조직이라고 생각합니다. …제 경우, 제도적 틀에 맞추면서 살아갈 수가 없었기 때문에, 땅과 함께하는 삶으로 돌아가면서 제가 중요하다고 생각한 가치들이 보존될 수 있는 조직체를 만들고자 노력했습니다. 제 인생의 목표와는 부합하는 길이었지만, 한계는 있었지요. 저 역시 자동차를 타고 다니고, 국제적 연대 차원의 일을 보러 가기 위해 비행기로 여행을 다니며, 원자력의 힘으로 불을 밝히고, 농사일을 할 때는 기계의 힘을 빌리고 있으니까요. 제도적 틀 안의 사회와 완전히 동떨어져 사는 것을 꿈꾼 것은 아닙니다. 저는 항상 공동체의 완전한 한 명의 구성원으로 남고 싶었습니다. …"

『사막의 정원사 무싸』는 피에르 라비의 자전적 소설이다. 그는 이 작품을 "보다 주관적인 보완물이자 깊이를 갖춘 자서전으로" 간주한다. "이 이야기는 특히 내 삶의 여정과 떼려야 뗄 수 없는 관계에 있으며, 동기가 무엇인지 정확히 알지 못했던 내 평화적 저항의 뿌리를 분명하게 밝혀 드러낸다. 이 저항, 이 비난의 대상은 현 세계의 지나치게 광물적이고 기계적이고 지배적이고 파괴적인 현대성이며, 그 목적은 내 마음속에 자리 잡고 있는 휴머니스트와 환경론자가 거기에 전적으로 동의할 수 있도록 하기 위한 것이다."

예후디 메뉴인의 찬사

바이올린 연주자 겸 지휘자인 예후디 메뉴인은 피에르 라비를 일러 이렇게 말했다. "피에르 라비는 자신의 손으로 모래사막에 생명을 실어 날랐다. 생명은 하나이기 때문이다. 번식력이 강한 박테리아들은 모래를 새로운 종들의 터전이 될 수 있게 만들었다. 어찌 보면, 이 남자는 성자와 같다. 그는 분명하고 맑은 정신의 소유자이며, 그가 사용하는 언어의 시적 아름다움은 저마다의 삶에 열정을 불러일으킨다. 그는 우리가 계속해서 방해하는 생명의 그물망을 회복시키는 일을 한 사람이다. 그런 일들과 땀방울로 그는 먼지 이는 대지를 비옥하게 했다."

피에르 라비의 책

미래를 심는 사람 배영란 옮김, 조화로운삶, 2007.
사막의 정원사 무싸 이재형 옮김, 조화로운삶, 2007.

피에르 라비에 관한 책

농부 철학자 피에르 라비 장 피에르 카르티에 · 라셀 카르티에 지음, 길잡이늑대 옮김, 조화로운삶, 2007.

피에르 레비

Pierre Lévy
1956-

디지털 기술이
좀더 나은 세상을 만든다

해외 사상가의 번역서를 리뷰하는 사람으로서 약간 민망한 일이지만, 김성도 교수(고려대 언어학)의 『하이퍼미디어 시대의 인문학』(생각의나무)을 접하기 전까진 피에르 레비의 책들이 그렇게 많이 번역된 줄은 미처 몰랐다. 김성도 교수가 세계 지성들과 나눈 직·간접의 대화를 묶은 이 책에서 피에르 레비 편은 2003년 2월 중순 다섯 차례에 걸친 이메일 인터뷰에 기초하고 있다. 인터뷰의 첫머리에서 김 교수는 피에르 레비의 대표저서 여덟 권을 소개했는데 그중 여섯 권이 우리말로 번역되었다. 그것도 2000년 8월 이후, 3년 남짓한 기간에 집중적으로 이뤄졌다.

『하이퍼미디어 시대의 인문학』에는 움베르토 에코, 자크 데리다, 미셸 세르 같은 당대의 세계적인 석학들이 등장하지만 이들의 제자뻘이거나 영향을 받았을 피에르 레비가 조연이라는 생각은 들지 않는다. 피에르 레비는 세계적 석학들과 당당히 어깨를 겨루는 주인공이다. 왜냐하면 김성도 교수가 책에 실린 대담록들이 "문화적 상대성과 차이, 상충될 소지가 있는 다양한 문화들의 화해 가능성에 대한 물음을 시작으로, 특히 디지털과 사이버 미디어 등, 총체적인 뉴미디어로 인해 태동된 새로운 사고방식, 지각 패턴, 인문학의 변형 등에 대한 관련 학자들의 견해와 진술을 담고 있다"고 말하고 있어서다. 피에르 레비는 "특히" 이하에 언급된 분야의 전문가이기 때문이다.

1956년 튀니지에서 유대계 프랑스인으로 태어난 피에르 레비는 "디지털 테크놀로지의 문화적·인식론적

영향과 사회적 사용을 연구하는 사회학자이자 철학자"로 통한다. 미셸 세르의 수제자이면서도 박사학위 논문지도는 카스토리아디에게 받았다. 탈영토화, 유목, 분자 같은 용어의 사용에서는 들뢰즈와 가타리의 영향이 느껴지기도 한다.

한편, 피에르 레비는 우리 식으로 말하면 '벤처기업인'이기도 하다. 공동체의 지식 정보 교환과 평가를 총체적으로 디자인하는 시스템인 '지식의 나무'를 수학자이자 철학자이며 막역한 친구 사인인 미셸 오티에와 함께 개발한 피에르 레비는 '지식의 나무'를 확장시키기 위한 소프트웨어 'Gingo'를 개발한다. 또 이를 판매하기 위한 기업으로 '트리비엄TriVium'을 공동 설립해 과학 담당 고문으로 활동했다.

흥미로운 것은 피에르 레비 책의 한국어판에 대한 호응도가 썩 높지 않다는 점이다. 『하이퍼미디어 시대의 인문학』의 출간에 즈음해 구입한 피에르 레비의 책들은 모두 초판 1쇄였다. 여기에는 한국어판이 나온 지 얼마 안 된 탓도 있으나 출간 시기를 제대로 맞추지 못한 것이 결정적인 요인으로 풀이된다. 1990년대 초·중반에 써진 피에르 레비의 책들이 우리나라에서 인터넷과 IT, 그리고 벤처 열풍이 한창일 1990년대 후반에 번역됐더라면 지금보다는 반응이 한결 나았을 것이다. 물론 학술서적으로 다소 딱딱하게 전개되는 책의 내용도 판매 저조의 한 요소이기는 하다. 그래도 높은 인터넷 보급률을 자랑하고 사이버 문화가 팽창하고 있는 우리에게 피에르 레비의 책들은 시사하는 바가 많다.

유럽 의회의 주문에 의해 작성한 보고서인 『사이버 문화』(문예출판사, 2000)는 디지털 정보 통신 기술의 발달이 지니는 문화적 의미를 살피는 것을 목적으로 한다. 인간이 새로운 테크놀로지를 바라보면서 갖는 일반적인 태도와 정보 통신 분야의 가상 현실화 작업, 그리고 그로 인한 전반적인 문명의 변천 과정을 집중 조명했다.

피에르 레비는 본격적인 논의를 전개하기에 앞서 '사이버스페이스'(사이버 공간)와 '사이버 문화'의 개념을 짚고 넘어간다. 일반적으로 전자 통신망이라 불리는 사이버스페이스는 "컴퓨터를 통해 세계적으로 긴밀하게 연결됨으로써 형성되는 커뮤니케이션의 새로운 공간"을 가리킨다. 또한 사이버 공간은 "디지털 커뮤니케이션의 물적 인프라를 지칭할 뿐만 아니라, 정보의 바다 그리고 그 공간에 자료를 공급하고 항해하는 인간들까지 포함하는 개념이다." 사이버 문화는 "사이버 공간의 팽창에 따라 발달하고 변화하는 물적·지적 테크닉·실천·태도·사유 방식 등의 총체를 지칭한다."

피에르 레비는 테크놀로지를 '충격'에 견주는 은유는 부적절하다고 말한다. 그러면서 그는 기술이 사회나 문화를 결정하는 것인지 질문을 던진다. 피에르 레비는 기술 결정론을 따르지 않고 기술 조건론을 지향한다. "내가 분명히 말하고 싶은 것은, 기술에 의해 사회가 결정되는 것이 아니라 조건지워진다는 점이다."

피에르 레비는 디지털 테크놀로지와 관련된 기본적인 용어의 개념을 재확인하고, 오해받고 있는 용어에 대해서는 제대로 된 의미 파악에 힘쓴다. 소프트웨어와 멀티미디어가 그 단적인 예다. "소프트웨어는 하나 혹은 여러 프로세서가 개별적인 임무를 수행하도록 하는 코드화된 명령들로 이루어진 목록이다."

피에르 레비는 CD롬을 가리키기 위해 고안된 표현인 멀티미디어는 다소 기만적이라고 지적한다. 그것으로 멀티 방식을 의미하고자 한다면, 이 새로운 매체의 특수성을 충분히 나타내지 못할 것이기 때문이다. 따라서 CD롬과 CD-I는 엄밀하게 디지털 매체에 담긴 쌍방향 대화형 멀티 방식 문서나, 간단하게 하이퍼 문서로 정의해야 한다고 주장한다. 결국 멀티미디어는 "다양한 미디어들과 관련된 디지털화의 일반적인 움직임과 경향을 가리킨다."

1997년 출간된 이 책에서 피에르 레비가 예측한 디지털 기술의 발달 사례와 인터넷의 다양한 활용 범위는 오늘의 우리가 몸소 체험하고 있는 바다. CD롬은 1997년에 대중적으로 가장 잘 알려진 하이퍼 문서의 형태를 갖고 있으나 "30권 분량의 백과사전 텍스트를 한 장에 담을 수 있는 CD롬은 기억 용량이 6배나 우수하고 '꽉 찬 화면으로' 비디오 영화를 수용할 수 있는 DVD로 곧 대체될 것"이라는 예측은 그대로 들어맞았다. 피에르 레비는 알타비스타 검색 엔진을 이용한 인터넷으로 사람 찾기의 사례를 예로 들고 있으나, 이런 식의 사람 찾기는 이제 우리에게도 흔한 일이 되었다.

본문에서 피에르 레비는 사이버스페이스와 사이버 문화를 다시금 정의하는데, 사이버스페이스는 "컴퓨터와 정보 기억 장치들의 전지구적 상호 연결에 의해 펼쳐지는 개방된 커뮤니케이션 공간"이다. 또 획일적 전체성 없는 보편을 사이버 문화의 본질로 본다. 이러한 새로운 종류의 보편에 형식을 제공하는 것이 사이버 문화라는 것이다.

책의 후반부에서 피에르 레비는 사이버 문화와 관련한 FQA(자주 나오는 질문과 답)를 마련했는데 '사이버 문화가 배제와 소외의 원천인가?'라는 우문에 대한 세 가지의 현답은 이렇다. 접속의 절대 수치보다 경향을 주시해야 하고, 접속하는 것이 점점 쉬워지고 접속 비용 또한 저렴해질 것이며, 의사소통 체계 안에서 모든 발전은 필연적으로 소외를 양산한다.

'사이버 공간의 인류학을 위하여'라는 부제가 붙은 『집단 지성』(문학과지성사, 2002)은 피에르 레비가 그의 주요 개념인 집단 지성을 다룬 책이다. 그는 집단 지성을 다음과 같이 설명한다.

집단 지성은 단순한 인지적 대상이 아니다. 여기에서 지성이라는 말은 '좋은 이해' 혹은 '공조', 나아가 '공모'의 의미로 받아들여져야 한다.

이 책이 다루는 집단 지성은 기술적 조직의 측면 못지

않게 윤리와 미학의 차원이 중시되는 포괄적인 계획이다.

그것은 어디에나 분포하며, 지속적으로 가치 부여되고, 실시간으로 조정되며, 역량의 실제적 동원에 이르는 지성을 말한다.

이렇게 보면 피에르 레비의 집단 지성 인식 틀은, 인간을 유적類的 존재로, 인간의 본질을 사회적 관계의 총체로 본 마르크스의 사고틀과 비슷한 면이 발견된다. 그런데 피에르 레비는 "무지가 인류에게 쓸모 있었던 적은 단 한 번도 없다"던 마르크스에게서 한 걸음 나아가 "아무도 무지하지 않다"고 말한다. "우리의 인본주의적 관점에서는 어느 누구도 무지하지 않다"는 것이다.

지식의 중요성과 실제는 더 이상 그 지식의 원천이 얼마나 상위에 속하는가에 따라서 평가되지 않고, 그것의 명철함에 따라, 그리고 속세에 사는 개인들이 그것을 어떻게 구현하고 실천하느냐에 따라 평가된다.

집단 지성을 실시간 민주주의로 연결시키는 것도 이러한 인본주의 관점이 바탕이 된 것으로 이해할 수 있다. 피에르 레비는 여론 조사 정치와 실시간 민주주의는 아무런 관계가 없다고 말한다. 하지만 피에르 레비의 인본주의적 관점은 자칫 철 지난 인간 중심주의로 흐를 소지가 없지 않다.

"우리는 세계에서 가장 생명력 있으면서도 감각적이고 또한 창조적인 한 중심점이다. 우리 안에서 창조하고 느끼는 것은 바로 이 유일한 세계 그 자신이다." 디지털 테크놀로지에 의한 인류의 '의식의 확장'을 다룬 『누스페어』(생각의나무, 2003)의 머리글은 그런 우려를 자아내기에 충분하다. 유전 공학을 찬미하고 근본 생태론을 비하하는 피에르 레비의 태도도 그리 바람직하진 않다.

『디지털 시대의 가상현실』(전재연 옮김, 궁리, 2002)은 가상(화)을 주제로 한 책이다. 레비는 "가상과 대립되는 개념은 실재가 아니라 현실"이라고 전제한다. 그런 다음 현실화에서 가상의 문제에 대한 해결책의 실마리를 푼다. 사용 집단이 다소 창의적인 방식으로 현실화하는 소프트웨어는 변화의 가상성을 지닌다는 것이다. "실재는 가능과 닮아 있다. 반면 현실은 가상과 조금도 닮지 않았다. 현실은 가상에 응답한다." 다시 말해 "현실화는 하나의 문제점에서 하나의 해결책으로 이행하고, 가상화는 주어진 해결책으로부터 또 다른 문제점으로 이행한다." 결국 "가상화는 소비와 위기 속에서 질적으로 새로운 속도와 변천하는 시간-공간을 창조해낸다."

『지능의 테크놀로지』(철학과현실사, 2000)는 맨 먼저 번역된 피에르 레비의 책이다. 그가 "일반적인 의미의 정보 과학이나 컴퓨터의 확고부동한 본질이 존재하는 것이 아니라 단지 논쟁거리가 있고, 부분적으로 규정되지 않은 열려진 새로운 지적 테크놀로지의 영역이 있다는 것을 보여주고자 한" 이 책은 디지털 테크놀로지 개설서로도 손색없다. 디지털 테크놀로지의 기본 개념 설명에 충실하다. 특히 하이퍼텍스트와 인지 생태학 관련 논의가 알차다.

미셸 세르의 서문이 들어 있는 『지식의 나무』(철학과현실사, 2003)는 미셸 오티에와 함께 지은 책으로 '지식의 나무' 시스템의 원리, 개념, 목적, 기대 효과 등을 서술한 책이다. '지식의 나무' 프로젝트를 향한 비판과 이에 대한 답변도 담았다.

피에르 레비의 책

누스페어 김동윤 외 옮김, 생각의나무, 2003.
지식의 나무 미셸 오티에 공저, 강형식 옮김, 철학과현실사, 2003.
디지털 시대의 가상현실 전재연 옮김, 궁리, 2002.
집단 지성- 사이버 공간의 인류학을 위하여 권수경 옮김, 문학과지성사, 2002.
사이버 문화 김동윤·조준형 옮김, 문예출판사, 2000.
지능의 테크놀로지 강형식·임기대 옮김, 철학과현실사, 2000.

피에르 부르디외

Pierre Bourdieu
1930-2002

"사회학자는 더 이상 공정한
심판자나 신성한 관조자가 아니다"

2002년 1월 프랑스의 사회학자 피에르 부르디외가 세상을 떠나자, 세계의 신문들은 그를 추모하는 데 지면을 아끼지 않았다. 프랑스의 〈르몽드〉는 1면 머리기사와 또 다른 한 면을 할애해 부르디외의 삶과 사상을 되돌아봤고, 우리나라 신문들도 그의 타계소식을 비중 있게 다뤘다. 하지만 자국 사상가의 죽음을 애도한 〈르몽드〉는 그렇다손 쳐도 우리나라 신문들이 부르디외의 죽음에 대해 파리 주재 특파원을 동원하면서까지 기사를 작성한 것은, 물론 부르디외의 유명세 때문이지만, 난센스에 가까운 일이다.

부르디외는 죽는 날까지 반세계화의 전도사를 자임한 사상가였다. 세계화의 이론적 토대랄 수 있는 신자유주의를 향해서도 거침없는 비판을 가했다. 그런데 세계화와 신자유주의를 드러내놓고 편들거나, 암묵적으로 지지하는 우리네 신문들이 부르디외의 행적을 기리는 행태는 꼴불견이 아닐 수 없다.

그렇다고 부르디외의 타계 소식을 전한 국내 신문의 기사들이 영 해로운 것만은 아니다. 부르디외의 세계화 비판서 『맞불』이 번역 중에 있다는 사실을 알려주기도 한다. 『맞불』에 앞서 부르디외의 반세계화 논리를 접할 수 있는 책은 두 권이 있다. 둘 다 여러 사람의 글을 한데 묶은 책이다. 이 책들에 실린 부르디외의 글은 비록 짧긴 하지만 세계화와 신자유주의 비판에는 한 치의 물러섬이 없다.

『경계를 넘어 글쓰기』(민음사, 2001)는 '2000년 서울 국제문학포럼'에서 발표된 논문과 토론 내용을 엮은 책이

다. 이 책에 수록된 「위기 속의 문화」라는 글에서 부르디외는 세계화에 맞서기 위한 전 세계 의식 있는 지식인들의 단합을 촉구한다.

세계화라는 구실하에 지배적 위치에 있는 경제력이나 문화력이 자유화를 기치로 세력을 강화하고 있는 이 시점에 문화의 세계주의에 동조하는 각국의 예술가, 작가, 학자뿐만 아니라, 출판사, 갤러리의 대표, 비평가 등은 경각심을 가지고 결집해야 한다.

여기서 '세계화'는 인류의 공동유산을 낳은 문화·예술의 국제주의 전통과는 일견 비슷해 보여도 전혀 다른 성질의 것이다. 세계화는 "어떤 개별적인 이윤 추구나 경제, 정치적으로 지배 위치에 있는 강대국, 특히 미국의 개별적인 전통을 합리화하기 위한 정책이 사용하는 정당화의 탈과 같은 것"이다.

『프리바토피아를 넘어서』(백의, 2001)는 〈르몽드 디플로마티크〉에 실렸던 글을 별책형식으로 엮은 『21세기를 생각한다』의 한국어판이다. 『프리바토피아를 넘어서』에는 부르디외의 글이 두 개 실려 있는데, 이것들은 신자유주의에 대한 비판과 그것의 극복 방안을 담고 있다. 「신자유주의에서 벗어나기」에서 부르디외는 "신자유주의 이론은 그 근원을 거대한 추상화에 둔 순수한 수학적 허구"라고 말한다.

또 신자유주의를 떠받드는 정치경제 시스템은 대부분의 사람들에게 엄청난 고통을 안겨줄 뿐이라고 지적한다. 더구나 우리는 신자유주의적 유토피아의 형성과 그것이 빚어내는 효과를 직접 눈으로 보고 있다는 것이다. "우리는 경제적으로 가장 진보된 사회들이 점차 더욱 큰 폭으로 분열되는 고통을 겪고 있을 뿐 아니라 전례 없이 큰 폭으로 소득격차가 벌어지고 있는 상황을 목도하고 있다."

또 다른 글 「범유럽차원의 사회운동을 위하여」에서

는 세계화와 신자유주의에 대한 항체로서 '유럽 실업자들의 행진' 같은 국제적 차원의 사회운동에 기대를 걸고 있다. 『프리바토피아를 넘어서』와 『경계를 넘어 글쓰기』에 실린 다른 필자의 글들도 읽어볼 만하다.

부르디외 타계 후 한 달 남짓 만에 번역서가 선을 보인 『세계의 비참』과 『과학의 사회적 사용』은 시의적절한 책들이다. 세 권으로 이뤄진 『세계의 비참』(동문선)은 첫째 권이 2000년에 먼저 우리말로 옮겨졌고, 2002년에 둘째 권과 셋째 권이 번역됨으로써 완역되었다. 부르디외가 기획한 이 책은 방대한 분량의 인터뷰집으로 1500쪽에 이른다.

노동자에서 판사에 이르는 프랑스의 여러 계층을 상대로 한 심층면접의 결과물인 『세계의 비참』은 "파리의 호적부와 대적하겠노라" 공언했던 발자크를 떠올리게 한다. 부르디외는 '케이스별로 다양한 연구자료'를 통해 여러 계층 사람들의 삶을 재구성한다. 특히 '비참한 위치'에 있는 사람들의 실상을 생생히 보여준다. 프랑스에서 1993년 출간된 이 책은 10만여 부가 팔리면서 본격 사회과학서적으로 드물게 베스트셀러가 되었다.

『과학의 사회적 사용』(창작과비평사, 2002)은 부르디외가 프랑스의 국립농학연구소의 연구원을 상대로 한 강연 내용을 우리말로 옮긴 것이다. 우선, 혼동을 일으키기 쉬운 제목부터 짚고 넘어가는 게 순서일 듯싶다. 제목에서 과학은 우리가 흔히 생각하는 자연과학만을 한정하진 않는다. 사회과학과 인문과학의 '과학'도 여기에 포함되는 것으로 보인다. 따라서 부르디외의 '과학장의 임상사회학'을 한국식 과학사회학과 같은 것으로 여기면 곤란하다.

아무튼 부르디외는 강연에서 "객관화를 위한 거리두기는 자신이 속해 있는 장을 연구대상으로 삼을 경우 객관화를 시행하는 연구자 자신에게도 적용되어야" 한다고 주장한다. 그가 콜레주 드 프랑스의 고별강연 주제를 '피에르 부르디외'로 삼은 것도 이런 소신에 따른

것이리라. 아무튼 강연 후 토론에서 행한 다음과 같은 발언은 의미심장하다.

자료의 홍수와 관련해서 저는 학자들이 실제로 무엇을 읽는가에 대한 실증적인 연구가 필요하다고 생각합니다. 학술적 논문의 각주에 인용된 준거를 보면, 특히 영미계 학술지에서 이런 준거가 사용되는 방식을 보면, 저는 학자들이 실제로 그 텍스트를 얼마나 읽고 인용한 것인지 테스트해봐야 한다고 생각합니다.

따끔한 지적이 아닐 수 없다. 그런데 이 책에서 내 힘을 빠지게 하는 대목은 따로 있다. 바로 앞머리에 실린 부르디외에 대한 소개의 말이다. 그의 동학同學인 파트릭 샹파뉴가 부르디외의 저서를 일별한 소개말은, 그것을 그대로 가져와 부르디외의 사상을 탐구하기 위한 길잡이로 삼아도 전혀 부족함이 없다. 아니, 그러는 게 훨씬 나을 성싶다.

샹파뉴는 농담조로 부르디외의 작명가적 재능을 칭찬한다. "당신이 출판한 책들의 제목이 어쩌나 적절한지 당신의 학문세계를 책제목을 통해 모두 요약할 수 있을 정도입니다." 그러고 보니 정말 그렇다! 부르디외의 책들은 제목에서부터 책의 주제와 내용의 핵심을 분명하게 표현하고 있다. 하지만 이런 제목은 때로 오해를 빚는다고 샹파뉴는 말한다.

'교육체제 이론을 위한 고찰'이라는 부제가 붙은 『재생산』(동문선, 2000)은 그 대표적인 경우다. "책은 읽지 않고 제목만 보는 사람들은 이 책이 학교는 사회구조를 재생산할 뿐이라고 주장한다고 생각한"다는 것이다. 『예술의 규칙』(동문선, 1999)에 대한 샹파뉴의 언급 역시 나를 뜨끔하게 한다.

1992년 당신은 『예술의 규칙』을 출간했는데 그 부제는 '문학장의 생성과 구조'였습니다. 여기서 당신은 장의

일반론을 제시하면서 상징적 혁명에 관해 고찰하고 있습니다. 이 책은 지식인의 사회적 기능에 대한 문제도 다루고 있지요. 이와 동시에 당신은 출판계에 하나의 사건을 일으켰는데, 그것은 기자들이 읽지 않을 만큼 두꺼운 책을 내면서도 그들이 책에 관해 언급할 수 있도록 훌륭한 제목을 달아놓은 것입니다.

『파스칼적 명상』(동문선, 2001) 또한 제목은 훌륭하지만 기자들이 읽기 어려울 정도로 두툼한 책이다. 이 책에서 부르디외는 파스칼의 경구 —진정한 철학은 철학을 조롱하는 것이다— 에 힘입어 이른바 '학구적인 것'을 날카롭게 비판한다. 예컨대 초연하고 거리를 두는 천성이 타고난 문화적 자본과 더불어 학교에 접근하는 것을 쉽게 하고, 가장 명확한 학구적 훈련에서 쉽게 성공한다는 것이다. 또 이를 통해 학구적 세계로의 궁극적 진입이 가능하다는 것이다. 다만 "반성은 학구적 성향에 대항해 싸우는 유일한 학구적 수단이다."

부르디외 책의 번역은 다른 프랑스 현대 사상가에 견줘 약간 늦은 편이다. 부르디외의 책 가운데 처음으로 번역된 『혼돈을 일으키는 과학』(솔출판사, 1994)은 예의 멋들어진 제목을 달고 있다. 그런데 이 제목은 번역하면서 새로 붙인 것이다. 원제는 『사회학의 문제들』로 좀 심심한 편이다. 번역서의 제목은 책에 실린 20편의 글 가운데 하나인 인터뷰에서 따 왔다.

이 책에는 여론에 대한 부르디외의 예리한 통찰이 담겨 있다. 부르디외는 1960년대 프랑스 정치에 도입된 여론조사에 대해 부정적인 입장을 취한다. 아예 「여론은 존재하지 않는다」는 제목을 붙인 글에서 부르디외가 문제 삼는 것은 표본추출의 대표성 같은 기술적인 문제가 아니다. 여론조사가 암암리에 인정하고 있는 세 가지 가정에 대해서 이의를 제기한다. 세 가지 가정은 첫째, 누구나 어떤 의견을 가질 수 있다. 둘째, 모든 여론은 가치가 있다. 셋째, 모든 사람에게 주어진 동일

한 질문들은, 그 문제들이 물을 만한 것이라는 합의가 이뤄져 있다.

부르디외는 모든 사람이 의견을 갖고 있다는 가정은 무응답을 무시한다고 지적한다. 그리고 동일한 현실적 힘을 지니지 못하는 의견을 모으는 일은 의미 없는 일이라고 둘째 가정을 비판한다. 셋째 가정에 대해서는 여론조사가 객관성의 규칙을 위반할 때, 좀더 현실에 근접할 것이라고 주장한다. 부르디외는 결론적으로 "공공여론이 있다고 확언하는 데서 이득을 얻는 사람들이 여론에 부여하는 형태로는 공공여론이 존재하지 않는다는 것을 말하고 싶었다"고 자신의 견해를 피력한다. 그리고 어느 정도 일관성을 내세워 담론으로 정식화될 수 있는 것을 여론으로 이해한다면, 그것은 여론이 아니라 '성향'이라고 말한다.

『혼돈을 일으키는 과학』에는 여론에 관한 통찰 말고도 다양한 내용이 들어 있다. 강연과 잡지 기고문을 수록한 이 책은 두 부분으로 나뉜다. 전반부는 사회과학과 사회과학자에 대한 비판적 검토를 담았다. 후반부는 음악·스포츠·의상 등 아주 일상적이고 개인적인 것으로 여겨져 학자들의 관심분야가 아니었던 여러 분야에 관해 치밀한 분석을 가한다.

민속학자 또는 인류학자로 출발한 부르디외의 초기 작업은 이론적이기보다는 경험적인 탐구에 의존했다. 이는 자신을 사회학자의 길로 들어서게 만든 알제리에서의 체험이 강렬했던 탓이기도 하다. 그는 알제리의 산악지대인 카빌의 현지조사를 통해 인간의 의식과 행위의 사회적 구성에 대해 눈뜬다.

『자본주의의 아비투스— 알제리의 모순』(동문선, 1995)은 그런 자각의 산물이다. 이 책은 1960년대를 전후해 알제리에서 실시된 통계적이고 민속지적인 연구의 총결산이다. 부르디외는 경제적 구조들과 저축·대부·협동 같은 경제적 실천원리에 속하는 시간적 구조들 사이의 관계를 분석했다(2004년 여름, 서울에서 피에르 부르

디외 사진전이 열렸는데, 전시된 사진들은 부르디외가 군복무를 위해 알제리에 머물면서 찍은 것들이다).

"경제적 필연성의 압력은 주어진 현실을 참을 수 없는, 반항해야 할 것으로 파악하게 하기는 고사하고, 그것은 현실에 대한 자각을 금지하기까지 하는데, 그 자각은 일종의 혁명적 사유와는 전혀 다른 것을 전제한다." 식민지 백성의 비관적 운명론에 대한 부르디외의 분석이다. 때문에 그들은 교육 기회의 박탈이나 실업의 원인을 시스템의 책임으로 돌리지 못한다는 것이다.

이 책의 본래 제목은 『1960년대 알제리— 경제구조와 시간구조』이다. 한국어판의 제목은 일본어판의 제목을 따른 것이다. 제목에 나타난 '아비투스'는 '장' '상징폭력' '문화자본' 등과 함께 부르디외의 사상을 이해하는 데 필수적인 개념이다.

이미 유행어가 된 '아비투스habitus'는 일정한 방식의 행동과 인지, 감지와 판단의 성향체계를 말한다. 우리말로 옮기면 '실천감각' 정도로 볼 수 있지만, 습관이나 습성은 아니다. 아비투스는 개인의 역사 속에서 내면화되고 육화된다. 아비투스는 언어와 의식을 통해 형성되는 것이 아니라, 표면적으로 무의미해 보이는 사물·상황·관행 속의 암시에 의해 전달된다.

『상징폭력과 문화재생산』(새물결, 1995)은 부르디외가 생각하는 언어와 권력의 문제를 조망하는 기회를 제공한다. 문화는 부르디외 사상의 중심 주제다. 문화 역시 계급투쟁의 장이라는 그의 주장은 마르크스를 연상케 한다. 하지만 둘 사이에는 뚜렷한 차이가 있다. 부르디외는 상징적 지배에 중요성을 두고 있기 때문이다. 부르디외가 사회구성체를 "집단들과 계급들 사이의 힘과 의미관계들의 체계"라고 정의하는 데서 볼 수 있듯이 그는 마르크스보다는 막스 베버에 가깝다.

어쨌든 부르디외는 가장 개인적인 영역에서 사회학적인 분석의 모험을 감행한 것으로 유명하다. 방대한 저작인 『구별짓기— 문화와 취향의 사회학』(새물결,

1995/1996)은 그런 모험의 소산이다. 이 책은 서열화된 사회적 장에서 상이한 사회 계급 간의 구별과 분리의 사회적 실천을 풍부하게 다뤘다. 또한 상징적 폭력들이 어떠한 형태를 이루고 있으며, 어떻게 사회적 재생산에 기여하는지 보여주고 있다.

4년의 번역작업 끝에 두 권으로 출간된 『구별짓기』의 하권에는 색다른 고지사항이 있다. 일러두기의 맨 마지막에 부득이한 사정으로 1판(1쇄)만 한정 판매하기로 했다며 독자의 양해를 구하고 있다. 부득이한 사정은 다름 아닌 저작권 문제다. 저작권을 보유한 동문선의 『구별짓기』는 여적 나오지 않고 있다. '구별짓기 distinction' 역시 부르디외의 독특한 개념이다. 이를 '티내기'로 옮기기도 한다. 같은 맥락에서 '문화자본'이나 '학력자본'은 '문화밑천' 또는 '학력밑천'으로 옮길 수도 있다.

이쯤에서 부르디외에 관한 책들을 살펴보기로 하자. 부르디외의 저작을 통해 그의 생각을 직접 확인하는 것이 바람직하지만, 난해하기로 소문난 부르디외니만큼 해설서를 참고하는 것도 좋은 방법이다. 부르디외 참고서는 여러 권이 나와 있다.

파트리스 보네위츠는 『부르디외 사회학 입문』(동문선, 2000)에서 부르디외의 텍스트를 토대로 부르디외 사회학의 이론적 원천 세 가지를 마르크스, 베버, 뒤르켐으로 파악한다. 세 가지의 사회학적 원천 가운데 보네위츠가 가장 주목하는 인물은 뒤르켐이다. 보네위츠는 부르디외가 뒤르켐의 전통으로부터 빌려온 것은 통합이나 아노미 같은 문제의식이 아니라 정신상태와 사회학에 대한 견해라고 본다.

『68사상과 현대 프랑스 철학』(인간사랑, 1995)에서는 프랑스의 마르크스주의자로 알튀세르 대신 부르디외를 내세운다. 세 가지 점에서 그러한데, 부르디외의 작업이 68사상의 특징을 대변하고, 마르크스주의적 감각으로 유일하게 진가를 발휘하고 있으며, 마르크스주의

의 차원을 넘어 새로운 차원으로 시각을 넓혔기 때문이다.

피에르 앙사르의 『현대 프랑스 사회학』(1992)에서는 앞서 인용한 부르디외의 베버적 성향에 주의를 기울인다. 『문화와 권력』(나남출판, 1998)은 국내 학자들이 쓴 부르디외 사회학의 해설서다. 『세계사상』(제3호, 1997년 겨울호)의 기획특집 「부르디외와 그 사회학의 세계」도 좋은 참고가 된다.

부르디외의 사회학적 입장은 '발생론적 구조주의'로 불린다. 부르디외는 데카르트적 존재의 이중성을 거부하고 객관주의와 주관주의, 기계론과 목적론, 구조적 필연성과 개인행위 사이에서 발생하는 허구적 모순의 극복을 모색한다.

발생론적 구조주의는 '동태적 사회학' '기능주의적 전략적 접근' '방법론적 개인주의'와 함께 제2세대 프랑스 사회학을 형성한다. 이 가운데 발생론적 구조주의는 가장 프랑스적인 것으로 통한다. 연구 주제와 방법에서 구조주의적 접근을 하고 있고, 제2세대 학파의 대표자 중 미국 유학 경험이 없기는 부르디외가 유일하다.

얇은 것부터 한 권씩 읽는 것도 부르디외의 저작을 읽는 하나의 방법이 될 수 있다. 마침, 동문선에서 문고판형으로 펴낸 책들이 있는데, 이들을 『강의에 대한 강의』→『텔레비전에 대하여』→『남성지배』의 순서로 읽어 보자.

『강의에 대한 강의』(1999, 현택수 옮김)는 부르디외의 콜레주 드 프랑스 취임강연이다. '사회학이란 무엇인가'를 주제로 한 강연에서 부르디외는 "사회학자는 더 이상 공정한 심판자나 신성한 관조자가 아"니라, "진리의 게임이라는 투쟁의 진실을 말하려고 노력하는 사람"이라고 말한다. 또한 "사회학에 최대로 기여하는 것은 아마도 사회학에 아무것도 요구하지 않는 것"이라고 덧붙인다. 책 말미에 붙은 현택수 교수(고려대 사회학)의 간명한 해설은 매우 유용하다.

『텔레비전에 대하여』(1998, 현택수 옮김) 역시 강연을 엮은 책이다. 텔레비전에 관한 두 개의 강연을 묶었다. 사진에서 캡션의 필요불가결함과 신문읽기에 관한 기자들의 착각을 언급한 대목이 흥미롭다.

"사진은 어떻게 읽어야 할지를 설명하는 설명문 없이는 아무것도 아닙니다."
"기자들은 모든 사람들이 모든 신문을 읽는다고 생각하는 경향이 있습니다.(그들은 우선 많은 사람들이 읽지 않고, 단지 읽는 사람만 읽는다는 사실을 망각합니다.)"

『남성 지배』(2000, 김용숙·주경미 옮김)는 남성 중심적 무의식의 구조를 탐색한 책이다. 부르디외는 자신의 연구가 지닌 논리적 흐름에 이끌리지 않았다면, 이처럼 어려운 주제를 감히 다루지는 못했을 거라고 토로했는데, 표지에 새겨진 그의 결론 역시 어렵기 짝이 없다.

합체된 구조들과 남성적 질서뿐 아니라 모든 사회적 질서가 수행되고 재생산되는 거대한 제도의 구조들 사이의 객관적인 타협을 통해 실행되는 지배 현상의 모든 결과를 실제로 감안하는 정치적 행위만이, 확신컨대 오랜 시일을 거쳐 여러 다른 메커니즘 또는 관련 제도에 내재한 모순들의 덕분으로 남성 지배의 점진적인 쇠퇴에 기여할 수 있는 길일 것이다.

피에르 부르디외의 책

자기 분석에 대한 초고(현대신서 210) 유민희 옮김, 동문선, 2008.
나는 철학자다(이매진 컨텍스트 5) 김문수 옮김, 이매진, 2005.
실천이성 – 행동의 이론에 대하여(문예신서 297) 김웅권 옮김, 동문선, 2005.
호모 아카데미쿠스(문예신서 207) 김정곤·임기대 옮김, 동문선, 2005.
사회학의 문제들 신미경 옮김, 동문선, 2004.
맞불 현택수 옮김, 동문선, 2004.
중간 예술 주형일 옮김, 현실문화연구, 2004.
맞불 2 김교신 옮김, 동문선, 2003.
남성지배 김용숙·주경미 옮김, 동문선, 2000.
세계의 비참 I 김주경 옮김, 동문선, 2000.
세계의 비참 II 김주경 옮김, 동문선, 2002.

세계의 비참 III 김주경 옮김, 동문선, 2002.
과학의 사회적 사용 조홍식 옮김, 창작과비평사, 2002.
파스칼적 명상 김웅권 옮김, 동문선, 2001.
재생산 장 클로드 파세롱 공저, 이상호 옮김, 동문선, 2000.
예술의 규칙 하태환 옮김, 동문선, 1999.
강의에 대한 강의 현택수 옮김, 동문선, 1999.
텔레비전에 대하여 현택수 옮김, 동문선, 1998.
구별짓기(상)- 문화와 취향의 사회학 최종철 옮김, 새물결, 2005.
구별짓기(상) 최종철 옮김, 새물결, 1995.
구별짓기(하)- 문화와 취향의 사회학 최종철 옮김, 새물결, 2005.
구별짓기(하) 최종철 옮김, 새물결, 1996.
상징폭력과 문화재생산 정일준 옮김, 새물결, 1995.
자본주의의 아비투스 최종철 옮김, 동문선, 1995.
혼돈을 일으키는 과학 문경자 옮김, 솔출판사, 1994.

피에르 부르디외가 엮은 책

세계화 이후의 민주주의 이승협 옮김, 평사리, 2005.

피에르 부르디외에 관한 책

예술을 유혹하는 사회학- 부르디외 사회이론으로 문화읽기(카이로스총서 20) 김동일 지음, 갈무리, 2010.
부르디외, 커뮤니케이션을 말하다 스테판 올리브지 지음, 이상길 옮김, 커뮤니케이션북스, 2007.
부르디외 & 기든스- 세계화의 두 얼굴(지식인마을 12) 하상복 지음, 김영사, 2006.
현대관광과 문화이론- 푸코의 권력이론과 부르디외의 문화적 갈등이론 조광익 지음, 일신사, 2006.
피에르 부르디외와 한국사회(살림지식총서 076) 홍성민 지음, 살림, 2004.
부르디외 사회학 이론 루이 핀토 지음, 김용숙 외 옮김, 동문선, 2003.
문화와 계급 양은경 외 지음, 동문선, 2002.
문화와 아비투스- 부르디외와 유럽 정치 사상 홍성민 지음, 나남출판, 2000.
부르디외 사회학 입문 파트리스 보네위츠 지음, 문경자 옮김, 2000.
문화와 권력- 부르디외 사회학의 이해 현택수 외 지음, 나남출판, 1998.
세계사상(제3호) 기획특집 「부르디외와 그 사회학의 세계」, 동문선, 1997.

피터 게이
Peter Gay
1923-

지성사 연구를 사회사와 접목하다

영화 〈쿼바디스〉에서 고대 로마제국의 폭군 네로 황제 역을 맡았던 피터 유스티노브가 교양 다큐멘터리의 진

행자 겸 내레이터로도 역량을 발휘한 것은 뛰어난 연기력 덕분이 아니다. 그에 상응하는 문화적 소양을 갖춰서다. 여배우로는 엠마 톰슨이 적임자다. 꽤 오래 전, 외신이 전한 에드워드 사이드의 『오리엔탈리즘』을 읽고 있다는 그녀의 근황이 인상적이었다. 거꾸로 끼가 넘치는 학자도 있다. 천문학자 칼 세이건은 방송인 뺨쳤다.

하지만 "주류 과학계에서는 과학 발전에 기여한 세이건의 업적보다는 이미지와 행운에 근거해 그를 공명심에 빠진 뻔뻔한 사람이자 부랑자로 간주했다."(윌리엄 파운드스톤의 『칼 세이건』(안인희 옮김, 동녘사이언스, 2007) 뒤표지 글에서) 역사학자 피터 게이는 방송에 얼굴을 내밀어도 '탤런트 교수'라는 비난을 받지 않을 것 같다. 우선, 그가 진행하는 서양 고전음악 프로그램이나 역사인물 다큐멘터리는 칼 세이건의 〈코스모스〉와 같은 반응을 얻기 어렵다. 또 그는 나치의 박해를 피해 미국으로 이주한 유대인이다. 우리말로 번역된 피터 게이의 책은 인물이 중심에 놓인다.

천재 모차르트

볼프강 아마데우스 모차르트(1756-1791)는 천재 음악가다. 피터 게이는 모차르트의 천재성이 단순한 조숙早熟과는 달랐다고 한다. "모차르트는 18세기의 다른 신동들과는 달리 평범한 사춘기 소년으로 희미하게 사그라지지 않고, 자신의 작곡과 연주 솜씨를 숨 막힐 듯이 아름답게 다듬어갔다. 언제나 많은 신동을 괴롭혀온 그 운명을 피해간 것이다." 모차르트는 그리 길지 않은 삶을 살았지만, 위대한 작곡가의 전당에 우뚝 선다. "젊은 시절 이 일곱 살짜리 꼬마가 프랑크푸르트에서 연주하는 것을 들었던 괴테는 나중에 그를 음악에서 '범접할 수 없는' 경지에 이른 존재라고 평했다. 그림의 라파엘로나 문학의 셰익스피어와 같은 수준이라고 본 것이다. 괴테는 천재를 '의미 있고 지속적인 생명력'을 갖고 활동하는 '생산력'으로 규정하면서, '모차르트의 모든 작품이 그런 활동의 산물'이라고 했다."

요제프 하이든 또한 모차르트를 극찬한다. 하이든은 모차르트의 아버지 레오폴드 모차르트에게 자신이 직접 "만나거나 이름을 들어" 아는 "작곡가들 가운데" 그의 아들이 "가장 위대하다" 했다. "모차르트의 모방할 수 없는 위대한 작품들, 그 심오하고 음악적 이해로 넘치는 작품들"에 주목하라고도 했다. 피터 게이도 한마디 거든다. "프랑스혁명이 일어나기 전 수십 년 동안 다른 곳과 마찬가지로 잘츠부르크 궁에서도 디베르티멘토(嬉遊曲— 인용자)가 즐거운 행사에 따라붙어 분위기를 흥겹게 해주는 역할을 했다. 그러나 모차르트는 이런 유희적 음악에도 깊이를 부여하여, 대관식이나 축일이 음악을 따라가지 못할 정도였다."

모차르트의 선율을 떠올리는 피터 게이의 '곡조曲調'는 옮긴이 정영목의 유려한 '해석解釋'으로 더욱 빛이 난다. 『모차르트Mozart』는 "연대기 순이 아니라 천재, 아들, 종, 자유 음악가, 거지, 거장, 극작가, 고전 등 테마별로 각 장을 구성하여 모차르트의 삶이 한눈에 들어온다. 모차르트의 진실에 가장 가까이 다가서는 압축적이면서도 충실한 최적의 입문서이다."(책날개 소개글)

아르투어 슈니츨러 혹은 19세기 서양의 중간계급

『부르주아전傳』 한국어판의 부제목은 '문학의 프로이트, 슈니츨러의 삶을 통해 본 부르주아 계급의 전기'다. 원래 제목은 『Schnitzler's Century: The Making of MiddleClass Culture 1815-1914(슈니츨러의 세기— 중간계급문화의 형성 1815-1914)』이다. 오스트리아의 극작가이자 소설가인 아르투어 슈니츨러(1862-1931)의 작품은 여러 권 번역돼 있다. 이 책은 슈니츨러를 다룬 전기이기 전에 "1815년부터 1914년에 이르는 19세기 중간계급의 '전기'다."

그러면 피터 게이가 슈니츨러를 길잡이로 선택한 이유는 뭘까? 슈니츨러는 19세기 부르주아의 전형이라 하기 어렵다. "만일 '대표하기에 적합하다'는 표현이 '평범하다'는 뜻이라면 슈니츨러는 이 책의 목적에 부합되는 존재는 아니다." 그를 '보통 사람'으로 보는 건 부적절하다. "그러나 나는 이 책에서 묘사하는 중간계급의 세계에 대해 그가 누구보다도 확실하고 재치 있는 관찰자로서의 자질을 갖추고 있음을 연구하는 과정에서 알게 되었다." 그는 호감을 주지는 않아도 매우 흥미로운 인물이다. 하지만 그게 연출자 피터 게이가 "이 책에서 상연하려 하는 포괄적인 연극의 진행자로" 슈니츨러를 캐스팅한 까닭의 다는 아니다.

그는 좀더 타당하고 객관적인 이유로 슈니츨러의 완벽성을 든다. 완벽한 빈Wien 사람이었던 슈니츨러는 다양한 생활양식, 사상과의 적극적인 접촉을 통해 "자신과 같은 시대를 살았던 부르주아지의 정신에, 내부로부터 편견 없이 접근할 수 있었다. 그의 문화는 한마디로 국경을 초월한 것이었다." 하지만 이 책이 슈니츨러의 이야기로 마무리되진 않는다. "서두에서 밝혔듯이 이 책을 전기라고 부를 수 있다면, 그것은 '한 계급'의 전기이기 때문이다."

또 피터 게이는 "이 책은 요약본이 아니라 종합적인 저서"라고 말한다. 그의 역사연구방법론은 정신분석에 바탕을 둔다. "기초를 두는 것이지 지배당하는 것은 아니다." 피터 게이는 다섯 권짜리 방대한 연구서 『Bourgeois Experience: Victoria to Freud부르주아의 경험— 빅토리아에서 프로이트까지』(1984-1998)를 펴낸 바 있다. "이 책에서 나는 『부르주아의 경험』에서 대략 묘사한 바 있는 빅토리아 시대 부르주아지에 대한 일반론을 근본적으로 재해석하고자 하며, 특히 섹슈얼리티, 공격성, 취향, 사생활에 대한 중간계급의 태도를 중요하게 다룰 것이다. 이는 묵은 술을 단지 깔끔한 새 병에 담은 것이 아니다. 나는 그 문제들을 다시금 성찰했으며, 좀 더 심화시켰다."

베른슈타인의 도전

에두아르트 베른슈타인(1850-1932)은 마르크스에게 도전한다. 원제목을 그대로 옮긴 『민주사회주의의 딜레마— 베른슈타인의 맑스에 대한 도전The Dilemma of Democratic Socialism: Edward Bernstein's Challenge to Marx』은 사회주의 사상사에서 곧잘 무시되어온 독일의 합법적 사회주의의 빈틈을 메우려는 시도다. 독일의 수정주의적 사회주의의 기원과 의미, 영향에 대한 연구다. 수정주의는 "합법적 수단을 통해 혁명을 시도하는 정당은 적어도 헌법이라는 수단을 어떻게 처리할 것인지 반드시 고려해야 한다"(해롤드 라스키)라는 권력 장악의 딜레마에 직접 맞선다.

수정주의의 기원과 논리는 베른슈타인의 저작에 가장 잘 표현돼 있기에, 이 책은 그것에 대한 이론적·역사적 분석과 베른슈타인의 지적 전기를 포함한다. "베른슈타인은 아직까지는 특별한 주목을 받아본 적이 없지만, 전기를 써볼 만한 가치가 있는 뛰어난 인물이다. 그는 천성적으로 위대한 인물이었으며, 그의 생애는 바로 독일 사회민주당이 걸어 나온 역정이었다. 가차 없는 솔직함과 양심에 따라 그는 진리가 원할 때는 편의주의와 당에 대한 충성을 과감히 내던졌다. 진실에 대한 그의 집착은 민주주의에 대한 그의 헌신만큼이나 확고부동한 것이었다."

피터 게이는 베른슈타인의 수정주의를 시대의 산물로 본다. 수단과 목적 간의 정치적 딜레마는 난제 중의 난제이나, 베른슈타인은 한 치의 동요도 없이 자신의 소신을 밝혔다고 한다. "민주주의는 수단인 동시에 목적이다. 민주주의는 사회주의를 위한 투쟁의 수단이자 장차 사회주의가 취하게 될 형태인 것이다." 그런데 저자서문과 한국어판 추천사 내용 일부는 세월의 무게감을 느끼게 한다. 이 책의 원서는 1952년에 나왔다. 하여 독일 사회민주당의 실패가 "영국 노동당의 승승장구와 비교해보게 되면 더욱더 충격적인 실패"라는 피터 게이의 판단은 한계를 보여준다. 하지만 그가 앞날을 내다보길 바라는 건 무리다. 20년 후 독일 사회민주당 소속 빌리 브란트 총리가 독일통일의 주춧돌을 놓을 줄 누가 알았으랴!

이 책은 처음 번역된 피터 게이의 책이다. 1990년대 초중반만 해도 그의 삶의 이력에 관한 정보가 거의 없었던 것 같다. 그렇지 않다면, 번역서 추천자가 추천사에 이런 표현을 썼을 리 만무하다. "내가 아는 한 이 저서는 가장 대중화된 최초의 체계적인 베른슈타인 연구서다. 그것도 그의 고향사람이 아닌 미국인에 의해 저술되었다는 것이 흥미롭다." 유럽인이 아니라 미국 국적의 학자가 쓴 책이라는 점을 환기하는 표현이라는 것을 모르지 않으나, 피터 게이와 베른슈타인이 같은 고향사람이 아니라는 주장은 전혀 사실이 아니다. 베른슈타인은 1850년 1월 6일 베를린에서 태어났다. 피터 "게이는 1923년 6월 20일 독일의 베를린에서 태어났으나, 1941년 미국으로 이민 갔다."(『계몽주의의 기원』 '역자 해제')

계몽사상가 집단을 그린 초상화

『계몽주의의 기원』에는 숱한 인물이 등장한다. 권말 '이름 찾아보기'가 79쪽에 이른다. 다들 대체로 18세기 계몽사상가 일가—家의 구성원이고, 일부는 서양 고대사상가다. 두 권짜리 『The Enlightenment: An Interpretation계몽주의에 대한 하나의 해석』의 첫째 권 'The Rise of Modern Paganism근대 이교 정신의 부흥'을 우리말로 옮겼다. 대우학술총서로 나왔는데, 책값은 45,500원이다. 둘째 권 'The Science of Freedom자유의 과학'은 "대우재단의 번역과제에서 빠졌기 때문에" 앞날을 기약하기 어렵다.

"계몽 사상가들이 일가를 이루었다면 그것은 풍파가 많은 일가였다. 그들은 연합군이었고 종종 친구였지만, 공동의 이해관계를 증진시키는 일 못지않게 전우를 비판하는 일도 즐겁게 생각했다. 그들은 서로 끊임없이 토론을 벌였고, 때로는 결코 정중하지 않은 토론을 주고받았다." 전형적인 계몽 사상가는 교양인이자 학자이며 과학애호가였다. 또한 "계몽주의는 고전주의, 무신앙, 과학이 변덕스럽게 혼합된 것이었고, 계몽 사상가들은 한마디로 근대의 이교들이었다." 그들은 저마다, 경험의 격렬함에 차이는 있었지만, 한결같이 고전 고대에 대한 호소, 기독교와의 긴장관계, 그리고 근대성의 추구 등이 변증법적으로 상호작용하는 것을 겪었다.

"이 변증법은 계몽 사상가들을 규정하는 요소이며, 당시의 다른 계몽된 사람들과 그들을 구별하는 요소였다. 그들은 다른 사람들과 달리 그리스도교 유산에서 자유롭게 되기 위하여 고전에 대한 지식을 이용했고, 그리고 고대인과 일정한 관계를 맺으면서 근대적인 세계관에 눈을 돌렸다." 한편 "이 책에서 특히 주목할 것은, 계몽주의를 특징짓는 '비판' 정신이 고대 다신교 시대의 번영과 중세 천년의 깊은 잠을 뒤로 하고, 르네상스를 거쳐 근대에 이르러 부활하게 되는, 이른바 '비판' 정신의 운명이다. 이와 함께 전통적인 지성사 연구를 사회사와 접목시킨 저자의 오랜 노력으로, 이제 우리는 '계몽사상가 일가'를 종합적으로 이해할 수 있게 되었다." (뒤표지 글)

피터 게이의 책

모차르트 정영목 옮김, 푸른숲, 2006.
부르주아 전傳 고유경 옮김, 서해문집, 2005.
민주사회주의의 딜레마— 베른슈타인의 맑스에 대한 도전 김용권 옮김, 한울, 1994.
계몽주의의 기원 주명철 옮김, 민음사, 1998.
바이마르 문화Weimar Culture: The Outsider as Insider 조한욱 옮김, 탐구당, 1983.

피터 싱어
Peter Albert David Singer
1946-

어떻게 살 것인가

『월경하는 지식의 모험자들』(한길사, 2003)은 경계를 뛰어넘어 지식 분야의 첨단을 넘나든 76명의 선구적 사상가와 예술가를 소개하고 있다. 이 책에서 혁명적 발상으로 세상을 바꾸는 프런티어의 가장 극적인 사례로 백남준과 피터 싱어를 꼽을 수 있다. 이 책에 포함된 유일한 한국인인 백남준은 전화에 대한 통찰 —전화의 역사는 1백 년이 넘었건만 전화에 대한 논서는 단 네 편에 불과하다는— 만으로도 거인의 풍모를 실감하게 한다.

그런데 이 책을 계기로 백남준과 피터 싱어에 대해 좀더 알고 싶어 하는 독자에게 『월경하는 지식의 모험자들』은 친절한 길라잡이 구실을 하지 못한다. 외국어로 된 참고문헌만을 제시하고 있어서다. 이런 불친절함은 예술 작품으로 직접 대면이 가능한 백남준보다는 책을 매개로 접근할 수밖에 없는 피터 싱어의 탐구에 더 큰 걸림돌로 작용한다.

하지만 놀랍게도 피터 싱어의 한국어판은 무려 여덟 권에 이른다. 더욱 놀라운 것은 피터 싱어의 책들이 '윤리'라는 고리타분해 보이는 주제를 다루면서도 아주 강한 흡인력이 있다는 사실이다. 물론 이것은 필자의 개인적인 경험에 근거한 것이다. 다른 분들은 어떻게 생각할지 잘 모르겠다. 아마도 『이렇게 살아가도 괜찮은가』(정연교 옮김, 세종서적, 1996)의 서문에 소개된 뉴욕의 어느 출판인의 견해가 지배적인 의견일 것이다.

이 책의 초고를 읽은 뉴욕의 출판인은 자신이 있는 빌딩 아래를 가리키면서 말했다: 이제 사람들은 아무렇게나 되라는 듯이 빨간 불인데도 지나쳐 버린다. 이런 사람들로 가득 찬 세상에, 이런 류의 책이 도대체 무슨 변화를 가져오겠소?

그렇지만 나는 이어지는 피터 싱어의 답변에 귀를 기울이고 싶다. "세상이 정말로 다른 사람의 생명은커녕 자기 자신의 생명마저도 개의치 않는 사람들로 가득 차 있다면, 그 어떤 사람도 의미 있는 일을 할 수 없을 것이다. 그렇게 되면 인간이라는 종이 지구상에 존재할 수 있는 시간도 그리 길지는 않을 것이다."

나는 어떤 책에 과도한 의미를 부여하는 것을 경계하는 것은 물론이고 그런 시도 자체가 내키지 않는다. 하지만 '책은 그저 책일 뿐'이라는 평소 생각은 책에 내가 바라는 기대치가 충족되지 못한 반작용이라는 것을 이 책을 읽으며 분명히 깨달았다. 『이렇게 살아가도 괜찮은가』는 내가 원했던 바로 그런 책이다.

피터 싱어의 말을 차용해 표현하면, 나는 책을 통해 "아름다움, 지식, 자율 혹은 행복과 같은 여러 다른 가치들을 장려하는 것보다"는 "다른 사람의 고통과 괴로움을 줄이기 위해 무엇인가 화급하게 해야만 한다는 사실을 인식할 수 있"게 하는 것이 "더 중요한 일"이라고 생각한다. 좀더 나은 세상을 만들기 위해 여전히 책의 소임을 강조하는 것은 아직도 이성적 사유에 대한 믿음을 저버리지 않았다는 뜻이기도 하다. 책은 이성적·비판적 사유의 장이어야 하고, 이런 과정을 통한 깨달음이 삶의 현장에서 실천될 때 비로소 책읽기가 완성된다고 생각한다.

『이렇게 살아가도 괜찮은가』의 주제는 원제How Are We To Live? Ethics in an age of self-interest가 말해주듯이 '어떻게 살아야 하는가?'이다. '이기적인 시대의 윤리학'이라는 원서의 부제목은 책의 논지를 보다 명확히 일러준다. 그런데 이 책에는 옮긴이의 말대로 "무어라 꼬집어 말하기 힘든 '모호한'" 성격이 있다.

책을 읽는 중에 사례의 제시를 통해 세계화의 참상을 일깨운 『세계화의 덫』이 떠오르기도 했지만, 싱어가 자신의 철학을 풀어놓은 일부 대목은 사변적이어서 다소 딱딱하게 다가온다. 하지만 싱어의 논지는 대체로 평이하다. 게다가 그는 구름 위에서 고담준론을 늘어놓는 철학자가 아니다. 그의 윤리학은 실생활에 밀착해 있으며 민감한 주제를 회피하지 않는다.

"우리는 더 이상 지금과 같이 살 수 없다." 피터 싱어의 현실 인식이 집약된 말이다. 이런 그인지라 다음과 같이 말하는 것도 무리는 아니다. "만약 여러분이 지금 살고 있는 인생에 전적으로 만족한다든지, 지금 살고 있는 삶이 자신이 원하는 삶이라고 확신한다면, 더 이상 이 책을 읽을 필요조차 없다." 30쪽의 첫머리에 나오는 말이다.

피터 싱어의 현실 인식은 비판적이지만 그의 전망은 다분히 낙관적이다. "우리에게는 보다 나은 삶이 열려 있다. 물론 이때 '보다 나은 삶'이란 취득이나 이득을 좋은 것의 평가 기준으로 선전하는 소비주의적 사회에서의 삶을 의미하지는 않는다." 충분히 많은 사람들이 자기 이익에 대한 편협한 물질적 이해 방식을 거부한다면, 보다 넓고 보다 중요한 목적을 위해 함께 일하면서 서로의 신뢰감을 형성할 수도 있다고 본다.

또한, 그는 윤리적인 삶과 인간으로서 필요로 하는 가장 중요한 것들 중 많은 것을 만족시키는 방식이 서로 충돌하지 않는다고 강조하는데 "자기 이익의 진정한 본질"에 충실하면 "많은 윤리적 행위들이 자신의 이익을 돌보는 행위와 양립 가능하다"는 것이다. 그러면, 피터 싱어가 말하는 윤리란 과연 무엇일까? 다음은 윤리와 윤리적으로 사는 것에 대한 그의 언급들이다.

"윤리는 '거짓말하지 말라' '살인하지 말라' '배우자가 아닌 다른 사람과 성관계를 맺지 말라' 등과 같은 규칙들의 집합으로 환원될 수 없다."

"윤리적인 삶은 적극적으로 목적을 선택하고 그것을 이룰 수 있는 수단을 궁구하는 삶이다."

"윤리적으로 사는 것은 곧 자기 자신의 이익을 초월하여 생각하는 것이다."

"결국 윤리적으로 사는 것은 세계를 보다 총괄적인 관점에서 바라보고 그에 따라 행동하는 것이다."

『실천 윤리학(개정판)』(철학과현실사, 1997)은 개론서라고 할 수 있지만 여느 윤리학 개론서와는 분위기가 사뭇 다르다. 소수민족, 남녀평등, 동물학대, 환경보존, 임신중절, 안락사, 빈민구제 등의 문제를 거침없이 논의하고 있다. 제3장 「동물에게 평등을」에서 이익을 측정할 때 이익을 단순히 이익일반으로 고려해야 한다는 '이익 평등고려의 원칙'이, 인간만이 아니라 인간이 아닌 동물들과의 관계에서도 타당한 도덕적 근거가 되어야 한다고 주장한다. 다시 말해 인간을 다른 동물 종과 구별하는 '종족주의'는 '인종주의'만큼이나 비윤리적이라는 것이다. 싱어의 실천윤리학은 아주 급진적인 내용을 담고 있지만 다음과 같은 진술은 곱씹어볼 가치가 충분하다.

물론 이는 동물에게 실험을 하는 것이 옳다는 것이 아니라, 만약 실험이 어쨌든 행해져야 한다면, 정상적인 성인보다는 동물을 이용해야 할 종족주의적이지 않은 이유가 있다는 것을 의미할 뿐이다. 그러나 바로 이와 같은 논변이 정상적인 성인보다는 심각한 정신적 장애를 가진 사람들이나 어린이들, 아마도 고아들을 실험에 사용할 이유를 제시해 준다는 점에서 주목해야만 한다. 왜냐하면 어린이나 심각한 정신적 장애를 가진 사람들은 그들에게 어떤 일이 일어나고 있는지를 또한 모를 것이기 때문이다.

피터 싱어의 윤리관은 '쾌락은 증진하고 고통은 경감한다'는 공리주의에 바탕을 두고 있다. 제1장 「윤리에 대하여」에서 그는 자신의 윤리학이 공리주의에 기반해 있음을 굳이 감추지 않는다. "이제까지 약술해 온 사고방식이 공리주의의 한 형태이다. 이러한 공리주의는 고전적인 공리주의와는 어떤 점에서는 다르다. 즉 여기서는 '최선의 결과'라는 말이 단지 즐거움을 증가시키고 고통을 감소시키는 것만을 의미하지 않고, 모든 것을 고려할 때 영향 받는 모든 사람의 이익을 증진시키기는 것을 의미한다."

『동물해방』(인간사랑, 1999)은 피터 싱어의 대표 저서로 그의 명성이 전 세계에 자자하게 만든 책이다. 그는 이 책의 목적이 "당신의 태도와 실천을 전환하여 매우 큰 존재 집단, 즉 우리 종이 아닌 다른 종의 구성원에 대해서도 관심을 갖게 하는 데에 있다"고 말한다. 이러한 목적을 효과적으로 달성하기 위해 싱어는 동물 실험과 공장식 동물 사육에 주의를 집중한다. 그것만으로도 '이익 평등고려의 원칙'의 전제가 되는 동물의 '고통과 즐거움'을 향유하는 능력의 발현을, 특히 고통을 느끼는 것을 쉽게 확인할 수 있기 때문이다.

그렇다고 그가 "사냥과 덫놓기·모피 산업·애완동물 학대·로데오·동물원·서커스에 관한 논의를 배제한 이유"가 그러한 것들이 덜 중요해서 그런 것은 아니다. 실험과 식품 생산의 사례만으로도 자신의 목적을 달성할 수 있겠다는 판단에 따른 것이다. 공장식 동물 사육 방식의 잔인성에 대한 보고는 제레미 리프킨의 『육식의 종말』(시공사)의 선행 작업이라고 할 수 있다.

피터 싱어의 노력에 힘입어 이 책은 "명쾌하고 이해하기 쉬운" 것이 큰 장점이다. 피터 싱어의 책에서 느끼는 즐거움의 하나는 그의 진술이 아주 명징하다는 점이다. 자신이 취한 입장에 대해 제기될 비판을 예상하고 제시한 반비판에서는 경쾌함마저 느껴진다. 식물이 고통을 느끼지 못한다는 것은 어떻게 아는가?라는 반박에 대한 답변을 보자.

싱어는 고통을 느끼는 징후가 포착되지 않고, 중앙 신경 체계가 없다는 점을 들어 식물은 고통을 느끼지 못한다고 말한다. 하지만 싱어의 논리가 빛나는 것은 식물도 고통을 느낄지 모른다는 가설을 뒷받침하는 과학적 발견이 아직 이루어지지 않은 때문만은 아니다. 식물이 고통을 느낄 수 있다는 점을 시사하는 증거의 발견을 가정했을 때 그의 논리는 더욱 빛난다. "만약 고통이나 굶주림을 야기할 수밖에 없다면, 그 때 우리는 상대적으로 적은 악이 산출되는 것을 선택해야 할 것이다. 아마도 식물이 동물에 비해 고통을 덜 느낀다는 것은 여전히 사실일 것이고, 따라서 동물을 먹는 것보다 식물을 먹는 것이 나을 것이다." 또한 "간접적이라고 해도 육식을 하는 자들은 채식주의자들에 비해 식물을 훨씬 크게(최소한 10배) 파괴하고 있기 때문이다." 육식이 채식보다 식물을 더 많이 소비하는 것은 육고기의 재료가 되는 동물 사육에 곡물이 많이 소비되기 때문이다.

『사회생물학과 윤리』(인간사랑, 1999)는 사회생물학적 접근을 통해 윤리적 현안을 검토한 책이고, 『헤겔』(시공사, 2000)은 싱어의 다른 면모를 보여주는 책이다. 싱어는 윤리학 외에 헤겔과 마르크스 같은 독일 철학자도 연구했다. 싱어는 헤겔 사유에서 핵심적인 것, 일반 독자들에게 이해될 만한 것, 20세기 후반 사람들에게 흥미롭고 중요하다고 생각되는 것을 중심으로 헤겔 사상을 약술했다. 싱어는 헤겔의 사상이 백여 년 이상 전 세계에서 일어난 혁명 운동에 영감을 준 공산주의 사회의 비전이 되었다는 사실을 알게 된다면 누구보다 헤겔 자신이 깜짝 놀랄 거라고 말한다.

피터 싱어의 책

물에 빠진 아이 구하기- 어떻게 세계의 절반을 가난으로부터 구할 것인가 함규진 옮김, 산책자, 2009.
이 시대에 윤리적으로 살아가기- 현대 사회와 실천 윤리 구영모·김선욱·김성한 공역, 철학과현실사, 2008.
죽음의 밥상- 농장에서 식탁까지, 그 길고 잔인한 여정에 대한 논쟁적 탐험 짐 메이슨 공저, 함규진 옮김, 산책자, 2008.

다윈의 대답 1- 변하지 않는 인간의 본성은 있는가 최정규 옮김, 이음, 2007.
생명윤리학 2 헬가 커스 공편, 변순용 외 옮김, 인간사랑, 2006.
메타윤리 김성한 외 옮김, 철학과현실사, 2006.
생명 윤리학 1 헬가 커스 공편, 변순용 외 옮김, 인간사랑, 2005.
응용윤리 김성한 외 옮김, 철학과현실사, 2005.
규범윤리의 전통 김성한 옮김, 철학과현실사, 2005.
윤리의 기원과 역사 김미영 옮김, 철학과현실사, 2004.
세계화의 윤리 김희정 옮김, 아카넷, 2003.
삶과 죽음 장동익 옮김, 철학과현실사, 2003.
헤겔 연효숙 옮김, 시공사, 2000.
동물해방 김성한 옮김, 인간사랑, 1999.
사회생물학과 윤리 김성한 옮김, 인간사랑, 1999.
실천 윤리학(개정판) 황경식·김성동 옮김, 철학과현실사, 1997.(초판 1991)
이렇게 살아가도 괜찮은가 정연교 옮김, 세종서적, 1996.

피터 싱어에 관한 책

히스토리아 대논쟁 4- 칸트 VS 피터 싱어의 인간과 동물 논쟁/도킨스 VS 르원턴의 사회생물학 논쟁 박홍순 글·그림, 서해문집, 2009.
피터 싱어가 들려주는 동물 해방 이야기 김익현 지음, 자음과모음, 2008.

ㅎ

하워드 진
Howard Zinn
1922-2010

평화를 위해 함께 일하는
사람들이야말로 궁극적 힘의 원천이다

미국의 역사학자 하워드 진의 이름이 우리 독자에게 익숙해진 것은 비교적 최근의 일이다. 이 노老 역사가의 면모는 촘스키와 여러모로 비슷하지만, 하워드 진의 책이 국내 독자의 시야에 확실히 들어온 것은 2001년 초 『오만한 제국』(당대)이 번역돼 널리 읽히면서부터다. 그런데 하워드 진 책의 초역은 의외로 이른 편이다. 하워드 진 책의 초역 시기는 현대 언어학의 태두로 통하며 연배와 성향이 진과 겹치는 촘스키의 사회비평서가 처음 번역된 때와 엇비슷하다.

하워드 진의 『미국민중저항사』(일월서각, 1986)는 1980년대 중반 촘스키가 에드워드 허만과 함께 지은 『미국의 제3세계 침략정책』(일월서각, 1985)보다 한 해 늦게 우리 앞에 나타났다. 이때만 해도 하워드 진의 지명도는 촘스키에 비해 크게 떨어졌으나, 책의 내용까지 그런 것은 아니었다. 『미국민중저항사』는 도입부에서부터 매우 충격적인 내용을 담고 있다. 그것은 다름 아닌 신대륙의 발견자로 추앙받아온 모험가 크리스토퍼 콜럼버스의 악행에 관한 것이다.

하워드 진은 미국의 어린이들이 배우는 역사책에 그저 영웅적인 모험이라 기술된 콜럼버스의 아메리카 대륙 발견의 진실을 낱낱이 파헤친다. 역사적 진실의 규명은 콜럼버스가 작성한 항해일지에 근거했는데 "50명만 있다면 그들(=북미 원주민) 모두를 정복하여 마음껏 부릴 수 있을 것이다"라는 구절이 시사하듯이, 콜럼버스는 정복자를 자처했다. 또 실제로도 콜럼버스와 그의 탐험대는 원주민의 아픔 따위에는 아랑곳없이 정복

자의 위세를 마음껏 누렸다.

대규모 약탈은 1495년부터 시작되었다. 그로부터 "2년 동안 살육, 수족절단, 자살로 인해 아이티의 25만 명에 가까운 인디언의 반이 죽어갔다." 이윽고 "1515년까지 남은 인디언의 수는 5만 명 정도"에 불과하게 된다. "1550년에 이르면 500명밖에 남지 않게 된다. 1650년의 한 보고서는 그 섬에 순수한 아라워크 족과 그 후예들이 한 사람도 남아 있지 않음을 보여준다."

그렇다면, 콜럼버스는 신대륙의 발견자라기보다는 제노사이드(대량살육)의 선구자라고 불러야 마땅할 터이다. 하워드 진은 다른 책의 각주를 통해 단지 피가 섞였다는 이유로 콜럼버스를 기리는 유대인들의 자가당착을 환기시키기도 한다.

1989년 10월 5일, 보스턴의 〈유태인 신문〉에 밀러의 기사가 실렸다. 그는 이렇게 물었다. "왜 미국의 유태인들이 콜럼버스를 기리기 위해 스페인에 있는 한 성당으로 몰려들곤 할까? 그것은 다름아니라 콜럼버스가 유태계 혈통이었기 때문이다." 유태인 대학살을 기억하고 있는 유태인들이 몇 세기 앞서서 같은 짓을 저지른 학살자를 기념하다니, 이 얼마나 역설적인 얘기인가? 추측컨대 기자는 아마도 다른 대부분의 미국인들과 마찬가지로 콜럼버스가 인디언에게 저지른 잔악행위를 몰랐을 것이다.(『오만한 제국』에서)

이렇게 말하는 하워드 진에게도 유대인의 피가 섞여 있다. 그런데 시중에 나와 있는 미국사 서적과 『미국민중저항사』를 겹쳐 읽는 것도 흥미로울 듯싶다. 어떻게 다른지. 케네스 데이비스의 『교과서에서 배우지 못한 미국의 역사』(고려원미디어, 1992)는 콜럼버스가 원주민을 노예로 만들었다고 기술하고 있으나, 지나가듯 그것을 언급할 뿐 콜럼버스의 당초 목적지와 선행 탐험가 따위에 더 주목하고 있다. 콜럼버스의 잔학상을 제대로

다루지 않기는 하워드 진과 동류인 촘스키의 『507년, 정복은 계속된다』(이후, 2000)도 마찬가지다. 하워드 진의 『미국민중저항사』가 가장 적나라하다.

그런 점에서 하워드 진은 어쩌면 촘스키보다 우리나라의 리영희 교수와 더 가까울지도 모른다. 하워드 진과 리영희, 이 두 사람은 어려운 청년기를 거쳤고, 장교 신분으로 참전한 경험이 있으며, 운동권 교수로 이름을 날렸다. 특히 두 사람의 일부 저작은 공통점이 많다. 하워드 진의 『오만한 제국』은 리영희의 『전환시대의 논리』(창작과비평사, 1974)와 같은 책이고, 진의 자전적 에세이 『달리는 기차 위에 중립은 없다』(이후, 2002, 이하 『달리는 기차』)는 리 교수의 자서전 『역정』(창작과비평사, 1988)에 비견된다.

그런데 『역정』과 『전환시대의 논리』는 펴낸 곳이 같을 뿐, 전혀 다른 내용의 책이지만 『오만한 제국』과 『달리는 기차』는 중복되는 내용이 더러 있다. 그렇다고 이따금 나오는 겹치는 내용이 크게 흠이 되진 않는다. 어느 책에 소략하게 언급된 내용이 다른 책에서 자세히 설명되는 경우가 대부분이어서 두 책은 서로 보완하는 관계에 있다고 할 수 있다.

폭격수 하워드 진이 다른 병사들과 함께 전쟁에 징발된 호화여객선 퀸 메리 호를 타고 미국에서 영국으로 향하는 장면에서는 『달리는 기차』가 『오만한 제국』의 부족한 면을 채워준다. 선내에서의 인종차별을, 『오만한 제국』은 그저 "흑인은 배 안에서도 가장 깊숙한 곳, 가장 어둡고 더러운 엔진실 근처 구역에 따로 수용되었다"거나 "흑인은 백인 3개 조가 식사를 마칠 때까지 기다려야 했다" 정도로 묘사하고 있으나, 『달리는 기차』에는 좀더 생생한 사례가 등장한다.

바다에서 5일째 되던 날 작은 소동이 있었다. 앞선 조가 식사를 끝내기 전에 마지막 조가 식당에 들어섰다. 4천 명의 흑인이 식당에 쏟아져 들어와 다른 병사들이 식사를 끝내고 비운 자리마다 들어찼다. 우발적인 상황이었지만 인종이 통합된 식당이 되어버렸다. "소위님!" 흑인 옆에 앉아 있던 한 백인 병장이 나를 불렀다. "제가 밥을 다 먹을 때까지 저 친구를 밖에 있게 해주십시오." 이 말에 화가 난 나는 군대 경력에서 처음으로 계급을 들이밀었다. 나는 고개를 가로 저었다. "자네 식사를 다 끝내기 싫으면 나가도 좋다. 이 전쟁이 도대체 무엇을 위한 전쟁이라고 생각하나, 병장?" 다음 식사시간까지는 오래 남아 있었고 병장은 그대로 앉아 마저 먹었다.

『달리는 기차』의 제목에 대해서는 『오만한 제국』이 해석의 실마리를 제공한다. "기차에 가만히 타고 있는 사람도 이미 특정한 방향으로 움직이고 있는 것인데, 가만히 있다는 것은 곧 그 방향을 받아들였다는 뜻이기 때문이다." 두 권의 책에 공히 인용되고 있는 베르톨트 브레히트의 우화를 온전히 이해하기 위해서는 다른 책의 도움이 필요하다. 폭압적 권력에 대한 비폭력적 저항이 언뜻 무기력한 것처럼 보이지만 실제는 비타협적인 것임을 상징하는 우화가 하워드 진의 책에는 요약돼 있기 때문이다.

브레히트의 연작 장편掌篇 「코이너 씨의 얘기」 가운데 '폭력에 대한 조치'의 내용은 이렇다. 코이너 씨가 여러 사람 앞에서 폭력에 반대하는 발언을 하고 있었다. 어느 순간 그는 청중이 슬금슬금 도망치는 기미를 알아챘다. 그의 등 뒤에는 폭력이 떡하니 서 있었다. "너 지금 무슨 얘길 했지?" 폭력이 물었다. "난 폭력을 지지한다고 말했습니다." 코이너 씨가 대답했다. 폭력이 물러가자 사람들이 코이너 씨에게 그의 용기에 대해 물었다. 그는 이렇게 대답했다. "난 얻어 터질 용기는 없어. 나는 폭력보다 오래 살지 않으면 안 되니까" 그러고는 다음과 같은 얘기를 들려주었다.

싫다고 말하는 것을 배운 에게 씨의 집에 불법의 시대에 한 폭력의 사자가 찾아왔다. 그는 그 도시를 지배하는 자들의 이름으로 발행된 증명서를 내보였다. 그런데 그 증서에는 그가 발을 들여 놓는 모든 집은 그의 것이 된다고 적혀 있었다. 또한 그가 요구하는 모든 음식은 그의 것이었고, 그의 눈에 띄는 모든 사람은 그의 시중을 들어야 했다. 그 사자는 의자에 앉아 먹을 것을 요구하고 세수를 한 다음 드러누워 얼굴을 벽으로 향한 채 잠들기 전에 물었다. "자네 내 시중을 좀 들어 주겠나?" 에게 씨는 그에게 이불을 덮어 주고, 파리를 쫓아 주고, 그가 잠자는 것을 보살펴 주었다. 그리고 이날과 마찬가지로 그는 7년 동안 그에게 복종했다. 그러나 그를 위해 온갖 일을 다 해주었지만, 꼭 한 가지만은 하지 않았다. 그건 말을 하는 것이었다. 마침내 7년이 지나가자 그 폭력의 사자는 너무 많이 먹고, 자고, 명령만 하다가 뚱뚱해져서, 죽고 말았다. 그러자 에게 씨는 그를 썩은 이불에 말아 집 밖으로 끌어내고, 침대를 닦아내고, 벽에 흰 칠을 한 다음, 한숨을 내쉬면서 대답했다. "싫다." (브레히트의 『상어가 사람이라면』, 한마당, 1986)

하워드 진은 미국의 무정부의자 엠마 골드만을 소재로 한 희곡 『엠마』를 써서 무대에 올려 호평을 받기도 했는데 『오만한 제국』에서는 엠마 골드만이 쓴 논설을 인용하기도 한다. 하워드 진이 인용한 엠마 골드만의 「아나키즘」은 한국어판을 통해 전문을 읽을 수 있는데 이 글은 『저주받은 아나키즘』 (우물이있는집, 2001)에 실려 있다.

이 밖에도 『달리는 기차』와 『오만한 제국』에는 교수 신분으로 흑인민권운동과 반전평화운동에 동참한 하워드 진의 활약상이 잘 나타나 있다. 아울러 민중지향적인 하워드 진의 역사관을 엿보게도 한다. 하워드 진의 민중지향적 역사의식은 『오만한 제국』에서 국가안보, 국방, 민주주의, 애국주의 같은 개념을 재정립하는 데서 그대로 드러난다. 이를테면 안전보장은 "사람들의 건강과 복지를 뜻하는 새로운 의미를 가질 수 있"고,

국방은 "전쟁을 수행하고 무기를 비축하는 것이 아니라, 온갖 창조적인 비폭력 저항방법으로 폭정에 대항하는 사람들의 단합된 행동을 의미하는 용어가 될 수 있다." 그렇다고 하워드 진이 무작정 비폭력을 외치진 않는다. 그는 흑인민권운동에서 "폭력이 전혀 없는 해결책을 묻는 것은 비현실적이었다"(『달리는 기차』)고 인정한다.

그렇지만 하워드 진에게 궁극적인 힘의 원천은 핵폭탄이 아니라 평화를 위해 함께 일하는 사람들이다. 이를 『달리는 기차』에서는 이렇게 표현한다. "사회정의를 위한 운동에 참여하는 이들이 받는 보상은 미래의 승리에 대한 전망이 아니다. 그것은 다른 사람들과 함께 서 있다는, 함께 위험을 무릅쓰며 작은 승리를 기뻐하고 가슴아픈 패배를 참아내는 과정에서 얻는 고양된 느낌이다." 투쟁에 참여하는 과정 자체가 '실천을 위한 역사학'인 셈이다. 장 세노는 『실천을 위한 역사학』(화다, 1985)에서 "역사학이 자체의 껍질을 깨기 위해서는 특권을 부여받고 있으나, 불행하게도 한정된 지식인의 역할에 다시 한번 도전해보는 것이 필요한 일"이라 강조했거니와, 하워드 진은 껍질 깨기를 실천한 역사가다.

하워드 진의 아프락시스는 책이 매개가 되었다. 2차대전의 종전 직후만 해도 하워드 진은 일본 히로시마와 나가사키의 원폭 투하를 미군병사의 생명을 아끼기 위한 불가피한 작전으로 받아들였으나, 존 허시의 『히로시마』를 필두로 원폭 피해자의 증언록들을 읽고 나서 생각을 고쳐먹게 되었다. 이후 그는 철두철미하게 평화반전주의자가 되었다. 미국 운동권 교수들의 글모음인 『냉전과 대학』(당대, 2001)에 실려 있는 「냉전시대 역사의 정치학: 억압과 저항」은 『오만한 제국』과 『달리는 기차』의 축약판이다.

2000년대로 접어들면서 하워드 진의 책들이 본격적으로 번역되고 있다. 벌써 네 권이나 출간되었다. 『미국민중저항사』에서 『오만한 제국』이 번역될 때까지 15년

이 소요된 것에 비하면 장족의 발전이다. 여기에다 하워드 진의 한국어판은 도서출판 이후에서 도맡아 펴내고 있는 형편이다.

『전쟁에 반대한다On War』(유강은 옮김)는 2차 대전에서 코소보와 유고 내전에 이르기까지 미국이 개입한 전쟁을 다룬 책이다. 특히 베트남 전쟁에 미국이 개입한 양상을 자세히 서술했다. 『불복종의 이유Terrorism and War』(이재원 옮김)는 『전쟁에 반대한다』의 속편으로 9.11과 그 이후 대테러전에서의 미국의 행동이 과연 정당한지 인터뷰 형식으로 따진 책이다. 또 이후는 『미국민중저항사』를 『하워드 진의 미국사』라는 제목으로 바꿔 선보일 예정으로 있다. 최신판을 번역저본으로 한 이 새로운 『미국민중사』는 클린턴 시대까지 포괄한다.

하워드 진의 책

라과디아– 1920년대 한 진보적 정치인의 행적 박종일 옮김, 인간사랑, 2011.
미국 민중사를 만든 목소리들 앤서니 아노브 공편, 황혜성 옮김, 이후, 2011.
하워드 진, 역사의 힘– 새로운 미래의 가능성 이재원 옮김, 예담, 2009.
미국민중사(1·2) 유강은 옮김, 이후, 2008.
하워드 진의 만화 미국사– 학교에서 가르쳐 주지 않은 미 제국주의 역사 마이크 코노패키 그림, 폴 불 각색, 송민경 옮김, 다른, 2008.
하워드 진, 교육을 말하다 도날도 마세도 공저, 김종승 옮김, 궁리, 2008.
권력을 이긴 사람들 문강형준 옮김, 난장, 2008.
하워드 진, 세상을 어떻게 통찰할 것인가 데이비드 바사미언 공저, 강주헌 옮김, 랜덤하우스코리아, 2008.
하워드 진 살아있는 미국역사– 신대륙 발견부터 부시 정권까지, 그 진실한 기록 레베카 스테포프 공저, 김영진 옮김, 추수밭, 2008.
미국민중사(1·2) 유강은 옮김, 이후, 2006.
마르크스 뉴욕에 가다 윤길순 옮김, 당대, 2005.
불복종의 이유 이재원 옮김, 이후, 2003.
전쟁에 반대한다 유강은 옮김, 이후, 2003.
달리는 기차 위에 중립은 없다 유강은 옮김, 이후, 2002.
오만한 제국– 미국의 이데올로기로부터의 독립 이아정 옮김, 당대, 2001.
미국민중저항사(ㅣ·ㅣㅣ) 조선혜 옮김, 일월서각, 1986.

하워드 진에 관한 책

역사가들– E.H. 카에서 하워드 진까지 역사비평 편집위원회 엮음, 역사비평사, 2010.
하워드 진– 오만한 제국, 미국의 신화와 허울 벗기기 데이비스 D. 조이스 지음, 안종설 옮김, 열다림, 2006.
시대의 양심 20인 세상의 진실을 말하다 노암 촘스키 외, 데이비드 바사미언 인터뷰, 강주헌 옮김, 시대의 창, 2006.

한나 아렌트
Hannah Arendt
1906-1975

인간이 정치적 동물이라는 점을 새삼 일깨운 정치철학자

한나 아렌트는 정치철학자다. 그 지겨운 '색깔논쟁'에서 가까스로 벗어나고 있는 우리에게 정치사상이나 정치철학 같은 영역은 여전히 낯설다. 현실정치에 민감하게 반응하는 정치분석 또는 정치평론 등의 분야는 어느 정도 틀이 잡혔다고 할 수 있으나, 정치와 관련해 사상이나 철학을 논하는 것은 시기상조로 보인다.

정치사상과 정치철학에 대한 논의가 사치스럽게 비치는 것은, 물론 현실정치의 난맥상 탓이다. 하지만, 될수록 정치로부터 거리를 둬야 일신의 안전을 도모할 수 있었던 역사적 상황과 한 세대 넘게 경제 우위의 관념에 사로잡혔던 사회풍조도 도외시하기는 어렵다. 가까이는 1960년대 경제개발시대 이후, 멀게는 일제 식민지 시절부터 우리는 '인간은 정치적 동물'이라는 점을 의도적으로 망각하며 살아온 것인지도 모른다.

정치사상과 정치철학의 역사는 생각보다 길다. 부제목이 '플라톤에서 아렌트까지'로 붙여진 브라이언 레드헤드의 『서양정치사상』(문학과지성사, 1993)은 정치사상과 정치철학이 지닌 유구한 역사를 잘 보여주는 책이다. 그런 측면은 부제와 차례에도 나타나 있지만, 책의 말미에 부록으로 실린 아이에인 햄프셔-몽크라는 정치학자가 작성한 '주요 정치 사상가들의 연표'는 정치철학의 장구한 역사를 여실히 드러낸다.

정치사상가 연표에는 톨스토이와 프로이트의 이름도 보이지만 철학자가 주종을 이룬다. 솔론으로 시작해 소크라테스, 플라톤, 아리스토텔레스로 이어지는 연표는 그대로 고대 서양철학사 연표와 일치한다. 여기에다 마르쿠스 아우렐리우스, 성 토마스 아퀴나스, 베이컨, 루소, 칸트, 헤겔처럼 한 시대를 풍미한 철학자가 빠짐없이 등장한다. 연표에서는 아렌트 이후로도 여러 명의 정치사상가가 등재돼 있으나, 이 책의 본문에서 한나 아렌트가 맨 마지막으로 언급되는 것은 꽤나 시사적이다.

이것은 서양 정치사상사에서 아렌트가 차지하는 독특한 위상과 관련이 있는 듯하다. 아렌트는 원래 본격 철학을 전공했다. 22세 때 '아우구스티누스의 사랑과 개념'을 주제로 논문을 써서 박사학위를 받았고, 박사 논문의 지도교수는 철학자 칼 야스퍼스였다. 나치즘의 발호를 목도하면서 아렌트는 정치철학 쪽으로 자연스럽게 방향을 전환한다. 아렌트에게 처음으로 명성을 안겨다준 『전체주의의 기원The Origins of Totalitarianism』은 본격 철학에서 정치철학으로의 '선회'의 산물이다.

아렌트를 마르쿠제와 묶어 다루고 있는 『서양정치사상』에서는 이 책을 이렇게 설명한다. "『전체주의의 기원』에서 아렌트는 본격적으로 하나의 가능성으로 존재하였던 그런 전체주의적인 세력들을 적시하면서 그것이 가지는 본질적 경향인 개인성의 말살의 의미를 추적하였다. 그녀는 이 정교한 연구 분석을 통해서 나치즘이라든가 스탈린주의 따위의 전체주의가 폭넓게 파급되어 침투해 있는 현대적인 경향의 악몽처럼 악질적인 확대임을 증거하려고 했다."

그런데 필자는 다소 의외의 장소에서 아렌트의 『전체주의의 기원』을 다시 접할 수 있었다. 의외의 장소는 물론 책이다. 얼마 전 출간된 국내 소장학자 네 명의 전작 인터뷰집인 『인텔리겐차』(푸른역사, 2002)에서 성공회대 김동춘 교수는 학문적 엄밀성을 견지하면서 유연한 글쓰기를 실행한 본보기로 아렌트를 꼽았다.

'학문적인 글'의 경우 엄격한 학문적 엄밀성을 지녀야 한다는 것 자체는 중요하다고 봅니다. 제가 생각하는

원칙은 예를 들면 한나 아렌트가 제도권 학자가 되기 전에 쓴 『전체주의의 기원』이란 책을 보면서 느꼈던 건데요. 기본적으로 한나 아렌트는 그 책을 쓸 당시에는 운동가였고, 운동가의 입장으로 책을 썼어요. 그런데도 그 책은 학문적으로도 전혀 손색이 없어요.

그러나 아렌트가 『전체주의의 기원』에서 실현한 유연한 글쓰기의 전모를 한국어로 파악하기는 곤란하다. 이 책은 아직 번역이 되지 않았다. 그나마 아렌트 정치사상의 정점에 속하는 『칸트 정치철학 강의』(푸른숲, 2002)가 번역된 것은 반가운 일이다. 이 책은 아렌트 사후 출판된 유고집이자 강의를 풀어쓴 강연록이다.

강연한 글이기는 해도 이 책에서 아렌트의 생각의 깊이를 가늠하기란 결코 쉽지가 않다. 아렌트가 분석하고 있는 칸트 저작과 철학에 관한 바탕지식이 필요한 데다 아렌트의 문제의식 또한 만만찮은 까닭이다. 칸트 역시 정치사상가 연표에 등장하지만 다른 철학자들과 달리 칸트는 정치철학서를 저술하지 않았다. 다만, 칸트의 정치 관련 논문을 엮은 책이 1960년대 출간된 적이 있다. 이를 두고 혹자는 『실천이성 비판』 『순수이성 비판』 『판단력 비판』에 이은 칸트의 '제4비판'이 성립할 가능성을 타진하기도 했으나, 아렌트는 이를 부정한다.

"칸트는 사회적인 것과 구별되는 정치적인 것을 세계에 속한 인간의 한 조건이자 멍에로서 의식하였으나 이를 의식하게 된 때는 그의 말년이었다는 것과, 이때는 그가 이러한 특정 문제에 대해 자신의 철학을 형성할 힘과 시간을 더 이상 갖지 못했다는 것을 알 것이다." 그렇다고 아렌트는 칸트가 '제4비판서'를 쓰지 못한 것을 칸트의 기력쇠진 탓으로 돌리진 않는다. 제3비판서인 『판단력 비판』에다 정치적인 것에 대한 성찰을 담았어야 했다고 주장한다.

'정치' 또는 '정치적인 것'은 아렌트에게 아주 중요한 개념이다. 『축복과 저주의 정치사상― 20세기와 한나

아렌트』(한길사, 2001)를 지은 성균관대 김비환 교수는 아렌트가 '정치적인 것' 또는 '정치적으로 존재한다는 것'의 의미를 파악하는 데에 호머의 신화, 소크라테스 이전의 철학, 고대 그리스 폴리스의 정치적 관행, 미국의 정치적 관행과 현대의 혁명운동 등에서 결정적인 도움을 얻었다고 지적한다. 또 김 교수는 아렌트에게 갖는 정치의 의미를 다음과 같이 설명한다.

요컨대 아렌트에게 정치는 그 자체가 이미 인간성의 한 측면 ―공적 본질― 을 실현한 공존의 양식이자 또 계속적으로 그 실현을 보장해주는 공존양식이다. 또한 공적 공간에 대한 참여를 통한 정체현시와 자유의 구가, 다양한 관점 또는 시각의 자유로운 표출, 새롭고도 위대한 행위를 할 수 있는 기회의 보장 등은 정치적 공존양식의 요체들이라 할 수 있을 것이다.

아렌트 사상의 입문서로는 『어두운 시대의 사람들』(문학과지성사, 1983)과 『폭력의 세기』(이후, 1999), 그리고 평전인 『한나 아렌트』(여성신문사, 2000)가 알맞다. 『어두운 시대의 사람들』은 아렌트가 뛰어난 서평가, 탁월한 전기작가라는 점을 여실히 보여준다. 이 책에서 가장 긴 글인 「벤야민 평전」은 파리 망명 시절 베냐민과의 만남을 토대로 하는데 사적인 교우관계를 공적 영역으로 승화시킨 점이 돋보인다. 「브레히트 평전」에서는 브레히트를 향한 아렌트의 애증이 읽힌다.

『폭력의 세기』에서 아렌트는 폭력과 권력을 구별하는데, 이는 폭력과 권력을 동일시하는 상식을 거스른다. "폭력이 권력이라는 세간의 등식은 폭력 수단을 통한 인간에 대한 인간의 지배로서 이해되는 정부에 근거한다"는 것이다. 아렌트는 극단적인 형태의 가정을 통해 권력과 폭력을 구분하기도 한다. "권력의 극단적인 형태는 한 사람에 반하는 모든 사람이며, 폭력의 극단적인 형태는 모든 사람에 반하는 한 사람이다. 동시에 폭력은 도구 없이 단연 불가능하다."

지금으로선 알로이스 프린츠의 『한나 아렌트』가 아렌트의 생애를 비교적 길게 조망할 수 있는 유일한 책이다. 책에는 아렌트의 선생이자 연인이었던 철학자 하이데거와 관계가 곧잘 언급된다. 프린츠는 아렌트가 하이데거와의 사랑에서 어떤 결정적인 것이 부족하다는 점을 예감하고 있었다고 말한다. 훗날 이것을 아렌트는 "막간"이라 일컫는다.

"이러한 막간은 누군가 자신이 누구이며 무엇이 자신을 더불어 살고 있는 사람들과 묶어주는지를 발견할 수 있는 것은 혼자서가 아니라 다른 사람과 함께임을 알게 될 때만 생길 수 있는 것이다." 또 프린츠는 아렌트가 하이데거와의 관계를 지속한다면 그의 그늘에서 빠져나올 수 없으리라는 점을 잘 알고 있었다고 말한다. 아렌트의 내면에는 자신을 희생하며 사랑을 지키기보다는 독자적인 학자가 되려는 열망이 더 강했다는 것이다.

아렌트의 대표저서인 『인간의 조건』(한길사, 1996)에는 '가난한 자유인'에 관한 진술이 나온다. "가난한 자유인은 매일 변하는 노동시장의 불안정을 정규직으로 보장된 일보다 선호한다. 왜냐하면 정규적으로 보장된 일은 자신이 원하는 것을 할 수 있는 자유를 제한하는 까닭에 이미 노예적인 것으로 여겨지기 때문이다." 다나 빌라의 『아렌트와 하이데거』(교보문고, 2000)는 아렌트 정치이론을 하이데거 철학과의 관계망 속에서 포착한다.

아렌트는 곧잘 보수주의자로 분류되곤 한다. 하지만 아렌트 연구자들은 그런 시각이 오해의 산물이라고 말한다. 아렌트는 파리 코뮌 공동체, 러시아 소비에트 평의회, 1960년대 서구 학생운동의 의사수렴 방식, 그리고 미국의 주민회의 같은 정치체를 열정적으로 지지한 평등주의자였다는 것이다.

한나 아렌트의 책

공화국의 위기 김동식 옮김, 두레, 1979.

혁명이란 무엇인가 이종호 옮김, 율성사, 1980.
어두운 시대의 사람들 홍원표 옮김, 인간사랑, 2010.
어두운 시대의 사람들 권영빈 옮김, 문학과지성사, 1983.
인간의 조건 이진우·태정호 옮김, 한길사, 1996.
폭력의 세기 김정한 옮김, 이후, 1999.
칸트 정치철학 강의 김선욱 옮김, 푸른숲, 2002.
정치 판단 이론: 우리 시대의 소통과 정치 윤리 김선욱 옮김, 푸른숲, 2002.
정신의 삶1: 사유 홍원표 옮김, 한길사, 2004.
혁명론 홍원표 옮김, 한길사, 2004.
정치의 약속 제롬 콤 편집, 김선욱 옮김, 푸른숲, 2007.
전체주의의 기원 1·2(한길그레이트북스 83·84) 이진우·박미애 옮김, 한길사, 2006.
예루살렘의 아이히만– 악의 평범성에 대한 보고서(한길그레이트북스 81) 김선욱 옮김, 한길사, 2006.
과거와 미래 사이 서유경 옮김, 푸른숲, 2005.

■ 한나 아렌트에 관한 책

한나 아렌트 알로이스 프린츠 지음, 김경연 옮김, 여성신문사, 2000.
아렌트와 하이데거 다나 R. 빌라, 서유경 옮김, 교보문고, 2001.
축복과 저주의 정치 사상– 20세기와 한나 아렌트 김비환 지음, 한길사, 2001.
한나 아렌트와 유대인 문제 리처드 J. 번스타인 지음, 김선욱 옮김, 아모르문디, 2009.
한나 아렌트와 세계사랑 홍원표 외 지음, 인간사랑, 2009.
한나 아렌트가 들려주는 전체주의 이야기(개정판) 김선욱 지음, 자음과모음, 2008.
한나 아렌트의 정치이론과 정치철학 필립 핸슨 지음, 김인순 옮김, 삼우사, 2008.
한나 아렌트 전기– 세계 사랑을 위하여 엘리자베스 영 브뤼엘 지음, 홍원표 옮김, 인간사랑, 2007.
진정한 삶의 양식을 찾아서– 한나 아렌트와 세계사랑 김인순 지음, 한국학술정보, 2007.

헤르베르트 마르쿠제
Herbert Marcuse
1898-1979

"억압의 부재가 자유의 원형이라면 문명은 자유에 대한 투쟁이다"

마르쿠제와 포퍼의 유명한 논쟁집 『혁명이냐 개혁이냐』(사계절; 인간사, 1982)를 매개로 대조적인 두 사람의 사상을 비교 검토하려 했던 '이차원'의 계획은 포퍼와 마르쿠제를 연쇄적으로 다룬다는 '일차원'에 머물게 됐다. 세기의 토론을 활자화한 녹취록이 두 사람의 차이를 부각시키는 데 실패했기 때문이다. 토론의 형식이 논쟁보다는 각자의 의견개진 방식을 택했고(실제토론은 어떤지 모르지만 책의 편집형태는 그렇다), 토론 내용도 책의 3분의 1을 차지할 뿐이다.

나머지는 두 사람의 논문으로 이뤄져 있다. 또한 양자택일식의 논리가 설득력을 잃은 탓도 있다. 혁명은 개혁에 수렴되었다. 오히려 흥미를 끄는 두 사람의 차이점은 순서가 뒤바뀐 한국 독서계 상륙시기이다. 우파를 대표하는 포퍼의 책이 활발하게 번역되기 시작한 1980년대 초반은 좌파의 대표격인 마르쿠제의 번역을 갈무리하는 시기였다.

헤르베르트 마르쿠제의 대표작인 『이성과 혁명』『에로스와 문명』『일차원적 인간』 등은 이미 1970년대 초에 번역이 완료되었다. 주로 '사상전집'에 최신사상가로 등재되었는데 1968년 학생운동의 이론적 지주로 지목받으며 세계적 명성을 얻은 결과다. 그러나 좌파의 색채를 띠고 있는 그의 책들이 별 탈 없이 집중 소개된 것은 의아한 일이 아닐 수 없다. 아마도 마르쿠제의 활동무대가 미국인 점이 크게 작용한 것으로 보인다. 그래서인지 그의 이름도 '헤르베르트'보다는 '허버트'가 더 익숙하다.

마르쿠제는 이른바 '프랑크푸르트학파'의 한 사람이다. 아도르노, 호르크하이머, 프롬, 하버마스와 함께 그는 20세기를 대표하는 사상가 그룹을 형성했다. '비판이론'을 내세우는 이들은 네오마르크스주의자로 통하기도 한다. 프랑크푸르트의 사회과학연구소를 거점으로 활발한 활동을 하던 이들은 1930년대 나치의 발호를 피해 미국으로 근거지를 옮긴다.

1970년대의 '프롬 열풍'에서 1990년대 후반의 '하버마스 현상'에 이르기까지 프랑크푸르트학파 구성원들의 저서 번역은 매우 활발한 편이다. 프롬에 미치지는 못해도 마르쿠제의 저서도 중복 출판된 경우가 많았다. (여기서는 비교적 최근에 나온 판본을 언급하기로 한다.) 독일 학술계에 헤겔 해석자로만 알려졌던 마르쿠제는 미국에서 펴낸 책을 통해 세계 지성계의 전면에 나타난다.

『이성과 혁명』(중원문화, 1984)은 마르쿠제가 미국에서 처음으로 출간한 책이다. 이 책에는 정통한 헤겔 해석자의 흔적이 역력하다. 이 책은 마르크스의 변증법에 헤겔이 끼친 영향을 탐구한 것이다. 마르쿠제는 비판적이며 논쟁적 성격을 지닌 헤겔 변증법의 핵심이 마르크스의 사회이론을 낳았다고 간주한다. 세계를 합리화하는 충동이 헤겔 사상의 핵심이라고 그는 생각했다.

마르쿠제의 사상은 매우 추상적이다. 추상적인 성격으로 말미암아 난해하기 그지없다. 그중에도 『에로스와 문명』(나남출판, 1989)은 둘째가라면 서러울 정도로 어려운 책이다. 오죽하면 번역자도 처음 번역(왕문사, 1972)할 때는 일부를 생략했을까. 독자는 더 말할 것도 없다. '프로이트 이론의 철학적 연구'를 표방하는 이 책을 제대로 이해하려면 적어도 프로이트 정신분석학의 기본 개념을 숙지하고 있어야 한다. 기본 개념만 갖고는 안 된다. 마르쿠제가 자주 거명하는 프로이트의 『문명 속의 불안』은 대강의 내용을 파악해야 한다. 그래도 마르쿠제의 논지를 따라가기가 여간 어렵지 않다.

『에로스와 문명』을 우리말로 옮길 때 김인환 교수(고려대 국문학)는 물론 주위 사람들의 따뜻한 격려를 받았지만 몇몇 선배에게서는 "점잖지 못하게 에로스 운운하는 책을 번역한다"는 지청구도 들었다. 하지만 이 책은 결코 에로틱하지 않다. "방종한 남녀관계"에 대한 "방종"을 염려하는 것은 기우다. 행여나 그럴만한 여지도 마르쿠제가 잡도리를 해놓았다.

『에로스와 문명』은 도서관 서가에 켜켜이 먼지를 뒤집어쓰고 있는 마르쿠제의 다른 책들과는 달리 여전히 독자의 손길이 미치고 있는 거의 유일한 책이다. 에로스에 대한 우리 사회의 이해력이 아직도 이 책의 빚을

져야 할 수준에 머물러 있는데다가, 종잡기 어려운 마르쿠제의 생각을 가장 어려운 놈과 대면해서 살펴보겠다는 일종의 오기에 힘입은 현상인지는 모르지만, 이 책과 씨름하다 보면 망외의 소득이 없지 않다. 한 줄로 표현된 마르쿠제의 사상을 만나게 되는 것이다. "억압의 부재가 자유의 원형이라면, 문명은 자유에 대한 투쟁이다."

1968년, 마르쿠제는 프랑스에서 시작해 전 세계로 파급된 학생운동의 이념적 지주로 각광받는다. 그는 마르크스, 마오(모택동)와 함께 3M으로 불린다. 『일차원적 인간』(삼성출판사, 1982)이 새로운 세계를 열망하는 젊은이들에게 '복음서'로 읽힌 결과다. 선진 산업사회에 대한 비판서로 인간의 사고와 행동이 기성사회에 매몰된 상황을 파헤쳤는데, 사회 저항세력을 은근하게 제압하는 비강제적인 문화기구 분석에 많은 지면을 할애했다.

'일차원성'이란 부정적 사유에 근거한 이성과 현실 사이의 다차원적인 변증법을 억압하는 현실을 가리킨다. 따라서 '일차원적 사유'는 실증주의적이지만, '이차원적 사유'는 이성에 의해 비판과 부정否定이 이뤄지는 전통적인 사유를 말한다. 마르쿠제는 각 분야에서 실증주의(철학), 기술적 합리성의 수용(정치), 쾌락주의(개인행동) 등으로 나타나는 일차원성의 지배에 반대한다. 그리고 억압적 총체성에 대한 '위대한 거부'를 통해 해방된 사회를 기약할 수 있다고 주장한다.

"예술은 의식화되었든 안 되었든 간에 부정의 합리성을 갖는다. 진보된 자세로서 그것은 '위대한 거부', 곧 현존하는 것에 대한 항의이다." 오염되지 않은 형식을 지닌 예술에 기대를 걸고 있는 '위대한 거부'는 이차원적 긴장을 고수하려는 비판적 입장이다.

미학이론서와 평론선도 여러 권 번역되어 마르쿠제의 도서목록에 올라 있다. 『미학과 문화』(범우사, 1989)는 같은 출판사에서 펴낸 『미적차원』(1982)을 증보한 것이고, 『자유에 대하여』(평민사, 1982)와 『해방론』(청하, 1984)은

번역서의 제목만 다를 뿐, 같은 책이다.

헤르베르트 마르쿠제의 책

일차원적 인간·부정 *차인석 옮김, 삼성출판사, 1982.
일차원적 인간 *차인석 옮김, 휘문출판사, 1972.
일차원적 인간− 선진산업사회의 이데올로기 연구(한마음신서 26) 박병진 옮김, 한마음사, 2009.
일차원적 인간 박병진 옮김, 한마음사, 1986.
일차원적 인간 이희원 옮김, 육문사, 1993.
에로스와 문명(나남신서 1065) 김인환 옮김, 나남, 2004.
에로스와 문명 김인환 옮김, 나남출판, 1989.
에로스와 문명·이성과 혁명, 문명화와 인간의 죄악 *대양서적, 1970.
에로스와 문명 김종호 옮김, 박영사, 1975.
에로스와 문명 김종호 옮김, 양영각, 1982.
에로스와 문명 *김인환 옮김, 운암사, 1983.
이성과 혁명(중원문화 아카데미 신서 5) 김현일 옮김, 중원문화, 2011.
이성과 혁명 김현일 옮김, 중원문화, 2008.
이성과 혁명 김현일 외 옮김, 중원문화, 1984.
이성과 혁명 김종호 옮김, 문명사, 1970.
이성과 혁명 김종호 옮김, 박영사, 1972.
이성과 혁명 정향희 옮김, 법경출판사, 1982.
이성과 자유 박종렬 옮김, 풀빛, 1982.
반혁명과 반역 박종렬 옮김, 풀빛, 1984.
위대한 거부 유효종·전종덕 옮김, 광민사, 1979.
해방론 김택 옮김, 울력, 2004.
자유에 대하여 배현나 옮김, 평민사, 1982.
해방론 문학과사회연구소 옮김, 청하, 1984.
미학과 문화 최현·이근영 옮김, 범우사, 1989.
미적 차원 최현 옮김, 범우사, 1982.
예술의 미학적 차원 박순황 옮김, 영학출판사, 1982.
미학의 차원 문학과사회연구소 옮김, 청하, 1983.
마르쿠제 미학사상 김문환 편역, 문예출판사, 1989.
혁명이냐 개혁이냐− 마르쿠제·포퍼 논쟁 홍윤기 편역, 사계절, 1982.
혁명이냐 개혁이냐 F. 슈타르크 엮음, 박성수 옮김, 인간사, 1982.
마르쿠제와의 대화 백승균·서광일 옮김, 이문출판사, 1984.
소비에트 마르크스주의− 비판적 분석 문현병 옮김, 동녘, 2000.
프로이트 심리학 비판(인간의마음을탐구하는총서 4) 오태환 옮김, 선영사, 2004.
* '사상전집'에 들어 있는 책

헤르베르트 마르쿠제에 관한 책

마르쿠제 A. 매킨타이어 지음, 연희원 옮김, 지성의샘, 1994.
마르쿠제 미학사상 김문환 지음, 문예출판사, 1994.
허버트 마르쿠제− 마르크스와 프로이트를 결합시키다(살림지식총서 178) 손철성 지음, 살림, 2005.

헨리 데이비드 소로
Henny David Thoreau
1817-1862

"문명인이란 보다 경험이 많고, 보다 현명해진 야만인일 따름이다"

항상 있어왔던 대상이 새롭게 느껴질 때가 있다. 늘 만나던 사람일 수도 있고, 언제나 거기 있던 물건일 수도 있는 어떤 대상이 새롭게 느껴지는 데에는 일정한 계기가 있게 마련이다. H.D. 소로와 그의 책들도 그렇다. 소로가 우리에게 바싹 다가온 것은 『월든』(이레, 1993)을 통해서다.

하지만 그 이전에도 그의 이름이 낯설지만은 않았다. 비록 한글 표기가 도로우, 소로, 소오로우, 소로우 등으로 구구각색이었지만 말이다. 낯설지 않기는 그의 대표작 『월든』 또한 마찬가지다. 아니 『월든』은 '낯설게 하기' 효과를 톡톡히 봤다고 할 수 있다. 이 책은 다른 제목으로 이미 여러 차례 번역된 이력이 있어서다. 『숲속의 생활』은 『월든』과 같은 책이다. 두 책이 하나의 책이라는 '비밀'을 푸는 열쇠는 원제목에 있다. Walden; or, Life in the Woods.

국립중앙도서관 데이터베이스에 따르면, 『숲속의 생활』의 번역 소개는 1950년대로 거슬러 오른다(현대문화사, 1956). 1960년대(문학사, 1962)와 1970년대(서문당; 문화공론사)를 거쳐 1980년대(범조사; 샘터사; 금성출판사)에도 이 책의 번역은 꾸준히 이어졌다. 이 가운데 지금까지 '살아 있는' 책은 '서문문고'로 나오는 것이 유일하다. 1990년대 이전에 출간된 『숲속의 생활』은 '교양전집'이나 '문학·사상전집'의 '일원'이라는 점이 눈에 띈다. 또한, 대체로 '한 지붕 두 가족'의 형태를 취하고 있는데, 『숲속의 생활』은 『문제로서의 인간』(가브리엘 마르셀), 『오늘을 사는 지혜』(노먼 V. 필), 『에머슨 수상록』 등과 '동거'를 했다.

따라서 『월든』의 번역자 강승영은 다음과 같은 지적은 논란의 여지가 없지 않다. "헨리 데이빗 소로우와 그의 저서들이, 특히 그의 대표작 『월든』이 한국의 일반 독자들에게 거의 알려져 있지 않다는 사실이 아무래도 이해가 되지 않았다."(『시민의 불복종』 옮긴이 후기에서) 이런 지적에는 『월든』의 번역 소개는 이뤄졌으되, 그것이 전집물에 포함된 탓에 널리 읽히진 못했다는 정도의 설명을 덧붙여야 할 것 같다.

아무튼 강승영이 아니었다면, 우리 독자들이 소로와 그의 책들을 재인식하는 것은 한참 늦춰졌을 듯 싶다. 강승영은 『월든』의 정확한 내용 전달을 위해 미국과 프랑스 등지에서 출간된 다섯 가지의 판본을 참조한 것은 물론이고, 월든 호숫가를 현지답사하기도 했다. 뿐만 아니라 『월든』을 펴낼 일념으로 출판사를 차리기도 했다(나중에 출판업에서는 손을 뗀다). 무엇보다 그는 『월든』이라는 이름을 찾아준 장본인이다. 새천년으로 이어지고 있는 '소로 현상'의 공적은 오롯이 그에게 돌려져야 마땅하다.

그러면 『월든』은 대체 어떤 책인가? 마하트마 간디는 이 책의 독서가 "큰 즐거움"이었고, "깊은 감명을 받았다"고 말했다. 미국의 시인 로버트 프로스트와 미국의 작가 E.B. 화이트 또한 격찬을 아끼지 않았다. 늦은 만큼 우리나라에서 『월든』에 대한 조명은 더욱 눈부시다. 시인 나희덕과 소설가 신경숙이 이 책에 대한 '지지'를 표명했으며, 〈출판저널〉이 환경운동가들을 대상으로 한 설문조사를 토대로 선정한 '우리 시대 최고의 생태도서'(제277호, 2000. 4. 5)에 선정되는 등 각종 추천도서목록에 올라 있다. 한마디로 『월든』은 '시대를 초월하는 책'이다. 소로는 이 책에서 19세기에 21세기를 내다보는 혜안을 발휘한다.

『월든』은 2년 2개월에 걸친 '야생생활'의 기록이다. 소로는 1845년 미국 독립기념일에 월든 호숫가의 오두막에 들어가 1847년 9월 6일까지 거기서 살았다. 그런

데 17장의 맨 끝 단락이 시사하듯이, 『월든』은 첫해 1년간의 생활을 담은 것이다. "이렇게 해서 내 숲 생활의 첫 번째 해는 끝이 났다. 그 다음에도 첫해와 큰 차이는 없었다."

세칭 명문대학을 나온 소로가 뭐가 아쉬워서 숲속에서의 삶을 자청하게 되었을까? 소로는 그 까닭을 책의 앞머리에서 분명히 밝히고 있다. "내가 월든 호숫가에 간 목적은 그곳에서 생활비를 덜 들여가며 살거나 또는 호화롭게 살자는 것이 아니라, 되도록 누구의 방해도 받지 않고 내 개인적인 용무를 보자는 데 있었다." 또 이런 결심을 하게 된 밑바탕에는 "내 동료 시민들이 나에게 법원의 한 자리나 부목사직 또는 먹고살 만한 다른 자리를 줄 생각이 없다는 것"을 간파하고, "내 스스로 앞길을 개척해야 한다"는 자각이 깔려 있다.

『월든』에 나타난 자연묘사는 영문학의 탁월한 성과로 꼽힌다고 한다. 아울러 이 책은 소로의 정신적 자서전으로 읽히기도 한다. 나는 『월든』을 생태주의 '경전'이자 지혜의 책으로 보고 싶다. 아마도 이 책은 '자발적인 가난'을 설파하는 최초의 서적이 아닐까 한다. "'자발적인 빈곤'이라는 이름의 유리한 고지에 오르지 않고서는 인간 생활의 공정하고도 현명한 관찰자가 될 수 없다." 이것 말고도 『월든』에는 지혜로운 말씀이 가득하다.

"나의 이웃들이 선이라고 부르는 것의 대부분이 실은 악이라고 나는 진심으로 믿는다."
"우리가 느끼는 고통의 대부분은 신체적 냉기 이상으로 사회적 냉기에 기인한다."
"사람들이 찬양하고 성공적인 것으로 생각하는 삶은 단지 한 종류의 삶에 지나지 않는다."

이렇게 보면 소로의 생각은 마르크스와 별 차이가 없어 보인다. 물론 두 사람의 취향은 극단적으로 갈린

다. 예컨대 신문에 대한 견해만 해도 그렇다. 마르크스는 신문을 직접 만들고 열심히 읽었지만, 소로는 "신문에 실린 소식은 두 번 읽을 필요가 없다"고 일갈한다. 마르크스를 호출한 것은 소로의 저술을 마르크스의 저작에 비유하기 위해서다. 『월든』이 『자본』이라면, 『시민의 불복종』은 『공산당선언』에 견줄 수 있다. 소로 사상의 핵심이 담긴 『시민의 불복종』 역시 『시민의 반항』 또는 『시민의 저항』이라는 제목으로 우리 곁에 줄곧 있어왔다. 『숲속의 생활』과 차이가 있다면, 『시민의 반(저)항』은 '셋방살이'는 했다는 사실이다.

소로의 또 하나의 대표작인 『시민의 불복종』은 만 하루 동안의 감옥체험이 계기가 된 책이다. 소로는 인두세 납부를 거부하다 붙잡혀 감옥에 간힌다. 그가 세금 납부를 거부한 것은 노예제도의 존속과 영토 확장을 위한 멕시코전쟁에 반대한다는 의사 표시였다. 친지가 세금을 대신 내주어 수감 이튿날 풀려나지만, 소로는 단 한 번의 영어囹圄를 통해 시민적 권리에 대한 깨우침을 얻는다. 그것은 흔히 '시민의 저항권'으로 불린다.

"모든 사람이 혁명의 권리를 인정한다. 다시 말해서 정부의 폭정이나 무능이 너무나 커서 참을 수 없을 때에는 정부에 충성을 거부하고 정부에 저항하는 권리 말이다." 가장 최근에 번역된 『시민의 불복종』(이레, 1999)에는 소로의 다른 산문도 실려 있다.

소로의 사상은 '초절주의超絶主義'라 일컬어진다. 헨리 솔트의 『헨리 데이빗 소로우』(양문, 2001)에 의하면, 이 사조는 칸트의 초월주의 철학에 근거를 두며, 칼라일과 콜리지가 계승·부활시킨 것이다. 초절주의는 대서양을 건너와 미국 매사추세츠 주 콩코드를 근거지로 만개한다. "에머슨의 표현에 따르면, 무한한 시공을 느끼는 감정에 대한 연구에 기반한 초절주의 사상은 19세기 중반 이후 비로소 미국인의 사고를 휘저어 그들의 생각을 변화시키는 힘을 갖기 시작했다."

소로의 명성을 높이는 데 크게 기여한 헨리 솔트의 전기에는 소로에 대한 흥미로운 일화가 넘쳐난다. 소로는 하버드 대학 졸업 후 교사의 길로 들어선다. 하지만 2주 만에 교직에서 물러난다. 학생에 대한 체벌을 거부했기 때문이다. 제법 심한 체벌이 문제가 되어 쫓겨나다시피 선생을 그만둔 철학자 루트비히 비트겐슈타인과는 비교되는 대목이 아닐 수 없다. 지금으로선 헨리 솔트의 책이 손쉽게 구할 수 있는 소로의 생애에 대한 유일'무이'한 정보원이다. 『헨리 데이빗 도로우의 짧은 생애』(당그래, 1995)라는 또 다른 전기가 있긴 하지만, 이 책은 절판되었다. 당그래판과 같은 '버전'인 『자유를 생의 목적으로 삼은 사람』(참세상, 1991) 역시 절판되었다. 그런데 소로의 행적에 대한 빈틈은 다소 엉뚱한 곳에서 채워진다. 독특한 요리책 『헬렌 니어링의 소박한 밥상』(디자인하우스)에 나타난 소로의 단명에 대한 원인 분석이 이채롭다.

소로가 『월든』에서 녹말만 섭취했다고 기술한 데 대해 헬렌 니어링은 이렇게 반문한다. "그렇다면 채소는? 비타민과 엽록소는 어떻게 섭취했단 말인가? 소로는 45세로 생을 마감했다. 푸른 채소를 충분히 섭취했더라면, 건강하게 오래 살아서 더 좋은 생각을 글로 표현했을 것을…. 나는 그렇게 확신한다." 헨리 페트로스키는 『연필』(지호)의 한 장章을 소로에게 할애한다. 『연필』은 소로의 공학자적인 기질을 잘 보여주지만, 정작 내 구미를 당긴 것은 소로가 평생에 걸쳐 쓴 '저널'(또는 '일기')에 관한 다음과 같은 언급이다.

헨리 데이빗 소로우는 아버지의 연필 사업에 참여할 즈음에 자신의 『저널』을 내기 시작했다. 2백만 단어로 구성된 이 『저널』은 소로우의 주요 저술 가운데 하나이다. 요즘과는 달리 소로우가 살았던 시대에는 제각기 만든 저널이란 것이 언론을 지칭하는 것이 아니라 개인적인 저술의 한 형태였다.

『월든』과 『시민의 불복종』을 제외한 소로의 나머지 책들은 대체로 『저널』의 내용을 발췌한 것이다. 다만 엮은이가 다를 뿐이다. 『소로우의 노래』(이레, 1999)는 강은교 시인이 엮어 옮겼고, 『리버』(1996, 기원전)는 다드리 C. 런트가 편자로 돼 있으며, 『소로우의 일기』(도솔, 1996)는 오델 셰퍼드가 엮은 것이다. 비교적 최근에 번역 출간된 『저널』 선집이랄 수 있는 『지평선을 향해 걷다』(양문, 2001)에는 어찌된 영문인지 엮은이가 드러나 있지 않다. 소로의 글 가운데 '대지'를 주제로 한 것을 모았다는 이 책은 소로의 가르침과는 일정한 거리를 두고 있다. 천연색 삽화는 그렇다 치고, 본문 바탕에 깔린 꽃 장식은 소로가 말하는 '자연스러움'이나 '단순함'과는 거리가 멀다. 이것은 마치 시몬 베이유의 불꽃 같은 정열을, 존재론적인 측면만 부각해, 결과적으로 왜곡시키는 처사나 진배없다.

이 밖에 1990년 중·후반에 번역된 소로 책으로는 『야생사과』(이레, 1994)와 『강가에서 보낸 아름다운 나날들』(기원전, 1999)이 있다. 앞의 책은 같은 출판사에서 펴낸 『시민의 불복종』에 통합되었고, 나중 것은 『저널』 발췌록 계열의 책이다. 『강가에서 보낸 아름다운 나날들』은 『리버』(기원전, 1994)와 같은 책이고 나중에 『자연과 더불어 사는 즐거움』(기원전, 2003)으로 제목을 바꿨다.

끝으로 『월든』 속편에 대해 말하고자 한다. 생전 단두 권의 저서 —『월든』과 『콩코드강과 메리맥 강에서의 일주일A Week on the Concord and Merrimack River』— 를 펴낸 소로가 『월든』 후속편을 썼을 리는 만무하다. 소로 사상의 계승자를 자처하고 나선 이는 다름 아닌, 행동주의 심리학자로 널리 알려진 B.F. 스키너다. 스키너가 쓴 『월든』 속편은 하루 4시간의 노동만으로 의·식·주를 해결하고 문화생활을 영위한다는 것을 골자로 한다.

이런 유토피아의 가능성은 『월든』에서도 개진되고 있다. "1년 중 약 6주일간만 일하고도 필요한 모든 생활비용을 벌 수 있다는 것을 알았다." 스키너의 책은 『월

덴 투』(심지, 1982)라는 제목으로 번역·소개된 바 있다.

헨리 데이비드 소로의 책

월든(「시민불복종」 수록) 홍지수 옮김, 펭귄클래식코리아, 2010.
월든 호수의 소로 존 포실리노 엮음·그림, 박미경 옮김, 마루벌, 2010.
소로우의 무소유 월든— 무소유를 실천한 법정 스님이 머리맡에 남긴 책 베스트트랜스 옮김, 더클래식, 2010.
월든— 자연의 소중함을 일깨워 준 최초의 녹색 서적 김선희 글, 이상현 그림, 파란자전거, 2008.
청소년을 위한 월든(개정판) 권혁 옮김, 돋을새김, 2008.
월든 윤희수 옮김, 지만지, 2010.
월든 박현석 옮김, 동해출판사, 2006.
월든 김성 옮김, 책만드는집, 2004.
월든 한기찬 옮김, 소담출판사, 2010.(초판 2002)
월든 양병석 옮김, 범우사, 2006.(초판 1995)
월든 강승영 옮김, 이레, 2006.(초판 1993)
월든/침묵의 봄/센스 오브 원더 레이첼 카슨 공저, 오정환 옮김, 동서문화사, 2009.
산책 외(책세상문고·고전의세계 073) 김완구 옮김, 책세상, 2009.
헨리 데이비드 소로우의 산책 박윤정 옮김, 양문, 2005.
소로의 속삭임— 내가 자연을 사랑하는 이유 김욱동 옮김, 사이언스북스, 2008.
나를 다스리는 묵직한 침묵— 헨리 데이빗 소로우 명상일기 최민철 옮김, 거송미디어, 2008.(초판 2006)
또 다른 나에게로 가는 일기 프란츠 카프카, 앙리 프레데릭 아미엘 공저, 최석민 옮김, 북인, 2006.
구도자에게 보낸 편지 류시화 옮김, 오래된미래, 2005.
씨앗의 희망 이한중 옮김, 갈라파고스, 2004.
가을의 빛깔 이유정 옮김, 느낌이있는나무, 2003.
자연과 더불어 사는 즐거움 김은주 옮김, 기원전, 2003.
강가에서 보낸 아름다운 나날들 김은주 옮김, 기원전, 1999.
리버 박광종·김은주 옮김, 기원전, 1996.
숲속의 생활 정성호 옮김, 샘터, 1987.
숲속의 생활 *양병탁 옮김, 범조사, 1983.
숲속의 생활 *양병탁 옮김, 서문당, 1974.
숲속의 생활 *민재식 옮김, 문화공론사, 1976.
숲속의 생활 *민재식 옮김, 문학사, 1962.
숲속의 생활 *김재남 옮김, 현대문화사, 1956.
청소년을 위한 월든 권혁 편역, 돋을새김, 2008.(초판 2004)
소로우의 오두막— 어린이를 위한 월든 스티븐 슈너 엮음, 피터 피오레 그림, 김철호 옮김, 달리, 2003.
시민불복종 강태원 옮김, 다락원, 2009.
시민의 불복종 강승영 옮김, 이레, 1999.
시민의 저항 범조사, 1983.
시민의 저항 *장기홍 옮김, 삼성출판사, 1982.
시민의 저항 황문수 옮김, 범우사, 1978.
소로우의 노래 강은교 편역, 이레, 1999.
소로우의 일기 윤규상 옮김, 도솔, 1996.
야생사과 강승영 옮김, 이레, 1994.

지평선을 향해 걷다 박윤정 옮김, 양문, 2001.
흐르는 강물처럼 박윤정 옮김, 양문, 2002.
*전집물에 포함된 책

헨리 데이비드 소로에 관한 책

Who? 헨리 데이비드 소로(세계인물학습만화 WHO 시리즈 23) 오영석 글, 스튜디오 청비 그림, 송인섭 추천, 다산어린이, 2010.
나의 헨리 데이비드 소로 박홍규 지음, 필맥, 2008.
헨리 데이비드 소로− 숲 속 삶과 글을 바탕으로 토마스 로커 글·그림, 이상희 옮김, 초록개구리, 2006.
헨리 데이비드 소로 엘리자베스 링 지음, 강미경 옮김, 두레, 2005.
헨리 데이빗 소로우 헨리 솔트 지음, 윤규상 옮김, 양문, 2001.
헨리 데이빗 도로우의 짧은 생애 이현주 옮김, 당그래, 1995.
자유를 생의 목적으로 삼은 사람 이현주 옮김, 참세상, 1991.

헨리 조지
Henry George
1839-1897

지대의 사유화를 규탄한 불굴의 사회사상가

헨리 조지의 대표작『진보와 빈곤』이 그의 사후 100년 만에 완역된 사실은 경제사상사에서 그가 차지하고 있는 빈약한 지위를 대변한다. 헨리 조지의 토지공유론은 당대의 이상주의자들로부터 뜨거운 호응을 얻었다. 그의 장례식에는 10만 인파가 모일 정도였다. 하지만 지금은 거의 잊힌 인물이 되었다. 여기에는 몇 가지 이유가 있다.

먼저, 세계가 자본주의와 사회주의로 양분돼 치열한 체제경쟁을 전개했던 '극단의 시대'에 헨리 조지가 제시한 제3의 대안은 발붙일 틈새가 없었다. 주류경제학과 마르크스주의 경제학으로 갈려 있었던 경제학계 역시 헨리 조지의 주장을 외면했다. 경제학 교과서는 물론이고 경제사상사 관련 서적에서도 그의 이름은 나오지 않는다. 헨리 조지가 창안한 토지공유제는 기득권층의 이익에 커다란 타격을 주는 제도다. 따라서 이에

대한 기득권층의 반발은 거셀 수밖에 없다. 그의 토지공유제는 아직도 실현될 날을 기다리고 있는 '저 아름다운 지하자원'에 속한다.

그렇다고 헨리 조지가 전혀 생소한 인물은 아니다. 눈썰미가 있는 톨스토이의 독자라면 그의 이름을 기억할 것이다.『부활』에 헨리 조지가 등장한다. 농민에게 토지를 나눠주기로 결심한 네흘류도프가 바람직한 토지분배의 방법을 언급한 대목에서 헨리 조지가 거명된다.『진보와 빈곤』이 당시 얼마나 인기 있는 저작이었는지 입증하는 사례다.

1879년 출간된『진보와 빈곤』은 미국과 영국에서 수십만 부가 팔렸고, 10여 개 언어로 번역되었다. 이 책은 두 가지 기록을 갖고 있다. 책이 잘 나갈 때에는『성경』다음으로 판매부수가 많은 논픽션 서적으로 기록되었고, 가장 많이 보급된 경제학 서적이라는 기록은 오늘까지 이어지고 있다.『부활』이 발표된 것이 1899년이니까 톨스토이가『진보와 빈곤』을 접할 시간은 충분했다. 더욱이 톨스토이는 헨리 조지의 사상에 적극 동조한 이상주의자 가운데 한 사람이었다.

『진보와 빈곤』의 번역 '역사'는 생각보다 긴 편이다. 이 책의 초역은 1961년에 이뤄졌다. 4.19 직후 대안모색의 하나로 보이는 번역작업은 대학원생이 맡은 탓에 부족한 점이 많았다. 그것마저 5.16 군사쿠데타가 발발하자 금서로 지목되어 사라지게 되었다. 계급의식을 부추기고 사유재산제를 부정한다는 것이 이유였다.『진보와 빈곤』은 축약본(무실, 1989)을 통해 긴 잠에서 깨어난다. 1953년 영국의 매드센이란 사람이 만든 축약본은 헨리 조지의 사상을 되새기려는 시도라고 할 수 있다. 원래 분량을 절반 정도로 압축했고, 일반인이 쉽게 읽을 수 있도록 오늘의 감각에 맞게 문장을 손질했다. 축약본의 번역이 현실 사회주의가 몰락하는 시점과 맞물리는 점도 흥미롭지만 책의 내용이 재현된 듯한 국내 상황은 더욱 흥미롭다.

1989년은 땅값과 집값이 유례없이 폭등했던 해였다. 특히 전세가가 치솟자 이를 비관한 세입자들의 자살이 속출해 사회문제가 되기도 했다. 이런 사회적 여건의 영향을 받았는지 축약본 『진보와 빈곤』은 적잖은 호응을 얻어 1만 부 가까이 팔렸다. 완역본이 나온 것은 헨리 조지 서거 100주기가 되는 1997년의 일이다. 완역본은 텍스트로서의 가치를 고려해 원문에 충실한 직역을 했다. 완역본은 '산업불황의 원인과 부의 증가에 따라 빈곤도 증가하는 원인에 대한 탐구 및 그 해결책'이라는 부제를 달고 있다. 또 "부의 특권의 불평등한 분배에서 발생하는 죄악의 비참을 보면서 더 나은 사회를 이룩하는 것이 가능하다고 믿고 이를 위해 노력하는 독자에게 바친다"는 헌사가 붙어 있다. 헨리 조지가 부제와 헌사를 통해 제기한 갖은 악덕의 근원은 다름아닌 지대地代. 그리고 한마디로 해결책을 제시한다.

"지대를 모두 조세로 징수하자." 이에 대한 설명을 『부활』의 등장인물 네흘류도프에게 들어보자. "토지를 사용하는 사람이 토지를 사용하지 않는 사람에게, 각자의 토지에 해당되는 땅값만큼 지불하는 것입니다." 다시 말하면, 정부가 토지소유자로부터 지대를 세금으로 징수하고 다른 세금은 그만큼 감면하자는 것이다. 이것이 '토지가치세 제도land value taxation' 또는 '헨리 조지의 단일세안單一稅案'의 골자다.

불로소득을 배격하고 가난한 사람을 옹호한 헨리 조지의 사상은 그의 저서뿐만 아니라 그의 생애를 통해서도 확인할 수 있다. 그는 인쇄공의 아들로 태어났다. 그는 정규교육의 혜택을 받지 못하고 어려서부터 여러 직업을 가졌다. 식자공은 그중 하나. 신문사에서 일하던 중 식자공에서 기자로 발탁된다. 왕성한 독서를 통해 지적능력을 배양하고 틈틈이 글쓰기를 연마한 결과다. 그의 식자공 경력은 아무도 『진보와 빈곤』을 출판하려고 나서지 않을 때, 스스로 조판하고 책을 만드는 데 도움을 주었다.

『진보와 빈곤』의 성공 이후, 그는 세계 여러 곳을 돌아다니며 행한 강연을 통해 많은 지지자를 얻는다. 이를 발판으로 1886년에는 뉴욕 시장 선거에 뛰어든다. 노동단체의 후원으로 선거에 참가한 그는 3만 4000명의 추천서명을 받아 상대 후보들을 긴장시킨다. 결국 아슬아슬한 표차로 2위를 기록, 낙선한다. 하층계급 출신으로 계층 상승을 이뤘고, 책을 통해 사회개혁을 역설한 점은 동 시대의 소설가 잭 런던과 비슷하다. 그러나 만년의 런던이 자본의 달콤함에 빠져 개혁성을 상실한 것과는 달리 헨리 조지는 끝까지 자신의 이론을 실천하기 위해 분투했다.

"나는 노동자계층을 위해 특별한 권리를 옹호하거나 특별한 이익을 요구한 적이 없습니다. 나는 모든 사람의 평등한 권리를 대변할 뿐입니다." 1897년 다시 뉴욕 시장 선거에 나서서 행한 마지막 연설의 일부다. 건강 악화로 그는 선거 나흘 전 세상을 떠났다. '자본의 사유와 토지의 공유'를 근간으로 하는 헨리 조지의 사상은 기존의 제도를 이용한다는 형식 면에서는 개혁적이나 내용 면에서는 가히 혁명적이다.

"그는 독점과 불로소득을 타파하려고 애쓴 사상가다. 빈곤의 원인이 높은 지대에 있다고 보고 이를 혁신적으로 개선하려고 했지만, 수입개방과 자유무역을 지지하기도 했다." 축약본과 완역본을 모두 번역한 김윤상 교수(경북대 행정학)의 말이다. 김 교수는 IMF 경제위기도 한편으로는 부동산투기의 후유증으로 볼 수 있는 만큼 헨리 조지로부터 시사 받을 점이 있다고 덧붙인다. 또한 통일 이후를 대비함에 더욱 긴요할 것이라고 강조한다. 북녘 땅을 투기꾼의 난장판으로 만들지 않으려면 말이다.

헨리 조지의 책

진보와 빈곤(**축약본**) A.W. 매드센 줄임, 김윤상 옮김, 무실, 1989.
진보와 빈곤(**완역본**) 김윤상 옮김, 비봉출판사, 1997.

헨리 조지에 관한 책

헨리 조지- 100년만에 다시 보다 이정우 외 지음, 경북대학교출판부, 2007.
(초판 2002)

헨리 지루
Henry A. Giroux
1943-

교육과 문화현상에 대한 비판적 분석

별로 가보고 싶지 않은 '기피시설' 네 곳은 성격에 따라 둘로 나뉜다. 학교와 군대, 병원과 감옥이다. 입원은 해봤고 교도소 안은 구경도 못해봤지만, 옥에 갇히거나 다시 입원하는 것은 어쩔 수 없는 일이다. 하지만 학교에 들어가는 것과 군 입대는 다르다. 두 번 다시 겪고 싶지 않다. 거의 모든 의무 복무자처럼 나 역시 군 복무를 한 강원도 철원 지역을 향해 오줌을 누기는커녕 침도 뱉지 않는다. 그런데 시간이 지날수록 학교생활보다는 군 생활의 끔찍함이 조금은 덜하지 않았느냐는 생각이 들었다. 그런 생각이 들기 시작한 것은 여전히 군인이거나 재입대 통지서를 받는 악몽을 더는 안 꾸게 된 무렵과 일치한다.

너, 다시 학교 다닐래? 군대 갈래?

학교는 초중고교만 해도 12년을 다녀야 하나, 군복무는 2년 3개월이라는 점도 작용했으리라. 하지만 '짧고 굵게' 고통 받는 게 더 나을지도 모른다는 생각이 얼마나 안이한 것인지 『내 님, 불멸의 남자 현승효』(삶이보이는창)에 실린 병영일기를 읽으며 깨달았다. 군대와 학교는 어느 게 나을 게 없다. 둘 다 똑같이 나쁘다. 싫다.

군에는 별의별 사람이 다 모인다. 군대라는 한계상황 탓에 남루한 인간성이 극단적으로 드러난다. 그것은 우리사회의 진보 가능성에 대해 심각한 회의를 불러올

정도였다. 학교 선생님 중에도 별의별 인간이 다 있다. 하지만 교사의 지위는 그것을 은폐한다. 선생님에게 대드는 것을 넘어 폭력을 휘두르는 학생이 이따금 매스컴을 탄다. 패륜에 가까운 행동을 옹호할 생각은 추호도 없다. 그러나 그런 학생들은 처벌(징계)을 받는다. 학교를 계속 다니는 것도 쉽지 않을 것이다. 한편, 교사에게 얻어터진 학생마저 학교생활에서 불이익을 당하는 것은 무슨 조홧속인가?

얼마 전, 어느 지상파 방송의 주부대상 생활정보 프로그램에서 접한 교사의 학생폭행 사례는 해도 너무했다. 여고생이 수업을 1시간 빼먹었다는 이유로 담임 선생에게 군대에서나 있을 법한 무차별 구타를 당했다. 나무 몽둥이 2개가 부러지자 쇠몽둥이까지 사용했다. 학생이 아버지가 안 계셔서 그랬을 거라는 배경 설명을 듣고 참담했다. 잘 난 척하더니(어려운 집안 여건에도 학생의 용모가 단정한 것), 맞을 짓 했다는 식의 학생들 여론은 '노예교육'의 결과다.

목소리만 나온 인터뷰에서 학생의 행동거지에 대해 할 말이 많지만 학생의 인격을 고려해 하지 않겠다는 담임교사의 발언은 가증스럽기 짝이 없었다. 이런 선생은 학교에서 쫓겨나지 않는다. 교사에게 학생폭행의 '면책특권'이 계속 주어지고 학교가 교사의 체벌을 가장한 폭력의 '치외법권' 지역으로 온존한다면, 학교폭력은 근절되지 않으리라. 학교폭력의 근원은 교사의 매질이다.

민주적 공공영역인 학교와 변혁적 지성인으로서의 교사

미국의 교육이론가 겸 문화비평가 헨리 지루는 1970년대 초반 영국과 미국에서 신교육사회학의 일부로 등장한 비판교육학을 거론하는 것으로 그의 '교사론'이자 교육비평 글모음인 『교사는 지성인이다』를 시작한다. 그는 비판교육학이 교육에 기여한 바를 인정하면서도 그것의 한계를 지적하는 것을 잊지 않는다.

"비판교육이론은 이처럼 학교교육에 대해 날카로운

이론적·정치적 분석을 내놨지만, '비판과 지배'의 언어를 넘어서지 못했다는 심각한 약점을 갖고 있다. 그래서 비판교육자들은 학교를 주로 지배적인 이데올로기와 실천이나 정치경제학 담론과 결부하는 언어에만 머물러 곤욕을 치르고 있다."

헨리 지루는 진보적 교육학이 생명력 있는 정치적 프로젝트가 되기 위해선 비판의 언어와 가능성의 언어를 결합한 담론을 개발해야 한다고 주장한다. 또 이 담론의 중요한 두 가지 요소로 학교와 교사를 꼽는다. 그는 비판교육학의 생명력은 학교를 민주적 공공영역으로 보는 데 있다고 믿는다.

"민주적 공공영역으로 학교를 보게 되면, 학교는 노동현장의 연장이라든가 치열한 국제시장과 외국과의 경쟁을 위해 제일선에 있는 기관이 아니라, 심도 있는 대화와 인간 행위를 존중하는 비판적 탐구 활동이 주로 이루어지는 곳이다. 이곳에서 학생들은 대중의 연대와 사회적 책무라는 담론을 배운다."

교사는 지성인이다. 그것도 변혁적 지성인이다. 번역자가 intellectual을 '지식인'이 아니라 '지성인'으로 옮긴 것은, 지식인 개념에 일정한 학력을 전제하는 우리와 다르게 헨리 지루는 그런 의미로 쓰지 않아서다. 그는 모든 사람은 지성적 능력을 갖춘 것으로 본다. 교사를 변혁적 지성인으로 보는 관점은 교사 활동을 재고하고 재구조화하는 한 가지 방법이다.

"지성인이라는 범주는 여러 면에서 도움이 된다. 첫째, 교사의 활동을 순수한 도구적 용어나 교수 용어로 한정하는 대신, 지적 노동으로 규명하기 위한 이론적 토대를 제공한다. 둘째, 교사들이 지성인 역할을 하는 데 꼭 필요한 이데올로기적·실천적 조건을 분명히 할수 있다. 셋째, 교사 자신이 인정하고 활용하는 교육을 통해 자신이 다양한 정치·경제·사회적 이해관계를 생산하고 합법화한다는 점을 분명히 할 수 있다."

이 책은 문해literacy부터 교실 목표, 해방신학자들의 활동에 이르기까지 다양한 주제를 다룬다. 주제는 다양해도 이를 아우르는 공통 주제가 있는데, 교사와 학생이 함께 지역 사회와 전체 사회를 해방시킬 민주적 공공영역으로서 학교를 재인식하는 것이 그것이다.

헨리 지루는 이런 사람

이 책에 수록된 「능력별 학급편성은 재생산을 재생산한다」라는 글을 함께 쓴 교육학자 피터 맥라렌의 '지루를 읽기 위하여'에서 헨리 지루의 이력을 간추린다. 지루의 글에는 열정과 분노가 담겨 있지 흔해빠진 학술연구의 적당한 거리 두기나 학문적 무난함 따위는 없다. 그의 비판적 목소리에 담긴 활력, 때로 과격함은 그가 겪었던 좌절이 가져온 분노와 용기에 다름 아니다. 어린 시절 로드아일랜드에서 노동계급 이웃들과 함께 저항하고 투쟁하면서 나온 분노와 용기를 실천으로 옮긴 것이기도 하다.

"그의 역사는 1960년대 투쟁 참여, 공동체 조직 활동, 7년간의 고등학교 교사 생활로 채워져 있다. 지루는 자신의 대학 생활을 하나의 역사적 사건이라고 자주 이야기한다. 빈민가인 스미스 힐을 떠나 대학 강단으로 가게 된 건 농구 특기생으로 받은 장학금 때문이었다. 그 장학금이 아니었다면 그의 삶은 완전히 달라졌을 것이고 훨씬 어려운 고비를 맞았을 게 틀림없다."

지루의 연구는 두 번의 중요한 시기를 맞는데, 첫 번째는 사회계급과 학교교육에 관한 에세이를 쓴 1970년대 말이다. 이 무렵 그는 윌리엄 파이너, 진 애니언, 마이클 애플 등 영향력 있는 교육이론가와 교류한다. 두 번째는 1980년대 초반, 행위와 학생저항에 관한 논의에 참여한 것이다.

『교육이론과 저항』에서 헨리 지루는 "학교가 사회문화적 재생산의 장 이상이라고 설파한다. 그는 학교를 지배의 논리로만, 교사를 지배계급의 앞잡이로만 보는 관점은 이론적 결점이 많을 뿐 아니라 정치적으로도 바르지 못하고, 전략적으로도 무용하다고 비판했다." 『교육과정 논쟁』은 헨리 지루의 편저서다.

디즈니는 무얼 가르치는가

『디즈니 순수함과 거짓말』에선 디즈니 사가 미국의 대중문화 형성에 어떤 교육적 역할을 하는지 보여준다. "디즈니는 가정, 학교, 지역사회에 바람직한 모델을 제공한다." 이에 그치지 않고 "과거에 대한 감상적 시각을 통해 미래를 형성해간다는 논리를 편다." 그래서였구나! 1970년대 후반, 공영방송에서 일요일 오후에 틀어준 〈디즈니랜드〉 단막극이 가뜩이나 나른한 일요일 오후를 더 나른하게 한 것은. 〈인어공주〉(1989)에서 〈뮬란〉(1998)에 이르는 디즈니의 극장용 애니메이션은 좀 달라졌을까? 문제점이 예전보다 더하면 더했지 덜하진 않다.

여자아이와 여성의 성정체성을 구성하는 방식은 디즈니 애니메이션의 가장 큰 논란거리 가운데 하나다. "〈인어공주〉와 〈라이온 킹〉(1994)에서는 여성의 역할을 축소시켜 한정된 의미만으로 여성 등장인물을 구성한다. 이 영화에 나오는 모든 여성 인물은 궁극적으로 남성들에게 복종하고 자신의 힘이나 희망을 전적으로 지배적인 남성들의 이야기 안으로 국한시킨다."

인종차별 또한 디즈니 영화들의 주된 논쟁거리다. 〈알라딘〉(1992)이 가장 많은 논란을 불러왔고, 〈라이온 킹〉에서 다시 쟁점으로 떠올랐다. "디즈니 애니메이션에 담겨 있는 인종차별적인 요소는 등장인물의 사투리와 인종의 의미를 가진 언어 속에서 명백히 드러난다." 비민주적인 사회관계에 대한 찬양은 디즈니 애니메이션의 또 다른 특징이다.

그러면, 우리는 어떻게 대응해야 할까? 헨리 지루는 네 가지 처방을 제시한다. 첫째, 디즈니가 어린이들에게 가치를 가르치고 상품을 팔기 위해 침투하는 대중문화영역을 학습과 시비를 가리는 장소로 심각하게 받아들여야 한다. 둘째, 학부모, 지역 공동체, 교육자, 관심을 가진 사람들이 디즈니 영화가 주는 다양한 의미에 주의를 기울여야 한다.

셋째, 디즈니 영화가 환상 이상의 그 무엇이 되고자 하고 오락과 교육 사이의 오랜 관계를 부정하기보다는 그 사이에서 상상을 발휘하는 영역이 되고자 한다면, "오락의 진행 과정에 정치적이고 교육적인 배경을 어떻게 삽입할 수 있는지를 고려해야 한다." 넷째, 디즈니가 경제와 소비와 문화의 영역으로 세력을 확장해가는 것은, "우리가 디즈니의 권력 관계를 분석할 때 좀더 폭넓고 복잡한 범위 내에서 다루어야 한다는 것을 암시한다."

헨리 지루의 책

신자유주의의 테러리즘 - 미국 제국주의 교육이론 비판 변종헌 옮김, 인간사랑, 2009.
교사는 지성인이다 이경숙 옮김, 아침이슬, 2001.
교육이론과 저항 최명선 옮김, 성원사, 1990.
교육과정 논쟁 한준상 외 옮김, 집문당, 1988. 편저서
디즈니 순수함과 거짓말 성기완 옮김, 아침이슬, 2001.

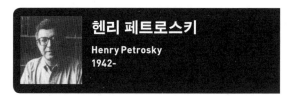

헨리 페트로스키
Henry Petrosky
1942-

성공보다 실패에서 배우는 공학의 원리

나뭇잎이 떨어질 무렵이면 어김없이 들려오는 해외소식이 있다. 연례행사인데도 신문과 방송은 이 뉴스를 매우 비중 있게 다룬다. 그해의 노벨상 수상자가 정해졌다는 전갈이 바로 그것이다. 일반적으로 평화·문학·경제학 부문의 노벨상 수상자의 이름이 귀에 익지만, 노벨상의 본령은 과학 부문이다. 물리·화학·의학 부문 수상자들의 면면에서 이러한 사실은 쉽게 확인된다. 이들이 현대과학을 이끌어왔다 해도 과언은 아니

기 때문이다.

노벨상은 과학자들을 위한 '잔칫상'이다. 그러나 헨리 페트로스키는 이런 현실에 의문을 제기한다. 미국 듀크 대학의 토목공학 교수이며 탁월한 에세이스트인 그는 '노벨상은 누가 받아야 하는가? 라는 질문을 던진다. 『이 세상을 다시 만들자』(1998)의 첫 번째 주제를 통해 페트로스키는 공학자였던 노벨이 과연 엔지니어들을 배제하길 바랐는지 의문을 표시한다. 노벨상이 노벨의 뜻과는 다르게 운영되었다는 것이 페트로스키의 생각이다. 페트로스키는 자신의 주장을 뒷받침하기 위해 노벨의 유언장을 제시한다.

(상금)을 다섯 부분으로 공평하게 나눠서 다음과 같이 배분하라. 한 부분은 물리학 분야에서 가장 중요한 발견이나 발명을 한 사람에게 주어라. 한 부분은 가장 중요한 화학적 발견이나 개선을 이룬 사람에게 주어라. 한 부분은 생리학이나 의학 영역에서 가장 중요한 발견을 한 사람에게 주어라. 한 부분은 저술 분야에서 이상주의적인 의도로 가장 뛰어난 일을 한 사람에게 주어라. 그리고 마지막 한 부분은 상비군을 없애거나 줄이고, 국제평화모임을 유지하고 진흥시키기 위해 국가 간 친목에 최고의 일을 한 사람에게 주어라.

페트로스키에 의하면, 여기서 물리학과 화학의 구분은 연구나 전문단체를 구별하려는 목적이 아니라 단지 분야를 나누기 위해 사용한 것이다. 페트로스키는 과학과 공학의 미분화가 당시의 시대적 상황이었을 것이라고 짐작한다. 또한 그는 과학적인 물건에는 공학의 산물이 포함되는 점과 당시 대중의 공학에 대한 선호도를 언급하며 공학의 한발 앞섬을 피력하기도 한다. "최초의 현대 공학자들은 과학을 응용했다기보다는 과학을 이끌어 갔다고 말할 수 있다. 열역학은 증기기관의 응용이고, 구조 분석은 다리 건설의 응용이라 할 수 있다."

하지만 노벨상 운영의 주도권을 과학계가 장악하면서 엔지니어들은 소외되기 시작했다. 남이 하면 스캔들이요, 내가 하면 로맨스라는 식으로 노벨상위원회는 발견과 발명에 대해 이중 잣대를 겨눴다. 일례로 노벨상위원회는 비행기 발명자에게 상을 주지 않았다. 비행기가 인류에 기여한 이익보다 생명을 잃을 수 있는 위험이 더 크다는 것이 이유였다. 반면 비행기 사고와 비교하기 어려운 참혹할 정도의 핵 재앙에 근거를 제공한 원자물리학자들은 여럿이 수상의 영예를 안았다.

페트로스키는 공학의 복권 또는 공학의 홀로서기를 꿈꾼다. 우리 주변에서 흔히 볼 수 있는 공학의 산물을 소재로 한 능수능란한 이야기 속에서 자연스럽게 일반인이 갖고 있는 공학에 대한 고정관념을 깨뜨린다. 일반인뿐만 아니라 공학자들도 가졌을 법한 고정관념은 크게 두 가지인데 그것은 공학의 범위 및 공학을 추동하는 힘과 관련이 있다.

페트로스키는 공학의 범위를 매우 넓게 설정한다. 사람이 만든 모든 물건이 공학의 산물이라는 것이다. 커다란 배나 높은 빌딩, 또는 긴 다리나 터널을 만들 때만 공학의 지혜가 요청되는 것은 아니라는 말이다. 공학의 지혜는 일상에서 흔히 볼 수 있는 사소한 물건에서도 엿볼 수 있다는 것이다. 클립이나 지퍼에도 공학의 원리가 숨 쉬고 있는 까닭이다. 이런 자신의 견해를 입증이라도 하듯 페트로스키는 연필을 주제로 500쪽이 넘는 책을 써냈다.

『연필』(1997)은 연필에 관한 모든 것을 담은 책이다. 연필을 놓고 그토록 많은 이야기를 풀어낼 수 있다는 점이 놀랍지만, 그것이 공학의 역사를 되짚고 있다는 점에서 다시 한 번 놀라지 않을 수 없다. 페트로스키에게 연필은 훌륭한 공학의 상징이다. "경이로운 천재성과 복잡성, 그리고 보편성을 지닌 이 인공물의 발전과정은 일반적인 공학적 발전과정의 패러다임으로서의 역할을 담당할 수 있을 것이다." 연필의 역사를 훑어보면 공학의 역사를 파악할 수 있다는 얘기다.『연필』은 그런 작업을 매우 훌륭하게 소화해낸 증거물이다.

'필요는 성공의 어머니다' '형태가 기능을 결정한다' 이 두 개의 관용구는 인공물의 발명과 그것의 세련화를 이끄는 힘이 무엇인지 넌지시 일러준다. 하지만 페트로스키는 이에 대해서도 이의를 제기한다. 발명과 발명품의 개선과정을 추동하는 원동력은 하나라는 것이다. 그것은 바로 실패다. 곧 실패가 성공의 어머니이며, 실패가 형태를 결정한다고 강조한다. 실패는 페트로스키의 글을 지탱하는 일관된 주제다.

실패의 중요성은 『인간과 공학이야기』(1997)에서 특히 강조된다. 이 책에서는 터코마내로스 다리 붕괴사건, 캔자스시티 하얏트 리젠시 호텔 고가통로 붕괴사건, DC-10 비행기 추락사건을 예로 들며 실패가 성공보다 낫다고 역설한다.

우리는 실패를 겪으며 미처 몰랐던 결함을 알게 된다. 실패를 통해 같은 결함을 가지고 있던 구조물들이 안전하게 서 있거나 날아다닐 수 있게 된다. 그리고 다음 설계를 할 때에는 앞서의 결함이 사라지고, 몇 십 년 동안 튼튼하게 서 있는 다리나 아무런 사고 없이 잘 날아가는 비행기에서는 배울래도 배울 수 없는 교훈을 얻은 것이다.

이 밖에 국내에 소개된 페트로스키의 책은 세 권이 더 있다. 쓸모 있는 물건의 진화이야기를 담은 『포크는 왜 네 갈퀴를 달게 되었나』(1995)는 『연필』을 집필하기 위해 모은 자료를 활용했다는 뒷얘기가 있고, 『디자인이 세상을 바꾼다』(1997)는 비행기, 빌딩, 상하수도, 다리, 팩시밀리, 클립, 연필심, 지퍼, 알루미늄 캔 등의 아홉 가지 발명품을 통해 공학의 변천과정을 다룬 책이다.

책꽂이에 대한 공학적 접근의 결과물인 『서가에 꽂힌 책』(2001)에서는 책과 책꽂이의 진화 과정이 비중 있게 다뤄진다. 초기의 책꽂이에는 문짝이 달려 있었는데 책장 형태의 책꽂이는 지금도 남아 있다. 아무튼 책장은 중세로 접어들면서 단단한 잠금장치가 있는 나무 궤짝으로 변모한다. 이윽고 궤짝에 책을 넣었다 뺐다 하는 것이 번거롭다는 것을 깨닫고 독서대에 사슬로 묶어 책을 보관하게 되었다. "책들이 서로 폭력적으로 부대낄 것을 저어"해, "강력한 쇠사슬로 안정되게 묶어 두는 것이 분별 있는 행동이라고 생각"한 것도 하나의 이유다. 그렇지만 책의 도난방지가 책을 사슬에 묶은 까닭으로 가장 설득력 있어 보인다.

이 책은 책이 지금과 같은 네모 형태를 취하게 된 것이 책꽂이 때문이라고 말한다. 그런데 페트로스키가 전망하는 미래의 책꽂이 모습도 현재와 크게 다르지 않다. 낱개로 포장하는 전자책 소프트웨어는 도난당하기 쉬운 탓에 패키지 형태의 포장으로 진열된다는 것이다. 『서가에 꽂힌 책』은 사슬로 묶어 두고 싶은 아주 매력적인 책이다.

모두 도서출판 '지호'에서 출간된 페트로스키의 책들은 공학에세이의 진수를 보여준다. 때문에 공학자 페트로스키의 노벨상 수상이 전혀 불가능한 일만은 아닌 것처럼 보이기도 한다. 비록 공학 부문의 신설은 기약이 없으나 문학상을 노려볼 수는 있기에 하는 말이다. 페트로스키는 저술활동을 통해 공학의 "이상주의적인 의도"를 "뛰어나게" 펼치고 있다.

헨리 페트로스키의 책

포크는 왜 네 갈퀴를 달게 되었나 이희재 옮김, 1995.
연필 홍성림 옮김, 1997.
인간과 공학 이야기 최용준 옮김, 1997.
디자인이 세상을 바꾼다 최용준 옮김, 1997.
이 세상을 다시 만들자 최용준 옮김, 1998.
서가에 꽂힌 책 정영목 옮김, 2001.
*모두 지호에서 펴냄.
종이 한 장의 차이 - 모든 것은 언제나 개선의 여지를 남긴다 문은실 옮김, 웅진지식하우스, 2008.
기술의 한계를 넘어 - 공학과의 새로운 만남 이은선 옮김, 심종성 감수, 생각의나무, 2009.(초판 2005)

헬레나 노르베리 호지
Helena Norberg-Hodge
1946-

Really What do you want?

충북 음성에서 시작된 조류독감이 전국의 닭과 오리
사육 농가를 파산 지경으로 몰아넣은 데 이어, 미국발
광우병 파동은 전 세계적으로 쇠고기 소비를 위축시
키고 있다. 신문과 방송의 뉴스는 이와 관련된 소식을
연일 보도하고 있으나, 변죽만 울릴 뿐이지 뾰족한 대
응책은 없는 듯하다. 그도 그럴 것이 이번 사태는 '식용
동물의 대량 사육'이 지닌 근본적인 문제점이 노출된
것이기 때문이다.

닭과 오리를 사육해 가족의 생계를 꾸려 가는 농민
들께는 안타까운 마음을 금할 길이 없지만, 식용 가축
의 대량 사육에 의한 대량 절멸 사태는 어느 정도 예상
된 일이었다. 대량 사육되는 가축은 육종 개량으로 유
전적 형질이 동일한 품종이다. 따라서 한 마리가 어떤
전염성 질환에 걸리면 축사의 모든 가축에게 빠르게
병이 퍼진다. 공장식 사육 환경은 면역력을 저하시켜
거의 한 마리의 예외도 없다. 이를 막기 위해 미리 항생
제를 주입하는 등 애를 써보기도 하나, 이것은 항생제
에 내성을 지닌 바이러스가 나타나는 또 다른 문제점
을 야기하기도 한다.

그럼에도 신문과 방송은 이러한 본질적 측면에는
'꿀 먹은 벙어리'다. 대신, TV 뉴스의 카메라는 닭고기
소비 촉진에 나선 어느 지방자치단체의 삼계탕 점심
식사 광경을 비춰주기에 바빴다. 이럴 때마다 우리나라

공무원들 참 안쓰럽다는 생각이 든다. 이날 삼계탕 집
단 급식을 한, 천 명의 공무원 중에는 체질적으로 닭고
기를 꺼리는 이들도 있었을 것이고(이 숫자는 좀 적을 것
이다), 그날따라 닭고기가 땡기지 않은 이들도 있었을
것이다(공무원들에게 동요의 빛이 전혀 없었다는 기자의 멘
트에도 불구하고 이 숫자는 좀 많을 것이다).

우리 공무원들이 고생하는 것은 잘 알지만, 이번 조
류독감 사태에서는 초기 대처에 허둥지둥해 사태의 확
산의 불러왔다는 책임론에서 자유롭지 못하다. 고생은
고생대로 하면서 비난만 뒤집어쓰는 꼴이다. 하지만 외
국에 이와 유사한 사례가 없어서 초기 대처에 미숙했
다는 관련 공무원의 변명은 도무지 이해하기 어렵다.
해외에 그러한 사례가 없으면 우리가 대응 방안을 만
들면 되는 것 아닌가!

그런데 외국에도 별 뾰족한 수는 없는 듯하다. 외신
으로 전해진 광우병 파동과 관련한 미국 당국의 갈팡
질팡하는 대응은 그런 점을 여실히 보여주었다. 또 이
를 전하는 우리나라 TV 뉴스도 갈팡질팡하기는 마찬
가지였다. 23개국이 미국산 쇠고기의 수입을 금지했다
는 소식과 살코기만 잘 발라먹으면 인간 광우병에 걸
릴 염려가 없다는 내용이 번갈아 나온 것은, 안면 바꾸
기가 장기인 TV 뉴스의 속성을 감안해도 바람직한 언
론의 자세와는 거리가 있다. 적어도 닭·돼지·소의 다
양한 부위를 갈아 만든 고기 패드를 사용하는 햄버거
에 대한 위험성은 지적했어야 했다.

아무튼 신문과 방송의 종사자들이 조류독감 사태와
미국발 광우병 파동의 근본적인 원인에 관심을 기울이
지 못하는 이유는 무엇일까? 알고 있으면서도 애써 외
면하는 걸까, 아니면 아예 모르고 있는 걸까. 만약 모
르고 그러는 것이라면 『오래된 미래』로 유명한 헬레나
노르베리 호지의 덜 알려진 책들을 권하고 싶다. 이 책
들은 공동 저서이기는 하나 책의 논지는 그대로 노르
베리 호지의 견해로 봐도 무방하다.

물론 노르베리 호지가 '에콜로지 및 문화를 위한 국제협회ISEC'의 연구 조정관 피터 고어링과 변호사이자 ISEC의 프로그램 책임자면서 자신의 남편인 존 페이지와 함께 지은 『모든 것은 땅으로부터— 산업적 농업을 다시 생각한다』(시공사, 2003)는 식용 동물 대량 사육의 폐해를 직접 언급하진 않는다. 그래도 부제목이 시사하듯이, 농작물을 중심으로 한 산업적 농업의 폐해에 대한 고찰은 산업적 축산업의 문제점을 새겨볼 계기를 부여한다.

노르베리 호지는 산업화된 농업에서 우선적으로 고려되는 몇 가지 사항을 지적하는데, 단일 재배 경작의 적응성, 운송과 처리의 용이성, 시각적인 완벽성 등이 그것이다. "산업적 농산물의 경우에는 단일 재배 경작 조건에 얼마나 잘 견디는가, 운송과 처리가 얼마나 쉬운가 하는 점이 영양가보다 더 중요하게 고려된다."

농산물의 매끈한 외양이 산업화된 농업의 우선적 고려사항이 된 데에는 소비자의 책임도 크다. 유통업체의 광고와 당국의 몰상식한 규제의 물결 속에서 "사람들은 과일이나 채소가 크기, 모양, 색깔 면에서 좁은 기준에 맞아떨어져야 한다고 믿게 되었"고, 이에 따라 "소비자들은 오직 선홍색의 흠 없는 사과, '제대로' 모양이 갖추어지고 결함이 없는 감자, 곧은 모양과 적당한 크기에 오렌지색이 선명한 당근만 사려고 한다"는 것이다.

게다가 "서구의 소비자들은 대부분 이제 농업 현실로부터 유리되어 있기 때문에, 오래 전부터 내려오는 특이한 형태나 색깔을 지닌 변종들은 널리 인정받지 못할 뿐 아니라, 사실상 농산물로 취급되지도 않는다." 그렇기 때문에 벌레가 있는 흙에서 자란, 이따금 벌레 먹은 흔적인 있는 농산물이 "좀더 '완벽해 보이는' 산업적 농산물보다 맛도 좋고 영양도 풍부할 가능성이 높지만 실제로는 수준미달로 간"다는 것이 그리 놀라운 일은 아니다.

한편, 산업화된 농업에서는 전문화, 표준화, 집중화 같은 일반적인 산업의 원리가 그대로 관철된다. 노르베리 호지는 현대 농업에 지대한 악영향을 끼치는 산업의 세 가지 원리를 조목조목 비판한다.

우선, 전문화는 "좁은 시야"나 다름없다. 오늘날의 농업학자들은 극히 전문화된 지식만을 다루는 분야에서 일을 하는 탓에 자신의 작업이 좀더 넓은 전망 속에서 어디에 위치하는지와 자신의 연구를 응용한 결과가 장기적으로 어떤 영향을 가져올지에 대해서는 별로 관심이 없다. 예컨대 새로운 살충제에 대한 연구는 해충의 박멸에만 초점이 모아질 뿐, 살충제가 다른 곤충에게 미치는 영향이나 살충제의 잔류 성분이 물 또는 농작물을 통해 사람에게 끼치는 영향은 고려하지 않는다는 것이다.

이러한 전문화는 농민의 발목을 붙잡기도 한다. "새로운 테크놀러지를 이용하려는 농부들은 단일 작물 생산에 집중해야 한다는 엄청난 경제적 압력을 받는다." 일단 전문화의 추세에 휩쓸린 농부는 시장의 변동에 몹시 취약해지고 다양한 작물의 재배로 회귀하는 것은 거의 불가능해진다. 전문화된 농기계의 구입과 경작지의 확대에 너무 많은 투자를 했기 때문이다. 반면 전문화된 농업 체제에서 다양한 작물을 재배하는 농민은 아무런 기술적·경제적·교육적 지원을 받지 못한다.

표준화는 "동질화를 추구하는 경향"으로 해석된다. 연구 대상을 단순화하고 표준화함으로써 현실 세계를 왜곡하는 과학적 보편 법칙의 추구가 농업에도 적용돼 농업을 획일화한다. "자연에 '기준'이란 없다"고 말하는 노르베리 호지는 통념과는 달리 표준화는 능률을 향상시키기는커녕 매우 비능률적인 농사 방법이라고 비판한다.

집중화는 "소농의 무력화"를 낳는다. 이제는 농민의 교육에서, 생산물의 가공과 포장에 이르는 농업 과정의 모든 단계에서, 중앙집권적인 정부와 기업이 주도권을 행사한다. 자유무역협정FTA 같은 국제 협약은 이러한 추세를 더욱 강화시켜 세계 농업 시장의 지배력을 소수의 손아귀에 집중시킨다. 그 결과 농민의 운명은 땅에서 멀리 떨어진 곳에서 이뤄지는 결정에 전적으로 좌우되고, 지역 생태계와 농촌 공동체는 쇠퇴하며, 소농은 씨가 마른다.

하지만 우리가 농업을 보는 시각에 깊이 침투한 편협한 과학적·경제적 세계관으로 말미암아 우리는 눈앞에 드러나 있는 심각한 문제들을 제대로 보지 못한다. 겨우 문제점을 인식한다 해도 일반적인 해결책은 상황을 더욱 악화시킬 뿐이다. 또한, 진지한 해결 방안은 찬밥 대접을 받는다. "양육하고 돌보는 전통적인 방식을 부활시키려는 시도는 '비경제적'이고, 낭만적이고, 비실용적인 것으로 경멸당한다."

가축 대량 사육의 문제점은 제5장 「축산: 공장화된 사육장」에서 짧게 언급된다. 영국에서는 구이용 닭 5800만 마리 가운데 절반이 10만 마리 이상 수용하는 농장에서 집단 사육되고 있고, 미국에서 도살되는 소와 돼지의 상당수가 도살 시점에 병에 걸려 있다고 전한다. 이러한 대량 사육의 문제점을 해결할 실마리는 제10장 「과거로부터 배우기」의 다양한 작물 재배의 이점을 서술한 대목에서 찾을 수 있다.

다양한 작물을 심는 것은 농작물 경작의 실패 위험을 완화할 수 있는 효과적인 전략이기도 하다. 하나 또는 몇 가지 작물이 해충, 병, 나쁜 기후로 인해 실패해도, 다른 작물 가운데 일부는 살아남을 가능성이 높다.

그러면, 산업화된 농업 체제에서 소비자는 어떤 태도를 취해야 할까? 노르베리 호지가 인용한 미국의 작가 웬델 베리의 '책임 있게 먹는 방법'은 좋은 참고가 된다. 그 몇 가지를 옮겨본다.

"가능한 한 농산물 생산에 참여하라."

"구매하는 식품의 원산지를 확인하고, 집에서 가장 가까운 곳에서 생산된 농산물을 구입하라."

"가능하다면 자신의 지역에서 채소나 과일을 재배하는 사람과 직접 거래하라."

『모든 것은 땅으로부터』는 "농업이 궁극적으로 우리 모두의 근본적인 기초라는 사실을 깨닫게" 하는 재료로 더할 나위 없지만 아쉬움이 전혀 없는 것은 아니다. 책은 생태농업의 구체적인 실천 방법을 제시하고 있으나 이것은 그저 참고자료로 삼아야지 우리 현실에 그대로 적용해서는 곤란하다.

또한, 번역이 매끄러운 편이 아니다. 특히 GMO를 유전자 조작 농산물이 아니라 유전자 변형 유기물로 옮긴 것은 유감이다. 이 책의 논지로 봐서는 유전자 변형보다는 유전자 조작이 더 합당한 표현이다. 생물공학을 다룬 제8장에서는 유전자 조작이라는 표현이 자주 나오는 것을 봤을 때 번역자가 절충적 입장을 취한 것 같다. 이 책의 번역자가 옮긴 책을 여러 권 읽었는데 이 책의 번역 만족도가 가장 떨어진다.

헬레나 노르베리 호지와 ISEC가 함께 지은 『허울뿐인 세계화』(따님, 2000)는 농업의 산업화를 부추기는 세력에 대한 신랄한 비판을 담고 있다. 이 책의 원제는 Small is Beautiful, Big is Subsidised다. '작은 것이 아름답고, 큰 것은 망한다'로 직역할 수 있는데 앞의 구절은 슈마허의 책 제목으로도 익히 알려져 있다.

뒤의 구절은 '큰 것은 망한다'는 뜻 외에 '큰 것은 보조금을 받는다'는 의미도 갖는다. 노르베리 호지는 세계화를 주도하는 대기업은 정부의 보조금 혜택을 크게 입고 있다고 지적한다. 아울러 대량생산된 것이 값싸고 효율적이며 더 좋기 마련이라는 '규모의 효율성'은 하나의 신화일 뿐이라고 지적한다.

이 책에는 우리의 상식을 깨는 내용이 가득하다. 미국 식품의약국FDA과 환경보호청EPA의 인증마크는 소비자에게 진정제나 마취제 역할을 한다는 것도 그중 하나다. 그럴 수밖에 없는 것이 FDA와 EPA의 관료들과 몬산토 같은 농업관련 대기업의 중역들은 '회전문'을 통해 자리바꿈을 하기 때문이다. 하지만 필자가 이 책을 통해 새롭게 안 가장 충격적인 내용은 미국 동부의 대도시를 이어주는 전차 네트워크가 자동차관련 협회에 의해 무자비하게 파괴되었다는 사실이다.

1920년대 중반부터 제너럴 모터스GM, 캘리포니아 스탠더드 오일, 파이어스톤 타이어 등이 주도하는 자동차관련 기업협회가 이러한 전차노선을 사들여 계획적으로 파괴했다. 1946년에 이르러 이들 기업의 간판회사인 내셔널 시티라인은 80개가 넘는 도시의 대중교통 체계를 장악했다. 그리고 이것들의 질을 저하시키는 행위가 계획적으로 자행되었다. 운행 횟수를 줄이다가 아예 중단시켰다. 선로는 제거되었고 전차는 불태워졌다.

『오래된 미래—라다크로부터 배운다』(녹색평론사)는 노르베리 호지의 대표저서다. 또한 이 책은 우리나라에 번역된 환경도서 가운데 가장 좋은 평가를 받았고 가장 많이 팔린 책이기도 하다. 이 책은 47개 언어로 번역되었는데 한국어판의 호응은 그중에서도 꽤 열띤 편이라고 한다. 『오래된 미래』는 노르베리 호지의 라다크 견문록이다. 이 책은 스웨덴 출신의 언어학자인 노르베리 호지가 학술조사차 라다크를 찾았다가 눌러 앉아 16년간 겪은 현지체험이 바탕을 이룬다.

'라다크로부터 배운다'는 부제가 말해주듯이, 이 책은 라다크의 삶의 방식을 우리의 '오래된 미래'의 삶의 양식으로 여긴다. "내가 미국이나 영국에서 강의를 할 때, 라다크 사람들의 미소띤 얼굴과 자족한 표정을 본 서구인들은 도대체 진보가 무엇인지 재평가하지 않을 수 없게 된다."

그러나 지나친 것은 모자란 것만 못하다. 전 세계의 모든 곳이 라다크가 될 수는 없다. 더구나 우리는 한두 세대 전의 기억만 되살려도 우리가 바로 라다크라는

평범한 사실을 깨우칠 수 있다. 아무튼 만화로 만들어진 어린이를 위한 『오래된 미래』인 『라다크 소년 뉴욕에 가다』(녹색평론사, 2003)의 내용은 그 취지는 충분히 이해해도 과유불급過猶不及이다.

만화에 나타난 뉴욕과 라다크를 악과 선으로 나누는 이분법은 예전의 이상주의자들이 자본주의와 사회주의를 기계적인 도식으로 대비한 것을 떠올리게 한다. 또 이런 식의 도식적인 비교가 어려서부터 휴대전화와 자가용 승용차를 당연시하는 우리의 어린이들에게 얼마나 설득력이 있을지도 의문이다.

2003년 12월 노르베리 호지는 우리나라를 찾아 독자, 환경운동가 등과 만났다. 12월 10일 저녁 서울 서강대 성이냐시오관 강당에서 열린 강연회에는 많은 청중이 모여 우리나라에서 그녀의 인기(?)를 실감하게 했다. 그런데 노르베리 호지의 강연 내용은 환경과 생태 문제에 어느 정도 관심 있는 이에게는 상식이나 다름없는 것이었다.

그녀의 강연을 들으면서 이 정도의 내용을 꼭 외국인 연사를 초청해 들어야 하는가, 하는 회의가 일기도 했다. 그래도 두 가지 점은 인상적이었다. 하나는 포테이토칩은 먹을 수 있지만 컴퓨터칩은 못 먹는다는 것이고, 다른 하나는 청중을 향해 던진 다음과 같은 화두다. Really What do you want?(네가 진짜로 원하는 게 뭐니?)

강연회가 열린 건물의 계단을 내려오면서 이런 생각이 들었다. 노르베리 호지가 라다크에서 깨달음을 얻은 주된 원인은 뭘까? 선진국 스웨덴 태생이어서일까? 언어학을 전공해서일까? 여자이기 때문일까? 사람됨이 훌륭해서일까?

헬레나 노르베리 호지의 책
어린이를 위한 오래된 미래 박희은 글, 원유미 그림, 중앙북스, 2008.
오래된 미래—라다크로부터 배우다 양희승 옮김, 중앙북스, 2007.
오래된 미래—라다크로부터 배운다(개정증보판) 김종철·김태언 옮김, 녹색평론사, 2001.(초판 1996)

진보의 미래 헬레나 노르베리 호지 외 지음, 홍수원 옮김, 두레, 2006.
라다크 소년 뉴욕에 가다― 만화로 보는 오래된 미래 매튜 운터베르거 그림, 천초영 옮김, 녹색평론사, 2003.
모든 것은 땅으로부터― 산업적 농업을 다시 생각한다 피터 고어링·존 페이지 공저, 정영목 옮김, 시공사, 2003.
허울뿐인 세계화 ISEC 공저, 이민아 옮김, 따님, 2000.

헬렌 니어링/ 스콧 니어링
Helen Nearing / Scott Nearing
1904-1995 / 1883-1983

"가장 조화로운 삶은 이론과 실천이, 생각과 행동이 하나되는 삶이다"

『헬렌 니어링의 소박한 밥상』(디자인하우스, 2001)은 스콧 니어링과 헬렌 니어링이 따로 또는 같이 펴낸 책 가운데 네 번째로 번역된 것이다. 그런데 불과 10년 전만 해도 국내에서 니어링 부부의 존재를 아는 사람은 손으로 겨우 꼽을 정도였다. 니어링 부부가 우리에게 알려진 것은 〈녹색평론〉을 통해서다.

〈녹색평론〉 1995년 3-4월호에 실린 「아흔살의 관점― 헬렌 니어링과의 대담」이 계기가 돼 『아름다운 삶, 사랑 그리고 마무리』(보리, 1997)가 번역됨으로써 니어링 부부의 사상은 본격적으로 소개되기 시작한다. 니어링 부부가 공동 집필한 『조화로운 삶』(보리, 2000)이 나왔고, 『스콧 니어링 자서전』(실천문학사, 2000)도 출간되었다. 이 네 권의 책은 모두 비슷한 분위기를 풍긴다. 하나같이 비닐 코팅한 표지를 쓰지 않았다. 『스콧 니어링 자서전』을 제외하곤 본문 용지로 재생지를 사용했다. 『스콧 니어링 자서전』도 재생지를 쓰려고 했지만, 두툼한 분량 탓에 재생지를 쓰면 부피를 감당하기 어려워 부득이 일반용지를 썼다.

헬렌이 지은 『아름다운 삶, 사랑 그리고 마무리』는 부부의 공동전기로 불리지만, 엄밀히 말하면 아내의 자서전이다. 하지만 지은이의 생각은 다르다. "이 책은 스콧의 전기나 자서전이 아니고 내가 알고 있는 그 사람의 존재에 대한 헌사이다." 거의 완벽하게 평등했던 부부의 아내가 남편 뒤로 슬쩍 숨는 까닭은 "원칙에 충실하고, 타협하지 않으며, 지적인 변혁가의 면모와 아울러 꾸밈없고 친절하며 현명한 남편으로서 스콧의 삶을 드러내 보이고 싶"어서다. 이 책은 니어링 부부 사상의 정수를 담고 있다. 그것은 스콧이 20대 후반에 작성한 좌우명과 30대 중반의 몇 가지 다짐에 잘 나타나 있다. 좌우명을 먼저 보자.

간소하고 질서 있는 생활을 할 것. 미리 계획을 세울 것. 일관성을 유지할 것. 꼭 필요하지 않은 일을 멀리할 것. 되도록 마음이 흐트러지지 않도록 할 것. 그날 그날 자연과 사람 사이의 가치있는 만남을 이루어 가고, 노동으로 생계를 세울 것. 자료를 모으고 체계를 세울 것. 연구에 온 힘을 쏟고 방향성을 지킬 것. 쓰고 강연하며 가르칠 것. 계급투쟁 운동과 긴밀한 접촉을 유지할 것. 원초적이고 우주적인 힘에 대한 이해를 넓힐 것. 계속해서 배우고 익혀 점차 통일되고, 원만하며, 균형 잡힌 인격체를 완성할 것.

30대 중반에 접어든 스콧은 사회주의자·평화주의자·채식주의자가 되겠다고 다짐한다. 사교춤과 야회복으로 대표되는 생활을 멀리하고, 강연자로서 대중의 인기를 얻는 것을 포기하기로 결심한다. 아울러 사회 복지·인류 공동의 가치와 공동선을 드높이는 일에 헌신하기로 한다. 스콧의 다짐과 좌우명은, 곧 헬렌의 다짐과 좌우명이기도 했지만 두 사람의 의견이 언제나 일치한 것은 아니었다.

그럴 경우 두 사람은 서로의 의견과 행동을 존중했다. 이것이 바로 20년 가까이 나이 차가 나는 부부가 '백년해로'한 비결이기도 하다. "우리의 주된 정서는 생각과 행동을 조화롭고, 서로 믿고 배려하고 존중하는 데 있었다. 서로를 극진하게 생각하는 애정은 우리에게 성이 위주가 된 생활 이상의 것을 뜻했다. 나는 스콧을 남성으로서 사랑했고 그이는 여성으로서 나를 사랑했으나, 성이 지배하는 관계는 아니었다."

『아름다운 삶, 사랑 그리고 마무리』가 총론이라면, 다른 책들은 각론에 속한다. 거기에는 부부 공동전기에서 두루뭉실하게 넘어간 대목에 관한 훨씬 구체적인 정보가 담겨 있다. 부부가 함께 집필한 『조화로운 삶』은 1932년 대도시 뉴욕에서의 삶을 청산하고 버몬트 주의 시골로 들어가 산 20년을 기록한 것이다. 니어링 부부는 버몬트에서 자급자족하는 삶을 살았다. 먹을 것을 직접 재배했고, 집을 손수 지었다. 책에는 농사짓고 집 짓는 광경이 자세하게 그려져 있다. 그래서 이 책은 '귀농지침서' 구실을 하기도 한다. 니어링 부부가 생각하는 "가장 조화로운 삶은 이론과 실천이, 생각과 행동이 하나가 되는 삶이다." 니어링 부부는 '조화로운 삶'을 위한 12가지 원칙을 정해 실행했는데 그 몇 가지는 다음과 같다.

- 먹고 사는 데 필요한 것을 절반쯤은 자급자족한다.
- 돈을 벌 생각이 없다. 남이 주는 월급을 받거나 뭔가를 팔아 이윤을 남기지 않는다.
- 땅이나 집을 담보로 융자를 얻은 뒤 이자를 갚느라 허덕이지 않는다.
- 집짐승을 기르지 않는다.
- 낡은 집을 고치느라 쓸데없는 시간을 낭비하지 않는다.

실천문학사의 '역사인물찾기' 시리즈로 나온 『스콧 니어링 자서전』은 『조화로운 삶』의 후기에서 헬렌이 한 번 읽어보라고 권하는 책이다. "그 책을 읽는다면 독자들은 스콧이 청년 때부터 노년에 이르기까지 모범이라

할 만한 인생을 살았다는 것에 동의할 것이다. 그이의 뛰어난 재능, 부지런함, 꺾이지 않는 이상, 청렴함, 여유로운 마음은 우리 모두가 본받아야 할 모습이었다." 이렇듯 아내는 틈 날 때마다 '남편 자랑'에 여념이 없지만 남편은 어떨까? 나이 차와 재혼의 부담 때문인지 스콧은 헬렌에 대해 말을 아끼는 편이다. 남편의 자서전에서는 아내가 꽤 늦게 등장한다.

내 인생에서 이번만큼은 운이 좋았는지, 나보다 스무 살이나 어리지만 자급생활에 맞설 능력과 의지를 갖춘 여성을 만났다. 헬렌 노드는 정열적이고 활달하면서도 기품 있는 여자로, 평생 채식을 해왔고, 바이올린을 공부했으며, 여러 해를 외국 ─주로 네덜란드, 오스트리아, 인도, 오스트레일리아─ 에서 보냈다.

사실, 헬렌을 만나기 전까지 스콧의 삶은 불행의 연속이었다. 대학 교수가 되었지만 두 번이나 강제로 쫓겨나는가 하면, 간첩 혐의로 기소되어 재판을 받기도 했다. 대학에서 해직되고, 스파이로 몰린 것은 그의 반전 성향 때문이다. 스콧은 그의 생애 중에 미국에서 일어난 모든 일은 미 행정부가 전쟁에 발을 들여놓음으로써 비롯됐다고 말한다. 그 순간 미 정부는 '법 앞의 공평한 정의'를 포기하고 국내문제에서든 국제문제에서든 '힘이 곧 정의'라는 폭력배들의 불문율을 지도적 원리로 채택했다고 강하게 비판한다.

『헬렌 니어링의 소박한 밥상』은 반反요리책이다. 조리법을 소개하는 요리책임은 분명하되 으레 있어야 할 완성된 요리사진이 한 장도 없다. 하지만 이 책은 아주 매력적인 책이다. 몸과 마음을 지켜주는 소박하고 단순한 요리법의 소개도 그렇지만 내 구미를 당기는 것은 딴 데 있다. 수천 권의 요리책에서 뽑아낸 인용문이 그것이다.

"술에 취하듯, 함축성 있는 인용문에 취한다. 내가

생각하는 바를 다른 이가 먼저, 그것도 더욱 탁월하게 말한 대목이 있다면, 독자들에게 소개하는 편이 좋지 않을까? 내가 대충 쓰는 대신, 그들의 좋은 글을 인용하지 않을 이유가 있을까?" 이 말은 헬렌이 서문에서 한 말이다. 이제 내가 좋아하는 인용문이 되었다. 요리를 사랑에 견준 헬렌의 격언도 재미있다. "진실한 사랑이 그렇듯, 훌륭한 조리법은 사는 것보다 거저 얻는 것이 더 좋다." 그런데 집짓기에서는 이렇게 둔갑하기도 한다. "참된 사랑이 그렇듯 집짓기도 결코 순조롭게 진행되지 않는다."

『아름다운 삶, 사랑 그리고 마무리』의 말미에는 니어링 부부가 따로 또는 같이 쓴 책들의 목록이 있다. 스콧의 저서가 대부분을 차지하는 수십 권 가운데 나는 헬렌의 『Wise Words on the Good Life』가 꼭 우리말로 옮겨졌으면 좋겠다. 모르긴 해도 그 책에는 대단한 독서가인 헬렌이 모은 인용문이 가득할 것이기에.

우리나라에서 니어링 부부의 고정 독자는 수만 명을 헤아린다. 하지만 미국에서 그들은 잊힌 존재다. 니어링 부부에 대한 독서 열기는 우리 사회에 대안적 삶을 갈구하는 이들이 많다는 증거로 해석된다. 니어링 부부는 한국의 많은 생태주의자의 스승이다. 2004년 9월, 엉겁결에 스콧 니어링을 비판적으로 보는 필자의 견해가 구설에 휘말렸다. 사단은 〈교수신문〉 강성민 기자가 한국 생태담론의 궁핍한 현실을 진단하는 기사에 실린 필자의 다음과 같은 코멘트가 제공했다.

"스콧 니어링이 청교도들의 미 대륙 침범과 인디언 학살을 삶의 개척이라고 평가하는 것은 제국주의적인 역사인식을 보여주는 것"(이하 〈교수신문〉 기사에 관한 내용은 〈교수신문〉 웹사이트www.kyosu.net에서 인용)이다. 니어링 부부의 생태주의 사상과 실천을 좀 뜨악하게 여겨오던 차에, 스콧 니어링의 『그대로 갈 것인가 되돌아갈 것인가』(보리, 2004)는 결정적인 문제점을 노출한 것으로 보였다. 필자는 〈환경과생명〉(제41호, 2004 가을)의 주

제서평에서 이 책을 다루면서 이런 언급을 했다.

북미 대륙 개척기의 프론티어 정신을 높게 평가하는 대목에서는 니어링의 진의를 짐작하기 어렵다. "우리는 한 사람이나 작은 집단이 현재에 만족하지 못하거나 미래에 큰 뜻을 품고 주로 개인 차원으로 모험하는 일을 개척이라고 생각했다. 18세기와 19세기에 아메리카 대륙과 오스트레일리아로 간 이주자들이 식민지를 만들고 개척한 경험과 본토 국민이 북아메리카 서부, 중국 북부, 러시아 동부로 대거 이동한 경험을 보면서 그런 생각을 가지게 되었다. 이런 종류의 이주와 개척은 아직도 가장 중요한 요소이다." 이 대목이 우리를 얼마나 헷갈리게 하는지(니어링이 혹시 식민주의자는 아닌가?)는 아룬다티 로이가 인용한 윈스턴 처칠의 적나라한 표현에 견주면 쉽게 알 수 있다. "나는 아메리카의 홍인紅人들이나 오스트레일리아의 흑인들에게 큰 잘못이 저질러졌다고 생각하지 않는다. 더 강한 인종, 더 수준 높은 인종, 그리고 더 세상일에 밝은 인종이 와서 그들의 자리를 차지했기 때문에, 나는 이들에게 어떤 잘못이 행해졌다고는 생각하지 않는다."

신문에 실린 코멘트가 잡지의 서평보다 한걸음 더 나아간 것은 분명하지만, 신문의 표현 또한 내 생각과 크게 다르지 않다. 그런데 〈녹색평론〉 변홍철 편집장은 〈교수신문〉에 보낸 반론에서 필자의 이런 견해에 대해 "스콧 니어링에 관한 언급 또한 명백한 '오독'에서 비롯된 '왜곡'이"라며, 스콧 니어링을 그렇게 "이해하는 것은 출판평론가의 서평이라고 납득하기는 어려운 심각한 오독이자 넌센스라고 할 수밖에 없다"고 비판했다. 한발 물러나 필자가 스콧 니어링을 잘못 읽었을 가능성까지 부정하진 않는다. 하지만 변홍철 편집장의 아래와 같은 주장에 대해서는 씁쓸함을 감출 길이 없다. "이같은 최씨의 '평가'의 근거가 된 텍스트인 『그대로 갈 것인가 되

돌아갈 것인가』나 다른 저작들을 읽은 독자들이라면, 스콧 니어링이 서구문명과 제국주의에 대한 일관된 투쟁에 평생을 바친 가장 래디컬한 서구 사상가이자 평화운동의 실천가 중 한사람이라는 것을 의심하지 않을 것이다." 어느새 스콧 니어링은 우리나라의 일부 생태주의자가 떠받드는 교조적 인물이 되었나 보다.

니어링 부부의 공저서

조화로운 삶 류시화 옮김, 보리, 2000.
조화로운 삶의 지속 윤구병·이수영 옮김, 보리, 2002.

헬렌이 엮거나 지은 책

하루에 한줄 일상의 즐거움 권도희 옮김, 씨앗을뿌리는사람, 2010.
아름다운 삶, 사랑 그리고 마무리 이석태 옮김, 보리, 1997.
헬렌 니어링의 소박한 밥상 공경희 옮김, 디자인하우스, 2001.
인생의 황혼에서 전병재·박정희 옮김, 민음사, 2002.
헬렌 니어링의 지혜의 말들 권도희 옮김, 씨앗을뿌리는사람, 2004.

스콧이 지은 책

희망 김라합 옮김, 보리, 2005.
스콧 니어링 자서전 김라합 옮김, 실천문학사, 2000.
그대로 갈 것인가 되돌아갈 것인가 이수영 옮김, 보리, 2004.

니어링 부부에 관한 책

스코트 니어링 평전 존 살트마쉬 지음, 김종락 옮김, 보리, 2004.
세상을 깨운 소박한 자연인 니어링 부부 홍당무 지음, 김수자 그림, 파란자전거, 2004.
헬렌 니어링, 또 다른 삶의 시작 엘렌 라콘테 지음, 황의방 옮김, 두레, 2002.

호르헤 루이스 보르헤스
Jorge Luis Borges
1899-1986

불교사상에 심취한 '20세기의 창조자'

'20세기의 창조자' '환상문학의 창시자' '사상의 디자이너' '중남미의 호머' '포스트모더니즘의 선구자' '작가를 위한 작가.' 이상은 아르헨티나의 소설가 호르헤

루이스 보르헤스를 가리키는 수사들이다. 하지만 가장 20세기적인 작가로 손꼽히는 보르헤스가 국내 독서계에 본격 등장하게 된 것은 2000년을 기준으로 불과 10년 안팎의 일이다. 그의 작품들은 거의 반세기 만에 한국어판을 얻을 수 있었다.

우리나라에서 보르헤스 시대의 개막은 1986년에 영글기 시작했다. 공교롭게도 이 해에 보르헤스는 세상을 떠났지만 그것이 보르헤스 붐을 촉발시킨 것은 아니었다. 당시에도 보르헤스의 이름을 인지했던 사람은 드물었고, 그의 '그릇'을 알아차렸던 사람은 더욱 드물었다. 1986년 발생한 국내 독서계의 '사건'도 보르헤스의 직접적인 출현을 알린 것은 아니었다. 다른 작가의 텍스트에 잠복한 상태로 그는 우리에게 다가왔다.

1986년은 움베르토 에코와 『장미의 이름』의 해다. 이 소설을 통해 보르헤스는 한국의 독자 앞에 현신한다. 개성 있는 등장인물 호르헤 신부가 바로 그의 분신. 에코는 이름에서부터 직업, 신체장애에 이르기까지 보르헤스를 빼다 박은 호르헤 신부를 만들었다. 보르헤스를 향한 에코의 존경심의 발로였다. 이런 일화가 독서계에 널리 퍼질 즈음, 보르헤스는 시나브로 독서인들에게 친숙한 이름이 되어 있었다.

하지만 '클론'을 통해 등장하기에 앞서 보르헤스는 소설선집과 함께 우리 앞에 나타난 바 있다. 『죽지않는 인간 외』(중앙일보사, 1982)가 그것이다. 그 이전에는 그의 소설이 다른 작가의 작품과 함께 역시 문학전집(『죽음과 콤파스(삼성판세계문학전집58)』, 삼성출판사, 1978)에 포함된 적이 있다. 신문사 출판부가 기획한 30권짜리 '오늘의 세계문학'의 말석(29번)을 가까스로 차지할 정도로 보르헤스는 소홀한 대접을 받았다. 어쨌든 43편의 작품을 수록한 이 책은 보르헤스 문학세계의 진경을 한눈에 보여준다. 이 중 「쌍갈래 작은 길들이 있는 정원」은 미궁을 상징장치로 활용한 환상소설이고, 「틀뢴·우크바르·제3의 지구」는 가상세계의 현실침투를 그린 작품

이다. 또한 어느 하루를 기억해내는 데 꼬박 하루를 필요로 하는 「기억력의 명수 푸네스」와 우주를 도서관으로 묘사한 「바벨의 도서관」도 접할 수 있다.

특히 「틀뢴·우크바르·제3지구」에서 틀뢴은 당초에는 보르헤스가 창조한 가상의 세계로 포스트모던 사조와 관련이 깊다. 틀뢴은 당초에는 "하나의 카오스 즉 혼돈의 세계로서 무책임한 상상에서 얻어지는 어떤 산물이라고 믿어진 것이다. 이제는 그것이 하나의 정연한 세계이며 그 세계를 지배하는 법칙들이 비록 임시적인 형태이긴 하지만 그 속에 은밀히 형성되어 있다고 우리는 알고 있다." 틀뢴에서는 사물이 복사 복제되고, 표절이라는 개념도 없다. 보르헤스는 포스트모더니즘의 기법들인 패러디와 패스티쉬를 예언한 셈이다. '오늘의 세계문학'은 보르헤스의 작품을 본격 소개한 의의는 충분하지만, 아쉬움도 없지 않다. 1990년대의 번역에 비해 우리말 표현이 빡빡하고, 별다른 기준 없이 작품을 배열했다.

김현창 교수(서울대 스페인어문학)의 『현대세계문학 속의 동양사상』(신아사, 1984)은 보르헤스의 사상가적 면모를 일찍이 간파한 책이다. 짧은 분량이기는 하지만 보르헤스와 불교사상의 친연성을 설득력 있게 다뤘다. 보르헤스의 작품에 동양사상, 그중에서도 불교사상이 짙게 배어 있다고 파악한 김 교수는 그 깊이의 정도가 못내 궁금했다. 그러던 차에 부에노스아이레스의 가장 큰 서점에서 찾아낸 한 권의 책을 통해 궁금증을 풀게 된다. 『불교란 무엇인가』라는 제목의 작은 책을 지은 이가 바로 보르헤스다.

"그가 빅토르 위고를 말하면 프랑스인이 놀라고 단테를 논하면 이탈리아인들이 경악하며, 버클리를 평하면 영국인들이 혀를 내두르고, 인도와 중국 사상을 논하면 동양인들이 무색해질 지경이다." 김 교수는 그의 박식함을 이렇게 표현했다. 하지만 이때만 해도 우리의 독자는 무색해질 기회를 얻지 못했다. 보르헤스의 불

교 해석서를 대면할 수 없었기 때문이다. 『보르헤스의 불교강의』(여시아문, 1998)는 김 교수가 '차례'로나마 존재를 알린 책의 한국어판이다. 불교 경전과 관련서를 통해 터득한 불교 교리의 핵심을 간명하게 정리했다. 말미의 강연은 그의 불교관을 잘 보여준다.

불교에는 '신'이 존재하지 않습니다. 혹은 신이 있다 해도 그리 중요하지 않습니다. 중요한 것은, 우리들의 운명이 전생의 '업'에 의하여 미리 정해졌다고 믿는 것입니다. 내가 1899년에 아르헨티나의 부에노스 아이레스에서 태어난 것, 내가 만년에 눈이 먼 것, 오늘밤 여러분 앞에서 이렇게 강연하는 것 등 이 모두가 내가 전생에 지은 업의 작용입니다. 현세에서의 나의 행동 중 전생의 행위와 무관한 것은 하나도 없습니다.

이 책은 불교전문출판사 '여시아문'이 펴낸 '주머니 속의 대장경'의 한 권이다. 그런데 나는 언뜻 보고 이 책이 '문지스펙트럼' 소속인 줄 알았다. 독자들은 혼동하지 마시라!

바야흐로 1990년대에는 보르헤스 작품의 번역 작업이 활발해진다. 서양판 『산해경』으로 일컬어지는 『상상동물 이야기』(까치, 1994)가 나왔고, '보르헤스 전집'의 발간도 이어졌다. 『상상동물 이야기』는 120편의 이야기에 130여 가지의 기묘한 동물들이 등장한다. 민음사가 펴낸 '전집'은 다섯 권이 나와 있다. 『불한당들의 세계사』와 『픽션들』이 1994년에 나왔고, 1996년에는 『알렙』이 선을 보였다. 1997년에는 『칼잡이들의 이야기』와 『셰익스피어의 기억』이 출간되었다. 모두 소설을 모은 것들이다.

보르헤스의 소설은 형식은 단편이지만 내용은 쉽지 않다. 그래서 『보르헤스 만나러 가는 길』(민음사, 1994)이라는 독특한 해설서가 출현하게 된다. 이남호 교수(고려대 국문학)는 보르헤스의 작품을 소설문학의 전범으로

여기기는 어렵지만 매력적인 것은 분명하다고 말한다. 매력을 함께 나누기 위해 쓴 이 책은 '보르헤스 주제에 의한 변주곡'이다. 『픽션들』에 수록된 소설을 앞세우고 각 작품마다 해설을 덧붙였다. 다음은 보르헤스와의 만남에서 유념해야 할 사항 세 가지. 1.이 교수가 번역한 소설도 절반 이상은 번역자의 글로 생각한다. 2.소설을 먼저 읽은 다음 해설을 읽는다. 3.지겨움 속에서 흥미로움을 느껴야 하는 까닭에 속독은 금물이다.

『보르헤스』(문학과지성사, 1996)는 그에 대한 본격적인 작가작품론이다. 보르헤스를 대상으로 한 다양한 관점의 글을 수록했다. 맨 끄트머리에 있는 인터뷰 「보르헤스가 보르헤스에 대해 얘기하다」는 그를 이해할 수 있는 절호의 기회. 젊은 작가들에 대한 충고도 보르헤스답다.

젊은 작가들에게 아주 기본적인 충고를 하고 싶습니다. 출판에 신경쓰지 말고 작품에 신경을 쓰라고 말입니다. 어떤 작품을 창작하려 할 때 출판하려고 서둘지 않기를, 독자를 염두에 두기를, 그리고 마음 속에 진실로 떠오르지 않는 것은 쓰지 않기를 바랍니다. 단지 어떤 사건이 그에게 경이적으로 보인다는 이유로 그것을 쓰지는 말기를, 그리고 그 자신의 상상력으로 떠올릴 수 있는 것들에 관해서 쓰기를 바랍니다.

호르헤 루이스 보르헤스의 책

만리장성과 책들 정경원 옮김, 열린책들, 2008.
보르헤스의 미국문학 강의– 초기의 작가들에서 20세기 SF까지 김홍근 옮김, 청어람미디어, 2006.
이시드로 파로디의 여섯 가지 사건 아돌포 비오이 카사레스 공저, 권영주 옮김, 북하우스, 2005.
칠일밤 송병선 옮김, 현대문학, 2004.
보르헤스 문학을 말하다 박거용 옮김, 르네상스, 2003.
죽음과 콤파스 *우덕룡 옮김, 삼성출판사, 1982.
죽지않는 인간 외 김창환 옮김, 중앙일보사, 1988.
바벨의 도서관 김춘진 옮김, 글, 1992.
허구들 박병규 옮김, 녹진, 1992.
상상동물 이야기 마르가리타 게레로 공저, 남진희 옮김, 까치, 1994.

모래의 책 송병선 옮김, 예문, 1995.
보르헤스의 불교강의 알리시아 후라도 공저, 김홍근 편역, 여시아문, 1998.
부에노스아이레스의 일기 **우석균 옮김, 민음사, 1999.
*로물로 가예고스의 장편소설 「도냐 바르바라」와 함께 수록 **시집

민음사의 호르헤 루이스 보르헤스 전집

불한당들의 세계사 황병하 옮김, 1994.
픽션들 황병하 옮김, 1994.
알렙 황병하 옮김, 1996.
칼잡이들의 이야기 황병하 옮김, 1997.
셰익스피어의 기억 황병하 옮김, 1997.

호르헤 루이스 보르헤스에 관한 책

보르헤스 문학의 헤테로토피아 김수린 지음, 한국학술정보, 2008.
보르헤스의 지팡이 양윤덕 지음, 민음사, 2008.
보르헤스 작품 속에 나타나는 카발라신비주의 민원정 지음, 한국학술정보, 2007.
보르헤스, 문학을 말하다(개정판) 박거용 옮김, 르네상스, 2008(초판 2003).
보르헤스에게 가는 길– 열여섯 소년, 거장 보르헤스와 함께 책을 읽다 알베르토 망구엘 지음, 강수정 옮김, 신책자, 2007.
보르헤스 문학전기 김홍근 지음, 솔, 2005.
보르헤스 김춘진 엮음, 문학과지성사, 1996.
보르헤스 만나러 가는 길 이남호 지음, 민음사, 1995.
보르헤스와 아르헨티나 문학 베아트리즈 사를로 지음, 김한주 옮김, 인간사랑, 1999.
보르헤스의 미로에 빠지기 송병선 지음, 책이있는마을, 2002.
보르헤스와 거울의 유희 낸시 케이스 폴슨 지음, 정경원 옮김, 태학사, 2002.

호시노 미치오
星野道夫
1952-1996

알래스카를 위하여

일본 출신 야생사진가 호시노 미치오의 책은 알래스카를 향한 동경을 갖게 한다. 하지만 동경憧憬이라는 말처럼 마음에 두고 그리워할 뿐이다. 나와 알래스카 사이에 장벽이 가로놓여 있어서다. 알래스카의 혹독한 추위와 거기까지 가는 데 필요한 번거로운 절차도 그렇지만 나의 무의식에 자리 잡은 콤플렉스는 더 큰 걸림돌이다.

그건 바로 '노스North 콤플렉스'다. 레드 콤플렉스의 변종인 이 '북쪽' 강박증에 시달리고 있거나 그것이 내면에 잠복된 한국인은 아직도 상당수에 이르리라. 나는 인천시 '북구'에서 태어나 성장했어도 얼마 전까지야 야구 명문 천안 '북일고'의 이름이 영 거북했다. 고2 수학여행 때 들른 동해안 통일전망대가 내가 가본 제일 높은 위도였던 나에게 알래스카는 언감생심이다.

사진 산문집 『알래스카, 바람 같은 이야기』에 실려 있는 일본의 여성 작가 오오바 미나코大庭郡子의 '해설'을 보면, 호시노 미치오는 진정한 예술가이기에 앞서 진정한 모험가다.

"이른바 모험가 중에는 제 행적을 남에게 팔기 위해 모험을 하는 사람이 많다. 자신을 시험하는 모험이 아니라, 상업모험가 혹은 모험꾼이라고 해야 마땅한 사람들이다. 산꼭대기나 요트 안에 셀프타이머 카메라를 설치하고, 의기양양한 제 얼굴을 매스컴에 판다. 진짜 모험이란 남의 시선 따위는 의식하지 않고, 비상용 무전기 같은 것도 들지 않고, 남에게 알리지 않은 채 길을 떠나는 고독한 세계의 어떤 것이 아닐까."

오오바 미나코는 "정치가는 정치꾼이 되고, 예술가는 예술꾼이 되는, 매사 금전으로 환산하고 값을 재는 자본주의 사회의 시대이니 그런 풍조도 피치 못할 현대의 숙명"으로 치부하면서도 이런 행태를 안타까워한다. 호시노 미치오가 그런 모험꾼이거나 "사진을 하나의 상품으로 자연 속에서 오려내서는 소비자인 독자 앞에 여봐란 듯이 득의에 찬 얼굴로 내미는" 예술꾼은 아니다. "호시노 씨의 사진을 보고 있으면 이것이 무엇을 말하고 있는지 곰곰이 생각에 잠기게 하는 무언가가 존재한다."

20세기 후반 일본문학의 중요 작가로 꼽히는 오오바 미나코는 10년 넘게 알래스카에서 생활하기도 했다. 그녀는 자신의 체류 경험을 바탕으로 원주민을 제외한 알래스카 사람들을 두 부류로 나눈다. 하나는 남은 자

원을 찾아 그곳에 온 사람들로, 이들은 잠시 불편을 감수하며 살다가 돈이 모이면 남쪽 생활로 돌아가려 한다. "또 한 부류는 어떤 이유로 알래스카에 와서 살다가 이곳 자연에 푹 빠져서 뿌리를 내린 사람들, 말하자면 현대 문명에 염증이 나서, 매사에 많은 불편이 따르는 생활에도 불구하고 이 땅에 정착한 사람들이다."

그런데 몽골로이드가 북방아시아에서 알래스카로 건너온 지 2만 년 후, 지난 1백 년 동안 알래스카에 들어와 새로 살게 된 두 부류의 인간을 보는 호시노의 미치오의 시각 또한 오오바 미나코와 다르지 않다.

"하나는 선교사, 상인, 광산업자, 생물학자, 교육자 따위의 사람들이다. 이들은 대개 자신이 전에 살던 지방의 생활양식과 가치관을 이 땅에 고스란히 가지고 들어왔다. 또 한 부류는 이 땅에 벌써부터 존재하던 생활양식과 가치관을 받아들이고 이어받고자 하는 사람들이다. 알래스카에서는 전자에 속하는 사람들은 겉으로 쉬 드러나는 데 반해, 후자에 속하는 사람들은 거의 알려지는 일이 없다."

호시노 미치오의 사진 에세이는 진짜 알래스카인의 초상과 "마음의 필름에만 담아두고 싶은 풍경"을 그렸다. 2차 대전 당시 알래스카 주둔 미군 병사였던 밥 율은 전쟁이 끝나고 그곳에 눌러앉는다. 그 뒤로 41년간 고향 캘리포니아를 한 번도 찾지 않은 밥 율의 사냥 철학은 이렇다.

"어른이 되어서는 알래스카에서 살았어. 사냥에 대해서 생각했지. 살기 위해 동물을 죽인다, 그건 납득할 수 있어. 하지만 즐기기 위해서 동물을 죽이는 것은 나로서는 도저히 받아들일 수가 없었어. 알래스카의 혹독한 자연 속에 살면서도 생명이라는 문제가 내 머리를 떠나지 않았어. 나의 생명과, 나를 둘러싼 동물의 생명은 같은 선상에 있어. 나로서는 그러한 생각이 절대적인 것이었지."

아사바스칸 인디언의 샤먼 아주머니는 이따금 운수

가 나빠진다는 말을 했다. 이를 통해 호시노 미치오는 자연과 어떻게 관계하느냐가 알래스카 원주민의 운을 좌우하는 것으로 파악한다. "그들은 자연에 대하여 막연하고 본능적인 두려움을 가지고 있다. 일상생활에서 맺는 작은 관계들. 거기에는 늘 터부라는, 설명하기 힘든 자연과의 약속이 있다. 우리는 그것을 잃어버리고 말았지만, 그것이야말로 살아가는 데 필요한 하나의 힘 같다는 생각이 든다."

알래스카는 '플래그 스톱', 곧 철로변 어디서나 손을 흔들어서 열차를 세울 수 있는 철도가 다니는 거의 하나뿐인 곳이다. "플래그 스톱은 주민들이 들판에 점점이 흩어져 사는 상황과 직결되어 있다." 태고의 자연과 혹한에도 아랑곳없이 약동하는 생명의 대장관은 백문이불여일견百聞而不如一見이다.

오늘의 알래스카가 그저 아름다움만을 간직하고 있는 건 아니다. 우선 "알래스카 원주민이 안고 있는 알코올중독 문제는 그 뿌리가 깊다." 높은 자살률, 폭력, 가정 파탄 같은 문제들이 크든 작든 모두 폭음과 관련이 있다. 호시노 미치오는 알코올이 전통적인 삶과 서구 문화 사이에서 방황하는 알래스카 원주민에게 배출구 노릇을 하는 것 같다는 생각을 떨치지 못하면서도 이를 언급하는 것을 약간 망설인다. 원주민 사회 전체에 어두운 이미지를 덧씌우지나 않을까 해서다. 자연과 어우러져 일상생활을 꾸려가는 원주민이 적잖은 때문이기도 하다.

"그러나 동시에 알래스카 원주민 소년이 15세에서 25세로 성장하는 과정에서 열 명 중에 한 명이 자살을 시도할 위험이 있다는 것, 실제 자살률도 같은 연령대의 백인에 비해 10배나 높다는 것"은, 못 본 척하기에는 너무나 커다란 문제였다. 또 알래스카는 핵실험장으로 사용될 뻔하기도 했고, 베링 해에서 엄청난 규모의 유전지대가 발견되면서 개발의 몸살을 겪었다.

『알래스카, 바람 같은 이야기』에서 우리는 호시노 미

치오의 철학을 읽을 수도 있다. "사람의 마음은 깊고, 또 이상할 만큼 얕다. 사람은 그 얕음으로 살아갈 수 있을 것이다." "무스도 부엉이도 보이지 않지만 저기 저 어둠 속에 분명히 존재한다. 그들은 눈에 보이지 않기 때문에 다른 무엇으로 변할 수 있고 더욱 많은 이야기를 들려줄 수 있다. 그것은 밤의 어둠에서 들려오는 소리가, 생명이 가진 막연한 신비를 고스란히 전해주기 때문인지도 모른다."

호시노 미치오는 20대 중반 알래스카에 정착했다. 장엄하고 아름다운 자연의 품에서 인간미 넘치는 사람들과 교류하면서 알래스카의 모든 것을 사진에 담았다. 그러는 가운데 러시아 캄차카 반도의 쿠릴 호반에서 취재 도중 불곰의 습격을 받아 세상을 떠났다. 하지만 호시노 미치오는 자신에게 닥친, 40대 중반에 맞은 불의의 죽음을 억울해하지 않았을 것 같다. 오오바 미나코는 그를 다음과 같이 기린다.

"알래스카의 바다가 주는 두려움은 미국 대도시의 뒷골목을 걸을 때 느끼는 공포하고는 성격이 전혀 다르다. 그런 두려움을 깊이 느끼면서도 호시노 씨는 알래스카의 자연과 동물을 대면하고 있었다. 그의 사고는 남겨진 사람들에게는 비극이지만, 그로서는 자연스럽게 걸어간 길이었는지도 모르겠다. 걸어간 발자국 발자국마다 감동스러운 사진과 글을 남겨놓고서 그는 사라졌다. 『알래스카, 바람 같은 이야기』는 그런 이야기다."

『여행하는 나무』는 호시노 미치오의 산문집으로 알래스카의 자연과 그곳에 사는 사람들의 사연을 우리에게 들려준다.

(다음은 『여행하는 나무』를 다룬 필자의 〈한겨레〉 2006. 6. 16 칼럼)

누가 나더러 가보고 싶은 나라가 어디냐고 물으면 딱히 그런 지역이 떠오르지 않아 예전엔 베트남, 요즘은 쿠바라고 대충 얼버무린다. 그런데 사진작가 호시노 미치오의 『여행하는 나무』를 읽고 나서는 알래스카에 가보고 싶어졌다. 하지만 이것 역시 현실적인 바람은 아니다. 알래스카의 살을 에는 듯한 추위도 걱정스럽지만 더 큰 걸림돌은 거기까지 가는 절차다. 아직은 알래스카에 가고자 하는 열망이, 1867년 드넓은 땅을 러시아로부터 720만 달러라는 헐값에 사들인 나라의 한국주재 대사관 앞에서 줄을 서고, 비자발급 담당영사와 면담하는 번거로움을 감내할 만큼은 못된다.

나는 호시노의 극적인 최후에 이끌렸으나, 하마터면 호시오의 책을 읽지 못할 뻔 했다. '-ㅂ니다'의 경어체에 거부감이 있는 나로선 이 책의 3분의 1만 편지글문투인 것이 천만다행이었다. 나는 편지글 형식의 독서 감상문에서 보이는 서간문체의 상투성과 뭔가를 감추는 듯한 경어체 문장의 겉치레가 싫다. 하지만 호시노의 편지글은 전혀 그렇지 않았다. 그의 글월은 솔직하고 담백하며 차분하다. 서간문 형식이 아닌 책의 나머지 3분의 2 또한 독자에게 보내는 정겨운 편지였다. 그는 알래스카의 자연과 그곳에 사는 사람들의 사연을 차곡차곡 편지에 담아 우리에게 들려준다.

"경비행기의 창가에 가만히 이마를 대본다. 태양의 온기가 전해져 생각보다 따뜻하다. 해빙한 지 얼마 안 된 유콘 강이 반짝반짝 빛나며 대지를 물결치고 있다. 이곳의 호수와 늪은 아직도 이름이 없는 경우가 많다. 아마도 사람들의 발자국이 한 번도 찍힌 적이 없는 곳일 게다. 알래스카의 매력은 바로 이런 데 있다. 인간과 관계없이 스스로 존재하는 자연. 자연을 위해 존재하는 자연. 그것이 바로 알래스카의 본질이다."

호시노는 알래스카의 가장 아름다운 광경으로 흰 벌판을 방황하는 카리부 사슴의 엄청난 무리를 꼽는다. 그렇다고 호시노를 포함한 많은 사람들이 영하 50도의 혹한이 빈번한 알래스카에 뿌리를 내린 까닭은 알래스카의 자연을 그리워해서가 아니다. "알래스카를 통해

진정한 자신을 찾고 싶어"서다. 이런 사람들 중 한 사람인 생물학자 빌 플레이트는 에스키모들과 함께 알래스카에서의 핵실험 반대운동을 펼쳐 고초를 겪기도 했다.

19살에 호시노가 알래스카에 첫발을 딛는 과정은 영화에나 나올법하다. 홋카이도의 자연을 동경하던 소년 호시노는 어느새 북방을 향한 희구의 대상이 알래스카로 바뀐다. 하지만 그에겐 새로운 동경의 대상에 가닿을 수단이 막연했다. 소년은 도쿄 시내 간다의 헌책방에서 구한 알래스카 사진집에 나오는 에스키모 마을 촌장에게 무작정 편지를 띄운다. 신기하게도 여섯 달 후 쉬스마레프 마을의 촌장이 보낸 답장을 받는다. 호시노는 26살 때 알래스카로 돌아와 그곳에 정착한다.

1996년 8월 일본 텔레비전 프로그램의 취재를 하던 호시노 미치오는 러시아 캄차카 반도의 쿠릴 호반에서 불곰의 습격을 받아 세상을 떠났다. 사춘기 시절부터 일본 홋카이도 큰곰과 자신을 하나로 여겼던 호시노는 그를 공격한 캄차카의 불곰에게 유감이 없을지도 모르겠다. 게다가 그는 "만일 알래스카에서 야영을 할 경우, 곰의 습격에 대해 긴장하지 않아도 되는 날이 온다면 그때는 더 이상 알래스카가 아니라는 생각까지" 했으니 말이다.

호시노 미치오의 사진과 짧은 글로 이뤄진 『숲으로』와 『곰아』는 어린이를 위한 사진 그림책이지만 어른이 봐도 매우 감동적이다.

호시노 미치오의 책

노던라이츠 김욱 옮김, 청어람미디어, 2007.
여행하는 나무 김욱 옮김, 갈라파고스, 2006.
알래스카, 바람 같은 이야기 이규원 옮김, 청어람미디어, 2005.
숲으로 김창원 옮김, 진선출판사, 2005.
곰아 진선출판사, 2004.

후지와라 신야
藤原新也
1944-

그가 보고 또 본 것은?

약간 부풀려 말하면, 일반교양서는 심리학 관련서 아니면 외국여행기 둘 중 하나다. (이 글 주제에서 벗어나는 심리학 관련서는 논외로 한다.) 외국여행기의 봇물 같은 출간은 새로운 습속으로 확실히 자리 잡은 외국나들이에 힘입은 바 크다. 동남아시아 매매춘 관광을 제외하곤 외국으로 놀러 다니는 것에 대해 함부로 뭐라 하기 어렵다.

하지만 외국여행지에서 받은 감동을 널리 퍼뜨리려는 의지를 이젠 좀 주체해줬음 한다. (여행의 감흥을 마음속 깊이 간직하심이!) 천연색사진을 곁들여 겉으로 보기엔 산뜻한 외국여행기는 함량미달이 적지 않다. 내가 지적하는 함량미달은 우선 글과 사진의 부조화 내지 불균형이다. 어느 한 편의 요소가 처진다.

또한 섣부르고 서툰 여행체험담은, 의료복지가 잘 된 나라로 이민 간 사람이 현지 정착 전 슬쩍 맛본 합리적인 의료제도에 '뽕 가서' 이를 책으로 펴내는 거와 다를 게 없다. 그렇다고 내가 외국여행기를 쓰려거든 후지와라 신야의 『인도방랑印度放浪』 정도는 돼야 한다고 다그칠 만큼 사리분별력이 없는 건 아니다.

후지와라 신야의 『인도방랑』은 여행기의 백미이자 진면목이다. 또 인도여행기의 지존이면서 결정판이다. 그런데 후지와라 신야는 20대 중반 3년에 걸친 인도여행을 바탕으로 20대 후반에 이 책을 썼다. 그가 찍은 사진과 그가 쓴 글은 거의 완벽한 조화를 이룬다. 따로 놀지 않는다.

사진과 글의 소재는 대체로 그로테스크하다. 아주 괜찮은 책의 속성을 따라 때로는 재치가 번뜩인다. 『인

도방랑』은 1972년 처음 출간되었다. 이번 한국어판은 ('머리말' 작성 날짜 기준) 1984년판을 저본으로 한다. 1984년 일본어판은 묻고 답하는 방식의 '프롤로그'가 있는데, 그의 답변 한 대목부터 내 맘에 쏙 든다.

"인도나 티베트를 다녀와서 신비를 팔아먹는 것은 일종의 사기입니다. 명상이란 것도 좋아하지 않아요. 신이란 말도 좋아하지 않아요. 그런 형식은 믿지 않습니다. 말없이 좌선을 하는 게 명상이냐 하면 그렇지도 않아요. 명상은 자신도 모르는 사이에 일상에서 이루어지는 겁니다."

그럼 후지와라 신야의 여행에 대한 생각부터 살펴보자. "언제나 돌아갈 곳을 마련해두고 '날것'의 행위를 그림이나 글자로 얼버무리며 떠돌아다닌 여행을 도대체 어떻게 '방랑'이란 이름으로 부를 수 있단 말인가. 내 여행은 그만한 각오 위에 서 있지 않았다." 자기반성인 동시에 '여행은 돌아오지 않아야 멋진 거'라는 괴테의 격언에 화답한 것은 아닌지.

그는 히말라야 산맥 기슭의 호텔 주인이 히말라야 고봉 등반가의 투숙을 꺼리는 이유를 이렇게 전한다. "왜 히말라야에 오르면 안 되냐고 내가 물었더니, 히말라야는 사람이 오르는 산이 아니다, 세계 각국의 등반객들이 많은 돈을 들여 찾아오지만 설령 정상에 올랐다고 해도 그걸로 산을 정복했다고 생각하면 큰 착각이다, 뭐 그런 말을 했다."

인도 아대륙 서쪽 사막지방 여행을 마칠 무렵, 심신이 완전히 피폐해진 그는 여행이 비참하다고 여겼다. "그리고 신랄하다고 생각했다. 그리고 신성하다고 생각한다. 그리고 그것은 놀랄 만큼 어리석기도 하다." 그래도 그의 발걸음은 계속 이어졌다. "걸을 때마다 나 자신과 내가 배워온 세계의 허위가 보였다."

아무튼 후지와라 신야는 여행을 긍정하기에 이른다. "'여행'은 무언의 바이블이었다. '자연'은 도덕이었다. '침묵'은 나를 사로잡았다. 그리고 침묵에서 나온 '말'

이 나를 사로잡았다." 또한 "'여행' 안에 있는 것은 오직 나 자신과 내 눈앞에 있는 나무 같은 것과의 관계였다." 이제 후지와라 신야가 파악한 인도와 인도인의 특성을 살필 순서다.

"인도라고 하면 보통 부패나 빈곤의 이미지를 떠올리는데, 인도인의 정신은 더 없이 건전해서 때때로 샘이 날 지경이었다."(건전한 정신의 출처는 164쪽에서 확인 가능.) 그들에겐 또 하나의 무기가 있다. "많은 인도인들은 인간을 구제 불능의 생물이라고 여기고 있고, 자신들이 그런 생물이라는 걸 알고 있으며, 그래서 각오하고 느긋하게 인간 노릇을 하며 살아간다."

그들의 인간 유지 방식이 다소 '뻘쭘'해 보여도 그것에 의해 분명하게 하나의 인간을 유지하고 있는 이상, 옆에서 이래라저래라 군말할 필요는 없다고 덧붙인다. 후지와라 신야는 인간의 어리석음이 인간을 지탱하는 것과 인간의 위대함이 인간을 지탱하는 것은 어떤 차이가 있는지 자문한다.

"인도인을 보면서 든 생각인데, 어리석음에 의해 지탱되는 인간이 더 강인하고 오래 사는 게 아닐까 싶다." 혼돈스런 "인도에는 인간이 자신의 몸을 적당히 놓아둘 만한 중용의 장이 없다." 하여 "한 인간의 별것 아닌 힘만 믿고 어깨를 재며 걷기보다는, 온갖 모순에 순응하는 가련한 몸이야말로 이 땅에서 요구되는 것이리라."

'후달리면서' 익살맞은 장면을 제대로 감상하려면 먼저 알아야 할 게 두 가지 있다. 첫째, 이유 캐기를 좋아하며 호기심 많은 인도 사람들 못잖게 청년 후지와라 신야는 호기심이 충만하다. 둘째, 실마리가 될 수 있는 그것과 유사한 행위다. "태고의 어둠 위에 걸터앉을 때, 나는 날개를 펼친 시조새가 된 느낌이었다. 알을 낳으면 삼 초쯤 후에야 바다 쪽에서 툭 하는 소리가 메아리쳐 들려왔다. 나는 어둠의 밑바닥에 새로운 생명의 기운을 불어넣은 듯한 기분이 들었다."(뭘 하는 국면인지 눈치 채셨는지?)

바야흐로 문제의 장면. 인도여행이 두 달 지났을 즈음, 후지와라 신야는 "코코넛야자 숲이 터무니없이 길게 이어진 해안을 산책하고 이었다. 그런데 파도가 밀려오는 모래톱에 어부들이 적당히 거리를 두고 쭈그리고 앉아 멀리 수평선을 뚫어지게 보고 있는 것이었다." 호기심이 동한 그는 인도 남부에선 어떤 물고기가 잡히는지 궁금해 다가갔다. 그런데 한 어부가 오지 말라는 뜻으로 손사래를 친다. 가까워질수록 더욱 세차게. 쭈그려 앉은 어부의 두세 걸음 앞까지 다가간 후지와라 신야는 질겁하여 냅다 줄행랑을 놓는다. "그의 손에는 낚시줄이 쥐어 있지 않았다. 들판의 그분과 마찬가지로 지금 인도 남부, 그 대해원에서 불어오는 바닷바람을 열심히 들이마시는 중이었던 것이다. 나는 그의 용무가 얼른 끝나지 않기만을 바라며 내달렸다. 구불구불 끝없이 이어지는 모래톱을 전력 질주했다."

외국 여행기는 신문물과 새로운 용어를 전달한다. 『인도방랑』에 등장하는 그것들은 우리에게도 낯설지 않다. "카시미르 카펫, 카시미르 숄"은 이름만 빌린 어릴 적의 값싼 캐시미론 합성담요를 떠올린다. '나마스떼(안녕하세요)'와 '살람 알레이쿰(당신에게 평화를)'은 일본에 적어도 20년 일찍 전파되었다.

"호수 중앙에 있는 작은 섬으로 향한다는 제스처를, 호수 저쪽에서 우리를 주시하고 있을 영리한 오리 떼 앞에서 피로한 것이다."(281쪽) 이 문장만으론 주어가 분명치 않다. 그런데 술어는 문맥상 '드러낸다'는 뜻으로 추측된다. 疲勞 말고 披露 말이다. "피로披露 ①문서 따위를 펴 보임. ②일반에게 널리 알림. ¶ 결혼 ―연宴." 《국어사전》

내가 외국여행기 출간 러시를 마뜩치 않게 여기는 까닭을 (1993년 문고판에서 가져온) 1984년판에 덧붙인 글에서 찾을 수 있다. "다만 한 가지 새삼 깨달은 것은, 이 책의 솔직함이 근대화되고 관리화된 일본에 대한 안티테제로서의 힘을 잃지 않았을 뿐만 아니라, 최근

십 년간의 일본의 상황 진화와 더불어 한층 더 명확한 시점을 부여받고 있다는 것이다."

『황천의 개』는 대충 훑어보고 지나치려 했으나 도저히 그럴 수 없었다. 텍스트 위주의 이 책을 한나절에 독파했다. "『황천의 개』는 인간의 언어로 표현된 한 장의 사진이다. 이 한 장의 사진에 후지와라 신야와 아사하라 쇼코, 그리고 우리들 자신의 모습이 깊게 투영되어 있다. 그 모습을 비교하고 찾아내는 것만으로도 이 책의 가치는 이루 말할 수 없이 풍요로워진다고 생각한다."(옮긴이의 글」에서)

『황천의 개』는 구성이 다채롭다. 1995년 이웃나라까지 놀래킨 '옴진리교사건'의 진상추적으로 시작해 독자에게 인터뷰를 '당한' 사연을 거쳐 『인도방랑』 뒷얘기가 이어진다. 후지와라 신야는 옴진리교 교주 아사하라 쇼코와 관련한 결정적 단서를 찾아낸다. 하지만 목전의 자기이익보다 취재원의 요청을 앞세워 진상추적기 잡지연재를 돌연 중단한다.

"후지와라 씨, 오늘 내가 한 이야기는 내가 이 세상을 뜰 때까지 누구한테도 말하면 안 돼." 하여 「조용한 아침의 증언」은 취재원이 타계한 후 『황천의 개』에 실리면서 빛을 보게 된다. 후지와라 신야는 중요한 증언을 건너뛰고선 1년으로 예정된 연재를 지속하기 어렵다 판단하고 6개월 만에 연재를 접는다. 같은 이유로 반년 치 연재분을 한동안 책으로 엮길 꺼렸다.

'옴진리교사건' 진상추적기는 이 나라만큼 답답한 일본 농촌의 실상을 보여준다. "그런데 시골은 정말 이상한 곳이야. 미나마타병에 걸렸다고 신고하면 그 녀석을 빨갱이로 몰아세우는 소문이 퍼지는 거야. 가족까지 괴롭혔지. 그래서 더 이상 싸울 수가 없었어."

적잖은 분량의 독자와 가진 인터뷰는 독자의 인터뷰 신청 편지가 맨 앞에 놓인다. 후지와라 신야는 사례금을 지불하겠다는 독자의 제안을 기특하게 여긴다. "노동에 알맞은 적절한 보수라면 돈은 식염食鹽처럼 신성

한 것이다." 그는 사례비를 크게 깎아 명문대를 나와 대기업에 갓 들어간 청년의 한 달 치 월급 5분의 1을 받겠다는 역제안을 한다.(인터뷰를 마친 후 청년이 건넨 돈 봉투를 되돌려주면서 찻값만 치르게 한다.)

인터뷰의 부연 혹은 배경 설명을 보자. "디즈니랜드를 궁극형으로 삼고 있는 가상현실 공간에의 지향성이 미국 문화의 가장 큰 특색인데, 이는 미국이라는 나라 자체가 저 근세 유럽의 인습으로 가득한 무거운 현실의 탈출구로 만들어진 가상 국가이기 때문이다."

또한 패션/광고 모델은 불면증에 걸린 도시 문명의 대변자가 된다. "그녀들은 이 뿌리도 없는 공동의 외피로 만들어진 도시 문명 그 자체야. 외관만 기능하는 도시 문명의 인간들로부터 공감을 얻어내려면 허망한 연기를 계속해야 되는 법이거든."

일본의 기성세대가 저지른 악덕 행정을 지적하면서 덧붙인 한마디는 이 나라에서 진보연하는 인사들 사이에서 일고 있는 '영성'을 강조하는 분위기에 경종을 울리는 듯하다. "그런 엄청난 기만이 일본을 뒤덮고 있더라도 자연이 지니고 있는 성스러움에는 약간의 상처도 입힐 수 없어. 인간의 기만과 자연의 성스러움은 완전히 별개야."

나는 이제 인간중심주의의 한계와 문제점을 확실히 안다. "지금도 인간을 최우선으로 여기는 문명이 계속되고 있어. 하지만 인간의 목숨이 지구보다 중요할 수는 없어. 목숨을 중히 여기는 것은 당연하지만, 인간의 목숨이 최우선이라는 과대평가 때문에 과보호와 에고이즘이 넘쳐나는 사회가 도래한 것일 수도 있으니까. 그 지나친 에고이즘이 아이들의 몸과 마음을 얼마나 나약하게 만든 것인지 우리는 잘 알고 있잖아."

『인도방랑』 뒷얘기는 자기복제나 동어반복이 아니다. 새로운 얘기를 듣고 살짝 비췄던 내용을 심화한다. "명상이란 가슴을 기준으로 나눠진 하반신과 상반신의 갈등이다." 또한 "그 의미를 거슬러보면 '작은 혁

명'이다." 결국 "명상은 심신의 안녕을 바라는 개인적 행위다. 그 이상도, 그 이하도 아니다."

후지와라 신야는 "인도를 처음 여행할 때만 해도" 자신이 "종교를 극도로 혐오하는 번뇌에 가득 찬 청년이었다"고 술회한다. 여행을 통해 불신자에게 생겨난 믿을 수 있는 것들의 목록이 미덥다(219-20쪽). '공중 부양의 원리' 두 가지를 규명한 것은 이 책의 압권 가운데 하나다. 공중 부양은 첫째, 공중 부양자의 부단한 노력과 카메라의 순간포착이 맞물린다.

"표지의 청년은 얼굴을 잔뜩 찡그리고 공중 부유를 시도하고 있었다. 얼굴을 잔뜩 찡그린 까닭은 책상다리를 한 채 바닥에서 필사적으로 뛰어올랐기 때문이다. 옛날에는 이런 곡예를 하는 사람들이 심심찮게 있었다. 책상다리를 하고 앉아서 반동을 이용해 연속적으로 뛰어오른다는 것은 아마도 많은 연습을 필요로 할 것이다. 혹은 그런 결과를 가지고 공중 부유를 주장하는 자도 있다. 그렇게 따지면 정어리 대가리도 보는 사람에 따라서는 고래 대가리가 될 것이다."

둘째, 무대장치가 있고 부양자와 관객이 약물에 의존한다. "확실히 내 눈으로 당신이 부유하는 모습을 봤어. 만약 달밤이 아니었다면, 그리고 당신이 하얀 옷을 입고 있지 않았다면, 당신들이 술잔에 따라준 물이 벤(벤조디아제핀― 옮긴이)이 아니었다면, 그 물이 당신의 말처럼 진짜 히말라야 성수였다면 나는 당신이 정말로 공중 부유를 했다고 믿었을 거야."

후지와라 신야는 공중 부양의 눈속임과 사기성에 한 방 '지대루' 날린다. 공중 부양을 주장하는 청년과 논쟁을 하다가 상대방의 찌질거림에 두 손을 든다. 그러면서 말하길 "당신은 떠올랐어. 그렇게 주장한다면 아마도 떠올랐겠지. 그래서 어쩌라는 거야?" '스카이워커'였던 농구선수 도미니크 윌킨스와 '황제' 마이클 (에어) 조던은 엄청난 점프력과 체공력으로 경기장을 찾은 팬들에게 멋진 슬램덩크를 선사하기라도 했지!

『동양기행(전2권)』 뒷날개의 '사진과 여행에 관한 책' 목록에서 이 책의 소개말은 이렇다. "여행을 시작한 지 10년째, '여행의 빙점'이 찾아왔다. 저자는 얼어붙은 정신으로 무의미한 여행을 반복하고 있었다. 그렇게 '동양'으로의 여행이 시작되었다. 이스탄불, 시리아, 파키스탄, 캘커타, 티베트, 버마, 태국, 상하이, 홍콩, 서울, 일본에 이르는 402일간의 인간기록."

후지와라 신야는 한국을 다녀갔다. 때는 1981년 2월, 하룻밤을 묵었다. 그때는 지금보다 눈이 자주 많이 내렸다. 날씨도 훨씬 추웠다. 하여 내린 눈은 바로 녹지 않고 빙판이 졌다. 이 나라 초중고교생에게 어중간한 2월의 등굣길, 나는 빙판길에서 미끄러져 넘어졌다. 다행히 다친 데는 없었다.

그해 겨울은 유독 더 추웠다. "그러고 보면 작년에 폭동이 일어난 광주는 전라남도의 중심지군요?" "그렇죠." "그곳에서 피를 흘리며 죽어간 젊은이들도 이 판소리를 합창했을지 모르겠네요." "…당신, 그런 이상한 말, 서울에서 함부로 하지 않는 게 좋아요."

"서울에서 본 것은 김이다. 김은 우리들의 거리가 잃은 것 중 하나다." 2권 242쪽과 243쪽에 펼쳐진 사진의 설명 글이다. 우리들의 거리와 시장 통에서도 이제 김은 사라졌다. 10년 전 중국 칭다오青道와 웨이하이威海의 시장에서 김이 무럭무럭 나는 것을 보았다. 지금 그곳의 거리에는 김이 남아 있을까?

후지와라 신야의 책

돌아보면 언제나 네가 있었다 강병혁 옮김, 푸른숲, 2011.
후지와라 신야, 여행의 순간들 김욱 옮김, 청어람미디어, 2010.
메멘토 모리 양억관 옮김, 한스미디어, 2010.
인도방랑 이윤정 옮김, 작가정신, 2009.
인도방랑 박매영 옮김, 한양출판, 1993.
티베트 방랑 이윤정 옮김, 작가정신, 2010.
티베트방랑 박매영 옮김, 한양출판, 1994.
황천의 개 김욱 옮김, 청어람미디어, 2009.
동양기행 1, 2 김욱 옮김, 청어람미디어, 2008.
아메리카기행 김욱 옮김, 청어람미디어, 2009.

12년 5개월 29일 만의 쾌거

글 발표날짜 기준으로 12년 5개월 29일(1997. 7. 21-2010. 1. 18) 만에 이룬 쾌거다. 먼저 이를 자축한다. 외국사상가 중심의 한국어판 저자리뷰 205편을 『책으로 만나는 사상가들』 시리즈 다섯 권에 담았다. 파트너십이 있는 저자 두 사람을 함께 다룬 경우가 세 번 있어서 『책으로 만나는 사상가들』 5권까지 등장인물은 모두 208명이다. 이 가운데 외국 저자와 사상가는 199명이다. (그러니까 2010년 2월 17일 발표한 커트 보네거트 편은 200번째 외국인 저자의 번역서 리뷰인 셈이다.) 리뷰 발표 매체는 재창간 〈도서신문〉에서 시작해 〈반갑다 논장〉을 거쳐 인터넷서점 예스24의 웹진 〈북키앙〉과 〈채널예스〉에 정착한다.

『책으로 만나는 사상가들 5』는 예스24 〈채널예스〉에 연재하는 '최성일의 기획리뷰'에다 2007년 9월 17일부터 2010년 1월 18일까지 쓴 35편을 모았다. 원고를 모으는 데 예전보다 거의 곱절의 시간이 든 것이다. 주최 측 요청에 따라 2008년 2월부터 저자리뷰와 테마리뷰를 번갈아 쓰기 때문이다. 리뷰는 여느 때 마냥 쓴 순서대로 배열했다. 다만 '테이블 세터'의 '타순'은 바꿨다. 조지 레이코프가 1번을 맡는 게 후속타자들이 '타점'을 올릴 기회가 많아지리라는 판단에 따른 것이다.

『책으로 만나는 사상가들 5』 구성원의 특징을 들자면, 우선 '과거완료'가 아닌 '현재진행형' 시제라는 점이다. 요즘 흐름에 꽤 주의를 기울인 결과다. 이와 더불어 시간과 영역을 확장하기도 했다. 크로포트킨은 지금껏 내가 리뷰한 저자와 사상가의 시대적 배경이었던 20세기에 턱걸이하지만, 에라스무스는 서양 근세의 인물이다. 김민기 편은 이 위대한 가수 겸 작곡가의 업적을 여전히 수수방관하고 있는 주류 언론에 대한 반발심이 작용했다. 이로써 '책으로 만나는 사상가'의 한 시즌(다른 말로 '둘째 마디')을 갈무리한다. 하지만 나의 외국사상가 위주의 저자리뷰는 앞으로도 계속된다.

감사드릴 분들이 많다. 이번에는 그동안 고마움을 전하지 못한 분들께 지각 인사 올린다. 햇살과나무꾼의 강무홍 선생님, 강승영 선생님, 봄빛 강중구 님, 고종석 선생님, 사이 권선희 님, 김태권·김혁래 선생님, 〈한국일보〉 박광희·유상호 기자님, 에코리브르 박재환 님, 늘푸른나무 박지인 님, 〈D+〉 박활성 님, 정의로운 브라이언 님, 심효정 선생님, 플래닛 안성열 님, 〈학교도서관저널〉 연용호 주간님, 〈시사IN〉 오윤현 기자님, 윤종훈·윤지관 선생님, 한국출판마케팅연구소 이상희 님, 이환효·정영목 선생님, 숨어있는책 조기남 님, 북스토리 주정관 님, 한승헌·허대석·황유복 선생님 정말 고맙습니다. 벗 최윤종 또한 고맙다.

2010년 7월 6일 아내의 생일을 감축하며

제 애길 좀 했지요

넷째 권을 엮는다. 이번엔 내 얘기를 좀 했다. 잘난 척하거나 자기 자랑을 늘어놓은 건 아니다. 나도 나름대로 아픔이 있는 인간이라는 걸 드러냈다고나 할까. 나는 평범한 사람이다. "편히 살려면 남의 눈에 띄지 말아야 한다"(데카르트)던데. 어쨌거나 원활한 의사소통, 나이가 들수록 무지 어렵다. 저자 30명의 한국어판 저서 리뷰를 담았다. 고종석을 뺀 나머지는 한국어 상용자가 아니다. 고종석과 신숙옥을 제외한 나머지는 한국어 사용자가 아니다.

이번은 둘째·셋째 권과 마찬가지로, 2006년 여름부터 2007년 가을까지 온라인서점 예스24의 웹진 〈채널예스〉 '기획리뷰' 난에 올린 글이 대부분이다. 고종석 편은 〈한겨레〉 2007년 1월 26일자 책·지성 섹션 '한국의 글쟁이들 17'에 실렸던 글이다. '기획리뷰'에 연재한 것 중에서 수록하는 게 부적절하다고 판단한 한 편은 싣지 않는다. 리뷰는 글을 쓴 순서대로 배열한다. 올 초부터 '기획리뷰'는 '최성일의 기획리뷰'로 명칭이 바뀌어 기명칼럼이 되었다.

외국 사상가 중심의 저자 리뷰를 시작한 지 벌써 햇수로 12년째다. 변화가 없을 수 없다. 주간 〈도서신문〉에 연재를 시작한 초창기는 정통 사상가를 우대했다면, 이제는 날렵한 저자도 선호한다. 간행목록을 충실히 하면서 책 여러 권을 슬쩍 맛만 보던 것이 두세 권의 책읽기에 집중하는 방식으로 바뀌고 있다. 우리나라 사상가와 저자에게 문호를 활짝 열 생각은 아직 없다.

이로써 170명(두 사람을 한꺼번에 다룬 적도 몇 번 있지만, 편의상)의 저자 리뷰를 한다. 30명을 더 쓰면 200명을 채운다.

감사드릴 분들이 참 많다. 한기호 소장님과 김지영 부장님 이하 한국출판마케팅연구소 구성원 여러분께 먼저 감사드린다. 강주헌 선생님, 이권우 선배님, 이면희 이사님, 한미화 후배님께도 감사의 말을 전합니다. 개마고원 장의덕 님, 궁리 이갑수 님, 그린비 유재건·김현경·임유진 님, 길 이승우 님, 달팽이출판 김영조 님, 대교베텔스만 권향미 님, 돌베개 한철희·김희진 님, 동아시아 한성봉 님, 동아일보사출판부 김현미 님, 동연 김영호 님, 뜨인돌 고영은·박철준 님, 리더스북 이홍 님, 마음산책 정은숙 님, 북스피어 임지호 님, 사계절 강맑실 님, 사회평론 윤철호 님, 수류산방.중심 박상일·심세중 님, 실천문학사 김영현 님, 아카넷 정연재 님, 을유문화사 권오상·김영준 님, 작은이야기 홍민표 님, 지형 박숙희 님, 지호 장인용 님, 창비 김이구·김경언 님, 창해 전형배 님, 한겨레출판 이기섭 님, 한솔수북 김향수 님, 효형출판 안영찬 님, 〈경향신문〉 조운찬 님, 〈교수신문〉 최익현 님, 〈문화일보〉 김종락 님, 〈프라우드〉 이민희 님, 〈한겨레〉 구본준 님, 〈환경과생명〉 장성익·

조성일 님, 〈황해문화〉 전성원 님, 한국출판연구소 백원근 님, 한국출판인회의 김민종 님, 부평기적의도서관 최지혜 관장님께는 고마움과 함께 존경을 표합니다.

후배 강성민·김경록·임옥희, 외우 고현경·김상수·김진식·문계용·오용교 또한 고맙다. 선배 나한재·노동환·박남정·박형준·장상헌·황명환 님도 감사합니다. 윤혜경·최성각·박병상·안치운·양진석·강신주·이희환·백훈 선생님 고맙습니다. 아내 신순옥, 딸 서해, 아들 인해도 고마워. 디자이너 고경선·노재환 부부의 만사형통을 기원합니다. 두 분의 아들 영우 군의 밝은 앞날도 함께. 예스24 서비스기획팀 김계현 님과 예스24 블로거 하늘보기 님도 고맙습니다. 그리고 이 책을 디자인 '이즈' 추정희 님과 예스24 서비스기획팀 김정희 파트장께 드립니다.

2008년 5월 27일

■ 3권 머리말

사상가·저자 리뷰의 첫 매듭을 지으며

『책으로 만나는 사상가들』 시리즈의 셋째 권을 엮게 돼 실로 감개무량하다. 지금까지 국내외 저자 140명의 한국어판 저서를 리뷰하였다. (공동저자나 쌍을 이루는 두 사람은 한 명으로 쳤다.) 이로써 『책으로 만나는 사상가들』 시리즈의 첫째 마디 매듭을 얼추 지은 셈이다. 돌이켜보면, 개인적으로는, 10년에 걸친 대장정이었다. 200명을 목표로 하는 이 시리즈의 둘째 마디는 이미 시작하였다.

이번 책의 특징은 처음으로 한국인 저자를 수용한 점이다. 김산·리영희·박노자·서경식이 그들이나, 엄밀하게 말하면, 한국에서 태어나 한국어로 책을 쓴 분은 리영희 선생뿐이다. 또한 인물 선정의 시의적절함을 들 수 있다. 여기에 실린 35편의 글에서 다루는 저자 36명은 미리 뽑아놓은 인물이 적지 않지만, 그때그때의 필요에 따라 추가된 인물 또한 적지 않다. 그때그때의 필요란 독자들에게 관련 인물이 주목받은 것에 대해 필자 나름대로 부합하려는 의도를 말한다. 리뷰 대상이 되는 저자 책의 출간에 주의를 기울였는데 후반부에 놓인 서경식, 박노자, 파트리크 쥐스킨트, 윌리엄 파운드스톤, 다카기 진자부로 등이 그렇다. 이번에는 전부 2004년 12월 연재를 재개한 인터넷서점 예스24의 채널예스 칼럼 '기획리뷰'에 올린 글이어서 출판·서점가의 움직임에 신경을 썼다. 그래서 사상가의 범주가 저자 일반으로 확장되는 결과를 가져오기도 했다.

고마운 분들이 많지만 이번에는 압축해서 감사의 말을 전한다. 글을 연재할 마당을 다시 펼쳐주고 때로 비판과 질책을 아끼지 않은 예스24 서비스기획팀 김정희 님에 대한 고마움은 이루 말할 수 없다. 한기호 소장님과 한국출판마케팅연구소 관계자 여러분께도 감사드린다. 18년 만에 다시 만난 대학 같은 과 동기 고현경·윤은경과 책을 내는 기쁨을 나누고 싶다. 또한 좋은 이웃 동현이네 식구들과도 이 기쁨을 함께하련다. 동현·시현 형제가 튼튼하게, 부모님의 뜻대로 신실하게 자라길 바란다. 그리고 우리 식구, 아내 신순옥, 딸 서해, 아들 인해야 정말 고맙다. 사랑해♡

2006년 10월

독자들의 성에
차기를 바라며

이태 만에 『책으로 만나는 사상가들』 둘째 권을 낸다. 감개무량하다. 첫째 권을 내고 과분한 칭찬을 많이 들었다. 그저 고마울 따름이다. 그런데 어느 인터넷 서점의 독자 서평에서 가장 비판적인 견해를 접했다. 그 독자가 비판하는 요지는 내가 언급한 책들을 다 읽었는지, 이해는 제대로 했는지에 관한 것이었다. 또 일전에 만난 한 대학생 독자는 텍스트 끄트머리에 덧붙인 도서목록의 책들까지 내가 다 읽은 줄 알고 있었다. 하지만 그건 그렇지 않다. 목록에 들어 있는 책 중에는 직접 책을 확인하지 못하고 국립중앙도서관 데이터베이스와 인터넷 서점 웹사이트를 통해 얻은 서지정보에 기댄 것도 꽤 된다.

내가 본문에서 다룬 책들을 모두 읽었는지, 읽은 책의 내용을 제대로 소화했는지 의심을 품은 독자의 비판을 겸허하게 받아들인다. 그래도 억울한 측면이 없는 것은 아니다. 독자가 비판한 부분에 대해서는 첫째 권의 본문에서 피에르 부르디외의 입을 빌려 나 스스로를 꼬집은 바 있다.

"자료의 홍수와 관련해서 저는 학자들이 실제로 무엇을 읽는가에 대한 실증적인 연구가 필요하다고 생각합니다. 학술적 논문의 각주에 인용된 준거를 보면, 특히 영미계 학술지에서 이런 준거가 사용되는 방식을 보면, 저는 학자들이 실제로 그 텍스트를 얼마나 읽고 인용한 것인지 테스트해봐야 한다고 생각합니다."

첫째 권에서 이 문장을 인용한 다음, 나는 "따끔한 지적이 아닐 수 없다"는 논평을 했는데, 이는 도둑이 제 발 저린 꼴이었다. 하지만 이 책의 성격을 감안했을 때, 언급한 책을 꼼꼼하게 다 읽거나 사상가의 사상을 제대로 이해했는지 여부는 그다지 중요하지 않다고 생각한다. 이 책은 일반 독자를 위한 해외 사상가 도서목록이기 때문이다. 나는 교양을 추구하는 독자를 위해 해외 사상가의 번역서 목록을 작성하고 약간의 설명을 붙였을 따름이다. 그러니까 내 역할은 도서관 사서의 임무와 비슷하다고 하겠다. 사서가 작성된 목록의 모든 책을 읽거나 완벽하게 소화할 의무는 없지 않은가.

그래도 둘째 권에 수록한 사상가들의 사상은 첫째 권보다 한층 잘 이해했다고 자부한다. 책도 더 많이 읽었다. 달라진 점은 또 있다. 눈에 띄는 차이점은 수록 사상가의 숫자와 그 면면이다. 첫째 권에 70명을 수록한 데 비해 둘째 권에서는 그 절반인 35명을 실었다. 200자 원고지 15매 안팎이었던 첫째 권의 한 편당 기본 분량을, 둘째 권에서는 25매 안팎으로 늘렸다. 지면의 형식과 구성은 첫째 권과 거의 동일하다. 전편의 장점을 살리면서도 미진한 점을 보완해 완성도를 더욱 높이려 노력했다.

둘째 권에서 다룬 사상가는 생존 인물이 절반을 훨씬 넘는다. 여기에다 사상가의 범위를 넓혀 개성적인 해외 저자들을 과감히 수용했다. 조지프 캠벨, 로버트 라이시, 로버트 카플란, 와다 하루키, C.W. 세람 등이 그런 경우다. 또한 반다나 시바, 레이첼 카슨, 토다 키요시 같은 생태 사상가를 우대한 것은 내 취향이 반영된 결과다. 아무쪼록 둘째 권이 첫째 권에 성원을 보내준 독자들의 성에 차기를 바란다. 그리고 개인적인 바람을 덧붙이자면, 후속권을 계속 펴내고 싶다.

2004년 7월 22일

'책으로 만나는 사상가들'을 새롭게 펴내며

판을 거듭하는 경제학이나 법학 개론류 서적의 관행을 따른다면, 이 책의 표지에는 '삼정판三訂版'이라는 문구가 들어가도 괜찮다. 적어도 이 글에는 '3판 머리말'이라는 표현을 써도 무방하다. 하지만 그렇게 하지 않은 것은 '3차 개정판' 또는 '3판'으로 부르기에는 부족한 점이 적지 않아서다. 그래도 이번이 이 책의 세 번째 판인 것은 분명하다. 책을 다시 찍을 적마다 판갈이를 하게 된 것이 저자로서는 아주 고마운 일이다. 운이 썩 좋다고도 할 수 있다. 물론, 초판과 2판의 내용이 부실한 탓도 있지만 말이다. 하지만 이것은 해외 사상가 책의 번역 사전(또는 옥편)의 성격이 있는 이 책의 특성상 어쩔 수 없는 일이다. 3판에 실린 새 원고는 롤랑 바르트, 한나 아렌트, E.F. 슈마허, 가라타니 고진의 네 꼭지뿐이지만, 초판에서 2판으로 넘어갈 때보다 훨씬 많은 곳을 손봤다. 특히, 〈도서신문〉에 연재한 52꼭지의 경우, 제한된 신문지면 때문에 거두절미하거나 중간에 생략했던 인용문을 많이 채워넣었다.

여기에다 인용문을 원래의 번역문에 가깝도록 고쳤다. 인용한 번역문에 오탈자가 있는 경우를 제외하고는 되도록 인용한 번역 문장과 같게 하려고 노력했다. 그래도 여전히 어긋나는 구석이 있을 줄 안다. 2판을 준비할 때에도 느낀 점이지만 베껴쓰기도 정확성을 장담하기 어렵다는 사실을 새삼 절실히 깨달았다. 하물며 듣고 적은 글은 오죽하랴! 그런 점에서 연전에 내가 쓴 인터뷰 기사의 내용이 왜곡되었다는 어느 동화 작가의 항의는 정당한 것이었다. 더구나 그 인터뷰는 일 대 일 대담도 아니었고 동화작가의 강연과 강연 후 청중과의 일문일답을 풀어쓴 것이었으니 말이다.

아무튼 『책으로 만나는 사상가들』 둘째 권과 함께 첫째 권의 세 번째 판을 내는 감회는 실로 남다르다. 거의 자비출판이나 다름없이 첫 권을 펴낸 것이 2권부터는 본격적인 상업출판으로 이어져 우선 기쁘다. 1권의 초판과 2판은 한·일 공동 개최 월드컵이 열리던 해, '책동무 논장'을 통해 나왔었다. 우리나라와 폴란드의 예선 1차전 경기가 열리던 날, 편집 디자이너에게 최종 교정지를 넘긴 기억이 새롭다. 그렇게 하느라 나는 그 경기의 전반전을 못 봤다.

해외 사상가에 대한 개인적 관심과 자료 정리 차원에서 시작한 해외 사상가의 번역서 리뷰가 어느새 첫 권과 둘째 권 합쳐 105인에 이르렀다. 내가 이 작업을 왜 하고 있을까? 자문하다가 이번에 첫째 권을 다시 훑어보며, 사상가 두 사람의 발언에서 그 실마리를 얻었다. 레이몽 아롱은 한 인터뷰에서 이런 말을 했다.

"나는 뛰어난 사상가들과의 대화를 사랑할 뿐만 아니라 학생들에게도 이런 취미를 기르라고 권합니다. 학생들은 누군가를 찬양하고 그를 흠모할 필요가 있습니다. 그들은 늘 교수와 만나지만 교수란 대개 감독관의 입장에 있거나 혹은 찬양할 만하지 못하기 때문에 찬양과 흠모의 대상이 되기가 쉽지 않습니다. 교수는 학생들을 위해 위대한 철인과 사상가를 해석해 주는 역할을 맡아야 합니다."

또 가라타니 고진은 다음과 같은 독서론을 개진했다. "읽는 일은 작자를 변형시킨다. 여기에서 '올바른 이해'란 있을 수 없기 때문에 만약 그것이 있을 수 있다면 이른바 역사 자체가 완결되어 버린다. 헤겔 미학이 그의 역사철학과 마찬가지로 '올바른 이해'에 의해 완결되어 버린 것은 그런 연유에서이다. 그것은 작품이라는 텍스트가 극복할 수도 없고 환원할 수도 없는 불투명함을 지니고 자립한다는 사실을 작자와 독자 모두 의식하지 못했기 때문이다."

내가 교수는 아니어도 독자들이 흠모하고 찬양할 만한 인물을 독자들에게 소개하는 길라잡이 구실을 하는 일이 즐겁다. 그러나 고진의 독서론에 공감하는 나로서는 아무리 훌륭한 사상가라 해도 그를 무작정 흠모하거나 무조건 찬양하는 것만큼 위험한 일도 없다고 생각한다.

2004년 한가위 이튿날

책으로 만나는 사상가들

2011년 6월 30일 1판 1쇄 발행
2011년 7월 08일 1판 2쇄 발행

지은이 최성일
펴낸이 한기호
책임편집 이면희
편집 오효영·이은진·박윤아
경영지원 김은미

펴낸곳 한국출판마케팅연구소
출판등록 2000년 11월 6일 제10-2065호
주소 121-842 서울시 마포구 서교동 464-46 서강빌딩 202호
전화 02-336-5675 팩스 02-337-5347
이메일 kpm@kpm21.co.kr
홈페이지 www.kpm21.co.kr

인쇄 예림인쇄
총판 (주)송인서적 전화 031-950-0900 팩스 031-950-0955

ISBN 978-89-89420-70-5 03300
값 38,000원